Diepold · Hintzen
Musteranträge für Pfändung und Überweisung

Musteranträge für Pfändung und Überweisung

Begründet von

Kurt Gross

bis zur 6. Auflage fortgeführt von

Dr. Hugo Diepold

Rechtsanwalt in München

bearbeitet von

Dipl.-Rechtspfleger Udo Hintzen

Professor an der HWR,
Hochschule für Wirtschaft und Recht,
Berlin

10. neu bearbeitete Auflage

2015

ottoschmidt

*Bibliografische Information
der Deutschen Nationalbibliothek*

Die Deutsche Nationalbibliothek verzeichnet diese Publikation in der Deutschen Nationalbibliografie; detaillierte bibliografische Daten sind im Internet über http://dnb.d-nb.de abrufbar.

Verlag Dr. Otto Schmidt KG
Gustav-Heinemann-Ufer 58, 50968 Köln
Tel. 02 21/9 37 38-01, Fax 02 21/9 37 38-943
info@otto-schmidt.de
www.otto-schmidt.de

ISBN 978-3-504-47131-6

©2015 by Verlag Dr. Otto Schmidt KG, Köln

Das Werk einschließlich aller seiner Teile ist urheberrechtlich geschützt. Jede Verwertung, die nicht ausdrücklich vom Urheberrechtsgesetz zugelassen ist, bedarf der vorherigen Zustimmung des Verlages. Das gilt insbesondere für Vervielfältigungen, Bearbeitungen, Übersetzungen, Mikroverfilmungen und die Einspeicherung und Verarbeitung in elektronischen Systemen.

Das verwendete Papier ist aus chlorfrei gebleichten Rohstoffen hergestellt, holz- und säurefrei, alterungsbeständig und umweltfreundlich.

Einbandgestaltung: Jan P. Lichtenford, Mettmann
Satz: WMTP, Birkenau
Druck und Verarbeitung: Kösel, Krugzell
Printed in Germany

Vorwort

Dieses Buch soll Rechtsanwälten und deren Mitarbeitern, Rechtsabteilungen, Inkassounternehmen und Kreditinstituten, aber auch Richtern und Rechtspflegern eine überschaubare und schnelle Hilfestellung für eine sichere Forderungs- und Rechtspfändung geben. Nach rund vier Jahren wurde eine Neuauflage notwendig, da Rechtssicherheit nur bei Einarbeitung aller ergangenen Gesetzesänderungen und höchstrichterlicher Rechtsprechung gewährt werden kann.

Die 10. Auflage bringt das Handbuch hinsichtlich Gesetzgebung auf den Stand von Juni 2014, Schrifttum und Rechtsprechung konnten ebenfalls bis dahin noch ausgewertet werden.

Es werden in übersichtlicher Weise (Anhang 4) die seit dem 1.7.2013 aktuellen und maßgebenden Tabellen der pfändbaren Beträge des Arbeitseinkommens zur Verfügung gestellt (Bekanntmachung zu § 850c ZPO – Pfändungsfreigrenzenbekanntmachung vom 26.3.2013, BGBl. I 2013, S. 710).

Einen ganz wesentlichen Einfluss auf die Neubearbeitung haben die neuen Formulare aufgrund der Verordnung über Formulare für die Zwangsvollstreckung (Zwangsvollstreckungsformular-Verordnung – ZVFV) vom 23.8.2012 (BGBl. I 2012, S. 1822), aktuell geändert aufgrund Verordnung zur Änderung der Zwangsvollstreckungsformular-Verordnung vom 16.6.2014 (BGBl. I 2014, S. 754). Auf der Grundlage von § 758a Abs. 6 und § 829 Abs. 4 ZPO hat das BMJ ein Formular **für den Antrag** auf Erlass einer richterlichen Durchsuchungsanordnung und Formulare **für den Antrag** auf Erlass eines Pfändungs- und Überweisungsbeschlusses eingeführt. **Die ersten Formulare sind bzw. waren ab dem 1.3.2013 verbindlich, für die geänderten Formulare aufgrund der Änderungsverordnung vom 16.6.2014 gilt folgende Regelung (§ 6 Änderungs-VO):** Für Anträge, die bis zum 1.11.2014 gestellt werden, können die bis zum 24.6.2014 bestimmten Formulare für den Antrag auf Erlass eines Pfändungs- und Überweisungsbeschlusses weiter genutzt werden. Für Anträge, die bis zum 1.6.2015 gestellt werden, kann das bis zum 24.6.2014 bestimmte Formular für den Antrag auf Erlass einer richterlichen Durchsuchungsanordnung weiter genutzt werden (**strittig: Näheres bei „Hinweise für die Benutzung"**).

Zu den wichtigsten einzuarbeitenden Gesetzen gehören:
- das Gesetz zur Umsetzung der Dienstleistungsrichtlinie in der Justiz und zur Änderung weiterer Vorschriften vom 22.12.2010 (BGBl. I 2010, S. 2248),
- das Zweite Gesetz zur erbrechtlichen Gleichstellung nichtehelicher Kinder, zur Änderung der Zivilprozessordnung und der Abgabenordnung vom 12.4.2011 (BGBl. I 2011, S. 615),

- die Änderungen nach dem Gesetz zur Reform der Sachaufklärung in der Zwangsvollstreckung vom 29.7.2009 (BGBl. I 2009, S. 2258), welche überwiegend am 1.1.2013 in Kraft getreten sind,
- das Gesetz zur Änderung von Vorschriften über Verkündungen und Bekanntmachungen sowie der Zivilprozessordnung, des Gesetzes betreffend die Einführung der Zivilprozessordnung und der Abgabenordnung vom 22.12.2011 (BGBl. I 2011, S. 3044),
- das Gesetz zur Einführung einer Rechtsbehelfsbelehrung im Zivilprozess und zur Änderung anderer Vorschriften vom 5.12.2012 (BGBl. I 2012, S. 2418),
- das Gesetz zur Änderung des AZR-Gesetzes vom 20.12.2012 (BGBl. I 2012, S. 2745),
- das Gesetz über die energetische Modernisierung von vermietetem Wohnraum und über die vereinfachte Durchsetzung von Räumungstiteln (MietRÄndG) vom 11.3.2013 (BGBl. I 2013, S. 434),
- das Gesetz über Kosten der freiwilligen Gerichtsbarkeit für Gerichte und Notare (Gerichts- und Notarkostengesetz – GNotKG) vom 23.7.2013 (BGBl. I 2013, S. 2586).

In einigen Mustern mussten einschneidende gravierende Gesetzesänderungen eingearbeitet werden, z.B. aufgrund des Gesetzes zur Modernisierung des Geschmacksmustergesetzes sowie zur Änderung der Regelungen über die Bekanntmachungen zum Ausstellungsschutz wurde das Geschmacksmustergesetz vom 12.3.2004 (BGBl. I 2004, S. 390) umbenannt und geändert in „Gesetz über den rechtlichen Schutz von Design (Designgesetz – DesignG)" (Gesetz vom 10.10.2013, BGBl. I 2013, S. 3799) oder durch das Gesetz zur Reform des Seehandelsrechts vom 20.4.2013 (BGBl. I 2013, S. 831) wurde das deutsche Seehandelsrecht insgesamt modernisiert und die Rechtsform der Reederei (Partenreederei) (§§ 489 bis 508 HGB a.F.) und der „Baureederei" (§ 509 HGB a.F.) sowie damit einhergehend die Rechtsfiguren des „Korrespondentreeders" und des „Mitreeders" ersatzlos abgeschafft.

Die Neubearbeitung widme ich mit großem Dank und tiefer Trauer meinem Freund und Mitautor Hans Joachim Wolf, der kurz nach seinem Eintritt in den Ruhestand viel zu früh verstorben ist.

Für Hinweise, Anregungen und Kritik bin ich stets dankbar. Eine Erleichterung dafür bieten die am Buchende eingebundenen Rückantwortkarten.

Berlin, im August 2014   Udo Hintzen

Hinweise für die Benutzung

1. Behandelt wird die Zwangsvollstreckung **wegen Geldforderungen**, soweit sie **in das bewegliche Vermögen** und nach der Zivilprozessordnung betrieben wird. Für die Vollstreckung **wegen Steuerforderungen** gilt die Abgabenordnung, welche auszugsweise im Anhang 2 abgedruckt ist. Die Muster sind auch für die Vollstreckung wegen Steuerforderungen und auch wegen nach den Verwaltungsvollstreckungsgesetzen beizutreibender Geldforderungen (vgl. § 4 VwVG) verwendbar.

2. Der erste Teil des Buchs, **„Einleitung"** genannt, gibt einen Überblick über das Vollstreckungsverfahren nach der Zivilprozessordnung.

3. Der zweite Teil des Buchs enthält **Musteranträge** zur Sach- und Forderungspfändung.

Die **Muster 1 bis 11** zeigen Anträge, die regelmäßig der Forderungspfändung vorausgehen und solche, die der Sachpfändung dienen, geordnet nach üblicher **zeitlicher Reihenfolge**.

Alle weiteren Muster enthalten Formulierungsvorschläge für die Pfändung und Verwertung von Forderungen und anderen Rechten; die Überschriften (Stichwörter) sind **alphabetisch** geordnet. Finden sich zu einem Stichwort mehrere Muster, so helfen **Untertitel** bei der Auswahl.

Bei mehreren Mustern verweisen **Vorbemerkungen** auf vertiefende Darstellung an anderer Stelle oder auf spezielle Muster (s.u. 4.).

Zu beachten sind die **neuen Formulare** aufgrund der Verordnung über Formulare für die Zwangsvollstreckung (Zwangsvollstreckungsformular-Verordnung – ZVFV) vom 23.8.2012 (BGBl. I 2012, S. 1822), aktuell geändert aufgrund Verordnung zur Änderung der Zwangsvollstreckungsformular-Verordnung vom 16.6.2014 (BGBl. I 2014, S. 754). Auf der Grundlage von § 758a Abs. 6 und § 829 Abs. 4 ZPO hat das BMJ ein Formular für den Antrag auf Erlass einer richterlichen Durchsuchungsanordnung (**Muster 11**) und Formulare für den Antrag auf Erlass eines Pfändungs- und Überweisungsbeschlusses eingeführt.

Allerdings ist bzw. war von Anfang an nicht eindeutig, ob der Formzwang nur für den Antrag selbst gilt (§ 2 ZVFV: „Für den *Antrag auf Erlass* ... werden folgende Formulare eingeführt ...") oder auch für das gesamte Formular, einschließlich des gerichtlichen Beschlusses (§ 3 ZVFV: „Vom 1. März 2013 an sind die ... *Formulare verbindlich*"). Keine Klarheit bringt auch die Änderungsverordnung vom 16.6.2014. Nach Art. 1 Änderungs-VO wird dem § 2 ZVFV folgender Satz angefügt: „Soweit die Forderung durch einen Beschluss bereits gepfändet worden ist, ist für den *Antrag auf Überweisung* dieser Forderung die *Nutzung der Formulare* nicht verbindlich." Nach dem neuen § 3 Abs. 1 Satz 1 ZVFV gilt: Inhaltliche Abweichungen von den Formularen sind nicht zulässig. § 3 Abs. 3 ZVFV (neu) lautet: Soweit für den *beabsichtigten* Antrag keine zweckmäßige Eintragungsmöglichkeit in dem *Formular* besteht, kann ein geeignetes Freifeld oder eine Anlage genutzt werden ...

Der Verordnungsgeber unterscheidet weiterhin nicht klar und eindeutig zwischen Antrag auf der einen und dem Formularentwurf auf der anderen Seite. Letzterer ist nur ein Entwurf für den zu erlassenden gerichtlichen Beschluss. (Interessant dürfte auch die Frage sein, was ein *beabsichtigter Antrag* überhaupt sein soll? In jedem Falle ein Beispiel für schlechte Formulierung).

Richtig sein kann nur, dass der **Antrag** auf Erlass des Pfändungs- und Überweisungsbeschlusses verbindlich vorgegeben wird. Der Inhalt des gerichtlichen Beschlusses selbst kann nicht vom Verordnungsgeber verbindlich vorgeschrieben werden.

Wenn der Verordnungsgeber nach § 3 ZVFV a.F., § 5 ZVFV n.F. die Formulare ab dem 1.3.2013 bzw. ab dem 1.11.2014 für verbindlich erklärt, kann dies so ausgelegt werden, dass für den Antragsteller nicht nur der Antrag, sondern das gesamte Formular (= Formularfelder) verbindlich auszufüllen ist (so auch Thomas/Putzo/*Seiler*, § 829 ZPO Rz. 51a). Dies korrespondiert mit dem Gesetzestext in § 829 Abs. 4 Satz 2 ZPO, der Antragsteller muss die verbindlichen Formulare benutzen und wohl auch die neuen Texten nach der Änderungs-VO. Dies ändert aber nichts an der Tatsache, dass die weiteren Formularfelder nach dem Antrag nur als „Entwurf" für den zu erlassenden Pfändungs- und Überweisungsbeschluss dienen. Das Vollstreckungsgericht ist an die ausgefüllten Formularfelder textlich nicht gebunden. Nach Stöber (Zöller/*Stöber*, § 829 ZPO Rz. 43) sind daher für den Antragsteller die Formularfelder im Entwurf für den Pfändungs- und Überweisungsbeschluss ebenfalls nicht verbindlich. Allerdings sind nach § 3 Abs. 1 Satz 1 ZVFV n.F. inhaltliche Abweichungen von den Formularen unzulässig.

Der Verordnungsgeber sieht dies offenbar weitgehend anders. Auf der Seite des BMJ (http://www.bmj.de/DE/Buerger/verbraucher/Zwangsvollstreckung Pfaendungsschutz/_doc/_faq_doc.html?nn=1512734#[3]) werden zahlreiche Fragen zu den Formularen beantwortet. Hierunter ist auch die Frage Nr. 3: „Muss ich die neuen Formulare benutzen oder kann ich meine alten Vordrucke aufbrauchen?" Die Antwort lautet: „Ziel der Einführung der neuen Formulare ist eine Effizienzsteigerung insbesondere bei den Gerichten. Deshalb hat der Gesetzgeber bestimmt, dass der Antragsteller/die Antragstellerin die Formulare benutzen muss. Allerdings darf der Antragsteller/die Antragstellerin während einer Übergangszeit von sechs Monaten wählen, ob er/sie die neuen Formulare oder alte Vordrucke nutzen möchte. Die Übergangszeit ist am 28.2.2013 abgelaufen. Vom 1.3.2013 an müssen die neuen Formulare verbindlich genutzt werden. In rechtlicher Hinsicht ist dabei das Eingangsdatum beim Gericht maßgeblich." Der Verordnungsgeber geht offenbar davon aus, dass das gesamte Formular (Antrag + weitere Formularfelder) für den Antragsteller verbindlich ist.

Allerdings hat der BGH **aktuell** durch Beschluss vom 13.2.2014, VII ZB 39/13 (Rpfleger 2014, 272 = WM 2014, 512) entschieden:

a) Die den Formularzwang für Anträge auf Erlass eines Pfändungs- und Überweisungsbeschlusses regelnden Rechtsnormen können verfassungskonform dahingehend ausgelegt werden, dass der Gläubiger vom Formularzwang entbunden ist, soweit das Formular unvollständig, unzutreffend, fehlerhaft oder missverständlich ist.

b) In diesen, seinen Fall nicht zutreffend erfassenden Bereichen ist es nicht zu beanstanden, wenn er in dem Formular Streichungen, Berichtigungen oder Ergänzungen vornimmt oder das Formular insoweit nicht nutzt, sondern auf beigefügte Anlagen verweist.

c) Ein Antrag auf Erlass eines Pfändungs- und Überweisungsbeschlusses ist nicht formunwirksam, wenn sich der Antragsteller eines Antragsformulars bedient, das im Layout geringe, für die zügige Bearbeitung des Antrags nicht ins Gewicht fallende Änderungen enthält.

d) Ein Antrag auf Erlass eines Pfändungs- und Überweisungsbeschlusses ist auch nicht deshalb formunwirksam, weil das Antragsformular nicht die in dem Formular gemäß Anlage 2 zu § 2 Nr. 2 ZVFV enthaltenen grünfarbigen Elemente aufweist.

In den Gründen des Beschlusses heißt es u.a.:

„... Gemessen hieran würde der allgemeine Justizgewährungsanspruch in verfassungswidriger Weise eingeschränkt, wenn der gesetzlich geregelte Formularzwang so zu verstehen wäre, dass die Formulare ohne Einschränkung zu verwenden wären. Mit dem Formularzwang wird insbesondere eine Entlastung der Vollstreckungsgerichte bezweckt. Durch die Vereinheitlichung der Antragsformulare soll die Effizienz bei der Bearbeitung der Anträge bei Gericht gesteigert werden (vgl. BT-Drucks. 13/341, S. 11; BR-Drucks. 326/12, S. 1). Die Umsetzung dieses in Anbetracht der Vielschichtigkeit der Forderungspfändung anspruchsvollen gesetzgeberischen Anliegens durch die verbindliche Vorgabe des Formulars gemäß Anlage 2 zu § 2 Nr. 2 ZVFV schränkt den Anspruch des Rechtsuchenden auf effektiven Rechtsschutz unverhältnismäßig ein. **Das vorgegebene, verbindlich zu nutzende Formular ist an mehreren Stellen unvollständig und zum Teil widersprüchlich sowie missverständlich. Zudem weist es in Teilbereichen rechtliche Unzulänglichkeiten auf ...**

Beispielhaft sei ausgeführt:

aa) Forderungsaufstellung (Seite 3): Die Forderungsaufstellung auf Seite 3 zeigt sich für eine Vielzahl der praktischen Fälle als ungeeignet. Sie ist darüber hinaus in sich missverständlich.

So ist aufgrund des Aufbaus des Formulars, das in der ersten und vorletzten Zeile die Möglichkeit vorsieht, auf eine anliegende Forderungsaufstellung zu verweisen, unklar, ob zwingend in der ersten Spalte ein Betrag einzutragen ist oder ob alternativ dazu auf eine beigefügte Forderungsaufstellung verwiesen werden kann.

Hinweise für die Benutzung

Missverständlich sind zudem die Zeilen 3 und 4 betreffend die Zinsansprüche. So kann das Formular dahingehend verstanden werden, dass in der ersten Spalte die ausgerechneten Zinsen einzutragen sind, die sodann in der zweiten Spalte erläutert werden, wofür der Gesamtaufbau der Forderungsaufstellung spricht. Bei einem solchen Verständnis des Formulars findet der Antragsteller jedoch keine Eintragungsmöglichkeit für die weiteren, ab Antragstellung laufenden Zinsen. Die Zeilen 3 und 4 können jedoch auch dahingehend aufgefasst werden, dass in die linke Spalte die ausgerechneten aufgelaufenen Zinsen und in die zweiten Spalte die weiteren Zinsen ab Antragstellung aufzunehmen sind.

Das Formular ist darüber hinaus in den Fällen, in denen wegen mehrerer Hauptforderungen die Vollstreckung betrieben wird, ungeeignet, da lediglich eine Hauptforderung in die Forderungsaufstellung eingetragen werden kann ... Ob der Gläubiger die Forderungsaufstellung dennoch (teilweise) nutzen muss und eventuell die Summe der Forderungen in die Summenzeile eintragen muss oder insgesamt auf eine Anlage verweisen kann, erschließt sich nicht.

Das Formular erlaubt zudem weder die Eintragung von Teilzahlungen des Schuldners noch von gestaffelten Zinsen. Für den Antragsteller ist in diesen Fällen nicht erkennbar, ob – und wenn ja welche – Beträge in die Forderungsaufstellung aufzunehmen sind und inwieweit auf eine Anlage verwiesen werden darf.

Darüber hinaus ist die Eintragung einer Vorsteuerabzugsberechtigung, was hinsichtlich der Vollstreckungskosten erforderlich sein kann, nicht vorgesehen. Auch insoweit bleibt unklar, an welcher Stelle eine entsprechende Eintragung vorzunehmen ist.

Das Formular eröffnet dem Antragsteller hinsichtlich der zu pfändenden Ansprüche keine genügende Auswahlmöglichkeit. Hat der Gläubiger auf Seite 4 in dem ersten Kasten „Forderung aus Anspruch" einen oder mehrere Bereiche ausgewählt, so ist der Antrag unumgänglich auf Pfändung sämtlicher in dem Formular dem ausgewählten Drittschuldner zugeordneter Ansprüche gerichtet. Zudem besteht, wenn auf Seite 3 unten mehrere Drittschuldner eingetragen werden, keine Möglichkeit, die zu pfändenden Forderungen auf den Seiten 4 bis 6 sowie die Anordnungen auf den Seiten 7 und 8 den einzelnen Drittschuldnern zuzuordnen. Stets wird dadurch bei allen Drittschuldnern die Pfändung der gleichen Ansprüche und der Erlass der gleichen Anordnungen beantragt. Die Dispositionsbefugnis des Gläubigers wird durch diese verbindlichen Vorgaben des Formulars in rechtswidriger Weise eingeschränkt ...

Darüber hinaus besteht auch keine Möglichkeit, die Felder „Anspruch C (an Finanzamt)" bis „Anspruch G (an Sonstige)" auf den Seiten 4 bis 6 sowie die Anordnungen auf den Seiten 7 und 8 auszublenden, soweit sie für den konkreten Antrag nicht von Relevanz sind. Der Antragsteller ist gehalten, stets das gesamte neunseitige Antragsformular bei dem Voll-

streckungsgericht einzureichen, obschon mehrere Seiten für seinen konkreten Antrag ohne Bedeutung sein können.

Nicht zuletzt im Hinblick auf die im Bereich der Forderungspfändung häufig bestehende Eilbedürftigkeit ist die uneingeschränkte verbindliche Nutzung des Formulars für den einzelnen Rechtsuchenden daher unzumutbar.

Nach diesen Grundsätzen sind die den Formularzwang regelnden Normen verfassungsgemäß dahingehend auszulegen, dass der Gläubiger vom Formularzwang entbunden ist, soweit das Formular unvollständig, unzutreffend, fehlerhaft oder missverständlich ist. In diesen, seinen Fall nicht zutreffend erfassenden Bereichen ist es nicht zu beanstanden, wenn er in dem Formular Streichungen, Berichtigungen oder Ergänzungen vornimmt oder das Formular insoweit nicht nutzt, sondern auf beigefügte Anlagen verweist.

Fazit:

Nach dieser Entscheidung des BGH vom 13.2.2014 wartete die Praxis gespannt, wie das BMJ reagieren würde. Die geringfügigen Änderungen aufgrund der Änderungs-VO vom 16.6.2014 zeigen, dass das BMJ so gut wie nicht reagiert hat. Die „SEPA-Umstellung" leuchtet ein, ebenfalls u.a. die Trennung in Pfändungs- und Überweisungsbeschluss, aber die Kernprobleme sind geblieben.

Auch wenn der BGH die Unterscheidung in Antrag und gesamtes Formular nicht erörtert hat, bin ich weiterhin der Auffassung, dass in erster Linie nur der Antrag verbindlich ist und nicht das gesamte Formular. Für das vorliegende Werk bleibe ich daher bei dem den jeweiligen Formularen vorangestellten Hinweis, entweder den zu pfändenden Anspruch im Feld „G" einzutragen oder eine gesonderte Anlage zu benutzen.

In den nachfolgenden „Mustern" wird davon ausgegangen, dass der Antrag in jedem Falle verbindlich ist. Es wird weiter davon ausgegangen, dass auch die Formularfelder vom Antragsteller soweit möglich und rechtlich zulässig genutzt werden müssen. Falls der Antragsteller von dem vorgegebenen Formularinhalt abweichen möchte, muss er dies kenntlich machen, das Vollstreckungsgericht muss dann ggf. den beigefügten Beschlussentwurf bei seiner Entscheidung ändern. Dies gilt insbesondere immer dann, wenn bei den Formularfeldern der vorgegebene Text fehlerhaft, ungenau oder in der Rechtsprechung strittig behandelt wird. Hierauf wird bei den jeweiligen Mustern ausdrücklich hingewiesen.

Erläuterungen zu den einzelnen Mustern sind nach gleichbleibendem Schema in die Zifferngruppen 1, 2 und 3 gegliedert:

Zifferngruppe 1 behandelt Materiellrechtliches zu dem zu pfändenden Anspruch oder anderem Recht.

Zifferngruppe 2 behandelt dessen Pfändung und Verwertung.

Zifferngruppe 3 gibt bei Bedarf besondere Hinweise, z.B. zum Rechtsweg oder zur Abgrenzung von ähnlichen Ansprüchen.

4. Die **Muster 12 ff.** zeigen den „**speziellen Teil**" des Pfändungsantrags bzw. des Pfändungs- und Überweisungsbeschlusses, auch bezüglich etwa angezeigter anderweitiger Verwertung, ohne Rubrum, Forderungsberechnung usw. Dieser „spezielle Teil" ist entweder identisch mit dem ab dem 1.3.2013 verbindlichen Formulartext oder kann ansonsten in dem amtlichen Vordruck unter „Anspruch D (an Sonstige)" eingefügt werden oder ist in einer beizufügenden Anlage gesondert aufzuführen. Soweit eine andere Ansicht vertreten wird, als in dem amtlichen Vordruck vorgesehen, wird ausdrücklich darauf hingewiesen.

Hinweis:

In dem amtlichen Formular lautet der Text zu dem Verbot an den Drittschuldner (Arrestatorium), das Gebot an den Schuldner (Inhibitorium) und die Überweisung:

„Der Drittschuldner darf, soweit die Forderung gepfändet ist, an den Schuldner nicht mehr zahlen. Der Schuldner darf insoweit nicht über die Forderung verfügen, sie insbesondere nicht einziehen.

Zugleich wird dem Gläubiger die zuvor bezeichnete Forderung in Höhe des gepfändeten Betrages

☐ zur Einziehung überwiesen.

☐ an Zahlungs statt überwiesen."

In den Mustern findet sich wiederholt ein sprachlich angepasster Text, da z.B. bei einem anderen Vermögensrecht der Begriff „Forderung" nicht passt. Die Notwendigkeit, sich im Pfändungs- und Überweisungsbeschluss exakt und möglichst eindeutig auszudrücken, ist ebenso verpflichtend wie in jedem anderen Bereich auch. Es gilt insbesondere gegenüber dem Drittschuldner und Schuldner klare, unmissverständliche und eindeutige Anweisungen zu geben. Der Inhalt des Beschlusses sollte dies auch mit Hilfe einer korrekt gewählten Sprache erfüllen.

Ist die Vollstreckungsforderung niedriger als die zu pfändende Forderung, so muss zur Vermeidung einer Überpfändung klargestellt werden, dass es sich um eine **Teilpfändung** handelt, z.B. durch folgende Formulierungen:

Wegen dieser Ansprüche, ... und in Höhe dieser Beträge wird der entsprechende Teil der angeblichen Forderung des Schuldners gegen ... gepfändet, der gepfändete Teil der Forderung hat **Vorrang vor dem Rest**.

Dies ist in dem amtlichen Vordruck nicht vorgesehen. Der Antragsteller sollte dies in seinem Antrag formulieren und darauf achten, dass das Gericht dies im Beschluss übernommen hat.

5. Beginnen mehrere Zeilen eines Musters mit einem **Gedankenstrich**, bedeutet das den Hinweis, dass **mehrere Alternativen** gezeigt sind, unter denen zu wählen ist.

6. Im **Anhang** sind Auszüge aus der Abgabenordnung, der Geschäftsanweisung für Gerichtsvollzieher und dem NATO-Truppenstatut abgedruckt.

Inhaltsverzeichnis

	Seite
Vorwort	V
Hinweise für die Benutzung	VII
Abkürzungs- und Literaturverzeichnis	XXI

Einleitung: Zwangsvollstreckungsvoraussetzungen

1. Wesen und Aufgaben der Zwangsvollstreckung	1
2. Arten der Zwangsvollstreckung	1
3. Zwangsvollstreckung wegen Geldforderungen	2
4. Die Organe der Zwangsvollstreckung	3
4.1 Der Gerichtsvollzieher	3
4.2 Das Vollstreckungsgericht	4
4.3 Das Prozessgericht erster Instanz	5
4.4 Das Grundbuchamt	5
4.5 Die Schiffsregisterbehörde	5
5. Die örtliche Zuständigkeit der Vollstreckungsorgane	5
6. Der Antrag des Vollstreckungsgläubigers	6
7. Die Voraussetzungen der Zwangsvollstreckung	6
7.1 Allgemeine Voraussetzungen der Zwangsvollstreckung (§ 750 ZPO)	6
7.1.1 Der Vollstreckungstitel	7
7.1.2 Zustellung des Vollstreckungstitels	13
7.1.3 Die Vollstreckungsklausel	13
7.2 Besondere Voraussetzungen der Zwangsvollstreckung	14
7.3 Vollstreckungshindernisse	15
8. Die Reihenfolge der Vollstreckungsmaßnahmen	18
9. Der Antrag auf Pfändung beweglicher Sachen	19
10. Der Antrag auf Abnahme der Vermögensauskunft	20
11. Der Antrag auf Pfändung und Überweisung von Forderungen und anderen Rechten	20
12. Zustellung des Pfändungs- (und Überweisungs-)Beschlusses	23
13. Unpfändbare und bedingt pfändbare Forderungen und Ansprüche	23
14. Zur Pfändbarkeit ausgewählter Forderungen und Rechte	24
15. Rechtsstellung des Drittschuldners	27
16. Die Klage gegen den Drittschuldner	29
17. Vorpfändung (vorläufiges Zahlungsverbot)	32
18. Sicherungsvollstreckung	32
19. Zusammentreffen mehrerer Pfändungspfandrechte und von Abtretungen und Pfändungen an ein und demselben Gegenstand	33

Seite

20. Die Zwangsvollstreckung gegen juristische Personen des öffentlichen Rechts 35
21. Rechtsbehelfe im Zwangsvollstreckungsverfahren 36
   21.1 Allgemeines 36
   21.2 Die einzelnen Rechtsbehelfe 37
      21.2.1 Rechtsbehelfe „gegen den Titel" 37
      21.2.2 Einwendungen gegen die Vollstreckungsklausel .. 39
      21.2.3 Klage auf Erteilung der Vollstreckungsklausel ... 40
      21.2.4 Rechtsbehelfe gegen Eingriffe in Drittvermögen und Drittbesitz 40
      21.2.5 Erinnerung und befristete Erinnerung 40
      21.2.6 Sofortige Beschwerde 41
      21.2.7 Antrag auf Vollstreckungsschutz nach § 765a ZPO 42
      21.2.8 Einstweilige Einstellung 42
22. Die Kosten der Zwangsvollstreckung 42
   22.1 Wer trägt die Kosten der Zwangsvollstreckung? 42
   22.2 Beitreibung der Kosten der Zwangsvollstreckung 44

Antrag auf Erlass eines Pfändungs- und Überweisungsbeschlusses „insbesondere wegen gewöhnlicher Geldforderungen" 45

Allgemeine Anträge und Erklärungen im Vollstreckungsverfahren, die regelmäßig der Forderungspfändung unterliegen

Muster   Seite
1 Antrag auf Erteilung einer weiteren vollstreckbaren Ausfertigung 55
2 Vollstreckungsauftrag 57
3 Antrag auf Gestattung der Wohnungsdurchsuchung 66
4 Antrag auf Genehmigung der Vollstreckung zur Nachtzeit und an Sonn- und Feiertagen 72
5 Antrag auf Abnahme der Vermögensauskunft 73
6 Verhaftungsauftrag 84
7 Vorläufiges Zahlungsverbot, Pfändungsbenachrichtigung, Vorpfändung 85
8 Beispiel einer Drittschuldnererklärung 89
9 Beispiel einer Drittschuldnererklärung mit Aufrechnung 89
10 Streitverkündung nach § 841 ZPO 95
11 Auskunftsverlangen – Eidesstattliche Versicherung nach § 836 Abs. 3 ZPO 96

ABC der zu pfändenden Forderungen und Rechte

12 Ärzte, Zahnärzte, Tierärzte I 99
13 Ärzte, Zahnärzte, Tierärzte II 103
14 Altenteil I 110

Muster		Seite
15	Altenteil II	111
16	Ankaufsrecht	114
17	Anwartschaft auf den Eigentumserwerb bei Eigentumsvorbehalt an einer beweglichen Sache	115
18	Arbeitnehmer-Erfindervergütung	119
19	Arbeitseinkommen I	122
20	Arbeitseinkommen II	135
21	Arbeitseinkommen III	145
22	Arbeitseinkommen IV	146
23	Arbeitseinkommen V	151
23a	Angehöriger der U.S.-Armee oder U.S.-Marine	152
23b	Angehöriger der U.S.-Luftwaffe	153
24	Arbeitseinkommen VI	159
25	Arbeitseinkommen VII	161
26	Auflassung I	165
27	Auflassung II	166
28	Auflassung III	167
29	Auflassung IV	168
30	Auflassung V	169
31	Auflassung VI	169
32	Auflassung VII	170
33	Auflassung VIII	171
34	Automatenaufstellvertrag	176
35	Banken und Sparkassen	179
36	Bankguthaben, Sparkassenguthaben	186
37	Bauhandwerkerforderung I	201
38	Bauhandwerkerforderung II	201
39	Bausparguthaben	203
40	Bedienungsgeld	207
41	Bezugsrecht auf neue Aktien	209
42	Briefhypothek I	210
43	Briefhypothek II	211
44	Briefhypothek III	212
45	Briefhypothek IV	213
46	Briefhypothek V	214
47	Bruchteilsgemeinschaft I	222
48	Bruchteilsgemeinschaft II	223
49	Buchhypothek I	227
50	Buchhypothek II	228
51	Buchhypothek III	229
52	Buchhypothek IV	230
53	Darlehensgewährung (Kreditzusage)	233
54	Darlehensrückzahlung	234
55	Dauerwohnrecht/Dauernutzungsrecht I	237
56	Dauerwohnrecht/Dauernutzungsrecht II	238
57	Dauerwohnrecht/Dauernutzungsrecht III	239

Inhaltsverzeichnis

Muster		Seite
58	Dauerwohnrecht/Dauernutzungsrecht IV	240
59	Dienstbarkeit I	242
60	Dienstbarkeit II	243
61	Eigentümer-Briefgrundschuld I	246
62	Eigentümer-Briefgrundschuld II	247
63	Eigentümer-Briefgrundschuld III	248
64	Eigentümer-Briefgrundschuld IV	249
65	Eigentümer-Briefgrundschuld V	250
66	Eigentümer-Briefgrundschuld VI	251
67	Eigentümer-Briefgrundschuld VII	252
68	Eigentümer-Briefgrundschuld VIII	253
69	Eigentümer-Briefgrundschuld IX	254
70	Eigentümer-Buchgrundschuld I	255
71	Eigentümer-Buchgrundschuld II	255
72	Eigentümer-Buchgrundschuld III	256
73	Eigentümer-Buchgrundschuld IV	257
74	Eigentümer-Briefhypothek	258
75	Eigentümer-Buchhypothek	259
76	Erbbauzins, Erbbaurecht	264
77	Gebrauchsmuster	266
78	Genossenschaft	269
79	Geschmacksmuster, seit dem 1.1.2014: Eingetragenes Design	273
80	Gesellschaft Bürgerlichen Rechts I	275
81	Gesellschaft Bürgerlichen Rechts II	276
82	Gesellschaft mit beschränkter Haftung bzw. Unternehmergesellschaft I	284
83	Gesellschaft mit beschränkter Haftung bzw. Unternehmergesellschaft II	285
84	Gesellschaft mit beschränkter Haftung bzw. Unternehmergesellschaft III	286
85	Grundschuld mit Brief I – Rückgewährsanspruch	296
86	Grundschuld mit Brief II	297
87	Grundschuld mit Brief III	298
88	Grundschuld mit Brief IV	299
89	Grundschuld ohne Brief I – Rückgewährsanspruch	300
90	Grundschuld ohne Brief II	301
91	Grundschuld ohne Brief III	302
92	Gütergemeinschaft I	307
93	Gütergemeinschaft II	308
94	Haftentschädigungsanspruch aus Strafverfolgungsmaßnahmen	314
95	Heimarbeitsvergütung I	317
96	Heimarbeitsvergütung II	317
97	Herausgabeanspruch	319
98	Hinterlegung	321
99	Höchstbetragshypothek I	323

Muster		Seite
100	Höchstbetragshypothek II	324
101	Höchstbetragshypothek III	324
102	Höchstbetragshypothek IV	325
103	Internet-Domain	328
104	Jagdrecht I	332
105	Jagdrecht II	333
106	Kaufvertrag I	334
107	Kaufvertrag II	335
108	Kaufvertrag III	336
109	Kommanditgesellschaft I	340
110	Kommanditgesellschaft II	341
111	Kontokorrent (ohne Bankkontokorrent)	343
112	Kreditkarten I	347
113	Kreditkarten II	347
114	Lebensversicherung I	348
115	Lebensversicherung II	349
116	Leibrente	362
117	Lizenz	363
118	Marke	366
119	Mietvertrag, Pachtvertrag	370
120	Mietvorauszahlung I	372
121	Mietvorauszahlung II	373
122	Miteigentum an einer beweglichen Sache	374
123	Miterbenanteil I	377
124	Miterbenanteil II	378
125	Nacherbschaft I	381
126	Nacherbschaft II	382
127	Nacherbschaft III	383
128	Nießbrauch I	385
129	Nießbrauch II	386
130	Offene Handelsgesellschaft I	391
131	Offene Handelsgesellschaft II	392
132	Patent	396
133	Pflichtteilsanspruch	401
134	Postbank	405
135	Reallast I	407
136	Reallast II	408
137	Reallast III	409
138	Rechtsanwaltsgebühren I	411
139	Rechtsanwaltsgebühren II	411
140	Rechtsanwaltsversorgung	415
141	Rentenschuld mit Brief I	420
142	Rentenschuld mit Brief II	421
143	Rentenschuld ohne Brief I	422
144	Rentenschuld ohne Brief II	422
145	Sachversicherung	424

Inhaltsverzeichnis

Muster — Seite

146 Sachverständigenvergütung 426
147 Schadensersatzanspruch wegen Vollstreckung aus einem später aufgehobenen Titel 427
148 Scheckforderung I 430
149 Scheckforderung II 431
150 Schenkung I 434
151 Schenkung II 435
152 Schenkung III 436
153 Schiffshypothek I 440
154 Schiffshypothek II 441
155 Schiffspart 445
156 Schmerzensgeld I 449
157 Schmerzensgeld II 449
158 Sicherungsübereignung I 450
159 Sicherungsübereignung II 451
160 Soldatenbezüge I 453
161 Soldatenbezüge II 454
162 Soldatenbezüge III 455
163 Soldatenbezüge IV 455
164 Sozialleistungen I 462
165 Sozialleistungen II 462
166 Sparguthaben I 486
167 Sparguthaben II 488
168 Stahlkammerfach/Banksafe 492
169 Steuererstattungsanspruch I 494
170 Steuererstattungsanspruch II 496
171 Steuererstattungsanspruch III 496
172 Stille Gesellschaft I 504
173 Stille Gesellschaft II 504
174 Taschengeldanspruch 506
175 Treuhandschaft 511
176 Unfallversicherung 514
177 Unterhaltsansprüche von Ehegatten/eingetragenen Lebenspartnern 515
178 Urheberrecht 517
179 Verkehrsunfall I 523
180 Verkehrsunfall II 523
181 Verlagsvertrag I 526
182 Verlagsvertrag II 527
183 Verlöbnis 530
184 Vermächtnis I 531
185 Vermächtnis II 532
186 Vermögenswerte Ost, Vermögensgesetz 535
187 Versteigerungserlös aus der Mobiliarversteigerung I ... 537
188 Versteigerungserlös aus der Mobiliarversteigerung II .. 537
189 Vertreterprovision 539

Muster		Seite
190	Vorkaufsrecht	541
191	Wechsel und andere indossable Wertpapiere	545
192	Wiederkaufsrecht (Rückkaufsrecht)	551
193	Zeugenentschädigung	552
194	Zugewinnausgleich	553
195	Zwangsversteigerungserlös I	556
196	Zwangsversteigerungserlös II	557
197	Zwangsversteigerungserlös III	558
198	Zwangsversteigerungserlös IV	559
199	Zwangsversteigerungserlös V	560
200	Zwangsversteigerungserlös VI	560
201	Zwangsversteigerungserlös VII	561
202	Zwangsverwaltungserlös	568

Anhang

	Seite
1. Die NATO-Streitkräfte als Drittschuldner	571
2. Abgabenordnung (AO) – Auszug	575
3. Geschäftsanweisung für Gerichtsvollzieher (GVGA) – Auszug	582
4. Zivilprozessordnung (ZPO) – Auszug	621

Sachverzeichnis 631

Abkürzungs- und Literaturverzeichnis

ABl EG	Amtsblatt der Europäischen Gemeinschaften
ABl EU	Amtsblatt der Europäischen Union
Abs.	Absatz
Abschn.	Abschnitt
a.E.	am Ende
a.F.	alte Fassung
AFG	Arbeitsförderungsgesetz
AG	Amtsgericht, Aktiengesellschaft
AGS	Anwaltsgebühren-Spezial (Jahr und Seite)
AktG	Aktiengesetz
ALB	Allgemeine Lebensversicherungsbedingungen
ALG	Arbeitslosengeld
allg.M.	allgemeine Meinung
AnwBl.	Anwaltsblatt (Jahr und Seite)
AO	Abgabenordnung
AP	Nachschlagewerk des Bundesarbeitsgerichts, zit. nach Gesetzesstelle und Entscheidungsnummer
ArbG	Arbeitsgericht
ArbGG	Arbeitsgerichtsgesetz
ArbnErfG	Arbeitnehmererfindungsgesetz
BaföG	Bundesausbildungsförderungsgesetz
BAG	Bundesarbeitsgericht
BAGE	Entscheidungen des Bundesarbeitsgerichts
BauGB	Baugesetzbuch
Baumbach/Hueck	Kommentar zum GmbH-Gesetz, 20. Aufl. 2013
Baumbach/Lauterbach/Albers/Hartmann	Kommentar zur Zivilprozessordnung, 72. Aufl. 2014
BayBS	Bereinigte Sammlung des bayerischen Landesrechts
BayGVBl.	Bayerisches Gesetz- und Verordnungsblatt (Jahr und Seite)
BayObLG	Bayerisches Oberstes Landesgericht
BayObLGZ	Entscheidungen des Bayerischen Obersten Landesgerichts in Zivilsachen
BB	Der Betriebsberater (Jahr und Seite)
BeckRS	Beck-Rechtsprechung (Jahr und Nummer)
Bek.	Bekanntmachung
Bem.	Bemerkung
BErzGG	Bundeserziehungsgeldgesetz
BetrAVG	Gesetz zur Verbesserung der betrieblichen Altersversorgung

XXI

BezG	Bezirksgericht
BezO	Bezirksordnung
BFH	Bundesfinanzhof
BFH/NV	Sammlung amtlich nicht veröffentlichter Entscheidungen des BFH (Jahr und Seite)
BGB	Bürgerliches Gesetzbuch
BGBl.	Bundesgesetzblatt
BGH	Bundesgerichtshof
BGHZ	Entscheidungen des Bundesgerichtshofs in Zivilsachen
Boewer	Handbuch der Lohnpfändung, 1. Aufl. 2004
BPatG	Bundespatentgericht
Brox/Walker	Zwangsvollstreckungsrecht, 10. Aufl. 2014
BSG	Bundessozialgericht
BSHG	Bundessozialhilfegesetz
BStBl.	Bundessteuerblatt
BT-Drucks.	Bundestagsdrucksache
Büttner/Niepmann/ Schwamb	Die Rechtsprechung zur Höhe des Unterhalts, 12. Aufl. 2013
BVerfG	Bundesverfassungsgericht
BVerfGE	Entscheidungen des Bundesverfassungsgerichts
BVerwG	Bundesverwaltungsgericht
BVerwGE	Entscheidungen des Bundesverwaltungsgerichts
BVG	Bundesversorgungsgesetz
Dassler/Schiffhauer/ Hintzen/Engels/ Rellermeyer	Kommentar zum ZVG, 14. Aufl. 2013
DB	Der Betrieb (Jahr und Seite)
DGVZ	Deutsche Gerichtsvollzieher Zeitung (Jahr und Seite)
DPA	Deutsches Patentamt
DVO	Durchführungsverordnung
DZWIR	Deutsche Zeitschrift für Wirtschafts- und Insolvenzrecht (Jahr und Seite)
EFG	Eigentumsfristengesetz
eG	eingetragene Genossenschaft
EGBGB	Einführungsgesetz zum Bürgerlichen Gesetzbuch
EGZPO	Einführungsgesetz zur Zivilprozessordnung
Einl.	Einleitung
ErbbauRG	Gesetz über das Erbbaurecht
Erman	Handkommentar zum Bürgerlichen Gesetzbuch, 14. Aufl. 2014
EStG	Einkommensteuergesetz
EU	Europäische Union
EuGH	Europäischer Gerichtshof

EuGVÜ	Übereinkommen vom 27.9.1968 über die gerichtliche Zuständigkeit und die Vollstreckung gerichtlicher Entscheidungen in Zivil- und Handelssachen (Gesetz vom 24.7.1972, BGBl II 773; konsolidierte Fassung des Übereinkommens: ABl EG 1998 Nr. C 27 S. 1)
EuGVVO	Verordnung (EG) Nr. 44/2001 des Rates vom 22.12.2000 über die gerichtliche Zuständigkeit und die Anerkennung und Vollstreckung von Entscheidungen in Zivil- und Handelssachen (ABl EG 2001 Nr. L 12 S. 1)
EuInsVO	Verordnung (EG) Nr. 1346/2000 des Rates vom 29.5.2000 über Insolvenzverfahren (ABl EG Nr. L 160 S. 1)
EuZustVO	Verordnung (EG) Nr. 1393/2007 des Europäischen Parlaments und des Rates vom 13.11.2007 über die Zustellung gerichtlicher und außergerichtlicher Schriftstücke in Zivil- oder Handelssachen in den Mitgliedstaaten („Zustellung von Schriftstücken") und zur Aufhebung der Verordnung (EG) Nr. 1348/2000 des Rates (ABl EU Nr. L 324 S. 79)
EuZW	Europäische Zeitschrift für Wirtschaftsrecht (Jahr und Seite)
EWiR	Entscheidungen zum Wirtschaftsrecht (Jahr und Seite)
EZB	Europäische Zentralbank
FamFG	Gesetz über das Verfahren in Familiensachen und in den Angelegenheiten der freiwilligen Gerichtsbarkeit
FamRZ	Zeitschrift für das gesamte Familienrecht (Jahr und Seite)
FG	Finanzgericht
Fl.St.	Flurstück
Fl.Nr.	Flurnummer
Gaul/Schilken/ Becker-Eberhard	Zwangsvollstreckungsrecht, 12. Aufl. 2010
GBA	Grundbuchamt
GBl.	Gesetzblatt
GBO	Grundbuchordnung
GBV	Grundbuchverfügung
Gem.	Gemeinde, Gemarkung
GenG	Genossenschaftsgesetz
GesO	Gesamtvollstreckungsordnung
GG	Grundgesetz

GKG	Gerichtskostengesetz
GmbH	Gesellschaft mit beschränkter Haftung
GmbHG	Gesetz betreffend die Gesellschaften mit beschränkter Haftung
GO	Gemeindeordnung
GNotKG	Gesetz über Kosten der freiwilligen Gerichtsbarkeit für Gerichte und Notare (Gerichts- und Notarkostengesetz) vom 23.7.2013 (BGBl. I S. 2586)
Grundeigentum	Das Grundeigentum (Jahr und Seite)
Grundz.	Grundzüge
GRUR	Gewerblicher Rechtsschutz und Urheberrecht (Jahr und Seite)
GVBl.	Gesetz- und Verordnungsblatt (Jahr und Seite)
GVG	Gerichtsverfassungsgesetz
GVGA	Geschäftsanweisung für Gerichtsvollzieher
Haarmeyer/Wutzke/Förster/Hintzen	Kommentar zur Zwangsverwaltung, 5. Aufl. 2011
HGB	Handelsgesetzbuch
HintO	Hinterlegungsordnung
Hintzen/Wolf	Zwangsvollstreckung, Zwangsversteigerung, Zwangsverwaltung, 2006
Hk-ZPO	Saenger, Zivilprozessordnung, Handkommentar, 5. Aufl. 2013 (zitiert: Hk-ZPO/*Bearbeiter*)
Hk-ZV	Kindl/Meller-Hannich/Wolf, Gesamtes Recht der Zwangsvollstreckung, Handkommentar, 2010 (zitiert: Hk-ZV/*Bearbeiter*)
HWG	Gesetz über die Altersversorgung für das deutsche Handwerk
HZPÜ	Haager Übereinkommen vom 1.3.1954 über den Zivilprozeß (Gesetz vom 18.12.1958, BGBl II 576)
HZÜ	Haager Übereinkommen vom 15.11.1965 über die Zustellung gerichtlicher und außergerichtlicher Schriftstücke im Ausland in Zivil- oder Handelssachen (Gesetz vom 22.12.1977, BGBl II 1452)
InVo	Insolvenz & Vollstreckung (Jahr und Seite) (erscheint nicht mehr)
InVorG	Investitionsvorranggesetz
JR	Juristische Rundschau
JurBüro	Das juristische Büro (Jahr und Seite)
JVEG	Justizvergütungs- und Entschädigungsgesetz
JW	Juristische Wochenschrift (Jahr und Seite)
JZ	Juristenzeitung (Jahr und Seite)

KG	Kammergericht; Kommanditgesellschaft
KostO	Kostenordnung
KV	Kostenverzeichnis
LAG	Landesarbeitsgericht
LG	Landgericht
LKrO	Landkreisordnung
LM	Das Nachschlagewerk des Bundesgerichtshofs in Zivilsachen, herausgegeben von Lindenmaier und Möhring, zit. nach Gesetzesstelle und Entscheidungsnummer
LPartG	Lebenspartnerschaftsgesetz
Ls	Leitsatz
LSG	Landessozialgericht
LVA	Landesversicherungsanstalt
MDR	Monatsschrift für Deutsches Recht (Jahr und Seite)
MünchKomm-BGB	Münchener Kommentar zum Bürgerlichen Gesetzbuch, 6. Aufl.
MünchKomm-InsO	Münchener Kommentar zur Insolvenzordnung, 3. Aufl.
MünchKomm-ZPO	Münchener Kommentar zur Zivilprozessordnung, 4. Aufl.
Musielak	Kommentar zur Zivilprozessordnung, 11. Aufl. 2014
NJ	Neue Justiz (Jahr und Seite)
NJOZ	Neue Juristische Online-Zeitschrift
NJW	Neue Juristische Wochenschrift (Jahr und Seite)
NJW-RR	NJW-Rechtsprechungsreport Zivilrecht (Jahr und Seite)
NotBZ	Zeitschrift für die notarielle Beratungs- und Beurkundungspraxis (Jahr und Seite)
NVwZ	Neue Zeitschrift für Verwaltungsrecht (Jahr und Seite)
NZA	Neue Zeitschrift für Arbeits- und Sozialrecht (Jahr und Seite)
NZA-RR	Neue Zeitschrift für Arbeits- und Sozialrecht-Rechtsprechungsreport (Jahr und Seite)
NZG	Neue Zeitschrift für Gesellschaftsrecht (Jahr und Seite)
NZI	Neue Zeitschrift für das Recht der Insolvenz und Sanierung (Jahr und Seite)
NZM	Neue Zeitschrift für Miet- und Wohnungsrecht (Jahr und Seite)

OHG	Offene Handelsgesellschaft
OLG	Oberlandesgericht
OLGR	OLGReport (i.V.m. Name des OLG, Jahr und Seite)
OLGZ	Entscheidungen der Oberlandesgerichte in Zivilsachen
Palandt	Kommentar zum Bürgerlichen Gesetzbuch, 73. Aufl. 2014 (zitiert: Palandt/*Bearbeiter*)
PartGG	Partnerschaftsgesellschaftsgesetz
PatG	Patentgesetz
PfÜB	Pfändungs- und Überweisungsbeschluss
P-Konto	Pfändungsschutzkonto
PostG	Gesetz über das Postwesen
Prütting/Gehrlein	Kommentar zur ZPO, 6. Aufl. 2014 (zitiert: Prütting/*Bearbeiter*)
Prütting/Wegen/ Weinreich	Kommentar zum BGB, 9 Aufl. 2014 (zitiert: Prütting/*Bearbeiter*)
RGBl.	Reichsgesetzblatt (Jahr und Seite)
RGZ	Entscheidungen des Reichsgerichts in Zivilsachen
Rpfleger	Der Deutsche Rechtspfleger (Jahr und Seite)
RPflG	Rechtspflegergesetz
RVG	Rechtsanwaltsvergütungsgesetz
RVO	Reichsversicherungsordnung
Rz.	Randziffer
SachenRÄndG	Sachenrechtsänderungsgesetz
SachenRBerG	Sachenrechtsbereinigungsgesetz vom 21.9.1994 (BGBl I 2457)
SachenR-DV	Verordnung zur Durchführung des Grundbuchbereinigungsgesetzes und anderer Vorschriften auf dem Gebiet des Sachenrechts (Sachenrechts-Durchführungsverordnung – SachenR-DV) vom 20.12.1994 (BGBl I 3900)
Sartorius I	Verfassungs- und Verwaltungsgesetze der Bundesrepublik Deutschland, Loseblattsammlung
ScheckG	Scheckgesetz
SchfG	Schornsteinfegergesetz in der Fassung vom 10.8.1998 (BGBl I 2071)
SchfHwG	Schornsteinfeger-Handwerksgesetz vom 26.11.2008 (BGBl I 2242)
SchlHA	Schleswig Holsteinische Anzeigen
Scholz	Kommentar zum GmbHG, 3 Bände, 11. Aufl. ab 2012

SchRegDV	Verordnung zur Durchführung der Schiffsregisterordnung in der Fassung vom 30.11.1994 (BGBl I 3631, 1995 I 249)
SchRegO	Schiffsregisterordnung in der Fassung vom 6.5.1994 (BGBl I 1133)
SchRegOÄndG	Gesetz zur Änderung der Schiffsregisterordnung vom 4.7.1980 (BGBl I 833)
SchRG	Gesetz über Rechte an eingetragenen Schiffen und Schiffsbauwerken vom 15.11.1940 (RGBl I 1499, BGBl III 403-4)
SchRGÄndG	Gesetz zur Änderung des Gesetzes über Rechte an eingetragenen Schiffen und Schiffsbauwerken, der Schiffsregisterordnung und des Gesetzes über die Zwangsversteigerung und die Zwangsverwaltung vom 4.12.1968 (BGBl I 1295)
SchRGDV	Verordnung zur Durchführung des Gesetzes über Rechte an eingetragenen Schiffen und Schiffsbauwerken vom 21.12.1940 (RGBl I 1609, BGBl III 403-4-1)
SchuldRÄndG	Schuldrechtsänderungsgesetz
Schuschke/Walker	Vollstreckung und Vorläufiger Rechtsschutz, Kommentar zum Achten Buch der ZPO, 5 Aufl. 2011
SG	Sozialgericht
SGB	Sozialgesetzbuch (römische Zahl = entspr. Buch)
SGB-AT	Sozialgesetzbuch – Allgemeiner Teil
SGG	Sozialgerichtsgesetz
Sp.	Spalte
Staudinger	Kommentar zum Bürgerlichen Gesetzbuch,
Stein/Jonas	Kommentar zur Zivilprozessordnung, 22. Aufl. ab 2002 ff.
Steiner	Zwangsversteigerungsrecht, 9. Aufl., Bd. 1 1984, Bd. 2 1986, zitiert: Steiner/*Bearbeiter*
StGB	Strafgesetzbuch
Stöber	Forderungspfändung, 16. Aufl. 2013
Stöber	Kommentar zum Zwangsversteigerungsgesetz, 20. Aufl. 2012
StPO	Strafprozessordnung
str.	streitig
st. Rspr.	ständige Rechtsprechung
Tetzner	Das materielle Patentrecht der Bundesrepublik Deutschland, 1972
Thomas/Putzo	Kommentar zur Zivilprozessordnung, 35. Aufl. 2014

UG	Unternehmergesellschaft (haftungsbeschränkt)
UR Nr.	Urkundenrolle Nummer
VBL	Versorgungskasse des Bundes und der Länder
VermBG	Gesetz zur Vermögensbildung der Arbeitnehmer
VersR	Versicherungsrecht (Jahr und Seite)
Vertr.V	Vertretungsverordnung
Vfg.	Verfügung
VG	Verwaltungsgericht
VGH	Verwaltungsgerichtshof
VO	Verordnung
Vorbem.	Vorbemerkung
VVG	Versicherungsvertragsgesetz
VwGO	Verwaltungsgerichtsordnung
VwVfG	Verwaltungsverfahrensgesetz
VwVG	Verwaltungs-Vollstreckungsgesetz
WEG	Wohnungseigentumsgesetz
WG	Wechselgesetz
WGG	Wohngeldgesetz
WM	Wertpapier-Mitteilungen
WoPG	Wohnungsbauprämiengesetz
WSG	Wehrsoldgesetz
WuM	Wohnungswirtschaft und Mietrecht (Jahr und Seite)
ZAP	Zeitschrift für die Anwaltspraxis (Jahr und Seite)
ZfIR	Zeitschrift für Immobilienrecht (Jahr und Seite)
Ziegler-Tremel	Verwaltungsgesetze des Freistaates Bayern, Textsammlung
Zimmermann	Immaterialgüterrechte und ihre Zwangsvollstreckung, 1998
ZInsO	Zeitschrift für das gesamte Insolvenzrecht (Jahr und Seite)
ZIP	Zeitschrift für Wirtschaftsrecht (Jahr und Seite)
Zöller	Kommentar zur Zivilprozessordnung, 30. Aufl. 2014 (zitiert: Zöller/Bearbeiter)
ZPO	Zivilprozessordnung
ZVG	Gesetz über die Zwangsversteigerung und die Zwangsverwaltung (Zwangsversteigerungsgesetz)
ZVI	Zeitschrift für Verbraucher- und Privat-Insolvenzrecht (Jahr und Seite)
ZZP	Zeitschrift für Zivilprozessrecht (Jahr und Seite)

Einleitung: Zwangsvollstreckungsvoraussetzungen

1. Wesen und Aufgaben der Zwangsvollstreckung

Das Urteil entscheidet den Streit der Parteien über Bestehen und Höhe eines Anspruchs, der Bescheid einer Behörde stellt die Leistungspflicht fest. Verwirklicht wird das Recht durch einen solchen „Titel" regelmäßig nicht. Der Verwirklichung des „titulierten Anspruchs" gegen den nicht zahlungswilligen „Vollstreckungsschuldner" dient die Zwangsvollstreckung. Dennoch folgt nicht jedem Prozess eine Zwangsvollstreckung: Sie ist nicht nötig, wenn der Vollstreckungsschuldner nach Urteilserlass freiwillig leistet; sie ist nicht möglich, wenn das Urteil keinen vollstreckbaren Inhalt hat, wie z.B. der Scheidungsbeschluss oder das die Klage abweisende Urteil. Es geht auch nicht notwendig jeder Zwangsvollstreckung ein Prozess voraus, weil auch andere „Titel" die Zwangsvollstreckung ermöglichen, wie z.B. notarielle Urkunden oder öffentlich-rechtliche Leistungsbescheide.

Die Zwangsvollstreckung geschieht durch staatlichen Zwang in einem gesetzlich geregelten Verfahren. Während das zum Titel führende Verfahren Ausnahmen vom staatlichen Rechtsprechungsmonopol kennt (man denke an Schiedsgerichte und deren Verfahren), ist die Zwangsvollstreckung dem Staat ausschließlich vorbehalten; ausgenommen davon ist lediglich die sog. Vorpfändung, bei der es aber immerhin zur Zustellung der Mitwirkung des Gerichtsvollziehers bedarf.

Die Zwangsvollstreckung aus Titeln des Privatrechts ist – sieht man z.B. vom Insolvenzverfahren einmal ab – im Wesentlichen im achten Buch der Zivilprozessordnung (ZPO) und, soweit es sich um Grundstücke oder grundstücksgleiche Rechte handelt, im Gesetz über die Zwangsversteigerung und die Zwangsverwaltung (ZVG) geregelt.

Die Zwangsvollstreckung aus öffentlich-rechtlichen Leistungsbescheiden geschieht nach den Verwaltungs-Vollstreckungsgesetzen des Bundes und der Länder und nach Sondergesetzen wie z.B. der Justizbeitreibungsordnung und der Abgabenordnung. Insbesondere die Vorschriften der letzteren über die Zwangsvollstreckung sind denen der Zivilprozessordnung nachgebildet.

2. Arten der Zwangsvollstreckung

Die Verschiedenheit der durch Zwangsvollstreckung zu verwirklichenden Ansprüche verlangt verschiedene Wege der Verwirklichung:

Die Zwangsvollstreckung zur Erwirkung der **Herausgabe beweglicher Sachen** geschieht, indem der Gerichtsvollzieher dem Vollstreckungsschuldner die herauszugebende Sache wegnimmt und sie dem Vollstreckungsgläubiger übergibt (§§ 883, 884 ZPO).

6   Die Zwangsvollstreckung zur Erwirkung der **Herausgabe von Grundstücken, Grundstücksteilen** (etwa einer Wohnung) und **eingetragenen Schiffen** geschieht, indem der Gerichtsvollzieher den Vollstreckungsschuldner aus dem Besitz setzt und den Vollstreckungsgläubiger in den Besitz einweist (§ 885 ZPO).

7   Die Zwangsvollstreckung zur **Erwirkung vertretbarer Handlungen** – also solcher Handlungen, die durch einen Dritten anstelle des Vollstreckungsschuldners vorgenommen werden können – geschieht, indem das Prozessgericht des ersten Rechtszugs den Vollstreckungsgläubiger ermächtigt, die Handlung auf Kosten des Vollstreckungsschuldners durch einen Dritten vornehmen zu lassen (§§ 887, 891, 892 ZPO).

8   Die Zwangsvollstreckung zur **Erwirkung unvertretbarer Handlungen** – also solcher Handlungen, die nicht durch einen Dritten anstelle des Vollstreckungsschuldners vorgenommen werden können – geschieht, sofern die Vornahme der Handlung ausschließlich vom Willen des Vollstreckungsschuldners abhängt, indem ihn das Prozessgericht erster Instanz durch Zwangsgeld und Zwangshaft zur Erfüllung anhält (§§ 888, 891, 892 ZPO). Hängt die Vornahme der Handlung aber nicht allein vom Willen des Vollstreckungsschuldners ab, so kann sie auch nicht durch gegen diesen gerichtete Maßnahmen erwirkt werden; dem Vollstreckungsgläubiger bleibt dann die Klage auf Schadensersatz (§ 893 ZPO).

9   Die Zwangsvollstreckung zur **Erwirkung von Unterlassungen und Duldungen** geschieht, indem das Prozessgericht erster Instanz den Vollstreckungsschuldner durch Ordnungsgeld oder Ordnungshaft zur Erfüllung seiner Pflichten anhält (§§ 890, 891, 892 ZPO).

10 Der Anspruch auf **Abgabe einer Willenserklärung** bedarf keiner Vollstreckung: Die Erklärung gilt nach näherer Maßgabe der §§ 894 bis 898 ZPO mit der Rechtskraft des Titels als abgegeben.

11 Die **Zwangsvollstreckung wegen Geldforderungen** ist der alleinige Gegenstand dieses Buches. Sie wird im Folgenden und in den einzelnen Mustern dargestellt.

3. Zwangsvollstreckung wegen Geldforderungen

12 Ihr Wesen besteht darin, dass durch staatlichen Zwang Vermögensbestandteile des Vollstreckungsschuldners zugunsten des Vollstreckungsgläubigers beschlagnahmt und diesem – nach Umwandlung in Geld – zugeführt werden. Je nach Art des Vermögensbestandteils, in den vollstreckt wird, ist der Weg hierzu verschieden:

3.1 Die Zwangsvollstreckung in das unbewegliche Vermögen erfasst Grundstücke, Berechtigungen, für welche die sich auf Grundstücke beziehenden Vorschriften gelten (insbesondere das Erbbaurecht), eingetragene Schiffe und Schiffsbauwerke (§§ 864, 865 ZPO). Die Immobiliarvollstreckung geschieht durch Eintragung einer Sicherungshypothek (der sog. Zwangssicherungshypothek), durch Zwangsversteigerung oder – bei Grundstücken und grundstücksgleichen Rechten, nicht aber bei eingetragenen Schiffen oder Schiffsbauwerken – durch Zwangsverwaltung (§§ 866 bis 871 ZPO i.V.m. dem ZVG). 13

3.2 Die Zwangsvollstreckung in das bewegliche Vermögen geschieht wiederum auf verschiedene Weise, je nach ihrem Gegenstand: 14

3.2.1 Sachen (körperliche Gegenstände, § 90 BGB) beschlagnahmt der Gerichtsvollzieher und verwertet sie, in der Regel durch öffentliche Versteigerung (§§ 808 bis 827). 15

3.2.2 Forderungen und andere Rechte werden regelmäßig durch Beschluss des Vollstreckungsgerichts gepfändet, durch den dem Drittschuldner verboten wird, an den Vollstreckungsschuldner zu leisten (Arrestatorium), und dem Vollstreckungsschuldner verboten wird, über die Forderung oder das Recht zu verfügen (Inhibitorium). Dieser Pfändungsbeschluss wird meist mit dem Überweisungsbeschluss verbunden, der die Verwertung des gepfändeten Rechts regelt. 16

Die Pfändung von Forderungen und anderen Rechten ist unten Rz. 76–145 näher dargestellt.

4. Die Organe der Zwangsvollstreckung

Jede Vollstreckungsmaßnahme ist einem bestimmten Vollstreckungsorgan zugewiesen; jeweils nur dieses Organ ist „funktionell zuständig", jedes andere Organ ist am Tätigwerden gehindert. Von einem funktionell unzuständigen Organ vorgenommene Vollstreckungsakte sind nach allgemeiner Ansicht nichtig.[1] Von dieser Zuständigkeitsregelung kann auch nicht bei Übereinstimmung zwischen allen Beteiligten abgewichen werden. 17

Die Organe der Zwangsvollstreckung sind:

4.1 Der Gerichtsvollzieher

Ihm sind zugewiesen: Die Zustellung, die Zwangsvollstreckung wegen Geldforderungen in bewegliche Sachen (zum Schiff vgl. § 931 Abs. 4 ZPO), die Pfändung von Forderungen aus indossablen Papieren, die Hilfsvollstreckung durch Wegnahme von Urkunden über die gepfändete Forderung, die Einholung von bestimmten Auskünften nach § 802l ZPO, das Verfahren zur Abnahme der eidesstattlichen Versicherung, sowohl nach § 836 Abs. 3 18

---

1 Vgl. Zöller/*Stöber*, § 865 ZPO Rz. 11, auch zur Gegenmeinung.

ZPO als auch nach § 883 Abs. 2 ZPO und insbesondere das Verfahren zur Abnahme der Vermögensauskunft nach §§ 802c – l ZPO einschließlich der Vollziehung der Haft (nicht der Erlass des Haftbefehls, § 802g ZPO, und nicht die Entscheidung über einen Widerspruch des Schuldners, § 882d ZPO) und die Zwangsvollstreckung zur Erwirkung der Herausgabe von Personen und Sachen. Der Gerichtsvollzieher ist für alle Vollstreckungsmaßnahmen zuständig, die nicht anderen Vollstreckungsorganen zugewiesen sind (§ 753 ZPO). Er unterliegt der Weisung des Vollstreckungsgerichts, § 766 ZPO. Seine Dienst- und Geschäftsverhältnisse werden beim Bundesgerichtshof durch den Bundesminister der Justiz, bei den Gerichten der Länder durch die Landesjustizverwaltungen bestimmt (§ 154 GVG). Nach § 1 der Gerichtsvollzieherordnung ist der Gerichtsvollzieher Beamter. Seine Tätigkeit hat er an der Geschäftsanweisung für Gerichtsvollzieher (GVGA, auszugsweise abgedruckt im Anhang 3) auszurichten.

4.2 Das Vollstreckungsgericht

19 Vollstreckungsgericht ist das Amtsgericht (§ 828 ZPO). Es hat u.a. folgende Aufgaben:

- die Zwangsvollstreckung wegen Geldforderungen in Forderungen und andere Vermögensrechte;
- die Vollstreckung in das unbewegliche Vermögen;
- das Verteilungsverfahren, durch welches bei Pfändung für mehrere Vollstreckungsgläubiger die Verteilung des Erlöses unter diesen geregelt wird (Rz. 137);
- die Entscheidung über einen Widerspruch des Schuldners gegen die Eintragungsanordnung in das Schuldnerverzeichnis, § 882d ZPO;
- der Erlass des Haftbefehls im Verfahren zur Abgabe der Vermögensauskunft;
- die Entscheidung über Anträge auf Einstellung und Vollstreckungsschutz, soweit nicht das Prozessgericht zuständig ist;
- einzelne Tätigkeiten, wie Erlaubnis zur Wohnungsdurchsuchung, Erlaubnis zur Vollstreckung während der Nachtzeit und an Sonn- und Feiertagen, wenn diese in der Wohnung stattfinden soll, Anordnung einer anderweitigen Verwertung durch eine andere Person als den Gerichtsvollzieher oder Zulässigkeit der Austauschpfändung;
- Entscheidung über eine Erinnerung nach § 766 ZPO;
- Festsetzung von Vollstreckungskosten[2].

---

2 Auch für die Festsetzung gegen den eigenen Mandanten: BGH v. 15.2.2005 – X ARZ 409/04, Rpfleger 2005, 322.

4.3 Das Prozessgericht erster Instanz

Das Prozessgericht erster Instanz hat folgende Aufgaben: 20

- die Erteilung und Umschreibung der Vollstreckungsklausel (§§ 724 bis 749 ZPO);
- die Zwangsvollstreckung zur Erwirkung von Handlungen und Unterlassungen (§§ 887 ff. ZPO);
- die Durchführung derjenigen Prozesse, welche durch Klagen aus dem Bereich der Zwangsvollstreckung in Lauf gesetzt werden, wie Vollstreckungsgegenklage, Drittwiderspruchsklage, Klage auf Erteilung der Vollstreckungsklausel und Einwendungen gegen deren Erteilung, Klage wegen Unzulässigkeit der Vollstreckungsklausel (§§ 767, 771, 731, 732, 768 ZPO);
- die Pfändung von Forderungen im Arrestverfahren (§ 930 Abs. 1 Satz 3 ZPO).

4.4 Das Grundbuchamt

Es hat Zwangssicherungshypotheken, Arresthypotheken, die Pfändung 21 von Rechten und die Beschlagnahme im Zwangsversteigerungs-, Zwangsverwaltungs- und Insolvenzverfahren in das Grundbuch einzutragen.

4.5 Die Schiffsregisterbehörde

Sie hat Zwangssicherungshypotheken auf Schiffen, die Pfändung von 22 Schiffshypotheken-Forderungen und von Schiffsparten in das Schiffsregister einzutragen.

5. Die örtliche Zuständigkeit der Vollstreckungsorgane

In Rz. 17–22 ist die Zuweisung von Tätigkeiten in der Zwangsvollstre- 23 ckung an die einzelnen Vollstreckungsorgane, die sog. sachliche Zuständigkeit behandelt. Wer konkret wo tätig werden muss (und darf), richtet sich nach den Bestimmungen über die örtliche Zuständigkeit.

5.1 Die örtliche Zuständigkeit des **Gerichtsvollziehers** wird durch die Lan- 24 desjustizverwaltung bestimmt (§ 154 GVG). Eine Besonderheit ist die Neuregelung in § 755 ZPO (Ermittlung des Aufenthaltsorts des Schuldners). Da hier eine örtliche Zuständigkeit nicht gegeben ist, ist jeder Gerichtsvollzieher in Deutschland zuständig, der Gläubiger hat ein Wahlrecht.[3]

5.2 Als **Vollstreckungsgericht** ist das Amtsgericht, bei dem der Schuldner 25 im Inland seinen allgemeinen Gerichtsstand hat, und sonst das Amtsgericht zuständig, bei dem nach § 23 ZPO gegen den Vollstreckungsschuldner Klage erhoben werden kann (§ 828 Abs. 2 ZPO); diese Zustän-

---

3 LG Frankenthal v. 17.7.2013 – 1 T 110/13, Rpfleger 2013, 631.

digkeit ist eine ausschließliche (§ 802 ZPO), kann also auch nicht durch Parteivereinbarung anderweitig geregelt werden.

26 **5.3** Als **Prozessgericht** ist dasjenige Gericht erster Instanz zuständig, bei dem der zum Titel führende Rechtsstreit anhängig war.

27 **5.4** Dasjenige **Grundbuchamt** und diejenige **Schiffsregisterbehörde** sind zuständig, in deren Buch oder Register das betroffene Grundstück, Schiff oder Schiffsbauwerk eingetragen ist.

6. Der Antrag des Vollstreckungsgläubigers

28 Vollstreckungsorgane leiten Zwangsvollstreckungen nur auf Antrag des Vollstreckungsgläubigers ein, der **schriftlich oder mündlich** gestellt werden kann (vgl. § 496 ZPO). Zweckmäßig wird der Vollstreckungsantrag schriftlich gestellt und enthält eventuelle Anweisungen an den Gerichtsvollzieher (§§ 4, 5 GVGA). Zwingend zu beachten sind die neuen Formulare aufgrund der Verordnung über Formulare für die Zwangsvollstreckung (Zwangsvollstreckungsformular-Verordnung – ZVFV) vom 23.8.2012 (BGBl. I 2012, S. 1822), aktuell geändert aufgrund Verordnung zur Änderung der Zwangsvollstreckungsformular-Verordnung vom 16.6.2014 (BGBl. I 2014, S. 754). Auf der Grundlage von § 758a Abs. 6 und § 829 Abs. 4 ZPO hat das BMJ Formulare für den Antrag auf Erlass einer richterlichen Durchsuchungsanordnung und Formulare für den Antrag auf Erlass eines Pfändungs- und Überweisungsbeschlusses eingeführt. **Diese Formulare sind seit dem 1.3.2013 verbindlich, die geänderten ab dem 1.11.2014** (hierzu aber kritisch in „Hinweise für die Bearbeitung" Ziffer 4 unter Bezug auf BGH v. 13.2.2014 – VII ZB 39/13, Rpfleger 2014, 272 = WM 2014, 512).

7. Die Voraussetzungen der Zwangsvollstreckung

29 Die Voraussetzungen der Zwangsvollstreckung sind im ersten Abschnitt des achten Buchs der ZPO (§§ 704 bis 802) normiert. Wo solche Einzelvorschriften besondere Bedeutung haben, wird das jeweils am gegebenen Ort erwähnt; hier werden nur die Grundvoraussetzungen der Zwangsvollstreckung behandelt.

Fehlt eine Vollstreckungsvoraussetzung, so muss das Vollstreckungsorgan den Vollstreckungsantrag ablehnen bzw. zurückweisen oder durch eine sog. Zwischenverfügung dem Vollstreckungsgläubiger die Behebung des Mangels aufgeben.

7.1 Allgemeine Voraussetzungen der Zwangsvollstreckung (§ 750 ZPO)

30 Die Zwangsvollstreckung darf nur beginnen, wenn die Personen, für und gegen die sie stattfinden soll, in dem Urteil oder in der ihm beigefügten Vollstreckungsklausel namentlich bezeichnet sind und das Urteil bereits zugestellt ist oder gleichzeitig zugestellt wird" (§ 750 Abs. 1 Satz 1 ZPO).

Richtet sich der Titel gegen mehrere Personen, so sind diese allesamt namentlich aufzuführen. Bei einer Gesellschaft bürgerlichen Rechts genügt die Angabe der Gesellschaft (Rechtsfähigkeit der Außengesellschaft der GbR).[4] Regelmäßig setzt der Beginn der Zwangsvollstreckung auch die Existenz der Vollstreckungsklausel (§ 724 ZPO) und in bestimmten Fällen auch die Zustellung der Klausel nebst Urkunden (§ 750 Abs. 2 ZPO) voraus.

7.1.1 Der Vollstreckungstitel

7.1.1.1 Der Vollstreckungstitel ist eine öffentliche Urkunde, die den Anspruch des Vollstreckungsgläubigers „verbrieft" und als vollstreckbar ausweist. Der Vollstreckungstitel begründet das Recht eines Gläubigers auf Zwangsvollstreckung und die Pflicht der Vollstreckungsorgane, auf seinen Antrag zu vollstrecken; er begrenzt aber zugleich dieses Recht und diese Pflicht: Über den Titel und seine Vollstreckbarkeit hinaus darf nicht vollstreckt werden. Der bloße materielle Anspruch des Gläubigers gegen den Schuldner, mag er selbst durch Staatsakt festgestellt sein, gibt noch keinen Vollstreckungsanspruch. Die Existenz des Titels ist Voraussetzung dafür, dass die weiteren in § 750 ZPO normierten Voraussetzungen der Vollstreckung, nämlich die Zustellung und die Vollstreckungsklausel, geschaffen werden können. Fehlt ein Titel, so ist der Vollstreckungsakt nichtig, nicht nur anfechtbar.[5]

31

7.1.1.2 Der durch die Zwangsvollstreckung zu verwirklichende Erfolg muss sich aus dem Titel – u.U. unter Heranziehung der Vollstreckungsklausel – ergeben: Der Titel muss den materiellen **Anspruch bestimmt oder wenigstens eindeutig bestimmbar** wiedergeben. Lässt sich aus dem Titel das Vollstreckungsziel, der zu vollstreckende Anspruch, nicht eindeutig oder nur unter Heranziehung von Umständen erkennen, die sich nicht aus dem Titel selbst ergeben, so kann aus diesem Titel nicht vollstreckt werden.[6] Gerade im Bereich der Unterhaltsvollstreckung ist die eindeutige Tenorierung oftmals fehlerhaft.[7] Der Schuldner kann mit einer Klage analog § 767 Abs. 1 ZPO – auf welche § 767 Abs. 2 und 3 ZPO nicht

32

---

4 BGH v. 29.1.2001 – II ZR 331/00, NJW 2001, 1056 = Rpfleger 2001, 246. Zur (Teil-)Rechtsfähigkeit der Wohnungseigentümergemeinschaft vgl. BGH v. 2.6.2005 – V ZB 32/05, NJW 2005, 2061 = Rpfleger 2005, 521.
5 BGH v. 17.12.1992 – IX ZR 226/91, NJW 1993, 735 m.z.N. für einen Pfändungs- und Überweisungsbeschluss; vgl. auch BGH, NJW 1993, 3206; s. im Einzelnen *Hintzen/Wolf* Rz. 3.3.
6 Ein Urteil, durch welches der Beklagte verurteilt wird, Zug um Zug gegen Rückgabe eines bestimmten Fahrzeugs eine bestimmte Summe abzüglich eines Betrages zu zahlen, der nach der Kilometerleistung gemäß Tachostand dieses Fahrzeugs zu errechnen ist, ist mangels Vollstreckungsfähigkeit unzulässig, OLG Koblenz v. 16.4.2009 – 6 U 574/08, NJW 2009, 3519 = MDR 2010, 27.
7 Vgl. AG Altenkirchen v. 7.11.2001 – 5 M 2135/01, Rpfleger 2002, 164; OLG Zweibrücken v. 10.9.2002 – 5 UF 48/02, FamRZ 2003, 692 = InVo 2003, 241 oder v. 4.12.2002 – 5 UF 140/02, FamRZ 2003, 1290: die prozentuale Festlegung eines Ausgleichsbetrags beim schuldrechtlichen Versorgungsausgleich zur Vermeidung künftiger Abände-

anwendbar ist – die Zwangsvollstreckung aus einem solchen Titel für unzulässig erklären lassen.[8]

33 7.1.1.3 Es gibt Titel, aus denen nur bei Eintritt einer bestimmten Bedingung vollstreckt werden kann, die sich aus dem Titel ergibt („**bedingte Titel**").

Obliegt der **Beweis des Bedingungseintritts** dem Vollstreckungsgläubiger, so darf eine vollstreckbare Ausfertigung nur erteilt werden, wenn die Bedingung in der Sicherheitsleistung durch den Vollstreckungsgläubiger besteht, oder wenn dieser den Beweis für ihren Eintritt durch öffentliche oder öffentlich beglaubigte Urkunden führt (§ 726 Abs. 1 ZPO). Macht der Titel die Vollstreckung von einer **Zug-um-Zug zu bewirkenden Leistung** des Vollstreckungsgläubigers an den Vollstreckungsschuldner abhängig, so ist zum Beginn der Zwangsvollstreckung entweder der Beweis dafür, dass der Vollstreckungsschuldner befriedigt oder im Annahmeverzug ist, erforderlich, oder der Gerichtsvollzieher muss dem Vollstreckungsschuldner die ihm gebührende Leistung verzugsbegründend anbieten (§ 756 Abs. 1 ZPO); es genügt auch, wenn der Vollstreckungsschuldner auf ein wörtliches Angebot des Gerichtsvollziehers hin erklärt, dass er die Leistung nicht annehmen werde, § 756 Abs. 2 ZPO.

Es gibt **Titel, welche die Vollstreckung nur in bestimmte Gegenstände**, z.B. in Sondervermögen zulassen; das drückt sich oft nur in der Vollstreckungsklausel aus.

34 Ein Titel kann in gewissen Fällen auch **gegen oder für einen anderen als den im Titel Benannten vollstreckbar** sein; das ergibt sich aus der Vollstreckungsklausel (vgl. §§ 727, 728, 729, 742, 744 ZPO). Hierin zeigt sich die wesentliche Bedeutung der Vollstreckungsklausel sehr deutlich (Näheres Rz. 54).

35 7.1.1.4 Hier werden nur die **Vollstreckungstitel der ZPO** behandelt. Auch andere Gesetze schaffen Vollstreckungstitel, die in der Zwangsvollstreckung regelmäßig gleich oder ähnlich behandelt werden wie Titel nach der ZPO; sie werden jedoch in manchen Fällen nicht durch Vollstreckungsorgane der Justiz, sondern durch Vollstreckungsorgane anderer Behörden vollstreckt, so z.B. die Titel für Steuerforderungen nach der Abgabenordnung.

Die **wichtigsten Titel der ZPO** sind:

36 – Endurteile und gleichgestellte Vorbehaltsurteile (§§ 300, 302 Abs. 3, 599 Abs. 3 ZPO, § 62 ArbGG) sind Vollstreckungstitel, wenn sie einen vollstreckungsfähigen Inhalt haben und rechtskräftig oder für vorläufig vollstreckbar erklärt sind;

---

rungsverfahren widerspricht dem Erfordernis der Bestimmtheit von Vollstreckungstiteln und ist deshalb nicht möglich.
8 BGH v. 18.11.1993 – IX ZR 244/92, MDR 1994, 1040 = NJW 1994, 460.

– die in § 708 ZPO aufgeführten Urteile werden ohne **Sicherheitsleistung** für vorläufig vollstreckbar erklärt, während die in § 709 ZPO aufgeführten regelmäßig gegen eine der Höhe nach zu bestimmende Sicherheitsleistung für vollstreckbar erklärt werden (Näheres §§ 710 bis 714 ZPO). Diese Entscheidung trifft schon das Prozessgericht; das Vollstreckungsgericht hat sich nur davon zu überzeugen, dass die vorläufige Vollstreckbarkeit angeordnet und die etwa bestimmte Sicherheit geleistet ist;

37

– Entscheidungen eines ausländischen Gerichts, welche diesen Voraussetzungen genügen, sind jedoch nur dann Vollstreckungstitel, wenn die Zulässigkeit der Zwangsvollstreckung auf Klage des Gläubigers durch ein Vollstreckungsurteil eines inländischen Gerichts ausgesprochen ist (§§ 722, 723 ZPO).[9] Am 21.4.2004 wurde die Verordnung (EG) Nr. 805/2004 des Europäische Parlaments und des Rates zur Einführung eines Europäischen Vollstreckungstitels für **unbestrittene Forderungen** (ABl. EU Nr. L 143 S. 15) erlassen. Die EG-Vollstreckungstitel-Verordnung gilt ab dem 21.10.2005 (neben der nach wie vor geltenden EuGVV) in den Mitgliedstaaten der Europäischen Union (außer Dänemark). Die Verordnung erfasst vorerst nur Titel über Geldforderungen, die vom Schuldner anerkannt oder nicht bestritten worden sind. Sie werden auf Antrag des Gläubigers in dem Staat, in dem er seinen Titel erlangt hat, auf einem vereinheitlichten Formblatt als Europäische Vollstreckungstitel bestätigt. Der notwendige Schuldnerschutz wird ebenfalls in diesem Staat und nicht wie früher im Vollstreckungsstaat geleistet. Die Bundesregierung hat am 18.8.2005 das Gesetz zur Durchführung der Verordnung (EG) Nr. 805/2004 über einen Europäischen Vollstreckungstitel für unbestrittene Forderungen (EG-Vollstreckungstitel-Durchführungsgesetz) erlassen (BGBl. I, 2477).[10] Hiernach wurde u.a. § 791 ZPO (Zwangsvollstreckung im Ausland) aufgehoben und nach § 1078 ZPO ein weiterer 4. Abschnitt mit den §§ 1079 bis 1086 ZPO eingeführt.

38

---

9 Mit einigen Staaten bestehen (mehrseitige) Übereinkommen oder (zweiseitige) Abkommen, die anstelle eines Vollstreckungsurteils eine Vollstreckbarerklärung durch Beschluss genügen lassen.
10 Hierzu ausführlich: *Rauscher*, Der Europäische Vollstreckungstitel für unbestrittene Forderungen; *Riedel*, Europäischer Vollstreckungstitel für unbestrittene Forderungen; Bayerisches Staatsministerium der Justiz, Erläuterungen zur Verordnung (EG) Nr. 805/2004, Internet-URL: http://www.justiz.bayern.de/media/pdf/leitfadeneuvtvo.pdf; *Wagner*, IPRax 2002, 75; Stadler, IPRax 2004, 2; *Stein*, IPRax 2004, 181; *Mankowski*, RIW 2004, 587; *Stadler*, RIW 2004, 801; *Jayme/Kohler*, IPRax 2004, 481, 483, 486; *Stein*, EuZW 2004, 679; *Rauscher*, GPR 2003/04, 286; *Franzmann*, MittBayNot 2004, 404; *Leible/Lehmann*, NotBZ 2004, 453; *Wagner*, NJW 2005, 1157; *Wagner*, IPRax 2005, 189; *Wagner*, IPRax 2005, 401; *Rellermeyer*, Rpfleger 2005, 389; *Reichel*, NZA 2005, 1096; *Wagner*, RpflStud 2005, 147; *Hök*, ZAP Fach 25, 159; *Jayme/Kohler*, IPRax 2005, 481, 486 f.; Franzmann, MittBayNot 2005, 470; *Ernst*, JurBüro 2005, 568; *Rausch*, FuR 2005, 437; *Gebauer*, NJ 2006, 103; *Gebauer*, FPR 2006, 252; *Jennissen*, InVo 2006, 218, 263.

Die **Verordnung (EG) Nr. 1896/2006** des Europäischen Parlaments und des Rates vom 12.12.2006 zur Einführung eines **Europäischen Mahnverfahrens** (EuMVVO) (Abl. EU Nr. L 399 S. 1, ber. ABl EU 2008 Nr. L 46 S. 52)[11] hat zum Ziel, bei grenzüberschreitenden Verfahren innerhalb der Europäischen Union eine vereinfachte und beschleunigte Titulierung unbestrittener Geldforderungen zu ermöglichen. Im Unterschied zur EuVTVO, die die europaweite Vollstreckung nach nationalem Recht ergangener Titel betrifft, schafft die EuMVVO eine neue Art von Vollstreckungstiteln nach einheitlichem Verfahrensrecht. Zur Verfahrenserleichterung werden soweit wie möglich Formblätter zur Verfügung gestellt, die auch eine automatisierte Datenverarbeitung zulassen. Die EuMVVO ist am 31.12.2006 in Kraft getreten (Art. 33 Satz 1 EuMVVO) und – abgesehen von einzelnen Vorschriften über organisatorische Vorbereitungen – seit dem 12.12.2008 (Art. 33 Satz 2 EuMVVO) für alle Mitgliedstaaten der Europäischen Gemeinschaft mit Ausnahme Dänemarks (Art. 2 Abs. 3 EuMVVO), der aufgrund des Art. 355 AEUV ausgeschlossenen Hoheitsgebiete und „Nordzyperns" anzuwenden. Für Deutschland enthält das FordDurchsG[12] ergänzende Regelungen über das Europäische Mahnverfahren (Art. 1 Nr. 12: Einfügung der §§ 1087 bis 1096 ZPO). Weitere Vorschriften des FordDurchsG betreffen die Durchführung der EuBagatellVO[13] und der (neuen) EuZustVO[14]. Das FordDurchsG ist, soweit es das Europäische Mahnverfahren betrifft, nach seinem Art. 8 Abs. 1 am 12.12.2008, mit Beginn der Anwendbarkeit der EuMVVO, in Kraft getreten.

Mit **Verordnung (EG) Nr. 861/2007** vom 1.8.2007[15] des Europäischen Parlaments und des Rates vom 11.7.2007 wurde das europäische **Verfahren für geringfügige Forderungen** eingeführt, es gilt für Forderungen, deren Höhe 2000 EUR nicht überschreiten. Das Verfahren ist ab dem 1.1.2009 in allen Mitgliedstaaten der Europäischen Union mit Ausnahme Dänemarks anwendbar. Das europäische Verfahren für geringfügige Forderungen soll einen besseren Rechtsschutz ermöglichen, indem die Beilegung grenzüberschreitender Streitigkeiten in Zivil- und Handelssachen erleichtert wird und die Kosten solcher Verfahren gesenkt werden. Der Streitwert der Klage darf ohne Zinsen, Kosten und Auslagen zum Zeitpunkt des Ein-

---

11 Hierzu: *Sujecki*, Mahnverfahren, 2007; *Schollmeyer*, IPRax 2002, 478; *Sujecki*, EuZW 2005, 45; *Einhaus*, EuZW 2005, 165; *Sujecki*, MMR 2005, 213; *Sujecki*, ZEuP 2006, 124; *Sujecki*, EuZW 2006, 330; *Sujecki*, EuZW 2006, 609; *Sujecki* NJW 2007, 1622; *Röthel/Sparmann*, WM 2007, 1101; *Freitag*, IPRax 2007, 509; *McGuire*, GPR 2007, 303; *Hess/Bittmann* IPRax 2008, 305; *Einhaus*, IPRax 2008, 323; *Salten*, MDR 2008, 1141; *Rellermeyer*, Rpfleger 2009, 11.
12 Gesetz zur Verbesserung der grenzüberschreitenden Forderungsdurchsetzung und Zustellung v. 30.12.2008, BGBl. I 2008, S. 2122).
13 Verordnung (EG) Nr. 861/2007 des Europäischen Parlaments und des Rates v. 11.7.2007 zur Einführung eines europäischen Verfahrens für geringfügige Forderungen, ABl. EU Nr. L 199, S. 1.
14 VO (EG) Nr. 1393/2007 des Europäischen Parlaments und des Rates v. 13.11.2007 über die Zustellung gerichtlicher und außergerichtlicher Schriftstücke in Zivil- oder Handelssachen in den Mitgliedstaaten („Zustellung von Schriftstücken") und zur Aufhebung der Verordnung (EG) Nr. 1348/2000 (ABl. EU Nr. L 324, S. 79).
15 ABl. EU Nr. L 199 v. 31.7.2007, S. 1.

gangs beim zuständigen Gericht 2000 EUR nicht überschreiten. Ein im Rahmen dieses Verfahrens ergangenes Urteil wird in den anderen Mitgliedstaaten anerkannt und vollstreckt, ohne dass es einer Vollstreckbarerklärung bedarf. Das Verfahren ist fakultativ und stellt eine zusätzliche Alternative zu den im Recht der Mitgliedstaaten vorgesehenen Möglichkeiten dar. Gleichzeitig ab dem 1.1.2009 gelten die neu eingeführten §§ 1097 bis 1104 ZPO (Buch 11 Abschnitt 6 durch Art. 1 des Gesetzes vom 30.10.2008 (BGBl. I, 2122).

- Anerkenntnis- und Versäumnisurteile sind ohne Sicherheitsleistung für vorläufig vollstreckbar zu erklären (§ 708 ZPO); wird das Versäumnisurteil auf Einspruch hin durch Urteil des Prozessgerichts aufrechterhalten, so ist in diesem Urteil die (weitere) Zwangsvollstreckung aus dem Versäumnisurteil regelmäßig von der Leistung einer Sicherheit abhängig zu machen (§ 709 ZPO); 39

- Prozessvergleiche und **Gütestellenvergleiche** sowie **Vergleiche im selbständigen Beweisverfahren**, die zwischen den Parteien oder zwischen einer Partei und einem Dritten zur Beilegung des Rechtsstreits seinem ganzen Umfang nach oder in Betreff eines Teils des Streitgegenstandes vor einem deutschen Gericht oder einer durch die Landesjustizverwaltung eingerichteten oder anerkannten Gütestelle abgeschlossen sind (§ 794 Abs. 1 Nr. 1 ZPO, §§ 795, 797a ZPO); 40

- Anwaltsvergleiche, wenn sich der Schuldner darin der sofortigen Zwangsvollstreckung unterworfen hat, sofern sie von einem Gericht rechtskräftig für vollstreckbar erklärt oder von einem Notar verwahrt und für vollstreckbar erklärt sind (§§ 796a–c, 797 ZPO); 41

- Kostenfestsetzungsbeschlüsse; wenn sie nicht auf das Urteil gesetzt sind, gilt eine Wartefrist von zwei Wochen (§§ 794 Abs. 1 Nr. 2, 798 ZPO); 42

- Vollstreckungsbescheide (§§ 699, 700 Abs. 1 ZPO); 43

- Urkunden, die von einem deutschen Gericht oder von einem deutschen Notar innerhalb der Grenzen seiner Amtsbefugnisse in der vorgeschriebenen Form aufgenommen sind, sofern die Urkunde über einen Anspruch errichtet ist, der einer vergleichsweisen Regelung zugänglich, nicht auf Abgabe einer Willenserklärung gerichtet ist und nicht den Bestand eines Mietverhältnisses über Wohnraum betrifft, und der Schuldner sich in der Urkunde wegen des zu bezeichnenden Anspruchs der sofortigen Zwangsvollstreckung unterworfen hat (§ 794 Abs. 1 Nr. 5 ZPO). Die Vollstreckungsklausel zu der notariellen Urkunde erteilt der Notar, der die Urkunde verwahrt (§ 797 Abs. 2 ZPO). Es gilt die Wartefrist von zwei Wochen (§ 798 ZPO); 44

- Entscheidungen, die Schiedssprüche für vollstreckbar erklären, sofern die Entscheidung rechtskräftig oder für vorläufig vollstreckbar erklärt sind (§ 794 Abs. 1 Nr. 4a ZPO); 45

Einleitung Die Voraussetzungen der Zwangsvollstreckung

46 – gewisse **Entscheidungen, gegen welche die Beschwerde stattfindet** (§ 794 Abs. 1 Nr. 3 ZPO);

47 – Arrestbefehle und **einstweilige Verfügungen** (§§ 928 bis 934, 936 ZPO). Diese Titel bedürfen der Vollstreckungsklausel nur, wenn die Vollziehung für einen anderen als den im Titel bezeichneten Gläubiger oder gegen einen anderen als den im Titel bezeichneten Schuldner erfolgen soll (§ 929 ZPO). Aus diesen Titeln kann nicht die Pfandverwertung betrieben werden; ein auf einen Arrest gestützter Überweisungsbeschluss ist nichtig.[16]

48, 49 Einstweilen frei.

50 Bundesrechtliche Titel außerhalb der ZPO sind u.a.:

– vollstreckbare Entscheidungen der Arbeitsgerichte aller Instanzen (§ 62 ArbGG);
– die Insolvenztabelle, § 201 InsO;
– der rechtskräftig bestätigte Insolvenzplan, § 257 InsO;
– der angenommene Schuldenbereinigungsplan, § 308 InsO i.V.m. § 794 Abs. 1 Nr. 1 ZPO;
– Vergütungsfestsetzungen nach § 35 Abs. 3, § 85 Abs. 3, § 104 Abs. 6, § 142 Abs. 6, § 147 Abs. 2, § 258 Abs. 5 und § 265 Abs. 4 AktG, § 26 Abs. 4 UmwG und nach § 318 Abs. 5 HGB; der Zuschlagsbeschluss im Zwangsversteigerungsverfahren (§§ 93, 132, 162 ZVG);
– gewisse Entscheidungen der Strafgerichte (§ 406 StPO);
– rechtskräftige und vorläufig vollstreckbare Entscheidungen, einstweilige Anordnungen und Kostenfestsetzungsbeschlüsse der Verwaltungsgerichte sowie die dort geschlossenen gerichtlichen Vergleiche und die für vollstreckbar erklärten Schiedssprüche und die Vergleiche öffentlich-rechtlicher Schiedsgerichte (§ 168 VwGO);
– gewisse Entscheidungen der Sozialgerichte, ihre Kostenfestsetzungsbeschlüsse und vor ihnen abgegebene bzw. geschlossene Anerkenntnisse und Vergleiche (§ 199 SGG);
– die Notarkostenberechnung, wenn sie die vom Notar selbst erteilte Vollstreckungsklausel trägt, § 89 GNotKG;
– Vorschuss- und Nachschussberechnungen im Konkursverfahren über das Vermögen der Genossenschaft nach näherer Regelung der §§ 105 ff. GenG;
– Weitere Titel sind in §§ 37, 38, 40 GVGA (abgedruckt im Anhang 3) aufgeführt.

---

16 BGH v. 17.12.1992 – IX ZR 226/91, MDR 1993, 578 = NJW 1993, 735. Vgl. auch die Stellungnahme dazu von *Schultes*, JR 1995, 136.

Die **Landesgesetzgebung** ist nicht gehindert, aufgrund anderer als der in der ZPO bezeichneten Schuldtitel die gerichtliche Zwangsvollstreckung zuzulassen und insoweit von der ZPO abweichende Vorschriften über die Zwangsvollstreckung zu schaffen (§ 801 ZPO). 51

7.1.2 Zustellung des Vollstreckungstitels

Nach § 750 Abs. 1 ZPO genügt sowohl die Zustellung des Titels **von Amts wegen** als auch die Zustellung des Titels **durch den Gläubiger**, der sich dazu des Gerichtsvollziehers (§ 192 ZPO) oder in gewissen Fällen seines Rechtsanwalts (§ 195 ZPO) bedienen muss; hat der Schuldner einen Prozessbevollmächtigten, so ist nicht dem Schuldner selbst, sondern dem Prozessbevollmächtigten zuzustellen (§ 172 ZPO). 52

Das Verfahren bei Zustellungen ist in den §§ 166 bis 195 ZPO im Einzelnen geregelt.

⊃ **Beachte:** Die Geschäftsstelle des Gerichts stellt von Amts wegen nur Urteile und die meisten sonstigen einen Titel bildenden Entscheidungen wie z.B. Kostenfestsetzungsbeschlüsse, einstweilige Anordnungen etc. zu (§§ 317, 329 ZPO). Andere Titel, insbesondere Prozessvergleiche und notarielle Urkunden, aber auch Arrestbeschlüsse und einstweilige Verfügungen muss der Gläubiger selbst zustellen (§§ 922 Abs. 2, 935 ZPO); der Vollstreckungsbescheid wird von Amts wegen zugestellt, es sei denn, der Antragsteller beantragt die Übergabe des Titels an ihn zwecks Parteizustellung oder hat die Zustellungskosten nicht bezahlt (§ 699 Abs. 4 ZPO). Auch Entscheidungen und Aufforderungen im Zwangsvollstreckungsverfahren hat die Partei zustellen zu lassen (§§ 829 Abs. 2, 835 Abs. 3, 843, 845 ZPO).

7.1.3 Die Vollstreckungsklausel

Die Klausel ist auf die Ausfertigung des rechtskräftigen oder vorläufig vollstreckbaren[17] Titels zu setzen, und zwar von derjenigen Behörde oder Stelle (Gericht, Notar, usw.), die den Titel geschaffen hat. Ist sie vom Gericht zu erteilen, so ist der Urkundsbeamte der Geschäftsstelle bzw. der Rechtspfleger des erstinstanzlichen oder desjenigen Gerichts zuständig, bei dem der Rechtsstreit anhängig ist §§ 724, 726 ff. ZPO. Aufgrund der mit der Vollstreckungsklausel versehenen Ausfertigung des Titels, der „**vollstreckbaren Ausfertigung**", wird die Zwangsvollstreckung durchgeführt (§ 724 Abs. 1 ZPO). 53

Die Zwangsvollstreckung ist **ohne Vollstreckungsklausel zulässig**, wenn es sich um einen der folgenden Titel handelt und der Vollstreckungsschuldner im Titel benannt ist:

- Vollstreckungsbescheid (§ 796 Abs. 1 ZPO),
- Arrest und einstweilige Verfügung (§§ 929 Abs. 1, 936 ZPO),

---

17 BGH v. 23.5.2001 – VII ZR 469/00, Rpfleger 2001, 506 = NJW-RR 2001, 1362.

Einleitung Die Voraussetzungen der Zwangsvollstreckung

- Kostenfestsetzungsbeschluss, sofern er auf das Urteil gesetzt ist (§§ 105 Abs. 1, 795a ZPO).

54 Die Vollstreckungsklausel hat aber auch **Transportfunktion**: Wenn der Titel für und gegen Rechtsnachfolger, Nacherben, Testamentsvollstrecker, Insolvenzverwalter, Vermögens- und Firmenübernehmer, sofern sie nicht im Titel schon bezeichnet sind, vollstreckbar gemacht werden soll, kann er – bei Nachweis der Berechtigung durch öffentliche oder öffentlich beglaubigte Urkunden oder ein vom Gläubiger erstrittenes Urteil – auf den neuen Vollstreckungsschuldner (oder Gläubiger) umgeschrieben werden (§§ 727 bis 732 ZPO).

Bedarf der Vollstreckungsgläubiger zur Zwangsvollstreckung eines Erbscheins oder einer anderen Urkunde, die dem Vollstreckungsschuldner auf Antrag von einem Gericht, einer anderen Behörde oder einem Notar zu erteilen ist, so kann der Vollstreckungsgläubiger an Stelle des Vollstreckungsschuldners die Erteilung verlangen (§ 792 ZPO).

7.2 Besondere Voraussetzungen der Zwangsvollstreckung

Für den Beginn der Zwangsvollstreckung sind ferner erforderlich:

55 – Zustellung auch der Vollstreckungsklausel, wenn diese bei Verurteilung zu bedingter Leistung oder für oder gegen einen Dritten erteilt ist, und bei der Sicherungsvollstreckung (§§ 750 Abs. 2 und 3, 720a ZPO);

56 – Ablauf des Kalendertages, von dessen Eintritt die Geltendmachung des Anspruchs abhängig ist (§ 751 Abs. 1 ZPO);

57 – Nachweis der **Sicherheitsleistung**, wenn die Vollstreckung von einer dem Vollstreckungsgläubiger obliegenden Sicherheitsleistung abhängt (§ 751 Abs. 2 ZPO; Ausnahme: Sicherungsvollstreckung § 720a ZPO);

58 – Ablauf der Wartefrist von zwei Wochen bei einem Kostenfestsetzungsbeschluss, der nicht auf das Urteil gesetzt ist, aus Beschlüssen nach § 794 Abs. 1 Nr. 4b ZPO sowie aus den nach § 794 Abs. 1 Nr. 5 ZPO aufgenommenen Urkunden (§ 798 ZPO) und bei der Sicherungsvollstreckung (§ 750 Abs. 3 ZPO[18]);

59 – Angebot einer etwaigen **Zug-um-Zug-Leistung** oder Nachweis der Erbringung dieser Leistung oder Nachweis des Annahmeverzugs des Vollstreckungsschuldners (§§ 765, 756 ZPO).

60 Es empfiehlt sich, in solchen Fällen schon in die Klage den Antrag auf Feststellung aufzunehmen, dass der Beklagte im Annahmeverzug ist. Dann kann der nötige Nachweis durch den Titel selbst erbracht werden (das Feststellungsinteresse ergibt sich aus § 756 ZPO.)

---

18 Für die Sicherungsvollstreckung bedarf es der Zustellung der Vollstreckungsklausel nur in den Fällen des § 750 Abs. 2 ZPO, also nur, wenn eine qualifizierte Klauselerteilung vorliegt, BGH v. 5.7.2005 – VII ZB 14/05, Rpfleger 2005, 547 = WM 2005, 1995.

Keine Voraussetzung der Zwangsvollstreckung ist dagegen trotz Art. 103 Abs. 1 GG, dass der **Vollstreckungsschuldner vorher angehört** wurde: Er ist im Gegenteil vor der Pfändung über das Pfändungsgesuch nicht zu hören (§ 834 ZPO), weil ihm sonst die Möglichkeit gegeben wäre, die Verwirklichung der Ansprüche des Vollstreckungsgläubigers durch entsprechende Maßnahmen zu verhindern[19] (Ausnahmen sind an ihrem Ort erwähnt). 61

7.3 Vollstreckungshindernisse

Auch wenn die Voraussetzungen der Zwangsvollstreckung an sich gegeben sind, können sich der Vollstreckung doch Hindernisse entgegenstellen, z.B.: 62

- Die Forderung des Vollstreckungsgläubigers kann durch ein Sachpfand oder ein Zurückbehaltungsrecht gedeckt sein (§ 777 ZPO); 63
- die Zwangsvollstreckung kann durch Beschluss des Prozessgerichts, §§ 775, 776 ZPO oder des Vollstreckungsgerichts eingestellt werden (vgl. Rz. 164); 64
- Vollstreckungsschutz kann gewährt werden, z.B. nach § 765a ZPO; 65
- der Vollstreckungsschuldner kann von der ihm im Urteil eingeräumten Möglichkeit, die Zwangsvollstreckung durch Sicherheitsleistung **abzuwenden**, Gebrauch machen; 66
- die Vollstreckung aus dem Arrestbefehl oder aus der einstweiligen Verfügung kann **durch Fristablauf nach § 929 Abs. 2 ZPO unzulässig** werden. 67

Besonders zu erwähnen ist das inländische **Insolvenzverfahren**:

- Fällt der **Vollstreckungsgläubiger in Insolvenz**, so wird zwar das Zwangsvollstreckungsverfahren nicht nach § 240 ZPO unterbrochen, aber der Vollstreckungsgläubiger verliert die Befugnis, die Vollstreckung fortzuführen; diese Befugnis steht nunmehr ausschließlich dem Insolvenzverwalter zu (§ 80 InsO). 68
- Fällt der **Vollstreckungsschuldner in Insolvenz** und ist der Vollstreckungsgläubiger zugleich Insolvenzgläubiger, so kann er die Einzelzwangsvollstreckung während der Dauer des Insolvenzverfahrens nicht weiterbetreiben (§ 89 InsO), es sei denn, er hat vor Insolvenzeröffnung an gewissen Gegenständen ein Pfändungspfandrecht erlangt: In diesem Fall ist er (wenn nicht die Insolvenzanfechtung greift) absonderungsberechtigt (§§ 50, 51 InsO). Allerdings steht das Verwertungsrecht an beweglichen Sachen dem Insolvenzverwalter zu, sofern er die Sache in 69

---

19 *Hoeres*, NJW 1991, 410, vertritt den Standpunkt, dass Art. 103 Abs. 1 GG zwar den Erlass des Pfändungsbeschlusses ohne Gehör des Vollstreckungsschuldners erlaube, nicht aber den Erlass des Überweisungsbeschlusses, gegen *Hoeres* aber *Kahlke*, NJW 1991, 2688.

seinem Besitz hat, §§ 166 ff. InsO. Zu beachten ist auch die Rückschlagsperre, § 88 InsO. Hat ein Insolvenzgläubiger im letzten Monat (im Verbraucherinsolvenzverfahren gelten drei Monate, § 312 Abs. 1 InsO, für Verfahren ab dem 1.7.2014 findet sich die Drei-Monatsfrist in § 88 Abs. 2 InsO[20]) vor dem Antrag auf Eröffnung des Insolvenzverfahrens oder nach diesem Antrag durch Zwangsvollstreckung eine Sicherung an dem zur Insolvenzmasse gehörenden Vermögen des Schuldners erlangt, so wird diese Sicherung mit der Eröffnung des Verfahrens unwirksam. Die Frist berechnet sich nach § 139 InsO.

Allerdings wird das Verfahren **auf Erteilung der Vollstreckungsklausel** durch die Insolvenzeröffnung über das Vermögen des Schuldners nicht gemäß § 240 ZPO unterbrochen.[21] Die Erteilung der Vollstreckungsklausel ist nach Eröffnung des Insolvenzverfahrens über das Vermögen des Schuldners nicht bereits gemäß § 89 Abs. 1 InsO unzulässig.[22] Die Erteilung der Vollstreckungsklausel ist keine Zwangsvollstreckung im eigentlichen Sinne, es handelt sich lediglich um eine vorbereitende Maßnahme, die von dem Vollstreckungsverbot nicht erfasst wird.

70 Im Insolvenzeröffnungsverfahren, also nach Antragstellung auf Insolvenzeröffnung, hat das Insolvenzgericht zur Sicherung vor nachteiligen Veränderungen in der Vermögenslage des Schuldners alle Maßnahmen zu treffen, die im konkreten Fall notwendig und erforderlich erscheinen, § 21 Abs. 1 InsO. Der Maßnahmenkatalog in § 21 Abs. 2 InsO ist nicht abschließend zu verstehen, sondern nur beispielhaft, wie das Wort „insbesondere" in § 21 Abs. 2 InsO zu Beginn verdeutlicht. Das Insolvenzgericht kann daher im Eröffnungsverfahren beispielhaft folgende Maßnahmen zur Sicherung der Insolvenzmasse erlassen:

- einen vorläufigen Insolvenzverwalter bestellen, § 21 Abs. 2 Nr. 1 InsO
- einen vorläufigen Gläubigerausschuss einsetzen, § 21 Abs. 2 Nr. 1a InsO
- ein allgemeines Verfügungsverbot erlassen, § 21 Abs. 2 Nr. 2 InsO
- einen Zustimmungsvorbehalt anordnen, § 21 Abs. 2 Nr. 2 InsO
- ein Vollstreckungsverbot erlassen, indem Maßnahmen der Mobiliarzwangsvollstreckung untersagt oder einstweilen eingestellt werden, § 21 Abs. 2 Nr. 3 InsO
- anordnen, dass Gegenstände, die im Falle der Eröffnung des Verfahrens von § 166 InsO erfasst würden oder deren Aussonderung verlangt werden könnte, vom Gläubiger nicht verwertet oder eingezogen werden dürfen und dass solche Gegenstände zur Fortführung des Unternehmens des Schuldners eingesetzt werden können, soweit sie hierfür von

---

20 Gesetz zur Verkürzung des Restschuldbefreiungsverfahrens und zur Stärkung der Gläubigerrechte v. 15.7.2013, BGBl. I 2013, S. 2379.
21 Im Anschluss an BGH v. 28.3.2007 – VII ZB 25/05, NJW 2007, 3132 = Rpfleger 2007, 405.
22 BGH v. 12.12.2007 – VII ZB 108/06, Rpfleger 2008, 209 = NJW 2008, 918.

erheblicher Bedeutung sind; § 169 Satz 2 und 3 InsO gilt entsprechend; ein durch die Nutzung eingetretener Wertverlust ist durch laufende Zahlungen an den Gläubiger auszugleichen, § 21 Abs. 2 Nr. 5 InsO.

Wird zugleich mit der Bestellung eines vorläufigen Insolvenzverwalters ein allgemeines Verfügungsverbot erlassen, geht die Verwaltungs- und Verfügungsbefugnis auf den vorläufigen Insolvenzverwalter über, § 22 Abs. 1 InsO.

Die gerichtlich verfügte **Untersagung der Zwangsvollstreckung** ist ein Vollstreckungshindernis, § 21 Abs. 2 Nr. 3 InsO. Dieses Vollstreckungsverbot umfasst nicht nur das bei seinem Erlass bereits vorhandene Vermögen, sondern auch diejenigen Vermögenswerte, die der Schuldner nachträglich, aber vor der Eröffnung des Insolvenzverfahrens erworben hat. Die Untersagung der Zwangsvollstreckung bedeutet, dass eine Vollstreckungsmaßnahme nicht hätte erfolgen dürfen. Mit einer solchen Anordnung werden die Wirkungen des Vollstreckungsverbots, das mit der Verfahrenseröffnung eintritt, § 89 InsO, in das Eröffnungsverfahren vorgezogen.

Im Hinblick auf das **Restschuldbefreiungsverfahren** gemäß §§ 286 ff. InsO erweitert § 89 Abs. 2 InsO den Anwendungsbereich des Einzelzwangsvollstreckungsverbots auf künftiges Arbeitseinkommen und Lohnersatzansprüche des Schuldners. Während der Dauer des Verfahrens sind sie dem Vollstreckungszugriff nicht nur der Insolvenzgläubiger, sondern auch sonstiger Gläubiger (insbesondere der Neu-Gläubiger) entzogen.

70a

Von dem Vollstreckungsverbot ausgenommen ist die Zwangsvollstreckung durch **Unterhalts-** und **Deliktsgläubiger** (aber nur wegen laufendem Unterhalt und Deliktsansprüchen, die nach Insolvenzeröffnung entstanden sind) in den Teil der Bezüge, der nach den §§ 850d, 850f Abs. 2 ZPO für diese (privilegierten) Gläubiger erweitert pfändbar ist und nicht zur Insolvenzmasse gehört (§ 89 Abs. 2 Satz 2 InsO), sog. Vorrechtsbereich.

Im **Verbraucherinsolvenzverfahren** bestellt das Insolvenzgericht bereits im Eröffnungsbeschluss einen zugleich für die Aufgaben des Insolvenzverwalters zuständigen Treuhänder (§§ 313 Abs. 1, 292 InsO). **Für Verfahren ab dem 1.7.2014 gilt § 288 InsO n.F.:** Der Schuldner und die Gläubiger können dem Insolvenzgericht als Treuhänder eine für den jeweiligen Einzelfall geeignete natürliche Person vorschlagen. Wenn noch keine Entscheidung über die Restschuldbefreiung ergangen ist, bestimmt das Gericht zusammen mit der Entscheidung, mit der es die Aufhebung oder die Einstellung des Insolvenzverfahrens wegen Masseunzulänglichkeit beschließt, den Treuhänder, auf den die pfändbaren Bezüge des Schuldners nach Maßgabe der Abtretungserklärung (§ 287 Abs. 2 InsO) übergehen.[23] Der Schuldner hat eine **Gehaltsabtretung** gemäß § 287 Abs. 2 InsO an den Treuhänder zu erklären. Der Treuhänder teilt seine Bestellung und die Abtretung dem Arbeitgeber des Schuldners mit und fordert diesen auf, den

70b

---

23 Gesetz zur Verkürzung des Restschuldbefreiungsverfahrens und zur Stärkung der Gläubigerrechte v. 15.7.2013, BGBl. I 2013, S. 2379.

pfändbaren Teil des Arbeitseinkommens auf ein Treuhandkonto zu überweisen, § 292 Abs. 1 InsO.

Für das Arbeitseinkommen gelten eine Reihe besonderer, dem Erhalt dieser Befriedigungsmasse dienender Schutzvorschriften:

- Vom Schuldner bereits vor Eröffnung des Insolvenzverfahrens getroffene Vorausabtretungen und Verpfändungen künftiger Lohnansprüche sind nur für die Dauer von zwei Jahren nach dem Ende des zur Zeit der Eröffnung laufenden Kalendermonats wirksam (§ 114 Abs. 1 InsO a.F.);

Die Laufzeit der Lohnabtretung beträgt **sechs Jahre** (§ 287 Abs. 2 Satz 1 InsO). Die Frist beginnt mit der Insolvenzeröffnung; **Hinweis für Verfahren ab dem 1.7.2014:**

- Nach § 300 InsO n.F. entscheidet das Insolvenzgericht durch Beschluss über die Erteilung der Restschuldbefreiung, wenn die **sechsjährige** Abtretungsfrist ohne vorzeitige Beendigung verstrichen ist. Seit dem 1.7.2014 kann aber nach § 300 Abs. 1 Satz 2 Nr. 2 InsO bereits nach **drei Jahren** die Restschuldbefreiung erteilt werden, wenn einerseits die Verfahrenskosten gedeckt sind, andererseits eine Befriedigung der Forderungen der Insolvenzgläubiger in Höhe von mindestens 35 Prozent erfolgen kann. Als weitere Verkürzungsoption kann die Restschuldbefreiung bereits nach **fünf Jahren** dann erteilt werden, wenn zumindest die Verfahrenskosten beglichen sind.[24]

- Einzelvollstreckungen in künftige Lohnansprüche des Schuldners sind während der Dauer des Insolvenzverfahrens nicht nur für Insolvenzgläubiger verboten (§ 89 Abs. 1 InsO), sondern auch für Nicht-Insolvenzgläubiger (Neu-Gläubiger); Für **Verfahren bis zum 30.6.2014** gilt weiterhin: Zwangsvollstreckungen in künftige Lohnansprüche vor Verfahrenseröffnung erfassen nur die Bezüge für den zur Zeit der Eröffnung laufenden Kalendermonat, sofern die Insolvenzeröffnung bis zum 15. des Monats erfolgt (§ 114 Abs. 3 Satz 1 InsO). Erfolgt die Insolvenzeröffnung nach dem 15. des Monats, ist die Pfändungsmaßnahme noch für den nächsten Monat wirksam (§ 114 Abs. 3 Satz 2 InsO). Für **Verfahren ab dem 1.7.2014**[25] gilt: § 114 InsO wird ersatzlos gestrichen, das Abtretungsprivileg entfällt. Allerdings sind Vereinbarungen des Schuldners über seine Bezüge insoweit unwirksam, als sie die Abtretung vereiteln oder beeinträchtigen würden, § 287 Abs. 3 InsO n.F.

8. Die Reihenfolge der Vollstreckungsmaßnahmen

71 Kennt der Vollstreckungsgläubiger Vermögensbestandteile des Vollstreckungsschuldners, die pfändbar sind und ausreichenden Erlös versprechen, so wird er zunächst diejenige Vollstreckungsmaßnahme ergreifen,

---

24 Gesetz zur Verkürzung des Restschuldbefreiungsverfahrens und zur Stärkung der Gläubigerrechte v. 15.7.2013, BGBl. I 2013, S. 2379.
25 Gesetz zur Verkürzung des Restschuldbefreiungsverfahrens und zur Stärkung der Gläubigerrechte v. 15.7.2013, BGBl. I 2013, S. 2379.

welche den schnellsten Zugriff auf den bekannten Gegenstand bietet. Weiß der Vollstreckungsgläubiger aber nichts über das Vermögen des Vollstreckungsschuldners, so bleibt ihm nur übrig, zunächst den Gerichtsvollzieher mit der **Sachpfändung** zu beauftragen (*Muster 2*), gegebenenfalls die **Gestattung der Wohnungsdurchsuchung** herbeizuführen (*Muster 3*) und sich die **Vollstreckung zur Nachtzeit oder an Sonn- und Feiertagen** genehmigen zu lassen (*Muster 4*). Das Gesetz zur Reform der Sachaufklärung in der Zwangsvollstreckung vom 29.7.2009[26], welches erst mit Wirkung seit dem 1.1.2013 ganz überwiegend in Kraft ist, hat neue Auskunfts- und Vollstreckungsbestandteile eingeführt, z.B. durch die Vermögensauskunft (bisher eidesstattlichen Versicherung), die nunmehr an den Anfang der Zwangsvollstreckung gestellt wurde, oder auch die Einholung von Drittauskünften und die Adressermittlung.

Hat der Vollstreckungsgläubiger aus dem Protokoll über die Vermögensauskunft pfändbare Forderungen des Vollstreckungsschuldners entnommen, so beantragt er deren Pfändung nach *Mustern 12 ff.* und sollte nicht vergessen, zugleich die Vorpfändung (*Muster 7*) auszubringen, um sich den Rang zu sichern und sich vor Manipulationen des Vollstreckungsschuldners zu schützen. Hat er aus dem Protokoll über die Abgabe der Vermögensauskunft noch das Vorhandensein pfändbarer Sachen entnommen, so kann er mit näherem Hinweis darauf den Gerichtsvollzieher nochmals mit der Sachpfändung beauftragen. 72

9. Der Antrag auf Pfändung beweglicher Sachen

Dieser Antrag ist in *Muster 2* dargestellt. Er ist an den zuständigen Gerichtsvollzieher zu richten; dessen **örtliche Zuständigkeit** wird durch die Landesjustizverwaltung bestimmt (§ 154 GVG). Regelmäßig unterhalten die Gerichte Gerichtsvollzieherverteilungsstellen; bei der Verteilungsstelle wird man den Auftrag einreichen und den Titel mit Zustellungsnachweis und Vollstreckungsklausel im Original beifügen und, falls die Zustellung noch nicht durchgeführt ist, den Gerichtsvollzieher zugleich mit der Zustellung beauftragen. 73

Der Schuldner ist verpflichtet, auf Verlangen des Gerichtsvollziehers Auskunft über sein Vermögen zu erteilen sowie seinen Geburtsnamen, sein Geburtsdatum und seinen Geburtsort anzugeben, § 802c Abs. 1 ZPO. Einer vorherigen ergebnislosen Sachpfändung bedarf es nicht. Zur Auskunftserteilung hat der Schuldner alle ihm gehörenden Vermögensgegenstände anzugeben. Bei Forderungen sind Grund und Beweismittel zu bezeichnen. Der Schuldner hat die Angaben zu Protokoll an Eides statt zu versichern (wie früher bei der eidesstattlichen Versicherung nach § 807 ZPO a.F.). Der Gerichtsvollzieher wird aber auch versuchen, beim Vollstreckungsschuldner nach §§ 808 ff. ZPO zu pfänden und gepfändete Sachen zu verwerten. Hat der Gläubiger die Vornahme der Pfändung beim Schuldner beantragt und hat der Schuldner die Durchsuchung (§ 758 ZPO) 74

---
26 BGBl. I 2009, S. 2258.

verweigert oder ergibt der Pfändungsversuch, dass eine Pfändung voraussichtlich nicht zu einer vollständigen Befriedigung des Gläubigers führen wird, so kann der Gerichtsvollzieher dem Schuldner die Vermögensauskunft auf Antrag des Gläubigers abweichend von § 802f ZPO sofort abnehmen. § 802f Abs. 5 und 6 ZPO findet Anwendung. Der Schuldner kann einer sofortigen Abnahme widersprechen. In diesem Fall verfährt der Gerichtsvollzieher nach § 802f ZPO; der Setzung einer Zahlungsfrist bedarf es nicht.

10. Der Antrag auf Abnahme der Vermögensauskunft

75 Er dient dem Zweck, Informationen über pfändbares Einkommen und Vermögen des Schuldners zu gewinnen. Anders als früher (vor dem 1.1.2013) bedarf es nicht mehr der vorherigen ergebnislosen Sachpfändung. Der Antrag kann nach *Muster 5* gestellt werden, er kann auch gleichzeitig mit dem Sachpfändungsantrag verbunden werden (Kombi-Antrag).

11. Der Antrag auf Pfändung und Überweisung von Forderungen und anderen Rechten

76 Dieser zielt auf Beschlagnahme und Verwertung von nichtkörperlichen Vermögensbestandteilen des Vollstreckungsschuldners. Ab *Muster 12* ist jeweils der Antrag gezeigt, wie er im Einzelfall zu formulieren ist. **Diese Formulierung entspricht zugleich der des Pfändungs- und Überweisungsbeschlusses.** Zwingend zu beachten sind die neuen Formulare aufgrund der Verordnung über Formulare für die Zwangsvollstreckung,[27] aktuell geändert aufgrund Verordnung zur Änderung der Zwangsvollstreckungsformular-Verordnung vom 16.6.2014 (BGBl. I 2014, S. 754). Auf der Grundlage von § 758a Abs. 6 und § 829 Abs. 4 ZPO hat das BMJ Formulare für den Antrag auf Erlass einer richterlichen Durchsuchungsanordnung und Formulare für den Antrag auf Erlass eines Pfändungs- und Überweisungsbeschlusses eingeführt. **Diese Formulare sind ab dem 1.3.2013, die geänderten ab dem 1.11.2014 verbindlich** (hierzu aber kritisch in „Hinweise für die Bearbeitung" Ziffer 4 unter Bezug auf BGH v. 13.2.2014 – VII ZB 39/13, Rpfleger 2014, 272).

77 **11.1** Sowohl der Antrag als auch der Beschluss muss nicht nur den Vollstreckungsgläubiger, den Vollstreckungsschuldner und – wenn vorhanden – den Drittschuldner **bestimmt genug benennen**, sondern insbesondere die zu pfändende Forderung bzw. das zu pfändende andere Recht **so genau bezeichnen**, dass bei verständiger, objektiver Auslegung zweifelsfrei festgestellt werden kann, welche Forderung (welches Recht) von der Pfändung erfasst ist;[28] allgemeine Formulierungen etwa: „Ansprüche auf

---

27 Zwangsvollstreckungsformular-Verordnung – ZVFV v. 23.8.2012, BGBl. I 2012, S. 1822.
28 BGH v. 28.3.2007 – VII ZB 25/05, Rpfleger 2007, 405 = NJW 2007, 3132 = MDR 2007, 908; v. 8.5.2001 – IX ZR 9/99, MDR 2001, 1133 = Rpfleger 2001, 504; v. 13.7.2000 –

Zahlungen jeglicher Art aus der laufenden Geschäftsverbindung"[29] – genügen nicht.[30] Andererseits dürfen an die Bezeichnung der Forderung (des Rechts) auch keine übertriebenen Anforderungen gestellt werden, weil der Vollstreckungsgläubiger die Verhältnisse des Vollstreckungsschuldners meist nur oberflächlich kennt und bei zu hohen Anforderungen nicht zur Pfändung kommen könnte.

Ist die Vollstreckungsforderung niedriger als die zu pfändende Forderung, muss der Antrag ergeben, dass es sich um eine **Teilpfändung** handelt, um eine unzulässige Überpfändung zu vermeiden; vgl. hierzu Ziff. 5 der „Hinweise für die Benutzung" dieses Buches (S. VII). 78

Die Pfändung **mehrerer Geldforderungen** gegen verschiedene Drittschuldner kann auf Antrag des Gläubigers durch einheitlichen Beschluss ausgesprochen werden (s. Rz. 87). Ein entsprechender Antrag des Vollstreckungsgläubigers wird sich meistens empfehlen, weil er die Kosten verringert und die Gefahr vermeidet, dass die durch Einzelanträge und -beschlüsse entstehenden Mehrkosten dem Vollstreckungsgläubiger überbürdet werden, § 788 Abs. 4 ZPO. Der Vollstreckungsgläubiger muss aber alle zum Wirksamwerden der Pfändung gegen jeden Drittschuldner notwendigen Maßnahmen, wie Zustellung an alle Drittschuldner, Eintragung im Grundbuch oder im Schiffsregister hinsichtlich jedes Drittschuldners und jeder Forderung, veranlassen. 79

Hält das Vollstreckungsgericht den Antrag für unzulässig, den Mangel – etwa fehlende Bestimmtheit oder Fehlen einer Vollstreckungsvoraussetzung – aber für behebbar, so weist es den Antrag nicht zurück, sondern setzt in einer sog. **Zwischenverfügung** eine Frist zur Behebung des Mangels (§ 139 ZPO). 80

11.2 Die künftige Forderung ist grundsätzlich pfändbar, wenn im Pfändungszeitpunkt bereits eine Rechtsbeziehung besteht, aus der die künftige Forderung nach ihrer Art und nach der Person des Drittschuldners bestimmt werden kann.[31] Wirksamkeit erlangt diese Pfändung aber erst mit Entstehen der künftigen Forderung. 81

Der Pfändungsbeschluss erfasst künftige Forderungen nur, wenn sich aus dem Beschluss selbst ergibt, dass er sich auf sie erstreckt.[32]

IX ZR 131/99, Rpfleger 2000, 505; BGH NJW 1975, 981 und 1980, 584; BGHZ 93, 83.
29 OLG Stuttgart v. 30.12.1993 – 2 U 78/93, WM 1994, 1140.
30 Vgl. auch OLG Koblenz v. 22.12.1987 – 4 W 653/87, Rpfleger 1988, 72 (Rückgewähr von Sicherheiten) oder LG Aurich v. 16.11.1992 – 3 T 206/92, Rpfleger 1993, 357 (Ansprüche aus Sparkonten, Wertpapierdepots, Kreditzusagen und Bankstahlfächern).
31 Z.B. RGZ 134, 227; BGHZ 20, 131; BGH v. 18.10.1988 – VI ZR 94/88, NJW-RR 1989, 219; BGH v. 8.7.1993 – IX ZR 116/92, BGHZ 123, 18 = NJW 1993, 2876 zum Pflichtteilsanspruch; zum Rentenanspruch BGH v. 21.11.2002 – IX ZB 85/02, NJW 2003, 1457 = MDR 2003, 525 = Rpfleger 2003, 305 und erneut BGH v. 10.10.2003 – IXa ZB 180/03, NJW 2003, 3774 = Rpfleger 2004, 111 = InVo 2004, 57.
32 OLG Karlsruhe v. 30.7.1991 – 17 U 225/89, NJW-RR 1993, 242.

82 Auch die **bedingte Forderung** ist nach allgemeiner Meinung pfändbar.[33]

83 **11.3** Die Pfändung bewirkt die **Verstrickung der Forderung und das Entstehen des Pfändungspfandrechts** an ihr. Die gepfändete Forderung **muss dann verwertet werden**, damit der Gläubiger aus dem Erlös befriedigt werden kann. Das geschieht regelmäßig durch **Überweisung der Forderung** an den Vollstreckungsgläubiger, meist zur Einziehung, in geeigneten Fällen an Zahlungs statt (§ 835 ZPO).

84 Die Überweisung **zur Einziehung** macht den Vollstreckungsgläubiger nicht zum Inhaber der Forderung; diese bleibt vielmehr im Vermögen des Vollstreckungsschuldners. Der Vollstreckungsgläubiger erhält aber eine eigene Einziehungsbefugnis. Die Überweisung ermächtigt ihn zu allen im Namen des Schuldners begründeten, der Befriedigung dienenden Maßnahmen. Der Vollstreckungsgläubiger darf deshalb im eigenen Namen die Forderung kündigen, einziehen, mit ihr aufrechnen und auf Leistung an sich klagen.[34] Die Überweisung ersetzt die förmlichen Erklärungen des Vollstreckungsschuldners, von denen nach den Vorschriften des Bürgerlichen Rechts die Berechtigung zur Einziehung der Forderung abhängig ist (§ 836 Abs. 1 ZPO). Der Vollstreckungsschuldner ist verpflichtet, dem Vollstreckungsgläubiger die zur Einziehung der Forderung nötigen Auskünfte und Unterlagen zu geben; die Herausgabe der Unterlagen kann der Vollstreckungsgläubiger im Weg der Zwangsvollstreckung erwirken (§ 836 Abs. 3 Satz 1 ZPO). Erteilt der Schuldner die Auskunft nicht, so ist er auf Antrag des Gläubigers verpflichtet, sie zu Protokoll zu geben und seine Angaben an Eides statt zu versichern (§ 836 Abs. 3 Satz 2 ZPO).

85 Bei der Überweisung **an Zahlungs statt** dagegen geht die Forderung auf den Vollstreckungsgläubiger mit der Wirkung über, dass er, soweit die überwiesene Forderung besteht, wegen seiner Vollstreckungsforderung als befriedigt anzusehen ist, auch wenn die überwiesene Forderung nicht beitreibbar ist (§ 835 Abs. 2 ZPO).

86 **11.4** Der Überweisungsbeschluss gilt, auch wenn er zu Unrecht ergangen ist, zugunsten des Drittschuldners gegenüber dem Vollstreckungsschuldner, aber auch gegenüber dem Vollstreckungsgläubiger[35] bis zu seiner Aufhebung und der Kenntnis des Drittschuldners davon fort (§ 836 Abs. 2 ZPO), damit der Drittschuldner gegen die Folgen schuldloser Zahlung an den Nichtberechtigten geschützt wird. Ist der Überweisungsbeschluss aber nicht nur anfechtbar, sondern nichtig, so ist § 836 Abs. 2 ZPO auf ihn nicht anzuwenden.[36]

87 **11.5** In **einem Antrag** und **Beschluss** können zur Kostenverminderung mehrere Forderungen und Rechte, auch gegen mehrere Drittschuldner, erfasst werden (Beispiel: *Muster 139*). Die Pfändung mehrerer Geldforderungen gegen verschiedene Drittschuldner soll sogar auf Antrag des Gläubi-

---

33 OLG Stuttgart v. 30.12.1993 – 2 U 78/93, WM 1994, 1140.
34 BGHZ 82, 31.
35 BGHZ 66, 396.
36 BGH NJW 1993, 737.

gers durch einheitlichen Beschluss ausgesprochen werden, soweit dies für Zwecke der Vollstreckung geboten erscheint und kein Grund zu der Annahme besteht, dass schutzwürdige Interessen der Drittschuldner entgegenstehen, § 829 Abs. 1 Satz 2 ZPO.

12. Zustellung des Pfändungs- (und Überweisungs-)Beschlusses

Der Beschluss wird im Zeitpunkt seines Erlasses zwar existent, aber noch nicht wirksam. Wirksam wird er regelmäßig mit seiner Zustellung an den Drittschuldner,[37] auch dann, wenn er dem Vollstreckungsschuldner nicht zugestellt wird (§ 829 Abs. 3 ZPO). Dennoch ist der Beschluss stets auch dem Vollstreckungsschuldner zuzustellen; denn erst mit dieser Zustellung entsteht die Verpflichtung des Vollstreckungsschuldners, sich jeder Verfügung über die Forderung zu enthalten (§ 829 Abs. 2 ZPO), und erst mit der Zustellung beginnen für den Vollstreckungsschuldner die Rechtsbehelfsfristen. 88

Wenn es keinen Drittschuldner gibt, wird der Pfändungs- und Überweisungsbeschluss mit der Zustellung an den Vollstreckungsschuldner wirksam.

Bei **Arrestbefehl und einstweiliger Verfügung** ist die Zustellungsfrist nach § 929 Abs. 3 ZPO zu beachten: Wird dem Arrest- bzw. Verfügungsschuldner nicht innerhalb einer Woche nach Vollziehung und zugleich innerhalb eines Monats nach Erlass zugestellt, so verliert die Vollziehung des Arrestbefehls/der einstweiligen Verfügung ihre Wirkung. 89

Die Zustellung des Pfändungs- und Überweisungsbeschlusses obliegt dem **Gerichtsvollzieher** (§ 192 Abs. 1 ZPO), den der Vollstreckungsgläubiger selbst beauftragen oder über die Geschäftsstelle beauftragen lassen kann (§ 753 Abs. 2 ZPO). Zugleich mit dem Beschluss selbst wird der Vollstreckungsschuldner dem Drittschuldner die Aufforderung zur Abgabe der Drittschuldnererklärung (§ 840 ZPO) zustellen lassen. 90

13. Unpfändbare und bedingt pfändbare Forderungen und Ansprüche

13.1 Wegen der unpfändbaren und der bedingt pfändbaren Teile von **Lohn, Gehalt und sonstigem Einkommen** vgl. *Muster 19*. 91

13.2 Unpfändbar sind **Forderungen, die nicht übertragbar sind**, sofern nicht besondere Vorschriften deren Pfändbarkeit ausnahmsweise bestimmen (§ 851 Abs. 1 ZPO). Umgekehrt sind Forderungen nicht übertragbar und nicht verpfändbar, die ein Gesetz für unpfändbar erklärt (§ 400 BGB). 92

Jedoch kann eine Forderung, die (nur) nach § 399 BGB nicht abgetreten werden kann – also weil die Leistung an einen anderen als den ursprünglichen Gläubiger nicht ohne Veränderung ihres Inhalts erfolgen kann,[38]

---

37 Zur Frage der Ersatzzustellung an den Vollstreckungsschuldner s. *Hamme*, NJW 1994, 1035 und Rz. 25 zu *Muster 84*.
38 Vgl. *Hillebrand*, Rpfleger 1986, 464.

oder weil die Abtretung durch Vereinbarung mit dem Schuldner ausgeschlossen ist –, gepfändet werden, wenn und soweit der geschuldete Gegenstand der Pfändung unterworfen ist (§ 851 Abs. 2 ZPO).

Ausschlüsse der Übertragbarkeit und Pfändbarkeit finden sich in den verschiedensten Gesetzen und haben den unterschiedlichsten Umfang: Die Übertragung kann gänzlich ausgeschlossen sein, ihre Wirksamkeit kann von bestimmten Voraussetzungen abhängig gemacht sein, die Forderung kann zwar nicht übertragbar aber dennoch pfändbar sein, wie z.B. Ansprüche auf manche Sozialleistungen (vgl. *Muster 164*).

14. Zur Pfändbarkeit ausgewählter Forderungen und Rechte

Forderungen, deren Pfändung in einem Muster dieses Buches behandelt ist, sind hier nicht nochmals behandelt.

93 Abfindung aus Sozialplan und Kündigungsschutzgesetz: s.u. „Sozialplan", Rz. 104.

94 Das **Anfechtungsrecht** ist kein selbständiges Recht, sondern eine Befugnis, die ihrem Inhaber nur im Rahmen eines bestimmten Rechtsverhältnisses zusteht und deshalb nicht selbständig übertragen und gepfändet werden kann. Die Befugnis geht vielmehr, ohne dass dies im Pfändungs- und Überweisungsbeschluss ausgedrückt werden müsste, durch die Überweisung auf den Vollstreckungsgläubiger über.[39]

Hat der Vollstreckungsgläubiger eine titulierte Forderung des Vollstreckungsschuldners gegen den Drittschuldner gepfändet und kann sie deshalb nicht realisieren, weil der Drittschuldner sein Vermögen anfechtbar auf einen anderen (den Anfechtungsschuldner) übertragen hat, so kann der Vollstreckungsgläubiger – und nicht mehr der Vollstreckungsschuldner – das Anfechtungsrecht durch Leistungsklage gegen den Anfechtungsschuldner geltend machen; diese Klage richtet sich auf Duldung der Zwangsvollstreckung in das anfechtbar erworbene Vermögensstück. Hat die Klage Erfolg, so hat der Vollstreckungsgläubiger bezüglich dieses Vermögensstückes nunmehr gegen den Anfechtungsschuldner so Zugriff, als stehe es noch im Vermögen des Drittschuldners. Hat der Vollstreckungsgläubiger eine Forderung des Vollstreckungsschuldners gepfändet, die dieser anfechtbar dem Anfechtungsschuldner abgetreten hat, sodass die Pfändung ins Leere ginge, so steht dem Vollstreckungsgläubiger die Befugnis zur Ausübung des Anfechtungsanspruchs gegen den Anfechtungsschuldner zu; das rechtskräftige Urteil macht die anfechtbare Abtretung dem Vollstreckungsgegengläubiger unwirksam und legitimiert ihn zur Klage gegen den Drittschuldner.[40]

---

[39] *Stein/Jonas*, § 857 ZPO Rz. 3.
[40] RGZ 61, 150.

Der § 2 Abs. 2 Satz 4 BetrAVG unterfallende Teil einer betrieblichen Altersversorgung (Lebensversicherung in Form einer Direktversicherung) ist unpfändbar.[41]   95

Arbeitsrechtlicher Freistellungsanspruch: Der bei Ausübung seiner Dienste einen Dritten schädigende Arbeitnehmer, der von dem Dritten auf Schadensersatz in Anspruch genommen wird, hat meist einen Freistellungsanspruch gegen seinen Arbeitgeber. Dieser Anspruch ist pfändbar und verwandelt sich durch Überweisung in einen reinen Zahlungsanspruch.[42]   96

Ausgleichsansprüche der Handelsvertreter sind pfändbar, aber nach § 850i ZPO geschützt.   97

Der Anspruch auf **Befreiung von einer Schuld** könnte dem Vollstreckungsgläubiger im Regelfall nichts bringen, sodass der Anspruch unpfändbar ist. Anders jedoch, wenn der Anspruch gerade darauf gerichtet ist, den Vollstreckungsschuldner von einer Verpflichtung zu befreien, die er dem Vollstreckungsgläubiger gegenüber hat. Diesen Anspruch kann der Vollstreckungsgläubiger als Verletzter – und nur er – pfänden. Typisches Beispiel hierfür ist der Deckungsanspruch des Versicherungsnehmers gegen seinen Haftpflichtversicherer. Ansprüche aus dem Versicherungsverhältnis können zwar vor ihrer endgültigen Feststellung nicht ohne Zustimmung des Versicherers übertragen werden (§ 28 der Allgemeinen Versicherungsbedingungen für die Haftpflichtversicherung – AHB –), sind aber dennoch pfändbar (§ 851 Abs. 2 ZPO).   98

Bürgschaft: Weder die Bürgschaft selbst noch Rechte aus ihr können übertragen, verpfändet oder gepfändet werden, weil die Bürgschaft als bloßes Nebenrecht der Forderung akzessorisch ist (§§ 767 Abs. 1, 774 BGB). Der Bürge hat also weiterhin für die Erfüllung der gepfändeten Forderung einzustehen, nach Pfändung und Überweisung der Forderung an den Vollstreckungsgläubiger aber gegenüber diesem.[43]   99

Handelsvertreter: s.o. „Ausgleichsanspruch", Rz. 97.   100

Kündigungsschutz: s.u. „Sozialplan", Rz. 104.   101

Handelt es sich bei einer Lebensversicherung, um eine Direktversicherung und um eine Gehaltsumwandlungsdirektversicherung nach dem Gesetz zur Verbesserung der betrieblichen Altersversorgung, kann diese weder abgetreten noch gepfändet werden.[44]   101a

Ein vom Träger der Jugendhilfe als Teil des **Pflegegeldes** an die Pflegeeltern für ein in deren Haushalt aufgenommenes Kind ausgezahlter „Anerkennungsbetrag" ist unpfändbar.[45]   101b

---

41 OLG Köln v. 5.6.2002 – 5 U 267/01, InVo 2003, 198.
42 BAG AP Nr. 37 und 45 zu § 611 BGB, Haftung des Arbeitnehmers.
43 Zur Bürgschaft gegenüber einer Bank s. auch Rz. 16 zu *Muster 35*.
44 LG Konstanz v. 17.8.2007 – 62 T 58/06 C, Rpfleger 2008, 87.
45 BGH v. 4.10.2005 – VII ZB 13/05, Rpfleger, 2006, 24 = WM 2006, 238.

102 Der **Rangvorbehalt** ist nicht übertragbar, nicht überlassungsfähig, überhaupt kein auf Leistung gerichteter Anspruch und daher unpfändbar; auch eine Hilfspfändung ist nicht zulässig.[46]

102a Das **Rentenantragsrecht** ist nicht pfändbar. Es kommt nicht entscheidend darauf an, ob im Pfändungs- und Überweisungsbeschluss das Rentenantragsrecht ausdrücklich gepfändet worden ist oder ob lediglich die Einziehung der Rente dem Vollstreckungsgläubiger überwiesen worden ist. Durch die Pfändung des Rentenanspruchs erwirbt der Pfändungsgläubiger nicht zugleich das Recht, den Antrag auf Durchführung des Rentenverfahrens für den Schuldner oder im eigenen Namen zu stellen. Der Pfändungsgläubiger kann den Schuldner nur durch gerichtliche Entscheidung zur Abgabe der eigenen öffentlich-rechtlichen Willenserklärung (Rentenantragstellung) verurteilen lassen mit der Folge, dass mit Rechtskraft des Urteils die Erklärung als abgegeben gilt (§ 894 Abs. 1 ZPO).[47]

103 Der aus „**Schlüsselgewalt**" folgende Freistellungsanspruch ist pfändbar.[48]

104 **Sozialplan**: Die Abfindungsansprüche nach §§ 112 und 113 BetrVG und nach §§ 9, 10 KSchG sind von der Pfändung des Arbeitseinkommens umfasst und nach § 850i ZPO geschützt.[49]

105 Die **Vormerkung** gibt keinen Anspruch, sondern sichert nur den Rang eines Rechts. Daher ist sie nicht selbständig übertragbar und nicht pfändbar, entfaltet aber ihre rangsichernde Wirkung auch zugunsten dessen, der die ranggesicherte Forderung hat pfänden und sich überweisen lassen.[50]

105a Das **Wohnungsrecht** ist grundsätzlich unpfändbar.[51]

105b Die einem **Landwirt** nach der Verordnung (EG) Nr. 1782/2003 des Rates vom 29.9.2003 zugewiesenen Zahlungsansprüche sind als sonstige Vermögensrechte nach § 857 ZPO grundsätzlich pfändbar. Die einem Landwirt aus der nationalen Reserve nach Art. 42 der Verordnung (EG) Nr. 1782/2003 zugewiesenen Zahlungsansprüche sind innerhalb eines Zeitraums von fünf Jahren ab ihrer Zuweisung nach § 857 Abs. 1 ZPO i.V.m. § 851 Abs. 1 ZPO unpfändbar. § 851a ZPO ist auf die Pfändung von derartigen Zahlungsansprüchen nicht anwendbar. Die Verwertung eines gepfändeten Zahlungsanspruchs kann dadurch erfolgen, dass das Vollstreckungsgericht auf Antrag des Gläubigers nach § 857 Abs. 5 ZPO die Veräußerung anordnet. Die Überweisung eines gepfändeten Zahlungs-

---

46 BGHZ 12, 245.
47 SG Frankfurt a.M. v. 16.3.2001 – S 6 RA 4234/96, NJW-RR 2002, 1213.
48 KG v. 29.1.1980 – 1 W 61/80, NJW 1980, 1341.
49 BAG v. 12.9.1979 – 4 AZR 420/77, NJW 1980, 800 und v. 13.11.1991 – 4 AZR 20/91, MDR 1992, 590; OLG Köln v. 9.10.1989 – 2 W 69/89, OLGZ 90, 236; vgl. auch BVerfG NJW 1985, 3005.
50 BGHZ 25, 23; zur Pfändung eines Anspruchs gesichert durch eine Rückauflassungsvormerkung BGH v. 20.2.2003 – IX ZR 102/02, Rpfleger 2003, 372 = NJW 2003, 1858 = InVo 2003, 284; OLG Hamburg, OLGZ 12, 141.
51 BGH v. 9.11.2006 – IX ZR 170/06, ZVI 2007, 195.

anspruchs zur Einziehung setzt entsprechend der Verordnung (EG) Nr. 1782/2003 voraus, dass der Gläubiger den Zahlungsanspruch selbst aktivieren kann, er also selbst Betriebsinhaber i.S. der Verordnung ist und eine landwirtschaftliche Fläche in derselben Region bewirtschaftet, für die der Zahlungsanspruch zugewiesen worden ist.[52]

Die **Zulage** für Dienst zu ungünstigen Zeiten und die Wechselschichtzulage nach der Erschwerniszulagenverordnung sind gemäß § 850a Nr. 3 ZPO unpfändbar.[53] 105c

Nach deutschem Recht sind Ansprüche wegen immaterieller Schäden übertragbar und pfändbar. Das gilt auch für Staatshaftungsansprüche, soweit diese auf den Ersatz immaterieller Schäden gerichtet sind. Vor diesem Hintergrund ist die vom Europäischen Gerichtshof für Menschenrechte einem Individualbeschwerdeführer zugesprochene Entschädigung wegen der durch eine Menschenrechtsverletzung infolge überlanger Verfahrensdauer erlittenen immateriellen Schäden nicht abtretbar und pfändbar. Dasselbe gilt für die zuerkannte Erstattung der Kosten für das Verfahren vor dem Gerichtshof.[54] Der von dem Gerichtshof zuerkannte Anspruch auf Erstattung von Mehrkosten im vorausgegangenen innerstaatlichen Verfahren dagegen ist abtretbar und pfändbar. 105d

15. Rechtsstellung des Drittschuldners

15.1 Der Vollstreckungsgläubiger darf die Rechtsstellung des Drittschuldners **nicht verschlechtern**; der Drittschuldner muss nur die „Lästigkeit" hinnehmen, dass ihm als „Leistungsadressat" jetzt statt des Vollstreckungsschuldners der Vollstreckungsgläubiger gegenübersteht. 106

15.2 Der Drittschuldner muss infolge der Pfändung insbesondere nicht mehr leisten, als er dem Vollstreckungsschuldner zu leisten verpflichtet ist; er verliert nicht **Einwendungen**, die ihm dem Vollstreckungsschuldner gegenüber zustehen,[55] und er muss nicht früher leisten, als es auch der Vollstreckungsschuldner bei Ausübung seiner Befugnisse (z.B. durch Kündigung) verlangen könnte. 107

15.3 Der Drittschuldner kann dem Vollstreckungsschuldner **entgegenhalten,** 108

– dass dieser mangels richtiger Überweisung nicht zur Geltendmachung der Forderung befugt sei;

– dass die Pfändung gänzlich unwirksam (nichtig) – nicht nur anfechtbar sei, etwa wegen Fehlens eines Titels; er muss insbesondere auch prü-

---

52 BGH v. 23.10.2008 – VII ZB 92/07, Rpfleger 2009, 90.
53 OVG Lüneburg v. 17.9.2009 – 5 ME 186/09, DÖV 2009, 1007 (Ls).
54 BGH v. 24.3.2011 – IX ZR 180/10, Rpfleger 2011, 536 = NJW 2011, 2296.
55 Z.B. BGHZ 70, 320; BGH Rpfleger 1978, 249 und 259; BB 1976, 853 und NJW 1980, 585; BGHZ 58, 25; BAG MDR 1964, 944; BGH v. 13.6.2002 – IX ZR 242/01, Rpfleger 2002, 574 = NJW 2002, 2871 = InVo 2002, 459.

fen, ob etwa die Überweisung nichtig ist; zahlt er auf die nichtige Überweisung an den Vollstreckungsgläubiger, so wird er von seiner Schuld gegenüber dem Vollstreckungsschuldner nicht befreit;[56]

– dass der Titel aufgehoben sei;

– dass der Drittschuldner ohne sein Verschulden von Pfändung und Überweisung nichts erfahren habe, etwa weil Ersatzzustellung an eine Person erfolgt sei, für deren Verhalten er nicht einstehen muss.

109 **15.4** Ob der Drittschuldner einwenden kann, dass die **gepfändete Forderung unpfändbar** sei, ist streitig.[57] Die Pfändung (und Überweisung) als staatlicher Hoheitsakt gilt auch bei Fehlerhaftigkeit solange, bis sie nicht – etwa auf einen Rechtsbehelf hin – aufgehoben oder geändert ist; bis dahin ist sie als gültig zu behandeln. Die nur infolge besonders gewichtiger Fehler eintretende[58] Nichtigkeit eines Pfändungsbeschlusses allerdings kann jedermann, mithin auch der Drittschuldner, einwenden.

110 **15.5 Einwendungen** gegen die Vollstreckungsforderung stehen dem Drittschuldner mangels gesetzlicher Grundlage nicht zu: Die ZPO räumt nur dem Vollstreckungsschuldner das Recht ein, gegen die einem Vollstreckungstitel zugrunde liegende Forderung Einwendungen zu erheben (streitig).[59]

111 **15.6** Die **Pflicht zur Abgabe der Drittschuldnererklärung**: Der Gläubiger, dem regelmäßig ausreichendes Wissen über die gepfändete „angebliche" Forderung fehlt, kann gemäß § 840 Abs. 1 ZPO vom Drittschuldner verlangen, dass ihm dieser innerhalb von zwei Wochen nach Zustellung des Pfändungsbeschlusses nachfolgende Erklärungen abgibt:

Nr. 1: Anerkennung der Forderung als begründet und zur Zahlung bereit,

Nr. 2: Mitteilung über vorrangige **rechtsgeschäftliche Abtretungen** oder Vorpfändungen oder Aufrechnungsmöglichkeit,

Nr. 3: Mitteilung über **vorrangige Pfändungen.**

Mit der **Neuregelung** zum Pfändungsschutzkonto („P-Konto") seit dem 1.7.2010 wurde § 840 Abs. 1 ZPO erweitert:

Nr. 4: Erklärung, ob innerhalb der letzten zwölf Monate im Hinblick auf das Konto, dessen Guthaben gepfändet worden ist, nach § 850l ZPO die Unpfändbarkeit des Guthabens angeordnet worden ist;

---

56 Z.B. BGHZ 70, 319 m.w.N. und BAG v. 15.2.1989 – 4 AZR 401/88, NJW 1989, 2148; BGH v. 17.12.1992 – IX ZR 226/91, NJW 1993, 735 m.z.N. und 1993, 2994.
57 BGHZ 66, 342 = NJW 1967, 1453.
58 BGH v. 26.5.1987 – IX ZR 201/86, NJW 1988, 495 und v. 17.12.1992 – IX ZR 226/91, 1993, 735.
59 Vgl. z.B. RGZ 93, 74; BAG v. 7.12.1988 – 4 AZR 471/88, NJW 1989, 1053; Zöller/*Stöber*, § 836 ZPO Rz. 6; Baumbach/Lauterbach/Albers/*Hartmann*, § 835 ZPO Rz. 7; Thomas/Putzo/*Seiler*, § 836 ZPO Rz. 6.

Nr. 5: Erklärung, ob es sich bei dem Konto, dessen Guthaben gepfändet worden ist, um ein Pfändungsschutzkonto i.S.v. § 850k Abs. 7 ZPO handelt.

Die Aufforderung zur Abgabe dieser Erklärungen muss in die Zustellungsurkunde aufgenommen werden.

Der Drittschuldner haftet dem Vollstreckungsgläubiger für den aus der Nichterfüllung dieser Verpflichtung entstehenden Schaden (§ 840 Abs. 2 ZPO).

Näheres ist in den Erläuterungen zu *Muster 9* ausgeführt, auch zur Ausnahme von der Auskunftspflicht.

16. Die Klage gegen den Drittschuldner

Verweigert der Drittschuldner die Leistung, so steht der Vollstreckungsgläubiger vor der Wahl, ob er die gepfändete Forderung des Vollstreckungsschuldners durch Erhebung der Klage gegen den Drittschuldner weiter verfolgen will oder nicht.

16.1 Unterlässt der Vollstreckungsgläubiger die Klageerhebung, etwa weil ihm die Prozessaussichten zu unsicher sind, so muss er bei Meidung der Schadensersatzpflicht dem Vollstreckungsschuldner ermöglichen, seine Forderung selbst einzuklagen, und ihm die Aktivlegitimation dazu dadurch zu verschaffen, dass er gemäß § 843 ZPO die gepfändete und ihm überwiesene Forderung freigibt und dem Drittschuldner durch nachgewiesene Sendung mitteilt, dass er auf seine Rechte aus Pfändung und Überweisung dieser Forderung verzichtet. Seine Entscheidung muss der Vollstreckungsgläubiger **ohne Verzug** treffen.

16.2 Erhebt der Vollstreckungsgläubiger die Klage gegen den Drittschuldner, so hat er bei Meidung von Schadensersatz dem Vollstreckungsschuldner den Streit zu verkünden, um ihm zu ermöglichen, an der Beitreibung der Forderung mitzuwirken (§ 841 ZPO), und die Beitreibung ohne Verzögerung zu bewirken (§ 842 ZPO).

Die Klage des Vollstreckungsgläubigers gegen den Drittschuldner ist im Prinzip der Klage des Vollstreckungsschuldners gegen den Drittschuldner gleich, der Vollstreckungsgläubiger hat lediglich seine Aktivlegitimation durch Darstellung der Pfändung und Überweisung darzulegen.

Auch der **Rechtsweg** ist der gleiche, den der Vollstreckungsschuldner beschreiten müsste; die Klage wird also meistens bei den ordentlichen Gerichten, insbesondere bei Lohnpfändung aber bei den Arbeitsgerichten und bei Pfändung anderer Forderungen bei der sonst gehörigen Gerichtsbarkeit (bei einem Anspruch auf Steuererstattung also z.B. beim Finanzgericht) anzubringen sein.

16.3 Die Vertretung des Drittschuldners im Prozess richtet sich meist nach den allgemeinen Bestimmungen über die gesetzliche Vertretung. Bei öffentlich-rechtlichen Körperschaften ist aber die Drittschuldnervertretung oft gesondert geregelt:

Die Drittschuldnervertretung der Bundesrepublik und der Länder ergibt sich im Prinzip aus dem Grundgesetz und den Länderverfassungen. Im Einzelnen können Bund und Länder ihre Vertretung nicht nur durch (formelle) Gesetze, sondern auch durch Rechtsverordnungen regeln (Art. 80 GG und Gesetz über die Ermächtigung zum Erlass von Rechtsverordnungen).

119 Die Bundesrepublik wird grundsätzlich vom jeweiligen Fachminister, bei unklarer Zuständigkeit vom Bundesfinanzminister vertreten (Art. 65 Abs. 1 GG), in vielen Fällen von bestimmten Bundesbehörden, insbesondere Oberfinanzdirektionen.[60] Der **Geschäftsbereich der einzelnen Bundesminister** wird durch den Bundeskanzler, bei Überschneidungen durch Beschluss der Bundesregierung festgelegt (§ 9 der Geschäftsordnung der Bundesregierung). Im Rahmen der **Auftragsverwaltung** wird der Bund häufig durch ein Land „vertreten". Das besagt aber nicht notwendig etwas über Person und Vertretung des Drittschuldners: Ist die Bundesrepublik und nicht das „vertretende" Land Schuldnerin der zu pfändenden Forderung, also Drittschuldnerin, so wird sie nach den für sie, nicht nach den für das „vertretende" Land geltenden Bestimmungen vertreten.

Die meisten Minister haben für ihre Ressorts **Vertretungsanordnungen** erlassen, die relativ häufig geändert wurden.[61]

120 Das Bundeseisenbahnvermögen, ein nicht rechtsfähiges Sondervermögen des Bundes, das unter seinem Namen klagen und verklagt werden kann (§§ 1 und 4 des Gesetzes zur Zusammenführung und Neugliederung der Bundeseisenbahnen[62]), wird von seinem Präsidenten gerichtlich und außergerichtlich vertreten, solange dieser nicht in einer vom Bundesministerium für Verkehr zu genehmigenden Verwaltungsordnung etwas anderes bestimmt (§ 6 des Gesetzes zur Zusammenführung und Neugliederung der Bundeseisenbahnen).

121 Die **Deutsche Bahn Aktiengesellschaft**, gegründet durch Gesetz vom 27.12.1993[63], wird gerichtlich und außergerichtlich durch ihren Vorstand vertreten. Ist eine Willenserklärung gegenüber der Aktiengesellschaft abzugeben, so genügt die Abgabe gegenüber einem Vorstandsmitglied, Klagezustellung an ein Vorstandsmitglied reicht also aus (§ 78 AktG).

122 Die **Bundesanstalt für Post und Telekommunikation Deutsche Bundespost** ist durch Art. 1 des Postneuordnungsgesetzes vom 14.9.1994[64] als rechtsfähige Anstalt des öffentlichen Rechts mit Sitz in Bonn errichtet

---

60 Vgl. das Gesetz über die Finanzverwaltung – FVG, insbesondere § 8; ferner BGHZ 8, 197 ff. und BGH NJW 1967, 1755.
61 Vgl. Zöller/*Vollkommer*, § 18 ZPO Rz. 5 ff.
62 BGBl. I 1993, S. 2378.
63 BGBl. I 1993, S. 2386.
64 BGBl. I 1994, S. 2325.

worden. Sie wird durch die Mitglieder ihres Vorstandes im Rechtsverkehr nach näherer Maßgabe ihrer Satzung vertreten (§§ 1 und 4). Die Satzung[65] bestimmt, dass die Anstalt im eigenen Namen handeln, klagen und verklagt werden kann (§ 3), und dass der Vorstand sie nach näherer Regelung durch die Geschäftsordnung vertritt (§ 11); jedoch genügt für eine Willenserklärung gegenüber der Anstalt die Abgabe gegenüber einem Vorstandsmitglied (§ 6).

Die drei Unternehmen der früheren Bundespost sind durch Art. 3 des Postneuordnungsgesetzes in drei Aktiengesellschaften, nämlich die **Deutsche Post AG**, die **Deutsche Postbank AG** und die **Deutsche Telekom AG** umgewandelt worden. 123

Sie haben jeweils die Rechtsnachfolge der und die Haftung für die früheren Unternehmen der Bundespost (Teilsondervermögen des Bundes) übernommen. Diese Aktiengesellschaften haben je einen Vorstand, der nach ihren Satzungen[66] aus mindestens zwei Personen besteht (§ 6); zwei Vorstandsmitglieder (oder ein Mitglied zusammen mit einem Prokuristen) vertreten die Gesellschaft nach näherer Regelung der Satzung (§ 7), aber nach § 78 AktG genügt für eine Willenserklärung gegenüber der Gesellschaft die Abgabe gegenüber einem Vorstandsmitglied.

Zur Pfändung von Konten bei der Deutschen Postbank AG s. *Muster 134.*

Für die Drittschuldnervertretung der Deutschen Bundesbank gilt § 11 BBankG.[67] Danach wird die Deutsche Bundesbank gerichtlich und außergerichtlich durch den Vorstand vertreten; Klagen gegen die Deutsche Bundesbank können auch bei dem Gericht des Sitzes einer Hauptverwaltung erhoben werden. **Es wird empfohlen, die Deutsche Bundesbank als Drittschuldnerin zu bezeichnen als: „Deutsche Bundesbank, Frankfurt am Main, gesetzl. vertr. durch den Vorstand …".** 124

Die Drittschuldnervertretung der Bundesländer ergibt sich aus den Länderverfassungen und kann im Einzelnen durch Gesetz oder Verordnung geregelt werden (Art. 80 GG). Die meisten Länder haben ihre Vertretung als Drittschuldner ressortabhängig geregelt, andere haben sie durch ein alle Ressorts umfassendes Gesetz (z.B. Hamburg) oder eine alle Ressorts umfassende Verordnung (z.B. Bayern) geregelt.[68] 125

Die Drittschuldnervertretung der Bezirke, Landkreise und Gemeinden ist unter Beachtung des Selbstverwaltungsrechts in denjenigen Landesgesetzen geregelt, die sich mit der Organisation dieser Gebietskörperschaften befassen (z.B. Landrat oder Bürgermeister). 126

---

65 BGBl. I 1994, S. 2331.
66 BGBl. I 1994, S. 2343 ff.
67 Gesetz über die Deutsche Bundesbank in der Fassung der Bek. v. 22.10.1992 (BGBl. I 1992, S. 1782), zuletzt geändert durch Art. 23 des Gesetzes v. 4.7.2013 (BGBl. I 2013, S. 1981).
68 Im Einzelnen wird auf Zöller/*Vollkommer*, § 18 ZPO Rz. 16 ff. verwiesen.

17. Vorpfändung (vorläufiges Zahlungsverbot)

127 Die Vorpfändung nach § 845 ZPO sichert den Rang einer späteren Pfändung. Sie ist schon vor Erteilung der Vollstreckungsklausel zulässig und hat die Wirkung eines Arrestes, wenn die Pfändung selbst innerhalb der Monatsfrist erfolgt (näheres *Muster 7*). Die Wirkung einer Pfändung nach § 829 Abs. 3 ZPO fällt aber dann weg, wenn sie sich auf die Arrestwirkung einer Vorpfändung gemäß § 845 Abs. 2 ZPO gründet, die Zustellung des Pfändungsbeschlusses an den Drittschuldner aber in die Frist der sog. Rückschlagsperre nach § 88 InsO (§ 312 InsO) fällt. Nach § 88 InsO wird eine von einem Insolvenzgläubiger durch Zwangsvollstreckung erlangte Sicherung mit der Eröffnung des Insolvenzverfahrens unwirksam, wenn sie im letzten Monat (bzw. drei Monate) vor dem Antrag auf Eröffnung des Insolvenzverfahrens oder nach diesem Antrag erlangt worden ist. Daran ändert auch ein vorläufiges Zahlungsverbot nach § 845 ZPO nichts, was der Pfändung vorausgegangen ist. Nach § 845 Abs. 2 ZPO tritt die Arrestwirkung nur ein, wenn die Pfändung Bestand hat. Daran fehlt es aber, wenn die Zwangsvollstreckungsmaßnahme nach § 88 InsO ihre Wirksamkeit verliert.[69]

18. Sicherungsvollstreckung

128 Für den Vollstreckungsgläubiger ist es wichtig, dass er aus einem vorläufigen vollstreckbaren Titel alsbald vollstrecken kann, um zu verhindern, dass sich der Vollstreckungsschuldner vermögenslos macht, und um im Wettlauf mit andern Vollstreckungsgläubigern der Erste zu bleiben. Ist sein Titel nur gegen Sicherheitsleistung vorläufig vollstreckbar, so müsste der Vollstreckungsgläubiger erst Sicherheit leisten und den Nachweis der Sicherheitsleistung seinem Vollstreckungsantrag beifügen und könnte erst dann vollstrecken (§ 751 Abs. 2 ZPO). Deshalb lässt es § 720a ZPO zu, in bewegliches Vermögen zu pfänden und an unbeweglichem Vermögen eine Sicherungshypothek einzutragen, wenn der Titel und die Vollstreckungsklausel mindestens zwei Wochen vorher zugestellt sind (§ 750 Abs. 3 ZPO).[70]

129 Auch bei der Sicherungsvollstreckung begründet die Pfändung ein **Pfandrecht**, führt jedoch nicht zur Pfandverwertung (§ 720a Abs. 1 Satz 2 und Abs. 3 ZPO). Der Vollstreckungsschuldner kann die Sicherungsvollstreckung durch Leistung einer Sicherheit in Höhe des vollstreckbaren Hauptanspruchs abwenden, sofern nicht der Gläubiger ebenfalls die ihm obliegende Sicherheit leistet (§ 720a Abs. 3 ZPO).

Vorpfändung ist auch hier zulässig.[71]

---

69 Hierzu BGH v. 23.3.2006 – IX ZR 116/03, Rpfleger 2006, 427 = NJW 2006, 1870; LG Detmold v. 15.12.2006 – 3 T 330/06, Rpfleger 2007, 274.
70 H.M., vgl. Zöller/*Stöber*, § 720a ZPO Rz. 4 m.w.N.
71 BGH v. 29.11.1984 – IX ZR 44/84, BGHZ 93, 71 = NJW 1985, 863.

Auch im Rahmen der Sicherungsvollstreckung kann das Verfahren zur Abgabe der **Vermögensauskunft** nach § 802f ZPO betrieben werden,[72] nicht aber mehr, wenn das Insolvenzverfahren eröffnet ist.[73] 130

Für die Sicherungsvollstreckung bedarf es der **Zustellung der Vollstreckungsklausel, allerdings nur der qualifizierten, nicht der einfachen Klausel, § 724 ZPO**.[74] 131

19. Zusammentreffen mehrerer Pfändungspfandrechte und von Abtretungen und Pfändungen an ein und demselben Gegenstand

19.1 Bei **Pfändung beweglicher Sachen** geht das durch eine frühere Pfändung begründete Pfandrecht demjenigen vor, das durch eine spätere Pfändung begründet wird (§ 804 Abs. 3 ZPO). Wird also eine bewegliche Sache zunächst für den Vollstreckungsgläubiger A und später für den Vollstreckungsgläubiger B gepfändet, so wird zunächst die Vollstreckungsforderung des A voll befriedigt, dem B gebührt ein etwaiger Erlösrest. 132

Bei Streit über den Rang der Pfändungen und dann, wenn die Pfändung für mehrere Gläubiger gleichzeitig bewirkt ist, hat der Gerichtsvollzieher die Sachlage dem Vollstreckungsgericht anzuzeigen und den Erlös zu hinterlegen (§ 827 ZPO); daraufhin tritt nach §§ 872 ff. ZPO das Verteilungsverfahren ein (Näheres in §§ 872 bis 882 ZPO und unten Rz. 136).

19.2 Auch die mehrfache **Pfändung einer Forderung und eines Rechts** ist möglich, wie sich aus § 853 ZPO ergibt. 133

19.2.1 Bei mehrfacher Forderungspfändung ist der **Rang der jeweiligen Pfändung** (nicht Überweisung!) maßgebend, wobei für den Rang auch eine etwaige Vorpfändung zu berücksichtigen ist (§ 804 Abs. 3 ZPO). Gleichrang haben die Vollstreckungsgläubiger untereinander dann, wenn ihre Pfändungen gleichzeitig wirksam werden. 134

Zum Schutz gegen die durch Mehrfachpfändung auftretende Ungewissheit ermächtigt § 853 ZPO den Drittschuldner – und verpflichtet ihn auf Verlangen eines Vollstreckungsgläubigers auch dazu –, den geschuldeten Geldbetrag unter Anzeige der Mehrfachpfändung und unter Aushändigung der ihm zugestellten Beschlüsse bei demjenigen Amtsgericht zu hinterlegen, dessen Beschluss ihm zuerst zugestellt worden ist. Die Hinterlegung 135

---

[72] Noch zur eidesstattlichen Versicherung: BGH v. 26.10.2006 – I ZB 113/05, Rpfleger 2007, 88 = NJW-RR 2007, 416 = JurBüro 2007, 155; v. 2.3.2006 – IX ZB 23/06, Rpfleger 2006, 328 = WM 2006, 918; OLG Hamburg v. 10.11.1998 – 6 W 70/98, MDR 1999, 255 = InVo 1999, 403; OLG München v. 9.10.1990 – 25 W 1548/90, JurBüro 1991, 128; OLG Koblenz v. 30.8.1990 – 4 W 423/90, JurBüro 1991, 126; KG v. 21.2.1989 – 1 W 22/89, Rpfleger 1989, 291.
[73] BGH v. 24.5.2012 – IX ZB 275/10, Rpfleger 2012, 555 = MDR 2012, 869.
[74] BGH v. 5.7.2005 – VII ZB 14/05, Rpfleger 2005, 547 = MDR 2005, 1433; früher a.A. vgl. OLG Stuttgart v. 21.9.1989 – 8 W 454/89, NJW-RR 1989, 1535; KG JurBüro 1988, 790; OLG Karlsruhe DGVZ 1990, 186; OLG Schleswig v. 14.1.1988 – 2 W 118/87, NJW-RR 1988, 700 m.w.N.

Einleitung Zusammentreffen mehrerer Pfändungspfandrechte

bewirkt das Erlöschen des Schuldverhältnisses zwischen dem Drittschuldner und jedem der Vollstreckungsschuldner; der Drittschuldner ist damit von seiner Schuld befreit. Aus der ursprünglichen, gepfändeten Forderung gegen den Drittschuldner ist durch die Hinterlegung ein Anspruch des Vollstreckungsschuldners gegen die Hinterlegungsstelle auf Auszahlung des hinterlegten Betrags entstanden; an diesem Auszahlungsanspruch setzt sich das Pfändungspfandrecht fort (§ 1217 BGB). Jeder Vollstreckungsgläubiger kann die Befolgung dieser Vorschrift einklagen und die übrigen Vollstreckungsgläubiger zu diesem Prozess hinzuziehen (§ 856 ZPO). Bei mehrfacher Pfändung von Ansprüchen, die bewegliche oder unbewegliche Sachen wie eingetragene Schiffe betreffen, geben §§ 854 bis 855a ZPO Sonderbestimmungen; auch hier gilt § 856 ZPO.

136 **19.2.2** Einigen sich die Vollstreckungsgläubiger über die Verteilung des hinterlegten Betrags, so können sie dessen Auszahlung dadurch erreichen, dass sie sich alle gegenseitig die Auszahlung im vereinbarten Verhältnis bewilligen und zwar durch Erklärung gegenüber der Hinterlegungsstelle.[75]

137 Das **Verteilungsverfahren** dagegen tritt ein, wenn die Vollstreckungsgläubiger sich über die Verteilung des hinterlegten Betrages nicht einigen, aber der verfügbare Geldbetrag zur Befriedigung aller beteiligten Vollstreckungsgläubiger nicht hinreicht (§ 872 ZPO). Das Verteilungsverfahren obliegt dem Vollstreckungsgericht (§ 873 ZPO). Es stellt einen Teilungsplan auf, bestimmt Verteilungstermin und verteilt dem Plan gemäß in diesem Termin unter die beteiligten Vollstreckungsgläubiger, wenn kein Widerspruch erfolgt. Wird Widerspruch erhoben, so wartet das Vollstreckungsgericht das Urteil des Prozessgerichts in dem vom Widersprechenden binnen eines Monats ab Termin zu beginnenden Prozess ab und zahlt dann gemäß diesem Urteil aus (§§ 874 bis 882 ZPO).

138 **19.3** Nach verbreiteter Meinung soll bei **Zusammentreffen von Pfändung und vorhergehender Abtretung** die Pfändung der abgetretenen Forderung beim Zedenten stets unwirksam sein und bleiben, auch wenn die Abtretung später rückgängig gemacht wird.[76]

Diese Meinung kommt in Schwierigkeiten, wenn wiederkehrende Forderungen gepfändet sind, z.B. Arbeitseinkommen, wie an einem Beispiel dargelegt wird: Der Vollstreckungsschuldner hat den pfändbaren Teil seines Arbeitseinkommens wegen einer Forderung von 4000,– Euro an einen Dritten abgetreten; übertragbar und pfändbar sind monatlich 200,– Euro. Nach der herrschenden Meinung geht während der 20 Monate, welche die

---

[75] Die Hinterlegungsordnung wurde zum 30.11.2010 aufgehoben (Art. 17 Abs. 2 des 2. BMJBerG – BGBl. I S. 2614); hierzu *Rückheim*, Rpfleger 2010, 1; *Rellermeyer*, Rpfleger 2010, 129. Jedes Bundesland hat nunmehr eine eigene Hinterlegungsordnung (HintO), die aber weitgehend deckungsgleich sind. Zum Hinterlegungsrecht in Bayern: *Wiedemann/Armbruster*, Rpfleger 2011, 1.
[76] BGH NJW 1971, 1939 und 1987, 1703; *Stein/Jonas*, § 829 ZPO Rz. 67; Baumbach/Lauterbach/Albers/*Hartmann*, § 829 Rz. 7 „Abtretung"; *Stöber*, Rz. 769; Musielak/*Becker*, § 829 Rz. 17; a.A. mit guten Gründen OLG München NJW 1954, 1124.

Tilgung der durch Abtretung gesicherten Forderung währt, jede Pfändung beim Zedenten ins Leere, selbst wenn sie am Tag vor Tilgung des letzten Betrages erfolgen sollte; Lohnpfändung wird so zum Lotteriespiel: Wer einen Tag zu früh pfändet, hat gutes Geld dem schlechten nachgeworfen, derjenige, der am nächsten Tag pfändet, erhält den Preis. Daher wird hier die Auffassung vertreten, dass jedenfalls bei Pfändung wiederkehrender Forderungen ein Rangverhältnis besteht. Jedenfalls im Bereich der Lohnpfändung lässt sich diese Ansicht durch die Überlegung rechtfertigen, dass Gehaltsabtretungen nicht den in alle Ewigkeit geschuldeten Lohn, sondern nur diejenige Anzahl von Monats- und Wochenlöhnen ergreifen, die zur Tilgung der durch die Abtretung gesicherten Forderungen verbraucht wird, und dass die künftige Forderung des Vollstreckungsschuldners aus dem Arbeitsverhältnis auf Zahlung späterer Löhne pfändbar ist (vgl. oben Rz. 81).[77]

Das **BAG** hat im Fall einer Lohnabtretung entschieden: Die Pfändung geht solange ins Leere, als dem Vollstreckungsschuldner der Lohnanspruch nicht zusteht; das Pfandrecht erwächst aber dann, wenn die Forderung rückabgetreten wird.[78] Das BAG führt weiter aus, es genüge nach § 832 ZPO für die Pfändung fortlaufender Bezüge, „dass ihr Entstehungsgrund gesetzt wird". Der Grundsatz, die Pfändung könne bei Abtretung nicht zurückwirken, gilt bei Pfändung laufenden Lohns nicht unmittelbar. Die Pfändung ist daher vom Drittschuldner für die Zukunft zu beachten.

Die **Abtretung der Forderung nach ihrer Pfändung** ist dem Vollstreckungsgläubiger gegenüber unwirksam, weil sie gegen das im Pfändungsbeschluss ausgesprochene Verfügungsverbot verstößt (§ 136 BGB). 139

20. Die Zwangsvollstreckung gegen juristische Personen des öffentlichen Rechts

Hierfür gibt § 882a ZPO Sondervorschriften:

20.1 Diese Bestimmung gilt nur für die Zwangsvollstreckung wegen einer **Geldforderung**. Sie ist nicht anwendbar, wenn dingliche Rechte verfolgt werden. § 882a ZPO gilt zugunsten des **Bundes**, der **Länder**, der **Körperschaften**, **Anstalten** und **Stiftungen des öffentlichen Rechts**, soweit sie nicht Bank- und Kreditanstalten sind oder Landesrecht für Gemeindeverbände oder Gemeinden eine Ausnahme macht (vgl. § 15 Nr. 3 EGZPO). Die Landesgesetze regeln diese Frage in den die Gemeinden und Gemeindeverbände statuierenden Gesetzen. 140

20.2 Soweit nicht dingliche Rechte verfolgt werden, darf die Zwangsvollstreckung gegen eine juristische Person des öffentlichen Rechts erst 4 Wochen nach dem Zeitpunkt beginnen, in dem der Vollstreckungsgläubiger 141

---

[77] Vgl. LG Münster Rpfleger 1991, 378 mit Anm. *Spellerberg*.
[78] BAG v. 17.2.1993 – 4 AZR 161/92, NJW 1993, 2699, insoweit in Bestätigung von LAG Hamm v. 15.10.1991 – 1 Sa 917/91, WM 1993, 84.

seine **Vollstreckungsabsicht** der zur Vertretung der Vollstreckungsschuldnerin berufenen Behörde oder den gesetzlichen Vertretern der sonstigen juristischen Personen des öffentlichen Rechts **mitgeteilt** hat.

Soll gegen die Bundesrepublik oder gegen ein Bundesland in Vermögen vollstreckt werden, das nicht von derjenigen Behörde verwaltet wird, welche für die Vertretung des Drittschuldners zuständig ist, so ist die Vollstreckungsabsicht gleichzeitig dem Minister der Finanzen der Vollstreckungsschuldnerin anzuzeigen. Dem Vollstreckungsgläubiger ist auf Verlangen der Empfang der Anzeige zu bescheinigen. Dem Vollstreckungsgläubiger ist zu empfehlen, das Verlangen zu stellen, weil er sonst bei Erteilung des Vollstreckungsauftrags bzw. in seinem Antrag auf Erlass eines Pfändungs- und Überweisungsbeschlusses nicht dartun kann, dass diese besondere Voraussetzung der Zwangsvollstreckung gegeben ist.

142 20.3 Trotz dieser Anzeige bleibt die Zwangsvollstreckung in solche Sachen unzulässig, die **für die Erfüllung der gesetzlichen Aufgaben** der Bundesrepublik, des Landes, der Körperschaft, Anstalt oder Stiftung des öffentlichen Rechts **unentbehrlich** sind.

143 20.4 Für die Verfolgung **dinglicher Rechte** und für eine Zwangsvollstreckung, die nicht wegen einer Geldforderung gegen juristische Personen des öffentlichen Rechts betrieben wird, gelten die allgemeinen Vorschriften.

144 20.5 Eine **einstweilige Verfügung** kann, ihrem Wesen gemäß, auch ohne Anzeige der Zwangsvollstreckungsabsicht und ohne Einhaltung der Wartefrist von vier Wochen vollzogen werden (§ 882a Abs. 5 ZPO).

145 20.6 Die Vertretung dieser juristischen Personen als Vollstreckungsschuldner ist nicht notwendig die gleiche wie ihre in Rz. 118 ff. geschilderte Vertretung als Drittschuldner.

21. Rechtsbehelfe im Zwangsvollstreckungsverfahren

146 Manche Rechtsbehelfe hemmen den Eintritt der formellen Rechtskraft und bewirken, dass sich mit der Sache nun die übergeordnete Instanz befassen muss (Rechtsmittel), anderen fehlen diese Wirkungen.

21.1 Allgemeines

147 Auch im Zwangsvollstreckungsverfahren gibt es befristete und nicht befristete Rechtsbehelfe. **Befristete Rechtsbehelfe** sind bei Versäumung der für sie vorgesehenen Frist unzulässig, können also nicht sachlich geprüft werden.

148 Befristet ist die **sofortige Beschwerde** (§ 793 ZPO) und **die „sofortige" Erinnerung** nach § 11 Abs. 2 Satz 1 RPflG, letztere jedoch nur dann, wenn nach den allgemeinen verfahrensrechtlichen Vorschriften ein Rechtsmittel nicht gegeben ist. Die Frist beträgt infolge der Verweisung auf § 793 ZPO und der Weiterverweisung auf § 569 Abs. 1 ZPO zwei Wochen und

ist eine Notfrist; berechnet wird sie nach §§ 221 bis 226 ZPO und §§ 187 bis 189 BGB, ihr Lauf wird auch durch die Zustellung des Pfändungsbeschlusses im Parteibetrieb ausgelöst.[79]

Die Sonderregelungen für Rechtsbehelfe gegen **Vollstreckungsmaßnahmen nach der Abgabenordnung und nach den Verwaltungsvollstreckungsgesetzen** sind hier nicht berücksichtigt: In Steuersachen ist stets zu überlegen, ob etwa der Rechtsweg vor den Finanzgerichten gegeben ist, in Verwaltungssachen, ob der Verwaltungsrechtsweg gegeben ist.[80]

149

21.2 Die einzelnen Rechtsbehelfe

21.2.1 Rechtsbehelfe „gegen den Titel"

Der Titel kann nur im Erkenntnisverfahren durch Rechtsmittel angegriffen werden, im Vollstreckungsverfahren ist er als wirksam vorauszusetzen und von den Zwangsvollstreckungsorganen nicht mehr zu prüfen. (Abänderung bzw. Beseitigung von Titeln nach § 323 ZPO oder nach dem 4. Buch der ZPO können hier außer Acht bleiben.)

150

Missbrauch des Titels (z.B. Vollstreckungsversuche, obwohl die zu vollstreckende Forderung in diesem Zeitpunkt schon getilgt ist oder nach dem Erlass des Titels eine rechtshemmende Einwendung gegen sie entstand) kann der Vollstreckungsschuldner mit mehreren Rechtsbehelfen begegnen:

Die **Vollstreckungsgegenklage** (Vollstreckungsabwehrklage) nach § 767 ZPO soll die Vollstreckbarkeit des Titels, nicht diesen selbst beseitigen.[81] Sie richtet sich gegen Leistungs- und Haftungstitel mit vollstreckbarem Inhalt, nicht gegen Feststellungs- und Gestaltungsurteile, auch nicht gegen unwirksame Titel; gegen letztere ist mit der Erinnerung nach § 732 ZPO vorzugehen, sofern die Unwirksamkeit auf formelle Gründe gestützt wird.[82] Liegen die Voraussetzungen einer Klauselerinnerung nach § 732 ZPO und einer Vollstreckungsgegenklage in entsprechender Anwendung des § 767 ZPO vor, so hat der Schuldner ein Wahlrecht.[83] In seinem Beschluss vom 4.10.2005 stellt der *BGH*[84] im Anschluss an seine Entscheidung vom 5.7.2005[85] zur Klarstellung fest, dass der Schuldner mit der Erinnerung nach § 732 ZPO gegen die Erteilung der Vollstreckungsklausel nur Einwendungen erheben kann, die Fehler formeller Art zum Gegenstand haben. Einwendungen materiell-rechtlicher Art sind weder im Rahmen der Klauselerteilung noch im Änderungsverfahren zu prüfen, eine

151

---

79 OLG Köln v. 29.4.1991 – 2 W 57/91, NJW-RR 1992, 894.
80 Vgl. BVerwG NJW 1987, 372.
81 Vgl. BGH v. 30.3.2010 – XI ZR 200/09, NJW 2010, 2041 = Rpfleger 2010, 414; BGH v. 23.8.2007 – VII ZB 115/06, Rpfleger 2007, 671 = JurBüro 2007, 662.
82 BGHZ 15, 190; 22, 55; BGH v. 21.5.1987 – VII ZR 210/86, AnwBl. 1987, 552; v. 30.3.2010 – XI ZR 200/09, NJW 2010, 2041 = Rpfleger 2010, 414.
83 BGH v. 16.7.2004 – IXa ZB 326/03, NJW-RR 2004, 1718 = WM 2004, 1745.
84 BGH v. 4.10.2005 – VII ZB 54/05, Rpfleger 2006, 27 = InVo 2006, 24.
85 BGH v. 5.7.2005 – VII ZB 27/05, Rpfleger 2005, 612 = InVo 2006, 23.

solche Prüfungsbefugnis steht auch nicht dem Notar zu, der die Vollstreckungsklausel auf eine notarielle Urkunde erteilt hat. Die Vollstreckungsgegenklage steht nur dem Vollstreckungsschuldner zu. Sie richtet sich gegen den im Vollstreckungstitel ausgewiesenen Gläubiger, ggf. gegen den Erwerber der titulierten Forderung, wenn die Voraussetzungen für die Erteilung einer vollstreckbaren Ausfertigung an ihn vorliegen.[86] Das stattgebende Urteil erklärt die Zwangsvollstreckung aus diesem Titel für unzulässig bzw. für derzeit unzulässig.

152 Die Vollstreckungsabwehrklage ist ausschließlich (§ 802 ZPO) bei dem Prozessgericht des ersten Rechtszuges anhängig zu machen (§ 767 Abs. 1 ZPO). Zulässigkeitsvoraussetzung ist, dass die Gründe, auf welche die Klage gestützt wird, erst nach dem Schluss der mündlichen Verhandlung entstanden sind, in welcher Einwendungen nach den Vorschriften über das Erkenntnisverfahren spätestens hätten geltend gemacht werden müssen; Voraussetzung ist auch, dass die Einwendungen nicht mehr durch Einspruch geltend gemacht werden können (§ 767 Abs. 2 ZPO). Diese Präklusion des § 767 Abs. 2 ZPO kann aber nicht bei Titeln eingreifen, bei denen keine Rechtskraft eintritt[87], so nicht beim Prozessvergleich, der keine mündliche Verhandlung voraussetzt,[88] auch nicht bei Kostenfestsetzungsbeschlüssen, gegen die der Schuldner selbst dann aufrechnen dürfte, wenn er vor der letzten mündlichen Verhandlung im Erkenntnisverfahren hätte aufrechnen können.[89] Für vollstreckbare Urkunden schließt § 797 Abs. 4 ZPO die Anwendung des § 767 Abs. 2 ZPO aus.

153 Eine Besonderheit der Vollstreckungsgegenklage besteht darin, dass der Schuldner in der **Klageschrift alle Einwendungen** geltend machen muss, die er **zur Zeit der Klageeinreichung** geltend zu machen im Stande ist (§ 767 Abs. 3 ZPO). Das soll den Schuldner zwingen, alle ihm möglichen Einwendungen mit einer Klage, nicht mit mehreren, geltend zu machen.[90] (Die Worte „zur Zeit der Erhebung der Klage" beruhen auf schlechter Redaktion: Die Klage ist ja erst erhoben mit ihrer Zustellung, aber das Gesetz kann den Kläger nicht zum Hellseher machen; er kann nicht wissen, welche Einwendungen ihm zwischen Einreichung und Zustellung der Klage etwa zusätzlich erwachsen oder bekannt werden.) § 767 Abs. 3 ZPO bewirkt aber nicht, dass nur einmal eine Vollstreckungsgegenklage möglich wäre: Wenn dem Schuldner nach der letzten mündlichen Verhandlung über die erste Klage weitere Einreden erwachsen, kann er erneut Kla-

---

86 BGH v. 9.12.1992 – VIII ZR 218/91, NJW 1993, 1396.
87 BGH v. 18.11.1993 – IX ZR 244/92, NJW 1994, 460 = MDR 1994, 1040.
88 BGHZ 3, 381; BGH v. 14.5.1987 – BLw 5/86, MDR 1987, 933; BAG v. 12.9.1979 – 4 AZR 420/77, BB 1980, 728.
89 BGHZ 3, 381; anders bei dem Vergütungsfestsetzungsbeschluss nach § 11 RVG, gegen welchen der Vollstreckungsschuldner Sachliches vorbringen und so den Erlass des Beschlusses verhindern könnte (so BGH v. 5.12.1996 – IX ZR 67/96, NJW 1997, 743; BGH MDR 1976, 914 m.w.N.; die Gegenansicht OLG Nürnberg MDR 1957, 367 und *Pohlmann*, MDR 1957, 107, überzeugt nicht).
90 BGH MDR 1967, 586.

ge erheben, ohne dass etwa die Rechtskraft einer vorherigen Entscheidung ihn daran hindern würde.[91]

21.2.2 Einwendungen gegen die Vollstreckungsklausel

Die Vollstreckungsklausel richtet sich in den Fällen der §§ 727 ff. ZPO nicht gegen den, gegen welchen sich der Titel richtet; sie darf im Falle des § 726 ZPO nur unter den dort genannten Voraussetzungen erteilt werden. Ist sie erteilt, hält aber derjenige, gegen den sie sich richtet, die Voraussetzungen dafür nicht für gegeben, so kann er **Klage gemäß § 768 ZPO** erheben, für welche die Vorschriften des § 767 Abs. 1 und 3 ZPO entsprechend anzuwenden sind; für vollstreckbare Urkunden gilt als Spezialbestimmung § 797 Abs. 3 ZPO. Das stattgebende Urteil erklärt die Zwangsvollstreckung aus dieser Klausel für unzulässig.

154

Wegen sonstiger (formeller) Einwendungen gegen die Zulässigkeit der Vollstreckungsklausel kann der Vollstreckungsschuldner **Erinnerungen nach § 732 ZPO** erheben.[92] Nur diese Bestimmung, nicht § 767 ZPO steht auch zur Abwehr der Vollstreckung aus Titeln zur Verfügung, die von vornherein unwirksam sind, wie etwa ein mit der Klausel versehener Vergleich, dem eine der Voraussetzungen des § 794 Abs. 1 Nr. 1 ZPO fehlt oder der trotz Anwaltszwangs ohne Mitwirkung eines Anwalts abgeschlossen ist.[93] § 732 ZPO ermöglicht die Beseitigung einer zu Unrecht erteilten Vollstreckungsklausel. Der stattgebende Beschluss erklärt die Zwangsvollstreckung aus dieser Vollstreckungsklausel für unzulässig. Allerdings ist sich der BGH selbst nicht immer einig in der Abgrenzung zwischen § 732 und § 767 ZPO. Zum Nachweis des Eintritts in die Sicherungsabrede und zur Klauselumschreibung nach Abtretung der Grundschuld hat der XI. Senat des BGH am 30.3.2010[94] entschieden, dass der Zessionar einer Sicherungsgrundschuld aus der Unterwerfungserklärung nur vorgehen kann, wenn er in den Sicherungsvertrag eintritt. Die Prüfung, ob der Zessionar einer Sicherungsgrundschuld in den Sicherungsvertrag eingetreten und damit neuer Titelgläubiger geworden ist, ist dem Klauselerteilungsverfahren vorbehalten. Der für Zwangsvollstreckungsfälle regelmäßig zuständige VII. Senat des BGH[95] hat kurze Zeit später am 29.6.2011 genau anders entschieden: Der Notar muss dem Zessionar einer Sicherungsgrundschuld die Klausel als Rechtsnachfolger ungeachtet der Entscheidung des Bundesgerichtshofs vom 30.3.2010 erteilen, wenn die Rechtsnachfolge in die Ansprüche durch öffentliche oder öffentlich beglaubigte Urkunden nachgewiesen ist. Die Einwendung, die Unterwerfungserklärung erstrecke sich nur auf Ansprüche aus einer treuhänderisch gebundenen Sicherungsgrundschuld und der Zessionar sei nicht in die

155

---
91 Vgl. Musielak/*Lackmann*, § 767 Rz. 41.
92 BGH v. 5.7.2005 – VII ZB 27/05, Rpfleger 2005, 612 = InVo 2006, 23.
93 Vgl. Zöller/*Stöber*, § 732 ZPO Rz. 6.
94 BGH v. 30.3.2010 – XI ZR 200/09, Rpfleger 2010, 414 = NJW 2010, 2041.
95 BGH v. 29.6.2011 – VII ZB 89/10, NJW 2011, 2803 = Rpfleger 2011, 592.

treuhänderische Bindung eingetreten, kann der Schuldner nur mit der Klage nach § 768 ZPO geltend machen.

21.2.3 Klage auf Erteilung der Vollstreckungsklausel

156 Sie steht dem Vollstreckungsgläubiger zu, der die nach §§ 726 ff. ZPO erforderlichen Nachweise nicht durch öffentliche oder öffentlich beglaubigte Urkunden führen kann, aber dennoch die Erteilung der Vollstreckungsklausel erreichen will (§ 731 ZPO).

21.2.4 Rechtsbehelfe gegen Eingriffe in Drittvermögen und Drittbesitz

157 **21.2.4.1** Wird in einen Gegenstand vollstreckt, der nicht dem Vermögen des Vollstreckungsschuldners, sondern dem eines Dritten zuzurechnen ist, so kann der Dritte **Drittwiderspruchsklage** gegen die Vollstreckung bei dem Prozessgericht geltend machen, in dessen Bezirk die Zwangsvollstreckung erfolgt (§ 771 ZPO), je nach Streitwert beim Amts- oder Landgericht. Die Klage kann gegen den Vollstreckungsgläubiger und den Vollsteckungsschuldner als Streitgenossen gerichtet werden, wird aber meist nur gegen den Vollstreckungsgläubiger gerichtet. Klagebefugt ist jeder, gegen den sich der Vollstreckungstitel – auch unter Beachtung der Klausel – richtet. Die Klage ist vom Beginn der Zwangsvollstreckung bis zu dem Augenblick zulässig, in dem der gepfändete Gegenstand verwertet ist. Das stattgebende Urteil erklärt die Zwangsvollstreckung in die im Tenor zu bezeichnenden Gegenstände für unzulässig.

158 **21.2.4.2** Die **Klage auf vorzugsweise Befriedigung** aus dem Erlös der Pfandverwertung (§ 805 Abs. 1 ZPO) steht demjenigen Dritten zu, der den gepfändeten Gegenstand zwar nicht in seinem Vermögen hat, dem aber ein Pfandrecht oder sonstiges Vorzugsrecht daran zusteht. Er kann der Pfändung nicht widersprechen, aber mit seiner Klage das Urteil erreichen, dass er vor dem Vollstreckungsgläubiger aus dem Erlös bei Pfandverwertung zu befriedigen ist. Zuständig ist das Prozessgericht, in dessen Bezirk die Vollstreckung stattgefunden hat.

21.2.5 Erinnerung und befristete Erinnerung

159 § 766 ZPO gibt dem Vollstreckungsgläubiger, dem Vollstreckungsschuldner, dem Drittschuldner und jedem betroffenen Dritten die Erinnerung gegen Art und Weise der Zwangsvollstreckung, also gegen das Vorgehen oder Nichtvorgehen eines Vollstreckungsorgans.

Ob die unbefristete Erinnerung nach § 766 ZPO oder die sofortige Beschwerde gegeben ist, richtet sich danach, ob die anfechtbare Maßnahme ein bloßer Vollstreckungs- oder ein Entscheidungsakt ist: Während der Gerichtsvollzieher nur Vollstreckungsakte vornimmt, erlassen der Vollstreckungsrichter und der Rechtspfleger des Vollstreckungsgerichts auch Entscheidungsakte. Ob ein Vollstreckungs- oder ein Entscheidungsakt vorliegt, richtet sich danach, ob vor Erlass dieses Akts rechtliches Gehör zu geben ist oder nicht. Weil der Antrag auf Vornahme eines Vollstreckungsakts naturgemäß nur nach „Anhörung" des Vollstreckungsgläubigers ergehen kann, ist die Ablehnung eines Zwangsvollstreckungsantrags stets Entscheidungsakt, vgl. § 567 Abs. 1 Nr. 2 ZPO; das Gleiche gilt für Zwangsvollstreckungsmaßnahmen, die nach Anhörung des Schuldners stattgefunden haben.[96] Mit Erinnerungen können formelle Fehler gerügt werden wie fehlende Zustellung des Titels, fehlende Klausel, Pfändung trotz Einstellung der Zwangsvollstreckung, Überpfändung, Unpfändbarkeit des gepfändeten Rechts, Ablehnung der Sachpfändung durch den Gerichtsvollzieher, Auftragsverzögerung durch ihn, Unwirksamkeit des Pfändungsbeschlusses infolge ungenügender Individualisierung der Forderung, Pfändung von Grundstückszubehör entgegen § 865 Abs. 2 ZPO, Pfändung einer Sache gegen den Widerspruch des Gewahrsams daran ausübenden Dritten und vieles andere mehr.

Über die Erinnerung entscheidet das Vollstreckungsgericht, §§ 766, 764 ZPO. Eine Ausnahme regelt § 89 Abs. 3 InsO: Über Einwendungen, die aufgrund des § 89 Abs. 1 oder 2 InsO (also der Vollstreckungsverbote) gegen die Zulässigkeit einer Zwangsvollstreckung erhoben werden, entscheidet das Insolvenzgericht.[97] Das Gericht kann vor der Entscheidung eine einstweilige Anordnung erlassen; es kann insbesondere anordnen, dass die Zwangsvollstreckung gegen oder ohne Sicherheitsleistung einstweilen einzustellen oder nur gegen Sicherheitsleistung fortzusetzen sei.

21.2.6 Sofortige Beschwerde

Bleiben Erinnerungen nach § 766 ZPO erfolglos, steht dem Erinnerungsführer gegen diese Entscheidung die sofortige Beschwerde nach § 793 ZPO zu. Hierüber entscheidet das Landgericht.

160

Die sofortige Beschwerde ist auch gegen sonstige Entscheidungen des Gerichts, die im Zwangsvollstreckungsverfahren ohne mündliche Verhandlung ergehen können, zulässig, soweit nicht die Erinnerung zu erheben ist.

Die sofortige Beschwerde steht dem Vollstreckungsgläubiger, dem Vollstreckungsschuldner, dem Drittschuldner und jedem in seinen Interessen verletzten Dritten zu.

Das Beschwerdeverfahren ist in §§ 567 ff. ZPO geregelt: Die sofortige Beschwerde kann bei dem Gericht, dessen Entscheidung angefochten wird, oder beim Rechtsmittelgericht eingereicht werden, § 569 Abs. 1 ZPO; das Gericht, dessen Entscheidung angefochten ist, kann der Beschwerde abhelfen (§ 572 ZPO). Über die Beschwerde kann ohne mündliche Verhandlung entschieden werden. Bis zu dieser Entscheidung kann die Vollzie-

---

96 Zöller/*Stöber*, § 766 ZPO Rz. 2; Thomas/Putzo/*Seiler*, § 766 ZPO Rz. 1 ff.; OLG Köln v. 16.8.1999 – 2 W 161/99; 2 W 162/99, InVo 1999, 396 = JurBüro 2000, 48; KG Rpfleger 1973, 32; OLG Hamm Rpfleger 1973, 222; *Stöber*, Rpfleger 1974, 52; OLG Köln v. 29.4.1991 – 2 W 57/91, NJW-RR 1992, 894.
97 Hierzu insb. BGH v. 21.9.2006 – IX ZB 11/04, Rpfleger 2007, 40; v. 5.2.2004 – IX ZB 97/03, Rpfleger 2004, 436 = MDR 2004, 766.

hung der angefochtenen Entscheidung ausgesetzt werden, § 570 Abs. 2 ZPO.

161 Hat das Beschwerdegericht entschieden, so findet in den engen Grenzen des § 574 ZPO die Rechtsbeschwerde statt, über die der BGH entscheidet.

21.2.7 Antrag auf Vollstreckungsschutz nach § 765a ZPO

162 Der Vollstreckungsschuldner kann die Aufhebung, Untersagung oder Einstellung von Zwangsvollstreckungsmaßnahmen beantragen, wenn die Maßnahme unter voller Würdigung des Schutzbedürfnisses des Vollstreckungsgläubigers wegen ganz besonderer Umstände eine Härte bedeutet, die mit den guten Sitten nicht vereinbar ist. Eine solche Härte liegt nach dem BVerfG nur dann vor, wenn die Zwangsvollstreckung zu einem ganz untragbaren Ergebnis führen würde.[98] Das Vollstreckungsgericht ist befugt, die in § 732 Abs. 2 ZPO bezeichneten Anordnungen zu erlassen.

163 Zuständig ist das Vollstreckungsgericht, im Falle des Arrests und der einstweiligen Verfügung das Arrestgericht (§ 930 Abs. 1 ZPO).

21.2.8 Einstweilige Einstellung

164 Sie kann bewilligt werden, wenn Wiedereinsetzung in den vorigen Stand oder Wiederaufnahme des Verfahrens beantragt oder der Rechtsstreit nach Verkündung eines Vorbehaltsurteils fortgesetzt wird (§ 707 ZPO), Einspruch, Berufung oder Revision (§ 719 ZPO), Erinnerungen gegen die Erteilung der Vollstreckungsklausel eingelegt (§ 732 Abs. 2 ZPO), Schutzantrag nach § 765a ZPO gestellt (§ 765a Abs. 1 Satz 2 ZPO), Vollstreckungsabwehrklage, Klage gegen die Vollstreckungsklausel, Drittwiderspruchsklage, Klage auf vorzugsweise Befriedigung (§§ 769, 771 Abs. 3, 805 Abs. 4 ZPO), oder Widerspruch gegen einen Arrest oder eine einstweilige Verfügung erhoben wird (§§ 924 Abs. 3, 935 ZPO). Die einstweilige Einstellung führt nur zum Stillstand des Verfahrens, nicht zur Beseitigung von Vollstreckungsmaßnahmen. Sie erfolgt gegen Sicherheitsleistung oder, wenn der Vollstreckungsschuldner zur Sicherheitsleistung nicht in der Lage ist und ihm nicht zu ersetzende Nachteile drohen (§ 707 Abs. 1 ZPO), ohne solche. Die Entscheidung ergeht durch Beschluss; sie ist nicht anfechtbar (§ 707 Abs. 2 ZPO).

22. Die Kosten der Zwangsvollstreckung

22.1 Wer trägt die Kosten der Zwangsvollstreckung?

165 Soweit die Kosten der Zwangsvollstreckung notwendig im Sinne des § 91 ZPO sind, fallen sie dem **Vollstreckungsschuldner** zur Last und sind zu-

---

[98] BVerfG v. 21.11.2012 – 2 BvR 1858/12, NJW 2013, 290; v. 26.10.2011 – 2 BvR 320/11, NJW-RR 2012, 393; v. 14.4.1998 – 1 BvR 672/98, ZMR 1998, 481; v. 8.9.1997 – 1 BvR 1147/97, NJW 1998, 295 = InVo 1998, 103; v. 2.5.1994 – 1 BvR 549/94, NJW 1994, 1719; v. 15.1.1992 – 1 BvR 1466/91, NJW 1992, 1155.

gleich mit der Vollstreckungsforderung beizutreiben (§ 788 Abs. 1 ZPO). Soweit mehrere Schuldner als Gesamtschuldner verurteilt worden sind, haften sie auch für die Kosten der Zwangsvollstreckung als Gesamtschuldner. Für die Kosten nur von einzelnen Vollstreckungsschuldnern ergriffener Angriffs- oder Verteidigungsmittel haften die übrigen Vollstreckungsschuldner aber nicht. Zu diesen Kosten gehören z.B. diejenigen für die Zustellung des Titels, für die Eintragung der Pfändung in das Grundbuch oder in das Schiffsregister, für die Vergütung des Sequesters,[99] die Kosten der Vorbereitung der Zwangsvollstreckung wie z.B. für die zur Sicherheitsleistung nötige Bankbürgschaft[100] oder die Kosten einer Wohnungsräumung.[101] Ob auch die Kosten der **Drittschuldnerklage** – vorausgesetzt, sie war nicht von vornherein aussichtslos – vom Drittschuldner zu erstatten sind, ist streitig.[102] Aus der gepfändeten Forderung können sie jedenfalls nicht entnommen werden, weil sie nicht zu den Kosten „dieses Beschlusses und seiner Zustellung", also auch nicht zur Vollstreckungsforderung gehören. Zu ihrer etwaigen Beitreibung bedarf es jedenfalls einer neuerlichen Vollstreckungsmaßnahme. Der BGH[103] hat sich in seinem Beschluss vom 20.12.2005 dafür entschieden, dass die Kosten des Drittschuldnerprozesses Kosten der Zwangsvollstreckung im Sinne von § 788 Abs. 1 ZPO sind. Die dem Gläubiger in einem Drittschuldnerprozess entstandenen notwendigen Kosten können, soweit sie nicht beim Drittschuldner beigetrieben werden können, im Verfahren nach § 788 ZPO festgesetzt werden. Das gilt hinsichtlich entstandener Anwaltskosten auch dann, wenn der Drittschuldnerprozess vor dem Arbeitsgericht geführt wird.[104] In einer neueren Entscheidung hat der BGH nochmals festgestellt: Die dem Gläubiger in Vorbereitung eines nicht von vornherein aussichtslosen Drittschuldnerprozesses entstandenen notwendigen Kosten können, soweit sie bei dem Drittschuldner nicht beigetrieben werden können, im Verfahren nach § 788 ZPO festgesetzt werden. Ein Anspruch des Gläubigers gegen den Drittschuldner aus § 840 Abs. 2 Satz 2 ZPO kann nicht daraus abgeleitet werden, dass er die Forderung zu Unrecht nicht anerkennt. Anwaltskosten, die dadurch entstehen, dass der Drittschuldner, der nach Zustellung des Pfändungsbeschlusses die gemäß § 840 Abs. 1 ZPO geforderten Erklärungen nicht innerhalb der Zwei-Wo-

---

99 Zöller/*Stöber*, § 788 ZPO Rz. 3–7.
100 H.M., z.B. OLG Hamm v. 1.8.1996 – 23 W 208/96, InVo 1997, 224; KG JurBüro 1985, 1270; OLG Karlsruhe v. 6.2.1986 – 6 W 11/86, NJW-RR 1987, 128; OLG Koblenz v. 6.3.1987 – 14 W 61/87, Rpfleger 1987, 431; BGH NJW 1974, 693.
101 LG Kassel v. 30.4.2002 – 2 T 15/02, DGVZ 2002, 172.
102 Dafür: Baumbach/Lauterbach/Albers/*Hartmann*, § 788 ZPO Rz. 22 m.w.N.; Thomas/Putzo/*Seiler*, § 788 ZPO Rz. 29; OLG Koblenz v. 9.4.1987 – 11 WF 411/87, Rpfleger 1987, 385 m.w.N.; OLG Oldenburg Rpfleger 1991, 1218; OLG Karlsruhe v. 2.8.1993 – 13 W 12/93, MDR 1994, 95; LG Duisburg JurBüro 1999, 102; dagegen: OLG Schleswig SchlHA 1993, 27; OLG Bamberg JurBüro 1994, 612.
103 BGH v. 20.12.2005 – VII ZB 57/05, NJW 2006, 1141 = Rpfleger 2006, 204 = InVo 2006, 198.
104 So auch LG Traunstein v. 3.3.2005 – 4 T 117/05, Rpfleger 2005, 551.

chen-Frist abgibt, ein weiteres Mal zur Abgabe dieser Erklärungen aufgefordert wird, sind nicht als notwendige Kosten der Zwangsvollstreckung gemäß § 788 ZPO festsetzungsfähig.[105] Die Kosten der Vorpfändung hat nach h.M. der Vollstreckungsschuldner zu tragen (Nachweise in Erläuterungen zu *Muster 7*).

166 ➲ **Beachte:** Die Kosten der Zwangsvollstreckung sind nicht Prozesskosten im Sinne des § 98 ZPO. Bei Abschluss eines Vergleichs nach Anfall von Vollstreckungskosten ist es daher notwendig, in dem Vergleich auch zu regeln, wer die Vollstreckungskosten trägt; denn bei Fehlen einer solchen Regelung sind sie dem Vollstreckungsschuldner zu erstatten, weil der Titel, aus dem vollstreckt worden war, durch den Vergleich „aufgehoben" worden ist (§ 788 Abs. 2 ZPO).[106]

167 Die Kosten, die nicht dem Vollstreckungsschuldner zur Last fallen, trägt der **Vollstreckungsgläubiger** als Veranlasser; das sind: nicht notwendige Kosten, Kosten, die dem Vollstreckungsgläubiger nach § 788 Abs. 4 ZPO überbürdet sind, und Kosten, welche der Vollstreckungsgläubiger dem Vollstreckungsschuldner nach § 788 Abs. 2 ZPO zu erstatten hat.

168 Der Vollstreckungsschuldner kann wegen seines Erstattungsanspruchs nicht vollstrecken, ohne vorher über diesen Anspruch einen Titel zu erwirken, nämlich in den Fällen des § 788 Abs. 4 ZPO einen Kostenfestsetzungsbeschluss und in den Fällen des § 788 Abs. 2 ZPO ein Urteil.

22.2 Beitreibung der Kosten der Zwangsvollstreckung

169 Die Kosten der Zwangsvollstreckung werden, soweit sie der Vollstreckungsschuldner zu tragen hat, „zugleich mit dem Anspruch" beigetrieben (§ 788 Abs. 1 Satz 1 ZPO); der Beitreibungsauftrag ist also in den Vollstreckungsauftrag an den Gerichtsvollzieher bzw. in den Antrag auf Erlass eines Pfändungs- und Überweisungsbeschlusses aufzunehmen. So können Kosten regelmäßig ohne besonderen Kostentitel beigetrieben werden: Das Vollstreckungsorgan berechnet die Höhe dieser Kosten, der Gerichtsvollzieher treibt sie ein, der Rechtspfleger nimmt sie in den Pfändungs- und Überweisungsbeschluss auf. Das ist bezüglich der Gebühren und Auslagen des Gerichtsvollziehers und des Gerichts ohne Weiteres möglich, während bezüglich der dem Vollstreckungsgläubiger selbst entstandenen Kosten (z.B. Anwaltsgebühren) die Angabe, Berechnung und Glaubhaftmachung (§ 104 ZPO) durch den Vollstreckungsgläubiger geschieht; das Vollstreckungsorgan prüft, ob die Kosten richtig berechnet und notwendig sind und der Anfall glaubhaft gemacht ist. Kosten der Abwehr der Vollstreckung aus einem später aufgehobenen Titel fallen nicht unter § 788 Abs. 2 ZPO (vgl. *Muster 147*).[107]

---

105 BGH v. 14.1.2010 – VII ZB 79/09, NJW 2010, 1674 = Rpfleger 2010, 331.
106 OLG München JurBüro 1970, 871; KG JurBüro 1979, 767; OLG Karlsruhe v. 5.6.1989 – 15 W 23/89, NJW-RR 1989, 1150; OLG Düsseldorf JurBüro 1995, 50; Zöller/*Stöber*, § 788 ZPO Rz. 14 a.E.
107 A.A. Zöller/*Stöber*, § 788 ZPO Rz. 25.

Die Vollstreckungskosten können auch festgesetzt werden. **Festsetzung** 170
zu beantragen empfiehlt sich, wenn Anfall oder Höhe der Kosten für das
Vollstreckungsorgan nicht ohne Weiteres prüfbar sind. Zuständig ist das
Vollstreckungsgericht, bei dem zum Zeitpunkt der Antragstellung eine
Vollstreckungshandlung anhängig ist, und nach Beendigung der Zwangsvollstreckung das Gericht, in dessen Bezirk die letzte Vollstreckungshandlung erfolgt ist. Die Festsetzung erfolgt gemäß § 103 Abs. 2 bzw. §§ 104,
107 ZPO. Im Falle einer Vollstreckung nach den Vorschriften der §§ 887,
888 und 890 ZPO entscheidet das Prozessgericht des ersten Rechtszuges.

171

**Antrag auf Erlass eines Pfändungs- und Überweisungsbeschlusses
„insbesondere wegen gewöhnlicher Geldforderungen"**

*Verbindliches Formular aufgrund der Verordnung über Formulare für die
Zwangsvollstreckung (Zwangsvollstreckungsformular-Verordnung – ZVFV)
vom 23.8.2012 (BGBl. I 2012, S. 1822), aktuell geändert aufgrund Verordnung
zur Änderung der Zwangsvollstreckungsformular-Verordnung vom 16.6.2014
(BGBl. I 2014, S. 754).* **Dieses (geänderte) Formular ist ab dem 1.11.2014 verbindlich** (hierzu aber kritisch in „Hinweise für die Bearbeitung" Ziffer 4 unter
Bezug auf BGH vom 13.2.2014 – VII ZB 39/13, Rpfleger 2014, 272 = WM 2014,
512).

(Das Formular beginnt auf der folgenden S. 46.)

Einleitung
Die Kosten der Zwangsvollstreckung

Raum für Kostenvermerke und Eingangsstempel

Amtsgericht _____

Vollstreckungsgericht

_____

_____

Hinweis:
Soweit für den Antrag eine zweckmäßige Eintragungsmöglichkeit in diesem Formular nicht besteht, können ein geeignetes Freifeld sowie Anlagen genutzt werden.

Antrag auf Erlass eines Pfändungs- und Überweisungsbeschlusses insbesondere wegen gewöhnlicher Geldforderungen

Es wird beantragt, den nachfolgenden Entwurf als Beschluss auf ☐ Pfändung ☐ und ☐ Überweisung zu erlassen.

☐ Zugleich wird beantragt, die Zustellung zu vermitteln (☐ mit der Aufforderung nach § 840 der Zivilprozessordnung – ZPO).

☐ Die Zustellung wird selbst veranlasst.

Es wird gemäß dem nachfolgenden Entwurf des Beschlusses Antrag gestellt auf

☐ Zusammenrechnung mehrerer Arbeitseinkommen (§ 850e Nummer 2 ZPO)

☐ Zusammenrechnung von Arbeitseinkommen und Sozialleistungen (§ 850e Nummer 2a ZPO)

☐ Nichtberücksichtigung von Unterhaltsberechtigten (§ 850c Absatz 4 ZPO)

☐ _____

_____

Es wird beantragt,

☐ Prozesskostenhilfe zu bewilligen

☐ Frau Rechtsanwältin / Herrn Rechtsanwalt

_____

beizuordnen.

☐ Prozesskostenhilfe wurde gemäß anliegendem Beschluss bewilligt.

Anlagen:

☐ Schuldtitel und ___ Vollstreckungsunterlagen

☐ Erklärung über die persönlichen und wirtschaftlichen Verhältnisse nebst ___ Belegen

☐ _____

☐ Verrechnungsscheck für Gerichtskosten
☐ Gerichtskostenstempler

☐ Ich drucke nur die ausgefüllten Seiten

_____
(Bezeichnung der Seiten)
aus und reiche diese dem Gericht ein.

_____

Datum   (Unterschrift Antragsteller/-in)

Die Kosten der Zwangsvollstreckung — **Einleitung**

Amtsgericht _____
Anschrift: _____
_____

Geschäftszeichen: _____

☐ Pfändungs- ☐ und ☐ Überweisungs-Beschluss
in der Zwangsvollstreckungssache

des / der
Herrn / Frau / Firma _____
_____
_____
_____

vertreten durch
Herrn / Frau / Firma _____
_____
_____   – Gläubiger –

Aktenzeichen des Gläubigervertreters _____

| Bankverbindung | ☐ des Gläubigers | ☐ des Gläubigervertreters |

IBAN: _____

BIC: _____
Angabe kann entfallen,
wenn IBAN mit DE beginnt.

gegen

Herrn / Frau /
Firma _____
_____
_____
_____

vertreten durch
Herrn / Frau / Firma _____
_____   – Schuldner –
_____
_____

Aktenzeichen des Schuldnervertreters _____

Nach dem Vollstreckungstitel / den Vollstreckungstiteln
(den oder die Titel bitte nach Art, Gericht / Notar, Datum, Geschäftszeichen etc. bezeichnen)

_____
_____
_____
_____
_____

Einleitung — Die Kosten der Zwangsvollstreckung

	kann der Gläubiger von dem Schuldner nachfolgend aufgeführte Beträge beanspruchen:	3
€	☐ Hauptforderung ☐ Teilhauptforderung	
€	☐ Restforderung aus Hauptforderung	
€	☐ nebst ____ % Zinsen daraus / aus _____ Euro seit dem _____ ☐ bis _____	
€	☐ nebst Zinsen in Höhe von ☐ 5 Prozentpunkten ☐ 2,5 Prozentpunkten ☐ 8 Prozentpunkten ☐ ____ Prozentpunkten über dem jeweiligen Basiszinssatz daraus / aus _____ Euro seit dem _____ ☐ bis _____	
€	☐ Säumniszuschläge gemäß § 193 Absatz 6 Satz 2 des Versicherungsvertragsgesetzes	
€	☐ titulierte vorgerichtliche Kosten ☐ Wechselkosten	
€	☐ Kosten des Mahn-/ Vollstreckungsbescheides	
€	☐ festgesetzte Kosten	
€	☐ nebst ☐ 4 % Zinsen ☐ ____ % Zinsen daraus / aus _____ Euro seit dem _____ ☐ bis _____	
€	☐ nebst Zinsen in Höhe von ☐ 5 ☐ ____ Prozentpunkten über dem jeweiligen Basiszinssatz daraus / aus _____ Euro seit dem _____ ☐ bis _____	
€	☐ bisherige Vollstreckungskosten	
€	**Summe I**	
€ *(wenn Angabe möglich)*	☐ gemäß Anlage(n) _____ (zulässig, wenn in dieser Aufstellung die erforderlichen Angaben nicht oder nicht vollständig eingetragen werden können)	
€ *(wenn Angabe möglich)*	**Summe II** (aus Summe I und Anlage(n)) _____)	

Wegen dieser Ansprüche sowie wegen der Kosten für diesen Beschluss (vgl. Kostenrechnung) und wegen der Zustellungskosten für diesen Beschluss wird / werden die nachfolgend aufgeführte / -n angebliche / -n Forderung / -en des Schuldners gegenüber dem Drittschuldner – einschließlich der künftig fällig werdenden Beträge – so lange gepfändet, bis der Gläubigeranspruch gedeckt ist.

Drittschuldner (genaue Bezeichnung des Drittschuldners: Firma bzw. Vor- und Zuname, vertretungsberechtigte Person / -en, jeweils mit Anschrift; Postfach-Angabe ist nicht zulässig; bei mehreren Drittschuldnern ist eine Zuordnung des Drittschuldners zu der / den zu pfändenden Forderung / -en vorzunehmen)
Herr / Frau / Firma

Die Kosten der Zwangsvollstreckung **Einleitung**

Forderung aus Anspruch

☐ A (an Arbeitgeber)

☐ B (an Agentur für Arbeit bzw. Versicherungsträger)

    Art der Sozialleistung: _____

    Konto-/Versicherungsnummer: _____

☐ C (an Finanzamt)

☐ D (an Kreditinstitute)

☐ E (an Versicherungsgesellschaften)

    Konto-/Versicherungsnummer: _____

☐ F (an Bausparkassen)

☐ G

☐ gemäß gesonderter Anlage(n) _____

Anspruch A (an Arbeitgeber)

1. auf Zahlung des gesamten gegenwärtigen und künftigen Arbeitseinkommens (einschließlich des Geldwertes von Sachbezügen)
2. auf Auszahlung des als Überzahlung jeweils auszugleichenden Erstattungsbetrages aus dem durchgeführten Lohnsteuer-Jahresausgleich sowie aus dem Kirchenlohnsteuer-Jahresausgleich für das Kalenderjahr _____ und für alle folgenden Kalenderjahre
3. auf _____

Anspruch B (an Agentur für Arbeit bzw. Versicherungsträger)

auf Zahlung der gegenwärtig und künftig nach dem Sozialgesetzbuch zustehenden Geldleistungen. Die Art der Sozialleistungen ist oben angegeben.

Anspruch A und B

Die für die Pfändung von Arbeitseinkommen geltenden Vorschriften der §§ 850 ff. ZPO in Verbindung mit der Tabelle zu § 850c Absatz 3 ZPO in der jeweils gültigen Fassung sind zu beachten.

Anspruch C (an Finanzamt)

auf Auszahlung

1. des als Überzahlung auszugleichenden Erstattungsbetrages bzw. des Überschusses, der sich als Erstattungsanspruch bei Abrechnung der auf die Einkommensteuer (nebst Solidaritätszuschlag) und Kirchensteuer sowie Körperschaftsteuer anzurechnenden Leistungen für das abgelaufene Kalenderjahr _____ und für alle früheren Kalenderjahre ergibt
2. des Erstattungsbetrages, der sich aus dem Erstattungsanspruch zu viel gezahlter Kraftfahrzeugsteuer für das Kraftfahrzeug mit dem amtlichen Kennzeichen _____ ergibt

Erstattungsgrund: _____

Einleitung

Die Kosten der Zwangsvollstreckung

Anspruch D (an Kreditinstitute)

1. auf Zahlung der zu Gunsten des Schuldners bestehenden Guthaben seiner sämtlichen Girokonten (insbesondere seines Kontos _____) bei diesem Kreditinstitut einschließlich der Ansprüche auf Gutschrift der eingehenden Beträge; mitgepfändet wird die angebliche (gegenwärtige und künftige) Forderung des Schuldners an den Drittschuldner auf Auszahlung eines vereinbarten Dispositionskredits („offene Kreditlinie"), soweit der Schuldner den Kredit in Anspruch nimmt
2. auf Auszahlung des Guthabens und der bis zum Tag der Auszahlung aufgelaufenen Zinsen sowie auf fristgerechte bzw. vorzeitige Kündigung der für ihn geführten Sparguthaben und/oder Festgeldkonten, insbesondere aus Konto _____
3. auf Auszahlung der bereitgestellten, noch nicht abgerufenen Darlehensvaluta aus einem Kreditgeschäft, wenn es sich nicht um zweckgebundene Ansprüche handelt
4. auf Zahlung aus dem zum Wertpapierkonto gehörenden Gegenkonto, insbesondere aus Konto _____, auf dem die Zinsgutschriften für die festverzinslichen Wertpapiere gutgebracht sind
5. auf Zutritt zu dem Bankschließfach Nr. _____ und auf Mitwirkung des Drittschuldners bei der Öffnung des Bankschließfachs bzw. auf die Öffnung des Bankschließfachs allein durch den Drittschuldner zum Zweck der Entnahme des Inhalts
6. auf _____

Hinweise zu Anspruch D:

Auf § 835 Absatz 3 Satz 2 ZPO (Zahlungsmoratorium von vier Wochen) und § 835 Absatz 4 ZPO wird der Drittschuldner hiermit hingewiesen.

Pfändungsschutz für Kontoguthaben und Verrechnungsschutz für Sozialleistungen und für Kindergeld werden seit dem 1. Januar 2012 nur für Pfändungsschutzkonten nach § 850k ZPO gewährt.

Anspruch E (an Versicherungsgesellschaften)

1. auf Zahlung der Versicherungssumme, der Gewinnanteile und des Rückkaufwertes aus der Lebensversicherung/den Lebensversicherungen, die mit dem Drittschuldner abgeschlossen ist/sind
2. auf das Recht zur Bestimmung desjenigen, zu dessen Gunsten im Todesfall die Versicherungssumme ausgezahlt wird, bzw. auf das Recht zur Bestimmung einer anderen Person an Stelle der von dem Schuldner vorgesehenen
3. auf das Recht zur Kündigung des Lebens-/Rentenversicherungsvertrages, auf das Recht auf Umwandlung der Lebens-/Rentenversicherung in eine prämienfreie Versicherung sowie auf das Recht zur Aushändigung der Versicherungspolice

Ausgenommen von der Pfändung sind Ansprüche aus Lebensversicherungen, die nur auf den Todesfall des Versicherungsnehmers abgeschlossen sind, wenn die Versicherungssumme den in § 850b Absatz 1 Nummer 4 ZPO in der jeweiligen Fassung genannten Betrag nicht übersteigt.

Anspruch F (an Bausparkassen)

aus dem über eine Bausparsumme von (mehr oder weniger) _____ Euro abgeschlossenen Bausparvertrag Nr. _____, insbesondere Anspruch auf

1. Auszahlung des Bausparguthabens nach Zuteilung
2. Auszahlung der Sparbeiträge nach Einzahlung der vollen Bausparsumme
3. Rückzahlung des Sparguthabens nach Kündigung
4. das Kündigungsrecht selbst und das Recht auf Änderung des Vertrags
5. auf _____

Anspruch G
(Hinweis: betrifft Anspruch an weitere Drittschuldner bzw. schon aufgeführte Drittschuldner, soweit Platz unzureichend)

Berechnung des pfändbaren Nettoeinkommens
(betrifft Anspruch A und B)

Von der Pfändung sind ausgenommen:

1. Beträge, die unmittelbar auf Grund steuer- oder sozialrechtlicher Vorschriften zur Erfüllung gesetzlicher Verpflichtungen des Schuldners abzuführen sind, ferner die auf den Auszahlungszeitraum entfallenden Beträge, die der Schuldner nach den Vorschriften der Sozialversicherungsgesetze zur Weiterversicherung entrichtet oder an eine Ersatzkasse oder an ein Unternehmen der privaten Krankenversicherung leistet, soweit diese Beträge den Rahmen des Üblichen nicht übersteigen;
2. Aufwandsentschädigungen, Auslösegelder und sonstige soziale Zulagen für auswärtige Beschäftigungen, das Entgelt für selbstgestelltes Arbeitsmaterial, Gefahren-, Schmutz- und Erschwerniszulagen, soweit sie den Rahmen des Üblichen nicht übersteigen;
3. die Hälfte der für die Leistung von Mehrarbeitsstunden gezahlten Teile des Arbeitseinkommens;
4. die für die Dauer eines Urlaubs über das Arbeitseinkommen hinaus gewährten Bezüge, Zuwendungen aus Anlass eines besonderen Betriebsereignisses und Treuegelder, soweit sie den Rahmen des Üblichen nicht übersteigen;
5. Weihnachtsvergütungen bis zum Betrag der Hälfte des monatlichen Arbeitseinkommens, höchstens aber bis zur Höhe des in § 850a Nummer 4 ZPO in der jeweiligen Fassung genannten Höchstbetrages;
6. Heirats- und Geburtsbeihilfen, sofern die Vollstreckung wegen anderer als der aus Anlass der Heirat oder der Geburt entstandenen Ansprüche betrieben wird;
7. Erziehungsgelder, Studienbeihilfen und ähnliche Bezüge;
8. Sterbe- und Gnadenbezüge aus Arbeits- und Dienstverhältnissen;
9. Blindenzulagen;
10. Geldleistungen für Kinder sowie Sozialleistungen, die zum Ausgleich immaterieller Schäden gezahlt werden.

Einleitung   Die Kosten der Zwangsvollstreckung

☐ **Es wird angeordnet,** dass zur Berechnung des nach § 850c ZPO pfändbaren Teils des Gesamteinkommens zusammenzurechnen sind:

☐ Arbeitseinkommen bei Drittschuldner (genaue Bezeichnung)

_____ und

☐ Arbeitseinkommen bei Drittschuldner (genaue Bezeichnung)

_____

Der unpfändbare Grundbetrag ist in erster Linie den Einkünften des Schuldners bei Drittschuldner (genaue Bezeichnung)

_____ zu entnehmen, weil dieses Einkommen die wesentliche Grundlage der Lebenshaltung des Schuldners bildet.

☐ **Es wird angeordnet,** dass zur Berechnung des nach § 850c ZPO pfändbaren Teils des Gesamteinkommens zusammenzurechnen sind:

☐ laufende Geldleistungen nach dem Sozialgesetzbuch von Drittschuldner (genaue Bezeichnung der Leistungsart und des Drittschuldners)

_____ und

☐ Arbeitseinkommen bei Drittschuldner (genaue Bezeichnung)

_____

Der unpfändbare Grundbetrag ist in erster Linie den laufenden Geldleistungen nach dem Sozialgesetzbuch zu entnehmen. Ansprüche auf Geldleistungen für Kinder dürfen mit Arbeitseinkommen nur zusammengerechnet werden, soweit sie nach § 76 des Einkommensteuergesetzes (EStG) oder nach § 54 Absatz 5 des Ersten Buches Sozialgesetzbuch (SGB I) gepfändet werden können.

☐ Gemäß § 850c Absatz 4 ZPO wird **angeordnet**, dass

☐ der Ehegatte   ☐ der Lebenspartner/die Lebenspartnerin   ☐ das Kind/die Kinder

bei der Berechnung des unpfändbaren Teils des Arbeitseinkommens

☐ nicht   ☐ nur teilweise

als Unterhaltsberechtigte/-r zu berücksichtigen sind/ist.
(Begründung zu Höhe und Art des eigenen Einkommens)

_____
_____
_____

Vom Gericht auszufüllen
(wenn ein Unterhaltsberechtigter nur teilweise zu berücksichtigen ist):
Bei der Feststellung des nach der Tabelle zu § 850c Absatz 3 ZPO pfändbaren Betrages bleibt die Unterhaltspflicht des Schuldners gegenüber
_____
außer Betracht. Der pfändbare Betrag ist deshalb ausschließlich unter Berücksichtigung der übrigen Unterhaltsleistungen des Schuldners festzustellen.
Der nach der Tabelle unpfändbare Teil des Arbeitseinkommens des Schuldners ist wegen seiner teilweise zu berücksichtigenden gesetzlichen Unterhaltspflicht gegenübe _____ um weitere

☐ _____ € monatlich
☐ _____ € wöchentlich
☐ _____ € täglich

zu erhöhen.

Die Kosten der Zwangsvollstreckung · **Einleitung**

Der dem Schuldner danach zu belassende weitere Teil seines Arbeitseinkommens darf jedoch den Betrag nicht übersteigen, der ihm nach der Tabelle des § 850c Absatz 3 ZPO bei voller Berücksichtigung der genannten unterhaltsberechtigten Person zu verbleiben hätte.

☐ **Es wird angeordnet, dass**

☐ der Schuldner die Lohn- oder Gehaltsabrechnung oder die Verdienstbescheinigung einschließlich der entsprechenden Bescheinigungen der letzten drei Monate vor Zustellung des Pfändungs- und Überweisungsbeschlusses an den Gläubiger herauszugeben hat

☐ der Schuldner das über das jeweilige Sparguthaben ausgestellte Sparbuch (bzw. die Sparurkunde) an den Gläubiger herauszugeben hat und dieser das Sparbuch (bzw. die Sparurkunde) unverzüglich dem Drittschuldner vorzulegen hat

☐ ein von dem Gläubiger zu beauftragender Gerichtsvollzieher für die Pfändung des Inhalts Zutritt zum Schließfach zu nehmen hat

☐ der Schuldner die Versicherungspolice an den Gläubiger herauszugeben hat und dieser sie unverzüglich dem Drittschuldner vorzulegen hat

☐ der Schuldner die Bausparurkunde und den letzten Kontoauszug an den Gläubiger herauszugeben hat und dieser die Unterlagen unverzüglich dem Drittschuldner vorzulegen hat

☐ _____

☐ **Sonstige Anordnungen:**

_____

Der Drittschuldner darf, soweit die Forderung gepfändet ist, an den Schuldner nicht mehr zahlen. Der Schuldner darf insoweit nicht über die Forderung verfügen, sie insbesondere nicht einziehen.

☐ Zugleich wird dem Gläubiger die zuvor bezeichnete Forderung in Höhe des gepfändeten **Betrages**

☐ zur Einziehung überwiesen. ☐ an Zahlungs statt überwiesen.

Einleitung   Die Kosten der Zwangsvollstreckung

☐   9

⎯⎯⎯⎯⎯⎯⎯⎯⎯⎯⎯⎯⎯⎯⎯⎯⎯⎯⎯⎯⎯⎯⎯⎯⎯⎯⎯⎯⎯⎯⎯
⎯⎯⎯⎯⎯⎯⎯⎯⎯⎯⎯⎯⎯⎯⎯⎯⎯⎯⎯⎯⎯⎯⎯⎯⎯⎯⎯⎯⎯⎯⎯
⎯⎯⎯⎯⎯⎯⎯⎯⎯⎯⎯⎯⎯⎯⎯⎯⎯⎯⎯⎯⎯⎯⎯⎯⎯⎯⎯⎯⎯⎯⎯
⎯⎯⎯⎯⎯⎯⎯⎯⎯⎯⎯⎯⎯⎯⎯⎯⎯⎯⎯⎯⎯⎯⎯⎯⎯⎯⎯⎯⎯⎯⎯
⎯⎯⎯⎯⎯⎯⎯⎯⎯⎯⎯⎯⎯⎯⎯⎯⎯⎯⎯⎯⎯⎯⎯⎯⎯⎯⎯⎯⎯⎯⎯
⎯⎯⎯⎯⎯⎯⎯⎯⎯⎯⎯⎯⎯⎯⎯⎯⎯⎯⎯⎯⎯⎯⎯⎯⎯⎯⎯⎯⎯⎯⎯

Ausgefertigt:

(Datum,   (Datum,
Unterschrift Rechtspfleger)   Unterschrift Urkundsbeamter der Geschäftsstelle)

I. **Gerichtskosten**
   Gebühr gemäß GKG KV Nr. 2111   €

II. **Anwaltskosten gemäß RVG**
   Gegenstandswert: _____ €

   1. Verfahrensgebühr
   VV Nr. 3309, ggf. i. V. m. Nr. 1008   €

   2. Auslagenpauschale
   VV Nr. 7002   €

   3. Umsatzsteuer
   VV Nr. 7008   €

   Summe von II.   €

Summe von I. und II.:   €

☐ **Inkassokosten** gemäß § 4 Absatz 4 des Einführungsgesetzes zum Rechtsdienst-
leistungsgesetz (RDGEG) gemäß Anlage(n) _____

54

Allgemeine Anträge und Erklärungen im Vollstreckungsverfahren, die regelmäßig der Forderungspfändung unterliegen

Muster 1 Antrag auf Erteilung einer weiteren vollstreckbaren Ausfertigung

Weitere Ausfertigung

An das
... gericht ...

Az.: ...

Betr.:

...

                   (Kläger)

gegen ... und ...

                   (Beklagte)

wegen ...

             Ich beantrage,

mir von dem ... (z.B. Endurteil) ... vom ... je eine gesonderte vollstreckbare Ausfertigung gegen jeden der beiden Beklagten zu erteilen.

Ich beabsichtige, gegen die beiden Beklagten gleichzeitig zu vollstrecken, benötige also jeweils eine (jeweils auf einen der Beklagten beschränkte) vollstreckbare Ausfertigung.

                   (Unterschrift)

Nach § 733 ZPO kann (ohne Gehör des Vollstreckungsschuldners) eine weitere vollstreckbare Ausfertigung, die als solche ausdrücklich zu bezeichnen ist, erteilt werden, wenn die zuerst erteilte Ausfertigung spätestens gleichzeitig zurückgegeben wird; in anderen Fällen kann eine weitere vollstreckbare Ausfertigung nur dann erteilt werden, wenn ein Rechtsschutzbedürfnis besteht und dem Vollstreckungsschuldner durch die Existenz einer weiteren vollstreckbaren Ausfertigung nicht ein Nachteil entsteht, den er nicht hätte, hätte der Vollstreckungsgläubiger (nur) die zuerst erteilte Ausfertigung in Händen. Das Interesse des Gläubigers an der Erteilung einer weiteren vollstreckbaren Ausfertigung ergibt sich regelmäßig dann, wenn dieser glaubhaft versichert hat, die erste Ausfertigung ist verloren gegangen, z.B. beim Umzug in neue Büroräume, wenn sie dem Gläubiger nicht mehr zur Verfügung steht[1] oder es sich anhand der Akten nicht feststellen lässt, ob der Gläubiger die erste Ausfertigung erhalten hat.[2] Eine besondere Gewichtigkeit kommt dann noch hinzu, wenn es sich um einen 21 Jahre alten Titel handelt, bezüglich dessen bisher alle Vollstreckungsversuche fruchtlos verlaufen sind.[3]

Etwas anderes ist es, wenn die erste vollstreckbare Ausfertigung eines Vollstreckungstitels nicht mehr auffindbar ist. Dann ist das förmliche Verfahren zur Titelkonstruktion einzuleiten. Dabei muss der wieder herzustellende Titel lediglich inhaltlich mit dem ursprünglichen Titel übereinstimmen.[4]

2 Zweck des § 733 ZPO ist es, den Ausgleich zwischen dem Interesse des Vollstreckungsschuldners auf Vermeidung der durch Erteilung mehrerer Ausfertigungen entstehenden Gefahr und dem Interesse des Vollstreckungsgläubigers, den Titel effektvoll vollstrecken zu können, zu schaffen.[5]

Von einer „weiteren" vollstreckbaren Ausfertigung kann man nur in den Fällen sprechen, in denen gegen den gleichen Schuldner wegen der gleichen Schuld mehr als eine Ausfertigung der Vollstreckungsklausel erteilt werden.[6]

3 Richtet sich der Titel gegen **mehrere Schuldner als Teilschuldner**, sodass gegen jeden von ihnen nur wegen eines ihm in dem Titel zugeordneten Betrags vollstreckt werden kann, so kann gegen jeden dieser Teilschuldner eine sich nur auf seine Schuld beziehende Vollstreckungsklausel erteilt werden.

4 Soll aus einem besonderen, glaubhaft zu machenden Grund gleichzeitig durch **zwei verschiedene Vollstreckungsorgane** vollstreckt werden[7], so kann es veranlasst sein, dem Vollstreckungsgläubiger zwei vollstreckbare Ausfertigungen über die gesamte Schuld zu erteilen und auf jeder von ihnen schuldnerschützende Vermerke anzubringen, z.B. auf der einen Ausfertigung: „Diese vollstreckbare Ausfertigung kann nur zur Sachpfändung durch den Gerichtsvollzieher verwendet werden", und auf der anderen: „Diese vollstreckbar Ausfertigung kann nicht zur Sachpfändung durch den Gerichtsvollzieher verwendet werden".

5 Richtet sich der Titel gegen **Gesamtschuldner**, so ist das Interesse des Vollstreckungsgläubigers, gegen beide zugleich zu vollstrecken, insbeson-

---

1 OLG Düsseldorf v. 19.10.2012 – I-7 W 56/12, Rpfleger 2013, 283.
2 OLG Koblenz v. 7.6.2013 – 3 W 295/13, NJW-RR 2013, 1019; OLG München v. 23.8.2012 – 12 WF 1337/12, DGVZ 2012, 209 = FamRZ 2013, 485.
3 BGH v. 13.6.2006 – X ARZ 85/06, Rpfleger 2006, 611 = DGVZ 2007, 28.
4 LG Leipzig v. 18.1.2013 – 07 T 695/12, Rpfleger 2013, 351.
5 Vgl. OLG Schleswig SchlHA 2000, 115; OLG Jena v. 3.9.1999 – 6 W 298/99, Rpfleger 2000, 76.
6 Vgl. OLG Hamm v. 24.8.1993 – 11 W 12/93, Rpfleger 1994, 173 m. Anm. v. Hintzen u. *Wolfsteiner*, S. 511; Zöller/*Stöber*, § 733 Rz. 2.
7 Hierzu OLG Karlsruhe InVo 2000, 353.

dere dann als vorrangig zu betrachten, wenn beide Vollstreckungsschuldner im Bereich verschiedener Vollstreckungsgerichte wohnen[8]; der durch die Erteilung von mehreren vollstreckbaren Ausfertigungen entstehenden Gefahr kann ohne Weiteres dadurch begegnet werden, dass jede vollstreckbare Ausfertigung nur auf einen Vollstreckungsschuldner bezogen wird, z.B. durch den Vermerk: „Vorstehende Ausfertigung wird dem Kläger zum Zweck der Zwangsvollstreckung gegen den Beklagten zu 1) erteilt". Letzteren Fall behandelt das Muster.

Muster 2   Vollstreckungsauftrag

*An die
Verteilungsstelle für Gerichtsvollzieheraufträge
beim Amtsgericht...*

In der Zwangsvollstreckungssache ... gegen ...

übersende ich vollstreckbare Ausfertigung des ...

und beauftrage Sie,

- *den Titel zuzustellen,*
- *beim Schuldner wegen der unten berechneten Forderung zu pfänden,*
- *Vorpfändung auszufertigen und zuzustellen (§ 845 Abs. 1 Satz 2 ZPO),*
- *die Sicherungsvollstreckung gemäß § 720a ZPO durchzuführen; die Voraussetzungen nach § 750 Abs. 3 ZPO sind erfüllt.*

Weiterhin gilt (Zutreffendes ist anzukreuzen):,

- ☐ *Der Auftrag wird zunächst nur beschränkt auf eine gütliche Erledigung der Sache, § 802a Abs. 2 Nr. 1, § 802b ZPO. Mit einer Ratenzahlung von bis zu ... Monaten bin ich einverstanden. Eine monatliche Teilzahlung muss mindestens ... Euro betragen.*
- ☐ *Mit vereinbarten Teilzahlungen nach § 802b ZPO bin ich einverstanden.*
- ☐ *Ich bin mit keiner Zahlungsvereinbarung einverstanden, § 802b Abs. 2 ZPO.*
- ☐ *Einer Erledigung bzw. Einstellung des Auftrages nach § 63 GVGA wird widersprochen.*
- ☐ *Im Falle einer Pfändung wird die unverzügliche Verwertung beantragt, diese kann auch durch Versteigerung im Internet erfolgen, § 814 Abs. 2 ZPO.*
- ☐ *Übersenden Sie mir in jedem Falle eine vollständige Protokollabschrift, die auch die Namen und Forderungen aller anderen beteiligten Gläubiger enthält.*

---

8 OLG Koblenz NJW-RR 2013, 1019; KG v. 16.3.2011 – 17 WF 32/11, Rpfleger 2011, 622; LG Schwerin BeckRS 2012, 17887.

Muster 2   Vollstreckungsauftrag

- ☐ Soweit bekannt, wird um Mitteilung der Anschrift des Arbeitgebers, bekannt gewordener Forderungen oder auch Grundbesitz des Schuldners gebeten.
- ☐ Wenn von der Pfändung verwertbare Gegenstände abgesehen wird, wird um Angabe der Gründe gebeten.

Bitte beachten Sie:

- Pfänden Sie auch Wechsel und sonstige Orderpapiere, es sei denn, die Pfändung führt auch sonst mit Sicherheit zur Befriedigung des Gläubigers.
- Liefern Sie Geld an mich ab und fordern Sie Vorschüsse über mich an.
- Händigen Sie dem Schuldner den Titel nur dann aus, wenn eindeutig und offensichtlich keine Restschuld besteht.
- Unterlassen Sie die Pfändung nicht, auch wenn behauptet oder belegt werden sollte, dass die Sachen Dritten gehören, Kommissionsware oder mit Rechten Dritter belastet seien.

Wohnsitzermittlungen über den Schuldner, § 755 ZPO

Ist der Wohnsitz oder gewöhnliche Aufenthaltsort des Schuldners nicht bekannt, werden Sie ausdrücklich beauftragt:

- ☐ bei der **Meldebehörde** die gegenwärtigen Anschriften sowie Angaben zur Haupt- und Nebenwohnung des Schuldners erheben.

Ist der Aufenthaltsort des Schuldners nicht zu ermitteln, werden Sie weiterhin beauftragt:

- ☐ beim Ausländerzentralregister die Angaben zur aktenführenden Ausländerbehörde sowie zum Zuzug oder Fortzug des Schuldners zu erfragen und anschließend bei der gemäß der Auskunft aus dem Ausländerzentralregister aktenführenden Ausländerbehörde den Aufenthaltsort des Schuldners zu erheben;
- ☐ bei den Trägern der gesetzlichen Rentenversicherung die dort bekannte derzeitige Anschrift, den derzeitigen oder zukünftigen Aufenthaltsort des Schuldners zu ermitteln;*
- ☐ bei dem Kraftfahrt-Bundesamt die Halterdaten nach § 33 Abs. 1 Satz 1 Nr. 2 StVG zu erheben.*

Zu *:

Die zu vollstreckenden Ansprüche betragen mindestens 500 Euro (s. Forderungsaufstellung).

Besondere Anweisungen:

(Hier Anweisungen einsetzen, die sich speziell auf diesen Fall beziehen, z.B. den Hinweis auf Pfändung nur wegen eines Teils der Vollstreckungsforderung, vgl. Rz. 7 der Erläuterungen.)

Ich beantrage weiterhin die Abnahme der **Vermögensauskunft**:

(Hier jetzt weiter einfügen wie im Muster 5.)

Forderungsaufstellung:

	€...	*Hauptforderung*
	€...	*... % Zinsen seit ... bis heute*
	€...	*Wechselunkosten/Mahnauslagen des Gläubigers*
€...		*Festgesetzte Kosten*
€...		*Mahnbescheidkosten*
€...		*Vollstreckungsbescheidkosten*
€...		*x % Zinsen hierzu seit ... bis heute*
€...		*bisherige Vollstreckungskosten lt. Anl.*
€...		*Gebühr für diesen Antrag (RVG-VV 3309)*
€...		*Auslagen (RVG-VV 7002)*
€...	€...	*Umsatzsteuer (RVG-VV 7008)*
	€...	

Hinzu kommen weitere Zinsen ab morgen.

(Unterschrift)

---

1. Wenn der Vollstreckungsgläubiger nicht beurteilen kann, welches seinem Zugriff unterliegende Vermögen der Vollstreckungsschuldner hat, kann und wird er möglicherweise zunächst die Vollstreckung durch den Gerichtsvollzieher in die beweglichen Sachen des Schuldners versuchen. Zumindest war dies der übliche Weg bis zu dem Gesetz zur Reform der Sachaufklärung in der Zwangsvollstreckung vom 29.7.2009 (BGBl. I 2009, S. 2258), welches überwiegend am 1.1.2013 in Kraft getreten ist. Mit der Reform – genannt Sachaufklärung in der Zwangsvollstreckung – wurden ganz neue Bestandteile in die dem Gerichtsvollzieher übertragene Zwangsvollstreckung eingeführt, z.B. die Vermögensauskunft jetzt direkt als erste Maßnahme der Zwangsvollstreckung oder die Einholung von Drittauskünften und Adressermittlung durch den Gerichtsvollzieher.[1]

   a. Durch den Vollstreckungsauftrag und die Übergabe der vollstreckbaren Ausfertigung (§ 754 ZPO) wird der Gerichtsvollzieher ermächtigt, Leistungen des Schuldners entgegenzunehmen und diese zu quittieren **sowie mit Wirkung für den Gläubiger Zahlungsvereinbarungen nach Maßgabe des § 802b ZPO zu treffen.** Dem Schuldner und Dritten gegenüber wird der Gerichtsvollzieher zur Vornahme der Zwangsvollstreckung und der zulässigen Handlungen durch den Besitz der vollstreckbaren Ausfertigung ermächtigt. Der Mangel oder die Beschränkung des Auftrags kann diesen Personen gegenüber von dem Gläubiger nicht geltend gemacht werden. Der Auftraggeber darf die Vermittlung der Geschäftsstelle in Anspruch nehmen (§ 31 Abs. 1 GVGA). Der durch Vermittlung der Geschäftsstelle beauftragte Gerichtsvollzieher wird unmittelbar für den Gläubiger tätig. Den Gerichtsvollzieher mündlich zu beauftragen (was aber zulässig ist,

---

[1] Zur Reform vgl. z.B. *Gietmann*, DGVZ 2013, 121; *Wasserl*, DGVZ 2013, 61; *Mroß*, DGVZ 2013, 69; *Mroß*, DGVZ 2013, 41; *Mroß*, DGVZ 2012, 169; *Bungardt/Harnacke*, DGVZ 2013, 1; *Gaul*, ZZP 2011 Bd. 124, 271.

Muster 2   Vollstreckungsauftrag

§ 31 Abs. 5 GVGV), wie dies in der Vergangenheit durchaus möglich war, ist nach der Neuregelung in § 754 ZPO wenig sinnvoll. Der dem Gerichtsvollzieher erteilte Auftrag kann auch zu wiederholten Vollstreckungsversuchen, z.B. wiederholter Taschenpfändung, genutzt werden.[2] Auch einem Antrag des Vollstreckungsgläubigers, den Vollstreckungsauftrag bis auf weitere Weisung ruhen zu lassen, hat der Gerichtsvollzieher nachzukommen. Weisungen des Gläubigers hat der Gerichtsvollzieher insoweit zu berücksichtigen, als sie mit den Gesetzen oder der Geschäftsanweisung nicht in Widerspruch stehen (§ 31 Abs. 2 GVGA).

Die in §§ 808 bis 827 ZPO geregelte Zwangsvollstreckung in bewegliche Sachen ist dem **Gerichtsvollzieher**, einem Beamten, der als Vollstreckungsorgan[3] hoheitliche Gewalt ausübt und im Rahmen der Gesetze und Dienstanweisungen in eigener Verantwortung handelt,[4] übertragen. Der Gerichtsvollzieher vollstreckt „im Auftrag" des Gläubigers (§ 753 ZPO), aber er ist nicht Auftragnehmer des Gläubigers i.S. der §§ 662 ff. BGB. Er hat aber seine Vollstreckungstätigkeit den Bedürfnissen und Anweisungen des Gläubigers anzupassen, soweit sich diese im Rahmen der

---

[2] LG Bonn DGVZ 1974, 56; LG Essen DGVZ 1981, 22; LG Göttingen DGVZ 1986, 174.

[3] Nach wie vor wird intensiv über die Stellung und Aufgaben des Gerichtsvollziehers in Deutschland diskutiert. Es ist an der Zeit, die Stellung des Gerichtsvollziehers und alle mit diesem Beruf und seinem Amt im Zusammenhang stehenden Fragen und Problemen grundsätzlich zu regeln und sie damit dann endlich im Interesse der Gesellschaft auf eine gesetzliche Basis zu stellen, urteilt *Köhler* in einer umfassenden Abhandlung in DGVZ 2002, 119. Bereits vorher hat *Kühn*, DGVZ 2001, 33, moniert, dass nur durch die Bereitstellung und Finanzierung eines modernen Bürobetriebes das Gerichtsvollzieherwesen im 21. Jahrhundert als Dienstleistungsunternehmen Bestand haben wird. *Schilken*, DGVZ 2003, 65, befasst sich eingehend mit den Vorschlägen der Kommission „Strukturelle Änderungen in der Justiz" des Deutschen Gerichtsvollzieher Bundes e.V. *Scholz*, DGVZ 2003, 97 ff., kommt in seinem Rechtsgutachten zum „Freien Gerichtsvollziehersystem" zum Ergebnis, dass der heutige Status des Gerichtsvollziehers rechtlich defizitär geregelt ist und nicht mehr den Anforderungen an eine verfassungsmäßige Regelung von Status und Funktion des Gerichtsvollziehers genügt. Das vom Deutschen Gerichtsvollzieherbund e.V. entwickelte Reformmodell behebt die vorstehenden Mängel und ist geeignet, den Status und die Funktion des Gerichtsvollziehers in ebenso verfassungsmäßiger wie effektiver Weise zu regeln. Der Bundesrat hat in seiner Plenarsitzung am 12.2.2010 beschlossen, die in der letzten Legislaturperiode bereits in den Bundestag eingebrachten, aber dort nicht mehr behandelten Gesetzentwürfe zur **Reform des Gerichtsvollzieherwesens** (Beleihungsmodell) sowie zu einer **Änderung des Grundgesetzes** erneut in den Bundestag einzubringen. Dies war angesichts der entsprechenden Aussage im Koalitionsvertrag zwischen CDU, CSU und FDP nicht anders zu erwarten (Näheres unter: http://www.dgvb.de). Unabhängig von dieser grundsätzlichen Diskussion hat der Gesetzgeber das Gesetz zur **Reform der Sachaufklärung in der Zwangsvollstreckung** erlassen (v. 29.7.2009, BGBl. I 2009, 2258). Neu geschaffen wurden u.a. die §§ 802a bis 802l ZPO mit der Verpflichtung zur Abgabe einer Vermögensauskunft des Schuldners vor Beginn der eigentlichen Vollstreckung. Das Gesetz ist am **1.1.2013** in Kraft getreten.

[4] Vgl. die Geschäftsanweisung für Gerichtsvollzieher (GVGA), neu gefasst mit Wirkung vom 1.9.2013, auszugsweise abgedruckt in Anhang 3, und die Gerichtsvollzieherordnung (GVGO).

Gesetze halten.[5] Den Gerichtsvollzieher trifft kraft seiner gesetzlichen Stellung als Vollstreckungsorgan im Rahmen des ihm erteilten Vollstreckungsauftrags eine Vermögensbetreuungspflicht gegenüber dem Vollstreckungsgläubiger.[6]

b. Die **Sachpfändung und die Vermögensauskunft** können weiterhin als sog. Kombi-Antrag in Auftrag gegeben werden. Der bis zum 31.12.2012 geltende § 807 ZPO wurde neu gefasst und lautet: 3

Hat der Gläubiger die Vornahme der Pfändung beim Schuldner beantragt und

a) hat der Schuldner die Durchsuchung (§ 758 ZPO) verweigert oder

b) ergibt der Pfändungsversuch, dass eine Pfändung voraussichtlich nicht zu einer vollständigen Befriedigung des Gläubigers führen wird, so kann der Gerichtsvollzieher dem Schuldner die Vermögensauskunft auf Antrag des Gläubigers abweichend von § 802f ZPO sofort abnehmen. § 802f Abs. 5 und 6 ZPO findet Anwendung.

Der Schuldner kann allerdings einer sofortigen Abnahme widersprechen. In diesem Fall verfährt der Gerichtsvollzieher nach § 802f ZPO; der Setzung einer Zahlungsfrist bedarf es nicht.

c. Ist der Wohnsitz oder gewöhnliche Aufenthaltsort des Schuldners nicht bekannt, darf der Gerichtsvollzieher aufgrund des Vollstreckungsauftrags und der Übergabe der vollstreckbaren Ausfertigung zur Ermittlung des Aufenthaltsorts des Schuldners bei der **Meldebehörde** die gegenwärtigen Anschriften sowie Angaben zur Haupt- und Nebenwohnung des Schuldners erheben, § 755 ZPO: 4

Soweit der Aufenthaltsort des Schuldners nicht zu ermitteln ist, § 755 Abs. 2 ZPO, darf der Gerichtsvollzieher

(1) zunächst beim Ausländerzentralregister die Angaben zur aktenführenden Ausländerbehörde sowie zum Zuzug oder Fortzug des Schuldners und anschließend bei der gemäß der Auskunft aus dem Ausländerzentralregister aktenführenden Ausländerbehörde den Aufenthaltsort des Schuldners,

(2) bei den Trägern der gesetzlichen Rentenversicherung die dort bekannte derzeitige Anschrift, den derzeitigen oder zukünftigen Aufenthaltsort des Schuldners sowie

(3) bei dem Kraftfahrt-Bundesamt die Halterdaten nach § 33 Abs. 1 Satz 1 Nr. 2 StVG erheben.

Allerdings ist hierbei darauf zu achten, dass die Daten nach (2) und (3) vom Gerichtsvollzieher nur erhoben werden dürfen, wenn die zu vollstreckenden Ansprüche mindestens 500 Euro betragen; Kosten der Zwangsvollstreckung und Nebenforderungen sind bei der Berechnung nur zu

---

5 Zum Umfang des Weisungsrechts des Vollstreckungsgläubigers insbesondere *Wieser*, NJW 1988, 665; auch *Schiehn*, OGVZ 1995, 133 und *Hartenbach*, DGVZ 1999, 149.
6 BGH v. 7.1.2011 – 4 StR 409/10, Rpfleger 2011, 334 = NJW 2011, 2149.

berücksichtigen, wenn sie allein Gegenstand des Vollstreckungsauftrags sind.

5 d. Der Gerichtsvollzieher soll in jeder Lage des Verfahrens auf eine gütliche Erledigung bedacht sein, § 802b Abs. 1 ZPO.

Hat der Gläubiger eine Zahlungsvereinbarung nicht ausgeschlossen, so kann der Gerichtsvollzieher dem Schuldner eine Zahlungsfrist einräumen oder eine Tilgung durch Teilleistungen (**Ratenzahlung**) gestatten, sofern der Schuldner glaubhaft darlegt, die nach Höhe und Zeitpunkt festzusetzenden Zahlungen erbringen zu können. Die Tilgung soll **binnen zwölf Monaten** abgeschlossen sein. Bestimmt der Gerichtsvollzieher unter den Voraussetzungen des § 802b Abs. 1 und 2 ZPO eine Zahlungsfrist oder setzt er einen Ratenzahlungsplan fest, hat er nach Maßgabe von § 68 Abs. 2 GVGA die konkreten Zahlungstermine, die Höhe der Zahlungen oder Teilzahlungen, den Zahlungsweg, die Gründe, die der Schuldner zur Glaubhaftmachung der Erfüllung der Vereinbarung vorbringt, sowie die erfolgte Belehrung über die in § 802b Abs. 3 Satz 2 und 3 ZPO getroffenen Regelungen zu protokollieren. Der Gerichtsvollzieher hat die Gründe, aus denen er die Einräumung einer Zahlungsfrist oder die Einziehung von Raten ablehnt, ebenfalls zu protokollieren. **Folge:** Soweit ein Zahlungsplan festgesetzt wird, ist die Vollstreckung aufgeschoben.

Gläubiger: Der Gerichtsvollzieher unterrichtet den Gläubiger unverzüglich über den Zahlungsplan und den Vollstreckungsaufschub. Widerspricht der Gläubiger **unverzüglich**, so wird der Zahlungsplan mit der Unterrichtung des Schuldners hinfällig; zugleich endet der Vollstreckungsaufschub. Dieselben Wirkungen treten ein, wenn der Schuldner mit einer festgesetzten Zahlung ganz oder teilweise länger als zwei Wochen in Rückstand gerät.

Damit sind die bisherigen §§ 813a und b ZPO (Aufschub der Verwertung) ersatzlos aufgehoben.

6 e. Die bis zum 31.12.2012 geregelte eidesstattliche Versicherung wurde umbenannt in **Vermögensauskunft**, § 802c ZPO. Der Schuldner ist verpflichtet, auf Verlangen des Gerichtsvollziehers Auskunft über sein Vermögen zu erteilen sowie seinen Geburtsnamen, sein Geburtsdatum und seinen Geburtsort anzugeben, § 802c Abs. 1 ZPO. Zur Auskunftserteilung hat der Schuldner alle ihm gehörenden Vermögensgegenstände anzugeben. Bei Forderungen sind Grund und Beweismittel zu bezeichnen. Der Schuldner hat die Angaben zu Protokoll an Eides statt zu versichern (wie früher bei der eidesstattlichen Versicherung nach § 807 ZPO). **Neu ist nur**, dass Sachen, die nach § 811 Abs. 1 Nr. 1 und 2 ZPO der Pfändung offensichtlich nicht unterworfen sind, nicht mehr angegeben werden müssen, es sei denn, dass eine Austauschpfändung in Betracht kommt.

Diese Vermögensauskunft ist an keine weiteren Voraussetzungen geknüpft, insbesondere nicht an eine vorherige ergebnislose Pfändung (wie dies bei der Abgabe der eidesstattlichen Versicherung im bisherigen § 807

ZPO grundsätzlich der Fall war). Die Vermögensauskunft kann nach der Reform auch direkt an den Anfang der Vollstreckung gestellt werden.

2. **Spätestens bei Beginn der Zwangsvollstreckungsmaßnahme muss der Titel dem Vollstreckungsschuldner bzw. dessen Bevollmächtigten (§ 172 ZPO) zugestellt** werden (§ 750 ZPO). Wenn eine Wartefrist einzuhalten ist (§§ 720a, 750 Abs. 3, 798, 882 ZPO), muss diese zwischen der Zustellung des Titels und dem Beginn der Zwangsvollstreckung abgelaufen sein. Die Zustellung erfolgt teils durch die Geschäftsstelle des Prozessgerichts, teils muss der Vollstreckungsgläubiger selbst zustellen lassen.[7] Zum Zweck der Zwangsvollstreckung kann er den Titel auch dann selbst durch den Gerichtsvollzieher zustellen lassen, wenn das Gericht den Titel von Amts wegen zuzustellen hat; die Amtszustellung durch das Gericht bleibt für den Beginn der Rechtsmittelfristen maßgeblich.

2.1 Der Vollstreckungsgläubiger kann, um bei geringer Erfolgsaussicht der Vollstreckung Kosten zu sparen, seinen **Antrag auf einen Teil der Forderung beschränken.** Es empfiehlt sich dann, den Gerichtsvollzieher ausdrücklich darauf hinzuweisen, dass es sich bei dieser Vollstreckungsmaßnahme nur um die Beitreibung eines Forderungsteils handelt, damit der Gerichtsvollzieher nicht den Titel an den Schuldner herausgibt.

2.2 Der Gerichtsvollzieher ist befugt, die **Wohnung und die Behältnisse des Vollstreckungsschuldners zu durchsuchen**[8], soweit der Zweck der Vollstreckung es erfordert. Er darf verschlossene Türen und Behältnisse öffnen lassen und Widerstand mit Gewalt und Polizeiunterstützung brechen (§ 758 ZPO). Bezüglich der Wohnräume des Vollstreckungsschuldners bedarf die Durchsuchung vorheriger richterlicher Erlaubnis, wenn der Vollstreckungsschuldner sie nicht freiwillig gestattet (Näheres *Muster 3*). Für die sog. Taschenpfändung bedarf es außerhalb geschützter Räume einer solchen Erlaubnis nicht.[9]

2.3 Nach § 71 Abs. 2 GVGA pfändet der Gerichtsvollzieher **Sachen, die offensichtlich zum Vermögen eines Dritten gehören**, nicht, es sei denn, dass der Vollstreckungsgläubiger die Pfändung ausdrücklich verlangt. Häufig behaupten Vollstreckungsschuldner, die zu pfändenden Gegenstände gehörten nicht ihnen, sondern Dritten. Wir empfehlen, auf der Pfändung trotzdem zu bestehen; denn der Dritte hat sein Eigentum oder sonstiges die Veräußerung hinderndes Recht im Streitfall durch Widerspruchsklage nach § 771 ZPO geltend zu machen und voll zu beweisen. Bei Eheleuten oder Lebenspartnern wird ohnehin zugunsten des Gläubigers eines jeden von ihnen gesetzlich vermutet, dass die im Besitz eines oder beider Ehegatten bzw. Lebenspartner befindlichen beweglichen Sachen dem Schuldner gehören (§ 1362 BGB); in diesem Fall gilt auch für die Zwangsvollstre-

---

7 Näheres s. Einleitung Rz. 52.
8 Der Zutritt zu einer Wohnung, um die Gasversorgung zu sperren, stellt keine Durchsuchung i.S. von Art. 13 Abs. 2 GG, §§ 758, 758a ZPO dar, so BGH v. 10.8.2006 – I ZB 126/05, Rpfleger 2007, 36 = NJW 2006, 3352 = DGVZ 2006, 179.
9 Zöller/*Stöber*, § 758a ZPO Rz. 5.

ckung nur der Vollstreckungsschuldner als Gewahrsamsinhaber und Besitzer (§ 739 ZPO). Weist der Dritte sein Recht vor Erhebung der Drittwiderspruchsklage nach, so wird der Vollstreckungsgläubiger diese Sachen aus der Pfändung freigeben. Es ist aber nicht Sache des Vollstreckungsorgans, Ansprüche und Einwendungen aus dem materiellen Recht zu überprüfen. Rechte Dritter an Sachen im Gewahrsam des Vollstreckungsschuldners sind ausnahmsweise dann zu berücksichtigen, wenn sie ganz offensichtlich sind; selbst schriftliche Belege dafür, dass es sich um Kommissionsware oder Treugut handle, reichen in der Regel für eine derartige Offenkundigkeit nicht aus.

Will der Gerichtsvollzieher eine Sache pfänden, an der ein **Dritter Gewahrsam** hat, genügt es nicht, dass der Dritte den Pfändungsakt als solchen duldet. Er muss darüber hinaus mit der Wegnahme der Sache zum Zwecke der Verwertung einverstanden sein, was der Gerichtsvollzieher durch Befragen festzustellen hat. Herausgabebereitschaft i.S. des § 809 ZPO setzt voraus, dass der Dritte über den Pfändungsakt hinaus mit der Wegnahme der Sache zum Zwecke der Verwertung einverstanden ist, so der BGH[10] in seiner grundlegenden Entscheidung. Erlangt ein Dritter Gewahrsam an der gepfändeten Sache, darf der Gerichtsvollzieher diese gegen seinen Widerspruch nur wegschaffen, wenn der Gläubiger gegen den nicht herausgabebereiten Dritten zuvor einen entsprechenden Titel erwirkt hat. Mit der Duldung der Anbringung der Pfandanzeige ist nicht zugleich die Bereitschaft verbunden, die Sache zur Verwertung zur Verfügung zu stellen.

11 **2.4** Der Vollstreckungsgläubiger sollte stets ausdrücklich ein vollständiges **Pfändungsprotokoll** (§ 762, 763 ZPO, 86 GVGA) beantragen und auf Durchführung des Auftrags bestehen (§ 63 GVGA); die Mehrkosten sind regelmäßig nicht so hoch, dass man sich ihretwegen mit dem Pfandabstand vom Schreibtisch aus begnügen sollte. Nach § 32 GVGA gilt der Grundsatz, dass der Gerichtsvollzieher bei begründetem Anhalt dafür, dass die Zwangsvollstreckung fruchtlos verlaufen werde, dem Gläubiger unverzüglich den Schuldtitel mit einer entsprechenden Bescheinigung zurücksendet. Dabei teilt er dem Gläubiger mit, dass er den Auftrag zur Vermeidung unnötiger Kosten als zurückgenommen betrachtet. Die Erwartung, dass die Vollstreckung fruchtlos verlaufen werde, kann insbesondere begründet sein, wenn ein Pfändungsversuch gegen den Schuldner in den letzten drei Monaten fruchtlos verlaufen ist oder der Schuldner in den letzten drei Monaten die Vermögensauskunft abgegeben hat und sich daraus keine Anhaltspunkte ergeben, dass er über pfändbare Gegenstände verfügt. Allerdings gilt dies nicht, wenn der Wunsch des Gläubigers auf Ausführung des Auftrags aus der Sachlage hervorgeht (z.B. der Pfändungsauftrag zum Zwecke des Neubeginns der Verjährung erteilt ist) oder wenn das Gläubigerinteresse an der Ermittlung von Drittschuldnern ersichtlich oder zu unterstellen ist, § 32 Abs. 2 GVGA.

---

10 BGH v. 31.10.2003 – IXa ZB 195/03, Rpfleger 2004, 170 = NJW-RR 2004, 352 = DGVZ 2004, 23.

Ein Verzeichnis der von ihm ungepfändet gelassenen Sachen muss der Gerichtsvollzieher nur im Rahmen des § 86 Abs. 6 GVGA erstellen[11]. Allerdings hat – aber nur auf Antrag des Gläubigers – der Gerichtsvollzieher vorgefundene Sachen ihrer Art, Beschaffenheit und ihrem Umfang nach im Protokoll so zu bezeichnen, dass damit dem Gläubiger ein Anhalt für die Beurteilung der Frage gegeben wird, ob die Pfändung mit Recht unterblieben ist.[12] In jedem Falle hat der Gerichtsvollzieher den Gläubiger, der ihm einen Vollstreckungsauftrag erteilt hat, über den Ausgang des Verfahrens zu unterrichten. Dazu genügt nach BGH eine kurze Mitteilung, die aber erkennen lassen muss, aus welchem Grund der Vollstreckungsversuch ohne Erfolg geblieben ist.[13]

2.5 Auf ausdrücklichen Auftrag des Vollstreckungsgläubigers hin kann der Gerichtsvollzieher auch eine **Vorpfändung** nach § 845 Abs. 1 Satz 2 ZPO vornehmen (s. *Muster 7*) und dadurch diese Forderung mit schnellem Zugriff für den Vollstreckungsgläubiger sicherstellen. 12

2.6 Zur **Nachtzeit** und an **Sonntagen** und allgemeinen **Feiertagen** darf eine Vollstreckungshandlung nur mit Erlaubnis des Richters am Amtsgericht erfolgen, in dessen Bezirk die Handlung vorgenommen werden soll (§ 758a Abs. 4 ZPO). Mit dem „Richter am Amtsgericht" ist nicht der Richter des Vollstreckungsgerichts gemeint.[14] 13

Die Erlaubnis nach § 758a Abs. 4 ZPO soll in der Regel erteilt werden, wenn der Gerichtsvollzieher einmal innerhalb und einmal außerhalb der gewöhnlichen Arbeitszeit einen Vollstreckungsversuch unternommen hat.[15] 14

Es ist Sache des Gläubigers, diese Erlaubnis zu erwirken, § 33 Abs. 2 GVGA.[16] Ein Antrag ist in *Muster 4* dargestellt.

2.7 Die **Verwertung der gepfändeten Sachen** erfolgt in der Regel im Wege der öffentlichen Versteigerung durch den Gerichtsvollzieher in der Gemeinde, in der die Pfändung geschehen ist, oder doch an einem anderen Ort im Bezirk des Vollstreckungsgerichts (§§ 814, 816 ZPO). Da aber die Verwertung im Interesse beider Parteien einen möglichst hohen Erlös bringen soll, sind Ausnahmen zulässig: Entweder aufgrund Einigung der Parteien oder auf Anordnung des Gerichtsvollziehers, die regelmäßig einen Antrag einer der Parteien voraussetzt, kann die Verwertung in anderer Weise oder an anderem Ort geschehen (§ 825). Hierüber befindet der Gerichtsvollzieher, § 825 Abs. 1 ZPO. Die Versteigerung kann aber auch durch eine andere Person als den Gerichtsvollzieher erfolgen, § 825 Abs. 2 ZPO. Hierfür zuständig ist das Vollstreckungsgericht, in dessen Bezirk das 15

---

11 LG Lübeck DGVZ 2002, 185.
12 LG Cottbus JurBüro 2002, 547 = InVo 2002, 428.
13 BGH v. 30.1.2004 – IXa ZB 274/03, Rpfleger 2004, 364 = DGVZ 2004, 61 = JurBüro 2004, 392 = InVo 2004, 284.
14 Vgl. *Hintzen/Wolf*, Rz. 4.81; Zöller/*Stöber*, § 758a ZPO Rz. 35.
15 LG Trier MDR 1981, 326.
16 *Hintzen*, Vollstreckung durch den Gerichtsvollzieher, Rz. 127.

Muster 3   Antrag auf Gestattung der Wohnungsdurchsuchung

Vollstreckungsverfahren stattfindet (§ 764 Abs. 2 ZPO); es entscheidet der Rechtspfleger (§ 20 Nr. 17 RPflG)[17].

Immer größerer Beliebtheit erfreut sich auch die Versteigerung im Internet (**Gesetz über die Internetversteigerung in der Zwangsvollstreckung** v. 30.7.2009, BGBl. I 2009, 2474). Wegen des eingeschränkten Bieterkreises bei der Präsenzversteigerung lassen sich insbesondere für gepfändete Gebrauchsgegenstände des täglichen Lebens oder Geräte der Unterhaltungselektronik nicht selten keine Bieter finden. Finden sich Bieter, so bleiben die Erlöse hinter denen, die bei einer Verwertung über das Internet erzielt werden könnten, erheblich zurück. Die Versteigerung gepfändeter beweglicher Sachen im Internet ist daher als Regelfall neben die öffentliche Versteigerung vor Ort gestellt worden. Die Versteigerung findet in diesen Fällen auf der Auktionsplattform **www.justiz-auktion.de** statt.

Muster 3   Antrag auf Gestattung der Wohnungsdurchsuchung

*Die Zwangsvollstreckungsformular-Verordnung vom 23.8.2012 (BGBl. I, S. 1822) wurde aktuell geändert aufgrund Verordnung zur Änderung der Zwangsvollstreckungsformular-Verordnung vom 16.6.2014 (BGBl. I 2014, S. 754). Auf der Grundlage von § 758a Abs. 6 (und § 829 Abs. 4) ZPO hat das BMJ auch ein Formular **für den Antrag** auf Erlass einer richterlichen Durchsuchungsanordnung eingeführt. Das erste Formular ist bzw. war ab dem 1.3.2013 verbindlich, das geänderte Formular aufgrund der Änderungsverordnung vom 16.6.2014 wird erst ab dem 1.6.2015 verbindlich, kann aber schon vorher genutzt werden (§ 6 Änderungs-VO).[1] Vom Abdruck des alten Formulars wird abgesehen, es wird nur das neue Formular aufgrund der Änderungs-VO dargestellt.*

---

1 Der Formularzwang gilt nicht für Anträge auf Erlass einer Durchsuchungsanordnung im Verwaltungsvollstreckungsverfahren, BGH v. 6.2.2014 – VII ZB 37/13, Rpfleger 2014, 389.

(Das Formular beginnt auf der folgenden S. 67.)

---

17 Hierzu auch BGH v. 20.12.2006 – VII ZB 88/06, Rpfleger 2007, 213 = NJW 2007, 1276 = DGVZ 2007, 23.

Antrag auf Gestattung der Wohnungsdurchsuchung **Muster 3**

Raum für Eingangsstempel

Amtsgericht _____

Vollstreckungsgericht

_____

Antrag auf Erlass einer richterlichen Durchsuchungsanordnung

Es wird beantragt, auf Grund der nachfolgenden Angaben

☐ des anliegenden Schuldtitels / der anliegenden Schuldtitel sowie der beiliegenden Unterlagen:
☐ Vollstreckungsprotokoll /-e
☐ Mitteilung /-en des Vollstreckungsorgans
☐ Akten des Vollstreckungsorgans
☐ _____

_____

entsprechend nachstehendem Entwurf die **Anordnung zur Durchsuchung der Wohnung** (Privatwohnung bzw. Arbeits-, Betriebs-, Geschäftsräume) **nach § 758a Absatz 1 der Zivilprozessordnung – ZPO – zu erlassen.**

Anhörung des Schuldners
Hinweise für den Antragsteller: Der Schuldner muss grundsätzlich vor Erlass einer Durchsuchungsanordnung angehört werden. Falls von einer vorherigen Anhörung des Schuldners aus Sicht des Antragstellers **ausnahmsweise** abgesehen werden muss, ist eine Begründung erforderlich.

☐ Eine **Anhörung** des Schuldners vor Erlass der Durchsuchungsanordnung würde den Vollstreckungserfolg aus den nachstehenden Gründen gefährden:
Bitte darstellen,
(1) warum von einer vorherigen Anhörung abgesehen werden muss,
(2) welche gewichtigen Interessen durch eine vorherige Anhörung konkret gefährdet wären, die die Überraschung des Schuldners erfordern.
Die Angaben sind durch die Vorlage entsprechender Unterlagen, soweit vorhanden, nachzuweisen.

_____
_____
_____
_____
_____
_____
_____

☐ Um direkte Weiterleitung an den zuständigen Gerichtsvollzieher wird gebeten.

_____
Datum   (Unterschrift Antragsteller/-in)

Muster 3 Antrag auf Gestattung der Wohnungsdurchsuchung

Amtsgericht	
Anschrift:	

Geschäftszeichen:	

BESCHLUSS
(Durchsuchungsermächtigung)
in der Zwangsvollstreckungssache

des/der Herrn/Frau/Firma		
vertreten durch Herrn/Frau/Firma		– Gläubiger –
Aktenzeichen des Gläubigervertreters		

gegen

Herrn/Frau/Firma		
vertreten durch Herrn/Frau/Firma		– Schuldner –
Aktenzeichen des Schuldnervertreters		

Auf Antrag des Gläubigers wird auf Grund des Vollstreckungstitels/der Vollstreckungstitel (den oder die Titel bitte nach Art, Gericht/Notar, Datum, Geschäftszeichen etc. bezeichnen)

☐ wegen der Gesamtforderung in Höhe von €
☐ wegen einer Teilforderung in Höhe von €
☐ wegen einer Restforderung in Höhe von €

der zuständige Gerichtsvollzieher ermächtigt, zum Zweck der Zwangsvollstreckung die Durchsuchung

☐ der Privatwohnung in (vollständige Anschrift)

☐ der Arbeits-, Betriebs-, Geschäftsräume in (vollständige Anschrift)

des Schuldners durchzuführen (§ 758a Absatz 1 ZPO).

Antrag auf Gestattung der Wohnungsdurchsuchung **Muster 3**

Die Ermächtigung ist auf die Dauer von ____ Monat/-en von heute an befristet und umfasst im Rahmen der angeordneten Durchsuchung die Befugnis, verschlossene Haustüren, Zimmertüren und Behältnisse öffnen zu lassen und Pfandstücke zum Zweck ihrer Verwertung an sich zu nehmen (Artikel 13 Absatz 2 des Grundgesetzes, § 758a Absatz 1 ZPO).
Die Ermächtigung gilt zugleich für das Abholen der Pfandstücke.

☐ Die Durchsuchung der Wohnung (Privatwohnung bzw. Arbeits-, Betriebs-, Geschäftsräume) wird

☐ auf folgende Zeiten beschränkt:

☐ zeitlich nicht beschränkt.

(Vom Gericht auszufüllen)

Gründe

| (Datum) | (Unterschrift Richter am Amtsgericht) | (Datum) | (Unterschrift Urkundsbeamter der Geschäftsstelle) |

Muster 3 Antrag auf Gestattung der Wohnungsdurchsuchung

1 Der durch das Grundgesetz gewährte Schutz der Wohnung gilt auch im Vollstreckungsverfahren zugunsten des Vollstreckungsschuldners. Daher bedarf es, wenn der Vollstreckungsschuldner dem Gerichtsvollzieher den Zutritt zu seiner Wohnung nicht freiwillig gestattet, einer richterlichen Erlaubnis, s. §§ 758, 758a ZPO. Der Gerichtsvollzieher ist nur befugt, die Wohnung und die Behältnisse des Schuldners zu durchsuchen, wenn dieser in die Durchsuchung einwilligt; dies ist im Pfändungsprotokoll zu vermerken. Zur Wohnung gehören alle Räumlichkeiten, die den häuslichen oder beruflichen Zwecken ihres Inhabers dienen, insbesondere die eigentliche Wohnung, ferner Arbeits-, Betriebs- und andere Geschäftsräume, dazugehörige Nebenräume sowie das angrenzende befriedete Besitztum (Hofraum, Hausgarten).

2 Es ist Sache des Gläubigers, diese Erlaubnis zu erwirken, vgl. § 61 Abs. 3 GVGA.

3 Verweigert der Schuldner dem Gerichtsvollzieher den Zutritt zu seiner Wohnung, vermerkt der Gerichtsvollzieher dies im Pfändungsprotokoll und schickt die gesamten Unterlagen an den Gläubiger zurück, **§ 61 Abs. 3 GVGA**. Nach § 61 Abs. 2 GVGA belehrt der Gerichtsvollzieher den Schuldner zugleich, dass er aufgrund der Durchsuchungsverweigerung zur Abgabe der Vermögensauskunft nach § 807 Abs. 1 Nr. 1 ZPO verpflichtet ist, sofern ein entsprechender Antrag des Gläubigers vorliegt, dass er deren sofortiger Abnahme jedoch widersprechen kann.

4 Die Durchsuchungsanordnung ist sowohl bei der Vollstreckung in der Wohnung des Schuldners, wenn dieser den Zutritt verweigert, § 758a Abs. 1 Satz 1 ZPO, als auch bei der Vollstreckung in den Geschäftsräumen oder Nebenräumen des Schuldners notwendig, da auch diese Räume grundgesetzlich geschützt sind, vgl. hierzu auch § 287 Abs. 4 AO.[1]

5 Mit der Novellierung ab dem 1.1.1999 sind in § 758a ZPO einige Ausnahmen vom Erfordernis der Durchsuchungsanordnung geregelt. Keine Durchsuchungsanordnung ist z.B. erforderlich, bei der **Taschenpfändung**,[2] wenn der Erfolg der Durchsuchung gefährdet ist, § 758a Abs. 1 Satz 2 ZPO, insbesondere wenn Gefahr im Verzuge ist, § 61 Abs. 4 GVGA,[3] für die Wohnungsräumung aufgrund eines richterlichen Räumungstitels, § 758a Abs. 2 ZPO, für die Verhaftung auf Grund des Haftbefehls, § 758a Abs. 2 ZPO; bei der Vollstreckung gegen den Schuldner als Mitbewohner einer Wohngemeinschaft, wenn der Schuldner selbst in die Vollstreckung einwilligt oder eine Anordnung nach § 758a Abs. 1 ZPO entbehrlich ist, die übrigen Mitbewohner haben die Vollstreckung zu dulden, § 758a Abs. 3 Satz 1 ZPO – unbillige Härten gegenüber den Mitgewahrsamsinhabern sind zu vermeiden, § 758a Abs. 3 Satz 2 ZPO, für die Anschluss-

---

1 BVerfG NJW 1971, 2299; BFH v. 4.10.1988 – VII R 59/86, NJW 1989, 855; OLG Hamburg v. 5.6.1984 – 2 Ss 149/83, NJW 1984, 2898; Zöller/*Stöber*, § 758a ZPO Rz. 4.
2 OLG Köln NJW 1980, 1531; LG Düsseldorf JurBüro 1987, 454.
3 BVerfG NJW 1979, 1539; LG Kaiserslautern DGVZ 1986, 63; LG Bamberg DGVZ 1989, 152.

pfändung gemäß § 826 ZPO, da sich diese Pfändung durch Protokollergänzung vollzieht, also außerhalb der Wohnung des Schuldners.

Grundsätzlich hat auch der Gläubiger das Recht, bei der Vollstreckung durch den Gerichtsvollzieher anwesend zu sein.[4] Ob dies allerdings auch dann gilt, wenn der Schuldner der Anwesenheit des Gläubigers widerspricht, dürfte bezweifelt werden. Hierin ist ein Verstoß gegen Art. 13 GG zu sehen.[5] 6

Zuständig für den Erlass der Durchsuchungsanordnung ist der Richter bei dem Amtsgericht, in dessen Bezirk die Durchsuchung vorgenommen werden soll, § 758a Abs. 1 Satz 1 ZPO. 7

Für die richterliche Durchsuchungsanordnung muss ein **Rechtsschutzbedürfnis** bestehen. Die Durchsuchungsanordnung muss für eine erfolgversprechende Zwangsvollstreckung erforderlich sein. Sie muss Rahmen, Grenzen und Ziel definieren.[6] Ein Rechtsschutzbedürfnis besteht auch dann noch, wenn seit der Feststellung des Gerichtsvollziehers, dass der Schuldner einer Durchsuchung seiner Wohnung widerspreche, schon 10 Monate vergangen sind.[7] Ein **einmaliger Vollstreckungsversuch** des Gerichtsvollziehers bei dem Schuldner, der zu dieser Zeit nicht angetroffen wird, entspricht nicht den Voraussetzungen des Anordnungsbeschlusses.[8] 8

Eine richterliche Durchsuchungsanordnung darf nur ergehen, wenn der Schuldner nach Zustellung des Titels der Durchsuchung widersprochen hat oder wiederholte erfolglose Vollstreckungsversuche den Schluss zulassen, dass der Schuldner den Zutritt zu seiner Wohnung verweigert. Einer Weigerung des Schuldners, der Durchsuchung seiner Wohnung zuzustimmen, steht es regelmäßig gleich, wenn der Gerichtsvollzieher mindestens zweimal erfolglos versucht hat, Zutritt zu der Wohnung zu erlangen, einmal davon in einer Zeit, in der sich auch Berufstätige zu Hause aufhalten.[9] Ausreichend ist auch, wenn der Gerichtsvollzieher beim ersten Vollstreckungsversuch eine Nachricht hinterlässt mit der Bitte, sich mit ihm wegen eines anderen Termins in Verbindung zu setzen, verbunden mit dem Hinweis, dass anderenfalls ein Antrag auf Durchsuchung gestellt werde.[10] 9

Der **Antrag** muss enthalten: Vollstreckungstitel; Namen von Gläubiger und Schuldner; Nachweis der allgemeinen und besonderen Voraussetzun- 10

---

4 KG DGVZ 1983, 86; LG Hof DGVZ 1991, 123; Zöller/*Stöber*, § 753 ZPO Rz. 4; *Wertenbruch*, DGVZ 1994, 19 (grds. kein Anwesenheitsrecht, bei der Zahlungsvollstreckung, anders bei der Herausgabevollstreckung).
5 Str.: LG Berlin DGVZ 1983, 10; LG Köln DGVZ 1997, 152; Zöller/*Stöber*, § 758 ZPO Rz. 8; Prütting/*Kroppenberg* § 758a ZPO Rz. 13.
6 BVerfG v. 27.5.1997 – 2 BvR 1992/92, NJW 1997, 2165.
7 LG Wiesbaden JurBüro 1997, 215.
8 OLG Bremen v. 8.9.1988 – 2 W 18/88, NJW-RR 1989, 1407; LG Regensburg DGVZ 1995, 58.
9 LG Berlin JurBüro 1988, 665 = DGVZ 1989, 70; LG Aachen DGVZ 1993, 55; LG Regensburg DGVZ 1995, 58; LG Berlin JurBüro 1997, 609 = DGVZ 1997, 157.
10 OLG Celle v. 6.11.1986 – 8 W 554/86, Rpfleger 1987, 73; OLG Köln v. 8.8.1994 – 2 W 114/94, Rpfleger 1995, 167 = MDR 1995, 850; LG Hannover JurBüro 1988, 547.

Muster 4 Genehmigung der Vollstreckung Nachtzeit/Sonn-/Feiertage

gen der Zwangsvollstreckung, Angabe der Höhe des zu vollstreckenden Anspruchs, genaue Angabe der zu durchsuchenden Räume des Schuldners, Angabe der bisherigen vergeblichen Vollstreckungsversuche bzw. von Gründen, die gegen eine vorherige Anhörung des Schuldners sprechen.

11 Die erteilte Durchsuchungsanordnung gilt nicht nur für die Pfändung, sondern wirkt fort auf die eventuell spätere Abholung gepfändeter, im Gewahrsam des Schuldners belassener Sachen, § 61 Abs. 8 GVGA.

12 Gegen die **Zurückweisung** des Antrages auf Erlass der Durchsuchungsanordnung ist die **sofortige Beschwerde** gegeben, § 793 ZPO. Mit welchem Rechtsbehelf gegen die Erteilung des Durchsuchungsbeschlusses sich der Schuldner wehren kann, ist streitig. Die sofortige Beschwerde ist dann gegeben, wenn der Schuldner vor der Entscheidung gehört wurde. Ist der Schuldner vor der Anordnung nicht gehört worden, findet ebenfalls das Rechtsmittel der sofortigen Beschwerde statt, § 793 ZPO.[11]

Muster 4 Antrag auf Genehmigung der Vollstreckung zur Nachtzeit und an Sonn- und Feiertagen

An das
Amtsgericht...

...

In der Zwangsvollstreckungssache... gegen...

beantrage

ich, die Durchführung der Pfändung, auch der Taschenpfändung, in der Wohnung des Schuldners, auch während der Nachtzeit und an Sonn- und Feiertagen zu gestatten (§ 758a Abs. 4 ZPO).

Diese Gestattung ist zur erfolgreichen Durchführung der Zwangsvollstreckung erforderlich, weil der Gerichtsvollzieher den Schuldner zu den üblichen Tageszeiten wiederholt nicht angetroffen hat.

Schuldtitel und die Mitteilung des Gerichtsvollziehers... über seine vergeblichen Vollstreckungsversuche liegen an.

(Unterschrift)

---

11 Prütting/*Kroppenberg*, § 758a ZPO Rz. 14; Thomas/Putzo/*Seiler*, § 758a ZPO Rz. 19; OLG Stuttgart v. 6.2.1987 – 8 W 40/87, NJW-RR 1987, 759; OLG Hamm v. 12.12.1983 – 14 W 208/83, 14 W 215/83, NJW 1984, 1972; OLG Koblenz v. 20.8.1985 – 4 W 435/85, Rpfleger 1985, 496; OLG Saarbrücken v. 13.11.1992 – 5 W 112/92, Rpfleger 1993, 146; a.A. einfache Beschwerde: LG Oldenburg v. 30.5.1984 – 6 T 415/84, Rpfleger 1984, 471; LG Frankfurt NJW-RR 1986, 550; KG v. 17.12.1985 – 1 W 2537/85, NJW 1986, 1180; Erinnerung, wenn Schuldner nicht angehört wurde: Zöller/*Stöber*, § 758a ZPO Rz. 36.

Die **Regelung** in § 758a Abs. 4 ZPO ermächtigt den Gerichtsvollzieher, nach erfolgloser Vollstreckung zur normalen Zeit auch an Sonn- und Feiertagen und zur Nachtzeit zu vollstrecken. Unbillige Härten gegenüber Gewahrsamsinhabern sind zu vermeiden und der Erfolg der Zwangsvollstreckung darf in keinem Missverhältnis zu dem Eingriff stehen.

Für die Durchsuchung der Wohnung des Schuldners ist stets eine richterliche Durchsuchungsanordnung erforderlich. Dies gilt auch dann, wenn die Vollstreckungshandlung auf die Räumung oder Herausgabe von Räumen oder auf die Vollstreckung eines Haftbefehls nach § 901 ZPO gerichtet ist. Die Ausnahme in § 758a Abs. 4 ZPO bezieht sich nur auf sonstige Räume.

Es ist Sache des Gläubigers, diese Erlaubnis zu erwirken, vgl. **§ 33 Abs. 2 GVGA**.

Zuständig für den Erlass des Beschlusses ist der Richter bei dem Amtsgericht, in dessen Bezirk die Vollstreckung stattfindet, § 758a Abs. 1 ZPO; es ist keine Zuständigkeit des Rechtspflegers begründet.

Die erteilte Erlaubnis gilt, soweit aus ihrem Inhalt nichts anderes hervorgeht, nur für die einmalige Durchführung der Zwangsvollstreckung, **§ 33 Abs. 2 GVGA**. Der Gläubiger sollte daher im Antrag wiederkehrende Vollstreckungshandlungen und den Zeitraum genau bezeichnen. Es besteht keine gesetzliche Bestimmung, die es dem Gerichtsvollzieher ausdrücklich gestattet, eine zur Tageszeit in einer Wohnung begonnene Vollstreckung nach Beginn der Nachtzeit weiterzuführen. Daher empfiehlt es sich, die Anordnung des Richters bei dem Amtsgericht vorsorglich einholen zu lassen, wenn zu erwarten ist, dass eine Vollstreckung nicht vor Beginn der Nachtzeit beendet werden kann, § 33 Abs. 2 GVGA.

Muster 5   Antrag auf Abnahme der Vermögensauskunft

An den
Gerichtsvollzieher (Name und Ortsangabe)
oder

An die
Verteilungsstelle für Gerichtsvollzieheraufträge
beim Amtsgericht...

In der Zwangsvollstreckungssache... gegen...

übersende ich vollstreckbare Ausfertigung des...

und beauftrage Sie,

(Hier möglicherweise den Text zur Sachpfändung – s. Muster 2 – einfügen, falls ein kombinierter Sachpfändungsauftrag zusammen mit dem Antrag auf Abnahme der Vermögensauskunft gestellt wird)

*gemäß §§ 802c, 802f ZPO, **Termin** zur Abgabe der Vermögensauskunft und zur Vorlage eines Vermögensverzeichnisses durch den Schuldner zu **bestimmen**.*

Muster 5 Antrag auf Abnahme der Vermögensauskunft

Nur für den Fall im Rahmen eines Kombi-Antrages:

Die Voraussetzungen nach § 807 Abs. 1 Nr. 1, 2 ZPO liegen vor bzw. es wird nachfolgend glaubhaft gemacht, dass der Gläubiger durch Pfändung seine Befriedigung nicht vollständig erlangen wird ... (Gründe i.S.v. § 807 Abs. 1 Nr. 2 ZPO darlegen) ...

Der Gläubiger möchte an dem Termin – nicht – **teilnehmen**.

Sollte der Schuldner im Termin nicht erscheinen oder die Abgabe der Vermögensauskunft ohne Grund verweigern, wird bereits jetzt beantragt, einen **Haftbefehl** durch den Richter am Amtsgericht zu erlassen und eine Ausfertigung des Haftbefehls zu übersenden.

Sofern der Schuldner im Termin erscheint und die Vermögensauskunft abgibt, wird eine Abschrift des Terminsprotokolls und des Vermögensverzeichnisses erbeten.

Sofern der Schuldner innerhalb der letzten zwei Jahre die Vermögensauskunft bereits abgegeben hat, wird der obige Antrag zurückgenommen und die Erteilung einer Abschrift des vorliegenden Vermögensverzeichnisses erbeten.

Der Gläubiger ist mit einer **Vertagung** des Termins nach den Regelungen in § 802b ZPO – nicht – einverstanden.

Der Gläubiger ist mit einer **Vertagung** des Termins außerhalb der Regelungen in § 802b ZPO einverstanden, falls der Schuldner Ratenzahlung von monatlich mindestens ... Euro zugesteht, erstmals zahlbar am ....

Sollte der Schuldner im dortigen Bezirk tatsächlich nicht wohnhaft sein, wird bereits jetzt die Weiterleitung/Verweisung an den zuständigen Gerichtsvollzieher beantragt, § 802e Abs. 2 ZPO.

Es wird gebeten, den Schuldner zu folgenden Angaben zu befragen: ...

(Unterschrift)

Forderungsaufstellung

	€ ...	1. Hauptforderung
	€ ...	2. ... % Zinsen seit ... bis heute
€ ...		3. Mahnkosten
€ ...		4. Festgesetzte Kosten
		5. Kosten des
€ ...		a) Mahnbescheids
€ ...		b) Vollstreckungsbescheids
€ ...		6. x % Zinsen aus diesen Kosten seit ... bis heute
		7. Kosten der bisherigen Zwangsvollstreckung lt. Anlage
€ ...		8. Zwangsvollstreckungsgebühr (RVG-VV 3309)Auslagen (RVG-VV 7002)
€ ...	€ ...	Umsatzsteuer (RVG-VV 7008)
	€ ...	

Hinzu kommen die weiteren Zinsen ab morgen.

(Unterschrift)

1. Allgemeines

Mit dem Gesetz zur Reform der Sachaufklärung in der Zwangsvollstreckung vom 29.7.2009[1], welches überwiegend am 1.1.2013 in Kraft getreten ist, wurde das „Verfahren zur Abgabe der Eidesstattlichen Versicherung" umbenannt zur Abgabe der Vermögensauskunft durch den Schuldner.[2] Die gesetzliche Regelung findet sich jetzt in § 802c, f ZPO (früher § 900 ZPO). Darüber hinaus verbleibt es aber auch bei dem modifizierten § 807 ZPO (sog. Kombi-Antrag: Sachpfändungsauftrag verbunden mit Antrag auf Abgabe der Vermögensauskunft).

Zur Abgabe der Vermögensauskunft ist der Schuldner **stets persönlich verpflichtet**, bei Prozessunfähigkeit ist der gesetzliche Vertreter vorzuladen. Steht der Schuldner unter Pflegschaft und ist ihm ein Vermögenspfleger bestellt worden, ist dieser zur Abgabe der Vermögensauskunft verpflichtet.[3] Bei der Vollstreckung gegen die Wohnungseigentümergemeinschaft hat der Verwalter die Vermögensauskunft abzugeben, auch wenn die Eigentümermehrheit dies ablehnt.[4]

Für eine **juristische Person** ist die Vermögensauskunft durch ihren gesetzlichen Vertreter abzugeben, bei einem eingetragenen Verein demgemäß durch ihren Vorstand (§ 26 BGB). Wer gesetzlicher Vertreter des Schuldners ist, muss von Amts wegen geklärt werden, weil es sich dabei um eine Frage der ordnungsgemäßen Vertretung des Schuldners handelt. Der einzige Vorstand eines eingetragenen Vereins, der sein Amt erst nach der Ladung zum Termin zur Abgabe der Vermögensauskunft niedergelegt hat, ohne dass ein neuer gesetzlicher Vertreter bestellt worden ist, bleibt verpflichtet, für den Verein die Vermögensauskunft abzugeben, wenn die Berufung auf die Amtsniederlegung rechtsmissbräuchlich wäre. Für die Beurteilung der Frage, wer für eine juristische Person als ihr gesetzlicher Vertreter offenbarungspflichtig ist, kommt es nach Auffassung des BGH[5] grundsätzlich auf den Zeitpunkt des Termins zur Abgabe der Vermögensauskunft an.

2. Isolierter oder kombinierter Auftrag

Entgegen der bisherigen Regelung in § 807 Abs. 1 ZPO a.F. setzt eine Auskunftspflicht des Schuldners über seine Vermögensverhältnisse nach § 802c ZPO keinen ergebnislosen Vollstreckungsversuch mehr voraus. Vielmehr ist es Aufgabe des Gerichtsvollziehers, diese Informationen – auf Antrag des Gläubigers – bereits zu Beginn des Vollstreckungsverfah-

---

1 BGBl. I 2009, S. 2258.
2 Zur Reform vgl. z.B. *Gietmann*, DGVZ 2013, 121; *Wasserl*, DGVZ 2013, 61; *Mroß*, DGVZ 2013, 69; *Mroß*, DGVZ 2013, 41; *Mroß*, DGVZ 2012, 169; *Bungardt/Harnacke*, DGVZ 2013, 1; *Gaul*, ZZP 2011 Bd. 124, 271.
3 LG Frankfurt a.M. v. 3.8.1988 – 2/9 T 819/88, Rpfleger 1988, 528.
4 BGH v. 22.9.2011 – I ZB 61/10, Rpfleger 2012, 324; LG Berlin v. 4.10.2010 – 51 T 601/10, ZMR 2012, 151.
5 BGH v. 28.9.2006 – I ZB 35/06, Rpfleger 2007, 86.

Muster 5   Antrag auf Abnahme der Vermögensauskunft

rens anzufordern und auf dieser Grundlage gemeinsam mit dem Gläubiger über das weitere Vorgehen entscheiden zu können. Die Erklärungspflicht des Schuldners zu Beginn des Vollstreckungsverfahrens rechtfertigt sich aus dem Umstand, dass er trotz Verwirklichung der allgemeinen Vollstreckungsvoraussetzungen nicht leistet. Früher und auch jetzt hat der Schuldner die von ihm verlangten Angaben zu Protokoll an Eides statt zu versichern, § 802c Abs. 3 ZPO (früher § 807 Abs. 3 ZPO).

4   Der Gläubiger hat aber auch – wie früher – durch entsprechende Antragstellung (§ 807 Abs. 1 ZPO) die Möglichkeit, einen sog. Kombi-Antrag zu stellen: Die Vermögensauskunft erfolgt dann unmittelbar im Anschluss an einen erfolglosen Pfändungsversuch vor Ort, sofern die zweijährige Sperrfrist nach § 802d ZPO (erneute Vermögensauskunft) nicht entgegensteht. Voraussetzung ist, dass der Schuldner die Durchsuchung nach § 758 ZPO verweigert oder der Pfändungsversuch fruchtlos erfolgt, § 807 Abs. 1 ZPO.

Allerdings kann der Schuldner wegen der fehlenden Vorbereitungszeit gemäß § 807 Abs. 2 ZPO der Sofortabnahme widersprechen. In diesem Fall ist – abgesehen von der Zahlungsfrist – das reguläre Verfahren gemäß § 802f ZPO durchzuführen. Der Widerspruch ist als wesentlicher Vorgang nach § 762 Abs. 2 Nr. 2 ZPO zu protokollieren. Der Gläubiger hat kein Widerspruchsrecht gegen die sofortige Abnahme der Vermögensauskunft. Der Gläubiger, der einen kombinierten Auftrag erteilt, muss mit einer Sofortabnahme der Vermögensauskunft, an der er aus zeitlichen Gründen nicht teilnehmen kann, rechnen.

3. Verfahren

5   Für die Abnahme der Vermögensauskunft ist nach § 802e Abs. 1 ZPO der Gerichtsvollzieher bei dem Amtsgericht zuständig, in dessen Bezirk der Schuldner zum Zeitpunkt der Auftragserteilung durch den Gläubiger seinen Wohnsitz bzw. Sitz oder in Ermangelung eines Wohnsitzes seinen Aufenthaltsort hat.[6]

6   Wird ein Kombi-Antrag gestellt (Pfändungsauftrag **zusammen** mit einem Antrag zur Abnahme der Vermögensauskunft für den Fall, dass die Pfändung nicht zu einer vollständigen Befriedigung des Gläubigers führt), ist der Zeitpunkt des Pfändungsversuchs für die Bestimmung der Zuständigkeit zur Abnahme Vermögensauskunft nach § 802e Abs. 1 ZPO maßgeblich. Zur Begründung eines Aufenthaltsorts i.S. des § 802e Abs. 1 ZPO reicht eine kurzfristige Anwesenheit des Schuldners aus.[7]

---

[6] OLG Stuttgart Rpfleger 1977, 220; BayObLG v. 12.4.1994 – 1Z AR 13/94, Rpfleger 1994, 471.
[7] BGH v. 17.7.2008 – I ZB 80/07, NJW 2008, 3288 = DGVZ 2008, 190 = Rpfleger 2008, 582.

Sofern der Auftrag des Gläubigers bei einem **unzuständigen Gerichtsvollzieher** eingeht, leitet dieser die Sache auf Antrag an den zuständigen Gerichtsvollzieher weiter, § 802e Abs. 2 ZPO.

Bevor der Gerichtsvollzieher einen Termin zur Abgabe der Vermögensauskunft bestimmt, holt er eine Auskunft aus dem Vermögensverzeichnisregister ein. Daneben kann er das Schuldnerverzeichnis einsehen und den Schuldner befragen, ob dieser innerhalb der letzten zwei Jahre (vgl. § 802d ZPO) eine Vermögensauskunft abgegeben hat, § 135 Abs. 1 GVGA. 7

Hat der Gerichtsvollzieher Aufträge mehrerer Gläubiger zur Abnahme der Vermögensauskunft erhalten, so bestimmt er den Termin zur Abgabe in diesen Verfahren auf dieselbe Zeit am selben Ort, soweit er die Ladungsfrist jeweils einhalten kann. Gibt der Schuldner die Vermögensauskunft ab, so nimmt der Gerichtsvollzieher für alle Gläubiger in allen Verfahren zusammen nur ein Protokoll und ein Vermögensverzeichnis auf, § 139 GVGA. 8

Zur Abnahme der Vermögensauskunft setzt der Gerichtsvollzieher dem Schuldner für die Begleichung der Forderung eine Frist von zwei Wochen, § 802f Abs. 1 ZPO. Zugleich bestimmt er für den Fall, dass die Forderung nach Fristablauf nicht vollständig beglichen ist, einen **Termin** zur Abgabe der Vermögensauskunft alsbald nach Fristablauf und lädt den Schuldner zu diesem Termin in seine Geschäftsräume, § 802f Abs. 1 ZPO. Der Schuldner hat die zur Abgabe der Vermögensauskunft erforderlichen Unterlagen im Termin beizubringen. 9

Der Gerichtsvollzieher kann die Abgabe der Vermögensauskunft in der Wohnung des Schuldners bestimmen, sofern der Schuldner binnen einer Woche gegenüber dem Gerichtsvollzieher nicht widerspricht. Andernfalls gilt der Termin als pflichtwidrig versäumt, wenn der Schuldner in diesem Termin aus Gründen, die er zu vertreten hat, die Vermögensauskunft nicht abgibt, § 802f Abs. 2 ZPO.

Der Gerichtsvollzieher errichtet eine Aufstellung des Vermögensverzeichnisses als **elektronisches Dokument**. Die Angaben sind dem Schuldner vor Abgabe der Versicherung vorzulesen oder zur Durchsicht auf einem Bildschirm wiederzugeben. Dem Schuldner ist auf Verlangen ein Ausdruck zu erteilen, § 802f Abs. 5 ZPO.

Der Gerichtsvollzieher hinterlegt das Vermögensverzeichnis bei dem **zentralen Vollstreckungsgericht** nach § 802k Abs. 1 ZPO und leitet dem Gläubiger unverzüglich einen Ausdruck zu, § 802f Abs. 6 ZPO.

4. Terminsteilnahme

Zum Termin wird der Schuldner persönlich durch Zustellung geladen, § 802f Abs. 1 Satz 2 ZPO (isolierter Auftrag), oder wenn er der sofortigen Abgabe widersprochen hat, § 807 Abs. 2 ZPO (kombinierter Auftrag). Dies gilt auch, wenn er einen Rechtsanwalt als Prozessbevollmächtigten hat, § 802f Abs. 4 ZPO. Dem Gläubiger bzw. seinem Rechtsanwalt wird die 10

Terminsbestimmung formlos mitgeteilt. Seine **Anwesenheit** selbst ist im Termin nicht erforderlich. Er hat jedoch grundsätzlich das Recht der Teilnahme, in der Wohnung des Schuldners jedoch nur mit dessen Einverständnis. Der Termin ist nicht öffentlich. Der Gerichtsvollzieher achtet darauf, dass Dritte vom Inhalt der Sitzung keine Kenntnisse erlangen. Nur der Gläubiger, sein Vertreter und die Personen, denen der Schuldner die Anwesenheit gestattet oder die vom Gerichtsvollzieher zu seiner Unterstützung zugezogen werden, dürfen an dem Termin teilnehmen, § 138 Abs. 1 GVGA.

Nimmt der Gläubiger am Termin teil, kann er den Schuldner innerhalb der diesem nach § 802c ZPO obliegenden Auskunftspflicht befragen und Vorhalte machen. Er kann den Gerichtsvollzieher zum Termin auch schriftlich auf Vermögenswerte des Schuldners, zu denen er fehlende oder unrichtige Angaben des Schuldners befürchtet, hinweisen, damit dieser dem Schuldner bei Abwesenheit des Gläubigers im Termin den Vorhalt macht.

Der Ladung an den Schuldner fügt der Gerichtsvollzieher den Text der nach § 802f Abs. 3 ZPO erforderlichen Belehrungen, je ein Überstück des Auftrags und der Forderungsaufstellung sowie einen Ausdruck der Vorlage für die abzugebende Vermögensauskunft oder ein entsprechendes Merkblatt bei. Hat der Gläubiger mit dem Auftrag schriftlich Fragen eingereicht, die der Schuldner bei der Abnahme der Vermögensauskunft beantworten soll, fügt der Gerichtsvollzieher auch diesen **Fragenkatalog** der Ladung bei, § 136 Abs. 1 GVGA. Reicht der Gläubiger nach Auftragserteilung einen solchen Fragenkatalog ein, so übersendet der Gerichtsvollzieher dem Schuldner eine Ablichtung des Fragenkatalogs nachträglich formlos durch die Post unter Hinweis auf den Termin.

5. Vermögensverzeichnis

11 Der Gerichtsvollzieher soll den Schuldner auf besondere Fehlerquellen, die sich beim Ausfüllen des Vermögensverzeichnisses ergeben, hinweisen, § 138 Abs. 2 GVGA. Der Gerichtsvollzieher hat das vorgelegte Vermögensverzeichnis auf Vollständigkeit und Richtigkeit hin zu überprüfen. Er muss das Vermögensverzeichnis mit dem Schuldner erschöpfend durchgehen und es ggf. vervollständigen, vgl. im Einzelnen zum Ablauf § 138 Abs. 2 GVGA.

12 Der Schuldner ist im Interesse der eindeutigen Zuordnung seiner Vermögensangaben nach § 802e Abs. 1 ZPO verpflichtet, auch seinen Geburtsnamen, sein Geburtsdatum und seinen Geburtsort anzugeben. Im Übrigen bestimmt § 802c Abs. 2 ZPO den Umfang der Auskunftspflicht, der im Wesentlichen § 807 Abs. 1 und 2 ZPO a.F. entspricht. Der Schuldner hat sein **gesamtes Vermögen** anzugeben, damit der Gläubiger prüfen und entscheiden kann, ob weitere Zwangsvollstreckungsmaßnahmen Aussicht auf Erfolg haben.

Im Rahmen der Vermögensauskunft muss der Schuldner sämtliche Vermögensgegenstände benennen, die dem Gläubiger einen Vollstreckungszugriff eröffnen[8]. Dem Gläubiger steht jederzeit ein über den amtlichen Vordruck hinausgehendes **Fragerecht** zu, das sowohl im Termin als auch durch Vorlage eines schriftlichen Fragekatalogs bei der Antragstellung ausgeübt werden kann. Der amtliche Vordruck ist in keinem Falle abschließend.[9]

Nach § 802c Abs. 2 Satz 1 ZPO hat der Schuldner alle ihm gehörenden Vermögensgegenstände anzugeben. Hierunter fallen die einzelnen beweglichen Vermögenswerte, nämlich körperliche Sachen sowie Forderungen und andere Vermögensrechte, und sämtliches unbewegliches Vermögen. Anzugeben sind auch Gegenstände, die gepfändet, versetzt oder sicherungsübereignet sind. § 802c Abs. 2 Satz 2 ZPO bestimmt, dass bei Forderungen der Grund des Anspruchs und die **Beweismittel** anzugeben sind. Um dem Gläubiger eine Pfändung dieser Forderungen zu ermöglichen, hat der Schuldner zudem den **Drittschuldner** mit Namen und Anschrift zu bezeichnen. Anzugeben sind demnach bspw. Name und Anschrift des **Arbeitgebers** oder der kontoführenden **Bank** und andere zur Identifikation der Forderung erforderliche Daten. Der Schuldner hat auch Angaben hinsichtlich seiner Energieversorger zu machen.[10] Anzugeben sind nicht nur aktuell werthaltige Forderungen, sondern auch unsichere oder erst künftig entstehende. Die Auskunftsverpflichtung erstreckt sich nach Ansicht des BGH[11] auch auf **künftige Forderungen** des Schuldners, sofern der Rechtsgrund und der Drittschuldner der Forderung im Zeitpunkt der Auskunftserteilung hinreichend bestimmt sind. Bei künftigen Forderungen eines selbständig tätigen Schuldners gegen seine Kunden ist diese Voraussetzung allerdings regelmäßig nur im Falle einer **laufenden Geschäftsbeziehung** erfüllt, bei der die begründete Erwartung besteht, der Schuldner werde auch künftig Aufträge von seinen bisherigen Kunden erhalten. In einem solchen Fall bestehen grds. keine rechtlichen Bedenken, die Auskunftsverpflichtung auf die Geschäftsvorfälle der letzten zwölf Monate zu erstrecken. Angesichts der Zulässigkeit einer künftige Aktivsalden erfassenden Kontenpfändung sind deshalb bspw. auch debitorische Bankkonten anzugeben. Entsprechend der bisherigen Regelung in § 807 Abs. 2 Satz 1 ZPO a.F. sind nach § 802c Abs. 2 Satz 3 ZPO auch solche Angaben von der Auskunftspflicht umfasst, die es dem Gläubiger ermöglichen sollen, von einem Anfechtungsrecht Gebrauch zu machen. Dabei wird nunmehr auch der Zeitraum zwischen dem festgesetzten Termin zur Abnahme der Ver-

---

[8] Vgl. Übersicht bei *Hintzen*, Rpfleger 2004, 543, 549.
[9] OLG Köln JurBüro 1994, 408; LG Mannheim JurBüro 1994, 501; LG Freiburg JurBüro 1994, 407; LG Göttingen v. 15.11.1993 – 5 T 204/93, Rpfleger 1994, 368 = JurBüro 1994, 194 = DGVZ 1994, 29; LG München JurBüro 1994, 407; LG Hamburg JurBüro 1996, 325; LG Stade JurBüro 1997, 325.
[10] BGH v. 12.1.2012 – I ZB 2/11, Rpfleger 2012, 323; LG Berlin v. 10.1.2011 – 51 T 9/11, DGVZ 2011, 145.
[11] BGH v. 3.2.2011 – I ZB 2/10, Rpfleger 2011, 450 = DGVZ 2011, 142.

mögensauskunft und der tatsächlichen Auskunftsabgabe ausdrücklich erfasst.

14 Nach der ständigen Rechtsprechung des BGH kann der Gläubiger die **Nachbesserung** einer Vermögensauskunft verlangen, wenn der Schuldner ein äußerlich erkennbar unvollständiges, ungenaues oder widersprüchliches Verzeichnis vorgelegt hat. Dies gilt auch dann, wenn der Gläubiger glaubhaft macht, dass der Schuldner versehentlich unzutreffende Angaben zum Drittschuldner einer im Vermögensverzeichnis genannten Forderung gemacht hat[12], (vgl. § 142 GVGA). Den Nachbesserungsantrag kann nicht nur der Gläubiger stellen, der den Schuldner erstmals hat vorladen lassen, sondern auch jeder andere Drittgläubiger.[13] Ein Gläubiger, der geltend macht, der Gerichtsvollzieher habe ein unvollständiges oder ungenaues Vermögensverzeichnis aufgenommen, ist zunächst gehalten, beim Gerichtsvollzieher eine Nachbesserung zu beantragen. Erst wenn der Gerichtsvollzieher den Antrag ablehnt, steht dem Gläubiger dagegen die Erinnerung nach § 766 ZPO zu.[14]

Das Nachbesserungsverfahren ist Fortsetzung des alten Verfahrens. Die einmal begründete Zuständigkeit des Gerichtsvollziehers bleibt somit erhalten[15]. Der Gläubiger muss wiederum sämtliche Vollstreckungsunterlagen einreichen. Der Schuldner muss die nachzubessernden Angaben auf Vollständigkeit und Richtigkeit an Eides statt versichern, verweigert er die Abgabe oder erscheint im Termin nicht, ergeht Haftbefehl.

6. Erinnerung

15 Bestreitet der Schuldner die Verpflichtung zur Abgabe der Vermögensauskunft, steht ihm das Recht zur Einlegung der unbefristeten Erinnerung nach § 766 ZPO zu (ein Widerspruch wie in § 900 Abs. 4 Satz 1 ZPO a.F. besteht nicht mehr).[16]

16 Eine grundlose Weigerung des Schuldners ohne nähere Begründung führt direkt zum Erlass des Haftbefehls.

17 Die Entscheidung über die Erinnerung trifft das Vollstreckungsgericht (Richter, § 20 Nr. 17 RPflG). Der Gerichtsvollzieher muss eine Erinnerung des Schuldners dem Vollstreckungsgericht mit allen Unterlagen vorlegen, sofern er nicht nach Maßgabe von § 766 Abs. 2 ZPO selbst abhilft.[17] Der Gerichtsvollzieher kann erst nach Rechtskraft der Entscheidung durch den Richter erneut Termin zur Abgabe der Vermögensauskunft bestimmen, § 900 Abs. 4 Satz 2 ZPO.

---

12 BGH v. 3.2.2011 – I ZB 50/10, Rpfleger 2011, 388 = DGVZ 2011, 86.
13 OLG Frankfurt MDR 1976, 320; LG Saarbrücken DGVZ 1998, 77.
14 BGH v. 4.10.2007 – I ZB 11/07, Rpfleger 2008, 318.
15 LG Stuttgart DGVZ 2003, 58 = JurBüro 2002, 495 = InVo 2003, 80.
16 Zöller/*Stöber*, § 802f ZPO Rz. 27.
17 Zöller/*Stöber*, § 766 ZPO Rz. 23.

7. Vertagung, Ratenzahlung

Eine gesetzlich geregelte **Vertagung** des Termins bis zu **sechs Monaten**, wenn der Schuldner im Termin glaubhaft macht, die Forderung des Gläubigers binnen dieser Frist tilgen zu können, wurde mit der Reform nicht übernommen, vgl. früher § 185h Nr. 2 GVGA. Allerdings bestimmt § 802f Abs. 1 Satz 1 ZPO, dass der Schuldner, gegen den der Gläubiger die Zwangsvollstreckung eingeleitet hat, vom Gerichtsvollzieher eine letztmalige Zahlungsfrist von zwei Wochen erhält. Um Verzögerungen zu vermeiden, bestimmt § 802f Abs. 1 Satz 2 ZPO, dass der Gerichtsvollzieher bereits mit der Zahlungsfrist für den Fall des fruchtlosen Fristablaufs einen Termin zur Abgabe der Vermögensauskunft festsetzt und den Schuldner hierzu in seine Geschäftsräume lädt.

18

Allerdings gilt auch im gesamten Verfahren zur Abgabe der Vermögensauskunft der Grundsatz der gütlichen Einigung, § 802b ZPO. Der Gesetzgeber will bewusst die große praktische Bedeutung gütlicher Erledigungsformen in der Mobiliarvollstreckung hervorheben. § 802b ZPO gilt für alle Abschnitte der Zwangsvollstreckung, mithin von der Beantragung der Abnahme der Vermögensauskunft bis zur Eintragung des Schuldners in das Schuldnerverzeichnis. Daher sind in jeder Lage des Verfahrens die Möglichkeiten einer Stundungsbewilligung (Einräumung einer Zahlungsfrist oder Ratenzahlung) und deren verfahrensrechtliche Folgen (Vollstreckungsaufschub) zu beachten.

19

8. Haftbefehl

Der **Antrag** auf Erlass des Haftbefehls, § 802g Abs. 1 ZPO, wird zweckmäßigerweise bereits im Auftrag auf Abgabe der Vermögensauskunft gestellt.

20

Nach § 802h Abs. 1 ZPO ist die Vollziehung des Haftbefehls nur binnen einer Frist von zwei Jahren nach Erlass vorgesehen. Entsprechend der Rechtsprechung zur Rechtzeitigkeit der Vollziehung eines Arrestes bzw. einstweiliger Verfügung nach § 929 Abs. 2 ZPO schließt sich der BGH[18] der Auffassung an, dass es für die Vollziehung eines Haftbefehls i.S. des § 909 Abs. 2 ZPO ausreicht, wenn der Gläubiger die Verhaftung des Schuldners bei dem zuständigen Vollstreckungsorgan innerhalb der Zwei-Jahresfrist beantragt hat. Ist dies geschehen, kann die Verhaftung des Schuldners durchgesetzt werden.

Die Verhaftung des Schuldners erfolgt überall dort, wo der **Gerichtsvollzieher** ihn antrifft.

Die Teilnahme des Gläubigers ist grundsätzlich zu ermöglichen, § 802i Abs. 1 Satz 3 ZPO. Allerdings muss der Gläubiger diesen Wunsch im Antrag ausdrücklich erklären. Die Teilnahme ist jedoch dann ausgeschlos-

21

---

18 BGH v. 15.12.2005 – I ZB 63/05, Rpfleger 2006, 269 = DGVZ 2006, 55.

sen, wenn die Versicherung nicht „ohne Verzug" abgenommen werden kann.

22 Kann der Schuldner vollständige Angaben nicht machen, weil er die erforderlichen Unterlagen nicht bei sich hat, so kann der Gerichtsvollzieher einen neuen Termin bestimmen und die Vollziehung des Haftbefehls bis zu diesem Termin aussetzen, § 802i Abs. 3 ZPO.

9. Schuldnerverzeichnis

23 Die zu hinterlegenden Vermögensverzeichnisse werden landesweit von einem zentralen Vollstreckungsgericht in elektronischer Form verwaltet, § 802k ZPO.[19] Die Gerichtsvollzieher können die von den zentralen Vollstreckungsgerichten verwalteten Vermögensverzeichnisse zu Vollstreckungszwecken abrufen. Ein Vermögensverzeichnis ist nach Ablauf von **zwei Jahren** seit Abgabe der Auskunft oder bei Eingang eines neuen Vermögensverzeichnisses zu löschen, § 802k Abs. 1 Satz 4 ZPO.

23a Wie bisher auch werden in dem Schuldnerverzeichnis Name, Vorname und Geburtsname des Schuldners sowie die Firma und deren Nummer des Registerblatts im Handelsregister, Geburtsdatum und Geburtsort, Wohnsitze oder Sitz des Schuldners eingetragen.

Neu: Ordnet der Gerichtsvollzieher (oder eine andere Behörde/Gericht) die Eintragung an, wird nicht das Datum der Abgabe der Vermögensauskunft eingetragen, sondern das Datum der Eintragungsanordnung, § 882b Abs. 3 Nr. 2 ZPO.

23b Die Regelungen über das Vermögensverzeichnis sind entgegen den bis zum 31.12.2012 geltenden Regelungen nunmehr völlig losgelöst von der Vermögensauskunft zu betrachten. Eine Eintragung von Amtswegen als Folge der (früheren) Eidesstattlichen Versicherung gibt es nicht mehr. Der

---

[19] Die Landesregierungen bestimmen durch Rechtsverordnung, welches Gericht die Aufgaben des **zentralen Vollstreckungsgerichts** wahrzunehmen hat:

Baden-Württemberg:	Amtsgericht Karlsruhe
Bayern:	Amtsgericht Hof
Berlin:	Amtsgericht Berlin-Mitte
Brandenburg:	Amtsgericht Nauen
Bremen:	Amtsgericht Bremen
Hamburg:	Amtsgericht Hamburg Mitte
Hessen:	Amtsgericht Hünfeld
Mecklenburg-Vorpommern:	Amtsgericht Neubrandenburg
Niedersachsen:	Amtsgericht Goslar
Nordrhein-Westfalen:	Amtsgericht Hagen
Rheinland-Pfalz:	Amtsgericht Kaiserslautern
Saarland:	Amtsgericht Saarbrücken
Sachsen:	Amtsgericht Zwickau
Sachsen-Anhalt:	Amtsgericht Dessau-Roßlau
Schleswig-Holstein:	Amtsgericht Schleswig
Thüringen:	Amtsgericht Meiningen.

zuständige Gerichtsvollzieher muss **die Eintragung** des Schuldners in das Schuldnerverzeichnis **anordnen**, § 882c Abs. 1 ZPO, wenn

- der Schuldner seiner Pflicht zur Abgabe der Vermögensauskunft nicht nachgekommen ist;
- eine Vollstreckung nach dem Inhalt des Vermögensverzeichnisses offensichtlich nicht geeignet wäre, zu einer vollständigen Befriedigung des Gläubigers zu führen, auf dessen Antrag die Vermögensauskunft erteilt oder dem die erteilte Auskunft zugeleitet wurde, oder
- der Schuldner dem Gerichtsvollzieher nicht innerhalb eines Monats nach Abgabe der Vermögensauskunft oder Bekanntgabe der Zuleitung nach § 802d Abs. 1 Satz 2 ZPO die vollständige Befriedigung des Gläubigers nachweist, auf dessen Antrag die Vermögensauskunft erteilt oder dem die erteilte Auskunft zugeleitet wurde. Dies gilt nicht, solange ein Zahlungsplan nach § 802b ZPO festgesetzt und nicht hinfällig ist.

Die Eintragungsanordnung soll kurz begründet werden. Sie ist dem Schuldner zuzustellen, soweit sie ihm nicht mündlich bekanntgegeben und in das Protokoll aufgenommen wird (§ 763 ZPO).

Gegen die Eintragungsanordnung kann der Schuldner binnen zwei Wochen seit Bekanntgabe **Widerspruch** beim zuständigen Vollstreckungsgericht einlegen, § 882d Abs. 1 ZPO. Auf Antrag des Schuldners kann das Vollstreckungsgericht anordnen, dass die Eintragung einstweilen ausgesetzt wird, § 882d Abs. 2 ZPO. Über die **Rechtsbehelfe** ist der Schuldner mit der Bekanntgabe der Eintragungsanordnung zu **belehren**.

10. Auskunftsrechte des Gerichtsvollziehers

Der Gerichtsvollzieher kann bestimmte Angaben über den Schuldner erfragen, wenn der Schuldner seiner Pflicht zur Abgabe der Vermögensauskunft nicht nachkommt oder bei einer Vollstreckung in Gegenstände eine vollständige Befriedigung des Gläubigers voraussichtlich nicht zu erwarten ist, § 802l ZPO. Der Gerichtsvollzieher kann dann

- eine Auskunftsverpflichtung richten an den Träger der gesetzlichen **Rentenversicherung** zu den Namen, Vornamen oder Firma sowie Anschriften der derzeitigen Arbeitgeber eines versicherungspflichtigen Beschäftigungsverhältnisses des Schuldners;
- das **Bundeszentralamt für Steuern** ersuchen, bei den Kreditinstituten die in § 93b Abs. 1 AO[20] bezeichneten Daten abzurufen;

---

20 § 93 AO lautet:
(1) Die Beteiligten und andere Personen haben der Finanzbehörde die zur Feststellung eines für die Besteuerung erheblichen Sachverhalts erforderlichen Auskünfte zu erteilen. Dies gilt auch für nicht rechtsfähige Vereinigungen, Vermögensmassen, Behörden und Betriebe gewerblicher Art der Körperschaften des öffentlichen Rechts. Andere Personen als die Beteiligten sollen erst dann zur Auskunft angehalten werden, wenn die Sachverhaltsaufklärung durch die Beteiligten nicht zum Ziel führt oder keinen Erfolg verspricht.

– beim **Kraftfahrt-Bundesamt** die Fahrzeug- und Halterdaten nach § 33 Abs. 1 StVG zu einem Fahrzeug, als dessen Halter der Schuldner eingetragen ist, erheben.

Mindestforderung: Eine Erhebung oder das Ersuchen ist aber nur zulässig, soweit dies zur Vollstreckung erforderlich ist und die zu vollstreckenden Ansprüche mindestens 500 Euro betragen; Kosten der Zwangsvollstreckung und Nebenforderungen sind bei der Berechnung nur zu berücksichtigen, wenn sie allein Gegenstand des Vollstreckungsauftrags sind.

Ergebnismitteilung: Über das Ergebnis einer Erhebung oder eines Ersuchens setzt der Gerichtsvollzieher den Gläubiger unverzüglich und den Schuldner innerhalb von vier Wochen nach Erhalt in Kenntnis.

11. Erneute Vermögensauskunft

25 Innerhalb einer **Frist von zwei Jahren** (früher drei Jahre) ist der Schuldner, der die Vermögensauskunft nach § 802c ZPO abgegeben hat, zur erneuten Abgabe nur verpflichtet, wenn ein Gläubiger Tatsachen glaubhaft macht, die auf eine wesentliche Veränderung der Vermögensverhältnisse des Schuldners schließen lassen, § 802d ZPO.[21] Andernfalls leitet der Gerichtsvollzieher dem Gläubiger einen Ausdruck des letzten abgegebenen Vermögensverzeichnisses zu. Der Gläubiger darf die erlangten Daten nur zu Vollstreckungszwecken nutzen und hat die Daten nach Zweckerreichung zu löschen; hierauf ist er vom Gerichtsvollzieher hinzuweisen.

26 Da das Verfahren zur erneuten Vermögensauskunft ein völlig neues, selbständiges Verfahren ist, muss der Gläubiger wiederum einen entsprechenden Antrag stellen und sämtliche Vollstreckungsunterlagen beifügen. Eine pauschale Bezugnahme auf ein bereits vorliegendes Vermögensverzeichnis genügt den Anforderungen des § 802d ZPO nicht. Es ist ein neues Vermögensverzeichnis aufzustellen und dessen Vollständigkeit und Richtigkeit an Eides statt zu versichern[22].

Erscheint der Schuldner in dem anberaumten Termin nicht oder verweigert er die wiederholte Abgabe der Vermögensauskunft, ist auf Antrag des Gläubigers Haftbefehl zu erlassen, § 802g ZPO.

Muster 6 Verhaftungsauftrag

An die
Verteilungsstelle für Gerichtsvollzieheraufträge
beim Amtsgericht...

In der Zwangsvollstreckungssache ... gegen ...

---

21 Hierzu mit Angabe zahlreicher Judikatur *Hintzen*, Rpfleger 2004, 543, 550.
22 LG Waldshut-Tiengen v. 18.6.2003 – 1 T 36/03, JurBüro 2003, 547; Zöller/*Stöber*, § 802d ZPO Rz. 12.

übersende ich

den Haftbefehl des Amtsgerichts ... vom ... Az.: ..., den Vollstreckungstitel, nämlich ..., und die bisherigen Vollstreckungsunterlagen, nämlich ..., und

beauftrage

Sie, den Haftbefehl gegen den Schuldner zu vollstrecken und zwar wegen:

(Forderungsaufstellung: wie Muster 5, S. 74)

(Unterschrift)

Durch das Gesetz vom 29.7.2009[1] sind die §§ 899–915 ZPO mit Wirkung ab dem 1.1.2013 aufgehoben. Der Haftbefehl ist durch den Gerichtsvollzieher zu vollziehen; der Gerichtsvollzieher muss bei der Verhaftung dem Vollstreckungsschuldner den Haftbefehl in beglaubigter Abschrift übergeben, § 802g Abs. 2 ZPO. Der Vollstreckungsgläubiger hat hinsichtlich der Durchführung der Vollstreckung kein Weisungsrecht. Die Höchstdauer der Haft beträgt sechs Monate (§ 802j ZPO). Sitzt der Vollstreckungsschuldner diese Zeit ab, hat er sich der Pflicht zur Abgabe der Vermögensauskunft entzogen. 1

Es empfiehlt sich, den Gerichtsvollzieher zugleich (nochmals) mit der **Taschenpfändung** zu beauftragen, wie im Muster vorgesehen. 2

Die Vollziehung des Haftbefehls ist unstatthaft, wenn seit dem Tag des Erlasses zwei Jahre vergangen sind, § 802h Abs. 1 ZPO. 3

Nach der Neuregelung in § 802b Abs. 1 ZPO (§ 68 Abs. 1 GVGA) soll der Gerichtsvollzieher in jeder Lage des Verfahrens auf eine gütliche Erledigung bedacht sein. Daher können dem Vollstreckungsschuldner bei der Haftvollstreckung noch Teilzahlungen bewilligt werden.[2] 4

Muster 7 Vorläufiges Zahlungsverbot, Pfändungsbenachrichtigung, Vorpfändung

An

... (Drittschuldner) ...

Betr.: Zwangsvollstreckungssache ... gegen ...

Nach dem ... (Schuldtitel genau bezeichnen) ... kann der Gläubiger von dem Schuldner beanspruchen:

---

1 BGBl I 2009, S. 2258.
2 Hierzu *Schilken*, DGVZ 1989, 45; LG Frankfurt a.M. v. 3.4.2002 – 2/9 T 104/02, DGVZ 2003, 41; OLG Köln, JurBüro 1994, 408; LG Mannheim, JurBüro 1994, 501; LG Freiburg, JurBüro 1994, 407; LG Göttingen v. 15.11.1993 – 5 T 204/93, Rpfleger 1994, 368 = JurBüro 1994, 194 = DGVZ 1994, 29; LG Mannheim JurBüro 1994, 501; LG Freiburg JurBüro 1994, 407; LG München JurBüro 1994, 407; LG Hamburg JurBüro 1996, 325; LG Stade JurBüro 1997, 325.

Muster 7 Zahlungsverbot, Pfändungsbenachrichtigung, Vorpfändung

€...   1. Hauptforderung
€...   2. ... % Zinsen seit ...
€...   3. Mahnkosten
€...   4. festgesetzte Kosten
        5. Kosten des
€...   a) Mahnbescheids
€...   b) Vollstreckungsbescheids
€...   6. ... % Zinsen aus diesen Kosten seit ...
        7. Kosten der bisherigen Zwangsvollstreckung
€...   lt. Anlage
€...   8. Zwangsvollstreckungsgebühr (RVG-VV 3309)
€...   Auslagen (RVG-VV 7002)
€...   Umsatzsteuer (RVG-VV 7008)
€...

Hinzu kommen die weiteren Zinsen ab morgen.

Wegen der vorgenannten Beträge steht die Pfändung der angeblichen ... (hier sind die Forderungen, Ansprüche bzw. Rechte so zu bezeichnen wie später im Pfändungsbeschluss) ... des Schuldners gegen ... (Name und Adresse) ... (Drittschuldner) bevor.

Der Gläubiger benachrichtigt hiermit den Drittschuldner und den Schuldner gemäß § 845 der Zivilprozessordnung von der bevorstehenden Pfändung und verbindet diese Benachrichtigung mit der Aufforderung

an den Drittschuldner, nicht an den Schuldner zu leisten, und

an den Schuldner, sich jeder Verfügung über die Forderung, insbesondere ihrer Einziehung, zu enthalten.

Diese Benachrichtigung hat die Wirkung eines Arrestes, sofern die Pfändung innerhalb eines Monats ab Zustellung dieser Benachrichtigung bewirkt wird (§ 845 ZPO).

                                                                       (Unterschrift)

Zuzustellen an:

1. ... (Drittschuldner)

2. ... (Schuldner)

---

1. Zweck und Voraussetzungen

1   § 845 ZPO gibt dem Gläubiger die Möglichkeit, ohne Inanspruchnahme des Vollstreckungsgerichts **beschleunigt den Eintritt der Pfändungswirkung herbeizuführen**, indem er dem Drittschuldner und dem Vollstreckungsschuldner eine Mitteilung von der bevorstehenden Pfändung durch den Gerichtsvollzieher zustellen lässt und die Pfändung selbst innerhalb eines Monats bewirkt.

Die der Vorpfändung dienende Benachrichtigung des Drittschuldners muss die Forderung, deren Pfändung angekündigt wird, ebenso eindeutig bezeichnen wie die Pfändung der Forderung selbst.[1] Die rangwahrende Arrestwirkung einer Vorpfändung beschränkt sich im Falle einer weitergehenden endgültigen Pfändung auf die vorgepfändeten Forderungen.[2]

2 Die Vorpfändung ist auch für eine **Sicherungspfändung** (§ 720a ZPO) zulässig.[3]

3 Die Vorpfändung ist erst zulässig, wenn der Gläubiger einen **mindestens vorläufig vollstreckbaren Titel** besitzt, der auch ein Arrestbefehl oder eine einstweilige Verfügung sein kann.[4] Unschädlich ist es, wenn nach Wechsel des Vollstreckungsgläubigers oder des Vollstreckungsschuldners der Titel noch nicht umgeschrieben[5] oder eine Wartefrist noch nicht abgelaufen ist.[6]

4 Dagegen muss eine **Bedingung** i.S. des § 726 ZPO eingetreten, ein für die Leistung **bestimmter Kalendertag** abgelaufen (§ 751 Abs. 1 ZPO), die Voraussetzung der Vollstreckung bei **Leistung Zug um Zug** (§ 765 ZPO) eingetreten[7] und die zu pfändende Forderung bei Zustellung der Vorpfändung an den Drittschuldner bereits **pfändbar** sein.

5 Aus dem Wesen und der systematischen Stellung der Vorpfändung ergibt sich, dass sie nur stattfinden kann, wenn die spätere **Pfändung durch Beschluss des Vollstreckungsgerichts** geschieht; sie findet also z.B. nicht statt bei der Pfändung von Wechseln und anderen indossablen Papieren (§ 831 ZPO), weil diese durch den Gerichtsvollzieher bewirkt wird.

2. Durchführung und Wirkung

6 **2.1 Anfertigung durch den Gerichtsvollzieher** (§§ 845 Abs. 1 Satz 2 und 857 Abs. 7 ZPO): Der Gerichtsvollzieher darf und muss auf ausdrücklichen Auftrag des Vollstreckungsgläubigers die für die Vorpfändung erforderlichen Erklärungen anfertigen, es sei denn, die Vorpfändung erfasse „andere Vermögensrechte" i.S. des § 857 ZPO. Der Auftrag zur Vorpfändung kann mit dem Vollstreckungsauftrag verbunden werden, wie in *Muster 2* vorgeschlagen.

7 **2.2 Anfertigung durch den Vollstreckungsgläubiger:** Der Vollstreckungsgläubiger kann die Pfändungsbenachrichtigung auch selbst anfertigen, muss aber den Gerichtsvollzieher mit ihrer Zustellung beauftragen. Dieser Auftrag ist als Eilsache zu behandeln. In die Zustellungsurkunde ist

---

[1] BGH v. 7.4.2005 – IX ZR 258/01, Rpfleger 2005, 450 = MDR 2005, 1135.
[2] BGH v. 8.5.2001 – IX ZR 9/99, Rpfleger 2001, 504 = DGVZ 2002, 58 = InVo 2001, 377.
[3] BGHZ 93, 74.
[4] RGZ 71, 182.
[5] RGZ 71, 182; *Noack*, Rpfleger 1967, 137; Zöller/*Stöber*, § 845 ZPO Rz. 2.
[6] RGZ 71, 179; BGH v. 27.1.1982 – VIII ZR 28/81, MDR 1982, 574 = NJW 1982, 1150; Thomas/Putzo/*Seiler*, § 845 ZPO Rz. 2; Zöller/*Stöber*, § 845 ZPO Rz. 2.
[7] *Mümmler*, JurBüro 1975, 1415; Zöller/*Stöber*, § 845 ZPO Rz. 2; Thomas/Putzo/*Seiler*, § 845 ZPO Rz. 2; *Stöber*, Rz. 798; *Schuschke/Walker*, § 845 ZPO Rz. 3.

Muster 7 Zahlungsverbot, Pfändungsbenachrichtigung, Vorpfändung

die Zustellungszeit auch nach Stunde und Minute aufzunehmen. Der Gerichtsvollzieher braucht nicht zu prüfen, ob ein vollstreckbarer Titel vorliegt, zugestellt und mit der Vollstreckungsklausel versehen ist (§ 126 Abs. 4 GVGA).

8 **2.3** Die Vorpfändung wird **mit der Zustellung an den Drittschuldner wirksam** (§§ 845 Abs. 1, 829 Abs. 3, 857 Abs. 2 ZPO); dennoch ist gemäß § 845 Abs. 1 Satz 1 ZPO auch dem Vollstreckungsschuldner zuzustellen. Bei der Vorpfändung einer **Hypothekenforderung** bedarf es weder der Übergabe des Briefes noch der Eintragung in das Grundbuch; die Eintragung ist bei Brief- und Buchhypothek als Grundbuchberichtigung zulässig[8] und anzuraten. Auch bei **drittschuldnerlosen Ansprüchen** ist die Vorpfändung zulässig; hier wird sie mit der Zustellung an den Vollstreckungsschuldner wirksam (§ 857 Abs. 2 ZPO).[9]

9 **2.4 Die Vorpfändung hat die Wirkung eines Arrestes**, sofern die Pfändung der Forderung innerhalb eines Monats bewirkt wird (§ 845 Abs. 2 ZPO; Fristen: § 222 ZPO, §§ 187, 188 BGB), bewirkt also Verstrickung und Entstehung des Pfandrechts, aber keine Verwertungsbefugnis. Verstrickungspfandrechte sollen aber nach h.L. bei Arrest und Vorpfändung dadurch bedingt sein, dass der Pfändungsbeschluss fristgerecht wirksam wird.[10] Mit fristgerechter Pfändung bleibt dem nun unbedingten Pfandrecht der Rang vom Zeitpunkt der Vorpfändung, anderenfalls verliert die Vorpfändung – sozusagen rückwirkend – jede Wirkung.[11] In der Insolvenz bewirkt die **Vorpfändung nach Eröffnung keine Rückwirkung**.[12]

Im Pfändungsbeschluss braucht auf die Vorpfändung nicht Bezug genommen zu werden.

10 **2.5** Im **Arrestverfahren** wahrt die Vorpfändung zunächst die Vollziehungsfrist des § 929 Abs. 2 ZPO; die fristwahrende Wirkung entfällt aber, wenn die Arrestpfändung selbst nicht innerhalb der Monatsfrist geschieht.[13]

11 Die Vorpfändung schafft **keine Verpflichtung zur Drittschuldnererklärung**.[14]

12 **2.6 Die Kosten der Vorpfändung** sind Vollstreckungskosten und werden überwiegend für erstattungsfähig gehalten.[15]

---

8 RGZ 71, 183; Thomas/Putzo/*Seiler*, § 845 ZPO Rz. 7.
9 RGZ 71, 183; Zöller/*Stöber*, § 845 ZPO Rz. 3.
10 *Stein/Jonas*, § 845 ZPO Rz. 14 m.w.N.
11 Kritisch Zöller/*Stöber*, § 845 ZPO Rz. 5.
12 BGH v. 23.3.2006 – IX ZR 116/03, MDR 2006, 1129 = Rpfleger 2006, 427 = NJW 2006, 1870.
13 Zöller/*Vollkommer*, § 929 ZPO Rz. 11.
14 BGH, NJW 1977, 1199.
15 Näheres bei Zöller/*Stöber*, § 845 ZPO Rz. 6; Thomas/Putzo/*Seiler*, § 788 ZPO Rz. 25.

Muster 8 Beispiel einer Drittschuldnererklärung

An
... (Vollstreckungsgläubiger) ...
Betr.: Pfändungs- und Überweisungsbeschluss des
   Amtsgerichts ... vom ... Az.:
   Schuldner ...

Ich gebe folgende Drittschuldnererklärung ab:

1. *Die gepfändete Kaufpreisforderung ist zwar durch Kaufvertrag begründet, aber noch nicht fällig, weil ich vertragsgemäß Zahlung erst zwei Monate nach Lieferung der gekauften Maschine zu leisten habe, die Maschine aber erst vorgestern geliefert worden ist. Ich behalte mir auch Einwendungen aus Mängelgewährleistung bzw. positiver Vertragsverletzung und sonstige Einwendungen gegen die Forderung vor, die sich noch ergeben oder mir noch bekannt werden sollten.*

2. *Nach Fälligkeit bin ich, wenn sich Einwendungen bis dahin nicht ergeben haben, zur Zahlung bereit. In dieser Erklärung liegt kein Anerkenntnis.*

3. *Andere Personen machen keine Ansprüche an die Forderung geltend.*

4. *Herr ... (Name und Adresse) ... hat wegen einer angeblichen Forderung von ... Euro die Forderung des Schuldners gegen mich gepfändet; der Pfändungs- und Überweisungsbeschluss des Amtsgerichts ... vom ... Az.: ... ist mir am ... zugestellt worden.*

(Unterschrift)

Erläuterungen bei *Muster 9.*

Muster 9 Beispiel einer Drittschuldnererklärung mit Aufrechnung

An
... (Vollstreckungsgläubiger) ...
Betr.: Pfändungs- und Überweisungsbeschluss des
   Amtsgerichts ... vom ... Az. ...
   Schuldner: ...

Ich gebe folgende Drittschuldnererklärung ab:

1. *Die gepfändete Kaufpreisforderung ist entstanden und vorgestern fällig geworden. Zur Zahlung bin ich jedoch nicht bereit, weil ich gegen diese Kaufpreisforderung mit der höheren Mietzinsforderung aufgerechnet habe, die mir für das vorige Jahr gegen den Vollstreckungsschuldner aus dem zwischen uns geschlossenen Mietvertrag über eine Lagerhalle zusteht.*

Muster 9 Beispiel einer Drittschuldnererklärung mit Aufrechnung

2. Andere Personen machen keine Ansprüche an die gepfändete Forderung geltend.

3. Die Forderung ist nicht für andere Gläubiger gepfändet.

(Unterschrift)

1. Zustellung der Aufforderung

1 Meist wird der Vollstreckungsgläubiger nicht wissen, ob und in welcher Höhe die gepfändete angebliche Forderung des Vollstreckungsschuldners gegen den Drittschuldner besteht und ob sie realisierbar ist. Deshalb schafft § 840 ZPO eine Obliegenheit des Drittschuldners zur Auskunft über Bestand und Realisierbarkeit, die den Vollstreckungsgläubiger über die Erfolgschancen seines Pfändungsversuchs informieren soll.

2 Die Obliegenheit des Drittschuldners entsteht nicht schon mit der Zustellung des bloßen Pfändungs- (und Überweisungs-)beschlusses, sondern erst mit der Zustellung der zusätzlichen Aufforderung des Vollstreckungsgläubigers zur Abgabe der Drittschuldnererklärung. Diese zusätzliche Aufforderung wird in aller Regel zugleich mit dem Pfändungs- und Überweisungsbeschluss dem Drittschuldner zugestellt und muss in die Zustellungsurkunde aufgenommen werden (§ 840 Abs. 2 Satz 1 ZPO). Ist das versäumt worden, so wird auch die Zustellung einer gesonderten Aufforderung durch den Gerichtsvollzieher genügen. Die Zustellung dieser Aufforderung muss – gleichgültig, ob sie zugleich mit der des Pfändungsbeschlusses geschieht – **durch den Gerichtsvollzieher persönlich** erfolgen; damit die Obliegenheit des Gerichtsvollziehers zur Abgabe der Erklärung entsteht; Ersatzzustellung ist zulässig.[1]

3 Der Zustellung auch des Überweisungsbeschlusses bedarf es nicht. Die Zustellung einer Pfändung, die im Vollzug eines Arrests geschehen ist, vermag die Erklärungspflicht des Drittschuldners nicht auszulösen.[2]

4 Mit der Zustellung der Vorpfändung kann die Aufforderung zur Abgabe der Drittschuldnererklärung nicht wirksam verbunden werden.[3]

5 Auch die **Geldinstitute** sind zur Abgabe der Drittschuldnererklärung verpflichtet; denn § 840 ZPO befugt zur Auskunft trotz des sog. Bankgeheimnisses (allg. M.). Auch Sozialämter sind auskunftspflichtig (§ 71 Abs. 1 Satz 2 SGB X). **Schweigepflichtige Personen** sind nur sehr beschränkt auskunftspflichtig; Näheres in Rz. 9 zu *Muster 12*.

---

[1] Str.: vgl. *Stein/Jonas*, § 840 ZPO Rz. 4; Zöller/*Stöber*, § 840 ZPO Rz. 3; wegen Ersatzzustellung auch BAG JurBüro 1981, 1170 mit Anm. *Mümmler*.
[2] BGH NJW 1977, 1199.
[3] BGH NJW 1977, 1199; Zöller/*Stöber*, § 840 ZPO Rz. 2.

2. Umfang der Auskunft

Der Drittschuldner hat die Erklärung entweder gleich bei Zustellung gegenüber dem Gerichtsvollzieher oder binnen zwei Wochen ab Zustellung gegenüber dem Vollstreckungsgläubiger abzugeben. Der Gerichtsvollzieher hat die Drittschuldnererklärung in die Zustellungsurkunde aufzunehmen und diese dem Vollstreckungsgläubiger zuzuleiten.

6

2.1 Zunächst hat der Drittschuldner zu erklären, inwieweit er die **Forderung als begründet anerkenne und zur Zahlung bereit sei**. Es ist streitig, ob diese Auskunft ein (sei es konstitutives, sei es deklaratorisches) Anerkenntnis oder nur eine Wissenserklärung darstellt: Zutreffend sieht der BGH[4] darin nur eine Wissenserklärung; nach dieser Meinung kann der Drittschuldner seine Erklärung zwar widerrufen, muss dann aber im etwaigen Rechtsstreit über die gepfändete Forderung die Unrichtigkeit seiner ursprünglichen Erklärung beweisen. Das OLG München[5] und Braunschweig[6] haben die Drittschuldnererklärung als deklaratorisches Schuldanerkenntnis gewertet. Daher rät *Benöhr*[7] dem Drittschuldner, die Erklärung unter den Vorbehalt zu stellen, dass er nicht später von Einreden oder Einwendungen gegen die Forderung Kenntnis erlange; *Stöber*[8] meint, der Drittschuldner solle jede Unsicherheit ausräumen, indem er deutlich macht, dass seine Erklärung nur eine Auskunft tatsächlicher Art, nicht ein Anerkenntnis sein soll.

7

Erkennt der Drittschuldner die **Forderung nicht an** und erklärt er sich **zur Zahlung nicht bereit**, so ist er nicht verpflichtet, seine Einwände zu spezifizieren. Auch muss er z.B. bei der Lohnpfändung nicht mitteilen, welche Abzüge an Lohnsteuern, Sozialversicherungsbeiträgen usw. erfolgen und welcher Familienstand des Vollstreckungsschuldners der Berechnung nach § 850c ZPO zugrunde gelegt wird; denn eine solche Verpflichtung gibt der Wortlaut des § 840 ZPO nicht her,[9] während § 836 Abs. 3 Satz 1 ZPO den Vollstreckungsschuldner zur Auskunftserteilung verpflichtet. Der Schuldner ist auf Antrag verpflichtet, die Auskunft an Eides statt zu versichern, § 836 Abs. 3 Satz 2 ZPO (vgl. *Muster 11*). Erklärt der Drittschuldner, er erkenne die gepfändete Forderung nicht an und sei nicht zur Zahlung bereit, so muss er die weiteren Fragen (vgl. unten 2.2 und 2.3) nicht beantworten.[10] Der Drittschuldner ist nicht verpflichtet, den Vollstreckungsgläubiger auf eine aufrechenbare Gegenforderung hinzuweisen,

8

---

4 BGH NJW 1978, 44 m.w.N.; BGH v. 8.9.1997 – II ZR 220/96, DStR 1997, 1776; so auch OLG Hamm v. 1.7.1996 – 8 U 177/95, InVo 1997, 193.
5 OLG München NJW 1975, 174.
6 OLG Braunschweig NJW 1977, 1888.
7 *Benöhr*, NJW 1976, 174.
8 *Stöber*, Rz. 646.
9 Str.: vgl. Zöller/*Stöber*, § 840 ZPO Rz. 5; wie hier auch *Stöber*, Rz. 642 und 939; *Hintzen*, ZAP 1991, 811.
10 RGZ 149, 254.

Muster 9 Beispiel einer Drittschuldnererklärung mit Aufrechnung

wenn er erklärt, die gepfändete Forderung nicht als begründet anzuerkennen.[11]

9 2.2 Der Drittschuldner hat nach § 840 Abs. 1 Nr. 2 ZPO weiter zu erklären, „ob und welche Ansprüche andere Personen an diese Forderung machen". Solche **Ansprüche Dritter** können z.B. auf Abtretung oder rechtsgeschäftlicher Verpfändung beruhen. Vor der Pfändung durch Abtretung und Verpfändung entstandene Rechte anderer Personen gehen nach dem Prioritätsgrundsatz den Rechten des Vollstreckungsgläubigers vor; der Vollstreckungsgläubiger kann in solchen Fällen auch dann noch zum Zuge kommen, wenn vorrangige Rechte anderer Personen die gepfändete Forderung nicht voll ausschöpfen. Die „anderen Personen" sind mit Namen und Anschrift zu benennen, Grund und Höhe ihrer Ansprüche sind anzugeben.[12]

10 2.3 Der Drittschuldner hat weiter nach § 840 Abs. 1 Nr. 3 ZPO zu erklären, ob und wegen welcher Ansprüche die **Forderung bereits für andere Gläubiger gepfändet** ist. Wieder hat er Namen und Anschriften dieser Gläubiger und Art und Höhe ihrer Ansprüche anzugeben; es ist mindestens zweckmäßig, auch den Zustellungszeitpunkt dieser Pfändungsbeschlüsse anzugeben.

10a Mit der **Reform des Kontopfändungsschutzes**[13] wurde erstmalig ein sog. Pfändungsschutzkonto („**P-Konto**") eingeführt. Auf diesem Konto erhält ein Schuldner für sein Guthaben einen automatischen Basispfändungsschutz in Höhe seines Pfändungsfreibetrages (derzeit: 1045,04 Euro pro Monat bei Ledigen ohne Unterhaltsverpflichtungen). Dabei kommt es nicht darauf an, aus welchen Einkünften dieses Guthaben herrührt. Auch Selbstständige genießen Pfändungsschutz für ihr Kontoguthaben. Jeder Kunde kann von seiner Bank oder Sparkasse verlangen, dass sein Girokonto als P-Konto geführt wird.

Mit der Neuregelung wurde auch § 840 Abs. 1 ZPO erweitert. Nach § 840 Abs. 1 Nr. 4 ZPO hat die Bank als Drittschuldner zu erklären, ob innerhalb der letzten zwölf Monate im Hinblick auf das Konto, dessen Guthaben gepfändet worden ist, eine Pfändung nach § 833a Abs. 2 ZPO aufgehoben oder die Unpfändbarkeit des Guthabens angeordnet worden ist, und nach Nr. 5 ist zu erklären, ob es sich bei dem Konto, dessen Guthaben gepfändet worden ist, um ein Pfändungsschutzkonto i.S. von § 850k Abs. 7 ZPO handelt.

11 2.4 Hat der Drittschuldner die ihm nach § 840 ZPO gestellten Fragen vollständig beantwortet, so kann der Vollstreckungsgläubiger keine **Ergänzung oder Wiederholung** verlangen; aber der verklagte Drittschuldner hat – insbesondere wenn er eine Bank ist – doch eine relativ weitgehende Dar-

---

11 BGH, v. 13.12.2012 – IX ZR 97/12, DGVZ 2013, 76 = MDR 2013, 368 = Rpfleger 2013, 349.
12 Zöller/*Stöber*, § 840 ZPO Rz. 6.
13 Gesetz v. 7.7.2009, BGBl. I 2009, S. 1707.

legungslast, wenn der klagende Vollstreckungsgläubiger Anhaltspunkte für die Unrichtigkeit der Auskunft vorgetragen hat.[14]

3. Durchsetzung des Auskunftsanspruchs, Kosten, Einstellung

3.1 Die Frage, wie der Vollstreckungsgläubiger gegen den Drittschuldner, der die Erklärung nach § 840 nicht abgibt, vorgehen kann, war umstritten. Entgegen einer früher besonders in der Literatur vertretenen Meinung ist eine **Klage des Vollstreckungsgläubigers auf Auskunftserteilung unbegründet**.[15] Den Interessen des Vollstreckungsgläubigers ist dadurch genügend Rechnung getragen, dass ihm der Drittschuldner, der seine Erklärung gar nicht, unrichtig oder verspätet abgibt, für den aus dieser Verletzung der Erklärungspflicht entstehenden Schaden haftet (§ 840 Abs. 2 Satz 2 ZPO). Nach dieser Bestimmung hat der Drittschuldner dem Vollstreckungsgläubiger z.B. den **Schaden zu ersetzen**, der ihm deshalb entstanden ist, weil er mangels Kenntnis von Einwendungen des Drittschuldners gegen die gepfändete Forderung erfolgversprechende andere Vollstreckungsversuche unterlassen hat. In der Regel hat der Drittschuldner dem Vollstreckungsgläubiger auch diejenigen Prozesskosten zu erstatten, die ihm durch die erfolglose Klage gegen den Drittschuldner vor den ordentlichen Gerichten entstanden sind. Zu erstatten sind nach herrschender Meinung auch die Kosten der Klage gegen den Drittschuldner, wenn sie vor dem Arbeitsgericht geführt ist; denn § 12a Abs. 1 Satz 1 ArbGG verdrängt nicht die Anwendung des § 840 Abs. 2 Satz 2 ZPO.[16]

12

Die Haftung des Drittschuldners nach § 840 Abs. 2 Satz 2 ZPO setzt **Verschulden** voraus,[17] etwaiges Mitverschulden des Vollstreckungsgläubigers ist zu berücksichtigen.[18]

13

Wegen des Umfangs der Ersatzpflicht verweisen wir auf die Rechtsprechung.[19]

14

3.2 Ob für die Schadensersatzklage, wenn **Lohn- oder Gehaltspfändung vorausgegangen** ist, das Arbeitsgericht oder die ordentlichen Gerichte zu-

15

---

14 BGH v. 1.12.1982 – VIII ZR 279/81, BGHZ 86, 23.
15 BGH v. 28.1.1981 – VIII ZR 1/80, NJW 1981, 990 und 1984, 1901; für viele: *Zöller/Stöber*, § 840 ZPO Rz. 15.
16 OLG Koblenz v. 17.4.2013 – 3 W 223/13, WM 2013, 1025; OLG Köln v. 5.8.2003 – 25 UF 5/03, Rpfleger 2003, 670 = InVo 2003, 398; LG Köln JurBüro 2003, 160; LAG Hamm NZA-RR 2002, 151; KG 7.3.1989 – 1 WF 7224/88, MDR 1989, 745; LG Mannheim v. 7.4.1989 – 4 T 52/89, MDR 1989, 746; LG Rottweil v. 8.9.1989 – 1 S 115/89, NJW-RR 1989, 1469; LG Köln v. 26.10.1989 – 1 S 176/89, NJW-RR 1990, 125; BAG v. 16.5.1990 – 4 AZR 56/90, NJW 1990, 2643; OLG Düsseldorf v. 8.5.1990 – 10 W 41/90, MDR 1990, 730; AG Wipperfürth JurBüro 1999, 102; a.A. OLG Saarbrücken NJW-RR 1989, 62.
17 H.M., z.B. BGH v. 27.1.1981 – VI ZR 204/79, BGHZ 79, 259 = NJW 1981, 1990; Zöller/*Stöber*, § 840 ZPO Rz. 12.
18 *Benöhr*, NJW 1976, 175.
19 Insb. BGH v. 28.1.1981 – VIII ZR 1/80, BGHZ 79, 275 = NJW 1981, 990; BGH v. 17.4.1984 – IX ZR 153/83, NJW 1984, 1901; BGH v. 25.9.1986 – IX ZR 46/86, NJW 1987, 64.

Muster 9 Beispiel einer Drittschuldnererklärung mit Aufrechnung

ständig sind, ist umstritten. Das Bundesarbeitsgericht hält die ordentlichen Gerichte mit der Begründung für zuständig, dass keiner der Ausnahmefälle vorliege, für welche nach §§ 2, 2a und 3 ArbGG das Arbeitsgericht zuständig ist; denn es prozessieren zwei Personen, zwischen denen oder ihren Rechtsvorgängern kein Arbeitsverhältnis besteht, über einen Sachverhalt, der nicht im Arbeitsverhältnis seinen Grund hat, sondern in der gesetzlichen Verpflichtung nach § 840 Abs. 2 Satz 2 ZPO.[20]

16 Ob der Vollstreckungsgläubiger die dem Drittschuldner für die Abgabe der Drittschuldnererklärung entstehenden **Kosten** (z.B. Portokosten, Gebühren für anwaltliche Beratung) erstatten muss, ist umstritten; das BAG hat gegen die Erstattungspflicht entschieden.[21] Ebenso der BGH: Der Drittschuldner, der nach Zustellung des Pfändungsbeschlusses die gemäß § 840 Abs. 1 ZPO geforderten Angaben nicht abgibt, hat dem Gläubiger die für ein weiteres Aufforderungsschreiben entstandenen Anwaltskosten nicht zu erstatten.[22] Die Instanzgerichte sehen dies differenzierter: Der Drittschuldner haftet dem Gläubiger nach § 840 Abs. 2 Satz 2 ZPO auch für die Kosten einer außergerichtlichen anwaltlichen Aufforderung zur Zahlung der gepfändeten Forderung. Die Zahlungsaufforderung ist eine Vorstufe der gerichtlichen Geltendmachung des Anspruchs und von der wiederholten Aufforderung zur Abgabe der Drittschuldnererklärung zu unterscheiden, deren Kosten nicht von der Ersatzpflicht des § 840 Abs. 2 Satz 2 ZPO umfasst sind. Die verspätete Abgabe der Drittschuldnererklärung ist für den Schaden des Gläubigers in Gestalt außergerichtlicher Anwaltskosten für die Zahlungsaufforderung kausal geworden, wenn der Auftrag zur außergerichtlichen Geltendmachung der gepfändeten Forderung nach fruchtlosem Ablauf der Frist zur Abgabe der Drittschuldnererklärung und vor deren verspäteter tatsächlicher Abgabe erteilt wurde. Auch wenn der Drittschuldner bereits auf einen ersten Pfändungs- und Überweisungsbeschluss eine Drittschuldnererklärung abgegeben hatte, trifft ihn diese Pflicht auf einen zweiten Pfändungs- und Überweisungsbeschluss auch unter Berücksichtigung der Tatsache, dass die Pfändung wieder den gleichen Anspruch betraf (hier: auf Auszahlung von Mietüberschüssen aus einem Verwaltervertrag), erneut, wenn der Gläubiger nicht sicher davon ausgehen kann, dass die zu dem vorangegangenen Pfändungsvorgang erklärte Leistungsbereitschaft auch nach Zustellung eines weiteren unverändert fortbestehen würde.[23]

17 3.3 Durch **Einstellung der Zwangsvollstreckung** ohne Aufhebung der einzelnen Zwangsvollstreckungsmaßnahmen wird die Auskunftspflicht weder aufgehoben noch aufgeschoben.[24]

---

20 BAG v. 31.10.1984 – 4 AZR 535/82, NJW 1985, 1181.
21 Vgl. *Cebulka*, AnwBl. 979, 409; *Hansen*, JurBüro 1987, 1764; BAG v. 31.10.1984 – 4 AZR 535/82, NJW 1985, 1181; AG Erfurt v. 15.1.1998 – 20 C 3201/97, WM 1998, 1724.
22 BGH v. 4.5.2006 – IX ZR 189/04, MDR 2006, 1370 = Rpfleger 2006, 480.
23 OLG Dresden v. 1.12.2010 – 1 U 475/10, NJW-RR 2011, 924 = JurBüro 2011, 156.
24 Zöller/*Stöber*, § 840 ZPO Rz. 2.

3.4 Ob der Drittschuldner gegen die gepfändete Forderung **aufrechnen** kann, bestimmt sich nach § 392 BGB. Danach kommt es darauf an, ob die Aufrechnungsforderung des Drittschuldners vor oder nach Zustellung des Pfändungsbeschlusses entstanden oder fällig geworden ist.

3.5 Klauseln in Allgemeinen Geschäftsbedingungen von Kreditinstituten, in denen für die Bearbeitung und Überwachung von Pfändungsmaßnahmen gegen Kunden von diesen ein Entgelt gefordert wird, verstoßen gegen § 307 BGB (früher § 9 AGBG).[25]

Muster 10   Streitverkündung nach § 841 ZPO

An das...gericht... Az.:...

Streitverkündung in Sachen

... (Name und Anschrift des Vollstreckungsgläubigers) ...

– Kläger –

gegen

... (Name und Adresse des Drittschuldners)

– Beklagter –

wegen Forderung

an ... (Name und Adresse des Vollstreckungsschuldners)

– Verkündungsempfänger –

Namens des Klägers verkünde ich hiermit dem Verkündungsempfänger den Streit und fordere ihn auf, dem Rechtsstreit zur Unterstützung des Klägers beizutreten.

Mit der am ... zugestellten Klage, von der begl. Abschrift anliegt, hat der Kläger gegen den Beklagten eine Forderung von ... Euro nebst ... % Zinsen seit ... geltend gemacht. Diese Forderung steht dem Verkündungsempfänger gegen den Beklagten zu und ist für den Kläger gepfändet und ihm überwiesen durch Beschluss des Amtsgerichts ... vom ... Az.:...

Termin zur Verhandlung über die Klage ist bestimmt auf ... Uhr ... in ... Zimmer Nr. ...

– *Der Beklagte hat auf die Klage noch nicht erwidert.*[1]
– *Beglaubigte Kopie der Klagebeantwortung liegt an.*[1]

Der Grund der Streitverkündung ergibt sich aus § 841 ZPO, welcher den Kläger zur Streitverkündung verpflichtet.

(Unterschrift)

---

1 Unter diesen Alternativen ist zu wählen.

---

25 BGH v. 18.5.1999 – XI ZR 219/98, NJW 1999, 2276 = Rpfleger 1999, 452 und erneut BGH v. 23.11.1999 – XI ZR 98/99, Rpfleger 2000, 167 = InVo 2000, 168.

Muster 11 Auskunftsverlangen – Eidesstattliche Versicherung

§ 841 ZPO schreibt zum Schutz des Vollstreckungsschuldners vor, dass diesem durch Streitverkündung Gelegenheit zur **Beteiligung an dem Rechtsstreit des Vollstreckungsgläubigers gegen den Drittschuldner** zu geben ist. Unterlassung der Streitverkündung kann schadensersatzpflichtig machen. Obwohl der BGH Streitverkündung vor Rechtshängigkeit für zulässig und wirksam erachtet,[1] empfehlen wir wegen der dort zitierten, beachtlichen Gegenmeinung, die Verkündungsschrift erst nach Klagezustellung einzureichen.

Muster 11 Auskunftsverlangen – Eidesstattliche Versicherung nach § 836 Abs. 3 ZPO

An den
Gerichtsvollzieher (Name und Ortsangabe)

oder

An die
Verteilungsstelle für Gerichtsvollzieheraufträge beim Amtsgericht . . .

In der Zwangsvollstreckungssache . . . gegen . . .

übersende ich vollstreckbare Ausfertigung des . . . nebst dem zugestellten Pfändungs- und Überweisungsbeschluss des . . .

und beauftrage Sie,

***Termin** zur Abgabe der Eidesstattlichen Versicherung nach § 836 Abs. 3 i.V.m. § 802f Abs. 4 ZPO durch den Schuldner zu **bestimmen**.*

*Der Gläubiger möchte an dem Termin – nicht – **teilnehmen**.*

*Sollte der Schuldner im Termin nicht erscheinen oder die Abgabe der Eidesstattlichen Versicherung ohne Grund verweigern, wird bereits jetzt beantragt, einen **Haftbefehl** durch den Richter am Amtsgericht zu erlassen und eine Ausfertigung des Haftbefehls zu übersenden.*

Sofern der Schuldner im Termin erscheint und die Eidesstattliche Versicherung abgibt, wird eine Abschrift des Terminsprotokolls erbeten.

Sollte der Schuldner im dortigen Bezirk tatsächlich nicht wohnhaft sein, wird bereits jetzt die Weiterleitung/Verweisung an den zuständigen Gerichtsvollzieher beantragt, § 802e Abs. 2 ZPO.

Nach dem Inhalt des Pfändungs- und Überweisungsbeschlusses wurde der Anspruch des Schuldners gegen den Drittschuldner aus . . . gepfändet. Der Schuldner hat trotz Aufforderung vom . . . keine Auskunft erteilt, § 836 Abs. 3 Satz 1 ZPO. Es wird gebeten, den Schuldner zu folgenden Angaben zu befragen: . . .

(Unterschrift)

---

[1] BGHZ 92, 257.

Auskunftsverlangen – Eidesstattliche Versicherung — Muster 11

1 Nach Überweisung der gepfändeten Forderung hat der Gläubiger das Recht auf Herausgabe der zur Geltendmachung der Forderung erforderlichen **Urkunden**, § 836 Abs. 3 Satz 1 ZPO. Vollstreckungstitel ist der zugestellte Pfändungs- und Überweisungsbeschluss.[1] Die benötigten Urkunden sind für die Herausgabevollstreckung durch den Gerichtsvollzieher gemäß § 883 Abs. 1 ZPO in dem Pfändungs- und Überweisungsbeschluss genau zu bezeichnen.

2 Damit aber auch der Auskunftsverpflichtung durch den Schuldner mehr Bedeutung zukommt, erfolgte zum 1.1.1999 in § 836 Abs. 3 Satz 2 ZPO die Ergänzung, dass der Schuldner nicht nur verpflichtet ist, dem Gläubiger die zur Geltendmachung der Forderung nötige Auskunft zu erteilen und ihm die über die Forderung vorhandenen Urkunden herauszugeben, sondern auch die Verpflichtung, wenn er die Auskunft nicht erteilt, diese auf Antrag des Gläubigers zu Protokoll zu geben und seine Angaben an Eides statt zu versichern.

3 Für die Abnahme der eidesstattlichen Versicherung nach § 836 Abs. 3 ZPO ist nach § 802e Abs. 1 ZPO der Gerichtsvollzieher bei dem Amtsgericht zuständig, in dessen Bezirk der Schuldner im Zeitpunkt der Auftragserteilung seinen Wohnsitz bzw. Aufenthaltsort hat. Das Verfahren richtet sich entsprechend § 802f ZPO.

4 Grundlage dieser eidesstattlichen Versicherung ist der zugestellte Pfändungs- und Überweisungsbeschluss. Beizufügen ist eine schriftliche Auskunftserteilung durch den Gläubiger an den Schuldner mit Fristsetzung und die Angabe des Gläubigers, dass der Schuldner hierauf nicht geantwortet hat.[2]

5 Das Frage- und Auskunftsrecht des Gläubigers kann sich immer nur auf die konkret gepfändete Forderung beziehen. Daher sollten bereits im Pfändungsbeschluss die einzelnen Auskünfte präzisiert und konkretisiert werden (strittig[3]). Es wird aber vertreten, dass der Gläubiger erst im Antrag auf Abgabe der eidesstattlichen Versicherung einen Fragenkatalog zusammenstellen kann.[4] Die eigentliche Grundlage für die Abnahme der eidesstattlichen Versicherung durch den Gerichtsvollzieher ist aber der konkrete Inhalt des Titels (= Pfändungs- und Überweisungsbeschluss).

---

[1] Nach Zöller/*Stöber*, § 836 ZPO Rz. 15 daneben noch der Vollstreckungstitel.
[2] Zöller/*Stöber*, § 836 ZPO Rz. 15.
[3] Keine Angaben notwendig: *Schuschke/Walker*, § 836 ZPO Rz. 7).
[4] Zöller/*Stöber*, § 836 ZPO Rz. 15 auch zur Gegenmeinung.

ABC der zu pfändenden Forderungen und Rechte

Muster 12 Ärzte, Zahnärzte, Tierärzte I

Vergütungsansprüche

Hinweis: Zu benutzen ist das amtliche Formular Anlage 2 (zu § 2 Nr. 2) der Verordnung über Formulare für die Zwangsvollstreckung (Zwangsvollstreckungsformular-Verordnung – ZVFV) vom 23.8.2012 (BGBl. I 2012, S. 1822) in der geänderten Fassung aufgrund der Verordnung zur Änderung der Zwangsvollstreckungsformular-Verordnung vom 16.6.2014 (BGBl. I 2014, S. 754).

Hierbei ist das Feld „Anspruch G" oder eine gesonderte Anlage zu nutzen. Es wird folgender Text empfohlen:

Wegen ... werden die derzeitigen und künftigen Forderungen des Schuldners gegen ...

auf Auszahlung der ihm zustehenden Vergütung (seines Anteils an den durch die Drittschuldnerin von Krankenkassen und anderen Leistungsträgern entgegengenommenen Honoraren und Vergütungen)

gepfändet.

1. Die Vergütungsforderung des Vertragsarztes

Vertragsärzte und Vertragszahnärzte (früher Kassenärzte und Kassenzahnärzte, hier künftig: **Vertragsärzte**) sind nach näherer Bestimmung der §§ 77 bis 81a SGB V in „Kassenärztliche Vereinigungen" bzw. „Kassenzahnärztlichen Vereinigungen" (hier künftig: **Kassenärztliche Vereinigungen**), Körperschaften des öffentlichen Rechts jeweils für den Bereich eines Bundeslandes, zusammengeschlossen. Zu den Aufgaben dieser Vereinigungen gehört es, die Rechte der Vertragsärzte gegenüber den Krankenkassen (§ 143 ff. SGB V) wahrzunehmen und insbesondere die Vergütung der Krankenkassen für alle Vertragsärzte mit den Krankenkassen zu vereinbaren, von diesen entgegenzunehmen und an die einzelnen Ärzte zu verteilen. Die Vereinbarungen zwischen den Kassenärztlichen Vereinigungen und den Krankenkassen wirken für und gegen alle Vertragsärzte, die Zahlungen der Kassen an die Vereinigung befreien die Kassen von der Verpflichtung, die Leistung der einzelnen Vertragsärzte zu honorieren (§§ 82 ff. SGB V). **Der Vergütungsanspruch des Vertragsarztes richtet sich** also weder gegen seine Patienten noch gegen die Krankenkassen, sondern nur **gegen die Kassenärztliche Vereinigung.** 1

Name, Sitz sowie Zusammensetzung und Befugnis der Organe ergibt sich für jede Kassenärztliche Vereinigung aus deren Satzung (§ 81 SGB V). Die 2

Vergütungen der Vertragsärzte werden durch die Kassenärztlichen Vereinigungen regelmäßig quartalsweise abgerechnet.

Wegen der **Privathonorare** s.u. Rz. 7 ff.

2. Pfändung und Verwertung

3   Der Anspruch des Vertragsarztes auf seine Vergütung für erbrachte Leistungen[1] ist als **gewöhnliche Geldforderung** zu pfänden.

4   **2.1 Drittschuldner** ist diejenige Kassenärztliche Vereinigung, welcher der Vollstreckungsschuldner angehört; sie wird durch den Vorstand oder einzelne Vorstandsmitglieder nach näherer Regelung der Satzung vertreten (§§ 79 Abs. 5, 81 SGB V).

5   **2.2** Der Vergütungsanspruch des Vertragsarztes ist als „Vergütung für sonstige Dienstleistungen aller Art" **Arbeitseinkommen i.S. des § 850 Abs. 2 ZPO**, wenn die Leistungen des Arztes für Kassenpatienten seine Erwerbstätigkeit zu einem wesentlichen Teil in Anspruch nehmen.[2] Die Vergütungsforderung unterliegt daher den Pfändungsgrenzen des § 850c ZPO. Bei Quartalsabrechnung ist der Auszahlungsbetrag zunächst rechnerisch in drei gleiche Monatsbeträge zu zerlegen, um den pfändbaren Betrag zu ermitteln.[3] Jedoch ist nicht der volle Auszahlungsbetrag zugleich Einkommen; vielmehr sind darin u.U. Beträge enthalten, die nicht Vergütung für eigene Dienstleistungen sind, wie z.B. an das Fremdlabor weiterzureichende Zahntechnikerkosten; außerdem benötigt der Vollstreckungsschuldner einen Teil des Abrechnungsbetrages zur Bestreitung der Praxiskosten. Das ist nicht über § 850a Nr. 3 ZPO, sondern – auf Antrag des Vollstreckungsschuldners – über § 850f Abs. 1 ZPO zu berücksichtigen.[4]

6   **2.3** Eine **Zusammenzählung des Einkommens aus Kassenvergütung und Privathonoraren** nach § 850e Nr. 2 ZPO soll nach mehrfach vertretener Meinung deshalb nicht in Frage kommen, weil der Freibetrag wegen der unterschiedlichen Berechnung nach § 850c und d ZPO einerseits und § 850i ZPO andererseits nicht einheitlich bestimmt werden kann.[5] Die Zusammenrechnung scheitert aber regelmäßig schon daran, dass weder der Vollstreckungsgläubiger noch das Vollstreckungsgericht weiß, welche Honorare der Vollstreckungsschuldner im entscheidenden Zeitpunkt von welchen Patienten zu fordern hat.

---

1 Fällig wird sie erst mit Erlass des Honorarbescheides, vgl. BSG ZInsO 2010, 1275.
2 BFH NJW 1952, 370; BGH v. 5.12.1985 – IX ZR 9/85, NJW 1986, 2362 = JurBüro 1986, 552; OLG Nürnberg v. 30.4.2002 – 4 VA 954/02, InVo 2003, 78 = JurBüro 2002, 603.
3 OLG Köln NJW 1957, 879.
4 BGH v. 5.12.1985 – IX ZR 9/85, NJW 1986, 2362; vgl. auch *Glasow*, Rpfleger 1987, 289.
5 Hierzu *Stöber*, Rz. 1242.

2.4 Ansprüche auf Privathonorar sind nach der Rechtsprechung des BGH regelmäßig **nicht übertragbar**;[6] denn der Arzt verpflichtet sich im Abtretungsvertrag, dem Zessionar die zur Geltendmachung des Anspruchs nötigen Auskünfte zu erteilen (§ 402 BGB). Weil das gegen § 203 Abs. 1 Nr. 1 StGB verstoße, folge die Nichtigkeit der Abtretungserklärung aus § 134 BGB, solange der Patient seine Zustimmung nicht erteilt hat.[7]

2.4.1 Die Honorarforderungen sind aber trotz ihrer Unabtretbarkeit pfändbar:[8] Ist eine Forderung im Hinblick auf Inhalt und Zweckbestimmung übertragbar, jedoch bestimmten Gläubigern die Abtretung dieser Forderung verboten oder nur unter bestimmten Voraussetzungen gestattet, so ist im Hinblick auf § 851 Abs. 1 ZPO stets zu prüfen, ob dieses beschränkende Gesetz sich zwingend auch gegen eine Pfändung richtet. Denn die Abtretung einer Forderung erfolgt, anders als die Pfändung, grundsätzlich freiwillig. Die Wirkungen eines Pfändungsverbotes sind zudem stärker als die eines Abtretungsverbotes, wird doch über ein Pfändungsverbot einem unbeteiligten Gläubiger die Möglichkeit des Zugriffs auf Forderungen versagt, die womöglich den wesentlichsten Teil des Schuldnervermögens darstellen. Ein genereller Entzug des Einkommens bestimmter Schuldnerkreise als Haftungsgrundlage muss aber wegen des Zwangsvollstreckungsmonopols des Staates ausscheiden.

2.4.2 Das Grundrecht des Patienten auf informationelle Selbstbestimmung steht dem nicht entgegen. Kenntnisse, die der Gläubiger für die Beantragung des Pfändungsbeschlusses benötigt (Name und Anschrift des Drittschuldners, Grund der Forderung sowie Beweismittel), kann er über die Vermögensauskunft in Erfahrung bringen, weil diese Angaben allein keine überragend geheimhaltungsbedürftigen Umstände darstellen. Andererseits ist dem Selbstbestimmungsrecht des Patienten dadurch genügt, dass sich die Auskunftspflicht eines zur Verschwiegenheit verpflichteten Schuldners nicht auf sonstige, insbesondere uneingeschränkt schutzwürdige persönliche Daten des Patienten erstreckt.

Nach einer Entscheidung des BGH vom 3.2.2011[9] steht der Verpflichtung des Arztes, bei Abgabe der Vermögensauskunft Auskunft über Honorarforderungen gegenüber Privatpatienten zu erteilen und dabei Namen und Anschrift der Patienten anzugeben, weder die durch die Berufsordnung für Ärzte (§ 9 MBO-Ä), den Behandlungsvertrag und § 203 Abs. 1 Nr. 1 StGB

---

6 BGH v. 10.7.1991 – VIII ZR 296/90, MDR 1991, 1035; v. 20.5.1992 – VIII ZR 240/91, MDR 1992, 848.
7 BGH v. 20.5.1992 – VIII ZR 240/91, NJW 1992, 2348; v. 23.6.1993 – VIII ZR 226/92, NJW 1993, 2371; OLG Bremen v. 18.11.1991 – 6 U 47/91, NJW 1992, 757; OLG Köln v. 15.1.1992 – 27 U 98/91, MDR 1992, 447; OLG Oldenburg v. 9.10.1991 – 3 U 43/91, NJW 1992, 758.
8 BGH v. 5.2.2009 – IX ZB 85/08, NJW 2009, 1603; v. 17.2.2005 – IX ZB 62/04, Rpfleger 2005, 447 = NJW 2005, 1505 unter Bezugnahme auf BGH v. 25.3.1999 2 IX ZR 223/97, NJW 1999, 1544 (1547) zur Frage der Pfändung von Steuerberaterhonorar.
9 BGH v. 3.2.2011 – I ZB 2/10, Rpfleger 2011, 450 = MDR 2011, 692 = DGVZ 2011, 142.

geschützte ärztliche Verschwiegenheitspflicht noch das sich aus dem allgemeinen Persönlichkeitsrecht in seiner speziellen Ausformung des Rechts auf informationelle Selbstbestimmung ergebende Recht des Patienten auf Geheimhaltung seiner persönlichen Umstände entgegen. Bei der erforderlichen Güterabwägung der Geheimhaltungsinteressen der Privatpatienten einerseits und der von Art. 14 Abs. 1 GG geschützten Befriedigungsinteressen der Gläubiger des Arztes andererseits haben die Belange der Gläubiger insofern Vorrang, als die Angabe von Name und Anschrift der Patienten und der Höhe der Forderungen zur Durchsetzung der Gläubigerrechte erforderlich ist. Diese Angaben betreffen weder den Intimbereich der Patienten noch lassen sich ihnen Einzelheiten über gesundheitliche Beeinträchtigungen und Erkrankungen entnehmen.

10 Sollte sich jedoch die Angabe solcher Daten für eine gerichtliche Durchsetzung des gepfändeten Anspruchs gegen den Drittschuldner als notwendig erweisen, ist dem durch eine entsprechende Verteilung der Substantiierungslast im Rahmen jenes Rechtsstreits Rechnung zu tragen. Der Schuldner kann als Zeuge benannt werden. Befreit der Patient ihn nicht von der Schweigepflicht, steht ihm gemäß § 383 Abs. 1 Nr. 6 ZPO ein Zeugnisverweigerungsrecht zu. Diese möglichen Erschwernisse können aber nicht vorab zu einer Unpfändbarkeit führen.

11 **2.4.3** Für **Zahnärzte** gilt die gleiche Rechtslage, ebenso für **Tierärzte**. Bei Letzteren wird man sogar ein Abtretungsverbot bezweifeln müssen:

Zwar führt § 203 Abs. 1 Nr. 1 StGB auch Tierärzte auf, aber nur deshalb, weil einige Krankheiten zwischen Tier und Mensch übertragbar sind, sodass auch aus der Behandlung des Tieres eine Vermutung auf eine Erkrankung eines Menschen abgeleitet werden könnte (EGStGB § 63, Begr. 445). Das rechtfertigt – entgegen LG Bochum[10] – nicht die generelle Annahme, dass die Abtretung gegen § 203 StGB, § 134 BGB verstoße.[11] Ob der Pudel Flöhe hat, ist kein auf seinen Besitzer bezogenes Geheimnis. (Er selbst macht ohnehin keines daraus). Folgerichtig hat der Tierarzt (jedenfalls) im Strafprozess kein Zeugnisverweigerungsrecht.[12]

12 **2.5** Privathonorare genießen **Pfändungsschutz nach § 850i ZPO**. Deckt aber das Einkommen aus Kassenvergütungen den Unterhalt des Vollstreckungsschuldners und seiner Unterhaltsberechtigten, so kann der Schutz nicht nochmals für Privathonorare in Anspruch genommen werden.

---

10 LG Bochum v. 25.11.1992 – 10 S 42/92, NJW 1993, 1535.
11 *Wilhelm*, Anm. zum Urt. des. LG Bochum v. 25.11.1992 – 10 S 42/92, NJW 1993, 1535; LG Dortmund v. 9.2.2006 – 4 S 176/05, NJW-RR 2006, 779; LG Lüneburg NJW 1993, 2914 mit anderer Begründung; OLG Celle v. 10.8.1994 – 21 U 11/94, NJW 1995, 786.
12 Vgl. BVerfG v. 15.1.1975 – 2 BvR 65/74, NJW 1975, 588.

Muster 13 Ärzte, Zahnärzte, Tierärzte II

Versorgungsansprüche

Hinweis: Zu benutzen ist das amtliche Formular Anlage 2 (zu § 2 Nr. 2) der Verordnung über Formulare für die Zwangsvollstreckung (Zwangsvollstreckungsformular-Verordnung – ZVFV) vom 23.8.2012 (BGBl. I 2012, S. 1822) in der geänderten Fassung aufgrund der Verordnung zur Änderung der Zwangsvollstreckungsformular-Verordnung vom 16.6.2014 (BGBl. I 2014, S. 754).

Hierbei ist das Feld „Anspruch G" oder eine gesonderte Anlage zu nutzen. Es wird folgender Text empfohlen:

Wegen ... wird die angebliche Forderung des Schuldners gegen ...

gepfändet, welche auf Zahlung des fortlaufenden Altersruhegeldes, der fortlaufenden Rente wegen Berufs- oder Erwerbsunfähigkeit oder sonstiger fortlaufender Renten gerichtet ist. Die Pfändung wird gemäß § 850c ZPO beschränkt.

Vorbemerkung

Die Regelung der öffentlich-rechtlichen Versorgung von **Freiberuflern** gehört zur Gesetzgebungskompetenz der Länder, die davon Gebrauch gemacht haben, teils, indem sie sich durch Staatsverträge den Versorgungseinrichtungen eines anderen Landes angeschlossen haben.

Nicht für alle Freiberufler gibt es solche Versorgungseinrichtungen. Manche Freiberufler, wie Künstler und Publizisten, sind der Sozialversicherung angeschlossen.

Wegen der Verschiedenartigkeit der Gesetze der Länder wird im Folgenden nur beispielhaft die Regelung in Bayern dargestellt werden. Die Grundsätze der Pfändung sind aber in allen Ländern die gleichen, weil das Recht der Zwangsvollstreckung Bundesrecht ist. Sollte ein Land in seinen Versorgungs-(Versicherungs-)gesetzen etwa die Unabtretbarkeit von Versorgungsansprüchen normieren, so könnte dies vor dem Grundgesetz keinen Bestand haben, weil die Ungleichbehandlung mit den – meist deutlich niedrigeren – Sozialrenten auf der Hand läge.

In Bayern z.B. gibt es folgende Versorgungsanstalten für Freiberufler:

die **Bayerische Ärzteversorgung** für Ärzte, Zahnärzte und Tierärzte,
die **Bayerische Apothekenversorgung**,
die **Bayerische Architektenversorgung**,
die **Bayerische Ingenieurversorgung-Bau mit Psychotherapeutenversorgung**,
die **Bayerische Rechtsanwalts- und Steuerberaterversorgung**,

die alle Anstalten des öffentlichen Rechts sind und von der Bayerischen Versorgungskammer gesetzlich vertreten werden.

1. Versorgungsträger

1 Die **Versorgung von Freiberuflern** gehört zur Gesetzgebungskompetenz der Länder (Art. 70 ff. GG). Die einzelnen Landesgesetze regeln die Materie nicht immer auf die gleiche Weise. Regelungen über Übertragbarkeit und Verpfändbarkeit von Versorgungsansprüchen finden sich in diesen Gesetzen häufig, haben aber keine Auswirkungen auf die Pfändbarkeit (unten Rz. 3). Hier wird nachfolgend die Pfändung von Versorgungsansprüchen am Beispiel Bayern abgehandelt.

2 Das Bayerische Gesetz über das öffentliche Versorgungswesen (VersoG)[1] nimmt Bezug auf die bei seinem Erlass bereits bestehenden Versorgungsanstalten öffentlichen Rechts[2] und bestimmt als gemeinsames Geschäftsführungs- und Vertretungsorgan dieser Anstalten die Versorgungskammer, welche alle diese Anstalten gerichtlich und außergerichtlich vertritt (Art. 1, 2, 6). Nach Art. 32 gewähren die Versorgungsanstalten den Mitgliedern und deren Hinterbliebenen nach Maßgabe der Satzung u.a. laufende Leistungen zur Alters-, Berufsunfähigkeits- und Hinterbliebenenversorgung. Ansprüche auf laufende Geldleistungen können übertragen und verpfändet werden (Art. 25 Satz 1).

2. Pfändung und Verwertung

3 **2.1** Die Pfändung ist in den Satzungen der einzelnen Anstalten nach dem Vorbild des § 54 SGB I geregelt, der ohnehin jedenfalls analog anwendbar wäre.[3]

Versorgungsansprüche sind auch dann pfändbar, wenn ihre Übertragung in der Satzung einer Anstalt des öffentlichen Rechts ausgeschlossen wäre.[4] Art. 25 des BayVersoG bestimmt, dass diese Ansprüche „wie Arbeitseinkommen übertragen und verpfändet" werden können.

4 **2.2 Gepfändet und überwiesen** wird also nach §§ 829, 835 ZPO, auf die auch § 54 SGB I verweist (... wie Arbeitseinkommen).

5 **Drittschuldner** ist die jeweilige Versorgungseinrichtung, nämlich:

Baden-Württemberg:

> Baden-Württembergische Versorgungsanstalt für Ärzte, Zahnärzte und Tierärzte
> Gartenstr. 63, 72074 Tübingen
> Tel.: 0 70 71/201-0
> www.bwva.de

---

1 In der Fassung der Bekanntmachung v. 16.6.2008, GVBl. 2008, 371.
2 Sie wurden durch Art. 56 VersoG aus der Bayer. Versicherungskammer ausgegliedert.
3 BGHZ 92, 345.
4 OLG München v. 21.1.1991 – 13 W 2720/90, MDR 1991, 453 = Rpfleger 1991, 262; BGH v. 25.8.2004 – IXa ZB 271/03, MDR 2005, 236 zur entsprechenden Pfändung von Ansprüchen gegen ein Rechtsanwaltsversorgungswerk.

Ärzte, Zahnärzte, Tierärzte II Muster 13

Bayern:
Bayerische Ärzteversorgung,
Denninger Str. 37, 81925 München
Tel.: 089/92 35-6
www.aerzteversorgung.eu

Berlin:
Ärzte
Berliner Ärzteversorgung
Potsdamer Str. 47, 14163 Berlin
Tel.: 030/81 60 02-21
www.vw-baev.de
www.landestieraerztekammer-mv.de/Versorgungswerk/
versorgungswerk.htm

Tierärzte
Versorgungswerk der Landestierärztekammer
Mecklenburg-Vorpommern
Potsdamer Str. 47, 14163 Berlin
Tel.: 030/81 60 02 61

Zahnärzte
Versorgungswerk der Zahnärztekammer Berlin
Klaus-Groth-Straße 3, 14050 Berlin
Tel.: 030/93 93 58-0
Fax: 030/93 93 58-222
www.vzberlin.org

Brandenburg:
Ärzte
Ärzteversorgung Land Brandenburg
Ostrower Wohnpark 2, 03046 Cottbus
Tel.: 03 55/78 02 00
www.aevlb.de

Tierärzte
Versorgungswerk der Landestierärztekammer
Mecklenburg-Vorpommern
Potsdamer Str. 47, 14163 Berlin
Tel.: 030/81 60 02 61

Zahnärzte
Versorgungswerk der Zahnärztekammer Berlin
Klaus-Groth-Straße 3, 14050 Berlin
Tel.: 030/93 93 58-0
Fax: 030/93 93 58-222
www.vzberlin.org

Bremen:
Ärzte
Versorgungswerk der Ärztekammer Bremen
Schwachhauser Heerstr. 24, 28209 Bremen
Tel.: 04 21/34 04-270
www.aekhbvw.de

Muster 13 Ärzte, Zahnärzte, Tierärzte II

Tierärzte	Tierärzteversorgung Niedersachsen Gutenberghof 7, 30159 Hannover Tel.: 0511/7 00 21-0 Fax: 0511/7 00 21-132 www.tivn.de
Zahnärzte	Zahnärztekammer Bremen Universitätsallee 25, 28359 Bremen Tel.: 0421/33303-0 www.zaek-hb.de

Hamburg:

Ärzte	Versorgungswerk der Ärztekammer Hamburg Winterhuder Weg 62, 22085 Hamburg Tel.: 040/227 19 6-0 www.vw-aek-hh.de
Tierärzte	Tierärzteversorgung Niedersachsen Gutenberghof 7, 30159 Hannover Tel.: 0511/7 00 21-0 Fax: 0511/7 00 21-132 www.tivn.de
Zahnärzte	Versorgungswerk der Zahnärztekammer Hamburg Möllner Landstr. 31, 22111 Hamburg Tel.: 040/73 34 05-0 www.zahnaerzte-hh.de

Hessen:

Ärzte	Versorgungswerk der Landesärztekammer Hessen Mittlerer Hasenpfad 25, 60598 Frankfurt/M. Tel.: 069/97 96 4-0 www.versorgungswerk-laekh.de
Tierärzte	Versorgungswerk der Landestierärztekammer Hessen Bahnhofstr. 13, 65527 Niedernhausen Tel.: 0 61 27/90 75-0 www.ltk-hessen.de
Zahnärzte	Hessische Zahnärzte-Versorgung Lyoner Str. 21, 60528 Frankfurt Tel.: 069/244 37 21-0

Mecklenburg-Vorpommern:

Ärzte	Ärzteversorgung Mecklenburg-Vorpommern Gutenberghof 7, 30159 Hannover Tel.: 0511/7 00 21-0 Fax: 0511/7 00 21-132 www.aevm.de

Tierärzte	Versorgungswerk der Landestierärztekammer Mecklenburg-Vorpommern
Potsdamer Str. 47, 14163 Berlin
Tel.: 030/81 60 02 61
www.landestieraerztekammer-mv.de/Versorgungswerk/versorgungswerk.htm
Zahnärzte	Versorgungswerk der Zahnärztekammer Mecklenburg-Vorpommern
Möllner Landstr. 31, 22111 Hamburg
Tel.: 040/73 34 05-15
www.zahnaerzte-hh.de

Niedersachsen:

Ärzte	Ärzteversorgung Niedersachsen
Gutenberghof 7, 30159 Hannover
Tel.: 0511/7 00 21-0
Fax: 0511/7 00 21-132
www.aevn.de
Tierärzte	Tierärzteversorgung Niedersachsen
Gutenberghof 7, 30159 Hannover
Tel.: 0511/7 00 21-0
Fax: 0511/7 00 21-132
www.tivn.de
Zahnärzte	Altersversorgungswerk der Zahnärztekammer Niedersachsen
Zeißstr. 11a, 30519 Hannover
Tel.: 05 11/8 33 91-0
www.zkn.de/index.php?id=266

Nordrhein-Westfalen:

Ärzte	Nordrheinische Ärzteversorgung
Tersteegenstr. 19, 40474 Düsseldorf
Tel.: 02 11/43 02-0
www.naev.de

Ärzteversorgung Westfalen-Lippe
Scharnhorststr. 44, 48151 Münster
Tel.: 02 51/52 04-0
www.aevwl.de |
| Tierärzte | Versorgungswerk der Tierärztekammer Nordrhein
St.-Töniser-Str. 15, 47906 Kempen
Tel.: 0 21 52/2 05 58-0
www.tieraerztekammer-nordrhein.de |

Muster 13   Ärzte, Zahnärzte, Tierärzte II

           Versorgungswerk der Tierärztekammer Westfalen-Lippe
           Goebenstr. 50, 48151 Münster
           Tel.: 02 51/53 59 4-0
           www.tieraerztekammer-wl.de

Zahnärzte   Versorgungswerk der Zahnärztekammer Nordrhein
           Am Seestern 8, 40547 Düsseldorf
           Tel.: 02 11/5 96 17-0
           www.vzn-nordrhein.de

           Versorgungswerk der Zahnärztekammer Westfalen-Lippe
           Auf der Horst 29, 48147 Münster
           Tel.: 02 51/50 7-0
           www.zahnaerzte-wl.de

Rheinland-Pfalz:

Ärzte   Versorgungseinrichtung der Bezirksärztekammer
           Koblenz
           Emil-Schüller-Str. 45, 56068 Koblenz
           Tel.: 02 61/3 90 01-51
           www.ve-koblenz.de

           Versorgungseinrichtung der Bezirksärztekammer
           Trier
           Balduinstr. 10–14, 54290 Trier
           Tel.: 06 51/17 08 86-0
           www.ve-trier.de

Zahnärzte   Versorgungsanstalt bei der Landeszahnärztekammer
           Rheinland-Pfalz
           117-er Ehrenhof 3, 55118 Mainz
           Tel.: 0 61 31/96 550 -0
           www.varlp.de

Saarland:

Ärzte   Versorgungswerk der Ärztekammer des
           Saarlandes
           Faktoreistr. 4, 66111 Saarbrücken
           Tel.: 06 81/40 03-0
           www.aerztekammer-saarland.de

Tierärzte   Bayerische Ärzteversorgung,
           Denninger Str. 37, 81925 München
           Tel.: 089/92 35-6
           www.aerzteversorgung.eu

Zahnärzte   Versorgungswerk der Ärztekammer des
           Saarlandes
           Faktoreistr. 4, 66111 Saarbrücken
           Tel.: 06 81/40 03-0
           www.aerztekammer-saarland.de

Sachsen:

Ärzte	Sächsische Ärzteversorgung Schützenhöhe 16, 01099 Dresden Tel.: 03 51/82 67-250 www.saev.de
Tierärzte	Sächsische Ärzteversorgung Schützenhöhe 16, 01099 Dresden Tel.: 03 51/82 67-250 www.saev.de
Zahnärzte	Zahnärzteversorgung Sachsen Schützenhöhe 11, 01099 Dresden Tel.: 03 51/806 63 60 www.zahnaerzte-in-sachsen.de

Sachsen-Anhalt:

Ärzte	Ärzteversorgung Sachsen-Anhalt Berliner Allee 20, 30175 Hannover Tel.: 05 11/3 80 01 www.aevs.de
Tierärzte	Versorgungswerk der Landestierärztekammer Thüringen Gutenberghof 7, 30159 Hannover Tel.: 0511/7 00 21-0 Fax: 0511/7 00 21-132 www.vw-ltkt.de
Zahnärzte	Altersversorgungswerk der Zahnärztekammer Sachsen-Anhalt Große Diesdorfer Stra. 162, 39110 Magdeburg Tel.: 0391/73939-0 www.zahnaerztekammer-sah.de

Schleswig-Holstein:

Ärzte	Versorgungseinrichtung der Ärztekammer Schleswig-Holstein Bismarckallee 8–12, 23795 Bad Segeberg Tel.: 0 45 51/80 30 www.aeksh.de
Tierärzte	Tierärzteversorgung Niedersachsen Gutenberghof 7, 30159 Hannover Tel.: 0511/7 00 21-0 Fax: 0511/7 00 21-132 www.tivn.de

Zahnärzte	Versorgungswerk der Zahnärztekammer Schleswig-Holstein Westring 498, 24106 Kiel (ZÄK/KZV) Tel.: 04 31/26 09 26-0 www.aeksh.de

Thüringen:

Ärzte	Ärzteversorgung Thüringen Im Semmicht 33, 07751 Jena-Maua Tel.: 0 36 41/614-0 www.laek-thueringen.de
Tierärzte	Versorgungswerk der Landestierärztekammer Thüringen Potsdamer Str. 47, 14163 Berlin Tel.: 030/81 60 02-62 www.vw-ltkt.de
Zahnärzte	Versorgungswerk der Landeszahnärztekammer Thüringen Barbarossahof 16, 99092 Erfurt Tel.: 03 61/74 32 0 www.lzkth.de

6   Die **Vertretung** der Versorgungseinrichtungen als Drittschuldner richtet sich nach ihrer Rechtsform. Sofern sie in die Ärztekammer integriert sind, ist deren Präsident der gesetzliche Vertreter.

Die Bayer. Ärzteversorgung, eine Anstalt des öffentlichen Rechts, wird durch die Versorgungskammer vertreten (oben Rz. 2).

Muster 14   Altenteil I

Hinweis: Zu benutzen ist das amtliche Formular Anlage 2 (zu § 2 Nr. 2) der Verordnung über Formulare für die Zwangsvollstreckung (Zwangsvollstreckungsformular-Verordnung – ZVFV) vom 23.8.2012 (BGBl. I 2012, S. 1822) in der geänderten Fassung aufgrund der Verordnung zur Änderung der Zwangsvollstreckungsformular-Verordnung vom 16.6.2014 (BGBl. I 2014, S. 754).

Hierbei ist das Feld „Anspruch G" oder eine gesonderte Anlage zu nutzen. Es wird folgender Text empfohlen:

Wegen . . . und zusätzlich der Kosten der Eintragung in das Grundbuch

werden die angeblichen, fälligen und künftig fällig werdenden Ansprüche des Schuldners

gegen . . . (Name und Adresse dessen, gegen den sich die Altenteilsansprüche richten) . . . (Drittschuldner) aus dem Altenteilvertrag des Notars ... vom ..., insbesondere der Anspruch auf Zahlung wiederkehrender Geldbeträge, zu denen der Geldwert sowohl der Naturalbezüge als auch des Wohnrechts an den Räumen ... hinzuzuzählen ist,

zusammen mit der Reallast, die angeblich für die Altenteilansprüche des Schuldners auf dem Grundstück des Drittschuldners ..., im Grundbuch des AG ... Blatt ... in Abt. II unter lf. Nr. ... eingetragen ist, gepfändet.[1]

Die Pfändung der Forderung auf Zahlung wiederkehrender Geldbeträge wird nach § 850c ZPO beschränkt.

Dem Drittschuldner wird, soweit die Pfändung reicht, verboten, an den Schuldner zu leisten.

Dem Schuldner wird geboten, sich, soweit die Pfändung reicht, jeder Verfügung über die gepfändeten Ansprüche und die gepfändete Reallast, insbesondere der Einziehung, zu enthalten.

Zugleich werden die gepfändeten Ansprüche und die gepfändete Reallast dem Gläubiger zur Einziehung überwiesen.

Die Pfändung des Altenteils entspricht der Billigkeit: ...

(näher ausführen, vgl. Rz. 27 der Erläuterungen bei Muster 165).

---
[1] Unbedingt die Vorbemerkung beachten!

Vorbemerkung

Der deutlicheren Darstellung halber wurden in dieses Muster Beispiele für die zu pfändenden Ansprüche eingesetzt, und zwar solche, die Altenteilern häufig zustehen.

Das Muster geht davon aus, dass **die Pfändung nicht auf eine etwa für ein Wohnungsrecht eingetragene Dienstbarkeit erstreckt werden kann** – hierzu Rz. 8 ff. zu *Muster 60* – oder wegen der Erwägungen in Rz. 10 bei *Muster 15* nicht darauf erstreckt werden soll. Kann und will der Vollstreckungsgläubiger aber auch in die Dienstbarkeit vollstrecken, so findet er die Ergänzung zur Formulierung des Antrags in *Muster 59*.

Erläuterungen bei *Muster 15*.

Muster 15 Altenteil II

Antrag auf Eintragung der Pfändung im Grundbuch

An das Amtsgericht – Grundbuchamt

...

Betr.: Grundbuch von ... Blatt ...

In der Zwangsvollstreckungssache ... gegen ...

überreiche ich eine Ausfertigung des Pfändungs-(und Überweisungs-)beschlusses des Amtsgerichts ... vom ... Az.: ... und

beantrage

als der im Pfändungsbeschluss legitimierte Vertreter des Gläubigers, die Pfändung des Altenteils zugunsten des Gläubigers an der im Betreff bezeichneten Stelle in Abteilung II einzutragen.

(Unterschrift)

1. Altenteil (Austrag, Leibgeding, Leibzucht)

1 Er ist **gesetzlich nicht definiert**, sondern – z.B. in Art. 96 EGBGB, § 850b ZPO, § 49 GBO – als bekannter Begriff vorausgesetzt. Durch den Altenteilvertrag wird das Ausscheiden einer Generation aus einer Existenz oder Teilexistenz und das Nachrücken der jüngeren Generation unter Versorgung und meist dinglicher Sicherung der Weichenden verstanden; die Überlassung von Grundbesitz ist zwar häufig der Anlass, nicht aber auch begrifflich Voraussetzung eines Altenteils, jedoch werden auch andere Leistungen als Geldzahlung erbracht, insbesondere Naturalien, Wohnrecht und Pflege.[1] Werden dafür Dienstbarkeiten und/oder Reallasten im Grundbuch eingetragen, so bedarf es dabei nicht der Bezeichnung der einzelnen Rechte, wenn auf die Eintragungsbewilligung Bezug genommen wird (§ 49 GBO) und deren Inhalt eindeutig, wenn auch nicht notwendig wörtlich, erkennbar macht, dass es sich um ein Altenteil handelt.[2]

2. Pfändung und Verwertung

2 2.1 Fortlaufende Forderungen aufgrund eines Altenteilvertrages sind **nur dann pfändbar**, wenn die Vollstreckung in das sonstige bewegliche Vermögen des Vollstreckungsschuldners nicht zur vollständigen Befriedigung des Vollstreckungsgläubigers geführt hat oder dazu voraussichtlich nicht führen wird **und** die Pfändung nach den Umständen des Einzelfalls, insbesondere nach der Art des beizutreibenden Anspruchs und nach der Höhe der Altenteilsbezüge der Billigkeit entspricht (§ 850b Abs. 2 und Abs. 1 Nr. 3 ZPO); **das ist im Antrag darzulegen.**

---

[1] BGH v. 4.7.2007 – VII ZB 86/06, Rpfleger 2007, 614 = NJW-RR 2007, 1390; v. 25.10.2002 – V ZR 293/01, NJW 2003, 1325; v. 28.10.1988 – V ZR 60/87, NJW-RR 1989, 451 und v. 3.2.1994 – V ZB 31/93, MDR 1994, 478 = NJW 1994, 1158; OLG Frankfurt v. 8.5.2012 – 20 W 452/11, Rpfleger 2012, 622; BayObLGZ 1975, 132 ff.; OLG Zweibrücken v. 26.10.1993 – 3 W 111/93, NJW-RR 1994, 209; OLG Hamm v. 7.6.1993 – 15 W 76/93, NJW-RR 1993, 1299.

[2] BGH v. 3.2.1994 – V ZB 31/93, MDR 1994, 478 = NJW 1994, 1158; BayObLG v. 18.5.1993 – 2Z BR 23/93, NJW-RR 1993, 1171; OLG Zweibrücken v. 8.3.1996 – 3 W 270/95, DNotZ 1997, 327; a.A. OLG Köln v. 1.4.1992 – 2 Wx 7/91, Rpfleger 1992, 431.

Die Entscheidung darüber, ob die Ansprüche aus dem Altenteil demnach 3
pfändbar sind oder nicht, obliegt dem **Vollstreckungsgericht**, kann jedoch
nur durch einen den Pfändungsantrag abweisenden Beschluss oder durch
Erlass des Pfändungsbeschlusses erfolgen und ist zu begründen. Hierzu
muss der Rechtspfleger sämtliche maßgebenden Umstände – gegebenenfalls durch Zwischenverfügung und Anhörung der Beteiligten – ermitteln
und würdigen. Die Zulassung der Pfändung kommt insbesondere dann in
Frage, wenn die Bezüge des Vollstreckungsschuldners relativ hoch sind
und der Vollstreckungsgläubiger auf den beizutreibenden Betrag angewiesen ist.[3] Der Schuldner darf durch die Pfändung jedoch nicht hilfsbedürftig
i.S. des SGB XII werden.[4]

Die „Zulassung" der Pfändung durch Erlass des Pfändungsbeschlusses 4
wirkt **konstitutiv**; erst sie macht die bisher unpfändbare Forderung pfändbar.[5]

Die Pfändung erfolgt **nach den für Arbeitseinkommen geltenden Vor-** 5
schriften (§ 850b Abs. 2 ZPO); § 850c ZPO ist also zu beachten. Vor der
Entscheidung sollen auch der Vollstreckungsschuldner und der Drittschuldner gehört werden (§ 850b Abs. 3 ZPO).

Zu pfänden sind die einzelnen Ansprüche des Vollstreckungsschuldners, 6
soweit sie übertragbar sind, **und die eingetragenen Rechte** (beschränkt persönliche Dienstbarkeit, Reallast), vgl. *Muster 59* und *Muster 135* bis *137*.[6]
Daher ist **vorherige Einsicht in Grundbuch und Eintragungsbewilligung**
dringend anzuraten; zum Nachweis des berechtigten Interesses (§ 12 GBO)
genügt es, den Titel und den Nachweis der Erfolglosigkeit der bisherigen
Mobiliarvollstreckung vorzulegen.

2.2 Die Pfändung wird wirksam (§§ 857 Abs. 1 und 6, 830 ZPO),

– Wenn keine dinglichen Rechte eingetragen sind oder wenn nur Ansprü- 7
che auf rückständige Leistungen gepfändet werden, durch Zustellung
des Beschlusses an den Drittschuldner,

– wenn **nur** Ansprüche auf solche Leistungen, für die eine Reallast einge- 8
tragen ist, zusammen mit der Reallast gepfändet werden, mit Eintragung der Pfändung im Grundbuch (dazu *Muster 15*),

– wenn (auch) das Wohnungsrecht gepfändet wird, nach herrschender 9
Meinung mit Zustellung an den Drittschuldner, nach unserer Meinung

---

3 BGH NJW 1970, 282; zur entspr. Billigkeitsprüfung im Rahmen der Pfändung eines
  Taschengeldanspruchs vgl. BGH v. 19.3.2004 – IXa ZB 57/03, Rpfleger 2004, 503 = In-
  Vo 2004, 412.
4 St. Rspr. des BGH v. 18.7.2003 – IXa ZB 151/03, Rpfleger 2003, 593; v. 12.12.2003 –
  IXa ZB 225/03, InVo 2004, 373; vgl. auch BVerfG v. 10.11.1998 – 2 BvL 42/93, NJW
  1999, 561, 562.
5 BGH NJW 1970, 282.
6 OLG Hamm OLGZ 69, 380; *Hagenau*, Rpfleger 1975, 73; *Hintzen*, JurBüro 1991,
  755 ff.

auch mit Eintragung der Pfändung im Grundbuch (Näheres in Rz. 10 zu *Muster 60* und Rz. 4 zu *Muster 129*). Bei Pfändung (auch) des Wohnungsrechts ist also dringend anzuraten, **sowohl für Zustellung an den Drittschuldner als auch für Eintragung im Grundbuch zu sorgen.**

2.3

10 ➲ **Beachte: Die Erstreckung der Pfändung auf das als Dienstbarkeit eingetragene Wohnungsrecht bringt regelmäßig Steine statt Brot:**
Das Altenteil steht häufig einem Ehepaar zu, während vielleicht nur der Mann oder die Frau Vollstreckungsschuldner(in) ist. Meist werden die Altenteiler die Räume, auf die sich die Dienstbarkeit bezieht, schon im Besitz haben, wenn die Pfändung wirksam wird. Wie will der Vollstreckungsgläubiger eine Herausgabe bzw. Räumung durchsetzen? Entspricht dies der Billigkeit? Wie findet der Vollstreckungsgläubiger für die vielleicht kurze, jedenfalls unbestimmte Zeit bis zur Befriedigung seiner Forderungen einen Mieter und wie stellt er sicher, dass dieser wieder rechtzeitig auszieht, damit keine Schadensersatzansprüche erhoben werden? **Vor allem aber kann der Vollstreckungsgläubiger bei Pfändung des Wohnungsrechts nicht zusätzlich erreichen, dass der Wert dieses Rechts der gepfändeten Geldleistung hinzugerechnet wird.** Die Zusammenrechnung aber bringt ihm mehr als die Verwertung des Wohnungsrechts brächte.

Muster 16 Ankaufsrecht

Hinweis: Zu benutzen ist das amtliche Formular Anlage 2 (zu § 2 Nr. 2) der Verordnung über Formulare für die Zwangsvollstreckung (Zwangsvollstreckungsformular-Verordnung – ZVFV) vom 23.8.2012 (BGBl. I 2012, S. 1822) in der geänderten Fassung aufgrund der Verordnung zur Änderung der Zwangsvollstreckungsformular-Verordnung vom 16.6.2014 (BGBl. I 2014, S. 754).
Hierbei ist das Feld „Anspruch G" oder eine gesonderte Anlage zu nutzen. Es wird folgender Text empfohlen:

Wegen ... wird das angebliche Ankaufsrecht des Schuldners gegen ...

gepfändet. Das gepfändete Recht ist darauf gerichtet, dass der Drittschuldner dem Schuldner auf Verlangen ... (die dem Ankaufsrecht unterliegende Sache genau bezeichnen) ... zu verkaufen hat; das Recht ist entstanden und für übertragbar erklärt durch Vertrag vom ...

Es wird angeordnet, dass diese Sache bei Ausübung des Ankaufsrechts durch den Gläubiger an einen von diesem zu beauftragenden Gerichtsvollzieher zum Zwecke ihrer Verwertung nach den Vorschriften über die Verwertung gepfändeter Sachen herauszugeben ist.

Dem Drittschuldner wird verboten, an den Schuldner zu leisten.

Dem Schuldner wird geboten, sich jeder Verfügung über das gepfändete Recht, insbesondere seiner Geltendmachung, zu enthalten.

Zugleich wird das gepfändete Recht dem Gläubiger zur Einziehung überwiesen.

Vorbemerkung

Dieses Muster befasst sich mit dem Ankaufsrecht bezüglich einer **beweglichen Sache**. Bezieht sich das Ankaufsrecht auf ein **Grundstück**, eine **Eigentumswohnung** oder einen **Miteigentumsanteil** daran, so sind Pfändungsantrag und Pfändungsbeschluss entsprechend *Muster 190* zu formulieren.

Erläuterungen bei *Muster 190*.

Muster 17 Anwartschaft auf den Eigentumserwerb bei Eigentumsvorbehalt an einer beweglichen Sache

Hinweis: Zu benutzen ist das amtliche Formular Anlage 2 (zu § 2 Nr. 2) der Verordnung über Formulare für die Zwangsvollstreckung (Zwangsvollstreckungsformular-Verordnung – ZVFV) vom 23.8.2012 (BGBl. I 2012, S. 1822) in der geänderten Fassung aufgrund der Verordnung zur Änderung der Zwangsvollstreckungsformular-Verordnung vom 16.6.2014 (BGBl. I 2014, S. 754).

Hierbei ist das Feld „Anspruch G" oder eine gesonderte Anlage zu nutzen. Es wird folgender Text empfohlen:

Wegen ... wird das angebliche Anwartschaftsrecht des Schuldners auf den Erwerb des Eigentums an dem (der, den) dem Schuldner von

... (Name und Adresse) ... (Drittschuldner)

unter Eigentumsvorbehalt verkauften ... (Sache genau bezeichnen) ...

gepfändet. Ferner wird der Zahlungsanspruch gepfändet, der dem Schuldner gegen den Drittschuldner im Falle der Auflösung des Kaufvertrags zusteht oder zustehen wird.

Dem Drittschuldner wird verboten, an den Schuldner zu leisten.

Dem Schuldner wird geboten, sich jeder Verfügung über das gepfändete Anwartschaftsrecht und den gepfändeten Anspruch, insbesondere der Einziehung, zu enthalten.

Zugleich werden das gepfändete Recht und der gepfändete Anspruch dem Gläubiger zur Einziehung überwiesen.

Vorbemerkung

Das Muster für die Pfändung eines Anwartschaftsrechts an unbeweglichen Sachen finden Sie als *Muster 30*, Erläuterungen bei *Muster 33 Rz. 18*.

1. Wesen des Eigentumsvorbehalts

1 Der Käufer einer Sache will diese häufig schon besitzen und benutzen, bevor er sie bezahlt hat; der Verkäufer aber will zu seiner Sicherung sich des Eigentums an der Kaufsache nicht begeben, ehe er den vollen Kaufpreis erhalten hat. Durch den Eigentumsvorbehalt können beide Interessen unter einen Hut gebracht werden: Der Verkäufer behält sich im Kaufvertrag und vor Übergabe der Sache das Eigentum an der Kaufsache bis zu dem Zeitpunkt vor, in welchem der Kaufpreis voll bezahlt sein wird; bei voller Zahlung des Kaufpreises geht das Eigentum ohne weitere Mitwirkung des Verkäufers auf den Käufer über. Mangels anderweitiger Vereinbarung bedeutet das, dass die Übertragung des Eigentums unter der aufschiebenden Bedingung (§ 158 Abs. 1 BGB) vollständiger Kaufpreiszahlung erfolgt, und dass der Verkäufer vom Vertrag zurücktreten kann, wenn der Käufer mit der Kaufpreiszahlung in Verzug gerät (§ 449 Abs. 2 BGB). Diese Bestimmung ist nicht nur im Kaufrecht, sondern auch im Werklieferungsrecht (§ 651 BGB) anzuwenden (Beispiel: Der Maßschneider stellt für den Kunden aus vom Schneider besorgtem Stoff einen Anzug her und liefert diesen).

Solange der volle Kaufpreis nicht bezahlt ist, gehört die verkaufte Sache also noch dem Verkäufer, ist nicht Vermögen des Käufers. Der Käufer hat aber mit der Übergabe der Sache an ihn ein übertragbares Anwartschaftsrecht auf Eigentum erworben.[1] Vor gutgläubigem Erwerb der Sache durch Dritte schützt ihn sein Besitz (§§ 936 Abs. 3, 931 BGB).

2. Pfändung und Verwertung

2 Der Vollstreckungsgläubiger muss, wenn er sicher gehen will, **sowohl das Anwartschaftsrecht** nach § 857 ZPO pfänden und sich nach § 835 ZPO überweisen lassen **als auch die Sache selbst** nach §§ 808 ff. ZPO **pfänden** und nach §§ 814 ff. ZPO verwerten lassen.[2] Der Käufer hat ein Anwartschaftsrecht auf das Eigentum erworben, das pfändbar ist. Der Verkäufer ist zwar noch Eigentümer, aber das Anwartschaftsrecht des Vorbehaltskäufers ist auf dem Wege zum Eigentum zu erstarken, und das macht gleichzeitig eine jetzt schon bestehende Schwäche des Eigentums des Verkäufers aus, wie sich insbesondere aus §§ 160 Abs. 1, 161 Abs. 1 Satz 1 BGB ergibt.

3 Durch die Pfändung des Anwartschaftsrechts hat der Vollstreckungsgläubiger weder das Eigentum an der Kaufsache noch das Anwartschaftsrecht selbst erlangt: Das Eigentum bleibt zunächst noch beim Verkäufer (Drittschuldner), das Anwartschaftsrecht bleibt beim Käufer (Vollstreckungsschuldner). Die Pfändung und Überweisung des Anwartschaftsrechts zur

---

[1] BGH NJW 1984, 1185 li. Sp; Palandt/*Ellenberger*, Einf. § 158 BGB Rz. 9.
[2] BGH NJW 1954, 1325; Stein/Jonas, § 857 ZPO Rz. 87; Zöller/*Stöber*, § 857 ZPO Rz. 6; Musielak/*Becker*, § 857 Rz. 7; *Hübner*, NJW 1980, 733.

Einziehung berechtigt den Vollstreckungsgläubiger nur dazu, das **Recht des Käufers im eigenen Namen geltend zu machen.**

Dennoch macht die Pfändung des Anwartschaftsrechts Sinn: Der Vollstreckungsgläubiger, der das Anwartschaftsrecht gepfändet hat, kann nach § 267 BGB an den Verkäufer den **Restkaufpreis zahlen**, und zwar selbst dann sofort und in einer Summe, wenn Raten vereinbart sind (§ 271 BGB), und kann so dem Vollstreckungsschuldner das Eigentum an der Sache verschaffen. Vor der Zahlung sollte sich der Vollstreckungsgläubiger allerdings vergewissern, ob der Vollstreckungsschuldner nicht das Anwartschaftsrecht vor dessen Pfändung an einen Dritten übertragen hat. Wäre das der Fall, würde nicht der Vollstreckungsschuldner Eigentümer, sondern der Dritte würde unbelastetes Eigentum erwerben, weil es keinen Durchgangserwerb gibt. Infolge der Pfändung des Anwartschaftsrechts verliert der Vollstreckungsschuldner sein Recht, der Kaufpreiszahlung durch den Vollstreckungsgläubiger zu widersprechen, sodass der Verkäufer die Zahlung des Kaufpreisrestes durch den Vollstreckungsgläubiger nicht mehr gemäß § 267 Abs. 2 BGB ablehnen kann. Tut er dies doch, wird er so behandelt, als ob die restliche Kaufpreiszahlung erfolgt wäre. Um dem Vollstreckungsgläubiger die Entscheidung zu ermöglichen, den Restkaufpreis an den Vorbehaltsverkäufer zu zahlen, steht ihm zudem ein **Anspruch auf Auskunft** darüber zu, in welcher Höhe der Kaufpreis noch nicht gezahlt ist. 4

Mit der Zahlung des restlichen Kaufpreises wird der Vollstreckungsschuldner Eigentümer der Kaufsache. Da damit das Pfändungspfandrecht aber untergeht, sich also nicht ohne Weiteres an der Sache fortsetzt, macht die Pfändung eines Anwartschaftsrechts nur Sinn, wenn man mit der h.M. eine sog. **Doppelpfändung** ausbringt: Neben der Rechtspfändung des Anwartschaftsrechts muss im Zeitpunkt des Bedingungseintritts zusätzlich die Sachpfändung der Kaufsache gemäß §§ 808 ff. ZPO durchgeführt worden sein. Da diese Sachpfändung nur der Publizität bei der Umwandlung des Anwartschaftsrechts in das Eigentum dient, damit also kein Eingriff in das Eigentum des Vorbehaltsverkäufers verbunden ist, steht ihm dagegen kein Widerspruchsrecht (§ 771 ZPO) zu, solange der Schuldner seine Verpflichtungen erfüllt.[3] Mit Bedingungseintritt setzt sich dann das am Anwartschaftsrecht bestehende Pfandrecht an der Sache selbst fort. 5

Versuche, diese Doppelpfändung durch andere Konstruktionen zu vermeiden, sind erfolglos geblieben.

2.1 Die Pfändung des Anwartschaftsrechts wird nach wohl h.M.[4] **wirksam mit der Zustellung des Beschlusses an den Drittschuldner** (Verkäufer). Dennoch ist dem Vollstreckungsgläubiger dringend zu empfehlen, auch für eine rasche Zustellung an den Vollstreckungsschuldner zu sorgen; denn eine (zur Pfändung der Eigentumsanwartschaft eines Auflassungs- 6

---
3 Musielak/*Becker*, § 857 ZPO Rz. 7; *Schuschke/Walker*, § 857 ZPO Rz. 18.
4 BGH NJW 1954, 1325; 1984, 1185 li. Sp.; MünchKomm/*Smid*, § 857 ZPO Rz. 18.

empfängers ergangene) Entscheidung des BGH[5] lässt die Möglichkeit offen, dass die Rechtsprechung in der Anwartschaft ein drittschuldnerloses Vermögensrecht sieht und daher die Pfändung erst mit der Zustellung an den Schuldner (§ 857 Abs. 2 ZPO) als bewirkt ansehen könnte.

7 **2.2** Die Doppelpfändung hat schon relativ hohe Kosten im Gefolge, verteuert sich aber noch ganz erheblich dadurch, dass der Vollstreckungsgläubiger erst einmal dem Verkäufer den Restkaufpreis zahlen muss. Dieser Betrag gehört zwar nach fast einhelliger Meinung zu den Vollstreckungskosten, aber die Pfändung des Anwartschaftsrechts und der Sache hat nur dann einen Sinn, wenn der Vollstreckungsgläubiger davon ausgehen darf, dass die Verwertung der Sache einen Erlös bringen wird, der die sonstigen Vollstreckungskosten und den für die Leistung des Kaufpreises benötigten Betrag übersteigt. Zudem wird sich der Vollstreckungsgläubiger dessen versichern müssen, **dass nicht Rechte anderer seinen Rechten vorgehen** und er sät und andere ernten: Der Vollstreckungsschuldner könnte nämlich sein Anwartschaftsrecht vor Wirksamwerden der Pfändung an einen Dritten übertragen haben, der dann im Zeitpunkt der Zahlung des vollen Kaufpreises anstelle des Schuldners das volle Eigentum an der Sache erwirbt. Dieser würde dann gegen die durch den Vollstreckungsgläubiger vorgenommene Sachpfändung mit der Widerspruchsklage aus § 771 ZPO durchdringen, weil sein unbelastetes Eigentum ein die Veräußerung hemmendes Recht im Sinne dieser Bestimmung ist.[6]

8 **2.3** Ob der Vollstreckungsgläubiger **zunächst die Sachpfändung** durchführen und **sodann das Anwartschaftsrecht** pfänden lassen sollte, **oder umgekehrt**, hängt auch von der Frage ab, wann der Rang des Pfändungspfandrechts entsteht. Da dies nach wie vor sehr streitig[7] ist, sollte der Vollstreckungsgläubiger zusehen, dass die Pfändungen möglichst zeitgleich erfolgen, ggf. mithilfe einer weiteren vollstreckbaren Ausfertigung (§ 733 ZPO). Andererseits gilt es zu beachten, dass die zunächst erfolgte Pfändung des Anwartschaftsrechts den Vorteil hat, dass Dritte das Anwartschaftsrecht dann nur noch mit dem Pfandrecht belastet erwerben können; nur dann macht die evtl. später erfolgende Zahlung des Restkaufpreises durch den Vollstreckungsgläubiger überhaupt Sinn.

9 **2.4** Der Vollstreckungsgläubiger muss sich davon überzeugen, dass die Sache nicht **unpfändbar** ist, weil bei Unpfändbarkeit der Sache die Pfändung des Anwartschaftsrechts mangels Rechtsschutzbedürfnisses unzulässig ist, er also nur unnütze Kosten verursachen würde.

10 Die **Verwertung** erfolgt gemäß § 814 ff. ZPO.

---

5 BGH NJW 1968, 493 mit Anm. *Rose*, NJW 1968, 1087.
6 BGH NJW 1956, 665.
7 Nach dem Wirksamwerden der Pfändung des Anwartschaftsrechts: *Schuschke/Walker*, § 857 ZPO Rz. 14; *Musielak/Becker*, § 857 ZPO Rz. 7; mit der Pfändung der Sache: *Zöller/Stöber*, § 857 ZPO Rz. 6; *Stöber*, Rz. 1496; MünchKomm/*Smid*, § 857 ZPO Rz. 21.

2.5 Nur wenn der Vollstreckungsgläubiger entschlossen ist, dem Dritt- 11
schuldner den Kaufpreisrest zu bezahlen, kann er sicher sein, dass dem Vollstreckungsschuldner das Eigentum auch wirklich zufallen wird, während im anderen Fall der Drittschuldner vom Kaufvertrag zurücktreten könnte. Wenn diese Gefahr nicht ausgeschlossen werden kann, ist **zusätzlich der Zahlungsanspruch zu pfänden,** der dem Vollstreckungsschuldner gegen den Drittschuldner im Fall der Vertragsauflösung zusteht. Das ist im Muster vorgesehen; die Formulierung „Auflösung" ist dort deshalb gewählt, damit auch vertragslösende Abreden zwischen dem Vollstreckungsschuldner und dem Drittschuldner, deren Wirksamkeit ja durch den Pfändungsbeschluss nicht beeinträchtigt wird, erfasst werden.

➲ **Beachte:** Wird das Anwartschaftsrecht gepfändet, bevor der Dritt- 12
schuldner die Kaufsache dem Vollstreckungsschuldner übergeben hat, ist zusätzlich der Herausgabeanspruch zu pfänden.

Muster 18 Arbeitnehmer-Erfindervergütung

Hinweis: Zu benutzen ist das amtliche Formular Anlage 2 (zu § 2 Nr. 2) der Verordnung über Formulare für die Zwangsvollstreckung (Zwangsvollstreckungsformular-Verordnung – ZVFV) vom 23.8.2012 (BGBl. I 2012, S. 1822) in der geänderten Fassung aufgrund der Verordnung zur Änderung der Zwangsvollstreckungsformular-Verordnung vom 16.6.2014 (BGBl. I 2014, S. 754).

Hierbei ist das Feld „Anspruch G" oder eine gesonderte Anlage zu nutzen. Es wird folgender Text empfohlen:

Wegen ... wird der Anspruch des Schuldners

gegen ... (Name bzw. Firma und Adresse, gegebenenfalls Vertretungsverhältnisse des Arbeitgebers) ...   *(Drittschuldner)*

¹auf Zahlung einer Vergütung für Inanspruchnahme einer Diensterfindung ... (diese möglichst genau bezeichnen) ...

¹auf Zahlung einer Vergütung für erworbene Rechte (Lizenz) an einer freien Erfindung ... (diese möglichst genau bezeichnen) ...

¹auf Zahlung einer Vergütung für technische Verbesserungsvorschläge ... (diese möglichst genau bezeichnen) ...

gepfändet.

---
1 Unter diesen Alternativen wählen, wenn Näheres bekannt ist.

---

1. Der Vergütungsanspruch

Macht ein Arbeitnehmer eine Erfindung oder einen Verbesserungsvor- 1
schlag für technische Neuerungen, so hat der Arbeitgeber schützenswerte Interessen an der Nutzung dieser Erfindung und der Arbeitnehmer schützenswerte Interessen an einer Vergütung für die Erfindung oder den Ver-

besserungsvorschlag. Wie diese Interessen auszugleichen sind, regelt das **Gesetz über Arbeitnehmererfindungen** (ArbnErfG):[1] Das Gesetz definiert in §§ 1 bis 4 ArbnErfG die Begriffe:

2 1.1 Dem Gesetz unterliegen Erfindungen und technische Verbesserungsvorschläge von **Arbeitnehmern** im privaten und öffentlichen Dienst, von **Beamten** und **Soldaten**. **Erfindungen** im Sinne dieses Gesetzes sind nur solche, die patent- oder gebrauchsmusterfähig sind. Vorschläge für sonstige technische Neuerungen sind **technische Verbesserungsvorschläge.** **Diensterfindungen** sind solche Arbeitnehmererfindungen, die der Arbeitnehmer während des Arbeitsverhältnisses entweder im Rahmen der ihm obliegenden Tätigkeit oder aufgrund von Erfahrungen oder Arbeiten des Betriebs gemacht hat. Andere Erfindungen von Arbeitnehmern sind freie Erfindungen (§§ 1 bis 4 ArbnErfG). Die Vergütung für die freie Erfindung ist kein Arbeitslohn.[2] Hinsichtlich der Diensterfindung ist dies nach wie vor streitig.[3] Sicherheitshalber sollte sie daher zusätzlich gepfändet werden.

Der BGH hat im Rahmen einer Entscheidung über den Pfändungsschutz für **Lizenzgebühren** mit Beschluss vom 12.12.2003[4] festgestellt: „Erhält ein Schuldner laufend vom Umsatz abhängige Lizenzgebühren als Entgelt für die Nutzung eines von ihm persönlich entwickelten „Produkts", können diese dem Pfändungsschutz nach § 850 oder § 850i Abs. 1 ZPO jeweils in Verbindung mit § 850c ZPO unterfallen." Konkret übte der Schuldner seinen Nebenberuf als Produktdesigner bereits seit längerer Zeit neben seinen Hauptberufen aus. Sowohl während seiner früheren selbstständigen Tätigkeit als auch neben seiner Teilzeitarbeit fertigte er laufend Entwürfe und bot sie verschiedenen Abnehmern zur Verwertung an. Daraus lässt sich der Schluss ziehen, dass er für seinen Nebenberuf einen wesentlichen Teil seiner Arbeitskraft aufwendet. Einkünfte erzielt er freilich allein aus dem mit der Drittschuldnerin geschlossenen Lizenzvertrag. Dabei handelt es sich um laufende und regelmäßige Lizenzgebühren jeweils zum Quartal, selbst wenn diese der Höhe nach nicht feststehen, weil sie vom Verkaufserlös abhängen, den die Lizenznehmerin mit dem Produkt erlangt. Damit bezieht der Schuldner wie ein abhängig Beschäftigter aus einem Nebenberuf regelmäßige Einkünfte und trägt damit wesentlich zum Einkommen seiner Familie bei. Dieses Einkommen ergänzt seine weiteren geringen Einnahmen und bildet einen wesentlichen Teil seiner finanziellen Lebensgrundlage. Deshalb spricht viel dafür, dass es unter § 850 ZPO fällt und somit nur nach Maßgabe des § 850c ZPO gepfändet werden kann. Lizenzverträge sind nach Ansicht des BGH als Verträge ei-

---

1 Arbeitnehmererfindungsgesetz v. 25.7.1957, BGBl. I 1957, S. 756, zuletzt geändert durch Art. 7 (PatRModG) v. 31.7.2009 (BGBl. I 2009, 2521).
2 BGH v. 29.11.1984 – X ZR 39/83, BGHZ 93, 82 ff.; v. 14.1.2000 – V ZR 269/98, MDR 2000, 476.
3 Ist Arbeitslohn: BAG v. 30.7.2008 – 10 AZR 459/07, NJW 2009, 167; *Stöber*, Rz. 881; *Stein/Jonas*, § 850 ZPO Rz. 27; a.A. *Boewer*, Rz. 406 ff.; offen gelassen in BGH v. 29.11.1984 – X ZR 39/83, BGHZ 93, 82 ff.
4 BGH v. 12.12.2003 – IXa ZB 165/03, Rpfleger 2004, 361 = NJW-RR 2004, 644.

gener Art anzusehen, die Elemente verschiedener gesetzlich normierter Vertragstypen enthalten. Da der Inhalt und die vereinbarten Rechtsfolgen im Rahmen der Vertragsfreiheit sehr verschieden sein können, hängt auch die Qualifizierung der Lizenzgebühr von der einzelnen Vertragsausgestaltung ab. So gelangen im Einzelfall Kaufregeln, das Gesellschaftsrecht, die Vorschriften der Miete oder der Pacht nach §§ 581 ff. BGB zur Anwendung. In der Regel besteht das Entgelt des Lizenznehmers für die Benutzung des Arbeitsergebnisses in einer vereinbarten Gebühr, die im Zweifel bei monatlichen oder vierteljährlichen Abrechnungen eine teilbare Leistung darstellt. Sie kann auch als eine Abgabe auf jeden erzeugten oder veräußerten Gegenstand (Stücklizenz) oder nach sonstigen Berechnungsmaßstäben bemessen sein. Der wahre Wert der Lizenzvereinbarung ist deshalb vom wirtschaftlichen Erfolg abhängig und drückt sich in umsatzbezogenen Teilleistungen des Lizenznehmers an den Lizenzgeber aus. Damit kann nicht allgemein angenommen werden, dass die Lizenzgebühr regelmäßig nur für das einmalige Überlassen des Arbeitsergebnisses gezahlt wird.

1.2 Der Arbeitnehmer muss dem Arbeitgeber sowohl Diensterfindungen als auch freie Erfindungen mitteilen (§§ 5 und 18 ArbnErfG). **Diensterfindungen** kann der Arbeitgeber nach näherer Bestimmung der §§ 6 bis 8 ArbnErfG in Anspruch nehmen. Für **freie Erfindungen** muss der Arbeitnehmer dem Arbeitgeber mindestens ein nicht ausschließliches Recht zur Benutzung der Erfindung zu angemessenen Bedingungen anbieten; der Arbeitgeber kann das Angebot innerhalb drei Monaten annehmen oder Festsetzung angemessener Bedingungen durch das Gericht veranlassen (§ 19 ArbnErfG). Für **technische Verbesserungsvorschläge** gelten die Bestimmungen für Diensterfindungen entsprechend (§ 20 ArbnErfG). Zur Höhe der Vergütungen sind aufgrund von § 11 ArbnErfG Richtlinien[5] erlassen worden.

2. Pfändung und Verwertung

Der Vergütungsanspruch jedenfalls für die freie Erfindung ist **als gewöhnliche Geldforderung, nicht als Teil des Arbeitseinkommens pfändbar**. Folglich unterliegt er nicht dem Pfändungsschutz nach §§ 850 ff. ZPO. Umgekehrt erfasst die Pfändung des Arbeitseinkommens nicht den Anspruch auf die freie Erfindervergütung.[6]

Die Erfindung (der Verbesserungsvorschlag, für die die Vergütung geschuldet wird) soll **im Pfändungsantrag bezeichnet** werden, damit es, falls der Vollstreckungsschuldner mehrere Erfindungen gemacht haben sollte,

---

5 Richtlinien v. 20.7.1959, Beilage zum BAnz 1959 Nr. 156, S. 1, zuletzt geändert durch Richtlinie v. 1.9.1983, BAnz Nr. 169, S. 9994. Diese gelten entsprechend für die Vergütung von Arbeitnehmererfindungen im öffentlichen Dienst, vgl. Richtlinien v. 1.12.1960, BAnz 1960 Nr. 237, S. 2.
6 BGH v. 29.11.1984 – X ZR 39/83, BGHZ 93, 82 = NJW 1985, 1031.

nicht an der notwendigen Bestimmbarkeit des gepfändeten Anspruchs fehlt.

6 **Drittschuldner** ist der Arbeitgeber bzw. der Dienstherr.

3. Rechtsweg

7 Für die **Drittschuldnerklage** ist das Arbeitsgericht zuständig, wenn der Erfinder Arbeitnehmer (nicht Richter, Beamter oder Soldat) ist und ausschließlich eine nach § 12 ArbnErfG festgestellte oder festgesetzte Vergütung verlangt; das soll allerdings für die Vergütung für technische Verbesserungsvorschläge nicht gelten.[7] In allen anderen Fällen ist das ordentliche Gericht zuständig. Der Rechtsstreit gehört am Landgericht vor die Zivilkammer – Kammer für Patentstreitigkeiten (§§ 39 ArbnErfG, 143 PatG), also nicht vor die Kammer für Handelssachen. Dies gilt jedoch nicht für Ansprüche auf Leistung einer festgestellten oder festgesetzten Vergütung für eine Erfindung. Einer Klage hat grundsätzlich ein Verfahren vor einer Schiedsstelle vorauszugehen (§ 37 ArbnErfG).

Muster 19   Arbeitseinkommen I

Hinweis: Zu benutzen ist das amtliche Formular Anlage 2 (zu § 2 Nr. 2) der Verordnung über Formulare für die Zwangsvollstreckung (Zwangsvollstreckungsformular-Verordnung – ZVFV) vom 23.8.2012 (BGBl. I 2012, S. 1822) in der geänderten Fassung aufgrund der Verordnung zur Änderung der Zwangsvollstreckungsformular-Verordnung vom 16.6.2014 (BGBl. I 2014, S. 754).

Hierbei kommen folgende auszufüllende Felder in Betracht:

Forderung aus Anspruch	4
☐ A (an Arbeitgeber)	

(...)

Anspruch A (an Arbeitgeber)
1. auf Zahlung des gesamten gegenwärtigen und künftigen Arbeitseinkommens (einschließlich des Geldwertes von Sachbezügen)
2. auf Auszahlung des als Überzahlung jeweils auszugleichenden Erstattungsbetrages aus dem durchgeführten Lohnsteuer-Jahresausgleich sowie aus dem Kirchenlohnsteuer-Jahresausgleich für das Kalenderjahr _____ und für alle folgenden Kalenderjahre
3. auf

(...)

---

[7] BAG v. 3.2.1965 – 4 AZR 461/63, BAGE 17, 53.

Arbeitseinkommen I   Muster 19

☐ **Es wird angeordnet,** dass zur Berechnung des nach §850c ZPO pfändbaren Teils des Gesamteinkommens zusammenzurechnen sind:

    ☐ Arbeitseinkommen bei Drittschuldner (genaue Bezeichnung)

_____ und

    ☐ Arbeitseinkommen bei Drittschuldner (genaue Bezeichnung)

_____ .

Der unpfändbare Grundbetrag ist in erster Linie den Einkünften des Schuldners bei Drittschuldner (genaue Bezeichnung)

_____ zu entnehmen,

weil dieses Einkommen die wesentliche Grundlage der Lebenshaltung des Schuldners bildet.

☐ **Es wird angeordnet,** dass zur Berechnung des nach §850c ZPO pfändbaren Teils des Gesamteinkommens zusammenzurechnen sind:

    ☐ laufende Geldleistungen nach dem Sozialgesetzbuch von Drittschuldner (genaue Bezeichnung der Leistungsart und des Drittschuldners)

_____ und

    ☐ Arbeitseinkommen bei Drittschuldner (genaue Bezeichnung)

_____ .

Der unpfändbare Grundbetrag ist in erster Linie den laufenden Geldleistungen nach dem Sozialgesetzbuch zu entnehmen. Ansprüche auf Geldleistungen für Kinder dürfen mit Arbeitseinkommen nur zusammengerechnet werden, soweit sie nach §76 des Einkommensteuergesetzes (EStG) oder nach §54 Absatz 5 des Ersten Buches Sozialgesetzbuch (SGB I) gepfändet werden können.

☐ Gemäß §850c Absatz 4 ZPO wird **angeordnet,** dass

    ☐ der Ehegatte   ☐ der Lebenspartner/die Lebenspartnerin   ☐ das Kind/die Kinder

bei der Berechnung des unpfändbaren Teils des Arbeitseinkommens

    ☐ nicht   ☐ nur teilweise

als Unterhaltsberechtigte/-r zu berücksichtigen sind/ist.
(Begründung zu Höhe und Art des eigenen Einkommens)

_____
_____
_____
_____

(…)

☐ **Es wird angeordnet, dass**

    ☐ der Schuldner die Lohn- oder Gehaltsabrechnung oder die Verdienstbescheinigung einschließlich der entsprechenden Bescheinigungen der letzten drei Monate vor Zustellung des Pfändungs- und Überweisungsbeschlusses an den Gläubiger herauszugeben hat

    ☐

_____
_____
_____
_____
_____

Muster 19 Arbeitseinkommen I

Hinweis:

In dem amtlichen Formular fehlt der folgende, aber durchaus nützliche Hinweis, der auf Antrag vom Gericht an geeigneter Stelle anzubringen ist:

Endet das Arbeits- oder Dienstverhältnis und begründen der Schuldner und Drittschuldner innerhalb von neun Monaten ein solches neu, so erstreckt sich die Pfändung auf die Forderung aus dem neuen Arbeits- oder Dienstverhältnis.

Vorbemerkung

Die *Muster 19–25* befassen sich mit der Pfändung des **Arbeitseinkommens Unselbständiger** – wozu weder die Erfindervergütung (dazu *Muster 18*) noch der Anspruch auf Lohnsteuerausgleich (dazu *Muster 169* und *170*) gehören – mit Ausnahme der Entlohnung der Heimarbeiter (dazu *Muster 95* und *96*) und der Soldaten (dazu *Muster 160–163*).

Die Pfändung des **Arbeitseinkommens Selbständiger** wird an typischen Beispielen gezeigt:

Ärzte, Zahnärzte, Tierärzte: *Muster 12* und *13*;
Automatenaufsteller: *Muster 34*;
Rechtsanwälte: *Muster 138* und *139*;
Schriftsteller: *Muster 182*;
Vertreter: *Muster 189*.

1. Besonderer Pfändungsschutz für Arbeitseinkommen

1 **Das Arbeitseinkommen** bietet sich dem Zugriff des Vollstreckungsgläubigers geradezu an: Ein sehr hoher Prozentsatz der Vollstreckungsschuldner bezieht Arbeitseinkommen, diese Tatsache und der Drittschuldner sind verhältnismäßig schnell zu ermitteln, das typische Arbeitseinkommen fließt kontinuierlich, Lohnschiebung kann bekämpft werden (*Muster 24* und *25*). Auf der anderen Seite ist das Arbeitseinkommen als Lebensgrundlage der meisten Bürger für diese weitgehend unverzichtbar.

2 Daher hat der Gesetzgeber die Pfändung des Arbeitseinkommens zwar prinzipiell zugelassen, aber durch zahlreiche Pfändungsschutzbestimmungen dafür gesorgt, dass dem Vollstreckungsschuldner das Lebensnotwendige verbleibt. Freilich vermag diese Regelung nicht in jedem Einzelfall zu befriedigen: Der unpfändbare Teil des Einkommens kann in Ballungsgebieten allein vom Mietzins verbraucht werden, in anderen Fällen mag der Vollstreckungsgläubiger dringender auf den Eingang seiner Forderung angewiesen sein als der Vollstreckungsschuldner auf den Schutz.

3 Auf eine Begriffsdefinition des Arbeitseinkommens kann hier verzichtet werden. Die einzelnen **Einkommensarten und Einkommensteile** werden jeweils bei der Prüfung ihrer Pfändbarkeit behandelt werden.

2. Pfändung und Verwertung

Die Pfändung von Arbeitseinkommen wird in §§ 850 bis 850l und 832, 833 ZPO im Einzelnen geregelt. Sie ist in den Kommentaren zur ZPO und auch in Darstellungen des Arbeitsrechts ausführlich behandelt. Hier werden daher mehr spezielle Fragen behandelt.

2.1 Einzelne Einkommensarten

2.1.1 Nur vom Einkommen **Unselbständiger** ist hier die Rede. Dazu gehören u.U. auch Ansprüche von Ärzten gegen die Kassenärztliche Vereinigung auf Abschlagszahlungen für ärztliche Leistungen. Diese unterliegen dem Pfändungsschutz für „Arbeitseinkommen" nach § 850 ZPO. Solche monatlichen Abschlagszahlungen stellen „fortlaufende Bezüge" i.S. des § 832 ZPO dar.[1]

2.1.2 Ersatzansprüche, die der Arbeitnehmer deshalb hat, weil ihm seine Arbeitsvergütung vertragswidrig vorenthalten worden oder infolge des Verhaltens eines Dritten entgangen ist, genießen den gleichen Pfändungsschutz wie das Arbeitseinkommen selbst.[2]

2.1.3 Der **Handelsvertreter mit Inkassoermächtigung** erhebt seine Provision[3] (als unausgeworfenen Teil des Kaufpreises) beim Kunden selbst. Dennoch sind seine Provisionen Arbeitseinkommen i.S. des § 850 Abs. 2 ZPO, wenn der Handelsvertreter Angestellter ist, i.S.d. § 850i ZPO, wenn er Selbständiger ist.[4] Näheres ist in *Muster 189* dargestellt.

2.1.4 Die Vergütung für **Heimarbeit** ist durch § 850i Abs. 3 ZPO und § 27 des Heimarbeitsgesetzes[5] dem Arbeitseinkommen gleichgestellt. Die Pfändung ist in den *Mustern 95* und *96* behandelt.

2.1.5 Die **Karenzentschädigung**, die der Arbeitgeber einem früheren Arbeitnehmer als Äquivalent für ein Wettbewerbsverbot schuldet (§§ 74 ff. HGB, § 110 GewO) ist Arbeitseinkommen (§ 850 Abs. 3 ZPO) und genießt Pfändungsschutz nach §§ 850a ff. ZPO, bei Zahlung in einer Summe nach § 850i ZPO.

2.1.6 Der **Entgeltfortzahlungsanspruch** ist Teil des Lohns und ohne weiteres mit gepfändet.[6]

2.1.7 Versicherungsleistungen sind verschieden zu behandeln:

---

1 OLG Nürnberg v. 30.4.2002 – 4 VA 954/02, JurBüro 2002, 603 = InVo 2003, 78.
2 *Stein/Jonas*, § 850 ZPO Rz. 45; *Zöller/Stöber*, § 850 ZPO Rz. 15.
3 Zur Fixprovision eines selbstständigen Handelsvertreters BayObLG v. 6.3.2003 – 5 St RR 18/03, NJW 2003, 2181.
4 BAG NJW 1966, 469.
5 Gesetz v. 14.3.1951, geändert durch Art. 82 Drittes Gesetz für moderne Dienstleistungen am Arbeitsmarkt v. 23.12.2003 (BGBl. I 2003, S. 2848), zuletzt geändert durch Art. 225 Gesetz v. 31.10.2006 (BGBl. I 2006, S. 2407).
6 BAG NJW 1972, 702 zu dem durch das Entgeltfortzahlungsgesetz (BGBl. I 1994, S. 1065) aufgehobenen Lohnfortzahlungsgesetz.

12 **Krankengeld** ist Ersatz für Arbeitseinkommen (§ 21 Abs. 1 Nr. 2 SGB I); es ist nach *Muster 164* zu pfänden.

13 **Versicherungsrenten** aus der freiwilligen Lebens- und Unfallversicherung sowie aus Witwen- und Waisenkassen ersetzen Ruhegelder oder Hinterbliebenenbezüge und sind deshalb dem Arbeitseinkommen gleichgestellt (§ 850 Abs. 3 lit. b ZPO bzw. § 850b Abs. 1 Nr. 4 ZPO).

14 Die **Lebensversicherungssumme** – auf den Todesfall – genießt nach § 850b Abs. 1 Nr. 4 ZPO nur Pfändungsschutz, wenn sie 3579,- Euro nicht übersteigt. Sie ist nach *Muster 114* und *115* zu pfänden.

15 Die **Kapitalabfindung aus der Unfallversicherung** genießt keinen Vollstreckungsschutz.

16 Die **Leistungen der Versorgungsanstalt des Bundes und der Länder** in Karlsruhe (VBL) genießen als Arbeitseinkommen Pfändungsschutz (§ 850 Abs. 3 lit. b ZPO).

17 **2.1.8 Versorgungsbezüge der Beamten** sind Arbeitseinkommen (§ 850 Abs. 2 ZPO), ebenso Betriebsrenten, Ruhegelder und Vorruhestandsgelder.

18 **2.1.9** Von dem Grundsatz, dass zum Arbeitseinkommen nur Ansprüche gegen den Arbeitgeber zählen, nicht Ansprüche gegen Dritte oder bereits im Vermögen des Vollstreckungsschuldners befindliches Geld, werden zwei einleuchtende Ausnahmen gemacht:

19 Vom **bereits ausbezahlten Arbeitslohn** ist ein Geldbetrag unpfändbar, der dem der Pfändung nicht unterworfene Teil der Einkünfte für die Zeit von der Pfändung bis zum nächsten Zahlungstermin entspricht (§ 811 Abs. 1 Nr. 8 ZPO).

20 Das auf ein Konto eingezahlte Arbeitseinkommen wird nach §§ 850k bzw. 850l ZPO geschützt. Näheres s. Rz. 35 bei *Muster 36*.

2.2 Pfändungsschutz

21 Er macht bei Formulierung der Anträge und Beschlüsse kaum Schwierigkeiten und ist in den Kommentaren ausgiebig behandelt. Daher wird er hier nur summarisch behandelt.

22 **2.2.1** Der Schutz bereits ausbezahlten Arbeitseinkommens ist oben in Rz. 18 behandelt. Die folgenden Ausführungen beziehen sich also nur auf den **noch bestehenden Anspruch auf Zahlung der Arbeitsvergütung**.

23 **2.2.2** Zu unterscheiden ist zwischen nichtwiederkehrend zahlbaren Vergütungen und wiederkehrend zahlbaren Vergütungen (Arbeitseinkommen im engeren Sinn).

Nicht wiederkehrend zahlbare Vergütungen, insbesondere das Arbeitseinkommen der freien Berufe, selbständiger Handwerker, Handelsvertreter, werden nach § 850i ZPO geschützt: Der einzelne Anspruch auf die Vergütung unterliegt grundsätzlich der Pfändung, jedoch hat das Vollstreckungsgericht dem Vollstreckungsschuldner auf Antrag so viel zu belassen, wie er während eines angemessenen Zeitraums für seinen notwendigen Unterhalt und den seines Ehegatten, seines früheren Ehegatten, dem Lebenspartner, einem früheren Lebenspartner, seiner unterhaltsberechtigten Verwandten oder eines Elternteils nach §§ 1615l, 1615n BGB bedarf; bei der Entscheidung sind die wirtschaftlichen Verhältnisse des Schuldners, insbesondere seine sonstigen Verdienstmöglichkeiten, frei zu würdigen. Dem Schuldner ist nicht mehr zu belassen, als ihm verbliebe, hätte er Arbeitseinkommen i.S. des § 850 Abs. 2 ZPO. Der Schutzantrag des Schuldners ist insoweit abzulehnen, als überwiegende Belange des Gläubigers entgegenstehen.

2.2.3 Der Pfändungsschutz für **wiederkehrend zahlbare Vergütungen** wird auf folgende Weise gewährt: § 850e ZPO schreibt vor, wie das Einkommen zu berechnen ist (dazu Rz. 25 ff.), durch § 850a ZPO werden gewisse Teile des Arbeitseinkommens von der Pfändung völlig ausgenommen (dazu Rz. 31 ff.), andere Beträge werden durch § 850b ZPO als bedingt pfändbar erklärt (dazu Rz. 38 ff.), und was dann vom Arbeitseinkommen noch bleibt, wird durch die Bestimmung von Pfändungsgrenzen im § 850c ZPO in einen unpfändbaren und einen pfändbaren Teil geschieden; nur der die Pfändungsfreigrenze übersteigende Teil des Arbeitseinkommens steht dem Zugriff des Gläubigers offen (vgl. Rz. 23). Für bestimmte Unterhaltsansprüche reicht der Zugriff des Vollstreckungsgläubigers weiter (vgl. *Muster 20* mit Erläuterungen), Ansprüche aus vorsätzlicher unerlaubter Handlung sind nach § 850f Abs. 2 ZPO privilegiert.[7] Abgeordnete genießen einen Sonderschutz (vgl. Rz. 44). 24

2.2.4 Die Berechnung des pfändbaren Arbeitseinkommens

2.2.4.1 § 850e Nr. 1 ZPO schreibt Abzüge vom Bruttoeinkommen für **unpfändbare Einkommensteile** und für die **Lohnsteuern** und **Sozialabgaben** vor, weil diese dem Vollstreckungsschuldner nicht für sich selbst und zur Erfüllung seiner gesetzlichen Unterhaltspflichten zur Verfügung stehen. Der Arbeitgeber hat also in erster Linie die Lohnsteuer für die Lohnzahlungsperiode abzuziehen. Ebenfalls abzuziehen sind die Kirchensteuer und der Solidaritätszuschlag. Weiterhin in Abzug zu bringen sind die vom Arbeitnehmer zu zahlenden anteilsmäßigen Beträge zu Krankenversicherung, Rentenversicherung, Arbeitslosenversicherung und Pflegeversicherung. Diesen Beträgen stehen ausdrücklich gleich die Beträge, die der Schuldner nach dem Sozialversicherungsgesetz zur Weiterversicherung entrichtet oder die er an eine Ersatzkasse oder an eine private Krankenversicherung leistet.[8] Zur Höhe dieser Beträge ist ein Vergleich mit den Beitragssätzen der gesetzlichen Krankenversicherung vorzunehmen.[9] Zur Frage, ob Arbeitnehmerbeiträge zur Pflichtversicherung bei der Versor- 25

---

7 Zum Nachweis vgl. BGH v. 5.4.2005 – VII ZB 17/05, Rpfleger 2005, 370.
8 Nicht zu berücksichtigen sind bei einem Beamten freiwillige Leistungen zu einer Versicherung bei einer Ersatzkasse, LG Hannover JurBüro 1987, 464.
9 LG Berlin v. 30.3.1994 – 81 T 483/93, Rpfleger 1994, 426.

gungsanstalt des Bundes und der Länder (VBL) zum pfändbaren Arbeitseinkommen zu rechnen sind, hat der BGH[10] entschieden, dass die Pfändbarkeit der VBL-Pflichtbeiträge bereits durch § 850e Nr. 1 Satz 1 ZPO ausgeschlossen ist. Sofern ein Angestellter von der Versicherungspflicht befreit ist und für sich und seine Hinterbliebenen eine Lebensversicherung abgeschlossen hat, ist diese ebenfalls vom Bruttoeinkommen abzuziehen. Zur Höhe ist auch hier ein Vergleich mit den gesetzlichen Beiträgen vorzunehmen. Ebenfalls abzuziehen ist der Teil, der als vermögenswirksame Leistung des Arbeitnehmers bestimmt ist. Beiträge für die freiwillige Höherversicherung sind nicht abzugsfähig.

Gewisse Sonderbezüge sind grundsätzlich unpfändbar gemäß § 850a ZPO. Diese **Unpfändbarkeit** besteht **kraft Gesetzes** und ist vom Drittschuldner immer zu beachten, auch wenn diese Vorschrift ganz oder z.T. im Pfändungsbeschluss nicht mit abgedruckt ist.

Nach § 850a Nr. 1 ZPO ist die **Hälfte** der für die Leistung von **Mehrarbeitsstunden** gezahlten Teile des Arbeitseinkommens unpfändbar. Nach § 850a Nr. 2 ZPO sind weiter unpfändbar für die Dauer eines **Urlaubs** über das Arbeitseinkommen hinaus gewährten Bezüge, Zuwendungen aus Anlass eines besonderen Betriebsereignisses und Treuegelder, soweit sie den Rahmen des Üblichen nicht übersteigen. Gleiches gilt für eine gezahlte **Aufwandsentschädigung** nach § 850a Nr. 3 ZPO. Unpfändbar ist auch das **Weihnachtsgeld** nach § 850a Nr. 4 ZPO, allerdings nur bis zur Hälfte des monatlichen Arbeitseinkommens, höchstens aber bis 500,- €. Weitere Leistungen sind Heirats- und Geburtsbeihilfen (§ 850a Nr. 5 ZPO), Erziehungsgelder (§ 850a Nr. 6 ZPO), Sterbe- und Gnadenbezüge (§ 850a Nr. 7 ZPO) und Blindenzulagen (§ 850a Nr. 8 ZPO).

In Literatur und Rechtsprechung wird immer wieder darüber gestritten, ob die unpfändbaren Lohnanteile mit dem **Netto- oder Bruttobetrag** bei der Berechnung der pfändbaren Beträge in Abzug zu bringen sind.[11] Das BAG hat sich in seinem Grundsatzurteil für die sog. Nettomethode entschieden. Zur Berechnung des pfändbaren Einkommens zieht das BAG zunächst die unpfändbaren Bezüge vom Bruttoeinkommen ab, um dann aus diesem Betrag die gesetzlichen Abzüge (Steuern und Sozialversicherungsbeiträge) „fiktiv" zu errechnen. Aus dem hieraus errechneten Nettoeinkommen wird dann der pfändbare Betrag mit Hilfe der Pfändungstabelle festgestellt. Anschließend wird das tatsächliche Nettoeinkommen unter Zugrundelegung der gesamten Abzüge für Steuern und Sozialversicherungsbeiträge ermittelt (inklusive der unpfändbaren Bezüge). Hiervon wird noch der ermittelte pfändbare Betrag abgezogen (der an den Gläubiger ausgezahlt wird), und das restliche Nettoeinkommen wird dann an den Arbeitnehmer ausgezahlt.

---

10 BGH v. 15.10.2009 – VII ZB 1/09, Rpfleger 2010, 149 = WM 2009, 2390.
11 Nachweise in BAG v. 17.4.2013 – 10 AZR 59/12, Rpfleger 2013, 627 = NJW 2013, 2924.

2.2.4.2 § 850e Nr. 2 ZPO lässt auf Antrag des Vollstreckungsgläubigers 26
die **Zusammenrechnung mehrerer Arbeitseinkommen** zu. Der Vollstreckungsgläubiger sollte den Antrag auf Zusammenrechnung schon mit dem Antrag auf Erlass des Pfändungs- und Überweisungsbeschlusses stellen. Nach herrschender Meinung hat der Vollstreckungsgläubiger die Tatsachen zu beweisen, deren Vorliegen Voraussetzung für die Zusammenrechnung ist. Zu dem Antrag auf Zusammenrechnung ist der Vollstreckungsschuldner nicht zu hören (§ 834 ZPO). Das Vollstreckungsgericht[12] ordnet die Zusammenrechnung im Pfändungs- und Überweisungsbeschluss an; erfolgt die Zusammenrechnung erst auf späteren Antrag im gesonderten Beschluss, so hat dieser keine Rückwirkung. Im Falle der Zusammenrechnung ist der unpfändbare Geldbetrag in erster Linie dem Einkommensteil des Vollstreckungsschuldners zu entnehmen, der die wesentliche Grundlage seiner Lebenshaltung bildet.

§ 850e Nr. 2a ZPO lässt die **Zusammenrechnung von Arbeitseinkommen** 27
mit Ansprüchen auf laufende Geldleistungen nach dem Sozialgesetzbuch zu. Die Zusammenrechnung mit Ansprüchen auf Geldleistungen für Kinder ist nur nach Maßgabe von § 850e Nr. 2a Satz 3 ZPO zulässig.

Der unpfändbare Grundbetrag ist – soweit nicht wegen gesetzlicher Unter- 28
haltsansprüche gepfändet wird – den laufenden Geldleistungen nach dem Sozialgesetzbuch zu entnehmen,[13]

2.2.4.3 Sachbezüge (Naturalleistungen) sind mit ihrem Geldwert anzuset- 29
zen und mit den Geldbezügen zusammenzurechnen (§ 850e Nr. 3 ZPO); den Geldwert hat im Streitfall das Vollstreckungsgericht festzusetzen. Die **Sachbezugsverordnung** hat im Vollstreckungsrecht keine bindende Wirkung. Allerdings hat der BGH mit Beschluss vom 13.12.2012[14] in einem Fall über die Frage der Zusammenrechnung von Geld- und Naturalleistungen entschieden, dass, wenn der Drittschuldner bei der Berechnung des pfändbaren Teils des Arbeitseinkommens Geld- und Naturalleistungen zusammenrechnet, der Schuldner eine niedrigere Bewertung der Naturalleistungen nur im Wege der Klage vor dem Prozessgericht erreichen kann. Selbstverständlich hat der BGH Recht, wenn er ausführt, dass die Zusammenrechnung des in Geld zahlbaren Einkommens und der Naturalien dem Arbeitgeber als Drittschuldner obliegt und grundsätzlich nicht dem Vollstreckungs- oder dem Insolvenzgericht. Der Pfändungsbeschluss ergeht insoweit und noch in weiteren Details, z.B. bezüglich der unpfändbaren Beträge nach § 850a ZPO, als „Blankettbeschluss". Gleiches gilt für die Ermittlung und Berücksichtigung der unterhaltsberechtigten Per-

---

12 Bei der Abtretung mehrerer Arbeitseinkommen entscheidet über eine Zusammenrechnung nach § 850e Nr. 2 ZPO das Prozessgericht und nicht das Vollstreckungsgericht, BGH v. 31.10.2003 – IXa ZB 194/03, Rpfleger 2004, 170 = NJW-RR 2004, 494.
13 LG Marburg v. 30.11.2001 – 3 T 300/01, Rpfleger 2002, 216.
14 BGH v. 13.12.2012 – IX ZB 7/12, Rpfleger 2013, 282 = NJW-RR 2013, 560 = WM 2013, 137.

sonen. Dem BGH ist auch zuzustimmen, wenn er ausführt, dass einem „Klarstellungsbeschluss" gegenüber den Verfahrensbeteiligten keine endgültige bindende Wirkung zukommt. Nicht nachvollziehbar ist aber die generelle Schlussfolgerung, dass, wenn die beantragte „Klarstellung" nicht zu einer verbindlichen Feststellung des pfändbaren Betrages führt, sie also ihren Zweck nicht erfüllen kann, das Rechtsschutzinteresse für den auf ihren Erlass gerichteten Antrag fehlen soll. Die Praxis zeigt immer wieder, dass ein solcher Klarstellungsbeschluss den Beteiligten nicht nur weiterhilft, sondern auch helfen kann, unnötige Rechtsstreitigkeiten zu vermeiden. Hat der Klarstellungsbeschluss letztlich keine „endgültige bindende Wirkung", zeigt er aber immer wieder „streitschlichtende Wirkung", und auch dafür ist ein Rechtschutzinteresse zu bejahen.[15] In Zweifelsfällen können Gläubiger, Schuldner und insbesondere der Drittschuldner das Vollstreckungsgericht um Klärung anrufen[16], siehe hierzu auch das typische Beispiel im Streitfall zu § 850c Abs. 2a ZPO.[17]

30   **2.2.4.4 Bedingt pfändbare Beträge** nach § 850b Abs. 2 ZPO und **Lohnschiebungsbeträge** sind ebenfalls mit den übrigen pfändbaren Beträgen zusammenzurechnen.

31   **2.2.5 Unpfändbare Beträge (§ 850a ZPO)** können weder für sich allein gepfändet, noch dürfen sie mit pfändbaren Beträgen zusammengerechnet werden. Der Anspruch auf **Urlaubsabgeltung** ist pfändbar.[18] Eine Ausnahme gilt für Nrn. 1, 2, 4, wenn wegen gesetzlicher Unterhaltsansprüche gepfändet wird (§ 850d Abs. 1 ZPO).

32   Die **Aufwandsentschädigung der Abgeordneten** ist in Rz. 44 behandelt.

33   Bei der **Weihnachtsvergütung** kommt es nicht auf die Benennung an, es genügt ein deutlicher, zeitlicher Bezug.

34   **Blindenzulagen** als Teil der Arbeitsvergütung sind nach § 850a ZPO, als Pflegegeld oder als Sozialleistung §§ 54, 55 SGB I unpfändbar.

34a Die „Entschädigung für Mehraufwendungen" beim sog. 1-Euro-Job ist nicht pfändbar.[19]

35   **Beihilfen im öffentlichen Dienst sind beschränkt pfändbar:**
Nach § 80 BBG (Bundesbeamtengesetz vom 5.2.2009, BGBl. I, S. 160) und nach den Beamtengesetzen der Länder besteht auf Beihilfen ein Rechtsanspruch. Allerdings wird die Beihilfe zweckgebunden gewährt und ist damit grundsätzlich weder abtretbar noch pfändbar, § 851 ZPO.[20]

---

15 In diesem Sinne auch *Grote*, ZInsO 2013, 374.
16 Zöller/*Stöber*, § 850c ZPO Rz. 9.
17 BGH v. 24.1.2006 – VII ZB 93/05, Rpfleger 2006, 202 = NJW 2006, 777.
18 BAG v. 28.8.2001 – 9 AZR 611/99, JurBüro 2003, 214 = InVo 2002, 155; ebenso LG Leipzig v. 25.11.2002 – 12 T 3864/02, JurBüro 2003, 215.
19 LG Kassel v. 7.7.2010 – 3 T 468/10, JurBüro 2010, 607.
20 Z.B. Zöller/*Stöber*, § 851 ZPO Rz. 3; Prütting/*Ahrens*, § 851 ZPO Rz. 14.

Beihilfeleistungen sind **zweckgebunden**, denn sie dienen der Erfüllung der Fürsorgepflicht des Dienstherrn und sollen den öffentlichen Bediensteten helfen, eine finanzielle Schwierigkeit zu überwinden. Daher ist der Anspruch auf eine Beihilfe grundsätzlich unpfändbar. 36

Eine **Ausnahme** muss aber gelten, wenn wegen einer Forderung gepfändet wird, welche gerade einen **Anlass zur Beihilfegewährung** gegeben hat; denn die Möglichkeit zur Tilgung dieser Forderung sollte mit der Beihilfe gegeben werden. Mit dieser Beschränkung ist der Anspruch auf Beihilfe also pfändbar.[21] 37

2.2.6 Bedingt pfändbare Bezüge (§ 850b ZPO) sind nur dann pfändbar, wenn die Zwangsvollstreckung in das sonstige bewegliche Vermögen des Schuldners zu einer vollständigen Befriedigung des Gläubigers nicht geführt hat oder voraussichtlich nicht führen wird und außerdem nach den Umständen des Falles – insbesondere nach der Art des beizutreibenden Anspruchs und der Höhe der jeweiligen Bezüge – die Pfändung der Billigkeit entspricht (§ 850b Abs. 2 ZPO). Auf Antrag des Gläubigers und nach Anhörung der Beteiligten hat das Vollstreckungsgericht darüber zu entscheiden, ob ausnahmsweise die Pfändung dieser Beträge zugelassen wird (§ 850b Abs. 3 ZPO). **Der Gläubiger wird also gut daran tun**, insbesondere **das Protokoll** des Gerichtsvollziehers, aus dem sich die Erfolglosigkeit der bisherigen Zwangsvollstreckung am leichtesten dartun lässt, eine vollständige Ausfertigung oder Abschrift des Titels, aus dem sich die Art des beizutreibenden Anspruchs ergibt und zumindest Vortrag über die Vermögensverhältnisse des Vollstreckungsschuldners seinem Antrag beizugeben. § 850d ZPO nennt zwar den § 850b ZPO nicht, trotzdem werden aber Unterhaltsansprüche zu bevorzugen sein, weil es bei dieser „Art der beizutreibenden Ansprüche" recht häufig der Billigkeit entsprechen wird, wenn die Pfändung zugelassen wird. Vgl. hierzu auch Rz. 27 bei *Muster 165*. 38

Bedingt pfändbar sind:

Renten, die wegen einer Verletzung des Körpers oder der Gesundheit zu entrichten sind: Hierbei gehören z.B. die Renten aufgrund gesetzlicher Haftpflichtbestimmungen etwa nach § 843 BGB, § 13 StVG, § 618 Abs. 3 BGB, § 62 HGB. Wenn über diese gesetzlich begründeten Rentenansprüche ein Vertrag vorliegt, der ihre Höhe regelt (z.B. ein Vergleich), so ändert dies an der bedingten Pfändbarkeit nichts. Unbedingt pfändbar sind Renten aber dann, wenn sie allein aufgrund vertraglicher Vereinbarung oder letztwilliger Verfügung gezahlt werden. § 850b ZPO ist aber nicht nur auf Renten, Einkünfte und Bezüge von Arbeitnehmern und Beamten, sondern auch von anderen Personen, insbesondere Selbständigen, anwendbar. Eine Berufsunfähigkeitsrente ist nur nach einer Billigkeitsprüfung für pfändbar 39

---

[21] BGH v. 5.11.2004 – IXa ZB 17/04, Rpfleger 2005, 148; Zöller/*Stöber*, § 850a ZPO Rz. 12; Stein/Jonas, § 850a ZPO Rz. 23; LG Münster v. 21.2.1994 – 5 T 930/93, Rpfleger 1994, 473.

zu erklären.[22] Auch das FG Sachsen-Anhalt[23] hält eine Berufsunfähigkeitsrente für grundsätzlich unpfändbar.

40 Wegen der Ansprüche aufgrund eines **Altenteils** vgl. *Muster 14.*

41 **Unterhaltsrenten** (§ 850b Nr. 2 ZPO) genießen den Schutz auch dann, wenn sie im Einzelnen durch Gerichtsurteil, Vergleich oder Unterhaltsvertrag geregelt sind. Den Schutz genießen auch Ansprüche auf Zahlung von Unterhaltsrückständen.[24]

42 **Krankenkassen** i.S. des § 850b Nr. 4 ZPO sind private Kassen, nicht Träger der gesetzlichen Krankenversicherung; Leistungen letzterer unterliegen als Sozialleistungen nicht dem § 850b ZPO, sondern dem § 54 SGB I.

43 Bezüglich der Ansprüche aus Lebensversicherungen vgl. Rz. 31 ff. der Erläuterungen bei *Muster 115.*

44 **Abgeordnete** genießen Pfändungsschutz durch Sondergesetze: Für Bundestagsabgeordnete bestimmt das Abgeordnetengesetz[25] in § 31, dass Ansprüche auf Amtsausstattung als Aufwandsentschädigung (§ 12) nicht übertragbar sind, die monatlich gezahlte Abgeordnetenentschädigung (§ 11) zur Hälfte übertragbar ist. Im Übrigen gelten die Vorschriften der §§ 850 ff. ZPO.

45 Für **Landtagsabgeordnete** haben die Länder ähnliche Regelungen geschaffen. Das **Europaabgeordnetengesetz**[26] verweist in § 12 Abs. 4 auf die Regelungen der §§ 31 und 33 des AbgG (s. Rz. 44).

Mehrere Aufwandsentschädigungen sind bei der Prüfung der Unpfändbarkeit jedoch zusammenzurechnen.[27]

2.3 Pfändungsgrenzen für Arbeitseinkommen (§§ 850c, 850d, 850f, 850g ZPO)

46 2.3.1 Auch soweit die Pfändung des Arbeitseinkommens nicht nach Rz. 31, 38 und 44 unzulässig ist, kann es nicht in voller Höhe gepfändet werden, sondern nur innerhalb der von § 850c ZPO und der **Lohnpfändungstabelle** gezogenen Grenzen. Nach § 850c Abs. 2a ZPO erhöhen sich die unpfändbaren Beträge alle zwei Jahre zum 1.7., erstmals am 1.7.2003.

---

22 BGH v. 15.7.2010 – IX ZR 132/09, Rpfleger 2010, 674 = WM 2010, 1612; a.A. LG Traunstein ZInsO 2010, 1939.
23 FG Sachsen-Anhalt v. 28.10.2010 – 5 V 1563/10, EFG 2011, 943.
24 BGHZ 31, 218.
25 Gesetz über die Rechtsverhältnisse der Mitglieder des Deutschen Bundestages (AbgG), neugefasst durch Bek. v. 21.2.1996 (BGBl. I 1996, S. 326, zuletzt geändert durch Gesetz v. 8.11.2011, BGBl. I, 2218).
26 Gesetz v. 6.4.1979, BGBl. I 1979, S. 413; zuletzt geändert durch Art. 1 Gesetz v. 23.10.2008 (BGBl. I 2008, S. 2020).
27 BezG Frankfurt/Oder v. 22.3.1993 – 13 T 12/93, Rpfleger 1993, 457.

Da zum 1.7.2003 jedoch keine Änderung erfolgte, wurden die Lohnpfändungsgrenzen erstmals zum 1.7.2005 angepasst[28].

Der BGH[29] hat die umstrittene Frage der Wirksamkeit der **Anhebung der Pfändungsfreigrenzen** zum 1.7.2005 positiv entschieden. Der in § 850c Abs. 2a Satz 1 Halbs. 1 ZPO bezeichnete Vergleichszeitraum („Vorjahreszeitraum") umfasst die zwei Jahre, die seit dem letzten Zeitpunkt der Anpassung der Pfändungsfreigrenzen vergangen sind. Die vom Bundesministerium der Justiz am 25.2.2005 im Bundesgesetzblatt bekanntgemachte Erhöhung der Pfändungsfreigrenzen für Arbeitseinkommen zum 1.7.2005 ist rechtswirksam. Weiter führt der BGH aus, dass über den Antrag des Gläubigers auf Klarstellung eines in Form eines Blankettbeschlusses ergangenen Pfändungs- und Überweisungsbeschlusses das Vollstreckungsgericht durch den Rechtspfleger entscheidet. Die bis dahin ergangenen unterschiedlichen Entscheidungen sind überholt.[30]

Zum 1.7.2009 erfolgte erneut keine Anhebung der Freigrenzen.[31] Eine Anhebung erfolgte erst wieder zum 1.7.2011[32]. Derzeit aktuell sind die Freigrenzen vom 1.7.2013.[33]

Das ist im Pfändungsbeschluss zu berücksichtigen, wobei auf die Tabelle Bezug genommen werden kann (§ 850c Abs. 3 ZPO). Wird jedoch, etwa auf Grund von §§ 850c Abs. 4, 850d, 850f oder 850g ZPO, von den Pfändungsgrenzen der Tabelle abgewichen, so muss das im Pfändungsbeschluss dargelegt werden.

Nach Meinung des BAG sollen bei der Berechnung des pfändbaren Betrags nach § 850c Abs. 1 Satz 2 ZPO unterhaltsberechtigte Personen nur dann zu berücksichtigen sein, wenn im konkreten Fall eine gesetzliche Verpflichtung des Vollstreckungsschuldners zur Unterhaltsgewährung besteht.[34] Diese Entscheidung ist nicht haltbar, weil sie § 850c Abs. 4 ZPO übersieht: Ob ein Unterhaltsberechtigter trotz eigenen Einkommens zu berücksichtigen ist, entscheidet das Vollstreckungsgericht[35]; die Entscheidung setzt einen Antrag des Gläubigers voraus. Nur so werden die Rechtsklarheit und Praktikabilität gewahrt, auf die das BAG besonders abhebt. In diese Richtung geht auch eine Entscheidung des BGH vom 23.9.2010. Eine Reduzierung der in § 850c Abs. 1 Satz 2 ZPO genannten Pauschalbeträge auf den tatsächlich geleisteten Unterhaltsbetrag kommt nur dann in Betracht, wenn sich die Inanspruchnahme dieser Freibeträge durch den Schuldner als unbillig erweist und deshalb die Verwirklichung des mit der Einführung von Pauschalbeträgen verfolgten Zwecks ausnahmsweise hin-

---

28 Bekanntmachung zu § 850c der ZPO – Pfändungsfreigrenzenbekanntmachung 2005, v. 25.2.2005, BGBl. I 2005, S. 493, s. Fußnoten im Anhang 4.
29 BGH v. 24.1.2006 – VII ZB 93/05, Rpfleger 2006, 202 = NJW 2006, 777.
30 Beispielhaft LG Bamberg, LG Leipzig, LG Gießen, alle Rpfleger 2006, 87.
31 Bek. v. 15.5.2009 (BGBl. I 2009, S. 1141).
32 Bekanntmachung v. 9.5.2011, BGBl. I 2011, S. 826.
33 Pfändungsfreigrenzenbekanntmachung v. 26.3.2013, BGBl. I 2013, S. 710.
34 BAG v. 26.11.1986 – 4 AZR 786/85, NJW 1987, 1573.
35 Hierzu BGH v. 21.12.2004 – IXa ZB 142/04, Rpfleger 2005, 201.

ter dem Vollstreckungsinteresse des Gläubigers zurücktreten muss.[36] Nach dem Sachverhalt hat der Schuldner eine unterhaltsberechtigte Tochter, die bei einer Pflegefamilie lebt. Für ihre Pflege zahlt er einen monatlichen Zuschuss von lediglich 26 Euro. Dennoch hat der Gläubiger keinen Anspruch darauf, dass der dem Schuldner gemäß § 850c Abs. 1 Satz 2 ZPO pfandfrei zu belassende Pauschalbetrag auf 26 Euro reduziert wird, weil der Schuldner nur in dieser Höhe Unterhalt in Form eines Pflegezuschusses an seine Tochter zahlt.

47 **2.3.2** Die Pfändungsgrenzen des § 850c ZPO verschieben sich zugunsten des Vollstreckungsgläubigers, wenn er wegen einer **Unterhaltsforderung** (§ 850d ZPO) oder wegen einer **Forderung aus einer vorsätzlich begangenen unerlaubten Handlung**[37] (§ 850f Abs. 2 ZPO) pfändet. Wird die Zwangsvollstreckung wegen einer Forderung aus einer vorsätzlich begangenen unerlaubten Handlung betrieben, sind dem Schuldner für seinen notwendigen Unterhalt jedenfalls die Regelsätze nach § 28 SGB XII zu belassen. Eine Pfändung kleiner Teilbeträge hieraus kommt nicht in Betracht.[38] Ob die Forderung von dieser Art ist, prüft das Prozessgericht bei Erlass des Titels, während das Vollstreckungsgericht auf den Inhalt des Titels (auch der Urteilsgründe) abzustellen hat; ergeben auch die Urteilsgründe nichts, ist eine entsprechende Feststellungsklage zulässig.[39]

Sowohl die Zwangsvollstreckung wegen des Anspruchs auf Zahlung von Verzugszinsen als auch wegen der Ansprüche auf Erstattung von Prozesskosten und Kosten der Zwangsvollstreckung unterfällt dem Vollstreckungsprivileg des § 850f Abs. 2 ZPO, wenn diese Ansprüche Folgen der vorsätzlich begangenen unerlaubten Handlung sind.[40]

Auch bei hohem Einkommen des Vollstreckungsschuldners kann das Vollstreckungsgericht von den Pfändungsgrenzen des § 850c ZPO zugunsten des Vollstreckungsgläubigers und auf dessen Antrag hin abweichen (§ 850f Abs. 3 ZPO), auch wenn diese Vorschrift in der Praxis nicht relevant ist, da der Höchstbetrag bei jetzt 3166,48 Euro liegt (s. Rz. 46).

48 **2.3.3** Auf Antrag des Vollstreckungsschuldners kann das Vollstreckungsgericht ihm von seinem nach §§ 850c, 850d und 850i ZPO pfändbaren Arbeitseinkommen einen Teil – nicht aber alles[41] – belassen, wenn **besondere Bedürfnisse des Vollstreckungsschuldners** oder der besondere Umfang seiner Unterhaltsverpflichtungen dies erfordern und überwiegende Belange des Vollstreckungsgläubigers nicht entgegenstehen (§ 850f Abs. 2 ZPO).

---

36 BGH v. 23.9.2010 – VII ZB 23/09, Rpfleger 2011, 163 = DGVZ 2011, 69.
37 Zum Nachweis vgl. BGH v. 5.4.2005 – VII ZB 17/05, Rpfleger 2005, 370.
38 BGH v. 25.11.2010 – VII ZB 111/09, Rpfleger 2011, 164 = NJW-RR 2011.
39 Eindeutig BGH v. 26.9.2002 – IX ZB 180/02, Rpfleger 2003, 91 = JurBüro 2003, 436 = InVo 2003, 70; hierzu auch *Behr*, Rpfleger 2003, 389; bereits früher BGH v. 30.11.1989 – III ZR 215/88, BGHZ 109, 275 = Rpfleger 1990, 246; LG Stuttgart JurBüro 1997, 548; a.A. OLG Celle InVo 1998, 326.
40 BGH v. 10.3.2011 – VII ZB 70/08, Rpfleger 2011, 448 = NJW-RR 2011, 791.
41 OLG Koblenz JurBüro 1987, 306.

Dem Vollstreckungsschuldner ist auf Antrag jedenfalls ein Betrag in Höhe der **Sozialhilfe** zu belassen (§ 850f Abs. 1a ZPO)[42]. 49

2.3.4 Ändern sich später die Voraussetzungen für die Bemessung des unpfändbaren Teils des Arbeitseinkommens, so hat das Vollstreckungsgericht auf Antrag den Pfändungsbeschluss entsprechend zu ändern (§ 850g ZPO); ggf. ist ein Klarstellungsbeschluss zu erlassen (im Wege der Abhilfe nach § 766 ZPO). Dies gilt auch bei der Unterhaltsvollstreckung. Auch hier kann der nach § 850d Abs. 1 Satz 2 ZPO unpfändbare Teil des Arbeitseinkommens, über dessen Höhe im Beschwerdeverfahren entschieden worden ist, in entsprechender Anwendung des § 850g Satz 1 ZPO neu festgesetzt werden, wenn aufgrund einer erstmaligen höchstrichterlichen Grundsatzentscheidung teilweise geänderte Maßstäbe für seine Berechnung gelten.[43] 50

2.3.5 Zur **Pfändung abgetretener Arbeitsvergütung** s. Rz. 138 der „Grundlagen". 51

2.3.6 Wenn das Arbeitsverhältnis beendet wird, wird der Pfändungs- und Überweisungsbeschluss nicht sofort gegenstandslos; wird innerhalb von neun Monaten ein neues Arbeitsverhältnis begründet, so erstreckt sich die Pfändung auch auf das neubegründete Arbeitsverhältnis, § 833 Abs. 2 ZPO. 52

3. Rechtsweg

Die Drittschuldnerklage ist zum Arbeitsgericht zu erheben (§ 2 Abs. 1 Nr. 3 lit. a ArbGG), wenn der Vollstreckungsschuldner **Arbeitnehmer** (§ 5 ArbGG) ist. 53

↪ **Beachte aber:** Geschäftsführer einer GmbH und Organe anderer juristischer Personen sind keine Arbeitnehmer, sodass die Klage zu den ordentlichen Gerichten zu erheben ist, ggf. zur Kammer für Handelssachen, wenn die gepfändeten Vergütungsansprüche während der Organstellung des Vollstreckungsschuldners entstanden sind (§ 95 Abs. 1 Nr. 4 lit. a GVG). 54

Muster 20 Arbeitseinkommen II

Pfändung wegen eines Unterhaltsanspruchs

Hinweis: Zu benutzen ist das amtliche Formular Anlage 3 (zu § 2 Nr. 1) der Verordnung über Formulare für die Zwangsvollstreckung (Zwangsvollstreckungsformular-Verordnung – ZVFV) vom 23.8.2012 (BGBl. I 2012, S. 1822) in

---

42 Bei Ermittlung der angemessenen Höhe dieses Betrages besteht keine Bindung an die Empfehlungen des Deutschen Vereins für öffentliche und private Fürsorge, BGH v. 12.12.2003 – IXa ZB 225/03, Rpfleger 2004, 297.
43 BGH v. 5.11.2004 – IXa ZB 57/04, Rpfleger 2005, 149.

Muster 20   Arbeitseinkommen II

der geänderten Fassung aufgrund der Verordnung zur Änderung der Zwangsvollstreckungsformular-Verordnung vom 16.6.2014 (BGBl. I 2014, S. 754). Hierbei kommen folgende auszufüllenden Felder in Betracht:

Forderung aus Anspruch   5

☐   A (an Arbeitgeber)

(…)

Anspruch A (an Arbeitgeber)
1. auf Zahlung des gesamten gegenwärtigen und künftigen Arbeitseinkommens (einschließlich des Geldwertes von Sachbezügen)
2. auf Auszahlung des als Überzahlung jeweils auszugleichenden Erstattungsbetrages aus dem durchgeführten Lohnsteuer-Jahresausgleich sowie aus dem Kirchenlohnsteuer-Jahresausgleich für das Kalenderjahr _____ und für alle folgenden Kalenderjahre
3. auf _____
   _____
   _____

(…)

Berechnung des pfändbaren Nettoeinkommens   7

(betrifft Anspruch A und B)

Von der Pfändung sind ausgenommen:
1. Beträge, die unmittelbar auf Grund steuer- oder sozialrechtlicher Vorschriften zur Erfüllung gesetzlicher Verpflichtungen des Schuldners abzuführen sind, ferner die auf den Auszahlungszeitraum entfallenden Beträge, die der Schuldner nach den Vorschriften der Sozialversicherungsgesetze zur Weiterversicherung entrichtet oder an eine Ersatzkasse oder an ein Unternehmen der privaten Krankenversicherung leistet, soweit diese Beträge den Rahmen des Üblichen nicht übersteigen;
2. Aufwandsentschädigungen, Auslösegelder und sonstige soziale Zulagen für auswärtige Beschäftigungen, das Entgelt für selbstgestelltes Arbeitsmaterial, Gefahren-, Schmutz- und Erschwerniszulagen, soweit sie den Rahmen des Üblichen nicht übersteigen;
3. ein Viertel der für die Leistung von Mehrarbeitsstunden gezahlten Teile des Arbeitseinkommens;
4. die Hälfte der nach § 850a Nummer 2 ZPO (z. B. Urlaubs- oder Treuegelder) gewährten Bezüge und Zuwendungen;
5. Weihnachtsvergütungen bis zu einem Viertel des monatlichen Arbeitseinkommens, höchstens aber bis zur Hälfte des in § 850a Nummer 4 ZPO in der jeweiligen Fassung genannten Höchstbetrages;
6. Heirats- und Geburtsbeihilfen, sofern die Vollstreckung wegen anderer als der aus Anlass der Heirat oder der Geburt entstandenen Ansprüche betrieben wird;
7. Erziehungsgelder, Studienbeihilfen und ähnliche Bezüge;
8. Sterbe- und Gnadenbezüge aus Arbeits- und Dienstverhältnissen;   8
9. Blindenzulagen;
10. Geldleistungen für Kinder sowie Sozialleistungen, die zum Ausgleich immaterieller Schäden gezahlt werden.

(…)

Arbeitseinkommen II   **Muster 20**

☐ Der erweiterte Pfändungsumfang gilt nicht für die Unterhaltsrückstände, die länger als ein Jahr vor Stellung des Pfändungsantrags vom _____ fällig geworden sind, weil nach Lage der Verhältnisse nicht anzunehmen ist, dass der Schuldner sich seiner Zahlungspflicht absichtlich entzogen hat.	8

Der Schuldner ist nach Angaben des Gläubigers
- ☐ ledig.
- ☐ mit dem Gläubiger verheiratet / eine Lebenspartnerschaft führend.
- ☐ verheiratet / eine Lebenspartnerschaft führend.
- ☐ geschieden.
- ☐ Der Schuldner ist dem geschiedenen Ehegatten gegenüber unterhaltspflichtig
- ☐ _____

Der Schuldner hat nach Angaben des Gläubigers
- ☐ keine unterhaltsberechtigten Kinder.
- ☐ keine weiteren unterhaltsberechtigten Kinder außer dem Gläubiger.
- ☐ ____ unterhaltsberechtigtes Kind / unterhaltsberechtigte Kinder.
- ☐ ____ weiteres unterhaltsberechtigtes Kind / weitere unterhaltsberechtigte Kinder außer dem Gläubiger.
- ☐ _____

(…)

☐ **Es wird angeordnet, dass** ☐ der Schuldner die Lohn- oder Gehaltsabrechnung oder die Verdienstbescheinigung einschließlich der entsprechenden Bescheinigungen der letzten drei Monate vor Zustellung des Pfändungs- und Überweisungsbeschlusses an den Gläubiger herauszugeben hat	9

Hinweis:

In dem amtlichen Formular fehlt der folgende durchaus nützliche Hinweis, der auf Antrag vom Gericht an geeigneter Stelle anzubringen ist:

Endet das Arbeits- oder Dienstverhältnis und begründen der Schuldner und Drittschuldner innerhalb von neun Monaten ein solches neu, so erstreckt sich die Pfändung auf die Forderung aus dem neuen Arbeits- oder Dienstverhältnis.

1. Grundlagen

Die Erläuterungen zu *Muster 19* werden hier als bekannt vorausgesetzt.   1

2. Pfändung und Verwertung

2.1 Gegenüber den in § 850d ZPO genannten Unterhaltsberechtigten gelten die in *Muster 19* angeführten Einschränkungen für die Pfändung von Arbeitseinkommen nicht in vollem Umfang. Wegen der gesetzlichen Unterhaltsansprüche sind nämlich sowohl das jeweilige **Arbeitseinkommen** des Schuldners als auch **Mehrarbeitsentschädigung, Urlaubsbezüge, Zuwendungen aus besonderem Anlass, Treuegelder und Weihnachtsver-   2 gütungen ohne die in § 850c ZPO bestimmten Beschränkungen pfändbar; dem Schuldner ist jedoch so viel zu belassen, wie er für seinen notwendigen Unterhalt und zur Erfüllung seiner laufenden gesetzlichen Unterhaltsverpflichtungen gegenüber den Gläubigern, die dem Vollstreckungsgläubiger vorgehen oder ihm gleichstehen, bedarf. Mehr aber darf dem Vollstreckungsschuldner nicht bleiben, als ihm bei Anwendung des § 850c Abs. 1 ZPO bliebe; Mehrbeträge nach dem System des § 850c Abs. 2 ZPO stehen ihm nicht zu, § 850d Abs. 1 Satz 3 ZPO. Gleichmäßige Befriedigung gleichrangiger Ansprüche bedeutet, dass der pfändbare Betrag nach den Anteilen der Unterhaltsgläubiger aufzuteilen und dem Vollstreckungsgläubiger seine Quote zuzuteilen ist.[1]

Nach Auffassung des BGH[2] fällt ein **Anspruch aus schuldrechtlichem Versorgungsausgleich** nicht unter das Vollstreckungsprivileg des § 850d Abs. 1 Satz 1 ZPO. Auch ein Zuschlag nach § 24 Abs. 2 SGB II fällt nicht unter den notwendigen Selbstbehalt i.S. des § 850d ZPO.[3] Der nach § 850d Abs. 1 Satz 2 ZPO unpfändbare Teil des Arbeitseinkommens, über dessen Höhe im Beschwerdeverfahren entschieden worden ist, kann in entsprechender Anwendung des § 850g Satz 1 ZPO neu festgesetzt werden, wenn aufgrund einer erstmaligen höchstrichterlichen Grundsatzentscheidung teilweise geänderte Maßstäbe für seine Berechnung gelten.[4]

Der prozessuale **Kostenerstattungsanspruch** des Unterhaltsgläubigers gegen den Unterhaltsschuldner aus einem Unterhaltsprozess fällt ebenfalls nicht unter das Vollstreckungsprivileg des § 850d Abs. 1 Satz 1 ZPO.[5] Diese Differenzierung überzeugt nicht. Der Kostenerstattungsanspruch ist ein Nebenanspruch des Hauptanspruchs und sollte somit auch dessen „Schicksal" teilen, im positiven wie im negativen Sinne. Da üblicherweise Haupt- und Nebenanspruch in einem Pfändungsbeschluss geltend gemacht werden, muss mit Blick auf die Zahlungspflicht des Drittschuldners (teils nach § 850c, teils nach § 850d ZPO) diesem diese Differenzierung verständlich gemacht werden.

Kosten der Zwangsvollstreckung, die im Rahmen der Vollstreckung entstanden sind, sollen auch nicht unter die bevorrechtigte Pfändung nach § 850d Abs. 1 ZPO fallen.[6]

3 Durch das Gesetz zur Änderung des Unterhaltsrechts vom 21.12.2007 (BGBl. I, 3189) wurde auch die Rangfolge in § 850d Abs. 2 ZPO geändert. Während im Verhältnis von Pfändung wegen Unterhaltsansprüchen oder Pfändung wegen „normaler" Geldforderungen die Regelung des § 804

---

1 OLG Köln v. 4.6.1993 – 2 W 65/93, NJW-RR 1993, 1156.
2 BGH v. 5.7.2005 – VII ZB 11/05, WM 2005, 1993 = Rpfleger 2005, 676 = FamRZ 2005, 1564.
3 LG Münster v. 26.4.2005 – 5 T 293/05, Rpfleger 2005, 550.
4 BGH v. 5.11.2004 – IXa ZB 57/04, Rpfleger 2005, 149 = NJW-RR 2005, 222 = FamRZ 2005, 198 = JurBüro 2005, 161 = MDR 2005, 413 = WM 2005, 139 = InVo 2005, 152.
5 BGH v. 9.7.2009 – VII ZB 65/08, Rpfleger 2009, 629 = NJW-RR 2009, 1441 = FamRZ 2009, 1483.
6 LG Krefeld v. 12.4.2010 – 7 T 35/10, FamRZ 2010, 1929.

Abs. 3 ZPO gilt („wer zuerst kommt, mahlt zuerst"), entspricht es der h.M., dass die Regelung des § 804 ZPO keine Rolle spielt im Verhältnis zweier oder mehrerer wegen Unterhalt pfändender Gläubiger. In ihrem Verhältnis zueinander findet nicht § 804 ZPO Anwendung, vielmehr richtet sich die vorrangige Befriedigung danach, welcher Unterhaltsgläubiger den besseren Rang hat. Sind die Unterhaltsgläubiger gleichrangig, werden sie hinsichtlich des Betrags, der den unpfändbaren Betrag nach § 850c ZPO übersteigt, gleichmäßig befriedigt; bezüglich des nach § 850c ZPO unpfändbaren Betrags gilt jedoch § 804 Abs. 3 ZPO.[7]

Bis zum 31.12.2007 war die Rangfolge der Unterhaltsberechtigten nach § 850d ZPO a.F. insoweit abweichend von der des § 1609 BGB a.F., als im Gegensatz zu § 1609 BGB in § 850d ZPO die volljährigen, unverheirateten, im Haushalt mindestens eines Elternteils lebenden Schüler unter 21 den minderjährigen unverheirateten nicht gleich standen, andererseits entfiel in § 850d ZPO die Einschränkung des § 1615l Abs. 3 S. 3 BGB betreffend nichteheliche Mütter.[8] Die Rangfolge der Unterhaltsberechtigten nach § 1609 BGB n.F. hat sich wesentlich geändert. Sie lautet (verkürzt) wie folgt:

a) minderjährige unverheiratete Kinder und Kinder i.S.v. § 1603 Abs. 2 S. 2 BGB (volljährige, im Haushalt mindestens eines Elternteils lebende volljährige Schüler bis zum 21. Lebensjahr),

b) Elternteile, die wegen der Betreuung eines Kindes unterhaltsberechtigt sind oder im Fall einer Scheidung wären, sowie Ehegatten und geschiedene Ehegatten bei einer Ehe von langer Dauer; bei der Feststellung einer Ehe von langer Dauer sind auch Nachteile im Sinne des § 1578b Abs. 1 Satz 2 und 3 zu berücksichtigen,

c) Ehegatten und geschiedene Ehegatten, die nicht unter Nummer 2 fallen,

d) Kinder, die nicht unter Nummer 1 fallen,

e) Enkelkinder und weitere Abkömmlinge,

f) Eltern,

g) weitere Verwandte der aufsteigenden Linie; unter ihnen gehen die Näheren den Entfernteren.

Insbesondere für die Vollstreckungspraxis ist danach von Bedeutung, dass der bisherige Gleichrang von minderjährigen unverheirateten Kindern mit Ehegatten nicht mehr besteht. So sinnvoll es grundsätzlich war, die neue Rangfolge des § 1609 BGB inhaltsgleich in § 850d ZPO zu regeln, führt dies doch je nach Fallgestaltung in der Praxis zu erheblichen Schwierigkeiten.[9] Die Ermittlung der Freibeträge nach den konkreten Umständen zu

---

7 Hintzen/Wolf, Zwangsvollstreckung, Zwangsversteigerung und Zwangsverwaltung, Rz. 6.167; Stöber, Forderungspfändung, Rz. 1271 ff.; a.A. Henze, Rpfleger 1980, 458.
8 Vgl. dazu BGH v. 9.5.2003 – IXa ZB 73/03, NJW 2003, 2832 = Rpfleger 2003, 514.
9 Hierzu Hintzen/Wolf, Rpfleger 2008, 337. Nach Prütting/Ahrens, § 850d ZPO Rz. 46 muss evtl. von dem Anhörungsverbot nach § 834 ZPO abgewichen werden.

berechnen kann schon daran scheitern, dass der Rechtspfleger bei Erlass des Pfändungs- und Überweisungsbeschlusses häufig nicht einmal das Alter der Kinder kennt, sodass er auch keine Mindestbedarfssätze ansetzen kann. Teilweise dürfte daher eine Pfändung nach § 850d ZPO nicht mehr ohne Weiteres möglich sein. Völlig unübersichtlich wird die Situation für das Vollstreckungsgericht, wenn z.B. ein volljähriges Kind vollstreckt und vorrangige minderjährige Kinder und vorrangige (geschiedene) Ehegatten vorhanden sind. Unabhängig davon, dass das Vollstreckungsgericht – nicht anders als das Familiengericht im Unterhaltsprozess – seine Probleme damit haben wird, zu beurteilen, wann nach dem ab dem 1.1.2008 geltenden Unterhaltsrecht ein Elternteil bzw. (geschiedene) Ehegatte einen Unterhaltsanspruch wegen Betreuung haben wird, stellt sich das weitere Problem bei der Auslegung der langen Ehedauer.

4 Wird wegen Unterhalt gemäß § 850d ZPO gepfändet, muss das Vollstreckungsgericht eine konkrete Berechnung des dem Schuldner zu belassenden unpfändbaren Einkommens vornehmen. Ein Blankettbeschluss wie bei der Pfändung nach § 850c ZPO ist unzulässig.[10] Im Verfahren über den Erlass eines Pfändungs- und Überweisungsbeschlusses wird der Schuldner grundsätzlich nicht vorher angehört (§ 834 ZPO). Die Festsetzung des Freibetrags durch den Rechtspfleger des Vollstreckungsgerichts erfolgte daher nach Erfahrungssätzen; bei gleichrangigen Unterhaltsberechtigten erfolgte im Zweifel eine Aufteilung nach Kopfteilen, weil der genaue Bedarf der konkurrierenden Unterhaltsberechtigten ihm im Zweifel unbekannt war.[11] Auf einen entsprechenden Antrag/Rechtsbehelf hin konnte dies abgeändert werden, so z.B. im Hinblick auf den konkreten Bedarf des erst 5-jährigen Kindes im Verhältnis zur arbeitslosen geschiedenen Ehefrau. Unter Berücksichtigung dessen war die Festsetzung bis zum 31.12.2007 relativ problemlos möglich, weil die hauptsächlichen Unterhaltsgläubiger – minderjährige unverheiratete Kinder, der Ehegatte, ein früherer Ehegatte und ein Elternteil – untereinander gleichen Rang hatten.

In einer Grundsatzentscheidung führt der BGH[12] aus: „Was dem Vollstreckungsschuldner bei der erweiterten Pfändung als notwendiger Unterhalt verbleiben muss, entspricht in der Regel dem notwendigen Lebensunterhalt im Sinne der Abschnitte 2 und 4 des Bundessozialhilfegesetzes. Der Freibetrag kann nicht nach den Grundsätzen bemessen werden, die im Unterhaltsrecht für den sog. notwendigen Selbstbehalt gelten, der in der Regel etwas oberhalb der Sozialhilfesätze liegt. Im Rahmen von § 850d Abs. 1 Satz 2 ZPO können als Richtsätze für den notwendigen Unterhalt des Vollstreckungsschuldners die Unterhaltsrichtlinien der OLG – z.B. Düsseldorfer Tabelle – nicht herangezogen werden. Denn die Richtlinien

---

10 BGH v. 18.7.2003 – IXa ZB 151/03, Rpfleger 2003, 593 = NJW 2003, 2918 = FamRZ 2003, 1466 = MDR 2004, 53 = InVo 2003, 442 = ZVI 2003, 648; BGH, Rpfleger 2005, 201.
11 Hintzen/Wolf, Zwangsvollstreckung, Zwangsversteigerung und Zwangsverwaltung, Rz. 6.171.
12 BGH v. 18.7.2003 – IXa ZB 151/03, Rpfleger 2003, 593 = NJW 2003, 2918 = FamRZ 2003, 1466 = MDR 2004, 53 = InVo 2003, 442 = ZVI 2003, 648.

sind auf das materielle Unterhaltsrecht bezogen. Mit dem notwendigen Selbstbehalt, der dem Unterhaltspflichtigen in den Mangelfällen des § 1603 Abs. 2 BGB auch seinen minderjährigen Kindern gegenüber verbleiben muss, darf der notwendige Unterhalt des Vollstreckungsschuldners nicht gleichgesetzt werden. Die Verdoppelung der nach § 22 Abs. 2 BSHG festgesetzten Regelsätze für die laufenden Leistungen zum Lebensunterhalt sind ebenfalls ungeeignet. Die Höhe der Regelsätze des § 22 Abs. 2 BSHG steht in keinem Zusammenhang mit den Aufwendungen des Beziehers für Unterkunft und Heizung. Die Regelsätze lassen damit auch keinen Raum, Unterschiede der ortsüblichen Miethöhen im Regelsatzgebiet zu berücksichtigen. Tatsächlich liegt der doppelte Betrag des Regelsatzes vielfach unter dem konkreten Sozialhilfeanspruch." Bei der Bemessung des pfandfreien Betrages sind die gesetzlichen Unterhaltspflichten des Schuldners in Höhe des dem Unterhaltsberechtigten zustehenden Betrages zu berücksichtigen, auch wenn der Schuldner seiner Unterhaltspflicht nicht in vollem Umfang genügt.[13]

Am 1.1.2005 ist das 4. Gesetz für moderne Dienstleistungen am Arbeitsmarkt (**Hartz IV**) in Kraft getreten (BGBl. I 2003, 2954). Mit diesem Gesetz wurden die Arbeitslosen- und Sozialhilfe für erwerbsfähige Hilfsbedürftige und ihre Angehörigen zusammengeführt. Statt Arbeitslosenhilfe und Sozialhilfe wird **Arbeitslosengeld II** für die Personen gezahlt, die auf dem Arbeitsmarkt noch vermittelt werden können. Das BSHG wurde abgeschafft. Somit wurden auch die Eckregelsätze nach § 22 Abs. 2 BSHG und die Regelung nach § 23 BSHG durch die Leistungen nach dem SGB II ersetzt. Der vom Gericht festzulegende notwendige Unterhaltsbedarf des Schuldners richtet sich somit nach den Regelleistungen zur Sicherung des Lebensunterhalts gemäß § 20 SGB II (neugefasst durch Bek. v. 13.5.2011, BGBl. I 850, 2094; zuletzt geändert durch Art. 1 Gesetzt v. 7.5.2013, **BGBl. I 1167**) bzw. § 28 SGB XII (**zuletzt geändert durch Art. 1 Gesetz v. 1.10.2013, BGBl. I, 3733**) richten (zum 1.1.2014 trat die letzte Erhöhung der Regelbedarfe nach dem SGB II ein. Für volljährige Alleinstehende ist der Regelsatz um 9 Euro von 382 Euro auf 391 Euro gestiegen. Entsprechend steigen auch die Beträge für Partner in der Bedarfsgemeinschaft, von 345 Euro auf 353 Euro; für Miete und Nebenkosten werden gemäß § 22 SGB II die tatsächlichen Aufwendungen hinzugerechnet; weitere Zuschläge ergeben sich für Heizkosten, §§ 22 Abs. 1, 27 Nr. 1 SGB II und ein eventueller Mehrbedarf für Erwerbstätigkeit, § 30 SGB XII).

Bevorzugt werden **nur gesetzliche Unterhaltsansprüche**; dass wegen solcher gepfändet wird, muss sich aus dem Vollstreckungstitel ergeben. Allein auf Vertrag beruhende Unterhaltsansprüche sind nicht bevorzugt. Die Bevorzugung bleibt aber gesetzlichen Unterhaltsansprüchen auch dann erhalten, wenn sie vertraglich geregelt, insbesondere der Höhe nach bestimmt sind. Allerdings ist bei altrechtlichen Ansprüchen der Kindesmutter auf Erstattung von Entbindungskosten, die vor dem 1.7.1998 entstan-

---

13 BGH v. 5.8.2010 – VII ZB 101/09, Rpfleger 2011, 38 = DGVZ 2010, 211 = FamRZ 2010, 1654.

den sind, die erweiterte Pfändung des Arbeitseinkommens wegen bevorzugter Unterhaltsansprüche nicht zulässig.[14]

6 § 850d Abs. 1 ZPO ist nicht auf **Rückstände** anwendbar, die länger als ein Jahr vor dem Antrag auf Erlass des Pfändungsbeschlusses fällig geworden sind, es sei denn, der Schuldner habe sich seiner Zahlungspflicht absichtlich entzogen (§ 850d Abs. 1 Satz 4 ZPO). Hierzu ist kein Nachweis des Gläubigers nötig, der Schuldner trägt die Darlegungs- und Beweislast dafür, dass er sich seiner Zahlungspflicht nicht absichtlich entzogen hat.[15]

7 2.2 Auch für Unterhaltsgläubiger gilt grundsätzlich, dass das durch eine frühere Pfändung begründete Pfandrecht dem durch spätere Pfändung begründeten vorgeht (§ 804 Abs. 3 ZPO).

8 **2.3 Vorratspfändung:** Nach § 751 Abs. 1 ZPO darf die Zwangsvollstreckung erst beginnen, wenn der beizutreibende Anspruch fällig geworden ist; wegen eines jeden Unterhaltsbetrages müsste also jeden Monat gepfändet werden, wobei immer das Risiko bestünde, dass andere Gläubiger zuvorkommen. Zum Schutz von Unterhaltsforderungen und von Forderungen wegen der aus Anlass einer Verletzung des Körpers oder der Gesundheit zu zahlenden Renten macht § 850d Abs. 3 ZPO eine wichtige Ausnahme von der Bestimmung des § 751 ZPO; § 850d Abs. 3 ZPO gestattet nämlich die sog. Vorratspfändung:

9 Zugunsten solcher Forderungen kann zugleich mit Pfändung wegen fälliger Ansprüche auch **künftig fällig werdendes Arbeitseinkommen** wegen der dann jeweils fällig werdenden Unterhalts- und Rentenansprüche gepfändet und überwiesen werden. Das bedeutet nicht nur, dass diesen bevorzugten Vollstreckungsgläubigern die ständige Wiederholung der Pfändung (und Überweisung) erspart bleibt, sondern auch, dass die einmalige Pfändung und Überweisung den Rang auch bezüglich künftig werdenden Arbeitseinkommens wahrt; alles, was vom Arbeitseinkommen pfändbar ist, fließt auf Dauer dem Vorzugsgläubiger zu.

10 Voraussetzung der Vorratspfändung ist jedoch, dass **zugleich wegen eines fälligen Anspruchs**, also wegen rückständigen Unterhalts, gepfändet wird.

11 Zahlt der Unterhaltsschuldner nach geschehener Vorratspfändung die **laufenden Beträge freiwillig**, so kann er dadurch die Wirkung der Vorratspfändung nicht mehr beseitigen; er kann nicht etwa die Aufhebung des Pfändungsbeschlusses verlangen.[16]

12 **Treffen bevorrechtigte Ansprüche mit sonstigen Ansprüchen zusammen,** so hat das Vollstreckungsgericht auf Antrag eines Beteiligten auf die Unterhaltsansprüche zunächst die gemäß § 850d ZPO der Pfändung in erwei-

---

14 BGH v. 10.10.2003 – IXa ZB 170/03, NJW-RR 2004, 362 = Rpfleger 2004, 111.
15 BGH v. 21.12.2004 – IXa ZB 273/03, NJW-RR 2005, 718 = Rpfleger 2005, 204.
16 Für den Fall des rechtsmissbräuchlichen Aufrechterhaltens einer Pfändung vgl. OLG Düsseldorf MDR 1977, 145.

tertem Umfang unterliegenden Teile des Arbeitseinkommens zu verrechnen (§ 850e Abs. 4 ZPO).

2.4 Analog zur Vorratspfändung hat die Rechtsprechung die sog. **Dauerpfändung**[17] entwickelt. Diese hat mit der Vorratspfändung gemeinsam, dass – auch nur für Unterhaltsforderungen und Ansprüche auf Körperverletzungsrenten – durch einen einzigen Beschluss auch solche fortlaufend fällig werdenden Forderungen gepfändet und überwiesen werden können, die sich nicht auf Arbeitseinkommen richten, wie z.B. Mietzinsforderungen.

Im Gegensatz zur Vorratspfändung aber wird bei der Dauerpfändung die Pfändung der bei Beschlusserlass noch nicht fälligen Beträge jeweils erst dann wirksam, wenn die einzelnen Unterhalts- bzw. Rentenbeträge fällig werden; *die Dauerpfändung wirkt also nicht rangwahrend*, sodass zwischenzeitliche Pfändungen zugunsten anderer Vollstreckungsgläubiger Vorrang erhalten können.

Der BGH hält auch die Vorauspfändung von **Kontoguthaben** für künftig fällig werdende Unterhaltsansprüche unter der aufschiebenden Bedingung des Eintritts der Fälligkeit für zulässig[18]. Der BGH betont aber, dass die Vorauspfändung keine andauernde Kontensperre bewirkt. Nur in Höhe des gepfändeten Betrags hat sich der Schuldner zwischen dem Eintritt der Pfändungswirkung und der Auskehr des Betrages an den Gläubiger einer Verfügung über das Guthaben zu enthalten, damit der fällige Unterhaltsanspruch befriedigt werden kann. Die Rechte anderer Gläubiger werden nicht beeinträchtigt, weil die Vorauspfändung keine rangwahrende Wirkung hat. Ihre Position ist nicht anders, als wenn die Unterhaltsgläubiger jeweils am Monatsanfang eine neue Pfändung ausbrächten. Die anderen Gläubiger können vor dem auf den Monatsersten folgenden Werktag wegen bereits fälliger Ansprüche das bestehende und künftige Guthaben grundsätzlich insgesamt pfänden; auch soweit der jeweils fällige Unterhaltsbetrag gepfändet ist, können sie in darüber hinausgehende Guthabenbeträge vollstrecken.

Bei der Dauerpfändung muss im Text des Pfändungsbeschlusses klargestellt werden, dass die Pfändung der künftig fällig werdenden Beträge erst mit demjenigen Betrag wirksam wird, der auf den Fälligkeitsbetrag folgt.

2.5 Bezüglich der Pfändung von **verschleiertem Einkommen** für eine Unterhaltsforderung vgl. OLG Düsseldorf in NJW-RR 1989, 390.

---

17 Vgl. z.B. Baumbach/Lauterbach/Albers/*Hartmann*, § 751 ZPO Rz. 3 und Zöller/*Stöber*, § 850d ZPO Rz. 27, 28; *Stöber*, Rz. 690; OLG Hamm v. 25.10.1993 – 14 W 178/93, NJW-RR 1994, 895.
18 BGH v. 31.10.2003 – IXa ZB 200/03, Rpfleger 2004, 169 = NJW 2004, 369 = FamRZ 2004, 183 = MDR 2004, 413 = WM 2003, 2408 = InVo 2004, 193 = ZVI 2003, 646.

3. Unterhalt in der Insolvenz

17 **3.1** Zu den allgemeinen Auswirkungen der insolvenzrechtlichen Vollstreckungsverbote, § 89 Abs. 1 InsO, und der Rückschlagsperre, § 88 InsO vgl. Einl. Rz. 69, 70 ff.

18 Mit Blick auf das Restschuldbefreiungsverfahren gemäß §§ 286 ff. InsO erweitert § 89 Abs. 2 InsO den Anwendungsbereich des Einzelzwangsvollstreckungsverbots auf künftiges Arbeitseinkommen und Lohnersatzansprüche des Schuldners.

19 Während der Dauer des Verfahrens sind sie dem Vollstreckungszugriff nicht nur der Insolvenzgläubiger, sondern auch sonstiger Gläubiger (insbesondere der Neu-Gläubiger) entzogen. Zur Zwangsvollstreckung von rückständigen Unterhaltsansprüchen in der Verbraucherinsolvenz hat das BAG[19] entschieden, dass aus einem Pfändungs- und Überweisungsbeschluss, der von einem Unterhaltsberechtigten vor Eröffnung des Verbraucherinsolvenzverfahrens über das Vermögen des Unterhaltsschuldners erwirkt worden ist, nach der Insolvenzeröffnung die Zwangsvollstreckung wegen Unterhaltsrückständen aus der Zeit vor Insolvenzeröffnung nicht mehr betrieben werden kann (§ 89 Abs. 1 InsO). Wird dem Schuldner des Verbraucherinsolvenzverfahrens Restschuldbefreiung nach § 291 InsO in Aussicht gestellt, kann auch in der Wohlverhaltensphase die Zwangsvollstreckung wegen Unterhaltsrückständen aus der Zeit vor Insolvenzeröffnung nicht betrieben werden. Dem steht das Vollstreckungsverbot des § 294 InsO entgegen.

20 **3.2** Von dem Vollstreckungsverbot ausgenommen ist die Zwangsvollstreckung durch **Unterhalts- und Deliktsgläubiger** in den Teil der Bezüge, der nach den §§ 850d, 850f Abs. 2 ZPO für diese (privilegierten) Gläubiger erweitert pfändbar ist und nicht zur Insolvenzmasse gehört, § 89 Abs. 2 Satz 2 InsO, sog. **Vorrechtsbereich**.

21 Allerdings muss hierbei der Anspruch des Unterhaltsgläubigers strikt in Insolvenzforderung (Altgläubiger) und insolvenzfreie Forderung (Neugläubiger) unterschieden werden. Soweit es um die vor der Insolvenzeröffnung fällig gewordenen Unterhaltsansprüche geht, ist auch der Unterhaltsgläubiger ein Insolvenzgläubiger i.S. des § 38 InsO, vgl. auch § 40 InsO. Er unterliegt mit dieser Forderung den allgemeinen Vollstreckungsverboten, §§ 89, 88, 294 InsO. Nur die künftigen, während des Insolvenzverfahrens fälligen Unterhaltsansprüche sind von dem generellen Vollstreckungsverbot nach § 89 Abs. 1 InsO insoweit ausgenommen, als hierfür der Vorrechtsbereich vollstreckungsrechtlich zur Verfügung steht.[20]

22 Eine Pfändung, die zeitlich **vor** Insolvenzeröffnung erfolgte, bleibt in den Vorrechtsbereich ebenso wirksam, wie eine Pfändung während des eröffneten Insolvenzverfahrens.

---

19 BAG v. 17.9.2009 – 6 AZR 369/08, Rpfleger 2010, 86 = NJW 2010, 253 = MDR 2010, 292.
20 BGH v. 20.12.2007 – IX ZB 280/04, FamRZ 2008, 684.

3.3 Gleichermaßen gilt dies auch für Pfändungen im Eröffnungsverfahren nach Zulassung des Insolvenzantrages und trotz Erlasses eines Vollstreckungsverbots nach § 21 Abs. 2 Nr. 3 InsO. Dieses (vorläufige) Vollstreckungsverbot kann keine weitergehende Wirkung entfalten, als das (endgültige) Verbot nach Eröffnung des Verfahrens, § 89 Abs. 1 InsO. Die Ausnahme der privilegierten Pfändung für Unterhalts- und Deliktsgläubiger gilt daher auch in der Eröffnungsphase. Kein Unterschied ergibt sich aus der Tatsache, dass es sich um ein Unternehmens- oder Verbraucherinsolvenzverfahren handelt, sofern es sich um eine natürliche Person als Schuldner handelt. 23

Muster 21   Arbeitseinkommen III

Bediensteter der NATO-Streitkräfte außer USA, der durch Vermittlung einer deutschen Behörde bezahlt wird

Achtung!
Hier sollte nicht das amtliche Formular für den Antrag auf Erlass des Pfändungs- und Überweisungsbeschlusses verwendet werden. In jedem Falle sollte der richtige Antrag lauten:

Ich beantrage, den angeblichen Anspruch des Schuldners zu pfänden und das Pfändungs- und Überweisungersuchen gemäß Art. 5 des Gesetzes zum NATO-Truppenstatut und zu den Zusatzvereinbarungen von Amts wegen zuzustellen.

... (Darstellung der Vollstreckungsforderung) ...

Wegen dieser Ansprüche sowie wegen der Kosten dieser Pfändung und der Zustellungskosten

wird der angebliche Anspruch des Schuldners

gegen   ... (zuständigeSchadensregulierungsstelle) ...[1]

auf Zahlung aller sich aus der Zugehörigkeit ... (entweder: zur Truppe oder: zum zivilen Gefolge) ergebenden Bezüge ohne Rücksicht auf deren Benennung, insbesondere das Arbeitseinkommen und der Sold einschließlich des Geldwertes von Sachbezügen, solange gepfändet, bis der Gläubigeranspruch gedeckt ist, und zwar im Rahmen der Besoldungsbestimmungen der ... (die jeweilige NATO-Streitkraft einsetzen) ...[2]

Die Pfändung wird gemäß § 850c ZPO beschränkt.

Dem Schuldner wird geboten, sich jeder Verfügung über die gepfändeten Bezüge, insbesondere der Einziehung, zu enthalten.

Die Schadensregulierungsstelle wird ersucht, den gepfändeten Teil der Bezüge nicht mehr an den Schuldner, sondern an den Pfändungsgläubiger zu zahlen.

---
1 Für die Abgeltung der von den Gaststreitkräften in Deutschland verursachten Schäden sind die drei Schadensregulierungsstellen des Bundes (SRB) bundesweit sachlich zuständig.

Muster 22 Arbeitseinkommen IV

Die SRB haben im Rahmen einer Verwaltungsstrukturreform die früheren Ämter für Verteidigungslasten abgelöst (näheres unter http://www.bundesfinanzministerium.de/Content/DE/Standardartikel/Themen/Bundesvermoegen/Bundesanstalt_fuer_Immobilienaufgaben/Schadensregulierungsstellen/schadensregulierungsstellen-des-bundes.html)
2 Bei Pfändung wegen Unterhaltsansprüchen sind die Formulierungen in *Muster 20* zu beachten.

Erläuterungen bei *Muster 22*.

Muster 22 Arbeitseinkommen IV

Bediensteter der NATO-Streitkräfte außer USA, der nicht durch Vermittlung einer deutschen Behörde bezahlt wird

Achtung!
Hier sollte nicht das amtliche Formular für den Antrag auf Erlass des Pfändungs- und Überweisungsbeschlusses verwendet werden. In jedem Falle sollte der **richtige Antrag lauten:**

Ich beantrage, den angeblichen Anspruch des Schuldners zu pfänden und das Pfändungs- und Überweisungsersuchen gemäß Art. 5 des Gesetzes zum NATO-Truppenstatut und zu den Zusatzvereinbarungen von Amts wegen zuzustellen.

... (Darstellung der Vollstreckungsforderung) ...

Wegen dieser Ansprüche sowie wegen der Kosten für diese Pfändung und wegen der Zustellungskosten

wird der angebliche Anspruch des Schuldners

gegen   ... (zuständige Zahlstelle angeben) ...

auf Zahlung aller sich aus der Zugehörigkeit ... (entweder: zur Truppe oder: zum zivilen Gefolge) ... ergebenden Bezüge ohne Rücksicht auf deren Benennung, insbesondere das Arbeitseinkommen und der Sold einschließlich des Geldwertes von Sachbezügen solange gepfändet, bis der Gläubigeranspruch gedeckt ist, und zwar im Rahmen der Besoldungsbestimmungen der ... (die jeweilige NATO-Streitkraft einsetzen) ...[1]

Die Pfändung wird gemäß § 850c ZPO beschränkt.

Dem Schuldner wird geboten, sich jeder Verfügung über die gepfändeten Bezüge, insbesondere der Einziehung, zu enthalten.

Die ... (Zahlstelle) ... wird ersucht, von der Summe, die sie anerkennt, dem Vollstreckungsschuldner zu schulden, den gepfändeten Teil der Bezüge nicht mehr an den Schuldner zu zahlen, sondern bei der zuständigen Stelle zu hinterlegen oder dem Gläubiger auszuzahlen, soweit das Recht des betroffenen Entsendestaates dies zulässt. Soweit das Recht des betreffenden Entsendestaates dies nicht zulässt, wird die Behörde der Truppe bzw. des zivilen Gefolges ... (Zahlstelle) ... ersucht, alle geeigneten Maßnahmen zu treffen, um das Vollstreckungsorgan bei der Durchsetzung des dieser Pfändung zugrundeliegenden Vollstreckungstitels zu unterstützen.

1 Bei Pfändung wegen Unterhaltsansprüchen sind die Formulierungen in *Muster 20* zu beachten.

1. Besonderheit dieser Lohnforderungen

Erlass und Zustellung des Pfändungsbeschlusses sind staatliche Hoheitsakte. Diese können Wirkung nur in dem räumlichen und persönlichen Bereich entfalten, den die bundesdeutsche Zivilgerichtsbarkeit umgreift. Innerhalb ihres räumlichen Bereichs erstreckt sich die Gebietshoheit grundsätzlich auf alle Schuldner und Drittschuldner, die hier wohnen oder ihren Sitz haben, gleich, ob sie Inländer oder Ausländer sind. Von dieser Gerichtsgewalt bestehen aber Ausnahmen, sog. Immunitäten, insbesondere für Exterritoriale (vgl. insbesondere §§ 19, 20 GVG). Gegen einen fremden Staat ist eine Zwangsvollstreckung in Sachen und Rechte dieses Staates nur mit seiner Zustimmung und Mitwirkung möglich.[1]

1

Der BGH[2] hat die Zwangsvollstreckung in von einer **Botschaft geführten gepfändeten Konten** für unzulässig erklärt, weil die Schuldnerin insofern nicht der deutschen Gerichtsbarkeit unterliegt. Er führt aus, dass allein der in Bedingungen von Staatsanleihen ausgesprochene allgemeine Verzicht des Staates auf Immunität für gerichtliche Verfahren einschließlich des Zwangsvollstreckungsverfahrens keinen Verzicht auf den besonderen Schutz der diplomatischen Immunität bedeutet. Öffentlich-rechtliche **Gebührenansprüche** eines ausländischen Staates (hier: Zahlungsansprüche der Russischen Föderation aus Einräumung von Überflugrechten, Transitrechten und Einflugrechten) unterliegen nach Auffassung des BGH nicht der internationalen Zuständigkeit deutscher Gerichte und daher nicht dem inländischen Vollstreckungszugriff, sie können somit nicht gepfändet werden.[3] In einer weiteren Entscheidung stellt der BGH[4] klar, dass bei Maßnahmen der Zwangsvollstreckung gegen einen fremden Staat nicht auf die seiner diplomatischen Vertretung zur Wahrnehmung ihrer amtlichen Funktion dienenden Gegenstände zugegriffen werden darf, sofern dadurch die Erfüllung der diplomatischen Tätigkeit beeinträchtigt werden könnte. Aus der in dem Investitionsschutzvertrag zwischen der Bundesrepublik Deutschland und der Union der Sozialistischen Sowjetrepubliken vom 13.6.1989[5] enthaltenen Schiedsvereinbarung ergibt sich für

---

1 BVerfG v. 13.12.1977 – 2 BvM 1/76, NJW 1978, 485.
2 BGH v. 4.7.2007 – VII ZB 6/05, Rpfleger 2007, 556 = NJW-RR 2007, 1498 = MDR 2007, 1282.
3 BGH v. 4.10.2005 – VII ZB 9/05, Rpfleger 2006, 135 = NJW-RR 2006, 198 = WM 2005, 2274.
4 BGH v. 4.10.2005 – VII ZB 8/05, Rpfleger 2006, 133 = NJW-RR 2006, 425 = WM 2006, 41.
5 BGBl. II 1990, 342.

das Zwangsvollstreckungsverfahren kein Verzicht auf Immunität. Daher sind „**Umsatzsteuerrückerstattungsansprüche** gegen die Bundesrepublik Deutschland gemäß der Verordnung über die Erstattung von Umsatzsteuer an ausländische ständige diplomatische Missionen und berufskonsularische Vertretungen sowie an ihre ausländischen Mitglieder (UStErstV) vom 3.10.1988 im Wege des Vergütungsverfahrens und sonstige Umsatzsteuerrückerstattungsansprüche, unabhängig aus welchem Rechtsgrund" unpfändbar.[6] So genießen nach allgemeinem Völkerrecht auch die Stationierungstruppen in der Bundesrepublik volle Immunität. Für sie besteht aber das Abkommen zwischen den Parteien des Nordatlantikvertrages vom 19.6.1951 über die Rechtsstellung ihrer Truppen (**NATO-Truppen-Statut**[7]). Es regelt auch Fragen der zivilen Gerichtsbarkeit über die Stationierungstruppen.

2 Nach Art. VIII Abs. 9 i.V.m. Abs. 5g NATO-Truppen-Statut darf der Entsendestaat hinsichtlich der Zivilgerichtsbarkeit des Aufnahmestaates für Mitglieder der Truppe oder eines zivilen Gefolges **keine Befreiung von der Gerichtsbarkeit des Aufnahmestaates** beanspruchen; jedoch darf ein Mitglied einer Truppe oder eines zivilen Gefolges einem Verfahren zur Vollstreckung eines Urteils nicht unterworfen werden, das in dem Aufnahmestaat in einer aus der Ausübung des Dienstes herrührenden Angelegenheit gegen ihn ergangen ist.

3 Die Ausübung der Gerichtsbarkeit über die Truppen des Entsendestaates selbst richtet sich weiterhin nach den allgemeinen Sätzen des Völkerrechts, sodass die ausländischen Streitkräfte als solche exemt sind, deutsche Gerichtsbarkeit über sie also nicht ausgeübt werden kann. Deswegen kann den Entsendestaaten von Stationierungsstreitkräften als Drittschuldnern auch in der Regel nicht verboten werden, an den Schuldner zu leisten. Gerade das aber ist nach § 829 ZPO wesentlich für die Pfändung. Abhilfe schafft Art. 34 des **Zusatzabkommens** zu dem Abkommen zwischen den Parteien des Nordatlantikvertrages über die Rechtsstellung ihrer Truppen hinsichtlich der in der Bundesrepublik Deutschland stationierten ausländischen Truppen vom 3.8.1959[8] (auszugsweise abgedruckt in Anhang 1): Danach gewähren die Militärbehörden bei Durchsetzung vollstreckbarer zivilrechtlicher Titel alle in ihrer Macht liegende Unterstützung; jedoch unterliegen Bezüge eines Mitglieds der Truppe oder des zivilen Gefolges nur insoweit der Zwangsvollstreckung und insbesondere dem Zahlungsverbot, als das auf dem Gebiet des Entsendestaates anwendbare Recht die Zwangsvollstreckung gestattet. Nach Art. 35 des Zu-

---

6 *Weller*, Rpfleger 2006, 364.
7 BGBl. II 1961, 1183. Das Abkommen ist für die Bundesrepublik am 1.7.1963 in Kraft getreten (Bek. v. 16.6.1963, BGBl. II, 745. Gemäß Notenwechsel v. 12.9.1994 zur Änderung des Notenwechsels v. 25.9.1990 zum NATO-Truppen-Statut gilt das Abkommen inzwischen auch für die neuen Länder einschl. Berlin (Gesetz v. 23.11.1994, BGBl. II 1994, 3714).
8 BGBl. II 1961, 1183, 1218, zuletzt geändert durch Nato-Truppenstatut-Zusatzabkommen-ÄndAbk v. 28.9.1994 (BGBl. II 1994, 2598).

satzabkommens ist zu unterscheiden, ob die Zahlung der Bezüge und sonstigen Beträge an den Schuldner, der Mitglied der Truppe des zivilen Gefolges ist, durch Vermittlung einer deutschen Behörde (z.B. eines Amts für Verteidigungslasten) geschieht oder nicht.

In dieser Regelung liegt ein teilweiser Verzicht der Entsendestaaten auf ihre Freistellung von der deutschen Gerichtsbarkeit: Der Pfändungszugriff wird immer möglich, wenn die Zahlung durch Vermittlung einer deutschen Behörde geleistet wird, aber anstelle der Pfändung und Überweisung nach der ZPO tritt eben wegen der Exemtion (Immunität) des Entsendestaates das **Ersuchen des Vollstreckungsorgans, Zahlung an den Pfändungsgläubiger** zu leisten. Zahlt die Behörde des Entsendestaates aber unmittelbar die Bezüge des Schuldners, so hinterlegt sie den von ihr anerkannten Schuldbetrag, soweit das ihr Heimatrecht zulässt. Das hat die Wirkung, dass sich der Gläubiger aus dem hinterlegten Betrag befriedigen kann. Lässt das Heimatrecht die Hinterlegung nicht zu, so sind die Behörden des Entsendestaates zur Mithilfe bei der Durchsetzung des Vollstreckungstitels verpflichtet. 4

Die Ratifizierung der Abkommen und die Ausführungsbestimmungen finden sich im Gesetz zum NATO-Truppen-Statut und zu den Zusatzvereinbarungen vom 18.8.1961[9] (auszugsweise abgedruckt in Anhang 1). Art. 5 dieses Gesetzes weist das Ersuchen in den Fällen des Art. 35 des Zusatzabkommens dem **Vollstreckungsgericht** zu, bei dem der Schuldner seinen allgemeinen Gerichtsstand hat, sonst demjenigen, in dessen Bezirk die zu ersuchende Stelle sitzt. Art. 5 ordnet weiter an, dass das Vollstreckungsgericht zugleich mit dem Ersuchen das Gebot an den Schuldner zu erlassen hat, sich jeder Verfügung über die Forderung, insbesondere der Einziehung, zu enthalten. Endlich bestimmt Art. 5, dass im Falle der Zahlung der Bezüge durch Vermittlung einer deutschen Stelle mit der Amtszustellung die Forderung gepfändet und überwiesen ist. Damit ist durch deutsches Gesetz das deutsche Vollstreckungsverfahren abweichend von § 829 ZPO geregelt, sodass das Fehlen des Verbots an den Drittschuldner nicht zur Unwirksamkeit der Pfändung führt. 5

2. Pfändung und Verwertung

Die Pfändung von Arbeitseinkommen, das bei NATO-Streitkräften erzielt wird, unterliegt den besonderen Bestimmungen des NATO-Truppen-Statuts, des Zusatzabkommens und des Zustimmungsgesetzes hierzu[10] (oben Rz. 1). 6

2.1 Das Ersuchen in den Fällen des Art. 35 des Zusatzabkommens kann nur von dem Vollstreckungsgericht ausgehen; dieses spricht nicht die Überweisung aus, sondern ersucht die zuständige deutsche Behörde (z.B. 7

---

9 BGBl. II 1961, 1183, geändert am 28.9.1994, BGBl. II 1994, 2594 ff.
10 Vgl. insbesondere *Bauer*, JurBüro 1964, 247 und *Schwenk*, NJW 1976, 1562.

die *Schadensregulierungsstelle*), nicht an den Schuldner, sondern an den Pfändungsgläubiger zu zahlen, wenn die **Zahlung durch Vermittlung einer deutschen Behörde** erfolgt. Die deutsche Behörde ist ausdrücklich berechtigt, diesem Ersuchen im Rahmen der Vorschriften des Deutschen Rechts zu entsprechen, Drittschuldner ist diese Behörde jedoch nicht.[11]

8 Erfolgt die **Zahlung nicht durch Vermittlung einer deutschen Behörde**, so hinterlegen die Behörden der Truppe oder des zivilen Gefolges ebenfalls auf Ersuchen des Vollstreckungsgerichts von der Summe, die sie anerkennen, dem Vollstreckungsschuldner zu schulden, den in dem Ersuchen genannten Betrag bei der zuständigen Stelle, soweit dies das Recht des betroffenen Entsendestaates zulässt. Lässt das Vollstreckungsgericht des Entsendestaates dies nicht zu, treffen die Behörden der Truppe oder des zivilen Gefolges alle geeigneten Maßnahmen, um das Vollstreckungsorgan bei der Durchsetzung des in Frage stehenden Vollstreckungstitels zu unterstützen. Dazu zählt, dass diese Stelle den Schuldner veranlasst, von der ihm zustehenden Forderung einen Betrag in Höhe des Gläubigeranspruchs abzutreten oder sich mit der Auszahlung an den Gläubiger einverstanden zu erklären. Weiter kann sie den Gläubiger darüber informieren, welche Zahlungen wann und wo an den Schuldner erfolgen, um dem Gläubiger weitere Zugriffsmöglichkeiten zu eröffnen.

9 2.2 In das Pfändungsersuchen sind die sonst in Pfändungs- und Überweisungsbeschlüssen üblichen **Lohnpfändungsbeschränkungen** aufzunehmen.

10 Dem Schuldner ist zu gebieten, sich jeder Verfügung über die gepfändete Lohnforderung, insbesondere ihrer Einziehung, zu enthalten.

11 2.3 Die **Zustellung** des Pfändungs- und Hinterlegungs- bzw. Zahlungsersuchens und des Gebotes an den Vollstreckungsschuldner, sich jeder Verfügung über die Forderung zu enthalten, erfolgt von Amts wegen (Art. 5 Abs. 2 des Gesetzes zu dem Abkommen); eine Parteizustellung scheidet aus. Ein Verstoß macht das Ersuchen unwirksam.[12] Die Zustellung an Mitglieder einer Truppe, eines zivilen Gefolges oder Angehörige erfolgt danach dadurch, dass das deutsche Gericht oder die deutsche Behörde die Verbindungsstelle gemäß Art. 32 Abs. 1 Buchst. a des Zusatzabkommens ersucht, diese vorzunehmen. Sobald die Zustellung erfolgt ist, wird das deutsche Gericht oder die deutsche Behörde davon unterrichtet.

12 Sollte diese Zustellungsbestätigung oder eine Mitteilung davon, dass eine Zustellung nicht erfolgen konnte, nicht binnen 21 Tagen, gerechnet vom Ausstellungsdatum der Eingangsbestätigung durch die Vermittlungsstelle an, vorliegen, so übermittelt das Gericht oder die Behörde eine weitere Ausfertigung des Zustellungsersuchens der Verbindungsstelle mit der Ankündigung, dass 7 Tage nach Eingang bei ihr die Zustellung als bewirkt gilt. Dies gilt dann nicht, wenn die Verbindungsstelle dem deutschen Ge-

---

11 Vgl. *Schmitz*, BB 1966, 1351; *Schwenk*, NJW 1964, 1000 ff.
12 *Schmidt*, MDR 1956, 205; *Schmitz*, BB 1966, 1351; *Schwenk*, NJW 1976, 1562.

richt oder der deutschen Behörde vor Ablauf der Frist von 7 Tagen bzw. der Frist von 21 Tagen mitteilt, dass und aus welchen Gründen die Zustellung nicht möglich war. Hat die Verbindungsstelle eine Fristverlängerung erbeten, so werden die vorgenannten Fristen entsprechend verlängert.

2.4 Eine **Überweisung** gibt es nicht; sie wird durch das Ersuchen, an den Gläubiger zu zahlen bzw. zu hinterlegen, ersetzt. 13

2.5 Eine **Vorpfändung** ist nicht zulässig. 14

2.6 Eine **Drittschuldnererklärung** kann von der ersuchten Behörde nicht verlangt werden. 15

2.7 Der Antrag ist auch hier an das **Amtsgericht** zu richten, bei dem der Schuldner seinen allgemeinen Gerichtsstand hat, ersatzweise an das Amtsgericht, in dessen Bezirk die zu ersuchende Stelle sich befindet. 16

Muster 23   Arbeitseinkommen V

Bediensteter der NATO-Streitkräfte, Entsendestaat USA

Achtung!

Zwar ist der Antrag auch hier an das Amtsgericht zu richten, bei dem der Schuldner seinen allgemeinen Gerichtsstand hat, ersatzweise an das Amtsgericht, in dessen Bezirk die zu ersuchende Stelle sich befindet, aber es sollte nicht das amtliche Formular für den Antrag auf Erlass des Pfändungs- und Überweisungsbeschlusses verwendet werden. In jedem Falle sollte der **richtige Antrag lauten:**

Ich beantrage, den im Entwurf anliegenden Pfändungs- und Überweisungsbeschluss (Muster 23a oder 23b) zu erlassen und eine Ausfertigung davon nebst zwei begl. Abschriften der Verbindungsstelle mit dem Ersuchen zuzuleiten, die begl. Abschriften dem Schuldner gemäß Art. 32 (1) a des Zusatzabkommens zum NATO-Truppenstatut und

- *der U.S.-Armee bzw. U.S.-Marine*
- *der U.S.-Luftwaffe*

wie näher bei der Schuldnerbenennung angegeben, zuzustellen.

Gehört der Vollstreckungsschuldner zur U.S.-Armee oder zur U.S.-Marine, so lautet der Entwurf des Beschlusses wie *Muster 23a*, gehört er der U.S.-Luftwaffe an, lautet er wie *Muster 23b*.

Weitere Erklärungen s. bei *Muster 23b*.

Muster 23a Angehöriger der U.S.-Armee oder U.S.-Marine

Pfändungs- und Überweisungsbeschluss

Vollstreckungsschuldner ist Angehöriger der U.S.-Armee oder U.S.-Marine

Hinweis:

Falls das amtliche Formular Anlage 2 (zu § 2 Nr. 2) der Verordnung über Formulare für die Zwangsvollstreckung (Zwangsvollstreckungsformular-Verordnung – ZVFV) vom 23.8.2012 (BGBl. I 2012, S. 1822) in der geänderten Fassung aufgrund der Verordnung zur Änderung der Zwangsvollstreckungsformular-Verordnung vom 16.6.2014 (BGBl. I 2014, S. 754) verwendet wird, sind nachfolgende Besonderheiten zu beachten und an geeigneter Stelle aufzunehmen:

In der Zwangsvollstreckungssache

..., geb. am ..., wohnhaft in ...

– Gläubiger/in –

vertreten durch ...

gegen

... (Name und Anschrift des Schuldners)

– Schuldner –

(Zustellung über Office of the Judge Advocate, HQ USAREUR and Seventh Army, Postfach 10 43 23, 69033 Heidelberg.)

Nach der vollstreckbaren Urkunde/dem vollstreckbaren Beschluss/Urteil des ... vom ... – Az.: ...

kann der Gläubiger vom Schuldner beanspruchen:

... Euro   (in Worten): ... Euro
*   Unterhaltsrückstände für die Zeit   vom ...*
*   bis ...*

... (Einfügung entsprechend der Titulierung)

Der einbehaltene Betrag darf den **niedrigeren** der im U.S.-Public Law 93-647 und U.S.-Public Law 95-30 bzw. der in §§ 850 ff. ZPO festgesetzten pfändbaren Höchstbeträge nicht übersteigen.

Wegen dieser Ansprüche wird die Forderung des Schuldners an den Arbeitgeber – die U.S.-Armee – auf Zahlung des gesamten Arbeitseinkommens (einschließlich des Geldwertes von Sachbezügen) so lange gepfändet, bis der Gläubigeranspruch gedeckt ist, und zwar im Rahmen der amerikanischen Besoldungsbestimmungen.

Der Arbeitgeber (Drittschuldner) darf, soweit die Forderung gepfändet ist, nicht mehr an den Schuldner zahlen.

Der Schuldner darf den gepfändeten Teil des Arbeitseinkommens nicht mehr verlangen, ihn auch nicht verpfänden oder abtreten.

Soweit die Forderung des Schuldners an den Arbeitgeber (Drittschuldner) gepfändet ist, muss sie dem Gläubiger zur Einziehung überwiesen werden.

..., den ... Amtsgericht-Vollstreckungsgericht

... Rechtspfleger

Ausgefertigt:

... als Urkundsbeamter der Geschäftsstelle

Muster 23b   Angehöriger der U.S.-Luftwaffe

Pfändungs- und Überweisungsbeschluss

Vollstreckungsschuldner ist Angehöriger der U.S.-Luftwaffe

Hinweis:

Falls das amtliche Formular Anlage 2 (zu § 2 Nr. 2) der Verordnung über Formulare für die Zwangsvollstreckung (Zwangsvollstreckungsformular-Verordnung – ZVFV) vom 23.8.2012 (BGBl. I 2012, S. 1822) in der geänderten Fassung aufgrund der Verordnung zur Änderung der Zwangsvollstreckungsformular-Verordnung vom 16.6.2014 (BGBl. I 2014, S. 754) verwendet wird, sind nachfolgende Besonderheiten zu beachten und an geeigneter Stelle aufzunehmen:

In der Zwangsvollstreckungssache

..., geb. am ..., wohnhaft in ...

– Gläubiger –

gesetzlich vertreten durch ...

gegen

... (Name und Dienstanschrift)

– Schuldner –

(Zustellung über HQ USAFE/JAS, Gebäude 527, 66877 Ramstein-Flugplatz.)

Nach der ... vollstreckbaren ... des ... vom ... Az.: ... kann der Gläubiger vom Schuldner beanspruchen:

... (Einfügung entsprechend der Titulierung)

Wegen dieser Ansprüche wird die Forderung des Schuldners an den Arbeitgeber – die U.S.-Air Force – auf Zahlung des gesamten Arbeitseinkommens (einschließlich des Geldwertes von Sachbezügen) nach Maßgabe der Besoldungsbestimmungen der U.S.-Streitkräfte (U.S.-Public Law 93-647 und U.S.-Public Law 95-30) so lange gepfändet, bis der Gläubigeranspruch befriedigt ist.

Soweit die Forderung gepfändet ist, darf der Arbeitgeber (Drittschuldner) nicht mehr Zahlungen an den Schuldner leisten.

Der Schuldner hat sich insoweit jeder Verfügung über die Forderung, insbesondere ihrer Einziehung, Verpfändung oder Abtretung, zu enthalten.

Muster 23b	Angehöriger der U.S.-Luftwaffe

Soweit die Forderung des Schuldners an den Arbeitgeber (Drittschuldner) gepfändet ist, wird sie dem Gläubiger zur Einziehung überwiesen.
Zahlungen sind zu leisten an:
..., den ... Amtsgericht-Vollstreckungsgericht
... Rechtspfleger
Ausgefertigt:
... als Urkundsbeamter der Geschäftsstelle

Vorbemerkung

Die *Muster 23, 23a, 23b* beziehen sich ausschließlich auf Pfändung gegen Bedienstete bei den U.S.-Streitkräften in Deutschland. Wegen der Besonderheiten bei der Zustellung usw. sind hier vollständige Muster abgedruckt, welche bei der Benutzung des amtlichen Formulars aufgrund der Verordnung über Formulare für die Zwangsvollstreckung (Zwangsvollstreckungsformular-Verordnung – ZVFV) vom 23.8.2012 (BGBl. I 2012, S. 1822) zu beachten sind.

1. Besonderheiten

1 Wegen der Besonderheiten einer Pfändung gegen **exemte Streitkräfte** wird auf die Erläuterungen zu *Muster 22* verwiesen.

2. Pfändung

2 Nach dem Recht der USA war eine Pfändung der Bezüge von Bediensteten der U.S.-Regierung aufgrund deutscher Titel durch deutsche Vollstreckungsorgane bis 1975 nicht möglich. Durch U.S.-Bundesgesetz 93-784 ist dies mit Wirkung ab 1.1.1975 geändert worden; mit U.S.-Bundesgesetz 95-30 vom 23.5.1977 wurde die Durchsetzung von **deutschen Unterhaltstiteln** ermöglicht.

3 **2.1** Mit Schreiben vom 17.8.1977 hat das U.S.-Hauptquartier das Bundesjustizministerium davon unterrichtet, dass die Zwangsvollstreckung (Forderungspfändung) in die Bezüge eines in der Bundesrepublik Deutschland stationierten **Mitglieds des zivilen Gefolges** der Streitkräfte wegen Unterhalts eines Kindes und der Ehefrau zulässig ist.

4 **2.2** Am 20.9.1977 teilte das U.S.-Hauptquartier dem Bundesjustizministerium mit, dass wegen der Änderung des „Department of Defense Pay and Allowances Entitlement Manual" nunmehr auch die Pfändung der Bezüge von in der Bundesrepublik Deutschland stationierten, **zum militärischen Bereich gehörenden Mitgliedern der Streitkräfte** der Vereinigten Staaten von Amerika wegen Unterhalts eines Kindes und der Ehefrau gestattet ist.

5 **2.3 Drittschuldner** ist entweder „die U.S.-Armee", bzw. die „U.S.-Marine" oder die „U.S.-AIR FORCE".

Die U.S.-Armee und die U.S.-Marine werden „vertreten" vom „Office of the Judge Advocate", HQ USAREUR and Seventh Army, Postfach 10 43 23, 69033 Heidelberg; U.S.-AIR FORCE wird vertreten durch HQ USAFE/ JAS, Gebäude 527, 66877 Ramstein-Flugplatz. Dies ist in den *Mustern 23a und 23b* berücksichtigt. 6

Die beiden amerikanischen Behörden haben **Merkblätter** über die Pfändung herausgegeben, die im Folgenden wiedergegeben werden. 7

Die in Ziff. 3g der Merkblätter verlangte englische Übersetzung kann entfallen, wenn die Textfassung der Muster 23a und 23b verwendet wird.

Merkblatt

Betr.: Pfändung der Bezüge des Militärpersonals und der Zivilbediensteten der **U.S.-Armee** und der **U.S.-Marine** zur Durchsetzung von Unterhaltsforderungen. 8

1. Artikel 34 Abs. (3) des Zusatzabkommens zum NATO-Truppenstatut (BGBl. II 1961 S. 1183, 1246, geändert am 28.9.1994, BGBl. II 1994, 2598 ff., in Kraft am 29.3.1998, BGBl. II 1998, 1691) sieht Folgendes vor:

„(3) Bezüge, die einem Mitglied einer Truppe oder eines zivilen Gefolges von seiner Regierung zustehen, unterliegen der Pfändung, dem Zahlungsverbot oder einer anderen Form der Zwangsvollstreckung auf Anordnung eines deutschen Gerichts oder einer deutschen Behörde, soweit das auf dem Gebiet des Entsendestaates anwendbare Recht die Zwangsvollstreckung gestattet. Die Unterstützung nach Absatz (1) schließt auch Hinweise auf Vollstreckungsmöglichkeiten in den bereits zur Auszahlung gelangten Sold ein."

2. Vor dem 1. Januar 1975 war eine Pfändung der Bezüge der Bediensteten der USA-Regierung nach dem Recht der Vereinigten Staaten in keinem Falle möglich. Mit dem Bundesgesetz („Public Law") 93-647 hat der Kongress der Vereinigten Staaten mit Wirkung vom 1. Januar 1975 darauf verzichtet, bei Pfändungsanordnungen zur Durchsetzung von Unterhaltsansprüchen für Ehefrauen und Kinder die Hoheitsrechte der Vereinigten Staaten geltend zu machen. Mit dem Bundesgesetz („Public Law") 95-30 wurde dieser Verzicht am 23. Mai 1977 auf Beschlüsse zur Durchsetzung von Unterhaltsforderungen erweitert, die von Gerichten in der Bundesrepublik Deutschland erlassen worden sind.

3. Das Recht der Vereinigten Staaten legt der Anerkennung deutscher Gerichtsbeschlüsse, mit denen die Pfändung von Militärsold und Bezügen von Zivilbediensteten bewirkt wird, gewisse Beschränkungen auf. Zur Unterstützung der Vollstreckungsbehörden bei der Vorbereitung und dem Erlass von Pfändungs- und Überweisungsbeschlüssen werden folgende Hinweise gegeben:

a. Der Pfändungs- und Überweisungsbeschluss kann nur anerkannt werden, wenn das Einleitungsschriftstück in dem betreffenden Verfahren (z.B. Ladung und Klage im Streitverfahren) dem Schuldner gemäß Artikel 32

Muster 23b Angehöriger der U.S.-Luftwaffe

Abs. (1) des Zusatzabkommens zum NATO-Truppenstatut (BGBl. II 1961 S. 1183, 1244) über die Verbindungsstelle, d.h. unsere Dienststelle, zugestellt worden ist.

b. Das Schriftstück muss in Form eines Beschlusses und nicht in Form eines Ersuchens abgefasst sein.

c. Als Drittschuldner sollte ganz einfach „die U.S.-Armee", bzw. „die U.S.-Marine" benannt sein.

d. Der pfändbare Betrag darf nicht den Betrag übersteigen, der auf Grund des Bundesgesetzes („Public Law") 93-647 und des Bundesgesetzes („Public Law") 95-30 sowie der hierzu ergangenen Ausführungsbestimmungen zulässig ist.

e. Eine Ausfertigung und zwei beglaubigte Abschriften des Pfändungs- und Überweisungsbeschlusses müssen der Verbindungsstelle mit dem Ersuchen zugeleitet werden, dass die beglaubigten Abschriften dem Schuldner gemäß Artikel 32 Abs. (1)(a) des Zusatzabkommens zum NATO-Truppenstatut (BGBl. II 1961 S. 1183, 1244) und der U.S.-Armee gemäß Artikel 34 Abs. (1) und (3) des Zusatzabkommens zum NATO-Truppenstatut (BGBl. II 1961 S. 1183, 1246) zugestellt werden.

f. Wenn in Bezug auf Kindesunterhaltssachen die Urkunde über die Anerkennung der Vaterschaft dem Schuldner nicht bereits vorher über unsere Dienststelle zugestellt worden ist, muss eine Ausfertigung der Urkunde über die Anerkennung der Vaterschaft für die Verbindungsstelle beigefügt werden.

g. Ferner muss dem Pfändungs- und Überweisungsbeschluss eine beglaubigte englische Übersetzung beiliegen. Auf dieses Erfordernis kann verzichtet werden, wenn die als Anlage beigefügte vereinfachte Textfassung verwendet wird.

h. Der Pfändungs- und Überweisungsbeschluss wird nur anerkannt, wenn und solange der Schuldner in der Bundesrepublik Deutschland stationiert ist.

4. Weitere Informationen können den folgenden Veröffentlichungen entnommen werden:

a. **Anwaltsblatt**, Heft XII (Dezember 1977), S. 499–500, „Zwangsvollstreckung in den Sold von Mitgliedern der Streitkräfte und in Bezüge des zivilen Gefolges der Streitkräfte der USA aus Unterhaltstiteln".

b. **Der Amtsvormund**, Heft 2 (Februar 1978), S. 80–83, „Zur Soldpfändung bei Mitgliedern der U.S.-Streitkräfte".

c. **Mitteilungen der Bundesrechtsanwaltskammer**, Heft I/1978 (10. März 1978), S. 13, „Zwangsvollstreckung gegen Mitglieder der amerikanischen Streitkräfte".

d. **Der Amtsvormund**, Heft 4/5 (April/Mai 1978), S. 262, „Zur Soldpfändung bei Mitgliedern der U.S.-Streitkräfte".

e. **Der Amtsvormund**, Heft 9 (September 1978), S. 580 ff., „USA: Zur Soldpfändung bei Mitgliedern der U.S.-Streitkräfte (in Ergänzung zu DA-Vorm. 1978/80)".

f. **Der Amtsvormund**, Heft 3 (März 1979), S. 164, „USA: Berichtigung in unseren Mitteilungen zur Soldpfändung bei Mitgliedern der U.S.-Streitkräfte in DAVorm. 1978/580 ff. in Spalte 582 unter II. 1. Zeile 10/11".

Zusatz zum Merkblatt

Die Besoldungszentrale des hiesigen Hauptquartieres, die auf unsere Anweisung die Sold-/Gehaltspfändung durchführt, hat keine deutschen Bankverbindungen. Überweisungen auf das Konto des Pfändungsgläubigers sind deshalb nicht möglich.

Alle Zahlungen werden per Verrechnungsscheck vorgenommen.

Im Pfändungs- und Überweisungsbeschluss sollte deshalb kein Bankkonto, sondern die vollständige Postanschrift und das Aktenzeichen des Pfändungsgläubigers angegeben werden.

Merkblatt

Betr.: Pfändung der Bezüge des Militärpersonals und der Zivilbediensteten der **U.S.-Luftwaffe** zur Durchsetzung von Unterhaltsforderungen

1. Artikel 34 Abs. (3) des Zusatzabkommens zum NATO-Truppenstatut (ZA zum NTS – BGBl. II 1961 S. 1183, 1246) sieht Folgendes vor:

„(3) Bezüge, die einem Mitglied einer Truppe oder eines zivilen Gefolges von seiner Regierung zustehen, unterliegen nur insoweit der Pfändung, dem Zahlungsverbot oder einer anderen Form der Zwangsvollstreckung auf Anordnung eines deutschen Gerichts oder einer deutschen Behörde, als das auf dem Gebiet des Entsendestaates anwendbare Recht die Zwangsvollstreckung gestattet."

2. Vor dem 1. Januar 1975 war eine Pfändung der Bezüge der Bediensteten der USA-Regierung nach dem Recht der Vereinigten Staaten in keinem Falle möglich. Mit dem Bundesgesetz („Public Law") 93-647 hat der Kongress der Vereinigten Staaten mit Wirkung vom 1. Januar 1975 darauf verzichtet, bei Pfändungsanordnungen zur Durchsetzung von Unterhaltsansprüchen für Ehefrauen und Kinder die Hoheitsrechte der Vereinigten Staaten geltend zu machen. Mit dem Bundesgesetz („Public Law") 95-30 wurde dieser Verzicht am 23. Mai 1977 auf Beschlüsse zur Durchsetzung von Unterhaltsforderungen erweitert, die von Gerichten in der Bundesrepublik Deutschland erlassen worden sind.

3. Das Recht der Vereinigten Staaten legt der Anerkennung deutscher Gerichtsbeschlüsse, mit denen die Pfändung von Militärsold und Bezügen von Zivilbediensteten bewirkt wird, gewisse Beschränkungen auf. Zur Unterstützung der Vollstreckungsbehörden bei der Vorbereitung und dem Erlass von Pfändungs- und Überweisungsbeschlüssen werden folgende Hinweise gegeben:

Muster 23b   Angehöriger der U.S.-Luftwaffe

a. Der Pfändungs- und Überweisungsbeschluss kann nur anerkannt werden, wenn das Einleitungsschriftstück **bei Beginn des betreffenden Verfahrens** (z.B. Ladung und Klage im Streitverfahren) dem Schuldner gemäß den Bestimmungen des Artikel 32 des ZA zum NTS (BGBl. II 1961 S. 1183, 1244) über die zuständige Verbindungsstelle zugestellt worden ist.

b. In Kindesunterhaltssachen sollte die Urkunde über die Anerkennung der Vaterschaft dem Schuldner zweckmäßigerweise über unsere Dienststelle zugestellt werden. Ist dies nicht geschehen, muss eine Ausfertigung der Urkunde über die Anerkennung der Vaterschaft für die Verbindungsstelle beigefügt werden.

c. Das Schriftstück muss in Form eines Beschlusses und nicht in Form eines Ersuchens abgefasst sein.

d. Als Drittschuldner sollte ganz einfach „die U.S.-Air Force" benannt sein.

e. Der pfändbare Betrag darf nicht den Betrag übersteigen, der auf Grund des Bundesgesetzes („Public Law") 93-647 und des Bundesgesetzes („Public Law") 95-30 sowie der hierzu ergangenen Ausführungsbestimmungen zulässig ist.

f. Eine Ausfertigung und zwei beglaubigte Abschriften des Pfändungs- und Überweisungsbeschlusses müssen der Verbindungsstelle mit dem Ersuchen zugeleitet werden. Die Verbindungsstelle veranlasst die Zustellung an den Schuldner gemäß Artikel 32 des ZA zum NTS sowie die Weiterleitung des Pfändungs- und Überweisungsbeschlusses an die zuständige Zahlstelle zwecks Durchführung der Pfändung.

g. Die U.S.-Streitkräfte haben eigene, vereinfachte Pfändungs- und Überweisungsformulare entwickelt, die in der Anlage beigefügt sind. Die Verwendung dieser Formulare ist vorteilhaft, da auf die sonst notwendige beglaubigte englische Übersetzung verzichtet werden kann. (Diese Formulare liegen der Verbindungsstelle bereits in englischer Übersetzung vor).

h. Der von einem deutschen Gericht erlassene Pfändungs- und Überweisungsbeschluss wird nur anerkannt, wenn und solange der Schuldner in der Bundesrepublik Deutschland stationiert bzw. beschäftigt ist.

Allgemeine Hinweise:

Die in der Bundesrepublik Deutschland stationierten Mitglieder der verschiedenen U.S.-Luftwaffenkommandos unterstehen dem HQ USAFE (Oberkommando der U.S.-Luftstreitkräfte **Europa**), also einem Teilkommando der Luftstreitkräfte der Vereinigten Staaten. Sie erhalten ihre Bezüge nicht vom HQ USAFE, sondern von der zentralen Soldzahlstelle der U.S.-Luftwaffe, die sich in Cleveland, Ohio (USA), befindet. Hieraus ergibt sich zwangsläufig, dass sich die von den Militärbehörden zu gewährende Vollstreckungshilfe gemäß Artikel 34 des ZA zum NTS im Falle von Soldpfändungen auf die Weiterleitung von Pfändungs- und Überweisungsbeschlüssen unter Beachtung des auf dem Gebiet des Entsendestaates anwendbaren Rechts (Art. 34 (3) ZA zum NTS) beschränkt.

Zu den Bundesgesetzen („Public Law") 93-647 und 93-30 sind in den USA Ausführungsbestimmungen ergangen. Diese sind im „DODPM" (Department of Defense Military Pay and Allowance Entitlements Manual) enthalten, dessen Paragraph 70711 zwingend vorschreibt, dass ein Pfändungs- und Überweisungsbeschluss nur dann anerkannt wird, wenn die Verbindungsstelle der Soldzahlstelle bescheinigt, dass die Bestimmungen des ZA zum NTS (Zustellung des Einleitungsschriftstück gemäß Art. 32 **vor Beginn des Verfahrens**) eingehalten werden.

Da weder im Zusatzabkommen zum NATO-Truppenstatut noch in den oben zitierten Ausführungsbestimmungen festgelegt ist, dass auf das Erfordernis des Art. 32 ZA zum NTS bei Vertretung des Mitglieds einer Truppe durch einen deutschen Anwalt in einem nichtstrafrechtlichen Verfahren verzichtet werden kann, sieht unsere Verbindungsstelle keine Möglichkeit, einem Ersuchen um nachträgliche Zustellung eines Einleitungsschriftstückes nach Abschluss des Verfahrens entsprechen und den auf Grund eines Urteils oder Gerichtsbeschlusses in solchen Verfahren ergangenen Pfändungs- und Überweisungsbeschluss an die Soldzahlstelle weiterleiten zu können.

Muster 24 Arbeitseinkommen VI

Lohnschiebung

Hinweis: Zu benutzen ist das amtliche Formular Anlage 2 (zu § 2 Nr. 2) der Verordnung über Formulare für die Zwangsvollstreckung (Zwangsvollstreckungsformular-Verordnung – ZVFV) vom 23.8.2012 (BGBl. I 2012, S. 1822) in der geänderten Fassung aufgrund der Verordnung zur Änderung der Zwangsvollstreckungsformular-Verordnung vom 16.6.2014 (BGBl. I 2014, S. 754). **Hierbei wird folgende Textabweichung empfohlen** (gfl. auf einem gesonderten Anhang):

. . . wird die angebliche Forderung des Schuldners

gegen . . .   . . . (Name und Adresse des Arbeitgebers) . . .   (Drittschuldner)

auf Zahlung des gesamten Arbeitseinkommens einschließlich des Geldwertes von Sachbezügen ohne Rücksicht auf seine Benennung solange nach § 850h ZPO gepfändet, bis die Ansprüche des Gläubigers vollständig befriedigt sein werden. Von der Pfändung ausgenommen sind nur solche Beträge, die ein Gesetz als unpfändbar erklärt. Die Pfändung wird nach § 850c ZPO beschränkt.

Die Pfändung umfasst auch den Anspruch des

. . . (Name und Adresse) . . .   ***(Drittberechtigter).***

Dem Drittschuldner wird, soweit die Pfändung reicht, verboten, an den Schuldner und an den ***Drittberechtigten*** *zu leisten.*

Muster 24   Arbeitseinkommen VI

*Dem Schuldner und dem **Drittberechtigten** wird geboten, sich jeder Verfügung über die gepfändete Forderung, insbesondere ihrer Einziehung, zu enthalten.*

Zugleich wird die Forderung, soweit sie gepfändet ist, dem Gläubiger zur Einziehung überwiesen.

1. Lohnschiebung

1   Nicht selten versuchen Schuldner, ihr Arbeitseinkommen dadurch der Pfändung zu entziehen, dass ein Teil des wirklich geschuldeten Lohns nicht an sie ausbezahlt wird, sondern an einen Dritten, damit dieser Lohnanteil von der Pfändung nicht erfasst wird.

2. Pfändung

2   Um diesen Versuch zu vereiteln, bestimmt § 850h Abs. 1 ZPO, dass der Anspruch des Drittberechtigten insoweit auf Grund des Schuldtitels gegen den Schuldner gepfändet werden kann, wie der Anspruch dem Schuldner zustünde, und dass die Pfändung des Vergütungsanspruchs des Schuldners ohne weiteres den Anspruch des Drittberechtigten umfasst. Der Drittschuldner darf also weder an den Vollstreckungsschuldner noch an den Drittberechtigten leisten, sondern muss auch den verschobenen Teil des Lohns, soweit der Lohn insgesamt pfändbar ist, an den Vollstreckungsgläubiger zahlen.

§ 850h ZPO greift nicht nur bei Vergütungsansprüchen aus einem ständigen Arbeitsverhältnis ein, sondern auch bei Vergütungen i.S. des § 850i ZPO.

3   **2.1** Allerdings hilft § 850h Abs. 1 ZPO nicht dagegen, dass der Schuldner den pfändbaren Teil seines Arbeitseinkommens einem Dritten abtritt, also durch Vertrag auf einen Dritten überträgt, der mit dem Abschluss dieses Vertrages an die Stelle des Vollstreckungsschuldners als Gläubiger der Lohnforderung eintritt (§ 398 BGB). Die **Abtretung** ist im Grundsatz wirksam und geht der Pfändung vor, wenn sie vor Wirksamwerden der Pfändung geschehen ist; dem Gläubiger bleiben allenfalls die Rechte aus dem Anfechtungsgesetz. Auch § 411 BGB, der sich mit den Dienstbezügen der Beamten, Richter, Geistlichen, Soldaten befasst – ob er auch für Angestellte und Arbeiter des öffentlichen Dienstes analog gilt, ist streitig –, hilft nicht, weil die Vorschrift nicht den Rechtsübergang verhindert, sondern nur den öffentlichen Kassen verstärkten Schuldnerschutz gewährt.[1]

4   **2.2** Der Pfändungsbeschluss muss **auch dem Drittberechtigten und dem Vollstreckungsschuldner zugestellt** werden, aber die Pfändung ist mit der Zustellung des Pfändungsbeschlusses an den Drittschuldner bewirkt.

---

1 BGHZ 11, 302.

2.3 Leistet der Drittschuldner nach Zustellung nicht an den Vollstre- 5
ckungsgläubiger, so kann dieser sein Recht nur durch **Klageerhebung** wei-
terverfolgen; **zuständig** wird meist das Arbeitsgericht sein, vgl. Rz. 54 zu
Muster 19.

2.4 Eines **Titels gegen den Drittberechtigten bedarf es nicht.** Der Dritt- 6
berechtigte ist nicht Vollstreckungsschuldner und nicht Drittschuldner;
denn er schuldet weder dem Vollstreckungsgläubiger noch dem Vollstreckungsschuldner etwas. Er hat als Rechtsbehelf gegen die Pfändung nur
die Drittwiderspruchsklage des § 771 ZPO, während dem Vollstreckungsschuldner und dem Drittschuldner die Erinnerung zu stehen.

Sollte der Drittberechtigte seine Ansprüche abgetreten haben, schadet das 7
dem Vollstreckungsgläubiger nicht: Auch der Anspruch des Zessionars
wird von der Pfändung umfasst, weil der Zessionar nicht mehr „Recht"
erwerben konnte, als der Zedent hatte.

Muster 25   Arbeitseinkommen VII

Verschleiertes Arbeitsverhältnis

Hinweis: Zu benutzen ist das amtliche Formular Anlage 2 (zu § 2 Nr. 2) der
Verordnung über Formulare für die Zwangsvollstreckung (Zwangsvollstreckungsformular-Verordnung – ZVFV) vom 23.8.2012 (BGBl. I 2012, S. 1822) in
der geänderten Fassung aufgrund der Verordnung zur Änderung der Zwangsvollstreckungsformular-Verordnung vom 16.6.2014 (BGBl. I 2014, S. 754). **Hierbei wird folgende Textabweichung empfohlen** (ggfl. auf einem gesonderten
Anhang):

. . . werden die angeblichen Ansprüche des Schuldners

gegen . . .   . . . (Name und Adresse) . . .   (Drittschuldner)

*auf Zahlung des gesamten Arbeitseinkommens einschließlich des nach den
ortsüblichen Sätzen zu berechnenden Geldwertes von Sachbezügen, in Höhe
einer angemessenen Vergütung nach § 850h Abs. 2 ZPO solange gepfändet,
bis die Ansprüche des Gläubigers vollständig befriedigt sein werden.*

Die Pfändung wird gemäß § 850c ZPO beschränkt.

---

1. Die Verschleierung des Arbeitseinkommens

Muster 25 befasst sich mit dem Versuch von Schuldnern, sich dem Zugriff 1
ihrer Gläubiger dadurch zu entziehen, dass sie ihren (selbständigen oder
nichtselbständigen) Erwerb aufgeben, ihr etwaiges Unternehmen einem
Dritten (bevorzugt dem Ehegatten oder einer GmbH) übertragen und für
diesen Dritten oder andere Personen gegen eine unangemessen niedrige,
oft unter der Pfändungsgrenze liegende Vergütung oder gar ganz ohne Vergütung arbeiten. Bei der Frage, ob die Bezüge des Vorstands einer Aktiengesellschaft unangemessen niedrig sind, kommt es vor allem auf die wirt-

schaftlichen Verhältnisse des Unternehmens und auf die Art der Tätigkeit des Vorstands an. Befindet sich das Unternehmen in wirtschaftlichen Schwierigkeiten, kann es dennoch angemessen erscheinen, dem Vorstand hohe Bezüge zu zahlen, wenn dessen Tätigkeit im Hinblick auf die Zukunft des Unternehmens mit besonderer Verantwortung und mit besonderen Anforderungen verbunden ist.[1]

Wählt der verheiratete Vollstreckungsschuldner nach der Pfändung seines Anspruchs auf Arbeitslohn ohne sachlichen Grund statt der **Steuerklasse** IV die Steuerklasse V, um so Einkommensbeträge der Pfändung zu entziehen, so kann das Vollstreckungsgericht in entsprechender Anwendung von § 850h ZPO anordnen, dass sich der Schuldner bei der Berechnung des pfändbaren Teils seines Lohns so behandeln lassen muss, als werde er nach der Steuerklasse IV besteuert.[2] Dagegen muss der Gläubiger eine vor der Pfändung getroffene Wahl der Steuerklasse durch den Schuldner und dessen Ehegatten (für das laufende Jahr) gegen sich gelten lassen. Eine Anordnung des Vollstreckungsgerichts, ein Schuldner müsse sich bei der Berechnung des pfändbaren Teils seines Einkommens so behandeln lassen, als werde er nach der Steuerklasse IV besteuert, kann nur ergehen, wenn der Gläubiger unter Angabe konkreter Tatsachen glaubhaft macht, dass der Schuldner nach der Pfändung ohne sachlichen Grund mit Manipulationsabsicht zum Nachteil des Gläubigers die für den Gläubiger ungünstigere Steuerklasse gewählt hat.[3] Mit seiner Entscheidung vom 4.10.2005 sieht der BGH[4] dies differenzierter. Er stellt fest, dass die Wahl des Schuldners in eine für ihn ungünstigere Lohnsteuerklasse vor der Pfändung regelmäßig in Gläubigerbenachteiligungsabsicht getroffen wird, mit der Folge, dass der Schuldner bei der Berechnung des pfändungsfreien Betrags schon im Jahre der Pfändung so zu behandeln ist, als sei sein Arbeitseinkommen gemäß der günstigeren Lohnsteuerklasse zu versteuern. Wählt der Schuldner hingegen erst nach der Pfändung eine ungünstigere Lohnsteuerklasse oder behält er diese für das folgende Kalenderjahr bei, so gilt dies auch ohne Gläubigerbenachteiligungsabsicht schon dann, wenn für diese Wahl objektiv kein sachlich rechtfertigender Grund gegeben ist. Fehlt es an einem Nachweis der Gläubigerbenachteiligungsabsicht, hat der Gläubiger bezüglich des laufenden Kalenderjahres die vor der Pfändung getroffene Wahl der Steuerklasse Schuldners allerdings hinzunehmen.

Behaupten die Gläubiger zur Begründung einer Drittschuldnerklage, der Schuldner (Arbeitnehmer) sei – zu einer üblichen Stundenvergütung – in der Regel mehr als vollzeitbeschäftigt (zehn Stunden arbeitstäglich) gewe-

---

1 OLG Karlsruhe v. 24.11.2011 – 9 U 18/11, JurBüro 2012, 264 = ZIP 2012, 2081.
2 OLG Köln v. 3.1.2000 – 2 W 164/99, Rpfleger 2000, 223 = JurBüro 2000, 217 = InVo 2000, 140; OLG Schleswig InVo 2000, 142; LG Koblenz v. 15.12.2003 – 2 T 890/03, JurBüro 2004, 335 und v. 5.3.2002 – 2 T 86/02, JurBüro 2002, 324 = InVo 2002, 193; so auch OLG Hamm v. 30.1.2001 – 3 UF 263/00, NJW-RR 2001, 1663; LG Stuttgart JurBüro 2001, 111.
3 LG Münster v. 29.1.2003 – 5 T 1191/02, Rpfleger 2003, 254 = InVo 2003, 414.
4 BGH v. 4.10.2005 – VII ZB 26/05, Rpfleger 2006, 25 = NZI 2006, 114.

sen, und ergibt sich daraus ein pfändbarer Betrag, so kann – bei Bestreiten des Umfangs der behaupteten Arbeitszeit durch den Drittschuldner (Arbeitgeber) – die Erhebung eines angebotenen Zeugenbeweises nicht mit der Begründung abgelehnt werden, es handele sich um einen „unzulässigen Ausforschungsbeweis".[5]

2. Erfolgreiche Pfändung

Hier hilft § 850h Abs. 2 ZPO: Im Verhältnis zwischen dem Vollstreckungsgläubiger und dem Empfänger der Arbeits- oder Dienstleistung, also dem Drittschuldner, gilt zugunsten des Vollstreckungsgläubigers eine angemessene Vergütung als geschuldet.[6] Vorausgesetzt ist dabei nicht, dass ein Arbeits- oder Dienstverhältnis vorliegt; verlangt wird nur ein **„ständiges Verhältnis"**. Das bedeutet, dass Arbeit mit einer gewissen Regelmäßigkeit und über eine gewisse Dauer hin geleistet werden muss, und dass diese Leistung nach ihrer Art und ihrem Umfang üblicherweise gegen Vergütung erbracht zu werden pflegt.[7] Als geschuldete Vergütung gilt und von der Pfändung erfasst wird die angemessene Vergütung.[8] Deren Angemessenheit muss der Vollstreckungsgläubiger im Prozess gegen den Drittschuldner dartun und beweisen. Bei einmaligen Ansprüchen i.S. des § 850i ZPO versagt die Vorschrift.

2.1 Bei der Prüfung dieser Voraussetzungen sind die **Umstände des Einzelfalls**, insbesondere die Art der Tätigkeit, die verwandtschaftlichen oder sonstigen Beziehungen zwischen dem Vollstreckungsschuldner und dem Dienstberechtigten und die wirtschaftliche Leistungsfähigkeit des Dienstberechtigten zu berücksichtigen. Daher kann der Vollstreckungsgläubiger selten voraussehen, ob sein Pfändungsversuch zum Erfolg führen wird.

2.2 Erspart der Dritte durch die Leistungen des Vollstreckungsschuldners eine andere Arbeitskraft, so ist dies ein starkes Indiz dafür, dass die Tätigkeit, wie sie der Vollstreckungsschuldner ausübt, üblicherweise zu vergüten ist. Ein verschleiertes Arbeitseinkommen i.S. des § 850h Abs. 2 ZPO liegt vor, wenn der Schuldner einem Dritten in ständigem Arbeitsverhältnis Dienste leistet, hierfür aber nur eine unverhältnismäßig geringere als die übliche Vergütung erhält. Beim Unterschreiten der üblichen Vergütung um weniger als 25 Prozent kann noch nicht von einer unverhältnismäßig geringen Vergütung ausgegangen werden.[9]

Die **Angemessenheit der Vergütung** wird man meist an dem Tariflohn oder an der ortsüblichen Vergütung messen können.[10] Verwandtschaftliche Beziehungen zwischen dem Vollstreckungsschuldner und dem

---

5 BAG v. 3.8.2005 – 10 AZR 585/04, NZA 2006, 175 = NJW 2006, 255.
6 OLG Karlsruhe v. 24.11.2011 – 9 U 18/11, JurBüro 2012, 264.
7 BAG BB 1977, 1252.
8 Hierzu auch BAG v. 16.5.2013 – 6 AZR 556/11, MDR 2013, 1047 = ZIP 2013, 1433.
9 LAG Baden-Württemberg v. 16.8.2007 – 11 Sa 8/07, ZInsO 2008, 167.
10 BAG MDR 1965, 944; *Wenzel*, MDR 1965, 1027 und 1966, 973.

Dienstberechtigten können sich auf die Höhe der angemessenen Vergütung auswirken; von Bedeutung ist auch die wirtschaftliche Leistungsfähigkeit des Dienstberechtigten, insbesondere bei Mitarbeit des Schuldners im Geschäft seines Ehepartners.[11] Es ist zwar festzustellen, ob der Ehepartner einem anderen Arbeitnehmer für diese Tätigkeit eine Vergütung gewähren würde und welche, es ist aber nicht zu ermitteln, ob der Vollstreckungsschuldner, wenn er nur wollte und in einem gut verdienenden Unternehmen arbeitete, eine höhere Vergütung erzielen könnte; diejenige Vergütung ist als angemessen und geschuldet anzusehen, welche der Ehepartner redlicherweise für die gleiche Tätigkeit zur gleichen Zeit unter den gleichen Umständen und bei gleich guter oder schlechter Finanzkraft einem Dritten zahlen würde.[12]

6   2.3 Das Vollstreckungsgericht hat nicht zu prüfen, ob die Voraussetzungen des § 850h Abs. 2 ZPO vorliegen. Das Vollstreckungsgericht prüft grundsätzlich nicht, ob die materiellen Voraussetzungen des § 850h Abs. 2 ZPO vorliegen; es hat – unbeschadet zu beachtender Pfändungsschutzvorschriften – nicht über Bestand und Höhe des fingierten Vergütungsanspruchs zu befinden. Ob und in welcher Höhe dem Gläubiger eine angemessene Vergütung gemäß § 850h Abs. 2 ZPO zusteht, ist ggf. vom Prozessgericht in dem gegen den Drittschuldner gerichteten Einziehungserkenntnisverfahren zu entscheiden.[13] Schuldner und Drittschuldner können sich mit der **Erinnerung** nach § 766 ZPO bzw. mit der sofortigen Beschwerde nach § 793 ZPO wehren.

7   2.4 Hat der Vollstreckungsgläubiger – etwa weil ihm die Verschleierung nicht bekannt war – einfach das Arbeitseinkommen gepfändet, so **umfasst auch diese Pfändung** die nach § 850h Abs. 2 ZPO **fingierte Vergütung**; denn diese ist „Arbeitseinkommen".[14] Ist die Verschleierung bekannt, so werden Antrag und Beschluss zweckmäßig wie im Muster formuliert, um dem Vollstreckungsschuldner und dem Drittschuldner von vorneherein die Ausrede sinnlos erscheinen zu lassen, sie hätten nicht gewusst, dass die fingierte, angemessene Vergütung gepfändet ist.

8   2.5 Wegen der Pfändung in **Lohnrückstände** bei verschleiertem Arbeitseinkommen vgl. *Geißler* in Rpfleger 1987, 5.

---

11 BAG NJW 1978, 343; LAG Hamm v. 22.9.1992 – 2 Sa 1823/91, ZIP 1993, 610; OLG Oldenburg JurBüro 1995, 104; BAG v. 15.6.1994 – 4 AZR 317/93, Rpfleger 1995, 166; zur Pfändung wegen einer Unterhaltsforderung: OLG Düsseldorf v. 1.12.1988 – 8 U 47/88, NJW-RR 1989, 390.
12 Zur Arbeit von Kindern im Betrieb der Eltern vgl. BGH NJW 1972, 429 und VersR 1964, 642.
13 BGH v. 12.9.2013 – VII ZB 51/12, WM 2013, 1991.
14 BAG v. 16.5.2013 – 6 AZR 556/11, MDR 2013, 1047 = ZIP 2013, 1433.

3. Klage gegen den Drittschuldner und mehrere Pfändungsgläubiger

3.1 Klage gegen den Drittschuldner

Leistet der Drittschuldner auf die Pfändung hin nicht, so kann der Vollstreckungsgläubiger sein Recht nur auf dem Klageweg verfolgen.[15] Das Prozessgericht hat darüber zu entscheiden, ob und in welchem Umfang die Voraussetzungen des § 850h Abs. 2 ZPO gegeben sind. Die Darlegungs- und Beweislast für die Art und den zeitlichen Umfang der Tätigkeit des Schuldners für den Drittschuldner obliegt grundsätzlich dem Gläubiger. Etwas anderes gilt jedoch dann, wenn hinreichende Anhaltspunkte dafür bestehen, dass die im vorgelegten Dienstvertrag enthaltenen Angaben über den Arbeitsumfang des Schuldners und die dafür vereinbarte Vergütung mit den tatsächlichen Verhältnissen in der überschaubaren Vergangenheit nicht übereinstimmen.[16] Zuständig wird meist das Arbeitsgericht sein[17] (vgl. Rz. 54 der Erläuterungen zu *Muster 19*). Das ordentliche Gericht, nicht das Arbeitsgericht, ist nur dann zuständig, wenn der Vollstreckungsschuldner wirksam als Organ einer juristischen Person bestellt ist; übt er nur eine entsprechende Tätigkeit aus, ist aber ein anderer als Organ bestellt, so bleibt das Arbeitsgericht zuständig.

9

3.2 Mehrere Pfändungsgläubiger

Haben mehrere Pfändungsgläubiger das Arbeitseinkommen des Schuldners gepfändet und setzt ein nachrangiger Gläubiger seinen Anspruch gemäß § 850h Abs. 2 ZPO durch, gilt auch hier nach wie vor der Prioritätsgrundsatz, d.h., der nachrangige Gläubiger erhält keine Zuteilung, solange ein vorrangiger, rangbesserer Gläubiger vorhanden ist. Hierbei ist es unerheblich, ob der rangbessere Gläubiger ebenfalls die höhere Vergütung nach § 850h Abs. 2 ZPO durchsetzt oder nicht.[18]

10

Allerdings erhält der nachrangige Gläubiger nicht erst dann eine Zuteilung, wenn der vorrangige Gläubiger (der seine Rechte nicht durchsetzt) befriedigt ist, sondern bereits ab dem Zeitpunkt, in dem der vorrangige Gläubiger bei Durchsetzung seiner Rechte befriedigt sein würde.

Muster 26   Auflassung I

Schuldrechtlicher Anspruch auf Erklärung der Auflassung

Hinweis: Zu benutzen ist das amtliche Formular Anlage 2 (zu § 2 Nr. 2) der Verordnung über Formulare für die Zwangsvollstreckung (Zwangsvollstre-

---

15 Hierzu auch BAG, ZInsO 2008, 869 zur Klage eines Insolvenzverwalters und erneut BAG v. 23.4.2008 – 10 AZR 168/07, NJW 2008, 2606.
16 OLG Bremen InVo 2001, 454.
17 ArbG Passau JurBüro 2006, 552.
18 BAG v. 15.6.1994 – 4 AZR 317/93, Rpfleger 1995, 166 = JurBüro 1995, 324 und *Hintzen*, EWiR 1994, 1231; auch BGH v. 15.11.1990 – IX ZR 17/90, NJW 1991, 495.

Muster 27 Auflassung II

ckungsformular-Verordnung – ZVFV) vom 23.8.2012 (BGBl. I 2012, S. 1822) in der geänderten Fassung aufgrund der Verordnung zur Änderung der Zwangsvollstreckungsformular-Verordnung vom 16.6.2014 (BGBl. I 2014, S. 754).

Hierbei ist das Feld „Anspruch G" oder eine gesonderte Anlage zu nutzen. Es wird folgender Text empfohlen:

Wegen ... wird der angebliche Anspruch des Schuldners

gegen ...   ... (Name und Adresse) ...   (Drittschuldner)

aus ... (z.B. Kaufvertrag des Notars ... vom ...) ...

auf Übertragung des Eigentums an dem in ... gelegenen, im Grundbuch des Amtsgerichts ... Gemarkung ... Band ... Blatt ... eingetragenen Grundstück (schuldrechtlicher Ausspruch auf Erklärung der Auflassung)

gepfändet.

Gleichzeitig wird angeordnet, dass das Grundstück an den zu bestellenden Sequester[1] herauszugeben und aufzulassen ist.

Dem Drittschuldner wird verboten, an den Schuldner zu leisten.

Dem Schuldner wird geboten, sich jeder Verfügung über den gepfändeten Anspruch, insbesondere der Einziehung, zu enthalten.

Zugleich wird der gepfändete Anspruch dem Gläubiger zur Einziehung überwiesen.

---

1 Zu seiner Bestellung vgl. Rz. 14 der Erläuterungen zu *Muster 33*.

Erläuterungen bei *Muster 33*.

Muster 27 Auflassung II

Schuldrechtlicher Anspruch auf Erklärung der Auflassung und/oder Rückabwicklungsanspruch

Hinweis: Zu benutzen ist das amtliche Formular Anlage 2 (zu § 2 Nr. 2) der Verordnung über Formulare für die Zwangsvollstreckung (Zwangsvollstreckungsformular-Verordnung – ZVFV) vom 23.8.2012 (BGBl. I 2012, S. 1822) in der geänderten Fassung aufgrund der Verordnung zur Änderung der Zwangsvollstreckungsformular-Verordnung vom 16.6.2014 (BGBl. I 2014, S. 754).

Hierbei ist das Feld „Anspruch G" oder eine gesonderte Anlage zu nutzen. Es wird folgender Text empfohlen:

Wegen ... wird der angebliche Anspruch des Schuldners

gegen ...   ... (Name und Adresse) ...   (Drittschuldner)

aus ... (Rechtsgrund einsetzen, z.B. Kaufvertrag des Notars ... vom ...) ...

auf Übertragung des Eigentums an dem in ... gelegenen, im Grundbuch des Amtsgerichts ... Gemarkung ... Band. ... Blatt ... eingetragenen Grundstück (schuldrechtlicher Anspruch auf Erklärung der Auflassung)

und der Anspruch des Schuldners auf Rückabwicklung des Vertrages vom ... über das genannte Grundstück, insbesondere auf Rückzahlung des ganz oder teilweise bezahlten Kaufpreises für das Grundstück und auf Erstattung von Aufwendungen zugunsten des Grundstücks

gepfändet.

Gleichzeitig wird angeordnet, dass das Grundstück statt an den Schuldner an den zu bestellenden Sequester[1] herauszugeben und aufzulassen ist.

Dem Drittschuldner wird verboten, an den Schuldner zu leisten.

Dem Schuldner wird geboten, sich jeder Verfügung über die gepfändeten Ansprüche, insbesondere ihrer Einziehung, zu enthalten.

Zugleich werden die gepfändeten Ansprüche dem Gläubiger zur Einziehung überwiesen.

---

1 Zu seiner Bestellung vgl. Rz. 14 der Erläuterungen zu *Muster 33*.

Erläuterungen bei *Muster 33*.

Muster 28 Auflassung III

Antrag auf Eintragung der Pfändung nach Muster 26 und 27 im Grundbuch

An das Amtsgericht – Grundbuchamt

Betr.: Grundbuch von ... Blatt ...

In der Zwangsvollstreckungssache

...   (Gläubiger)

gegen

...   (Schuldner)

überreiche ich

1. Schuldtitel (genau bezeichnen)

2. Pfändungs- u. Überweisungsbeschluss (genau bezeichnen)

3. Urkunde, die die Auflassung an den Sequester enthält, (genau bezeichnen)

4. Bewilligung des vom Vollstreckungsgericht bestellten Sequesters für die Eintragung einer Sicherungshypothek zu ... Euro zugunsten des Gläubigers

5. Antrag des Sequesters auf Umschreibung des Grundstücks auf den Vollstreckungsschuldner

und

Muster 29 Auflassung IV

beantrage

als im Pfändungsbeschluss legitimierter Vertreter des Vollstreckungsgläubigers unter Bezugnahme auf den bereits bei den Grundakten befindlichen Kaufvertrag mit den entsprechenden Genehmigungen die Umschreibung des Eigentums an dem vorbezeichneten Grundstück auf den Vollstreckungsschuldner und zugleich mit der Umschreibung die Eintragung einer Sicherungshypothek in Höhe von ... Euro für den Vollstreckungsgläubiger.

(Unterschrift)

Erläuterungen bei *Muster 33*.

Muster 29   Auflassung IV

Rückabwicklungsanspruch bei unwirksamem[1] Vertrag

Hinweis: Zu benutzen ist das amtliche Formular Anlage 2 (zu § 2 Nr. 2) der Verordnung über Formulare für die Zwangsvollstreckung (Zwangsvollstreckungsformular-Verordnung – ZVFV) vom 23.8.2012 (BGBl. I 2012, S. 1822) in der geänderten Fassung aufgrund der Verordnung zur Änderung der Zwangsvollstreckungsformular-Verordnung vom 16.6.2014 (BGBl. I 2014, S. 754).

Hierbei ist das Feld „Anspruch G" oder eine gesonderte Anlage zu nutzen. Es wird folgender Text empfohlen:

Wegen ... wird der angebliche Rückabwicklungsanspruch des Schuldners

gegen ...   ... (Name und Adresse) ...   (Drittschuldner)

aus dem nicht wirksamen[1] ... vertrag bezüglich des in ... gelegenen, im Grundbuch des Amtsgerichts ... Gemarkung ... Blatt ... eingetragenen Grundstücks gepfändet, insbesondere der Anspruch auf Rückzahlung des ganz oder teilweise gezahlten Kaufpreises und der Anspruch auf Erstattung von Aufwendungen für das Grundstück.

Dem Drittschuldner wird verboten, an den Schuldner zu leisten.

Dem Schuldner wird geboten, sich jeder Verfügung über den gepfändeten Anspruch, insbesondere der Einziehung, zu enthalten.

Zugleich wird der gepfändete Anspruch dem Gläubiger zur Einziehung überwiesen.

---

1 Bei aufgelöstem Vertrag ist entsprechend zu formulieren.

Erläuterungen bei *Muster 33*.

Muster 30 Auflassung V

Anwartschaftsrecht nach Erklärung der Auflassung

Hinweis: Zu benutzen ist das amtliche Formular Anlage 2 (zu § 2 Nr. 2) der Verordnung über Formulare für die Zwangsvollstreckung (Zwangsvollstreckungsformular-Verordnung – ZVFV) vom 23.8.2012 (BGBl. I 2012, S. 1822) in der geänderten Fassung aufgrund der Verordnung zur Änderung der Zwangsvollstreckungsformular-Verordnung vom 16.6.2014 (BGBl. I 2014, S. 754).

Hierbei ist das Feld „Anspruch G" oder eine gesonderte Anlage zu nutzen. Es wird folgender Text empfohlen:

Wegen ... wird der angebliche Anspruch des Schuldners auf Eintragung als Eigentümer des in ... gelegenen, im Grundbuch des Amtsgerichts ... Gemarkung ... Band ... Blatt ... eingetragenen Grundstücks aufgrund der vom Eigentümer dem Schuldner erklärten Auflassung vom ... (das Anwartschaftsrecht des Grundstückskäufers nach Auflassungserklärung aber vor Eintragung im Grundbuch) gepfändet.[1]

– Der Schuldner hat Eintragungsantrag gestellt.

– Für den Schuldner ist eine Vormerkung im Grundbuch eingetragen.

Dem Schuldner wird geboten, sich jeder Verfügung über den gepfändeten Anspruch, insbesondere der Antragstellung beim Grundbuchamt, zu enthalten.

Zugleich wird der gepfändete Anspruch dem Gläubiger zur Einziehung überwiesen.

---
1 Zwischen den folgenden Alternativen ist zu wählen.

Erläuterungen bei *Muster 33*.

⊃ **Beachte:** Es gibt keinen Drittschuldner (vgl. Rz. 17–20 der Erläuterungen zu *Muster 33*); die Zustellung erfolgt daher nur an den Schuldner, das Verbot gegen den Drittschuldner entfällt.

Muster 31 Auflassung VI

Kombinierte Pfändung mangels genauer Kenntnis des Sachverhalts

Hinweis: Zu benutzen ist das amtliche Formular Anlage 2 (zu § 2 Nr. 2) der Verordnung über Formulare für die Zwangsvollstreckung (Zwangsvollstreckungsformular-Verordnung – ZVFV) vom 23.8.2012 (BGBl. I 2012, S. 1822) in der geänderten Fassung aufgrund der Verordnung zur Änderung der Zwangsvollstreckungsformular-Verordnung vom 16.6.2014 (BGBl. I 2014, S. 754).

Hierbei ist das Feld „Anspruch G" oder eine gesonderte Anlage zu nutzen. Es wird folgender Text empfohlen:

Muster 32 Auflassung VII

Wegen ... werden gepfändet:

a) der angebliche Anspruch des Schuldners aus ... vertrag vom ... gegen ... (Drittschuldner)

b) auf Übertragung des Eigentums an dem in ... gelegenen, im Grundbuch des Amtsgerichts ... Gemarkung ... Blatt ... eingetragenen Grundstück (schuldrechtlicher Anspruch auf Erklärung der Auflassung) und auf Rückabwicklung des genannten Vertrags, insbesondere auf Rückgewähr bereits geleisteten Entgelts für das Grundstück sowie auf Ersatz von Aufwendungen auf das Grundstück;

c) der angebliche Anspruch des Schuldners auf Eintragung als Eigentümer des in ... gelegenen, im Grundbuch des Amtsgerichts ... Gemarkung ... Blatt ... vorgetragenen Grundstücks aufgrund der ihm vom Eigentümer erklärten Auflassung (das Anwartschaftsrecht des Grundstückskäufers nach Auflassungserklärung aber vor Eintragung im Grundbuch).

Zugleich wird angeordnet, dass das Grundstück statt an den Schuldner an den zu bestellenden Sequester[1] herauszugeben und aufzulassen ist.

Dem Drittschuldner wird verboten, an den Schuldner zu leisten.

Dem Schuldner wird geboten, sich jeder Verfügung über die gepfändeten Ansprüche, insbesondere ihrer Einziehung und der Antragstellung beim Grundbuchamt, zu enthalten.

Zugleich werden die gepfändeten Ansprüche dem Gläubiger zur Einziehung überwiesen.

---

1 Zu seiner Bestellung vgl. Rz. 14 der Erläuterungen zu *Muster 33*.

Erläuterungen bei *Muster 33*.

Muster 32 Auflassung VII

Antrag auf Eintragung der Pfändung nach Muster 30 und 31 im Grundbuch

An das Amtsgericht – Grundbuchamt ...

Betr.: Grundbuch von ... Gemäß ... Blatt

In der Zwangsvollstreckungssache

  ... (Gläubiger)

gegen

  ... (Schuldner)

überreiche ich eine Ausfertigung des Pfändungs- und Überweisungsbeschlusses des Amtsgerichts ... vom ... Az.: ... nebst Zustellungsnachweis und

  beantrage

als der im Pfändungsbeschluss legitimierte Vertreter des Vollstreckungsgläubigers unter Bezugnahme auf die Grundakten die Umschreibung des Eigentums an dem bezeichneten Grundstück auf den Vollstreckungsschuldner ... und – zugleich mit der Umschreibung – die Eintragung einer Sicherheitshypothek in Höhe von ... Euro für den Vollstreckungsgläubiger.[1]

(Unterschrift)

---

[1] Falls für den Vollstreckungsschuldner eine Vormerkung eingetragen ist, soll hier der in Rz. 11 der Erläuterungen zu *Muster 33* genannte Hinweis folgen.

Erläuterungen bei *Muster 33*.

Muster 33 Auflassung VIII

Antrag auf Bestellung eines Sequesters

An das Amtsgericht ...[1] – Vollstreckungsgericht – ...

In der Zwangsvollstreckungssache

   ...   (Gläubiger)

gegen

   ...   (Schuldner)

überreiche ich eine Ausfertigung des Pfändungs- und Überweisungsbeschlusses des Amtsgerichts ... vom ... Az.: ... nebst Zustellungsnachweis und

beantrage

als der im Pfändungsbeschluss legitimierte Vertreter des Vollstreckungsgläubigers die Bestellung eines Sequesters.

Als Sequester wird vorgeschlagen: ...

(Unterschrift)

---

[1] Zuständig ist das Amtsgericht der belegenen Sache.

1. Anspruch auf Übertragung des Eigentums an einem Grundstück

Der Anspruch auf Übertragung des Eigentums an einem Grundstück entsteht aus einer schuldrechtlichen Verpflichtung, meist aus einem Verpflichtungsvertrag (z.B. Kaufvertrag, Tauschvertrag, Überlassungsvertrag, Schenkungsvertrag); nach § 311b BGB muss ein solcher Vertrag zu seiner Wirksamkeit notariell beurkundet sein (als Ausnahme sei auf das Auftragsrecht verwiesen, wo unter bestimmten Voraussetzungen die Verpflichtung formlos entstehen kann). Der Anspruch auf Übertragung des Eigentums kann aber auch aus schuldrechtlichen Verpflichtungen entstehen, die nicht auf Vertrag beruhen, so z.B. aus Vermächtnis; dieser muss

1

dann, damit die Verpflichtung wirksam entstehe, in einer Form zugewendet sein, welche den Vorschriften über Testamente bzw. Erbverträge entspricht.

2. Pfändung und Verwertung

Es ist zu unterscheiden:

2 **Bevor der Drittschuldner (= Erwerber des Grundstücks)** die Auflassung (Definition: § 925 BGB) erklärt hat, ist nach *Muster 26* bzw. *Muster 27* zu pfänden und der Eintragungsantrag an das Grundbuchamt nach *Muster 28* zu stellen.

3 **Nach Erklärung der Auflassung** durch den Drittschuldner ist nach *Muster 30* zu pfänden und Eintragungsantrag nach *Muster 32* zu stellen.

4 Bei **Zweifel** darüber, ob die Auflassung schon erklärt ist, ist nach *Muster 31* zu pfänden und Eintragungsantrag nach *Muster 32* zu stellen. Auch nach Auflassung kann der Gläubiger unabhängig allein den schuldrechtlichen Anspruch auf Eigentumsverschaffung pfänden mit der Folge, dass die Pfändung mit Zustellung des Pfändungsbeschlusses an den Drittschuldner bewirkt ist und das Grundbuch entsprechend berichtigt werden kann.[1] Die Pfändung des Anwartschaftsrechts bewirkt nicht zugleich eine Pfändung des schuldrechtlichen Anspruchs auf Eigentumsverschaffung.[2]

5 Häufig ist für den Vollstreckungsgläubiger **nicht gewiss, ob das Verpflichtungsgeschäft**, aus dem der Auflassungsanspruch fließt, **wirksam ist**, wirksam wird oder wirksam bleibt, z.B. weil das Geschäft genehmigungsbedürftig ist und die Genehmigung (noch) fehlt. Dann ist nach *Muster 27* zu pfänden, wenn die Auflassung noch nicht erklärt ist und der Eintragungsantrag *Muster 28* zu stellen; ist die Auflassung erklärt, so ist nach *Muster 30* und zugleich nach *Muster 29* zu pfänden und Eintragungsantrag nach *Muster 32* zu stellen.

6 Steht fest, dass **der Auflassungsanspruch nicht wirksam entstanden** ist, so ist nur der Rückabwicklungsanspruch nach *Muster 29* zu pfänden; eine Grundbucheintragung ist weder veranlasst noch zulässig.

Im Folgenden werden

– die Pfändung vor Erklärung der Auflassung in Rz. 7–16

– die Pfändung nach Erklärung der Auflassung in Rz. 17–23 behandelt und

– die Pfändung des Herausgabeanspruchs des Vollstreckungsschuldners gegen den Drittschuldner unter Rz. 24 dargestellt.

---

1 OLG München v. 7.4.2010 – 34 Wx 035/10, Rpfleger 2010, 365.
2 OLG Hamm v. 13.9.2007 – 15 W 298/07, Rpfleger 2008, 190.

2.1 Pfändung vor Erklärung der Auflassung

Gegenstand der Pfändung ist der schuldrechtliche Anspruch auf die Eigentumsübertragung. **Gepfändet wird nach §§ 829, 848 ZPO**; die Pfändung wird mit Zustellung des Beschlusses an den Drittschuldner wirksam (§ 829 Abs. 3 ZPO).[3]

2.1.1 Aufgrund der Pfändung ist das Grundstück an einen vom Gericht zu bestellenden **Sequester** (s. auch Rz. 14) aufzulassen und herauszugeben. Mit dem Übergang des Eigentums am Grundstück auf den Vollstreckungsschuldner entsteht zugunsten des Vollstreckungsgläubigers kraft Gesetzes und ohne Eintragung im Grundbuch eine **Sicherungshypothek** für die Vollstreckungsforderung (§ 848 Abs. 2 ZPO), auch wenn der Mindestbetrag nach § 866 Abs. 3 ZPO nicht erreicht wird.[4] Die Eintragung der Hypothek ist zwar nur Grundbuchberichtigung, aber nötig, um den Vollstreckungsgläubiger vor Verlust seiner Sicherungshypothek oder ihres Ranges durch gutgläubigen Erwerb des Grundstücks oder eines Rechts daran durch Dritte zu schützen; daher hat der Sequester die Eintragung der Hypothek zu bewilligen (§ 848 Abs. 2 Satz 3 ZPO).

2.1.2 Die Sicherungshypothek erhält den **Rang nach dem Zeitpunkt ihrer Entstehung**, also vor den in diesem Zeitpunkt noch nicht eingetragenen Rechten selbst dann, wenn ihre Eintragung schon vor der Pfändung bewilligt war,[5] es sei denn, die Belastung und die Bewilligung ihrer Eintragung ergeben sich aus dem Verpflichtungsgeschäft, dem der Auflassungsanspruch entspringt.[6]

Eine **Vormerkung** zugunsten des gepfändeten Auflassungsanspruchs wahrt den Rang auch für die zugunsten des Vollstreckungsgläubigers entstehende Sicherungshypothek, sodass diese auch allen Rechten im Rang vorausgeht, die nach Eintragung der Vormerkung im Grundbuch eingetragen worden sind (§ 883 Abs. 2 BGB). Im Hinblick auf den guten Glauben im Grundbuch ist dem Gläubiger zu empfehlen, die Pfändung bei der Auflassungsvormerkung im Grundbuch eintragen zu lassen. Die Pfändung erfasst kraft Gesetzes auch den Auflassungsanspruch.[7] Ist die Vormerkung zwar bewilligt, aber noch nicht eingetragen, so ist der Vollstreckungsgläubiger befugt, den Eintragungsantrag zu stellen.

2.1.3 Lässt der Drittschuldner das Grundstück nicht freiwillig an den Sequester auf, so bedarf der Vollstreckungsgläubiger zur **Klagebefugnis** nicht

---

[3] Zur Vertiefung und zu Einzelheiten: BGHZ 49, 199 = NJW 1968, 493 mit Anm. in NJW 1968, 1087; zur Pfändung des in Bruchteilsgemeinschaft stehenden Anspruchs BayObLG v. 14.5.1992 – BReg.2 Z 139/91, NJW-RR 1992, 1369.
[4] Für viele Zöller/*Stöber*, § 848 ZPO Rz. 7; Baumbach/Lauterbach/Albers/*Hartmann*, § 848 ZPO Rz. 8.
[5] BGHZ 49, 199 = NJW 1968, 493.
[6] BayObLGZ 72, 79.
[7] BayObLG v. 31.10.1984 – BReg.2 Z 124/84, Rpfleger 1985, 58.

der Überweisung,[8] aber diese bleibt zulässig und sollte auch beantragt werden, um Zweifel auszuschließen.

12 Der **Klageantrag** richtet sich auf Verurteilung des Drittschuldners, die Auflassung an den Sequester als Vertreter des Vollstreckungsschuldners zu erklären und die Eintragung des Vollstreckungsschuldners als Eigentümer im Grundbuch zu bewilligen. Ist der Drittschuldner antragsgemäß rechtskräftig verurteilt, so ersetzt dieses Urteil seine Auflassungserklärung (§ 894 ZPO). Damit der Vollstreckungsschuldner Eigentümer des Grundstücks wird, muss der Sequester nunmehr noch seine Auflassungserklärung notariell beurkunden lassen und kann dann unter Vorlage sowohl seiner Erklärung als auch des Urteils die Umschreibung im Grundbuch beantragen.

13 Der **Eintragungsantrag** (§ 13 GBO) kann vom Sequester als Vertreter des Vollstreckungsschuldners, aber auch vom Vollstreckungsgläubiger selbst beantragt werden, weil die Eintragung der Sicherungshypothek auch zu seinen Gunsten erfolgt.[9]

14 **2.1.4 Der Sequester** wird vom Rechtspfleger (§ 20 Nr. 17 RPflG) des Vollstreckungsgerichts bestellt, in dessen Bezirk das betroffene Grundstück liegt (§ 848 Abs. 1 ZPO). Ist dieses gleichzeitig für den Erlass des Pfändungsbeschlusses zuständig, kann der Sequester schon im Pfändungsbeschluss bestellt werden. Sind mehrere Grundstücke in verschiedenen Gerichtsbezirken aufzulassen, so ist entweder in jedem Bezirk ein Sequester zu bestellen, oder es ist – was länger dauert – nach § 36 Nr. 4 ZPO zu verfahren.

15 Die Vergütung, die der Gläubiger einem nach § 848 Abs. 2 ZPO bestellten Sequester zu erstatten hat, ist durch das Gericht, das den Sequester bestellt hat, festzulegen. Sie bestimmt sich in Anlehnung an § 19 ZwVwV nach dem (Zeit-)Aufwand.[10] Der Vollstreckungsgläubiger haftet zwar für die **Gebühren des Sequesters**, kann sie aber als notwendige Vollstreckungskosten vom Vollstreckungsschuldner erstattet verlangen (§ 788 ZPO).

16 **2.1.5** Mit der Eintragung der Sicherungshypothek für den Vollstreckungsgläubiger ist die Zwangsvollstreckung in den Auflassungsanspruch **beendet**. Seine Befriedigung muss der Gläubiger – wie jeder Hypothekengläubiger – in einem gesonderten Verfahren suchen: Er muss die **dingliche Klage auf Duldung der Zwangsvollstreckung** gegen den Eigentümer (= Drittschuldner) erheben (§ 867 Abs. 3 ZPO gilt für diesen Fall nicht) und nach rechtskräftigem Urteil die **Zwangsversteigerung oder Zwangsverwaltung nach dem ZVG** betreiben (§ 848 Abs. 3 ZPO; Näheres dazu Rz. 31 bis 34 bei *Muster 46*).

---

8 *Stein/Jonas*, § 847 ZPO Rz. 9; *Prütting/Ahrens*, § 848 ZPO Rz. 8.
9 *Zöller/Stöber*, § 848 ZPO Rz. 7; *Hintzen*, Rpfleger 1989, 439.
10 BGH v. 14.4.2005 – V ZB 55/05, Rpfleger 2005, 549 = InVo 2005, 475.

2.2 Pfändung nach Erklärung der Auflassung

Mit Erklärung der Auflassung erlischt der auf ihre Abgabe gerichtete Anspruch durch Erfüllung, kann also nicht mehr gepfändet werden.

Die Auflassungserklärung und die Eintragung des Erwerbers als neuen Eigentümer im Grundbuch bewirken zusammen den Eigentumsübergang. Nach Erklärung der Auflassung, aber vor Eintragung des Eigentumsübergangs ist der Verkäufer durch den notariellen Vertrag zwar in dem Sinn gebunden, dass er den Vertrag erfüllen muss und sich von dieser Verpflichtung nicht mehr lossagen kann; er könnte aber einen weiteren Kaufvertrag mit einem anderen Erwerber schließen und dafür sorgen, dass dieser zweite Verkauf vor dem ersten im Grundbuch vollzogen wird. Dann würde der spätere Käufer Eigentümer werden, während der frühere nur einen Ersatzanspruch gegen den Verkäufer hätte. Daher entsteht dem Käufer ein **Anwartschaftsrecht**, das jedoch erst dann ein Vermögensrecht darstellt, wenn der Käufer Antrag auf Eigentumsumschreibung im Grundbuch gestellt (und nicht wieder zurückgenommen) hat, oder wenn für ihn eine Auflassungsvormerkung besteht.[11]

Daher sind zwei Fallgestaltungen zu unterscheiden:

2.2.1 Die Auflassung ist erklärt, der Eintragungsantrag des Käufers liegt dem Grundbuchamt vor oder es ist eine Vormerkung für den Käufer eingetragen: Diese Anwartschaft als Vermögensrecht wird nach § 857 gepfändet und überwiesen.

Einen **Drittschuldner** gibt es nicht; die Pfändung wird mit Zustellung des Beschlusses an den Vollstreckungsschuldner wirksam. Mit der Eigentumsumschreibung auf den Vollstreckungsschuldner entsteht nach §§ 857 Abs. 1, 848 Abs. 2 ZPO eine Sicherungshypothek (s.o. Rz. 8, 16).[12]

Ein Sequester wirkt nicht mit.

2.2.2 Die Auflassung ist erklärt, dem Grundbuchamt liegt aber kein Eintragungsantrag des Käufers vor, für ihn ist auch keine Vormerkung eingetragen: Nach Meinung des BGH ist in diesem Falle noch keine Anwartschaft als Vermögensrecht entstanden und daher auch nicht pfändbar (zu pfänden ist somit der Eigentumsverschaffungsanspruch, s. Rz. 7 ff.).

Das Vollstreckungsgericht braucht nicht zu prüfen, ob der Vollstreckungsschuldner den Eintragungsantrag gestellt hat oder eine Vormerkung für ihn besteht; es erlässt den Pfändungs- und Überweisungsbeschluss ohne diese Prüfung. Das Grundbuchamt aber darf in Wahrung des Grundsatzes der Richtigkeit des Grundbuchs keine Eintragung vornehmen, deren Un-

---

11 BGHZ 45, 186; BGHZ 49, 199; BGH DNotZ 1976, 97; NJW 1989, 1093; OLG Jena 1996, 100; *Hintzen*, Rpfleger 1989, 439; vgl. auch BGHZ 83, 399 und BGHZ 89, 44 sowie BGHZ 106, 108.
12 BGHZ 49, 199; dazu Anmerkung in NJW 1968, 1087; a.M. *Hoche*, NJW 1955, 933.

richtigkeit ihm bekannt ist,[13] darf also die Pfändung nicht im Grundbuch eintragen.[14]

23 2.3 Bei **Mehrfachpfändung** ist nach §§ 855, 856 ZPO zu verfahren.

3. Pfändung auch des Herausgabeanspruchs

24 Diese ist zwar trotz § 848 ZPO zulässig, bringt dem Vollstreckungsgläubiger aber nur selten zusätzliche Vorteile. *Stöber*[15] hält sie für vorteilhaft, um eine spätere Anordnung der Zwangsverwaltung auf Antrag eines Dritten zwar nicht zu hindern, aber im Ergebnis zum Scheitern zu bringen, und für den Fall, dass der Vollstreckungsgläubiger im Wege der Mobiliarvollstreckung Früchte auf dem Halm (§ 810 ZPO) oder Zubehör nach § 865 Abs. 2 ZPO pfänden will.

Muster 34 Automatenaufstellvertrag

Hinweis: Zu benutzen ist das amtliche Formular Anlage 2 (zu § 2 Nr. 2) der Verordnung über Formulare für die Zwangsvollstreckung (Zwangsvollstreckungsformular-Verordnung – ZVFV) vom 23.8.2012 (BGBl. I 2012, S. 1822) in der geänderten Fassung aufgrund der Verordnung zur Änderung der Zwangsvollstreckungsformular-Verordnung vom 16.6.2014 (BGBl. I 2014, S. 754).

Hierbei ist das Feld „Anspruch G" oder eine gesonderte Anlage zu nutzen. Es wird folgender Text empfohlen:

Wegen . . . werden die angeblichen fälligen und künftigen Ansprüche des Schuldners

gegen . . .   . . . (Name und Adresse) . . .   (Drittschuldner)

auf Zugang zu dem . . . (genaue Ortsangabe) . . . aufgestellten . . . (Bezeichnung der Art des Automaten, bei mehreren Automaten seine Individualisierung) . . . Automaten und auf Zugang zu seinem Geldinhalt, sowie auf Teilung dieses Geldinhalts und auf Auszahlung des dem Schuldner gebührenden Anteils daran

gepfändet.

Dem Drittschuldner wird verboten, an den Schuldner zu leisten.

Dem Schuldner wird geboten, sich jeder Verfügung über die gepfändeten Ansprüche, insbesondere der Einziehung, zu enthalten.

Zugleich werden die gepfändeten Ansprüche dem Gläubiger zur Einziehung überwiesen.

---

13 BGHZ 35, 139 = NJW 1961, 1310; BayObLG NJW 1969, 81.
14 BGH v. 1.12.1988 – V ZB 10/88, NJW 1989, 1093.
15 *Stöber*, Rz. 2041.

1. Möglichkeiten der Vertragsgestaltung

Der **Automatenaufstellvertrag** als solcher ist im Gesetz nicht geregelt.[1] Die Vertragsschließenden können zwischen mehreren möglichen Vertragsgestaltungen wählen:

Wenn sich die Partner gegenseitig verpflichten, die Erreichung eines gemeinsamen Zwecks (hier Erzielung von Gewinn für beide) in der Weise zu fördern, dass der eine Partner einen oder mehrere Automaten, der andere einen geeigneten Aufstellplatz zur Verfügung stellt, so wird diese Vereinbarung regelmäßig ein Gesellschaftsvertrag sein, die Gesellschaft wird je nach den Umständen eine solche des bürgerlichen Rechts, eine offene Handelsgesellschaft oder eine Kommanditgesellschaft sein.

Der Automatenaufstellvertrag im engeren Sinn aber ist ein Vertrag sui generis, der Bestandteile mehrerer Vertragstypen (z.B. Miete, Verwahrung, Gesellschaft) enthält.[2] Der Aufsteller bleibt üblicherweise Eigentümer des Automaten, aber der Vertragspartner hat regelmäßig den Gewahrsam oder Mitgewahrsam an dem Automaten und ist zur Herausgabe des Automaten nicht verpflichtet, solange der Aufstellvertrag läuft.

2. Pfändung und Verwertung

Die Pfändung richtet sich nach der Rechtsnatur der zu pfändenden Ansprüche.

2.1 Liegt ein **Gesellschaftsvertrag** vor, so sind die Gesellschaftsanteile nach *Muster 81, 109* oder *130* zu pfänden.

2.2 Beim Automatenaufstellvertrag im engeren Sinne unterliegt zunächst der **Automat als Eigentum des Aufstellers** der Zwangsvollstreckung gegen diesen; er ist im Wege der Sachpfändung zu pfänden. Bei Gewahrsam oder Mitgewahrsam des Vertragspartners führt die Sachpfändung aber nur zum Erfolg, wenn der Vertragspartner zur Herausgabe bereit ist; andernfalls muss sie unterbleiben (§ 809 ZPO). Eine Verpflichtung des nicht zur Herausgabe bereiten Vertragspartners zur Duldung der Pfändung wird nur bei ganz besonderer Gestaltung der Sachlage bestehen, sodass sich ein Duldungstitel gegen ihn regelmäßig nicht erwirken lassen wird.

Aber der Vollstreckungsgläubiger kann einen etwaigen **Herausgabeanspruch des Aufstellers** gegen den Vertragspartner pfänden (vgl. *Muster 97*). Nach dem zwischen dem Aufsteller und dem Vertragspartner bestehenden Vertrag wird der Vertragspartner nur selten verpflichtet sein, den Automaten sofort herauszugeben; der Vertrag ist häufig auf eine gewisse Mindestdauer geschlossen oder sein Ablauf ist von Kündigung unter Einhaltung einer längeren Frist abhängig.

---

[1] Vgl. LG Siegen v. 21.12.1989 – 3 S 333/89, NJW-RR 1990, 632.
[2] OLG Celle NJW 1967, 1425.

7   2.3 Dem Vollstreckungsgläubiger bleibt noch die Möglichkeit des Zugriffs auf den **Geldinhalt** des Automaten. Die Zugriffsmöglichkeit hängt unter anderem davon ab, was die Vertragspartner vereinbart haben: Soll zum Beispiel der Geldinhalt dem Aufsteller gehören und dieser nur verpflichtet sein, seinem Vertragspartner eine Vergütung zu bezahlen, so ist zwar der Vergütungsanspruch beim Aufsteller zu pfänden, aber der gesamte Geldinhalt des Automaten gehört allein dem Aufsteller. Steht aber jedem Vertragspartner vereinbarungsgemäß ein bestimmter Teil des Geldinhalts zu, hat der Aufsteller nur Anspruch auf Zutritt zum Automaten und auf Teilung des Geldes. In diesem Fall wird häufig keiner der Vertragspartner allein die Automatenkasse öffnen können. Das alles wirkt sich auf die Pfändung aus:

8   2.3.1 Hat der **Aufsteller allein Zugriff** zum Geldinhalt, so hat er damit auch Alleingewahrsam an der Automatenkasse, sodass das Geld in dieser Kasse als Sache durch den Gerichtsvollzieher gepfändet werden kann (§ 808 ZPO).

9   2.3.2 Haben aber der **Aufsteller und sein Vertragspartner gemeinsam Zugang** zur Kasse, so hat der Vertragspartner Mitgewahrsam auch an dem Geldinhalt, sodass sein Widerspruch die Sachpfändung des Geldes ebenso hindert wie die Sachpfändung des Automaten. Ein Duldungstitel gegen den Vertragspartner des Vollstreckungsschuldners wird sich auch hier selten erwirken lassen. Es bleibt nur die Möglichkeit, den Herausgabeanspruch des Vollstreckungsschuldners, den dieser dann gegen seinen Vertragspartner hat, wenn ihm vertragsgemäß der Geldinhalt allein zusteht, zu pfänden.

10 2.3.3 Steht der Geldinhalt des Automaten dem Vollstreckungsschuldner und seinem Vertragspartner gemeinsam zu, so hat der Vollstreckungsschuldner seinem Partner gegenüber einen **Anspruch auf Teilung des Geldinhalts und Auszahlung des ihm gebührenden Anteils** daran. Dieser Anspruch ist pfändbar; auf diese Pfändung bezieht sich das *Muster*.

11 Den gepfändeten und überwiesenen Anspruch auf Teilung des Inhalts und Zahlung des Anteils kann der Vollstreckungsgläubiger verwirklichen, indem er den Gerichtsvollzieher mit der Hilfspfändung nach § 836 Abs. 3 Satz 1 ZPO beauftragt.

12 Steht aber der Automat in Räumen des Vertragspartners des Vollstreckungsschuldners oder anderer Dritter, so können diese dem Gerichtsvollzieher den Zutritt zu den Räumen und damit zum Automaten verweigern. Gegen sie kann eine Durchsuchungsordnung nach § 758 ZPO zur Pfändung des Geldinhalts nicht ergehen. Deshalb muss der Vollstreckungsgläubiger auch das Recht des Vollstreckungsschuldners auf Zugang zum Automaten und zum Geldinhalt pfänden.[3]

---

3 Vgl. LG Aurich DGVZ 1990, 136 = JurBüro 1990, 1370.

Muster 35 Banken und Sparkassen

Umfassende Pfändung

Hinweis: Zu benutzen ist das amtliche Formular Anlage 2 (zu § 2 Nr. 2) der Verordnung über Formulare für die Zwangsvollstreckung (Zwangsvollstreckungsformular-Verordnung – ZVFV) vom 23.8.2012 (BGBl. I 2012, S. 1822) in der geänderten Fassung aufgrund der Verordnung zur Änderung der Zwangsvollstreckungsformular-Verordnung vom 16.6.2014 (BGBl. I 2014, S. 754). Hierbei kommen folgende auszufüllenden Felder in Betracht:

Forderung aus Anspruch	4
☐ D (an Kreditinstitute)	

(...)

Anspruch D (an Kreditinstitute) — 5

1. auf Zahlung der zu Gunsten des Schuldners bestehenden Guthaben seiner sämtlichen Girokonten (insbesondere seines Kontos _____) bei diesem Kreditinstitut einschließlich der Ansprüche auf Gutschrift der eingehenden Beträge; mitgepfändet wird die angebliche (gegenwärtige und künftige) Forderung des Schuldners an den Drittschuldner auf Auszahlung eines vereinbarten Dispositionskredits („offene Kreditlinie"), soweit der Schuldner den Kredit in Anspruch nimmt

2. auf Auszahlung des Guthabens und der bis zum Tag der Auszahlung aufgelaufenen Zinsen sowie auf fristgerechte bzw. vorzeitige Kündigung der für ihn geführten Sparguthaben und/oder Festgeldkonten, insbesondere aus Konto _____

3. auf Auszahlung der bereitgestellten, noch nicht abgerufenen Darlehensvaluta aus einem Kreditgeschäft, wenn es sich nicht um zweckgebundene Ansprüche handelt

4. auf Zahlung aus dem zum Wertpapierkonto gehörenden Gegenkonto, insbesondere aus Konto _____, auf dem die Zinsgutschriften für die festverzinslichen Wertpapiere gutgebracht sind

5. auf Zutritt zu dem Bankschließfach Nr. _____ und auf Mitwirkung des Drittschuldners bei der Öffnung des Bankschließfachs bzw. auf die Öffnung des Bankschließfachs allein durch den Drittschuldner zum Zweck der Entnahme des Inhalts

6. auf _____

Hinweise zu Anspruch D:

Auf § 835 Absatz 3 Satz 2 ZPO (Zahlungsmoratorium von vier Wochen) und § 835 Absatz 4 ZPO wird der Drittschuldner hiermit hingewiesen.

Pfändungsschutz für Kontoguthaben und Verrechnungsschutz für Sozialleistungen und für Kindergeld werden seit dem 1. Januar 2012 nur für Pfändungsschutzkonten nach § 850k ZPO gewährt.

Hinweis:

Die offenen Felder, insbesondere zum Konto, müssen nicht zwingend ausgefüllt werden.

Muster 35 — Banken und Sparkassen

Der **Textbaustein** unter „Hinweise zu Anspruch D" ist insoweit **fehlerhaft**, als er ein Zahlungsmoratorium von 4 Wochen für alle Ziffern bzw. Ansprüche unter „D" benennt. Das Zahlungsmoratorium nach § 835 Abs. 3 Satz 2 ZPO bezieht sich aber nur auf Guthaben auf einem Konto und soll den Schuldnerschutz nach § 850k ZPO garantieren.

Es wird empfohlen, weiter zu ergänzen nach Ziffer 5 (gfl. auf einem Beiblatt):

a) der Anspruch auf Herausgabe von Beträgen und Sachen, die zugunsten des Schuldners bei der Drittschuldnerin eingegangen sind oder noch eingehen werden oder sonst von der Drittschuldnerin zugunsten des Schuldners gehalten werden, auch der Anspruch auf Herausgabe solcher Beträge und Sachen an Dritte,

b) der Anspruch auf Gutschrift von zugunsten des Schuldners eingehenden Beträgen auf Konten des Schuldners,

c) der Anspruch auf Auszahlung oder Überweisung – auch an Dritte – sowohl des sich im Zeitpunkt der Zustellung dieses Beschlusses an die Drittschuldnerin ergebenden als auch jeden späteren aktiven Kontokorrentsaldos oder sonstiger Guthaben, auch zwischen den Saldoabschlüssen,

d) der Anspruch auf Herausgabe von Wertpapieren aus Sonder- oder Drittverwahrung samt dem Miteigentumsanteil von Stücken im Sammelbestand,

e) der Anspruch auf Herausgabe folgender verwahrter oder hinterlegter Sachen ... (genau benennen) ...,

f) die Ansprüche auf Herausgabe und Rückübereignung folgender beweglicher Sachen ... (genau benennen) ... und auf Rückzession von folgenden Forderungen und sonstigen Rechten ... (genau benennen) ...,

g) die Ansprüche auf (Rück-)Abtretung, Aufhebung (Löschung) folgender Grundpfandrechte ... (genau benennen) ..., und auf Verzicht darauf, samt den Ansprüchen auf Erteilung der Bewilligung zur Umschreibung dieser Grundpfandrechte auf den Gläubiger im Grundbuch sowie auf Herausgabe der über diese Grundpfandrechte erstellten Briefe,

h) die Ansprüche auf Auszahlung des Überschusses aus der Verwertung von Sicherheiten,

i) die aus der Geschäftsverbindung sich ergebenden sonstigen Ansprüche und Rechte, z.B. auf Kündigung und Auskunft,

j) Ferner werden die Eigentümergrundpfandrechte gepfändet, welche dem Schuldner aus der Erfüllung der oben lit. i) gepfändeten Abtretungsansprüche entstanden sind oder entstehen werden.

Banken und Sparkassen — Muster 35

Aus dem amtlichen Vordruck kommen weitere Felder zur Anwendung:

☐ **Es wird angeordnet, dass**

☐ der Schuldner das über das jeweilige Sparguthaben ausgestellte Sparbuch (bzw. die Sparurkunde) an den Gläubiger herauszugeben hat und dieser das Sparbuch (bzw. die Sparurkunde) unverzüglich dem Drittschuldner vorzulegen hat

☐ ein von dem Gläubiger zu beauftragender Gerichtsvollzieher für die Pfändung des Inhalts Zutritt zum Schließfach zu nehmen hat

☐ _____

Es wird empfohlen, weiter zu ergänzen (gfl. auf einem Beiblatt):

a) dass diejenigen Sachen, bezüglich welcher Herausgabeansprüche gepfändet sind, zum Zwecke der Verwertung zugunsten des Gläubigers an einen von diesem zu beauftragenden Gerichtsvollzieher herauszugeben sind;

b) dass der Schuldner die Kontoauszüge herauszugeben hat.[1]

---

[1] Sehr streitig: Nach dem BGH[1] ist auf Antrag des Gläubigers die Pflicht zur Herausgabe sämtlicher Kontoauszüge in den Pfändungs- und Überweisungsbeschluss aufzunehmen, wenn der Gläubiger Ansprüche des Schuldners gegen ein Kreditinstitut gepfändet hat, die sowohl auf Auszahlung der positiven Salden gerichtet ist als auch auf Auszahlung des dem Schuldner eingeräumten Kredits. Nach einer weiteren Entscheidung des BGH[2] kann der Gläubiger, zu dessen Gunsten Ansprüche des Schuldners auf Auszahlung von Guthaben auf einem Pfändungsschutzkonto gepfändet und überwiesen werden, verlangen, dass die gemäß § 836 Abs. 3 Satz 1 ZPO bestehende Verpflichtung des Schuldners zur Herausgabe der bei ihm vorhandenen Nachweise, welche gemäß § 850k Abs. 2 und 5 Satz 2 ZPO zur Erhöhung der Pfändungsfreibeträge führen können, in den Pfändungs- und Überweisungsbeschluss aufgenommen wird. Dem Schuldner muss nachgelassen werden, die Übergabe durch Herausgabe von Kopien zu erfüllen. Nach Auffassung des LG Stuttgart[3] und des LG Dresden[4] erfasst die Pfändung nicht ohne Weiteres die Verpflichtung des Schuldners zur Herausgabe von Kontoauszügen an dem Gläubiger. Anders hingegen sehen dies das LG Wuppertal[5] und LG Verden.[6]

---

1 BGH v. 23.8.2012 – VII ZB 44/11, JurBüro 2013, 41.
2 BGH v. 21.2.2013 – VII ZB 59/10, Rpfleger 2013, 402 = NJW-RR 2013, 766 = MDR 2013, 548.
3 LG Stuttgart v. 28.9.2007 – 10 T 302/07, Rpfleger 2008, 211.
4 LG Dresden v. 5.8.2010 – 2 T 205/10, JurBüro 2010, 663.
5 LG Wuppertal v. 2.5.2007 – 6 T 294/07, DGVZ 2007, 90 = JurBüro 2007, 439.
6 LG Verden v. 12.10.2009 – 6 T 151/09, Rpfleger 2010, 95; LG Landshut v. 1.8.2008 – 34 T 1909/08, Rpfleger 2009, 39 = JurBüro 2009, 212.

Vorbemerkung

Hier soll die Pfändung aller häufiger vorkommenden Ansprüche gezeigt werden, die dem Vollstreckungsschuldner gegen ein Kreditinstitut zustehen können. Das Muster soll verwendet werden, wenn zwar die Bankverbindung als solche bekannt ist, nicht aber ihr Umfang. Ist der Umfang der Bankverbindung dagegen bekannt, empfiehlt es sich – schon um dem Einwand mangelnder Bestimmtheit sicher begegnen zu können (Rz. 77 der „Grundlagen") – die Pfändung nur auf die tatsächlich bestehenden Ansprüche zu richten. Zu den wichtigsten Ansprüchen finden sich **gesonderte Muster**, nämlich:

- Guthaben auf Girokonten: *Muster 36*;
- Guthaben auf Sparkonten: *Muster 166, 167*;
- Darlehen, Kreditzusage: *Muster 53, 54*;
- Zutritt zum Stahlkammerfach (Safe): *Muster 168*.

1. Bankgeschäfte

1 Bankgeschäfte sind vielseitig. Die Banken und Sparkassen – auch auf diese sind die *Muster 35* und *36* anwendbar – richten für ihre Kunden Konten ein, kaufen, verwalten und verkaufen für sie Wertpapiere, gewähren ihnen Kredite, die sie sich regelmäßig sichern lassen, verwahren Wertgegenstände, führen Treuhandgeschäfte durch usw. Aus all diesen Geschäften können dem Kunden Forderungen und andere Ansprüche erwachsen.

2 **Die Vertretung der Geldinstitute** richtet sich nach ihrer Rechtsform: Für die AG gilt § 78 AktG, für die GmbH gilt § 35 GmbHG, für die OHG gelten §§ 125 bis 127 HGB, für die KG ebenso, jedoch mit der Maßgabe, dass der Kommanditist zur Vertretung nicht ermächtigt ist (§ 170 HGB), für die Genossenschaft gelten §§ 26, 27 GenG. Öffentliche Sparkassen werden nach landesrechtlichen Bestimmungen vertreten (Art. 99 EGBGB).

2. Pfändung und Verwertung

3 Wenn der Vollstreckungsgläubiger nicht weiß, welchen Umfang die Geschäftsbeziehung seines Schuldners zu einem Geldinstitut hat, muss er einerseits versuchen, so umfassend wie möglich zu pfänden, andererseits darauf achten, dass er in seinem Pfändungsantrag die zu pfändenden Ansprüche so beschreibt, dass sie **eindeutig bestimmbar** sind. Soll die Pfändung auch **künftige Forderungen** ergreifen, muss sich das aus dem Pfändungsbeschluss selbst ergeben.[7]

Bei der Entscheidung über einen Antrag auf Erlass eines Pfändungs- und Überweisungsbeschlusses prüft das zuständige Vollstreckungsgericht nicht, ob die zu pfändende Forderung besteht; es prüft nur, ob diese nach dem Sachvortrag des Gläubigers dem Schuldner gegen den Drittschuldner

---

[7] OLG Karlsruhe v. 30.7.1991 – 17 U 225/89, NJW-RR 1993, 242.

zustehen kann und ob sie nicht unpfändbar ist. Der Sachvortrag des Gläubigers ist dabei als wahr zu unterstellen. Da der zu pfändende Anspruch nicht begründet, sondern lediglich bezeichnet wird, darf der Rechtspfleger den Antrag nur ausnahmsweise ablehnen, wenn dem Schuldner der Anspruch aus tatsächlichen oder rechtlichen Gründen offenbar nicht zustehen kann oder ersichtlich unpfändbar ist. Deshalb pfändet das Vollstreckungsgericht auch nur die „angebliche Forderung" des Schuldners gegen den Drittschuldner. Die Frage, ob von einem schlüssigen Sachvortrag ausgegangen werden kann, wenn der Gläubiger in einem Formular gleichzeitig die Pfändung und Überweisung von mehreren Forderungen des Schuldners gegen eine Vielzahl von an seinem Wohnort ansässigen Geldinstituten beantragt, wurde sehr streitig behandelt. Der BGH[8] hat die Frage so entschieden, dass der Formularantrag eines Gläubigers, näher bezeichnete Ansprüche des Schuldners gegen **nicht mehr als drei bestimmte Geldinstitute** am Wohnort des Schuldners zu pfänden, grundsätzlich nicht rechtsmissbräuchlich ist. Dies gilt aber zunächst nur bei Privatkunden, bei Konten für gewerblich Tätige können auch mehr als drei Drittschuldner genannt sein.

Die **Zustellung** des Pfändungsbeschlusses kann jedenfalls an die Hauptstelle des Instituts erfolgen, nach in der Praxis sehr weit verbreiteter Ansicht aber auch an die kontoführende Filiale; denn auch diese ist ein Geschäftsraum i.S. des § 178 Abs. 1 Nr. 2 ZPO, außerdem wird das Filialpersonal meist entsprechend bevollmächtigt sein. Die Angabe der Kontonummer empfiehlt sich, ist aber nicht notwendig.[9]   4

Während die Pfändung der häufig vorkommenden Ansprüche des Kunden gegen das Geldinstitut in speziellen, in der **Vorbemerkung** genannten Mustern behandelt wird, wird in diesem Muster insbesondere die Frage behandelt, welche Vollstreckungsmöglichkeiten dann bestehen, **wenn das Geldinstitut nach Tilgung der Kundenschuld noch über Sicherheiten verfügt**.   5

Das Geldinstitut benötigt nach Tilgung seiner Forderung die dafür gestellten **Sicherheiten** nicht mehr; dennoch bleiben die Sicherungsmittel im Regelfall zunächst bei dem Geldinstitut, aber dieses ist – was meist im Kreditvertrag näher geregelt ist – verpflichtet, die Sicherungsmittel dem Kunden herauszugeben (§ 812 Abs. 1 Satz 2 BGB).[10]   6

2.1 Grundpfandrechte gehen mit Erlöschen der gesicherten Forderung entweder auf den Grundstückseigentümer über – und sind dann bei diesem als Eigentümergrundschuld zu pfänden (*Muster 61–75*) –, oder sie sind dem Kunden zurückzugewähren. Der **Rückgewähranspruch** ist nach § 857 ZPO pfändbar. Zugleich mit dem Rückgewähranspruch sind die Ansprü-   7

---

8 BGH v. 19.3.2004 – IXa ZB 229/03, Rpfleger 2004, 427 mit Anm. *Lürken*, Rpfleger 2004, 572 = NJW 2004, 2096 = FamRZ 2004, 872 = JurBüro 2004, 391 = MDR 2004, 834 = WM 2004, 934 = InVo 2004, 370 = WuB H. 7/2004 VI E. § 829 ZPO 4.04 Bitter.
9 LG Siegen, JurBüro 1998, 605.
10 BGH v. 18.2.1992 – XI ZR 134/91, NJW 1992, 1620 m.w.N.

che des Vollstreckungsschuldners auf Bewilligung der Umschreibung im Grundbuch, auf Herausgabe des Hypotheken- bzw. Grundschuldbriefs sowie die entstehende Eigentümergrundschuld zu pfänden (§§ 830, 857 Abs. 6 ZPO; vgl. die Erläuterungen zu den *Mustern 46, 52* und insbesondere *75*).

8 **2.1.1** Aber **trotz Pfändung und Überweisung des Rückgewähranspruchs** darf das Geldinstitut das Grundpfandrecht nicht unmittelbar an den Vollstreckungsgläubiger abtreten; denn der Anspruch ist im Vermögen des Vollstreckungsschuldners geblieben. Daher muss die Bank als Drittschuldnerin das Grundpfandrecht mit genau bezeichneter Zinsforderung und allen Nebenrechten *an den Vollstreckungsschuldner abtreten, in der Abtretungsurkunde auf die Pfändung hinweisen und die Eintragung der Abtretung mit dem Bemerken bewilligen, dass die Abtretung nur zusammen mit dem Pfandrecht eingetragen werden darf*. Diese Abtretungsurkunde muss die Bank *dem Vollstreckungsgläubiger aushändigen.*

9 **Um die Pfändungswirkung herbeizuführen**, muss der Vollstreckungsgläubiger

- im Fall des Grundpfandrechts mit Brief sich den Brief beschaffen, den meist das Geldinstitut besitzen wird, weshalb in Ziff. 1 lit. g des Musters die Pfändung des Herausgabeanspruchs vorgesehen ist; die wirksame Pfändung der Briefgrundschuld erfordert die Briefübergabe an den Gläubiger. Dass der Brief beim Grundbuchamt verwahrt wird und die (Hilfs-)Pfändung und Überweisung des Herausgabeanspruchs stattgefunden hat, ändert daran nichts.[11]

- im Fall des Grundpfandrechts ohne Brief beim Grundbuchamt beantragen, zugleich die Abtretung des Grundpfandrechts an den Vollstreckungsschuldner und die Pfändung zugunsten des Vollstreckungsgläubigers einzutragen. Der Eintragungsantrag und die Vollmacht dazu bedürfen nicht der notariellen Beglaubigung (§ 29 GBO).

10 Mit Erlangung des Briefs bzw. Eintragung im Grundbuch wird das bisherige Fremd-Grundpfandrecht zur **Eigentümergrundschuld** und das Pfändungspfandrecht des Vollstreckungsgläubigers daran entsteht (§§ 830 Abs. 1, 836 Abs. 1 ZPO).[12] Zur größeren Sicherheit und zur Klarstellung empfiehlt es sich, die Pfändung der nunmehr entstandenen Eigentümergrundschuld ausdrücklich zu beantragen (**Ziff. 2 des Musters**). Der **Zustellung** an Drittschuldner oder Vollstreckungsschuldner bedarf es zum Wirksamwerden der Vollstreckung nicht. § 835 Abs. 1 ZPO ermöglicht nun dem Vollstreckungsgläubiger, **seine Befriedigung** aus der Eigentümergrundschuld zu betreiben; dem steht § 1197 Abs. 1 BGB nicht entgegen, weil diese Vorschrift für den Vollstreckungsgläubiger nicht gilt.[13]

---

11 OLG München BeckRS 2011, 22453 = NJOZ 2012, 171.
12 Vgl. *Hein*, Rpfleger 1987, 491 und OLG Koblenz v. 22.12.1987 – 4 W 653/87, Rpfleger 1988, 72.
13 BGHZ 103, 66 ff.

2.1.2 Die Befriedigung der Vollstreckungsforderung muss der Vollstreckungsgläubiger – falls für die gesicherte Forderung nicht ein Titel, etwa nach § 794 ZPO, besteht, der auf den Vollstreckungsgläubiger umgeschrieben werden kann – im Weg der erneuten Zwangsvollstreckung betreiben (§ 1147 BGB), indem er **die Zwangsversteigerung des Grundstücks** beantragt. Dazu braucht er einen **neuen Titel (§ 750 ZPO)**, den er sich durch Klage gegen den Grundstückseigentümer (Vollstreckungsschuldner) beschaffen muss, deren Antrag auf Duldung der Zwangsvollstreckung in das Grundstück wegen des Grundpfandrechts und der genau benannten Zinsen und Nebenleistungen zu richten ist. (Näheres in Rz. 31–34 Erläuterungen zu *Muster 46.*) 11

Die **sachliche Zuständigkeit** für diese Klage bestimmt sich nach § 6 ZPO,[14] **örtlich zuständig ist ausschließlich** das Gericht, in dessen Bezirk das Grundstück liegt (§ 24 ZPO). 12

2.1.3 Es müssen auch die Ansprüche auf Aufhebung oder Löschung des Grundpfandrechts und auf den Verzicht darauf gepfändet werden; denn der Vollstreckungsschuldner, welcher dem Geldinstitut gegenüber unter diesen Ansprüchen wählen kann,[15] wäre sonst in der Lage, den Erfolg der Vollstreckung zu vereiteln. 13

2.1.4 Im Fall der Zwangsversteigerung des Grundstücks durch einen Dritten muss das Geldinstitut auch den auf den nicht valutierten Teil des Grundpfandrechts entfallenden **Erlösteil herausgeben**. Dieser Anspruch ist als gewöhnliche Geldforderung zu pfänden. 14

2.2 Pfandrechte an beweglichen Sachen und an Rechten erlöschen mit der gesicherten Forderung (§ 1252 BGB), sodass nun die verpfändeten Sachen und Rechte wieder dem Vollstreckungszugriff gegen den Eigentümer (Inhaber) unterliegen; sein Herausgabeanspruch gegen das Geldinstitut ist zu pfänden. 15

2.3 Bürgschaften erlöschen mit der Tilgung der gesicherten Forderung durch den Hauptschuldner, wenn nichts anderes vereinbart ist,[16] während bei Befriedigung des Geldinstituts durch den Bürgen die Forderung des Geldinstituts gegen seinen Kunden auf den Bürgen übergeht (§ 774 BGB). 16

2.4 Sicherungsübereignungen und Sicherungszession erlöschen entweder mit der Forderung – dann unterliegt das Sicherungsgut bzw. der auf dieses gerichtete Herausgabeanspruch des Vollstreckungsschuldners dem Vollstreckungszugriff bei ihm – oder sie sind zurückzuübertragen; das hängt vom Inhalt der Vereinbarungen zwischen dem Geldinstitut und dem Vollstreckungsschuldner ab. Die Ansprüche auf Rückübertragung und Herausgabe sind pfändbar. 17

---

14 Z.B. Zöller/*Herget*, § 3 ZPO Rz. 16, „Duldung"; Baumbach/Lauterbach/Albers/*Hartmann*, Anh. zu § 3 ZPO Rz. 31.
15 BGHZ 108, 244 ff.
16 Palandt/*Sprau*, § 765 ZPO Rz. 13.

18   2.5 Das Recht auf **Herausgabe und Rückübereignung von Sachen** wird verwertet, indem die Sachen vom Gerichtsvollzieher in Besitz genommen und versteigert werden und der Vollstreckungsgläubiger aus dem Erlös befriedigt wird (§ 847 ZPO).

19   2.6 Pfändung und Überweisung des Anspruchs auf **Rückzession** einer Forderung bewirken nicht einen Forderungsübergang auf den Vollstreckungsgläubiger; Forderungsinhaber bleibt vielmehr der Vollstreckungsschuldner. Aber der Vollstreckungsgläubiger kann nun anstelle des Vollstreckungsschuldners die Forderung geltend machen und sich aus ihr befriedigen.

20   2.7 Um dem **Bestimmtheitserfordernis zu genügen**, sind die herauszugebenden Sachen, abzutretenden Forderungen und betroffenen Grundpfandrechte – unter Benennung des belastenden Grundstücks – so genau wie möglich zu bezeichnen; an die Bestimmtheit dieser Bezeichnung werden in der Rechtsprechung teilweise sehr hohe, schwer zu erfüllende Anforderungen gestellt.[17] Andererseits hat der BGH bezüglich des Anspruchs auf Auszahlung des Überschusses, welchen die Bank bei Verwertung von Sicherheiten erzielt hat, die in Ziff. 1 lit. h des Musters gewählte Formulierung genügen lassen.[18]

21   Der Vollstreckungsgläubiger kann bei spärlichen Informationen nur sein Bestes versuchen, um zu vermeiden, dass sein Antrag zurückgewiesen oder ein doch ergehender Pfändungsbeschluss als unwirksam angesehen wird.

22   2.8 Die Ansprüche auf **Auskunft und Kündigung** sind nicht selbständig pfändbar. Diese Nebenrechte werden aber in gewissem Umfang von der Pfändung der Hauptforderung ergriffen; ihre Aufführung im Pfändungs- und Überweisungsbeschluss ist nur deklaratorisch, empfiehlt sich aber der Klarheit wegen.

23   3. Zum **Pfändungsschutz** vgl. Rz. 35–37 zu *Muster 36*.

Muster 36   Bankguthaben, Sparkassenguthaben

Girokonto, Kontokorrentkonto

Hinweis: Zu benutzen ist das amtliche Formular Anlage 2 (zu § 2 Nr. 2) der Verordnung über Formulare für die Zwangsvollstreckung (Zwangsvollstreckungsformular-Verordnung – ZVFV) vom 23.8.2012 (BGBl. I 2012, S. 1822) in der geänderten Fassung aufgrund der Verordnung zur Änderung der Zwangsvollstreckungsformular-Verordnung vom 16.6.2014 (BGBl. I 2014, S. 754). Hierbei kommen folgende auszufüllenden Felder in Betracht:

---

17 Z.B. BGH NJW 1975, 980 und LG Landshut JurBüro 1994, 307.
18 BGH v. 27.2.1981 – V ZR 9/80, NJW 1981, 1505.

Bankguthaben, Sparkassenguthaben — Muster 36

Forderung aus Anspruch	4
☐ D (an Kreditinstitute)	

(...)

Anspruch D (an Kreditinstitute) — 5

1. auf Zahlung der zu Gunsten des Schuldners bestehenden Guthaben seiner sämtlichen Girokonten (insbesondere seines Kontos _____) bei diesem Kreditinstitut[1] einschließlich der Ansprüche auf Gutschrift der eingehenden Beträge; mitgepfändet wird die angebliche (gegenwärtige und künftige) Forderung des Schuldners an den Drittschuldner auf Auszahlung eines vereinbarten Dispositionskredits („offene Kreditlinie"), soweit der Schuldner den Kredit in Anspruch nimmt
2. auf Auszahlung des Guthabens und der bis zum Tag der Auszahlung aufgelaufenen Zinsen sowie auf fristgerechte bzw. vorzeitige Kündigung der für ihn geführten Sparguthaben und/oder Festgeldkonten, insbesondere aus Konto _____
3. auf Auszahlung der bereitgestellten, noch nicht abgerufenen Darlehensvaluta aus einem Kreditgeschäft, wenn es sich nicht um zweckgebundene Ansprüche handelt
4. auf Zahlung aus dem zum Wertpapierkonto gehörenden Gegenkonto, insbesondere aus Konto _____, auf dem die Zinsgutschriften für die festverzinslichen Wertpapiere gutgebracht sind
5. auf Zutritt zu dem Bankschließfach Nr. _____ und auf Mitwirkung des Drittschuldners bei der Öffnung des Bankschließfachs bzw. auf die Öffnung des Bankschließfachs allein durch den Drittschuldner zum Zweck der Entnahme des Inhalts
6. auf _____

Hinweise zu Anspruch D:
Auf §835 Absatz 3 Satz 2 ZPO (Zahlungsmoratorium von vier Wochen) und §835 Absatz 4 ZPO wird der Drittschuldner hiermit hingewiesen.
Pfändungsschutz für Kontoguthaben und Verrechnungsschutz für Sozialleistungen und für Kindergeld werden seit dem 1. Januar 2012 nur für Pfändungsschutzkonten nach §850k ZPO gewährt.

---

1 Gemeint ist das Guthaben nicht am Tagesende, sondern das sich jeweils ab dem Tag der Zustellung ergebende Guthaben; hierzu Zöller/*Stöber*, § 833a ZPO Rz. 1; Prütting/*Ahrens*, § 833a ZPO Rz. 12.

Hinweis:

Die offenen Felder, insbesondere zum Konto, müssen nicht zwingend ausgefüllt werden.

Der **Textbaustein** unter „Hinweise zu Anspruch D" ist insoweit **fehlerhaft**, als er ein Zahlungsmoratorium von vier Wochen für alle Ziffern bzw. Ansprüche unter „D" benennt. Das Zahlungsmoratorium nach § 835 Abs. 3 Satz 2 ZPO bezieht sich aber nur auf Guthaben auf einem Konto und soll den Schuldnerschutz nach § 850k ZPO garantieren.

Es wird empfohlen, weiter zu ergänzen unter Ziffer 6:

6. auf Gutschrift der Valuta aus bereitgestellten Krediten, auch soweit ein solcher Anspruch erst künftig entstehen sollte, insbesondere aus einem Überziehungskredit,

Muster 36 Bankguthaben, Sparkassenguthaben

der Anspruch auf Auszahlung oder Überweisung des derzeitigen und jedes künftigen Guthabens an Dritte,

die sich aus der Geschäftsverbindung ergebenden sonstigen Ansprüche und Rechte des Schuldners, z.B. auf Kündigung und Auskunft.

1. Girokonto

1 Fast jeder hat ein Girokonto bei einer Bank oder Sparkasse, über das er einen Großteil seines Zahlungsverkehrs abwickelt, auf das er z.B. sein Gehalt einzahlen lässt oder aus dem er seine Miete zahlt. Dieses Konto kann „positiv" oder „negativ" sein, je nachdem ob der Saldo der auf dem Konto verbuchten gegenseitigen Forderungen zwischen Kunde und Bank ein Guthaben oder eine Schuld des Kunden ergibt.

2 1.1 Mit Einrichtung eines laufenden Kontos kommt zwischen dem Geldinstitut und dem Kunden ein **Girovertrag** zustande, der ein Geschäftsbesorgungsvertrag i.S. des § 765 BGB ist und Dienstleistungen des Geldinstituts und Zahlungsverpflichtungen zum Inhalt hat: Das Geldinstitut verpflichtet sich durch den Girovertrag, dem Kunden die bargeldlose Abwicklung von Zahlungsansprüchen und Zahlungsverpflichtungen zu ermöglichen, indem es eingehende Beträge auf dem Girokonto gutschreibt, Überweisungsaufträge des Kunden ausführt, Schecks bedient usw.; ferner verpflichtet sich das Geldinstitut dazu, aus dem Guthaben des Kunden Beträge an ihn oder Dritte auch dann sofort – und nicht erst nach einem Rechnungsabschluss – auszuzahlen, wenn – wie beim Girokonto regelmäßig – eine Kontokorrentabrede besteht: Der Anspruch des Kunden auf Auszahlung von Tagesguthaben unterfällt nicht der Kontokorrentabrede, eben weil sich das Geldinstitut durch den Girovertrag zu jederzeitiger Auszahlung verpflichtet hat.[1]

3 Die Kündigung dieser Geschäftsverbindung ist sowohl dem Kunden als auch dem Geldinstitut möglich; näher geregelt ist das in Nr. 18 und 19 der Allgemeinen Geschäftsbedingungen der Privatbanken (AGB Banken, Fassung Mai 2012) und in Nr. 26 der Allgemeinen Geschäftsbedingungen der Sparkassen (AGB Sparkassen, Fassung 2013).

4 Weil Banken und Sparkassen auch Kredite ausreichen oder „Kontoüberziehungen" dulden, brauchen sie Sicherheiten. Die AGB Banken enthalten darüber und auch über die Verwertung der Sicherheiten Bestimmungen in Nr. 13 bis 17; für Girokonten wichtig ist insbesondere Nr. 14: Die Bank hat ein Pfandrecht an Wertpapieren und Sachen, die sie im Geschäftsverkehr für den Kunden verwahrt, und ein Pfandrecht auch an den Ansprüchen, die dem Kunden aus der bankmäßigen Geschäftsverbindung zustehen oder zukünftig zustehen werden, z.B. Kontoguthaben. Die ganz ähnliche Regelung für Sparkassen findet sich in Nr. 21 und 22 der AGB

---

1 BGH v. 30.6.1982 – VIII ZR 129/81, BGHZ 84, 325 = NJW 1982, 2192; v. 8.7.1982 – I ZR 148/80, BGHZ 84, 371; *Baßlsperger*, Rpfleger 1985, 177.

Sparkassen. Dieses Pfandrecht muss der Vollstreckungsgläubiger als rangbesseres gegen sich gelten lassen.²

1.2 Girokonten werden regelmäßig als **Kontokorrent** geführt. Das Kontokorrent ist in §§ 355, 356, 357 HGB gesetzlich geregelt. Nr. 7 Abs. 1 der AGB Banken bestimmt dazu, dass, sofern nicht etwas anderes vereinbart ist, jeweils zum Ende eines Kalenderquartals ein Rechnungsabschluss stattfindet, bei dem die in diesem Zeitraum entstandenen beiderseitigen Ansprüche einschließlich Zinsen und Entgelten der Bank verrechnet werden. Die AGB Sparkassen verweisen in Nr. 7 auf die „jeweils im Preisaushang aufgeführten Rechnungsabschlussperioden". 5

Die **Kontokorrentabrede** bedeutet die Vereinbarung der Parteien, dass die aus der Verbindung entspringenden beiderseitigen Forderungen in Rechnung gestellt und in regelmäßigen Zeitabschnitten durch Verrechnung und Feststellung des für den einen oder anderen Teil sich ergebenden Überschusses ausgeglichen werden. Nach ständiger Rechtsprechung des BGH³ besteht das Wesen der Kontokorrentabrede darin, dass die in die laufende Rechnung aufgenommenen beiderseitigen Ansprüche am Tag des periodischen Rechnungsabschlusses durch Anerkennung des Saldos als Einzelforderungen untergehen; übrig bleibt nur ein Anspruch aus dem Saldoanerkenntnis, der als neue, auf einem selbständigen Verpflichtungsgrund beruhende, vom früheren Schuldgrund losgelöste Forderung an die Stelle der bisherigen Einzelforderungen tritt. 6

1.2.1 Beim **Bank-Kontokorrent** werden üblicherweise aber auch in täglichen Bankauszügen Salden gezogen. Diese sog. Tagessalden stellen keinen Rechnungsabschluss dar, sondern sind nur zur Mitteilung an den Kunden bestimmt, um beiden Seiten die Übersicht und die Disposition zu erleichtern.⁴ Allerdings kommt auch – mehr beim kaufmännischen Kontokorrent als beim Bank-Kontokorrent – die Vereinbarung vor, dass der Rechnungsabschluss jeweils sofort bei jeder Buchung, bei jedem neuen Geschäftsvorfall, stattzufinden habe; ein solches Kontokorrent nennt man Staffelkontokorrent. Hier ist wirklich der Tagessaldo zugleich Rechnungsabschluss. 7

Auch wenn kein Staffelkontokorrent vereinbart ist, hat der Kunde auch zwischen den Rechnungsabschlüssen Anspruch auf Auszahlung seines Guthabens; das ergibt sich aus dem Girovertrag zwischen ihm und der Bank.⁵ 8

1.2.2 Die **Einzelposten**, die in das Kontokorrent eingehen, sind zunächst nichts anderes als einzelne Forderungen oder Tilgungen. Sie bleiben das bis zur Schuldumschaffung durch den jeweiligen Rechnungsabschluss. 9

---

2 Vgl. OLG München v. 16.6.1994 – 6 U 4509/93, WM 1995, 429.
3 BGHZ 80, 176; 84, 330, 376; 93, 323; BGH v. 20.5.2003 – XI ZR 235/02, MDR 2003, 1125 = ZIP 2003, 1435.
4 BGH NJW 1968, 2100; BGH v. 29.1.1979 – II ZR 148/77, NJW 1979, 1164 = BGHZ 73, 209; v. 23.5.1985 – III ZR 69/84, NJW 1985, 3011.
5 BGH v. 1.12.1982 – VIII ZR 279/81, BGHZ 86, 23 und Fn. 1.

(Anders beim Staffelkontokorrent, bei dem jederzeit der Tagessaldo den Rechnungsabschluss darstellt und jede Einzelforderung sofort mit täglicher Buchung als solche untergeht.) Ist ein Anspruch kontokorrentgebunden, so tritt diese Kontokorrentbindung – nicht aber die Schuldumschaffung – mit der Entstehung des Anspruchs ein.[6]

10   1.2.3 Die Kontokorrentabrede ist **nicht formbedürftig** und kommt häufig schon durch wiederholte Anerkennung des Saldos zustande. (Damit aber Staffelkontokorrent angenommen werden kann, bedarf es eindeutiger, wenn auch nicht ausdrücklicher Erklärungen.)

11   1.2.4 Die mit der Pfändung eines Hauptrechts verbundene Beschlagnahme erstreckt sich ohne Weiteres auch auf alle Nebenrechte, die im Falle einer Abtretung des Hauptrechts nach §§ 412, 401 BGB auf den Gläubiger übergehen. Zu Letzteren zählt – so der BGH[7] – ihr Anspruch auf Auskunftserteilung und Rechnungslegung gemäß §§ 666, 675 BGB, der der Feststellung des Gegenstandes und des Betrages des Hauptanspruches dient. Zum **Auskunftsanspruch** des Kunden vgl. BGH NJW 1985, 2699.

2. Pfändung und Verwertung

12   2.1 Guthaben auf Girokonten werden als **gewöhnliche Forderungen** nach §§ 829, 835 ZPO gepfändet und überwiesen.[8] Die generelle Pfändung erfasst auch Festgeldkonten.[9]

13   2.2 § 833a ZPO (in Kraft seit dem 1.7.2010) regelt im Anschluss an die Bestimmungen über den Pfändungsumfang bei fortlaufenden Bezügen (§ 832 ZPO) sowie bei Arbeits- und Diensteinkommen (§ 833 ZPO) nunmehr ausdrücklich den Umfang der Pfändung des Guthabens eines Kontos. Unter Konto sind dabei alle Arten von Konten bei Kreditinstituten, insbesondere Giro- und Sparkonten zu verstehen. Die Vorschrift bezieht sich ausschließlich auf die Pfändung des Guthabens eines Kontos, nicht dagegen auf in diesem Zusammenhang eventuell mit gepfändeter Rechte aus den jeweiligen zugrunde liegenden Vertragsverhältnissen (hierzu *Muster 35*).

14   Nach dem bis 30.6.2010 geltendem Recht war die ausdrückliche Pfändung des aktuellen Saldos am Tage der Zustellung des Pfändungsbeschlusses und aller künftigen Tagesguthaben – bei Kontokorrentverhältnissen auch zwischen den Rechnungsperioden – sowie der – ebenfalls bei Kontokorrentvertragsverhältnissen – regelmäßig zu erstellenden Rechnungsabschlusssalden notwendig, um umfassend auf das jeweilige Kontoguthaben bis zur Tilgung der Schuld zugreifen zu können. Nach der **Neuregelung** reicht die Pfändung des „Guthabens" aus, um auch künftige Salden ein-

---

[6] BGH v. 27.1.1982 – VIII ZR 28/81, NJW 1982, 1150 = JurBüro 1982, 853.
[7] BGH v. 18.7.2003 – IXa ZB 148/03, Rpfleger 2003, 669 = InVo 2004, 108 = ZVI 2003, 457; in diesem Sinne auch LG Cottbus v. 16.9.2002 – 7 T 488/02, JurBüro 2002, 659 = InVo 2003, 244.
[8] Allgemein hierzu *Hintzen*, ZAP 1993, 23 und *App*, JurBüro 1991, 481.
[9] OLG Frankfurt v. 3.3.1994 – 1 U 221/91, NJW-RR 1994, 878.

schließlich eines eventuellen Rechnungsabschlusssaldos zu erfassen. Damit werden sprachlich schwerfällige Pfändungs- und Überweisungsbeschlüsse entbehrlich (BT-Drucks. 16/7615).

2.2.1 Die in § 833a Abs. 2 Nr. 1 und 2 ZPO a.F. geregelte Aufhebung der Pfändung eines Kontos oder die Anordnung der Nichtunterwerfung des Guthabens für die Dauer von zwölf Monaten wurde mit Wirkung vom 1.1.2012 wieder aufgehoben, eine **Neuregelung** findet sich seit dem 1.1.2012 in § 850l ZPO. Auf Antrag des Schuldners kann das Vollstreckungsgericht anordnen, dass das Guthaben auf einem Pfändungsschutzkonto für die Dauer von bis zu zwölf Monaten der Pfändung nicht unterworfen ist, wenn der Schuldner nachweist, dass dem Konto in den letzten sechs Monaten vor Antragstellung ganz überwiegend nur unpfändbare Beträge gutgeschrieben worden sind, und er glaubhaft macht, dass auch innerhalb der nächsten zwölf Monate nur ganz überwiegend nicht pfändbare Beträge zu erwarten sind. Die Anordnung kann versagt werden, wenn überwiegende Belange des Gläubigers entgegenstehen. Sie ist auf Antrag eines Gläubigers aufzuheben, wenn ihre Voraussetzungen nicht mehr vorliegen oder die Anordnung den überwiegenden Belangen dieses Gläubigers entgegensteht.[10] Die Formulierung „Anordnen, dass das Guthaben ... der Pfändung nicht unterworfen ist" stellt klar, dass eine Aufhebung der Pfändung nicht in Betracht kommt, insbesondere wenn der Gläubiger auch weitergehende Ansprüche als nur das Guthaben gepfändet hat. Wird die Pfändung vorbehaltlos aufgehoben, ist das Pfandrecht verloren und kann auch rückwirkend nicht wieder hergestellt werden.[11] Gemeint ist daher eine befristete Wirkungslosigkeit (Freistellung[12]) der Pfändung, das Pfandrecht selbst bleibt aber bestehen.

2.2.2 Die Kontopfändung wird auf Antrag des Schuldners vom Vollstreckungsgericht befristet zum **Ruhen** gebracht. Zum Beleg, dass die Kontopfändung nicht oder nur zu einer geringfügigen Befriedigung des Gläubigers führen wird, sind zwei Voraussetzungen zu erfüllen:

(1) Zum einen hat der Schuldner z.B. durch Vorlage von Kontoauszügen nachzuweisen, dass in den letzten sechs Monaten vor der Antragstellung nur oder ganz überwiegend nicht pfändbare Beträge auf dem Konto gutgeschrieben worden sind.

Die **Unpfändbarkeit** der gutgeschriebenen Leistungen kann sich dabei aus den Vorschriften der ZPO, des SGB I oder aus Vorschriften in besonderen Leistungsgesetzen ergeben. Die Vorschrift stellt für die rückwirkende Betrachtung der Eingänge auf dem gepfändeten Konto auf einen Zeitraum von sechs Monaten vor der Antragstellung ab; der Antrag kann damit

---

10 AG Brackenheim v. 12.5.2011 – M 984/09, VuR 2011, 266: Wenn eine Schuldnerin regelmäßig nur eine Erwerbsunfähigkeitsrente und Kindergeld i.H.v. weniger als 750 Euro erhält, ist auf ihren Antrag nach § 850l ZPO die Pfändung aufzuheben und ein Pfändungsverbot für zwölf Monate anzuwenden.
11 Hierzu auch Zöller/*Stöber*, § 850l ZPO Rz. 7.
12 So Prütting/*Ahrens*, § 850l ZPO Rz. 26.

auch schon unmittelbar nach Zustellung des Pfändungsbeschlusses gestellt werden.

(2) Zum anderen setzt die Anordnung durch das Vollstreckungsgericht voraus, dass auch in den nächsten zwölf Monaten – bezogen auf den Zeitpunkt der Antragstellung – nur mit dem Eingang von nicht oder allenfalls in geringfügigem Umfang pfändbaren Beträgen zu rechnen ist.

Eine solche Prognose kann z.B. dann bejaht werden, wenn der Schuldner berufsunfähig ist und eine Besserung seiner gesundheitlichen Beschwerden kurz- und mittelfristig nicht zu erwarten ist, oder er sich als Empfänger sozialer Transferleistungen schon seit Längerem erfolglos um einen Arbeitsplatz bemüht hat. Vor dem Hintergrund, dass ein angemessener Ausgleich der Interessen von Gläubiger und Schuldner gefunden werden muss, sind nicht zu geringe Anforderungen an die Prognose zu stellen. Nach der Lebenserfahrung kann selbst bei mittellosen Schuldnern noch mit pfändbaren Zahlungseingängen wie z.B. Steuererstattungen gerechnet werden. Allerdings dürfen die Anforderungen auch nicht überspannt werden. Das Vollstreckungsgericht hat in jedem Fall die Interessen des vollstreckenden Gläubigers zu berücksichtigen und, wenn diese überwiegen, die Aufhebung der Pfändung zu versagen. Ein Überwiegen der Interessen des Gläubigers wird vor allem dann anzunehmen sein, wenn es um die Vollstreckung der in § 850d ZPO genannten Forderungen – Unterhaltsansprüche sowie Renten wegen der Verletzung des Körpers oder der Gesundheit – geht. Denn in diesen Fällen ist der Gläubiger besonders schutzbedürftig und kann auch auf selbst geringfügige Beträge angewiesen sein.[13]

17   2.2.3 Im Übrigen bleibt die Vorschrift des **§ 765a ZPO** auch neben der neuen Regelung für die Freigabe eines Kontos in besonderen Härtefällen anwendbar.

18   2.3 Der Girovertrag verpflichtet die Bank, die bei ihr zugunsten des Vollstreckungsschuldners eingehenden Beträge an diesen herauszugeben (§§ 667, 665 BGB) und zwar, wie vereinbart, durch Gutschrift; erst mit Gutschrift entsteht der Auszahlungsanspruch. Der **Anspruch auf Gutschrift** ist pfändbar und muss gepfändet werden, um zu erreichen, dass der Vollstreckungsschuldner nicht vor Gutschrift anderweitig über den eingegangenen Betrag verfügt, ihn z.B. auf ein ungepfändetes Konto umdirigiert.[14]

19   2.3.1 Der Anspruch auf **Durchführung von Überweisungen an Dritte** ist pfändbar; die Pfändung ist notwendig, um zu verhindern, dass der Vollstreckungsschuldner das gepfändete Guthaben „am Vollstreckungsgläubiger vorbei bringt".[15]

---

13 Hierzu ausführlich Zöller/*Stöber*, § 850l ZPO Rz. 5.
14 BGH v. 24.1.1985 – IX ZR 65/84, NJW 1985, 1218 = JurBüro 1985, 705 = Rpfleger 1985, 201.
15 BGH v. 8.7.1982 – I ZR 148/80, NJW 1982, 2193 und BGHZ 86, 25.

2.3.2 Hat der Vollstreckungsschuldner Vermögen dadurch verborgen, dass 20
er es auf **ein auf den Namen eines Dritten lautendes Konto** gelegt und sich
vom Kontoinhaber Vollmacht über das Konto hat geben lassen, so ist dieser „Schiebung" schwer beizukommen: Der immer wieder unternommene Versuch, die **Kontovollmacht** zu pfänden, muss schon aus begrifflichen
Gründen scheitern; denn eine Vollmacht ist kein Vermögensrecht, das einen Vermögenswert verkörpert, sondern lediglich die durch Rechtsgeschäft erteilte Befugnis, für den Vollmachtgeber zu handeln.[16] Pfändet
der Gläubiger den einem Mitschuldner und Ehepartner zustehenden
Auszahlungsanspruch aus Girokontovertrag gegen einen Drittschuldner,
können die Schuldner und Eheleute dann auch nicht nach § 850k ZPO,
sondern nur unter den Voraussetzungen des § 765a ZPO Vollstreckungsschutz beanspruchen, soweit das Guthaben auf dem Girokonto aus der
Überweisung von unpfändbarem Arbeitseinkommen des Ehemanns herrührt.[17]

In vielen Fällen aber wird der als Kontoinhaber Vorgeschobene der **Treu-** 21
händer des Vollstreckungsschuldners sein. Dann kann nach *Muster 175*
vorgegangen werden.

2.4 Debitorisches Konto: Übersteigen die Forderungen der Bank gegen den 22
Kunden diejenigen des Kunden gegen die Bank, so hat der Kunde (Vollstreckungsschuldner) keinen Anspruch auf Auszahlung; eine Pfändung nach
Muster 53 ist in Betracht zu ziehen, wird aber nur selten erfolgreich sein.

2.4.1 Ist der **Kredit bereits ausbezahlt**, so wird das Kreditinstitut schon 23
aufgrund des Girovertrages Eingänge auf dem Konto solange verrechnen,
bis seine Forderungen gedeckt sind. Darüber hinaus haben Banken nach
§ 14 (1) der AGB Banken, Sparkassen nach Nr. 21 (1) der AGB Sparkassen
ein Pfandrecht an den Kontoguthaben ihrer Kunden. In diesen Fällen kann
also die Pfändung des Kontoguthabens nicht greifen.

2.4.2 Hat das Kreditinstitut dem Vollstreckungsschuldner eine **Kredit-** 24
zusage gegeben, so kann ihm daraus ein Anspruch gegen das Kreditinstitut auf Gutschrift der Kreditvaluta entstehen. Dieser Anspruch ist pfändbar (vgl. Rz. 6 f. und 9 f. der Erläuterungen bei *Muster 54*).

2.4.3 Zum Dispositionskredit und der sog. offenen Kreditlinie vgl. die 25
grundlegende Entscheidung des BGH v. 29.3.2001[18] und näher Rz. 13 der
Erläuterungen bei *Muster 54*. Die Pfändung in eine „offene Kreditlinie"
beim Girokonto ist grundsätzlich möglich, wenn und soweit der Kunde
den Kredit in Anspruch nimmt, setzt allerdings voraus, dass die Bank zur

---

16 Vgl. *Vortmann*, NJW 1991, 1038 m.w.N.
17 BGH v. 27.3.2008 – VII ZB 32/07, NJW 2008, 1678 = MDR 2008, 823 = Rpfleger 2008, 374.
18 BGH v. 29.3.2001 – IX ZR 34/00, Rpfleger 2001, 357 = NJW 2001, 1937 = InVo 2001, 291. Hierzu *Hintzen*, InVo 2001, 270; ebenso LG Hannover, InVo 2002, 197; LG Essen v. 29.8.2001 – 11 T 263/01, NJW-RR 2002, 553.

Kreditgewährung verpflichtet ist und dem Kontoinhaber das Kapital zur freien Verfügung überlässt.[19]

26 **2.4.4** Ansprüche auf **Auszahlung zweckgebundener Kredite** sind nicht abtretbar und nicht pfändbar, weil die Erreichung des vereinbarten Zwecks vereitelt würde (§ 399 Abs. 1 BGB i.V.m. § 851 Abs. 1 ZPO).

27 **2.4.5** Trotz Pfändung kann das Kreditinstitut regelmäßig die **Kreditzusage fristlos kündigen**, weil die Pfändung in der Regel eine Verschlechterung der Vermögensverhältnisse des Kreditnehmers darstellt, durch die der Anspruch auf die Kreditrückzahlung gefährdet wird (§ 490 BGB).

28 **2.5 Sind mehrere Personen zusammen Kontoinhaber**, so wird im Girovertrag geregelt, ob jeder von ihnen allein über das Konto verfügen kann („**Oder-Konto**"), oder ob nur alle Inhaber gemeinsam darüber verfügen können („**Und-Konto**").

29 **2.5.1** Zur Pfändung des „**Und-Kontos**" bedarf es eines Titels gegen alle Kontoinhaber, wie aus §§ 719, 747 BGB folgt. Aus einem nur gegen einen der Mitinhaber gerichteten Titel kann nur der Anspruch des Vollstreckungsschuldners gegen seine Mitinhaber (Gemeinschafter, Gesellschafter) auf Auseinandersetzung gepfändet werden (*Muster 122*).[20]

30 **2.5.2** Zur Pfändung des „**Oder-Kontos**" dagegen genügt ein nur gegen einen der Kontoinhaber gerichteter Titel, weil die Mitinhaber Gesamtgläubiger sind und jeder von ihnen allein über das gesamte Konto verfügen kann.[21] Die Pfändung aus einem nur gegen einen der Kontoinhaber gerichteten Titel hindert aber die anderen Kontoinhaber nicht daran, ihrerseits im vollen Umfang über das Konto zu verfügen.[22]

31 Allerdings steht das Guthaben (die Forderung gegen die Bank auf Auszahlung) nicht allein im Vermögen des Vollstreckungsschuldners, sondern auch im Vermögen der anderen Kontoinhaber. Sie haben als Gesamtgläubiger gegen den Vollstreckungsschuldner einen Anspruch auf Ausgleichung (§§ 429, 430 BGB). Daraus schließt das OLG Koblenz, dass der Vollstreckungsgläubiger den übrigen Kontomitinhabern ihre Anteile am Guthaben frei- bzw. herausgeben müsse.[23] Diese Meinung teilen wir nicht: Das Innenverhältnis zwischen den Kontoinhabern berührt nur diese, nicht aber den Vollstreckungsgläubiger. Die einzelnen Mitinhaber können bei Pfändung des gesamten Guthabens ihre Ausgleichsansprüche nur gegen den Vollstreckungsschuldner geltend machen, ebenso, wie wenn dieser persönlich das gesamte Guthaben abgehoben und verbraucht hätte.

---

19 OLG Saarbrücken v. 20.7.2006 – 8 U 330/05-98, WM 2006, 2212 = WuB H. 4/2007 VI D. § 829 ZPO 1.07 *Bitter*.
20 OLG Karlsruhe v. 10.7.1985 – 6 U 206/84, NJW 1986, 63.
21 BGHZ 93, 321; BGH v. 24.1.1985 – IX ZR 65/84, NJW 1985, 1218 = JurBüro 1985, 705 = Rpfleger 1985, 201; BGHZ 95, 187; BGHZ 29, 364; LG Deggendorf v. 17.2.2005 – 1 T 2 4/05, Rpfleger 2005, 372.
22 BGHZ 95, 187 entgegen OLG Karlsruhe v. 10.7.1985 – 6 U 206/84, NJW 1986, 63.
23 OLG Koblenz v. 17.7.1990 – 3 U 15/88, NJW-RR 1990, 1385; abl. *Wagner*, WM 1991, 1145.

Es ist kein Grund dafür ersichtlich, warum Eigenverbrauch durch einen Kontoinhaber anders beurteilt werden sollte als „Verbrauch" aufgrund einer Pfändung. Der Vollstreckungsgläubiger ist auch nicht ungerechtfertigt bereichert; denn durch die Pfändung und Überweisung des seinem Vollstreckungsschuldner tatsächlich zustehenden Anspruchs auf das gesamte Guthaben ist sein Zugriff auf dieses gerechtfertigt.

2.5.3 Ein Mitinhaber allein kann nicht die **Umstellung** eines „Und-Kontos" auf ein „Oder-Konto" bewirken (wenn nicht etwa Gegenteiliges vereinbart sein sollte[24]) und hat keinen Anspruch gegen seine Mitinhaber auf Umwandlung eines „Und-Kontos" in ein „Oder-Konto". 32

2.6 Drittschuldnerin ist das Geldinstitut, welches das Konto führt. Nach h.M. kann der Pfändungsbeschluss sowohl der Hauptstelle als auch der Zweigstelle zugestellt werden. Das Konto ist eindeutig zu identifizieren, nicht notwendig durch Angabe der Kontonummer.[25] 33

2.6.1 Nach § 835 Abs. 3 Satz 2 ZPO (Neuregelung seit dem 1.7.2010) darf das Kreditinstitut nach Pfändung des Guthabens eines Schuldners, der eine natürliche Person ist, dem Gläubiger erst vier Wochen nach der Zustellung des Überweisungsbeschlusses an den Drittschuldner, oder, wenn künftiges Guthaben gepfändet worden ist, nach der Gutschrift des Guthabens an den Gläubiger leisten. Mit dem vorgesehenen Aufschub für die Leistung der überwiesenen Forderung durch den Drittschuldner bei der Kontopfändung wurde es dem Schuldner in der Vergangenheit erst ermöglicht, einen Antrag auf Freigabe von wiederkehrenden Arbeitseinkommen und diesen gleichgestellten Einkünften nach § 850k ZPO (hierzu nachfolgend Rz. 36) oder auf Freigabe von Sozialleistungen nach den §§ 51 bis 55 SGB I oder Kindergeld nach § 76a EStG zu stellen. Allerdings ist diese Möglichkeit, Pfändungsschutz zu erlangen, seit dem 1.1.2012 komplett weggefallen. Ab dem 1.1.2012 ist § 850l ZPO außer Kraft getreten (beinhaltet jetzt die frühere Regelung aus § 833a Abs. 2, s. Rz. 15) und es gibt nur noch den Schutz für P-Konten nach § 850k ZPO. Dennoch wurden die Auszahlungsfristen nach § 835 Abs. 3 ZPO belassen. Der Schuldner hat damit nunmehr Gelegenheit, einen Antrag nach § 850k Abs. 4 ZPO[26] (Abweichung von Regelungen in den Absätzen 1, 2 Satz 1 Nr. 1 und Absatz 3) zu stellen. Auch sind die §§ 850a, 850b, 850c, 850d Abs. 1 und 2, die §§ 850e, 850f, 850g und 850i sowie die §§ 851c und 851d ZPO sowie § 54 Abs. 2, Abs. 3 Nr. 1, 2 und 3, Abs. 4 und 5 SGB I und § 17 Abs. 1 Satz 2 34

---

24 BGH v. 30.10.1990 – XI ZR 352/89, NJW 1991, 420 m.z.N.; BGH v. 9.11.1992 – II ZR 219/91, NJW-RR 1993, 233.
25 LG Siegen JurBüro 1998, 605.
26 BGH v. 10.11.2011 – VII ZB 64/10, NJW 2012, 79 = Rpfleger 2012, 213: Ist das Arbeitseinkommen des Schuldners gepfändet, wird dann auf ein Pfändungsschutzkonto des Schuldners vom Arbeitgeber monatlich nur der unpfändbare Betrag überwiesen und weicht dieser ständig in unterschiedlichem Maße von den Sockelbeträgen des § 850k Abs. 1, Abs. 2 Satz 1 Nr. 1 und Abs. 3 ZPO ab, kann das Vollstreckungsgericht den Freibetrag gemäß § 850k Abs. 4 ZPO durch Bezugnahme auf das vom Arbeitgeber monatlich überwiesene pfändungsfreie Arbeitseinkommen festsetzen.

SGB XII nebst § 76 EStG entsprechend anzuwenden. Im Übrigen ist das Vollstreckungsgericht befugt, die in § 732 Abs. 2 bezeichneten Anordnungen zu erlassen.

35 2.7 Hat das Geldinstitut auf das gepfändete Konto **Schecks** und **Scheckkarten** ausgegeben, so geht sein Pfandrecht nach Nr. 14 der AGB Banken bzw. Nr. 21 der AGB Sparkassen dem Pfandrecht des Vollstreckungsgläubigers vor, weil der Rechtsgrund für die Verpflichtung des Instituts zur Einlösung von Schecks schon im Zeitpunkt der Aushändigung der Scheckkarte entstanden ist.[27] Dennoch sind nach Auffassung des BGH EC-Karten keine „über die Forderung vorhandenen Urkunden".[28] EC-Karten werden weder zum Beweis der Forderung benötigt, noch ist der Gläubiger auf ihre Vorlage angewiesen, um die Forderung beim Drittschuldner geltend machen zu können. Sie können daher auch nicht hilfsweise mit gepfändet werden.

2.8 Pfändungsschutz für Kontoguthaben

36 **2.8.1** Mit der **Reform des Kontopfändungsschutzes**[29] wurde erstmalig ein sog. Pfändungsschutzkonto („P-Konto") eingeführt. Das Gesetz ist am 1.7.2010 in Kraft getreten. Auf diesem Konto erhält ein Schuldner für sein Guthaben einen automatischen Basispfändungsschutz in Höhe seines Pfändungsfreibetrages (1045,04 Euro pro Monat bei Ledigen ohne Unterhaltsverpflichtungen). Dabei kommt es nicht darauf an, aus welchen Einkünften dieses Guthaben herrührt, also beispielsweise ist nicht nur das Guthaben aus Arbeitseinkommen geschützt; dies ist ausdrücklich so gewollt.

2.8.2 Auch Selbstständige genießen damit Pfändungsschutz für ihr Kontoguthaben.[30] Jeder Kunde kann von seiner Bank oder Sparkasse verlangen, dass sein Girokonto als P-Konto geführt wird.

2.8.3 Zur Historie: Der bisherige § 850k ZPO wurde ab dem 1.7.2010 zu § 850l ZPO und regelte den Vollstreckungsschutz für die bisherigen Konten. Allerdings galt dies nur bis zum 31.12.2011. Der neue § 850k ZPO gilt ab dem 1.7.2010 für die neuen P-Konten. Ab dem 1.1.2012 trat § 850l ZPO außer Kraft, und es gibt nur noch den Schutz für P-Konten.

2.8.4 Als **Schwerpunkte der Reform** ist der jetzt geltende **automatische Pfändungsschutz** zu bezeichnen. Ein Kontoguthaben in Höhe des Pfändungsfreibetrages nach § 850c ZPO (zurzeit 1045,04 Euro) wird nicht von einer Pfändung erfasst („Basispfändungsschutz"). Das bedeutet, dass aus diesem Betrag der Schuldner Überweisungen, Lastschriften, Barabhebungen, Daueraufträge etc. tätigen kann. Der Basisbetrag wird für jeweils einen Kalendermonat gewährt. Anders als nach „früherem" Recht kommt es auf den Zeitpunkt des Eingangs der Einkünfte nicht mehr an. Wird der

---

27 BGH v. 29.11.1984 – IX ZR 44/84, BGHZ 93, 71, 79.
28 BGH v. 14.2.2003 – IXa ZB 53/03, Rpfleger 2003, 308 = NJW 2003, 1256 = DGVZ 2003, 120 = JurBüro 2003, 440.
29 Gesetz v. 7.7.2009, BGBl. I 2009, 1707.
30 Zöller/*Stöber*, § 850k ZPO Rz. 3; Prütting/*Ahrens*, § 850k ZPO Rz. 12.

pfändungsfreie Anteil eines Guthabens in einem Monat nicht ausgeschöpft, wird er auf den folgenden Monat übertragen.[31]

Wird eine Transferleistung von der zuständigen Zahlstelle so rechtzeitig überwiesen, dass der Betrag bereits am Ende des Monats für den Folgemonat dem Konto gutgeschrieben wird, wird der Betrag von der Pfändung erfasst. Allerdings ist der Betrag auf Antrag des Schuldners nach § 765a ZPO freizugeben.[32] Das war und ist nicht richtig. Das Guthaben war nicht von der Pfändung erfasst, die Bank hätte den Betrag auszahlen müssen. Allerdings ist das sog. „Monatsanfangsproblem"[33] mit der Neuregelung des § 835 Abs. 4 Satz 1 ZPO vom 12.4.2011 (BGBl. I S. 615 f.) entschärft worden. Ein Guthaben auf einem Pfändungsschutzkonto i.S. von § 850k Abs. 7 ZPO kann am Monatsende nur insoweit an den Gläubiger ausgezahlt werden, als dieses den dem Schuldner gemäß § 850k Abs. 1 ZPO zustehenden monatlichen Freibetrag für den Folgemonat übersteigt. Damit kann der Schuldner über den auf dem Pfändungsschutzkonto eingegangenen Lohn, der zum Bestreiten des Lebensunterhalts im Folgemonat bestimmt ist, auch dann verfügen, wenn der monatliche Freibetrag des Kalendermonats gemäß § 850k Abs. 1 ZPO zu diesem Zeitpunkt bereits ausgeschöpft ist, soweit der eingegangene Lohn unterhalb des Freibetrags des Folgemonats liegt, § 835 Abs. 4 Satz 1 i.V.m. § 850k Abs. 1 Satz 2 ZPO.

Auf die Art der Einkünfte kommt es für den Pfändungsschutz nicht mehr an. Damit entfällt auch die Pflicht, die Art der Einkünfte (Arbeitseinkommen, Sozialleistungen wie Rente, Arbeitslosengeld etc.) gegenüber Banken und Gerichten nachzuweisen. Auch das Guthaben aus den Einkünften Selbstständiger und aus freiwilligen Leistungen Dritter wird künftig bei der Kontopfändung geschützt.

Der pfändungsfreie Betrag kann durch Vorlage entsprechender Bescheinigungen von Arbeitgebern, Schuldnerberatungsstellen und Sozialleistungsträgern (z.B. über Unterhaltspflichten und bestimmte Sozialleistungen) beim Kreditinstitut erhöht werden. Eine Erhöhung oder eine Herabsetzung des Basispfändungsschutzes ist außerdem in besonders gelagerten Einzelfällen aufgrund einer gerichtlichen Entscheidung möglich.

Der automatische Pfändungsschutz kann nur für ein Girokonto gewährt werden. Dieses besondere Konto – P-Konto – wird durch eine Vereinbarung zwischen Bank und Kunde festgelegt. Das Gesetz sieht vor, dass ein Anspruch auf **Umwandlung** eines bereits bestehenden Girokontos in

---
31 Hierzu Zöller/Stöber, § 850k ZPO Rz. 5; Pütting/Ahrens, § 850k ZPO Rz. 48, 49.
32 LG Essen v. 16.8.2010 – 7 T 404/10, Rpfleger 2010, 606 mit Anm. Rechenbach.
33 BGH v. 14.7.2011 – VII ZB 85/10, NJW-RR 2011, 1433 = Rpfleger 2011, 617: Die im Rechtsmittelverfahren vorzunehmende Beurteilung von noch nicht abgeschlossenen Sachverhalten zur „Monatsanfangsproblematik" des Pfändungsschutzkontos hat auch dann nach dem durch das Zweite Gesetz zur erbrechtlichen Gleichstellung nichtehelicher Kinder, zur Änderung der Zivilprozessordnung und der Abgabenordnung vom 12.4.2011 (BGBl. I S. 615 f.) geänderten § 835 Abs. 4 Satz 1, § 850k Abs. 1 ZPO zu erfolgen, wenn die Pfändung vor Inkrafttreten des Gesetzes stattgefunden hat.

ein P-Konto innerhalb von vier Geschäftstagen besteht. Die Umstellung wirkt rückwirkend zum Monatsersten. Verbraucher haben nach § 850k Abs. 7 Satz 2 ZPO das Recht, von dem Kreditinstitut, bei dem sie ein Girokonto führen, die Umwandlung in ein Pfändungsschutzkonto (P-Konto) zu verlangen. Die Bank darf diese Umwandlung nicht von dem Abschluss einer Vereinbarung, mit der die Kontoführungsgebühren erhöht werden, abhängig machen. Verletzt die Bank dieses Recht des Kunden, dann kann eine qualifizierte Einrichtung i.S. des § 4 UKlaG verlangen, dass das Kreditinstitut es unterlässt, von Verbrauchern, die im Rahmen eines bestehenden Zahlungsdienste-Rahmenvertrags die Führung eines Pfändungsschutzkontos verlangen, die Unterzeichnung einer Vereinbarung zu fordern, in der die Kontoführungsgebühren erhöht werden.[34] Die Frage ist nach der Grundsatzentscheidung des BGH[35] vom 13.11.2012 jetzt geklärt. Die im Preis- und Leistungsverzeichnis eines Kreditinstituts enthaltene Bestimmung über die Kontoführungsgebühr für ein Pfändungsschutzkonto ist im Verkehr mit Verbrauchern gemäß § 307 Abs. 1 Satz 1, Abs. 2 Nr. 1 BGB unwirksam, wenn hiernach der Kunde bei Umwandlung seines schon bestehenden Girokontos in ein Pfändungsschutzkonto ein über der für das Girokonto zuvor vereinbarten Kontoführungsgebühr liegendes Entgelt zu zahlen hat oder das Kreditinstitut bei der Neueinrichtung eines Pfändungsschutzkontos ein Entgelt verlangt, das über der Kontoführungsgebühr für einen Neukunden üblicherweise als Gehaltskonto angebotenes Standardkonto mit vergleichbarem Leistungsinhalt liegt.

Ein Anspruch auf die neue Einrichtung eines P-Kontos besteht allerdings nicht. Ob und wie ein Gemeinschaftskonto umgewandelt werden kann, ist streitig.[36]

2.8.5 Der **Schutz** gilt auch **für bestimmte Leistungen wie Kindergeld und Sozialleistungen**. Kindergeld und Sozialleistungen – etwa nach dem Sozialgesetzbuch II – werden künftig bei ihrer Gutschrift auf dem P-Konto besser geschützt. Beträge müssen nicht mehr binnen sieben Tagen abgehoben werden. Kindergeld wird zusätzlich geschützt. Es kommt also zum Basispfändungsschutz hinzu.

2.8.6 Jede natürliche Person darf **nur ein** P-Konto führen. Bei der Abrede hat der Kunde gegenüber dem Kreditinstitut zu versichern, dass er kein weiteres Pfändungsschutzkonto unterhält. Das Kreditinstitut darf Auskunfteien mitteilen, dass es für den Kunden ein Pfändungsschutzkonto führt. Die Auskunfteien dürfen diese Angabe nur verwenden, um Kreditinstituten auf Anfrage zum Zwecke der Überprüfung der Richtigkeit darüber zu erteilen, ob die betroffene Person ein Pfändungsschutzkonto unterhält. Die Erhebung, Verarbeitung und Nutzung zu einem anderen als dem

---

34 KG v. 29.9.2011 – 23 W 35/11, NJW 2012, 395; LG Köln v. 4.8.2011 – 31 O 88/11, VuR 2011, 392; LG Halle/Saale v. 19.5.2011 – 6 O 1226/10, VuR 2011, 264; LG Leipzig v. 2.12.2010 – 08 O 3529/10, VuR 2011, 68; a.A. LG Frankfurt a.M. v. 11.11.2011 – 2/10 O 192/11, ZIP 2012, 114.
35 BGH v. 13.11.2012 – XI ZR 500/11, NJW 2013, 995 = Rpfleger 2013, 213.
36 Hierzu Prütting/*Ahrens*, § 850k ZPO ab dem 1.7.2010 Rz. 40 ff.

in Satz 4 genannten Zweck ist auch mit Einwilligung der betroffenen Person unzulässig, insbesondere dienen die Daten nicht zur Beantwortung von Anfragen zur Kreditwürdigkeit oder für die Berechnung von sog. Score-Werten.

2.9 Der vorübergehende Kontenschutz für „normale" Konten galt weiter bis zum 31.12.2011, geregelt in § 850l ZPO a.F. Seit dem 1.1.2012 wurde § 850l ZPO geändert; einen besonderen Pfändungsschutz gibt es nicht mehr, allenfalls § 765a ZPO, der aber regelmäßig versagen wird, da der Schuldner innerhalb von vier Bankarbeitstagen sein Konto in ein P-Konto umwandeln lassen kann. 37

2.10 Konten, die (auch) im Interesse Dritter geführt werden

2.10.1 Konten, auf denen der Inhaber erkennbar fremdes Vermögen treuhänderisch verwaltet, sind **Treuhandkonten**. Über diese kann nur der Inhaber (Treuhänder) selbst verfügen. Die Gläubiger des Treugebers können deshalb in die Guthaben nicht vollstrecken; sie haben nur die Möglichkeit, den Anspruch des Treugebers gegen den Treuhänder auf Auskehrung der Beträge nach § 829 ZPO zu pfänden; dabei ist der Treuhänder Drittschuldner (vgl. *Muster 175*). 38

Bei einem Pfändungszugriff eines Dritten auf das Treuhandkonto bleibt dem Treugeber, dem eigene Rechte gegen die Bank nicht zustehen, nur die – hier problematische – Drittwiderspruchsklage, vgl. Rz. 9 der Erläuterungen bei *Muster 175* (Treuhandschaft). 39

2.10.2 Das **Anderkonto**, eine Unterart des Treuhandkontos, gewährt dem Treugeber mehr Schutz. Die Geldinstitute führen Anderkonten, die nicht den Zwecken des Kontoinhabers dienen, für Rechtsanwälte, Patentanwälte, Notare, Wirtschaftsprüfer, Steuerberater und Wirtschaftsprüfungsgesellschaften. Die Rechtsbeziehungen zwischen den Geldinstituten und den Anwälten und Notaren werden in den Bedingungen für Anderkonten und Anderdepots von Rechtsanwälten und Notaren geregelt, für die wirtschaftsprüfenden und steuerberatenden Berufe in den Bedingungen für Anderkonten und Anderdepots von Angehörigen der öffentlich bestellten, wirtschaftsprüfenden und wirtschafts- und steuerberatenden Berufe – Treuhänder.[37] Nach Ziff. 6 der Bedingungen für Anderkonten der Rechtsanwälte und Notare nimmt das Geldinstitut keine Kenntnis davon, wer bei dem Anderkonto Rechte gegen den Kontoinhaber geltend zu machen befugt ist. Rechte Dritter auf Leistung aus dem Anderkonto bestehen der Bank gegenüber nicht. Nur der Inhaber kann über das Konto verfügen, aber das Guthaben ist dem Vermögen des Treugebers zuzurechnen. Bei Pfändung der Ansprüche des Treuhänders gegen das Geldinstitut werden Anderkonten nur dann als betroffen angesehen, wenn dies aus dem Pfändungsbeschluss ausdrücklich hervorgeht; sonst wird das Geldinstitut das Vorhandensein dieses Kontos des Vollstreckungsschuldners in der Dritt- 40

---

[37] Zur Pfändung in Massekonten vgl. *Hintzen/Förster*, Rpfleger 2001, 399.

schuldnererklärung erwähnen, ohne den Kontostand oder sonstige Einzelheiten bekannt zu geben.

41 Die Drittwiderspruchsklage des Treugebers wird hier relativ leicht zum Erfolg führen, weil bei Anderkonten, die der Treunehmer ordentlich führt, durch Überweisungsbelege und Akten des Treuhänders nachweisbar ist, dass das Guthaben nicht dem Treuhänder, sondern dem Treugeber zusteht.[38]

42 **2.10.3 Sonderkonto** ist ein Konto, das der Inhaber zwar als „sein" Konto einrichtet, in dessen Kontobezeichnung aber neben dem Namen des Inhabers das Wort „Sonderkonto" und der Name eines Dritten aufgenommen ist. Nach BGH NJW 1956, 1953 ist aus den näheren Umständen der Kontoerrichtung, insbesondere daraus, wer der Bank gegenüber als Forderungsberechtigter auftritt, zu entnehmen, ob der Kunde des Geldinstituts, der Dritte oder nur beide zusammen einen Zahlungsanspruch gegen die Bank haben. Danach richtet sich dann, als wessen Vermögen das Guthaben zu betrachten ist, und gegen wen sich ein Titel richten muss, aus dem dieses Guthaben gepfändet werden soll.

43 **2.10.4 Fremdkonto** ist ein Konto, das der Inhaber für Zwecke eines anderen führt, das nach außen aber nicht als Treuhandkonto erkennbar ist. Nur der Kontoinhaber kann darüber verfügen, nicht der Dritte. Zur Pfändung bedarf es eines Titels gegen den Inhaber. Ob dem Dritten ein Recht nach § 771 ZPO zusteht, ist Tatfrage.

44 **2.10.5** Das **Sperrkonto** dient dazu, Gelder bereitzuhalten, die unter gewissen Voraussetzungen zur Erfüllung eines bestimmten Anspruchs ausbezahlt werden sollen. Die Sperre wird entweder dadurch bewirkt, dass die Bank von den Beteiligten angewiesen ist, nur an eine bestimmte Person und gegen einen bestimmten Nachweis zu zahlen, oder dadurch, dass eine Verfügung nur durch mehrere Personen oder mit Zustimmung einer oder mehrerer bestimmten Personen möglich ist. Diese Zweckbindung führt dazu, dass das Guthaben nur zugunsten desjenigen gepfändet werden kann, für den es gesperrt ist. Praktisch scheitert ein Pfändungsversuch regelmäßig daran, dass der Vollstreckungsgläubiger die Voraussetzungen nicht verwirklichen kann, welche für die Aufhebung der Sperre nötig sind.[39]

45 **2.11** Zur Abgabe der **Drittschuldnererklärung** ist die Bank trotz des „Bankgeheimnisses" verpflichtet (allg. M.).[40]

46 **3.** Wegen des **Herausgabeanspruchs des Kontoinhabers bei unwirksamer Pfändung** vgl. BGH NJW 1986, 2430.

---

38 BGH NJW 1954, 191.
39 Vgl. *Canaris*, NJW 1973, 829.
40 Vgl. *Stöber*, Rz. 627 m.w.N.

Muster 37 Bauhandwerkerforderung I

Es ist keine Bauhandwerkersicherungshypothek eingetragen

Hinweis: Zu benutzen ist das amtliche Formular Anlage 2 (zu § 2 Nr. 2) der Verordnung über Formulare für die Zwangsvollstreckung (Zwangsvollstreckungsformular-Verordnung – ZVFV) vom 23.8.2012 (BGBl. I 2012, S. 1822) in der geänderten Fassung aufgrund der Verordnung zur Änderung der Zwangsvollstreckungsformular-Verordnung vom 16.6.2014 (BGBl. I 2014, S. 754).

Hierbei ist das Feld „Anspruch G" oder eine gesonderte Anlage zu nutzen. Es wird folgender Text empfohlen:

Wegen ... wird die angebliche Forderung des Schuldners

gegen ...   ... (Name und Adresse) ...   (Drittschuldner)

auf Zahlung der restlichen Vergütung aus dem zwischen Schuldner und Drittschuldner am ... abgeschlossenen Vertragsverhältnis, auch soweit sie noch nicht fällig ist, gepfändet.

Muster 38 Bauhandwerkerforderung II

Eine Bauhandwerkersicherungshypothek ist eingetragen

Hinweis: Zu benutzen ist das amtliche Formular Anlage 2 (zu § 2 Nr. 2) der Verordnung über Formulare für die Zwangsvollstreckung (Zwangsvollstreckungsformular-Verordnung – ZVFV) vom 23.8.2012 (BGBl. I 2012, S. 1822) in der geänderten Fassung aufgrund der Verordnung zur Änderung der Zwangsvollstreckungsformular-Verordnung vom 16.6.2014 (BGBl. I 2014, S. 754).

Hierbei ist das Feld „Anspruch G" oder eine gesonderte Anlage zu nutzen. Es wird folgender Text empfohlen:

Wegen ... der Ansprüche ... sowie wegen der Kosten dieses Beschlusses und seiner Zustellung und der Kosten für die Grundbucheintragung wird die angebliche Forderung des Schuldners

gegen ... (Name und Adresse des Bauherrn/Grundstückseigentümers) ... (Drittschuldner)

auf Zahlung der Vergütung (des Werklohns) aus dem zwischen dem Schuldner und dem Drittschuldner abgeschlossenen Vertragsverhältnisses bezüglich des Bauvorhabens ... nebst Zinsen seit ... zusammen mit der angeblich zur Sicherung dieser Forderung im Grundbuch des Amtsgerichts ... Blatt ... in Abt. III und lfd.Nr. ... auf dem Grundstück des Drittschuldners eingetragenen Bauhandwerkersicherungshypothek

gepfändet.

Dem Drittschuldner wird verboten, an den Schuldner zu leisten.

Muster 38 Bauhandwerkerforderung II

Dem Schuldner wird geboten, sich jeder Verfügung über die Forderung und die Hypothek, insbesondere ihrer Einziehung, zu enthalten.

Zugleich wird die gepfändete Forderung samt Hypothek dem Gläubiger zur Einziehung überwiesen.

1. Vereinbarung und Sicherung der Werklohnforderung

1   Die Werklohnforderung des Bauhandwerkers richtet sich, wenn nichts anderes vereinbart ist, nach §§ 631 ff. BGB. Häufig wird aber im Bauvertrag vereinbart, dass die Bestimmungen des Teils B der „Verdingungsordnung für Bauleistungen" (VOB) Vertragsinhalt sein sollen. Diese Bestimmungen weichen von denen des BGB über Bauausführung, Gewährleistung und Zahlung der Vergütung ab.

2   U.a. ist häufig vereinbart, dass der Unternehmer Sicherheit für die mangelfreie Fertigstellung dadurch stellen muss, dass der Bauherr einen bestimmten Teil der Vergütung auch über die Fertigstellung des Werks hinaus bis zur Herstellung der Mängelfreiheit oder zur Finanzierung der Ersatzvornahme einbehalten darf.

3   **1.1** Der Bauhandwerker, das ist der Unternehmer eines Bauwerks oder eines einzelnen Teils eines Bauwerks, kann nach näherer Bestimmung in § 648a BGB für seine Vorleistung eine **Sicherheit** i.S. der §§ 232 ff. BGB oder durch Garantie oder sonstiges Zahlungsversprechen bestimmter Kreditinstitute oder Kreditversicherer verlangen.

4   **1.2** Der Bauhandwerker kann aber stattdessen gemäß § 648 BGB für einen der bereits geleisteten Arbeit entsprechenden Teil seiner Vergütung die Bestellung einer **Sicherheitshypothek** auf dem Grundstück des Bestellers verlangen. Weil diese Hypothek nur tatsächlich schon „verdiente" Forderungsteile sichert und außerdem praktisch immer nachrangig den Finanzierungskrediten sein wird, kommt seit Inkrafttreten des § 648a BGB der Bauhandwerkersicherungshypothek noch weniger praktische Bedeutung zu als schon bisher.

2. Pfändung und Verwertung

5   Zunächst ist festzustellen, ob für die Bauhandwerkerforderung ein Grundpfandrecht besteht. Besteht ein Grundpfandrecht, handelt es sich um eine Sicherungshypothek, § 1184 BGB, die kraft Gesetzes **ohne** Brief, also eine Buchhypothek ist, § 1185 Abs. 1 BGB.

Ist für die Forderung nur eine Vormerkung im Grundbuch eingetragen, §§ 885, 648 BGB, erfolgt die Pfändung als gewöhnliche Forderung, §§ 829, 835 ZPO.

6   **2.1 Besteht kein Grundpfandrecht**, so ist die Bauhandwerkerforderung als gewöhnliche Forderung nach §§ 829, 835 ZPO zu pfänden und zu überweisen. Die nach § 648a BGB gestellten Sicherheiten sind, soweit sie in

Pfandrechten oder einer Bürgschaft bestehen, akzessorisch und sichern die Bauhandwerkerforderung auch nach ihrer Pfändung und Überweisung (§§ 401, 412 BGB). Bei einer „Garantie oder einem sonstigen Zahlungsversprechen" kommt es auf ihre Ausgestaltung an.

Hat sich der Sicherungsgeber (etwa die bürgende Bank) das Recht vorbehalten, sein **Versprechen zu widerrufen** (§ 648a Abs. 1 Satz 5 BGB), so kann er den Widerruf auch gegenüber dem Vollstreckungsgläubiger durchsetzen. 7

2.2 Ist für die Forderung ein Grundpfandrecht bestellt, so ist sie nach §§ 830 Abs. 1 Satz 3, Abs. 2 und 3, 837 ZPO zu pfänden und zu überweisen, wie in *Muster 38* dargestellt. **Die Pfändung bedarf also zum Wirksamwerden der Eintragung im Grundbuch**; der Eintragungsantrag ist nach *Muster 51* zu stellen. Näheres über die Pfändung und Überweisung einer Buchhypothek ist in den *Mustern 49–52* dargestellt. 8

2.3 Gerade Bauverträge enthalten relativ häufig **Abtretungsverbote** nach § 399 BGB. Sie hindern die Pfändung nicht (§ 851 Abs. 2 ZPO). Das **Gesetz zur Sicherung von Bauforderungen**[1] ist ohnehin nicht einschlägig. 9

2.4 Verwertet wird nach Rz. 10–14 der Erläuterungen zu *Muster 52*. 10

Muster 39 Bausparguthaben

Hinweis: Zu benutzen ist das amtliche Formular Anlage 2 (zu § 2 Nr. 2) der Verordnung über Formulare für die Zwangsvollstreckung (Zwangsvollstreckungsformular-Verordnung – ZVFV) vom 23.8.2012 (BGBl. I 2012, S. 1822) in der geänderten Fassung aufgrund der Verordnung zur Änderung der Zwangsvollstreckungsformular-Verordnung vom 16.6.2014 (BGBl. I 2014, S. 754). Hierbei kommen folgende auszufüllenden Felder in Betracht:

Forderung aus Anspruch	4
☐ F (an Bausparkassen)	

(...)

Anspruch F (an Bausparkassen)	5
aus dem über eine Bausparsumme von (mehr oder weniger) _____ Euro abgeschlossenen Bausparvertrag Nr. _____, insbesondere Anspruch auf 1. Auszahlung des Bausparguthabens nach Zuteilung 2. Auszahlung der Sparbeiträge nach Einzahlung der vollen Bausparsumme 3. Rückzahlung des Sparguthabens nach Kündigung 4. das Kündigungsrecht selbst und das Recht auf Änderung des Vertrags 5. auf _____	

(...)

---

[1] RGBl. 1909, 449.

Muster 39   Bausparguthaben

Es wird empfohlen weiter zu ergänzen nach Ziffer 4 oder gfls. in einer Anlage:

Insbesondere Anspruch auf

    a) Rückzahlung des Bausparguthabens oder von Teilen davon, einschließlich Zinsen,

    b) auf Auszahlung von Erlösen aus der Verwertung von Sicherheiten,

    c) auf Abtretung von Grundpfandrechten und auf formgerechte Bewilligung der Umschreibung der abgetretenen Grundpfandrechte auf den Schuldner im Grundbuch,

    d) auf Herausgabe der über die unter c) genannten Grundpfandrechte etwa erstellten Briefe,

    e) auf Teilung des Bausparvertrages und/oder Ermäßigung der Bausparsumme,

    f) auf Auskunft über den Forderungsstand,

    g) auf Kündigung;

Weiter werden gepfändet die Eigentümergrundschulden, die dem Schuldner durch

    frühere Abtretungen von Grundpfandrechten entstanden sind oder durch die Abtretung (oben Ziffer 1c) entstehen werden.

Wird der Bausparvertrag auf weitere Personen neben dem Schuldner geführt, wird weiter gepfändet der Anspruch

    auf Aufhebung der Gemeinschaft bzw. Bruchteilsgemeinschaft an dem Bausparvertrag, auf Teilung der bestehende Forderung und des bestehenden Guthabens und auf Auszahlung des dem Schuldner daran gebührenden Anteils sowie der Anteil des Schuldners an der genannten gemeinschaftlichen Forderung

Aus dem amtlichen Vordruck kommen weitere Felder zur Anwendung:

☐ **Es wird angeordnet, dass**   8

    ☐ der Schuldner die Bausparurkunde und den letzten Kontoauszug an den Gläubiger herauszugeben hat ~~und dieser die Unterlagen unverzüglich dem Drittschuldner vorzulegen hat~~ [1]

    ☐ _____
        _____
        _____
        _____
        _____

Es wird empfohlen weiter zu ergänzen:

Es wird angeordnet, dass

der Schuldner dem Gläubiger die über die ihm abgetretenen Grundpfandrechte erstellten Briefe herauszugeben hat.

---

[1] Der letzte Textteil kann gestrichen werden, da in einem Pfändungsbeschluss keine Anordnung an den Gläubiger selbst ergehen kann.

1. Der Bausparvertrag

Geregelt im Gesetz über Bausparkassen,[1] lautet er auf eine bestimmte Bausparsumme. Diese setzt sich aus dem Bausparguthaben (Bauspareinlage, Zinsen, sonstige gutgeschriebene Beträge) und dem Bauspardarlehen zusammen. Das Bauspardarlehen, nicht aber das Bausparguthaben, ist **Baugeld** i.S. des Gesetzes über die Sicherung von Bauforderungen[2] und daher zweckgebunden.

Nach den den Bausparverträgen zugrunde zu legenden Allgemeinen Bedingungen (vgl. § 5 Abs. 3 Gesetzes über Bausparkassen) kann der Bausparer jederzeit kündigen und dann die Auszahlung des Bausparguthabens verlangen (§ 15 Allgemeine Bausparbedingungen[3]); auch die Teilung des Bausparvertrages kann er verlangen (§ 13 Allgemeine Bausparbedingungen).

2. Pfändung und Verwertung

2.1 Der Anspruch auf Auszahlung des Bausparguthabens ist als gewöhnliche Forderung nach §§ 829, 835 ZPO zu pfänden; er unterliegt keiner Zweckbestimmung.

2.2 Der Anspruch auf Auszahlung des Bauspardarlehens dagegen unterliegt als „Baugeld"[4] der Zweckbindung – nicht nur der Zweckbestimmung – zur Verwendung für Baumaßnahmen und ist außerhalb dieser Zweckbindung nicht übertragbar und **nicht pfändbar**. Er bleibt auch dann zweckgebunden, wenn der Empfänger nicht der Bauherr oder Grundstückseigentümer ist, sondern eine zwischengeschaltete Person.[5] Eine Pfändung ist nur zugunsten solcher Gläubiger zulässig, die wegen der Vergütung für ihre Leistungen zur Erstellung der Baumaßnahme vollstrecken, z.B. zugunsten des Bauunternehmers, anderer Bauhandwerker, Materiallieferanten, Architekten.[6]

Für jedermann pfändbar ist auch der Anspruch auf das Baudarlehen dann, wenn der Bausparer (oder ein Dritter) die Baumaßnahme schon vor Auszahlung des Bauspardarlehens aus anderen Mitteln bezahlt hat; denn dadurch ist die Zweckbindung weggefallen.

2.3 Die Rechte auf Kündigung oder Teilung des Bausparvertrags und auf Ermäßigung der Bausparsumme sind ebenfalls pfändbar. Diese Rechte

---

1 Neugefasst durch Bek. v. 15.2.1991, BGBl. I 1991, S. 454; zuletzt geändert durch Art. 26 Gesetz vom 4.7.2013, BGBl. I 2013, S. 1981.
2 S. Fn. 1 zu *Muster 38*.
3 Text zu finden unter: http://www.bausparkassen.de.
4 Zum Begriff: BGH NJW-RR 2000, 1261 = NZBau 2000, 426 = DB 2000, 2525 = MDR 2000, 1243 = WM 2000, 1556; BGH, NJW-RR 1989, 788; OLG Dresden BauR 2002, 486.
5 BGH MDR 1991, 425.
6 RGZ 84, 193; OLG Stuttgart BB 1965, 1012; Zöller/*Stöber*, § 829 ZPO Rz. 33; Baumbach/Lauterbach/Albers/*Hartmann*, § 851 ZPO Rz. 5.

muss der Vollstreckungsgläubiger mitpfänden lassen, weil er auch durch die Überweisung der Forderung nicht befugt wird, anstelle des Vollstreckungsschuldners das Bauspardarlehen in Anspruch zu nehmen (vgl. Rz. 6 ff. zu *Muster 54*). Durch die Kündigung entsteht aber das Recht des Vollstreckungsschuldners, die Auszahlung der Bausparsumme zu verlangen.

7   2.4 Wegen der **Rückgewähr von Sicherheiten, insbesondere Grundpfandrechten und Erlösen aus solchen** vgl. Rz. 3–21 zu *Muster 35* und **beachte**, dass die Pfändung so entstandener Eigentümergrundpfandrechte des Vollstreckungsschuldners zum Wirksamwerden bei Briefrechten die Übergabe des Briefs an den Vollstreckungsgläubiger und bei Buchrechten die Eintragung der Pfändung im Grundbuch voraussetzt (§ 830; Näheres in den Erläuterungen zu den *Mustern 42, 46* und insbesondere *75*).

7a 2.5 Soweit der Schuldner nicht alleiniger Inhaber des Bausparvertrags ist, sondern diesen Vertrag zusammen mit mehreren Personen abgeschlossen hat (z.B. Ehepartner), ist eine Vollstreckung in den gemeinsam geführten Vertrag nur möglich, wenn ein Schuldtitel gegen alle Vertragsinhaber vorliegt (s. Muster 48). Es wird daher empfohlen, gleichzeitig auch die Anteilspfändung in den Pfändungsbeschluss mit aufzunehmen. Da dem Gläubiger regelmäßig die Angabe der Höhe des dem Schuldner zustehenden Anteils unbekannt ist, empfiehlt sich, zusätzlich gegenüber dem weiteren Vertragsinhaber die Aufhebungs-, Erlösteilungs- und Erlösauszahlungsansprüche mit zu pfänden, denn die zu pfändende Forderung muss zum Zeitpunkt der Zustellung des Pfändungsbeschlusses an den Drittschuldner dem Schuldner tatsächlich zustehen, andernfalls geht die Pfändung ins Leere.

3. Wohnungsbauprämie

8   Nach dem Wohnungsbau-Prämiengesetz (WoPG)[7] können natürliche Personen für im Gesetz einzeln beschriebene Aufwendungen, darunter Bauspareinlagen, Wohnungsbauprämien erhalten. Der Anspruch auf die Prämie ist **pfändbar**, auch ehe die im Gesetz normierte Zweckbindung der Prämie weggefallen ist[8]: § 8 Abs. 1 WoPG erklärt, dass auf die Wohnungsbauprämie die für Steuervergütungen geltenden Vorschriften der Abgabenordnung entsprechend anzuwenden sind, somit auch § 46 AO. Dieser ermöglicht ausdrücklich die Pfändung. Das WoPG bestimmt nichts Gegenteiliges, sondern ordnet nur an, dass die Prämie zusammen mit den prämienbegünstigten Aufwendungen zu dem vertragsmäßigen Zweck zu verwenden ist und der Empfänger die Prämie bei vorzeitiger oder zweckwidriger Verwendung zurückzahlen muss. Insbesondere die Verwendung

---
7 Gesetz v. 30.10.1997, BGBl. I 1997, S. 2679, neugefasst durch Bek. v. 30.10.1997, BGBl. I 1997, S. 2678; zuletzt geändert durch Art. 7 Gesetz vom 5.4.2011, BGBl. I 2011, S. 554.
8 *Stöber*, Rz. 424d.

zugunsten eines am Bau beteiligten Gläubigers verstößt ohnehin nicht gegen die Zweckbindung, und die zugunsten des Vollstreckungsgläubigers an die Bausparkasse bezahlte Prämie ist in seinem Anspruch gegen die Bausparkasse auf das Bausparguthaben eingegangen, auch wenn der Vollstreckungsgläubiger den Betrag der erhaltenen Prämie an das Finanzamt zurückzuzahlen haben mag.

⊃ **Beachte aber:** Weil diese Frage bestritten ist, empfiehlt es sich, weder einen Hinweis darauf, dass die Pfändung überwiesene Prämien umfasse, in den Pfändungsantrag aufzunehmen, noch den Anspruch gegen das Finanzamt (unter Rz. 9) in den gleichen Pfändungsantrag einzustellen; denn das könnte, falls das Vollstreckungsgericht den Anspruch für (derzeit) unpfändbar halten sollte, zur Zurückweisung des Antrags oder doch zu Zeitverlust führen.

Die Wohnungsbauprämie wird durch das Finanzamt bezahlt. Der Anspruch auf sie ist nach § 46 AO zu pfänden; das Finanzamt gilt als **Drittschuldner**. Der **Pfändungsantrag** ist entsprechend *Muster 171* zu formulieren, die dortigen Erläuterungen sind zu beachten. Das Finanzamt zahlt die Prämie aber nicht an den Vollstreckungsschuldner, sondern für ihn an die Bausparkasse. Daher ist vorsorglich **zugleich der Anspruch gegen die Bausparkasse auf Gutschrift und spätere Auszahlung zu pfänden**. 9

Muster 40 Bedienungsgeld

Hinweis: Zu benutzen ist das amtliche Formular Anlage 2 (zu § 2 Nr. 2) der Verordnung über Formulare für die Zwangsvollstreckung (Zwangsvollstreckungsformular-Verordnung – ZVFV) vom 23.8.2012 (BGBl. I 2012, S. 1822) in der geänderten Fassung aufgrund der Verordnung zur Änderung der Zwangsvollstreckungsformular-Verordnung vom 16.6.2014 (BGBl. I 2014, S. 754).

Hierbei ist das Feld „Anspruch G" oder eine gesonderte Anlage zu nutzen. Es wird folgender Text empfohlen:

Wegen ... wird die angebliche Forderung des Schuldners

gegen ...   ... (Name und Adresse des Wirtes) ...   (Drittschuldner)

auf Auszahlung des Bedienungsgeldes (Trinkgeldes) aus dem Dienstverhältnis als ... (z.B. Kellner, Koch, Friseur, Taxifahrer) ... gepfändet, auch soweit sie erst künftig fällig wird. Das Bedienungsgeld ist mit sonstigen Tätigkeitsvergütungen zusammenzurechnen.

Die Pfändung wird gemäß § 850c ZPO beschränkt.

1. Bedienungsgeld

Als Bedienungsgeld bezeichnet man sowohl das in der Gaststättenrechnung des Gastwirts enthaltene Bedienungsgeld als auch das freiwillige Be- 1 dienungsgeld (Trinkgeld), insbesondere für Gaststätten- und Hotelpersonal, Friseure, Taxifahrer usw. Gleiches gilt auch für in einer Spielbank tätige Spieltechniker oder Kassierer. Allerdings dürfen diese Personen nach § 35 Landesglücksspielgesetz von den die Spielbank besuchenden Personen keine Geschenke, Trinkgelder oder ähnliche Zuwendungen annehmen, die ihnen mit Rücksicht auf ihre berufliche Tätigkeit gemacht werden. Solche Zuwendungen sind nur zulässig, wenn sie den dafür aufgestellten Behältern zugeführt werden (Tronc).

2. Pfändung und Überweisung

2   2.1 Das **in der Rechnung des Gastwirts enthaltene Bedienungsgeld** ist kein Arbeitseinkommen des Kellners, sondern eine vom Gast dem **Gastwirt** geschuldete Vergütung.[1] Erst nach Abrechnung zwischen dem **Gastwirts** und dem Kellner hat Letzterer einen Anspruch auf Auszahlung gegen den **Gastwirts**. Diese Forderung ist als Arbeitseinkommen nach §§ 850 ff. ZPO pfändbar und von der Pfändung des Arbeitseinkommens umfasst.

3   2.2 Das **freiwillige Bedienungsgeld** (Trinkgeld), auf das kein Anspruch besteht, ist kein Arbeitseinkommen. Die Chance, Trinkgeld zu erhalten, ist überhaupt kein Anspruch und scheidet schon deshalb für eine Pfändung aus.[2] Hat der Kellner (der Taxifahrer, der Friseur) dieses Trinkgeld (vom Betrag der Rechnung gesondert) eingesteckt, so ist es als Sache der Taschenpfändung und, wenn es auf ein Konto gewandert ist, der Kontenpfändung zugänglich.[3]

4   2.3 In nicht wenigen Betrieben (z.B. Spielbanken, s. Rz. 1) ist auch das Trinkgeld abzuliefern und kommt in den sog. **Tronc** (= gemeinsame Prozentkasse), aus dem es an die Mitarbeiter nach einem vereinbarten Schlüssel verteilt wird. In diesem Fall ist auch das Trinkgeld Arbeitseinkommen[4] und mit diesem zu pfänden.

5   2.4 Bezieht (wie heute regelmäßig aufgrund tarifvertraglicher Regelung) der Schuldner auch Lohn oder Gehalt, so empfiehlt es sich, Lohn (Gehalt) und Bedienungsgeld **in einem Antrag zusammenzufassen**, wie in *Muster 19* vorgeschlagen.

6   2.5 Die gegliederte Forderung wird durch Überweisung **verwertet**.

---

1 LAG Hamm BB 1964, 469; LG Hildesheim Rpfleger 1963, 247.
2 OLG Stuttgart v. 3.7.2001 – 8 W 569/00, Rpfleger 2001, 608 = JurBüro 2001, 656 = InVo 2001, 453.
3 Vgl. LAG Rheinland-Pfalz v. 9.12.2010 – 10 Sa 483/10, DB 2011, 881, das Trinkgeld steht ihm selbst zu.
4 FG Berlin-Brandenburg v. 4.6.2009 – 13 K 5486/03, EFG 2009, 2006.

Muster 41 Bezugsrecht auf neue Aktien

Hinweis: Zu benutzen ist das amtliche Formular Anlage 2 (zu § 2 Nr. 2) der Verordnung über Formulare für die Zwangsvollstreckung (Zwangsvollstreckungsformular-Verordnung – ZVFV) vom 23.8.2012 (BGBl. I 2012, S. 1822) in der geänderten Fassung aufgrund der Verordnung zur Änderung der Zwangsvollstreckungsformular-Verordnung vom 16.6.2014 (BGBl. I 2014, S. 754).

Hierbei ist das Feld „Anspruch G" oder eine gesonderte Anlage zu nutzen. Es wird folgender Text empfohlen:

Wegen ... wird das angebliche gegenwärtige und künftige Bezugsrecht des Schuldners als Aktionär

gegen ... (die Aktiengesellschaft, gesetzlich vertreten durch den Vorstand, genau bezeichnen) ...   (Drittschuldnerin)

auf Zuteilung neuer Aktien gepfändet.

Die Aktien sind nach ihrer Ausstellung an den vom Gläubiger zu beauftragenden Gerichtsvollzieher herauszugeben.

Der Drittschuldnerin wird verboten, an den Schuldner zu leisten.

Dem Schuldner wird geboten, sich jeder Verfügung über das gepfändete Bezugsrecht, insbesondere dessen Ausübung, zu enthalten.

Zugleich wird das gepfändete Bezugsrecht dem Gläubiger zur Einziehung überwiesen.

1. Bezugsrecht

Die Ausgabe neuer Aktien durch die Gesellschaft beeinflusst das Stimmrechts-, Macht- und Gewinnanteilsverhältnis der Aktionäre zueinander. Daher gibt § 186 Abs. 1 AktG im Regelfall jedem Aktionär das Recht, innerhalb einer Frist von mindestens 2 Wochen die Zuteilung eines seinem Anteil am bisherigen Grundkapital entsprechenden Teils der neuen Aktien zu verlangen (Bezugsrecht). Ähnliche Regelungen gelten für die bedingte Kapitalerhöhung (§§ 192 ff. AktG) und für die Kapitalerhöhung aus Gesellschaftsmitteln durch Umwandlung offener Rücklagen in Grundkapital (§§ 207 ff. AktG).

2. Pfändung und Verwertung

Das Bezugsrecht hängt zwar vom Besitz einer oder mehrerer Aktien ab, ist aber nicht in der Aktie verkörpert. Daher umfasst die Sachpfändung der Aktie das Bezugsrecht nicht. Vielmehr ist das **Bezugsrecht selbständig pfändbar**, auch schon vor Zustandekommen des Beschlusses auf Kapitalerhöhung;[1] gepfändet wird nach § 857 ZPO.

---

1 *Bauer*, JurBüro 1976, 869.

3 **Drittschuldnerin** ist die Aktiengesellschaft, gesetzlich vertreten durch ihren Vorstand (§ 78 AktG).

4 Die **Verwertung** des Bezugsrechts geschieht durch Auslieferung der neuen Aktien an den Gerichtsvollzieher, der sie als Sachen verwertet.

Muster 42 Briefhypothek I

Der Schuldner besitzt den Hypothekenbrief

Hinweis: Zu benutzen ist das amtliche Formular Anlage 2 (zu § 2 Nr. 2) der Verordnung über Formulare für die Zwangsvollstreckung (Zwangsvollstreckungsformular-Verordnung – ZVFV) vom 23.8.2012 (BGBl. I 2012, S. 1822) in der geänderten Fassung aufgrund der Verordnung zur Änderung der Zwangsvollstreckungsformular-Verordnung vom 16.6.2014 (BGBl. I 2014, S. 754).

Hierbei ist das Feld „Anspruch G" oder eine gesonderte Anlage zu nutzen. Es wird folgender Text empfohlen:

Wegen ... zuzüglich der Kosten der Briefwegnahme und der Eintragung im Grundbuch wird die angebliche Forderung des Schuldners

gegen ... (Name und Adresse dessen, der dem Vollstreckungsschuldner die gepfändete Hypothekenforderung schuldet) ...   (Drittschuldner)

auf ... (Forderung genau bezeichnen: z.B.: Rückzahlung der Darlehensvaluta lt. Darlehensvertrag vom ...) ... nebst Zinsen seit dem ... zusammen mit der angeblich für diese Forderung im Grundbuch des Amtsgerichts ... Blatt ... in Abt. III unter lfd.Nr. ... auf dem Grundstück Fl.Nr. ... des ... (Name und Adresse des Grundstückseigentümers) ...   (dinglicher Drittschuldner[1])

eingetragenen Briefhypothek zu ... Euro nebst ... Zinsen seit dem ... gepfändet.

Es wird angeordnet, dass der Schuldner den über diese Hypothek gebildeten Hypothekenbrief an den Gläubiger herauszugeben hat.

Den Drittschuldnern wird verboten, an den Schuldner zu zahlen.

Dem Schuldner wird aufgegeben, sich jeder Verfügung über die Forderung und die Hypothek, insbesondere ihrer Einziehung, zu enthalten.

Zugleich wird die gepfändete Forderung samt Hypothek dem Gläubiger zur Einziehung überwiesen.

Die Anordnung, dass der Schuldner den Hypothekenbrief herauszugeben hat, wird mit Zustellung dieses Beschlusses an ihn wirksam. Die Pfändung und die Überweisung werden wirksam, sobald der Gläubiger Besitz am Hypothekenbrief erlangt oder der Gerichtsvollzieher den Brief dem Schuldner im Auftrag des Gläubigers wegnimmt.

---

1 Persönlicher und dinglicher Drittschuldner werden meistens identisch sein.

Muster 43 Briefhypothek II

Vorbemerkung

1. Zur Pfändung von Grundpfandrechten enthält das Buch eine große Anzahl von Mustern, weil die Pfändungsanträge und Pfändungsbeschlüsse nicht nur bei jeder Art und Unterart des Grundpfandrechts verschieden lauten müssen, sondern auch zu berücksichtigen haben, ob der Vollstreckungsschuldner den Grundpfandrechtsbrief besitzt, und in vielen Fällen auch, ob das Grundpfandrecht valutiert ist.

Grundsätzliches zu allen Grundpfandrechten findet sich in den Erläuterungen bei *Muster 46*.

Die einzelnen Muster sind:

Briefhypothek I–V: *Muster 42–46*;
Buchhypothek I–IV: *Muster 49–52*;
Eigentümerbriefgrundschuld I–IX: *Muster 61–69*;
Eigentümerbuchgrundschuld I–IV: *Muster 70–73*;
Eigentümerbriefhypothek: *Muster 74*;
Eigentümerbuchhypothek: *Muster 75*;
Grundschuld mit Brief (Rückgewähranspruch) I–IV: *Muster 85–88*;
Grundschuld ohne Brief (Rückgewähranspruch) I–III: *Muster 89–91*;
Höchstbetragshypothek I–IV: *Muster 99–102*;
Reallast I–III: *Muster 135–137*;
Rentenschuld mit Brief I und II: *Muster 141* und *142*;
Rentenschuld ohne Brief I und II: *Muster 143* und *144*;
Zur Pfändung des Erlöses für Grundpfandrechte in der Zwangsversteigerung vgl. *Muster 197–201*.

2. Die Muster und Erläuterungen weichen von der Rechtsprechung des BGH insofern ab, als sie den Erlass des Überweisungsbeschlusses gleichzeitig mit dem Pfändungsbeschluss für zulässig ansehen. Dazu wird Näheres in Rz. 35 und 36 bei *Muster 46* dargelegt.

Erläuterungen bei *Muster 46*.

Muster 43   Briefhypothek II

Der Schuldner besitzt den Hypothekenbrief nicht

Hinweis: Zu benutzen ist das amtliche Formular Anlage 2 (zu § 2 Nr. 2) der Verordnung über Formulare für die Zwangsvollstreckung (Zwangsvollstreckungsformular-Verordnung – ZVFV) vom 23.8.2012 (BGBl. I 2012, S. 1822) in der geänderten Fassung aufgrund der Verordnung zur Änderung der Zwangsvollstreckungsformular-Verordnung vom 16.6.2014 (BGBl. I 2014, S. 754).

Hierbei ist das Feld „Anspruch G" oder eine gesonderte Anlage zu nutzen. Es wird folgender Text empfohlen:

Wegen ... zuzüglich der Kosten der Briefwegnahme und der Eintragung im Grundbuch wird die angebliche Forderung des Schuldners

Muster 44   Briefhypothek III

gegen ... *(Name und Adresse dessen, der dem Vollstreckungsschuldner die gepfändete Forderung schuldet)* ...   *(Drittschuldner)*

auf ... *(Forderung genau bezeichnen, z.B.: Rückzahlung der Darlehensvaluta lt. Darlehensvertrag vom ...)* ... *nebst Zinsen seit dem* ... *zusammen mit der angeblich für diese Forderung im Grundbuch des Amtsgerichts* ... *Blatt* ... *in Abt. III unter lfd.Nr.* ... *auf dem Grundstück Fl.Nr.* ... *des* ... *(Name und Adresse des Grundstückseigentümers)* ...   *(dinglicher Drittschuldner[1])*

eingetragenen Briefhypothek zu ... Euro nebst ... Zinsen seit dem ...

und der angebliche Anspruch des Schuldners

gegen ... (Name und Adresse dessen, der den Hypothekenbrief besitzt) ...
    (weiterer Drittschuldner)

auf Herausgabe des über die gepfändete Hypothek gebildeten Hypothekenbriefs gepfändet.

Den Drittschuldnern wird verboten, an den Schuldner zu leisten.

Dem Schuldner wird geboten, sich jeder Verfügung über die gepfändete Forderung samt Hypothek und über den gepfändeten Herausgabeanspruch, insbesondere der Einziehung, zu enthalten.

Zugleich werden die gepfändete Forderung samt Hypothek und der gepfändete Herausgabeanspruch dem Gläubiger zur Einziehung überwiesen.

Die Pfändung des Anspruchs auf Herausgabe des Hypothekenbriefs wird mit Zustellung dieses Beschlusses wirksam. Im Übrigen werden die Pfändung und die Überweisung wirksam, sobald der Gläubiger Besitz am Hypothekenbrief erlangt oder der Gerichtsvollzieher den Brief dem Schuldner im Auftrag des Gläubigers wegnimmt.

---

[1] Persönlicher und dinglicher Drittschuldner werden meistens identisch sein.

Erläuterungen bei *Muster 46*.

Muster 44   Briefhypothek III

Teilbetrag: Der Schuldner besitzt den Hypothekenbrief

Hinweis: Zu benutzen ist das amtliche Formular Anlage 2 (zu § 2 Nr. 2) der Verordnung über Formulare für die Zwangsvollstreckung (Zwangsvollstreckungsformular-Verordnung – ZVFV) vom 23.8.2012 (BGBl. I 2012, S. 1822) in der geänderten Fassung aufgrund der Verordnung zur Änderung der Zwangsvollstreckungsformular-Verordnung vom 16.6.2014 (BGBl. I 2014, S. 754).

Hierbei ist das Feld „Anspruch G" oder eine gesonderte Anlage zu nutzen. Es wird folgender Text empfohlen:

Wegen ... zuzüglich der Kosten der Briefwegnahme und der Eintragung im Grundbuch und in Höhe dieser Beträge werden die angebliche Forderung des Schuldners

*gegen ... (Name und Adresse dessen, der dem Vollstreckungsschuldner die gepfändete Forderung schuldet) ...   (persönlicher Drittschuldner)
auf ... (Forderung genau bezeichnen, z.B. Rückzahlung der Darlehensvaluta lt. Darlehensvertrag vom ...) ... nebst Zinsen seit dem ... zusammen mit der angeblich für diese Forderung im Grundbuch des Amtsgerichts ... Blatt ... in Abt. III unter lfd.Nr. ... auf dem Grundstück Fl.Nr. ... des ... (Name und Adresse des Grundstückseigentümers) ...   (dinglicher Drittschuldner[1])
eingetragenen Briefhypothek zu ... Euro nebst ... Zinsen seit dem ...*

und der angebliche Anspruch des Schuldners auf Erteilung und Aushändigung eines Teilhypothekenbriefs gepfändet. Der gepfändete Teil der Forderung und der Hypothek erhält Vorrang vor dem Rest.

Es wird angeordnet, dass der Schuldner den über diese Hypothek gebildeten Hypothekenbrief an den Gläubiger herauszugeben hat.

Den Drittschuldnern wird, soweit die Pfändung reicht, verboten, an den Schuldner zu leisten.

Dem Schuldner wird geboten, sich jeder Verfügung über den gepfändeten Teil der Forderung samt Hypothek und über den gepfändeten Anspruch, insbesondere der Einziehung, zu enthalten, soweit die Pfändung reicht.

Zugleich werden die gepfändete Forderung samt Hypothek und der gepfändete Anspruch dem Gläubiger zur Einziehung überwiesen.

Die Pfändung des Anspruchs des Schuldners auf Erteilung und Aushändigung eines Teilhypothekenbriefs und die Anordnung, dass der Schuldner den Hypothekenbrief an den Gläubiger herauszugeben hat, werden mit Zustellung wirksam. Im Übrigen werden die Pfändung und die Überweisung mit Herausgabe des Hypothekenbriefs an den Gläubiger oder Wegnahme des Hypothekenbriefs durch den Gerichtsvollzieher im Auftrag des Gläubigers wirksam.

---

1 Persönlicher und dinglicher Drittschuldner werden meistens identisch sein.

Erläuterungen bei *Muster 46*.

Muster 45   Briefhypothek IV

Teilbetrag: Der Schuldner besitzt den Hypothekenbrief nicht

Hinweis: Zu benutzen ist das amtliche Formular Anlage 2 (zu § 2 Nr. 2) der Verordnung über Formulare für die Zwangsvollstreckung (Zwangsvollstreckungsformular-Verordnung – ZVFV) vom 23.8.2012 (BGBl. I 2012, S. 1822) in der geänderten Fassung aufgrund der Verordnung zur Änderung der Zwangsvollstreckungsformular-Verordnung vom 16.6.2014 (BGBl. I 2014, S. 754).

Hierbei ist das Feld „Anspruch G" oder eine gesonderte Anlage zu nutzen. Es wird folgender Text empfohlen:

Muster 46 Briefhypothek V

Wegen . . . zuzüglich der Kosten der Briefwegnahme und der Eintragung im Grundbuch und in Höhe dieser Beträge wird die angebliche Forderung des Schuldners

gegen . . . (Name und Adresse dessen, der dem Vollstreckungsschuldner die gepfändete Forderung schuldet) . . .   (persönlicher Drittschuldner)

auf . . . (Forderung genau bezeichnen, z.B.: Rückzahlung der Darlehensvaluta lt. Darlehensvertrag vom . . .) . . . nebst Zinsen seit dem . . . zusammen mit der angeblich für diese Forderung im Grundbuch des Amtsgerichts . . . Blatt . . . in Abt. III unter lfd.Nr. . . . auf dem Grundstück Fl.Nr. . . . des . . . (Name und Adresse des Grundstückseigentümers) . . .   (dinglicher Drittschuldner[1])

eingetragenen Briefhypothek zu . . . Euro nebst . . . Zinsen seit dem . . . gepfändet. Der gepfändete Teil der Forderung und der Hypothek erhält Vorrang vor dem Rest.

Gleichzeitig wird der Anspruch des Schuldners

gegen . . . (Name und Adresse dessen, der den Brief besitzt) . . .
(weiterer Drittschuldner)

auf Vorlage des Hypothekenbriefs zum Zwecke der Umschreibung und der Anspruch des Schuldners auf Erteilung und Aushändigung eines Teilhypothekenbriefes gepfändet.

Den Drittschuldnern wird, soweit die Pfändung reicht, verboten, an den Schuldner zu leisten.

Dem Schuldner wird geboten, sich jeder Verfügung über den gepfändeten Teil der Forderung samt Hypothek und über den gepfändeten Anspruch, insbesondere der Einziehung, zu enthalten.

Zugleich werden die gepfändete Forderung samt Hypothek und der gepfändete Anspruch dem Gläubiger zur Einziehung überwiesen.

Die Pfändung der Ansprüche des Schuldners auf Vorlage des Hypothekenbriefs und auf Erteilung und Aushändigung eines Teilhypothekenbriefs wird mit Zustellung des Beschlusses wirksam. Im Übrigen werden die Pfändung und die Überweisung mit der Aushändigung des Teilhypothekenbriefs an den Gläubiger wirksam.

---

1 Persönlicher und dinglicher Drittschuldner werden meistens identisch sein.

Erläuterungen bei *Muster 46*.

Muster 46 Briefhypothek V

Antrag auf Eintragung der Pfändung nach Muster 42–45 im Grundbuch

An das Amtsgericht – Grundbuchamt . . .

Betr.: Grundbuch von . . . Blatt . . .

In der Zwangsvollstreckungssache

... (Gläubiger)

gegen

... (Schuldner)

überreiche ich Ausfertigung des Pfändungs- und Überweisungsbeschlusses des Amtsgerichts ... vom ... Az.: ... nebst Zustellungsnachweis und den Hypothekenbrief Nr. ... und

beantrage

als der im Pfändungsbeschluss legitimierte Vertreter des Vollstreckungsgläubigers die Voreintragung des Vollstreckungsschuldners (§ 39 GBO) und die Eintragung der Pfändung im Grundbuch.

(Unterschrift)

1. Grundpfandrechte

Grundpfandrechte sichern Geldforderungen durch Belastung von Grundstücken und grundstücksgleichen Rechten (Wohnungs- bzw. Teileigentum, Erbbaurecht), indem sie dem Gläubiger ein Recht geben, sich für seine Forderung (notfalls) durch Verwertung des Grundstücks (grundstücksgleichen Rechts) zu befriedigen; zugleich verpflichten sie den Eigentümer, wegen der gesicherten Forderung die Zwangsvollstreckung in sein Grundstück zu dulden.

Das BGB kennt drei Arten der Grundpfandrechte, nämlich die Hypothek, die Grundschuld und die Rentenschuld.

1.1 Die Hypothek ist vom Bestand der Forderung weitgehend abhängig, lebt sozusagen in Symbiose mit der Forderung, sie ist „akzessorisch": Ohne zu sichernde Forderung kann die Hypothek nicht begründet werden, sie geht aber nicht mit dem Erlöschen der gesicherten Forderung unter, sondern geht auf den Zahlenden über oder verwandelt sich in eine Grundschuld, welche dem Eigentümer zusteht (§§ 1163 Abs. 1, 1164, 1177 Abs. 1 BGB). Die Hypothek kann ohne die gesicherte Forderung nicht übertragen, verpfändet oder gepfändet werden (§§ 1153, 1274 BGB, § 830 ZPO).

1.2 Grundschuld und Rentenschuld sind Belastungen eines Grundstücks oder grundstücksgleichen Rechts mit dem Inhalt, dass „aus dem Grundstück" Geld zu zahlen ist, das nicht notwendig der Befriedigung einer gesicherten Forderung dienen muss, und dass der Eigentümer wegen der zu zahlenden Geldsumme die Zwangsvollstreckung in das Grundstück dulden muss. Weil bei ihr keine Abhängigkeit von einer zu sichernden Forderung besteht, kann die Grund- oder Rentenschuld von Anfang an für den Eigentümer selbst bestellt werden. Sie sind geregelt in §§ 1191 ff. BGB.

4   Die **Rentenschuld** (§§ 1199 ff. BGB) unterscheidet sich von der Grundschuld dadurch, dass aus ihr nicht ein Kapital, sondern eine Rente zu zahlen ist (sie kommt in der Praxis nicht mehr vor).

5   1.3 Die Grundpfandrechte unterliegen dem sachrechtlichen **Publizitätserfordernis**. Ihre Entstehung setzt daher Eintragung im Grundbuch voraus (§ 873 BGB). Über ein Grundpfandrecht wird ein „Brief" (Hypothekenbrief, Grundschuldbrief, Rentenschuldbrief) erteilt, wenn die Erteilung nicht bei Bestellung des Rechts oder durch Gesetz (etwa bei der Sicherheits-, Höchstbetrags- oder Schiffshypothek) ausgeschlossen ist, sog. **Buchrecht** (§§ 1116, 1192 BGB).

6   Bei der **Übertragung** eines Buchrechts wird dem Publizitätserfordernis dadurch Rechnung getragen, dass die Übertragung zum Wirksamwerden der Eintragung im Grundbuch bedarf, bei der Übertragung eines Briefrechts aber dadurch, dass es zum Wirksamwerden der Übertragung einer schriftlichen Erklärung und der Übergabe des Hypothekenbriefs bedarf (§ 1154 BGB). Entsprechend ist für die Pfändung eines Briefrechts die Briefübergabe bzw. Grundbucheintragung Wirksamkeitsvoraussetzung (§ 830 ZPO).

2. Pfändung und Verwertung

7   Nach § 830 ZPO kann die Hypothek **nur zusammen mit der gesicherten Forderung** und in einer von § 829 ZPO abweichenden Form gepfändet werden, die Pfändung nach § 829 ZPO wäre unwirksam. (**Vor** Entstehen der Hypothek allerdings ist nach § 829 ZPO zu pfänden).

8   2.1 Die **Pfändung der Briefhypothek** geschieht durch Erlass eines Pfändungsbeschlusses und Übergabe des Hypothekenbriefs an den Vollstreckungsgläubiger oder Wegnahme des Briefs durch den Gerichtsvollzieher im Auftrag des Vollstreckungsgläubigers; Zustellung an den Drittschuldner ist nicht Wirksamkeitsvoraussetzung, wird aber regelmäßig durchgeführt, schon um die Fiktion des § 830 Abs. 2 ZPO zu bewirken.

9   Nur dann bedarf es der Übergabe des Briefes zur Wirksamkeit der Pfändung nicht, wenn sich der **Brief schon vor der Pfändung im unmittelbaren Besitz des Vollstreckungsgläubigers** befindet; in diesem Fall ist die Pfändung mit der Aushändigung des Pfändungsbeschlusses an den Vollstreckungsgläubiger bewirkt.

10 Der Hypothekenbrief muss **für die Dauer der Pfändung im Besitz des Vollstreckungsgläubigers** verbleiben; vorübergehende Überlassung genügt nicht.[1] Gibt der Vollstreckungsgläubiger den Brief an den Vollstreckungsschuldner zurück, so erlischt das Pfandrecht.[2]

11 Gibt der Vollstreckungsschuldner den Brief freiwillig heraus, sei es auch nicht im Zusammenhang mit der Pfändung, so wird damit die Pfändung

---
1 RGZ 92, 266.
2 RGZ 92, 268.

wirksam,³ die Übergabe an den Gerichtsvollzieher für den Vollstreckungsgläubiger genügt.

2.1.1 Gibt der Vollstreckungsschuldner den Brief nicht freiwillig heraus, so kann der Gerichtsvollzieher im Auftrag des Vollstreckungsgläubigers den Brief nach § 830 Abs. 1 Satz 2 ZPO im Weg der Hilfsvollstreckung wegnehmen. Den „Titel" zu dieser Hilfsvollstreckung sowie zu der in ihrem Rahmen etwa zu leistenden Eidesstattlichen Versicherung, § 883 Abs. 2 ZPO, bildet eine Ausfertigung des Pfändungsbeschlusses. Der Pfändungsbeschluss soll deshalb das Herausgabegebot bezüglich des genau bezeichneten Briefes enthalten, wie in *Muster 42* und *44* vorgesehen. Der Pfändungsbeschluss bedarf zwar für die Hilfspfändung keiner Vollstreckungsklausel, muss aber spätestens mit der Vornahme dieser Hilfspfändung dem Vollstreckungsschuldner nach § 750 Abs. 1 ZPO zugestellt werden (§ 122 Abs. 2 GVGA). Die Hilfsvollstreckung geschieht nach § 883 ZPO, indem der Gerichtsvollzieher den Brief dem Vollstreckungsschuldner wegnimmt, um ihn dem Vollstreckungsgläubiger zu übergeben. Mit der Wegnahme wird die Pfändung wirksam, es entsteht das Pfandrecht an der Forderung und an der Hypothek. 12

Findet der Gerichtsvollzieher den Brief nicht vor, so ist der Vollstreckungsschuldner auf Antrag des Vollstreckungsgläubigers zur Abgabe der Eidesstattlichen Versicherung nach § 883 Abs. 2 ZPO verpflichtet. 13

2.1.2 Ist der Brief im Besitz eines Dritten, so entsteht das Pfandrecht, wenn dieser den Brief an den Gläubiger herausgibt. Meist wird er das nicht freiwillig tun, weshalb der Vollstreckungsgläubiger den Anspruch des Vollstreckungsschuldners gegen den Besitzer pfänden und sich zur Einziehung überweisen lassen muss (§ 886 ZPO), um sich für die Herausgabeklage zu legitimieren. 14

Die Pfändung des Herausgabeanspruchs gegen den Dritten ersetzt aber nicht die Briefübergabe. Die Pfändung der Briefhypothek wird vielmehr erst wirksam, wenn der Dritte den Brief wirklich herausgibt. Ist er hierzu trotz Pfändung nicht bereit, so bleibt dem Gläubiger nur übrig, den Besitzer auf Herausgabe zu verklagen und dieses Urteil nach § 883 ZPO vollstrecken zu lassen. Aber diese Klage kann nur Erfolg haben, wenn der Vollstreckungsschuldner gegen den Briefbesitzer wirklich einen Herausgabeanspruch hat. 15

2.1.3 Die wirksame Pfändung der Briefgrundschuld erfordert die Briefübergabe an den Gläubiger. Dass der Brief beim Grundbuchamt verwahrt wird und die (Hilfs-)Pfändung und Überweisung des Herausgabeanspruchs stattgefunden hat, ändert daran nichts.⁴ Das **Grundbuchamt** darf den in seinem Besitz befindlichen Brief an den Vollstreckungsgläubiger nur dann herausgeben, wenn dem Vollstreckungsschuldner sowohl der öffentlich-rechtliche als auch der privatrechtliche Herausgabeanspruch zusteht. Ers- 16

---

3 OLG Düsseldorf Rpfleger 1969, 65.
4 OLG München v. 20.6.2011 – 34 Wx 259/11, NJOZ 2012, 171.

terer ergibt sich aus § 60 GBO, Letzterer aus einem verwahrungsähnlichen Rechtsverhältnis zum Justizfiskus.[5] Nur der privatrechtliche Herausgabeanspruch kann gepfändet werden, nicht der öffentlich-rechtliche.[6] Aber das Grundbuchamt darf wegen § 60 GBO auch den privatrechtlichen Herausgabeanspruch nur dann erfüllen, wenn dem Anspruchsinhaber auch der öffentlich-rechtliche Anspruch zusteht.

17 Das Grundbuchamt darf wegen § 60 Abs. 2 GBO dem Gläubiger der gesicherten Forderung (dem Vollstreckungsschuldner) den Hypothekenbrief nur im Falle seiner nachträglichen Erteilung oder aufgrund einer durch öffentliche Urkunde oder öffentlich beglaubigte Urkunde nachgewiesenen Bestimmung des Eigentümers herausgeben. Ist der Hypothekenbrief noch im Besitz des Grundbuchamts und fehlt die Bestimmung des Grundstückseigentümers, dass der Brief an den Vollstreckungsschuldner herauszugeben ist, so kann die Pfändung nicht die Hypothek ergreifen, weil diese noch dem Grundstückseigentümer zusteht (§ 1117 BGB). Der Vollstreckungsgläubiger kann in diesem Fall nur den Anspruch des Vollstreckungsschuldners gegen den Grundstückseigentümer auf Abtretung dieser Eigentümerhypothek pfänden und zwar nach § 829 ZPO.

18 Ist der Brief noch im Besitz des Grundbuchamts, hat aber der Grundstückseigentümer diesem gegenüber schon bestimmt, dass der Brief an den Vollstreckungsschuldner herauszugeben ist, so darf das Grundbuchamt nach Zustellung des Pfändungs- und Überweisungsbeschlusses den Hypothekenbrief nur an den Vollstreckungsgläubiger herausgeben; mit der Herausgabe an ihn entsteht das Pfändungsrecht an der Forderung samt Hypothek.

19 **2.1.4 Ein weiterer Gläubiger** erwirbt ein Pfandrecht an der Forderung samt Hypothek nur, wenn er mindestens Mitbesitz am Brief erlangt oder der Gerichtsvollzieher den Brief für ihn pfändet.

20 **2.1.5** Ist der **Brief verloren**, so kann er für kraftlos erklärt und neu gebildet werden. Hierzu muss der Vollstreckungsgläubiger den Anspruch auf Kraftloserklärung und Ausstellung des neuen Hypothekenbriefes pfänden und sich überweisen lassen; vorher ist die Pfändung der Hypothek nicht möglich. Diese Überweisung berechtigt den Vollstreckungsgläubiger, die Kraftloserklärung nach § 466 FamFG zu beantragen und sich nach Erlass des Ausschließungsbeschlusses (§§ 478, 439 FamFG) den neuen Brief vom Grundbuchamt aushändigen zu lassen; diese Aushändigung kommt der Briefübergabe rechtlich gleich.

21 **2.2** Mit Wirksamwerden der Pfändung wird das Grundbuch unrichtig, weil es die Pfändung (relatives Verfügungsverbot, §§ 135, 136 BGB) nicht enthält. Der Vollstreckungsgläubiger kann daher **Grundbuchberichtigung** durch Eintragung der Pfändung verlangen (§ 894 BGB), er muss nicht etwa

---

5 KGJ 40, 34.
6 KGJ 44, 277; AG Neustadt Rpfleger 1960, 155; RGZ 135, 206.

einen Berichtigungsanspruch des Schuldners pfänden. Zur Eintragung der Pfändung in das Grundbuch sind erforderlich:
- ein formloser Antrag des Vollstreckungsgläubigers (sein Bevollmächtigter braucht seine Vertretungsbefugnis nicht besonders nachzuweisen, weil sie vom Vollstreckungsgericht überprüft wurde, § 13 GBO),
- Vorlage des Pfändungsbeschlusses und des Hypothekenbriefs,
- Voreintragung des Vollstreckungsschuldners (§ 39 GBO).

Die Eintragung der Pfändung im Grundbuch ist nur Berichtigung, hat aber keine Bedeutung für die Wirksamkeit der Pfändung. Dagegen ist sie wichtig wegen der Rangwahrung gegenüber Gutgläubigen; daher sollte der Berichtigungsantrag stets gestellt werden. 22

2.3 Vorpfändung wird als zulässig angesehen,[7] ob sie in das Grundbuch eingetragen werden kann, ist streitig.[8] 23

2.4 Drittschuldner ist sowohl der persönliche Schuldner der durch die Hypothek gesicherten Forderung als auch der dingliche Schuldner, der Eigentümer des mit der Hypothek belasteten Grundstücks. 24

Meist ist der Schuldner der gesicherten Forderung zugleich der dingliche Hypothekenschuldner, der Eigentümer des Grundstücks; aber der Eigentümer kann sein Grundstück auch zur Sicherung einer Forderung zur Verfügung stellen, die nicht gegen ihn, sondern gegen einen anderen besteht. 25

Ist vor Eingang des Antrags auf Eintragung der Pfändung im Grundbuch ein neuer Grundstückseigentümer eingetragen oder auch nur der Antrag auf Umschreibung des Eigentums beim Grundbuchamt eingegangen, so kann die Pfändung nicht eingetragen werden, weil der neue Eigentümer vom Pfändungsbeschluss nicht betroffen ist. War aber der Beschluss dem bisherigen Eigentümer zugestellt, als er noch Eigentümer war, so ist ihm gegenüber (spätere Briefübergabe unterstellt) die Pfändung zwar im Zustellungszeitpunkt nach § 830 Abs. 2 wirksam geworden, aber der neue Eigentümer hat die Hypothek frei von dieser Pfändung erworben, wenn er gutgläubig war. 26

2.5 Wenn im Pfändungsbeschluss der genaue Anfangszeitpunkt für die **Pfändung der Zinsforderung** nicht angegeben ist, so erstreckt sich die Pfändung nur auf die Zinsen vom Zeitpunkt des Wirksamwerdens der Pfändung an,[9] nicht aber auf Zinsrückstände. Rückständige Zinsen werden nicht nach § 830 Abs. 1 ZPO, sondern nach § 829 ZPO gepfändet (§ 830 Abs. 3 ZPO). Zur Wirksamkeit ist also die Zustellung an den Drittschuldner notwendig. 27

---

7 RGZ 71, 183.
8 Vgl. z.B. *Löscher*, JurBüro 1962, 252 Nr. 15 und *Hintzen*, Rpfleger 1991, 242; auch Prütting/*Ahrens*, § 845 ZPO Rz. 2 und Zöller/*Stöber*, § 830 ZPO Rz. 13.
9 Allg. M., z.B. Zöller/*Stöber*, § 830 ZPO Rz. 14; Prütting/*Ahrens* § 830 ZPO Rz. 5.

28 2.6 Die **Verwertung der gepfändeten Hypothek** (genauer der gepfändeten Forderung, für die eine Hypothek besteht) geschieht nach § 837 ZPO regelmäßig durch Überweisung.

29 Die **Überweisung zur Einziehung** kann neben der Pfändung nicht im Grundbuch eingetragen werden, die Hypothek geht nicht auf den Vollstreckungsgläubiger über. Dasselbe gilt bei der Überweisung an Zahlungs statt eines Briefrechtes.

30 Die **Überweisung an Zahlungs statt** eines Buchrechts ist im Grundbuch einzutragen; diese Eintragung ist Wirksamkeitsvoraussetzung. Der Übergang findet aber nur in Höhe der Vollstreckungsforderung statt, der Vollstreckungsgläubiger gilt damit als befriedigt, ohne Rücksicht darauf, ob er die Hypothekenforderung vom Drittschuldner betreiben kann oder nicht; der Rest der Hypothekenforderung wird frei.[10] Wegen der darin liegenden Gefahr empfiehlt sich die Überweisung an Zahlungs statt im Allgemeinen nicht. (Anders u.U. bei der Höchstbetragshypothek, s. Rz. 7 der Erläuterungen bei *Muster 102*).

31 2.7 **Die Überweisung** geschieht nach § 837 ZPO. Sie befugt den Vollstreckungsgläubiger, die Hypothekenforderung anstelle des Vollstreckungsschuldners geltend zu machen. Um sie fällig zu stellen, bedarf es häufig der **Kündigung**, die dem Vollstreckungsgläubiger ebenfalls zusteht. Zahlt der Drittschuldner an den Vollstreckungsschuldner, so ist dieser befugt, eine **löschungsfähige Quittung**[11] zu erteilen. Mit dieser Quittung kann der Nachweis erbracht werden, wer, wann, an wen, worauf gezahlt hat, z.B. Nachweis des Entstehens einer Eigentümergrundschuld.

32 Verweigert der Drittschuldner die Zahlung und besteht für die Hypothekenforderung kein Titel nach § 794 Abs. 1 Nr. 5 ZPO, der auf den Vollstreckungsgläubiger umgeschrieben werden kann, so ist die **Drittschuldnerklage nicht auf Zahlung, sondern auf Duldung** der Zwangsvollstreckung in das Grundstück wegen dieser Forderung zu richten[12] (§ 1147 BGB); Zinsen und Nebenleistungen sind genau zu bezeichnen. **Die sachliche Zuständigkeit** bestimmt sich nach § 6 ZPO, die **örtliche** nach § 24 ZPO.

33 § 1197 BGB steht der Vollstreckung nicht entgegen, weil diese Bestimmung für den Vollstreckungsgläubiger nicht gilt.[13]

34 Aus dem Duldungstitel kann dann die Zwangsvollstreckung gegen den Drittschuldner im Weg der **Zwangsversteigerung oder Zwangsverwaltung nach dem ZVG** betrieben werden (§ 866 ZPO).

35 2.8 **Nach Meinung des IX. Zivilsenats**[14] **des BGH soll der Überweisungsbeschluss regelmäßig nicht zugleich mit dem Pfändungsbeschluss erlas-**

---

10 Baumbach/Lauterbach/Albers/*Hartmann*, § 835 ZPO Rz. 34.
11 Hierzu BayObLG v. 24.1.2001 – 2Z BR 140/00, Rpfleger 2001, 296.
12 Allg. M., z.B. Palandt/*Bassenge*, § 1147 BGB Rz. 3.
13 BGHZ 103, 66 ff.
14 BGH v. 22.9.1994 – IX ZR 165/93, NJW 1994, 3225 = Rpfleger 1995, 119 m. Anm. *Riedel*.

sen werden dürfen – Verstoß mache die Überweisung unwirksam –, weil nach dem Wortlaut der §§ 835, 837 ZPO nur „die gepfändete Forderung" überwiesen werden könne, die Forderung aber erst bei Eintragung der Pfändung im Grundbuch – die Entscheidung betrifft eine Buchhypothek – wirksam werde. Übertragen auf die Briefhypothek würde das bedeuten, dass die Überweisung erst geschehen dürfte, wenn der Vollstreckungsgläubiger nachweist, dass er (oder für ihn der Gerichtsvollzieher) Besitz am Hypothekenbrief erlangt hat.

Mit dieser Entscheidung weicht der BGH von der jahrzehntelang allgemein geübten Rechtsprechung ab: Bisher war auch bei Hypothekenforderungen gleichzeitiger Erlass von Pfändungs- und Überweisungsbeschluss die Regel. Diese feste Rechtsprechung hätte der BGH nach üblichen Auslegungsregeln[15] berücksichtigen müssen, zumal die neue Meinung keineswegs prozessökonomisch ist und dogmatisch nicht notwendig: Die Gefahr für den Drittschuldner oder – je nach Fallgestaltung – für den Vollstreckungsschuldner, die den BGH offenbar zu der neuen Rechtsprechung veranlasste, kann ohne Weiteres durch die Aufnahme entsprechender Hinweise – wie in den Mustern vorgeschlagen – beseitigt werden. Deshalb ist dieser Meinung des IX. Senats auch mehrfach widersprochen worden.[16]

Der Meinung des IX. Senats ist nicht zu folgen.[17] Nach wie vor kann in **einem** Beschluss gepfändet und überwiesen werden, es sollte lediglich ein Hinweis gegeben werden. Mit solcher Antragsformulierung läuft der Vollstreckungsgläubiger wohl auch kein Risiko; denn der Rechtspfleger kann, wenn er dem BGH folgen will, nur den (gleichzeitigen) Erlass des Überweisungsbeschlusses, nicht aber den Erlass des Pfändungsbeschlusses ablehnen.

2.9 Vielleicht führt die Rechtsprechung des IX. Senats dazu, dass öfter als früher ein Antrag auf Anordnung einer **anderen Art der Verwertung** nach § 844 ZPO gestellt werden wird, z.B. im Wege der Versteigerung durch den Gerichtsvollzieher. In diesem Fall würde der Zuschlag durch den Gerichtsvollzieher den dinglichen Übereignungsvertrag ersetzen,[18] aber der Ersteher würde dennoch erst mit Erlangung des Besitzes am Brief Inhaber der Hypothekenforderung werden. Die Voraussetzungen, von denen § 844 ZPO die Anordnung einer anderen Art der Verwertung abhängig macht, werden aber nicht häufig gegeben sein.

36

3. Teilpfändung

Häufig wird die Vollstreckungsforderung samt Kosten niedriger sein als die zu pfändende Hypothek. Hier hilft die Teilpfändung der Hypothek.

37

---

15 Z.B. BGHZ 85, 66; 87, 155; 106, 37.
16 Z.B. *Diepold*, MDR 1995, 455; *Hintzen/Wolf*, Rpfleger 1995, 94; *Riedel*, Rpfleger 1995, 119.
17 Zöller/*Stöber*, § 837 ZPO Rz. 7.
18 BGHZ 55, 25.

Der zu pfändende Teilbetrag muss genau benannt sein. Der Anspruch auf künftige Zinsen kann auch hier ohne das Hypothekenkapital gepfändet werden.

38 **3.1** Der gepfändete Teil der Hypothekenforderung und ihr Restbetrag haben unter sich den gleichen **Rang**. Damit aber der Vollstreckungsgläubiger für „seinen" Teil sicherer und schneller befriedigt wird, kann und muss er zusätzlich beantragen, dem gepfändeten Teil den Vorrang vor dem Rest zuzuerkennen. Diesen Antrag soll der Vollstreckungsgläubiger nie unterlassen. Der Zustimmung des Eigentümers bedarf es nicht, § 1151 BGB.

39 **3.2** Auch die Pfändung eines Teils einer Hypothekenforderung wird erst wirksam mit der Briefübergabe. Da der Hypothekenbrief die ganze Hypothek betrifft, aber nur ein Teil von ihr gepfändet ist, bedarf es der nach § 1152 BGB, § 61 GBO zulässigen Bildung eines **Teilhypothekenbriefs** durch das Grundbuchamt oder einen Notar; dieser Teilhypothekenbrief tritt für den gepfändeten Hypothekenteil an die Stelle des bisherigen Briefs.

40 Damit der Vollstreckungsgläubiger sich den Teilbrief verschaffen kann, muss er den Anspruch des Vollstreckungsschuldners auf **Herausgabe zum Zwecke der Bildung eines Teilbriefs pfänden** lassen. Der Stammbrief muss wegen des darauf nach § 61 Abs. 2 GBO vorzunehmenden Vermerks dem Gericht oder Notar vorgelegt werden. Besitzt der Vollstreckungsschuldner den Stammbrief, wird er ihm vom Gerichtsvollzieher weggenommen.

41 Ebenso ist zu verfahren, wenn der Grund für die Teilpfändung nicht darin liegt, dass die Vollstreckungsforderung geringer ist als die Hypothek, sondern darin, dass **nur ein Teil der Hypothek valutiert** ist und als solche besteht, während der Rest Eigentümergrundschuld geworden ist.

Muster 47 Bruchteilsgemeinschaft I

Miteigentumsanteil an einem Grundstück

Hinweis: Zu benutzen ist das amtliche Formular Anlage 2 (zu § 2 Nr. 2) der Verordnung über Formulare für die Zwangsvollstreckung (Zwangsvollstreckungsformular-Verordnung – ZVFV) vom 23.8.2012 (BGBl. I 2012, S. 1822) in der geänderten Fassung aufgrund der Verordnung zur Änderung der Zwangsvollstreckungsformular-Verordnung vom 16.6.2014 (BGBl. I 2014, S. 754).

Hierbei ist das Feld „Anspruch G" oder eine gesonderte Anlage zu nutzen. Es wird folgender Text empfohlen:

Wegen ... werden die angeblichen Ansprüche des Schuldners

gegen ... (Namen und Adressen aller anderen Miteigentümer) ... (Drittschuldner)

auf Aufhebung der Bruchteilsgemeinschaft am Grundstück Fl.Nr. ... der Gemarkung ..., eingetragen im Grundbuch des Amtsgerichts ... von ... Blatt ..., auf Teilung des Erlöses und auf Auszahlung des dem Schuldner gebührenden Anteils am Erlös

gepfändet.

Erläuterungen bei *Muster 48*.

Muster 48 Bruchteilsgemeinschaft II

Gemeinsame Forderung[1]

Hinweis: Zu benutzen ist das amtliche Formular Anlage 2 (zu § 2 Nr. 2) der Verordnung über Formulare für die Zwangsvollstreckung (Zwangsvollstreckungsformular-Verordnung – ZVFV) vom 23.8.2012 (BGBl. I 2012, S. 1822) in der geänderten Fassung aufgrund der Verordnung zur Änderung der Zwangsvollstreckungsformular-Verordnung vom 16.6.2014 (BGBl. I 2014, S. 754).

Hierbei ist das Feld „Anspruch G" oder eine gesonderte Anlage zu nutzen. Es wird folgender Text empfohlen:

Wegen ... werden die angeblichen Ansprüche des Schuldners

gegen ... (Namen und Adressen aller übrigen Gemeinschafter) ... (Drittschuldner)

auf Aufhebung der Bruchteilsgemeinschaft an der ... (Forderung genau bezeichnen, z.B.: Kaufpreisforderung gegen ... lt. Urkunde Nr. ... des Notars ... vom ...) ..., auf Teilung des auf diese Forderung eingehenden Betrags und auf Auszahlung des dem Schuldner daran gebührenden Anteils

sowie der Anteil des Schuldners an der genannten gemeinschaftlichen Forderung

gepfändet.

---

[1] Wenn für diese ein Grundpfandrecht besteht, sind insbesondere Rz. 16 und 17 der Erläuterungen zu beachten.

Vorbemerkung

Die *Muster 47* und *48* befassen sich mit der Bruchteilsgemeinschaft, die im Miteigentum an einem Grundstück bzw. in der Mitinhaberschaft an einer Forderung besteht. Mit dem Miteigentum an einer beweglichen Sache befasst sich *Muster 122*, mit der Schiffspart befasst sich *Muster 155*. Mit Gesamthandsgemeinschaften befassen sich die *Muster 92* und *93* (Gütergemeinschaft), *123* und *124* (Erbengemeinschaft); die Gesellschaften sind jeweils unter ihren Stichwörtern behandelt.

Muster 48 Bruchteilsgemeinschaft II

1. Wesen der Gemeinschaft

1 **Ein teilbares Recht** kann mehreren geteilt zustehen, so insbesondere die teilbare Forderung. In diesem Fall sind die einzelnen Teilrechte voneinander unabhängig.

2 Ein Recht kann aber mehreren auch in der Weise zustehen, dass **jeder am gesamten Recht beteiligt** ist. Ist die Bindung der Teilhaber sehr eng wie in der Gesellschaft bürgerlichen Rechts, der offenen Handelsgesellschaft, der Partnerschafts- und der Kommanditgesellschaft, der ehelichen Gütergemeinschaft und der Erbengemeinschaft, so liegt eine Gesamthandsberechtigung vor; man spricht von **Gesamthandsgemeinschaft**. Ist die Bindung weniger eng, so liegt eine **Gemeinschaft nach Bruchteilen** vor (§§ 741 bis 758 BGB), so z.B. zwischen Miteigentümern, deren Miteigentum nicht auf Gesellschaft, Güter- oder Erbengemeinschaft beruht.

3 Jeder Gemeinschafter kann seinen **Anteil an den Früchten** des gemeinsamen Gegenstands und den ihm daran gebührenden **Mitgebrauch** verlangen; er kann auch verlangen, dass die anderen Gemeinschafter ihre Anteile an den Lasten und Kosten tragen, und er kann an der gemeinsamen Verwaltung mitwirken (§§ 743, 748, 744, 745 BGB).

4 Jeder Gemeinschafter kann ferner verlangen, dass die **Gemeinschaft aufgehoben** wird und das gemeinsame Gut je nach Beschaffenheit in natura oder durch Veräußerung und Teilung des Veräußerungserlöses auseinander gesetzt wird; der **Auseinandersetzungsanspruch** kann allerdings (vom Vorliegen wichtiger Gründe abgesehen) auf Zeit oder für immer ausgeschlossen werden (§§ 749 bis 755 BGB).

5 Jeder Teilhaber kann **über seinen Anteil verfügen**. Über den gemeinschaftlichen Gegenstand im Ganzen können die Teilhaber nur gemeinschaftlich verfügen (§ 747 BGB).

2. Pfändung und Verwertung

6 Nur diejenigen Ansprüche und sonstigen Rechte sind pfändbar, die übertragbar sind:

7 2.1 Das **Recht auf Teilnahme an der Verwaltung** ist höchstpersönlich und daher nicht übertragbar (§ 399 BGB) und nicht pfändbar, weil „der geschuldete Gegenstand", das Mitwirken an der Verwaltung, der Pfändung nicht unterworfen ist (§ 851 Abs. 2 ZPO).

8 2.2 Das Recht auf **Fruchtgenuss** und auf **Teilhabe am gemeinschaftlichen Gegenstand**, insbesondere der **Aufhebungsanspruch** zusammen mit den daraus folgenden Ansprüchen auf Ausgleichung, sind pfändbar. Der Miteigentümer eines Grundstücks nach Bruchteilen (§ 1008 BGB) kann gemäß § 749 Abs. 1 BGB jederzeit die Aufhebung der Gemeinschaft, insbesondere die Versteigerung des unteilbaren Grundstücks gemäß § 753 Abs. 1 BGB i.V.m. §§ 180 ff. ZVG verlangen und die Zustimmung zu einer den Miteigentumsanteilen entsprechenden Teilung und Auszahlung des

außerhalb des Zwangsversteigerungsverfahrens zu verteilenden Erlöses fordern. Der Gläubiger des Miteigentümers kann diesen Anspruch auf Aufhebung der Gemeinschaft (Versteigerung des ganzen Grundstücks) sowie auf Teilung und Auszahlung des Erlöses gemäß §§ 857, 829 ZPO pfänden und sich überweisen lassen (§ 835 ZPO).[1]

Dem steht nicht entgegen, dass der Anspruch auf Aufhebung der Gemeinschaft allein ohne den Miteigentumsanteil nicht abtretbar, also nach §§ 857 Abs. 1, 851 Abs. 1 ZPO nicht pfändbar ist. Denn der Anspruch auf Auseinandersetzung kann jedenfalls dem zur Ausübung überlassen werden (§ 857 Abs. 3 ZPO), dem auch das übertragbare künftige Recht auf den dem Miteigentumsanteil entsprechenden Teil des Versteigerungserlöses abgetreten worden ist. Deshalb kann der Aufhebungsanspruch zwar nicht allein, aber zusammen mit dem künftigen Anspruch auf eine den Anteilen entsprechende Teilung und Auskehrung des Versteigerungserlöses gepfändet und überwiesen werden.[2] In Fortführung dieser Grundsätze bestätigt der *BGH*[3] in seinem Beschluss vom 20.12.2005 nochmals, dass der Gläubiger des Miteigentümers eines Grundstücks dessen Anspruch auf Aufhebung der Gemeinschaft sowie auf Teilung und Auszahlung des Erlöses gemäß §§ 857, 829 ZPO pfänden und sich überweisen lassen kann, § 835 ZPO.

Pfändung und Überweisung geben dem Vollstreckungsgläubiger die Befugnis zur Abgabe derjenigen Erklärungen, welche zur Teilung und Auszahlung des Erlöses führen: Der Vollstreckungsgläubiger kann, wenn die Gemeinschaft an einem Grundstück besteht, die Teilungsversteigerung nach dem ZVG beantragen (§§ 180 ff. ZVG).[4] Besteht die Gemeinschaft an teilbaren Sachen oder teilbaren Forderungen, so kann der Vollstreckungsgläubiger sich den Anteil des Vollstreckungsschuldners in natura zuweisen und entsprechend §§ 814, 821, 844 ZPO verwerten lassen. Besteht die Gemeinschaft an nicht teilbaren Gegenständen, so kann er die Verwertung – notfalls durch Klage gegen die Drittschuldner – durchsetzen.[5]

2.3 Drittschuldner sind alle, die neben dem Vollstreckungsschuldner Teilhaber der Gemeinschaft sind.

2.4 Ein etwaiger **vertraglicher Ausschluss des Aufhebungsanspruchs** (§ 749 BGB) hindert die Pfändung und Verwertung dieses Anspruchs und des Anspruchs auf Teilung und Auszahlung des Erlöses nicht, wenn der Schuldtitel nicht bloß vorläufig vollstreckbar ist; auch eine vereinbarte Kündigungsfrist braucht der Vollstreckungsgläubiger dann nicht gegen sich gelten zu lassen (§ 751 Satz 2 BGB). Allerdings soll eine Pfändung des

---

1 BGH v. 25.2.2010 – V ZB 92/09, Rpfleger 2010, 439 = DNotZ 2011, 120.
2 St. Rspr. des BGH, z.B. BGH v. 20.2.2003 – IX ZR 102/02, Rpfleger 2003, 372.
3 BGH v. 20.12.2005 – VII ZB 50/05, NJW 2006, 849 = Rpfleger 2006, 204.
4 BGH v. 23.2.1984 – IX ZR 26/83, NJW 1984, 1968 = Rpfleger 1984, 283; *Hintzen* in Dassler/Schiffhauer, § 181 ZVG Rz. 53.
5 Ausführlich *Gramentz*, Die Aufhebung der Gemeinschaft nach Bruchteilen durch den Gläubiger eines Teilhabers, Bielefeld 1989.

Gläubigers in einen Anspruch auf Aufhebung der Bruchteilsgemeinschaft an einem Grundstück zum Zwecke der Durchführung einer Teilungsversteigerung unzulässig sein, wenn im Grundbuch eine Vereinbarung über den Ausschluss der Aufhebung der Gemeinschaft nach § 1010 BGB eingetragen ist.[6] Diese Auffassung ist so nicht richtig. Die Pfändung ist zulässig, da sie unabhängig von der Frage ist, ob nach wirksamer Pfändung auch die Verwertung betrieben werden kann. Im Übrigen prüft das Vollstreckungsgericht vor der Pfändung nicht den Grundbuchinhalt. Ist dem Gläubiger die Eintragung nach § 1010 BGB im Grundbuch bekannt, sollte der sich in jedem Falle die Rechtskraft auf dem Vollstreckungstitel bescheinigen lassen und erst dann den Antrag auf Teilungsversteigerung stellen.

13 **2.5** Besteht die Gemeinschaft an einem **Grundstück** oder einem **eingetragenen Schiff**, so braucht der Vollstreckungsgläubiger nicht (unbedingt) die Ansprüche des Vollstreckungsschuldners gegen seine Miteigentümer zu pfänden, er kann vielmehr auch unmittelbar in den Bruchteilsanteil des Schuldners am Miteigentum vollstrecken. Diese Vollstreckung erfolgt nach § 864 Abs. 2 ZPO entweder durch Eintragung einer Zwangssicherungshypothek oder im Wege der im ZVG näher geregelten Immobiliarvollstreckung, nicht nach §§ 829 ff., 857 ZPO. Die Zwangsversteigerung unmittelbar in den Miteigentumsanteil des Vollstreckungsschuldners wird dem Vollstreckungsgläubiger aber häufig keinen oder einen geringeren Erlös bringen als er ihn erzielt hätte, wenn das ganze Objekt im Wege der Teilungsversteigerung versteigert worden wäre und er den Anteil des Vollstreckungsschuldners am Erlös erhalten hätte.

14 Daher wird es sich empfehlen – wie in *Muster 47* vorgeschlagen – den Anspruch des Vollstreckungsschuldners gegen seine Miteigentümer auf Aufhebung der Gemeinschaft, Teilung des Erlöses und Auszahlung des dem Vollstreckungsschuldner gebührenden Anteils daran zu pfänden. Die Pfändung und Überweisung befugt den Vollstreckungsgläubiger dann, die Teilungsversteigerung des gesamten Grundstücks zu betreiben und sich den Anteil des Vollstreckungsschuldners am Erlös zuweisen zu lassen.[7]

⊃ **Beachte:** Anders als beim Miteigentum an einer beweglichen Sache oder bei Mitinhaberschaft an einer Forderung ist der Miteigentumsanteil des Vollstreckungsschuldners an einer Immobilie nicht mitzupfänden, weil dem § 864 Abs. 2 ZPO entgegensteht.[8]

15 **2.6** Besteht die Gemeinschaft an einer **Forderung**[9], so werden der gepfändete Anteil und die gepfändeten Ansprüche dadurch realisiert, dass der Vollstreckungsgläubiger von den Drittschuldnern (Gemeinschaftern) die

---

6 AG Frankfurt/M v. 13.9.2010 – 845 K 033/10, LG Frankfurt/M v. 21.12.2010 – 2-09 T 482/10, beide Rpfleger 2011, 684.
7 BGH v. 23.2.1984 – IX ZR 26/83, NJW 1984, 1968 = Rpfleger 1984, 283.
8 Zur Problematik *Furtner*, NJW 1969, 871.
9 Vgl. hinsichtlich einer Mietforderung LG Düsseldorf v. 23.9.1992 – 23 S 532/91, WM 1993, 1262.

Mitwirkung an der Beitreibung der gemeinsamen Forderung, die Teilung des Beigetriebenen und die Auszahlung des auf den Vollstreckungsschuldner treffenden Erlös an den Vollstreckungsgläubiger verlangt und notfalls durch Klage durchsetzt.

2.7 Besteht **für die gemeinschaftliche Forderung eine Hypothek, Grundschuld, Rentenschuld oder Reallast**, so gelten die §§ 830, 857 Abs. 6 ZPO auch für die Pfändung des Anteils daran: Die Pfändung des Anteils an der Forderung und an dem Grundpfandrecht ist also erst bewirkt, wenn der Vollstreckungsgläubiger in den Besitz des Hypothekenbriefs gekommen ist (wenn es sich um ein Briefrecht handelt) bzw. wenn die Pfändung im Grundbuch eingetragen ist (wenn es sich um ein Buchrecht handelt). Der Vollstreckungsgläubiger muss also **bei Briefrechten auch die Anordnung beantragen**, dass der Schuldner den Grundpfandbrief dem Gläubiger herauszugeben hat, bzw. **den Anspruch auf Herausgabe des Grundpfandbriefs pfänden**. Weil das Recht mehreren zusteht, wird es der Bildung eines Teilbriefes bedürfen. Im Einzelnen wird auf die *Muster 42, 43, 45*, die Erläuterungen zu *Muster 46* und auf *Muster 49* verwiesen. 16

Da jedoch nicht nur der Anteil an dem gesicherten Recht, sondern auch Ansprüche zwischen den Gemeinschaftern gepfändet werden, wird die Pfändung insoweit nur durch Zustellung des Pfändungs- und Überweisungsbeschlusses an alle Drittschuldner wirksam; auch diese ist also zu veranlassen. 17

2.8 Ist die **Forderung auf Übereignung eines Grundstücks** gesichert, so ist nach *Muster 26* zu verfahren. 18

Muster 49 Buchhypothek I

Forderung mit der Hypothek

Hinweis: Zu benutzen ist das amtliche Formular Anlage 2 (zu § 2 Nr. 2) der Verordnung über Formulare für die Zwangsvollstreckung (Zwangsvollstreckungsformular-Verordnung – ZVFV) vom 23.8.2012 (BGBl. I 2012, S. 1822) in der geänderten Fassung aufgrund der Verordnung zur Änderung der Zwangsvollstreckungsformular-Verordnung vom 16.6.2014 (BGBl. I 2014, S. 754). Hierbei ist das Feld „Anspruch G" oder eine gesonderte Anlage zu nutzen. Es wird folgender Text empfohlen:

Wegen ... zuzüglich der Kosten für die Grundbucheintragung wird die angebliche Forderung des Schuldners

gegen ... (Name und Adresse dessen, der dem Vollstreckungsschuldner die gepfändete Hypothekenforderung schuldet) ...   (Drittschuldner)

auf ... (Forderung genau bezeichnen, z.B. Rückzahlung der Darlehensvaluta lt. Darlehensvertrag vom ...) ... nebst Zinsen seit dem ... zusammen mit der angeblich zur Sicherung dieser Forderung im Grundbuch des Amtsgerichts ...

Muster 50   Buchhypothek II

Blatt ... in Abt. III unter lfd.Nr. ... auf dem Grundstück Fl.Nr. ... des ... (Name und Adresse des Grundstückseigentümers) ... (dinglicher Drittschuldner[1]) eingetragenen Buchhypothek zu ... Euro nebst den Zinsen seit dem ... gepfändet.

Den Drittschuldnern wird verboten, an den Schuldner zu leisten.

Dem Schuldner wird geboten, sich jeder Verfügung über die Forderung und die Hypothek, insbesondere ihrer Einziehung, zu enthalten.

Zugleich wird die gepfändete Forderung samt Hypothek dem Gläubiger zur Einziehung überwiesen.

Pfändung und Überweisung werden mit Eintragung der Pfändung im Grundbuch wirksam.

---

1 Persönlicher und dinglicher Drittschuldner werden meistens identisch sein.

Vorbemerkung

Grundsätzliches zur Pfändung von Grundpfandrechten ist in den Erläuterungen bei *Muster 46* dargestellt; deren Kenntnis wird hier vorausgesetzt. Zur Buchhypothek speziell finden sich

Erläuterungen bei *Muster 52*.

Muster 50   Buchhypothek II

Teilbetrag

Hinweis: Zu benutzen ist das amtliche Formular Anlage 2 (zu § 2 Nr. 2) der Verordnung über Formulare für die Zwangsvollstreckung (Zwangsvollstreckungsformular-Verordnung – ZVFV) vom 23.8.2012 (BGBl. I 2012, S. 1822) in der geänderten Fassung aufgrund der Verordnung zur Änderung der Zwangsvollstreckungsformular-Verordnung vom 16.6.2014 (BGBl. I 2014, S. 754).

Hierbei ist das Feld „Anspruch G" oder eine gesonderte Anlage zu nutzen. Es wird folgender Text empfohlen:

Wegen ... zuzüglich der Kosten für die Grundbucheintragung wird die angebliche Forderung des Schuldners

gegen ... (Name und Adresse dessen, der dem Vollstreckungsschuldner die gepfändete Hypothekenforderung schuldet) ...   (Drittschuldner)

auf ... (Forderung genau bezeichnen, z.B.: Rückzahlung der Darlehensvaluta lt. Darlehensvertrag vom ...) ... nebst Zinsen seit dem ... zusammen mit der angeblich zur Sicherung dieser Forderung im Grundbuch des Amtsgerichts ... Blatt ... in Abt. III unter lfd.Nr. ... auf dem Grundstück Fl.Nr. ... des ... (Name und Adresse des Grundstückseigentümers) ...

(dinglicher Drittschuldner[1])

eingetragenen Buchhypothek mit den Zinsen seit dem ... gepfändet. Dem gepfändeten Teil der Forderung und der Hypothek gebührt der Vorrang vor dem Rest.

Den Drittschuldnern wird, soweit die Pfändung reicht, verboten, an den Schuldner zu zahlen.

Dem Schuldner wird geboten, sich jeder Verfügung über den gepfändeten Teil der Forderung samt Hypothek, insbesondere ihrer Einziehung, zu enthalten.

Zugleich wird die gepfändete Forderung samt Hypothek dem Gläubiger zur Einziehung überwiesen.

Pfändung und Überweisung werden mit Eintragung der Pfändung im Grundbuch wirksam.

---
1 Persönlicher und dinglicher Drittschuldner werden meistens identisch sein.

Erläuterungen bei *Muster 52*.

Muster 51   Buchhypothek III

Antrag auf Eintragung der Pfändung nach Muster 49 und 50 im Grundbuch

An das Amtsgericht – Grundbuchamt – ...

Betrifft: Grundbuch von ... Blatt ...

In der Zwangsvollstreckungssache

...   (Gläubiger)

gegen

...   (Schuldner)

überreiche ich eine Ausfertigung des Pfändungs- und Überweisungsbeschlusses des Amtsgerichts ... vom ... Az.: ... nebst Zustellungsnachweis und

beantrage

als der im Pfändungsbeschluss legitimierte Vertreter des Vollstreckungsgläubigers die Voreintragung des Vollstreckungsschuldners (§ 39 GBO) und die Eintragung der Pfändung im Grundbuch.

(Unterschrift)

Erläuterungen bei *Muster 52*.

Muster 52 Buchhypothek IV

Nur rückständige Zinsen

Hinweis: Zu benutzen ist das amtliche Formular Anlage 2 (zu § 2 Nr. 2) der Verordnung über Formulare für die Zwangsvollstreckung (Zwangsvollstreckungsformular-Verordnung – ZVFV) vom 23.8.2012 (BGBl. I 2012, S. 1822) in der geänderten Fassung aufgrund der Verordnung zur Änderung der Zwangsvollstreckungsformular-Verordnung vom 16.6.2014 (BGBl. I 2014, S. 754).

Hierbei ist das Feld „Anspruch G" oder eine gesonderte Anlage zu nutzen. Es wird folgender Text empfohlen:

Wegen . . . wird die angebliche Forderung des Schuldners

gegen . . .   . . . (Name und Adresse) . . .   (Drittschuldner)

auf Zahlung der bis heute rückständigen Zinsen für . . . (die Forderung genau bezeichnen, z.B.: Rückzahlung der Darlehensvaluta lt. Darlehensvertrag vom . . .) . . . gepfändet.

Dem Drittschuldner wird verboten, die rückständigen Zinsen an den Schuldner zu zahlen.

Dem Schuldner wird geboten, sich jeder Verfügung über die gepfändete Zinsforderung, insbesondere ihrer Einziehung, zu enthalten.

Zugleich wird die gepfändete Zinsforderung dem Gläubiger zur Einziehung überwiesen.

1. Wesen der Buchhypothek

1   Bei der Buchhypothek ist die Erteilung des Hypothekenbriefes ausgeschlossen; das muss aus dem Grundbuch ersichtlich sein (§ 1116 Abs. 2 Satz 2 BGB). Die Sicherungshypothek ist stets eine Buchhypothek (§ 1185 BGB).

2. Pfändung und Verwertung

2   Zur Pfändung eines Buchrechts sind der **Pfändungsbeschluss und die Eintragung der Pfändung im Grundbuch** erforderlich (§§ 830 Abs. 1 Satz 3, 857 Abs. 6 ZPO).

3   **2.1** Die Eintragung der Pfändung in das Grundbuch erfolgt auf **Antrag des Vollstreckungsgläubigers**; er muss seinem Antrag eine Ausfertigung des Pfändungsbeschlusses beigeben (§ 13 GBO). Vorlage des Vollstreckungstitels und Nachweis der Zustellung des Pfändungsbeschlusses sind nicht notwendig; der Antrag bedarf nicht der Form des § 29 GBO. Diese Eintragung beantragt der Vollstreckungsgläubiger aus eigenem Recht, das aus §§ 830, 837 ZPO folgt: Der Pfändungsbeschluss ist sozusagen „der Titel" für die Eintragung. Es handelt sich nicht um eine Grundbuchberichtigung,

weil die Rechtsänderung nicht außerhalb des Grundbuchs, sondern gerade durch die Eintragung im Grundbuch eintritt.

Die etwa notwendige **Voreintragung des Schuldners** (§ 39 GBO) beantragt der Vollstreckungsgläubiger ebenfalls aus eigenem Recht (§§ 13 Abs. 1, 14 GBO). 4

Insbesondere im Hinblick darauf, dass die Pfändung erst mit der Eintragung im Grundbuch wirksam wird, und dass darauf im Pfändungsbeschluss hinzuweisen ist,[1] empfiehlt es sich, zuerst unter Vorlage einer Ausfertigung des Pfändungsbeschlusses die Grundbucheintragung zu beantragen und dann erst die Zustellung des Beschlusses an den Drittschuldner und den Vollstreckungsschuldner zu veranlassen und dabei **gleichzeitig die Eintragungsmitteilung des Grundbuchamts** (§ 55 GBO) **zustellen zu lassen**, um das Wirksamwerden der Pfändung zu belegen. Das ist möglich und zulässig, weil die Pfändung ohne Zustellung wirksam geworden ist. 5

Sobald der Eintragungsantrag des Vollstreckungsgläubigers beim Grundbuchamt vorliegt, kann der Vollstreckungsschuldner nicht mehr wirksam über die Hypothek verfügen (§ 17 GBO). Beachtet das Grundbuchamt das nicht, so darf die Pfändung zwar nicht etwa rückwirkend eingetragen werden, es können aber dadurch Schadensersatzansprüche gegen den Staat begründet sein.[2] 6

2.2 Die **Arrestpfändung** der Buchhypothek samt Eintragung im Grundbuch ist zwar vor der Zustellung des Arrestbeschlusses an den Arrestschuldner zulässig; die Vollziehung ist aber nicht mehr zulässig, wenn der Arrestbefehl nicht innerhalb eines Monats seit seiner Verkündung oder Übergabe an den Arrestgläubiger, und innerhalb einer Woche ab Vollstreckung dem Arrestschuldner zugestellt ist (§ 929 Abs. 2 und 3 ZPO). Der Gläubiger hat unbedingt darauf zu achten, dass diese Fristen eingehalten werden. Der Arrest (Urteil oder Beschluss) ist dem Arrestbeklagten zur Einhaltung der Vollziehungsfrist des § 929 Abs. 2 ZPO im Wege der Parteizustellung nach §§ 191 ff. ZPO zuzustellen. Fehlt es an dieser Zustellung, kann dieser Mangel nicht durch eine vorgenommene Amtszustellung geheilt werden.[3] Es genügt, wenn der Beginn der Zwangsvollstreckung innerhalb der Frist liegt und die Zwangsvollstreckung zügig fortgesetzt wird, selbst wenn der Vollstreckungsversuch erfolglos verläuft.[4] 7

2.3 Wird ausschließlich die Forderung auf **rückständige Zinsen** (Nebenleistungen) gepfändet, so ist eine Eintragung im Grundbuch weder nötig noch zulässig; gepfändet wird vielmehr nach § 829 ZPO (§ 830 Abs. 3 ZPO). 8

---

1 Näheres unter Rz. 35 der Erläuterungen bei *Muster 46*.
2 BGH HRR 1963 Nr. 257.
3 OLG Düsseldorf v. 10.2.2010 – I-15 U 276/09, MDR 2010, 652.
4 OLG Frankfurt Rpfleger 1999, 85; OLG Celle NJW 1968, 1682; OLG Koblenz NJW 1958, 387.

9 Wird aber neben Rückständen auch die Forderung auf **künftige Zinsen** (Nebenleistungen) gepfändet, so geschieht dies wieder nach § 830 Abs. 1 ZPO; es bedarf also der Eintragung im Grundbuch. Bezüglich der Rückstände wird die Pfändung aber erst mit der Zustellung an den Drittschuldner wirksam.

10 **2.4 Die Überweisung geschieht nach § 837 ZPO.** Sie befugt den Vollstreckungsgläubiger, die Hypothekenforderung anstelle des Vollstreckungsschuldners geltend zu machen, sobald sie fällig ist; zur Fälligstellung wird er sie häufig kündigen müssen. Zahlt der Drittschuldner, so ist der Vollstreckungsgläubiger befugt, **Quittung**[5] **und Löschungsbewilligung** zu erteilen.

11 Verweigert der Drittschuldner die Zahlung und besteht über die Hypothekenforderung nicht ein Titel, der auf den Vollstreckungsgläubiger umgeschrieben werden kann, **so ist die Drittschuldnerklage nicht auf Zahlung, sondern auf Duldung der Zwangsvollstreckung in das Grundstück** wegen dieser Hypothekenforderung nebst genau zu bezeichnenden Zinsen und Nebenleistungen zu richten (§ 1147 BGB).[6] Die sachliche Zuständigkeit bestimmt sich nach § 6 ZPO, örtlich ist ausschließlich das Gericht zuständig, in dessen Bezirk das Grundstück liegt (§ 24 ZPO). Aus diesem „dinglichen" Titel kann der Vollstreckungsgläubiger gegen den Drittschuldner vollstrecken, indem er die Zwangsversteigerung oder Zwangsverwaltung des Grundstücks beantragt (§ 866 ZPO).

12 **2.4.1 Die Überweisung zur Einziehung** wird erst wirksam, wenn die Pfändung der Hypothek im Grundbuch eingetragen und außerdem dem Vollstreckungsgläubiger der Überweisungsbeschluss ausgehändigt ist (§ 837 Abs. 1 ZPO). Die Überweisung zur Einziehung kann im Grundbuch nicht eingetragen werden und die gepfändete Hypothek kann im Grundbuch nicht auf den Vollstreckungsgläubiger umgeschrieben werden, da dieser durch die Überweisung zur Einziehung nur einziehungsberechtigt wird, nicht aber das volle Gläubigerrecht an der Hypothek erlangt.

13 **2.4.2 Zur Überweisung an Zahlungs statt ist die Eintragung im Grundbuch erforderlich** (§ 837 Abs. 1 Satz 2 ZPO). Durch sie erwirbt der Vollstreckungsgläubiger das volle Gläubigerrecht und damit die volle Verfügungsbefugnis über Forderung und Hypothek. Die Überweisung an Zahlungs statt erfolgt zum Nennwert und wirkt als Befriedigung; sie ersetzt die Abtretungserklärung des Schuldners (§ 1155 BGB, § 836 Abs. 1 ZPO): Der Vollstreckungsgläubiger gilt in Höhe der überwiesenen Forderung gegenüber dem Vollstreckungsgläubiger als befriedigt. Dies kann für den Gläubiger dann ungünstig sein, wenn sich die gepfändete Hypothek später als uneinbringlich erweisen sollte. Der Antrag auf Überweisung an Zahlungs statt sollte also nur dann gestellt werden, wenn wirklich keine Zweifel an Existenz und Einbringlichkeit der gepfändeten Hypothekenforderung bestehen.

---

5 Hierzu BayObLG v. 24.1.2001 – 2Z BR 140/00, Rpfleger 2001, 296.
6 Palandt/*Bassenge*, § 1147 BGB Rz. 3.

Die Eintragung der Überweisung an Zahlungs statt in das Grundbuch (§ 837 Abs. 1 ZPO) ist in gleicher Weise zu beantragen wie die Eintragung der Pfändung. Einer Zustellung des Pfändungs- und Überweisungsbeschlusses an die Beteiligten bedarf es zur Wirksamkeit der Überweisung an Zahlungs statt nicht. 14

2.5 Drittschuldner ist der Schuldner der gepfändeten Hypothekenforderung. Ist dieser nicht zugleich Eigentümer des belasteten Grundstücks, so ist auch der Eigentümer dieses Grundstücks (dinglicher) Drittschuldner. 15

2.6 Auch die **Teilpfändung** einer Buchhypothek ist zulässig. 16

2.6.1 Der **Teilbetrag** der Hypothek, der gepfändet werden soll, muss im Antrag und im Pfändungsbeschluss genannt sein. Eine Pfändung „wegen und in Höhe" stellt, wenn die Forderung des Vollstreckungsgläubigers niedriger als die gepfändete Hypothekenforderung ist, eine Teilpfändung dar. Ist die Forderungshöhe, weil auch wegen laufender Zinsen gepfändet wird, unbestimmt, so kann die Pfändung als Teilpfändung nicht im Grundbuch eingetragen werden. Deshalb ist in solchen Fällen die Pfändung laufender Zinsen zu unterlassen. 17

2.6.2 Der gepfändete Teil und der Restbetrag der Hypothek haben untereinander den gleichen **Rang**. Der Gläubiger ist aber daran interessiert, dass „sein" Teil den Vorrang erhalte, damit ihm der erste, auf die Hypothekenforderung gezahlte Teilbetrag zufließe, sodass er ein geringeres Ausfallrisiko hat. Der gepfändete Teil erlangt nur dann Vorrang vor dem nichtgepfändeten Restbetrag, wenn dieser Vorrang im Pfändungsbeschluss auf Antrag zuerkannt wurde. Es soll daher nicht vergessen werden, diesen Antrag zu stellen. 18

3. Die **Wertpapierhypothek** (§ 1187 BGB) ist eine Sicherungshypothek und damit Buchhypothek (§ 1185 BGB), welche Forderungen aus Inhaberschuldverschreibungen oder indossablen Wertpapieren sichert. Sie geht mit dem Papier auf dessen Erwerber über (nach § 1187 Satz 3 BGB ist § 1154 Abs. 3 BGB ausdrücklich ausgeschlossen) und wird mit dem Papier nach §§ 821, 831 ZPO gepfändet, ohne dass es eines Pfändungsbeschlusses bedürfte; bei indossablen Papieren (insbesondere beim Wechsel) bedarf es aber eines (bloßen) Überweisungsbeschlusses; bei Inhaberpapieren entfällt auch dieser (vgl. § 1153 BGB). 19

§ 837 ZPO ist auf die Wertpapierhypothek nicht anzuwenden. 20

Muster 53 Darlehensgewährung (Kreditzusage)

Hinweis: Zu benutzen ist das amtliche Formular Anlage 2 (zu § 2 Nr. 2) der Verordnung über Formulare für die Zwangsvollstreckung (Zwangsvollstreckungsformular-Verordnung – ZVFV) vom 23.8.2012 (BGBl. I 2012, S. 1822) in der geänderten Fassung aufgrund der Verordnung zur Änderung der Zwangsvollstreckungsformular-Verordnung vom 16.6.2014 (BGBl. I 2014, S. 754).

Muster 54   Darlehensrückzahlung

Hierbei ist das Feld „Anspruch G" oder eine gesonderte Anlage zu nutzen und nicht die offene Ziffer 6 im Anspruchsfeld „D". Der **Textbaustein** in den amtlichen Hinweisen unter „Hinweise zu Anspruch D" ist insoweit **fehlerhaft**, als er ein Zahlungsmoratorium von vier Wochen für alle Ziffern bzw. Ansprüche unter „D" benennt. Das Zahlungsmoratorium nach § 835 Abs. 3 Satz 2 ZPO bezieht sich aber nur auf Guthaben auf einem Konto und soll den Schuldnerschutz nach § 850k ZPO garantieren.

Es wird folgender Text empfohlen:

Wegen ... wird die angebliche Forderung des Schuldners

gegen ...   *... (Name und Adresse) ...*   *(Drittschuldner)*

auf Gutschrift und Auszahlung der Darlehensvaluta gemäß der Kreditzusage vom ... gepfändet.

Erläuterungen bei *Muster 54*.

Muster 54   **Darlehensrückzahlung**

Hinweis: Zu benutzen ist das amtliche Formular Anlage 2 (zu § 2 Nr. 2) der Verordnung über Formulare für die Zwangsvollstreckung (Zwangsvollstreckungsformular-Verordnung – ZVFV) vom 23.8.2012 (BGBl. I 2012, S. 1822) in der geänderten Fassung aufgrund der Verordnung zur Änderung der Zwangsvollstreckungsformular-Verordnung vom 16.6.2014 (BGBl. I 2014, S. 754).

Hierbei ist das Feld „Anspruch G" oder eine gesonderte Anlage zu nutzen. Es wird folgender Text empfohlen:

Wegen ... wird die angebliche Forderung des Schuldners

gegen ...   *... (Name und Adresse) ...*   *(Drittschuldner)*

auf die am ... fällige Rückzahlung des dem Drittschuldner vom Schuldner gewährten Darlehens gemäß Vertrag vom ... nebst rückständigen und künftigen Zinsen und sonstigen Nebenleistungen gepfändet.

Der Schuldner hat an den vom Gläubiger zu beauftragenden Gerichtsvollzieher die über das Darlehen ausgestellte Urkunde (Schuldschein) herauszugeben.

Vorbemerkung

Hier wird nur das **Gelddarlehen** behandelt. Sind **andere vertretbare Sachen** Gegenstand der Darlehensabrede, so sind die *Muster 53* und *54* entsprechend abzuändern, indem der Anspruch auf Auszahlung oder Rückerstattung des Darlehens anders zu beschreiben ist, z.B.: *auf die am ... fällige Rückerstattung von 20 Kommentaren von Zöller zur Zivilprozessordnung ... Auflage ...* . Ferner ist vor der Überweisung zur Einziehung einzufügen: *Es wird angeordnet, dass der Schuldner diese Sachen an einen vom Gläubiger beauftragten Gerichtsvollzieher zur Verwertung herauszugeben hat.*

Wegen des **Bauspardarlehens** vgl. *Muster 39*, wegen der **Mietvorauszahlung** vgl. *Muster 120*.

1. Darlehensabrede

Durch die Darlehensabrede verpflichtet sich der Darlehensgeber, dem Darlehensnehmer die Darlehensvaluta zu gewähren und auf die bedungene Dauer zu belassen. Bei Fälligkeit hat der Darlehensnehmer die Darlehenssumme samt etwaigen offenen Zinsen zurückzubezahlen. Wer Geld aus einem anderen Grund schuldet, kann mit dem Gläubiger vereinbaren, dass das Geld als Darlehen geschuldet werden soll (§ 488 BGB). 1

Ist für die Rückerstattung kein Zeitpunkt vereinbart, so hängt die Fälligkeit von der Kündigung ab, die in §§ 488 Abs. 3, 489 BGB näher geregelt ist. 2

2. Pfändung und Verwertung

2.1 Der **Rückzahlungsanspruch des Darlehensgebers** ist als gewöhnliche Geldforderung nach § 829 ZPO zu pfänden und nach § 835 ZPO zu überweisen.[1] 3

Über die Darlehensschuld ist häufig eine Urkunde ausgestellt. Dieser **Schuldschein** ist nur Beweisurkunde und hat keine Wertpapierqualität. Aber der Darlehensnehmer kann bei Rückzahlung neben Erteilung der Quittung die Rückgabe des Schuldscheins verlangen (§ 371 BGB), braucht also nur Zug um Zug gegen die Rückgabe zu leisten. Der Vollstreckungsgläubiger benötigt also zur Durchsetzung der ihm überwiesenen Forderung auch den Schuldschein. Daher kann dessen Herausgabe an den Gerichtsvollzieher im Pfändungs- und Überweisungsbeschluss angeordnet werden (§ 836 Abs. 3 Satz 3 ZPO). 4

Findet der Gerichtsvollzieher schon bei der Sachpfändung einen Schuldschein, so kann er ihn dem Vollstreckungsschuldner wegnehmen und den Vollstreckungsgläubiger davon verständigen. Er muss den Schuldschein allerdings dem Vollstreckungsschuldner wieder zurückgeben, wenn der Vollstreckungsgläubiger nicht binnen eines Monats einen Pfändungsbeschluss erwirkt hat (§ 106 GVGA). 5

2.2 Der Anspruch des Darlehensnehmers gegen den Darlehensgeber auf **Auszahlung eines zugesagten Kredits** ist in *Muster 53* behandelt; er setzt der Pfändung regelmäßig erhebliche Schwierigkeiten entgegen: 6

2.2.1 Mit **Realvertrag**[2] wird ein Vertrag bezeichnet, der erst durch Übergabe der Leistung, mit **Verbalvertrag** ein Vertrag der durch mündliche Ver- 7

---
1 Vgl. BGH v. 9.10.2000 – II ZR 75/99, NJW 2001, 287.
2 Z.B. RGZ 86, 324; 108, 150; BGH NJW 1975, 443.

einbarung, mit **Litteralvertrag** ein Vertrag der durch schriftliche Vereinbarung und mit **Konsensualvertrag** ein Vertrag der durch bloße Willensübereinstimmung zustandekommt. Diese Differenzierung stammt aus dem römischen Recht, hat aber für das deutsche Zivilrecht nur noch eingeschränkt Bedeutung. Der Darlehensvertrag ist ein Konsensualvertrag, er kommt durch die übereinstimmenden Willenserklärungen von Darlehensgeber und Darlehensnehmer zustande.[3] In der Praxis wird das Darlehensversprechen bis zur Auszahlung des Darlehens als Vorvertrag angesehen, weil die Darlehensbedingungen bis dahin im Einzelnen noch nicht feststehen. Insbesondere beim Bankkredit werden die Sicherheiten für die Ansprüche der Bank gegen den Kunden (vgl. Nr. 13–17 der AGB Banken) häufig erst relativ spät im Einzelnen vereinbart werden.

8   Ansprüche aus einem Darlehens-Vorvertrag sind nicht übertragbar, weil der Abschluss eines Darlehensvertrages mit einem anderen Darlehensempfänger ein anderer Vertrag wäre, einen anderen Inhalt hätte, als der, zu dessen Abschluss der Vorvertrag verpflichten sollte. Daher sind Ansprüche aus einem Vorvertrag auch nicht pfändbar (§ 851 ZPO).[4]

9   **2.2.2 Kreditzusagen** haben oft eine **Bedingung** zum Inhalt (z.B. dass die restliche Finanzierung des Vorhabens gesichert sei), oft auch die Abrede, dass das Darlehen für einen bestimmten Zweck verwendet werden muss (z.B. Baugelddarlehen). Ohne Eintritt der Bedingung besteht kein Anspruch auf Ausreichung des Kredites.

10 Ist das Darlehen **zweckgebunden**, so ist der Anspruch unpfändbar (§ 399 BGB, § 851 ZPO), weil bei Zahlung an den Vollstreckungsgläubiger statt an den Vollstreckungsschuldner die Zweckbestimmung nicht eingehalten wäre und daher die Leistung nicht ohne Veränderung ihres Inhalts erfolgen könnte.

11 Grundsätzlich aber ist der Anspruch auf Auszahlung der Darlehensvaluta als Geldforderung nach § 829 ZPO pfändbar wie andere künftige Forderungen auch.[5]

12 Die Pfändung eines Anspruchs aus einer Kreditzusage bleibt meist Theorie: § 490 BGB berechtigt nämlich den Darlehensgeber, die Auszahlung der Darlehensvaluta zu verweigern, wenn eine wesentliche Verschlechterung in den Vermögensverhältnissen des Darlehensnehmers eintritt; das dürfte als Folge der Pfändung regelmäßig anzunehmen sein. Außerdem kann eine kreditgewährende Bank Verstärkung der Sicherheiten verlangen, wenn sich die wirtschaftlichen Verhältnisse des Kreditnehmers „nachteilig" verändert haben oder sich zu verändern drohen (Nr. 13 (2) der Allgemeinen Geschäftsbedingungen der Privatbanken – AGB Banken – bzw. Nr. 22 (1) AGB Sparkassen).

---

3 Hierzu ausführlich MünchKomm/*Berger*, Vor § 488 BGB Rz. 9.
4 Allg. Meinung: sehr eingehend *Wagner*, JZ 1985, 718 m.z.N.
5 LG Itzehoe v. 25.2.1987 – 7 T 105/86, NJW-RR 1987, 819.

2.2.3 Die Pfändung bei eingeräumtem **Dispositionskredit** oder **„in die offene Kreditlinie"** oder **bei vereinbartem Überziehungskredit** kann nur dann den Darlehensgeber zur Auszahlung an den Vollstreckungsgläubiger verpflichten, wenn der Vollstreckungsschuldner den Kredit bereits abgerufen hat oder nach Wirksamwerden der Pfändung abruft; der Abruf ist aber nicht erzwingbar.[6]

Im Fall **lediglich geduldeter Überziehung**[7] besteht ein Anspruch des Bankkunden auf Überweisung oder Auszahlung des entsprechenden Betrags oder überhaupt auf Einräumung eines Kredits nicht. In diesem Fall geht die Pfändung ins Leere.

Muster 55 Dauerwohnrecht/Dauernutzungsrecht I

Hinweis: Zu benutzen ist das amtliche Formular Anlage 2 (zu § 2 Nr. 2) der Verordnung über Formulare für die Zwangsvollstreckung (Zwangsvollstreckungsformular-Verordnung – ZVFV) vom 23.8.2012 (BGBl. I 2012, S. 1822) in der geänderten Fassung aufgrund der Verordnung zur Änderung der Zwangsvollstreckungsformular-Verordnung vom 16.6.2014 (BGBl. I 2014, S. 754).

Hierbei ist das Feld „Anspruch G" oder eine gesonderte Anlage zu nutzen. Es wird folgender Text empfohlen:

Wegen ... und zusätzlich wegen der Kosten der Eintragung ins Grundbuch wird das angebliche Dauerwohnrecht[1] des Schuldners an der Wohnung[2] ... (identifizierbar bezeichnen)[3] ...,

die dem ... (Namen und Adresse des Eigentümers) ... (Drittschuldner)

gehört und eingetragen ist im Grundbuch des Amtsgerichts ... Blatt ... in Abt. II lfd.Nr. ..., gepfändet.

Dem Drittschuldner wird verboten, an den Schuldner zu leisten.

Dem Schuldner wird geboten, sich jeder Verfügung über das Dauerwohnrecht[1] zu enthalten.

Das gepfändete Recht wird dem Gläubiger zur Einziehung überwiesen.

---

6 In diesem Sinne eindeutig BGH v. 29.3.2001 – IX ZR 34/00, Rpfleger 2001, 357 = NJW 2001, 1937, der den Dispositionskredit mit der „offenen Kreditlinie" gleichsetzt; hierzu auch *Hintzen*, InVo 2001, 270; bereits vorher BGHZ 93, 325; OLG Schleswig NJW 1992, 579; *Wagner*, JZ 1985, 718; abweichend *Nassall*, NJW 1986, 168, der (jedenfalls für Geschäftskonten) annimmt, dass der durch Abruf konkretisierte Anspruch auf Auszahlung zweckgebunden und daher unpfändbar sei, und *Grunsky*, JZ 1985, 490; vgl. auch *Baßlsperger*, Rpfleger 1985, 177; *Koch*, JurBüro 1987, 1761; *Peckert*, ZZP 1986, 1232; LG Hamburg NJW 1986, 998; *Stein/Jonas*, § 851 ZPO Rz. 3; anders *Bitter*, WM 2001, 889, der die Entscheidung des BGH kritisiert und ablehnt.

7 Zur Abgrenzung zum vertraglichen Überziehungskredit, dem Dispositionskredit und der offenen Kreditlinie vgl. BGH v. 29.3.2001 – IX ZR 34/00, Rpfleger 2001, 357 = NJW 2001, 1937; OLG Frankfurt v. 3.3.1994 – 1 U 221/91, NJW-RR 1994, 878.

Muster 56 Dauerwohnrecht/Dauernutzungsrecht II

Es wird angeordnet, dass das Dauerwohnrecht[1] im Wege der Versteigerung durch den vom Gläubiger zu beauftragenden Gerichtsvollzieher[4] zu verwerten ist.

---

1 Bzw. Dauernutzungsrecht.
2 Bei Dauernutzungsrecht statt „Wohnung": „an der nicht zu Wohnzwecken bestimmten Einheit".
3 Falls das Dauerwohn- bzw. -nutzungsrecht sich auf Teile des Gebäudes außerhalb der Wohnung bzw. Einheit erstreckt, ist das hier anzugeben.
4 Ggf. eine andere Möglichkeit des § 844 ZPO wählen.

Erläuterungen bei *Muster 58.*

Muster 56 Dauerwohnrecht/Dauernutzungsrecht II

Zugleich wird der Mietanspruch gepfändet

Hinweis: Zu benutzen ist das amtliche Formular Anlage 2 (zu § 2 Nr. 2) der Verordnung über Formulare für die Zwangsvollstreckung (Zwangsvollstreckungsformular-Verordnung – ZVFV) vom 23.8.2012 (BGBl. I 2012, S. 1822) in der geänderten Fassung aufgrund der Verordnung zur Änderung der Zwangsvollstreckungsformular-Verordnung vom 16.6.2014 (BGBl. I 2014, S. 754).

Hierbei ist das Feld „Anspruch G" oder eine gesonderte Anlage zu nutzen. Es wird folgender Text empfohlen:

Wegen ... und zusätzlich wegen der Kosten der Eintragung ins Grundbuch werden das angebliche Dauerwohnrecht[1] des Schuldners an der Wohnung[2] ... (identifizierbar bezeichnen)[3] ...,

die dem   ... (Namen und Adresse des Eigentümers) ...   (Drittschuldner)

gehört und eingetragen ist im Grundbuch des Amtsgerichts ... Blatt ... in Abt. II lfd.Nr. ...,

und die angebliche Forderung des Schuldners

gegen ...   ... (Name und Adresse des Mieters) ...   (Drittschuldner)

auf fortlaufende Zahlung der Mieten für diese Wohnung[1] gepfändet.

Den Drittschuldnern wird verboten, an den Schuldner zu leisten.

Dem Schuldner wird geboten, sich jeder Verfügung über das Dauerwohnrecht[1] und die Mietforderung, insbesondere der Einziehung, zu enthalten.

Die Forderung auf fortlaufende Zahlung der Miete und das Dauerwohnrecht[1] werden dem Gläubiger zur Einziehung überwiesen.

Bezüglich des Dauerwohnrechts[1] wird angeordnet, dass es im Wege der Versteigerung durch den vom Gläubiger zu beauftragenden Gerichtsvollzieher[4] zu verwerten ist.

---

1 Bzw. Dauernutzungsrecht.

2 Bei Dauernutzungsrecht statt „Wohnung": „an der nicht zu Wohnzwecken bestimmten Einheit".
3 Falls das Dauerwohn- bzw. -nutzungsrecht sich auf Teile des Gebäudes außerhalb der Wohnung bzw. Einheit erstreckt, ist das hier anzugeben.
4 Ggf. eine andere Möglichkeit des § 844 ZPO wählen.

Erläuterungen bei *Muster 58*.

Muster 57 Dauerwohnrecht/Dauernutzungsrecht III

Die Wohnung bzw. Einheit ist noch nicht errichtet

Hinweis: Zu benutzen ist das amtliche Formular Anlage 2 (zu § 2 Nr. 2) der Verordnung über Formulare für die Zwangsvollstreckung (Zwangsvollstreckungsformular-Verordnung – ZVFV) vom 23.8.2012 (BGBl. I 2012, S. 1822) in der geänderten Fassung aufgrund der Verordnung zur Änderung der Zwangsvollstreckungsformular-Verordnung vom 16.6.2014 (BGBl. I 2014, S. 754).

Hierbei ist das Feld „Anspruch G" oder eine gesonderte Anlage zu nutzen. Es wird folgender Text empfohlen:

Wegen ... und zusätzlich wegen der Kosten der Eintragung ins Grundbuch werden das angebliche Dauerwohnrecht[1] des Schuldners an der ... (identifizierbar bezeichnen) ... zu errichtenden Wohnung[2, 3]

die dem ... (Name und Adresse des Käufers der Wohnung) ... (Drittschuldner)

gehören wird und eingetragen ist im Grundbuch des Amtsgerichts ... Blatt ... in Abt. II lfd.Nr. ...,

und der angebliche Besitzverschaffungsanspruch des Schuldners gegen den Drittschuldner gepfändet.

Dem Drittschuldner wird verboten, an den Schuldner zu leisten.

Dem Schuldner wird geboten, sich jeder Verfügung über das Dauerwohnrecht[1] und den Besitzverschaffungsanspruch, insbesondere der Einziehung, zu enthalten.

Es wird angeordnet, dass das Dauerwohnrecht[1] samt dem Besitzverschaffungsanspruch im Wege der Versteigerung durch einen vom Gläubiger zu beauftragenden Gerichtsvollzieher[4] verwertet wird.

Der gepfändete Besitzverschaffungsanspruch wird dem Gläubiger zur Einziehung überwiesen.

---

1 Bzw. Dauernutzungsrecht.
2 Bei Dauernutzungsrecht statt „Wohnung": „an der nicht zu Wohnzwecken bestimmten Einheit".
3 Falls das Dauerwohn- bzw. -nutzungsrecht sich auf Teile des Gebäudes außerhalb der Wohnung bzw. Einheit erstreckt, ist das hier anzugeben.
4 Ggf. eine andere Möglichkeit des § 844 ZPO wählen.

Muster 58 Dauerwohnrecht/Dauernutzungsrecht IV

Erläuterungen bei *Muster 58*.

Muster 58 Dauerwohnrecht/Dauernutzungsrecht IV

Antrag auf Eintragung der Pfändung nach Muster 55–57 im Grundbuch

An das Amtsgericht – Grundbuchamt – ...

Betr.: Az.: ... Grundbuch von ... Blatt ...

In der Zwangsvollstreckungssache

...   (Gläubiger)

gegen

...   (Schuldner)

überreiche ich

Pfändungs- und Überweisungsbeschluss des Amtsgerichts ... vom ... Az.: ... nebst Zustellungsnachweis

und

beantrage

als der im Pfändungsbeschluss legitimierte Vertreter des Vollstreckungsgläubigers

a) die Eintragung der Pfändung des Dauerwohnrechts[1] und

b) soweit notwendig, die Voreintragung des Schuldners (§§ 39, 14 GBO) im Grundbuch.

(Unterschrift)

---

1 Bzw. Dauernutzungsrechts.

---

1. Dauerwohnrecht

1 Das Dauerwohnrecht (§ 31 WEG) ist die dingliche Belastung eines Grundstücks in der Weise, dass der Berechtigte unter Ausschluss des Eigentümers eine bestimmte, auf diesem Grundstück errichtete oder erst noch zu errichtende Wohnung nutzen darf, indem er sie selbst bewohnt, vermietet oder verleiht. Das Dauerwohnrecht unterscheidet sich vom Wohnungsrecht des § 1093 BGB vor allem dadurch, dass es unter Lebenden übertragen und vererbt werden kann.

2 Das **Dauernutzungsrecht** bezieht sich nicht auf eine Wohnung, sondern auf nicht zu Wohnzwecken bestimmte Räume, gleicht aber sonst dem Dauerwohnrecht völlig (§ 31 Abs. 3 WEG).

3 Diese Rechte entstehen wie andere dingliche Rechte am Grundstück nach § 873 Abs. 1 BGB erst mit der Eintragung im Grundbuch, die schon vor Erstellung der Wohnung möglich ist. Ihre Übertragung kann nur wirksam

geschehen, wenn sie im Grundbuch eingetragen wird. Das im Grundbuch eingetragene Recht aber kann schon bestehen, ehe mit der Bebauung des Grundstücks begonnen ist, wie schon der Wortlaut von § 31 Abs. 1 Satz 1 WEG („... oder zu errichtenden ...") ergibt. Im Folgenden wird das Recht nur als Dauerwohnrecht bezeichnet.

2. Pfändung und Verwertung

Das Dauerwohnrecht wird nach § 857 ZPO gepfändet. Nach herrschender Meinung bedarf es der **Eintragung der Pfändung im Grundbuch**.[1] Wir empfehlen dem Vollstreckungsgläubiger, sich an diese Meinung zu halten und die Eintragung nach *Muster 58* zu beantragen, auch wenn die abweichende Meinung etwas für sich haben mag.

Die Befugnis des Gläubigers, die Eintragung der Pfändung und ggf. die **Voreintragung des Schuldners** (§ 39 GBO) zu beantragen, ergibt sich aus §§ 13, 14 GBO. Nach herrschender Meinung ist die Zustellung des Pfändungsbeschlusses an den Drittschuldner keine Voraussetzung für das Wirksamwerden der Pfändung, sondern verlegt nur das Wirksamwerden gegenüber dem Drittschuldner auf den Zustellungszeitpunkt vor, wenn die Zustellung vor der Eintragung erfolgt (§ 830 Abs. 2 ZPO).

2.1 Drittschuldner sind alle Eigentümer des belasteten Grundstücks und, wenn die Mietforderung mitgepfändet wird (*Muster 56*), zusätzlich alle Mieter.

2.2 Wenn bei Pfändung die Wohnung noch nicht errichtet ist, so ist das im Antrag und im Beschluss anzugeben. In diesen Fällen besteht auch noch der **Besitzverschaffungsanspruch** des Schuldners gegen den Drittschuldner (Eigentümer). Der Klarheit wegen soll er mitgepfändet werden (hierzu *Muster 57*).

2.3 Das gepfändete und dem Gläubiger überwiesene Dauerwohnrecht wird **nach §§ 857, 844 ZPO verwertet.** Welche Art der Verwertung durchgeführt werden soll, ist in dem Pfändungsbeschluss anzuordnen. Der Vollstreckungsgläubiger wird die von ihm gewünschte Art in seinem Antrag bezeichnen. Weder beim freihändigen Verkauf noch bei der Versteigerung bedarf es notarieller Beurkundung, weil § 311b BGB nicht anwendbar ist; es muss nur den formellen Erfordernissen des § 29 GBO Genüge getan werden. Die Versteigerung folgt nicht dem ZVG, sondern §§ 844, 817 ZPO. Der Zuschlag durch den Gerichtsvollzieher bewirkt den Rechtsübergang.[2]

Der Erwerber des Dauerwohnrechts tritt anstelle des Schuldners in die aus dem Dauerwohnrecht folgenden Rechte und Pflichten ein (§ 38 WEG)

---

1 Z.B. Palandt/*Bassenge*, BGB, § 33 WEG Rz. 1; *Stein/Jonas*, § 857 ZPO Rz. 100; *Prütting/Ahrens*, § 857 ZPO Rz. 39; *Stöber*, Rz. 1525; *Weitnauer* DNotZ 1951, 497. A.A.: BGHZ 62, 133 = JurBüro 1974, 717 (zum insoweit rechtsähnlichen Nießbrauch).
2 BGHZ 55, 25.

und kann einem Mieter entsprechend § 57a ZVG kündigen (§ 37 Abs. 3 Satz 2 WEG).

Muster 59   Dienstbarkeit I

Hinweis: Zu benutzen ist das amtliche Formular Anlage 2 (zu § 2 Nr. 2) der Verordnung über Formulare für die Zwangsvollstreckung (Zwangsvollstreckungsformular-Verordnung – ZVFV) vom 23.8.2012 (BGBl. I 2012, S. 1822) in der geänderten Fassung aufgrund der Verordnung zur Änderung der Zwangsvollstreckungsformular-Verordnung vom 16.6.2014 (BGBl. I 2014, S. 754).

Hierbei ist das Feld „Anspruch G" oder eine gesonderte Anlage zu nutzen. Es wird folgender Text empfohlen:

Wegen . . . und zusätzlich wegen der Kosten der Eintragung ins Grundbuch

wird die angeblich zugunsten des Schuldners auf dem Grundstück . . . des . . . (Name und Adresse des Grundstückseigentümers) . . .   (Drittschuldner)

im Grundbuch des Amtsgerichts . . . Blatt . . . in Abt. II lfd.Nr. . . . eingetragene beschränkte persönliche Dienstbarkeit . . . (näher bezeichnen, z.B. das Recht, dort eine Tankstelle zu betreiben, oder: das Wohnungsrecht an der Wohnung Nr. 26 im 2. Stock links) . . .

gepfändet,

deren Ausübung – wie im Grundbuch eingetragen ist[1] – einem Dritten übertragen werden kann.

Dem Drittschuldner wird verboten, an den Schuldner zu leisten, insbesondere mit ihm Vereinbarungen zu treffen, die dem Recht des Gläubigers nachteilig sind, wie Aufhebungs- oder Verzichtsvertrag.

Dem Schuldner wird geboten, sich jeder Verfügung über die Dienstbarkeit, insbesondere der Aufhebung und des Verzichts sowie der Ausübung und deren Überlassung an Dritte zu enthalten.

- *Zugleich wird die Befugnis zur Ausübung der gepfändeten Dienstbarkeit und zur Überlassung der Ausübung an Dritte dem Gläubiger zur Einziehung überwiesen.[1]*
- *Zugleich wird die Ausübung der Dienstbarkeit dem . . . als Verwalter übertragen, der sie entgeltlich an Interessenten zu vergeben hat, bis aus den Entgelten die Ansprüche des Gläubigers befriedigt sein werden. Der Verwalter ist vom Amtsgericht . . . (in dessen Bezirk das Grundstück liegt) . . . zu bestellen.[2]*

---

1 S. unbedingt Rz. 12 der Erläuterungen bei *Muster 60*.
2 S. unbedingt Rz. 8 der Erläuterungen bei *Muster 60*.

Erläuterungen bei *Muster 60*.

Muster 60 Dienstbarkeit II

Antrag auf Eintragung der Pfändung nach Muster 59 im Grundbuch

An das Amtsgericht ... – Grundbuchamt –

Betr.: Az.: ... Grundbuch von ... Blatt ...

In der Zwangsvollstreckungssache

... (Gläubiger)

gegen

... (Schuldner)

überreiche ich eine Ausfertigung des Pfändungs- und Überweisungsbeschlusses des Amtsgerichts ... vom ... Az.: ... nebst Zustellungsnachweis.

und beglaubigte Kopie der Urkunde ..., aus welcher sich ergibt, dass die Überlassung der Ausübung der Dienstbarkeit gestattet ist. Ich

beantrage

als der im Pfändungsbeschluss legitimierte Vertreter des Vollstreckungsgläubigers, die Pfändung der Dienstbarkeit in das Grundbuch einzutragen.

(Unterschrift)

1. Dienstbarkeiten

Dienstbarkeiten sind beschränkte dingliche Rechte an einem Grundstück. Sie können nur auf ein Dulden der Benutzung des Grundstücks zu bestimmtem Zweck oder auf ein Unterlassen tatsächlicher Handlungen oder auf Ausschluss der Ausübung bestimmter Eigentümerrechte gerichtet sein, nicht auf ein aktives Tun des Grundstückseigentümers oder auf eine Leistung aus dem Grundstück.

Es gibt drei Arten von Dienstbarkeiten:

1.1 Nießbrauch: Diese weitestgehende Art der Dienstbarkeit wird in den *Mustern 128* und *129* besonders behandelt.

1.2 Grunddienstbarkeit: Ein Grundstück kann zugunsten des jeweiligen Eigentümers eines anderen Grundstücks mit einer Dienstbarkeit des Inhalts belastet werden, dass der Berechtigte das Grundstück in einzelnen Beziehungen benutzen darf, oder dass auf dem Grundstück gewisse Handlungen nicht vorgenommen werden dürfen, oder dass die Ausübung eines Rechts ausgeschlossen ist, das sich aus dem Eigentum an dem belasteten Grundstück dem anderen Grundstück gegenüber ergibt (§§ 1018, 1019 BGB). Folglich ist die Grunddienstbarkeit wesentlicher Bestandteil des Grundstücks des Berechtigten, des „herrschenden Grundstücks" (§§ 96, 93 BGB), mit diesem also rechtlich unlösbar verbunden und nur mit diesem übertragbar und belastbar: Mit dem Eigentum am herrschenden

Grundstück geht die Grunddienstbarkeit ohne Weiteres auf den Grundstückserwerber über, andererseits ergreift eine Belastung des herrschenden Grundstücks ohne Weiteres die Grunddienstbarkeit.

4 **1.3 Beschränkte persönliche Dienstbarkeit:** Sie hat den gleichen möglichen Inhalt wie die Grunddienstbarkeit, wird aber nicht zugunsten des jeweiligen Eigentümers eines anderen Grundstücks, sondern zugunsten einer bestimmten Person bestellt (§ 1090 BGB) und kann auch in einem Wohnungsrecht (verschieden vom Dauerwohnrecht nach *Muster 55–58!*) bestehen (§ 1093 BGB). Weil sie nicht dem jeweiligen Eigentümer eines Grundstückes zusteht, ist sie auch nicht Bestandteil eines herrschenden Grundstücks, sondern ein selbständiges Recht.

5 Eine beschränkte persönliche Dienstbarkeit ist **nicht übertragbar. Ihre Ausübung kann einem anderen nur überlassen werden, wenn die Überlassung gestattet ist** (§ 1092 BGB). Die Gestattung geschieht durch Rechtsgeschäft zwischen dem Berechtigten und dem Grundstückseigentümer, nicht etwa schon durch einseitige Erklärung des letzteren.[1] Die Gestattung bedarf jedenfalls dann der Eintragung im Grundbuch, wenn sie für Einzelrechtsnachfolger des Berechtigten wirksam sein soll.[2] Es genügt die Eintragung im Grundbuch „unter Bezugnahme auf die Bewilligung".[3] Auch eine nicht aus dem Grundbuch ersichtliche Ausübungsgestattung führt zur Pfändbarkeit einer beschränkten persönlichen Dienstbarkeit; die Eintragung ist nur bedeutsam für die Frage, ob sich ein Grundstückserwerber die Befugnis zur Übertragung der Ausübung entgegen halten lassen muss.[4]

2. Pfändung und Verwertung

6 **2.1** Zur Pfändung des **Nießbrauchs**, dessen Ausübung grundsätzlich übertragbar ist, vgl. *Muster 128* und *129*.

7 **2.2** Die **Grunddienstbarkeit** als wesentlicher Bestandteil des herrschenden Grundstücks kann nicht Gegenstand besonderer Rechte sein, sondern nur zusammen mit dem herrschenden Grundstück übertragen und belastet werden. Sie kann also nicht gepfändet werden (§ 851 ZPO), und die Beschlagnahme des herrschenden Grundstücks ergreift ohne Weiteres auch die Grunddienstbarkeit.

8 **2.3** Die **beschränkte persönliche Dienstbarkeit** ist als nicht übertragbar im Grundsatz auch nicht pfändbar (§ 851 ZPO); ist jedoch ihre Ausübung wirksam (oben Rz. 4) einem anderen überlassen, so ist die Dienstbarkeit

---

1 BGH NJW 1963, 2319.
2 BGH NJW 1962, 1392; RGZ 159, 204.
3 KG NJW 1968, 1882.
4 BGH v. 29.9.2006 – V ZR 25/06, Rpfleger 2007, 34; v. 28.3.2007 – VII ZB 43/06, MDR 2007, 907 = JurBüro 2007, 380.

pfändbar (§ 857 Abs. 3 ZPO).[5] Gegenstand der Pfändung ist die Dienstbarkeit selbst, nicht die Befugnis zu ihrer Ausübung, wie der BGH für den analogen Fall des Nießbrauchs mit überzeugender Begründung entschieden hat.[6]

Streitig ist, ob Voraussetzung der Pfändbarkeit ist, dass die **Gestattung der Überlassung im Grundbuch eingetragen** ist: Der BGH bemerkt nebenbei, dass die Eintragung nicht nötig sei;[7] das KG ist der Ansicht, die Pfändung setze die Eintragung der Überlassungsbefugnis voraus, wobei die Eintragung unter Bezugnahme auf die Bewilligung genügt.[8] Der Gläubiger wird, wenn es an dieser Eintragung mangelt, versuchen, ob er die Pfändung unter Hinweis auf die BGH-Entscheidung dennoch erreicht; er muss aber dann aus *Muster 59* den Hinweis auf die Grundbucheintragung streichen. 9

2.3.1 Die Wirksamkeit der Pfändung soll nicht davon abhängen, dass die **Pfändung im Grundbuch eingetragen** wird.[9] *Eintragungsantrag zu stellen empfiehlt sich* aber schon deshalb, damit die Dienstbarkeit nicht aufgrund Verzichts des Berechtigten oder Aufhebungsvertrags im Grundbuch gelöscht werden kann; der Eintragungsantrag kann nach *Muster 60* formuliert werden (vgl. Rz. 4 der Erläuterungen zu *Muster 129* und die dortigen Fußnoten 1 und 2). 10

2.3.2 Drittschuldner ist der Eigentümer des mit der Dienstbarkeit belasteten Grundstücks. 11

2.3.3 Die Dienstbarkeit kann dem Vollstreckungsgläubiger nicht überwiesen werden, weil sie nicht übertragbar ist. Dem Vollstreckungsgläubiger ist daher die **Ausübungsbefugnis zu überweisen**, die er dann einem Dritten entgeltlich überlassen kann, bis die Vollstreckungsforderung getilgt sein wird. Zum Nießbrauch hat der BGH hierzu vergleichbar ausgeführt: Der Nießbrauch ist, wie sich aus § 857 Abs. 3 ZPO i.V.m. § 1059 BGB ergibt, der Pfändung insoweit unterworfen, als die Ausübung einem anderen überlassen werden kann. Wegen seiner Unveräußerlichkeit, die auch in der Zwangsvollstreckung Bestand hat, darf der Pfändungspfandgläubiger den Nießbrauch nicht zu seiner Befriedigung verwerten, sondern ihn nur zu diesem Zwecke ausüben. Dies schließt eine Überweisung des Stammrechts selbst zur Einziehung oder an Zahlung statt nach § 857 Abs. 1, § 835 Abs. 1 ZPO ebenso aus wie eine anderweitige Verwertung durch Versteigerung oder freien Verkauf.[10] 12

Das Vollstreckungsgericht kann auch eine **andere Art der Verwertung** anordnen und näher regeln, insbesondere eine Verwaltung der Ausübungs- 13

---

5 Wegen des Wohnungsrechts nach § 1093 BGB vgl. auch LG Detmold v. 8.1.1988 – 2 T 492/87, Rpfleger 1988, 372 und zur Pfändbarkeit *Rossak*, MittBayNot 2000, 383.
6 BGH v. 12.1.2006 – IX ZR 131/04, Rpfleger 2006, 331; BGH NJW 1974, 796 = Rpfleger 1974, 186.
7 BGH NJW 1962, 1392.
8 KG NJW 1968, 1882 m.w.N.
9 Vgl. hierzu BGH v. 9.12.2010 – VII ZB 67/09, NJW 2011, 1009 = Rpfleger 2011, 281.
10 BGH v. 12.1.2006 – IX ZR 131/04, Rpfleger 2006, 331 = NJW 2006, 1124.

befugnis. Den Verwalter hat dasjenige Gericht zu bestellen, zu dessen Bezirk das belastete Grundstück gehört. Der Vollstreckungsgläubiger wird im Pfändungsantrag die Person vorschlagen, die zum Verwalter bestellt werden soll.

Muster 59 zeigt zwei Alternativen, unter denen der Vollstreckungsgläubiger wählen muss.

14 2.4 Wird das **belastete Grundstück zwangsversteigert** und erlischt nach den Versteigerungsbedingungen mit Wirksamwerden des Zuschlags die Dienstbarkeit, so tritt an ihre Stelle der Anspruch des Berechtigten auf Ersatz ihres Wertes aus dem Versteigerungserlös (§§ 92, 121 ZVG). War die Dienstbarkeit bei Wirksamwerden des Zuschlags schon gepfändet, erstreckt sich das Pfändungspfandrecht an der Dienstbarkeit auf dieses Surrogat; von der Überweisung aber wird das Surrogat nicht ergriffen, weil nur die Ausübungsbefugnis überwiesen wurde. Daher empfiehlt es sich, den Anspruch auf Wertersatz zu pfänden und sich überweisen zu lassen (vgl. *Muster 197*).

15 2.5 Die Pfändung einer Dienstbarkeit bringt häufig nichts (vgl. Rz. 10 bei *Muster 15*), sodass man sich zu ihr nur entschließen sollte, wenn ausreichendes, sonstiges pfändbares Vermögen des Vollstreckungsschuldners nicht bekannt ist.

Muster 61 Eigentümer-Briefgrundschuld I

Der Vollstreckungsschuldner ist als Inhaber der Grundschuld im Grundbuch eingetragen und besitzt den Brief

Hinweis: Zu benutzen ist das amtliche Formular Anlage 2 (zu § 2 Nr. 2) der Verordnung über Formulare für die Zwangsvollstreckung (Zwangsvollstreckungsformular-Verordnung – ZVFV) vom 23.8.2012 (BGBl. I 2012, S. 1822) in der geänderten Fassung aufgrund der Verordnung zur Änderung der Zwangsvollstreckungsformular-Verordnung vom 16.6.2014 (BGBl. I 2014, S. 754).

Hierbei ist das Feld „Anspruch G" oder eine gesonderte Anlage zu nutzen. Es wird folgender Text empfohlen:

Wegen ... sowie zusätzlich wegen der Kosten der Briefwegnahme und der Eintragung im Grundbuch

wird die angeblich für den Schuldner im Grundbuch des Amtsgerichts ... Blatt ... in Abt. III unter lfd.Nr. ... auf seinem Grundstück Fl.Nr. ... eingetragene Eigentümergrundschuld mit Brief samt Zinsen seit dem ... und sonstigen Nebenleistungen gepfändet.

Es wird angeordnet, dass der Schuldner den über die gepfändete Eigentümergrundschuld gebildeten Grundschuldbrief an den Gläubiger herauszugeben hat.

Dem Schuldner wird geboten, sich jeder Verfügung über die gepfändete Eigentümergrundschuld, insbesondere der Einziehung und Übertragung zu enthalten.

Zugleich wird die gepfändete Eigentümergrundschuld dem Gläubiger zur Einziehung überwiesen.

Die Anordnung, dass der Schuldner den Grundschuldbrief herauszugeben hat, wird mit Zustellung dieses Beschlusses an ihn wirksam. Die Pfändung und die Überweisung werden wirksam, sobald der Gläubiger Besitz am Brief erlangt oder der Gerichtsvollzieher den Brief dem Schuldner im Auftrag des Gläubigers wegnimmt.

Vorbemerkung

Grundsätzliches zur Pfändung von Grundpfandrechten ist in den Erläuterungen bei *Muster 46* dargestellt; jene Darstellung wird hier als bekannt vorausgesetzt. Die *Muster 61–69* zeigen die Pfändung der Eigentümergrundschuld **mit Brief**, die *Muster 70–73* die Pfändung der Eigentümergrundschuld **ohne Brief**, die *Muster 74* und *75* die Pfändung der **Eigentümerhypothek**.

Die zahlreichen Muster entsprechen zahlreichen möglichen Fallgestaltungen. Wegen der aus der **Höchstbetragshypothek** entstehenden Eigentümergrundschuld s. *Muster 102*.

Erläuterungen bei *Muster 75*.

Muster 62 Eigentümer-Briefgrundschuld II

Der Vollstreckungsschuldner ist als Inhaber der Grundschuld im Grundbuch eingetragen, besitzt aber den Brief nicht

Hinweis: Zu benutzen ist das amtliche Formular Anlage 2 (zu § 2 Nr. 2) der Verordnung über Formulare für die Zwangsvollstreckung (Zwangsvollstreckungsformular-Verordnung – ZVFV) vom 23.8.2012 (BGBl. I 2012, S. 1822) in der geänderten Fassung aufgrund der Verordnung zur Änderung der Zwangsvollstreckungsformular-Verordnung vom 16.6.2014 (BGBl. I 2014, S. 754).

Hierbei ist das Feld „Anspruch G" oder eine gesonderte Anlage zu nutzen. Es wird folgender Text empfohlen:

Wegen ... sowie zusätzlich wegen der Kosten der Briefwegnahme und der Eintragung im Grundbuch werden die angeblich für den Schuldner im Grundbuch des Amtsgerichts ... Blatt ... in Abt. III unter lfd.Nr. ... auf seinem Grundstück Fl.Nr. ... eingetragene Eigentümergrundschuld mit Brief samt Zinsen seit dem ... und sonstigen Nebenleistungen

und der angebliche Anspruch des Schuldners gegen

... (Name und Adresse des Dritten, der den Grundschuldbrief besitzt) ...

(Drittschuldner)

Muster 63 — Eigentümer-Briefgrundschuld III

auf Herausgabe des über die gepfändete Eigentümergrundschuld gebildeten Grundschuldbriefs gepfändet.

Dem Drittschuldner wird verboten, an den Schuldner zu leisten, insbesondere den Grundschuldbrief, an den Schuldner herauszugeben.

Dem Schuldner wird geboten, sich jeder Verfügung über die gepfändete Eigentümergrundschuld und den gepfändeten Herausgabeanspruch, insbesondere der Einziehung und Übertragung, zu enthalten.

Zugleich werden dem Gläubiger die gepfändete Eigentümergrundschuld und der gepfändete Herausgabeanspruch zur Einziehung überwiesen.

Pfändung und Überweisung des Anspruchs auf Herausgabe des Grundschuldbriefs werden mit Zustellung dieses Beschlusses an den Drittschuldner wirksam. Pfändung und Überweisung der Eigentümergrundschuld werden mit Eintragung der Pfändung im Grundbuch wirksam.

Erläuterungen bei *Muster 75*. (Wegen des Antrags auf Eintragung im Grundbuch vgl. *Muster 64*.)

Muster 63 Eigentümer-Briefgrundschuld III

Der Vollstreckungsschuldner ist als Inhaber der Grundschuld im Grundbuch eingetragen; ob er den Brief besitzt, ist nicht bekannt

Hinweis: Zu benutzen ist das amtliche Formular Anlage 2 (zu § 2 Nr. 2) der Verordnung über Formulare für die Zwangsvollstreckung (Zwangsvollstreckungsformular-Verordnung – ZVFV) vom 23.8.2012 (BGBl. I 2012, S. 1822) in der geänderten Fassung aufgrund der Verordnung zur Änderung der Zwangsvollstreckungsformular-Verordnung vom 16.6.2014 (BGBl. I 2014, S. 754).

Hierbei ist das Feld „Anspruch G" oder eine gesonderte Anlage zu nutzen. Es wird folgender Text empfohlen:

Wegen ... sowie zusätzlich wegen der Kosten der Briefwegnahme und der Eintragung im Grundbuch werden die angeblich für den Schuldner im Grundbuch des Amtsgerichts ... Blatt ... in Abt. III unter lfd.Nr. ... auf seinem Grundstück Fl.Nr. ... eingetragene Eigentümergrundschuld mit Brief nebst Zinsen seit dem ... und sonstigen Nebenleistungen und der angebliche Anspruch des Schuldners gegen ... (Name und Adresse des Dritten, der den Grundschuldbrief besitzen könnte) ... (Drittschuldner)

auf Herausgabe des über die vorbezeichnete Eigentümergrundschuld gebildeten Grundschuldbrief gepfändet.

Für den Fall, dass der Schuldner in den Besitz des Briefes gelangt ist oder gelangen wird, wird angeordnet, dass er den Brief an den Gläubiger herauszugeben hat.

Dem Drittschuldner wird verboten, an den Schuldner zu leisten, insbesondere den Grundschuldbrief herauszugeben.

Dem Schuldner wird geboten, sich jeder Verfügung über die gepfändete Eigentümergrundschuld und den gepfändeten Herausgabeanspruch, insbesondere der Einziehung und Übertragung, zu enthalten.

Zugleich werden die gepfändete Eigentümergrundschuld und der gepfändete Herausgabeanspruch dem Gläubiger zur Einziehung überwiesen.

Die Anordnung, dass der Schuldner den Grundschuldbrief herauszugeben hat, sowie Pfändung und Überweisung des Anspruchs auf Herausgabe des Grundschuldbriefs werden mit Zustellung wirksam. Pfändung und Überweisung der Eigentümergrundschuld werden wirksam, sobald der Gläubiger den Besitz am Brief erlangt oder der Gerichtsvollzieher dem Schuldner den Brief im Auftrag des Gläubigers wegnimmt.

Erläuterungen bei *Muster 75*. (Wegen des Antrags auf Eintragung im Grundbuch vgl. *Muster 64*.)

Muster 64   Eigentümer-Briefgrundschuld IV

Antrag auf Eintragung der Pfändung nach Muster 61–63 im Grundbuch

An das Amtsgericht – Grundbuchamt – ...

Betr.: Grundbuch von ... Blatt ...

In der Zwangsvollstreckungssache

...   *(Gläubiger)*

gegen

...   *(Schuldner)*

überreiche ich eine Ausfertigung des Pfändungs- und Überweisungsbeschlusses des Amtsgerichts ... vom ... Az.: ... nebst Zustellungsnachweis und den Grundschuldbrief Nr. ... und

beantrage

als der im Pfändungsbeschluss legitimierte Vertreter des Vollstreckungsgläubigers die Eintragung der Pfändung und, soweit notwendig, die Voreintragung des Vollstreckungsschuldners (§§ 39, 14 GBO) im Grundbuch.

(Unterschrift)

Erläuterungen bei *Muster 75*.

Muster 65 Eigentümer-Briefgrundschuld V

Der Vollstreckungsschuldner ist nicht als Inhaber der Grundschuld im Grundbuch eingetragen, besitzt aber den Brief

Hinweis: Zu benutzen ist das amtliche Formular Anlage 2 (zu § 2 Nr. 2) der Verordnung über Formulare für die Zwangsvollstreckung (Zwangsvollstreckungsformular-Verordnung – ZVFV) vom 23.8.2012 (BGBl. I 2012, S. 1822) in der geänderten Fassung aufgrund der Verordnung zur Änderung der Zwangsvollstreckungsformular-Verordnung vom 16.6.2014 (BGBl. I 2014, S. 754).

Hierbei ist das Feld „Anspruch G" oder eine gesonderte Anlage zu nutzen. Es wird folgender Text empfohlen:

Wegen ... sowie zusätzlich wegen der Kosten der Briefwegnahme und der Eintragung im Grundbuch werden die angebliche Eigentümergrundschuld bzw. Eigentümerhypothek des Schuldners, die aus der Briefhypothek entstanden ist, welche zugunsten des ... auf dem Grundstück des Schuldners Flurst. ... – lfd. Nr. ... im Bestandsverzeichnis – im Grundbuch des Amtsgerichts ... Blatt ... in Abt. III unter lfd.Nr. ... eingetragen ist, samt Zinsen seit dem ... und sonstigen Nebenleistungen

und der angebliche Grundbuchberichtigungsanspruch des Schuldners bezüglich der Umschreibung der genannten Hypothek in ein Eigentümergrundpfandrecht

gepfändet.

Es wird angeordnet, dass der Schuldner den über die oben bezeichnete Hypothek gebildeten Hypothekenbrief an den Gläubiger herauszugeben hat.

Dem Schuldner wird geboten, sich jeder Verfügung über die gepfändete Eigentümergrundschuld (Eigentümerhypothek) und den gepfändeten Berichtigungsanspruch, insbesondere der Einziehung und Übertragung, zu enthalten.

Zugleich werden die gepfändete Eigentümergrundschuld (Eigentümerhypothek) und der gepfändete Berichtigungsanspruch dem Gläubiger zur Einziehung überwiesen.

Die Anordnung, dass der Schuldner den Hypothekenbrief herauszugeben hat, sowie Pfändung und Überweisung des Grundbuchberichtigungsanspruchs werden mit Zustellung wirksam. Pfändung und Überweisung der Eigentümergrundschuld werden wirksam, sobald der Gläubiger den Besitz am Brief erlangt oder der Gerichtsvollzieher dem Schuldner den Brief im Auftrag des Gläubigers wegnimmt.

Erläuterungen bei *Muster 75.* (Wegen des Antrags auf Eintragung im Grundbuch vgl. *Muster 69.*)

Muster 66 Eigentümer-Briefgrundschuld VI

Der Vollstreckungsschuldner ist nicht als Inhaber der Grundschuld im Grundbuch eingetragen; er besitzt den Brief nicht

Hinweis: Zu benutzen ist das amtliche Formular Anlage 2 (zu § 2 Nr. 2) der Verordnung über Formulare für die Zwangsvollstreckung (Zwangsvollstreckungsformular-Verordnung – ZVFV) vom 23.8.2012 (BGBl. I 2012, S. 1822) in der geänderten Fassung aufgrund der Verordnung zur Änderung der Zwangsvollstreckungsformular-Verordnung vom 16.6.2014 (BGBl. I 2014, S. 754).

Hierbei ist das Feld „Anspruch G" oder eine gesonderte Anlage zu nutzen. Es wird folgender Text empfohlen:

Wegen ... und zusätzlich der Kosten der Eintragung im Grundbuch

werden gepfändet:

a) die angebliche Eigentümergrundschuld bzw. Eigentümerhypothek des Schuldners, die aus der Briefhypothek entstanden ist, welche zugunsten des ... auf dem Grundstück des Schuldners Flurst. ... – lfd. Nr. ... im Bestandsverzeichnis – im Grundbuch des Amtsgerichts ... Blatt ... in Abt. III unter lfd.Nr. ... eingetragen ist, samt Zinsen seit dem ... und sonstigen Nebenleistungen,

b) der angebliche Grundbuchberichtigungsanspruch des Schuldners auf Umschreibung der genannten Hypothek in ein Eigentümerpfandrecht,

c) der angebliche Anspruch des Schuldners gegen ... (Name und Adresse des Dritten, der den Hypothekenbrief besitzt) ...   (Drittschuldner)

auf Herausgabe des zugehörigen Hypothekenbriefs und auf Erteilung einer löschungsfähigen Quittung.

Dem Drittschuldner wird verboten, an den Schuldner zu leisten.

Dem Schuldner wird geboten, sich jeder Verfügung über das gepfändete Eigentümergrundpfandrecht und die gepfändeten Ansprüche, insbesondere der Übertragung und Einziehung, zu enthalten.

Zugleich werden das gepfändete Eigentümerpfandrecht und die gepfändeten Ansprüche dem Gläubiger zur Einziehung überwiesen.

Pfändung und Überweisung des Grundbuchberichtigungsanspruchs sowie des Anspruchs auf Herausgabe des Hypothekenbriefs und Erteilung der löschungsfähigen Quittung werden mit Zustellung wirksam. Pfändung und Überweisung der Eigentümergrundschuld werden wirksam, sobald der Gläubiger den Besitz am Brief erlangt oder der Gerichtsvollzieher dem Schuldner den Brief im Auftrag des Gläubigers wegnimmt.

Erläuterungen bei *Muster 75*. (Wegen des Antrags auf Eintragung im Grundbuch vgl. *Muster 69*.)

Muster 67 Eigentümer-Briefgrundschuld VII

Der Vollstreckungsschuldner ist nicht als Inhaber der Grundschuld im Grundbuch eingetragen; ob er den Brief besitzt, ist nicht bekannt

Hinweis: Zu benutzen ist das amtliche Formular Anlage 2 (zu § 2 Nr. 2) der Verordnung über Formulare für die Zwangsvollstreckung (Zwangsvollstreckungsformular-Verordnung – ZVFV) vom 23.8.2012 (BGBl. I 2012, S. 1822) in der geänderten Fassung aufgrund der Verordnung zur Änderung der Zwangsvollstreckungsformular-Verordnung vom 16.6.2014 (BGBl. I 2014, S. 754).

Hierbei ist das Feld „Anspruch G" oder eine gesonderte Anlage zu nutzen. Es wird folgender Text empfohlen:

Wegen ... sowie zusätzlich der Kosten der Briefwegnahme und der Eintragung im Grundbuch

werden gepfändet:

a) die angebliche Eigentümergrundschuld bzw. Eigentümerhypothek des Schuldners, die aus der Briefhypothek entstanden ist, welche zugunsten des ... auf dem Grundstück des Schuldners Flurst. ... – lfd. Nr. ... im Bestandsverzeichnis – im Grundbuch des Amtsgerichts ... Blatt ... in Abt. III unter lfd.Nr. ... eingetragen ist, samt Zinsen seit dem ... und sonstigen Nebenleistungen,

b) der angebliche Grundbuchberichtigungsanspruch des Schuldners bezüglich der Umschreibung der genannten Hypothek in eine Eigentümergrundschuld,

c) der angebliche Anspruch des Schuldners gegen ... (Name und Adresse des Dritten, der die Grundschuld besitzen kann) ... (Drittschuldner)

d) auf Herausgabe des über die oben bezeichnete Hypothek gebildeten Hypothekenbriefs und auf Erteilung einer löschungsfähigen Quittung.

Es wird angeordnet, dass der Schuldner den Brief und die löschungsfähige Quittung an den Gläubiger herauszugeben hat.

Dem Drittschuldner wird verboten, an den Schuldner zu leisten.

Dem Schuldner wird geboten, sich jeder Verfügung über die gepfändete Eigentümergrundschuld (Eigentümerhypothek) und die gepfändeten Ansprüche, insbesondere der Einziehung und Übertragung, zu enthalten.

Zugleich werden die gepfändete Eigentümergrundschuld (Eigentümerhypothek) und die gepfändeten Ansprüche dem Gläubiger zur Einziehung überwiesen.

Die Anordnung, dass der Schuldner den Hypothekenbrief herauszugeben hat sowie Pfändung und Überweisung des Grundbuchberichtigungsanspruchs und des Anspruchs auf Herausgabe des Hypothekenbriefs und Erteilung der löschungsfähigen Quittung werden mit Zustellung wirksam. Pfändung und Überweisung der Eigentümergrundschuld werden wirksam, sobald der Gläubiger den Besitz am Brief erlangt oder der Gerichtsvollzieher dem Schuldner den Brief im Auftrag des Gläubigers wegnimmt.

Erläuterungen bei *Muster 75*. (Wegen des Antrags auf Eintragung im Grundbuch vgl. *Muster 69*.)

Muster 68 Eigentümer-Briefgrundschuld VIII

Die Eigentümergrundschuld ist nur aus einem Teil der Fremdhypothek entstanden und im Grundbuch noch nicht umgeschrieben

Hinweis: Zu benutzen ist das amtliche Formular Anlage 2 (zu § 2 Nr. 2) der Verordnung über Formulare für die Zwangsvollstreckung (Zwangsvollstreckungsformular-Verordnung – ZVFV) vom 23.8.2012 (BGBl. I 2012, S. 1822) in der geänderten Fassung aufgrund der Verordnung zur Änderung der Zwangsvollstreckungsformular-Verordnung vom 16.6.2014 (BGBl. I 2014, S. 754).

Hierbei ist das Feld „Anspruch G" oder eine gesonderte Anlage zu nutzen. Es wird folgender Text empfohlen:

Wegen ... und zusätzlich der Kosten der Eintragung im Grundbuch und in Höhe dieser Beträge

wird die angebliche Eigentümergrundschuld bzw. Eigentümerhypothek des Schuldners – unter Einschluss der künftig Eigentümergrundschuld bzw. Eigentümerhypothek werdenden Hypothekenteile – nebst Zinsen seit dem ... und sonstigen Nebenleistungen gepfändet, die (ganz oder teilweise) aus jener Briefhypothek entstanden ist, welche zugunsten ... des auf dem Grundstück des Schuldners Flurst. – lfd. Nr. ... im Bestandsverzeichnis – im Grundbuch des Amtsgerichts ... Blatt ... in Abt. III unter lfd.Nr. ... eingetragen ist. Der gepfändete Teil des Grundpfandrechts hat Vorrang vor dem Rest.

Ferner werden gepfändet:

a) das angebliche Miteigentum des Schuldners an dem Hypothekenbrief,

b) die angeblichen Ansprüche des Schuldners gegen ... (Name und Adresse des im Grundbuch eingetragenen Berechtigten und Besitzers des Briefes) ... (Drittschuldner)

c) auf Aufhebung der Gemeinschaft an dem Hypothekenbrief und Vorlage des Briefs an das Grundbuchamt oder einen Notar zur Bildung eines Teilbriefes und auf Aushändigung des Teilbriefes, sowie

d) der angebliche Grundbuchberichtigungsanspruch des Schuldners bezüglich der Umschreibung der genannten Hypothek in ein Eigentümergrundpfandrecht.

Dem Drittschuldner wird verboten, an den Schuldner zu leisten.

Dem Schuldner wird geboten, sich jeder Verfügung über den gepfändeten Teil der Eigentümergrundschuld (Eigentümerhypothek) und über die gepfändeten Ansprüche, insbesondere der Einziehung und Übertragung, zu enthalten.

Zugleich werden die gepfändete Eigentümergrundschuld (Eigentümerhypothek) und die gepfändeten Ansprüche dem Gläubiger zur Einziehung überwiesen.

Muster 69 Eigentümer-Briefgrundschuld IX

Pfändung und Überweisung der Ansprüche nach obiger lit. b) und c) werden mit Zustellung wirksam. Pfändung und Überweisung der Eigentümergrundschuld und des Miteigentums am Hypothekenbrief werden wirksam mit Aushändigung des neu zu bildenden Teilgrundschuldbriefs.

Erläuterungen bei *Muster 75*. (Wegen des Antrags auf Eintragung im Grundbuch vgl. *Muster 69*.)

Muster 69 Eigentümer-Briefgrundschuld IX

Antrag auf Eintragung der Pfändung nach Muster 65–68, 71 und 72[1] und Umschreibung in eine Eigentümergrundschuld im Grundbuch

An das Amtsgericht – Grundbuchamt – ...

Betr.: Grundbuch von ... Blatt ...

hier: Antrag auf Eintragung der Pfändung im Grundbuch

In der Zwangsvollstreckungssache

   ...   *(Gläubiger)*

gegen

   ...   *(Schuldner)*

überreiche ich eine Ausfertigung des Pfändungs- und Überweisungsbeschlusses des Amtsgerichts ... vom ... Az.: ... nebst Zustellungsnachweis und den Hypothekenbrief über ... Euro Nr. ... sowie die löschungsfähige Quittung des ... (Name und Adresse) und

               beantrage

als der durch Pfändungsbeschluss legitimierte Vertreter des Vollstreckungsgläubigers

a) die Umschreibung der im Pfändungsbeschluss bezeichneten Hypothek in eine Eigentümergrundschuld und

b) die Eintragung ihrer Pfändung.

                              (Unterschrift)

---

1 Zu Muster 70 s. Muster 73.

Erläuterungen bei *Muster 75*.

Muster 70 Eigentümer-Buchgrundschuld I

Der Vollstreckungsschuldner ist als Inhaber der Grundschuld im Grundbuch eingetragen

Hinweis: Zu benutzen ist das amtliche Formular Anlage 2 (zu § 2 Nr. 2) der Verordnung über Formulare für die Zwangsvollstreckung (Zwangsvollstreckungsformular-Verordnung – ZVFV) vom 23.8.2012 (BGBl. I 2012, S. 1822) in der geänderten Fassung aufgrund der Verordnung zur Änderung der Zwangsvollstreckungsformular-Verordnung vom 16.6.2014 (BGBl. I 2014, S. 754).

Hierbei ist das Feld „Anspruch G" oder eine gesonderte Anlage zu nutzen. Es wird folgender Text empfohlen:

Wegen ... sowie zusätzlich der Kosten für die Eintragung im Grundbuch

wird die angeblich für den Schuldner im Grundbuch des Amtsgerichts ... Blatt ... in Abt. III ... unter lfd.Nr. ... auf seinem Grundstück in ... Flurst. ... eingetragene Eigentümergrundschuld ohne Brief samt Zinsen seit dem ... und sonstigen Nebenleistungen gepfändet.

Dem Schuldner wird geboten, sich jeder Verfügung über die gepfändete Eigentümergrundschuld, insbesondere der Einziehung und Übertragung, zu enthalten.

Zugleich wird die gepfändete Eigentümergrundschuld dem Gläubiger zur Einziehung überwiesen.

Pfändung wird mit Eintragung im Grundbuch wirksam.

Erläuterungen bei *Muster 75*. (Wegen des Eintragungsantrags vgl. *Muster 73*.)

Muster 71 Eigentümer-Buchgrundschuld II

Der Vollstreckungsschuldner ist nicht als Inhaber der Grundschuld im Grundbuch eingetragen

Hinweis: Zu benutzen ist das amtliche Formular Anlage 2 (zu § 2 Nr. 2) der Verordnung über Formulare für die Zwangsvollstreckung (Zwangsvollstreckungsformular-Verordnung – ZVFV) vom 23.8.2012 (BGBl. I 2012, S. 1822) in der geänderten Fassung aufgrund der Verordnung zur Änderung der Zwangsvollstreckungsformular-Verordnung vom 16.6.2014 (BGBl. I 2014, S. 754).

Hierbei ist das Feld „Anspruch G" oder eine gesonderte Anlage zu nutzen. Es wird folgender Text empfohlen:

Wegen ... sowie zusätzlich der Kosten für die Eintragung im Grundbuch

werden gepfändet:

a) die angebliche Eigentümergrundschuld bzw. Eigentümerhypothek des Schuldners samt Zinsen seit dem ... und sonstigen Nebenleistungen, die

Muster 72   Eigentümer-Buchgrundschuld III

aus jener Buchhypothek entstanden ist, welche zugunsten des ... auf dem Grundstück des Schuldners Flurst. ... im Grundbuch des Amtsgerichts ... Blatt ... in Abt. III unter lfd.Nr. ... eingetragen ist,

b) der angebliche Anspruch des Schuldners auf Berichtigung des Grundbuchs hinsichtlich der Umschreibung der oben bezeichneten Hypothek in ein Eigentümerpfandrecht.

Dem Schuldner wird geboten, sich jeder Verfügung über die gepfändete Eigentümergrundschuld und den gepfändeten Anspruch, insbesondere der Übertragung und Einziehung, zu enthalten.

Zugleich werden die gepfändete Eigentümergrundschuld (Eigentümerhypothek) und der gepfändete Berichtigungsanspruch dem Gläubiger zur Einziehung überwiesen.

Pfändung und Überweisung des Grundbuchberichtigungsanspruchs werden mit Zustellung wirksam. Pfändung des Eigentümergrundpfandrechts wird mit Eintragung im Grundbuch wirksam.

Erläuterungen bei *Muster 75*. (Wegen des Eintragungsantrags vgl. *Muster 69*.)

Muster 72   Eigentümer-Buchgrundschuld III

Nur aus einem Teil einer Fremdhypothek entstanden und im Grundbuch noch nicht umgeschrieben

Hinweis: Zu benutzen ist das amtliche Formular Anlage 2 (zu § 2 Nr. 2) der Verordnung über Formulare für die Zwangsvollstreckung (Zwangsvollstreckungsformular-Verordnung – ZVFV) vom 23.8.2012 (BGBl. I 2012, S. 1822) in der geänderten Fassung aufgrund der Verordnung zur Änderung der Zwangsvollstreckungsformular-Verordnung vom 16.6.2014 (BGBl. I 2014, S. 754).

Hierbei ist das Feld „Anspruch G" oder eine gesonderte Anlage zu nutzen. Es wird folgender Text empfohlen:

Wegen ... sowie zusätzlich der Kosten für die Eintragung im Grundbuch und in Höhe dieser Beträge

werden gepfändet:

a) Die angebliche Eigentümergrundschuld bzw. Eigentümerhypothek des Schuldners unter Einschluss der künftig Eigentümergrundschuld bzw. Eigentümerhypothek werdenden Hypothekenteile, die in Höhe von ... Euro aus jener Hypothek ohne Brief entstanden ist, welche zugunsten des ... auf dem Grundstück des Schuldners in ... Flurst. ... im Grundbuch des Amtsgerichts ... Blatt ... in Abt. III unter lfd.Nr. ... eingetragen sind, samt Zinsen seit dem ... und Nebenleistungen; der gepfändete Teil des Grundpfandrechts hat Vorrang vor dem Rest,

b) Der angebliche Anspruch des Schuldners auf Berichtigung des Grundbuchs hinsichtlich der Umschreibung der oben bezeichneten Hypothek in ein Eigentümergrundpfandrecht.

Dem Schuldner wird geboten, sich jeder Verfügung über die gepfändete Eigentümergrundschuld (Eigentümerhypothek) und den gepfändeten Berichtigungsanspruch, insbesondere der Übertragung, der Antragstellung und der Einziehung, zu enthalten.

Zugleich werden die gepfändete Eigentümergrundschuld (Eigentümerhypothek) und der gepfändete Berichtigungsanspruch dem Gläubiger zur Einziehung überwiesen.

Pfändung und Überweisung des Grundbuchberichtigungsanspruchs werden mit Zustellung wirksam. Pfändung des Eigentümergrundpfandrechts wird wirksam mit Eintragung im Grundbuch.

Erläuterungen bei *Muster 75*. (Wegen des Eintragungsantrags vgl. *Muster 69*.)

Muster 73   Eigentümer-Buchgrundschuld IV

Antrag auf Eintragung der Pfändung nach Muster 70 im Grundbuch[1]

An das Amtsgericht – Grundbuchamt – . . .

Betr.: Grundbuch von . . . Blatt . . .

In der Zwangsvollstreckungssache

. . .   (Gläubiger)

gegen

. . .   (Schuldner)

überreiche ich eine Ausfertigung des Pfändungs- und Überweisungsbeschlusses des Amtsgerichts . . . vom . . . Az.: . . . nebst Zustellungsnachweis und

beantrage

als der im Pfändungsbeschluss legitimierte Vertreter des Vollstreckungsgläubigers, die Pfändung im Grundbuch einzutragen.

(Unterschrift)

---

1 Wegen der *Muster 71* und *72* s. *Muster 69*.

Erläuterungen bei *Muster 75*.

Muster 74 Eigentümer-Briefhypothek

Hinweis: Zu benutzen ist das amtliche Formular Anlage 2 (zu § 2 Nr. 2) der Verordnung über Formulare für die Zwangsvollstreckung (Zwangsvollstreckungsformular-Verordnung – ZVFV) vom 23.8.2012 (BGBl. I 2012, S. 1822) in der geänderten Fassung aufgrund der Verordnung zur Änderung der Zwangsvollstreckungsformular-Verordnung vom 16.6.2014 (BGBl. I 2014, S. 754).

Hierbei ist das Feld „Anspruch G" oder eine gesonderte Anlage zu nutzen. Es wird folgender Text empfohlen:

Wegen ... sowie zusätzlich der Kosten für die Briefwegnahme und für die Eintragung im Grundbuch

werden gepfändet:

a) Die auf den Schuldner gemäß § 1143 BGB übergegangene, früher dem ... (Name und Adresse) ...   (Drittschuldner zu 1)

   zustehende angebliche Forderung auf ... (identifizierend beschreiben) ...

   gegen ... (Name und Adresse) ...   (Drittschuldner zu 2)

   samt der für diese Forderung auf dem Grundstück des Schuldners, vorgetragen im Grundbuch des Amtsgerichts ... Blatt ... unter lfd.Nr. ..., angeblich eingetragenen Hypothek, die gemäß § 1153 BGB auf den Schuldner übergegangen ist; sofern die Forderung des Drittschuldners zu 1) nicht voll befriedigt und die Hypothek nicht voll auf den Schuldner übergegangen sein sollte, ergreift die Pfändung auch die künftig Eigentümerhypothek bzw. Eigentümergrundschuld werdenden Hypothekenteile;

b) angeblichen Ansprüche des Schuldners gegen den Drittschuldner zu 1) auf Herausgabe des Hypothekenbriefs sowie auf Berichtigung des Grundbuchs und auf Aushändigung der dafür notwendigen Urkunden in grundbuchmäßiger Form, insbesondere ...;

c) für den Fall der Teilbefriedigung der gepfändeten Forderung das Miteigentum des Schuldners an dem Hypothekenbrief und die Ansprüche des Schuldners gegen den Drittschuldner zu 1) auf Aufhebung der Gemeinschaft am Hypothekenbrief und auf Vorlage des Briefes an das Grundbuchamt oder einen Notar zwecks Bildung eines Teilbriefs sowie auf Aushändigung des Teilbriefs.

Für den Fall, dass der Schuldner in den Besitz des Briefes gelangt ist oder noch gelangen wird, wird angeordnet, dass er den Brief an den Gläubiger herauszugeben hat.

Den Drittschuldnern wird verboten, an den Schuldner zu leisten.

Dem Schuldner wird geboten, sich jeder Verfügung über die gepfändete Forderung samt Eigentümerhypothek, die gepfändete Eigentümergrundschuld, das gepfändete Miteigentum am Hypothekenbrief und die gepfändeten Ansprüche, insbesondere der Übertragung und Einziehung, zu enthalten.

Zugleich werden die gepfändete Forderung samt Eigentümerhypothek, das gepfändete künftige Eigentümergrundpfandrecht, das gepfändete Miteigen-

Eigentümer-Buchhypothek | Muster 75

tum am Hypothekenbrief und die gepfändeten Ansprüche dem Gläubiger zur Einziehung überwiesen.

Pfändung und Überweisung der Ansprüche nach obiger lit. b) und c) werden mit Zustellung wirksam. Pfändung und Überweisung der Forderung samt Grundpfandrecht nach obiger lit. a) werden wirksam mit Aushändigung des neu zu bildenden Teilbriefs an den Gläubiger.

Erläuterungen bei *Muster 75.*

Muster 75   Eigentümer-Buchhypothek

Hinweis: Zu benutzen ist das amtliche Formular Anlage 2 (zu § 2 Nr. 2) der Verordnung über Formulare für die Zwangsvollstreckung (Zwangsvollstreckungsformular-Verordnung – ZVFV) vom 23.8.2012 (BGBl. I 2012, S. 1822) in der geänderten Fassung aufgrund der Verordnung zur Änderung der Zwangsvollstreckungsformular-Verordnung vom 16.6.2014 (BGBl. I 2014, S. 754).

Hierbei ist das Feld „Anspruch G" oder eine gesonderte Anlage zu nutzen. Es wird folgender Text empfohlen:

Wegen ... sowie zusätzlich der Kosten der Eintragung im Grundbuch

werden gepfändet:

a) Die gemäß § 1143 BGB auf den Schuldner übergegangene früher dem ... (Name und Adresse des ursprünglichen Gläubigers) ...

(Drittschuldner zu 1)

zustehende angebliche Forderung auf ... (identifizierend beschreiben)

gegen ... (Name und Adresse des ursprünglichen Schuldners) ...

(Drittschuldner zu 2)

b) die für diese Forderung auf dem Grundstück des Schuldners in ... Flurst. ... im Grundbuch des Amtsgerichts ... Blatt ... in Abt. III unter lfd.Nr. ... angeblich eingetragene Hypothek; sofern die unter a) gepfändete Forderung nicht voll befriedigt und die Hypothek nicht voll auf den Schuldner übergegangen ist, sind auch diejenigen Teile der Hypothek gepfändet, welche künftig Eigentümerhypothek bzw. Eigentümergrundschuld werden,

c) der angebliche Anspruch des Schuldners auf Grundbuchberichtigung,

d) der angebliche Anspruch des Schuldners gegen die Drittschuldner auf Aushändigung der zur Grundbuchberichtigung notwendigen Urkunden in grundbuchmäßiger Form, insbesondere ...

Den Drittschuldnern wird verboten, an den Schuldner zu leisten.

Dem Schuldner wird geboten, sich jeder Verfügung über die gepfändete Forderung, die gepfändeten Eigentümerrechte und die gepfändeten Ansprüche, insbesondere der Einziehung und Übertragung, zu enthalten.

Muster 75   Eigentümer-Buchhypothek

Zugleich werden die gepfändete Forderung, die gepfändeten Eigentümerpfandrechte und die gepfändeten Ansprüche dem Gläubiger zur Einziehung überwiesen.

Pfändung und Überweisung der Ansprüche nach obigen lit. c) und d) werden mit Zustellung wirksam. Pfändung und Überweisung der Forderung samt Grundpfandrecht nach obigen lit. a) und b) werden wirksam mit Aushändigung des neu zu bildenden Teilbriefs an den Gläubiger.

1. Wesen und Entstehung der Eigentümergrundpfandrechte

1   Grundpfandrechte können auch dem Grundstückseigentümer als solches zustehen. Verspricht die Zwangsvollstreckung in das Grundstück als solches deshalb keinen Erfolg, weil die eingetragenen Belastungen den Wert des Grundstücks erreichen oder übersteigen, so bleibt dem Gläubiger die Chance, in etwaige dem Eigentümer selbst zustehende Grundpfandrechte zu vollstrecken.

2   **1.1** Einfach ist das, wenn der **Eigentümer** – etwa um sich für spätere Kreditaufnahmen einen Rang freizuhalten – **für sich selbst** eine oder mehrere **Grundschulden hat eintragen** lassen. Das gestattet § 1196 Abs. 1 BGB ausdrücklich und ohne mit der Logik des Gesetzes zu brechen, weil der Grundschuld keine Forderung zugrunde liegen muss.

3   Kaum größere Schwierigkeiten bereitet es, wenn eine Grundschuld (als solche oder als Hypothek) ursprünglich für einen Dritten entstanden und dann von diesem dem Eigentümer abgetreten worden ist und die Abtretung sich aus dem Grundschuldbrief oder dem Grundbuch ergibt. Solche Fälle werden in *Muster 61, 62, 63, 64* und *70* behandelt.

4   **1.2** Häufig aber entstehen **Eigentümergrundpfandrechte aus Fremdhypotheken**, dann nämlich, wenn die Forderung, an welcher die Hypothek haftet, erloschen, auf den Eigentümer übergegangen oder gar nicht entstanden ist: Die Hypothek ist akzessorisch, setzt also das Bestehen – oder wenigstens den gutgläubigen Erwerb (§ 1138 BGB) – der Forderung voraus. Solche Fälle sind behandelt in *Muster 65, 66, 67, 68, 71* und *72*.

5   **1.2.1** Ist die **Forderung**, für welche die Hypothek bestellt ist, **nicht entstanden**, so steht die Hypothek dem Eigentümer zu (§ 1163 Abs. 1 Satz 1 BGB). **Erlischt** die Forderung, so erwirbt der Eigentümer die Hypothek (§ 1163 Abs. 1 Satz 2 BGB). Die Briefhypothek steht solange dem Eigentümer zu, bis der Hypothekenbrief dem Hypothekengläubiger übergeben (§ 1163 Abs. 2 BGB) oder die Übergabe durch die Vereinbarung ersetzt ist, dass der Gläubiger berechtigt sein soll, sich den Hypothekenbrief vom Grundbuchamt aushändigen zu lassen (§ 1117 BGB).

6   Befriedigt der persönliche Schuldner den Gläubiger, so geht die Hypothek insoweit auf ihn über, als er von dem Eigentümer oder dessen Rechtsvorgänger Ersatz verlangen kann; im Übrigen wird sie Eigentümergrundschuld (§ 1164 BGB). Gleiches gilt bei **Vereinigung von Forderung und**

Schuld in einer Person, z.B. durch Erbgang. Ist der Grundstückseigentümer nicht auch persönlicher Schuldner der gesicherten Forderung, so geht die Forderung, soweit er den Gläubiger befriedigt, auf ihn über (§ 1143 BGB), ebenso bei **Verzicht auf die Hypothek** (§ 1168 BGB) und Rechtskraft des **Ausschließungsbeschlusses** gegen den unbekannten Gläubiger (§ 1170 Abs. 2 BGB).

1.2.2 Für die **Gesamthypothek** geben §§ 1172 bis 1775 BGB besondere Vorschriften. 7

1.2.3 Liegen die Voraussetzungen für den Übergang der Hypothek auf den Eigentümer nur in Ansehung eines **Teilbetrages** vor, so geht das Grundpfandrecht auch nur zum entsprechenden Teil auf den Eigentümer über, der den Übergang nicht zum Nachteil des dem Gläubiger verbleibenden Grundpfandrecht geltend machen kann (§ 1176 BGB); solche Fälle sind in *Muster 68* und 72 behandelt. 8

1.2.4 Ist die **Forderung erloschen, so verwandelt sich die Hypothek in der Hand des Eigentümers zur Grundschuld**; in den relativ seltenen Fällen dagegen, in denen die Forderung weiter besteht, aber nunmehr dem Eigentümer zusteht, bleibt das Grundpfandrecht Hypothek (§ 1177 BGB). 9

1.3 Die **Eintragung des Entstehens des Eigentümergrundpfandrechts im Grundbuch** setzt den Nachweis des Entstehens durch öffentliche oder öffentlich beglaubigte Urkunden voraus (§ 29 GBO). Beruht die Entstehung des Eigentümerrechts darauf, dass der Gläubiger der gesicherten Forderung befriedigt worden ist, geschieht der Nachweis durch Vorlage der löschungsfähigen Quittung, aus der sich ergeben muss, **wer die Forderung getilgt hat und wann**.[1] 10

2. Pfändung und Verwertung

Grundpfandrechte sind auch dann **pfändbar**, wenn sie dem Eigentümer zustehen. Insbesondere steht der Pfändung nicht § 1197 Abs. 1 BGB entgegen,[2] auch nicht eine **Löschungsvormerkung** nach § 1179 BGB und auch nicht der gesetzliche **Löschungsanspruch** nach §§ 1179a und 1179b BGB: Zwar kann der Löschungsanspruch auch gegen den Vollstreckungsgläubiger durchgesetzt werden (§§ 1179a Abs. 1, 888 BGB), sodass das gepfändete Eigentümergrundpfandrecht auch ohne Zustimmung des Vollstreckungsgläubigers gelöscht werden kann und die Pfändung so ins Leere geht. Ob der Löschungsanspruch aber geltend gemacht wird und auch durchdringt, kann der Vollstreckungsgläubiger im Pfändungszeitpunkt meist nicht voraussehen. Deshalb empfiehlt es sich, die relativ geringen Vollstreckungskosten in Kauf zu nehmen. (Vor allem wird der Löschungsanspruch dann nicht durchdringen, wenn sog. Zwischenrechte – Rechte zwischen dem 11

---

[1] Hierzu BayObLG v. 24.1.2001 – 2Z BR 140/00, Rpfleger 2001, 296.
[2] BGHZ 103, 36 ff.

Recht, das den Löschungsanspruch geltend macht und dem Recht, auf das sich der Löschungsanspruch richtet – bestehen.[3])

12 2.1 Gepfändet wird nach §§ 830, 857 Abs. 6 ZPO.[4]

13 Bei **Briefrechten** geschieht die Pfändung durch Pfändungsbeschluss und Briefübergabe (vgl. die Erläuterungen bei *Muster 46*), bei **Buchrechten** durch Pfändungsbeschluss und Eintragung im Grundbuch (vgl. die Erläuterungen bei *Muster 51*).

14 2.2 Bei der echten Eigentümerhypothek ist der Schuldner der weiterbestehenden Forderung **Drittschuldner**. Bei der Eigentümergrundschuld gibt es keinen Drittschuldner.

15 2.3 Ob und inwieweit eine Eigentümerhypothek entstanden ist, kann der Vollstreckungsgläubiger oft erst aus der Drittschuldnererklärung ersehen, häufig aber auch dann noch nicht zuverlässig beurteilen. Wenn also das Recht nicht schon für den Eigentümer eingetragen ist, wird der Gläubiger seinen Antrag sicherheitshalber so fassen, dass der **Antrag sowohl die Eigentümerhypothek als auch die Eigentümergrundschuld** erfasst.

16 2.4 Dass ein Eigentümergrundpfandrecht entstanden sei, muss im Antrag auf Erlass des Pfändungs- und Überweisungsbeschlusses nicht nachgewiesen werden.

17 2.5 Die **Eintragung der Pfändung im Grundbuch** kann Schwierigkeiten bereiten, wenn nicht der Eigentümer schon als Inhaber des Grundpfandrechts eingetragen ist; denn dem Grundbuchamt muss das Entstehen des Eigentümerpfandrechts in der Form des § 29 GBO nachgewiesen werden, und eine Eintragung im Grundbuch soll nur erfolgen, wenn die Person, deren Recht durch die Eintragung betroffen ist, als der Berechtigte im Grundbuch eingetragen ist (§ 39 Abs. 1 GBO). Hier hilft § 14 GBO: Ist das Eigentümergrundpfandrecht gepfändet, steht die Pfändung aber nicht im Grundbuch, so ist das Grundbuch unrichtig; Unrichtigkeiten des Grundbuchs sind zu berichtigen. Den Berichtigungsantrag kann der Vollstreckungsgläubiger stellen, ohne auf die Bewilligung des Betroffenen (§ 19 GBO) angewiesen zu sein; denn er weist die Unrichtigkeit des Grundbuchs durch Vorlage des Pfändungsbeschlusses nach (§ 22 Abs. 1 GBO). Der Bestimmtheitsgrundsatz des Grundbuchs verlangt jedoch, dass auch eingetragen werden muss, inwieweit das Eigentümergrundpfandrecht entstanden und gepfändet ist. Der Gläubiger muss also nach § 22 GBO den Nachweis führen, in welcher Höhe ein Eigentümergrundpfandrecht entstanden ist.

18 Daher empfiehlt es sich, auch den **Berichtigungsanspruch** des Vollstreckungsschuldners aus § 894 BGB, der sich auf Eintragung der (teilweisen) Verwandlung des ursprünglichen Grundpfandrechts in eine Eigentümer-

---
3 BGHZ 25, 382; BGH NJW 1963, 1497; *Stöber*, Rpfleger 1977, 425.
4 RGZ 59, 313; auch der BGH NJW 1961, 601 geht davon aus und hat es in NJW 1979, 2045 und in NJW-RR 1989, 637 ausdrücklich ausgesprochen.

grundschuld richtet, **pfänden und sich überweisen zu lassen**: Das bewirkt, dass der Vollstreckungsschuldner nach § 836 Abs. 3 Sätze 1, 2 ZPO die nötigen Auskünfte erteilen und die zugehörigen Unterlagen herausgeben muss, und dass der Drittschuldner zur Drittschuldnererklärung nach § 840 ZPO verpflichtet ist, sodass die nötigen Nachweise geführt werden können.

Gibt der Vollstreckungsschuldner die **Unterlagen** nicht heraus, so kann der Vollstreckungsgläubiger diese **Herausgabe** durch den Gerichtsvollzieher erwirken, der die Unterlagen dem Schuldner wegnimmt und dem Gläubiger übergibt (§ 836 Abs. 3 Satz 5 ZPO). Sie können verschiedener Art sein, je nach dem Grund, aus welchem das ursprüngliche Fremdrecht zum Eigentümerrecht geworden ist. 19

Die Überweisung gibt dem Vollstreckungsgläubiger auch die Grundlage für die Herausgabeklage gegen den Besitzer dieser Urkunden, wenn der Besitzer zur Herausgabe an den Grundstückseigentümer verpflichtet ist. Die Überweisung bewirkt auch, dass der Vollstreckungsgläubiger im Wege der **einstweiligen Verfügung die Eintragung eines Widerspruchs** gegen die Richtigkeit des Grundbuchs herbeiführen kann, wenn er die Entstehung des Eigentümerpfandrechts glaubhaft machen kann. 20

Besitzt der Vollstreckungsschuldner die benötigten Unterlagen, so ist ihm im Beschluss deren Herausgabe an den Vollstreckungsgläubiger aufzugeben. 21

2.6 Die Pfändung eines Eigentümer-Briefgrundpfandrechts wird erst mit Briefübergabe wirksam (§§ 857 Abs. 6, 830 ZPO). **Wenn nur ein Teil der Hypothek Eigentümergrundpfandrecht geworden ist**, kann weder der Vollstreckungsgläubiger noch der Eigentümer (Vollstreckungsschuldner) vom Hypothekengläubiger die Aushändigung des Hypothekenbriefs verlangen (§ 1145 Abs. 1 Satz 1 BGB), weil die Hypothek dem ursprünglichen Gläubiger noch teilweise zusteht. Der Hypothekengläubiger ist jedoch verpflichtet, die teilweise Befriedigung seiner Hypothekenforderung auf dem Brief zu vermerken und den Brief zum Zweck der Berichtigung des Grundbuchs dem Grundbuchamt oder zum Zweck der Herstellung eines Teilhypothekenbriefs für den Eigentümer dem Grundbuchamt oder einem Notar vorzulegen (§ 1145 BGB, §§ 41 Abs. 1 Satz 1 und 61 Abs. 1 GBO). Der Eigentümer ist jetzt zwar Miteigentümer am Stammbrief, kann aber nicht die Einräumung des Mitbesitzes am Stammbrief fordern.[5] 22

Nach § 952 BGB ist der Eigentümer, auf den die Hypothek teilweise übergegangen ist, **Miteigentümer des Hypothekenbriefs** und kann nach § 749 BGB die **Aufhebung der Gemeinschaft** verlangen; diese wird durch Bildung zweier Teilbriefe unter Einziehung des Stammbriefs erfolgen müssen. 23

2.7 Die Verwertung des gepfändeten Eigentümergrundpfandrechts geschieht nach §§ 835, 837, 857 Abs. 6 ZPO regelmäßig durch Überweisung. 24

---

5 RGZ 69, 42.

25 Die **Überweisung zur Einziehung** kann neben der Pfändung nicht im Grundbuch eingetragen werden. Das Grundpfandrecht geht nicht auf den Vollstreckungsgläubiger über.

26 Die **Überweisung** des Buchrechts **an Zahlungs statt** muss zum Wirksamwerden in das Grundbuch eingetragen werden.

27 **2.7.1** Die Überweisung befugt den Vollstreckungsgläubiger trotz § 1197 Abs. 1 BGB, seine Befriedigung aus dem Eigentümergrundpfandrecht zu betreiben, weil diese Bestimmung für ihn nicht gilt.[6] Auch die Zinsbeschränkung gilt ihm gegenüber nicht.[7]

28 **2.7.2 Befriedigung** seiner Forderung muss sich der Vollstreckungsgläubiger **im Wege der erneuten Zwangsvollstreckung** suchen, indem er die **Zwangsversteigerung oder Zwangsverwaltung** des belasteten Grundstücks betreibt (§ 1147 BGB). Dazu benötigt er einen **Titel** gegen den Eigentümer (§ 750 ZPO), den er sich entweder durch **Klage auf Duldung der Zwangsvollstreckung in das Grundstück** wegen dieses Grundpfandrechts und der genau zu benennenden Zinsen beschaffen muss, oder im Falle einer bereits vorliegenden Unterwerfungserklärung gemäß § 794 Abs. 1 Nr. 5 ZPO ist die Klausel auf den Gläubiger umzuschreiben, § 727 ZPO.[8] Sachliche Zuständigkeit: § 6 ZPO; örtliche Zuständigkeit: § 24 ZPO.

29 **2.7.3** Der Meinung des IX. Zivilsenats des BGH, dass die Überweisung nicht gleichzeitig mit der Pfändung geschehen dürfe, weil die Überweisung eine bereits wirksame Pfändung voraussetze, die Pfändung aber erst mit ihrer Eintragung im Grundbuch (bzw. mit der Briefübergabe) wirksam werde, sind wir schon in Rz. 35 bei *Muster 46* entgegengetreten. Sie ist bei Eigentümergrundpfandrechten schon deshalb abzulehnen, weil hier die den BGH offenbar motivierende Gefahr für den Drittschuldner nicht entstehen kann.

Eingetragenes Design → s. Muster 79 Geschmacksmuster

Muster 76   Erbbauzins, Erbbaurecht

Hinweis: Zu benutzen ist das amtliche Formular Anlage 2 (zu § 2 Nr. 2) der Verordnung über Formulare für die Zwangsvollstreckung (Zwangsvollstreckungsformular-Verordnung – ZVFV) vom 23.8.2012 (BGBl. I 2012, S. 1822) in der geänderten Fassung aufgrund der Verordnung zur Änderung der Zwangsvollstreckungsformular-Verordnung vom 16.6.2014 (BGBl. I 2014, S. 754).

---

[6] BGH v. 18.12.1987 – V ZR 163/86, NJW 1988, 1026 = Rpfleger 1988, 181.
[7] Palandt/*Bassenge*, § 1197 BGB Rz. 3; Zöller/*Stöber*, § 857 ZPO Rz. 29 m.w.N.
[8] Zöller/*Stöber*, § 857 ZPO Rz. 29.

Hierbei ist das Feld „Anspruch G" oder eine gesonderte Anlage zu nutzen. Es wird folgender Text empfohlen:

Wegen ... wird die angebliche Forderung des Schuldners
gegen ... (Name und Adresse des Erbbauberechtigten) ...
(Drittschuldner)
auf Zahlung des bereits fälligen Erbbauzinses für das im Erbbaugrundbuch des Amtsgerichts ... Blatt ... eingetragene Erbbaurecht gepfändet.

1. Wesen des Erbbaurechts

Das Erbbaurecht ist die dingliche Belastung eines Grundstücks in der Weise, dass dem Erbbauberechtigten das Recht zusteht, auf oder unter der Oberfläche des Grundstücks ein Bauwerk zu haben, § 1 Abs. 1 ErbbauRG. Die Gegenleistung für die Gewährung des Erbbaurechts ist der **Erbbauzins**, § 9 ErbbauRG

2. Pfändung und Verwertung

2.1 Die Zwangsvollstreckung in das Erbbaurecht selbst kann nur als Zwangsvollstreckung in das unbewegliche Vermögen betrieben werden (§ 864 ZPO i.V.m. § 11 ErbbauRG), also durch Eintragung einer Zwangssicherungshypothek, durch Zwangsversteigerung oder Zwangsverwaltung des Erbbaurechts (§ 866 Abs. 1 ZPO).

Wenn zwischen dem Grundstückseigentümer und dem Erbbauberechtigten vereinbart ist, dass es zur Veräußerung und/oder Belastung des Erbbaurechts der Zustimmung des Grundstückseigentümers bedarf, § 5 ErbbauRG, ist die Zwangsvollstreckung in das Erbbaurecht insoweit beschränkt[1]: Maßnahmen, welche die Rechte des Eigentümers aus solchen Vereinbarungen beeinträchtigen würden, sind unwirksam (§ 8 ErbbauRG). Der Erbbauberechtigte hat unter bestimmten Voraussetzungen einen Anspruch gegen den Grundstückseigentümer auf Erteilung dieser Zustimmung; die Zustimmung kann auch durch das Amtsgericht ersetzt werden (§§ 5 bis 8 ErbbauRG). Dieser Anspruch des Erbbauberechtigten auf Zustimmung ist pfändbar und kann dem Vollstreckungsgläubiger zur Einziehung (Ausübung) überwiesen werden;[2] der Vollstreckungsgläubiger kann dann auch die Ersetzung der Zustimmung durch das Amtsgericht beantragen[3]. Der die Versteigerung betreibende Gläubiger hat aber auch ein eigenes Antragsrecht nach § 7 Abs. 3 ErbbauRG.[4]

---

1 Hierzu OLG Zweibrücken v. 21.4.2004 – 3 W 223/03, DNotZ 2004, 934.
2 BGHZ 33, 76; OLG Hamm v. 27.5.1993 – 15 W 27/93, Rpfleger 1994, 19.
3 Nach AG Werl NJOZ 2004, 947 bedarf es grundsätzlich keiner vorherigen Pfändung und Überweisung zur Stellung eines Zustimmungsantrages des Grundstückseigentümers zur Eintragung einer Belastung und zur gerichtlichen Ersetzung.
4 BGH v. 26.2.1987 – V ZB 10/86, BGHZ 100, 107 = NJW 1987, 1942.

3   2.2 Der Anspruch des Grundstückseigentümers auf **Entrichtung des Erbbauzinses** kann in Ansehung noch nicht fälliger Leistungen nicht von dem Eigentum an dem Grundstück getrennt, also auch nicht selbständig gepfändet werden, sondern wird von der Zwangsvollstreckung in das Grundstück selbst erfasst (§ 9 Abs. 2 ErbbauRG).

4   Der Anspruch auf **bereits fällige Erbbauzinsen** aber ist übertragbar (§ 9 Abs. 1 ErbbauRG i.V.m. §§ 1107, 1159 BGB) und daher auch **pfändbar**. Pfändung und Überweisung geschehen nach den allgemeinen Grundsätzen der §§ 829, 835 (§§ 857 Abs. 6, 830 Abs. 3 ZPO).

5   **Drittschuldner** ist der Erbbauberechtigte.

6   Der Anspruch auf rückständige Erbbauzinsen **verjährt** in 3 Jahren (§§ 195, 197, 902 Abs. 1 Satz 2, 1107 BGB; § 9 Abs. 1 ErbbauRG).

7   2.3 **Der Anspruch des Erbbauberechtigten auf Entschädigung bei Erlöschen des Erbbaurechts** durch Zeitablauf **ist vor Fälligkeit nicht** abtretbar (§ 27 Abs. 4 ErbbauRG) und daher auch nicht **pfändbar** (§ 851 ZPO). Die fällige Entschädigungsforderung haftet auf dem Grundstück anstelle des Erbbaurechts und mit dessen Rang (§ 28 ErbbauRG). Am Erbbaurecht etwa bestehende Hypotheken, Grundschulden, Rentenschulden und Reallasten ruhen seit dem Erlöschen des Erbbaurechts auf der Entschädigungsforderung (§ 29 ErbbauRG).

8   **Die Pfändung des fälligen Rechts erfolgt nach § 857 Abs. 6 ZPO.** Drittschuldner ist der Grundstückseigentümer.

9   2.4 Der Anspruch auf **Heimfallentschädigung** (§ 32 Abs. 1 ErbbauRG) **ist** schon vor Fälligkeit abtretbar[5] und **als gewöhnliche Geldforderung pfändbar**. Pfändung und Überweisung erfolgen nach den allgemeinen Grundsätzen der §§ 829, 835 ZPO.

10 **Drittschuldner** ist der Grundstückseigentümer.

Muster 77 Gebrauchsmuster

Das Gebrauchsmuster ist noch nicht in die Rolle eingetragen[1]

Hinweis: Zu benutzen ist das amtliche Formular Anlage 2 (zu § 2 Nr. 2) der Verordnung über Formulare für die Zwangsvollstreckung (Zwangsvollstreckungsformular-Verordnung – ZVFV) vom 23.8.2012 (BGBl. I 2012, S. 1822) in der geänderten Fassung aufgrund der Verordnung zur Änderung der Zwangsvollstreckungsformular-Verordnung vom 16.6.2014 (BGBl. I 2014, S. 754).

Hierbei ist das Feld „Anspruch G" oder eine gesonderte Anlage zu nutzen. Es wird folgender Text empfohlen:

---

5 BGH NJW 1976, 895.

Wegen ... werden gepfändet:

1. das angebliche Recht des Schuldners auf das Gebrauchsmuster für den noch anzumeldenden Gegenstand ..., mit dessen Verwertung auf folgende Weise begonnen ist: ... (vgl. Rz. 9 der Erläuterungen zu Muster 132) ...;

2. das durch die Anmeldung beim Patentamt entstehende angebliche Anwartschaftsrecht des Schuldners auf das Gebrauchsmuster für den angemeldeten Gegenstand ...;

3. das mit Eintragung in die Gebrauchsmusterrolle für den Schuldner entstehende Gebrauchsmuster betreffend ... mit allen Rechten daran.

Der Schuldner hat die in seinem Besitz befindliche, für die Anmeldung beim Patentamt geeignete Beschreibung und die zugehörige Zeichnung an den Gläubiger herauszugeben.

Dem Schuldner wird geboten, sich jeder Verfügung über die gepfändeten Rechte (insbesondere der Rücknahme der Anmeldung) und das gepfändete Gebrauchsmuster (insbesondere der Veräußerung, Verpfändung oder Erteilung von Lizenzen) zu enthalten.

Zugleich wird die Verwertung der gepfändeten Rechte und des gepfändeten Gebrauchsmusters[2]

– im Wege der öffentlichen Versteigerung durch den vom Gläubiger beauftragten Gerichtsvollzieher

– durch Erteilung der ausschließlichen, für den Bereich der gesamten Bundesrepublik geltenden Lizenz an den Gläubiger mit der Befugnis, Unterlizenzen zu erteilen, solange, bis aus den Gebühren für die Unterlizenz die Vollstreckungsforderung befriedigt sein wird,

angeordnet.

---

1 Wegen des erteilten Gebrauchsmusters s. Rz. 7 der Erläuterungen.
[2] Unter den folgenden Alternativen ist zu wählen.

---

1. Begriff und Schutz der Gebrauchsmuster

Als **Gebrauchsmuster** werden **Erfindungen** geschützt, die neu sind, auf einem erfinderischen Schritt beruhen und gewerblich anwendbar sind (§ 1 GebrMG – Gebrauchsmustergesetz[1]); Verfahren werden als Gebrauchsmuster nicht geschützt (§ 2 Nr. 3 GebrMG).

Erfindungen, für die der Schutz als Gebrauchsmuster verlangt wird, sind beim Patentamt schriftlich in bestimmter Form anzumelden (§ 4 GebrMG). Entspricht die Anmeldung den Anforderungen des § 4 GebrMG, so verfügt das Patentamt die Eintragung in das Register für Gebrauchsmuster; in dem Register vermerkt es auch eine Änderung in der Person des

---

1 BGBl. I 1986, 1456, zuletzt geändert durch Gesetz vom 10.10.2013, BGBl. I 2013, 3799.

Muster 77 Gebrauchsmuster

Inhabers des Gebrauchsmusters, wenn sie ihm nachgewiesen wird (§ 8 GebrMG). Mit der Eintragung in das Register entsteht der Schutz: Der Inhaber des Gebrauchsmusters allein ist befugt, den Gegenstand des Gebrauchsmusters zu benutzen; dem stehen Verbote für jeden Dritten gegenüber (§ 11 GebrMG). Die Vorschriften des Patentgesetzes über das Recht auf den Schutz (§ 6 GebrMG), über den Anspruch auf Erteilung des Schutzrechts (§ 7 Abs. 1 GebrMG) und andere sind entsprechend anzuwenden.[2]

2 Das Recht auf das Gebrauchsmuster, der Anspruch auf seine Eintragung und das durch die Eintragung begründete Recht gehen auf den Erben über und können beschränkt oder unbeschränkt **auf andere übertragen** werden (§ 22 GebrMG).

3 Der Gebrauchsmusterschutz **dauert 10 Jahre**, beginnt mit dem Anmeldetag und endet 10 Jahre nach Ablauf des Monats, in den der Anmeldetag fällt (§ 23 Abs. 1 GebrMG).

2. Pfändung und Verwertung

4 **2.1** Das Recht auf das Gebrauchsmuster, das Anwartschaftsrecht auf das Gebrauchsmuster und das Gebrauchsmuster sind **pfändbar** (§ 857 ZPO i.V.m. § 22 GebrMG).

5 Wenn der Vollstreckungsgläubiger nicht weiß, ob der Vollstreckungsschuldner das Gebrauchsmuster schon angemeldet hat oder nicht (oder ob es gar schon in das Register eingetragen ist[3]), empfiehlt sich die im Muster vorgeschlagene „**Stufenpfändung**": Zwar ist die Meinung weit verbreitet, dass sich das Pfandrecht am Recht auf das Gebrauchsmuster mit der Anmeldung in ein Pfandrecht am Anwartschaftsrecht auf das Gebrauchsmuster und mit der Eintragung in das Register auf das Gebrauchsmuster selbst verwandelt.[4] Aber die hier empfohlene stufenweise Pfändung klärt die Lage, und künftige Rechte sind pfändbar.

6 Die Pfändung geschieht nach § 857 Abs. 2 ZPO; es gibt keinen **Drittschuldner**, auch nicht das Patentamt.[5]

Im Übrigen wird auf die hier entsprechend geltenden Erläuterungen zu *Muster 132* (Patent) verwiesen.

7 **2.2** Ist das Gebrauchsmuster bereits **in das Register eingetragen**, so ist zu pfänden:

---

[2] Vgl. insgesamt: *Zimmermann*, Immaterialgüterrechte in der Zwangsvollstreckung, 1998, S. 233 ff.
[3] Der Pfändungsgläubiger hat ohne Zustimmung des Anmelders kein Recht auf Einsicht in die Anmeldungsakte, BPatGE 6, 220 = GRUR 1966, 222.
[4] BGH v. 24.3.1994 – X ZR 108/91, NJW 1994, 3099; *Stöber*, Rz. 1721.
[5] *Stein/Jonas*, § 857 ZPO Rz. 98; *Zimmermann*, Immaterialgüterrechte in der Zwangsvollstreckung, S. 289; Prütting/*Ahrens*, § 857 ZPO Rz. 63.

Das angeblich unter Nr . . . in das Register beim . . . Patentamt für den Schuldner eingetragene Gebrauchsmuster betreffend . . . zusammen mit allen Rechten aus diesem Gebrauchsmuster.

Das Gebot an den Schuldner ist nur auf das gepfändete Gebrauchsmuster zu beziehen; zur Verwertung ist der Antrag aus dem Muster unverändert zu stellen. 8

Muster 78 Genossenschaft

Hinweis: Zu benutzen ist das amtliche Formular Anlage 2 (zu § 2 Nr. 2) der Verordnung über Formulare für die Zwangsvollstreckung (Zwangsvollstreckungsformular-Verordnung – ZVFV) vom 23.8.2012 (BGBl. I 2012, S. 1822) in der geänderten Fassung aufgrund der Verordnung zur Änderung der Zwangsvollstreckungsformular-Verordnung vom 16.6.2014 (BGBl. I 2014, S. 754).
Hierbei ist das Feld „Anspruch G" oder eine gesonderte Anlage zu nutzen. Es wird folgender Text empfohlen:

Wegen . . . werden die angeblichen Ansprüche des Schuldners

gegen . . . (genaue Bezeichnung und Adresse der Genossenschaft) . . . vertreten durch den Vorstand,
                                                                                        (Drittschuldnerin)

– *auf Auszahlung des dem Schuldner bei der Auseinandersetzung mit der Genossenschaft zukommenden Guthabens (Geschäftsguthabens),*

– *auf laufende Auszahlung seiner Gewinnanteile,*

– *auf Vergütungsansprüche, die dem Genossen aus Mitgliedergeschäften zustehen (Warenrückvergütung),*

– *auf Auszahlung seines Anteils an einem Reservefonds und*

– *auf Auszahlung seines Anteils am Vermögen der Genossenschaft im Falle der Liquidation*

gepfändet.

Vorbemerkung

Wegen der **Jagdgenossenschaft** vgl. *Muster 105.*

1. Wesen der Genossenschaft

Die eingetragene Genossenschaft (e.G.) ist eine **Gesellschaft von nicht geschlossener Mitgliederzahl** – bei der also Wechsel im Mitgliederbestand durch die Satzung zugelassen sein muss –, welche die Förderung des Erwerbs oder der Wirtschaft ihrer Mitglieder mittels gemeinschaftlichen Geschäftsbetriebs bezweckt. Ihre gesetzliche Regelung – die von der bürgerlich-rechtlichen Gesellschaft stark abweicht – findet sich im Ge- 1 setz betreffend die Erwerbs- und Wirtschaftsgenossenschaften (Genossenschaftsgesetz, GenG).

2 Das **Rechtsverhältnis** zwischen der Genossenschaft und ihren Genossen bestimmt sich in erster Linie nach dem Statut, das vom Gesetz nur soweit abweichen darf, als es das Gesetz ausdrücklich für zulässig erklärt (§ 18 GenG).

Die Genossenschaft hat kein ziffernmäßig festgelegtes Grundkapital; die Genossen sind nicht etwa gesamthänderisch am Genossenschaftsvermögen beteiligt. Ihre vermögensrechtlichen Beziehungen zur Genossenschaft werden im Wesentlichen am Geschäftsanteil, an der Mindesteinlage und am Geschäftsguthaben gemessen:

3 Der **Geschäftsanteil** ist nur eine rechnerische Größe, nämlich der Betrag, bis zu welchem sich die einzelnen Genossen mit Einlagen beteiligen können (§ 7 Nr. 1 GenG).

4 Die **Mindesteinlage** ist diejenige Einzahlung auf den Geschäftsanteil, zu welcher jeder Genosse verpflichtet ist, mindestens 1/10 des Geschäftsanteils (§ 7 Nr. 1 GenG). Das Statut kann zulassen, dass sich ein Genosse mit mehr als einem Anteil beteiligt (§ 7a GenG).

5 Das **Geschäftsguthaben** – das Auseinandersetzungsguthaben des ausgeschiedenen Genossen, § 73 GenG – darf dem Genossen nicht ausgezahlt oder „zum Pfand genommen" werden, solange er nicht ausgeschieden ist (§ 22 Abs. 4 GenG). Das Geschäftsguthaben ist übertragbar, wenn die Übertragbarkeit nicht durch Statut ausgeschlossen ist (§ 76 GenG).

6 Die Genossenschaft wird durch ihren **Vorstand** – der aus mindestens zwei Mitgliedern besteht – gerichtlich und außergerichtlich vertreten (§ 24 Abs. 1 u. 2 GenG). Regelmäßig sind die Vorstandsmitglieder nur gemeinschaftlich zur Vertretung befugt; Willenserklärungen gegenüber der Genossenschaft können aber wirksam einem Vorstandsmitglied gegenüber abgegeben werden (§ 25 Abs. 1 GenG).

2. Pfändung und Verwertung

7 2.1 Zur **Vollstreckung gegen die Genossenschaft** muss der gegen sie gerichtete Titel mindestens einem Vorstandsmitglied zugestellt sein (§ 25 Abs. 1 Satz 3 GenG).

Der Anspruch der Genossenschaft gegen einen Genossen auf **Einzahlung auf den Geschäftsanteil** und **Leistung anteiliger Fehlbeträge** (§§ 7 Nr. 1 und 73 Abs. 2 GenG) ist – im Gegensatz zum Anspruch auf etwaige zusätzliche Aufnahmegebühr – nach RGZ 135, 5 unpfändbar.

8 2.2 Für die **Zwangsvollstreckung in das Vermögen des einzelnen Genossen**, soweit es in der Genossenschaft gebunden ist oder in Ansprüchen gegen diese besteht, gilt:

2.2.1 Der **Geschäftsanteil** als solcher ist nicht pfändbar, weil er nur eine Rechengröße darstellt (§ 7 Nr. 1 GenG). 9

2.2.2 Der Anspruch auf das **Geschäftsguthaben** ist pfändbar. Die gesetzliche Regelung in § 66 GenG ähnelt derjenigen für die OHG: Unter der Voraussetzung, dass innerhalb der letzten 6 Monate eine Zwangsvollstreckung in das private Vermögen des Genossen fruchtlos versucht worden ist (nicht notwendig gerade durch diesen Vollstreckungsgläubiger), kann der Vollstreckungsgläubiger das Guthaben pfänden und sich überweisen lassen, das dem Vollstreckungsschuldner bei der Auseinandersetzung mit der Genossenschaft zukommt. Unter der weiteren Voraussetzung, dass der Titel nicht bloß vorläufig vollstreckbar ist, kann der Vollstreckungsgläubiger das **Kündigungsrecht** des Genossen an dessen Stelle ausüben; der Kündigung muss eine beglaubigte Abschrift des Vollstreckungstitels und der Urkunden über die fruchtlose Zwangsvollstreckung beigefügt sein. Das Kündigungsrecht des Genossen ist in § 65 GenG näher bestimmt: Mit statutgemäßer Frist, die mindestens 3 Monate und höchstens 5 Jahre betragen kann, ist die Kündigung mit der Folge zu erklären, dass der kündigende Genosse (der Vollstreckungsschuldner) aus der Genossenschaft ausscheidet; wird die Genossenschaft vor dem Zeitpunkt, zu welchem die Kündigung wirksam wird, aufgelöst, so scheidet er nicht aus. 10

Gepfändet wird nach § 857 ZPO.

Drittschuldnerin ist die Genossenschaft, deren Vorstandsmitgliedern (mindestens einem von ihnen, § 25 Abs. 1 Satz 3 GenG) der Pfändungs- und Überweisungsbeschluss zuzustellen ist. 11

§ 66 GenG bestimmt ausdrücklich, dass der gepfändete Anspruch dem Vollstreckungsgläubiger überwiesen werden kann; die **Überweisung erfolgt zur Einziehung** gemäß § 835 ZPO. Trotz der Pfändung und der vom Vollstreckungsgläubiger zu erklärenden **Kündigung** wird der Vollstreckungsgläubiger nicht Genosse; vielmehr verbleiben die Mitgliedschaftsrechte dem Vollstreckungsschuldner. Durch die Kündigung des Vollstreckungsgläubigers scheidet aber der Vollstreckungsschuldner aus der Genossenschaft aus und hat dann die Auseinandersetzungsansprüche (Geschäftsguthaben) nach § 73 GenG, die dem Vollstreckungsgläubiger überwiesen worden sind. 12

2.2.3 Der Anspruch des Genossen auf **Zuteilung und Auszahlung seines Gewinnanteils** nach § 19 GenG ist als gewöhnliche Geldforderung zu pfänden; **Drittschuldnerin** ist auch hier die Genossenschaft, deren Vorstand (mindestens einem Vorstandsmitglied) der Pfändungs- und Überweisungsbeschluss zuzustellen ist (§ 25 Abs. 1 GenG). 13

2.2.4 Vergütungsansprüche, die dem Genossen aus Mitgliedergeschäften zustehen, sind selbständige Forderungen, übertragbar und damit auch pfändbar. Bei der Rückvergütung handelt es sich um eine von der Gewinnverteilung und der Vergütung aus den Umsatzgeschäften zu trennende 14

Rückvergütung des Überschusses aus den Geschäften mit den Mitgliedern.[1]

15 **2.2.5** Der Anspruch des Genossen auf **Beteiligung am sog. Reservefonds** (§ 73 Abs. 3 GenG) ist pfändbar. Die Pfändung dieses Anspruchs umfasst auch den Gewinnanteil des Genossen, der diesem entgegen § 19 GenG nicht ausgezahlt, sondern nach § 20 GenG von der Verteilung ausgenommen worden ist. Der Anspruch auf Beteiligung am Reservefonds soll neben dem Anspruch auf das Auseinandersetzungsguthaben nach § 66 GenG stets gepfändet werden, weil es zweifelhaft ist, ob die Pfändung des Auseinandersetzungsguthabens den Anspruch auf die Beteiligung am Reservefonds umfasst.

16 **Drittschuldnerin** ist auch hier die Genossenschaft, deren Vorstandmitgliedern (mindestens einem von ihnen, § 25 Abs. 1 GenG) der Pfändungs- und Überweisungsbeschluss zuzustellen ist.

17 **2.2.6** Um dem Vollstreckungsgläubiger auch für den Fall zu seinem Recht zu verhelfen, dass die Genossenschaft aufgelöst wird und der Vollstreckungsschuldner also nicht aufgrund der Pfändung ausscheidet (§ 65 Abs. 3 GenG), empfiehlt es sich, auch die Forderung des Vollstreckungsschuldners gegen die Genossenschaft auf Zahlung des **Liquidationsguthabens** zu pfänden, das ihm gemäß § 91 GenG zusteht.

18 Pfändung und Überweisung erfolgen nach §§ 829, 835 ZPO; **Drittschuldnerin** ist auch hier die Genossenschaft.

19 Die Pfändung und Überweisung des Anspruchs auf Auszahlung des genossenschaftlichen Auseinandersetzungsguthabens stellt nach BGH nicht deshalb eine unzumutbare Härte im Sinne des § 765a ZPO dar, weil sie mittelbar zum Verlust der genossenschaftlichen Wohnungsrechte des Schuldners geführt hat und die Möglichkeit besteht, dass er seine derzeitige Wohnung verliert.[2] Die Pfändung und Überweisung führt dazu, dass die Gläubigerin nunmehr berechtigt ist, die Forderungen im eigenen Namen durchzusetzen. In dem hierdurch bedingten Verlust der in den Forderungen repräsentierten Vermögenswerte liegt keine Härte für den Schuldner, die mit den guten Sitten nicht zu vereinbaren wäre. Das Nutzungsrecht an einer Wohnung wird durch die Pfändung und Überweisung nicht beeinträchtigt. Macht die Gläubigerin zur Fälligstellung und anschließenden Beitreibung des gepfändeten Anspruchs auf Auszahlung des Auseinandersetzungsguthabens von der durch § 66 Abs. 1 GenG eröffneten Möglichkeit Gebrauch gemacht, die Mitgliedschaft des Schuldners bei der Drittschuldnerin zu kündigen, so muss der Schuldner dies hinnehmen. Das Wohnungsnutzungsrecht des Schuldners ist nach dem Nutzungsvertrag an seine Mitgliedschaft bei der Genossenschaft gebunden

---
[1] Vgl. hierzu insgesamt: *Wertenbruch*, Die Haftung von Gesellschaftern und Gesellschaftsanteilen in der Zwangsvollstreckung, 2000, S. 699 ff.
[2] BGH v. 1.10.2009 – VII ZB 41/08, Rpfleger 2010, 146; in diesem Sinne auch AG Warstein v. 25.6.2012 – 3 M 741-10, ZVI 2012, 384.

und diese ist bei Verlust der Mitgliedschaft zur Kündigung des Nutzungsvertrages berechtigt.

Muster 79 Geschmacksmuster, seit dem 1.1.2014: Eingetragenes Design*

Hinweis: Zu benutzen ist das amtliche Formular Anlage 2 (zu § 2 Nr. 2) der Verordnung über Formulare für die Zwangsvollstreckung (Zwangsvollstreckungsformular-Verordnung – ZVFV) vom 23.8.2012 (BGBl. I 2012, S. 1822) in der geänderten Fassung aufgrund der Verordnung zur Änderung der Zwangsvollstreckungsformular-Verordnung vom 16.6.2014 (BGBl. I 2014, S. 754). Hierbei ist das Feld „Anspruch G" oder eine gesonderte Anlage zu nutzen. Es wird folgender Text empfohlen:

Wegen ... wird das angebliche ausschließliche Recht des Schuldners, das ... (das Design genau bezeichnen) ..., welches als eingetragenes Design im Register des Deutschen Patent- und Markenamtes unter Nr. ... eingetragen ist, ganz oder teilweise nachzubilden (das Recht am Design und das Recht daraus), gepfändet.

Dem Schuldner wird geboten, sich jeder Verfügung über das Recht, insbesondere dessen Übertragung, sowie der Herstellung und Verwertung jeder Nachbildung zu enthalten.

Zugleich wird angeordnet, dass das gepfändete Design durch den vom Gläubiger beauftragten Gerichtsvollzieher durch öffentliche Versteigerung zu verwerten ist.

1. Rechte des Entwerfers

Nach § 1 DesignG ist ein Design die zweidimensionale oder dreidimensionale Erscheinungsform eines ganzen Erzeugnisses oder eines Teils davon, die sich insbesondere aus den Merkmalen der Linien, Konturen, Farben, der Gestalt, Oberflächenstruktur oder der Werkstoffe des Erzeugnisses selbst oder seiner Verzierung ergibt. Ein Erzeugnis ist jeder industrielle oder handwerkliche Gegenstand, einschließlich Verpackung, Ausstattung, grafischer Symbole und typografischer Schriftzeichen sowie von Einzelteilen, die zu einem komplexen Erzeugnis zusammengebaut werden sollen; ein Computerprogramm gilt nicht als Erzeugnis. Ein komplexes Erzeugnis ist ein Erzeugnis aus mehreren Bauelementen, die sich ersetzen lassen, so dass das Erzeugnis auseinander- und wieder zusammengebaut werden

1

---

* Aufgrund des Gesetzes zur Modernisierung des Geschmacksmustergesetzes sowie zur Änderung der Regelungen über die Bekanntmachungen zum Ausstellungsschutz wurde das Geschmacksmustergesetz vom 12.3.2004 (BGBl. I 2004, S. 390) umbenannt und geändert in „Gesetz über den rechtlichen Schutz von Design (Designgesetz – DesignG)" (Gesetz vom 10.10.2013, BGBl. I 2013, S. 3799).
Nach § 74 DesignG werden Geschmacksmuster, die bis zum Inkrafttreten des Gesetzes am 1.1.2014 angemeldet oder eingetragen wurden, ab diesem Zeitpunkt als eingetragene Designs bezeichnet.

kann. Nach § 2 DesignG wird ein Design als eingetragenes Design geschützt, das neu ist und Eigenart hat. Ein Design gilt als neu, wenn vor dem Anmeldetag kein identisches Design offenbart worden ist. Ein Design hat Eigenart, wenn sich der Gesamteindruck, den es beim informierten Benutzer hervorruft, von dem Gesamteindruck unterscheidet, den ein anderes Design bei diesem Benutzer hervorruft, das vor dem Anmeldetag offenbart worden ist. Bei der Beurteilung der Eigenart wird der Grad der Gestaltungsfreiheit des Entwerfers bei der Entwicklung des Designs berücksichtigt.

Das Recht auf das eingetragene Design steht dem Entwerfer oder seinem Rechtsnachfolger zu, § 7 DesignG. Haben mehrere Personen gemeinsam ein Design entworfen, so steht ihnen das Recht auf das eingetragene Design gemeinschaftlich zu.

Die Anmeldung zur Eintragung eines Designs in das Register ist beim Deutschen Patent- und Markenamt einzureichen. Die Anmeldung kann auch über ein Patentinformationszentrum eingereicht werden, wenn diese Stelle durch Bekanntmachung des Bundesministeriums der Justiz im Bundesgesetzblatt dazu bestimmt ist, Designanmeldungen entgegenzunehmen, § 11 Abs. 1 DesignG. Die Einsicht in das Register steht jedermann frei, § 22 Abs. 1 DesignG.

Der Schutz entsteht mit der Eintragung in das Register. Die Schutzdauer des eingetragenen Designs beträgt 25 Jahre, gerechnet ab dem Anmeldetag, § 27 DesignG.

2 Das Recht an einem eingetragenen Design kann auf andere übertragen werden oder übergehen, § 29 Abs. 1 Design. Gehört das eingetragene Design zu einem Unternehmen oder zu einem Teil eines Unternehmens, so wird das eingetragene Design im Zweifel von der Übertragung oder dem Übergang des Unternehmens oder des Teils des Unternehmens, zu dem das eingetragene Design gehört, erfasst, § 29 Abs. 2 DesignG.

2. Pfändung und Verwertung

3 Das Recht an einem eingetragenen Design kann Gegenstand eines dinglichen Rechts sein, insbesondere verpfändet werden, oder Gegenstand von Maßnahmen der Zwangsvollstreckung sein, § 30 Abs. 1 DesignG. Das Design ist daher jederzeit **pfändbar**.[1] Zu pfänden ist nach § 857 Abs. 2 ZPO durch Zustellung an den Vollstreckungsschuldner, weil es einen **Drittschuldner** begrifflich nicht geben kann. Die Pfändung der Rechte werden auf Antrag eines Gläubigers oder eines anderen Berechtigten in das Register eingetragen, wenn sie dem Deutschen Patent- und Markenamt nachgewiesen werden, § 30 Abs. 2 DesignG.

---

1 Vgl. insgesamt: *Zimmermann*, Immaterialgüterrechte in der Zwangsvollstreckung, 1998, S. 239 ff. (noch zu Geschmackmuster).

Während das Patentgesetz (§ 15 PatG) und das Gebrauchsmustergesetz 4
(§ 22 GebrMG) ausdrücklich bestimmen, dass auch ein durch Anmeldung
entstandenes Anwartschaftsrecht und das Recht auf das Patent bzw. Gebrauchsmuster pfändbar seien, fehlt eine solche Bestimmung im DesignG.[2] Daraus wird man den Schluss ziehen müssen, dass zwar das Recht
am eingetragenen Design, nicht aber die **Rechte an den Vorstufen** übertrag- und damit pfändbar sind.[3]

Die Frage bedarf indessen keiner Vertiefung, weil schon der Wert eines 5
Designs für den Vollstreckungsgläubiger nicht allzu groß ist, während
ihm die Pfändung der Vorstufen praktisch nichts brächte: Wirtschaftlich
gesehen hat das Design eigentlich nur eine Abschreckungsfunktion und
macht auch die damit versehene Ware besser verkäuflich. Solange aber
das eingetragene Design nicht besteht, lediglich „erfunden" ist, hat es für
einen Dritten höchstens dann irgendeinen Wert, wenn es besonders eigentümlich, originell, hervorstechend oder ästhetisch ansprechend ist. Solche
Muster oder Modelle genießen aber regelmäßig zusätzlichen Schutz nach
§§ 1, 2 Abs. 1 Nr. 4 des Urheberrechtsgesetzes, sodass der Vollstreckungsgläubiger nur dann zum Erfolg kommen kann, wenn er zugleich nach
Muster 178 pfändet.

Muster 80 Gesellschaft Bürgerlichen Rechts I

Alle Gesellschafter sind Vollstreckungsschuldner

Hinweis: Zu benutzen ist das amtliche Formular Anlage 2 (zu § 2 Nr. 2) der
Verordnung über Formulare für die Zwangsvollstreckung (Zwangsvollstreckungsformular-Verordnung – ZVFV) vom 23.8.2012 (BGBl. I 2012, S. 1822) in
der geänderten Fassung aufgrund der Verordnung zur Änderung der Zwangsvollstreckungsformular-Verordnung vom 16.6.2014 (BGBl. I 2014, S. 754).

Hierbei ist das Feld „Anspruch G" oder eine gesonderte Anlage zu nutzen. Es
wird folgender Text empfohlen:

Wegen ... werden die angeblichen Ansprüche der Schuldner

gegen ihren Gesellschafter

... (Name und Adresse des Einlageschuldners) ...   (Drittschuldner)

auf Leistung des vereinbarten Gesellschafterbeitrags ... (möglichst genau bezeichnen) ... und auf Nachschussleistung gepfändet.

Dem Drittschuldner wird verboten, an die Schuldner zu leisten.

*Den Schuldnern wird geboten, sich jeder Verfügung über die gepfändeten
Ansprüche, insbesondere ihrer Einziehung, zu enthalten.*

---

2 Nach BGH v. 2.4.1998 – IX ZR 232/96, WM 1998, 1037 wandelt sich das Anwartschaftsrecht durch formgerechte und vollständige Anmeldung zum absoluten Geschmacksmusterrecht.

3 Eingehend hierzu *Zimmermann*, Immaterialgüterrechte in der Zwangsvollstreckung, 1998, S. 239 ff.

Muster 81 Gesellschaft Bürgerlichen Rechts II

Zugleich werden die gepfändeten Ansprüche dem Gläubiger zur Einziehung überwiesen.[1]

---
1 Bei Sacheinlage vgl. Rz. 23 der Erläuterungen bei *Muster 81*.

Erläuterungen bei *Muster 81*.

Muster 81   Gesellschaft Bürgerlichen Rechts II

Ansprüche des Vollstreckungsschuldners als Gesellschafter gegen die übrigen Gesellschafter

Hinweis: Zu benutzen ist das amtliche Formular Anlage 2 (zu § 2 Nr. 2) der Verordnung über Formulare für die Zwangsvollstreckung (Zwangsvollstreckungsformular-Verordnung – ZVFV) vom 23.8.2012 (BGBl. I 2012, S. 1822) in der geänderten Fassung aufgrund der Verordnung zur Änderung der Zwangsvollstreckungsformular-Verordnung vom 16.6.2014 (BGBl. I 2014, S. 754).

Hierbei ist das Feld „Anspruch G" oder eine gesonderte Anlage zu nutzen. Es wird folgender Text empfohlen:

Wegen ... werden gepfändet:

a) der Anteil des Schuldners am Vermögen der zwischen ihm und ... (Name und Adresse aller übrigen Gesellschafter) ...   (Drittschuldner)

bestehenden Gesellschaft Bürgerlichen Rechts ... (die Gesellschaft möglichst genau benennen) ...

b) folgende Ansprüche des Schuldners gegen die Drittschuldner:

- *sein Anspruch auf fortlaufende Zuteilung und Auszahlung seines Anteils am Gewinn,*
- *seine Ansprüche auf Durchführung der Auseinandersetzung, auf das Auseinandersetzungsguthaben und auf Herausgabe ihm bei der Auseinandersetzung zukommender Sachen und Rechte,*
- *sein Anspruch auf Vergütung, Auslagenersatz oder sonstige Entschädigung für seine Tätigkeit in der Gesellschaft und für die Überlassung des Gebrauchs an Gegenständen; bezüglich einer Vergütung aus abhängigem Dienstverhältnis wird die Pfändung nach § 850c ZPO beschränkt.*

Dem Drittschuldner wird verboten, an den Schuldner zu leisten.

Dem Schuldner wird geboten, sich jeder Verfügung über den gepfändeten Anteil und die gepfändeten Ansprüche, insbesondere der Einziehung, zu enthalten.

Zugleich werden der gepfändete Anteil und die gepfändeten Ansprüche dem Gläubiger zur Einziehung überwiesen.

Ferner wird angeordnet, dass die dem Schuldner zukommenden Sachen an einen vom Gläubiger zu beauftragenden Gerichtsvollzieher zum Zweck der Verwertung herausgegeben werden.[1]

---

1 S. hierzu Rz. 16 der Erläuterungen.

Vorbemerkung

Das Muster gilt nicht für Anteile an anderen Gesellschaften (vgl. Rz. 6). Für diese (OHG, KG, Partnerschaftsgesellschaft, GmbH, Genossenschaft) sind die *Muster 130* bzw. *109* bzw. *82* bzw. *78* heranzuziehen.

1. Wesen der Gesellschaft

Häufig schließen sich mehrere Personen zur Förderung eines wirtschaftlichen oder ideellen Zieles zusammen. Geschehen solche Zusammenschlüsse, ohne dass die Einzelnen sich rechtlich binden, so bewirken sie allenfalls die Vergrößerung der Chance, das angestrebte Ziel durchzusetzen, sie haben aber für die Zwangsvollstreckung keine Bedeutung (z.B. Bürgerinitiativen). Für die Zwangsvollstreckung interessieren nur Zusammenschlüsse, die eine rechtliche Bindung und eine mehr oder minder enge Verflechtung der einzelnen Personen bewirken. Hierfür stehen – je nach Bedürfnis – verschiedene Konstruktionen zur Verfügung: 1

1.1 Korporative Zusammenschlüsse, die **eigene Rechtspersonen** sind, z.B. Vereine, Aktiengesellschaften, Genossenschaften; bei ihnen ist Ausscheiden und Wechsel von Mitgliedern meist nicht von großer Bedeutung und daher auf unkomplizierte Weise durchführbar. 2

1.2 **Nichtkorporative Zusammenschlüsse**, bei denen die persönliche Bindung von Wichtigkeit ist, z.B. Gesellschaft des bürgerlichen Rechts, OHG, die keine juristischen Personen darstellen und bei denen der Austausch von Gesellschaftern regelmäßig der Zustimmung aller Gesellschafter bedarf. 3

1.3 Zwischenformen wie z.B. die **GmbH**. 4

1.4 Bei den besonders für das Wirtschaftsleben ausgerüsteten Kooperationen, insbesondere der Aktiengesellschaft, ist die Mitgliederzahl häufig groß, sodass ein besonderes Bedürfnis nach leichter Auswechselbarkeit der Mitglieder besteht. Daher sind die **Mitgliedsrechte in Wertpapieren (Aktien) verbrieft**. Die Mitgliedschafts- und Anteilsrechte gehen mit dem Eigentum an der Aktie auf den Erwerber über. Diese Mitgliedschaftsrechte und Anteile werden daher nicht wie Forderungen gepfändet: Gepfändet werden die Aktien nach den Regeln der **Pfändung beweglicher Sachen**; die Verwertung erfolgt nach § 821 ZPO. 5

1.5 Bei den anderen Gesellschaften fehlt die Verbriefung der Mitgliedschaftsrechte an einem Wertpapier, sodass hier die **Mitgliedschaftsrechte** 6 nach den Regeln der §§ 859, 857, 829 ff. ZPO zu pfänden, zu überweisen und zu verwerten sind.

7   **1.6** Die **Gesellschaft des bürgerlichen Rechts** im Besonderen liegt vor, wenn sich alle Gesellschafter durch Vertrag gegenseitig verpflichtet haben, die Erreichung eines gemeinsamen Zwecks in der durch den Vertrag bestimmten Weise zu fördern, insbesondere die vereinbarten Beiträge zu leisten (§ 705 BGB), und wenn nicht zusätzlich Merkmale einer anderen Gesellschaftsform gegeben sind; die GbR ist damit in gewisser Weise die Grundform aller Gesellschaften.

1.7 Die Gesellschaft des bürgerlichen Rechts ist nach § 11 Abs. 2 Nr. 1 InsO insolvenzfähig. Mit Eröffnung des Insolvenzverfahrens über das Vermögen der Gesellschaft wird diese aufgelöst, § 728 Abs. 1 BGB. Die Gesellschaft wird ebenfalls durch die Eröffnung des Insolvenzverfahrens über das Vermögen eines Gesellschafters aufgelöst, § 728 Abs. 2 BGB. Unter den Voraussetzungen des § 728 Abs. 1 Satz 2 BGB kann die Gesellschaft die Fortsetzung beschließen.

2. Pfändung und Verwertung

2.1 Zwangsvollstreckung in das Vermögen eines einzelnen Gesellschafters (Muster 81)

8   **2.1.1** Ein Gesellschafter kann weder über seinen Anteil am Gesellschaftsvermögen noch über seine Anteile an den einzelnen zum Gesellschaftsvermögen gehörenden Gegenständen verfügen; er ist nicht berechtigt, Teilung zu verlangen (§ 719 BGB). Jedoch unterwirft § 859 Abs. 1 Satz 1 den **Gesellschaftsanteil** ausdrücklich der Pfändung, während § 859 Abs. 1 Satz 2 die Anteile des Gesellschafters an den einzelnen Gegenständen des Gesellschaftsvermögens unpfändbar bleiben lässt. Also kann die Pfändung eines Geschäftsanteils, in dem sich Grundstücke befinden, nicht ins Grundbuch eingetragen werden, und die Gesellschaft kann weiterhin über ihre Grundstücke verfügen.[1]

9   **Gepfändet wird nach §§ 857, 829 ZPO.**

10 **Drittschuldner** ist nach Meinung des BGH „die Gesamthand".[2] Diese Ansicht wird verstärkt durch die Entscheidung des BGH zur Rechtsfähigkeit der Außengesellschaft der GbR.[3] Es genügt, den Pfändungs- und Überweisungsbeschluss nur dem oder den geschäftsführenden Gesellschaftern zuzustellen.[4] Sind alle geschäftsführungsbefugt, genügt die Zustellung an ei-

---

1 OLG Hamm v. 22.12.1986 – 15 W 425/86, NJW-RR 1987, 723; LG Hamburg JurBüro 1988, 788. m. Anm. *Mümmler*; Zöller/*Stöber*, § 859 ZPO Rz. 4; *Stöber*, Rz. 1558 m.w.N.; a.A. *Hintzen*, Rpfleger 1992, 260 ff.
2 BGH v. 21.4.1986 – II ZR 198/85, BGHZ 97, 392 = MDR 1986, 825; BGH v. 18.5.1998 – II ZR 380/96, WM 1998, 1533 = NJW 1998, 435.
3 BGH v. 29.1.2001 – II ZR 331/00, Rpfleger 2001, 246 = JurBüro 2001, 319 = InVo 2001, 171.
4 BGH v. 6.4.2006 – V ZB 158/05, NJW 2006, 2191 = Rpfleger 2006, 478.

nen Gesellschafter, § 170 Abs. 3 ZPO. **Der Vorsichtige** jedoch wird alle Gesellschafter (außer den Vollstreckungsschuldner) als Drittschuldner benennen und den Beschluss allen Gesellschaftern zustellen lassen. Allerdings ist hierbei festzuhalten, dass die Pfändung erst mit der Zustellung an den letzten Gesellschafter wirksam wird.

2.1.2 Der gepfändete Anteil ist dem Vollstreckungsgläubiger zur Einziehung zu überweisen; eine Überweisung an Zahlungs statt verbietet sich schon deshalb, weil sie den Vollstreckungsgläubiger gegen den Willen der Gesellschafter zum Mitgesellschafter machen würde.

11

2.1.3 Solange der Vollstreckungstitel nicht rechtskräftig ist, ist der Vollstreckungsgläubiger nur befugt, den Anspruch des Vollstreckungsschuldners auf den Gewinnanteil (und die nicht unmittelbar aus der Anteilsinhaberschaft fließenden Vergütungsansprüche) des Vollstreckungsschuldners geltend zu machen.

12

Sobald der Vollstreckungstitel rechtskräftig ist, kann der Vollstreckungsgläubiger die Gesellschaft kündigen (§ 725 BGB), ohne eine Kündigungsfrist einhalten zu müssen; gegenteilige Vereinbarungen der Gesellschafter wirken also ihm gegenüber nicht.[5] Die Kündigung muss der Vollstreckungsgläubiger gesondert aussprechen; sie liegt noch nicht in der Pfändung oder Überweisung.

13

Nach Ansicht des BGH soll es nicht notwendig sein, die Kündigung gegenüber allen anderen Gesellschaftern auszusprechen, vielmehr soll auch die nur einem geschäftsführungsbefugten Gesellschafter gegenüber ausgesprochene Kündigung wirksam werden, sobald sie allen anderen Gesellschaftern bekannt geworden ist.[6] Zumindest dogmatisch ist diese Ansicht zu bezweifeln; denn die Entgegennahme der Kündigung wird man kaum als einen Akt der Geschäftsführung ansehen können, sodass die Kündigung als empfangsbedürftige Willenserklärung allen Erklärungsgegnern, also allen Gesellschaftern zugehen muss. **Es ist daher ratsam, die Kündigung allen Gesellschaftern gegenüber zu erklären, und zwar in nachweisbarer Form**, schon deshalb, weil die Kenntniserlangung sonst kaum bewiesen werden kann.[7]

14

Durch die Kündigung verwandelt sich das Pfändungspfandrecht am Gesellschaftsanteil in ein Pfandrecht an dem Anspruch des Gesellschafters **auf Durchführung der Auseinandersetzung und Auszahlung des** Auseinandersetzungsguthabens.[8]

15

---

5 Z.B. Palandt/*Sprau*, § 725 BGB Rz. 3 „fristlose Kündigung".
6 BGH v. 11.1.1993 – II ZR 227/91, NJW 1993, 1002; bestärkt durch BGH v. 29.1.2001 – II ZR 331/00, BGH v. 29.1.2001 – II ZR 331/00, Rpfleger 2001, 246 = JurBüro 2001, 319 = InVo 2001, 171; Zöller/*Stöber*, § 859 ZPO Rz. 3.
7 Vgl. hierzu *Wertenbruch*, Die Haftung von Gesellschaftern und Gesellschaftsanteilen in der Zwangsvollstreckung, 2000, S. 535 ff.; Prütting/*Ahrens*, § 859 ZPO Rz. 5.
8 Zöller/*Stöber*, § 859 ZPO Rz. 4; BGH v. 5.12.1991 – IX ZR 270/90, BGHZ 116, 222, 227; bisher sehr bestritten.

16 Was dem Vollstreckungsschuldner bei der Auseinandersetzung nach Kündigung zusteht, bestimmt sich nach vertraglicher Vereinbarung, bei Schweigen des Vertrags nach §§ 731 bis 735 BGB. Soweit dem Vollstreckungsschuldner danach die Herausgabe von Sachen zukommt, sind diese nach §§ 846, 847 ZPO dadurch zu verwerten, dass sie an einen vom Gläubiger zu beauftragenden Gerichtsvollzieher herauszugeben sind, der sie wiederum nach den Vorschriften über die Verwertung gepfändeter Sachen zu Geld macht (§ 847 ZPO).

17 **2.1.4** Die Gesellschafter schützen sich gegen die ihnen nachteiligen Wirkungen der Pfändung eines Geschäftsanteils häufig durch Vorsorge im Gesellschaftsvertrag, indem sie vereinbaren, dass derjenige Gesellschafter, dessen Anteil gepfändet ist, aus der Gesellschaft ausscheidet, die Gesellschaft aber unter den übrigen Gesellschaftern weiter besteht (vgl. § 736 BGB). Diese **Vertragsklausel** wirkt auch gegen den Vollstreckungsgläubiger. Die Drittschuldner werden verpflichtet sein, Existenz und Inhalt einer solchen Vertragsbestimmung in die Drittschuldnererklärung aufzunehmen.

Auch mit dem Ausscheiden des Vollstreckungsgläubigers aufgrund dieser Vertragsklausel entsteht ein Anspruch des Vollstreckungsschuldners gegen die Mitgesellschafter auf Auseinandersetzung und Auszahlung des Auseinandersetzungsguthabens, auf den sich nunmehr das Pfändungspfandrecht des Vollstreckungsgläubigers bezieht. Das Auseinandersetzungsguthaben richtet sich aber hier nach §§ 738 bis 740 BGB.

18 **2.1.5** Während der Vollstreckungsgläubiger bis zum Ausscheiden des Vollstreckungsschuldners zwar die Gesellschaft kündigen, aber von den sich aus dem Gesellschaftsverhältnis ergebenden Rechten des Vollstreckungsschuldners nur den Anspruch auf den Gewinnanteil und die dem Vollstreckungsschuldner aus der Geschäftsführung zustehenden Ansprüche geltend machen konnte (§§ 725 Abs. 2, 717 Satz 2 BGB), ist er nun befugt, die **Auseinandersetzungsansprüche** des Vollstreckungsschuldners gegen die übrigen Gesellschafter geltend zu machen, also dasjenige zu verlangen, was dem Vollstreckungsschuldner infolge seines Ausscheidens gegen die Mitgesellschafter zusteht; das ist, wenn nichts anderes vereinbart ist: der Anspruch auf Rückgabe von Gegenständen, die der Schuldner der Gesellschaft zur Benutzung überlassen hatte (§ 732 BGB), der Anspruch auf Rückerstattung seiner Einlagen bzw. Wertersatz dafür (§ 733 BGB) und der Anspruch auf Erteilung des Überschusses (§ 734 BGB).

19 Weil der Vollstreckungsgläubiger aber weder Gesellschafter ist, noch die Rechte eines Gesellschafters ausüben kann, steht ihm jedenfalls bis zur Kündigung die Ausübung von Kontrollrechten nicht zu. Nach h.M. wird dem Pfändungsgläubiger aber das Recht eingeräumt, die **Teilungsversteigerung** zu betreiben. Dem Vollstreckungszugriff des Pfändungsgläubigers muss auch eine Realisierungschance eingeräumt werden. Diese wäre jedoch nicht zu verwirklichen, wenn dem Pfändungsgläubiger nur ein Kündigungsrecht zustehen würde. Das Kündigungsrecht hat immer die Aus-

einandersetzung zum Ziel, diese ist somit der eigentliche Inhalt der Kündigung. Ein Eingriff in die übrigen geschützten Gesellschafterrechte liegt im Antrag auf Teilungsversteigerung nicht.[9] Das meint auch der BGH, lässt aber in einer älteren Entscheidung noch offen, ob der Vollstreckungsgläubiger sogleich befugt ist, die Teilungsversteigerung zu beantragen.[10] Interessant hierzu ist eine Entscheidung des BGH[11] vom 29.11.2007. Nach dem Sachverhalt war Eigentümerin des Grundbesitzes eine GbR. Der Gläubiger erwirkte einen PfÜB, durch den der Anteil des Schuldners an der GbR einschließlich seines Anspruchs auf Aufhebung der Gemeinschaft gepfändet und ihm zur Einziehung überwiesen wurde. Der Gläubiger kündigte die Gesellschaft und beantragte die Zwangsversteigerung zum Zweck der Aufhebung der Gemeinschaft an dem Grundbesitz. Das Amtsgericht ordnete das Verfahren an. Der BGH musste in der Sache über einen Einstellungsantrag entscheiden, mit der vorgetragenen Begründung, ein Mitgesellschafter habe seinen hälftigen Anteil an der Gesellschaft übertragen. In dieser Entscheidung hat der BGH die Zulässigkeit der Antragstellung durch den Pfändungsgläubiger nicht in Frage gestellt.

Nach der Entwicklung zur Rechtsfähigkeit der GbR (s. hierzu Rz. 22) stellte sich aber die Frage, ob die GbR als solche nicht vergleichbar den Regeln, die für die OHG gelten, zu behandeln ist. Dies allerdings verneint der BGH in seinem neueren Beschluss vom 16.5.2013.[12] Der BGH betont, dass sich die Zulässigkeit der Teilungsversteigerung nicht (mehr) unmittelbar aus § 180 Abs. 1 ZVG allein ergibt. Denn das Grundstück einer GbR steht in deren Alleineigentum und nicht im gemeinschaftlichen Eigentum ihrer Gesellschafter. Dass die GbR nach § 47 Abs. 2 GBO unter Angabe ihrer Gesellschafter einzutragen ist, ändert daran nichts. Die Zulässigkeit der Teilungsversteigerung eines Gesellschaftsgrundstücks soll sich aber daraus ergeben, dass für die Auseinandersetzung des Vermögens einer gekündigten GbR nach § 731 Satz 2 BGB die Regeln der Gemeinschaft gelten und die Teilung eines Grundstücks danach gemäß § 753 Abs. 1 BGB durch Teilungsversteigerung zu erfolgen hat.

Insbesondere schließt der BGH auch das Gegenargument aus, dass der entsprechenden Anwendbarkeit der Vorschriften über die Teilungsversteigerung auf Gesellschaftsgrundstücke die Anerkennung der Teilrechtsfähigkeit der GbR durch den BGH vom 29.1.2001 nicht entgegensteht.[13] Die Teilrechtsfähigkeit hat nach Ansicht des BGH nur die Zuordnung des Gesellschaftsvermögens, nicht aber die Anwendung der Vorschriften über die Auflösung der GbR verändert. Der Gläubiger kann daher nach wirk-

---

9 LG Hamburg v. 26.2.2002 – 328 T 103/01, Rpfleger 2002, 532; LG Konstanz v. 5.5.1987 – 1 T 68/87, Rpfleger 1987, 427; LG Lübeck v. 6.3.1986 – 7 T 162/86, Rpfleger 1986, 315.
10 BGHZ 116, 227 ff.
11 BGH v. 29.11.2007 – V ZB 26/07, Rpfleger 2008, 215 = MDR 2008, 287 Ls.
12 BGH v. 16.5.2013 – V ZB 198/12, Rpfleger 2013, 694.
13 So aber *Hintzen* in Dassler/Schiffhauer, § 180 ZVG Rz. 27; *Becker*, ZfIR 2013, 314 (318).

samer Pfändung und Kündigung die Auseinandersetzung in Form der Teilungsversteigerung beantragen.

20 **2.1.6** Wenn sich **Grundstücke im Gesellschaftsvermögen** befinden, ändert sich an Pfändung und Überweisung nichts, insbesondere kommen nicht etwa Vorschriften der Immobiliarpfändung zur Anwendung; denn gepfändet werden nicht Einzelgegenstände des Gesellschaftsvermögens, gepfändet wird der Anteil des Vollstreckungsschuldners an der Gesellschaft.

21 **2.1.7** Hat der Vollstreckungsschuldner eine **vergütungspflichtige Tätigkeit für die Gesellschaft** ausgeübt, sei es in der Geschäftsführung, sei es als Angestellter, so kann er Ersatz seiner Auslagen und Vergütung für seine Tätigkeit verlangen. Diese Ansprüche sind als gewöhnliche Forderungen nach §§ 829, 835 ZPO zu pfänden und zu überweisen. Sie sind in *Muster 81* berücksichtigt.

2.2 Die Pfändung ins Gesellschaftsvermögen (Muster 80)

22 Die GbR ist nach dem Gesetz keine juristische Person, hat kein eigenes Vermögen – das „Gesellschaftsvermögen" steht vielmehr den einzelnen Gesellschaftern zur Gesamthand zu –, kann weder als Gesellschaft klagen noch verklagt werden, einen Titel gegen sie kann es also nicht geben. Deshalb ist zur Zwangsvollstreckung in das Gesellschaftsvermögen ein **gegen alle Gesellschafter ergangener Titel** notwendig (§ 736 ZPO). In einer Grundsatzentscheidung hat der BGH am 29.1.2001[14] der **(Außen)GbR** jedoch die Rechtsfähigkeit zugesprochen, soweit sie durch Teilnahme am Rechtsverkehr eigene Rechte und Pflichten begründet.[15] In diesem Rahmen ist sie im Prozess auch aktiv und passiv parteifähig. Da es für die Vertretungsverhältnisse der GbR **kein Register** als Nachweisgrundlage gibt, stellten sich alsbald nach dieser Grundsatzentscheidung auch die grundbuchrechtlichen Legitimationsprobleme. Die zunächst zuständigen Oberlandesgerichte verweigerten vielfach den Schluss, dass die GbR auch materieller Rechtsträger von Grundstückseigentum und dinglichen Grundstücksrechten sein könne. Folgerichtig wurde auch die formelle Grundbuchfähigkeit der GbR verneint. Mit seinem Urteil vom 25.9.2006[16] stellte der II. Zivilsenat des BGH auch die **Grundbuchfähigkeit** der GbR fest. Unter Negierung der abweichenden Rechtsauffassungen erkannte der BGH an, dass nur die rechtsfähige GbR als Rechtsträger von Grundstückseigentum und dinglichen Grundstücksrechten in Betracht kommt. Damit war klargestellt, dass auch die bisherigen Eintragungen „A, B, C in Gesellschaft bürgerlichen Rechts" so zu verstehen sind, dass die GbR Rechtsinhaber und auch nur die GbR als solche im Grundbuch eingetragen ist. Der Zusatz neben den Namen der Gesellschafter „als Gesellschafter bürgerlichen Rechts" besagt nichts anderes. Damit war die Rechtsfähigkeit der GbR entschieden. Mit seinem Beschluss vom

---

14 BGH v. 29.1.2001 – II ZR 331/00, Rpfleger 2001, 246 = JurBüro 2001, 319 = InVo 2001, 171.
15 Hierzu auch BGH v. 6.4.2006 – V ZB 158/05, NJW 2006, 2191 = Rpfleger 2006, 478.
16 BGH v. 25.9.2006 – II ZR 218/05, Rpfleger 2007, 23 = NJW 2006, 3716.

4.12.2008[17] erkannte der V. Zivilsenat des BGH dann auch auf die **formelle Grundbuchfähigkeit** der GbR („Die Gesellschaft bürgerlichen Rechts (GbR) kann unter der Bezeichnung in das Grundbuch eingetragen werden, die ihre Gesellschafter im Gesellschaftsvertrag für sie vorgesehen haben"). Diese Rechtsprechung des BGH und aller anderen Gerichte auch veranlasste den Gesetzgeber zu den GbR-Regelungen im Rahmen des ERVGBG.[18] Verfahrensrechtlich wurde § 47 Abs. 2 GBO neu geschaffen („Soll ein Recht für eine Gesellschaft bürgerlichen Rechts eingetragen werden, so sind auch deren Gesellschafter im Grundbuch einzutragen"). Zusätzlich wurde materiell § 899a BGB neu geschaffen (guter Glaube).

Auch vollstreckungsrechtlich hat der BGH seine Linie zur Rechtsfähigkeit der GbR beibehalten. Mit Beschluss vom 16.7.2004[19] stellte der BGH klar, dass aus der wirksam in eine Grundschuldurkunde aufgenommenen und im Grundbuch eingetragenen Unterwerfungserklärung der Gesellschafter einer GbR gem. § 800 Abs. 1 ZPO die Zwangsvollstreckung in ein Grundstück des Gesellschaftsvermögens betrieben werden kann. Dem steht nicht entgegen, dass die GbR nach neuerer Rechtsprechung rechts- und mglw. grundbuchfähig ist. Mit Beschluss vom 2.12.2010[20] und vom 24.2.2011[21] entschied der BGH weiter, dass die Vollstreckung in das Grundstück einer GbR angeordnet werden darf, wenn deren Gesellschafter sämtlich aus dem Titel hervorgehen und mit den im Grundbuch eingetragenen Gesellschaftern übereinstimmen. Veränderungen im Gesellschafterbestand sind durch eine Rechtsnachfolgeklausel analog § 727 ZPO nachzuweisen. Der erweiterte öffentliche Glaube des Grundbuchs nach § 899a BGB bezieht sich nur auf die Gesellschafterstellung, nicht auf die Geschäftsführungsbefugnis.

Zur Zwangsvollstreckung gegen die Gesellschaft oder einen einzelnen Gesellschafter gelten daher nicht die Regeln der OHG, d.h. zur Zwangsvollstreckung in das Gesellschaftsvermögen ist ein gegen die Gesellschaft ergangenes Urteil notwendig, § 124 Abs. 2 HGB. Mit diesem Urteil kann nicht in das Vermögen des Gesellschafters vollstreckt werden, § 129 Abs. 4 HGB. Dies gilt umgekehrt im Verhältnis Gesellschafter zur Gesellschaft ebenso. Bei der GbR kann der Gläubiger mit einem Titel gegen die

---

17 BGH v. 4.12.2008 – V ZB 74/08, Rpfleger 2009, 141 m. Anm. *Bestelmeyer* = ZEV 2009, 91 m. Anm. *Langenfeld* = DNotZ 2009, 115 m. Anm. *Hertel* = NotBZ 2009, 98 = ZfIR 2009, 93 m. Anm. *Volmer*.
18 Gesetz zur Einführung des elektronischen Rechtsverkehrs und der elektronischen Akte im Grundbuchverfahren sowie zur Änderung weiterer grundbuch-, register- und kostenrechtlicher Vorschriften vom 11.8.2009, BGBl. I 2009, S. 2713.
19 BGH v. 16.7.2004 – IXa ZB 288/03, NJW 2004, 3632 = Rpfleger 2004, 718 = WuB H. 12/2004 VIE. § 800 ZPO 1.04 *Wertenbruch*.
20 BGH v. 2.12.2010 – V ZB 84/10, NJW 2011, 615 = Rpfleger 2011, 285 = WuB H. 4/2011 VI D. § 727 ZPO 1.11 *Brehm*.
21 BGH v. 24.2.2011 – V ZB 253/10, NJW 2011, 1449 = Rpfleger 2011, 337 = ZIP 2011, 881.

Muster 82 GmbH/UG (haftungsbeschränkt) I

GbR als solche in das Gesellschaftsvermögen vollstrecken, aber auch mit einem Titel gegen alle Gesellschafter.[22]

23 Zum Gesellschaftsvermögen gehören auch die **Ansprüche gegen einzelne Gesellschafter auf Leistung ihrer Beiträge und etwaige Nachschüsse**. Mit der Pfändung dieser Ansprüche befasst sich *Muster 80*. Die Einlageverpflichtung des Vollstreckungsschuldners kann ganz verschiedenen Inhalt haben: Ist sie auf Leistung von Geld gerichtet, so ist sie für die Zwangsvollstreckung am „handlichsten". Ist sie auf Leistung von Sachen gerichtet, so muss die Verwertung des geforderten Anspruchs dadurch geschehen, dass die an die Gesellschaft zu leistenden Sachen an den vom Vollstreckungsgläubiger beauftragten Gerichtsvollzieher herausgegeben werden, der sie im Wege der Pfandverwertung zu Geld macht. Es ist also nicht nur im Pfändungsantrag die Einlageforderung möglichst genau zu beschreiben, es ist auch ggf. ein die besondere Verwertung betreffender Antrag aufzunehmen; *Muster 80* geht von der Einlageschuld in Geld aus.

24 **Drittschuldner** ist derjenige Mitgesellschafter, der seiner Einlagepflicht nicht genügt hat.

Muster 82 Gesellschaft mit beschränkter Haftung bzw. Unternehmergesellschaft I

Geschäftsanteil, Nebenansprüche, Geschäftsführervergütung eines Gesellschafters

Hinweis: Zu benutzen ist das amtliche Formular Anlage 2 (zu § 2 Nr. 2) der Verordnung über Formulare für die Zwangsvollstreckung (Zwangsvollstreckungsformular-Verordnung – ZVFV) vom 23.8.2012 (BGBl. I 2012, S. 1822) in der geänderten Fassung aufgrund der Verordnung zur Änderung der Zwangsvollstreckungsformular-Verordnung vom 16.6.2014 (BGBl. I 2014, S. 754).

Hierbei ist das Feld „Anspruch G" oder eine gesonderte Anlage zu nutzen. Es wird folgender Text empfohlen:

Wegen . . . werden gepfändet:

a) der angebliche Geschäftsanteil des Schuldners an der

   . . . (genaue Bezeichnung der Gesellschaft mit beschränkter Haftung, vertreten durch den zu benennenden Geschäftsführer) . . . (Drittschuldnerin);

b) hat der Schuldner mehrere Geschäftsanteile, so sind sie alle gepfändet;

   – die angeblichen Ansprüche des Schuldners gegen die vorgenannte Drittschuldnerin

   – auf fortlaufende Auszahlung seines Anteils am Gewinn und auf Auskunftserteilung über die Höhe dieses Anspruchs;

---

[22] OLG Hamburg v. 10.2.2011 – 13 W 5/11, Rpfleger 2011, 426; OLG Schleswig v. 20.12.2005 – 2 W 205/05, Rpfleger 2006, 261; Zöller/*Stöber*, § 736 ZPO Rz. 2; Baumbach/Lauterbach/Albers/*Hartmann*, § 736 ZPO Rz. 1, 2.

- auf Auszahlung dessen, was dem Schuldner bei der Auseinandersetzung zukommt, sei es als Auseinandersetzungsguthaben, Abfindung, Vergütung für den eingezogenen oder kaduzierten Geschäftsanteil oder als Liquidationsquote;
- auf Zahlung der dem Schuldner als Geschäftsführer zustehenden Vergütung und auf Ersatz seiner Aufwendungen und auf Vergütung für die Leistung persönlicher Dienste; bezüglich der Vergütung aus einem Dienstverhältnis wird die Pfändung nach § 850c ZPO beschränkt;
- auf Rückzahlung von Darlehen und auf deren Verzinsung sowie
- auf Herausgabe von Sachen und Rückübertragung von Rechten, die der Schuldner der Gesellschaft zur Nutzung überlassen hat, sowie auf Zahlung einer Vergütung dafür;

c) das Recht, die Gesellschaft zu kündigen.

Der Drittschuldnerin wird verboten, an den Schuldner zu leisten.

Dem Schuldner wird geboten, sich jeder Verfügung über den/die gepfändete(n) Geschäftsanteil(e), die gepfändeten Ansprüche und das gepfändete Recht, insbesondere der Einziehung, zu enthalten.

- Zugleich werden die gepfändeten Geschäftsanteile, Ansprüche und Rechte dem Gläubiger zur Einziehung überwiesen; Ziff. ... des Gesellschaftsvertrags (der Satzung) bestimmt die Kündigung der Gesellschaft als weiteren Auflösungsgrund.[1]
- Zugleich werden die gepfändeten Ansprüche und Rechte – nicht die gepfändeten Geschäftsanteile – dem Gläubiger zur Einziehung überwiesen und wird angeordnet, dass die Geschäftsanteile im Wege der Versteigerung durch den vom Gläubiger zu beauftragenden Gerichtsvollzieher zu verwerten sind; die Gesellschaft kann durch Kündigung nicht aufgelöst werden.[1]

---

1 Unbedingt Rz. 9–19 der Erläuterungen bei *Muster 84* lesen und zwischen den Alternativen wählen!

Erläuterungen bei *Muster 84*.

Muster 83 Gesellschaft mit beschränkter Haftung bzw. Unternehmergesellschaft II

Ansprüche der Gesellschaft gegen einen Geschäftsführer

Hinweis: Zu benutzen ist das amtliche Formular Anlage 2 (zu § 2 Nr. 2) der Verordnung über Formulare für die Zwangsvollstreckung (Zwangsvollstreckungsformular-Verordnung – ZVFV) vom 23.8.2012 (BGBl. I 2012, S. 1822) in der geänderten Fassung aufgrund der Verordnung zur Änderung der Zwangsvollstreckungsformular-Verordnung vom 16.6.2014 (BGBl. I 2014, S. 754).

Hierbei ist das Feld „Anspruch G" oder eine gesonderte Anlage zu nutzen. Es wird folgender Text empfohlen:

Muster 83   GmbH/UG (haftungsbeschränkt) II

Wegen . . . werden die angeblichen Schadensersatzansprüche der Schuldnerin gegen . . . (Name und Adresse des Geschäftsführers) . . .   *(Drittschuldner) aus Dienstvertrag und unerlaubter Handlung gepfändet, die deswegen entstanden sind, weil der Drittschuldner gegen seine gesetzlichen und vertraglichen Geschäftsführerpflichten verstoßen hat (§ 43 GmbHG); insbesondere werden gepfändet:*

a) der Anspruch auf Ersatz des Schadens, welcher der Schuldnerin dadurch entstanden ist, dass der Drittschuldner entgegen § 30 GmbHG Zahlungen an den Gesellschafter oder entgegen § 33 GmbHG den Erwerb eigener Geschäftsanteile der Gesellschaft veranlasst hat;

b) der Anspruch auf Ersatz von Zahlungen, die nach Eintritt der Zahlungsfähigkeit der Gesellschaft oder nach Feststellung ihrer Überschuldung geleistet worden sind (§ 64 GmbHG);

c) der Anspruch auf Ersatz desjenigen Schadens, der durch verspätete Insolvenzanmeldung entstanden ist (§ 15a InsO);

d) der Anspruch auf Ersatzleistungen nach § 9a Abs. 1 und 2 GmbHG und

e) der Anspruch auf Auskunft über den Stand der in a), b), c) und d) genannten Forderungen.[1]

Dem Drittschuldner wird verboten, an die Schuldnerin zu leisten.

Der Schuldnerin wird geboten, sich jeder Verfügung über die gepfändeten Ansprüche, insbesondere ihrer Einziehung, zu enthalten.

Zugleich werden die gepfändeten Ansprüche dem Gläubiger zur Einziehung überwiesen.

---

1 Nach einer Grundsatzentscheidung des BGH v. 29.4.2013 – VII ZB 14/12, Rpfleger 2013, 552 = ZInsO 2013, 1144 sind die Ansprüche nach § 51a GmbHG nicht pfändbar. Die Ansprüche des Schuldners gegen die Drittschuldnerin auf Erteilung von Auskunft über deren Angelegenheiten und auf Gestattung der Einsicht in deren Bücher und Schriften gemäß § 51a GmbHG sind nicht zusammen mit der Geschäftsanteilspfändung mitgepfändet. Nach Ansicht des BGH sind die Ansprüche aus § 51a GmbHG Ausfluss der Gesellschafterstellung und können von dieser nicht getrennt werden, so dass die Pfändung des Geschäftsanteils diese Ansprüche nicht erfassen kann. Das Informationsrecht des GmbH-Gesellschafters ist, vom Sonderfall des § 51a Abs. 2 GmbHG abgesehen, prinzipiell unbeschränkt; es findet seine Grenze erst bei einer nicht zweckentsprechenden Wahrnehmung. Die Kehrseite des umfassenden, sehr weitgehend gestalteten Informationsrechts nach § 51a GmbHG ist als Ausfluss der gesellschaftsrechtlichen Treuepflicht eine verstärkte Verschwiegenheitspflicht des Gesellschafters. Die Weitergabe von Informationen zu gesellschaftsfremden Zwecken oder an gesellschaftsfremde Dritte ist grundsätzlich pflichtwidrig, und zwar ohne Rücksicht auf ihren Inhalt und ohne Rücksicht darauf, welche Zwecke mit der Verbreitung der Kenntnisse verfolgt werden.

Erläuterungen bei *Muster 84*.

Muster 84 Gesellschaft mit beschränkter Haftung bzw. Unternehmergesellschaft III

Anspruch der Gesellschaft auf Leistung der Stammeinlage

Hinweis: Zu benutzen ist das amtliche Formular Anlage 2 (zu § 2 Nr. 2) der Verordnung über Formulare für die Zwangsvollstreckung (Zwangsvollstreckungsformular-Verordnung – ZVFV) vom 23.8.2012 (BGBl. I 2012, S. 1822) in der geänderten Fassung aufgrund der Verordnung zur Änderung der Zwangsvollstreckungsformular-Verordnung vom 16.6.2014 (BGBl. I 2014, S. 754). Hierbei ist das Feld „Anspruch G" oder eine gesonderte Anlage zu nutzen. Es wird folgender Text empfohlen:

Wegen ... wird die angebliche Forderung der Schuldnerin

gegen ... (Name und Adresse des Gesellschafters) ...   (Drittschuldner)

auf Zahlung der Stammeinlage gepfändet.

Dem Drittschuldner wird verboten, an die Schuldnerin zu zahlen.

Der Schuldnerin wird geboten, sich jeder Verfügung über die Forderung, insbesondere der Einziehung, zu enthalten.

Zugleich wird die gepfändete Forderung dem Gläubiger zur Einziehung überwiesen.[1]

– Durch die Pfändung wird der Vermögensstand der Gesellschaft nicht verringert.

– Der Erhaltung der Kapitalgrundlage der GmbH bedarf es nicht mehr: ...

---
1 Beide Alternativen können zugleich zutreffen! Der Sachverhalt ist im Antrag näher darzulegen, vgl. Rz. 29 ff. der Erläuterungen.

1. Wesen der GmbH

Die Gesellschaft mit beschränkter Haftung (GmbH) ist eine juristische Person, die durch Abschluss eines notariell beurkundeten Vertrages zwischen den Gesellschaftern und Eintragung der Gesellschaft im Handelsregister entsteht (§§ 2, 11 Abs. 1, 13 Abs. 1 GmbHG). Werden vor dieser Eintragung Verfügungen im Namen der Gesellschaft vorgenommen, so haften dafür die Handelnden persönlich und gesamtschuldnerisch (§ 11 Abs. 2 GmbHG); nach Eintragung der Gesellschaft haftet den Gläubigern der Gesellschaft nur das Gesellschaftsvermögen (§ 13 Abs. 2 GmbHG). 1

1.1 Die Gesellschaft gilt stets als Handelsgesellschaft (§ 13 Abs. 3 GmbHG) und ist damit Vollkaufmann (§ 6 Abs. 1 HGB). Sie wird durch einen oder mehrere Geschäftsführer **vertreten** (§ 35 HGB). Die Verfassung und Verwaltung der Gesellschaft und ihre Beziehungen zu den Gesellschaftern werden in einer Satzung geregelt. 2

3 **1.2** Durch das am 1.11.2008 in Kraft getretene MoMiG[1] wurde das GmbHG weitreichend geändert. Im Wesentlichen wurde § 2 GmbHG (Form des Gesellschaftsvertrags) dahingehend geändert, dass die Eröffnung eines Gründungsverfahrens in Form zweier gesetzlicher Musterprotokolle jeweils zur Gründung einer Einpersonen- oder einer Mehrpersonen-GmbH mit bis zu drei Gesellschaftern möglich ist. Hierdurch soll die Errichtung einer GmbH unter bestimmten Voraussetzungen (beschränkte Gesellschafteranzahl sowie nur ein Geschäftsführer) vereinfacht werden. Das im Gesetzgebungsverfahren diskutierte beurkundungsfreie Vertragsmuster wurde nicht realisiert. Nach § 3 GmbHG (Inhalt des Gesellschaftsvertrags) ist die Aufnahme der Zahl und der Nennbeträge der von jedem Gesellschafter übernommenen Geschäftsanteile in den Gesellschaftsvertrag notwendig, da ein Gesellschafter jetzt bei der Gründung mehrere Anteile übernehmen kann. Das Mindeststammkapital beträgt unverändert 25 000 Euro, § 5 GmbHG, soweit nicht eine sog. **Unternehmergesellschaft** vorliegt. Der Nennbetrag jedes Geschäftsanteils hat auf volle Euro zu lauten. Im Vordergrund steht nicht die Stammeinlage, sondern der Nennbetrag des Geschäftsanteils; eine wesentliche sachliche Änderung ist damit nicht verbunden. Die Höhe der Nennbeträge der Geschäftsanteile kann individuell bestimmt werden. Als einzige Begrenzung gilt, dass der Nennbetrag jedes Anteils auf volle Euro – mindestens 1 Euro – lauten muss. Ein Gesellschafter kann auch mehrere Geschäftsanteile mit verschiedenen Nennbeträgen übernehmen.

Eine neue Sonderform der GmbH stellt die **haftungsbeschränkte Unternehmergesellschaft** dar, § 5a GmbHG. Wesentliches Kennzeichen dieser Rechtsformvariante ist der Verzicht auf ein gesetzlich vorgeschriebenes Mindeststammkapital. Dessen Höhe kann von den Gründern frei gewählt werden. Denkbar ist also eine Kapitalausstattung von nur einem Euro.

Auch für die haftungsbeschränkte Unternehmergesellschaft ist ein Gesellschaftsvertrag abzuschließen. Sie muss durch eine deutlich andere Firmierung gekennzeichnet werden, und zwar als „Unternehmergesellschaft (haftungsbeschränkt)" oder in Form der Abkürzung „UG (haftungsbeschränkt)". Die Anmeldung zum Handelsregister darf erst erfolgen, wenn das festgelegte Stammkapital voll eingezahlt ist, § 5a Abs. 2 GmbHG. Sacheinlagen sind ausgeschlossen. Es gibt keine zeitlichen Vorgaben zur Kapitalaufholung. Wird aber zu einem bestimmten Zeitpunkt im Ergebnis das Mindeststammkapitalerfordernis des § 5 Abs. 1 GmbHG erfüllt, entfallen die Sonderregelungen, § 5a Abs. 5 GmbHG. Die GmbH ist dann unverzüglich zur Eintragung in das Handelsregister anzumelden. Die Gesellschaft kann in diesem Fall umfirmieren, muss dies aber nicht tun.

---

1 Gesetz zur Modernisierung des GmbH-Rechts und zur Bekämpfung von Missbräuchen v. 23.10.2008, BGBl. I 2008, S. 2026.

2. Pfändung und Verwertung

2.1 Zwangsvollstreckung in das Vermögen des einzelnen Gesellschafters (Muster 82)

Der **Geschäftsanteil** als solcher ist veräußerlich und vererblich (§ 15 GmbHG) und daher auch pfändbar[2]. Ein Gesellschafter kann Inhaber mehrerer (sogar aller) Geschäftsanteile sein. Deshalb empfiehlt sich die Klarstellung, dass alle Geschäftsanteile gepfändet sein sollen.   4

Pfändbar sind auch **sonstige Ansprüche** des Gesellschafters gegen die Gesellschaft.   5

2.1.1 Der Geschäftsanteil wird mangels besonderer gesetzlicher Regelung nach § 857 gepfändet. Machen Gesellschaftsvertrag oder Satzung die Übertragung oder Verpfändung von Geschäftsanteilen von der Genehmigung der Gesellschaft oder der übrigen Gesellschafter abhängig, so steht dies der Pfändung des Geschäftsanteils nicht entgegen (§ 399 BGB, § 851 Abs. 2 ZPO).   6

2.1.1.1 Nach heute ganz herrschender Meinung ist die **GmbH Drittschuldnerin**[3], vertreten durch den (die) Geschäftsführer, deren Namen sich nach § 35a GmbHG aus den Geschäftsbriefen ergeben müssen, die man aber vorsorglich im Handelsregister nachprüft.   7

2.1.1.2 Der Gesellschaftsvertrag kann vorsehen, dass ein Geschäftsanteil eingezogen wird, wenn er gepfändet ist, § 34 GmbHG. Weil der Vollstreckungsgläubiger nicht mehr Recht erwerben kann, als der Vollstreckungsschuldner hat, muss er sich mit dieser **Einziehungsmöglichkeit** abfinden. Eine solche Vertragsbestimmung ist nicht etwa deshalb unzulässig, weil der Vollstreckungsschuldner damit vorweg zulasten des Vollstreckungsgläubigers über den Geschäftsanteil verfüge (§§ 135, 136, 276 BGB), solange die Satzungsbestimmung nicht darauf angelegt ist, das Recht eines Vollstreckungsgläubigers zu vereiteln.[4] Im Falle der Einziehung tritt die dem Vollstreckungsschuldner dafür zukommende Vergütung an die Stelle des gepfändeten Geschäftsanteils. Der Anspruch auf die Vergütung ist also durch die Pfändung des Geschäftsanteils für den Vollstreckungsgläubiger beschlagnahmt; dieser Anspruch muss allerdings dem Vollstreckungsschuldner zusätzlich überwiesen werden.   8

2.1.2 Die **Verwertung des gepfändeten Geschäftsanteils** kann Schwierigkeiten bereiten: 9

2.1.2.1 Nach der überwiegenden Meinung soll der Geschäftsanteil dem Vollstreckungsgläubiger nicht überwiesen werden können, vielmehr sei nach §§ 857 Abs. 5, 844 ZPO die **anderweitige Verwertung im Wege der**   10

---

2 Hierzu allgemein *Rieder/Ziegler*, ZIP 2004, 481.
3 Vgl. Zöller/*Stöber*, § 859 ZPO Rz. 13 m.w.N. auch zu anderer älterer Meinung.
4 BGHZ 65, 22.

Veräußerung durch den Gerichtsvollzieher anzuordnen.[5] (Wegen der Kritik an dieser Meinung s. unten Rz. 13 ff.). Die öffentliche Versteigerung (vor Ort oder im Internet, § 814 Abs. 2, 3 ZPO) durch den Gerichtsvollzieher bewirkt nach herrschender Meinung den Übergang des Geschäftsanteils auf den Erwerber auch ohne notarielle Beurkundung des Übertragungsakts[6]; der gerichtlich angeordnete freihändige Verkauf aber hat diese Wirkung nicht.[7] Das Verfahren des Gerichtsvollziehers bei der Veräußerung richtet sich nach §§ 816 bis 819 ZPO und §§ 92 bis 99 GVGA.

11 Dieser Verwertung des Geschäftsanteils steht es nicht im Wege, wenn der Gesellschaftsvertrag die Übertragung von Geschäftsanteilen von der Genehmigung der Gesellschaft oder der übrigen Gesellschafter abhängig macht (§ 399 BGB, § 851 Abs. 2 ZPO).

12 Die Verwertung des Geschäftsanteils durch Zwangsverwaltung scheidet schon deshalb aus, weil sie dem Gläubiger nichts anderes bringen könnte als den Anspruch auf Gewinnauszahlung, den er aber nach *Muster 82* ohnehin gepfändet hat.

13 **2.1.2.2** Die überwiegend vertretene Meinung ist nicht überzeugend: Zwar scheidet die Überweisung an Zahlungs statt schon deshalb aus, weil der Geschäftsanteil keinen Nennwert hat. Eine Überweisung zur Einziehung kann im Einzelfall durchaus zulässig und notwendig sein.[8]

14 § 60 Abs. 1 GmbHG zählt die gesetzlichen Gründe für die Auflösung der GmbH auf; darunter befindet sich die Kündigung nicht. Wenn die Gesellschaft durch Kündigung nicht aufgelöst werden kann, so kann auch der Vollstreckungsgläubiger, der nicht mehr Rechte erworben hat, als dem Vollstreckungsschuldner zustanden, die Kündigung nicht erklären und damit nicht Zugriff auf dasjenige erlangen, was dem Vollstreckungsschuldner bei der Auflösung zukäme. Damit kann er die Befriedigung seiner Forderung nicht in der Substanz des Anteils finden, den Anteil auf Gewinnauszahlungen aber hat er ohnehin gepfändet. Das rechtfertigt es, die Verwertung des Geschäftsanteils durch Überweisung zur Einziehung als unzulässig zu betrachten.

15 Aber § 60 Abs. 2 GmbHG lässt die **Festsetzung anderer Auflösungsgründe** durch den Gesellschaftsvertrag zu; von dieser Möglichkeit wird nicht selten Gebrauch gemacht. In diesem Fall kann der Vollstreckungsgläubiger – jedenfalls dann, wenn er, wie im *Muster 82* vorgeschlagen, das Recht, die Gesellschaft zu kündigen, gesondert mit gepfändet hat – die Kündigung erklären, dadurch die Auflösung bewirken und die Liquidation herbeifüh-

---

5 *Stein/Jonas*, § 859 ZPO Rz. 20; *Zöller/Stöber*, § 859 ZPO Rz. 13; Baumbach/Lauterbach/Albers/*Hartmann*, § 859 ZPO Rz. 4; Musielak/*Becker*, § 859 ZPO Rz. 15; ohne Erörterung unterstellt in BGHZ 65, 24; LG Krefeld Rpfleger 1979, 147; LG Hannover DGVZ 1990, 140; differenzierend *Stöber*, Rz. 1625 ff.; LG Hannover DGVZ 1990, 140; LG Berlin v. 9.3.1987 – 81 T 105/87, MDR 1987, 592; vgl. auch BGHZ 104, 353.
6 *Stöber*, Rz. 1625; *Stein/Jonas*, § 859 ZPO Rz. 20; *Polzins*, DGVZ 1987, 33.
7 RGZ 164, 162.
8 *Stöber*, Rz. 1624, 1625; Musielak/*Becker*, § 859 ZPO Rz. 15.

ren. In der Liquidation sind die Schulden der Gesellschaft aus dem Gesellschaftsvermögen zu decken, und das verbleibende Vermögen ist an die Gesellschaft zu verteilen (§ 72 GmbHG). Dieser **Anspruch auf die Liquidationsquote** ist Surrogat des Geschäftsanteils und daher nach herrschender Meinung von der Pfändung umgriffen. (Um einem Streit darüber auszuweichen, ist in *Muster 82* die gesonderte Pfändung der Liquidationsquote vorgeschlagen.)

Der Vollstreckungsgläubiger kann in den **Registerakten** den Gesellschaftsvertrag einsehen und daraus feststellen, ob die Gesellschaft durch Kündigung aufgelöst werden kann oder nicht. Kann sie aufgelöst werden, ist nicht einzusehen, was gegen die Überweisung eines Gesellschaftsanteils zur Einziehung sprechen sollte: Nach § 859 ZPO wird auch der Anteil an der Gesellschaft bürgerlichen Rechts überwiesen, nach § 135 HGB wird der Anteil an der OHG, nach § 161 HGB der KG-Anteil überwiesen. Zwar kann der Geschäftsanteil an der Genossenschaft – der nur eine rechnerische Größe ist – nicht eingezogen werden, dafür aber der Anspruch des Genossen auf dasjenige, was ihm bei der Auseinandersetzung zukommt (Geschäftsguthaben). Ein Grund, welcher eine andere Behandlung des Geschäftsanteils an der GmbH rechtfertigen könnte, ist nicht zu erkennen. 16

Bei **kündbarer GmbH** muss daher der Geschäftsanteil zur Einziehung überwiesen werden, anderenfalls der Gläubiger das Kündigungsrecht nicht wahrnehmen kann, bei **unkündbarer GmbH** nicht. Deshalb sind im *Muster 82* zwei Alternativen vorgesehen, zwischen denen der Vollstreckungsgläubiger zu wählen hat. Dabei empfiehlt sich immer der Hinweis im Antrag, dass die Gesellschaft durch Kündigung aufgelöst werden kann oder dass dies nicht der Fall ist. 17

⊃ **Beachte:** Schließt sich der Vollstreckungsgläubiger der hiesigen Auffassung an und beantragt bei kündbarer GmbH die Überweisung zur Einziehung, so läuft er Gefahr, dass das Gericht sich der h.M. anschließt, die Einziehung für unzulässig hält und den Antrag zurückweist oder eine Zwischenverfügung erlässt, sodass Zeit verloren geht. Deshalb wird empfohlen, zunächst nur die Pfändung und noch nicht die Überweisung zu beantragen und auch darauf hinzuweisen, damit nicht wieder durch Rückfragen Zeitverlust entsteht. Durch den Pfändungsbeschluss hat der Vollstreckungsgläubiger seinen Rang gewahrt und kann dann mit dem Vollstreckungsgericht in seinem Überweisungsantrag die Verwertungsart diskutieren. 18

Nach LG Berlin[9] soll regelmäßig nur die Veräußerung zulässig sein, auch wenn die Gesellschaft kündbar ist, weil durch die Überweisung und Kündigung ein Wertverlust des Anteils drohe; nur wenn die Veräußerung im Einzelfall ausscheidet, sei die Überweisung zur Einziehung zulässig. Daher dürfe die Verwertung nicht schon im Pfändungsbeschluss angeordnet werden. Auch diese Meinung wird hier nicht geteilt, weil die Wahl zwischen mehreren Verwertungsarten im Grundsatz dem Vollstreckungsgläu- 19

---
9 LG Berlin v. 9.3.1987 – 81 T 105/87, MDR 1987, 592.

biger und nicht dem Vollstreckungsgericht zustehen muss, wenn beide Verwertungsarten zulässig sind und dem Vollstreckungsschuldner nicht ein außerhalb des Zumutbaren liegender Schaden droht. Schließlich verweist § 857 Abs. 1 ZPO zunächst auf die „vorstehenden Vorschriften", also auch auf §§ 835 und 844 ZPO. Seine Absätze 4 und 5 lassen für gewisse Fallgruppen besondere Anordnungen bezüglich der Verwertung zu, darunter die Verwertung durch Veräußerung, machen sie aber damit dem Vollstreckungsgericht noch nicht zur Pflicht; die Absätze 4 und 5 haben keinen Vorrang vor Absatz 1 und vor § 835 ZPO. Ein Vorrang kommt ihnen nur dort zu, wo § 835 ZPO versagt.

20 2.1.2.3 Es wird daher empfohlen, neben der Pfändung des Geschäftsanteils nicht nur ausdrücklich auch die Pfändung des **Anspruchs auf die Liquidationsquote**, sondern auch des **Anspruchs auf Gewinnbeteiligung** zu beantragen, weil es streitig ist, ob die bloße Pfändung des Geschäftsanteils diese beiden Ansprüche umfasst.

21 2.1.3 Der Vollstreckungsschuldner als Gesellschafter hat **Anspruch auf Teilung und Auszahlung des sich jährlich ergebenden Reingewinns** nach dem Verhältnis der Geschäftsanteile, wenn die Satzung nichts anderes bestimmt (§ 29 GmbHG). Dieser Anspruch kann für sich allein, unabhängig vom Geschäftsanteil gepfändet und überwiesen werden und zwar nach §§ 829, 835 ZPO. Drittschuldnerin ist hier unstreitig die GmbH, vertreten durch die Geschäftsführer.

2.2 Zwangsvollstreckung in das Vermögen der Gesellschaft

22 Gegen die Gesellschaft wird wie gegen jede andere juristische Person des Privatrechts vollstreckt; für sie handeln ihre Organe, sie wird in der Zwangsvollstreckung durch die Geschäftsführer vertreten. Diese sind im Pfändungsantrag (und Pfändungsbeschluss) zu benennen, ihnen ist zuzustellen (§ 170 Abs. 1 ZPO).

23 *Muster 82* und *84* zeigen die Vollstreckung in zwei typische Forderungen der Gesellschaft.

24 2.2.1 Forderungen und Rechte der Gesellschaft mit Ausnahme des Anspruchs auf die Einlage (darüber Rz. 29 ff.) bieten für die Vollstreckung keine Besonderheiten. Zum Anspruch auf **Darlehensrückzahlung** gegen einen abberufenen Geschäftsführer vgl. BGH v. 9.10.2000.[10] Zum **Ersatzanspruch** der GmbH gegenüber ihrem Geschäftsführer aus § 64 Abs. 2 GmbHG im Fall masseloser Insolvenz vgl. BGH v. 11.9.2000.[11]

Muster 83 gibt aber Anregungen zur Pfändung von **Ansprüchen der Gesellschaft gegen einen Geschäftsführer**, die auch gelten, wenn der Geschäftsführer zugleich Gesellschafter ist. Das etwaige Fehlen eines Gesellschafterbeschlusses, dass der Schadensersatzanspruch gegen einen

---

10 BGH v. 9.10.2000 – II ZR 75/99, NJW 2001, 287 = InVo 2001, 101; auch OLG München v. 19.1.2011 – 7 U 4342/10, MDR 2011, 498.
11 BGH v. 11.9.2000 – II ZR 370/99, NJW 2001, 304 = InVo 2001, 48.

Geschäftsführer geltend zu machen sei (§ 46 Nr. 8 GmbHG), steht nach h.M. der Geltendmachung dieses Anspruchs durch den Vollstreckungsgläubiger nicht im Wege.[12] Die Forderungen sind individualisierend zu beschreiben.

Für die **Zustellung** ist zu beachten: Wenn die Gesellschaft außer dem Drittschuldner einen weiteren Geschäftsführer hat, empfiehlt es sich, nur diesen als gesetzlichen Vertreter der Gesellschaft zu benennen; denn die Zustellung an einen von mehreren gesetzlichen Vertretern genügt (§ 170 Abs. 3 ZPO). Hat die Gesellschaft aber nur einen Geschäftsführer, der zugleich Drittschuldner ist, so bietet zwar die Zustellung an ihn als Drittschuldner keine Schwierigkeiten, wohl aber erhebt sich die Frage, ob ihm zugleich als gesetzlichem Vertreter der Schuldnerin zugestellt werden kann: 25

Wird der Geschäftsführer, dem zugestellt werden soll, in dem Geschäftsraum der GmbH während der gewöhnlichen Geschäftsstunden nicht angetroffen oder ist er an der Annahme verhindert, so kann die Zustellung an einen anderen in dem Geschäftsraum anwesenden Bediensteten der GmbH bewirkt werden (§ 178 Abs. 1 ZPO); die Zustellung an den Geschäftsführer hat zu unterbleiben, wenn er „an dem Rechtsstreit als Gegner der Partei, an welche die Zustellung erfolgen soll, beteiligt ist" (§ 178 Abs. 2 ZPO). Das führt zu der Frage, ob eine Verhinderung des Geschäftsführers an der Annahme auch dann aus § 178 Abs. 2 ZPO hergeleitet werden könne, wenn der Geschäftsführer Drittschuldner ist: 26

Der BGH[13] hat entschieden, dass ein Vollstreckungsbescheid, mit welchem eine dem Gläubiger vom Geschäftsführer abgetretene Forderung gegen die GmbH geltend gemacht wird, wirksam an diesen Geschäftsführer zugestellt werden kann und Ersatzzustellung nicht nötig ist.[14] 27

Nach hiesiger Auffassung ist der Geschäftsführer als Drittschuldner nicht als an der Annahme i.S. des § 178 Abs. 2 ZPO rechtlich verhindert anzusehen, weil eine Gegnerstellung fehlt. Die Meinung, welche die Zustellung an ihn für unzulässig hält, kommt in den nicht seltenen Fällen in Schwierigkeiten, in denen die GmbH nur einen Bediensteten, nämlich den einzigen Geschäftsführer hat. 28

2.2.2 Die **Pfändung der Einlageforderung** weist eine Besonderheit auf: Den Gläubigern der GmbH haftet nur deren Vermögen, nicht auch das Vermögen der Gesellschafter. Daher sucht das GmbHG dafür zu sorgen, dass die Stammeinlagen auch wirklich eingezahlt werden und nicht zurückfließen Durch das MoMiG (hierzu Rz. 3) wurde auch § 19 GmbHG (Einzahlungen auf die Stammeinlage) geändert. Die Rechtsprechung ging zunächst vom Verbot verdeckter Sacheinlagen aus. Nach der Neuregelung jetzt verdeckte Sacheinlagen per se nicht unzulässig, werden aber fol- 29

---

12 BGH NJW 1960, 1667.
13 BGH v. 11.7.1983 – II ZR 114/82, NJW 1984, 57, bestätigt durch BVerfG NJW 1984, 2567.
14 In diesem Sinne wohl auch Zöller/*Stöber*, § 178 ZPO Rz. 27.

gendermaßen behandelt: Verdeckte Sacheinlagen befreien Gesellschafter nicht von der Einlageverpflichtung. Jedoch sind die Verträge über die Sacheinlage und die Rechtshandlungen zu ihrer Ausführung nicht unwirksam. Auf die fortbestehende Geldeinlagepflicht des Gesellschafters wird der Wert des Vermögensgegenstands im Zeitpunkt der Anmeldung der Gesellschaft zur Eintragung in das Handelsregister oder im Zeitpunkt seiner Überlassung an die Gesellschaft (falls diese später erfolgt) angerechnet. Die Anrechnung erfolgt nicht vor Eintragung der Gesellschaft in das Handelsregister. Die Beweislast für die Werthaltigkeit des Vermögensgegenstandes trägt der Gesellschafter. Gegebenenfalls ist die Einlagepflicht vollständig erfüllt. Bei fehlender Vollwertigkeit liegt eine Teilerfüllung vor und die Differenz ist in bar zu erbringen. Gläubigerschutzlücken entstehen durch die Neuregelung nicht. Ist die verdeckte Sacheinlage vollwertig, wäre es nicht gerechtfertigt, die Einlage nochmals vollständig zu verlangen, nur weil die formalen Anforderungen einer Sachgründung nicht korrekt eingehalten worden sind. Strafrechtliche Sanktionen sind nicht vorgesehen; § 82 GmbHG greift den Fall der Versicherung bei verdeckten Sacheinlagen nicht auf. Der neugefasste Absatz 5 von § 19 GmbHG macht den Fall des von der Rechtsprechung[15] entwickelten Hin- und Herzahlens zulässig, also die Konstellation, dass die Einlageleistung aufgrund einer vorherigen Absprache wieder an den Gesellschafter zurückfließt. Eine Verwendungsabrede, die wirtschaftlich als Zurückgewähr der Einlage an den Gesellschafter zu werten ist, gilt nicht als Verstoß, sofern die Leistung durch einen vollwertigen Rückzahlungs- oder Gegenleistungsanspruch gegen den Gesellschafter gedeckt ist, der jederzeit fällig ist oder durch fristlose Kündigung durch die Gesellschaft fällig werden kann. Eine ordnungsgemäße Kapitalaufbringung ist dann zu bejahen.

30 2.2.2.1 § 19 GmbHG ist schon früh sehr streng ausgelegt und Umgehung nicht gestattet worden (z.B. BGHZ 37, 79). Während das Reichsgericht aber ursprünglich Abtretung, Verpfändung und Pfändung als unzulässig behandelt hatte (RGZ 85, 352), hat es später – und ihm folgend auch der BGH – Abtretung und **Pfändung** als **zulässig** angesehen, wenn

- sich dadurch der Vermögensstand der GmbH nicht verringert, weil ihr eine gleichwertige Gegenleistung zufließt,
- wenn der Anspruch des Vollstreckungsgläubigers „vollwertig" ist, was bedeuten soll, dass die Vollstreckungsforderung unbestritten und das Vermögen der GmbH ausreichend und liquid genug sein muss, um alle fälligen Forderungen zu befriedigen,[16]
- wenn die Erhaltung der Kapitalgrundlage zugunsten der Gläubiger der GmbH nicht mehr erforderlich ist, bspw. weil der Vollstreckungsgläubiger der einzige Gläubiger ist oder weil infolge Ablehnung der Insolvenzeröffnung mangels Masse nicht mehr mit der Geltendmachung der Ein-

---

15 BGHZ 28, 314; BGH ZIP 2003, 1540; OLG Köln NZG 2000, 489.
16 Zum Begriff der Vollwertigkeit s. BGH NJW 1994, 1478.

lageforderung zugunsten der GmbH zu rechnen ist und kein Gläubiger Kosten für das Vorgehen gegen die GmbH vorschießt.

Diese Ansicht ist heute herrschende Meinung geworden.[17] Daher muss der Vollstreckungsgläubiger in seinem Antrag **schlüssige Tatsachen für die Zulässigkeit** der Pfändung vortragen.

2.2.2.2 Die herrschende Meinung pervertiert allerdings, soweit es die Pfändung betrifft, den Rechtsgedanken des § 19 GmbHG: § 19 GmbHG dient zwar auch den Interessen der GmbH daran, dass ihr Kapital beikommt, aber vor allem den Interessen der Gläubiger daran, dass das versprochene Stammkapital auch zustande kommt; denn ohne eine gewisse Absicherung der Erfüllung der Einlagepflichten wäre es nicht zu vertreten, dass die Haftung der GmbH auf ihr Vermögen beschränkt bleibt und die Gesellschafter nicht haften: Jeder, der sich als Einzelkaufmann oder als offen haftender Gesellschafter ins Wirtschaftsleben begibt, haftet mit seinem vollen Vermögen. Da der Gesetzgeber durch Schaffung der GmbH eine radikale Haftungs- und Risikobeschränkung zuließ, musste er andererseits dafür sorgen, dass wenigstens die vollen Stammeinlagen den Gesellschaftsgläubigern zur Verfügung stehen.

§ 19 GmbHG will nicht sozusagen die Insolvenz der Gesellschaft vorwegnehmen, indem Einzelzwangsvollstreckung verboten wird, oder das in der Zwangsvollstreckung geltende Prioritätsprinzip beseitigen. Wendet man ihn aber auf die Pfändung so an, wie es die herrschende Lehre tut, so verhindert man gerade, dass der Gläubiger zu seinem Geld kommt. Die Ablehnung der Pfändung bedeutet nichts anderes, als würde man dem Gläubiger sagen: Zwar haftet die GmbH ohnehin nur mit ihrem Gesellschaftskapital und die Gesellschafter haften gar nicht, aber darüber hinaus gibt es nochmals Teile im Vermögen der Gesellschaft, die nicht gepfändet werden dürfen, nämlich die Einlageforderungen. Kluge Gesellschafter (insbesondere Einmanngesellschafter) hätten es dann in der Hand, die Dinge zu steuern: Wenn sie nur dafür sorgen, dass die GmbH nie in der Lage ist, alle fälligen Forderungen sofort zu befriedigen, und dass nie nur ein einziger Gläubiger vorhanden ist, so würden die Einlageforderungen kaum gepfändet werden können, die Gesellschafter würden sie also nicht erbringen müssen oder sie wieder entnehmen können. *Berger*[18] hat mit guten Gründen dargelegt, dass die Pfändung weder Vollwertigkeit der Vollstreckungsforderung noch Gleichwertigkeit der Gegenleistung des Vollstreckungsgläubigers voraussetzt, und dass dem Vollwertigkeitsprinzip konstruktive, dogmatische und verfahrensrechtliche Bedenken begegnen.

---

17 BGH NJW 1963, 102; 1970, 469; 1980, 2253; 1992, 2229; zusammenfassend BGH v. 21.2.1994 – II ZR 60/93, NJW 1994, 1477; BGHZ 15, 52; 42, 93; 69, 282; 90, 370; OLG Celle NZG 2001, 228; pfändungsfreundlicher aber BGHZ 53, 74; OLG Köln v. 13.10.1988 – 1 U 37/88, NJW-RR 1989, 354 und v. 14.6.1991 – 2 W 222/90, Rpfleger 1991, 466.
18 *Berger*, ZZP 94 (Bd. 107), 43.

Muster 85 Grundschuld mit Brief I – Rückgewährsanspruch

34 **2.2.3** Die Pfändung bleibt möglich, auch wenn die **Gesellschaft beendet** und im Handelsregister gelöscht ist.[19]

35 Die Pfändung ist **nicht von einem Beschluss der Gesellschafter abhängig**, dass die Einlage einzuziehen sei; auch das sog. Gleichbehandlungsprinzip der Gesellschafter gilt hier nicht.[20]

36 **2.2.4** Im **Drittschuldnerprozess** ist das Prozessgericht an den Pfändungs- und Überweisungsbeschluss gebunden; denn dieser ist als staatlicher Hoheitsakt solange als gültig anzusehen, bis er etwa auf Anfechtung durch den Vollstreckungsschuldner hin aufgehoben worden ist.[21]

37 Den Nachweis, dass die Stammeinlage vor der Pfändung bezahlt worden sei, hat der Drittschuldner zu führen; an diesen Nachweis werden sehr hohe Anforderungen gestellt.[22]

38 **3.** Wer in das Vermögen einer **GmbH & Co.** pfänden will oder Ansprüche eines ihrer Gesellschafter an die Gesellschaft pfänden will, muss nach *Muster 108* und *109* verfahren. Dabei muss er aber für die Vertretungsverhältnisse der Gesellschaft als Schuldnerin oder Drittschuldnerin Folgendes wissen: Die KG wird durch ihre persönlich haftende Gesellschafterin **vertreten** (§§ 170, 161, 125 HGB), während die GmbH wiederum durch ihre Geschäftsführer vertreten wird. Dabei genügt nach § 170 ZPO die Zustellung an einen von mehreren zur Gesamtvertretung berufenen Geschäftsführer. Die Bezeichnung der GmbH & Co. als Schuldnerin oder Drittschuldnerin geschieht also bspw. wie folgt:

Trauma GmbH Vertriebs KG, Kappelstraße 4, 43967 Düsseldorf, vertreten durch die persönlich haftende Gesellschafterin Trauma GmbH, ebenda, diese vertreten durch den Geschäftsführer Willo Gschnies, ebenda.

Muster 85   Grundschuld mit Brief I – Rückgewährsanspruch

Der Vollstreckungsschuldner ist auch Schuldner der Grundschuld; die Grundschuld ist nicht valutiert; der Vollstreckungsschuldner besitzt den Brief nicht[1]

Hinweis: Zu benutzen ist das amtliche Formular Anlage 2 (zu § 2 Nr. 2) der Verordnung über Formulare für die Zwangsvollstreckung (Zwangsvollstreckungsformular-Verordnung – ZVFV) vom 23.8.2012 (BGBl. I 2012, S. 1822) in der geänderten Fassung aufgrund der Verordnung zur Änderung der Zwangsvollstreckungsformular-Verordnung vom 16.6.2014 (BGBl. I 2014, S. 754).

Hierbei ist das Feld „Anspruch G" oder eine gesonderte Anlage zu nutzen. Es wird folgender Text empfohlen:

---

19 BGH DB 1980, 1885; OLG Hamm v. 20.2.1991 – 8 U 121/90, 8 U 196/90, GmbHR 1992, 111.
20 RGZ 149, 301; BGH v. 29.5.1980 – II ZR 142/79, NJW 1980, 2253; OLG Köln v. 13.10.1988 – 1 U 37/88, NJW-RR 1989, 354.
21 Allg. M., z.B. BGH NJW 1979, 2045, bestätigt in BGHZ 113, 218; BAG v. 15.2.1989 – 4 AZR 401/88, NJW 1989, 2148.
22 BGHZ 51, 157 ff.; OLG Köln v. 13.10.1988 – 1 U 37/88, NJW-RR 1989, 354.

Wegen ... sowie zusätzlich wegen der Kosten der Briefwegnahme und der Eintragung im Grundbuch

werden gepfändet:

a) die angeblichen Rückgewährsansprüche des Schuldners

gegen ... (Name und Adresse) ... (Drittschuldner) auf Abtretung der im Grundbuch des Amtsgerichts ... Blatt ... in Abt. III unter lfd.Nr. auf dem Grundstück des Schuldners Flurst. ... eingetragenen Briefgrundschuld nebst Zinsen seit dem ... und sonstigen Nebenleistungen bzw. auf den Verzicht darauf – zu erklären in der Form des § 29 GBO – und auf Aushändigung des zugehörigen Grundschuldbriefs;

b) die durch die Abtretung oder den Verzicht für den Schuldner entstehende Eigentümergrundschuld;

c) der angebliche Anspruch des Schuldners auf Grundbuchberichtigung.

Dem Drittschuldner wird verboten, an den Schuldner zu leisten.

Dem Schuldner wird geboten, sich jeder Verfügung über die gepfändeten Ansprüche und die Eigentümergrundschuld, insbesondere der Einziehung, der Aufhebung und des Löschungsantrags, zu enthalten.

Zugleich werden die gepfändeten Ansprüche und die gepfändete Eigentümergrundschuld dem Gläubiger zur Einziehung überwiesen.

Pfändung und Überweisung der Ansprüche oben lit. a) und c) werden wirksam mit Zustellung dieses Beschlusses an den Drittschuldner. Im Übrigen werden Pfändung und Überweisung wirksam, sobald der Gläubiger Besitz am Grundschuldbrief erlangt oder der Gerichtsvollzieher dem Schuldner den Brief im Auftrag des Gläubigers wegnimmt.

1 Wegen des Antrags auf Eintragung im Grundbuch s. Muster 88.

Erläuterungen bei *Muster 91*.

Muster 86   Grundschuld mit Brief II

Der Vollstreckungsschuldner ist Gläubiger der Grundschuld und besitzt den Brief; die Grundschuld ist valutiert; gepfändet wird auch die durch die Grundschuld gesicherte Forderung

Hinweis: Zu benutzen ist das amtliche Formular Anlage 2 (zu § 2 Nr. 2) der Verordnung über Formulare für die Zwangsvollstreckung (Zwangsvollstreckungsformular-Verordnung – ZVFV) vom 23.8.2012 (BGBl. I 2012, S. 1822) in der geänderten Fassung aufgrund der Verordnung zur Änderung der Zwangsvollstreckungsformular-Verordnung vom 16.6.2014 (BGBl. I 2014, S. 754).

Hierbei ist das Feld „Anspruch G" oder eine gesonderte Anlage zu nutzen. Es wird folgender Text empfohlen:

Muster 87 Grundschuld mit Brief III

Wegen ... sowie zusätzlich wegen der Kosten der Briefwegnahme und der Eintragung im Grundbuch

werden gepfändet:

a) die angeblich für den Schuldner im Grundbuch des Amtsgerichts ... Blatt ... in Abt. III unter lfd.Nr. ... auf dem Grundstück Flurst. ... des ... (Name und Adresse des Grundstückseigentümers) ...   (Drittschuldner zu 1)

eingetragene Briefgrundschuld nebst Zinsen seit dem ... und sonstigen Nebenleistungen,

b) die angebliche Forderung des Schuldners

gegen ... (Name und Adresse dessen, der die durch die Grundschuld gesicherte Forderung zu zahlen hat)[1]   (Drittschuldner zu 2)

aus ... auf ... (die Forderung ist wie bei bloßer Forderungspfändung identifizierend zu beschreiben) ...

Der Schuldner hat den zugehörigen Grundschuldbrief an den Gläubiger herauszugeben.

Den Drittschuldnern wird verboten, an den Schuldner zu leisten.

Dem Schuldner wird geboten, sich jeder Verfügung über die Grundschuld und über die Forderung, insbesondere der Einziehung, der Aufhebung und des Löschungsantrags, zu enthalten.

Zugleich werden die gepfändete Grundschuld und die gepfändete Forderung dem Gläubiger zur Einziehung überwiesen.

Die Anordnung, dass der Drittschuldner den Grundschuldbrief herauszugeben hat, wird mit Zustellung dieses Beschlusses an ihn wirksam. Pfändung und Überweisung des Anspruchs oben lit. b) werden wirksam mit Zustellung dieses Beschlusses an den Drittschuldner. Im Übrigen werden Pfändung und Überweisung wirksam, sobald der Gläubiger Besitz am Grundschuldbrief erlangt oder der Gerichtsvollzieher dem Schuldner den Brief im Auftrag des Gläubigers wegnimmt.

---

[1] Die beiden Drittschuldner werden meist identisch sein.

Erläuterungen bei *Muster 91*.

Muster 87   Grundschuld mit Brief III

Der Vollstreckungsschuldner ist Gläubiger der Grundschuld, besitzt den Brief aber nicht; die Grundschuld ist valutiert; die durch die Grundschuld gesicherte Forderung wird nicht gepfändet; die Vollstreckungsforderung ist geringer als die Grundschuld

Hinweis: Zu benutzen ist das amtliche Formular Anlage 2 (zu § 2 Nr. 2) der Verordnung über Formulare für die Zwangsvollstreckung (Zwangsvollstreckungsformular-Verordnung – ZVFV) vom 23.8.2012 (BGBl. I 2012, S. 1822) in

der geänderten Fassung aufgrund der Verordnung zur Änderung der Zwangsvollstreckungsformular-Verordnung vom 16.6.2014 (BGBl. I 2014, S. 754).

Hierbei ist das Feld „Anspruch G" oder eine gesonderte Anlage zu nutzen. Es wird folgender Text empfohlen:

Wegen ... zusätzlich wegen der Kosten der Briefwegnahme und der Eintragung im Grundbuch und in Höhe dieser Beträge

werden gepfändet:

a) die angeblich für den Schuldner im Grundbuch des Amtsgerichts ... Blatt ... in Abt. III unter lfd.Nr. ... auf dem Grundstück Flurst. ... des ... (Name und Adresse des Grundstückseigentümers) ...   (Drittschuldner zu 1)

eingetragene Briefgrundschuld zu ... Euro nebst Zinsen seit dem ...

mit der Maßgabe, dass dem gepfändeten Teil der Grundschuld der Vorrang vor dem Rest gebührt;

b) die Ansprüche des Schuldners

gegen ... (Name und Adresse des Briefbesitzers) ...   (Drittschuldner zu 2)

auf Herausgabe des zugehörigen Grundschuldbriefs sowie auf Bildung und Aushändigung eines Teilgrundschuldbriefs durch das Grundbuchamt.

Den Drittschuldnern wird, soweit die Pfändung reicht, verboten, an den Schuldner zu leisten.

Dem Schuldner wird geboten, sich jeder Verfügung über den gepfändeten Teil der Grundschuld und die gepfändeten Ansprüche, insbesondere ihrer Einziehung, zu enthalten.

Zugleich werden die gepfändete Grundschuld und die gepfändeten Ansprüche dem Gläubiger zur Einziehung überwiesen.

Pfändung und Überweisung der Ansprüche auf Herausgabe des Grundschuldbriefs und auf Bildung und Aushändigung eines Teilgrundschuldbriefs werden wirksam mit Zustellung dieses Beschlusses an den Drittschuldner. Pfändung und Überweisung der Grundschuld werden wirksam mit Aushändigung des Teilgrundschuldbriefs an den Gläubiger.

Erläuterungen bei *Muster 91.*

Muster 88   Grundschuld mit Brief IV

Antrag auf Eintragung der Pfändung nach Muster 85 im Grundbuch[1]

An das Amtsgericht – Grundbuchamt – ...

Betr.: Grundbuch von ... Blatt ...

In der Zwangsvollstreckungssache

...   (Gläubiger)

gegen

Muster 89 Grundschuld ohne Brief I – Rückgewährsanspruch –

... (Schuldner)

überreiche ich

a) *Ausfertigung des Pfändungsbeschlusses des Amtsgerichts ... vom ... Az.: ... nebst Zustellungsnachweis,*

b) *Grundschuldbrief Nr. ...,*

c) *notariell beglaubigte Abtretungserklärung[2] des bisherigen Grundschuldgläubigers,*

d) *notariell beglaubigte Annahmeerklärung des Vollstreckungsgläubigers*

und

beantrage

als der im Pfändungsbeschluss legitimierte Vertreter des Vollstreckungsgläubigers die Umschreibung der Grundschuld lfd.Nr. ... in Abt. III in eine Eigentümergrundschuld, die Eintragung ihrer Pfändung und, soweit notwendig, die Voreintragung des Vollstreckungsschuldners (§§ 39, 14 GBO) im Grundbuch

(Unterschrift)

---

[1] Nicht zu verwenden neben *Muster 86* und *87*.
[2] Bzw. Verzichtserklärung.

Erläuterungen bei *Muster 91*.

Muster 89   Grundschuld ohne Brief I – Rückgewährsanspruch –

Der Vollstreckungsschuldner ist auch Schuldner der Grundschuld; die Grundschuld ist nicht valutiert[1]

Hinweis: Zu benutzen ist das amtliche Formular Anlage 2 (zu § 2 Nr. 2) der Verordnung über Formulare für die Zwangsvollstreckung (Zwangsvollstreckungsformular-Verordnung – ZVFV) vom 23.8.2012 (BGBl. I 2012, S. 1822) in der geänderten Fassung aufgrund der Verordnung zur Änderung der Zwangsvollstreckungsformular-Verordnung vom 16.6.2014 (BGBl. I 2014, S. 754).

Hierbei ist das Feld „Anspruch G" oder eine gesonderte Anlage zu nutzen. Es wird folgender Text empfohlen:

Wegen ... sowie zusätzlich der Kosten für die Eintragung im Grundbuch werden gepfändet:

a) *der angebliche Rückgewährsanspruch des Schuldners*

  gegen ...   ... (Name und Adresse) ...   (Drittschuldner)

  auf Abtretung der im Grundbuch des Amtsgerichts ... Blatt ... in Abt. III unter lfd.Nr. ... auf dem Grundstück des Schuldners, Flurst. ... eingetragenen Buchgrundschuld zu ... Euro nebst Zinsen seit dem ... und sonstigen Nebenleistungen bzw. auf den Verzicht darauf – zu erklären in der Form des § 29 GBO – und

b) die durch die Abtretung oder den Verzicht entstehende Eigentümergrundschuld des Schuldners;

c) der angebliche Anspruch des Schuldners auf Grundbuchberichtigung dahin, dass die Grundschuld Eigentümergrundschuld geworden ist.

Dem Drittschuldner wird verboten, an den Schuldner zu leisten.

Dem Schuldner wird geboten, sich jeder Verfügung über diesen Anspruch und die Eigentümerhypothek, insbesondere der Einziehung und des Löschungsantrages, zu enthalten.

Zugleich werden der gepfändete Anspruch und die gepfändete Eigentümergrundschuld dem Gläubiger zur Einziehung überwiesen.

Pfändung und Überweisung des Anspruchs auf Abtretung der Grundschuld werden mit Zustellung dieses Beschlusses an den Drittschuldner wirksam. Pfändung und Überweisung der Eigentümergrundschuld und des Anspruchs auf Grundbuchberichtigung werden mit Eintragung der Pfändung im Grundbuch wirksam.

1 Wegen des Antrags auf Eintragung ins Grundbuch s. *Muster 91*.

Erläuterungen bei *Muster 91*.

Muster 90 Grundschuld ohne Brief II

Der Vollstreckungsschuldner ist Gläubiger der Grundschuld; die Grundschuld ist valutiert; auch die gesicherte Forderung wird gepfändet

Hinweis: Zu benutzen ist das amtliche Formular Anlage 2 (zu § 2 Nr. 2) der Verordnung über Formulare für die Zwangsvollstreckung (Zwangsvollstreckungsformular-Verordnung – ZVFV) vom 23.8.2012 (BGBl. I 2012, S. 1822) in der geänderten Fassung aufgrund der Verordnung zur Änderung der Zwangsvollstreckungsformular-Verordnung vom 16.6.2014 (BGBl. I 2014, S. 754).

Hierbei ist das Feld „Anspruch G" oder eine gesonderte Anlage zu nutzen. Es wird folgender Text empfohlen:

Wegen . . . sowie zusätzlich der Kosten der Eintragung im Grundbuch

werden gepfändet:

a) die angeblich für den Schuldner im Grundbuch des Amtsgerichts . . . Blatt . . . in Abt. III unter lfd.Nr. . . . auf dem Grundstück lfd.Nr. . . . des Bestandsverzeichnissesdes . . . (Name und Adresse des Grundstückseigentümers) . . .
(Drittschuldner zu 1)

eingetragene Buchgrundschuld zu . . . Euro nebst Zinsen seit dem . . . und sonstigen Nebenleistungen;

Muster 91   Grundschuld ohne Brief III

b) die angebliche Forderung des Schuldners

gegen ... (Name und Adresse dessen, der die durch die Grundschuld gesicherte Forderung zu zahlen hat) ...[1]   *(Drittschuldner zu 2)*

aus ... auf ... (die Forderung ist wie bei bloßer Forderungspfändung identifizierend zu beschreiben) ...

Den Drittschuldnern wird verboten, an den Schuldner zu leisten.

Dem Schuldner wird geboten, sich jeder Verfügung über die Grundschuld und die Forderung, insbesondere ihrer Einziehung, zu enthalten.

Zugleich werden die gepfändete Grundschuld und die gepfändete Forderung dem Gläubiger zur Einziehung überwiesen.

Pfändung und Überweisung der Forderung werden mit Zustellung dieses Beschlusses an den Drittschuldner wirksam. Pfändung und Überweisung der Grundschuld werden mit Eintragung der Pfändung im Grundbuch wirksam.

[1] Die beiden Drittschuldner werden meist identisch sein.

Erläuterungen bei *Muster 91*.

Muster 91   Grundschuld ohne Brief III

Antrag auf Eintragung der Pfändung nach Muster 89 im Grundbuch

An das Amtsgericht – Grundbuchamt – ...

Betr.: Grundbuch von ... Blatt ...

In der Zwangsvollstreckungssache

    ...   (Gläubiger)

gegen

    ...   (Schuldner)

überreiche ich Ausfertigung des Pfändungsbeschlusses des Amtsgerichts ... vom ... Az.: ... nebst Zustellungsnachweis, Abtretungserklärung des bisherigen Grundschuldgläubigers und Annahmeerklärung des Vollstreckungsgläubigers, beide notariell beglaubigt, und

         beantrage

als der im Pfändungsbeschluss legitimierte Vertreter des Vollstreckungsgläubigers die Umschreibung der Grundschuld lfd.Nr. ... in Abt. III in eine Eigentümergrundschuld, die Eintragung ihrer Pfändung und, soweit notwendig, die Voreintragung des Vollstreckungsschuldners (§§ 39, 14 GBO) im Grundbuch.

         (Unterschrift)

1. Wesen der Grundschuld

Die Hypothek ist **akzessorisch**, also unzertrennlich mit einer Forderung, die sich sichert, verbunden (vgl. § 1152 BGB). Daher steht die Hypothek immer im Vermögen des Forderungsinhabers. 1

Die Grundschuld dagegen ist nicht akzessorisch und setzt das Bestehen einer Forderung nicht voraus. **Daher kann die Grundschuld auch im Vermögen des Grundstückseigentümers stehen** (dazu *Muster 85 ff.*). 2

Sichert die Grundschuld eine Forderung (sog. Sicherungsgrundschuld, § 1192 Abs. 1a BGB oder oftmals auch als **valutierte Grundschuld** bezeichnet[1]), so steht sie rechtlich und wirtschaftlich dem Grundschuldgläubiger zu (oder ist von ihm aufgrund schuldrechtlicher Verpflichtung dem Forderungsinhaber zu übertragen). 3

Sichert die Grundschuld eine Forderung nicht, nicht mehr oder noch nicht (sog. **nicht valutierte Grundschuld**), so kann ihr Inhaber schuldrechtlich verpflichtet sein, die Grundschuld dem Grundstückseigentümer zurück zu gewähren. **Daher kann im Vermögen des Grundschuldschuldners der Rückgewährsanspruch (entweder durch Abtretung, Verzicht oder Aufhebung) zu pfänden sein.** 4

Mit der nicht valutierten Grundschuld befassen sich die *Muster 85* und *89*. 5

2. Pfändung und Verwertung

Die Grundschuld kann nach §§ 857 Abs. 6, 830 ZPO gepfändet werden, ohne dass zugleich die (etwaige) Forderung gepfändet werden müsste. Aber es können Schwierigkeiten auftreten, wenn nicht zugleich die Forderung gepfändet werden kann, welche durch die Grundschuld gesichert ist; denn dem Vollstreckungsgläubiger können alle Einwendungen entgegengehalten werden, die dem Vollstreckungsschuldner entgegengehalten werden können, §§ 1192 Abs. 1, 1157 BGB. 6

◯ **Beachte:** Immer auch die Forderung zu pfänden, wenn die Möglichkeit dazu besteht (vgl. *Muster 86* und *90*). Dann kann wenigstens vermieden werden, dass nach der Forderungspfändung eine dem Vollstreckungsgläubiger nachteilige, gegen ihn wirksame Vereinbarung oder Verfügung über die Forderung getroffen wird. 7

Wichtig ist die Unterscheidung zwischen der sog. valutierten und der nichtvalutierten Grundschuld (s. Rz. 1 ff.). Grundlegend hierzu *Hintzen*, Pfändung und Vollstreckung im Grundbuch, Rz. 445 ff. 8

2.1 Nichtvalutierte Grundschuld (*Muster 85* und *89*): Ihre Pfändung wird häufig deshalb nicht zur Befriedigung des Vollstreckungsgläubigers führen 9

---

1 Im Sprachgebrauch des BGH mittlerweile üblich, vgl. BGH v. 22.9.2011 – IX ZR 197/10, Rpfleger 2012, 92 = WuB H. 2/2012 VI E. § 85a ZVG 1.12 Brehm; v. 20.10.2010 – XII ZR 11/08, NJW-RR 2011, 164 = Rpfleger 2011, 169 = DNotZ 2011, 348.

können, weil das der Grundschuldbestellung zugrundeliegende Rechtsverhältnis bestimmt, dass der Vollstreckungsschuldner von seiner Grundschuld nicht Gebrauch machen darf; dies kann der Schuldner der Grundschuld (Drittschuldner) auch dem Vollstreckungsgläubiger entgegenhalten.

10 Sehr interessant für die Zwangsvollstreckung ist aber die einem Dritten zustehende Grundschuld auf dem Grundstück des Vollstreckungsschuldners, wenn die Zwangsvollstreckung in das Grundstück selbst dem Vollstreckungsgläubiger deshalb keine Chancen bietet, weil die ihm im Rang vorgehenden Belastungen zu hoch sind: Der Vollstreckungsschuldner als Schuldner der Grundschuld hat aus dem der Grundschuldgewährung zugrundeliegenden Rechtsgeschäft einen Rückgewähranspruch gegen den Grundschuldgläubiger auf Abtretung der Grundschuld, wenn die Forderung, welche gesichert werden sollte, nicht entstanden oder aber erloschen ist. Mit der Abtretung der Grundschuld an den Vollstreckungsschuldner als Grundstückseigentümer entsteht eine Eigentümergrundschuld; auch diese ist zu pfänden (Näheres hierzu in Rz. 7–14 der Erläuterungen zu *Muster 35*).

11 Nicht selten ist zwischen dem Vollstreckungsschuldner und dem Grundschuldgläubiger vereinbart, dass bei Tilgung der gesicherten Forderung der Grundschuldgläubiger nicht zur Abtretung der Grundschuld, sondern (nur) zum **Verzicht auf die Grundschuld** und/oder zur Aufhebung in Form der Erteilung der Löschungsbewilligung verpflichtet ist (weitere Rückgewähransprüche). Diese Vereinbarung muss der Gläubiger gegen sich gelten lassen. Auch beim Verzicht erwirbt der Eigentümer die Grundschuld (§§ 1168, 1192 BGB); der Vollstreckungsgläubiger muss aber aufgrund des gepfändeten und ihm überwiesenen Anspruchs auf Erklärung des Verzichts den Grundschuldgläubiger zur formgerechten Erklärung des Verzichts und das Grundbuchamt zu seiner Eintragung veranlassen; sonst wird der Verzicht nicht wirksam (§ 1168 Abs. 2 BGB). Er muss auch die Berichtigung des Grundbuchs dahin, dass die Grundschuld auf den Eigentümer übergegangen ist, bewirken, damit die Pfändung eingetragen werden kann. Das Pfändungspfandrecht setzt sich nicht im Wege der Surrogation in der Eigentümergrundschuld nach wirksamer Verzichtserklärung fort.[2]

Die Pfändung nur des schuldrechtlichen Anspruchs des Sicherungsgebers gegen den Grundschuldgläubiger auf Rückübertragung der Grundschuld kann im Grundbuch nur eingetragen werden, wenn der Anspruch bereits durch eine Vormerkung gesichert ist oder die Eintragung einer solchen bewilligt wird.[3] Der Rückgewähranspruch selbst ist kein im Grundbuch gesicherter Anspruch.

12 Sollte zwischen dem Grundstückseigentümer und dem Gläubiger der Grundschuld vereinbart sein, dass dieser bei Erlöschen der gesicherten

---

2 BGH v. 6.7.1989 – IX ZR 277/88, NJW 1989, 2536; *Stöber*, Rz. 1893.
3 OLG Düsseldorf v. 12.11.2012 – I-3 Wx 242/12, Rpfleger 2013, 267 Ls = DNotZ 2013, 144.

Forderung weder die Abtretung der Grundschuld noch den Verzicht auf sie, sondern die **Aufhebung** (§ 1183 BGB) zu erklären habe, so hat es keinen Sinn, den Anspruch des Vollstreckungsschuldners auf Abgabe dieser Erklärung zu pfänden; denn bei der Aufhebung der Grundschuld entsteht nicht eine Eigentümergrundschuld, sondern die Grundschuld erlischt. Weil dem Vollstreckungsschuldner aber im Pfändungsbeschluss geboten ist, sich jeder Verfügung über die gepfändete Grundschuld zu enthalten, darf er nach der Pfändung nicht einen Aufhebungsvertrag schließen; ein solcher wäre gegenüber dem Vollstreckungsgläubiger unwirksam.

Für den **Antrag auf Eintragung im Grundbuch** ist zu beachten: Die auf die Pfändung hin geschehene Abtretung oder Verzichtserklärung gegenüber dem Vollstreckungsschuldner muss dem Grundbuchamt in der Form des § 29 GBO nachgewiesen werden, damit die Umschreibung in eine Eigentümergrundschuld und deren Pfändung eingetragen werden können. Die Abtretung geschieht nach §§ 1145, 1192 BGB, der Verzicht geschieht nach §§ 1168 Abs. 2, 1192 BGB. 13

2.2 Valutierte Grundschuld (*Muster 86, 87, 90*): Pfändung bloß der Grundschuld (ohne die gesicherte Forderung) ist zwar wirksam, aber die Forderung soll möglichst mit gepfändet werden (vgl. Rz. 7). Die Pfändung zugleich der Grundschuld und der gesicherten Forderung behandeln die *Muster 86* und *90*. 14

Wie der Vollstreckungsgläubiger das Nötige über diese Forderung erfahren kann, ist in Rz. 18 dargestellt. Sollte der Vollstreckungsgläubiger erst nach Pfändung nur der Grundschuld das zur Pfändung der Forderung Nötige erfahren, so ist dringend zu empfehlen, **nachträglich noch die Forderung gesondert zu pfänden**; denn im Gegensatz zur Hypothek kann die Grundschuld auch ohne die Forderung gepfändet werden. 15

2.2.1 Wenn die Vollstreckungsforderung geringer ist als der Betrag der Grundschuld, kommt die Pfändung nur **eines Teils der Grundschuld** in Frage. Hierfür gelten im Wesentlichen die gleichen Erwägungen wie bei der Pfändung des Teilbetrags einer Hypothek: Es kommt darauf an, dass der gepfändete Teil der Grundschuld durch entsprechenden Ausspruch im Pfändungsbeschluss den Vorrang vor dem Rest der Grundschuld erhält. Dieser Ausspruch ist daher schon mit dem Antrag auf Erlass eines Pfändungs- und Überweisungsbeschlusses zu beantragen; dieser Antrag ist in *Muster 87* vorgesehen. 16

Bei der Pfändung eines Teils einer Grundschuld mit Brief ist ein **Teilgrundschuldbrief** zu bilden; daher sind auch die zugehörigen Ansprüche des Vollstreckungsschuldners zu pfänden, wie in *Muster 87* vorgesehen ist. 17

2.2.2 Der Vollstreckungsgläubiger hat ein erhebliches Interesse daran, auch die Forderung mit zupfänden, welche durch die Grundschuld gesichert ist (oben Rz. 6 f.). Um das für die Pfändung dieser Forderung Nötige zu erfahren, ist der Vollstreckungsgläubiger oft darauf angewiesen, die Eintragungsbewilligung oder andere Stücke bei den **Grundakten einzuse-** 18 hen; ein Recht auf Einsicht hat er nur, wenn er ein berechtigtes Interesse dafür dartut (§ 12 GBO). Er muss also dem Grundbuchamt den Vollstreckungstitel vorzeigen und darlegen, dass er außer der Grundschuld selbst auch die gesicherte Forderung pfänden will.

19 Weil es aber dem Vollstreckungsgläubiger dennoch oft nicht möglich sein wird, die gesicherte Forderung zu ermitteln, ist in den *Mustern 87* und *89* die Forderung als unbekannt unterstellt und daher nicht mit gepfändet worden.

20 **2.2.3 Die valutierte Grundschuld wird nach § 857 Abs. 6 ZPO entsprechend den Vorschriften über die Zwangsvollstreckung in eine Forderung, für die eine Hypothek besteht,** gepfändet (§ 830 ZPO). Drittschuldner ist der Grundstückseigentümer.

21 Voraussetzung für das Wirksamwerden der Pfändung einer **Briefgrundschuld** ist also der Erlass des Pfändungsbeschlusses und die Briefübergabe; das ist näher dargestellt in Rz. 8–20 der Erläuterungen zu *Muster 46*.

22 Voraussetzung für das Wirksamwerden der Pfändung einer **Buchgrundschuld** ist die Eintragung der Pfändung in das Grundbuch; das ist näher dargestellt in Rz. 2–9 der Erläuterungen zu *Muster 52*.

23 Nicht notwendig ist zum Wirksamwerden der Grundschuldpfändung die **Zustellung** des Beschlusses an den Eigentümer des belasteten Grundstücks als Drittschuldner, es sei denn, die Forderung werde mit gepfändet, dann ist wegen § 829 ZPO auch die Zustellung an den Drittschuldner notwendig. Weiterhin ist für die Pfändung rückständiger Zinsen die Zustellung an den Drittschuldner notwendig, da sich diese Pfändung nach §§ 830 Abs. 3, 829 Abs. 3 ZPO vollzieht. In allen Fällen aber empfiehlt sich, auch dem Drittschuldner den Pfändungsbeschluss zustellen zu lassen, weil diese Zustellung dem Drittschuldner gegenüber die Pfändungswirkung auf den Zeitpunkt der Zustellung vorverlegt (§ 830 Abs. 2 ZPO).

24 **2.3 Die Verwertung** der gepfändeten Grundschuld geschieht regelmäßig durch **Überweisung** (§§ 857 Abs. 6, 837, 835 ZPO). **Zur Überweisung einer Buchgrundschuld an Zahlungs statt** ist die Eintragung der Überweisung ins Grundbuch erforderlich (§ 837 Abs. 1 ZPO). Sonst bedarf es zum Wirksamwerden der Überweisung weder der Eintragung – die Überweisung zur Einziehung ist nicht einmal eintragungsfähig – noch der Zustellung an Drittschuldner oder Vollstreckungsschuldner (§ 837 Abs. 1 Satz 1 ZPO).

25 Die Überweisung befugt den Vollstreckungsgläubiger, die Grundschuld (und die etwa mit gepfändete durch sich gesicherte Forderung) anstelle des Vollstreckungsschuldners geltend zu machen, sobald sie fällig ist; zur Fälligstellung wird er sie häufig **kündigen** müssen. Zahlt der Drittschuldner, so ist der Vollstreckungsgläubiger befugt, **Quittung**[4] **und Löschungsbewilligung** zu erteilen.

---

4 Hierzu BayObLG v. 24.1.2001 – 2Z BR 140/00, Rpfleger 2001, 296.

Verweigert der Drittschuldner die Zahlung, so ist **die Drittschuldnerklage nicht auf Zahlung, sondern auf Duldung der Zwangsvollstreckung in das belastete Grundstück** wegen dieser Grundschuld nebst genau zu bezeichnenden Zinsen und sonstigen Nebenleistungen zu richten (§ 1147 BGB).[5] Die sachliche Zuständigkeit richtet sich nach § 6 ZPO, örtlich ausschließlich zuständig ist das Gericht, in dessen Bezirk das Grundstück liegt (§ 24 ZPO). Aus diesem Titel kann der Vollstreckungsgläubiger vollstrecken, indem er die Zwangsversteigerung oder Zwangsverwaltung beantragt. 26

2.4 Nach Meinung des IX. Zivilsenats des BGH[6] soll der Überweisungsbeschluss regelmäßig nicht zugleich mit dem Pfändungsbeschluss erlassen werden dürfen – Verstoß mache die Überweisung unwirksam –, weil nach dem Wortlaut der §§ 835, 837 nur „die gepfändete Forderung" überwiesen werden könne, die Forderung aber erst bei Eintragung der Pfändung im Grundbuch – die Entscheidung betrifft eine Buchhypothek – wirksam werde. Die Entscheidung lässt sich auf Briefrechte und auch auf die Grundschuld übertragen und würde auch für diese bedeuten, dass die Überweisung erst geschehen dürfe, wenn der Vollstreckungsgläubiger nachgewiesen hat, dass er im Briefbesitz bzw. die Pfändung im Grundbuch eingetragen sei. 27

Diese Ansicht ist auf Widerspruch gestoßen, **auch hier wird dieser Meinung nicht gefolgt**, sondern nach wie vor die Meinung vertreten, dass auch bei Grundpfandrechten Pfändung und Überweisung gleichzeitig erfolgen können, wenngleich ein Hinweis im Pfändungs- und Überweisungsbeschluss angezeigt sein mag. Das ist dargestellt in Rz. 35 bei *Muster 46*; in den einzelnen Mustern ist der jeweils angezeigte Hinweis enthalten.

Muster 92 Gütergemeinschaft I

Hinweis: Zu benutzen ist das amtliche Formular Anlage 2 (zu § 2 Nr. 2) der Verordnung über Formulare für die Zwangsvollstreckung (Zwangsvollstreckungsformular-Verordnung – ZVFV) vom 23.8.2012 (BGBl. I 2012, S. 1822) in der geänderten Fassung aufgrund der Verordnung zur Änderung der Zwangsvollstreckungsformular-Verordnung vom 16.6.2014 (BGBl. I 2014, S. 754).

Hierbei ist das Feld „Anspruch G" oder eine gesonderte Anlage zu nutzen. Es wird folgender Text empfohlen:

Wegen ... werden der angebliche Anteil des Schuldners an der durch ...

... (den Beendigungsgrund bezeichnen[1]*) ...*

... beendeten Gütergemeinschaft zwischen dem Schuldner

und ... (Name und Adresse des Ehegatten des Schuldners) ...

(Drittschuldner)

---
5 Palandt/*Bassenge*, § 1147 BGB Rz. 3.
6 BGH v. 22.9.1994 – IX ZR 165/93, NJW 1994, 3225.

Muster 93 — Gütergemeinschaft II

sowie der angebliche Anspruch des Schuldners auf Auseinandersetzung gepfändet.

Dem Drittschuldner wird verboten, an den Schuldner zu leisten.

Dem Schuldner wird geboten, sich jeder Verfügung über den gepfändeten Anteil und den gepfändeten Anspruch, insbesondere des Betreibens der Auseinandersetzung und der Einziehung, zu enthalten.

Zugleich werden der gepfändete Anteil und der gepfändete Auseinandersetzungsanspruch dem Gläubiger zur Einziehung überwiesen.

---

1 S. Rz. 21–28 der Erläuterungen zu *Muster 93*. Ist die Gütergemeinschaft durch den Tod eines Ehegatten beendet und sind folglich dessen Erben Drittschuldner, so ist auf den Erbgang hinzuweisen.

Erläuterungen bei *Muster 93*.

Muster 93   Gütergemeinschaft II

Fortgesetzte Gütergemeinschaft

Hinweis: Zu benutzen ist das amtliche Formular Anlage 2 (zu § 2 Nr. 2) der Verordnung über Formulare für die Zwangsvollstreckung (Zwangsvollstreckungsformular-Verordnung – ZVFV) vom 23.8.2012 (BGBl. I 2012, S. 1822) in der geänderten Fassung aufgrund der Verordnung zur Änderung der Zwangsvollstreckungsformular-Verordnung vom 16.6.2014 (BGBl. I 2014, S. 754).

Hierbei ist das Feld „Anspruch G" oder eine gesonderte Anlage zu nutzen. Es wird folgender Text empfohlen:

Wegen ... werden der angebliche Anteil des Schuldners an der durch ... (den Beendigungsgrund bezeichnen[1]) ... beendeten fortgesetzten Gütergemeinschaft zwischen dem Schuldner und ... (Name und Adresse aller an der Gütergemeinschaft außer dem Schuldner Beteiligten) ...   (Drittschuldner)

sowie der angebliche Anspruch des Schuldners auf Auseinandersetzung gepfändet.

Den Drittschuldnern wird verboten, an den Schuldner zu leisten.

Dem Schuldner wird geboten, sich jeder Verfügung über den gepfändeten Anteil und den gepfändeten Anspruch, insbesondere des Betreibens der Auseinandersetzung und der Einbeziehung, zu enthalten.

Zugleich werden der gepfändete Anteil und der gepfändete Auseinandersetzungsanspruch dem Gläubiger zur Einziehung überwiesen.

---

1 S. Rz. 21–28 der Erläuterungen.

1. Güterstände

Das geltende deutsche Recht kennt als Güterstände die Zugewinngemeinschaft, die Gütertrennung und die Gütergemeinschaft und fortgesetzte Gütergemeinschaft. Lebenspartner leben im Vermögensstand der Ausgleichsgemeinschaft, § 6 Abs. 1 LebenspartnerschaftsG (LPartG), oder sie haben einen Lebenspartnerschaftsvertrag, § 7 LPartG, geschlossen. Zugewinngemeinschaft tritt mit der Eheschließung ein, wenn die Eheleute nicht notariell einen anderen Güterstand vereinbaren, oder wenn sie nach Vereinbarung eines anderen Güterstandes diesen aufheben. Die Gütertrennung und die Gütergemeinschaft (fortgesetzte Gütergemeinschaft) entstehen nur durch notariell beurkundeten Vertrag zwischen den Eheleuten.

1.1 Damit nicht „exotische" Güterstände Rechtsunklarheit und Unüberschaubarkeit bringen, können Eheleute andere Güterstände (sei es alten oder ausländischen Rechts) nicht mehr bestimmen (§ 1409 Abs. 1 BGB). Haben aber Ehegatten vor dem 1. Juli 1958 die damals noch im BGB vorgesehenen Güterstände der **Errungenschaftsgemeinschaft** oder **Fahrnisgemeinschaft** vereinbart und diese Vereinbarung nicht geändert, so bleiben für sie diejenigen güterrechtlichen Vorschriften maßgebend, die für diese Güterstände vor dem 1. April 1953 gegolten haben (Art. 8 Abs. 1 7 des Gleichberechtigungsgesetzes). Der in der ehemaligen DDR bestehende Güterstand der **Eigentums- und Vermögensgemeinschaft** kann nach Art. 234 EGBGB als Wahlgüterstand beibehalten werden.

Wegen des Güterstandes von **Ausländern** vgl. Art. 15 und 16 EGBGB.

1.2 Haben die Ehegatten den gesetzlichen Güterstand ausgeschlossen oder ihren eingetragenen Güterstand geändert, so können sie hieraus einem Dritten gegenüber Einwendungen gegen ein Rechtsgeschäft, das zwischen einem von ihnen und dem Dritten vorgenommen worden ist, nur herleiten, wenn der Ehevertrag im **Güterrechtsregister** des zuständigen Amtsgerichts eingetragen oder dem Dritten bekannt war, als das Rechtsgeschäft vorgenommen wurde; Einwendungen gegen ein rechtskräftiges Urteil, das zwischen einem der Ehegatten und dem Dritten ergangen ist, sind nur zulässig, wenn der Ehevertrag eingetragen oder dem Dritten bekannt war, als der Rechtsstreit anhängig wurde (§ 1412 BGB). Für Lebenspartner fehlt derzeit eine entsprechende Regelung.

1.3 Unabhängig vom Güterstand wird zugunsten der Gläubiger des Mannes und der Gläubiger der Frau oder der Gläubiger eines der Lebenspartner **vermutet**, dass die im Besitz eines oder beider Ehegatten (bzw. Lebenspartner) befindlichen beweglichen Sachen sowie Inhaberpapiere und Orderpapiere, die mit Blankoindossament versehen sind, dem Schuldner gehören, wenn die Ehegatten (bzw. Lebenspartner) nicht getrennt leben und der Nichtschuldner die Sachen besitzt; für die ausschließlich zum persönlichen Gebrauch eines Ehegatten/Lebenspartners bestimmten Sachen wird zugunsten der Gläubiger vermutet, dass die Sachen dem Ehegatten/Lebenspartner gehören, für dessen Gebrauch sie bestimmt sind (§ 1362

BGB, § 8 LPartG).[1] Diese Bestimmung wird durch § 739 ZPO ergänzt, wonach bei Vorliegen der Voraussetzungen des § 1362 BGB unbeschadet der Rechte Dritter für die Durchführung der Zwangsvollstreckung nur der Schuldner als Gewahrsamsinhaber und Besitzer gilt. Das bedeutet, dass der andere Ehegatte/Lebenspartner mit einer Drittwiderspruchsklage nach § 771 ZPO nur durchdringen kann, wenn er sein Eigentum beweist, während ohne die Bestimmung des § 1362 BGB, § 8 LPartG für ihn die Eigentumsvermutung des § 1006 BGB gesprochen hätte. Es bedeutet ferner, dass der andere Ehegatte/Lebenspartner der Pfändung einer tatsächlich in seinem Gewahrsam befindlichen Sache trotz § 809 ZPO nicht widersprechen kann.

6 1.4 Ferner verpflichtet für den Regelfall ein Ehegatte/Lebenspartner nicht nur sich selbst, sondern auch den anderen Ehegatten/Lebenspartner, wenn er allein Geschäfte zur angemessenen Deckung des Lebensbedarfs für die Familie abschließt (sog. **Schlüsselgewalt**, § 1357 BGB, § 8 Abs. 2 LPartG); kauft der Partner z.B. Kinderbetten, so kann der Verkäufer den Kaufpreis von Ehefrau und Ehemann bzw. dem anderen Lebenspartner als Gesamtschuldner fordern.

7 1.5 Diese Vorschriften genügen dem **Schutz des Rechtsverkehrs** und dem Schutz der Gläubiger für den Fall, dass Eheleute im gesetzlichen Güterstand der Zugewinngemeinschaft leben oder Lebenspartner sich entsprechend § 6 LPartG über den Vermögensstand erklärt haben. (Wegen der Zwangsvollstreckung in den Anspruch auf Zugewinnausgleich vgl. *Muster 194*.) Die Vorschriften genügen auch für den Fall, dass Eheleute durch Ehevertrag **Gütertrennung** vereinbart haben (§ 1414 BGB); ihre Vermögen sind nämlich dann rechtlich so getrennt wie die Vermögen Unverheirateter.

8 1.6 Die **Gütergemeinschaft** und **fortgesetzte Gütergemeinschaft** sind in §§ 1415 ff. BGB geregelt. Ihr Wesen besteht darin, dass das Vermögen des Mannes und das Vermögen der Frau durch die Gütergemeinschaft gemeinschaftliches Vermögen beider Ehegatten (Gesamtgut) werden, soweit sie nicht Sondergut oder Vorbehaltsgut sind (§ 1416 BGB).

9 **Sondergut** sind diejenigen Gegenstände, die nicht durch Rechtsgeschäft übertragen werden können (§ 1417 BGB).

10 Das **Vorbehaltsgut** gehört jedem Ehegatten zu alleinigem Vermögen (§ 1418 BGB).

Besonderheiten gibt es nur bei dem **Gesamtgut**: Ein Ehegatte kann nämlich nach § 1419 Abs. 1 BGB nicht über seinen Anteil am Gesamtgut und an den einzelnen Gegenständen, die zum Gesamtgut gehören, verfügen; er ist auch nicht berechtigt, Teilung zu verlangen.

---

1 Diese Vermutung kann sich auch bei Pfändung des Herausgabeanspruchs des Vollstreckungsschuldners gegen einen Dritten auswirken und konkurriert mit § 1006 BGB (BGH v. 14.1.1993 – IX ZR 238/91, NJW 1993, 935).

Während es also für die Belange der Zwangsvollstreckung keines Eingehens auf das Sondergut und das Vorbehaltsgut bedarf, müssen Vorschriften des materiellen Rechts über das Gesamtgut berücksichtigt werden:

Das Gesamtgut untersteht entweder der Verwaltung durch den Mann oder die Frau (darüber §§ 1422 bis 1449 BGB), oder es untersteht der gemeinschaftlichen Verwaltung durch beide Ehegatten (darüber §§ 1450 bis 1470 BGB). Falls im Ehevertrag vereinbart, wird die Gütergemeinschaft nach dem Tod eines Ehegatten zwischen dem überlebenden Ehegatten und den gemeinschaftlichen Abkömmlingen fortgesetzt (§ 1483 BGB), wenn der überlebende Ehegatte dies nicht in bestimmter Form und Frist ablehnt (§ 1484 BGB) oder alle Abkömmlinge in bestimmter Form verzichten (§ 1491 BGB). In der fortgesetzten Gütergemeinschaft hat der überlebende Ehegatte die rechtliche Stellung des Ehegatten, der das Gesamtgut allein verwaltet (§ 1487 BGB).

Nach den Vorschriften über die Verwaltung des Gesamtguts richtet sich materiellrechtlich, ob und inwieweit Rechtsgeschäfte eines Ehegatten die Haftung des Gesamtguts für die übernommenen Verpflichtungen auslösen. Damit muss sich jedermann, der mit einer verheirateten Person Rechtsgeschäfte abschließen will, auseinander setzen. Es ist zu raten, vor Abschluss des Rechtsgeschäfts das **Güterrechtsregister einzusehen.** Wenn dieses im Zeitpunkt des Abschlusses des beabsichtigten Rechtsgeschäfts keinen Eintrag aufweist, kann er sich auf § 1412 BGB berufen.

2. Pfändung und Verwertung

Auch hier gelten §§ 1357, 1362 BGB und § 739 ZPO.

2.1 Gegenstände des **Sonderguts** sind unübertragbar und häufig unpfändbar (§ 1417 Abs. 2 BGB, § 851 ZPO); soweit sie trotz § 851 ZPO pfändbar sind, gelten für die Pfändung keine aus dem Güterrecht folgenden Besonderheiten.

In Gegenstände des **Vorbehaltsguts** (§ 1418 BGB) wird gepfändet, als ob der Schuldner unverheiratet wäre.

2.2 Für die Pfändung in Gegenstände des **Gesamtguts** aber regeln die §§ 740 bis 745 ZPO, ob ein Titel gegen einen Ehegatten und gegen welchen von ihnen genügt, oder **ob ein Titel gegen beide Ehegatten (bei fortgesetzter Gütergemeinschaft gegen den überlebenden Ehegatten und die Abkömmlinge) notwendig ist.** Daran muss der Gläubiger schon vor Prozessbeginn denken, um den richtigen Titel zu erwirken.

2.3 Besonders zu behandeln ist der Fall, dass der Vollstreckungsgläubiger einen Titel gegen einen Ehegatten (oder die Abkömmlinge in der fortgesetzten Gütergemeinschaft) hat und **Ansprüche oder Rechte des Schuldners gegen seinen Ehegatten** (bei fortgesetzter Gütergemeinschaft Ansprüche gegen den überlebenden Elternteil oder die Abkömmlinge) pfänden will:

19 2.3.1 Solche Ansprüche können aus **Verletzung der gegenseitigen Pflichten** entstehen, welche die Gütergemeinschaft den Gemeinschaftern auferlegt (vgl. z.B. §§ 1435, 1463 BGB); sie sind wie andere Ansprüche gleicher Art (z.B. Schadensersatzansprüche) zu pfänden. Es gibt auch Ansprüche, die sich auf **Ausgleich zwischen den „Gütern"** richten. Sie werden mit diesen „Gütern" und wie diese gepfändet. Der Gläubiger wird von ihrer Existenz kaum anders erfahren als durch die Vermögensauskunft; der Verfasser hat auch in einer solchen noch nie über diese Ansprüche etwas gefunden. Zudem bestehen an der Pfändbarkeit Zweifel, weil die Ansprüche höchstpersönlich sein können.

20 2.3.2 Den Vollstreckungsgläubiger interessiert im Wesentlichen, ob und wie er den **Anteil des Vollstreckungsschuldners am Gesamtgut** pfänden kann: Dieser Anteil ist nach §§ 1419, 1487 BGB unübertragbar, folglich nach § 851 ZPO unpfändbar. § 860 Abs. 1 ZPO bekräftigt dies für den Anteil am Gesamtgut und den Anteil an den Gegenständen des Gesamtguts. § 860 Abs. 2 ZPO macht aber eine Ausnahme für den Anteil am Gesamtgut als Ganzem: **Nach der Beendigung der Gemeinschaft** ist der Anteil der Pfändung unterworfen.[2] Dieser Anteil besteht aber nach der Beendigung der Gütergemeinschaft nur solange, bis seine Auseinandersetzung abgeschlossen ist. Nach Abschluss der Auseinandersetzung existiert der Anteil nicht mehr; dann können nur noch die dem Vollstreckungsschuldner bei der Auseinandersetzung zugefallenen Gegenstände aus dem früheren Gesamtgut beim Vollstreckungsschuldner gepfändet werden. Der zukünftige Anteil am Gesamtgut einer Gütergemeinschaft kann während des Bestehens dieses Güterstandes nicht gepfändet werden.[3]

21 2.3.2.1 Die Gütergemeinschaft wird beendet durch den **Tod eines Ehegatten**, wenn nicht Fortsetzung der Gütergemeinschaft mit den Abkömmlingen vereinbart ist (§§ 1482, 1483 BGB). In diesem Fall gehört der Anteil des verstorbenen Ehegatten am Gesamtgut zu seinem Nachlass; der verstorbene Ehegatte wird nach den allgemeinen Vorschriften beerbt.

22 In den **Nachlass des verstorbenen Ehegatten** kann nur vollstreckt werden aus einem Titel gegen seine Erben, der auch durch Umschreibung eines Titels gegen den Verstorbenen auf die Erben entstehen kann (§ 727 ZPO). Den zur Titelumschreibung nötigen Erbschein kann sich der Vollstreckungsgläubiger nach § 792 ZPO beschaffen.

23 Der **Anteil des länger lebenden Ehegatten** wird nach § 860 Abs. 2 ZPO gepfändet. Die Erben des verstorbenen Ehegatten sind **Drittschuldner**. Auf den Erbgang ist im Antrag hinzuweisen.

24 2.3.2.2 Die Gütergemeinschaft wird weiter beendet durch **Ehevertrag**, durch den sie aufgehoben wird (§ 1408 BGB), durch **rechtskräftige Ehescheidung**, wie sich aus dem Wesen der ehelichen Gütergemeinschaft ergibt und in § 1478 BGB vorausgesetzt wird, und durch **rechtskräftiges Ur-**

---

2 LG Frankenthal v. 9.2.1981 – 1 T 29/81, Rpfleger 1981, 241.
3 OLG München v. 3.1.2013 – 34 Wx 481/12, FamRZ 2013, 1404.

teil auf **Aufhebung** der Gütergemeinschaft (§§ 1447, 1448, 1449, 1469 und 1470 BGB).

Nach der Beendigung findet zwischen den bisherigen Gemeinschaftern die Auseinandersetzung statt, die in den §§ 1471 bis 1481 und §§ 1497 bis 1505 BGB näher geregelt ist. 25

2.3.2.3 Bei der **fortgesetzten Gütergemeinschaft** findet die Beendigung mit der Folge der Auseinandersetzung ferner statt bei **Aufhebung** durch den überlebenden Ehegatten (§ 1492 BGB), bei **Wiederverheiratung** des überlebenden Ehegatten (§ 1493 BGB), bei Tod des überlebenden Ehegatten (§ 1494 BGB). Die Beendigung tritt nicht ein bei Ablehnung durch den überlebenden Ehegatten (§ 1484 BGB; in diesem Falle ist die Bestimmung des § 1482 BGB über die Eheauflösung durch Tod anzuwenden, vgl. § 1484 BGB). 26

Bei Tod eines Abkömmlings gehört sein Anteil nicht zu seinem Nachlass (§ 1490 BGB). 27

2.3.3 Voraussetzung für die Pfändbarkeit des Anteils am Gesamtgut ist nach § 860 Abs. 2 ZPO, dass die Gütergemeinschaft beendet ist. Daher hat der Vollstreckungsgläubiger im Antrag auf Erlass des Pfändungs- und Überweisungsbeschlusses (und hat das Vollstreckungsgericht in seinem Beschluss) diese Tatsache und zweckmäßigerweise auch den **Grund der Beendigung anzugeben**, also 28

– entweder: Die Gütergemeinschaft ist durch den Tod des Ehegatten des Schuldners beendet,
– oder: Die Gütergemeinschaft ist durch die rechtskräftige Ehescheidung (die rechtskräftige Eheaufhebung) beendet,
– oder: Die Gütergemeinschaft ist durch Ehevertrag zwischen dem Schuldner und seinem Ehegatten vom ... beendet,
– oder: Die fortgesetzte Gütergemeinschaft ist infolge Aufhebung durch den überlebenden Ehegatten beendet,
– oder: Die fortgesetzte Gütergemeinschaft ist durch Wiederverheiratung des überlebenden Ehegatten beendet.

2.3.4 Drittschuldner ist bei der Gütergemeinschaft der andere Ehegatte; bei Auflösung durch seinen Tod sind es seine Erben. Bei der fortgesetzten Gütergemeinschaft sind alle an ihr Beteiligten außer dem Schuldner selbst Drittschuldner. 29

2.3.5 Die **Verwertung** des gepfändeten Anteils kann nicht durch Überweisung an Zahlungs statt oder Veräußerung nach §§ 844, 857 Abs. 5 ZPO geschehen, weil § 1419 Abs. 1 BGB weiterhin die Übertragung des Anteils verbietet. Die **Überweisung zur Einziehung** befugt den Vollstreckungsgläubiger, die Auseinandersetzung des Gesamtguts zu betreiben – auch nach § 373 FamFG – und das ihm daraus Zukommende (§§ 1476, 1477, 1478, 1479, 1498 bis 1507 BGB) zu verlangen. Kommt ihm dabei Geld deutscher Währung zu (z.B. nach § 1476 BGB), so ist seine Vollstreckungsforderung in Höhe des Zuflusses erloschen. Kommen ihm andere Sachen 30 oder Rechte zu (z.B. nach § 1478 BGB), so wird er nicht Eigentümer der Sachen und Inhaber der Rechte, sondern muss diese nach §§ 814, 821 bis 825, 844 ZPO verwerten lassen; erst der Zufluss aus dem Erlös dieser Verwertung tilgt die Vollstreckungsforderung.

31 **2.4** Sind **Grundstücke** im Gesamtgut, so kann der Vollstreckungsgläubiger zum Schutz gegen nachteilige Verfügungen die Pfändung im Grundbuch eintragen lassen. (Für eingetragene Schiffe gilt Entsprechendes). Die Eintragung ist Grundbuchberichtigung nach § 894 BGB, zu der es nach § 22 Abs. 1 GBO nicht der Bewilligung bedarf, wenn die Unrichtigkeit nach § 29 Abs. 1 Satz 2 GBO durch öffentliche Urkunden nachgewiesen wird; die Ausfertigung des Pfändungs- und Überweisungsbeschlusses ist eine solche.

32 **3.** Für die nach Art. 234 § 4 EGBGB als Wahlgüterstand weiter geltende **Eigentums- und Vermögensgemeinschaft des Familiengesetzbuchs der DDR** bestimmt § 744a ZPO die entsprechende Anwendung der §§ 740 bis 744, 744 und 860 ZPO.

Muster 94 Haftentschädigungsanspruch aus Strafverfolgungsmaßnahmen

Hinweis: Zu benutzen ist das amtliche Formular Anlage 2 (zu § 2 Nr. 2) der Verordnung über Formulare für die Zwangsvollstreckung (Zwangsvollstreckungsformular-Verordnung – ZVFV) vom 23.8.2012 (BGBl. I 2012, S. 1822) in der geänderten Fassung aufgrund der Verordnung zur Änderung der Zwangsvollstreckungsformular-Verordnung vom 16.6.2014 (BGBl. I 2014, S. 754).

Hierbei ist das Feld „Anspruch G" oder eine gesonderte Anlage zu nutzen. Es wird folgender Text empfohlen:

Wegen ... wird der angebliche Anspruch des Schuldners

gegen   ... (s. Ziff. 2 der Erläuterungen) ...   (Drittschuldner)

auf Zahlung einer Entschädigung[1]

– für unschuldig erlittene Untersuchungshaft

– für unschuldig erlittene Strafhaft

– für sonstigen Schaden aus ungerechtfertigter strafrechtlicher Verurteilung

gepfändet, der[2]

– durch Urteil des ... vom ... Az.: ... rechtskräftig festgestellt ist. Es wird angeordnet, dass der Schuldner dem Gläubiger die vollstreckbare Ausfertigung dieses Urteils herauszugeben hat.

– durch Bescheid des ... vom ... Az.: ... bestandskräftig festgestellt ist.

---

1 Unter den folgenden Alternativen ist zu wählen.
2 Für Ansprüche auf Rehabilitierung und Entschädigung von Opfern rechtsstaatswidriger Strafverfolgungsmaßnahmen im Beitrittsgebiet ist der Text anzupassen.

1. Gesetz über die Entschädigung für Strafverfolgungsmaßnahmen

Entschädigung für Schaden infolge ungerechtfertigter strafgerichtlicher Verurteilung und für ungerechtfertigt erlittene Strafverfolgungsmaßnahmen wird nach Maßgabe des Gesetzes über die Entschädigung für Strafverfolgungsmaßnahmen (StrEG)[1] dem davon Betroffenen und im gewissen Umfang auch denjenigen Personen, denen durch die Verfolgungsmaßnahme gegen ihren Unterhaltsverpflichteten Unterhalt entgangen ist (§ 11 StrEG), nach näherer Bestimmung der §§ 1 bis 7 StrEG gewährt. Über die Verpflichtung zur Entschädigung entscheidet das Strafgericht, im Verfahren nach dem Gesetz über Ordnungswidrigkeiten die Verwaltungsbehörde (§§ 8, 9 StrEG; § 110 OWiG).

Ist die Entschädigungspflicht der Staatskasse rechtskräftig festgestellt, so ist der Anspruch auf Entschädigung innerhalb von sechs Monaten bei der Staatsanwaltschaft geltend zu machen, welche die Ermittlungen im ersten Rechtszug zuletzt geführt hat. Der Anspruch ist ausgeschlossen, wenn der Berechtigte es schuldhaft versäumt hat, ihn innerhalb der Frist zu stellen. Die Staatsanwaltschaft hat den Berechtigten über sein Antragsrecht und die Frist zu belehren. Die Frist beginnt mit der Zustellung der Belehrung. Über den Antrag entscheidet die Landesjustizverwaltung (§ 10 StrEG). Gegen deren Bescheid kann der Entschädigungsberechtigte die Zivilgerichte anrufen (§ 13 Abs. 1 StrEG).

2. Pfändung und Verwertung

Der Entschädigungsanspruch ist bis zur rechtskräftigen Entscheidung über den Antrag nicht übertragbar (§ 13 Abs. 2 StrEG), also **erst ab rechtskräftiger Feststellung pfändbar**[2] (§ 851 ZPO); ein etwaiger Anspruch auf Vorschuss ist nicht pfändbar.[3] Die rechtskräftige Feststellung ist daher im Antrag auf Erlass des Pfändungs- und Überweisungsbeschlusses vorzutragen, am besten so präzise wie im Muster geschehen.

Drittschuldner ist dasjenige Bundesland, dessen Gericht nach §§ 8 oder 9 StrEG die Entschädigungspflicht ausgesprochen hat (§ 15 StrEG).

Weil der Vollstreckungsgläubiger dem Drittschuldner gegen Zahlung des Entschädigungsbetrages die vollstreckbare Urteilsausfertigung zurückgeben muss, hat ihm der Vollstreckungsschuldner diese herauszugeben (§ 836 Abs. 3 Satz 1 ZPO).

Die gepfändete Forderung ist dem Vollstreckungsgläubiger zu überweisen.

---

1 Gesetz v. 8.3.1971, BGBl. I 1971, S. 157, zuletzt geändert durch Art. 22 Gesetz v. 8.12.2010, BGBl. I 2010, S. 1864.
2 OLG Koblenz v. 2.7.1998 – 14 W 434/98, NJW-RR 1999, 508.
3 OLG Hamm, NJW 1975, 2075.

3. Rehabilitierung und Entschädigung von Opfern rechtsstaatswidriger Strafverfolgungsmaßnahmen im Beitrittsgebiet

7 Entschädigung für Schaden nach Aufhebung rechtsstaatswidriger Entscheidungen eines staatlichen deutschen Gerichts in dem in Art. 3 des Einigungsvertrages genannten Gebiet (Beitrittsgebiet) aus der Zeit vom 8.5.1945 bis zum 2.10.1990 wird nach dem Gesetz über die Rehabilitierung und Entschädigung von Opfern rechtsstaatswidriger Strafverfolgungsmaßnahmen im Beitrittsgebiet (Strafrechtliches Rehabilitierungsgesetz – StrRehaG[4]) gewährt. Die genauen aufzuhebenden Entscheidungen sind in § 1 StrRehaG aufgelistet. Nach § 2 StrRehaG gilt dies auch für auf eine außerhalb eines Strafverfahrens ergangene gerichtliche oder behördliche Entscheidung, mit der eine Freiheitsentziehung angeordnet worden ist. Dies gilt insbesondere für eine Einweisung in eine psychiatrische Anstalt sowie eine Anordnung einer Unterbringung in einem Heim für Kinder oder Jugendliche, die der politischen Verfolgung oder sonst sachfremden Zwecken gedient hat. Soweit eine Entscheidung aufgehoben wird, besteht ein Anspruch auf Erstattung gezahlter Geldstrafen, Kosten des Verfahrens und notwendiger Auslagen des Betroffenen im Verhältnis von zwei Mark der Deutschen Demokratischen Republik zu einer Deutschen Mark (§ 6 StrRehaG).

8 Nach § 7 StrRehaG kann der Antrag bis zum 31.12.2019 von dem durch die Entscheidung unmittelbar in seinen Rechten Betroffenen oder seinem gesetzlichen Vertreter, nach dem Tode des Betroffenen von seinem Ehegatten, seinen Verwandten in gerader Linie, seinen Geschwistern oder von Personen, die ein berechtigtes Interesse an der Rehabilitierung des von der rechtsstaatswidrigen Entscheidung Betroffenen haben, oder von der Staatsanwaltschaft, jedoch nicht, soweit der unmittelbar in seinen Rechten Betroffene widersprochen hat, gestellt werden. Das Gericht entscheidet über die Rehabilitierung durch Beschluss, § 12 StrRehaG.

9 Nach § 16 StrRehaG begründet die Rehabilitierung einen Anspruch auf soziale Ausgleichsleistungen für Nachteile, die dem Betroffenen durch eine Freiheitsentziehung entstanden sind. Die sozialen Ausgleichsleistungen werden auf Antrag als Kapitalentschädigung, besondere Zuwendung für Haftopfer und Unterstützungsleistung nach Maßgabe der §§ 17 bis 19 StrRehaG sowie als Versorgung nach Maßgabe der §§ 21 bis 24 StrRehaG gewährt. Nach § 17 StrRehaG beträgt die Kapitalentschädigung 306,78 Euro für jeden angefangenen Kalendermonat einer mit wesentlichen Grundsätzen einer freiheitlichen rechtsstaatlichen Ordnung unvereinbaren Freiheitsentziehung.

10 Die **Kapitalentschädigung** ist ab Antragstellung, frühestens jedoch ab dem 18.9.1990, übertragbar und vererblich. Der Antrag ist bis zum 31.12.2019 zu stellen. Danach kann ein Antrag nur innerhalb eines Jahres seit

---

[4] Gesetz i.d.F. der Bek. v. 17.12.1999, BGBl. I 1999, S. 2664), zuletzt geändert durch Art. 11 des Gesetzes v. 22.6.2011 (BGBl. I 2011, 1202).

Rechtskraft der Entscheidung nach § 12 gestellt werden. Damit ist die Entschädigung auch **pfändbar**.[5]

Berechtigte, denen bereits eine Kapitalentschädigung nach § 17 Abs. 1 i.V.m. Abs. 2 StrRehaG in der bis zum 31.12.1999 geltenden Fassung gewährt worden ist, erhalten auf Antrag eine **Nachzahlung**. Soweit die zusätzliche Kapitalentschädigung nach § 17 Abs. 1 Satz 2 in der bis zum 31.12.1999 geltenden Fassung bewilligt worden ist, beträgt die Nachzahlung 25,56 Euro, in den übrigen Fällen 153,39 Euro für jeden angefangenen Kalendermonat einer mit wesentlichen Grundsätzen einer freiheitlichen rechtsstaatlichen Ordnung unvereinbaren Freiheitsentziehung. Der Anspruch auf Nachzahlung ist übertragbar und vererblich, soweit auch die Kapitalentschädigung übertragbar und vererblich ist. 11

Nach § 17a StrRehaG wird u.U. noch eine besondere Zuwendung für Haftopfer gezahlt. Nach § 17 Abs. 5 StrRehaG ist ein solcher Anspruch auf die besondere Zuwendung unpfändbar, nicht übertragbar und nicht vererbbar und somit auch nicht pfändbar, § 851 ZPO. 12

Für die Gewährung der Leistungen nach den §§ 17, 17a und 19 StrRehaG ist die Landesjustizverwaltung zuständig, in deren Geschäftsbereich die Rehabilitierungsentscheidung ergangen ist. Die Landesregierungen können durch Rechtsverordnung andere Zuständigkeiten begründen. 13

Muster 95   Heimarbeitsvergütung I

Schuldner arbeitet laufend für den Drittschuldner

Hinweis: Zu benutzen ist das amtliche Formular Anlage 2 (zu § 2 Nr. 2) der Verordnung über Formulare für die Zwangsvollstreckung (Zwangsvollstreckungsformular-Verordnung – ZVFV) vom 23.8.2012 (BGBl. I 2012, S. 1822) in der geänderten Fassung aufgrund der Verordnung zur Änderung der Zwangsvollstreckungsformular-Verordnung vom 16.6.2014 (BGBl. I 2014, S. 754). Hierbei ist das Feld „Anspruch G" oder eine gesonderte Anlage zu nutzen. Es wird folgender Text empfohlen:

Wegen ... wird die angebliche Forderung des Schuldners

auf Zahlung der gesamten, auch der erst künftig fällig werdenden Heimarbeitsvergütungen ohne Rücksicht auf deren Benennung oder Berechnungsart gepfändet.

Von der Pfändung ausgenommen sind die in den §§ 850a, 850b und 850e Nr. 1 ZPO genannten und der nach § 850c ZPO unpfändbare Teil der Vergütung.

Erläuterungen bei *Muster 96.*

---

5 BGH vom 18.10.2012 – IX ZB 263/10, BeckRS 2012, 22301.

Muster 96   Heimarbeitsvergütung II

Schuldner arbeitet einmalig für den Drittschuldner

Hinweis: Zu benutzen ist das amtliche Formular Anlage 2 (zu § 2 Nr. 2) der Verordnung über Formulare für die Zwangsvollstreckung (Zwangsvollstreckungsformular-Verordnung – ZVFV) vom 23.8.2012 (BGBl. I 2012, S. 1822) in der geänderten Fassung aufgrund der Verordnung zur Änderung der Zwangsvollstreckungsformular-Verordnung vom 16.6.2014 (BGBl. I 2014, S. 754).

Hierbei ist das Feld „Anspruch G" oder eine gesonderte Anlage zu nutzen. Es wird folgender Text empfohlen:

Wegen . . . wird die angebliche Forderung des Schuldners

auf Zahlung der gesamten Heimarbeitsvergütung ohne Rücksicht auf deren Benennung oder Berechnungsart, aus dem einmaligen Auftrag vom . . . gepfändet.

1. Gesetzliche Regelung

1   Über die **Vergütung für Heimarbeit** wird die wesentliche Regelung im Heimarbeitsgesetz[1] getroffen. Über die Mindesthöhe dieser Vergütung gibt es in den meisten Fällen besondere tarifähnliche Bestimmungen.

2. Pfändung und Verwertung

2   Das Entgelt der Heimarbeiter oder der ihnen Gleichgestellten ist **wie Arbeitseinkommen** pfändbar (§ 27 HAG, § 850i Abs. 2 ZPO).

3   Diese Vergütung wird in der Regel nicht in gleichen Zeitabständen (Tagen, Wochen, Monaten) gezahlt, sondern jeweils bei **Lieferung der fertigen Heimarbeitserzeugnisse**. Das Entgelt ist deshalb auf den Zeitraum umzurechnen, der in § 850c ZPO bestimmt ist: Hat z.B. die Fertigstellung der Erzeugnisse 35 Tage gedauert und ist dafür ein Entgelt von 1500 Euro geschuldet, so ist dieses Entgelt nach Abzug der in § 850e ZPO genannten Beträge durch 35 zu dividieren und das Ergebnis mit der Zahl der normalen Arbeitstage des Monats zu multiplizieren. Das so ermittelte monatliche Entgelt ist dann im Rahmen des § 850c ZPO pfändbar.

4   Es ist zumindest zweifelhaft, ob die Heimarbeitsvergütung „fortlaufende Bezüge" im Sinn des § 832 ZPO darstellt. Deshalb empfiehlt es sich, wenn nicht die Vergütung aus einem einmaligen Auftrag nach *Muster 96* gepfändet wird, **künftige Vergütungen** ausdrücklich **mit zu pfänden**.

5   Bezüglich des **Entgeltes** aus einem einmaligen Auftrag richtet sich der Pfändungsschutz nach § 850i Abs. 1 ZPO in der Fassung seit dem

---

[1] HAG: Heimarbeitsgesetz in der im Bundesgesetzblatt Teil III, Gliederungsnummer 804-1, veröffentlichten bereinigten Fassung, das zuletzt durch Art. 225 der Verordnung v. 31.10.2006 (BGBl. I 2006, S. 2407) geändert worden ist.

1.7.2010: Werden nicht wiederkehrend zahlbare Vergütungen für persönlich geleistete Arbeiten oder Dienste oder sonstige Einkünfte, die kein Arbeitseinkommen sind, gepfändet, so hat das Gericht dem Schuldner auf Antrag während eines angemessenen Zeitraums so viel zu belassen, als ihm nach freier Schätzung des Gerichts verbleiben würde, wenn sein Einkommen aus laufendem Arbeits- oder Dienstlohn bestünde. Bei der Entscheidung sind die wirtschaftlichen Verhältnisse des Schuldners, insbesondere seine sonstigen Verdienstmöglichkeiten, frei zu würdigen. Der Antrag des Schuldners ist insoweit abzulehnen, als überwiegende Belange des Gläubigers entgegenstehen.

Muster 97   Herausgabeanspruch

Hinweis: Zu benutzen ist das amtliche Formular Anlage 2 (zu § 2 Nr. 2) der Verordnung über Formulare für die Zwangsvollstreckung (Zwangsvollstreckungsformular-Verordnung – ZVFV) vom 23.8.2012 (BGBl. I 2012, S. 1822) in der geänderten Fassung aufgrund der Verordnung zur Änderung der Zwangsvollstreckungsformular-Verordnung vom 16.6.2014 (BGBl. I 2014, S. 754).

Hierbei ist das Feld „Anspruch G" oder eine gesonderte Anlage zu nutzen. Es wird folgender Text empfohlen:

Wegen ... wird der angebliche Anspruch des Schuldners

auf Herausgabe folgender Sachen: ... (genau bezeichnen) ... aus ... (Rechtsgrund angeben, z.B. Leihvertrag vom ... Eigentum) ... gepfändet.

Dem Drittschuldner wird verboten, an den Schuldner zu leisten.

Dem Schuldner wird geboten, sich jeder Verfügung über den gepfändeten Anspruch, insbesondere seiner Einziehung, zu enthalten.

Zugleich wird der gepfändete Anspruch dem Gläubiger zur Einziehung überwiesen.

Es wird angeordnet, dass der Schuldner diese Sachen an einen vom Gläubiger zu beauftragenden Gerichtsvollzieher herauszugeben hat.

Vorbemerkung

Hier sind nur Ansprüche auf Herausgabe **beweglicher Sachen behandelt**; für den Fall, dass die Sache **hinterlegt** ist, vgl. *Muster 98*. Die Ansprüche auf Leistung einer beweglichen Sache auf Grund **Kaufvertrags** oder **Vermächtnisses** sind in den *Mustern 106, 184* und *185* behandelt.

Wegen des Anspruchs auf Herausgabe eines **Grundstücks** vgl. §§ 846 und 848 ZPO, wegen des Anspruchs auf Herausgabe eines **eingetragenen Schiffs** vgl. § 847a ZPO.

1. Herausgabeansprüche

1 Ansprüche auf Herausgabe **von Sachen** können aus ganz verschiedenen Rechtsgründen entstehen, sie können dinglich sein – wie der Anspruch des Eigentümers gegen den Besitzer (§ 985 BGB) oder der Anspruch des Besitzers auf Wiedereinräumung des Besitzes (§ 861 BGB) – oder obligatorisch – wie der Anspruch des Vermieters gegen den Mieter nach Ablauf der Mietzeit (§ 546 BGB).

2. Pfändung und Verwertung

2 Dingliche und obligatorische Ansprüche auf Herausgabe beweglicher Sachen werden nach § 846 gepfändet und nach §§ 847, 849 ZPO verwertet.

3 **2.1** Danach erfolgt die **Pfändung** nach §§ 829 bis 845 ZPO mit der Maßgabe, dass zusätzlich die Herausgabe der Sache an den Gerichtsvollzieher anzuordnen ist. Dabei muss die herauszugebende Sache genau bezeichnet werden, damit der Herausgabeanspruch genügend individualisiert ist.[1]

4 **2.2 Verwertet** wird der gepfändete Anspruch letztlich, indem der Gerichtsvollzieher die an ihn herausgegebene Sache nach den Bestimmungen über die Verwertung gepfändeter Sachen zu Geld macht und den Nettoerlös an den Vollstreckungsgläubiger abführt.

5 Die Befugnis des Vollstreckungsgläubigers zur – auch klageweisen – Geltendmachung des Herausgabeanspruchs gegen den Drittschuldner gründet sich auf die Anordnung, dass die Sache an den Gerichtsvollzieher herauszugeben ist.[2] Dennoch wird der Vollstreckungsgläubiger auch stets die Überweisung zur Einziehung – nicht an Zahlungs statt (§ 849 ZPO) – beantragen. Hiervon hängt sowohl das Vertretungsrecht ab, als auch die Auskunftspflicht des Vollstreckungsschuldners nach § 836 Abs. 3 Satz 2 ZPO.

6 **2.3 Ist die herauszugebende Sache unpfändbar** (§ 811 Abs. 1 ZPO), so ist auch der auf ihre Herausgabe gerichtete Anspruch unpfändbar.[3] Wegen der Unpfändbarkeit von **Tieren** vgl. §§ 811 Abs. 1 Nr. 3 und 4, 811c ZPO: Insbesondere Haustiere sind in vielen Fällen unpfändbar; soweit Tiere pfändbar sind, sind die Bestimmungen über die Sachpfändung anzuwenden.

7 Sachen, die **wesentliche Bestandteile** einer anderen Sache oder **Grundstücksinventar** sind (§§ 93, 94, 98 BGB), können nicht selbständig Gegenstand eines Herausgabeanspruchs oder einer Pfändung sein. Sie teilen vielmehr das Schicksal der Hauptsache.

8 **2.4 Gibt der Drittschuldner die Sache nicht freiwillig an den Gerichtsvollzieher heraus**, so ist dieser nicht etwa zur Wegnahme befugt, weil es an ei-

---

1 BGH v. 13.7.2000 – IX ZR 131/99, NJW 2000, 3218 = Rpfleger 2000, 505; KG v. 14.5.1985 – 1 W 814/85 n.v.; *Stöber*, Rz. 2016.
2 So *Stöber*, Rz. 2026 m.w.N.
3 Das folgt schon aus mangelndem Rechtsschutzbedürfnis, weil die Sache nicht verwertet werden dürfte.

nem Titel gegen den Drittschuldner fehlt. Diesen Titel muss der Vollstreckungsgläubiger erst durch Klage gegen den Drittschuldner beschaffen. Mit der freiwilligen oder durch Klage erzwungenen Herausgabe der Sache an den Gerichtsvollzieher hat dann der Drittschuldner nicht nur seiner Verpflichtung aus dem Pfändungsbeschluss genügt, sondern auch den Herausgabeanspruch des Vollstreckungsschuldners getilgt.

Bei **mehrfacher Pfändung des Herausgabeanspruchs** ist nach §§ 854, 856 ZPO zu verfahren. 9

2.5 Bei der Pfändung des Herausgabeanspruchs eines **Ehegatten gegen einen Dritten** ist die Eigentumsvermutung des § 1362 Abs. 1 BGB in gleicher Weise anzuwenden, wie wenn einer der Ehegatten oder beide von ihnen im Zeitpunkt der Pfändung noch Besitz an der Sache gehabt hätten.[4] Dasselbe gilt im Falle der Lebenspartnerschaftsgemeinschaft, vgl. § 8 Abs. 1 LPartG. 10

Muster 98 Hinterlegung

Hinweis: Zu benutzen ist das amtliche Formular Anlage 2 (zu § 2 Nr. 2) der Verordnung über Formulare für die Zwangsvollstreckung (Zwangsvollstreckungsformular-Verordnung – ZVFV) vom 23.8.2012 (BGBl. I 2012, S. 1822) in der geänderten Fassung aufgrund der Verordnung zur Änderung der Zwangsvollstreckungsformular-Verordnung vom 16.6.2014 (BGBl. I 2014, S. 754).

Hierbei ist das Feld „Anspruch G" oder eine gesonderte Anlage zu nutzen. Es wird folgender Text empfohlen:

Wegen ... wird die angebliche Forderung des Schuldners gegen[1] ...

(Drittschuldner)

auf[2]

– *Auszahlung der (auch) zugunsten des Schuldners unter Az.: ... in Sachen ... hinterlegten Geldbeträge und auf Herausgabe anderer hinterlegter Sachen, auch bezüglich derjenigen Beträge und Sachen, die erst künftig hinterlegt werden,*

– *Herausgabe der vom Schuldner unter Az.: ... in Sachen ... hinterlegten oder künftig hinterlegt werdenden Geldbeträge und sonstiger Sachen, nachdem der Schuldner das Rücknahmerecht geltend gemacht hat,*

gepfändet.

Die hinterlegten Sachen (nicht Beträge) sind zum Zweck der Verwertung an einen vom Gläubiger zu beauftragenden Gerichtsvollzieher herauszugeben.

Dem Drittschuldner wird verboten, an den Schuldner zu leisten.

Dem Schuldner wird geboten, sich jeder Verfügung über die gepfändete Forderung, insbesondere ihrer Einziehung, zu enthalten.

---

4 BGH v. 14.1.1993 – IX ZR 238/91, NJW 1993, 935; auch zur Konkurrenz zwischen § 1362 BGB und § 1006 BGB.

Zugleich wird die gepfändete Forderung dem Gläubiger zur Einziehung überwiesen.

1 S. Rz. 6 der Erläuterungen.
2 Unter den folgenden Alternativen ist zu wählen.

1. Die Hinterlegung

1 Aus verschiedenen Gründen, z.B. wegen Schwierigkeiten bei der Erfüllung einer Forderung (vgl. §§ 372 ff. BGB), zur Sicherheitsleistung oder aufgrund einer Parteivereinbarung, können Geld, Wertpapiere, sonstige Urkunden und Kostbarkeiten bei der Hinterlegungsstelle des Amtsgerichts nach näherer Bestimmung der Hinterlegungsordnung hinterlegt werden. Mit dem 2. BMJBerG[1] wurde die Rechtsbereinigung im Zuständigkeitsbereich des Bundesministeriums der Justiz fortgesetzt. Art. 17 Abs. 2 des 2. BMJBerG hat die Hinterlegungsordnung und die dazu ergangenen Durchführungsverordnungen als Bundesrecht aufgehoben. Die Hinterlegung ist somit den Ländern als Regelung des formellen Hinterlegungsrechts zugewiesen. Das Inkrafttreten dieser Bestimmungen wurde um drei Jahre (bis zum 1.12.2010) hinausgeschoben, um den Ländern ausreichend Zeit zur Schaffung landesgesetzlicher Vorschriften zu geben.[2] Geschieht die Hinterlegung gemäß §§ 372 ff. BGB, so hat der Hinterleger das Recht, die hinterlegten Sachen zurückzunehmen (§ 376 Abs. 1 BGB), wenn nicht einer der in § 376 Abs. 2 BGB aufgeführten Fälle vorliegt.

2 **Hinterleger** ist nicht etwa der, aus dessen Mitteln das Hinterlegungsgut stammt, auch nicht der, der gemäß den Vorschriften des materiellen Rechts einen Anspruch hat, sondern der, der gegenüber der Hinterlegungsstelle als Hinterleger aufgetreten, also im Antrag als Hinterleger bezeichnet ist, ohne dass eine etwaige Vertretereigenschaft kenntlich gemacht worden ist.[3]

2. Pfändung und Verwertung

3 **2.1** Bei der Hinterlegung nach §§ 372 ff. BGB ist **das Recht des Hinterlegers zur Rücknahme** der hinterlegten Sache der Pfändung nicht unterworfen (§ 377 Abs. 1 BGB). Die Bestimmung trifft aber nur die Befugnis des Hinterlegers, gemäß § 376 Abs. 1 BGB auf das Hinterlegungsrechtsverhält-

---

1 Zweites Gesetz über die Bereinigung von Bundesrecht im Zuständigkeitsbereich des Bundesministeriums der Justiz v. 23.11.2007, BGBl. I 2007, S. 2614, in Kraft seit 30.11.2007, teilweise ab 1.12.2010; Materialien: Entwurf BT-Drucks. 16/5051; Beschlussempfehlung und Bericht BT-Drucks. 16/6626.
2 Zur Aufhebung der Hinterlegungsordnung zum 30.11.2010: *Rückheim*, Rpfleger 2010, 1; *Rellermeyer*, BGH v. 22.10.2009 – III ZR 250/08, Rpfleger 2010, 129. Jedes Bundesland hat nunmehr ein eigenes Hinterlegungsgesetz (HintG), die aber weitgehend deckungsgleich sind. Zum Hinterlegungsrecht in Bayern: *Wiedemann/Armbruster*, Rpfleger 2011, 1.
3 OLG Frankfurt v. 1.3.1988 – 14 U 221/86, NJW-RR 1988, 1408.

nis einzuwirken; durch das Pfändungsverbot soll ein Eingriff in den mit der Hinterlegung begonnenen Vorgang der Befriedigung des Gläubigers durch Zwangsvollstreckungsmaßnahmen Dritter vermieden werden. Hat der Hinterleger aber durch Erklärung gegenüber der Hinterlegungsstelle sein Rücknahmerecht wirksam ausgeübt, so ist dadurch entstandener Herausgabeanspruch pfändbar. Auch ergreift § 377 Abs. 1 BGB nicht Ansprüche des Hinterlegers auf Ausfolgung des Hinterlegungsobjekts, die ihm – z.B. bei fehlenden Hinterlegungsvoraussetzungen – ohne Geltendmachung des Rücknahmerechtes zustehen (allg. Meinung).

2.2 In zahlreichen Fällen steht der Anspruch auf Ausfolgung des Hinterlegungsgutes nicht dem Hinterleger, sondern dem (einem der) von ihm benannten Begünstigten zu. Der **Anspruch eines Begünstigten** ist als gewöhnliche Forderung pfändbar.

2.3 Pfändung und Überweisung geschehen nach §§ 829, 835 ZPO. Durch die Pfändung und Überweisung erlangt der Vollstreckungsgläubiger die Befugnis, die Rechte des an der Hinterlegung beteiligten Vollstreckungsschuldners (bis auf die Befugnis, die Rücknahme zu verlangen) an dessen Stelle auszuüben und die Herausgabe des Hinterlegungsguts an sich zu verlangen.[4]

2.4 Drittschuldner ist das Bundesland, bei dessen Amtsgericht die Hinterlegungsstelle eingerichtet ist; denn die Hinterlegungsstelle selbst ist keine Rechtsperson, kann also nicht Drittschuldnerin sein. Dem Landesrecht obliegt die Bestimmung darüber, wer der gesetzliche Vertreter des Drittschuldners ist.

2.5 Bei **wiederkehrenden Hinterlegungen** (z.B. von Mietzinszahlungen), ist es zweckmäßig, in den Antrag auch künftig zu hinterlegende Beträge aufzunehmen, damit auch diese von der Pfändung erfasst werden.

Muster 99 Höchstbetragshypothek I

Forderung und Hypothek

Hinweis: Zu benutzen ist das amtliche Formular Anlage 2 (zu § 2 Nr. 2) der Verordnung über Formulare für die Zwangsvollstreckung (Zwangsvollstreckungsformular-Verordnung – ZVFV) vom 23.8.2012 (BGBl. I 2012, S. 1822) in der geänderten Fassung aufgrund der Verordnung zur Änderung der Zwangsvollstreckungsformular-Verordnung vom 16.6.2014 (BGBl. I 2014, S. 754).

Hierbei ist das Feld „Anspruch G" oder eine gesonderte Anlage zu nutzen. Es wird folgender Text empfohlen:

Wegen . . . und zusätzlich der Kosten der Eintragung im Grundbuch
wird die angebliche Forderung des Schuldners

---
4 KG Rpfleger 1981, 240.

Muster 100 Höchstbetragshypothek II

gegen . . . (Name und Adresse des persönlichen Schuldners der gepfändeten Forderung) . . . *(Drittschuldner)*

aus dem . . .-Vertrag . . . vom . . . auf Zahlung von . . . Euro nebst . . . Zinsen seit dem . . . zusammen mit der angeblich zur Sicherung dieser Forderung im Grundbuch des Amtsgerichts . . . Blatt . . . in Abt. III unter lfd.Nr. . . . auf dem Grundstück . . . Flurst. . . . des . . . (Grundstückseigentümers) . . . eingetragenen Höchstbetragshypothek

gepfändet.

Dem Drittschuldner wird verboten, an den Schuldner zu zahlen.

Dem Schuldner wird geboten, sich jeder Verfügung über die Forderung und die Hypothek, insbesondere ihrer Einziehung, zu enthalten.

Zugleich wird die gepfändete Forderung samt Höchstbetragshypothek dem Gläubiger zur Einziehung überwiesen.

Pfändung und Überweisung werden wirksam mit Eintragung der Pfändung im Grundbuch.

Vorbemerkung

Grundsätzliches über die Pfändung von Grundpfandrechten ist in den Erläuterungen bei *Muster 46* dargelegt. Deren Kenntnis wird hier vorausgesetzt.

Erläuterungen bei *Muster 102*.

Muster 100   Höchstbetragshypothek II

Antrag auf Eintragung der Pfändung nach Muster 99 im Grundbuch

An das Amtsgericht – Grundbuchamt – . . .

Grundbuch von . . . Blatt . . .

In der Zwangsvollstreckungssache

. . . *(Gläubiger)*

gegen

. . . *(Schuldner)*

überreiche ich die Ausfertigung des Pfändungs- und Überweisungsbeschlusses des Amtsgerichts . . . vom . . . Az.: . . . nebst Zustellungsnachweis

und

beantrage

als der im Pfändungsbeschluss legitimierte Vertreter des Vollstreckungsgläubigers die Eintragung der Pfändung und, soweit notwendig, die Voreintragung des Vollstreckungsschuldners (§§ 39, 14 GBO) im Grundbuch.

(Unterschrift)

Erläuterungen bei *Muster 102*.

Muster 101 Höchstbetragshypothek III

Forderung ohne Hypothek

Hinweis: Zu benutzen ist das amtliche Formular Anlage 2 (zu § 2 Nr. 2) der Verordnung über Formulare für die Zwangsvollstreckung (Zwangsvollstreckungsformular-Verordnung – ZVFV) vom 23.8.2012 (BGBl. I 2012, S. 1822) in der geänderten Fassung aufgrund der Verordnung zur Änderung der Zwangsvollstreckungsformular-Verordnung vom 16.6.2014 (BGBl. I 2014, S. 754).

Hierbei ist das Feld „Anspruch G" oder eine gesonderte Anlage zu nutzen. Es wird folgender Text empfohlen:

Wegen ... wird die angebliche Forderung des Schuldners

aus dem ...-Vertrag ... vom ... auf Zahlung von ... Euro nebst ... Zinsen seit dem ...

gepfändet.

Die Forderung wird gepfändet ohne die zu ihrer Sicherung im Grundbuch des Amtsgerichts ... Blatt ... in Abt. III unter lfd.Nr. ... auf dem Grundstück ... Flurst. ... des ... (Grundstückseigentümers) ... eingetragene Höchstbetragshypothek in Höhe von ... Euro.

Dem Drittschuldner wird verboten, an den Schuldner zu zahlen.

Dem Schuldner wird geboten, sich jeder Verfügung über die Forderung, insbesondere ihrer Einziehung, zu enthalten.

*Zugleich wird die gepfändete Forderung dem Gläubiger **an Zahlungs statt** überwiesen.*

Erläuterungen bei *Muster 102*.

Muster 102 Höchstbetragshypothek IV

Aus einer Höchstbetragshypothek entstandene Eigentümergrundschuld

Hinweis: Zu benutzen ist das amtliche Formular Anlage 2 (zu § 2 Nr. 2) der Verordnung über Formulare für die Zwangsvollstreckung (Zwangsvollstreckungsformular-Verordnung – ZVFV) vom 23.8.2012 (BGBl. I 2012, S. 1822) in der geänderten Fassung aufgrund der Verordnung zur Änderung der Zwangsvollstreckungsformular-Verordnung vom 16.6.2014 (BGBl. I 2014, S. 754).

Hierbei ist das Feld „Anspruch G" oder eine gesonderte Anlage zu nutzen. Es wird folgender Text empfohlen:

Wegen ... und zusätzlich der Kosten der Eintragung im Grundbuch werden die angebliche Eigentümergrundschuld des Schuldners, die aus der im Grundbuch des Amtsgerichts ... Blatt ... in Abt. III unter lfd.Nr. ... auf seinem Grundstück Flurst. ... eingetragenen Höchstbetragshypothek zu ... Euro entstanden ist,

und der Anspruch auf Grundbuchberichtigung

gepfändet.

Dem Schuldner wird geboten, sich jeder Verfügung über die gepfändete Eigentümergrundschuld, insbesondere der Aufhebung durch Rechtsgeschäft und der Übertragung, und über den gepfändeten Berichtigungsanspruch zu enthalten.

Zugleich werden die gepfändete Eigentümergrundschuld und der gepfändete Berichtigungsanspruch dem Gläubiger zur Einziehung überwiesen.

Pfändung und Überweisung des Anspruchs auf Grundbuchberichtigung werden mit Zustellung dieses Beschlusses an den Schuldner wirksam. Pfändung und Überweisung der Eigentümergrundschuld werden mit Eintragung der Pfändung im Grundbuch wirksam.

1. Wesen der Höchstbetragshypothek

1 Die „normale" Hypothek ist für die Sicherung von Forderungen, deren Höhe wechselt, insbesondere für die Sicherung von Forderungen aus laufender Geschäftsverbindung und Kontokorrent, schlecht geeignet; denn sie ist auf eine ihrem Betrag nach feststehende Forderung zugeschnitten. Für die **Sicherung solcher Forderungen, deren Höhe wechselt**, eignet sich die Höchstbetragshypothek[1] (§ 1190 BGB) besser. Sie ist eine Sicherungshypothek und begrenzt die Haftung des Grundstücks für die Forderung nach oben. Die Erteilung des Hypothekenbriefes ist ausgeschlossen, ohne dass dies im Grundbuch vermerkt werden müsste (§§ 1190 Abs. 3, 1185 Abs. 1 BGB).

2. Pfändung und Verwertung

2 **2.1** Die Höchstbetragshypothek kann übertragen und verpfändet werden, jedoch nicht ohne die zugehörige Forderung. Wohl aber kann die zugehörige Forderung ohne die Höchstbetragshypothek nach den für die Übertragung gewöhnlicher Geldforderungen geltenden Vorschriften (§§ 398 ff. BGB, also nicht nach § 1154 BGB) übertragen werden (§ 1190 Abs. 4 BGB).

3 **2.2 Die Forderung kann auch ohne die Höchstbetragshypothek gepfändet werden**, jedoch nur, wenn der Vollstreckungsgläubiger die Überweisung der Forderung ohne die Hypothek an Zahlung statt beantragt (§ 837 Abs. 3 ZPO). Damit geht die Forderung in Höhe der Pfändung auf den Vollstreckungsgläubiger über und wird von der Hypothek getrennt; die Höchstbetragshypothek wird daher in dieser Höhe zur Eigentümergrundschuld.

---

1 Auch Maximal-, Kontokorrent- oder Kautionshypothek genannt.

Höchstbetragshypothek IV Muster 102

Die Pfändung der Forderung ohne die Höchstbetragshypothek geschieht 4 nach §§ 829, 835 ZPO, wird also ohne Grundbucheintragung und mit Zustellung an den Drittschuldner wirksam; die Pfändung ist auch nicht eintragungsfähig. Die Trennung von Forderung und Höchstbetragshypothek soll der Klarheit wegen im Pfändungs- und Überweisungsbeschluss zum Ausdruck kommen.

2.3 Die **Forderung mit der Höchstbetragshypothek** wird wie eine „normale" Buchhypothek gepfändet und verwertet (vgl. die Erläuterungen zu *Muster 52*). 5

Vor der Feststellung der Forderung durch Vertrag oder Urteil ist die Höchstbetragshypothek in ihrem durch eine Forderung jeweils nicht ausgefüllten Teil eine **Eigentümergrundschuld**, die durch das Entstehen der Forderung auflösend bedingt ist.[2] Das Verhältnis zwischen Hypothek und Eigentümergrundschuld ändert sich mit jedem Wechsel in der Höhe der gesicherten Forderung. 6

Daher wird es sich oft empfehlen, die Forderung ohne die Hypothek zu pfänden (oben Rz. 2) und die Überweisung an Zahlungs statt in Kauf zu nehmen, weil die Pfändung mit der Zustellung des Beschlusses an den Drittschuldner wirksam wird, also oft einen günstigeren Rang erhält. 7

2.4 Drittschuldner ist der persönliche Schuldner der Forderung. 8

2.5 Bei dem **Grundstückseigentümer als Vollstreckungsschuldner** kann die aus der Höchstbetragshypothek entstandene Eigentümergrundschuld nach §§ 830 Abs. 1, 857 Abs. 6 ZPO gepfändet, aber auch nicht wirksam werden, solange der Stand der gesicherten Forderung nicht feststeht; denn erst diese Feststellung ermöglicht es, das Verhältnis zwischen der (restlichen) Höchstbetragshypothek und der Eigentümergrundschuld zu bestimmen. Erst wenn diese Feststellung getroffen und in der Form des § 29 GBO dargetan werden kann, kann aufgrund des **mit zu pfändenden Grundbuchberichtigungsanspruchs** die **Eigentümergrundschuld** und deren Pfändung eingetragen werden.[3] **Erst mit dieser Eintragung wird die Pfändung der Eigentümergrundschuld wirksam.** 9

3. Auch die **Arresthypothek** ist Höchstbetragshypothek und als solche einzutragen (§ 932 Abs. 1 ZPO). Sie ist eine besondere Art der Zwangshypothek und stellt nur eine vorläufige Sicherung dar, die sich durch Aufhebung des Arrestes zum Eigentümerrecht umwandeln würde. Als Sicherungs-Höchstbetragshypothek ist die Arresthypothek eine durch die Feststellung der Höhe der gesicherten Forderung bedingte Hypothek, die im Zwangsversteigerungsverfahren nach §§ 14, 119, 120 ZVG zu behandeln ist. Die Feststellung der Höhe geschieht im Streitfall durch ein Urteil, das die Forderung nach Grund und Höhe bestimmt. Die Arresthypothek wird nur auf Antrag im Grundbuch eingetragen (§ 932 Abs. 2, § 867 10

---

[2] RGZ 120, 110; 125, 136; OLG Karlsruhe v. 17.6.2005 – 14 Wx 35/04, Rpfleger 2006, 182; Palandt/*Bassenge*, § 1190 BGB Rz. 10.
[3] OLG Karlsruhe v. 17.6.2005 – 14 Wx 35/04, Rpfleger 2006, 182.

Abs. 1 ZPO), der nicht der öffentlichen Beurkundung oder Beglaubigung bedarf; § 29 GBO ist nicht anzuwenden. Als Vollmacht für die Eintragung genügt die Prozessvollmacht. Der Eintragungsantrag muss wegen der für den Arrest geltenden Vollzugsfrist innerhalb eines Monats bei Gericht eingehen (§§ 929 Abs. 2, 932 Abs. 3 ZPO); die Frist zur Arrestvollziehung durch Eintragung einer Sicherungshypothek in das Grundbuch ist auch dann gewahrt, wenn der Eintragungsantrag fristgemäß bei dem Amtsgericht, zu dem das für die Eintragung zuständige Grundbuchamt gehört, eingeht; nicht erforderlich ist, dass er innerhalb der Vollziehungsfrist dem zuständigen Grundbuchamt vorgelegt wird, so der BGH[4]. Allerdings sollte hierbei klar sein, dass der Rang der späteren Eintragung im Grundbuch nur über den Antragseingang beim Grundbuchamt sicher gestellt wird, § 17 GBO. Der Eintragungsantrag kann schon vor Zustellung des Arrestbeschlusses an den Schuldner gestellt werden, aber die Zustellung muss binnen einer Woche nach Eingang des Antrags beim Grundbuchamt (§ 13 Abs. 1 GBO) geschehen (§ 929 Abs. 3 ZPO). Zu beachten sind auch: Mindestbetrag von 750,01 Euro, §§ 932 Abs. 2, 866 Abs. 3 Satz 1 ZPO und Verbot der Eintragung eines Gesamtrechtes, §§ 922 Abs. 2, 867 Abs. 2 ZPO. Erst mit der Eintragung entsteht die Arresthypothek.

11 Der Inhaber der Arresthypothek kann in von einem anderen Gläubiger betriebenen Zwangsversteigerungsverfahren Anspruch anmelden. Selbst betreiben kann er ein solches Verfahren nur, wenn er sich einen dinglichen Titel beschafft hat und diesen dem Versteigerungsgericht vorlegt (§ 1147 BGB, § 750 ZPO).

Muster 103   Internet-Domain

Hinweis: Zu benutzen ist das amtliche Formular Anlage 2 (zu § 2 Nr. 2) der Verordnung über Formulare für die Zwangsvollstreckung (Zwangsvollstreckungsformular-Verordnung – ZVFV) vom 23.8.2012 (BGBl. I 2012, S. 1822) in der geänderten Fassung aufgrund der Verordnung zur Änderung der Zwangsvollstreckungsformular-Verordnung vom 16.6.2014 (BGBl. I 2014, S. 754).

Hierbei ist das Feld „Anspruch G" oder eine gesonderte Anlage zu nutzen. Es wird folgender Text empfohlen:

Wegen ... werden

die gesamten angeblichen schuldrechtlichen Ansprüche aus der Internet-Domain, insbesondere die Nutzungsrechte des Schuldners aus der Registrierung der von der Drittschuldnerin erteilten Internet-Domain ... (genaue Internet-Adresse) aufgrund des mit der Drittschuldnerin geschlossenen Domain-Überlassungsvertrages, einschließlich der Ansprüche bzw. Rechte auf Verlängerung der Überlassung und der Nutzung entsprechend den jeweils gültigen Vertragskonditionen der Drittschuldnerin gegenüber der

DENIC eG, Kaiserstraße 75–77, 60329 Frankfurt   (Drittschuldner)

---

[4] BGH v. 1.2.2001 – V ZB 49/00, NJW 2001, 1134 = Rpfleger 2001, 294.

gepfändet.

Dem Drittschuldner wird verboten, an den Schuldner, soweit die Internet-Domain und die sich weiter daraus ergebenden Ansprüche bzw. Rechte gepfändet sind, zu leisten.

Dem Schuldner wird geboten, sich jeder Verfügung über die gepfändeten Rechte bzw. Ansprüche zu enthalten.

Zugleich werden die Nutzungsrechte aus dem Überlassungsvertrag mit der Drittschuldnerin an den Gläubiger zur Einziehung überwiesen.[1]

---

1 S. Erläuterungen unter Rz. 6.

1. Wesen der Internet-Domain

Internet-Domains haben sich nicht nur als Wirtschaftsgut etabliert,[1] sondern werden auch zunehmend als Vollstreckungsobjekt genutzt. Die Domain ist ein Bereich oder Gebiet im weltweiten Netz, der Standort, den ein Nameserver einnimmt. Der Domain gehören weitere Ebenen, sog. Levels an. Aus einer der Root Domains folgen die Top Level Domains (TLD), die in der Hierarchie ganz oben stehen, z.B. „eu" als Europabezeichnung oder „de" als Länderbezeichnung für Deutschland oder „com" für commercial zur Bezeichnung bestimmter Geschäftsstrukturen. Aus den TLD werden die Second Level Domains abgeleitet, die sich wiederum in weitere Subdomains verzweigen. **1**

Die entscheidende Rolle im System der Domain-Namen ist die Second-Level-Domain. Hierdurch wird die hinter der Domain stehende Person oder Institution identifiziert. **2**

Die DENIC eG, Kaiserstraße 75–77, 60329 Frankfurt spielt die Schlüsselrolle im deutschen Domainrecht. Die DENIC eG betreibt den Nameserver der Top Level Domain „de". Dieser Nameserver leitet eine Übersetzungsanfrage nur deshalb an den Nameserver der zuständigen Second Level Domain weiter, weil seine Datenbank einen entsprechenden Wegweiser, einen sog. Ressourcensatz enthält. **3**

Die DENIC eG hat die technische Möglichkeit, den Wegweiser auf ihrem Nameserver jederzeit zu löschen und dadurch die Second Level Domain aufzuheben. Sie kann den Wegweiser auch jederzeit auf einen anderen Nameserver ausrichten und die Second Level Domain dadurch übertragen. Nach den Geschäftsbedingungen bleibt die einmal registrierte Domain so lange für den Vertragspartner erhalten, wie dieser die Vergütung für die Vertragsverlängerung zahlt. **4**

---

1 Vgl. *Boecker*, MDR 2007, 1234; *Berger*, Rpfleger 2002, 181; *Hanloser*, Rpfleger 2000, 525; *Hoffmann*, NJW-Beilage zu Heft 14/2001; *Schneider*, ZAP 1999, Fach 14, 355 ff.; *Welzel*, MMR 2001, 131. Zur Unterscheidungskraft einer an eine Internet-Domain angelehnten Firma gemäß § 18 Abs. 1 HGB vgl. OLG Dresden v. 15.11.2010 – 3 W 890/10, GRUR-RR 2011, 97 = Rpfleger 2011, 277.

2. Pfändung und Verwertung

5 Umstritten ist, welchen Anspruch der Gläubiger konkret pfänden muss. Ist der Domainbegriff ein pfändbares Vermögensrecht und kann der Gläubiger die Domain zu Geld machen? Einige Gerichte haben die Internet-Domain vergleichbar einer Lizenz als anderes Vermögensrecht i.S. des § 857 ZPO angesehen und die Pfändung zugelassen.[2] Ebenso das LG München,[3] allerdings mit der Einschränkung, dass hierdurch möglicherweise eine Verletzung des Namensrechts vorliegen kann und aus diesem Grund die Pfändung unzulässig ist.[4] Hierdurch wird aber verkannt, dass nach § 6 Abs. 1 der DENIC-Registrierungsbedingungen die Domain übertragbar ist und somit grundsätzlich der Pfändung unterliegt. Die **DENIC eG** muss nach Kündigung des Registrierungsauftrags und Beauftragung der Registrierung an einen Dritten diesem Begehren nachkommen. *Hanloser*[5] hält allerdings nur den Konnektierungsanspruch für pfändbar (die DENIC eG leistet die Übersetzung eines Domainnamens in die vom Domaininhaber benannte IP-Adresse eines vernetzten Rechners; dadurch werden die in der TLD „de" zusammengeschlossenen Netzwerkressourcen ansprechbar). Der Konnektierungsanspruch ist als anderes Vermögensrecht nach § 857 ZPO pfändbar. Zwar bestehe ein Abtretungsverbot nach § 399 2. Alt. BGB; hieraus folge jedoch keine Unpfändbarkeit nach § 851 Abs. 1. Nach der DENIC-Registrierungsrichtlinie bedürfe die Übertragung der Domain der Zustimmung der DENIC eG als Minus zu einem vollständigen Abtretungsverbot sei der Zustimmungsvorbehalt materiell-rechtlich ein vertraglich vereinbarter Abtretungsausschluss, § 399 2. Alt. BGB, der dem Konnektierungsanspruch die Verkehrsfähigkeit entziehe und vollstreckungsrechtlich nach § 851 Abs. 1 ZPO grundsätzlich zur Unpfändbarkeit führe. Der Vollstreckungsgläubiger könne jedoch § 857 Abs. 3 ZPO für sich dienstbar machen, der ebenfalls die ausnahmsweise Pfändung eines unveräußerlichen Vermögensrechts erlaube. Eingeschränkt sei allerdings die Verwertungsmöglichkeit. Nur die tatsächliche Ausübung des Konnektierungsanspruchs, nicht aber der Konnektierungsanspruch selbst wäre übertragbar. Vertragspartner und Gläubiger der DENIC eG bleibe der Vollstreckungsschuldner. Der gepfändete Konnektierungsanspruch könne weiter nicht nach §§ 857 Abs. 1, 835 ZPO überwiesen werden. Für eine Überweisung an Zahlungs statt fehle der Nennwert bzw. Bewertungsgrundlagen für die Bestimmung eines Schätzwertes. Das Vollstreckungsgericht müsse daher auf Antrag eine Fremdausübung nach § 857 Abs. 3 ZPO oder sogar eine Veräußerung des Konnektierungsanspruchs als ande-

---

[2] LG Zwickau v. 12.8.2009 – 8 T 228/09, Rpfleger 2010, 34; LG Mönchengladbach v. 22.9.2004 – 5 T 445/04, Rpfleger 2005, 38; LG Essen v. 22.9.1999 – 11 T 370/99, Rpfleger 2000, 168; LG Düsseldorf v. 16.3.2001 – 25 T 59/01, CR 2001, 468; AG Langenfeld v. 21.12.2000 – 12 M 2416/00, CR 2001, 477; a.A. LG München v. 12.2.2001 – 20 T 19368/00, InVo 2001, 212, soweit ersichtlich jedoch gegen die h.M.
[3] LG München v. 28.6.2000 – 20 T 2446/00, CR 2000, 620 = MDR 2000, 565.
[4] Hierauf weist auch *Schneider* hin (ZAP 1999, Fach 14, 355, 356); nach LG München v. 12.2.2001 – 20 T 19368/00, CR 2001, 342 ist die Internet-Domain unpfändbar.
[5] *Hanloser*, Rpfleger 2000, 525, 528 und CR 2001, 456.

re Verwertungsart nach § 844 ZPO anordnen. Das Vollstreckungsgericht solle dann einen Gerichtsvollzieher oder eine andere Person damit beauftragen, mit dem Meistbietenden einen Nutzungsvertrag zu schließen. Der Konnektierungsanspruch würde am besten in einer einschlägigen Domainbörse zur sog. Domainvermietung ausgeschrieben. Der Mietzins diene sodann der Befriedigung des Vollstreckungsgläubigers.

Berger[6] hält nicht „die Domain", wohl aber die der Vergabe der Domain zugrunde liegenden Ansprüche „auf Monopolerhaltung" gegen die Vergabestelle DENIC für pfändbar (Text: *Gepfändet werden die Ansprüche des Schuldners gegen die DENIC aus dem Registrierungsvertrag über die Domain, ... de*).

Eine Internet-Domain als solche ist kein „anderes Vermögensrecht" i.S. von § 857 Abs. 1 ZPO, so der **BGH**.[7] Der Domain kommt keine etwa mit einem Patent-, Marken- oder Urheberrecht vergleichbare ausschließliche Stellung zu. Eine Internet-Domain ist lediglich eine **technische Adresse** im Internet. Die Inhaberschaft an einer „Internet-Domain" gründet sich auf die Gesamtheit der schuldrechtlichen Ansprüche, die dem Inhaber der Domain gegenüber der Vergabestelle aus dem Registrierungsvertrag zustehen. Diese Ansprüche sind Gegenstand der Pfändung nach § 857 Abs. 1 ZPO. Mit Abschluss des Vertrages über die Registrierung einer Internet-Domain erhält der Anmelder der Domain einen **Anspruch auf Registrierung** nach Maßgabe der DENIC-Registrierungsbedingungen und -richtlinien. Dieser Anspruch ist gerichtet auf Eintragung der Domain in das DENIC-Register und den Primary Nameserver. Aus den Registrierungsbedingungen der DENIC ergibt sich, dass der Vertrag auf Dauer geschlossen ist. Aus diesem **Dauerschuldverhältnis** schuldet die DENIC dem Anmelder nach der erfolgten Konnektierung insbesondere die Aufrechterhaltung der Eintragung im Primary Nameserver als Voraussetzung für den Fortbestand der Konnektierung. Daneben bestehen weitere Ansprüche des Domaininhabers, wie die auf Anpassung des Registers an seine veränderten persönlichen Daten oder ihre Zuordnung zu einem anderen Rechner durch Änderung der IP-Nummer. Diese schuldrechtlichen Ansprüche sind zu pfänden. Die **Pfändung** erfolgt nach §§ 857 Abs. 1, 829 ZPO und wird wirksam mit Zustellung an die Drittschuldnerin. Allerdings kann die Internet-Domain nicht zur Einziehung überwiesen werden, allenfalls die Nutzungsrechte aus dem Überlassungsvertrag. Eine **Überweisung an Zahlungs statt** zu einem Schätzwert ist auch zulässig. Die **Verwertung** erfolgt regelmäßig in anderer Weise (§ 844 ZPO) z.B. durch Versteigerung oder freihändigen Verkauf[8]. Der Gläubiger dürfte auch berechtigt sein, die Übertragung der Rechte an sich selbst zu beantragen. Das Vollstreckungsgericht muss dann aber einen sog. Übernahmepreis

6

---

6 *Berger*, Rpfleger 2002, 181.
7 BGH v. 5.7.2005 – VII ZB 5/05, MDR 2005, 1311 f. = Rpfleger 2005, 678.
8 So auch *Berger*, Rpfleger 2002, 181.

festlegen; dies dürfte ohne Schätzung durch einen Sachverständigen nicht möglich sein. Zur Bewertung solcher Domains vgl. *Schneider.*[9]

Internet-Domains können möglicherweise aber gemäß § 811 Abs. 1 Nr. 5 ZPO unpfändbar sein, wenn sie als Arbeitsmittel für die Fortsetzung der Erwerbstätigkeit des Schuldners erforderlich sind.[10]

7 Wurden die gepfändeten Rechte dem Erwerber (Ersteigerer) übertragen, kann dieser alle Rechte eines Domain-Inhabers ausüben, weil sich die Pfändung und Übertragung im Wege der Zwangsvollstreckung (ebenso wie die rechtsgeschäftliche Abtretung) auf sekundäre Gläubigerrechte erstreckt, namentlich auf **Gestaltungsrechte.** Der Erwerber kann daher insbesondere die Domain nach § 6 Abs. 1 der DENIC-Registrierungsbedingungen umregistrieren lassen, insbesondere die Domain seinem Rechner zuordnen und seine „administrativen und technischen Ansprechpartner" benennen. Die DENIC muss die **Umregistrierung** vornehmen. „Kunde" i.S. des § 6 Abs. 1 der DENIC-Registrierungsbedingungen ist jetzt der Erwerber „der Domain".[11]

Muster 104   Jagdrecht I

Jagdpachtrecht

Hinweis: Zu benutzen ist das amtliche Formular Anlage 2 (zu § 2 Nr. 2) der Verordnung über Formulare für die Zwangsvollstreckung (Zwangsvollstreckungsformular-Verordnung – ZVFV) vom 23.8.2012 (BGBl. I 2012, S. 1822) in der geänderten Fassung aufgrund der Verordnung zur Änderung der Zwangsvollstreckungsformular-Verordnung vom 16.6.2014 (BGBl. I 2014, S. 754).

Hierbei ist das Feld „Anspruch G" oder eine gesonderte Anlage zu nutzen. Es wird folgender Text empfohlen:

Wegen ... wird das angebliche Jagdrecht des Schuldners bezüglich des Reviers ..., das der Schuldner durch Jagdpachtvertrag vom ... mit ...

... (Name und Adresse des Verpächters) ... (Drittschuldner)

erworben hat und bei dem ihm die Unterverpachtung gestattet ist,

gepfändet.

Dem Drittschuldner wird verboten, an den Schuldner zu leisten.

Dem Schuldner wird geboten, sich jede Verfügung über das gepfändete Recht, insbesondere der Jagdausübung, zu enthalten.

Dem Gläubiger wird gestattet, das gepfändete Pachtrecht an einen Dritten, der im Besitze eines Jagdscheins ist, unterzuverpachten. Die Pachtzinsen ste-

---

9 *Schneider*, ZAP1999, Fach 14, 358, 359.
10 LG Mühlhausen DGVZ 2013, 56; LG Mönchengladbach v. 22.9.2004 – 5 T 445/04, JurBüro 2005, 47 = MDR 2005, 118 = Rpfleger 2005, 38.
11 So *Berger*, Rpfleger 2002, 181 ff.

hen solange dem Gläubiger zu, bis seine Vollstreckungsforderung befriedigt sein wird.

Erläuterungen bei *Muster 105*.

Muster 105   Jagdrecht II

Nutzungsrecht der Genossenschaft

Hinweis: Zu benutzen ist das amtliche Formular Anlage 2 (zu § 2 Nr. 2) der Verordnung über Formulare für die Zwangsvollstreckung (Zwangsvollstreckungsformular-Verordnung – ZVFV) vom 23.8.2012 (BGBl. I 2012, S. 1822) in der geänderten Fassung aufgrund der Verordnung zur Änderung der Zwangsvollstreckungsformular-Verordnung vom 16.6.2014 (BGBl. I 2014, S. 754).

Hierbei ist das Feld „Anspruch G" oder eine gesonderte Anlage zu nutzen. Es wird folgender Text empfohlen:

Wegen ... wird das Recht der Schuldnerin, die Jagd im Revier ... zu nutzen gepfändet.

Dem Gläubiger wird gestattet, das gepfändete Recht an einen Dritten, der im Besitz eines Jagdscheins ist, unterzuverpachten. Die Pachtzinsen stehen solange dem Gläubiger zu, bis seine Vollstreckungsforderung befriedigt sein wird.

1. Wesen des Jagdrechts

Das Jagdrecht steht dem Eigentümer auf seinem Grund und Boden zu; es ist untrennbar mit dem Eigentum am Grund und Boden verbunden und kann als selbständiges dingliches Recht nicht begründet werden. Ausgeübt werden darf das Jagdrecht nur in sog. Jagdbezirken (§ 3 BJagdG).[1] Es gibt **Eigenjagdbezirke**, nämlich zusammenhängende Grundflächen von bestimmter Größe, die im Eigentum ein und derselben Person oder einer Personengemeinschaft stehen (§§ 4, 7 BJagdG), und **gemeinschaftliche Jagdbezirke**, nämlich alle Grundflächen einer Gemeinde oder abgesonderten Gemarkung, die nicht zu einem Eigenjagdbezirk gehören und im Zusammenhang eine bestimmte Mindestgröße haben (§§ 4, 8 BJagdG).

Im Eigenjagdbezirk übt der Eigentümer die Jagd aus, im gemeinschaftlichen Jagdbezirk übt die Jagdgenossenschaft – gebildet aus den Eigentümern der Grundflächen, die zu dem gemeinschaftlichen Jagdbezirk gehören – die Jagd aus (§ 9 BJagdG). Die Genossenschaft ist nicht Inhaberin des Jagdrechts, sondern „nutzt die Jagd", sei es, indem sie diese durch Genossen oder andere angestellte Jäger ausüben lässt oder dass sie das Jagdrecht verpachtet; sie kann es auch ruhen lassen (§ 10 BJagdG).

1

2

---

1 BGBl. I 1976, S. 2849, zuletzt geändert durch Art. 1 Gesetz v. 29.5.2013 (BGBl. I 2013, S. 1386).

2. Pfändung und Verwertung

3   2.1 Das **Jagdrecht** steht dem Eigentümer auf seinem Grund und Boden zu. Es ist untrennbar mit dem Eigentum am Grund und Boden verbunden. Als selbständiges dingliches Recht kann es nicht begründet werden, § 3 Abs. 1 BJagdG. Es ist somit wesentlicher Bestandteil des Grundstücks (§ 96 BGB), kann nicht selbständig gepfändet werden, sondern wird von der Zwangsvollstreckung in das Grundstück umfasst (§ 870 ZPO).

4   2.2 Ob das **Jagdpachtrecht** pfändbar ist, hängt davon ab, ob zwischen dem Verpächter und dem Pächter (Drittschuldner und Vollstreckungsschuldner) vereinbart ist, dass der Pächter die Ausübung des Rechts einem Dritten überlassen darf (§ 857 Abs. 3 ZPO).[2]

5   **Drittschuldner** ist der Verpächter.

6   2.3 Das **Nutzungsrecht der Genossenschaft** kann einem anderen durch Verpachtung überlassen werden und ist daher pfändbar.

7   Hier gibt es keinen **Drittschuldner**.

8   2.4 Die **Verwertung** sowohl des Jagdpachtrechts als auch des Nutzungsrechts kann nicht durch Überweisung erfolgen, weil das Jagdpachtrecht als höchst persönliches Recht und das Nutzungsrecht der Genossenschaft unveräußerliche Rechte sind. Weil deren Ausübung einem anderen überlassen werden kann (§§ 10 und 11 BJagdG), kann das Vollstreckungsgericht im Pfändungsbeschluss die Verwaltung der Jagd durch einen Jagdberechtigten anordnen, einen solchen als Verwalter bestellen und zugleich bestimmen, dass der Reinerlös dem Vollstreckungsgläubiger zufließt; es kann auch dem Vollstreckungsgläubiger die Unterverpachtung gestatten und ihm bis zur Tilgung der Vollstreckungsforderung deren Erlös zuteilen (§ 857 Abs. 4 ZPO).

9   Eine Verpachtung muss für mindestens neun Jahre erfolgen (§ 11 Abs. 4 BJagdG); das gilt auch für eine Unterverpachtung. In den Mustern ist die Verwertung durch Unterverpachtung vorgeschlagen.

Muster 106   Kaufvertrag I

Kaufpreisforderung aus Grundstückskaufvertrag

Hinweis: Zu benutzen ist das amtliche Formular Anlage 2 (zu § 2 Nr. 2) der Verordnung über Formulare für die Zwangsvollstreckung (Zwangsvollstreckungsformular-Verordnung – ZVFV) vom 23.8.2012 (BGBl. I 2012, S. 1822) in der geänderten Fassung aufgrund der Verordnung zur Änderung der Zwangsvollstreckungsformular-Verordnung vom 16.6.2014 (BGBl. I 2014, S. 754).

Hierbei ist das Feld „Anspruch G" oder eine gesonderte Anlage zu nutzen. Es wird folgender Text empfohlen:

---

[2] BFH/NV 1988, 413; *Stein/Jonas*, § 857 ZPO Rz. 30; *Stöber*, Rz. 1645 f.

Wegen ... werden die angeblichen Forderungen des Schuldners
gegen ... (Name und Adresse des Käufers) ...   *(Drittschuldner zu 1)*
auf Zahlung des (Rest-)Kaufpreises aus dem Kaufvertrag ... (möglichst genau bezeichnen) ...
und gegen den Notar ... (Name und Adresse) ...   *(Drittschuldner zu 2)*
auf Herausgabe des zugunsten des Schuldners hinterlegten oder treuhänderisch gehaltenen Kaufpreises
gepfändet.

Erläuterungen bei *Muster 108.*

Muster 107 Kaufvertrag II

Erfüllungsanspruch des Käufers einer beweglichen Sache (Es besteht kein Eigentumsvorbehalt[1])

Hinweis: Zu benutzen ist das amtliche Formular Anlage 2 (zu § 2 Nr. 2) der Verordnung über Formulare für die Zwangsvollstreckung (Zwangsvollstreckungsformular-Verordnung – ZVFV) vom 23.8.2012 (BGBl. I 2012, S. 1822) in der geänderten Fassung aufgrund der Verordnung zur Änderung der Zwangsvollstreckungsformular-Verordnung vom 16.6.2014 (BGBl. I 2014, S. 754).

Hierbei ist das Feld „Anspruch G" oder eine gesonderte Anlage zu nutzen. Es wird folgender Text empfohlen:

Wegen ... wird der angebliche Anspruch des Schuldners gegen ...

aus dem Kaufvertrag vom ...

auf Übergabe und Übereignung folgender Sachen ... (Sachen genau beschreiben) ...

gepfändet.
Dem Drittschuldner wird verboten, an den Schuldner zu leisten.
Dem Schuldner wird geboten, sich jeder Verfügung über den gepfändeten Anspruch, insbesondere seiner Einziehung, zu enthalten.
Es wird angeordnet, dass der Drittschuldner die genannten Sachen an einen vom Gläubiger zu beauftragenden Gerichtsvollzieher zur Verwertung herauszugeben hat.
Zugleich wird der gepfändete Anspruch dem Gläubiger zur Einziehung überwiesen.

---

1 Bei Eigentumsvorbehalt ist nach *Muster 17* zu verfahren.

Erläuterungen bei *Muster 108.*

Muster 108   Kaufvertrag III

Erfüllungsanspruch des Käufers eines Rechts, hier einer Geldforderung

Hinweis: Zu benutzen ist das amtliche Formular Anlage 2 (zu § 2 Nr. 2) der Verordnung über Formulare für die Zwangsvollstreckung (Zwangsvollstreckungsformular-Verordnung – ZVFV) vom 23.8.2012 (BGBl. I 2012, S. 1822) in der geänderten Fassung aufgrund der Verordnung zur Änderung der Zwangsvollstreckungsformular-Verordnung vom 16.6.2014 (BGBl. I 2014, S. 754).

Hierbei ist das Feld „Anspruch G" oder eine gesonderte Anlage zu nutzen. Es wird folgender Text empfohlen:

Wegen ... werden der angebliche Anspruch des Schuldners

gegen ...   ... (Name und Adresse) ...   (Drittschuldner zu 1)

aus Kaufvertrag vom ..., gerichtet auf Abtretung der dem Schuldner gegen ... (Name und Adresse) ..., zustehenden Forderung auf ... (die verkaufte Forderung ist eindeutig nach Art der Leistung und Schuldgrund zu bezeichnen, z.B.: Rückzahlung eines am ... gewährten Darlehens zu ... Euro)

und die dem Vollstreckungsschuldner nach Abtretung durch den Drittschuldner zu 1)

gegen ... (Name und Adresse des Schuldners der abzutretenden Forderung)

...   (Drittschuldner zu 2),

zustehende oben genannte Forderung

gepfändet.

Den Drittschuldnern wird verboten, an den Schuldner zu leisten.

Dem Schuldner wird geboten, sich jeder Verfügung über den Anspruch und die Forderung, insbesondere deren Einziehung, zu enthalten.

Zugleich werden der gepfändete Anspruch und die gepfändete Forderung dem Gläubiger zur Einziehung überwiesen.

1. Der Kaufvertrag

1   **Aufgrund des Kaufvertrages** kann der Verkäufer vom Käufer den **Kaufpreis** verlangen. Der Käufer einer Sache kann vom Verkäufer deren **Übereignung**, der Käufer eines Rechts aber die formgerechte **Verschaffung des gekauften Rechts** verlangen. Die Ansprüche der Kaufvertragsparteien sind im Grundsatz übertragbar. Die Pfändung einer Kaufpreisforderung erfasst nicht den Anspruch auf Schadensersatz wegen Nichterfüllung bzw. umgekehrt.[1]

---

1 BGH v. 14.1.2000 – V ZR 269/98, Rpfleger 2000, 221 = InVo 2000, 206.

2. Pfändung und Verwertung

2.1 Der **Anspruch auf den Kaufpreis** ist als gewöhnliche Forderung pfändbar, jedoch genießt der Landwirt bezüglich seiner Kaufpreisforderungen für landwirtschaftliche Erzeugnisse einen beschränkten Pfändungsschutz nach § 851a ZPO.

Beim **Verkauf unbeweglicher Sachen** ist die Abwicklung der Kaufpreiszahlung häufig kompliziert:

2.1.1 Ist gemäß dem Inhalt des notariellen Vertrags der **Kaufpreis beim Notar hinterlegt**, so stellt sich die Frage, ob durch diese Hinterlegung die Kaufpreisschuld etwa schon getilgt ist und ihre Pfändung daher ins Leere ginge. Der BGH hat entschieden, dass mangels anderweitiger Vereinbarung in der Hinterlegung noch nicht die Erfüllung liegt; § 378 BGB ist nicht anwendbar.[2] Folglich ist der Anspruch des Käufers auf Zahlung des Kaufpreises trotz Hinterlegung des Kaufpreises beim Notar zu pfänden; **Drittschuldner** bleibt der Käufer. Die Unterrichtung des Notars von der Pfändung unter Vorlage eines beglaubigten Pfändungs- und Überweisungsbeschlusses ist dem Vollstreckungsgläubiger dringend zu empfehlen.

Weil der Vollstreckungsgläubiger nicht sicher wissen kann, ob die Kaufpreisforderung (aufgrund besonderer Vereinbarung) als durch die Hinterlegung getilgt gilt, empfiehlt es sich, auch die **Forderung** des Vollstreckungsschuldners (Verkäufers) gegen den Notar als Drittschuldner **auf Auskehrung** des hinterlegten Betrages zu pfänden. Dieser Anspruch ist trotz seiner öffentlich-rechtlichen Natur als gewöhnliche Geldforderung nach § 829 ZPO pfändbar. Der gepfändete Anspruch ist aber nur über die Beschwerde gegen den Notar nach § 15 Bundesnotarordnung (BNotO) durchsetzbar.[3] Der Anspruch des Verkäufers gegen den Notar auf Auszahlung des ohne Erlöschenswirkung hinterlegten Kaufpreises allein kann nicht wirksam gepfändet werden; es bedarf auch der Pfändung des Anspruchs des Vollstreckungsschuldners (Verkäufers) gegen den Käufer auf Kaufpreiszahlung.[4]

Ist vereinbart, dass der **Kaufpreis** zur Erfüllung des Kaufpreisanspruchs **an den Notar als Treuhänder** zu bezahlen ist, so ändert sich daran durch eine nachträgliche Pfändung des Kaufpreisanspruchs nichts. Der Drittschuldner (Käufer) ist daher trotz zwischenzeitlicher Pfändung nach wie vor berechtigt und verpflichtet, den Kaufpreis vereinbarungsgemäß beim Notar zu hinterlegen.[5] Ist der Notar angewiesen, den Kaufpreis bei Eintritt bestimmter Voraussetzungen (z.B. der Eintragung des Käufers im Grundbuch) an den Verkäufer weiterzuleiten, so ist mit der Bezahlung des Kauf-

---

2 BGH DNotZ 1965, 343; BGH v. 25.3.1983 – V ZR 168/81, NJW 1983, 1605 und BGH v. 20.11.1997 – IX ZR 152/96, NJW 1998, 746.
3 BGH v. 19.3.1998 – IX ZR 242/97, NJW 1998, 2134; BayObLG FGPrax 2005, 83.
4 BGH v. 30.6.1988 – IX ZR 66/87, BGHZ 105, 60 = NJW 1989, 230; BGH v. 7.12.2006 – IX ZR 161/04, MDR 2007, 613; kritisch dazu: Stöber, Rz. 1781b; a.A. KG DNotI-Report 2002, 175.
5 OLG Brandenburg v. 19.11.1997 – 3 U 134/97, NJW-RR 1999, 1371.

Muster 108   Kaufvertrag III

preises an den Notar zwar die Kaufpreisforderung gegen den Käufer erloschen, aber aus dem Treuhandvertrag ein Anspruch des Verkäufers gegen den Notar auf Auszahlung des Kaufpreises bei Eintritt der Bedingungen entstanden. Dieser Anspruch ist nach *Muster 106* zu pfänden und bei *Muster 175* näher erläutert.

6   2.1.2 Häufig ist im Kaufvertrag vereinbart, dass der **Kaufpreis ganz oder teilweise zur Ablösung der Belastungen** zu verwenden ist. Diese Vereinbarung muss der Vollstreckungsgläubiger gegen sich gelten lassen mit der Folge, dass er nur Anspruch auf den verbleibenden Teil des Kaufpreises hat.[6]

7   2.2 Der Anspruch des Käufers auf **Übereignung und Herausgabe der Kaufsache** ist regelmäßig pfändbar.

8   2.2.1 Bei **Immobilienkauf** ist nach den *Mustern 26–33* zu verfahren.

9   2.2.2 Bei **Kauf einer beweglichen Sache** ist nach §§ 829, 847 ZPO zu pfänden; mit diesem Fall befasst sich *Muster 106*.

10   Ist die Kaufsache unpfändbar, so ist nach h.M. auch der Herausgabe- und Übereignungsanspruch unpfändbar.[7]

11   Hat sich der Verkäufer das **Eigentum an der Kaufsache vorbehalten**, so hat der Käufer eine Anwartschaft auf die Übereignung. Diese Anwartschaft ist nicht nach *Muster 106*, sondern nach *Muster 17* zu pfänden; es bedarf zusätzlich der Sachpfändung oder der Pfändung des Anspruchs auf Übergabe, wie in *Muster 17* gezeigt ist.

12   2.3 Bei **Kauf eines Rechts** richtet sich der Anspruch des Käufers auf Verschaffung des gekauften Rechts nach der Form, die das Gesetz für die Übertragung des verkauften Rechts vorschreibt.

13   2.3.1 Häufig wird sich bei Pfändung dieses Anspruchs empfehlen, eine **andere Art der Verwertung** zu wählen: Der Vollstreckungsgläubiger wird durch Pfändung und Überweisung nicht selbst Inhaber des Rechts, kann also nur dadurch befriedigt werden, dass das Recht zu Geld gemacht, also z.B. versteigert wird, oder dass es ihm durch das Vollstreckungsgericht zum Schätzwert übertragen und damit die Vollstreckungsforderung in Höhe des Schätzwertes befriedigt wird.

14   2.3.2 Der **Forderungskauf** im Besonderen:

Der Verkäufer einer Forderung erfüllt seine vertragliche Schuld durch Abtretung der verkauften Forderung an den Käufer. Die Abtretung wird meist gleichzeitig mit dem Abschluss des Forderungskaufs (des Grundgeschäfts) vorgenommen, sodass der Verkäufer seine Verpflichtung gleichzeitig mit ihrer Begründung erfüllt; damit ist der Anspruch des Käufers (= Vollstreckungsschuldners) auf Abtretung der Forderung erloschen und

---

[6] BGH v. 19.11.1984 – GSZ 1/84, NJW 1985, 1157 li. Sp.; BGH v. 20.11.1997 – IX ZR 152/96, InVo 1998, 131 = Rpfleger 1998, 117.
[7] Zöller/*Stöber*, § 847 ZPO Rz. 1; Musielak/*Becker*, § 847 ZPO Rz. 1.

dem Pfändungszugriff entzogen; aber die abgetretene Forderung selbst ist jetzt beim Vollstreckungsschuldner zu pfänden.

Wird aber die Verpflichtung des Verkäufers der Forderung nicht gleichzeitig mit ihrer Entstehung erfüllt, so ist der Anspruch des Käufers gegen den Verkäufer auf die Abtretung pfändbar, wenn die abgetretene Forderung selbst pfändbar (§ 400 BGB) und abtretbar ist oder zugunsten des Vollstreckungsgläubigers § 851 Abs. 2 ZPO eingreift.

Schwierigkeiten kann aber die **Verwertung** bringen:

2.3.3 Richtet sich die gepfändete **Forderung nicht auf Zahlung von Geld**, so gilt: Der Vollstreckungsschuldner bleibt Inhaber des gepfändeten Abtretungsanspruchs, aber der Drittschuldner darf nicht mehr an ihn leisten. Möglich ist Verwertung durch Versteigerung der Forderung durch den Gerichtsvollzieher, wenngleich gute Erlöse nicht zu erwarten sind. Auch die Überweisung an Zahlungs statt kommt in Frage: Wird dem Vollstreckungsgläubiger z.B. die gepfändete Forderung auf Übereignung eines Hundes zum Schätzwert überwiesen, so wird der Vollstreckungsgläubiger nach Durchsetzung der gepfändeten Forderung Eigentümer des Hundes und gilt in Höhe des Schätzwertes für seine Vollstreckungsforderung als befriedigt.

2.3.4 Richtet sich die **Forderung auf Zahlung von Geld**, so gilt: Der Vollstreckungsgläubiger erwirbt durch die Pfändung nicht die abzutretende Geldforderung, sondern nur ein Pfandrecht am Anspruch auf die Abtretung dieser Forderung. Abzutreten ist aber an den Vollstreckungsschuldner, weil sich das gepfändete Recht durch die Pfändung und Überweisung zur Einziehung nicht ändert. Mit der Abtretung wird also der Vollstreckungsschuldner Inhaber der Geldforderung.[8]

Mit der Abtretung und als deren Folge erwirbt der Vollstreckungsgläubiger ein Pfandrecht an der abgetretenen Forderung (§ 1287 BGB).[9] Der Klarheit wegen empfiehlt es sich aber, **zugleich** mit dem Abtretungsanspruch die dem Vollstreckungsschuldner **durch die Abtretung erwachsende Forderung** zu pfänden und sich überweisen zu lassen. Das ist möglich, weil auch künftige Forderungen gepfändet werden können. Dies hat zudem den Vorteil, dass dem Schuldner der abgetretenen Forderung dieser Pfändungsbeschluss als Drittschuldner zugestellt wird. Er kann daher nicht mehr mit befreiender Wirkung an den Vollstreckungsschuldner leisten (§§ 1275, 407 BGB).

Einfacher wäre es freilich, wenn der Anspruch auf Abtretung dem Vollstreckungsgläubiger an Zahlungs statt überwiesen werden könnte, weil diese den Forderungsübergang auf den Gläubiger bewirkt. Es ist aber zweifelhaft, ob die Überweisung an Zahlungs statt zulässig ist, weil § 835 Abs. 2 ZPO sie nur für Geldforderungen zulässt, während hier ein An-

---

8 BGH v. 18.6.1998 – IX ZR 311/95, NJW 1998, 2969 = InVo 1999, 22; BGH v. 18.7.2003 – IXa ZB 148/03, MDR 2004, 114 = Rpfleger 2003, 669.
9 BGH v. 18.6.1998 – IX ZR 311/95, NJW 1998, 2969; Näheres bei *Stöber*, Rz. 68.

spruch auf Abtretung in Frage steht und die analoge Ausweitung der Ausnahmevorschrift des § 835 Abs. 2 ZPO sich wohl verbietet. Außerdem ist die Überweisung an Zahlungs statt gefährlich, weil sie bewirkt, dass die Vollstreckungsforderung in Höhe des Nennwerts der an Zahlungs statt überwiesenen Forderung auch dann als getilgt gilt, wenn die überwiesene Forderung nicht beigetrieben werden kann.

20 Man könnte auch an die Anwendung des § 844 ZPO denken und – ähnlich wie beim Herausgabeanspruch nach §§ 846, 847 ZPO – anordnen, dass der Drittschuldner die gepfändete Forderung an einen vom Gläubiger zu beauftragenden Gerichtsvollzieher abzutreten hat; weiter müsste der Gerichtsvollzieher angewiesen werden, die ihm übertragene Forderung außergerichtlich geltend zu machen und bei Misserfolg den Gläubiger zu ermächtigen, im eigenen Namen Klage auf Zahlung an den Gerichtsvollzieher zu erheben. Aber einerseits fragt sich wieder, ob im Wege der Analogie dasjenige, was §§ 846, 847 ZPO für Herausgabeansprüche anordnen, auf einen Abtretungsanspruch ausweitbar ist, und zum anderen ist dieser Weg zu umständlich.

Muster 109 Kommanditgesellschaft I

Kommanditanteil

Hinweis: Zu benutzen ist das amtliche Formular Anlage 2 (zu § 2 Nr. 2) der Verordnung über Formulare für die Zwangsvollstreckung (Zwangsvollstreckungsformular-Verordnung – ZVFV) vom 23.8.2012 (BGBl. I 2012, S. 1822) in der geänderten Fassung aufgrund der Verordnung zur Änderung der Zwangsvollstreckungsformular-Verordnung vom 16.6.2014 (BGBl. I 2014, S. 754).

Hierbei ist das Feld „Anspruch G" oder eine gesonderte Anlage zu nutzen. Es wird folgender Text empfohlen:

Wegen ... werden gepfändet:

a) *der angebliche Anteil des Schuldners am Vermögen der ... (genaue Firma und Adresse der KG) ... vertreten durch den/die persönlich haftenden Gesellschafter ... (Name und Adresse) ...   (Drittschuldnerin)*

b) *seine angeblichen Ansprüche gegen die Drittschuldnerin auf fortlaufende Ermittlung, Zuteilung und Auszahlung seines Gewinnanteils, auf Feststellung und Auszahlung seines Auseinandersetzungsguthabens, auf Ersatz von Aufwendungen, auf Rückzahlung von Darlehen und auf sonstige Guthaben des Schuldners, gleich, ob sie auf Kapitalkonto, Privatkonto, Verrechnungskonto, Darlehenskonto oder einem sonstigen Konto des Schuldners gebucht sind.*

Der Drittschuldnerin wird verboten, an den Schuldner zu leisten.

Dem Schuldner wird geboten, sich jeder Verfügung über den gepfändeten Anteil und die gepfändeten Ansprüche, insbesondere ihrer Einziehung, zu enthalten.

Zugleich werden der gepfändete Gesellschaftsanteil und die gepfändeten Ansprüche dem Gläubiger zur Einziehung überwiesen.

Vorbemerkung

Grundsätzliches zum Gesellschaftsrecht findet sich in den Erläuterungen bei *Muster 81*.

Muster 109 befasst sich mit der Vollstreckung in das Vermögen eines Kommanditisten.

Muster 110 befasst sich mit der Vollstreckung in das Vermögen der Kommanditgesellschaft.

In **das Vermögen eines Komplementärs** ist zu vollstrecken wie in das Vermögen des Gesellschafters einer offenen Handelsgesellschaft (*Muster 130*).

Wegen der **GmbH & Co. KG** vgl. Rz. 38 der Erläuterungen bei *Muster 84*.

Erläuterungen bei *Muster 110*.

Muster 110 Kommanditgesellschaft II

Einlageforderung gegen einen Kommanditisten

Hinweis: Zu benutzen ist das amtliche Formular Anlage 2 (zu § 2 Nr. 2) der Verordnung über Formulare für die Zwangsvollstreckung (Zwangsvollstreckungsformular-Verordnung – ZVFV) vom 23.8.2012 (BGBl. I 2012, S. 1822) in der geänderten Fassung aufgrund der Verordnung zur Änderung der Zwangsvollstreckungsformular-Verordnung vom 16.6.2014 (BGBl. I 2014, S. 754).

Hierbei ist das Feld „Anspruch G" oder eine gesonderte Anlage zu nutzen. Es wird folgender Text empfohlen:

Wegen ... wird die angebliche Forderung der Schuldnerin

gegen ihren Kommanditisten ... (Name und Adresse) ...   (Drittschuldner)

auf Zahlung der Kommanditeinlage

gepfändet.

Dem Drittschuldner wird verboten, an die Schuldnerin zu zahlen.

Der Schuldnerin wird geboten, sich jeder Verfügung über die gepfändete Forderung, insbesondere ihrer Einziehung, zu enthalten.

Zugleich wird die gepfändete Forderung dem Gläubiger zur Einziehung überwiesen.

1. Wesen der Kommanditgesellschaft

Die Kommanditgesellschaft (KG) ist in §§ 161 bis 177a HGB geregelt. Sie unterscheidet sich von der offenen Handelsgesellschaft (OHG) dadurch, 1 dass bei einem oder mehreren, nicht aber bei allen Gesellschaftern der Kommanditgesellschaft die Haftung gegenüber den Gesellschaftsgläubigern auf den Betrag einer bestimmten Vermögenseinlage beschränkt ist; diese Gesellschafter werden Kommanditisten genannt. Auf die KG finden die für die OHG geltenden Vorschriften Anwendung, soweit §§ 162 bis 177a HGB nichts anderes bestimmen (§ 161 Abs. 2 HGB).

2 ⇒ **Beachte:** Die in Rz. 15 der Erläuterungen zu *Muster 131* für die OHG gegebene Empfehlung, die Klage stets nicht nur gegen die Gesellschaft, sondern auch gegen alle ihre Gesellschafter zu richten, um ins Vermögen sowohl der Gesellschaft als auch eines jeden einzelnen Gesellschafters vollstrecken zu können, gilt bei der KG so nicht: Außer der KG sind deren offen haftende Gesellschafter und nur diejenigen Kommanditisten zu verklagen, die ihre Vermögenseinlage in der im Handelsregister eingetragenen Höhe ganz oder teilweise nicht einbezahlt oder wieder entnommen haben; denn der Kommanditist, dessen Einlage nicht offen steht, haftet den Gesellschaftsgläubigern nicht persönlich (§§ 171 bis 176 HGB).

2. Pfändung und Verwertung

2.1 Vollstreckung in das Vermögen eines Kommanditisten

3 **2.1.1** Das in Rz. 4–14 der Erläuterungen bei *Muster 131* zur Pfändung in den Anteil an der OHG Ausgeführte gilt auch hier. Weil aber der Kommanditist nach § 164 HGB von der Geschäftsführung und nach § 170 HGB von der Vertretung der KG ausgeschlossen ist, kann er **keine Ansprüche aus der Geschäftsführung gegen die Gesellschaft** haben und kann ihm nicht als Vertreter der KG der Pfändungs- und Überweisungsbeschluss zugestellt werden.

4 **2.1.2** Der Kommanditist kann jedoch als **Arbeitnehmer** bei der Gesellschaft eingestellt sein und diese als Prokurist vertreten. Dieses Arbeitseinkommen ist nach *Muster 19* zu pfänden. Die Pfändung des Arbeitseinkommens kann mit der Pfändung des Gesellschaftsanteils in einem einzigen Antrag und Beschluss verbunden werden.

5 **2.1.3** Für die Pfändung des **Kommanditanteils** gelten die Ausführungen zur Pfändung des Anteils der OHG (Rz. 4–12 der Erläuterungen bei *Muster 130*) entsprechend.

Im Falle der Verpfändung von Kommanditanteilen durch einen Kommanditisten ist der gegen ihn durch den Pfandrechtsgläubiger erwirkte Titel, die Verwertung der Geschäftsanteile nach § 1277 BGB zu dulden, für die Zwangsvollstreckung hinreichend bestimmt, sofern im Tenor die Geschäftsanteile konkret bezeichnet sind. In einem solchen Fall muss die ursprüngliche Forderung des Gläubigers nicht nach Art und Betrag im Tenor aufgeführt sein.[1]

---

[1] BGH v. 19.3.2004 – IXa ZB 199/03, BGHR 2004, 1323.

2.2 Vollstreckung in das Vermögen der Gesellschaft

Forderungen und Rechte der KG sind so zu pfänden und zu verwerten wie diejenigen eines jeden anderen Vollstreckungsschuldners. Die **Zustellung des Pfändungs- und Überweisungsbeschlusses** muss an einen vertretungsberechtigten Komplementär, bei Gesamtvertretung an mehrere Vertretungsberechtigte erfolgen.

6

Abgehandelt wird hier die Pfändung des **Anspruchs der KG auf die Zahlung der Kommanditeinlage**. Dieser Anspruch kann (jedenfalls) auf einen Gesellschaftsgläubiger übertragen werden, weil die Gesichtspunkte, die bei Kapitalgesellschaften für eine beschränkte Abtretbarkeit der Einlageforderung sprechen, für die Personengesellschaften des Handelsrechts nicht zutreffen: Solche Bestimmungen sind angesichts der persönlichen Haftung und der Ausgestaltung, die die Kommanditistenhaftung in den §§ 171 ff. HGB erfahren hat, nicht erforderlich, sodass auch für eine entsprechende Anwendung jener Vorschriften kein Anlass besteht.[2]

7

Daher ist die Einlageforderung **pfändbar**. Der Pfändung steht auch § 399 BGB 1. Alt. nicht entgegen;[3] gegen einen vertraglichen Ausschluss der Abtretung schützt § 851 Abs. 2 ZPO den Vollstreckungsgläubiger.

8

Drittschuldner ist der säumige Kommanditist.

9

Ist die Forderung einer KG auf Einzahlung der Kommanditeinlage wirksam gepfändet und zur Einziehung überwiesen worden, ist die Klage des Pfändungsgläubigers gegen den Kommanditisten auf Zahlung begründet, ohne dass es daneben auf eine Haftung des beklagten Kommanditisten gemäß § 171 HGB ankäme.[4]

Für die sogenannte **Publikums-KG** gilt hinsichtlich der Zwangsvollstreckung keine Besonderheit.

10

Muster 111   Kontokorrent (ohne Bankkontokorrent)

Hinweis: Zu benutzen ist das amtliche Formular Anlage 2 (zu § 2 Nr. 2) der Verordnung über Formulare für die Zwangsvollstreckung (Zwangsvollstreckungsformular-Verordnung – ZVFV) vom 23.8.2012 (BGBl. I 2012, S. 1822) in der geänderten Fassung aufgrund der Verordnung zur Änderung der Zwangsvollstreckungsformular-Verordnung vom 16.6.2014 (BGBl. I 2014, S. 754).

Hierbei ist das Feld „Anspruch G" oder eine gesonderte Anlage zu nutzen. Es wird folgender Text empfohlen:

Wegen . . . werden folgende Forderungen des Schuldners gegen . . .

gepfändet:

---

2 BGHZ 63, 338; BGH v. 28.9.1981 – II ZR 109/80, MDR 1982, 296 = NJW 1982, 35.
3 BGH v. 28.9.1981 – II ZR 109/80, NJW 1982, 35.
4 OLG Rostock NZG 2001, 1135.

Muster 111 Kontokorrent (ohne Bankkontokorrent)

a) die angebliche Forderung ... (Einzelforderung genau bezeichnen) ..., falls eine wirksame Kontokorrentabrede nicht besteht oder ihr diese Forderung nicht unterfällt,

b) die angeblichen Forderungen aus Kontokorrentabrede ... (wenn möglich näher bezeichnen) ..., insbesondere

- *der Anspruch auf Einstellung aller Forderungen des Schuldners in das Kontokorrent,*
- *der Anspruch des Schuldners auf den gegenwärtigen und jeden künftigen Aktivsaldo, wie er sich bei der Saldoziehung im Augenblick der Zustellung dieses Beschlusses an den Drittschuldner ergibt und jeweils im Zeitpunkt des Abschlusses künftiger Rechnungsperioden ergeben wird,*
- *der Anspruch auf Auskunft über den gegenwärtigen Forderungsstand,*
- *das Recht auf Kündigung der Kontokorrentabrede.*

Dem Drittschuldner wird verboten, an den Schuldner zu leisten.

Dem Schuldner wird geboten, sich jeder Verfügung über die gepfändeten Forderungen und Ansprüche, insbesondere ihrer Einziehung, zu enthalten.

Zugleich werden die gepfändeten Forderungen und Ansprüche dem Gläubiger zur Einziehung überwiesen.

Vorbemerkung

Das Bankkontokorrent ist in *Muster 36* behandelt. Damit befasst sich vorliegendes Muster nicht mehr, sondern nur mit dem **Kontokorrent unter Kaufleuten**.

Im Prinzip gilt für das kaufmännische Kontokorrent nichts anderes als für das Bankkontokorrent, jedoch fehlt hier der von den Geldinstituten mit ihrem Kontokorrentkunden regelmäßig abgeschlossene Girovertrag mit seinen Auswirkungen, insbesondere der Pfändbarkeit eines jeden Tagessaldos und der dienstvertraglichen Verpflichtung zur Abwicklung von Geldgeschäften für den Kunden.

1. Kontokorrent

1 Das in §§ 355 bis 357 HGB geregelte **Kontokorrent** (laufende Rechnung) dient der Vereinfachung des Abrechnungsverkehrs zweier Parteien (regelmäßig zweier Kaufleute), die miteinander in ständiger Geschäftsverbindung stehen: Sie vereinbaren, dass die aus der Verbindung entspringenden beiderseitigen Ansprüche und Leistungen nebst Zinsen in Rechnung gestellt und in regelmäßigen Zeitabschnitten (sofern nichts anderes vereinbart ist, jährlich) durch **Verrechnung und Feststellung** des für den einen oder anderen Teil **sich ergebenden Überschusses** ausgeglichen werden. Nach ständiger Rechtsprechung[1] besteht das Wesen der Kontokorrentabrede darin, dass die in die laufende Rechnung aufgenommenen beider-

---
1 BGHZ 80, 176; 84, 330, 376; 93, 323.

seitigen Ansprüche und Leistungen am Tag des periodischen Rechnungsabschlusses durch Anerkennung des Saldos als Einzelforderungen untergehen; übrig bleibt dann nur ein Anspruch aus dem Saldoanerkenntnis, der als neue, auf einem selbständigen Verpflichtungsgrund beruhende, vom früheren Schuldgrund losgelöste Forderung an die Stelle der bisherigen Einzelforderungen tritt.

Die in das Kontokorrent eingehenden **Einzelposten** sind zunächst nichts anderes als einzelne Forderungen oder Tilgungen; sie bleiben das bis zur Schuldumschaffung durch den jeweiligen Rechnungsabschluss. Ist eine Forderung kontokorrentgebunden, weil die Parteien sie in der Kontokorrentabrede unterstellt haben, so tritt die Kontokorrentbindung – nicht aber die Schuldumschaffung – mit der Entstehung des Anspruchs ein.[2]   2

1.1 Es kommt auch die Vereinbarung vor, dass der Rechnungsabschluss jeweils sofort bei jedem neuen Geschäftsvorfall stattzufinden habe. Dieses sog. **Staffelkontokorrent** führt zum Rechnungsabschluss jeweils bei jeder einzelnen Buchung, sodass auch die Schuldumschaffung jeweils bei jedem Geschäftsvorfall stattfindet.   3

1.2 Die **Kontokorrentabrede** ist nicht formbedürftig und kommt häufig durch wiederholte Anerkennung eines Saldos zustande.[3] Damit aber Staffelkontokorrent angenommen werden kann, bedarf es eindeutiger, wenn auch nicht ausdrücklicher Erklärungen.   4

2. Pfändung und Verwertung

Der Vollstreckungsgläubiger weiß häufig nicht, ob eine Kontokorrentabrede besteht, ob sie wirksam ist und auf welche Leistungen sie sich beziehen soll.   5

2.1 Die **kontokorrentgebundenen Einzelforderungen** unterliegen nicht der Pfändung.[4] Die Pfändung der einzelnen Forderungen aus dem einzelnen Geschäftsvorfall (z.B. die Pfändung der Kaufpreisforderung für die Lieferung von 20 t Getreide) bliebe also erfolglos.   6

Andererseits würde die Pfändung des Anspruchs aus dem Kontokorrent ins Leere gehen, wenn eine Kontokorrentabsprache nicht bestünde oder diese Forderung nicht ergriffe. Weil das Kontokorrent häufig ist, wird empfohlen, wie im Muster vorgesehen, sowohl die Einzelforderung als auch den Kontokorrentsaldo zu pfänden.[5]   7

---

2 BGH v. 27.1.1982 – VIII ZR 28/81, NJW 1982, 1150 = MDR 1982, 574; BGH v. 15.3.2005 – XI ZR 338/03, NJW 2005, 1771.
3 Vgl. OLG Köln InVo 2004, 454 = ZInsO 2004, 683.
4 BGH v. 13.3.1981 – I ZR 5/79, BGHZ 80, 172 = NJW 1981, 1611 = MDR 1981, 730; v. 27.1.1982 – VIII ZR 28/81, NJW 1982, 1150.
5 Der Drittschuldner trägt die Beweislast für seine Behauptung, die gepfändete Forderung sei kontokorrentgebunden, OLG Düsseldorf OLGR 2000, 53. Hingegen obliegt dem Pfändungsgläubiger die Beweislast dafür, dass bei unstreitigem oder bewiesenem

8 **2.2** Über die Pfändung des **Kontokorrentsaldos** bestimmt § 357 HGB:

„Hat der Gläubiger eines Beteiligten die Pfändung und Überweisung des Anspruchs auf dasjenige erwirkt, was seinem Schuldner als Überschuss aus der laufenden Rechnung zukommt, so können dem Gläubiger gegenüber Schuldposten, die nach der Pfändung durch neue Geschäfte entstehen, nicht in Rechnung gestellt werden. Geschäfte, die aufgrund eines schon vor der Pfändung bestehenden Rechtes oder einer schon vor diesem Zeitpunkt bestehenden Verpflichtung des Drittschuldners vorgenommen werden, gelten nicht als neue Geschäfte im Sinne dieser Vorschrift."

§ 357 Satz 2 HGB schützt den Drittschuldner davor, dass seine Rechtslage durch die Pfändung verschlechtert wird. Daher erfasst die Vorschrift nicht Zahlungen des Drittschuldners an den Pfändungsschuldner selbst, mit denen nur ein schuldrechtlicher Anspruch dieses Schuldners getilgt werden soll. In diesem Fall geht § 829 Abs. 1 ZPO vor.[6]

9 **2.3** Wenn nur der **gegenwärtige Aktivsaldo** gepfändet ist, so erstreckt sich die Pfändung nur auf diesen, und zwar nicht etwa auf den Saldo im Zeitpunkt des nächstfälligen Rechnungsabschlusses, sondern auf den Saldo im Zeitpunkt der Zustellung des Pfändungs- und Überweisungsbeschlusses an den Drittschuldner („Zustellungssaldo"):[7] § 357 HGB macht für den Fall der Pfändung eine Ausnahme vom Grundsatz der periodischen Verrechnung.

10 **2.4** Für die Pfändung **künftiger Salden** hat der BGH entschieden,[8] dass § 357 HGB nicht angewendet werden kann, beim Bankkontokorrent kann auch der künftige Saldo gepfändet werden. Nach der Neuregelung in § 833a ZPO bedarf es der ausdrücklichen Pfändung der Guthaben auch für die auf die Pfändung folgenden Tage nicht mehr, dies gilt bereits kraft Gesetzes.[9]

11 **2.5** Die Kontokorrentabrede kann mangels entgegenstehender Vereinbarung auch während der Dauer einer Rechnungsperiode jederzeit mit der Wirkung gekündigt werden, dass derjenige, welchem nach der Rechnung ein Überschuss gebührt, dessen Zahlung beanspruchen kann (§ 355 Abs. 3 HGB). Die Kündigungsmöglichkeit kann für den Vollstreckungsgläubiger in Einzelfällen von Interesse sein. Weil seit RGZ 140, 242 angenommen wird, dass die Pfändung nicht als Kündigung wirkt und für sich allein den Vollstreckungsgläubiger nicht zur Kündigung befugt, ist – wie im Muster vorgesehen – das **Recht auf Kündigung** mit zu pfänden.

Kontokorrent eine einzelne Forderung von der Kontokorrentbindung ausgenommen ist, OLG Saarbrücken OLGR Saarbrücken 2003, 262.
6 BGH v. 13.5.1997 – IX ZR 129/96, MDR 1997, 878 = Rpfleger 1997, 487.
7 BGH v. 13.3.1981 – I ZR 5/79, BGHZ 80, 172 = NJW 1981, 1611 = MDR 1981, 730; v. 27.1.1982 – VIII ZR 28/81, NJW 1982, 1150.
8 BGH v. 13.3.1981 – I ZR 5/79, BGHZ 80, 172 = NJW 1981, 1611 = MDR 1981, 730; v. 27.1.1982 – VIII ZR 28/81, NJW 1982, 1150.
9 Musielak/*Becker*, § 833a ZPO Rz. 2.

Muster 112 Kreditkarten I

Forderung eines Lieferanten gegen das Kreditkarten-Unternehmen

Hinweis: Zu benutzen ist das amtliche Formular Anlage 2 (zu § 2 Nr. 2) der Verordnung über Formulare für die Zwangsvollstreckung (Zwangsvollstreckungsformular-Verordnung – ZVFV) vom 23.8.2012 (BGBl. I 2012, S. 1822) in der geänderten Fassung aufgrund der Verordnung zur Änderung der Zwangsvollstreckungsformular-Verordnung vom 16.6.2014 (BGBl. I 2014, S. 754).

Hierbei ist das Feld „Anspruch G" oder eine gesonderte Anlage zu nutzen. Es wird folgender Text empfohlen:

Wegen ... werden die angeblichen Forderungen des Schuldners

auf Zahlung der Kaufpreise für Warenverkäufe und auf Vergütung für Dienstleistungen an Inhaber von Kreditkarten der Drittschuldnerin und auf Abrechnung

gepfändet,

gleich, ob sie derzeit bestehen oder erst durch künftige Verkäufe und Dienstleistungen zustande kommen werden. Die gepfändeten Forderungen beruhen auf vertraglich übernommener Zahlungsverpflichtung der Drittschuldnerin.

Erläuterungen bei *Muster 113.*

Muster 113 Kreditkarten II

Zahlungsanspruch des Kunden gegen das Kreditkarten-Unternehmen

Hinweis: Zu benutzen ist das amtliche Formular Anlage 2 (zu § 2 Nr. 2) der Verordnung über Formulare für die Zwangsvollstreckung (Zwangsvollstreckungsformular-Verordnung – ZVFV) vom 23.8.2012 (BGBl. I 2012, S. 1822) in der geänderten Fassung aufgrund der Verordnung zur Änderung der Zwangsvollstreckungsformular-Verordnung vom 16.6.2014 (BGBl. I 2014, S. 754).

Hierbei ist das Feld „Anspruch G" oder eine gesonderte Anlage zu nutzen. Es wird folgender Text empfohlen:

Wegen ... wird die angebliche Forderung des Schuldners

gegen   ... (Kreditkartenunternehmen benennen) ...   (Drittschuldnerin)

auf Zahlung von Guthaben, die für den Schuldner bei der Drittschuldnerin bei Abwicklung ihrer Geschäftsverbindung über Kreditkarten entstanden sind und künftig entstehen werden, und auf Abrechnung

gepfändet.

Muster 114 Lebensversicherung I

1. Kreditkarten-Unternehmen

1 Kreditkarten-Unternehmen verpflichten sich ihren Kunden gegenüber, für diese **Rechnungen zu begleichen**, sodass die Kunden bargeldlos einkaufen oder Dienstleistungen in Anspruch nehmen können. Die Kreditkarten-Unternehmen geben an ihre Kunden Kreditkarten aus. Mit Handels- und Dienstleistungsunternehmen vereinbart das Kreditkarten-Unternehmen, dass diese Unternehmen den Karteninhabern gegen Vorweis der Karte ohne Bezahlung Waren oder Dienstleistungen abgeben und mit dem Kreditkarten-Unternehmen abrechnen. Das Kreditkarten-Unternehmen belastet dann das Konto des Karteninhabers entsprechend.

2 Die Handels- und Dienstleistungsunternehmen erwerben also eigene Forderungen gegen das Kreditkarten-Unternehmen (und zugleich gegen den Karteninhaber).

3 Der Kreditkarteninhaber hat regelmäßig keinen Anspruch gegen den Kartenausgeber auf Zahlung an sich selbst. Aber es kann – z.B. wegen Stornierung eines Kaufs und Zahlung des Kaufpreises durch den Kartenausgeber und Rückzahlung des Kaufpreises durch den Lieferanten – ein Guthaben des Karteninhabers entstehen.

2. Pfändung und Verwertung

4 Sowohl die Forderung des Lieferanten als auch die Forderungen des Kunden gegen den Kreditkarten-Unternehmer sind als gewöhnliche Forderungen pfändbar; die Muster bringen Formulierungsvorschläge.[1]

Muster 114 Lebensversicherung I

Hinweis: Zu benutzen ist das amtliche Formular Anlage 2 (zu § 2 Nr. 2) der Verordnung über Formulare für die Zwangsvollstreckung (Zwangsvollstreckungsformular-Verordnung – ZVFV) vom 23.8.2012 (BGBl. I 2012, S. 1822) in der geänderten Fassung aufgrund der Verordnung zur Änderung der Zwangsvollstreckungsformular-Verordnung vom 16.6.2014 (BGBl. I 2014, S. 754). Hierbei kommen folgende auszufüllenden Felder in Betracht:

Forderung aus Anspruch	4
☐ E (an Versicherungsgesellschaften) Konto-/Versicherungsnummer: _____	

(...)

---

[1] Die Kreditkarte gehört nicht zu den gemäß § 836 Abs. 3 ZPO herauszugebenden Urkunden; die Ausführungen des BGH v. 14.2.2003 – IXa ZB 53/03, Rpfleger 2003, 308 zur EC-Karte sind entsprechend anzuwenden.

Anspruch E (an Versicherungsgesellschaften)
1. auf Zahlung der Versicherungssumme, der Gewinnanteile und des Rückkaufwertes aus der Lebensversicherung/den Lebensversicherungen, die mit dem Drittschuldner abgeschlossen ist/sind
2. auf das Recht zur Bestimmung desjenigen, zu dessen Gunsten im Todesfall die Versicherungssumme ausgezahlt wird, bzw. auf das Recht zur Bestimmung einer anderen Person an Stelle der von dem Schuldner vorgesehenen
3. auf das Recht zur Kündigung des Lebens-/Rentenversicherungsvertrages, auf das Recht auf Umwandlung der Lebens-/Rentenversicherung in eine prämienfreie Versicherung sowie auf das Recht zur Aushändigung der Versicherungspolice

Ausgenommen von der Pfändung sind Ansprüche aus Lebensversicherungen, die nur auf den Todesfall des Versicherungsnehmers abgeschlossen sind, wenn die Versicherungssumme den in § 850b Absatz 1 Nummer 4 ZPO in der jeweiligen Fassung genannten Betrag nicht übersteigt.

(...)

☐ **Es wird angeordnet, dass**
  ☐ der Schuldner die Versicherungspolice an den Gläubiger herauszugeben hat und dieser sie unverzüglich dem Drittschuldner vorzulegen hat

(...)

Hinweis:
(1) Die Angabe der Konto-/Versicherungsnummer ist nicht erforderlich.
(2) Der „amtliche Satz": ... und dieser sie unverzüglich dem Drittschuldner vorzulegen hat ... kann gestrichen werden, da im Pfändungsbeschluss keine Anweisungen an den Gläubiger ergehen.
(3) Ist der Versicherungsfall durch Tod des Versicherten eingetreten, ist auch die Herausgabe einer beglaubigten Abschrift der Sterbeurkunde anzuordnen.

Erläuterungen bei *Muster 115*.

Muster 115 Lebensversicherung II

Widerruf der Bezugsberechtigung

Einschreiben/Rückschein

An die
Lebensversicherungsgesellschaft...

Betr.: Lebensversicherungs-Nr. ...
  Versicherungsnehmer...

Sehr geehrte Damen und Herren,
Ihnen ist bezüglich dieser Versicherung der Pfändungs- und Überweisungsbeschluss des Amtsgerichts... vom... Az.:... am... zugestellt worden. Legitimiert durch diesen Beschluss

widerrufe ich hiermit
jede Ihnen bisher mitgeteilte Bezugsberechtigung und
bestimme,
dass ausschließlich und unwiderruflich ich selbst bezugsberechtigt sein soll.
Zugleich bitte ich um Mitteilung, wie hoch der Rückkaufswert dieser Versicherung derzeit ist.

(Unterschrift)

1. Abgrenzung zur Sozialversicherung

1   Die Lebensversicherung dient der wirtschaftlichen Sicherung des Alters und der Hinterbliebenen des Versicherungsnehmers. Da die gesetzlichen Renten für eine angemessene Versorgung im Alter vielfach nicht ausreichen oder – wie bei Selbständigen – gar nicht vorhanden sind, sind nunmehr[1] Lebensversicherungen, die der Absicherung des Schuldners im Alter dienen, als Renten gewährt werden und bestimmte Voraussetzungen, erfüllen, nur wie Arbeitseinkommen pfändbar (Näheres Rz. 33 f.). Das hat allerdings auf den Pfändungsantrag keine Auswirkungen, sondern nur hinsichtlich des Umfangs der Pfändbarkeit der späteren Rente.

2   Im Gegensatz zur Sozialversicherung beruht die Lebensversicherung auf einem privatrechtlichen Vertrag. Der Versicherer verpflichtet sich zur Zahlung des vereinbarten Kapitals oder der vereinbarten Rente bei Eintritt des Versicherungsfalls, und zwar an denjenigen, welchem nach der Ausgestaltung des Vertrages die Versicherungsleistung zusteht. Es gelten – je nach Versicherer durchaus unterschiedliche – Allgemeine Lebensversicherungsbedingungen (ALB).

3   **1.1 Der Versicherungsfall tritt ein:**

 – in der **Todesfallversicherung** bei Tod der versicherten Person. Dabei gibt es auch Gestaltungen, in welchen die Versicherungssumme nur dann ausbezahlt wird, wenn der Versicherte vor einem im Versicherungsvertrag bestimmten Tag stirbt (**Risikolebensversicherung**);

4   – in der **Erlebensversicherung** nur dann, wenn der Versicherte den im Vertrag bestimmten Tag (z.B. die Vollendung des 65. Lebensjahres) erlebt;

5   – in der sog. **gemischten Kapitalversicherung**, einer Mischform aus der Todesfall- und der Erlebensversicherung, entweder bei Tod des Versicherten oder am vereinbarten Stichtag. Erlebt der Versicherte zwar den Stichtag, stirbt aber vor Auszahlung, so steht die Versicherungs-

---

[1] Aufgrund des Gesetzes zum Pfändungsschutz der Altersvorsorge v. 26.3.2007, BGBl. I 2007, S. 368, in Kraft seit dem 31.3.2007, geändert durch Art. 1 Gesetz vom 5.12.2012 (BGBl. I 2012, S. 2418).

summe seinen Erben zu, auch dann, wenn er einen anderen unwiderruflich begünstigt haben sollte.

– Wegen Versicherung verbundener Leben, Unfallzusatzversicherung, Unfallversicherung und Insassenversicherung, vgl. Rz. 41 ff. 6

1.2 Über den Versicherungsvertrag hat der Versicherer einen **Versicherungsschein** auszustellen; dieser kann auch auf den Inhaber lauten, ist aber nur ein Legitimationspapier[2] (Näheres Rz. 40). 7

1.3 Keineswegs ist es notwendig, dass das **Recht auf die Versicherungssumme** in der Lebensversicherung gerade dem Versicherungsnehmer zusteht. Dieser kann vielmehr bestimmen, dass ein anderer berechtigt sein soll. Dieser Berechtigte wird „**Bezugsberechtigter**" oder „**Begünstigter**" genannt. Regelmäßig ist der Versicherungsnehmer befugt, ohne Zustimmung des Versicherers und ohne Zustimmung des bisherigen Bezugsberechtigten die Bezugsberechtigung zu widerrufen und an die Stelle des bisherigen Begünstigten einen anderen zu setzen. 8

Der Bezugsberechtigte erwirbt, wenn der Versicherungsnehmer nichts anderes bestimmt hat, das Recht auf die Leistung des Versicherers erst mit dem **Versicherungsfall**, also im Zeitpunkt des Todes des Versicherungsnehmers, oder, wenn die Begünstigung auch für den Erlebensfall gilt, am hierfür vereinbarten „Stichtag" (§ 159 Abs. 2 VVG). 9

Der Versicherungsnehmer kann bestimmen, dass der Bezugsberechtigte die Rechte aus dem Versicherungsvertrag sofort erwerben soll, dass das Bezugsrecht des Begünstigten unwiderruflich sein soll (vgl. § 13 Abs. 2 Muster-ALB 2010). In diesem Fall erwirbt der Begünstigte ein sofort wirksames Recht, bei Eintritt des Versicherungsfalles die Zahlung der Versicherungsleistung an sich selbst zu verlangen. Ihm steht auch der Rückkaufswert, die Prämienreserve zu. Die Rechte aus der Versicherung unterliegen in diesem Fall nicht mehr der Verfügung des Versicherungsnehmers, allerdings bleibt das Kündigungsrecht grundsätzlich beim Versicherungsnehmer.[3] Dieser kann aber weder die Bezugsberechtigung widerrufen noch einen anderen Bezugsberechtigten benennen; auch den Anspruch auf den Versicherungsschein hat in diesem Fall der Begünstigte. 10

Wegen des sog. **eingeschränkten unwiderruflichen Bezugsrechts** vgl. BAG NJW 1991, 717 und ZIP 1996, 1052, sowie OLG Hamm OLGR 1998, 206. 11

1.4 Ist **kein Bezugsberechtigter benannt**, so ist die Versicherungsleistung im Erlebensfall an den Versicherungsnehmer, im Todesfall an seine Erben zu bezahlen. 12

Sind die **Erben des Versicherungsnehmers als Bezugsberechtigte** benannt und nicht näher bezeichnet, so sind im Zweifel diejenigen (unter sich nach dem Verhältnis ihrer Erbteile zueinander) bezugsberechtigt, die im Todeszeitpunkt – kraft Testaments, kraft Erbvertrags oder kraft Gesetzes – 13

---
2 Vgl. §§ 3 und 4 VVG und § 808 BGB.
3 BGH NJW 1966, 1071; BGH v. 2.12.2009 – IV ZR 65/09, NJW-RR 2010, 544.

als Erben berufen sind, **auch wenn sie die Erbschaft ausschlagen** (§ 160 Abs. 2 VVG).

14   1.5 Die **Abtretung des Anspruchs gegen den Versicherer** durch den Vollstreckungsschuldner ist absolut unwirksam, solange der Anspruchsinhaber (Versicherungsnehmer, Begünstigter) dies dem Versicherer nicht schriftlich angezeigt hat (vgl. § 13 Abs. 4 Muster-ALB 2010);[4] solange also steht der Anspruch des Zedenten diesem noch zu und ist bei ihm zu pfänden, solange ist die Drittwiderspruchsklage des Zessionars unbegründet.

2. Pfändung und Verwertung

15   Der Anspruch auf die **Versicherungsleistung** ist grundsätzlich als gewöhnliche Geldforderung nach § 829 zu pfänden und nach § 835 zu überweisen; Ausnahmen werden in Rz. 31 f. behandelt. Eine wirksame Pfändung setzt einen im Zeitpunkt der Pfändung in der Person des Schuldners bestehenden Anspruch gegen den Drittschuldner voraus, ansonsten ist sie wirkungslos. Das gilt auch, wenn der Anspruch auf Versicherungsleistung im Zeitpunkt der Pfändung zur Sicherheit abgetreten war und später – nach der Pfändung – zurückabgetreten werden soll bzw. wird.[5]

16   **Drittschuldner** ist die Versicherungsgesellschaft. Zweckmäßig wird der Pfändungs- und Überweisungsbeschluss an deren Hauptniederlassung oder Zweigniederlassung zugestellt, obwohl RGZ 109, 267 die Zustellung an die „Filialdirektion", bei der die Versicherung geführt wird, genügen lässt. Zustellung an eine Generalagentur genügt nicht:[6] Zustellungsmängel können gemäß § 189 ZPO geheilt werden.

17   Es empfiehlt sich, die Ansprüche **aus allen Versicherungsverträgen** auch dann zu pfänden, wenn nur ein Versicherungsvertrag bekannt ist, und die Versicherungsnummern bekannter Verträge anzugeben, um zu vermeiden, dass die Pfändung etwa mit der Begründung als unwirksam angesehen werden könnte, dass die gepfändete Forderung nicht genügend bestimmt sei.[7] Wichtig ist, dass durch die Anführung des Wortes „insbesondere" vor der Versicherungsnummer klargestellt wird, dass nicht nur die Ansprüche aus diesem genau bezeichneten Versicherungsvertrag gepfändet werden.[8]

18   Nach herrschender Meinung sind die **Gestaltungsrechte** (Recht auf Kündigung, auf Umwandlung in eine prämienfreie Versicherung, Recht auf Bestimmung oder Widerruf einer Bezugsberechtigung) als **Nebenrechte** nicht selbständig pfändbar[9], werden aber – auch ohne ausdrückliche Anordnung

---

4 BGH v. 31.10.1990 – IV ZR 24/90, NJW 1991, 559 sowie BGH v. 23.4.1997 – XII ZR 20/95, NJW 1997, 2747, jeweils m.w.N.
5 BGH v. 12.12.2001 – IV ZR 47/01, Rpfleger 2002, 272 = InVo 2002, 149.
6 *Heilmann*, NJW 1950, 135; *Stöber*, Rz. 193.
7 Vgl. LG Frankfurt/M. v. 11.5.1989 – 2/5 O 300/87, NJW-RR 1989, 1466.
8 Vgl. BGH v. 8.5.2001 – IX ZR 9/99, Rpfleger 2001, 504 = InVo 2001, 377, 378 zum entspr. Problem bei der Kontenpfändung.
9 Insbes. BGHZ 45, 162 und BGH v. 18.6.2003 – IV ZR 59/02, Rpfleger 2003, 515 = InVo 2004, 30; OLG Zweibrücken VersR 2010, 1022 sowie *Stöber*, Rz. 194.

im Pfändungsbeschluss – von der Pfändung erfasst, wenn klargestellt ist, dass **alle** Rechte aus dem Versicherungsverhältnis gepfändet sein sollen;[10] ansonsten bleibt das Kündigungsrecht grundsätzlich beim Versicherungsnehmer.[11] Es empfiehlt sich daher, den Pfändungsantrag ausdrücklich auf die Nebenrechte auszudehnen; im Muster ist das vorgesehen.

2.1 Aufgrund des Überweisungsbeschlusses kann der Vollstreckungsgläubiger vom Vollstreckungsschuldner nicht nur die nötigen **Auskünfte** verlangen – auch über etwaige Bezugsberechtigungen – sondern auch die **Herausgabe des Versicherungsscheins**[12] sowie der **letzten Prämienquittung** (§ 836 Abs. 3 ZPO); ist dieser im Besitz eines Dritten, so ist der (etwaige) Herausgabeanspruch zu pfänden. 19

2.2 Der Vollstreckungsgläubiger hat das Recht, auch gegen den Willen des Versicherungsnehmers und des Versicherers den **Versicherungsvertrag durch Fortzahlung der Prämien aufrechtzuerhalten**, sodass er im Versicherungsfall die volle Versicherungsleistung erhält; sein Pfandrecht kann er dann auch wegen der von ihm bezahlten Beiträge und ihrer Zinsen geltend machen (§ 34 Abs. 2 VVG). 20

2.3 Der Vollstreckungsgläubiger kann ferner die Versicherung kündigen und die **Herausgabe der Prämienreserve** (den sog. Rückkaufswert) verlangen (§ 169 VVG). 21

2.4 Es ist keineswegs sicher, dass die Ansprüche gegen den Versicherer gerade dem Versicherungsnehmer zustehen: 22

2.4.1 Die Ansprüche aus dem Versicherungsvertrag stehen dann dem **Versicherungsnehmer** zu, wenn kein Bezugsberechtigter benannt ist, wenn er den Anspruch nicht abgetreten oder die Abtretung dem Versicherer noch nicht angezeigt hat (vgl. Rz. 14). 23

2.4.2 Ist zwar ein **Bezugsberechtigter** benannt, ist die Benennung aber **nicht unwiderruflich**, so kann ebenfalls der Versicherungsnehmer über die Ansprüche aus dem Versicherungsvertrag verfügen, sodass diese Ansprüche auch in diesem Fall zu seinem Vermögen gehören und bei ihm gepfändet werden können. Aber **der Vollstreckungsgläubiger muss gegenüber dem Versicherer die Bezugsberechtigung schriftlich widerrufen und sich selbst als Bezugsberechtigten benennen**; die Pfändung der Ansprüche aus dem Versicherungsvertrag stellt als solche keinen Widerruf der Bezugsberechtigung dar.[13] Zum Widerruf ist der Pfändungsgläubiger durch Pfändung und Überweisung befugt (vgl. Rz. 8 bei *Muster 114*). 24

Der widerruflich Begünstigte erwirbt einen eigenen Anspruch gegen den Versicherer erst mit **Eintritt des Versicherungsfalls**. Bis dahin hat er weder einen Anspruch aus dem Versicherungsvertrag (§ 159 Abs. 2 VVG) noch 25

---

10 Vgl. OLG Celle v. 2.4.2009 – 8 U 206/08, ZVI 2009, 336 = JurBüro 2009, 380.
11 BGH v. 2.12.2009 – IV ZR 65/09, NJW-RR 2010, 544; OLG Zweibrücken, VersR 2010, 1022.
12 LG Darmstadt DGVZ 1991, 9; *Stöber*, Rz. 202.
13 BGH NJW 1960, 912; OLG Zweibrücken VersR 2010, 1022.

eine sonstige gesicherte Rechtsposition erworben.[14] Nach Eintritt des Versicherungsfalls hat der Bezugsberechtigte jedoch allein Anspruch auf die Versicherungsleistung; dieser Anspruch gehört daher zu seinem Vermögen und kann bei ihm, aber nicht bei dem Versicherungsnehmer oder dessen Erben gepfändet werden.

26 Sind die **Erben** des Versicherungsnehmers als Bezugsberechtigte benannt, so entsteht ihr Anspruch auf die Versicherungsleistung kraft Versicherungsrechts, nicht kraft Erbrechts; der Anspruch ist also vom Erbgang unabhängig.[15]

27 2.4.3 Ist ein **Bezugsberechtigter ohne Einschränkungen unwiderruflich** benannt, so hat dieser das Recht auf die Versicherungsleistung bereits mit der Benennung erworben; dazu gehört grundsätzlich auch der Rückkaufswert nach Kündigung des Vertrages.[16] Der Versicherungsnehmer kann dann über die Versicherungsrechte nicht mehr verfügen. Der Anspruch auf die Versicherungsleistung gehört daher zum Vermögen des unwiderruflich Bezugsberechtigten und ist nur bei diesem und von dessen Gläubigern zu pfänden. Dies gilt nicht nur bei einem unwiderruflichen Bezugsrecht auf den Todesfall, sondern auch bei einem solchen auf den Erlebensfall.[17]

Wegen des sog. eingeschränkt unwiderruflichen Bezugsrechts vgl. BAG v. 26.6.1990 – 3 AZR 641/88, NJW 1991, 717 und v. 17.10.1995 – 3 AZR 420/94, ZIP 1996, 1052.

28 Dennoch kann die Pfändung des Versicherungsanspruchs des Vollstreckungsschuldners auch in diesem Fall Sinn machen, weil dem Vollstreckungsschuldner unter Umständen das **Recht auf Leistung** doch – wieder – zustehen kann: Die Einräumung des Bezugsrechts ist nichtig (z.B. wegen Sittenwidrigkeit) oder der Bezugsberechtigte weist die Bezugsberechtigung zurück (§ 333 BGB, 160 Abs. 3 VVG); der Bezugsberechtigte verstirbt vor dem Eintritt des Versicherungsfalls; bei der gemischten Kapitalversicherung erlischt mit dem Erlebensfall das unwiderrufliche Bezugsrecht des Dritten.[18]

2.5 Umwandlung in eine prämienfreie Lebensversicherung

29 Dem Vollstreckungsgläubiger steht gemäß § 165 VVG das Recht zu, die Umwandlung der Lebensversicherung in eine prämienfreie Versicherung zu verlangen. Das macht Sinn, wenn nach der Pfändung weder vom Vollstreckungsschuldner noch vom Vollstreckungsgläubiger die Prämien weitergezahlt werden.

---

14 BGH v. 23.10.2003 – IX ZR 252/01, BGHZ 156, 350 = NJW 2004, 214.
15 BGHZ 13, 232 und 32, 47 sowie BGH v. 23.10.2003 – IX ZR 252/01, NJW 2004, 214.
16 BGH v. 18.6.2003 – IV ZR 59/02, Rpfleger 2003, 515; v. 23.10.2003 – IX ZR 252/01, NJW 2004, 214.
17 BGH v. 18.6.2003 – IV ZR 59/02, Rpfleger 2003, 515; v. 23.10.2003 – IX ZR 252/01, NJW 2004, 214.
18 Vgl. dazu *Stöber*, Rz. 196a, 197.

2.6 Eintrittsrecht des Bezugsberechtigten

Die Lebensversicherung dient regelmäßig nicht nur dem Schutz des Versicherungsnehmers, sondern auch dem ihm nahe stehender Personen, insbesondere der Bezugsberechtigten. Deshalb gibt § 170 VVG den namentlich bezeichneten Bezugsberechtigten – und, wenn kein Bezugsberechtigter namentlich bezeichnet ist, dem Ehegatten oder eingetragenem Lebenspartner und den Kindern des Versicherungsnehmers – das Recht, mit Zustimmung des Versicherungsnehmers in den Versicherungsvertrag einzutreten. Wer vom **Eintrittsrecht** Gebrauch macht, hat die Forderung des Vollstreckungsgläubigers bis zur Höhe des Rückkaufswertes zu befriedigen (§ 170 Abs. 1 und 2 VVG). Der Eintritt ist allerdings nur möglich und wirksam, wenn seine Anzeige innerhalb eines Monats, nachdem der Eintrittsberechtigte von der Pfändung Kenntnis erlangt hat, dem Versicherer mitgeteilt ist (§ 170 Abs. 3 VVG). Wenn die Versicherung aber bei Eintritt schon gekündigt und der Rückkaufswert fällig geworden ist, oder wenn die Versicherungssumme gar schon ausbezahlt ist, ist der Eintritt nicht mehr möglich.

30

2.7 Pfändungsschutz

2.7.1 Ist die Lebensversicherung nur auf den Todesfall des Versicherungsnehmers abgeschlossen und **übersteigt die Versicherungssumme nicht 3579 Euro**, so ist der Anspruch darauf nur bedingt pfändbar (§ 850b Abs. 1 Nr. 4 ZPO). Der Pfändungsschutz greift also nicht ein, wenn die Versicherungssumme auch im Erlebensfall ausbezahlt wird (sog. gemischte Kapitalversicherung). Diese Beschränkung ist im Hinblick auf den gesetzgeberischen Zweck der Entlastung bei den Bestattungskosten verfassungsgemäß.[19] Übersteigt die Versicherungssumme 3579 Euro, ist die Versicherung nach § 850b Abs. 1 Nr. 4 ZPO insoweit unpfändbar, als sich Ansprüche auf der Grundlage einer diesen Betrag nicht übersteigenden Versicherungssumme ergeben.[20] Diese Unpfändbarkeit besteht auch dann, wenn Bezugsberechtigter ein Dritter – auch ein Nichtangehöriger – ist, dem die Bestattung des Versicherungsnehmers obliegt.[21]

31

Entsprechendes gilt, wenn **mehrere Todesfallversicherungen** abgeschlossen sind, die zusammen den Betrag von 3579 Euro übersteigen.[22]

2.7.2 Der Pfändungsschutz des § 22 der 1. DVO HWG für vor dem 1.1.1962 zur Befreiung von der Versicherungspflicht abgeschlossene **Handwerkerlebensversicherungen** wirkt fort.[23]

32

2.7.3 Besteht die Versicherungsleistung in einer Rente, ist zu differenzieren:

33

---

19 BVerfG v. 3.5.2004 – 1 BvR 479/04, NJW 2004, 2585.
20 BGH v. 12.12.2007 – VII ZB 47/07, Rpfleger 2008, 267.
21 BGH v. 19.3.2009 – IX ZA 2/09, FamRZ 2009, 972.
22 BGH v. 12.12.2007 – VII ZB 47/07, Rpfleger 2008, 267; *Stöber*, Rz. 1021.
23 BGH MDR 1966, 43 = NJW 1966, 155; *Stöber*, Rz. 1022.

Die aufgrund eines Versicherungsvertrages gewährte **Rente eines früheren Arbeitnehmers**, die zur Versorgung des Versicherungsnehmers oder seiner unterhaltsberechtigten Angehörigen nach dem Ausscheiden aus einem Dienst- oder Arbeitsverhältnis eingegangen worden ist,[24] wird wie Arbeitseinkommen geschützt (§ 850 Abs. 3 lit. b ZPO); diese Regelung betrifft damit nicht früher freiberuflich oder überhaupt nicht tätig gewesene Personen.[25] Zu prüfen bleibt aber, ob auf die gewährte Leistung nicht § 850b ZPO anzuwenden ist. Die Vorschrift des § 850b ZPO ist anwendbar nicht nur auf Renten, Einkünfte und Bezüge von Arbeitnehmern und Beamten, sondern auch von anderen Personen, insbesondere Selbständigen.[26]

34 Hatte der Schuldner eine Kapitallebensversicherung abgeschlossen mit einem **Rentenwahlrecht**, dieses jedoch nicht vor Zustellung der Pfändung ausgeübt, so erfasst die Pfändung auch dieses Wahlrecht mit der Folge, dass das Wahlrecht nunmehr dem Gläubiger und nicht mehr dem Schuldner zusteht.[27]

35 Dient die Lebensversicherung der **Altersversorgung** eines Selbständigen oder eines abhängig Beschäftigten (Angestellter, Arbeiter, Beamter), ist sie gemäß § 851c Abs. 1 ZPO nur wie Arbeitseinkommen pfändbar, wenn (kumulativ) folgende Voraussetzungen vorliegen:

1. die Leistung wird in regelmäßigen Zeitabständen lebenslang und nicht vor Vollendung des 60. Lebensjahres oder nur bei Eintritt der Berufsunfähigkeit gewährt,

2. über die Ansprüche aus dem Vertrag darf nicht verfügt werden,

3. die Bestimmung von Dritten[28] mit Ausnahme von Hinterbliebenen als Berechtigte ist ausgeschlossen

und

4. die Zahlung einer Kapitalleistung, ausgenommen eine Zahlung für den Todesfall, ist nicht vereinbart worden.

Die Voraussetzungen nach § 851c Abs. 1 Nr. 1 und 4 ZPO hat der BGH in einer Entscheidung[29] wie folgt präzisiert:

---

24 OLG Frankfurt v. 22.2.1995 – 23 U 158/94, VersR 1996, 614; LG Braunschweig Rpfleger 1978, 78; *Stöber*, Rz. 892.
25 BGH v. 15.11.2007 – IX ZB 34/06, Rpfleger 2008, 150; v. 15.7.2010 – IX ZR 132/09, MDR 2010, 1081. Ansprüche aus einem Lebensversicherungsvertrag, der zur anderweitigen Regelung des Versorgungsausgleichs geschlossen ist, sollen nach LG Freiburg DGVZ 1987, 90 dem für Unterhaltsrenten geltenden Vollstreckungsschutz unterliegen.
26 BGH v. 15.7.2010 – IX ZR 132/09, Rpfleger 2010, 674 = MDR 2010, 1081.
27 BFH v. 31.7.2007 – VII R 60/06, Rpfleger 2007, 672 = MDR 2007, 134.
28 Hinterbliebene sind jedenfalls Ehegatten, Kinder und auch Pflegekinder. Nach BGH v. 25.11.2010 – VII ZB 5/08, Rpfleger 2011, 220 ist eine Lebensgefährtin keine Hinterbliebene des Schuldners. Im Übrigen ist streitig, wer als auch Hinterbliebener anzusehen ist, vgl. Zöller/*Stöber*, § 851c ZPO Rz. 2.
29 BGH v. 15.7.2010 – IX ZR 132/09, Rpfleger 2010, 674 = MDR 2010, 1081.

- In § 851c Abs. 1 Nr. 1 ZPO muss das Tatbestandsmerkmal der lebenslangen Leistung bei beiden Alternativen vorliegen, also sowohl bei der Alternative des Leistungsbeginns nicht vor Vollendung des 60. Lebensjahres als auch der Alternative des Leistungsbeginns mit Eintritt der Berufsunfähigkeit;
- § 851c Abs. 1 Nr. 1 ZPO erfasst auch Leistungen ab Eintritt der Berufsunfähigkeit, wenn diese selbst zwar nicht lebenslang erbracht, aber zusammen mit den sich unmittelbar anschließenden Leistungen zur Versorgung im Alter geschuldet werden, und beide zusammen lebenslang in regelmäßigen Zeitabständen eine im Wesentlichen gleich bleibende Leistung erbringen.

§ 851c Abs. 1 Nr. 1 ZPO setzt seinem Wortlaut nach nicht voraus, dass im Falle des Leistungsbeginns bei Eintritt der Berufsunfähigkeit lebenslang eine Berufsunfähigkeitsrente bezahlt werden muss, um den Pfändungsschutz zu begründen. Gefordert wird vielmehr, dass aufgrund eines Vertrages (irgend-)eine Leistung in regelmäßigen Zeitabständen lebenslang erbracht werden muss. Lediglich hinsichtlich des Beginns dieser lebenslangen regelmäßigen Leistung werden zwei Alternativen ermöglicht. Kein Pfändungsschutz kommt daher in Betracht, wenn nach Ende der Berufsunfähigkeitsrente keine Altersrente einsetzt.

- Wird hinsichtlich der Altersrente ein Kapitalwahlrecht gewährt, lässt dies nach § 851c Abs. 1 Nr. 4 ZPO den Pfändungsschutz auch hinsichtlich einer vor der Altersrente gewährten und mit dieser zusammen der Existenzsicherung dienenden Berufsunfähigkeitsrente entfallen.

Pfändungsschutz nach § 851c Abs. 1 ZPO besteht nach Ansicht des BGH[30] grundsätzlich nur dann, wenn die dort unter den Nr. 1 bis 4 genannten Voraussetzungen kumulativ im Zeitpunkt der Pfändung vorliegen. Enthält der Vertrag, aus dem sich die gepfändeten Ansprüche ergeben, allerdings Bestimmungen, die einen späteren Eintritt der Voraussetzungen des § 851c Abs. 1 Nr. 3 ZPO endgültig sicherstellen, greift der Pfändungsschutz ab diesem späteren Zeitpunkt ein. Im Kern führt der BGH zum Zweck der Vorschrift aus, dass hierdurch Selbständigen, die anders als Arbeitnehmer oder Beamte keine öffentlich-rechtlichen Rentenleistungen beziehen, vor dem Hintergrund verfassungsrechtlicher Wertentscheidungen der Erhalt existenzsichernder Einkünfte im Alter oder bei Berufsunfähigkeit gesichert werden soll. Zugleich soll damit der Staat dauerhaft von Sozialleistungen entlastet werden.[31] Kann sich nach der Vertragslage eine Situation, der die Voraussetzungen des § 851c Abs. 1 ZPO entgegenwirken wollen, und die darin besteht, dass der Schuldner Vermögenswerte zweckwidrig dem Gläubigerzugriff entzieht, nicht mehr verwirklichen, ist der Altersvorsorgecharakter des Vertrages gesichert. Es besteht dann kein Grund, dem Schuldner den Pfändungsschutz zu versagen. Es wäre mit dem Gesetzeszweck nicht zu vereinbaren, wollte man den Schuldner auch

---
30 BGH v. 25.11.2010 – VII ZB 5/08, Rpfleger 2011, 220 = NJW-RR 2011, 492.
31 BT-Drucks. 16/886, S. 7.

dann noch auf staatliche Transferleistungen verweisen. Dem vom Gesetzgeber weiterhin verfolgten Zweck, einen Anreiz für die Schaffung privater Altersvorsorge zu schaffen[32] würde damit tendenziell entgegengewirkt. Deshalb hindert es den Pfändungsschutz nicht, dass dem Schuldner hier vertraglich ein Kapitalisierungsrecht (vgl. § 851c Abs. 1 Nr. 4 ZPO) eingeräumt war; denn dieses Recht ist bereits drei Monate vor Beginn der vereinbarten Rentenzahlungen erloschen, bestand also zur Zeit der Pfändung nicht mehr.

Der mit dem Gesetz zum Pfändungsschutz der privaten Altersvorsorge eingeführte Schutz bestimmter privater zur Altersvorsorge abgeschlossener Versicherungen erstreckt sich nur auf das vom Versicherungsnehmer aufgebaute Deckungskapital und die nach Eintritt des Versicherungsfalls zu erbringenden Leistungen, nicht jedoch auf die für die Einzahlung erforderlichen Mittel des Schuldners.[33]

36 Der Pfändungsschutz wäre unvollständig, wenn das in der Ansparphase gebildete **Vorsorgekapital** voll pfändbar wäre. Nach § 851c Abs. 2 ZPO gilt:

„Um dem Schuldner den Aufbau einer angemessenen Alterssicherung zu ermöglichen, kann er unter Berücksichtigung der Entwicklung auf dem Kapitalmarkt, des Sterblichkeitsrisikos und der Höhe der Pfändungsfreigrenze, nach seinem Lebensalter gestaffelt, jährlich einen bestimmten Betrag unpfändbar auf der Grundlage eines in Absatz 1 bezeichneten Vertrags bis zu einer Gesamtsumme von 256 000 Euro ansammeln. Der Schuldner darf vom 18. bis zum vollendeten 29. Lebensjahr 2000 Euro, vom 30. bis zum vollendeten 39. Lebensjahr 4000 Euro, vom 40. bis zum vollendeten 47. Lebensjahr 4500 Euro, vom 48. bis zum vollendeten 53. Lebensjahr 6000 Euro, vom 54. bis zum vollendeten 59. Lebensjahr 8000 Euro und vom 60. bis zum vollendeten 67. Lebensjahr 9000 Euro jährlich ansammeln. Übersteigt der Rückkaufwert der Altersversicherung den unpfändbaren Betrag, sind drei Zehntel des überschießenden Betrags unpfändbar. Satz 3 gilt nicht für den Teil des Rückkaufwerts, der den dreifachen Wert des in Satz 1 genannten Betrags übersteigt."

Die jährlichen Pauschalbeträge richten sich nach dem Alter des Schuldners. Die Beträge werden regelmäßig überprüft und angepasst werden.

37 Da der Schuldner als Versicherungsnehmer den Vertrag nicht kündigen kann, kann es auch der Pfändungsgläubiger nicht, § 168 Abs. 3 Satz 2 VVG. Bestehende Versicherungsverträge können gemäß § 167 VVG auf Antrag jederzeit für den Schluss der laufenden Versicherungsperiode in eine Versicherung umgewandelt werden, die den Anforderungen des § 851c Abs. 1 ZPO entspricht. Hat der Schuldner den Antrag auf Umwandlung bindend gestellt, bevor seine Ansprüche aus der Lebensversicherung gepfändet worden sind, gilt für den dann umgewandelten Vertrag schon der Pfändungsschutz des § 851c ZPO.[34]

38 Entsprechendes gilt für steuerlich gefördertes Altersvorsorgevermögen, **§ 851d** ZPO. Die Regelung ist erforderlich, weil diese Art von Vorsorge

---

32 BT-Drucks. 16/886, S. 7.
33 BGH v. 12.5.2011 – IX ZB 181/10, Rpfleger 2011, 534 = DGVZ 2012, 28.
34 Zöller/*Stöber*, § 851c ZPO Rz. 10.

meistens nicht unter § 851c ZPO fällt und § 850 Abs. 3 lit. b ZPO nicht für Selbständige gilt (s. Rz. 33).

2.7.4 Der dem § 2 Abs. 2 Satz 4 **BetrAVG** unterfallende Teil einer zukünftigen betrieblichen Altersversorgung (Lebensversicherung in Form einer Direktversicherung) ist unpfändbar.[35] Ist eine solche Versorgungsanwartschaft allerdings zum Vollrecht erstarkt, endet damit die Unpfändbarkeit nach § 2 Abs. 2 Satz 4 BetrAVG.[36] Der Anspruch des Arbeitnehmers auf Auszahlung der Versicherungssumme aus einer **Firmendirektversicherung** ist bereits vor Eintritt des Versicherungsfalls als zukünftige Forderung pfändbar.[37]

39

In seiner Entscheidung vom 30.7.2008[38] hat das **BAG** entschieden: Wenn der Arbeitnehmer vom Arbeitgeber nach der Abtretung seiner pfändbaren Forderungen aus dem Arbeitsverhältnis und der Aufhebung des über sein Vermögen eröffneten Verbraucherinsolvenzverfahrens verlangt, dass ein Teil seiner künftigen Entgeltansprüche durch Entgeltumwandlung für seine betriebliche Altersversorgung verwendet wird, dann vermindert sich das an den Treuhänder abgetretene pfändbare Arbeitseinkommen nicht.

Zunächst bestätigt der BAG, dass bei Vereinbarungen der Arbeitsvertragsparteien dahin, dass der Arbeitgeber für den Arbeitnehmer eine **Direktversicherung** abschließt und ein Teil der künftigen Entgeltansprüche des Arbeitnehmers durch Entgeltumwandlung für seine betriebliche Altersversorgung verwendet, soweit kein pfändbares Arbeitseinkommen mehr vorliegt. Bei einer solchen Vereinbarung entstehen in Höhe der Belastungen des Arbeitgebers, der zur Erfüllung seines Versorgungsversprechens einen Versicherungsvertrag schließt und als Schuldner dieses Vertrags die mit dem Versicherer vereinbarten Prämien zu zahlen hat, keine Ansprüche des Arbeitnehmers gegen den Arbeitgeber auf Arbeitseinkommen i.S. von § 850 Abs. 2 ZPO mehr. Folglich sind diese auch nicht abtretbar und unterliegen nicht der Pfändung.

Allerdings darf der Arbeitnehmer nach der Abtretung des pfändbaren Teils seines Arbeitseinkommens an den Treuhänder im Rahmen des Verbraucherinsolvenzverfahrens nicht mehr zum Nachteil seiner Gläubiger über den abgetretenen Teil seines Arbeitseinkommens wirksam verfügen. Der in der vereinbarten Entgeltumwandlung enthaltenen Verfügung des Arbeitnehmer über den pfändbaren Teil seines Arbeitseinkommens steht § 287 Abs. 2 Satz 1 InsO i.V.m. § 398 Satz 2 BGB entgegen. Der Arbeitnehmer hat seine pfändbaren Forderungen aus dem Arbeitsverhältnis bereits zuvor im Rahmen der beantragten Restschuldbefreiung an den Treuhän-

---

[35] LG Stuttgart v. 6.8.2009 – 2 T 133/09, JurBüro 2010, 155; LG Konstanz v. 17.8.2007 – 62 T 58/06 C, Rpfleger 2008, 87; OLG Köln v. 5.6.2002 – 5 U 267/01, InVo 2003, 198.
[36] BGH v. 28.10.2009 – VII ZB 82/09 gegen LG Stuttgart v. 6.8.2009 – 2 T 133/09, JurBüro 2010, 155.
[37] BGH v. 11.11.2010 – VII ZB 87/09, Rpfleger 2011, 165.
[38] BAG v. 30.7.2008 – 10 AZR 459/07, NJW 2009, 167.

der gemäß § 287 Abs. 2 Satz 1 InsO abgetreten, so dass dieser nach § 398 Satz 2 BGB als neuer Gläubiger der pfändbaren Forderungen aus dem Arbeitsverhältnis an die Stelle des Arbeitnehmer getreten ist.

Übertragen auf eine Pfändung bedeutet dies, dass arbeitsrechtliche Entgeltumwandlungen nach einer bereits erfolgten Pfändung nicht mehr wirksam vorgenommen werden können, da nach der Pfändung und Überweisung der Gläubiger „neuer Gläubiger der Forderung aus dem Arbeitsverhältnis" geworden ist.

40 **2.8 Der Versicherungsschein** (die Police) ist eine Urkunde über den Versicherungsvertrag, die der Versicherer auszustellen und dem Versicherungsnehmer auszuhändigen hat (§ 3 VVG). Er enthält wesentliche Angaben über Inhalt, Umfang und Bedingungen der Versicherung, deren Kenntnis z.B. für die Entschließung des Vollstreckungsgläubigers, ob er den Eintritt des Versicherungsfalles abwarten oder lieber sich sogleich den „Rückkaufswert" auszahlen lassen will, von Bedeutung sein kann.

Außerdem ergibt sich aus den Versicherungsbedingungen in der Regel, dass der **Versicherer zur Zahlung der Versicherungssumme nur gegen Rückgabe des Versicherungsscheins und/oder der Vorlage der letzten Prämienquittung verpflichtet** ist. Daher muss der Vollstreckungsgläubiger im Pfändungs- und Überweisungsbeschluss die Herausgabe des Versicherungsscheines sowie der letzten Prämienquittung anordnen und für den seltenen Fall, dass sich der Versicherungsschein gerade bei dem Versicherer befindet, den Herausgabeanspruch pfänden lassen. Auch die Herausgabe einer beglaubigten **Sterbeurkunde** ist anzuordnen, weil der Versicherer deren Vorlage verlangen kann.

3. Ähnliche Versicherungen

41 **3.1** Von einer **Versicherung verbundener Leben** spricht man, wenn Eheleute zusammen einen Lebensversicherungsvertrag abschließen, nach welchem die Versicherungssumme beim Ableben des zuerst Sterbenden der beiden Eheleute an den Überlebenden, spätestens aber an einem bestimmten Tag, fällig ist. Es ist streitig, ob im Innenverhältnis der Eheleute eine Gemeinschaft oder eine Gesellschaft vorliegt; in beiden Fällen jedoch kann der Vollstreckungsgläubiger die Ansprüche seines Schuldners aus dem Versicherungsverhältnis pfänden und – bei Gemeinschaft – Mitwirkung des anderen Ehegatten bei der Kündigung der Versicherung verlangen (§ 751 BGB) bzw. – bei der Gesellschaft – diese kündigen und die Auseinandersetzung erreichen (vgl. Rz. 4 ff. der Erläuterungen zu *Muster 48* und Rz. 18 der Erläuterungen zu *Muster 81*).

42 **3.2** Bei der **Unfallzusatzversicherung** handelt es sich um eine besondere Form der Lebensversicherung, nach der eine zusätzliche Versicherungssumme gezahlt wird, wenn der Tod auf einen Unfall zurückgeht. Für die Pfändung gilt nichts Besonderes.

3.3 Unfallversicherung (s. *Muster 176*) kann für Unfälle genommen werden, die dem Versicherungsnehmer selbst oder einem anderen zustoßen. Besteht die Versicherungsleistung in einer Kapitalzahlung, so gelten auch hier die Bestimmungen über die Bezugsberechtigung bei der Lebensversicherung (§ 185 VVG), jedoch ist Versicherungsfall nicht ein bestimmter Stichtag, den der Versicherte erleben muss, auch nicht dessen Tod, sondern der Eintritt des Unfalls. 43

Ist die Versicherung gegen Unfälle, die den Versicherungsnehmer treffen, eingegangen, so gelten keine Besonderheiten gegenüber der Pfändung einer Lebensversicherung. 44

Ist die Unfallversicherung gegen die einem anderen zustoßenden Unfälle genommen, so ist sie für die Rechnung des anderen geschlossen, sodass diesem der Versicherungsanspruch zusteht. Anderes gilt nur, wenn klargestellt ist, dass sie von dem Versicherungsnehmer für eigene Rechnung genommen ist und der andere (die „Gefahrenperson") dazu schriftlich eingewilligt hat (§ 179 Abs. 2 und 3 VVG). 45

3.4 Insassen-Unfallversicherung ist ein Unterfall der Unfallversicherung gegen Unfälle, die einem anderen zustoßen.[39] 46

3.5 Berufsunfähigkeitsversicherung

Renten aus dieser privaten Versicherung sind nach § 850b Abs. 1 Nr. 1, Abs. 2 ZPO nur bedingt pfändbar,[40] also nur dann, wenn dies nach den Umständen des Falles, insbesondere nach der Art des beizutreibenden Anspruchs und der Höhe der Bezüge der Billigkeit entspricht.[41] § 850b ZPO ist – anders als § 850 Abs. 3 lit. b ZPO – nicht nur auf Renten, Einkünfte und Bezüge von Arbeitnehmern und Beamten, sondern auch von anderen Personen, insbesondere Selbständigen, anwendbar.[42] Jedenfalls dann, wenn der Schuldner sich im Anhörungsverfahren nicht gemeldet hat, kann im Pfändungsbeschluss auf die Tabelle des § 850c ZPO (Anhang 4) verwiesen werden, also ein Blankettbeschluss erlassen werden.[43] Ist die Berufsunfähigkeitsversicherung zusammen mit einer Kapitallebensversicherung als Zusatzversicherung abgeschlossen worden, steht die Einheitlichkeit des Vertrages in der Regel weder der Abtretung noch der Pfändung von Ansprüchen allein aus der Lebensversicherung entgegen; Gleiches gilt für das Kündigungsrecht hinsichtlich der Lebensversicherung.[44] 47

---

39 Vgl. auch BGH MDR 1960, 381 und OLG Oldenburg MDR 1965, 300.
40 BGHZ 70, 206 ff.; OLG Oldenburg v. 23.6.1993 – 2 U 84/93, MDR 1994, 257 = NJW-RR 1994, 479; *Hülsmann*, MDR 1994, 537 f.
41 BGH v. 5.4.2005 – VII ZB 15/05, Rpfleger 2005, 446 m. Hinw. auf BGH v. 23.10.2003 – IX ZR 252/01, NJW 2004, 214; v. 19.3.2004 – IXa ZB 57/03, Rpfleger 2004, 503.
42 BGH v. 15.7.2010 – IX ZR 132/09, Rpfleger 2010, 674 = ZInsO 2010, 1485.
43 BGH v. 5.4.2005 – VII ZB 15/05, Rpfleger 2005, 446 = InVo 2005, 324.
44 BGH v. 18.11.2009 – IV ZR 39/08, NJW 2010, 374 = MDR 2010, 267.

Muster 116 Leibrente

Zwei Berechtigte als Gesamtgläubiger

Hinweis: Zu benutzen ist das amtliche Formular Anlage 2 (zu § 2 Nr. 2) der Verordnung über Formulare für die Zwangsvollstreckung (Zwangsvollstreckungsformular-Verordnung – ZVFV) vom 23.8.2012 (BGBl. I 2012, S. 1822) in der geänderten Fassung aufgrund der Verordnung zur Änderung der Zwangsvollstreckungsformular-Verordnung vom 16.6.2014 (BGBl. I 2014, S. 754).

Hierbei ist das Feld „Anspruch G" oder eine gesonderte Anlage zu nutzen. Es wird folgender Text empfohlen:

Wegen ... werden gepfändet:

a) der angebliche Anspruch des Schuldners

  gegen   ... (Name und Adresse) ...   (Drittschuldner zu 1)

  aus Leibrentenversprechen auf fortlaufende Zahlung von Geld und Leistung von Naturalien und anderen vertretbaren Sachen ... (möglichst genau bezeichnen) ...

b) der angebliche Ausgleichsanspruch des Schuldners nach § 430 BGB

  gegen   ... (Name und Adresse) ...   (Drittschuldner zu 2)

  der daraus entstanden ist oder entstehen wird, dass der Drittschuldner zu 1) Leibrentenleistungen nicht an den Schuldner, sondern an den Drittschuldner zu 2) erbringt.

Es wird angeordnet, dass der Drittschuldner zu 1) die als Leibrente zu leistenden Sachen nicht an den Schuldner, sondern an den vom Gläubiger beauftragten Gerichtsvollzieher herauszugeben hat.

Den Drittschuldnern wird verboten, an den Schuldner zu leisten.

Dem Schuldner wird geboten, sich jeder Verfügung über die gepfändeten Ansprüche, insbesondere ihrer Einziehung, zu enthalten.

Zugleich werden die gepfändeten Ansprüche dem Gläubiger zur Einziehung überwiesen.

1. Wesen der Leibrente

1 **Die Leibrente**, geregelt in §§ 759 bis 761 BGB, **ist ein einheitliches Recht** (Stammrecht), aus welchem der Berechtigte vom Verpflichteten – grundsätzlich lebenslänglich und in gleich bleibender Höhe – **wiederkehrende Geld- oder Sachleistungen** verlangen kann;[1] das Leibrentenversprechen bedarf zu seiner Wirksamkeit der Schriftform.

---

1 RGZ 67, 204 und 150, 391; BGH WM 1980, 593 und FamRZ 1991, 918.

2. Pfändung und Verwertung

Gepfändet wird das Stammrecht[2] selbst nach §§ 829, 832 ZPO; **verwertet** wird es durch Überweisung und bezüglich der Sachleistungen nach § 847 ZPO.

Die aus Fürsorge oder Freigebigkeit gewährte Leibrente kann **Pfändungsschutz** genießen (§ 850b Abs. 1 Nr. 3 ZPO).

Steht eine Leibrente **mehreren Personen** (z.B. Eheleuten) zu, so ist im Zweifel jeder Leibrentengläubiger nur zu einem gleichen Anteil berechtigt (§ 420 BGB), seine Forderung ist also ohne Rücksicht auf den Mitberechtigten pfändbar. Sind die mehreren Leibrentengläubiger berechtigt, die Leibrente in der Weise zu fordern, dass jeder die ganze Leistung fordern kann, der Schuldner die Leistung aber nur einmal zu bewirken verpflichtet ist, so sind sie **Gesamtgläubiger**, und der Leibrentenschuldner kann nach seinem Belieben an jeden von ihnen leisten (§ 428 BGB). Das wird man häufig annehmen müssen, wenn im Leibrentenversprechen bestimmt ist, dass die Leistungen auch nach dem Tod eines der Berechtigten in gleicher Höhe an den Überlebenden weiterzuzahlen sind. Den Gesamtgläubigern steht aber nicht nur eine einzige Forderung zu, vielmehr besteht für jeden von ihnen eine selbständige, allein abtretbare und daher allein pfändbare Forderung.[3] Daraus folgt, dass der Vollstreckungsgläubiger die Forderung eines der Gesamtgläubiger (seines Vollstreckungsschuldners) auf die gesamte Forderung pfänden und sich überweisen lassen kann. Dann darf der Drittschuldner nicht mehr an den Vollstreckungsschuldner zahlen, wohl aber an den anderen Gesamtgläubiger. Dagegen kann sich der Vollstreckungsgläubiger nicht wehren, weil er ja die Rechtsstellung des Drittschuldners nicht verschlechtern darf. Er kann aber die **Ausgleichsforderung**, die dem Vollstreckungsschuldner gegen den anderen Gläubiger nach § 430 BGB zustehen kann, zugleich mit der Leibrentenforderung des Vollstreckungsschuldners pfänden. **Dieser Fall ist im Muster behandelt.**

Muster 117 Lizenz

Hinweis: Zu benutzen ist das amtliche Formular Anlage 2 (zu § 2 Nr. 2) der Verordnung über Formulare für die Zwangsvollstreckung (Zwangsvollstreckungsformular-Verordnung – ZVFV) vom 23.8.2012 (BGBl. I 2012, S. 1822) in der geänderten Fassung aufgrund der Verordnung zur Änderung der Zwangsvollstreckungsformular-Verordnung vom 16.6.2014 (BGBl. I 2014, S. 754).

Hierbei ist das Feld „Anspruch G" oder eine gesonderte Anlage zu nutzen. Es wird folgender Text empfohlen:

---

2 Zur Pfändbarkeit vgl. *Stöber*, Rz. 1648; Staudinger/*Mayer*, § 759 BGB Rz. 15; MünchKomm/*Habersack*, § 759 BGB Rz. 38; nach BGH MDR 1996, 213 wohl nur die Leistungsansprüche, so auch Palandt/*Sprau*, § 759 BGB Rz. 7a.
3 BGHZ 29, 364 m.w.N. (zur Darlehensforderung von Gesamtgläubigern); Palandt/*Grüneberg*, § 428 BGB Rz. 1.

Muster 117   Lizenz

Wegen ... wird der angebliche Anspruch des Schuldners

gegen   ... (Name und Adresse des Lizenzgebers) ...   (Drittschuldner)

aus dem Lizenzvertrag vom ... auf die Nutzung des ... (das Recht, an dem die Lizenz besteht, möglichst genau beschreiben) ...

gepfändet.

Es wird angeordnet, dass der Schuldner die Lizenzvertragsurkunde an einen vom Gläubiger zu beauftragenden Gerichtsvollzieher herauszugeben hat.

Dem Drittschuldner wird verboten, an den Schuldner zu leisten.

Dem Schuldner wird geboten, sich jeder Verfügung über die gepfändeten Ansprüche, insbesondere ihrer Einziehung, zu enthalten.

Es wird angeordnet, dass die gepfändete Lizenz durch einen vom Gläubiger zu beauftragenden Gerichtsvollzieher versteigert wird.[1]

---

1 Vgl. Rz. 6 der Erläuterungen.

1. Wesen der Lizenz

1   Die **Lizenz** ist ein **Nutzungsrecht an** einem **Recht**, z.B. an einem Patent, einem Gebrauchsmuster, einem Design oder einer Marke; auch das Recht zur Ausnützung eines Films ist in der Regel Lizenz.[1]

2   Der Inhaber des Rechts vergibt die Lizenz durch Vertrag an den Lizenznehmer. Der **Lizenzvertrag** ist gesetzlich nicht besonders geregelt. Er ist ein Vertrag eigener Art, der Elemente verschiedener gesetzlich normierter Vertragstypen enthält.[2] Art, Umfang und Übertragbarkeit einer Lizenz bestimmen sich daher nach dem jeweiligen Lizenzvertrag.

3   Es gibt mehrere **Arten von Lizenzen**: einfache (persönliche oder an einen Betrieb gebundene) oder ausschließliche, beschränkte oder unbeschränkte; die Lizenz kann die Herstellung oder den Vertrieb oder beides gestatten. Regelmäßig ist die Lizenz örtlich beschränkt, auf einen Kontinent, auf ein Land, auf einen Bezirk.[3] Lizenzverträge spielen auch in der Insolvenz eine immer größere Rolle.[4]

2. Pfändung und Verwertung

4   Pfändbar ist nur die **ausschließliche Lizenz**. Die einfache persönliche Lizenz ist unpfändbar wegen ihrer engen Bindung an die Person (§ 399 BGB, § 851 ZPO), die Betriebslizenz, weil sie an den Betrieb gebunden ist, der

---

1 RGZ 106, 365.
2 BGH v. 12.12.2003 – IXa ZB 165/03, Rpfleger 2004, 361 = MDR 2004, 713.
3 Vgl. eingehend *Zimmermann*, S. 122 f.
4 *Fischer*, WM 2013, 821; *Dahl/Schmitz*, BB 2013, 1032; *Berger*, GRUR 2013, 321; *McGuire*, GRUR 2012, 657; LG München I v. 9.2.2012 – 7 O 1906/11, ZIP 2012, 1770.

als solcher nicht Gegenstand der Zwangsvollstreckung sein kann.[5] Ist bei einer ausschließlichen Lizenz deren Übertragbarkeit von den Parteien eingeschränkt oder ausgeschlossen worden, steht dies einer Pfändung gemäß § 857 Abs. 3 ZPO nicht entgegen.[6]

Ob die Pfändung der Lizenz **mit der Zustellung des Beschlusses an den Lizenzgeber als Drittschuldner**[7] (§ 829 Abs. 3 ZPO) **oder an den Vollstreckungsschuldner**[8] (§ 857 Abs. 2 ZPO) wirksam wird, ist in der Literatur streitig. Da der BGH[9] die Frage bislang offen gelassen hat, ist dem Vollstreckungsgläubiger dringend zu empfehlen, für eine rasche Zustellung sowohl an den Lizenzgeber als auch an den Vollstreckungsschuldner zu sorgen.

Gepfändet wird nach § 857 ZPO.

2.1 Die Lizenz kann nicht durch Überweisung **verwertet** werden, weil die Zwangsvollstreckung dem Vollstreckungsgläubiger Geld bringen soll, nicht aber ein Recht, das er erst durch eigene Veranstaltungen nutzen müsste, ohne dass dann feststellbar wäre, wie viel von den Lizenzeinnahmen auf die überwiesene Lizenz und wie viel auf die eigenen Veranstaltungen trifft, in welcher Höhe also die Vollstreckungsforderung getilgt ist. Es ist die anderweitige Verwertung, wie etwa Versteigerung der Lizenz durch den Gerichtsvollzieher, oder die Verwaltung nach §§ 857 Abs. 4 und 5 und 844 ZPO anzuordnen. Im Muster ist die Veräußerung als Beispiel gewählt; es muss aber in jedem Einzelfall überlegt werden, welche Art der Verwertung gerade für diese Lizenz beantragt werden soll.[10]

In vielen Fällen wird der Vollstreckungsgläubiger das **Original des Lizenzvertrags** brauchen, z.B. um einem Erwerbsinteressenten die Berechtigungskette nachzuweisen. Er kann sich diese Urkunde nach § 836 Abs. 3 ZPO verschaffen.

2.2 Der Lizenzgeber erwirbt durch den Lizenzvertrag in aller Regel einen Anspruch auf **Vergütung** in Geld. Dieser Anspruch ist als gewöhnliche Forderung nach § 829 ZPO zu pfänden und nach § 835 ZPO zu überweisen. Erhält der Schuldner laufend vom Umsatz abhängige Lizenzgebühren als Entgelt für die Nutzung eines von ihm persönlich entwickelten Produkts, können diese dem Pfändungsschutz nach § 850 ZPO oder § 850i ZPO, jew. i.V.m. § 850c ZPO unterfallen.[11]

---

5 H.M., *Gaul/Schilken/Becker-Eberhard*, § 34 Rz. 13; vgl. *Zimmermann* InVo 1999, 8.
6 *Zimmermann*, InVo 1999, 9; Hk-ZV/*Onderka*, Schwerpunkt Immaterialgüterrechte, Rz. 30.
7 *Stöber*, Rz. 1649.
8 *Stein/Jonas*, § 857 ZPO Rz. 99; *Zimmermann*, S. 290; *Gaul/Schilken/Becker-Eberhard*, § 34 Rz. 13.
9 BGH v. 1.3.1990 – IX ZR 147/89, NJW 1990, 2931 (2933).
10 Vgl. im Einzelnen *Zimmermann*, S. 290.
11 BGH v. 12.12.2003 – IXa ZB 165/03, Rpfleger 2004, 361 = MDR 2004, 713; BAG v. 30.7.2008 – 10 AZR 459/07, NJW 2009, 167.

Muster 118 Marke

Hinweis: Zu benutzen ist das amtliche Formular Anlage 2 (zu § 2 Nr. 2) der Verordnung über Formulare für die Zwangsvollstreckung (Zwangsvollstreckungsformular-Verordnung – ZVFV) vom 23.8.2012 (BGBl. I 2012, S. 1822) in der geänderten Fassung aufgrund der Verordnung zur Änderung der Zwangsvollstreckungsformular-Verordnung vom 16.6.2014 (BGBl. I 2014, S. 754).

Hierbei ist das Feld „Anspruch G" oder eine gesonderte Anlage zu nutzen. Es wird folgender Text empfohlen:

Wegen ... wird das Recht des Schuldners an der für ihn unter Nr. ... in dem bei dem Deutschen Patentamt geführten Register eingetragenen Marke ... (individualisierend beschreiben) ... gepfändet.

Dem Schuldner wird geboten, sich jeder Verfügung über das gepfändete Recht, insbesondere seiner Übertragung oder des Verzichts nach § 48 MarkenG, zu enthalten.

Zugleich wird angeordnet, dass das gepfändete Recht im Weg des freihändigen Verkaufs durch einen vom Gläubiger zu beauftragenden Gerichtsvollzieher verwertet wird.

1. Markenschutz

1 Marken, geschäftliche Bezeichnungen (Name, Firma, „Etablissementsbezeichnung") und geographische Herkunftsangaben werden durch das Markengesetz[1] geschützt. Hier wird der Markenschutz behandelt; wegen der geschäftlichen Bezeichnungen und der Herkunftsangaben wird auf Rz. 17 und 18 verwiesen.

2 **1.1** Nach § 3 MarkenG können als Marke alle Zeichen, insbesondere Wörter einschließlich Personennamen, Abbildungen, Buchstaben, Zahlen, Hörzeichen, dreidimensionale Gestaltungen einschließlich der Form einer Ware oder ihrer Verpackung sowie sonstige Aufmachungen einschließlich Farben und Farbzusammenstellungen geschützt werden, die geeignet sind, Waren oder Dienstleistungen eines Unternehmens von denjenigen anderer Unternehmen zu unterscheiden. Dem Schutz als Marke nicht zugänglich sind Zeichen, die ausschließlich aus einer Form bestehen, die durch die Art der Ware selbst bedingt ist, die zur Erreichung einer technischen Wirkung erforderlich ist oder die der Ware einen wesentlichen Wert verleiht.

3 Der Markenschutz entsteht entweder durch Eintragung des Zeichens als Marke in das beim Patentamt geführte Register oder durch geschäftliche Benutzung eines Zeichens mit Verkehrsgeltung oder durch „notorische Bekanntheit" des Zeichens (§ 4 MarkenG). Auf die **Eintragung der Marke**

---

[1] MarkenG v. 25.10.1994, BGBl. I 1994, 3082, ber. BGBl. I 1995, 156, zuletzt geändert durch Art. 16 Gesetz v. 31.8.2013 (BGBl. I 2013, 3533).

im Register besteht bei Vorliegen der Voraussetzungen ein Anspruch (§ 33 Abs. 2 MarkenG).

Inhaber der Marke kann eine natürliche oder juristische Person und eine einer solchen angenäherte Gesellschaft sein (§ 7 MarkenG). Es ist nicht nötig, dass der Inhaber ein Gewerbe betreibt, sodass z.B. der „Erfinder" des Zeichens sich die Marke eintragen lassen kann, um sie einem Interessenten gewinnbringend verkaufen zu können.

1.2 Die Eintragung als Marke gewährt ein **ausschließliches Recht**, das alle anderen weitgehend von der geschäftlichen Benutzung des Zeichens ohne Zustimmung des Markeninhabers ausschließt und dem Inhaber bei Verletzung seines Rechts Unterlassungs- und Schadensersatzansprüche gibt (§§ 14 bis 19d MarkenG). Der Inhaber kann auf das Recht verzichten und seine Löschung im Register beantragen (§ 48 MarkenG).

1.3 Teil 2 Abschn. 5 (§§ 27 bis 31) des Markengesetzes befasst sich mit „Marken als Gegenstand des Vermögens". Das **bereits entstandene Markenrecht** kann auf andere übertragen werden; der Rechtsübergang ist auf Antrag im Register einzutragen (§ 27 MarkenG). Die Rechtswirksamkeit des Überganges hängt von der Eintragung nicht ab, aber es wird vermutet, dass der Eingetragene der Inhaber ist (§ 28 MarkenG).

Das bereits entstandene Markenrecht kann Gegenstand der Zwangsvollstreckung sein (§ 29 Abs. 1 Nr. 2 MarkenG), und die nachgewiesene Pfändung ist auf Antrag **im Register einzutragen** (§ 29 Abs. 2 MarkenG). Der Markeninhaber kann **Lizenzen erteilen** (§ 30 MarkenG).

2. Pfändung und Verwertung

2.1 § 29 MarkenG erklärt das bereits entstandene Markenrecht für pfändbar, verhält sich aber nicht über das mögliche **Anwartschaftsrecht**, das als Folge der Anmeldung des Zeichens, die zum **Eintragungsanspruch** führt, entstehen könnte. Die Pfändbarkeit der durch die Anmeldung begründeten Rechtsposition ergibt sich jedoch aus § 31 MarkenG.[2] Von der Aufnahme in das Muster wurde aber abgesehen, weil auch das nicht eingetragene Zeichen mit Verkehrsgeltung als Marke entstanden ist, das nicht eingetragene, unbekannte Zeichen regelmäßig ohne einen den Vollstreckungsversuch rechtfertigenden Wert sein wird. Im Übrigen gelten die Ausführungen in *Muster 131* zum noch nicht erteilten Patent entsprechend.

2.2 Gepfändet wird nach § 857 Abs. 1, 2, 5 ZPO durch das Vollstreckungsgericht, § 828 ZPO.[3] Es gibt keinen **Drittschuldner**; insbesondere kommt das Patentamt nicht als solcher in Frage, weil es dem Vollstreckungsschuldner nichts schuldet. Die Pfändung wird also **wirksam** mit Zustellung des Beschlusses an den Vollstreckungsschuldner. Die Wirksamkeit

---
2 Stöber, Rz. 1651b; Zimmermann, S. 249 f.; entsprechend BGH v. 24.3.1994 – X ZR 108/91, NJW 1994, 3099 zum Patent.
3 LG Düsseldorf v. 26.3.1998 – 4 OH 1/98, Rpfleger 1998, 356 = JurBüro 1998, 493.

der Pfändung hängt nicht von ihrer **Eintragung im Register** ab. Dennoch wird der Vollstreckungsgläubiger diese Eintragung beantragen; denn sie bewirkt, dass das Patentamt einem Antrag des Vollstreckungsschuldners auf Löschung der Marke nicht ohne Zustimmung des Vollstreckungsgläubigers entsprechen (§ 48 Abs. 2 MarkenG), noch die Rücknahme der Anmeldung durch den Vollstreckungsschuldner als wirksam behandeln wird.[4] Ausgenommen davon ist jedoch der Fall der Löschung der Marke wegen Nichtigkeit im Hinblick auf § 52 Abs. 2 MarkenG, weil für diese Fälle eine dem § 48 Abs. 2 MarkenG entsprechende Regelung fehlt.[5]

10 Informationen kann sich der Vollstreckungsgläubiger durch die **Einsicht in das Register** und die zugehörigen Akten verschaffen (§ 62 MarkenG).

11 Die Pfändung **ergreift nicht Ansprüche aus Lizenz oder bereits entstandene Ansprüche auf Schadensersatz wegen Verletzung des Markenrechts**; nach Pfändung entstandene Schadensersatzansprüche wegen Verletzung des gepfändeten Markenrechts dürften hingegen als Nebenrecht von der Pfändung erfasst werden[6]

2.3 Verwertung

12 **2.3.1 Überweisung zur Einziehung** kommt in Frage, weil sie den Vollstreckungsgläubiger zur Vergabe von entgeltlichen Lizenzen befugt. Weil er aber Lizenzen nur für die Zeit vergeben darf, die zur Tilgung der Vollstreckungsforderung durch Lizenzgebühren nötig ist, wird er keinen Interessenten finden.

13 **Überweisung an Zahlungs statt** zum Schätzwert dürfte mangels Nennwert unzulässig sein,[7] ist aber auch nicht realistisch: Was soll der Vollstreckungsgläubiger mit der Marke, wenn er sie nicht für eigene Waren oder Dienstleistungen nutzen kann? Außerdem wird der Schätzwert einer durchgesetzten Marke sehr häufig deutlich höher sein als die Vollstreckungsforderung, sodass der Vollstreckungsgläubiger dem Vollstreckungsschuldner die Wertdifferenz bar auszahlen müsste.

14 Praktisch kommt nur die **anderweitige Verwertung** durch freihändigen Verkauf oder durch Versteigerung in Frage, §§ 844, 857 Abs. 4, 5 ZPO.

15 **2.3.2** Der Erwerber kann sich von der Befugnis des Verwerters durch **Registereinsicht** vergewissern und den Rechtsübergang auf sich durch die Erwerbsurkunde, z.B. das Protokoll des Gerichtsvollziehers, dem Patentamt nachweisen und die Eintragung des Rechtsübergangs in das Register erreichen.

---

4 Vgl. Bescheid des Präs. des DPA v. 11.2.1950 in GRUR 1950, 294 zum Warenzeichenrecht.
5 BPatG, Beschl. v. 14.1.2004 – 25 W (pat) 1/03.
6 *Stöber*, Rz. 1651b.
7 *Stöber*, Rz. 1651b; *Zimmermann*, InVo 1999, 10; weitergehend *Repenn*, NJW 1994, 175.

3. Kollektivmarken, geschäftliche Bezeichnungen, geographische Herkunftsangaben

3.1 Kollektivmarken (§§ 97 ff. MarkenG: Kollektivmarken sind alle schutzfähigen Zeichen, die geeignet sind, die Waren oder Dienstleistungen der Mitglieder des Inhabers der Kollektivmarke von denjenigen anderer Unternehmen nach ihrer betrieblichen oder geographischen Herkunft, ihrer Art, ihrer Qualität oder ihren sonstigen Eigenschaften zu unterscheiden) sind für die Zwangsvollstreckung uninteressant: Nach § 97 Abs. 2 MarkenG sind zwar die Vorschriften dieses Gesetzes anzuwenden, soweit in den folgenden Paragraphen nichts anderes bestimmt ist, woraus auf die Pfändbarkeit geschlossen werden könnte. Aber Inhaber von Kollektivmarken können nur gewisse Verbände sein (§ 98 MarkenG). Die Kollektivmarke ist nur für diesen Inhaber (und noch mehr für seine Mitglieder) von Interesse und gewährt auch nur einen geringeren Schutz, sodass sich kein Erwerber für sie finden wird.

16

3.2 Geschäftliche Bezeichnungen (§ 5 MarkenG: Als geschäftliche Bezeichnungen werden Unternehmenskennzeichen und Werktitel geschützt. Unternehmenskennzeichen sind Zeichen, die im geschäftlichen Verkehr als Name, als Firma oder als besondere Bezeichnung eines Geschäftsbetriebs oder eines Unternehmens benutzt werden. Der besonderen Bezeichnung eines Geschäftsbetriebs stehen solche Geschäftsabzeichen und sonstige zur Unterscheidung des Geschäftsbetriebs von anderen Geschäftsbetrieben bestimmte Zeichen gleich, die innerhalb beteiligter Verkehrskreise als Kennzeichen des Geschäftsbetriebs gelten. Werktitel sind die Namen oder besonderen Bezeichnungen von Druckschriften, Filmwerken, Tonwerken, Bühnenwerken oder sonstigen vergleichbaren Werken): Das MarkenG äußert sich zu deren Pfändbarkeit nicht. Daraus lässt sich schließen, dass es diesbezüglich keine Änderung der bei seinem Erlass bestehenden Rechtslage beabsichtigt. Das bedeutet, dass geschäftliche Bezeichnungen **unpfändbar** sind.[8] Der Name ist nicht im Sinne des § 851 ZPO übertragbar, die Firma kann nicht ohne das Handelsgeschäft, für das sie geführt wird, übertragen werden (§ 23 HGB).

17

3.3 Geographische Herkunftsangaben (§§ 126 ff. MarkenG) dienen im geschäftlichen Verkehr zur Kennzeichnung der geographischen Herkunft von Waren oder Dienstleistungen (§ 126 MarkenG). Der Schutzinhalt ist nur ein bewehrtes Verbot gesetzwidriger Benutzung (§ 127 MarkenG), nicht aber die Verleihung eines Rechts an eine Person, das gepfändet werden könnte.

18

---

8 Hierzu auch BGH v. 5.11.1992 – III ZR 77/91, NJW 1993, 921; *Stöber*, Rz. 1651d.

Muster 119   Mietvertrag, Pachtvertrag

Hinweis: Zu benutzen ist das amtliche Formular Anlage 2 (zu § 2 Nr. 2) der Verordnung über Formulare für die Zwangsvollstreckung (Zwangsvollstreckungsformular-Verordnung – ZVFV) vom 23.8.2012 (BGBl. I 2012, S. 1822) in der geänderten Fassung aufgrund der Verordnung zur Änderung der Zwangsvollstreckungsformular-Verordnung vom 16.6.2014 (BGBl. I 2014, S. 754).

Hierbei ist das Feld „Anspruch G" oder eine gesonderte Anlage zu nutzen. Es wird folgender Text empfohlen:

Wegen ... wird die angebliche Forderung des Schuldners

gegen ... (Name und Adresse des Mieters bzw. Pächters) ...   (Drittschuldner)

– aus Mietvertrag

– aus Pachtvertrag

über ... (Miet- bzw. Pachtobjekt bezeichnen) ... auf Zahlung von rückständiger, fälliger und künftig fällig werdender

– Miete

– Pacht

gepfändet.

1. Wesen des Mietvertrages

1   Der Mietvertrag (Pachtvertrag) verpflichtet den Vermieter (Verpächter), dem Mieter (Pächter) **den Gebrauch der vermieteten Sache** bzw. des verpachteten Gegenstandes auf die Vertragsdauer **zu überlassen.** Dieser Anspruch des Mieters (Pächters) ist nur dann übertragbar, wenn die Übertragbarkeit vertraglich vereinbart ist. Die Miet- bzw. Pachtforderung des Vermieters (Verpächters) dagegen ist übertragbar, wenn nicht Unübertragbarkeit vereinbart ist.

2. Pfändung und Verwertung

2   **2.1 Ansprüche auf Gebrauchsüberlassung** sind nur dann pfändbar, wenn ihre Übertragbarkeit vertraglich vereinbart oder der Mieter (Pächter) zur Untervermietung befugt ist.[1] **Gepfändet wird nach § 857 Abs. 1 ZPO, verwertet nach § 857 Abs. 4 ZPO.**

3   **Drittschuldner** ist der Vermieter (Verpächter).

4   **2.2 Die Mietforderung (Pachtforderung)** ist als gewöhnliche Geldforderung außerhalb des von § 851b ZPO erfassten Bereichs nach §§ 829, 835 ZPO

---

[1] Vgl. KG NJW 1968, 1882 zum dinglichen Wohnungsrecht, bei dem sich die Frage ähnlich stellt.

uneingeschränkt pfändbar.² **Nur sie wird im Folgenden behandelt.** Gesondert ausgewiesene Mietnebenkosten sollen hingegen wegen ihres Zweckes unpfändbar sein.³ Dies ist jedoch unzutreffend. Um dem Gläubiger die Chance auf Pfändung der Mietnebenkosten zu lassen, wird im Muster daher nicht differenziert.⁴ Wegen des Anspruchs des Vermieters (Verpächters) auf Rückgabe der Mietsache (des Pachtgegenstands) vgl. *Muster 97.*

2.2.1 Künftig fällig werdende Miete bzw. Pacht sollte der Gläubiger ausdrücklich mit pfänden, denn es ist streitig, ob sie von § 832 ZPO erfasst wird, also der Vorratspfändung unterliegt.⁵

Die Pfändung künftiger Mietforderungen ist in jedem Falle als **Dauerpfändung/Vorauspfändung** möglich. Wie die Vorratspfändung umfasst diese – jedenfalls bei ausdrücklicher Erwähnung im Beschluss – auch künftige Mieten, jedoch mit der aus § 751 Abs. 1 ZPO folgenden Einschränkung, dass die Pfändung jeder einzelnen Rate **erst mit Fälligkeit der Rate wirksam wird,** also den Rang nicht wahrt. Dementsprechend findet sich im Pfändungsbeschluss eine Formulierung wie „Die Pfändung wegen der künftigen Beträge wird erst mit dem auf den jeweiligen Fälligkeitstermin folgenden Werktag wirksam". Dies hat der BGH⁶ für eine Vorauspfändung von Kontenguthaben ausdrücklich für zulässig angesehen; die dortigen Ausführungen lassen sich auf die Pfändung künftiger Miete übertragen.

2.2.2 Das gesetzliche Pfandrecht an den eingebrachten Sachen geht als unselbständiges Nebenrecht mit der Überweisung der Miet- bzw. Pachtforderung an Zahlung statt gemäß §§ 401, 402 BGB auf die Vollstreckungsgläubiger über; denn § 412 BGB ist auch auf den Forderungsübergang kraft Hoheitsakts anzuwenden.⁷ Bei der Überweisung zur Einziehung geht das Pfandrecht nicht auf den Vollstreckungsgläubiger über, jedoch bleibt die gepfändete Forderung auch weiterhin durch das Vermieterpfandrecht gesichert.

2.2.3 Bei Vermietung (Verpachtung) eines **Grundstücks** wird **Vollstreckungsschutz** nach § 851b ZPO (in der Fassung seit dem 1.1.2013) gewährt: Die Pfändung ist auf Antrag des Schuldners vom Vollstreckungsgericht insoweit aufzuheben, als diese Einkünfte für den Schuldner zur laufenden Unterhaltung des Grundstücks, zur Vornahme notwendiger Instandsetzungsarbeiten und zur Befriedigung von Ansprüchen unentbehrlich sind, die bei einer Zwangsvollstreckung in das Grundstück dem Anspruch des Gläubigers nach § 10 Abs. 1 ZVG vorgehen würden. Das

---

2 BGH v. 21.12.2004 – IXa ZB 228/03, Rpfleger 2005, 206: keine analoge Anwendung der §§ 811, 850 ff. ZPO auf Mietforderungen.
3 OLG Celle v. 13.4.1999 – 4 W 48/99, NJW-RR 2000, 460; Zöller/*Stöber*, § 829 ZPO Rz. 33 „Miete".
4 *Schmid,* ZMR 2000, 144.
5 Wie hier Zöller/*Stöber*, § 832 ZPO Rz. 2; *Stöber,* Rz. 219, 691, 692, 966; *Schuscke,* § 832 ZPO Rz. 3: stehen Arbeitseinkommen gleich; Musielak/*Becker*, § 832 ZPO Rz. 2; a.A. z.B. *Stein/Jonas,* § 832 ZPO Rz. 4.
6 BGH v. 31.10.2003 – IXa ZB 200/03, Rpfleger 2004, 169 = NJW 2004, 369.
7 BAG NJW 1971, 2094; Palandt/*Grüneberg*, § 412 BGB Rz. 1.

Gleiche gilt von der Pfändung von Barmitteln und Guthaben, die aus Miet- oder Pachtzahlungen herrühren und zu gleichen Zwecken unentbehrlich sind. Unentbehrlich für die in § 851b ZPO genannten Zwecke sind die Miet- bzw. Pachteinkünfte dann, wenn der Schuldner für jene Zwecke auch keine Mittel aus anderen Einnahmequellen einsetzen kann.[8] Der Antrag auf Vollstreckungsschutz muss binnen einer Frist von zwei Wochen gestellt werden, andernfalls das Vollstreckungsgericht ihn ohne sachliche Prüfung zurückweist, wenn es der Überzeugung ist, dass der Schuldner den Antrag in der Absicht der Verschleppung oder aus grober Nachlässigkeit nicht früher gestellt hat. Die Frist beginnt mit der Pfändung. Die Anordnungen auf Vollstreckungsschutz können mehrmals ergehen und, soweit es nach Lage der Verhältnisse geboten ist, auf Antrag aufgehoben oder abgeändert werden. (Rechtsmittel: sofortige Beschwerde nach § 793 ZPO, bei Zulassung die Rechtsbeschwerde gemäß § 574 ZPO).

9 Zugunsten des **Untervermieters** kommt Vollstreckungsschutz nach § 851b ZPO deshalb nicht in Betracht, weil der Untermieter die Untermiete nicht zur Grundstücksunterhaltung, Grundstücksinstandsetzung oder zur Befriedigung vorrangiger Ansprüche benötigt.

10 2.3 Die **Beschlagnahme des Grundstücks** in der Zwangsverwaltung – nicht auch in der Zwangsversteigerung! – ergreift auch Miet- und Pachtforderungen (§§ 21 Abs. 2, 148 ZVG). Eine vor Zustellung des Pfändungsbeschlusses angeordnete Zwangsverwaltung macht die Pfändung also erfolglos.

11 **Grundpfandrechte** erstrecken sich auf die Miet- und Pachtforderungen, sodass deren Pfändung bei Bestehen solcher Rechte erfolglos bleibt (§§ 1123 Abs. 1, 1192, 1200 BGB; dabei gilt der zeitliche Rahmen nach §§ 1123 Abs. 2, 1124 BGB).[9]

12 Der Inhaber einer **Zwangshypothek**, der sich durch Pfändung von Mieten aus dem Grundstück befriedigen will, benötigt hierzu einen dinglichen Titel; § 867 Abs. 3 ZPO gilt dafür nicht.[10]

Muster 120 Mietvorauszahlung I

Anspruch auf Leistung der Mietvorauszahlung

Hinweis: Zu benutzen ist das amtliche Formular Anlage 2 (zu § 2 Nr. 2) der Verordnung über Formulare für die Zwangsvollstreckung (Zwangsvollstreckungsformular-Verordnung – ZVFV) vom 23.8.2012 (BGBl. I 2012, S. 1822) in der geänderten Fassung aufgrund der Verordnung zur Änderung der Zwangsvollstreckungsformular-Verordnung vom 16.6.2014 (BGBl. I 2014, S. 754).

---

8 KG NJW 1969, 1860.
9 Vgl. *Hintzen/Wolf*, Rz. 13.134 ff. (mit Beispielen).
10 BGH v. 13.3.2008 – IX ZR 119/06, Rpfleger 2008, 429 = MDR 2008, 768.

Hierbei ist das Feld „Anspruch G" oder eine gesonderte Anlage zu nutzen. Es wird folgender Text empfohlen:

Wegen ... wird die angebliche Forderung des Schuldners

gegen seinen Mieter   ... (Name und Adresse)...   (Drittschuldner)

auf Zahlung der vereinbarten Mietvorauszahlung für die Wohnung ... laut Vertrag vom ...

gepfändet.

Erläuterungen bei *Muster 121.*

Muster 121   Mietvorauszahlung II

Anspruch auf Rückzahlung der Mietvorauszahlung

Hinweis: Zu benutzen ist das amtliche Formular Anlage 2 (zu § 2 Nr. 2) der Verordnung über Formulare für die Zwangsvollstreckung (Zwangsvollstreckungsformular-Verordnung – ZVFV) vom 23.8.2012 (BGBl. I 2012, S. 1822) in der geänderten Fassung aufgrund der Verordnung zur Änderung der Zwangsvollstreckungsformular-Verordnung vom 16.6.2014 (BGBl. I 2014, S. 754).

Hierbei ist das Feld „Anspruch G" oder eine gesonderte Anlage zu nutzen. Es wird folgender Text empfohlen:

Wegen ... wird die angebliche Forderung des Schuldners

gegen ... (Name und Adresse des [früheren] Vermieters) ... (Drittschuldner)

auf Rückzahlung nicht verbrauchter Mietvorauszahlung für die Wohnung ...

gepfändet.

1. Nicht selten wird zwischen Vermieter und Mieter, insbesondere bei Vermietung zu gewerblichen Zwecken, vereinbart, dass der Mieter – nicht als Kaution – einen gewissen Betrag oder eine gewisse Anzahl von Monatsmieten vorauszahlt, und dass ihm diese **Vorauszahlung** in monatlichen Teilbeträgen auf die künftig zu erbringenden Mieten angerechnet wird.[1] Eine andere Vereinbarung kann sich auf einen Baukostenzuschuss erstrecken, der Mieter kann erbrachte Leistung oder eine Finanzierung „abwohnen". Für die Berücksichtigungsfähigkeit einer Leistung als **abwohnbarer Baukostenzuschuss** kommt es nicht darauf an, ob diese in Geld- oder Sachmitteln oder in Arbeitsleistungen besteht, von wem und in welcher Form die in das Ergebnis der Baumaßnahmen eingeflossenen Aus- und Umbauleistungen erbracht oder Finanzhilfen geleistet worden

1

---

[1] Vgl. dazu BGH v. 17.5.2000 – XII ZR 344/97, NJW 2000, 2987; BGH v. 14.11.2007 – VIII ZR 337/06, Grundeigentum 2008, 113 = WuM 2008, 152.

sind und wie sich im Falle unterschiedlicher Leistungsformen deren Verhältnis untereinander bestimmt. Berücksichtigungsfähig ist vielmehr alles, was bei wirtschaftlicher Betrachtung als (vorausbezahlte) Miete oder als sonstiger, etwa in Eigenleistungen bestehender Beitrag, und sei es auch nur mittelbar, tatsächlich an Werterhöhendem zur Schaffung oder Instandsetzung des Mietgrundstücks erbracht worden ist.[2]

2. Pfändung und Verwertung

2 Die Forderung des Vermieters auf Leistung einer Vorauszahlung ist als gewöhnliche Geldforderung nach § 829 ZPO zu pfänden und nach § 835 ZPO zu überweisen.

3 **Drittschuldner** ist der Mieter.

4 Endet das Mietverhältnis, ehe die Mietvorauszahlung oder der abwohnbare Baukostenzuschuss durch Verrechnung in Teilbeträgen auf laufende Miete verbraucht ist, so steht dem Mieter der Anspruch auf **Rückzahlung des nicht verbrauchten Teils** der Mietvorauszahlung zu. Auch diese Forderung ist als gewöhnliche Geldforderung nach § 829 ZPO zu pfänden und nach § 835 ZPO zu überweisen. Vollstreckungsschutz besteht hier nicht. **Drittschuldner** ist der Vermieter.

5 3. Die **Kaution** ist eine Sicherheitsleistung des Mieters für künftige Ansprüche des Vermieters aus dem Mietverhältnis; sie wird regelmäßig durch Überlassung eines Geldbetrages erbracht.

6 Der Anspruch des Vermieters auf Kautionszahlung und Zinsen und der Anspruch des Mieters auf Rückzahlung sind pfändbar.

7 Für den **Wohnungsmietvertrag** gibt § 551 BGB mieterschützende Sondervorschriften. Ist diese Kaution auf offenem Treuhandkonto des Vermieters angelegt, so kann der Mieter der Pfändung des Guthabens beim Vermieter mit der Drittwiderspruchsklage begegnen;[3] vgl. Rz. 38 und 40 der Erläuterungen zu *Muster 36*.

Muster 122 Miteigentum an einer beweglichen Sache

Hinweis: Zu benutzen ist das amtliche Formular Anlage 2 (zu § 2 Nr. 2) der Verordnung über Formulare für die Zwangsvollstreckung (Zwangsvollstreckungsformular-Verordnung – ZVFV) vom 23.8.2012 (BGBl. I 2012, S. 1822) in der geänderten Fassung aufgrund der Verordnung zur Änderung der Zwangsvollstreckungsformular-Verordnung vom 16.6.2014 (BGBl. I 2014, S. 754).

Hierbei ist das Feld „Anspruch G" oder eine gesonderte Anlage zu nutzen. Es wird folgender Text empfohlen:

---

2 BGH v. 15.2.2012 – VIII ZR 166/10, Rpfleger 2012, 454 = MDR 2012, 393.
3 BayObLG v. 8.4.1988 – REMiet 1/88, NJW 1988, 1796.

Wegen ... werden gepfändet:

a) Der angebliche Miteigentumsanteil des Schuldners an ... (die Sache genau bezeichnen)

der/die/das ihn zusammen mit ...

... (Namen und Adressen aller Miteigentümer) ...   (Drittschuldner)

gehört;

b) die Ansprüche des Schuldners gegen den/die Drittschuldner auf Aufhebung und Auseinandersetzung dieser Bruchteilsgemeinschaft, auf Teilung des Erlöses und Auszahlung des anteiligen Erlöses[1]

Dem Drittschuldner wird verboten, an den Schuldner zu leisten.

Dem Schuldner wird geboten, sich jeder Verfügung über den gepfändeten Miteigentumsanteil und die gepfändeten Ansprüche, insbesondere ihrer Einziehung, der Aufhebung oder Auseinandersetzung zu enthalten.

Zugleich werden der gepfändete Anteil und die gepfändeten Ansprüche dem Gläubiger zur Einziehung überwiesen.

➲ **Beachte:** Ist die im Miteigentum stehende Sache teilbar, so ist der Antrag gemäß Rz. 10 der Erläuterungen zu formulieren.

---

1. Miteigentum

Wegen des Miteigentums **an einem Grundstück** vgl. *Muster 47*, wegen der **Bruchteilsgemeinschaft** an einer Forderung vgl. *Muster 48*; wegen Miteigentums am Binnenschiff vgl. Rz. 21 f. der Erläuterungen zu *Muster 155*.

2. Pfändung und Verwertung

Nur aus einem Titel, der gegen alle Miteigentümer gerichtet ist, kann in die gemeinschaftliche Sache als ganze vollstreckt werden. Aus einem Titel gegen einen Miteigentümer aber kann dessen **Anteil** gepfändet werden; denn der Miteigentumsanteil ist übertragbar (§ 747 Satz 1 BGB, § 851 Abs. 1 ZPO).[1]

2.1 Die Pfändung des Miteigentumsanteils geschieht nach § 857 ZPO. Sie ergreift nach herrschender Meinung den **Auseinandersetzungsanspruch** und den **Anspruch auf Teilung des Erlöses**. Es ist aber sicherer und klarer, diese Ansprüche ausdrücklich mitzupfänden.

2.2 Der Vollstreckungsgläubiger kann ohne Rücksicht auf eine etwaige Vereinbarung unter den Gemeinschaftern, durch welche die Aufhebung der Gemeinschaft ausgeschlossen oder dafür eine Kündigungsfrist bestimmt wird, die **Aufhebung der Gemeinschaft** verlangen, sofern der Schuldtitel nicht bloß vorläufig vollstreckbar ist (§ 751 Abs. 2 BGB). Das Aufhebungsverlangen soll nach verbreiteter Meinung in der Pfändung und

---

1 BGH NJW 1993, 937; *Furtner*, NJW 1969, 871; *Musielak/Becker*, § 857 ZPO Rz. 8; *Stöber*, Rz. 1548 m.w.N.; ganz h.M.

Überweisung des Anspruchs auf Aufhebung der Gemeinschaft schlüssig erblickt werden können, ohne dass es einer ausdrücklichen Geltendmachung bedürfte. Es wird aber empfohlen, den Anspruch auf Überweisung gegenüber den Gemeinschaftern ausdrücklich geltend zu machen, schon um im Drittschuldnerprozess der Gefahr der Kostentragungspflicht nach § 93 ZPO sicher zu entgehen.

5   Der Pfandgläubiger übt die Rechte aus, die sich aus der Gemeinschaft der Miteigentümer in Ansehung der Verwaltung der Sache und der Art ihrer Benutzung ergeben (§ 1258 Abs. 1 BGB). Der Vollstreckungsgläubiger, dem der Miteigentumsanteil zur Einziehung überwiesen ist, ist also auch zur Geltendmachung der Verwaltungsrechte des Vollstreckungsschuldners befugt. (Eine entgegenstehende Bestimmung fehlt im Recht der Gemeinschaft, während sie für die Gesellschaft in §§ 717, 725 Abs. 2 BGB besteht.)

6   2.3 Die im Miteigentum stehende Sache ist so **genau zu bezeichnen**, das sie von anderen Sachen zweifelsfrei zu unterscheiden ist.[2]

7   2.4 **Drittschuldner** sind alle Miteigentümer (außer dem Vollstreckungsschuldner).

8   2.5 Bei der Pfändung ist danach zu unterscheiden, ob die im Miteigentum stehende Sache teilbar ist oder nicht:

9   2.5.1 Ist die **Sache nicht teilbar**, so erfolgt die Aufhebung der Gemeinschaft durch Veräußerung der Sache und Teilung des Erlöses (§ 753 Abs. 1 BGB); auf diesen Fall ist das Muster zugeschnitten.

10 2.5.2 Ist die **Sache teilbar** (z.B. eine Waggonladung Weizen), so erfolgt die Aufhebung der Gemeinschaft durch Teilung in Natur (§ 752 BGB); jeder Miteigentümer bekommt also seinen Anteil an der Waggonladung Weizen. Auf diesen Fall passt das Muster nicht: Statt der dort unter lit. b formulierten Pfändung des Aufhebungsanspruchs ist zu formulieren:

b) Der Drittschuldner hat denjenigen Teil der gemeinsamen Sache, welcher nach § 752 BGB bei der Aufhebung der Gemeinschaft dem Schuldner gebührt, an einen vom Gläubiger zu beauftragenden Gerichtsvollzieher herauszugeben.

11 Der Gerichtsvollzieher verwertet diesen Teil zugunsten des Vollstreckungsgläubigers, regelmäßig durch Versteigerung.

12 Der teilbaren Sache stehen mehrere gemeinschaftliche Sachen gleich, wenn sie sich ohne Verminderung des Wertes in gleichartige, den Anteilen der Teilhaber entsprechende Teile zerlegen lassen.

13 2.6 Der Vollstreckungsgläubiger kann die **Auseinandersetzung, Teilung** und **Auszahlung** des Erlöses gegen die Miteigentümer durch Klage gegen sie vor dem Prozessgericht durchsetzen.

---

2 BGH JurBüro 1965, 617 = Rpfleger 1965, 365.

3. Soweit Miteigentumsrechte in **Anteilsscheinen an Fonds wie z.B. In-** 14
vestmentzertifikate verbrieft sind, kann weder der Anteilinhaber noch
sein Vollstreckungsgläubiger die Aufhebung der Gemeinschaft oder die
Auseinandersetzung am Sondervermögen verlangen (§ 99 Abs. 4 KAGB,
vorher § 38 Abs. 5 InVG[3]). Es sind auch nicht Miteigentümerrechte zu
pfänden, sondern die Anteilsscheine, die **Wertpapiere** sind, sind nach
§§ 821, 822, 831 ZPO zu pfänden bzw. zu verwerten; Näheres dazu ist in
Rz. 22 f. der Erläuterungen bei *Muster 191* dargestellt.[4]

Muster 123   Miterbenanteil I

Hinweis: Zu benutzen ist das amtliche Formular Anlage 2 (zu § 2 Nr. 2) der
Verordnung über Formulare für die Zwangsvollstreckung (Zwangsvollstreckungsformular-Verordnung – ZVFV) vom 23.8.2012 (BGBl. I 2012, S. 1822) in
der geänderten Fassung aufgrund der Verordnung zur Änderung der Zwangsvollstreckungsformular-Verordnung vom 16.6.2014 (BGBl. I 2014, S. 754).
Hierbei ist das Feld „Anspruch G" oder eine gesonderte Anlage zu nutzen. Es
wird folgender Text empfohlen:

Wegen ... werden gepfändet:

*a) der angebliche Erbanteil des Schuldners am Nachlass des am ... in ... ver-
storbenen ... (Name des Erblassers) ...,*

b) die Ansprüche des Schuldners

   gegen ... (Name und Adressen aller Miterben) ...   (Drittschuldner¹)

und den

– Testamentsvollstrecker

– Nachlassverwalter

   ... (Name und Adresse)   (weiterer Drittschuldner¹)

*auf Auseinandersetzung des Nachlasses und Teilung der Nachlassmasse
sowie auf Auskunft über den Bestand des Nachlasses.*

Den Drittschuldnern wird verboten, an den Schuldner zu leisten.

*Dem Schuldner wird geboten, sich jeder Verfügung über den Erbanteil, ins-
besondere der Einziehung und Auseinandersetzung, zu enthalten.*

*Zugleich werden der gepfändete Erbanteil und die gepfändeten Ansprüche
dem Gläubiger zur Einziehung überwiesen.*

---

3 Das Investmentgesetz v. 15.12.2003, BGBl. I 2003, S. 2676, wurde ab dem 22.7.2013 durch das Kapitalanlagegesetzbuch (KAGB) vom 4.7.2013 (BGBl. I 2013, S. 1981) als rechtliche Grundlage für Verwalter offener und geschlossener Fonds abgelöst. Das KAGB ist das Ergebnis der Umsetzung der europäischen Richtlinie über Verwalter alternativer Investmentfonds (AIFM-Richtlinie). Es hat das Ziel, für den Schutz der Anleger einen einheitlichen Standard zu schaffen und den grauen Kapitalmarkt einzudämmen.

4 Vgl. auch *Kaiser*, Vollstreckung in Anteilsscheine von offenen und geschlossenen Investment- und Immobilienfonds, InVo 2001, 46 f.

Ferner wird angeordnet, dass die dem Schuldner bei der Auseinandersetzung zukommenden beweglichen Sachen an einen vom Gläubiger beauftragten Gerichtsvollzieher zum Zwecke der Verwertung durch öffentliche Versteigerung herauszugeben sind.²

---
1 S. Rz. 5 der Erläuterungen bei *Muster 124*.
2 S. Rz. 11–14 der Erläuterungen bei *Muster 124*.

Erläuterungen bei *Muster 124*.

Muster 124   Miterbenanteil II

Antrag auf Eintragung der Pfändung nach Muster 123 im Grundbuch

An das Amtsgericht . . . – Grundbuchamt – . . .

Betr.: Grundbuch von . . . Blatt . . .

In der Zwangsvollstreckungssache

. . .   (Gläubiger)

gegen

. . .   (Schuldner)

überreiche ich eine Ausfertigung des Pfändungs- und Überweisungsbeschlusses des Amtsgerichts . . . vom . . . Az.: . . . nebst Zustellungsnachweis sowie eine

– Ausfertigung des Erbscheins des Amtsgerichts . . . vom . . . Az.: . . .[1]
– amtlich beglaubigte Abschrift des notariellen Testaments vom . . . mit Eröffnungsniederschrift des . . . vom . . .[1]

und beantrage

a) das Grundbuch durch Eintragung der Miterben in Erbengemeinschaft als Eigentümer zu berichtigen,
b) die Pfändung des Miterbenanteils des Vollstreckungsschuldners an dem ungeteilten Nachlass ins Grundbuch einzutragen.

(Unterschrift)

---
1 Unter diesen Alternativen ist zu wählen.

---

1. Erbengemeinschaft

1   Die Erbengemeinschaft (§§ 2032 ff. BGB) **ist eine Gesamthandsgemeinschaft.** Der einzelne Miterbe kann zwar – wie der Gesellschafter einer Gesellschaft nach BGB – nicht über seinen Anteil an den einzelnen Nachlassgegenständen, wohl aber – im Gegensatz zum Gesellschafter – über seinen Anteil am Nachlass im Ganzen verfügen (§ 2033 BGB). Da jeder

Miterbe Rechtsnachfolger des Erblassers ist, kann gegen ihn nach Annahme der Erbschaft eine Rechtsnachfolgeklausel gemäß § 727 ZPO erteilt werden, ohne dass es dazu eines Erbscheins hinsichtlich der gesamten Erbfolge oder einer Auseinandersetzung unter den Miterben bedarf.[1]

2. Pfändung und Verwertung

Der Anteil des Miterben an dem (noch) nicht auseinander gesetzten Nachlass – nicht aber sein Anteil an einzelnen Nachlassgegenständen – **kann zusammen mit dem Auseinandersetzungsanspruch gepfändet werden** (§ 859 Abs. 2 ZPO). Die Pfändung geschieht nach § 857 ZPO, auch wenn Grundstücke zum Nachlass gehören.[2]

Vor dem Tod des Erblassers besteht kein Nachlass, kein Erbteil, keine Anwartschaft; mit Beendigung der Erbauseinandersetzung gehen die Erbteile unter. Eine Anteilspfändung kommt also nur in der Zeit zwischen Erbfall und Beendigung der Auseinandersetzung in Betracht.

2.1 Testamentsvollstreckung,[3] **Nachlassverwaltung** und **Nacherbschaft** hindern die Pfändung nicht.

2.2 Drittschuldner sind sämtliche andere Miterben;[4] die Pfändung wird erst mit Zustellung des Beschlusses an den letzten von ihnen wirksam. Ist ein **Testamentsvollstrecker** oder **Nachlassverwalter** bestellt, so ist auch er als Drittschuldner zu behandeln. Die herrschende Meinung hält den Testamentsvollstrecker – vorausgesetzt, dass er zur Teilung (Auseinandersetzung) befugt ist – für den alleinigen Drittschuldner.[5] Unbekannte Miterben werden durch den (nicht beschränkten) Nachlasspfleger vertreten, sodass dieser insoweit Drittschuldner ist.[6]

Weil das bestritten ist und der Vollstreckungsgläubiger selten sicher weiß, welche Befugnisse der Testamentsvollstrecker hat, gebietet die Vorsicht, die Miterben und den Testamentsvollstrecker als Drittschuldner zu behandeln. Entsprechendes gilt für den Nachlassverwalter.

2.3 Mit der Pfändung des Erbteils erwirbt der Vollstreckungsgläubiger zwar schon ein **Pfandrecht** an den bei der (späteren) Teilung auf den Vollstreckungsschuldner entfallenden Gegenständen (nicht an einzelnen Gegenständen des ungeteilten Nachlasses!), die Stellung eines Miterben aber erlangt er nicht.[7] Pfändung und Überweisung des Erbteils befugen den Vollstreckungsgläubiger, die Auseinandersetzung zu betreiben (§ 2042

---

1 LG Leipzig InVo 2004, 114 = JurBüro 2003, 657.
2 BGHZ 52, 99.
3 BayObLG v. 27.12.1982 – BReg.1 Z 112/82, DB 1983, 708.
4 RGZ 75, 179.
5 Z.B. RGZ 86, 294; Zöller/*Stöber*, § 859 ZPO Rz. 16.
6 Zöller/*Stöber*, § 859 ZPO Rz. 16; a.A. LG Kassel v. 13.6.1997 – 10 S 53/97, MDR 1997, 1032 mit abl. Anm. *Avenarius*.
7 BayObLG MDR 1973, 1029; Zöller/*Stöber*, § 859 ZPO Rz. 17.

Abs. 1 BGB, § 363 FamFG) oder die **anderweitige Verwertung** (§§ 844, 857) zu beantragen;[8] der Vollstreckungsschuldner kann nunmehr weder die freiwillige noch die zwangsweise Auseinandersetzung des gepfändeten Erbteils betreiben;[9] er kann seinen Erbteil auch nicht mehr abtreten. Ist Testamentsvollstreckung angeordnet, hindert die Pfändung des Anteils eines Miterben an dem Nachlass den Testamentsvollstrecker nicht an einer Verfügung über ein seiner Verwaltung unterliegendes Grundstück.[10]

8 2.4 Die Pfändung und Überweisung hindern den Vollstreckungsschuldner aber nicht, die Erbschaft auszuschlagen (höchstpersönliches Recht); mit der **Ausschlagung** wird die Pfändung gegenstandslos.

9 2.5 Gehört ein **Grundstück** zum Nachlass, so kann die Pfändung als Verfügungsbeschränkung der Eigentümer im Wege der Berichtigung ins Grundbuch eingetragen werden, obwohl dem Pfandrecht nur der Anteil am ungeteilten Nachlass unterliegt, nicht auch der einzelne Nachlassanteil.[11] Die Eintragung stellt sicher, dass eine gemeinschaftliche Verfügung der Miterben über das Grundstück nur mit Zustimmung des Vollstreckungsgläubigers wirksam ist. Für den ebenfalls nach § 859 ZPO zu pfändenden Anteil an der bürgerlich-rechtlichen Gesellschaft dagegen wird die Eintragung der Pfändung im Grundbuch abgelehnt (vgl. Rz. 8 der Erläuterungen bei *Muster 81*). Der Grund für diese unterschiedliche Behandlung liegt darin, dass der Miterbe über seinen Anteil verfügen kann (§ 2033 BGB), der Gesellschafter aber nicht (§ 719 BGB).

10 Ist im Grundbuch noch der Erblasser als Eigentümer eingetragen, so ist vor Eintragung der Pfändung die Eintragung der Erben als Eigentümer in Erbengemeinschaft notwendig (§ 39 GBO). Der Vollstreckungsgläubiger ist durch den Pfändungs- und Überweisungsbeschluss befugt, diese Grundbuchberichtigung zu beantragen (§ 14 GBO). Hierzu muss er den Erbgang durch Vorlage des Erbscheins nachweisen (§ 22 GBO); den Erbschein kann sich der Vollstreckungsgläubiger nach § 792 ZPO beschaffen. Beruht die Erbfolge auf einem notariell beurkundeten Testament, so genügt zum Nachweis regelmäßig die Vorlage dieser Urkunde (oder einer notariell beglaubigten Abschrift davon) zusammen mit der Eröffnungsniederschrift (§ 35 Abs. 1 GBO).

11 2.6 Die **Verwertung** des gepfändeten Miterbenanteils kann entweder durch Überweisung zur Einziehung oder eine Anordnung des Vollstreckungsgerichts auf anderweitige Verwertung, z.B. durch Versteigerung des gesamten Erbteils (§§ 857, 844 ZPO), erfolgen.

---

[8] Palandt/*Weidlich*, § 2033 BGB Rz. 15; Zöller/*Stöber*, § 859 ZPO Rz. 17.
[9] OLG Hamburg MDR 1958, 45; *Stöber*, Rpfleger 1963, 337; *Ripfel*, NJW 1958, 692; Zöller/*Stöber*, § 859 ZPO Rz. 17.
[10] BGH v. 14.5.2009 – V ZB 176/08, Rpfleger 2009, 580 = MDR 2009, 949.
[11] RGZ 90, 236; BayObLG Rpfleger 1960, 157 und 2005, 251; OLGZ 77, 283; *Hintzen*, Rpfleger 1992, 260 ff. (Anm. zu BGH).

Mit der Überweisung kann der Vollstreckungsgläubiger auch die **Teilungsversteigerung** gemäß § 180 ZVG betreiben.[12] Die Ernennung eines Testamentsvollstreckers schließt allerdings die Anordnung der Versteigerung eines Grundstücks zum Zwecke der Aufhebung der Gemeinschaft an einem der Testamentsvollstreckung unterliegenden Grundstück auch gegenüber einem Gläubiger eines Miterben aus, der dessen Anteil an dem Nachlass gepfändet hat.[13]

Das Pfändungspfandrecht erstreckt sich auf die dem Vollstreckungsschuldner zukommenden einzelnen, aus der Auseinandersetzung fließenden Ansprüche gegen die Miterben, nach häufig vertretener Meinung auch auf die danach dem Vollstreckungsschuldner zuzuteilenden Sachen. Letzteres bestreitet *Liermann*[14] mit der Begründung, eine nochmalige Surrogation des Pfandrechts auf die Sachen sei nicht nötig, weil dem die spezielle Vorschrift des § 847 ZPO entgegenstehe. Deshalb empfiehlt er, schon im Pfändungsbeschluss die Herausgabe an den Gerichtsvollzieher anordnen zu lassen; weil das der vorsichtigste Weg ist, ist diese Anordnung im Muster berücksichtigt.

Häufig benötigt der Vollstreckungsgläubiger **Auskünfte des Testamentsvollstreckers**, um seine Gläubigerrechte durchsetzen zu können. Der Auskunftsanspruch gegen den Testamentsvollstrecker (§ 2218 BGB i.V.m. §§ 666, 259 BGB) steht jedem einzelnen Miterben, also auch dem Vollstreckungsschuldner, zu, richtet sich aber auf Erteilung der Auskunft an alle Erben. Er kann nicht für sich allein gepfändet werden, ist aber von der Pfändung des Erbteils ohne Weiteres erfasst.[15]

2.7 Wegen der **Mit-Nacherbschaft** s. *Muster 126*.

Muster 125 Nacherbschaft I

Vollstreckungsschuldner ist alleiniger Nacherbe

Hinweis: Zu benutzen ist das amtliche Formular Anlage 2 (zu § 2 Nr. 2) der Verordnung über Formulare für die Zwangsvollstreckung (Zwangsvollstreckungsformular-Verordnung – ZVFV) vom 23.8.2012 (BGBl. I 2012, S. 1822) in der geänderten Fassung aufgrund der Verordnung zur Änderung der Zwangsvollstreckungsformular-Verordnung vom 16.6.2014 (BGBl. I 2014, S. 754).

Hierbei ist das Feld „Anspruch G" oder eine gesonderte Anlage zu nutzen. Es wird folgender Text empfohlen:

---

12 BGH v. 19.11.1998 – IX ZR 284/97, MDR 1999, 376 = InVo 1999, 86; Dassler/Schiffhauer/*Hintzen*, § 181 ZVG Rz. 57.
13 BGH v. 14.5.2009 – V ZB 176/08, Rpfleger 2009, 580 = MDR 2009, 949.
14 *Liermann*, NJW 1962, 2189.
15 BGH NJW 1965, 396; Palandt/*Weidlich*, § 2218 BGB Rz. 3.

Muster 126 Nacherbschaft II

Wegen ... werden gepfändet:

a) das angebliche Anwartschaftsrecht des Schuldners als alleiniger Nacherbe nach ... (Name, letzte Adresse und nach Möglichkeit Sterbetag des Erblassers) ...,

b) sein Anspruch gegen den Vorerben ... (Name und Anschrift des Vorerben)
... (Drittschuldner)
auf Herausgabe der Erbschaft.

Dem Drittschuldner wird verboten, an den Schuldner zu leisten.

Dem Schuldner wird geboten, sich jeder Verfügung über das gepfändete Anwartschaftsrecht und den gepfändeten Anspruch, insbesondere der Einziehung, zu enthalten.

Es wird angeordnet, dass die Erbschaft an einen vom Gläubiger beauftragten Gerichtsvollzieher herauszugeben ist.

Zugleich werden das gepfändete Recht und der gepfändete Anspruch dem Gläubiger zur Einziehung überwiesen.

Erläuterungen bei *Muster 127*.

Muster 126 Nacherbschaft II

Vollstreckungsschuldner ist einer von mehreren Nacherben

Hinweis: Zu benutzen ist das amtliche Formular Anlage 2 (zu § 2 Nr. 2) der Verordnung über Formulare für die Zwangsvollstreckung (Zwangsvollstreckungsformular-Verordnung – ZVFV) vom 23.8.2012 (BGBl. I 2012, S. 1822) in der geänderten Fassung aufgrund der Verordnung zur Änderung der Zwangsvollstreckungsformular-Verordnung vom 16.6.2014 (BGBl. I 2014, S. 754).

Hierbei ist das Feld „Anspruch G" oder eine gesonderte Anlage zu nutzen. Es wird folgender Text empfohlen:

Wegen ... werden gepfändet:

a) das angebliche Anwartschaftsrecht des Schuldners als Mitnacherbe des ... (Name, letzte Adresse und nach Möglichkeit Sterbetag des Erblassers) ...,

b) sein angeblicher Anspruch gegen seine Mitnacherben ... (Namen und Adressen aller anderen Mitnacherben) ... (Drittschuldner)

und den

– Testamentsvollstrecker

– Nachlassverwalter

... (Name und Adresse) ... (weiterer Drittschuldner[1])

auf Auseinandersetzung des Nachlasses und Teilung der Nachlassmasse.

Den Drittschuldnern wird verboten, an den Schuldner zu leisten.

Dem Schuldner wird geboten, sich jeder Verfügung über das gepfändete Anwartschaftsrecht und den gepfändeten Anspruch, insbesondere der Einziehung, zu enthalten.

Zugleich werden das gepfändete Recht und der gepfändete Anspruch dem Gläubiger zur Einziehung überwiesen.

Ferner wird angeordnet, dass die dem Schuldner bei der Auseinandersetzung zukommenden Sachen an einen vom Gläubiger beauftragten Gerichtsvollzieher zum Zweck der Verwertung herauszugeben sind.[2]

---

1 S. Rz. 4 und 5 der Erläuterungen bei *Muster 124*.
2 S. Rz. 11–14 der Erläuterungen bei *Muster 124*.

Erläuterungen bei *Muster 127*.

Muster 127   Nacherbschaft III

Antrag auf Eintragung der Pfändung nach Muster 125 und 126 im Grundbuch

An das Amtsgericht – Grundbuchamt – ...

Betr.: Grundbuch von ... Blatt ...

In der Zwangsvollstreckungssache

...   (Gläubiger)

gegen

...   (Schuldner)

überreiche ich eine Ausfertigung des Pfändungs- und Überweisungsbeschlusses des Amtsgerichts ... vom ... Az.: ... nebst Zustellungsnachweis und

beantrage

als der im Pfändungs- und Überweisungsbeschluss legitimierte Vertreter des Vollstreckungsgläubigers

a) den Nacherbenvermerk nach § 51 GBO einzutragen und

b) das Grundbuch durch Eintragung der Pfändung des (Mit-)Nacherbrechts des Schuldners zu berichtigen.

(Unterschrift)

1. Wesen der Nacherbschaft

Der Erblasser kann einen Erben in der Weise einsetzen, dass dieser erst Erbe wird, nachdem zunächst ein anderer Erbe geworden ist (Nacherbe, § 2100 BGB). Der Nacherbe erwirbt ein **Anwartschaftsrecht** bereits bei Eintritt des Erbfalls, das übertragbar ist, wie das Vollrecht.[1] Vor dem Erb-

---

1 BGHZ 37, 323 (326); 87, 369 = NJW 1983, 2244 f.

Muster 127   Nacherbschaft III

fall hat der als Nacherbe Bedachte weder ein Recht noch eine Anwartschaft.

2 Den **Umfang des Nacherbenrechts** bestimmen §§ 2110 und 2111 BGB. Mit dem Eintritt der Nacherbfolge hört der Vorerbe auf, Erbe zu sein, die Erbschaft fällt dem Nacherben an (§ 2139 BGB), und der Vorerbe ist nunmehr verpflichtet, dem Nacherben die Erbschaft in dem Zustand herauszugeben, der sich bei einer bis zur Herausgabe fortgesetzten ordnungsmäßigen Verwaltung ergibt; auf Verlangen hat der Vorerbe Rechenschaft zu legen (§ 2130 BGB).

3 **Mehrere Nacherben** sind untereinander Miterben, nicht aber im Verhältnis zum Vorerben.

4 Der **Schlusserbe nach dem sog. Berliner Testament** (§ 2269 BGB) ist nicht Nacherbe; er hat vor dem Tod des länger lebenden der Testatoren kein übertragbares Anwartschaftsrecht.[2]

2. Pfändung und Verwertung

5 Das **Anwartschaftsrecht** des Nacherben ist pfändbar.

6 **2.1** Ist **nur ein Nacherbe** berufen, so erfolgt die Pfändung nach § 857 ZPO. Dabei ist bestritten, ob der Vorerbe **Drittschuldner** ist oder ob es keinen Drittschuldner gibt.[3] Sicherer ist es, den Vorerben als Drittschuldner zu benennen und ihm und dem Vollstreckungsschuldner den Pfändungs- und Überweisungsbeschluss zuzustellen. Am sichersten ist es, auch den Anspruch des Nacherben gegen den Vorerben auf Herausgabe der Erbschaft zu pfänden; denn bezüglich dieses Anspruchs jedenfalls ist der Vorerbe Drittschuldner.

7 **2.2** Sind **mehrere als Nacherben** berufen, ist aber nur einer von ihnen Vollstreckungsschuldner, so ist nach § 859 Abs. 2 ZPO zu pfänden. In diesem Fall sind die übrigen Nacherben **Drittschuldner**. Der Vorerbe dagegen ist nicht Drittschuldner; denn dem einzelnen Nacherben fallen selbständig geltend zu machende Ansprüche gegen den Vorerben erst mit der Auseinandersetzung unter den Nacherben zu. Es ist zunächst das Miterbenrecht des Schuldners zu pfänden, damit sein Anteil aus der Gesamthandsgemeinschaft mit seinen Mit-Nacherben durch Auseinandersetzung getrennt werden kann. Zugleich kann sein Anwartschaftsrecht gepfändet werden. Das alles ist streitig.[4]

8 **2.3** Gehört ein **Grundstück** zum Nachlass, so kann die Pfändung im Wege der Berichtigung ins Grundbuch eingetragen werden, obwohl dem Pfandrecht nur ein Anteil an der ungeteilten Nacherbschaft unterliegt, nicht

---

2 BGHZ 37, 323.
3 Vorerbe ist Drittschuldner: z.B. *Stein/Jonas*, § 857 ZPO Rz. 98; MünchKomm/*Grunsky*, § 2100 BGB Rz. 41; *Stöber*, Rz. 1657; dagegen z.B. Palandt/*Weidlich*, Vor § 2100 BGB Rz. 4; Baumbach/Lauterbach/Albers/*Hartmann*, Grundz. vor § 704 ZPO Rz. 96.
4 Vgl. insbes. MünchKomm/*Grunsky*, § 2100 BGB Rz. 41; *Stöber*, Rz. 1659.

auch das einzelne Recht des Nacherben.[5] Die Eintragung stellt sicher, dass eine gemeinschaftliche Verfügung der Mit-Nacherben über das Grundstück nach Eintritt des Nacherbfalls nur mit Zustimmung des Vollstreckungsgläubigers wirksam ist. Die Eintragung der Pfändung des Nacherbenrechts setzt die Eintragung des Nacherbenvermerks im Grundbuch (§ 51 GBO) voraus. Der Nacherbenvermerk ist in das Grundbuch schon bei Eintragung des Vorerben einzutragen. Falls dies unterblieben sein sollte, ist auch die Eintragung des Nacherbenvermerks zu beantragen, weil sonst die Pfändung nicht eingetragen werden kann (§ 39 GBO). Der Vollstreckungsgläubiger ist durch den Pfändungs- und Überweisungsbeschluss befugt, diese Grundbuchberichtigung zu beantragen (§ 14 GBO). Ist der Nacherbenvermerk, wie ganz regelmäßig, eingetragen, so braucht nach § 22 GBO nur noch die Tatsache der Pfändung nachgewiesen zu werden; dies geschieht durch Vorlage des Pfändungsbeschlusses. Sollte der Nacherbenvermerk ausnahmsweise nicht eingetragen sein, so ist die Nacherbschaft durch Vorlage des Erbscheins nachzuweisen, den sich der Vollstreckungsgläubiger nach § 792 ZPO beschaffen kann, der aber regelmäßig schon bei den Grundakten sein wird.

2.4 Die **Verwertung** des gepfändeten Nacherbenrechts kann vor Eintritt 9 der Erbfolge nur nach §§ 857 Abs. 5, 844 ZPO geschehen. Diese Verwertung wird keinen hohen Erlös bringen. Dem Vollstreckungsgläubiger ist zu empfehlen, mit der Verwertung bis zum Eintritt der Nacherbfolge zu warten: Dann ist der Nacherbe als Erbe des Erblassers Inhaber des Nachlassvermögens (oder seines Anteils daran) und das Pfändungspfandrecht setzt sich an dem Herausgabeanspruch des Nacherben gegen den Vorerben fort. Die Herausgabe von Sachen wird dabei nach §§ 846 ff. ZPO verfolgt.

Muster 128 Nießbrauch I

Hinweis: Zu benutzen ist das amtliche Formular Anlage 2 (zu § 2 Nr. 2) der Verordnung über Formulare für die Zwangsvollstreckung (Zwangsvollstreckungsformular-Verordnung – ZVFV) vom 23.8.2012 (BGBl. I 2012, S. 1822) in der geänderten Fassung aufgrund der Verordnung zur Änderung der Zwangsvollstreckungsformular-Verordnung vom 16.6.2014 (BGBl. I 2014, S. 754).

Hierbei ist das Feld „Anspruch G" oder eine gesonderte Anlage zu nutzen. Es wird folgender Text empfohlen:

Wegen ... wird der angeblich für den Schuldner an dem Grundstück des

... (Name und Adresse des Grundstückseigentümers) ...   (Drittschuldners)

im Grundbuch des Amtsgerichts ... Blatt ... Flurst. ... in Abt. II unter lfd.Nr.

... eingetragene Nießbrauch,

gepfändet.

Dem Drittschuldner wird verboten, an den Schuldner zu leisten.

---
5 RGZ 90, 236; BayObLG Rpfleger 1960, 157 und 2005, 251; OLGZ 77, 283.

Muster 129 Nießbrauch II

Dem Schuldner wird geboten, sich jeder Verfügung über den gepfändeten Nießbrauch, insbesondere der Ausübung oder Aufhebung, der Überlassung an Dritte und der Einziehung (auch einzelner daraus folgender Ansprüche), zu enthalten.
- *Zugleich wird dem Gläubiger die Befugnis zur Ausübung der aus dem Nießbrauch folgenden Rechte überwiesen.[1]*
- *Zum Zwecke der Ausübung des Nießbrauchs durch den Gläubiger wird die Verwaltung des Nießbrauchs angeordnet. Zum Verwalter wird . . . bestellt.[1]*

---
1 Unter diesen Alternativen ist zu wählen.

Erläuterungen bei *Muster 129.*

Muster 129 Nießbrauch II

Antrag auf Eintragung der Pfändung nach Muster 128 im Grundbuch

An das Amtsgericht – Grundbuchamt – . . .

Betr.: Grundbuch von . . . Blatt . . .

In der Zwangsvollstreckungssache

. . .   (Gläubiger)

gegen

. . .   (Schuldner)

überreiche ich eine Ausfertigung des Pfändungs- und Überweisungsbeschlusses des Amtsgerichts . . . vom . . . Az.: . . . nebst Zustellungsnachweis und

beantrage

als der im Pfändungs- und Überweisungsbeschluss legitimierte Vertreter des Vollstreckungsgläubigers, die Pfändung des Nießbrauchs im Grundbuch einzutragen.

(Unterschrift)

1. Wesen des Nießbrauchs

1 **Der Nießbrauch** ist das nicht übertragbare und nicht vererbliche **dingliche Recht**, sämtliche Nutzungen des dem Nießbrauch unterliegenden Gegenstands nach den Regeln der ordnungsgemäßen Wirtschaft zu ziehen, jedoch ohne Eingriff in die Substanz.

2 Der Nießbrauch ist **nicht übertragbar**, aber **seine Ausübung kann einem anderen überlassen** werden (§ 1059 BGB). Der einer juristischen Person zustehende Nießbrauch ist unter gewissen Voraussetzungen übertragbar (§ 1059a BGB).

Gegenstand des Nießbrauchs kann sowohl ein Grundstück als auch eine 3
bewegliche Sache oder ein Recht sein (§§ 1030, 1068 BGB); am Vermögen
einer Person oder an einer Erbschaft kann ein Nießbrauch nur in der Weise bestellt werden, dass der Nießbraucher den Nießbrauch an den einzelnen zum Vermögen bzw. der Erbschaft gehörenden Gegenständen erlangt
(§§ 1085, 1089 BGB).

2. Pfändung und Verwertung

Der Nießbrauch als unveräußerliches Recht ist, falls seine Ausübung einem anderen überlassen werden kann, nach § 857 Abs. 3 ZPO **pfändbar**, 4
und zwar das **dingliche Nießbrauchsrecht** selbst, nicht nur das obligatorische Recht auf seine Ausübung.[1] Die Wirksamkeit der Pfändung hängt
nicht von ihrer Eintragung im Grundbuch ab; ob diese zulässig ist, ist
streitig.[2] Es wird aber dringend empfohlen, die Eintragung im Grundbuch
nach *Muster 129* zu beantragen, um zu verhindern, dass der Nießbrauch
ohne Mitwirkung des Vollstreckungsgläubigers gelöscht werden kann;
dieser Gesichtspunkt ist in BGHZ 62, 139 nicht erörtert.

2.1 Die **Überlassung der Ausübung des Nießbrauchsrechts kann vertrag-** 5
lich ausgeschlossen werden, auch mit dinglicher Wirkung. Dieser Ausschluss steht aber der Pfändung nicht entgegen (§ 851 Abs. 2 ZPO).[3]

Eine Vereinbarung dagegen, dass der Nießbrauch erlischt, wenn er gepfändet wird, muss der Vollstreckungsgläubiger gegen sich gelten lassen. Weil
in diesem Fall die Pfändung dem Vollstreckungsgläubiger keinen Vorteil,
dem Vollstreckungsschuldner aber Nachteile brächte, liegt es nahe, dem
Vollstreckungsschuldner Schutz nach § 765a ZPO zu gewähren.[4]

Der Nießbrauch, welcher einer **juristischen Person** zusteht, kann übertrag- 6
bar sein, wird aber nicht infolge der Übertragbarkeit pfändbar (§§ 1059a
und 1059b BGB).

Beim Nießbrauch an **verbrauchbaren Sachen** (§ 1067 BGB) sind die dem 7
Nießbrauch unterliegenden Sachen nach §§ 803 ff. ZPO durch den Gerichtsvollzieher zu pfänden.

Ist der Vollstreckungsschuldner Besteller des Nießbrauchs, so ist seine 8
Forderung auf **Wertersatz** nach § 1039 BGB als gewöhnliche Forderung
pfändbar.

2.2 Ist der Vollstreckungsschuldner nicht Nießbraucher, hat sich aber der 9
Nießbraucher ihm gegenüber verpflichtet, ihm die Ausübung des Nieß-

---

[1] Wie hier BGHZ 62, 136; BGH v. 12.1.2006 – IX ZR 131/04, Rpfleger 2006, 331 = NJW 2006, 1124; BayObLGBayObLG v. 7.8.1997 – 2Z BR 104/97, Rpfleger 1998, 69; Zöller/*Stöber*, § 857 ZPO Rz. 12; *Stöber*, Rz. 1710; Prütting/*Ahrens*, § 857 ZPO Rz. 69; Musielak/*Becker*, § 857 ZPO Rz. 14; *Rossak*, MittBayNot 2000, 383.
[2] BGHZ 62, 139 f.; Zöller/*Stöber*, § 857 ZPOP Rz. 12; *Stöber*, Rz. 1714; Prütting/*Ahrens*, § 857 ZPO Rz. 70; LG Bonn Rpfleger 1979, 343; *Hintzen*, JurBüro 1991, 755 ff.
[3] BGH v. 21.6.1985 – V ZR 37/84, NJW 1985, 2827 = BGHZ 95, 99.
[4] OLG Frankfurt JurBüro 1980, 1899.

brauchs zu überlassen, dann hat der Vollstreckungsschuldner gegenüber dem Nießbraucher als Drittschuldner einen **obligatorischen Anspruch auf Überlassung der Ausübung des Nießbrauchsrechts**; dieser Anspruch ist pfändbar.[5]

10 2.3 **Drittschuldner** ist der Eigentümer der mit dem Nießbrauch belasteten Sache bzw. der Inhaber des mit dem Nießbrauch belasteten Rechts, bei Pfändung des Anspruchs auf Wertersatz dagegen der Nießbraucher.

11 2.4 Die **Verwertung** des Nießbrauchs kann nicht durch Überweisung geschehen, weil der Nießbrauch unveräußerlich ist, überwiesen wird nur die Ausübungsbefugnis. Wegen seiner Unveräußerlichkeit, die auch in der Zwangsvollstreckung Bestand hat, darf der Pfändungspfandgläubiger den Nießbrauch nicht zu seiner Befriedigung verwerten, sondern ihn nur zu diesem Zwecke ausüben. Dies schließt eine Überweisung des Stammrechts selbst zur Einziehung oder an Zahlung statt nach §§ 857 Abs. 1, 835 Abs. 1 ZPO ebenso aus wie eine anderweitige Verwertung durch Versteigerung oder freien Verkauf. Diese Rechtsauffassung bestätigt der BGH[6] nochmals in seinem Urteil vom 12.1.2006. Der BGH führt weiter aus, dass die Pfändung des Nießbrauchsrechts dem Gläubiger keinen Anspruch auf Räumung und Herausgabe des Grundstücks gegen den Berechtigten einräumt. Das Vollstreckungsgericht kann die Anordnung einer Verwaltung verfügen, § 857 Abs. 4 ZPO. In diesem Falle richtet sich das Verwaltungsverfahren grundsätzlich nach den Vorschriften über die Zwangsverwaltung, §§ 146 ff. ZVG.[7] Allerdings kann sich der Schuldner, der nicht Eigentümer ist, dem eingesetzten Verwalter gegenüber nicht auf ein Wohnrecht berufen. Ausführlich befasst sich der **BGH** in seinem Beschluss vom 9.12.2010[8] mit der Verwertung nach wirksamer Pfändung. Das Vollstreckungsgericht kann den Verwalter nach Maßgabe der Regelung in § 150 Abs. 2 ZVG ermächtigen, sich den Besitz des mit dem Nießbrauch belasteten Grundstücks zu verschaffen. Zur Wahrnehmung der dem Nießbrauchsberechtigten zustehenden Nutzungsrechte muss er, wie sich aus § 152 Abs. 1 ZVG ergibt, das Grundstück zweckentsprechend im Sinne der Gläubigerbefriedigung verwalten und nutzen. Dazu benötigt er den Besitz an dem Grundstück. Deshalb setzt die gemäß § 857 Abs. 4 ZPO angeordnete **Verwaltung** ebenso wie die Zwangsverwaltung nach §§ 146 ff. ZVG unmittelbaren oder mittelbaren Besitz des Schuldners voraus. Den unmittelbaren Besitz kann sich der Verwalter mit Hilfe der im Pfändungsbeschluss enthaltenen Ermächtigung verschaffen, wobei der Beschluss Vollstreckungstitel gemäß § 794 Abs. 1 Nr. 3 ZPO ist und notfalls mit Hilfe des Gerichtsvollziehers durchgesetzt werden kann.[9] Den mittelbaren Besitz des Nießbrauchsberechtigten erlangt er durch Einweisung oder bereits durch die Anordnung und Übertragung der Verwaltung mit

---

5 BGHZ 62, 137 f.
6 BGH v. 12.1.2006 – IX ZR 131/04, Rpfleger 2006, 331 = NJW 2006, 1124.
7 BGH v. 9.12.2010 – VII ZB 67/09, NJW 2011, 1009 = Rpfleger 2011, 281.
8 BGH v. 9.12.2010 – VII ZB 67/09, NJW 2011, 1009 = Rpfleger 2011, 281.
9 BGH v. 12.1.2006 – IX ZR 131/04, Rpfleger 2006, 331 = NJW 2006, 1124.

der Annahme des Amtes durch den Verwalter. Ist der Schuldner allerdings weder unmittelbarer noch mittelbarer Besitzer des Grundstückes und verweigert der Dritte, der den Besitz innehat, die Herausgabe, darf eine Verwaltung nach § 857 Abs. 4 ZPO, die in gleicher Weise an den Besitz des Schuldners anknüpft, nicht angeordnet werden. Allerdings besteht für das Vollstreckungsgericht kein Anlass, die Besitzverhältnisse zu prüfen und Feststellungen dazu zu treffen, ob der Nießbraucher das Grundstück besitzt. Stellt der zur Inbesitznahme ermächtigte Verwalter im Rahmen der Vollstreckung fest, dass der Nießbraucher keinen, auch keinen mittelbaren Besitz an dem Grundstück hat, darf die Vollstreckungshandlung jedoch nicht ausgeführt werden und er muss seine Verwaltertätigkeit einstellen. Nimmt er hingegen das Grundstück in Ausübung des Nießbrauchsrechts in Besitz, ist es nach obigen Grundsätzen jedem Dritten, der hierdurch sein Recht zum Besitz beeinträchtigt sieht, zuzumuten, Drittwiderspruchsklage nach § 771 ZPO zu erheben.

Mit Beschluss vom 25.10.2006 nimmt der BGH[10] zu den Rechten des Gläubigers nach Pfändung eines **Nießbrauchs** Stellung. Allerdings hatte der Gläubiger einen Nießbrauch an einem ideellen Grundstücksteil (Bruchteilsnießbrauch) gepfändet. Das Gericht betont, dass eine Besitzverschaffung lediglich durch Anordnung der Verwaltung gemäß § 857 Abs. 4 ZPO in Anlehnung an die Vorschriften der Zwangsverwaltung gemäß §§ 146 ff. ZVG möglich ist. Eine solche Anordnung zum Zwecke der Verwertung des Nießbrauchs kommt jedoch konkret nicht in Betracht. Es besteht zwischen dem Nießbraucher und dem Alleineigentümer eine Nutzungs- und Verwaltungsgemeinschaft, auf die §§ 741 ff. BGB entsprechend anwendbar sind. Auch die Regelung in § 1066 Abs. 1 BGB gilt entsprechend. Im Rahmen dieser Nutzungs- und Verwaltungsgemeinschaft übt nach der Pfändung des Nießbrauchs der Gläubiger die dem Nießbraucher zustehenden Rechte und Befugnisse aus. Der Gläubiger ist gehalten, über eine Leistungsklage eine andere Art der ordnungsgemäßen Nutzung des Grundstücks zu erreichen, wenn diese der Billigkeit entspricht und sich im Rahmen des § 743 Abs. 2 BGB hält. Solange eine verbindliche Entscheidung nicht vorliegt, kann das Vollstreckungsgericht die Verwaltung zur Verwertung des Nießbrauchs im Sinne des § 857 Abs. 4 ZPO nicht anordnen, die sich grundsätzlich an §§ 146 ff. ZVG auszurichten hätte.

Allerdings kann sich der Vollstreckungsgläubiger die Befugnis zur Ausübung des Nießbrauchs zur Einziehung überweisen lassen. Nach RGZ 56, 390 soll er aber dann auch die Verpflichtungen des Nießbrauchs zu tragen haben. 12

Hat der Vollstreckungsschuldner als Nießbraucher die Sache einem Dritten, insbesondere einem Mieter, überlassen, so tut der Vollstreckungsgläubiger gut daran, dem Dritten eine beglaubigte Abschrift des Pfändungsbeschlusses zustellen zu lassen und ihn aufzufordern, den Mietzins nunmehr an den Vollstreckungsgläubiger zu zahlen. Zahlt der Dritte 13

---
10 BGH v. 25.10.2006 – VII ZB 29/06, Rpfleger 2007, 85 = NJW 2007, 149.

nicht, so kann der Vollstreckungsgläubiger sein Recht nur im Wege der Klage holen.

14 **2.5** Mit dem **Tod des Nießbrauchers** erlischt der Nießbrauch (§ 1061 BGB) und mit ihm auch das Pfandrecht daran.

15 Der Nießbrauch erlischt aber auch, wenn der Nießbraucher ihn aufhebt (§§ 1062, 1064, 1071 BGB). Bei Grundstücken wird die **Aufhebung** nur wirksam, wenn der Nießbrauch im Grundstück gelöscht wird (§ 875 BGB). Die Aufgabe des Nießbrauchs durch den Nießbraucher nach Wirksamwerden der Pfändung ist dem Vollstreckungsgläubiger gegenüber wegen des im Pfändungsbeschluss enthaltenen Veräußerungsverbots unwirksam (§§ 135, 136 BGB). Weil aber Dritte gemäß §§ 892, 893 BGB das Eigentum nach Aufhebung des Nießbrauchs lastenfrei erwerben könnten, wenn sie von der Pfändung nichts wissen, ohne dabei grob fahrlässig zu sein, muss sich der Vollstreckungsgläubiger dadurch schützen, dass er die Pfändung des Nießbrauchs im Grundbuch eintragen lässt. Diese Überlegung scheint der BGH nicht angestellt zu haben, als er aussprach, die Pfändung sei nicht einzutragen (s. Rz. 4 und Fn. 1).

3. Einzelnes

16 **3.1** Für die **Pfändung des mit dem Nießbrauch belasteten Gegenstandes** gilt: Beim Nießbrauch an einer (einzelnen) Sache oder an einem (einzelnen) Recht müssen sowohl persönliche Gläubiger als auch nachrangige dingliche Gläubiger des Eigentümers oder Rechtsinhabers den Nießbrauch gegen sich gelten lassen. Beim Nießbrauch an einem Vermögen oder einem Nachlass aber ist die Zwangsvollstreckung in das Vermögen bzw. in den Nachlass ohne Rücksicht auf den Nießbrauch dann zulässig, wenn die Forderung des Vollstreckungsgläubigers vor der Nießbrauchsbestellung entstanden ist (§ 737 ZPO, §§ 1086, 1089 BGB). Der Vollstreckungsgläubiger braucht zusätzlich zum Leistungstitel gegen den Vollstreckungsschuldner einen **Duldungstitel gegen den Nießbraucher**; ob er diesen erhält, bestimmt sich nach § 1086 BGB.

17 **3.2** Beim **Leasingvertrag** ist die Pfändung des Nutzungsrechts des Leasingnehmers in ähnlicher Weise möglich wie die Pfändung des Nießbrauchs: Auch hier ist nach § 857 Abs. 3 ZPO zu pfänden, und zwar das Nutzungsrecht selbst. Bei vertraglichem Ausschluss der Gebrauchsüberlassung, der sehr häufig vereinbart ist, ist das Nutzungsrecht – im Gegensatz zum Nießbrauch – allerdings unpfändbar, weil infolge des auf den Leasingvertrag analog anwendbaren § 540 BGB die Gebrauchsüberlassung untersagt ist.[11]

---

11 OLG Düsseldorf NJW 1988, 1676.

Muster 130 Offene Handelsgesellschaft I

Vollstreckungsschuldner ist ein Gesellschafter

Hinweis: Zu benutzen ist das amtliche Formular Anlage 2 (zu § 2 Nr. 2) der Verordnung über Formulare für die Zwangsvollstreckung (Zwangsvollstreckungsformular-Verordnung – ZVFV) vom 23.8.2012 (BGBl. I 2012, S. 1822) in der geänderten Fassung aufgrund der Verordnung zur Änderung der Zwangsvollstreckungsformular-Verordnung vom 16.6.2014 (BGBl. I 2014, S. 754).

Hierbei ist das Feld „Anspruch G" oder eine gesonderte Anlage zu nutzen. Es wird folgender Text empfohlen:

Wegen . . . werden gepfändet:

a) der angebliche Anteil des Schuldners als Gesellschafter an der . . . (genaue Firma und Adresse oder OHG) . . ., vertreten durch den (die) Gesellschafter . . . (Namen und Adressen) . . ., (Drittschuldnerin)[1]

b) der angebliche Anspruch des Schuldners auf sein Auseinandersetzungsguthaben, soweit er sich gegen diese Drittschuldnerin richtet,

c) die angeblichen Ansprüche des Schuldners gegen die übrigen Gesellschafter, nämlich . . . (Namen und Adressen aller Mitgesellschafter) . . .
(weitere Drittschuldner)

- *auf sein Auseinandersetzungsguthaben, soweit es sich gegen diese Drittschuldner richtet,*
- *auf Ermittlung, Zuteilung und Auszahlung seiner Gewinnanteile, auch für vergangene Jahre,*
- *auf Vergütung für Geschäftsführertätigkeit und sonstige Dienstleistungen,*
- *auf Ersatz von Aufwendungen für die Gesellschaft,*
- *auf Rückzahlung von Darlehen,*
- *auf Auszahlung sonstiger Guthaben, gleich ob sie auf Kapitalkonto, Privatkonto, Verrechnungskonto, Darlehenskonto oder einem sonstigen Konto des Schuldners gebucht sind.*

Den Drittschuldnern wird verboten, an den Schuldner zu leisten.

Dem Schuldner wird geboten, sich jeder Verfügung über den gepfändeten Anteil und die gepfändeten Ansprüche, insbesondere ihrer Einziehung, zu enthalten.

Zugleich werden der gepfändete Anteil und die gepfändeten Ansprüche dem Gläubiger zur Einziehung überwiesen.

---
[1] Beachte Rz. 6, 7 und 8 der Erläuterungen bei *Muster 131*.

Erläuterungen bei *Muster 131*.

Muster 131   Offene Handelsgesellschaft II

Vollstreckungsschuldnerin ist die OHG

Hinweis: Zu benutzen ist das amtliche Formular Anlage 2 (zu § 2 Nr. 2) der Verordnung über Formulare für die Zwangsvollstreckung (Zwangsvollstreckungsformular-Verordnung – ZVFV) vom 23.8.2012 (BGBl. I 2012, S. 1822) in der geänderten Fassung aufgrund der Verordnung zur Änderung der Zwangsvollstreckungsformular-Verordnung vom 16.6.2014 (BGBl. I 2014, S. 754).

Hierbei ist das Feld „Anspruch G" oder eine gesonderte Anlage zu nutzen. Es wird folgender Text empfohlen:

Wegen . . . wird die angebliche Forderung der Schuldnerin

gegen ihren Gesellschafter. . . (Name und Adresse) . . .   (Drittschuldner)

auf Zahlung der von ihm im Gesellschaftsvertrag versprochenen Geldeinlage gepfändet.

1. Die offene Handelsgesellschaft

1   Für die offene Handelsgesellschaft (OHG) gelten die Bestimmungen über die **bürgerliche Gesellschaft**, soweit sich nicht aus §§ 105 bis 160 HGB etwas anderes ergibt; insoweit wird auf die Erläuterungen bei *Muster 81* verwiesen. Die OHG kann unter ihrer Firma Rechte erwerben und Verbindlichkeiten eingehen, vor Gericht klagen und verklagt werden (§ 124 Abs. 1 HGB); sie ist dennoch keine juristische Person.

2   Jeder Gesellschafter haftet unbeschränkt für die Gesellschaftsschulden.

3   Ein Gesellschafter kann weder über seinen Anteil am Gesellschaftsvermögen noch über seinen Anteil an den einzelnen zugehörigen Gegenständen verfügen (§ 105 Abs. 3 HGB, § 719 BGB).

2. Pfändung und Verwertung

4   **2.1** *Muster 130* befasst sich mit der **Zwangsvollstreckung in das Vermögen eines Gesellschafters**, soweit es in der Gesellschaft gebunden ist. Weil der Anteil eines Gesellschafters an der Gesellschaft nicht übertragbar ist, wäre er auch nicht pfändbar (§ 105 Abs. 3 HGB, § 719 BGB, § 851 ZPO). Die Pfändbarkeit ergibt sich jedoch aus §§ 859, 857 ZPO, die auf die OHG entsprechende Anwendung finden. Für die Pfändung genügt auch ein lediglich vorläufig vollstreckbarer Titel.[1] Die Auszahlung des ausdrücklich – wie im Formular – oder ansonsten konkludent mit dem Gesellschaftsanteil mitgepfändeten Auseinandersetzungsguthabens erreicht der Gläubiger aber erst durch die Auseinandersetzung, die bei Auflösung der Gesellschaft oder durch Ausscheiden des Schuldners erfolgt. Damit der

---
[1] BGH v. 28.6.1982 – II ZR 233/81, NJW 1982, 2773 = MDR 1983, 32.

Privatgläubiger nicht auf diesen Zeitpunkt warten muss, gibt ihm § 131 Abs. 3 Satz 1 Nr. 4 HGB das Recht, anstelle des Schuldners selbst zu kündigen. Diese Kündigung durch den Privatgläubiger setzt gemäß § 135 HGB zum einen die Überweisung des gepfändeten Anspruchs zur Einziehung spätestens im Zeitpunkt der Kündigungserklärung voraus; zum anderen müssen **zwei weitere Voraussetzungen** erfüllt sein:

Erstens: Wie bei der bürgerlichen Gesellschaft darf der Vollstreckungstitel im Zeitpunkt der Kündigungserklärung nicht bloß vorläufig vollstreckbar sein. Der Grund ist, dass das Ausscheiden aus der Gesellschaft für den Schuldner ein schwerwiegender Eingriff ist und daher endgültig feststehen muss, dass der Schuldner dem Gläubiger zur Zahlung verpflichtet ist. Dies ist allerdings nicht nur dann gegeben, wenn der Titel rechtskräftig ist, sondern auch bei nicht der Rechtskraft fähigen Titeln wie dem – nicht mehr widerrufbaren – Prozessvergleich oder der notariellen Urkunde, weil auch diese mit ordentlichen Rechtsmitteln nicht mehr angegriffen werden können.[2]

Zweitens: Die Zwangsvollstreckung in das bewegliche Privatvermögen des Vollstreckungsschuldners (Gesellschafters) – nicht notwendig vom jetzigen Vollstreckungsgläubiger – muss innerhalb der **letzten sechs Monate vor der Pfändung** ernsthaft versucht worden sein; auf die Reihenfolge zwischen Rechtskraft, Erlass des Pfändungs- und Überweisungsbeschlusses und den anderweitigen Vollstreckungsversuchen kommt es nicht an.[3]

2.1.1 Gepfändet wird nach §§ 857, 859 ZPO.

Drittschuldner ist die OHG. Zwar ist die OHG keine juristische Person, und es finden für sie mangels abweichender Bestimmungen in den §§ 105 bis 160 HGB insoweit die Vorschriften über die bürgerliche Gesellschaft Anwendung. Nach der neuen Rechtsprechung des BGH[4] ist eine (Außen-)Gesellschaft bürgerlichen Rechts jedoch rechts- und damit auch partei- und prozessfähig.[5] Vielfach[6] wurde aber auch schon vor dieser Entscheidung die OHG als Drittschuldnerin angesehen und die Zustellung des Pfändungs- und Überweisungsbeschlusses an sie als genügend erachtet; man will dies dem § 124 Abs. 1 HGB entnehmen. Zustellung auch an die einzelnen Gesellschafter ist aber jedenfalls unschädlich. Der Vorsichtige wird auch sie veranlassen und zur Vermeidung weiterer Zweifelsfragen auch bezüglich der Anteilspfändung selbst sowohl die OHG als auch die Gesellschafter als Drittschuldner erfassen; das ist im Muster berücksichtigt.

---

2 ThürOLG OLGR Jena 2009, 467.
3 BGH v. 25.5.2009 – II ZR 60/08, Rpfleger 2009, 692 = MDR 2009, 1230; v. 28.6.1982 – II ZR 233/81, NJW 1982, 2773 = MDR 1983, 32.
4 BGH v. 29.1.2001 – II ZR 331/00, NJW 2001, 1056; s. auch Fn. 3 zu *Muster 81*.
5 Nach BGH v. 6.4.2006 – V ZB 158/05, Rpfleger 2006, 478 reicht die Zustellung eines Pfändungsbeschlusses an den geschäftsführenden Gesellschafter entspr. § 170 Abs. 3 ZPO aus.
6 BGHZ 97, 396; BGH InVo 1998, 321, 396; ferner *Stein/Jonas* (21. Aufl.), § 859 ZPO Rz. 12.

7 **Es muss einem Vertretungsbefugten zugestellt werden.** Zur Vertretung der OHG ist nach § 125 HGB jeder Gesellschafter für sich allein befugt; jedoch können durch Gesellschaftsvertrag einzelne (nicht alle!) Gesellschafter von der Vertretung ausgeschlossen werden, oder es kann bestimmt sein, dass nur mehrere (alle) Gesellschafter gemeinsam oder Gesellschafter zusammen mit Prokuristen vertreten können. Gesamtvertretung braucht den Vollstreckungsgläubiger zwar nicht zu interessieren, weil nach § 125 Abs. 2 und 3 HGB die Zustellung an nur einen der zur Mitwirkung bei der Vertretung befugten Gesellschafter genügt. Aber der Zustellungsempfänger muss eben zur Mitwirkung bei der Vertretung befugt sein, sodass die Zustellung an einen von der Vertretung ausgeschlossenen Gesellschafter nicht genügt. Da gemäß § 106 Abs. 2 Nr. 4 HGB die Vertretungsmacht der Gesellschafter in das Handelsregister einzutragen ist, kann der Vollstreckungsgläubiger feststellen, an welche(n) Gesellschafter wirksam zugestellt werden kann. Sollte die Eintragung der Vertretungsmacht unzutreffend sein, kann dies dem Vollstreckungsgläubiger nicht entgegengesetzt werden, es sei denn, dass ihm dies bekannt war (§ 15 Abs. 1 HGB).[7]

8 An den Vollstreckungsgläubiger kann als Vertreter der Gesellschaft nicht wirksam zugestellt werden, weil dessen Vertretungsbefugnis im konkreten Fall der Rechtsgedanke des § 181 BGB entgegensteht.[8] Man wird also einen anderen der nicht von der Vertretung ausgeschlossenen Gesellschafter, ist ein solcher nicht vorhanden, einen (bei Gesamtprokura mehrere) Prokuristen als Vertreter der Drittschuldnerin benennen; auch die Prokuristen sind im Handelsregister eingetragen.

9 2.1.2 Der gepfändete Gesellschaftsanteil ist dem Vollstreckungsgläubiger **zur Einziehung zu überweisen.** Einziehung an Zahlungs statt scheidet nach der Natur der Sache aus, weil der Vollstreckungsgläubiger nicht Gesellschafter werden kann.

10 2.1.3 Die **Wirkung der Pfändung** ergibt sich aus § 135 HGB: Der Vollstreckungsschuldner bleibt Gesellschafter mit allen Rechten und Pflichten; der Vollstreckungsgläubiger kann Gesellschafterrechte nicht ausüben (vgl. im Einzelnen die Erläuterungen zu *Muster 81*). Der Vollstreckungsgläubiger kann die Gesellschaft **kündigen**, jedoch nur unter Einhaltung einer Frist von sechs Monaten zum Ende des Geschäftsjahres. Der Vollstreckungsgläubiger kündigt also zum nächstzulässigen Zeitpunkt; wann dieser ist, muss sich aus der Drittschuldnererklärung ergeben (§ 840 Abs. 1 Nr. 1 ZPO ... „inwieweit" ...). Die Kündigung hat das Ausscheiden des Vollstreckungsschuldners aus der Gesellschaft zur Folge (§ 131 Abs. 3 Nr. 4 HGB); dem Vollstreckungsgläubiger gebührt nunmehr dasjenige, was dem Vollstreckungsschuldner als Auseinandersetzungsguthaben zukommt (§§ 145, 155, 158 HGB).

---

7 § 15 Abs. 1 HGB gilt auch im sog. Prozessverkehr, insbesondere zugunsten des Vollstreckungsgläubigers.
8 Vgl. Rz. 25 der Erläuterungen bei *Muster 84*.

2.1.4 Dies gilt allerdings nur, soweit keine abweichenden vertraglichen Bestimmungen getroffen worden sind.

Der Anteil des aus der Gesellschaft ausgeschiedenen Vollstreckungsschuldners wächst den übrigen Gesellschaftern zu; diese aber sind verpflichtet, dem Vollstreckungsschuldner diejenigen Gegenstände, die er der Gesellschaft zur Benutzung überlassen hat, zurückzugeben, ihn von den gemeinschaftlichen Schulden zu befreien und ihm dasjenige zu zahlen, was er bei der Auseinandersetzung erhalten würde, wenn die Gesellschaft zur Zeit seines Ausscheidens aufgelöst worden wäre (§ 738 BGB). Dieses **Auseinandersetzungsguthaben** gebührt nunmehr dem Vollstreckungsgläubiger.

2.1.5 Häufig ist im Gesellschaftsvertrag vereinbart, dass sich die Höhe des Auseinandersetzungsguthabens eines Gesellschafters im Falle der Kündigung auf den Buchwert beschränkt, der in der Regel unter dem wahren Firmenwert (Verkehrswert) liegt. Derartige Regelungen sind grundsätzlich zulässig. Nichtig sind solche Bestimmungen hingegen, wenn für den vergleichbaren Fall des Ausschlusses eines Gesellschafters aus wichtigem Grund nicht dieselbe Regelung oder gar keine Entschädigungsregelung getroffen worden ist.[9]

2.1.6 Regelmäßig werden bei Handelsgesellschaften für die Gesellschafter nicht nur ihre Kapitalkonten geführt, sondern auch **Sonderkonten**, die häufig als Darlehenskonto, Kapitalkonto II, Privatkonto, Verrechnungskonto o.Ä. bezeichnet werden. Auf diesen Konten werden den Gesellschaftern ihre **Gewinnanteile**, Darlehens- und sonstigen Forderungen gegen die Gesellschaft gutgeschrieben, ausgezahlte Gewinnanteile, Entnahmen und Forderungen der Gesellschaft gegen die einzelnen Gesellschafter belastet.

2.2 Zur **Zwangsvollstreckung in das Vermögen der Gesellschaft ist ein Titel gegen die Gesellschaft notwendig (§ 124 Abs. 2 HGB)**, ein Titel gegen alle Gesellschafter reicht dazu nicht aus.

⊃ **Beachte:** Für die Gesellschaftsschulden haften neben der Gesellschaft auch alle Gesellschafter persönlich, aber gegen sie kann nicht aus einem Titel gegen die Gesellschaft vollstreckt werden. Daher ist es dringend anzuraten, auch einen Titel gegen die Gesellschafter persönlich zu erwirken, um sowohl in das Vermögen der Gesellschaft als auch in die Vermögen der einzelnen Gesellschafter vollstrecken zu können.

Ansprüche der Gesellschaft gegen ihre Gesellschafter auf Leistung der vereinbarten Beiträge (§§ 706 ff. BGB) sind im Grundsatz als gewöhnliche Forderung zu pfänden; **Drittschuldner** ist derjenige Gesellschafter, der seine Einlage nicht erbracht hat.

---

9 BGH v. 19.6.2000 – II ZR 73/99, NJW 2000, 2819 zur entspr. Rechtslage bei der GmbH; Münchkomm/*Schäfer*, § 738 BGB Rz. 41 ff.

17 Gesellschaftsbeiträge sind vermögenswerte Leistungen, nicht notwendig aber (ausschließlich) Geld- oder Sacheinlagen; in Frage kommen z.B. auch Gebrauchsüberlassung oder die Leistung von Diensten. Folglich ergeben sich nach § 399 BGB, § 851 ZPO **Ausnahmen von der Pfändbarkeit**: So ist etwa der Anspruch der Gesellschaft gegen einen ihrer Gesellschafter, ihr einen Raum in seiner Wohnung unentgeltlich zur Nutzung als Büro zu überlassen, unpfändbar.

18 3. Die **Partnerschaft** ist eine Gesellschaft, in der sich Angehörige freier Berufe zur Berufsausübung zusammenschließen können, und für die grundsätzlich die Vorschriften des BGB über die Gesellschaft gelten (§ 1 PartGG[10]). Jedoch nähern die Einzelbestimmungen des PartGG die Partnerschaft sehr stark der OHG an:

19 Die **Vertretung** richtet sich nach §§ 125 Abs. 1 und 2, 126, 127 HGB (§ 7 Abs. 3 PartGG). Auf das **Ausscheiden** eines Partners und die **Auflösung** der Partnerschaft sind die §§ 131 bis 144 HGB anzuwenden (§ 9 Abs. 1 PartGG). Im Übrigen richtet sich das Rechtsverhältnis der Partner untereinander, soweit hier von Interesse, nach §§ 110 ff. HGB (§ 6 PartGG).

Die *Muster 130* und *131* lassen sich also auch auf die Partnerschaft anwenden.

Muster 132 Patent

Das Patent ist noch nicht erteilt[1]

Hinweis: Zu benutzen ist das amtliche Formular Anlage 2 (zu § 2 Nr. 2) der Verordnung über Formulare für die Zwangsvollstreckung (Zwangsvollstreckungsformular-Verordnung – ZVFV) vom 23.8.2012 (BGBl. I 2012, S. 1822) in der geänderten Fassung aufgrund der Verordnung zur Änderung der Zwangsvollstreckungsformular-Verordnung vom 16.6.2014 (BGBl. I 2014, S. 754).

Hierbei ist das Feld „Anspruch G" oder eine gesonderte Anlage zu nutzen. Es wird folgender Text empfohlen:

Wegen ... werden gepfändet:

a) das angebliche Recht des Schuldners als Erfinder auf das Patent bzw. Gebrauchsmuster[2]

  – für den noch anzumeldenden Gegenstand ...

  – für das noch anzumeldende Verfahren ...,

  mit dessen Verwertung auf folgende Weise begonnen ist:

  ... (vgl. Ziff. 2.1 der Erläuterungen) ...;

b) das durch die Anmeldung bei dem Deutschen oder Europäischen Patentamt entstehende angebliche Anwartschaftsrecht des Schuldners auf das Patent bzw. das hilfsweise beantragte Gebrauchsmuster[1]

---

10 Partnerschaftsgesellschaftsgesetz v. 25.7.1994, BGBl. I 1994, 1744, zuletzt geändert durch Art. 1 Gesetz v. 15.7.2013 (BGBl. I 2013, 2386).

– *für den angemeldeten Gegenstand . . .*
– *für das angemeldete Verfahren . . .;*
c) *das mit Eintragung in die Rolle für den Schuldner entstehende Patent bzw. Gebrauchsmuster, betreffend . . ., mit allen Rechten daraus.*

Die Pfändung umfasst jeweils den ergänzenden Schutz nach § 16a PatG.

Dem Schuldner wird geboten, sich jeder Verfügung über die gepfändeten Rechte (insbesondere der Rücknahme der Anmeldung) und das gepfändete Patent bzw. Gebrauchsmuster (insbesondere der Veräußerung, Verpfändung oder Erteilung von Lizenzen) zu enthalten.

Zugleich wird die Verwertung der gepfändeten Rechte und des gepfändeten Patents bzw. Gebrauchsmusters[2]

– *im Wege der öffentlichen Versteigerung durch den vom Gläubiger beauftragten Gerichtsvollzieher*
– *durch Erteilung der ausschließlichen, für den Bereich der gesamten Bundesrepublik geltenden Lizenz an den Gläubiger mit der Befugnis, Unterlizenzen zu erteilen, so lange, bis aus den Gebühren für die Unterlizenz die Vollstreckungsforderung befriedigt sein wird,*

angeordnet.

---
1 Wegen Pfändung des erteilten Patents s. Rz. 19 der Erläuterungen.
2 Unter den folgenden Alternativen ist zu wählen.

---

1. Aus dem Patentrecht

Europäische Staaten haben Übereinkommen über gewerbliche Schutzrechte geschlossen, um effektiveren Rechtsschutz zu gewährleisten (z.B. Übereinkommen über die Erteilung europäischer Patente – Europäisches Patentübereinkommen (EPÜ/EPC) v. 5.10.1973[1]). Der Erfinder kann wählen, ob er ein deutsches oder ein europäisches Patent beantragen will (selbstverständlich kann er auch bei ausländischen Patentämtern die Erteilung ausländischer Patente beantragen; solche ausländischen Patente werden hier nicht behandelt[2]). Das europäische Patent gewährt Priorität in allen Ländern, aber weder ein Gemeinschaftspatent noch einzelne Patente. Der Bewerber muss nun erklären, für welche Länder er Patente erteilt haben will.

1.1 Patente werden für **Erfindungen** erteilt, die neu sind, auf einer erfinderischen Tätigkeit beruhen und gewerblich anwendbar sind (§ 1 PatG).[3]

---
1 EPÜ/EPC v. 5.10.1973, BGBl. II 1976, S. 826, zuletzt geändert durch Gesetz zur Umsetzung der Akte v. 29.11.2000 zur Revision des Übereinkommens über die Erteilung europäischer Patente v. 25.8.2007, BGBl. I 2007, S. 2166 (EPÜ 2000; Text im Internet unter http://www.epo.org/law-practice/legal-texts/html/epc/2013/d/ma1.html.
2 Vgl. hierzu *Schramm*, GRUR 1958, 480; *Tilmann*, GRUR 2008, 312; 2006, 824 und GRUR 2005, 904.
3 BGBl. I 1981, S. 2, zuletzt geändert durch Art. 15 Gesetz v. 31.8.2013 BGBl. I 2013, S. 3533).

Das Recht auf das Patent hat der Erfinder oder sein Rechtsnachfolger (§ 6 PatG). Das (erteilte) Patent hat die Wirkung, dass allein der Patentinhaber befugt ist, die patentierte Erfindung zu nutzen, während es jedem Dritten verboten ist, den patentierten Gegenstand herzustellen, anzubieten, in Verkehr zu bringen, zu gebrauchen oder zu solchen Zwecken einzuführen oder zu besitzen bzw. das patentgegenständliche Verfahren anzuwenden oder zur Anwendung anzubieten, das durch dieses Verfahren unmittelbar hergestellte Erzeugnis anzubieten, in Verkehr zu bringen, zu gebrauchen oder einzuführen (§ 9 PatG).

3   1.2 Der Erfinder hat zunächst das bloße Recht aus der Erfindung, welches § 15 PatG als **„Recht auf das Patent"** bezeichnet. Dieses Recht ist ein reines Persönlichkeitsrecht, bis der Erfinder damit zur wirtschaftlichen Nutzung nach außen hervortritt.

4   Mit der Anmeldung des Patents beim Patentamt erwirbt der Anmelder (auch wenn er nicht der Erfinder sein sollte, § 7 PatG) ein **Anwartschaftsrecht**, das § 15 PatG als „Anspruch auf Erteilung des Patents" bezeichnet.

5   Mit der Eintragung des Patents in die Patentrolle erwirbt der Anmelder das **Patent** (§ 15 PatG).

6   Das Recht auf das Patent, das Anwartschaftsrecht auf das Patent und das Patent können beschränkt oder unbeschränkt auf andere übertragen, und an diesen Rechten können ausschließliche oder nicht ausschließliche Lizenzen gewährt werden (§ 15 PatG).

2. Pfändung und Verwertung

7   Das Recht auf das Patent nach Veröffentlichung, das Anwartschaftsrecht auf das Patent und das Patent sind **pfändbar** (§ 851 ZPO i.V.m. § 15 PatG).[4] Hingegen kann das **Vorbenutzungsrecht** gemäß § 12 Abs. 1 Satz 3 PatG nur zusammen mit dem Betrieb vererbt oder veräußert werden. Es ist deshalb gemäß § 857 Abs. 3 ZPO nicht separat pfändbar.[5]

Das Muster behandelt den Fall, dass das Patent veröffentlicht, aber noch nicht erteilt und noch nicht in die Patentrolle eingetragen ist. Wegen des eingetragenen Patents vgl. Rz. 19.

8   Wenn der Vollstreckungsgläubiger nicht weiß, ob der Vollstreckungsschuldner das Patent schon angemeldet hat oder nicht, oder ob das Patent gar schon erteilt ist, empfiehlt sich die **„Stufenpfändung"**. Zwar ist die Meinung weit verbreitet, dass sich das Pfandrecht am Recht auf das Patent mit der Patentanmeldung in ein Pfandrecht am Anwartschaftsrecht auf das Patent und mit dessen Erteilung am Patent selbst verwandle,[6] aber die hier empfohlene stufenweise Pfändung klärt die Lage, und künftige Rechte sind pfändbar.

---

[4] Vgl. BGH v. 24.3.1994 – X ZR 108/91, BGHZ 125, 334 = NJW 1994, 3099.
[5] BGHZ 182, 231 = ZInsO 2009, 2246 = GRUR 2010, 47.
[6] BGH v. 24.3.1994 – X ZR 108/91, NJW 1994, 3099; *Stöber*, Rz. 1720 ff.

2.1 Das **Recht auf das Patent** als Persönlichkeitsrecht wird erst pfändbar, wenn es diese Qualität verloren, also der Erfinder mit der wirtschaftlichen Verwertung begonnen hat,[7] wenn er beispielsweise über Verkauf des Rechts oder Lizenzvergabe verhandelt.[8] Das ist im Pfändungsantrag darzulegen (und im Erinnerungsverfahren zu beweisen).

Die Pfändung befugt den Vollstreckungsgläubiger, das Patent anzumelden.[9]

2.2 Mit Anmeldung des Patents entsteht ein **Anwartschaftsrecht auf das Patent**. Dieses ist zu pfänden, nicht der – öffentlich-rechtliche – Anspruch auf Prüfung des Antrags und Erteilung des Patents.[10] Das Patentamt wird das Patent bei Nachweis der Pfändung dem Vollstreckungsschuldner und dem Vollstreckungsgläubiger gemeinsam erteilen. Wird aber das Patent dem Vollstreckungsschuldner allein erteilt, so ist bei Pfändung mit dem im Muster vorgeschlagenen Text auch das Patent gepfändet, aber die Pfändung ist für Dritte nicht aus der Rolle ersichtlich.

Die Pfändung bewirkt auch, dass der Vollstreckungsschuldner die Patentanmeldung ohne Mitwirkung des Vollstreckungsgläubigers nicht mehr zurücknehmen kann.[11]

2.3 Auch das **erteilte Patent** ist zu pfänden (vgl. Rz. 19). Das Pfandrecht am Patent ergreift aber nicht Forderungen aus Lizenzen, die vor der Pfändung bereits erteilt waren. Forderungen auf Lizenzgebühren sind also gegebenenfalls ausdrücklich mitzupfänden (vgl. *Muster 117*).

2.4 Die Pfändung geschieht in allen Fällen nach § 857 Abs. 1 und 2 ZPO, wird also mit Zustellung an den Vollstreckungsschuldner wirksam, weil ein Drittschuldner fehlt; insbesondere ist das Patentamt nicht Drittschuldner.[12] Die Pfändung wird nicht in die Patentrolle eingetragen, weil die Eintragung nicht Voraussetzung für die Wirksamkeit der Pfändung ist.[13]

2.5 Die **Verwertung** des gepfändeten Rechts geschieht nicht durch Überweisung, weil diese nach dem Wesen dieser Rechte nicht zulässig ist.[14] Regelmäßig wird der Vollstreckungsgläubiger mit der Verwertung warten, bis das Patent erteilt ist, er muss das aber nicht.

---

7 BGHZ 16, 175; BGH GRUR 1978, 200; *Stein/Jonas*, § 857 ZPO Rz. 20; *Stöber*, Rz. 1720.
8 *Stein/Jonas*, § 857 ZPO Rz. 20.
9 *Stöber*, Rz. 1720.
10 *Musielak/Becker*, § 857 ZPO Rz. 12; *Präsident des Deutschen Patentamts*, GRUR 1950, 294 und 1951, 46; *Tetzner*, JR 1951, 166; zweifelnd BGH v. 24.3.1994 – X ZR 108/91, NJW 1994, 3100.
11 *Musielak/Becker*, § 857 ZPO Rz. 12; *Stöber*, Rz. 1722.
12 *Musielak/Becker*, § 857 ZPO Rz. 12; *Stöber*, Rz. 1719.
13 *Stöber*, Rz. 1724; Auch wenn die Eintragung zur Wirksamkeit der Pfändung nicht nötig ist, darf sie aber auch nicht verweigert werden. Diese Meinung hat an Gewicht gewonnen, seit das MarkenG in § 29 Abs. 2 die Eintragung der Pfändung einer Marke vorsieht.
14 *Stöber*, Rz. 1725; *Stein/Jonas*, § 857 ZPO Rz. 109.

16 Nach *Hartmann*[15] soll nur eine Lizenz als Verwertungsmöglichkeit in Frage kommen, weil damit „das Nötige getan und der Schuldner möglichst vor Schaden bewahrt" worden sei. Das ist indessen nicht einzusehen: Der Vollstreckungsgläubiger darf eine Lizenz nur für die Dauer vergeben, die nötig ist, um die Vollstreckungsforderung zu befriedigen. Ist diese niedrig, so kann die Lizenz nur für kurze Zeit angeboten werden. Interessenten für kurzzeitige Lizenzen werden dünn gesät, Lizenzvergütungen dafür niedrig sein.

17 Die Verwertung kann vielmehr auch durch Veräußerung des Rechts geschehen (§ 857 Abs. 4 ZPO).

> **Beachte:** Das Patentrecht selbst bleibt bis zur Veräußerung beim Vollstreckungsschuldner. Durch die Pfändung verliert er zwar die Befugnis zur Verfügung über das Recht, aber das Recht zur Eigennutzung des Patents wird bis zur Pfandverwertung ebenso wenig eingeschränkt wie der Fortbestand vor der Pfändung vergebener Lizenzen.[16] Ansprüche des Vollstreckungsschuldners aus Lizenzvergabe sind daher ggf. zusätzlich zu pfänden.

18 **2.6** Die **Herausgabe der Patenturkunde** kann nach § 836 Abs. 3 ZPO betrieben werden.

19 **2.7** Ist das Patent bereits **in die Patentrolle eingetragen**, so ist zu pfänden:

„das angeblich unter Nr ... beim ... Deutschen Patentamt (alternativ: Europäischen Patentamt) für den Schuldner eingetragene Patent betreffend ... zusammen mit den Rechten aus diesem Patent; die Pfändung erfasst auch den ergänzenden Schutz nach § 16a PatG".

Der ergänzende Schutz ist nach unserer Meinung ohnehin von der Pfändung umfasst (vgl. § 16a Abs. 2 PatG). Sicherheitshalber ist der entsprechende Hinweis aber aufzunehmen.

Das Gebot an den Schuldner ist nur auf das gepfändete Patent zu beziehen; zur Verwertung ist der Antrag aus dem Muster unverändert zu stellen.

20 **3. Vor Antrag auf Erlass eines Pfändungsbeschlusses** muss der Vollstreckungsgläubiger folgende Überlegungen anstellen:

3.1 Rentiert sich die Pfändung?

21 **3.1.1** Nicht jedes Schutzrecht, das beantragt wird, wird auch erteilt. Hat der Vollstreckungsgläubiger das vor der Anmeldung bestehende Recht auf das Patent gepfändet, so wird der Vollstreckungsschuldner vielleicht nicht mehr bereit sein, das Patent anzumelden; also muss der Vollstreckungsgläubiger das Patent anmelden, wenn er zum Ziel kommen will. Die **Anmeldung ist teuer**: Es entstehen die Gebühren des Patentanwalts und die Gebühren des Patentamts; 5000 Euro können ohne Weiteres zusammen-

---

15 Baumbach/Lauterbach/Albers/*Hartmann*, Grundz. vor § 704 ZPO Rz. 76.
16 BGH v. 24.3.1994 – X ZR 108/91, NJW 1994, 3099.

kommen. Wird die Eintragung des Schutzrechts versagt, so war das Unternehmen des Vollstreckungsgläubigers ein sehr teurer Spaß. Im Übrigen ist gemäß § 17 PatG ab dem dritten Jahr eine Jahresgebühr zu zahlen, die der Vollstreckungsgläubiger zahlen darf[17], aber nicht muss.[18]

3.1.2 Es gibt genügend eingetragene Patente, die niemand erwerben und ausnützen will. Daher muss sich der Vollstreckungsgläubiger auch ein Bild davon machen, wie es mit der **Verwertbarkeit des Patents** steht. Auch diese Frage wird er zweckmäßig mit einem Patentanwalt prüfen. Ob diese Kosten als Vollstreckungskosten erstattbar sind, ist zumindest sehr zweifelhaft. 22

3.1.3 Hat der Vollstreckungsgläubiger das Recht auf das Patent gepfändet, will er aber die Kosten für die Anmeldung nicht aufwenden, so kann er immerhin versuchen, das **Recht auf das Patent zu verwerten, ohne es anzumelden**. Weil dann aber der potentielle Erwerber die geschilderten Risiken trägt, wird kein Erlös erzielt werden, der zum Jubeln veranlassen könnte. 23

3.2 Wird das beantragte Patent tatsächlich erteilt werden?

Um für den Fall der Nichterteilung wenigstens nicht leer auszugehen, empfiehlt es sich, **hilfsweise ein Gebrauchsmuster zu beantragen**. Meldet der Vollstreckungsgläubiger, der das Recht auf das Patent gepfändet hat, das Patent an, so ist auch ihm die hilfsweise Anmeldung als Gebrauchsmuster zu empfehlen. 24

Muster 133   Pflichtteilsanspruch

Hinweis: Zu benutzen ist das amtliche Formular Anlage 2 (zu § 2 Nr. 2) der Verordnung über Formulare für die Zwangsvollstreckung (Zwangsvollstreckungsformular-Verordnung – ZVFV) vom 23.8.2012 (BGBl. I 2012, S. 1822) in der geänderten Fassung aufgrund der Verordnung zur Änderung der Zwangsvollstreckungsformular-Verordnung vom 16.6.2014 (BGBl. I 2014, S. 754).
Hierbei ist das Feld „Anspruch G" oder eine gesonderte Anlage zu nutzen. Es wird folgender Text empfohlen:

Wegen ... werden gepfändet:

a) die angebliche Forderung des Schuldners

   gegen ... (Name und Adresse des Erben) ...   (Drittschuldner zu 1)

   auf Zahlung des Pflichtteils aus dem Nachlass des am ... in ... verstorbenen ... und auf Auskunft über den Bestand des Nachlasses und Ermittlung

---

17 BPatG v. 13.5.2004 – 10 W (pat) 12/01.
18 OLG Karlsruhe, OLGR Karlsruhe 2004, 283 = VersR 2004, 1616: Die Nichtzahlung der Gebühr löst keinen Schadensersatzanspruch des Patentinhabers gegen den Vollstreckungsgläubiger aus.

seines Wertes (§ 2314 BGB), die¹ – wie durch den anliegenden . . . bewiesen wird –

- *unter Az.: . . . vor dem . . . Gericht rechtshängig*
- *durch Urteil des . . .gerichts, Az.: . . . vom . . . rechtskräftig festgestellt*
- *durch . . . anerkannt*

ist;

b) der angebliche Anspruch des Schuldners gegen . . . als Testamentsvollstrecker im genannten Nachlass . . .   (Drittschuldner zu 2)
auf Duldung der Zwangsvollstreckung in die seiner Verwaltung unterliegenden Nachlassgegenstände.

Den Drittschuldnern wird verboten, an den Schuldner zu leisten.

Dem Schuldner wird geboten, sich jeder Verfügung über die gepfändete Forderung und den gepfändeten Anspruch, insbesondere ihrer Einziehung, zu enthalten.

Zugleich werden die gepfändete Forderung und der gepfändete Anspruch dem Gläubiger zur Einziehung überwiesen.²

---

1 Von den nachfolgenden Alternativen ist eine auszuwählen; sollte keine erfüllt sein, kann trotzdem gepfändet werden (vgl. Rz. 4 der Erläuterungen).

2 Die Überweisung unterbleibt, wenn oben weder Rechtshängigkeit noch Rechtskraft noch Anerkennung der Forderung dargelegt werden konnte (vgl. Rz. 10 der Erläuterungen).

---

1 1. **Der Pflichtteilsanspruch** ist eine Geldforderung in Höhe des halben Verkehrswerts (ausnahmsweise des halben Ertragswerts, § 2312 BGB) des Erbteils (§ 2303 BGB; § 10 Abs. 6 LPartG). Sozusagen Unterarten des Pflichtteilsanspruchs sind der Anspruch auf den **Zusatzpflichtteil**, der **Pflichtteilsergänzungsanspruch** und der **Anspruch des von der fortgesetzten Gütergemeinschaft ausgeschlossenen Abkömmlings** nach § 1511 Abs. 2 BGB. Wegen des etwas andersartigen Anspruchs des Berechtigten gegen den Beschenkten s.u. Rz. 13.

2 Der Pflichtteilsanspruch **entsteht mit dem Erbfall, ausnahmsweise mit der Ausschlagung** (§§ 2317, 2306 Abs. 1, 2307 Abs. 1 Satz 2, 1371 Abs. 3 BGB). Er ist **unbeschränkt abtretbar (§ 2317 Abs. 2 BGB).**

2. Pfändung und Verwertung

3 2.1 Seit der Entscheidung des BGH vom 8.7.1993[1] entspricht es der h.M., dass der Pflichtteilsanspruch auch vor seiner Anerkennung oder Rechtshängigkeit gepfändet werden kann, wobei vor seiner vertraglichen An-

---

1 BGH v. 8.7.1993 – IX ZR 116/92, NJW 1993, 2876; bestätigt durch BGH v. 6.5.1997 – IX ZR 147/96, NJW 1997, 2384 und v. 26.2.2009 – VII ZB 30/08, Rpfleger 2009, 393; Zöller/*Stöber*, § 852 ZPO Rz. 3.

erkennung oder Rechtshängigkeit die Pfändung lediglich als in seiner zwangsweisen Verwertbarkeit aufschiebend bedingt erfolgt. Das bedeutet, dass der Gläubiger erst bei Eintritt der Verwertungsvoraussetzung ein vollwertiges Pfandrecht erhält, dessen Rang sich allerdings nach dem Zeitpunkt der Pfändung bestimmt. Gleiches gilt für den Zusatzpflichtteil und den Pflichtteilergänzungsanspruch.[2]

Die Entscheidung wird aus dem Normzweck des § 852 Abs. 1 ZPO begründet, der dahin gehe, es mit Rücksicht auf Familienbindungen allein dem Berechtigten zu überlassen, ob sein Pflichtteilsanspruch durchgesetzt werden soll oder nicht; es sei aber nicht Normzweck, die Pflichtteilsforderung den Gläubigern des Berechtigten zu entziehen. Daher verbiete § 852 Abs. 1 ZPO lediglich eine Pfändung, die ein umfassendes Pfändungspfandrecht begründet und so die Entscheidungsfreiheit des Berechtigten ausschaltet. Zulässig sei dagegen eine – unbedingte! – Pfändung, welche unter Wahrung dieser Entschließungsfreiheit ein Pfandrecht nur für den Fall begründet, dass eine der Voraussetzungen des § 852 Abs. 1 ZPO eintritt. So werde auch erreicht, dass der Berechtigte nicht einen Beliebigen bevorzugen kann, indem er ihm die Pflichtteilsforderung durch unbeschränkt zulässige Abtretung zuwendet. 4

Dieses Urteil des BGH führt nicht etwa zum gleichen Ergebnis wie die Meinung, eine „vorzeitige" Pfändung werde durch Eintritt ihrer Voraussetzungen geheilt; denn die Heilung gäbe der Pfändung nur den Rang nach ihrem Zeitpunkt, nicht nach dem der Pfändung. Das Urteil führt zu erheblichen Schwierigkeiten, insbesondere hinsichtlich der Reichweite der Pfandverstrickung.[3] 5

In seiner Entscheidung vom 26.2.2009 hat der BGH[4] ausdrücklich klargestellt, dass der **Antrag** des Gläubigers auf Erlass eines Pfändungsbeschlusses und dieser Beschluss keine Angaben dazu enthalten müssen, ob vertragliche Anerkennung oder Rechtshängigkeit vorliegen. Im Hinblick auf die missverständliche Formulierung des § 852 Abs. 1 ZPO wird den Vollstreckungsgerichten bis zu einer gesetzlichen Regelung empfohlen, in den Pfändungsbeschluss in allgemein verständlicher Form einen Hinweis aufzunehmen, dass die Verwertung des Anspruchs erst erfolgen darf, wenn diese Voraussetzungen erfüllt sind. 6

2.2 Gleichwohl ist zu empfehlen, zutreffendenfalls den Eintritt einer der Voraussetzungen des § 852 Abs. 1 ZPO im Pfändungsantrag darzulegen. Zugleich wird dadurch die Verwertung erleichtert (s.u. Rz. 10). 7

2.3 Drittschuldner sind alle Erben, nicht jedoch der Testamentsvollstrecker. 8

---

2 LG Hildesheim v. 31.1.2009 – 4 O 307/08, FamRZ 2009, 1440.
3 Näheres *Kuchinke*, BGH v. 28.4.1994 – IX ZR 248/93, NJW 1994, 1796.
4 BGH v. 26.2.2009 – VII ZB 30/08, MDR 2009, 648 = Rpfleger 2009, 393.

○ **Beachte:** Dennoch sollte auch der Testamentsvollstrecker in dem Antrag dahin gehend aufgeführt werden, dass er die Zwangsvollstreckung in den seiner Verwaltung unterliegenden Nachlass dulden muss (§ 2213 Abs. 3 BGB).

9 **2.4 Vor Entstehung des Pflichtteilsanspruchs** (s. Rz. 2) besteht kein pfändbares Anwartschaftsrecht.

10 **2.5** Zur **Verwertung** hat der BGH in dem genannten Urteil (Fn. 4) klargestellt, dass sie regelmäßig wie bei anderen Geldforderungen auch durch Überweisung zur Einziehung erfolgt. Sie wird aber erst zulässig, wenn der Vollstreckungsgläubiger ihre Voraussetzungen, nämlich Anerkennung oder Rechtshängigkeit, nachweist. Kann er diesen Nachweis schon bei Antragstellung führen, kann der Überweisungsbeschluss zugleich mit dem Pfändungsbeschluss ergehen, im anderen Fall ist er erst bei Eintritt der Beweisbarkeit zu beantragen und zu erlassen. Der Gläubiger kann in entsprechender Anwendung von § 836 Abs. 3 ZPO insoweit Auskunft vom Schuldner verlangen.[5] Die Rechtslage ist hier anders als bei Grundpfandrechten, die von Anfang an voll pfändbar sind, deren Pfändung aber von der Eintragung im Grundbuch bzw. der Erlangung des Briefes abhängt (vgl. Rz. 35 bei *Muster 46*).

11 **2.6 Rechtshängigkeit** ist in § 261 ZPO definiert; sie tritt ein mit Zustellung der Klage (§ 253 Abs. 1 ZPO) oder der Klageerweiterung bzw. der Antragstellung über letztere (§ 261 Abs. 2 ZPO) oder mit Zustellung des Mahnbescheids (wenn die Sache alsbald an das zuständige Gericht abgegeben oder Vollstreckungsbescheid erlassen wird (§§ 696 Abs. 3, 700 Abs. 2 ZPO); beachte auch die Sonderregelungen in §§ 302 Abs. 4 Satz 4 2. Halbs., 600 Abs. 2, 717 Abs. 2 Satz 2 2. Halbs. und Abs. 3 Satz 4 1. Halbs. ZPO.

12 Die **vertragliche Anerkennung** bedarf keiner Form, muss auch nicht ausdrücklich geschehen; es genügt vielmehr jegliche auf Feststellung des Anspruchs zielende Einigung zwischen dem Erben und dem Pflichtteilsberechtigten.[6]

13 **2.7** Der **Anspruch des Pflichtteilsberechtigten gegen den Beschenkten** (§ 2329 BGB) ist nur dann eine gewöhnliche Geldforderung, wenn Geld geschenkt war. Sonst sind zusätzlich §§ 846, 847 ZPO zu beachten.

---

5 BGH v. 26.2.2009 – VII ZB 30/08, Rpfleger 2009, 393; *Kuchinke*, NJW 1994, 1769, 1770; *Behr*, JurBüro 1996, 65; a.A. LG Münster v. 1.3.2006 – 5 T 1185/05, NJW-RR 2006, 1020; *Stöber*, Rz. 273b: Die Frage der Anerkennung oder Rechtshängigkeit sei erst im Drittschuldnerprozess zu klären.
6 H.M., z.B. Zöller/*Stöber*, § 852 ZPO Rz. 2; OLG Düsseldorf FamRZ 2000, 367.

Muster 134 Postbank

Girokonto, Kontokorrentkonto

Hinweis: Zu benutzen ist das amtliche Formular Anlage 2 (zu § 2 Nr. 2) der Verordnung über Formulare für die Zwangsvollstreckung (Zwangsvollstreckungsformular-Verordnung – ZVFV) vom 23.8.2012 (BGBl. I 2012, S. 1822) in der geänderten Fassung aufgrund der Verordnung zur Änderung der Zwangsvollstreckungsformular-Verordnung vom 16.6.2014 (BGBl. I 2014, S. 754). Hierbei kommen folgende auszufüllenden Felder in Betracht:

Hinweis:

Die Begriffe POSTBANK und NIEDERLASSUNG wurden ergänzt.

Forderung aus Anspruch 4

☐ D (an Kreditinstitute) POSTBANK

(...)

Anspruch D (an Kreditinstitute) 5

1. auf Zahlung der zu Gunsten des Schuldners bestehenden Guthaben seiner sämtlichen Girokonten

   (insbesondere seines Kontos_____) bei diesem Kreditinstitut einschließlich der Ansprüche auf Gutschrift der eingehenden Beträge; mitgepfändet wird die angebliche (gegenwärtige und künftige) Forderung des Schuldners an den Drittschuldner auf Auszahlung eines vereinbarten Dispositionskredits („offene Kreditlinie"), soweit der Schuldner den Kredit in Anspruch nimmt

2. auf Auszahlung des Guthabens und der bis zum Tag der Auszahlung aufgelaufenen Zinsen sowie auf fristgerechte bzw. vorzeitige Kündigung der für ihn geführten Spargutaben und/oder Festgeldkonten, insbesondere aus Konto_____

3. auf Auszahlung der bereitgestellten, noch nicht abgerufenen Darlehensvaluta aus einem Kreditgeschäft, wenn es sich nicht um zweckgebundene Ansprüche handelt

---

(...)

Hinweise zu Anspruch D:

Auf § 835 Absatz 3 Satz 2 ZPO (Zahlungsmoratorium von vier Wochen) und § 835 Absatz 4 ZPO wird der Drittschuldner hiermit hingewiesen.

Pfändungsschutz für Kontoguthaben und Verrechnungsschutz für Sozialleistungen und für Kindergeld werden seit dem 1. Januar 2012 nur für Pfändungsschutzkonten nach § 850k ZPO gewährt.

Hinweis:

Die offenen Felder müssen nicht zwingend ausgefüllt werden.

Der **Textbaustein** unter „Hinweise zu Anspruch D" ist insoweit **fehlerhaft**, als er ein Zahlungsmoratorium von vier Wochen für alle Ziffern bzw. Ansprüche unter „D" benennt. Das Zahlungsmoratorium nach § 835 Abs. 3 Satz 2 ZPO bezieht sich aber nur auf Guthaben auf einem Konto und soll den Schuldnerschutz nach § 850k ZPO garantieren.

– **Die Ziffern 4 und 5 im Formularfeld können auch gestrichen werden; es wird empfohlen weiter zu ergänzen:** *auf Gutschrift der Valuta aus bereit-*

gestellten Krediten, auch soweit ein solcher Anspruch erst künftig entstehen sollte, insbesondere aus einem Überziehungskredit,

- *der Anspruch auf Auszahlung oder Überweisung des derzeitigen und jedes künftigen Guthabens an Dritte,*
- *die sich aus der Geschäftsverbindung ergebenden sonstigen Ansprüche und Rechte des Schuldners, z.B. auf Kündigung und Auskunft.*

---

1 Gemeint ist das Guthaben nicht am Tagesende, sondern das sich jeweils ab dem Tag der Zustellung ergebende Guthaben; hierzu Zöller/*Stöber*, § 833a ZPO Rz. 1; Prütting/*Ahrens*, § 833a ZPO Rz. 12.

---

1. Deutsche Postbank AG

1 Durch das Postumwandlungsgesetz[1] ist am 1.1.1995 die Deutsche Postbank AG mit dem Sitz in Bonn als Nachfolgeunternehmen der „Deutschen Bundespost" „POSTBANK" entstanden. Die zwischen dieser Aktiengesellschaft und ihren Kunden bestehenden Geschäftsverbindungen unterliegen seit dem 1.1.1998 dem Privatrecht; die bisherigen Postgirokonten werden seitdem als Kontokorrentkonten weitergeführt.

2. Pfändung und Verwertung

2 **2.1** Die frühere Sonderregelung des § 23 PostG ist mit Wirkung vom 1.1.1998 außer Kraft getreten. Die Pfändung von Girokonten bei der Deutschen Postbank AG weist demnach gegenüber der Pfändung von Girokonten anderer Kreditinstitute keine Besonderheiten mehr auf. Daher kann wegen der Pfändung und Verwertung grundsätzlich auf das *Muster 36* sowie die dortigen Erläuterungen Bezug genommen werden.

3 Entgegen der Auffassung von *Stöber*[2] ist es unseres Erachtens nicht zwingend notwendig, die **kontoführende Niederlassung** der Deutschen Postbank AG anzugeben, damit die Forderung ausreichend genug bezeichnet ist. *Stöber* unterscheidet insoweit nicht ausreichend zwischen der genauen Angabe der zu pfändenden Ansprüche aus dem Kontokorrentverhältnis und dem Girovertrag einerseits und der namentlichen Bezeichnung des Gläubigers dieser Forderungen andererseits. Da die kontoführende Niederlassung als Zweigniederlassung nur ein nicht rechtsfähiger Teil der Postbank[3] ist, die Ansprüche sich daher nur gegen die Deutsche Postbank AG als solche richten, ist – bei ansonsten ausreichender Bezeichnung der zu pfändenden Forderungen und des Vollstreckungsschuldners – die Angabe der kontoführenden Niederlassung hilfreich, aber nicht zwingend.

---

1 Postumwandlungsgesetz, BGBl. I 1994, S. 2339, zuletzt geändert durch Art. 5 Gesetz v. 20.12.2011 (BGBl. I 2011, S. 2842).
2 *Stöber*, Rpfleger 1995, 277 (279).
3 Vgl. dazu auch OLG Hamm v. 14.11.2000 – 15 W 318/00, Rpfleger 2001, 190 = InVo 2001, 140.

Allerdings ist die zusätzliche Angabe der kontoführenden Niederlassung **sehr zu empfehlen**, damit die Informationen über die durchgeführte Pfändung möglichst schnell vom Sitz der Postbank in Bonn an die kontoführende Niederlassung weitergegeben werden können, um Probleme hinsichtlich von Verfügungen der Zweigniederlassung nach Zustellung des Pfändungsbeschlusses an die Postbank AG Sitz Bonn zu vermeiden.[4]

Der Vollstreckungsgläubiger weiß oftmals nicht sicher, ob der Vollstreckungsschuldner wirklich bei einer bestimmten Niederlassung und/oder nicht noch bei weiteren Niederlassungen Konten unterhält. Das Muster trägt dem dadurch Rechnung, dass die Angabe der kontoführenden Niederlassung mit „insbesondere" ergänzt wird, damit auch die entsprechenden Ansprüche betr. Konten bei anderen Niederlassungen mitgepfändet sind.

2.2 Drittschuldnerin ist die Deutsche Postbank AG in Bonn, vertreten durch den Vorstand.

2.2.1 Zustellung nur an ein Vorstandsmitglied genügt (§ 78 AktG, § 170 Abs. 3 ZPO).

2.2.2 Die Angabe der einzelnen Vorstandsmitglieder ist weder erforderlich noch anzuraten.[5]

Die **Niederlassungen** der Deutschen Postbank AG, bei denen die Konten geführt werden, sind nicht rechtsfähig und können daher nicht Drittschuldnerin sein, unabhängig davon, ob sie im Handelsregister eingetragen sind. An die kontoführende Niederlassung kann aber der Pfändungs- und Überweisungsbeschluss **zugestellt** werden; denn sie ist ein besonderer Geschäftsraum i.S. des § 178 Abs. 1 Nr. 2 ZPO. Dies ist auch anzuraten, damit gerade die – vermutliche – kontoführende Niederlassung als erste von der Pfändung Kenntnis erhält und so pfändungswidrige Verfügungen sofort unterbleiben. **Zudem** sollte die Zustellung aus den in Rz. 5, 6 dargelegten Gründen auch an den **Sitz** der Postbank in Bonn erfolgen. Die Zustellung an eine andere Niederlassung als die kontoführende Niederlassung reicht hingegen nicht aus.

2.3 Verwertet wird die gepfändete Forderung durch Überweisung zur Einziehung.

Muster 135   Reallast I

Subjektiv-persönliche Reallast selbst samt der Forderung auf die Einzelleistungen

Hinweis: Zu benutzen ist das amtliche Formular Anlage 2 (zu § 2 Nr. 2) der Verordnung über Formulare für die Zwangsvollstreckung (Zwangsvollstre-

---

4 Vgl. dazu *Stöber*, Rz. 280, 282.
5 *Stöber*, Rz. 279.

ckungsformular-Verordnung – ZVFV) vom 23.8.2012 (BGBl. I 2012, S. 1822) in der geänderten Fassung aufgrund der Verordnung zur Änderung der Zwangsvollstreckungsformular-Verordnung vom 16.6.2014 (BGBl. I 2014, S. 754).

Hierbei ist das Feld „Anspruch G" oder eine gesonderte Anlage zu nutzen. Es wird folgender Text empfohlen:

Wegen ... und zusätzlich der Kosten der Eintragung im Grundbuch

werden gepfändet:

a) die angeblich für den Schuldner im Grundbuch des Amtsgerichts ... Blatt ... in Abt. II unter lfd.Nr. ... auf dem Grundstück ... Flurst. ... des ... (Name und Adresse des Grundstückseigentümers) ... (Drittschuldner) eingetragene Reallast,

b) die angebliche Forderung des Vollstreckungsschuldners gegen den Drittschuldner auf bereits fällige (rückständige) und künftige[1] Einzelleistungen aus dieser Reallast.

Dem Drittschuldner wird verboten, an den Schuldner zu leisten.

Dem Schuldner wird geboten, sich jeder Verfügung über die gepfändete Reallast und die gepfändete Forderung zu enthalten.

Zugleich werden die gepfändete Reallast und die gepfändete Forderung dem Gläubiger zur Einziehung überwiesen.

Pfändung wird wirksam mit Eintragung im Grundbuch.

---

[1] S. Erläuterung Rz. 5.

Erläuterungen bei *Muster 137.*

Muster 136   Reallast II

Anspruch auf Einzelleistungen

Hinweis: Zu benutzen ist das amtliche Formular Anlage 2 (zu § 2 Nr. 2) der Verordnung über Formulare für die Zwangsvollstreckung (Zwangsvollstreckungsformular-Verordnung – ZVFV) vom 23.8.2012 (BGBl. I 2012, S. 1822) in der geänderten Fassung aufgrund der Verordnung zur Änderung der Zwangsvollstreckungsformular-Verordnung vom 16.6.2014 (BGBl. I 2014, S. 754).

Hierbei ist das Feld „Anspruch G" oder eine gesonderte Anlage zu nutzen. Es wird folgender Text empfohlen:

Wegen ... und zusätzlich der Kosten der Eintragung im Grundbuch

wird die angebliche Forderung des Schuldners

gegen ... (Name und Adresse des Grundstückseigentümers) ...

(Drittschuldner)

auf bereits fällige (rückständige) und künftige[1] Einzelleistungen aus der Reallast, die angeblich für den Schuldner im Grundbuch des Amtsgerichts ... Blatt ... in Abt. II unter lfd.Nr. ... auf dem Grundstück ... Flurst. ... des Drittschuldners eingetragen ist,

gepfändet.

Dem Drittschuldner wird verboten, an den Schuldner zu zahlen.

Dem Schuldner wird geboten, sich jeder Verfügung über die gepfändete Forderung, insbesondere der Einziehung, zu enthalten.

Zugleich wird die gepfändete Forderung dem Gläubiger zur Einziehung überwiesen.

Pfändung wird wirksam mit Eintragung im Grundbuch.

---

1 S. Erläuterung Rz. 5.

Erläuterungen bei *Muster 137*.

Muster 137   Reallast III

Antrag auf Eintragung der Pfändung nach *Muster 135* und *136* im Grundbuch

An das Amtsgericht – Grundbuchamt – ...

Betr.: Grundbuch von ... Blatt ...

In der Zwangsvollstreckungssache

...   (Gläubiger)

gegen

...   (Schuldner)

überreiche ich eine Ausfertigung des Pfändungsbeschlusses des Amtsgerichts ... vom ... Az.: ... samt Zustellungsnachweis und

beantrage

als der im Pfändungsbeschluss legitimierte Vertreter des Vollstreckungsgläubigers, die Pfändung im Grundbuch einzutragen.

(Unterschrift)

1. Wesen der Reallast

Die Reallast ist die Belastung eines Grundstücks in der Weise, dass an den Berechtigten **wiederkehrende Leistungen „aus dem Grundstück"** zu erbringen sind, und zwar in Form des positiven Tuns und/oder Gebens, nicht etwa in Form des Unterlassens (§ 1105 BGB). Oft sichert die Reallast ein Altenteil. Sie wird in Abt. II des Grundbuchs eingetragen. Es gibt kei-

1

ne Reallast mit Brief. Meist steht die Reallast einer bestimmten Person zu, ist „subjektiv-persönlich" und ein selbständiges Recht, § 1111 Abs. 1 BGB. Sie kann aber auch dem jeweiligen Eigentümer eines anderen Grundstücks zustehen „subjektiv-dinglich" sein, und ist dann kein selbständiges Recht, sondern Bestandteil des „herrschenden" Grundstücks, § 1110 BGB.

2 Die **subjektiv-persönliche** Reallast ist übertragbar, es sei denn, der Anspruch auf die Einzelleistungen sei nicht übertragbar (§ 1111 Abs. 2 BGB). Die **subjektiv-dingliche** Reallast kann von dem herrschenden Grundstück nicht getrennt werden und teilt dessen Schicksal (§ 1110 BGB), ist somit nicht pfändbar.

2. Pfändung und Verwertung

3 **2.1 Die subjektiv-dingliche Reallast** als wesentlicher Bestandteil des herrschenden Grundstücks ist unübertragbar und daher **unpfändbar** (§ 851 Abs. 1). Der **Anspruch auf Einzelleistungen aber ist pfändbar**, weil auf sie die für Hypothekenforderungen geltenden Vorschriften entsprechend anwendbar sind (§ 1107 BGB).

4 **2.2 Die subjektiv-persönliche Reallast und der Anspruch auf Einzelleistungen daraus sind grundsätzlich pfändbar**; Unpfändbarkeit der Einzelleistungen (etwa nach §§ 399, 400 BGB, z.B. bei Pflegeverpflichtungen) ergreift aber auch die Reallast selbst.

5 **2.3 Verfahren:** Pfändung und Verwertung richten sich nach §§ 857 Abs. 6, 830 ZPO. Deshalb kann auf die Erläuterungen zur Buchhypothek verwiesen werden. Bei der Reallast kommt aber relativ häufig die **Pfändung lediglich rückständiger Leistungen** in Frage. Diese erfolgt nicht nach § 830 Abs. 1 ZPO, sondern nach § 829 ZPO (§ 830 Abs. 3 ZPO), bedarf also nicht der Eintragung im Grundbuch, wohl aber der Zustellung an den Drittschuldner. Ob künftige Leistungen pfändbar sind, ist umstritten.[1] Die Reallast als Recht kann nur Bestand haben, wenn die Einzelleistungen dem Berechtigten auch zustehen. Auch die künftigen Leistungen beim Erbbauzins sind nicht übertragbar, § 9 Abs. 2 ErbbauRG.

6 **Drittschuldner** ist der Grundstückseigentümer.

7 **Die Verwertung gepfändeter Naturalleistungsansprüche** jedoch lässt sich nicht wie die von Geldzahlungsansprüchen mittels Zwangsversteigerung des Grundstücks nach §§ 1107, 1147 BGB bzw. ZVG durchführen. Diese Ansprüche müssen vielmehr vor Erhebung der Drittschuldnerklage nach § 326 BGB in Geldzahlungsansprüche umgewandelt werden.

---

1 Vgl. MünchKomm/*Joost*, § 1110 BGB Rz. 4; a.A. Zöller/*Stöber*, § 857 ZPO Rz. 16.

Muster 138 Rechtsanwaltsgebühren I

Vergütung auf Grund Anwaltsvertrags

Hinweis: Zu benutzen ist das amtliche Formular Anlage 2 (zu § 2 Nr. 2) der Verordnung über Formulare für die Zwangsvollstreckung (Zwangsvollstreckungsformular-Verordnung – ZVFV) vom 23.8.2012 (BGBl. I 2012, S. 1822) in der geänderten Fassung aufgrund der Verordnung zur Änderung der Zwangsvollstreckungsformular-Verordnung vom 16.6.2014 (BGBl. I 2014, S. 754).

Hierbei ist das Feld „Anspruch G" oder eine gesonderte Anlage zu nutzen. Es wird folgender Text empfohlen:

Wegen ... wird die angebliche Forderung des Schuldners

gegen ... (Name und Anschrift des Mandanten) ... (Drittschuldner)

auf Zahlung der gesetzlichen Gebühren und Auslagen und eines vereinbarten Honorars für die Anwaltstätigkeit des Schuldners für den Drittschuldner ... (diese beschreiben, z.B.: Im Rechtsstreit gegen ... vor dem ... Gericht, Az.: ..., oder für laufende, auch künftige Rechtsberatung) ...

gepfändet.

Dem Drittschuldner wird verboten, an den Schuldner zu zahlen.

Dem Schuldner wird geboten, sich jeder Verfügung über die gepfändete Forderung, insbesondere ihrer Einziehung, zu enthalten.

Zugleich wird die gepfändete Forderung dem Gläubiger zur Einziehung überwiesen.

- *Der Gläubiger ist Rechtsanwalt.*[1]
- *Die Forderung ist rechtskräftig festgestellt, ein erster Vollstreckungsversuch ist fruchtlos ausgefallen und der Schuldner hat die ausdrückliche schriftliche Einwilligung des Drittschuldners zur Abtretung eingeholt.*[1]

---
1 Unter diesen Alternativen ist zu wählen.

Erläuterungen bei *Muster 139*.

Muster 139 Rechtsanwaltsgebühren II

Vergütung aufgrund gerichtlicher Beiordnung und als Pflichtverteidiger

Hinweis: Zu benutzen ist das amtliche Formular Anlage 2 (zu § 2 Nr. 2) der Verordnung über Formulare für die Zwangsvollstreckung (Zwangsvollstreckungsformular-Verordnung – ZVFV) vom 23.8.2012 (BGBl. I 2012, S. 1822) in der geänderten Fassung aufgrund der Verordnung zur Änderung der Zwangsvollstreckungsformular-Verordnung vom 16.6.2014 (BGBl. I 2014, S. 754).

Hierbei ist das Feld „Anspruch G" oder eine gesonderte Anlage zu nutzen. Es wird folgender Text empfohlen:

Muster 139 Rechtsanwaltsgebühren II

Wegen dieser Ansprüche sowie wegen der Kosten dieses Beschlusses und seiner Zustellung

werden die Forderungen gepfändet, die dem Schuldner angeblich zustehen

1. gegen ... (s. Rz. 8) ... (Drittschuldner zu 1)

   auf Vergütung aus der Staatskasse gemäß §§ 45, 50 RVG, weil er[1]

   im Wege der Prozesskostenhilfe

   im Wege der Verfahrenskostenhilfe (§ 78 FamFG)

   im Wege der Beratungshilfe § 44 RVG)

   nach § 11a des ArbGG

   im Rechtsstreit des ... (Namen der Klagepartei) ... gegen den ... (Name der beklagten Partei) ... vor dem ...gericht ...[1]

   – der Klagepartei

   – der beklagten Partei

   beigeordnet worden ist;

2. gegen ... (Name und Adresse der Gegenpartei des in Ziff. 1 genannten Rechtsstreits) ... (Drittschuldner zu 2)

   auf Zahlung der dem Schuldner gegen den Drittschuldner gemäß § 126 ZPO zustehenden Gebühren und Auslagen;

3. gegen ... (s. Rz. 6) ... (Drittschuldner zu 3)

   auf Zahlung der dem Schuldner als Pflichtverteidiger des Drittschuldners zu 4) im Strafverfahren Az.: ... vor dem ...gericht zustehenden Vergütung aus der Staatskasse;

4. gegen ... (Name und Adresse dessen, dem der Vollstreckungsschuldner als Pflichtverteidiger beigeordnet war) ... (Drittschuldner zu 4)

   auf Zahlung der dem Schuldner gegen den Drittschuldner zu 4) als Beschuldigten in dem in Ziff. 3 genannten Strafverfahren zustehenden Gebühren und Auslagen.

Dem Drittschuldner wird verboten, an den Schuldner zu zahlen.

Dem Schuldner wird geboten, sich jeder Verfügung über die gepfändeten Forderungen, insbesondere ihrer Einziehung, zu enthalten.

Zugleich werden die gepfändeten Forderungen dem Gläubiger zur Einziehung überwiesen.[1]

– Der Gläubiger ist Rechtsanwalt.

– Die Forderung ist rechtskräftig festgestellt, ein erster Vollstreckungsversuch ist fruchtlos ausgefallen, und der Schuldner hat die ausdrückliche schriftliche Einwilligung des Drittschuldners eingeholt.

---

1 Unter den folgenden Alternativen ist zu wählen.

1. Rechtsgrund und Abtretbarkeit des Vergütungsanspruchs

Der Vergütungsanspruch des Rechtsanwalts beruht entweder auf Anwaltsvertrag (§ 675 BGB) oder auf einem Gerichtsbeschluss, durch den der Rechtsanwalt im Zivil-, Verwaltungs- oder Strafprozess oder in Verfahren in Familiensachen und in Angelegenheiten der freiwilligen Gerichtsbarkeit einer Partei bzw. einem Beschuldigten oder Angeklagten beigeordnet wird. Der Anwaltsvertrag verpflichtet den Mandanten, dem Anwalt die gesetzlichen oder vereinbarten Gebühren zu bezahlen. Durch Beiordnung entsteht dem Rechtsanwalt ein Vergütungsanspruch gegen die Staatskasse, u.U. auch gegen die Gegenpartei (§§ 121 bis 127 ZPO, § 78 FamFG) oder den Verteidigten (§§ 50 bis 55 RVG).

1.1 Im Rahmen des Verfahrens zur Abgabe der eidesstattlichen Versicherung (jetzt Vermögensauskunft) verpflichtete der BGH (entgegen seiner früher vertretenen Ansicht[1]) einen ehemaligen Rechtsanwalt Namen und Anschriften seiner Mandanten sowie die Höhe der ihm gegen sie zustehenden Forderungen anzugeben. Weder § 203 StGB noch § 49b IV BRAO stehen dieser Verpflichtung entgegen, sofern nicht ausnahmsweise konkrete Anhaltspunkte dafür vorliegen, dass eine außergewöhnliche Beeinträchtigung der Grundrechte von Mandanten zu befürchten ist.[2] Weiter betont der BGH, da *Honorarforderungen von Rechtsanwälten trotz Verschwiegenheitspflicht grundsätzlich pfändbar sind*, ist der Rechtsanwalt als Schuldner gemäß § 807 ZPO verpflichtet, Namen und Anschriften seiner Mandanten sowie die Höhe der ihm gegen sie zustehenden Forderungen in der eidesstattlichen Versicherung abzugeben. Damit dürfte die ältere Rechtsprechung überholt sein.

1.2 Die ältere Rechtsprechung ist durch die Einfügung des **§ 49b Abs. 4** in die **BRAO** bereits teilweise überholt worden; diese Bestimmung lautet:

(4) Die Abtretung von Vergütungsforderungen oder die Übertragung ihrer Einziehung an Rechtsanwälte oder rechtsanwaltliche Berufsausübungsgemeinschaften (§ 59a) ist zulässig. Im Übrigen sind Abtretung oder Übertragung nur zulässig, wenn eine ausdrückliche, schriftliche Einwilligung des Mandanten vorliegt oder die Forderung rechtskräftig festgestellt ist. Vor der Einwilligung ist der Mandant über die Informationspflicht des Rechtsanwalts gegenüber dem neuen Gläubiger oder Einziehungsermächtigten aufzuklären. Der neue Gläubiger oder Einziehungsermächtigte ist in gleicher Weise zur Verschwiegenheit verpflichtet wie der beauftragte Rechtsanwalt.

Entgegen der älteren BGH-Rechtsprechung ist die Abtretung der Gebührenforderung an einen (anderen) Rechtsanwalt wirksam[3], die **Abtretung** an einen **Nichtanwalt** aber ist **nur wirksam, wenn**

– ein rechtskräftiger Titel vorliegt und

---

1 BGH v. 25.3.1993 – IX ZR 192/92, NJW 1993, 1638; v. 13.5.1993 – IX ZR 234/92, NJW 1993, 1912; v. 24.6.1993 – 4 StR 570/92, NJW 1993, 2759.
2 BGH v. 2.12.2009 – I ZB 65/09, NJW 2010, 1380 = DGVZ 2010, 129.
3 LG Regensburg v. 30.9.2004 – 2 S 358/03, NJW 2004, 3496; *Paulus*, NJW 2004, 21; a.A. LG München I v. 9.12.2003 – 13 S 9710/03, NJW 2004, 451.

– der Mandant seinem Rechtsanwalt gegenüber ausdrücklich und schriftlich zugestimmt hat.

2. Pfändung und Verwertung

5 **2.1** Während nach der „abtretungsfeindlichen" Rechtsprechung des BGH die Pfändung der Vergütungsforderung noch als wirksam angesehen werden konnte mit der Maßgabe, dass die Auskunftspflicht des Vollstreckungsschuldners nach § 836 Abs. 3 Satz 1 ZPO nicht entstand,[4] lässt sich diese Meinung jetzt nicht mehr vertreten:

6 Weil die Honorarforderung an **einen Rechtsanwalt abgetreten** werden kann, ist sie für einen Rechtsanwalt auch pfändbar, und zu **seinen Gunsten entsteht** auch die Auskunftspflicht nach § 836 Abs. 3 Satz 1 ZPO. Ebenso ist die Honorarforderung zugunsten eines Nichtanwalts pfändbar, wenn die Voraussetzungen für ihre Abtretung an ihn gegeben sind.

7 Die Abtretung an einen Nichtanwalt ist bei Fehlen dieser Voraussetzungen aber „unzulässig". Gleich, ob diese Formulierung einen Ausschluss der Abtretbarkeit (wie etwa in § 400 BGB), eine allgemeine Beschränkung der gesetzlichen, rechtlichen Gestaltungsbefugnis (wie etwa in § 137 Satz 1 BGB) oder ein gesetzliches Verbot nach § 134 BGB – das sich seinem Zweck nach gegen beide Vertragspartner richtet – bedeutet: § 851 Abs. 1 ZPO erklärt die Honorarforderung als nicht der Pfändung unterworfen.[5]

Der Gesetzgeber hat also – wohl ungewollt – für Rechtsanwälte einen Pfändungsschutz durch die Hintertür geschaffen.

Der Vollstreckungsgläubiger muss also in seinem Pfändungsantrag das Vorliegen einer der beiden Voraussetzungen für die Pfändbarkeit vortragen.

8 **2.2** Die Vergütungsforderung ist mit dieser Maßgabe nach §§ 829, 835 ZPO zu pfänden und zu überweisen.

9 **Drittschuldner** ist im Fall des Anwaltsvertrags der Mandant, bei Beiordnung nach den Vorschriften der ZPO die Staatskasse[6] – im Verfahren vor Bundesgerichten die Bundeskasse, im Verfahren vor Landesgerichten die Landeskasse – (§ 121 ZPO) und ggf. die Gegenpartei (§ 126 ZPO), bei Bestellung als Pflichtverteidiger in gleicher Weise die Staatskasse (§ 103 StPO) und der Verteidigte (§§ 103, 100 StPO).

10 **2.3 Vollstreckungsschutz** wird nach §§ 850i, 850 f. ZPO gewährt.

11 **2.4 Verfahrensrechtliches**: Die dem Rechtsanwalt für seine Tätigkeit in einem Rechtsstreit zustehenden Gebühren können nach § 11 RVG fest-

---

4 BGH v. 2.12.2009 – I ZB 65/09, NJW 2010, 1380 = DGVZ 2010, 129; *Diepold*, MDR 1993, 235 und OLG Stuttgart v. 11.5.1994 – 8 W 89/94, NJW 1994, 2838.
5 *Diepold*, MDR 1995, 23; a.A. *Berger*, NJW 1995, 1406 und *Wurz/Bergmann*, Die Abtretung von Honorarforderungen schweigepflichtiger Gläubiger, S. 226 f.
6 LG Nürnberg-Fürth v. 20.10.1997 – 13 T 8998/97, Rpfleger 1998, 118.

gesetzt werden, wenn der Mandant nicht Einwendungen außerhalb des Gebührenrechts erhebt. Wenn diese Festsetzung möglich ist, fehlt einer Gebührenklage das Rechtsschutzinteresse. **Das gilt auch für den Vollstreckungsgläubiger.**

Die Gebühren des beigeordneten Rechtsanwalts gegen die Staatskasse werden durch den Urkundsbeamten festgesetzt. Der Vollstreckungsgläubiger kann den Festsetzungsantrag anstelle des Vollstreckungsschuldners stellen. 12

3. Nach Meinung des LG München II[7] soll das Verbot der Abtretung von Honorarforderungen auch für „verkammerte" **Rechtsbeistände** gelten, obwohl auf diese § 203 StGB weder unmittelbar noch entsprechend anzuwenden sei; denn ihre Verschwiegenheitspflicht beruhe – wie die der Rechtsanwälte – auf Gewohnheitsrecht. 13

Muster 140   Rechtsanwaltsversorgung

Hinweis: Zu benutzen ist das amtliche Formular Anlage 2 (zu § 2 Nr. 2) der Verordnung über Formulare für die Zwangsvollstreckung (Zwangsvollstreckungsformular-Verordnung – ZVFV) vom 23.8.2012 (BGBl. I 2012, S. 1822) in der geänderten Fassung aufgrund der Verordnung zur Änderung der Zwangsvollstreckungsformular-Verordnung vom 16.6.2014 (BGBl. I 2014, S. 754).

Hierbei ist das Feld „Anspruch G" oder eine gesonderte Anlage zu nutzen. Es wird folgender Text empfohlen:

Wegen... wird die angebliche Forderung des Schuldners

gegen... (s. Rz. 3)...   *(Drittschuldner)*

gepfändet, welche auf Zahlung des fortlaufenden Altersruhegeldes, der fortlaufenden Rente wegen Berufs- oder Erwerbsunfähigkeit oder sonstiger fortlaufender Renten gerichtet ist.

Die Pfändung wird gemäß § 850c ZPO beschränkt.

Vorbemerkung

Die Regelung der öffentlich-rechtlichen Versorgung von **Freiberuflern** gehört zur Gesetzgebungskompetenz der Länder, die davon Gebrauch gemacht haben, teils, indem sie sich durch Staatsverträge den Versorgungseinrichtungen eines anderen Landes angeschlossen haben.

Nicht für alle Freiberufler gibt es solche Versorgungseinrichtungen. Manche Freiberufler, wie Künstler und Publizisten, sind der Sozialversicherung angeschlossen. Wegen der Verschiedenartigkeit der Gesetze müssen die jeweiligen Ländergesetze eingesehen werden. Die **Grundsätze der Pfändung** sind aber **in allen Ländern die gleichen**, weil das Recht der

---
7 LG München II v. 19.10.1993 – 2 S 2332/92, NJW-RR 1994, 437.

Zwangsvollstreckung Bundesrecht ist. Sollte ein Land in seinen Versorgungs-(Versicherungs-)gesetzen etwa die Unabtretbarkeit von Versorgungsansprüchen normieren, so könnte dies vor dem Grundgesetz keinen Bestand haben, weil die Ungleichbehandlung mit den – meist deutlich niedrigeren – Sozialrenten auf der Hand läge.

Überwiegend gibt es folgende Versorgungsanstalten für Freiberufler:

die *Ärzteversorgung* für Ärzte, Zahnärzte und Tierärzte,
die Apothekerversorgung,
die Architektenversorgung,
die Ingenieurversorgung,
die Rechtsanwaltsversorgung,
das Versorgungswerk der *Psychotherapeutenkammer,*
das Versorgungswerk der *Wirtschaftsprüfer und der vereidigten Buchprüfer*

die grundsätzlich alle **Anstalten des öffentlichen Rechts** sind.

1. Rechtsgrundlage der Versorgungsansprüche

1 Die **Versorgung von Freiberuflern** gehört zur Gesetzgebungskompetenz der Länder (Art. 70 ff. GG). Die einzelnen Landesgesetze regeln die Materie nicht immer auf die gleiche Weise. Regelungen über Übertragbarkeit und Verpfändbarkeit von Versorgungsansprüchen finden sich in diesen Gesetzen häufig, haben aber keine Auswirkung auf die Pfändbarkeit (unten Rz. 3).

2 Das Gesetz über die Rechtsanwaltsversorgung in Nordrhein-Westfalen (RAVG NW)[1] z.B. bestimmt das Versorgungswerk der Rechtsanwälte im Land Nordrhein-Westfalen zu einer Körperschaft des öffentlichen Rechts, § 1 Abs. 1 RAVG NW. Der Vorstand besteht aus sieben Mitgliedern, § 5 Abs. 1. Mitglieder sind die Rechtsanwaltskammern. Der gewählte Präsident vertritt das Versorgungswerk gerichtlich und außergerichtlich, § 5 Abs. 3. Nach § 8 erbringt das Versorgungswerk folgende Leistungen: Altersrente, Berufsunfähigkeitsrente, Hinterbliebenenrente, Erstattung von Beiträgen, Übertragung von Beiträgen auf einen anderen Versorgungsträger, Kapitalabfindung für hinterbliebene Ehegatten, deren Rentenanspruch durch Wiederverheiratung erlischt, und Kapitalabfindung für Mitglieder, deren Rentenanspruch den in der Satzung bestimmten monatlichen Mindestbetrag nicht erreicht. Die Satzung kann weiterhin Zuschüsse zu Rehabilitationsmaßnahmen und ein Sterbegeld vorsehen.

2. Pfändung und Verwertung

3 **2.1** Die Pfändung ist in § 10 RAVG NW nach dem Vorbild des § 54 SGB I geregelt.

---

1 RAVG NW v. 6.11.1984 (GV. NW., S. 684), Stand Januar 2014.

Versorgungsansprüche sind auch dann pfändbar, wenn ihre Übertragung 4
in der Satzung einer Anstalt des öffentlichen Rechts ausgeschlossen wäre.[2] Beispielhaft ist in § 11 Abs. 1 RAVG BW geregelt, dass Ansprüche auf Leistungen weder vom Anspruchsberechtigten abgetreten noch verpfändet werden. Allerdings hat der BGH[3] entschieden, dass die Unpfändbarkeit von landesgesetzlich begründeten Ansprüchen des öffentlichen Rechts aus deren Unabtretbarkeit nur dann folgt, wenn die Unpfändbarkeit mit dem verfassungsrechtlich geschützten Befriedigungsrecht der Gläubiger vereinbar ist. Hiernach sind Ansprüche gegen das Versorgungswerk für Rechtsanwälte in Baden Württemberg trotz ihrer Unabtretbarkeit grundsätzlich in den Grenzen von § 850c ZPO pfändbar.

2.2 Gepfändet und überwiesen wird also nach §§ 829, 835 ZPO, auf die 5
auch § 54 SGB I verweist.

Drittschuldnerin ist die jeweilige Versorgungseinrichtung, nämlich: 6

Versorgungswerk der Rechtsanwälte in Baden-Württemberg
Hohe Str. 16
70174 Stuttgart
Tel.: 07 11/2 99 10 51/52
Fax: 07 11/2 99 16 50
www.vw-ra.de
E-Mail: info@vw-rae.de

Bayerische Rechtsanwalts- und Steuerberaterversorgung
Arabellastr. 31
81925 München
Tel.: 089/92 35-70 50
Fax: 089/92 35-70 40
www.brastv.de
E-Mail: brastv@versorgungskammer.de

Versorgungswerk der Rechtsanwälte in Berlin
Walter-Benjamin-Platz 6
10629 Berlin
Tel.: 030/8871825
www.b-rav.de
E-Mail: info@b-rav.de

Versorgungswerk der Rechtsanwälte im Land Brandenburg
Grillendamm 2
14776 Brandenburg a.d. Havel
Tel.: 0 33 81/2 53 40
Fax: 0 33 81/2 53 40
E-Mail: info@vwra.de

---

2 OLG München v. 21.1.1991 – 13 W 2720/90, Rpfleger 1991, 262.
3 BGH v. 25.8.2004 – IXa ZB 271/03, NJW 2004, 3770 = Rpfleger 2005, 34.

Hanseatische Rechtsanwaltsversorgung Bremen
Bahnhofstr. 5
29221 Celle
Tel.: 0 51 41/9 19 70
Fax: 0 51 41/91 97 20

und

Knochenhauerstr. 36/37
28195 Bremen
Tel: 0421/1 68 97-0
Fax: 0421/1 68 97-20
www.hrav.de

Versorgungswerk der Rechtsanwältinnen und Rechtsanwälte in Hamburg
Esplanade 39
20354 Hamburg
Tel: 040/325 09 8-88
Fax: 040/325 09 8-89
www.vw-ra-hh.de

Versorgungswerk der Rechtsanwälte im Lande Hessen
Bockenheimer Landstr. 23
60325 Frankfurt
Tel.: 069/7 13 76 70
Fax: 069/71 37 67 30
www.vw-ra-hessen.de

Versorgungswerk der Rechtsanwälte in Mecklenburg-Vorpommern
Bleicherufer 9
19053 Schwerin
Tel.: 0385/760 60-0
Fax: 0385/760 60 20
www.versorgungswerk-ra-mv.de
E-Mail: info@versorgungswerk-ra-mv.de

Rechtsanwaltsversorgung Niedersachsen
Bahnhofstr. 5
29221 Celle
Tel.: 0 51 41/9 19 70
Fax: 0 51 41/91 97 20
www.rnv.de
E-Mail: info@rvn.de

Versorgungswerk der Rechtsanwälte im Land Nordrhein-Westfalen
Breite Straße 67
40213 Düsseldorf
Tel.: 0211/353845
Fax: 0211/350264
www.vsw-ra-nw.de
E-Mail: info@vsw-ra-nw.de

Versorgungswerk der rheinland-pfälzischen Rechtsanwaltskammern
Löhrstraße 113
56068 Koblenz
Tel.: 02 61/1 57 75-0/-3
Fax: 02 61/1 47 35
www.versorgungswerk-rlp.de

Versorgungswerk der Rechtsanwaltskammer des Saarlandes
Am Schloßberg 5
66119 Saarbrücken
Tel.: 06 81/58 82 80
Fax: 06 81/58 10 47
www.rak-saar.de
E-Mail: zentrale@rak-saar.de

Sächsisches Rechtsanwalts-Versorgungswerk
Am Wallgäßchen 1a–2b
01097 Dresden
Tel.: 03 51/8 10 50 70
Fax: 03 51/8 10 50 81
www.s-r-v.de
E-Mail: info@s-r-v.de

Versorgungswerk der Rechtsanwälte Sachsen-Anhalt:
Breite Straße 67
D-40213 Düsseldorf
Tel: 0211/8829320-0
Fax: 0211/8829320-99
E-Mail: info@rvw-lsa.de
www.rvw-lsa.de

Schleswig-Holsteinisches Versorgungswerk für Rechtsanwälte
Gottorfstr. 13
24837 Schleswig
Tel.: 04621/30157-0
Fax: 04621/3015729
www.rechtsanwaltsversorgung-sh.de

Versorgungswerk der Rechtsanwälte in Thüringen
Lange Brücke 21
99084 Erfurt
Tel.: 03 61/5 66 85 27
Fax: 03 61/5 66 85 38

Die **Vertretung der Versorgungseinrichtungen**, auch in ihrer Eigenschaft 7
als Drittschuldner, obliegen bei der Mehrzahl dieser Versorgungswerke
dem Vorsitzenden bzw. Präsidenten des Vorstands (Baden-Württemberg,
Hessen; Nordrhein-Westfalen; Präsident) oder des Verwaltungsausschusses (Niedersachsen; Schleswig-Holstein; Rheinland-Pfalz). Die bayerische
Rechtsanwaltsversorgung wird durch die Bayerische Versorgungskammer

gesetzlich vertreten. Das saarländische Versorgungswerk wird durch den Präsidenten der Rechtsanwaltskammer Saarbrücken gesetzlich vertreten.

Muster 141 Rentenschuld mit Brief I

Der Vollstreckungsschuldner besitzt den Brief

Hinweis: Zu benutzen ist das amtliche Formular Anlage 2 (zu § 2 Nr. 2) der Verordnung über Formulare für die Zwangsvollstreckung (Zwangsvollstreckungsformular-Verordnung – ZVFV) vom 23.8.2012 (BGBl. I 2012, S. 1822) in der geänderten Fassung aufgrund der Verordnung zur Änderung der Zwangsvollstreckungsformular-Verordnung vom 16.6.2014 (BGBl. I 2014, S. 754).

Hierbei ist das Feld „Anspruch G" oder eine gesonderte Anlage zu nutzen. Es wird folgender Text empfohlen:

Wegen ... und zusätzlich der Kosten der Briefwegnahme und der Eintragung im Grundbuch werden gepfändet:

a) die angeblich für den Schuldner im Grundbuch des Amtsgerichts ... Blatt ... in Abt. III unter lfd.Nr. ... auf dem Grundstück Flurst. ... des ... (Name und Adresse des Grundstückseigentümers) ...   (Drittschuldner)

eingetragene Rentenschuld mit Brief,

b) die angeblichen Ansprüche des Schuldners gegen den Drittschuldner auf rückständige und künftig fällige Geldleistungen aus dem Grundstück und auf die Ablösungssumme.

Der Schuldner hat den über die gepfändete Rentenschuld gebildeten Rentenschuldbrief an den Gläubiger herauszugeben.

Dem Drittschuldner wird verboten, an den Schuldner zu leisten.

Dem Schuldner wird geboten, sich jeder Verfügung über die gepfändete Rentenschuld und die gepfändeten Ansprüche, insbesondere der Einziehung, zu enthalten.

Zugleich werden die gepfändete Rentenschuld und die gepfändeten Ansprüche dem Gläubiger zur Einziehung überwiesen.

Die Anordnung, dass der Schuldner den Rentenschuldbrief herauszugeben hat, wird mit Zustellung dieses Beschlusses an ihn wirksam. Pfändung und Überweisung werden wirksam, sobald der Gläubiger Besitz am Rentenschuldbrief erlangt oder der Gerichtsvollzieher dem Schuldner den Brief im Auftrag des Gläubigers wegnimmt.

Erläuterungen bei *Muster 144.*

Muster 142 Rentenschuld mit Brief II

Der Vollstreckungsschuldner besitzt den Brief nicht

Hinweis: Zu benutzen ist das amtliche Formular Anlage 2 (zu § 2 Nr. 2) der Verordnung über Formulare für die Zwangsvollstreckung (Zwangsvollstreckungsformular-Verordnung – ZVFV) vom 23.8.2012 (BGBl. I 2012, S. 1822) in der geänderten Fassung aufgrund der Verordnung zur Änderung der Zwangsvollstreckungsformular-Verordnung vom 16.6.2014 (BGBl. I 2014, S. 754).

Hierbei ist das Feld „Anspruch G" oder eine gesonderte Anlage zu nutzen. Es wird folgender Text empfohlen:

Wegen ... und zusätzlich der Kosten der Eintragung im Grundbuch werden gepfändet:

a) die angeblich für den Schuldner im Grundbuch des Amtsgerichts ... Blatt ... in Abt. III unter lfd.Nr. ... auf dem Grundstück Flurst. ... des ... (Name und Adresse des Grundstückseigentümers) ...   (Drittschuldner zu 1)

eingetragene Rentenschuld mit Brief,

b) die angeblichen Ansprüche des Schuldners gegen den Drittschuldner auf rückständige und künftig fällige Geldleistungen aus dem Grundstück und auf die Ablösungssumme,

c) der angebliche Anspruch des Schuldners gegen ...   (Drittschuldner zu 2)[1]

auf Herausgabe des über die gepfändete Rentenschuld gebildeten Rentenschuldbriefes.

Den Drittschuldnern wird verboten, an den Schuldner zu leisten.

Dem Schuldner wird geboten, sich jeder Verfügung über die gepfändete Rentenschuld und die gepfändeten Ansprüche, insbesondere der Einziehung, zu enthalten.

Zugleich werden die gepfändete Rentenschuld und die gepfändeten Ansprüche dem Gläubiger zur Einziehung überwiesen.

Pfändung und Überweisung des Anspruchs auf Herausgabe des Rentenschuldbriefes werden wirksam mit Zustellung dieses Beschlusses an den Drittschuldner. Im Übrigen werden Pfändung und Überweisung wirksam, sobald der Gläubiger Besitz am Rentenschuldbrief erlangt oder der Gerichtsvollzieher dem Schuldner den Brief im Auftrag des Gläubigers wegnimmt.

---

1 Wenn dieser mit dem Grundstückseigentümer identisch ist, genügt die Formulierung „gegen den Drittschuldner".

Erläuterungen bei *Muster 144.*

Muster 143 Rentenschuld ohne Brief I

Hinweis: Zu benutzen ist das amtliche Formular Anlage 2 (zu § 2 Nr. 2) der Verordnung über Formulare für die Zwangsvollstreckung (Zwangsvollstreckungsformular-Verordnung – ZVFV) vom 23.8.2012 (BGBl. I 2012, S. 1822) in der geänderten Fassung aufgrund der Verordnung zur Änderung der Zwangsvollstreckungsformular-Verordnung vom 16.6.2014 (BGBl. I 2014, S. 754).

Hierbei ist das Feld „Anspruch G" oder eine gesonderte Anlage zu nutzen. Es wird folgender Text empfohlen:

Hinweis:

Wenn dieser mit dem Grundstückseigentümer identisch ist, genügt die Formulierung „gegen den Drittschuldner".

Wegen ... und zusätzlich der Kosten der Eintragung im Grundbuch werden gepfändet:

a) Die angeblich für den Schuldner im Grundbuch des Amtsgerichts ... Gemäß ... Band ... Blatt ... in Abt. III unter lfd.Nr. ... auf dem Grundstück Flurst. ... des ... (Name und Adresse des Grundstückseigentümers) ...

(Drittschuldner)

eingetragene Rentenschuld ohne Brief,[1]

b) seine angeblichen Ansprüche auf rückständige und künftig fällig werdende Geldleistungen aus dem Grundstück und auf die Ablösungssumme.

Dem Drittschuldner wird verboten, an den Schuldner zu leisten.

Dem Schuldner wird geboten, sich jeder Verfügung über die gepfändete Rentenschuld und die gepfändeten Ansprüche, insbesondere der Einziehung, zu enthalten.

Zugleich werden die gepfändete Rentenschuld und die gepfändeten Ansprüche dem Gläubiger zur Einziehung überwiesen.

Pfändung und Überweisung werden wirksam mit Eintragung der Pfändung im Grundbuch.

---

[1] **Achtung!** Unbedingt die Pfändung im Grundbuch eintragen lassen (dazu *Muster 144*), sonst kann sie nicht wirksam werden (§ 830 ZPO).

Erläuterungen bei *Muster 144*.

Muster 144 Rentenschuld ohne Brief II

Antrag auf Eintragung der Pfändung nach Muster 143 im Grundbuch

An das Amtsgericht – Grundbuchamt – ...

Betr.: Grundbuch von ... Blatt ...

In der Zwangsvollstreckungssache

... (Gläubiger)

gegen

... (Schuldner)

überreiche ich eine Ausfertigung des Pfändungs- und Überweisungsbeschlusses des Amtsgerichts ... vom ... Az.: ... und

beantrage

als der im Pfändungsbeschluss legitimierte Vertreter des Vollstreckungsgläubigers, die Pfändung der bezeichneten Rentenschuld im Grundbuch einzutragen.

(Unterschrift)

1. Wesen der Rentenschuld

Eine Rentenschuld ist eine **Grundschuld**, die in der Weise bestellt ist, dass zu regelmäßig wiederkehrenden Terminen eine bestimmte Geldsumme aus dem Grundstück zu zahlen ist; bei der Bestellung der Rentenschuld muss der – im Grundbuch anzugebende – Betrag bestimmt werden, durch dessen Zahlung die Rentenschuld abgelöst werden kann (§ 1199 BGB). Durch die Rentenschuld ist also das Grundstück mit einer Rente belastet. Der Grundstückseigentümer hat das Recht, die Rentenschuld durch Zahlung der hierfür bestimmten Ablösungssumme abzulösen, nachdem er vorher – regelmäßig mit einer Frist von 6 Monaten – gekündigt hat; der Gläubiger kann die Ablösung nicht verlangen (§§ 1201, 1202 BGB). Von der Reallast unterscheidet sich die Rentenschuld durch die Ablösungsmöglichkeit und durch die Möglichkeit der Umwandlung in eine Grundschuld. Die Rentenschuld ist eine Form des Grundkredits.

2. Pfändung und Verwertung

Auf die Zwangsvollstreckung in eine Rentenschuld sind ebenso wie auf die Zwangsvollstreckung in eine Grundschuld die Vorschriften über die Zwangsvollstreckung in eine Forderung, für die eine Hypothek besteht, entsprechend anzuwenden (§ 857 Abs. 6 ZPO).

Wegen der Vollstreckung in die Rentenschuld selbst wird daher auf die Erläuterungen bei *Muster 91*, wegen der Vollstreckung in Ansprüche auf fällige und künftige Einzelleistungen auf *Muster 136* verwiesen.

◯ **Beachte:** Die Eintragung der Pfändung im Grundbuch ist unbedingt zu beantragen (hierzu *Muster 144*), bei der Rentenschuld mit Brief ist der Brief dem Antrag beizugeben.

Muster 145   Sachversicherung

Hinweis: Zu benutzen ist das amtliche Formular Anlage 2 (zu § 2 Nr. 2) der Verordnung über Formulare für die Zwangsvollstreckung (Zwangsvollstreckungsformular-Verordnung – ZVFV) vom 23.8.2012 (BGBl. I 2012, S. 1822) in der geänderten Fassung aufgrund der Verordnung zur Änderung der Zwangsvollstreckungsformular-Verordnung vom 16.6.2014 (BGBl. I 2014, S. 754).

Hierbei ist das Feld „Anspruch G" oder eine gesonderte Anlage zu nutzen. Es wird folgender Text empfohlen:

Wegen ... werden die angeblichen Ansprüche des Schuldners

gegen ... (genaue Bezeichnung der Versicherungsgesellschaft und ihrer gesetzlichen Vertretung) ...   (Drittschuldnerin)

aus dem ...versicherungsvertrag[1] Nr. ..., insbesondere die Ansprüche auf Zahlung der Versicherungssumme und auf Aushändigung des Versicherungsscheines

gepfändet.[2]

Der Schuldner hat den Versicherungsschein an den Gläubiger herauszugeben.

---
1 Versicherungsart benennen, z.B. Kaskoversicherungsvertrag.
2 Zur Versicherung auf fremde Rechnung s. Rz. 8.

1. Inhalt der Sachversicherung

1   „Sachversicherung" nennt man solche Versicherungen, welche den Versicherungsnehmer für **Verlust** oder **Beschädigung** von Sachen entschädigen sollen, z.B. Hagel-, Hausrat-, Kaskoversicherung.

2   Der Sachversicherer leistet nach Eintritt des Versicherungsfalles die im Versicherungsvertrag versprochene Entschädigungsleistung, höchstens in Höhe der Versicherungssumme.[1]

3   Soweit sich die Versicherung auf unpfändbare Sachen bezieht, kann die Forderung aus der Versicherung nur von solchen Gläubigern gepfändet werden, die dem Versicherungsnehmer (Schuldner) zum Ersatz der zerstörten oder beschädigten Sachen andere Sachen geliefert haben; dem steht derjenige gleich, der Geld zur Anschaffung vorgeschossen hat, wenn die Sache geliefert worden ist (§ 17 VVG, § 851 ZPO).

4   Ist der Versicherer nach den Versicherungsbestimmungen nur verpflichtet, einen Teil der Entschädigungssumme (den Mehrbetrag, den der Versicherer über den Zeitwert i.S. des § 88 VVG hinaus zu bezahlen hat) zur Wiederbeschaffung oder Wiederherstellung der versicherten Sache – nicht nur Gebäude – zu zahlen, so kann der Versicherungsnehmer die Zahlung

---
1 Vgl. Versicherungsvertragsgesetz – VVG v. 23.11.2007, BGBl. I 2007, S. 2631, zuletzt geändert durch Art. 3 Gesetz vom 15.7.2013 (BGBl. I 2013, S. 2423).

erst verlangen, wenn die Wiederherstellung gesichert ist (§ 93 VVG). In Abweichung von der – abdingbaren – Vorschrift des § 93 VVG, lassen es die AVB teilweise ausreichen, wenn die bestimmungsgemäße Verwendung des Geldes sichergestellt ist. Diese Zweckbindung bewirkt, dass die Forderung des Versicherungsnehmers auf die Entschädigungssumme vor der Wiederherstellung oder Wiederbeschaffung der Sache nur an den Erwerber der Sache oder an solche Gläubiger des Versicherungsnehmers übertragen werden kann, welche Arbeiten oder Lieferungen zur Wiederherstellung oder Wiederbeschaffung der Sache übernommen oder bewirkt haben. Der Anspruch auf den Neuwertanteil entsteht bis zum Eigentumsübergang in der Person des Grundstücksveräußerers, wenn bis dahin die Wiederherstellung sichergestellt ist.[2]

2. Pfändung und Verwertung

Der Anspruch des Versicherungsnehmers ist nach §§ 829 ff. ZPO pfändbar; soweit der Anspruch gegen den Versicherer nicht abtretbar ist (siehe vorstehend Rz. 1 ff.), ist er unpfändbar (§ 851 ZPO). 5

Gibt der Schuldner trotz der Anordnung im Beschluss (hierzu § 836 Abs. 3 Satz 1 ZPO) den Versicherungsschein nicht heraus, so nimmt ihn der Gerichtsvollzieher im Auftrag des Gläubigers dem Schuldner weg und übergibt ihn dem Gläubiger (§ 883 Abs. 1 ZPO). Als „Titel" für diese Hilfspfändung dient der Pfändungs- und Überweisungsbeschluss; dieser bedarf keiner Klausel. Die vom Schuldner herauszugebende Urkunde – Versicherungsschein – ist im Pfändungs- und Überweisungsbeschluss anzugeben. Eine besondere Herausgabeanordnung ist allerdings grundsätzlich nicht erforderlich.[3] 6

Ist der Versicherungsschein nicht aufzufinden, hat der Schuldner auf Antrag des Gläubigers an Eides statt zu versichern, dass er die Sache nicht besitze und auch nicht wisse, wo die Sache sich befinde. 7

3. Versicherung auf fremde Rechnung

Neben der Eigenversicherung kann der Versicherungsnehmer den Versicherungsvertrag auch im eigenen Namen für einen anderen, mit oder ohne Benennung der Person des Versicherten, schließen (Versicherung für fremde Rechnung), § 43 Abs. 1 VVG. In diesem Fall ist anzunehmen, dass der Versicherungsnehmer nicht als Vertreter, sondern im eigenen Namen für fremde Rechnung handelt. Bei einer solchen Versicherung für fremde Rechnung stehen die **Rechte aus dem Versicherungsvertrag** dem Versicherten zu. Die Übermittlung des Versicherungsscheins kann jedoch nur der Versicherungsnehmer verlangen, § 44 VVG. Der Versicherte kann ohne **Zustimmung** des Versicherungsnehmers nur dann über seine Rechte 8

---

2 BGH v. 18.2.2004 – IV ZR 94/03, MDR 2004, 807 = NJW-RR 2004, 753.
3 BGH v. 28.6.2006 – VII ZB 142/05, MDR 2007, 50 = JurBüro 2006, 547.

verfügen und diese Rechte gerichtlich geltend machen, wenn er im Besitz des Versicherungsscheins ist.

Nach § 45 VVG kann der Versicherungsnehmer aber weiterhin über die Rechte, die dem Versicherten aus dem Versicherungsvertrag zustehen, im eigenen Namen verfügen. Ist ein Versicherungsschein ausgestellt, ist der Versicherungsnehmer ohne **Zustimmung** des Versicherten zur Annahme der Leistung des Versicherers und zur Übertragung der Rechte des Versicherten nur befugt, wenn er im Besitz des Versicherungsscheins ist. Der Versicherer wiederum ist zur Leistung an den Versicherungsnehmer nur verpflichtet, wenn der Versicherte seine Zustimmung zu der Versicherung erteilt hat.

Dies bedeutet im Ergebnis, dass der Gläubiger auch gegen den versicherten Dritten (als Schuldner) den Anspruch auf Zahlung gegen die Versicherung im Schadensfall pfänden kann. Weiter pfändbar sind die Ansprüche auf Aushändigung des Versicherungsscheins und Zustimmung zur Auszahlung des Entschädigungsanspruchs gegenüber dem Versicherungsnehmer.

Muster 146 Sachverständigenvergütung

Hinweis: Zu benutzen ist das amtliche Formular Anlage 2 (zu § 2 Nr. 2) der Verordnung über Formulare für die Zwangsvollstreckung (Zwangsvollstreckungsformular-Verordnung – ZVFV) vom 23.8.2012 (BGBl. I 2012, S. 1822) in der geänderten Fassung aufgrund der Verordnung zur Änderung der Zwangsvollstreckungsformular-Verordnung vom 16.6.2014 (BGBl. I 2014, S. 754).

Hierbei ist das Feld „Anspruch G" oder eine gesonderte Anlage zu nutzen. Es wird folgender Text empfohlen:

Wegen ... wird der angebliche Anspruch des Schuldners

gegen   ... (vgl. Rz. 2 der Erläuterung) ...   (Drittschuldner)

auf Bezahlung der Sachverständigenvergütung für die Zuziehung in dem Verfahren ... (Bezeichnung der Parteien und Angabe des Aktenzeichens) ... vor dem ... (Gericht/Behörde bezeichnen) ...

gepfändet.

1. Vergütung

1 **Sachverständige, Dolmetscher und Übersetzer, die von dem Gericht, der Staatsanwaltschaft**, der Finanzbehörde in den Fällen, in denen diese das Ermittlungsverfahren selbstständig durchführt, der Verwaltungsbehörde im Verfahren nach dem Gesetz über Ordnungswidrigkeiten oder dem Gerichtsvollzieher **herangezogen werden**, erhalten nach dem Gesetz über Vergütung von Sachverständigen, Dolmetscherinnen, Dolmetschern, Übersetzerinnen und Übersetzern sowie die Entschädigung von ehrenamt-

lichen Richterinnen, ehrenamtlichen Richtern, Zeuginnen, Zeugen und Dritten (Justizvergütungs- und -entschädigungsgesetz – JVEG)[1] eine Vergütung (Honorar, Fahrtkostenersatz, Entschädigung für Aufwand sowie Ersatz für sonstige und für besondere Aufwendungen (§§ 1, 8 bis 14 JVEG), jedoch nur „auf Verlangen" binnen einer Frist von grundsätzlich 3 Monaten (§ 2 JVEG); die Vergütung wird durch Gerichtsbeschluss festgesetzt (§§ 1, 4, 8 JVEG). Dem Sachverständigen kann bei Bedarf nach näherer Regelung in § 3 JVEG ein Vorschuss bewilligt werden.

2. Pfändung und Überweisung

Der Vergütungsanspruch ist als **gewöhnliche Geldforderung** nach §§ 829, 835 ZPO zu pfänden und zu überweisen. **Drittschuldner** ist das Bundesland, das den Sachverständigen (Dolmetscher, Übersetzer) herangezogen hat.

Die Überweisung erlaubt dem Vollstreckungsgläubiger, anstelle des Vollstreckungsschuldners, **die Vergütung gemäß § 2 JVEG geltend zu machen.**

⊃ **Beachte:** Die Geltendmachung muss ohne Verzug erfolgen, um das Erlöschen des Vergütungsanspruchs nach § 2 Abs. 3 JVEG zu vermeiden.

Der Anspruch auf **Vorschuss** gemäß § 3 JVEG dürfte – wie schon der nach § 14 ZSEG – zweckgebunden und daher **unpfändbar sein.**

Die Vergütung wird häufig Arbeitseinkommen sein und genießt dann **Vollstreckungsschutz** nach § 850i ZPO.

Muster 147   Schadensersatzanspruch wegen Vollstreckung aus einem später aufgehobenen Titel

Hinweis: Zu benutzen ist das amtliche Formular Anlage 2 (zu § 2 Nr. 2) der Verordnung über Formulare für die Zwangsvollstreckung (Zwangsvollstreckungsformular-Verordnung – ZVFV) vom 23.8.2012 (BGBl. I 2012, S. 1822) in der geänderten Fassung aufgrund der Verordnung zur Änderung der Zwangsvollstreckungsformular-Verordnung vom 16.6.2014 (BGBl. I 2014, S. 754).

Hierbei ist das Feld „Anspruch G" oder eine gesonderte Anlage zu nutzen. Es wird folgender Text empfohlen:

Wegen . . . wird die angebliche Forderung des Schuldners nach § 717 ZPO

gegen . . . (Name und Adresse dessen, der seinerseits vollstreckt hatte) . . . (Drittschuldner)

– ¹auf Ersatz des Schadens gepfändet, der dem Schuldner deswegen entstanden ist,

---

[1] JVEG v. 5.5.2004, BGBl. I 2004, S. 728, 776, zuletzt geändert durch Art. 7 Gesetz v. 23.7.2013, BGBl. I 2013, S. 2586.

Muster 147 Schadensersatzanspruch wegen Vollstreckung

- *weil der Drittschuldner aus dem Urteil des Amtsgerichts/Landgerichts ..., Az.: ... vom ... vollstreckt hat;*
- *weil der Schuldner die Vollstreckung aus dem Urteil des Amtsgerichts/ Landgerichts ..., Az.: ... vom ..., die der Drittschuldner betrieb, abgewendet hat;*
- *auf Herausgabe dessen gepfändet, was der Schuldner aufgrund des Urteils des Oberlandesgerichts ..., Az.: ..., vom ... geleistet hat.*

1 Unter den jeweiligen Alternativen ist zu wählen.

1. Der Schadensersatzanspruch nach § 717 ZPO

1 § 704 Abs. 1 ZPO lässt die Vollstreckung auch aus Entscheidungen zu, die noch nicht rechtskräftig, sondern nur für vorläufig vollstreckbar erklärt sind. Diese Vergünstigung für den Vollstreckungsgläubiger kann zu erheblichen Nachteilen für den Vollstreckungsschuldner führen, wenn das Urteil im Instanzenzug als unrichtig aufgehoben wird. Zum Interessenausgleich bestimmt die ZPO: Mit der Verkündung der aufhebenden oder abändernden Entscheidung tritt die vorläufig vollstreckbare Entscheidung insoweit außer Kraft, als die Aufhebung oder Abänderung reicht (§ 717 Abs. 1 ZPO); die Zwangsvollstreckung ist insoweit einzustellen (§ 775 Nr. 1 ZPO), bereits getroffene Vollstreckungsmaßregeln sind aufzuheben (§ 776 S. 1 ZPO). Ferner bestimmen die Abs. 2 und 3 des § 717 ZPO, dass und wie der vor der Vollstreckung bestehende Zustand wieder herzustellen und in welchen Fällen dem ehemaligen Vollstreckungsschuldner Schadensersatz zu leisten ist:

2 **1.2** Wer aus einem streitigen **Urteil eines Oberlandesgerichts** vollstreckt hat, muss lediglich das aufgrund der Entscheidung Geleistete nach den Vorschriften über die Herausgabe einer ungerechtfertigten Bereicherung erstatten, nicht aber Schadensersatz leisten.

3 **1.3** Wer aus einer vorläufig vollstreckbaren **erstinstanzlichen Entscheidung** vollstreckt hat, muss der anderen Partei **jeden Schaden im Sinne der §§ 249 ff. BGB**, der durch die Vollstreckung oder ihre Abwendung entstanden ist, ersetzen, beispielsweise Gerichts- und Gerichtsvollzieherkosten, Kosten der Rückschaffung von Pfandsachen, Kosten der Reparatur von auf dem Transport beschädigten Pfandsachen, Kosten zum Zweck der Abwendung der Vollstreckung[1] (wie z.B. Bürgschaftskosten), entgangene oder für die Mittelbeschaffung aufzuwendende Zinsen usw. Nicht vom Schutzzweck der Haftungsnorm des § 717 Abs. 2 ZPO erfasst werden „Begleitschäden" der Zwangsvollstreckung, die darauf beruhen, dass die Zwangsvollstreckung nicht in der gehörigen Weise durchgeführt worden ist, z.B. durch ein pflichtwidriges Handeln des Gerichtsvollziehers. Insoweit tritt nur die Amtshaftung gemäß § 839 BGB ein.[2]

---
1 Sie unterfallen nicht § 788 Abs. 2 ZPO (OLG Köln JurBüro 1999, 272).
2 BGH v. 5.2.2009 – IX ZR 36/08, MDR 2009, 651 = NJW-RR 2009, 658.

Die Schadensersatzpflicht hängt nicht vom **Verschulden** ab. Die geschädigte Partei muss aber den entstehenden Schaden im zumutbaren Rahmen gering halten (§ 254 BGB). 4

1.4 Der Anspruch **verjährt** in drei Jahren (§§ 195, 199 Abs. 1 BGB), wobei 5
die Verjährungsfrist beginnt ab Schluss des Jahres, in dem die Partei von dem aufhebenden bzw. abändernden Urteil Kenntnis erlangt hat oder ohne grobe Fahrlässigkeit hätte erlangen können, spätestens jedoch gemäß § 199 Abs. 3 BGB.³ Betraf das Urteil, das Grundlage der Vollstreckungsabwehrmaßnahmen war, einen arbeitsvertraglichen Anspruch, sind Ansprüche aus § 717 Abs. 2 ZPO einer ggf. bestehenden tariflichen Ausschlussfrist zu unterwerfen, die wesentlich kürzer sein kann als die Verjährungsfrist.⁴ In solchen Fällen tritt die Fälligkeit des Schadensersatzanspruchs nach § 717 Abs. 2 ZPO erst dann ein, wenn über den Anspruch, der Gegenstand des vorläufig vollstreckbaren Titels ist, eine rechtskräftige Entscheidung ergangen ist.⁵ Ggf. kann bei Verjährung ein Anspruch aus ungerechtfertigter Bereicherung gemäß § 812 Abs. 1 Satz 2 BGB in Betracht kommen.⁶ Dieser wird von der Pfändung des Anspruchs nach § 717 Abs. 2 ZPO nicht erfasst, sondern müsste – als normale Geldforderung – dann gesondert gepfändet werden.

2. Pfändung und Verwertung

Pfändung und Überweisung erfolgen nach §§ 829, 835 ZPO. 6

2.1 In die Bezeichnung der Beteiligten gerät hier leicht Verwirrung: Der 7
jetzige **Vollstreckungsgläubiger** war an jenem Rechtsstreit, in dem ein vorläufig vollstreckbares Urteil ergangen war, aber in der höheren Instanz aufgehoben oder abgeändert worden ist, nicht beteiligt. **Vollstreckungsschuldner** ist jetzt derjenige, gegen welchen in jenem Rechtsstreit das vorläufig vollstreckbare, später aufgehobene oder abgeänderte Urteil ergangen ist. **Drittschuldner** ist jetzt derjenige, der seinerzeit aus dem zu seinen Gunsten vorläufig vollstreckbaren, später aufgehobenen Urteil vollstreckt hat.

2.2 Hatte der jetzige Drittschuldner zum Zwecke der damaligen Vollstre- 8
ckung aus dem vorläufig vollstreckbaren Urteil **Sicherheit durch Hinterlegung** geleistet, so ist dem jetzigen Vollstreckungsschuldner ein Pfandrecht an der Forderung auf Rückerstattung entstanden (§ 233 BGB). Dieses Pfandrecht geht mit Übertragung der gesicherten Forderung auf den neuen Gläubiger über, und dieser kann daher die Herausgabe des hinterlegten Geldes verlangen (§§ 1250, 1251, 1273 Abs. 2 BGB). Bei Überweisung an Zahlungs statt geht folglich das Pfandrecht an der Hinterlegungssumme

---

3 Vgl. BGH v. 26.10.2006 – IX ZR 147/04, MDR 2007, 549; Musielak/*Lackmann*, § 717 ZPO Rz. 13.
4 Vgl. z.B. § 24 Manteltarifvertrag für die Arbeitnehmer der Lausitzer und Mitteldeutschen Braunkohleindustrie: drei Monate ab Fälligkeit.
5 BAG v. 18.12.2008 – 8 AZR 105/08, NZA-RR 2009, 314.
6 BGH v. 26.10.2006 – IX ZR 147/04, MDR 2007, 549.

auf den Vollstreckungsgläubiger über. Die Überweisung zur Einziehung dagegen macht den Vollstreckungsgläubiger nicht zum Inhaber der gepfändeten und durch das Pfandrecht gesicherten Forderung, sondern befugt ihn nur zur Geltendmachung der Forderung und des Pfandrechts.

➲ **Beachte:** Im Falle der Hinterlegung sollte also auch der Herausgabeanspruch gegen den Landesfiskus gepfändet werden (vgl. *Muster 98*).

9 **2.3 Entfällt das aufhebende Urteil**, auf dem der gepfändete Schadensersatzanspruch beruhte, so „entfällt" auch die Pfändung, wie an einem **Beispiel** erläutert werden soll:

Der Kläger und (spätere) Drittschuldner erstreitet gegen den Beklagten und (späteren) Vollstreckungsschuldner ein Versäumnisurteil über 10 000 Euro und vollstreckt daraus; das Versäumnisurteil wird durch Endurteil aufgehoben. Nun pfändet der Vollstreckungsgläubiger den dadurch entstandenen Schadensersatzanspruch des Beklagten (seines Vollstreckungsschuldners). Das Berufsgericht hebt das erstinstanzliche Endurteil auf und verurteilt den Beklagten, wie es auch im Versäumnisurteil geschehen war, zur Zahlung von 10 000 Euro. Erst wenn dieses Urteil seinerseits *rechtskräftig*[7] ist, ist „die Aufhebung des Versäumnisurteils aufgehoben", sodass der gepfändete Schadensersatzanspruch nur scheinbar entstanden war. Die Pfändung ist daher von Anfang an ins Leere gegangen, weil mangels Schaden nie ein Schadensersatzanspruch bestanden hat.[8]

10 Nach einer Entscheidung des RG,[9] der sich *Stöber*[10] und *Götz*[11] angeschlossen haben, entfällt der Schadensersatzanspruch auch, wenn die Beseitigung des ihn auslösenden Aufhebungsurteils nicht durch Urteil, sondern durch **Vergleich** geschieht. Dem wird man beipflichten müssen, weil durch den Vergleich nicht über die gepfändete Forderung verfügt wird, wozu es der Mitwirkung des Vollstreckungsgläubigers bedürfte, sondern über die zeitlich, logisch und rechtlich vorhergehende Forderung.

Muster 148 Scheckforderung I

Orderscheck

Hinweis: Zu benutzen ist das amtliche Formular Anlage 2 (zu § 2 Nr. 2) der Verordnung über Formulare für die Zwangsvollstreckung (Zwangsvollstreckungsformular-Verordnung – ZVFV) vom 23.8.2012 (BGBl. I 2012, S. 1822) in der geänderten Fassung aufgrund der Verordnung zur Änderung der Zwangsvollstreckungsformular-Verordnung vom 16.6.2014 (BGBl. I 2014, S. 754). **Hierbei ist nur ein Überweisungsbeschluss zu beantragen.**

---

7 BGH v. 3.7.1997 – IX ZR 122/96, NJW 1997, 2601; BAG v. 18.12.2008 – 8 AZR 105/08, NZA-RR 2009, 314.
8 BGH v. 7.4.2005 – IX ZR 294/01, MDR 2005, 925 = NJW-RR 2005, 1135.
9 RGZ 145, 328 (332).
10 *Stöber*, Rz. 304.
11 MünchKomm/*Krüger*, § 717 ZPO Rz. 12.

Es wird folgender Text empfohlen:

Wegen dieser Ansprüche sowie wegen der Kosten dieses Beschlusses und seiner Zustellung und wegen der Gerichtsvollzieherkosten für die Pfändung des Schecks in Höhe von ... Euro lt. anliegendem Beleg
wird die angebliche Forderung des Schuldners
gegen ... (Name und Adresse dessen, der den Scheck ausgestellt hat) ...
(Drittschuldner)

auf Zahlung von Euro ... gegen Vorlage des auf die ... Bank ausgestellten Orderschecks Nr. ... vom ... dem Gläubiger in Höhe vorstehender Beträge zur Einziehung überwiesen.
Diesen Orderscheck hat der Gerichtsvollzieher nach § 831 ZPO lt. seiner anliegenden Mitteilung durch Inbesitznahme gepfändet.

Erläuterungen bei *Muster 149*.

Muster 149 Scheckforderung II

Überbringerscheck

An das Amtsgericht ... – Vollstreckungsgericht –

... EILT SEHR!

In der Zwangsvollstreckungssache

... (Gläubiger)

gegen

... (Schuldner)

überreiche ich

die Pfändungsmitteilung des Gerichtsvollziehers ... und den Vollstreckungstitel ... (genau bezeichnen) ...

und

beantrage

als der im Überweisungsbeschluss legitimierte Vertreter des Vollstreckungsgläubigers, nach § 825 ZPO die Verwertung des beim Schuldner gepfändeten, auf die ... Bank gezogenen Überweisungsschecks Nr. ... im Wege der Einlösung durch den Gerichtsvollzieher und Auszahlung des Erlöses an den Gläubiger anzuordnen.

Wegen der Vollstreckungsforderung von ... Euro nebst ... hat der Gerichtsvollzieher lt. seiner anliegenden Mitteilung beim Schuldner den im Antrag genannten Überbringerscheck gepfändet. Eine Verwertung dieses Schecks gemäß § 821 oder § 831 ZPO käme zu spät und würde höchstens einen sehr geringen Versteigerungserlös bringen.

Muster 149 Scheckforderung II

Wegen der Frist von acht Tagen zur Scheckvorlegung nach Art. 29 ScheckG ist die Sache sehr eilig.

(Unterschrift)

1. Wesen des Schecks

1 Der Scheck ist eine **Anweisung** an ein Kreditinstitut, bei dem der Aussteller ein Konto hat, über das er gemäß einer ausdrücklichen oder stillschweigenden Vereinbarung mittels Scheck verfügen darf (Art. 3 ScheckG). Der Scheck ist streng formgebunden (Art. 1, 2 ScheckG).

2 1.1 Nach der Vorstellung des Gesetzes kann der Scheck ein **Orderpapier**, das durch Indossament übertragen werden kann, oder ein **Namenspapier**, das nicht indossiert werden kann, weil es den Vermerk „nicht an Order" trägt, oder ein **Inhaberpapier** sein (Art. 5 Abs. 1, Art. 14 ScheckG). In der Wirklichkeit kommt jedenfalls als Inlandsscheck fast nur der Inhaberscheck vor, als welcher insbesondere auch der Scheck gilt, in dem als Zahlungsempfänger eine bestimmte Person mit dem Zusatz „oder Überbringer" bezeichnet oder niemand benannt ist (Art. 5 Abs. 2 und 3 ScheckG). Nach den Geschäftsbedingungen der deutschen Banken gilt eine Streichung des Zusatzes *„oder Überbringer"* als nicht erfolgt.

3 1.2 Für die **Einlösung** des Schecks haftet scheckrechtlich der Aussteller (Art. 12 ScheckG), abdingbar auch jeder Indossant (Art. 18, 20 ScheckG).

4 Das bezogene Kreditinstitut ist aber dem Scheckinhaber nicht zur Zahlung verpflichtet; es kann auch keine scheckrechtliche Zahlungspflicht übernehmen (Art. 4, 15 Abs. 3, 25 Abs. 2 ScheckG). Der auf die Bundesbank gezogene, von dieser **bestätigte Scheck**, bildet hiervon die Ausnahme (§ 23 BBankG). Die Deutsche Bundesbank verpflichtet sich durch einen Bestätigungsvermerk auf einem auf sie gezogenen Scheck gegenüber dem Scheckinhaber zur Einlösung. Diese Verpflichtung der Bundesbank erlischt, wenn der Scheck nicht binnen 8 Tagen nach der Ausstellung zur Zahlung vorgelegt wird; sie verjährt in 2 Jahren vom Ablauf der Vorlagefrist an.

5 1.3 Der **Verrechnungsscheck** trägt den Vermerk „nur zur Verrechnung" oder einen sinngleichen Vermerk und darf nicht bar, sondern nur durch Gutschrift auf einem Konto eingelöst werden (Art. 39 ScheckG).

6 1.4 Der **Blankoscheck** ist bei der Begebung durch den Aussteller unvollständig ausgefüllt, meist ist die Schecksumme nicht genannt; zwischen dem Aussteller und dem Schecknehmer ist vereinbart, dass und wie dieser den Scheck vervollständigen darf (Art. 13 ScheckG). Durch diese Ermächtigung erlangt der Schecknehmer ein Ausfüllungsrecht.

2. Pfändung und Verwertung

Ein **Anspruch** aus **dem Scheck** entsteht erst, wenn der Scheck „begeben" worden ist. (In gewissen Fällen entsteht die Scheckverpflichtung infolge Erzeugung eines Rechtsscheins auch ohne Begebung.) Ein Scheck, den der Schuldner selbst ausgestellt, aber noch nicht begeben hat, repräsentiert daher keine Forderung und ist deshalb nicht pfändbar (§ 803 Abs. 2 ZPO). 7

Der begebene Scheck gibt gegen den Aussteller den Anspruch nach § 12 ScheckG: Der Aussteller haftet dafür, dass die bezogene Bank den Scheck bezahlt. Dieser Scheck des Schuldners ist pfändbar. 8

Drittschuldner ist der Aussteller des Schecks (Ausnahme s. unten Rz. 16). 9

2.1 Die Zwangsvollstreckung in Forderungen aus Wechseln, Schecks und anderen Wertpapieren, die durch Indossament übertragen werden können, zum Beispiel aus kaufmännischen Anweisungen und Verpflichtungsscheinen, Konnossementen, Ladescheinen, Lagerscheinen, die an Order gestellt sind, erfolgt durch ein Zusammenwirken des Gerichtsvollziehers und des Vollstreckungsgerichts, § 123 Abs. 1 GVGA. Der Gerichtsvollzieher pfändet die Forderungen dadurch, dass er die bezeichneten Papiere in Besitz nimmt, § 831 ZPO. Nach § 123 Abs. 3 GVGA hat der Gerichtsvollzieher in dem Pfändungsprotokoll die weggenommene Urkunde nach Art, Gegenstand und Betrag der Forderung, nach dem Namen des Gläubigers und des Schuldners, dem Tag der Ausstellung und eventuell mit der Nummer genau zu bezeichnen. Auch der Fälligkeitstag der Forderung ist nach Möglichkeit anzugeben. Von der Pfändung ist der Gläubiger unter genauer Bezeichnung der gepfändeten Urkunden und eventuell auch des Fälligkeitstages unverzüglich zu benachrichtigen. Der Schuldtitel ist dem Gläubiger zurückzugeben; dieser benötigt ihn zur Erwirkung des Überweisungsbeschlusses. Die weitere Durchführung der Vollstreckung erfolgt sodann auf Antrag des Gläubigers durch das Vollstreckungsgericht. Auch der Schuldner ist von der Pfändung in Kenntnis zu setzen (§ 808 Abs. 3 ZPO). 10

Die Verwertung geschieht, wie die systematische Stellung des § 831 ZPO ergibt, nach §§ 835, 836 ZPO. Der Gerichtsvollzieher verwahrt die weggenommene Urkunde so lange, bis das Gericht sie einfordert oder bis ihm ein Beschluss des Vollstreckungsgerichts vorgelegt wird, durch den die Überweisung der Forderung an den Gläubiger ausgesprochen oder eine andere Art der Verwertung der Forderung angeordnet wird, zum Beispiel die Veräußerung oder die Herausgabe der den Gegenstand der Forderung bildenden körperlichen Sachen an einen Gerichtsvollzieher. 11

2.2 Den **Namensscheck** pfändet der Gerichtsvollzieher als Sache, um ihn dann nach § 821 ZPO zu verwerten. Das Vollstreckungsgericht kann den Gerichtsvollzieher ermächtigen, den Namensscheck auf den Namen des Erwerbers umzuschreiben, sodass dieser den Scheck beim Kreditinstitut einlösen kann (§ 822 ZPO). Den hierzu nötigen Antrag an das Vollstreckungsgericht kann der Gerichtsvollzieher stellen (§ 105 Abs. 1 GVGA). 12

13 **2.3 Inhaber- oder Überbringerschecks** können indossiert werden, aber das Indossament überträgt nicht die Rechte aus dem Scheck, sondern bewirkt nur die Mithaftung des Indossanten. Daher ist der Inhaber- oder Überbringerscheck nicht nach § 831 ZPO, sondern als Sache zu pfänden und nach § 821 ZPO zu verwerten.[1] Das ist schon wegen der Vorlegungsfrist ein aussichtsloses Unterfangen, zumal der Scheckschuldner den Scheck nach Ablauf dieser Frist bindend widerrufen kann (Art. 32 ScheckG). Nach zutreffender Meinung[2] kann der Gerichtsvollzieher den gepfändeten Scheck ohne Weiteres der bezogenen Bank vorlegen und den Erlös an den Vollstreckungsgläubiger auszahlen. Das ist wegen der kurzen Vorlegungsfrist vernünftig, zumal § 123 Abs. 5 GVGA den Gerichtsvollzieher anweist, für die rechtzeitige Scheckvorlage zu sorgen, wenn eine gerichtliche Entscheidung über die Verwertung nicht ergangen ist, bevor der Scheck zahlbar wird.

14 **2.4** Für **Verrechnungsschecks** gelten in der Vollstreckung keine Besonderheiten.

15 **2.5 Blankoschecks** können nicht ohne Weiteres verwertet werden, weil die Schecksumme nicht eingesetzt ist, die Urkunde daher nicht als Scheck gilt (Art. 1 Ziff. 2, Art. 2 Abs. 1 ScheckG) und die nach Art. 13 ScheckG mögliche Ausfüllung nur dem dazu vom Aussteller ermächtigten Schecknehmer gestattet ist. Wie beim Wechsel kommt man wohl mit Hilfspfändung des Ausfüllungsrechts weiter (vgl. Rz. 14 bei *Muster 191*).

16 **2.6** Für den **bankbestätigten Scheck** gelten für Pfändung und Verwertung keine Besonderheiten mit Ausnahme der, dass Drittschuldnerin die Deutsche Bundesbank ist.

17 **2.7** Die Herausgabe von Euroscheck-Vordrucken kann nicht verlangt werden.[3]

Muster 150   Schenkung I

Rückforderung einer Sache wegen Verarmung des Schenkers

Hinweis: Zu benutzen ist das amtliche Formular Anlage 2 (zu § 2 Nr. 2) der Verordnung über Formulare für die Zwangsvollstreckung (Zwangsvollstreckungsformular-Verordnung – ZVFV) vom 23.8.2012 (BGBl. I 2012, S. 1822) in der geänderten Fassung aufgrund der Verordnung zur Änderung der Zwangsvollstreckungsformular-Verordnung vom 16.6.2014 (BGBl. I 2014, S. 754).

---

1 Streitig, dazu *Geißler*, DGVZ 1986, 110 m.w.N.; wie hier *Stöber*, Rz. 2094; *Musielak/Becker*, § 821 ZPO Rz. 7.
2 LG Göttingen v. 28.9.1982 – 5 T 150/82, NJW 1983, 635; *Musielak/Becker*, § 821 ZPO Rz. 7; *Stein/Jonas*, § 821 ZPO Rz. 11; *Schuschke/Walker*, § 821 ZPO Rz. 6; *Zöller/Stöber*, § 821 ZPO Rz. 11.
3 BGH v. 14.2.2003 – IXa ZB 53/03, NJW 2003, 1256 = Rpfleger 2003, 308, näher Rz. 34 bei *Muster 36*.

Hierbei ist das Feld „Anspruch G" oder eine gesonderte Anlage zu nutzen. Es wird folgender Text empfohlen:

Wegen ... wird der angebliche Anspruch des Schuldners aus § 528 BGB

gegen ... (Name und Adresse des Beschenkten) ... (Drittschuldner) auf Herausgabe und Rückübereignung folgender vom Schuldner dem Drittschuldner geschenkter Sachen ... (diese einzeln individualisierend aufführen) ... bzw. auf Zahlung des Abwendungsbetrages gepfändet.

Der gepfändete Anspruch ist[1]
- *durch Vertrag vom ... anerkannt,*
- *durch Urteil des ...Gerichts ... vom ... Az.: ... rechtskräftig festgestellt,*
- *durch Zustellung der bei dem ...Gericht in ... eingereichten Klageschrift vom ... am ... rechtshängig geworden,*
- *durch Zustellung des Mahnbescheides des Amtsgerichts ... vom ... Az.: ... rechtshängig geworden, weil die Streitsache nach Erhebung des Widerspruchs alsbald an das zuständige Prozessgericht abgegeben worden ist,*
- *durch Erlass des Vollstreckungsbescheides des Amtsgerichts ... vom ... Az.: ... rechtshängig geworden.*

Dem Drittschuldner wird verboten, an den Schuldner zu leisten.

Dem Schuldner wird geboten, sich jeder Verfügung über den gepfändeten Anspruch, insbesondere seiner Einziehung, zu enthalten.

Zugleich wird der gepfändete Anspruch dem Gläubiger zur Einziehung überwiesen.

Es wird angeordnet, dass die oben bezeichneten Sachen an einen vom Gläubiger beauftragten Gerichtsvollzieher zum Zwecke der Verwertung durch Pfandversteigerung herauszugeben sind.

- *Eventuell: Vortrag zur Unterhaltsberechtigung des Vollstreckungsgläubigers gegenüber dem Schenker (vgl. Rz. 11–14 bei Muster 152).*

---

1 Unter den folgenden Alternativen ist zu wählen; sie können u.U. alle entfallen, s. Rz. 8–10 bei *Muster 152*.

Erläuterungen bei *Muster 152*.

Muster 151   Schenkung II

Rückforderung eines Rechts wegen Verarmung des Schenkers

Hinweis: Zu benutzen ist das amtliche Formular Anlage 2 (zu § 2 Nr. 2) der Verordnung über Formulare für die Zwangsvollstreckung (Zwangsvollstreckungsformular-Verordnung – ZVFV) vom 23.8.2012 (BGBl. I 2012, S. 1822) in

Muster 152   Schenkung III

der geänderten Fassung aufgrund der Verordnung zur Änderung der Zwangsvollstreckungsformular-Verordnung vom 16.6.2014 (BGBl. I 2014, S. 754).

Hierbei ist das Feld „Anspruch G" oder eine gesonderte Anlage zu nutzen. Es wird folgender Text empfohlen:

Wegen ... wird der angebliche Anspruch des Schuldners aus § 528 BGB

gegen   ... (Name und Adresse des Beschenkten) ...   (Drittschuldner)

auf Rückübertragung des ... (das geschenkte Recht individualisierend bezeichnen; z.B. Patent-Nr. 12345678, erteilt vom Deutschen Patentamt am ...)
... bzw. auf Zahlung des Abwendungsbetrags

gepfändet.

Der gepfändete Anspruch ist[1]

- durch Vertrag vom ... anerkannt,
- durch Urteil des ... Gerichts ... vom ... Az.: ... rechtskräftig festgestellt,
- durch Zustellung der bei dem ... Gericht in ... eingereichten Klageschrift vom ... am ... rechtshängig geworden,
- durch Zustellung des Mahnbescheides des Amtsgerichts ... vom ... Az.: ... rechtshängig geworden, weil die Streitsache nach Erhebung des Widerspruchs alsbald an das zuständige Prozessgericht abgegeben worden ist,
- durch Erlass des Vollstreckungsbescheides des Amtsgerichts ... vom ... Az.: ... rechtshängig geworden.

Dem Drittschuldner wird verboten, an den Schuldner zu leisten.

Dem Schuldner wird geboten, sich jeder Verfügung über den gepfändeten Anspruch, insbesondere seiner Einziehung, zu enthalten.

Zugleich wird angeordnet, dass ... (das gepfändete Recht wie oben bezeichnen; z.B. das oben genannte Patent Nr. 12345678) ... durch einen vom Gläubiger beauftragten Gerichtsvollzieher im Wege der öffentlichen Versteigerung zu verwerten ist.

- Eventuell: Vortrag zur Unterhaltsberechtigung des Vollstreckungsgläubigers gegenüber dem Schenker (vgl. Rz. 11 bei Muster 152).

---

1 Unter den folgenden Alternativen ist zu wählen; sie können u.U. entfallen, vgl. Rz. 8–10 zu *Muster 152*. Trifft keine zu, ist der auf Verwertung gerichtete Antrag (noch) nicht zu stellen.

Erläuterungen bei *Muster 152*.

Muster 152   **Schenkung III**

Rückforderung wegen groben Undanks des Beschenkten

Hinweis: Zu benutzen ist das amtliche Formular Anlage 2 (zu § 2 Nr. 2) der Verordnung über Formulare für die Zwangsvollstreckung (Zwangsvollstre-

ckungsformular-Verordnung – ZVFV) vom 23.8.2012 (BGBl. I 2012, S. 1822) in der geänderten Fassung aufgrund der Verordnung zur Änderung der Zwangsvollstreckungsformular-Verordnung vom 16.6.2014 (BGBl. I 2014, S. 754).
Hierbei ist das Feld „Anspruch G" oder eine gesonderte Anlage zu nutzen. Es wird folgender Text empfohlen:

Wegen ... wird der angebliche Anspruch des Schuldners

gegen   ... (Name und Adresse des Beschenkten) ...   (Drittschuldner)

auf Herausgabe und Rückübereignung folgender vom Drittschuldner dem Schuldner geschenkten Sachen ... (diese individualisierend aufzählen) ..., der durch Widerruf der Schenkung seitens des Schenkers gemäß § 530 BGB entstanden ist,

gepfändet.

Dem Drittschuldner wird verboten, an den Schuldner zu leisten.

Dem Schuldner wird geboten, sich jeder Verfügung über den gepfändeten Anspruch, insbesondere seiner Einziehung, zu enthalten.

Zugleich wird der gepfändete Anspruch dem Gläubiger zur Einziehung überwiesen.

Es wird angeordnet, dass die oben bezeichneten Sachen an einem vom Gläubiger beauftragten Gerichtsvollzieher zum Zwecke der Verwertung durch Pfandversteigerung herauszugeben sind.

1. Rückforderungsansprüche des Schenkers

Der Schenker wird in der Regel davon ausgehen, dass er sich die **Schenkung leisten könne** und der **Beschenkte sie auch würdigen werde**. Für den Fall, dass eine dieser Vorstellungen unzutreffend war, gibt das Gesetz dem Schenker im engen Rahmen Rückforderungsansprüche.   1

1.1 Bei grobem Undank des Beschenkten kann der Schenker die Schenkung widerrufen und dann die Herausgabe des Geschenks nach den Vorschriften über die ungerechtfertigte Bereicherung verlangen (§§ 530 bis 534 BGB). Die Entstehung des Herausgabeanspruchs setzt also eine rechtsgestaltende Erklärung des Schenkers, nämlich den Widerruf, voraus. Macht der verarmte Schenker den Rückforderungsanspruch bezüglich eines Rechts an einem Grundstück geltend, kann der Beschenkte seiner auf Zahlung entsprechend der Bedürftigkeit des Schenkers gerichteten Zahlungspflicht dadurch entgehen, dass er die Rückübertragung des Geschenks anbietet.[1]   2

1.2 Vollzieht der Beschenkte schuldhaft eine ihm gemachte Auflage nicht, so kann der Schenker nach näherer Maßgabe des § 527 BGB die Herausgabe der Schenkung nach den Vorschriften über die ungerechtfertigte Be-   3

---

[1] BGH v. 17.12.2009 – Xa ZR 6/09, NJW 2010, 2655 = MDR 2010, 433.

reicherung verlangen. Dieser Anspruch hängt nicht von der Abgabe einer rechtsgestaltenden Willenserklärung ab.

4 **1.3 Soweit der Schenker nach Vollziehung der Schenkung außerstande ist, seinen angemessenen Unterhalt zu bestreiten** oder gesetzliche Unterhaltsansprüche zu erfüllen, kann er vom Beschenkten nach näherer Regelung in §§ 528, 529 BGB die **Herausgabe des Geschenks** fordern. Dieser Anspruch geht mit dem Tod des Schenkers unter, es sei denn, der Schenker hat ihn abgetreten, die Sozialbehörde hat ihn nach § 93 SGB XII auf sich übergeleitet,[2] er ist gemäß § 33 SGB II auf sie übergegangen oder der Schenker hat durch die Inanspruchnahme unterhaltssichernder Leistungen Dritter zu erkennen gegeben, dass er ohne Rückforderung des Geschenks nicht in der Lage ist, seinen notwendigen Unterhalt zu bestreiten; Entsprechendes gilt, wenn er im Falle der Pflegebedürftigkeit darauf angewiesen ist, Leistungen von Pflegeeinrichtungen in Anspruch zu nehmen. In diesem Fall geht der Anspruch auf den Erben über und kann von diesem abgetreten werden.[3] Ob der Rückforderungsanspruch im Übrigen an andere als an Unterhaltsberechtigte des Schenkers oder an solche Dritte, die mit dem Unterhalt in Vorlage getreten sind, abgetreten werden kann, oder ob einer **Abtretung** an andere Zessionare § 400 BGB entgegensteht, ist streitig.[4]

2. Pfändung und Verwertung

5 Die Ansprüche nach § 530 BGB einerseits und diejenigen nach §§ 527 und 528 BGB andererseits sind verschieden zu behandeln:

Die *Muster 150* und *151* befassen sich mit der Rückforderung wegen Verarmung des Schenkers (§§ 528, 529 BGB). Beide Muster können auch für die Rückforderung der Schenkung wegen Nichterfüllung einer Auflage herangezogen werden, jedoch ist statt des Anspruchs aus § 528 BGB der Anspruch aus § 527 BGB zu pfänden.

Muster 152 befasst sich mit der Rückforderung einer geschenkten Sache nach Widerruf der Schenkung (§ 530 BGB).

6 **2.1** Die Befugnis des Schenkers, **den Widerruf der Schenkung wegen groben Undanks** (§ 530 BGB) zu erklären, ist als höchstpersönlich nicht pfändbar (§ 399 BGB, § 851 ZPO). Der durch die Widerrufserklärung entstandene Herausgabeanspruch ist nicht höchstpersönlich und daher nach §§ 829 ff. ZPO, ggf. §§ 846 ff. ZPO zu pfänden; § 852 Abs. 2 ZPO greift nicht ein, weil dieser nur § 528 BGB betrifft und der Schenker seinen „höchstpersönlichen Willen", die Schenkung zu widerrufen, auch bereits ausgeübt hat.

---

2 BGH v. 29.9.1994 – I ZR 172/92, NJW 1995, 324 m.w.N.; OLG Düsseldorf FamRZ 1984, 883; OLG Frankfurt v. 1.12.1993 – 21 U 196/92, NJW 1994, 1805.
3 BGH JurBüro 2001, 498 sowie BGH v. 25.4.2001 – X ZR 229/99, MDR 2001, 1342.
4 BGH v. 9.11.1994 – IV ZR 66/94, NJW 1995, 323; v. 7.11.2006 – X ZR 184/04, MDR 2007, 387; vgl. OLG München v. 30.4.1992 – 1 U 6234/91, NJW-RR 1993, 250.

2.2 Der Rückforderungsanspruch des verarmten Schenkers (§§ 528, 529 BGB) entsteht, ohne dass es dazu einer rechtsgestaltenden Willenserklärung bedürfte, kraft Gesetzes, aber es steht dem Schenker frei, ihn geltend zu machen oder nicht, einen Streit mit dem Beschenkten, der ihm zudem oft nahe stehen wird, in Kauf zu nehmen oder nicht. Diese Willensfreiheit schützt § 852 Abs. 2 ZPO, indem er den Anspruch nur dann „der Pfändung unterwirft", wenn er anerkannt worden oder rechtshängig geworden ist. (Pfändungsschutz nach § 850b Abs. 1 Nr. 2 ZPO dagegen wird nicht gewährt, weil der Anspruch nicht auf einer durch Gesetz auferlegten Unterhaltspflicht beruht.) Die häufigsten Umstände, welche die Rechtskraft herbeiführen, sind in den *Mustern 150* und *151* aufgeführt.

2.2.1 Die Bedeutung des Ausdrucks: „der Pfändung unterworfen" in § 852 ZPO war von der Rechtsprechung dahin verstanden worden, dass die Pfändung unzulässig und unwirksam sei, wenn sie vor Abtretung oder Eintritt der Rechtskraft erfolgt. Nach der Entscheidung des BGH vom 8.7.1993[5] kann aber ein Pflichtteilsanspruch vor Anerkennung und Rechtshängigkeit als in seiner Verwertbarkeit aufschiebend bedingter Anspruch gepfändet werden; durch diese Pfändung erwirbt der Vollstreckungsgläubiger bei Eintritt der Vollstreckungsvoraussetzungen ein vollwertiges Pfandrecht, dessen Rang sich nach dem Zeitpunkt der Pfändung bestimmt.

Wegen des Wortlauts des § 852 Abs. 2 ZPO: „Das Gleiche gilt ..." wird man annehmen müssen, dass auch die Pfändung – nicht die Verwertung – des Herausgabeanspruchs mit dem in Rz. 4 bis 7 zu *Muster 133* behandelten Erwägungen **schon vor Eintritt einer der Voraussetzungen nach § 852 ZPO wirksam** ist. Auf Rz. 10 der Erläuterungen zu *Muster 133* wird verwiesen.

Sicherheitshalber empfehlen wir aber, zutreffendenfalls den Eintritt der Voraussetzungen nach § 852 ZPO im Pfändungsantrag vorzutragen.

2.2.2 Ferner ist zu überlegen, **ob die Pfändung etwa nur zugunsten der Unterhaltsberechtigten des Schenkers zulässig ist:**

Die von manchen angenommene Beschränkung der Abtretbarkeit (oben Rz. 4) kann wegen § 851 Abs. 1 ZPO auch zu beschränkter Pfändbarkeit führen, trotz § 851 Abs. 2 ZPO, der sich nicht mit der 1. Alternative des § 399 BGB befasst.

Der **BGH** hat klargestellt, dass unabhängig von der Frage, ob sich wegen der Zweckbindung des Rückgewähranspruchs[6] Einschränkungen bei der Abtretbarkeit des Anspruchs ergeben, die Pfändbarkeit des Anspruchs durch § 852 Abs. 2 ZPO i.S. des § 851 Abs. 1 ZPO abweichend geregelt ist. Zur Begründung weist er darauf hin, dass das zurückerlangte Geschenk nicht wegen des Unterhaltssicherungszwecks der Rückgewähr der Pfändung entzogen ist und es nicht einsichtig ist, warum der Rückgewähranspruch stärkeren Vollstreckungsschutz genießen sollte als das ur-

---

5 BGHZ 123, 83 = NJW 1993, 2876; bestätigt durch BGH v. 6.5.1997 – IX ZR 147/96, NJW 1997, 2384 und BGH, Rpfleger 2009, 393 = MDR 2009, 64.
6 BGH v. 25.4.2001 – X ZR 229/99, BGHZ 147, 288 (290).

sprüngliche oder zum Zwecke der Unterhaltssicherung wiedererlangte Eigentum an dem geschenkten Gegenstand.[7]

13 Auch wenn damit die **Pfändbarkeit** geklärt sein sollte, empfiehlt sich der Vortrag entweder zur Anerkennung bzw. Rechtshängigkeit oder zur Unterhaltsberechtigung bzw. -vorleistung.

14 2.2.3 Bei **Tod des Schenkers** erlischt sein Rückforderungsanspruch, wenn er nicht abgetreten oder übergeleitet war (oben Rz. 4), sodass die Pfändung ins Leere geht.

15 **2.3 Drittschuldner** ist in allen Fällen der Beschenkte.

16 **2.4 Verwertet** wird die Forderung durch Überweisung zur Einziehung und Anordnung der Herausgabe der geschenkten Sache an den Gerichtsvollzieher (§ 847 ZPO) bzw. durch Anordnung einer anderen Verwertungsart bezüglich eines geschenkten Rechts (§ 844 ZPO).

Muster 153 Schiffshypothek I

Hinweis: Zu benutzen ist das amtliche Formular Anlage 2 (zu § 2 Nr. 2) der Verordnung über Formulare für die Zwangsvollstreckung (Zwangsvollstreckungsformular-Verordnung – ZVFV) vom 23.8.2012 (BGBl. I 2012, S. 1822) in der geänderten Fassung aufgrund der Verordnung zur Änderung der Zwangsvollstreckungsformular-Verordnung vom 16.6.2014 (BGBl. I 2014, S. 754).

Hierbei ist das Feld „Anspruch G" oder eine gesonderte Anlage zu nutzen. Es wird folgender Text empfohlen:

Wegen ... und zusätzlich der Kosten der Eintragung im Schiffsregister

wird die angebliche Forderung des Schuldners gegen ...

aus ... auf Zahlung von ... sowie die zur Sicherung dieser Forderung im Schiffsregister[1] des Amtsgerichts ... am Schiff ... eingetragene Schiffshypothek in Höhe von ... gepfändet.

Dem Drittschuldner wird verboten, an den Schuldner zu zahlen.

Dem Schuldner wird geboten, sich jeder Verfügung über die gepfändete Forderung und die gepfändete Hypothek, insbesondere der Einziehung, zu enthalten.

Zugleich wird die gepfändete Forderung samt der gepfändeten Hypothek dem Gläubiger zur Einziehung überwiesen.

Pfändung und Überweisung werden wirksam mit Eintragung der Pfändung im Schiffsregister.

---

1 Nach Möglichkeit angeben: Seeschiffsregister, Schiffsbauregister oder Binnenschiffsregister.

---

7 BGH v. 7.11.2006 – X ZR 184/04, FamRZ 2007, 277; vgl. auch schon BGH v. 9.11.1994 – IV ZR 66/94, NJW 1995, 323 = MDR 1995, 138.

Erläuterungen bei *Muster 154*.

Muster 154 Schiffshypothek II

Antrag auf Eintragung der Pfändung im Schiffsregister

An das
Amtsgericht – Schiffsregister –

...

Betr.:   Schiff ...,
- *Schiffsregister...*[1]
- *Schiffsbauregister...*[1]
- *Binnenschiffsregister...*[1]

In der Zwangsvollstreckungssache

...   (Gläubiger)

gegen

...   (Schuldner)

überreiche ich eine Ausfertigung des Pfändungs- und Überweisungsbeschlusses des Amtsgerichts ... vom ... Az.: ... mit Zustellungsnachweis und

beantrage

als der im Pfändungsbeschluss legitimierte Vertreter des Vollstreckungsgläubigers die Pfändung in das

- *Schiffsregister...*[1]
- *Schiffsbauregister...*[1]
- *Binnenschiffsregister...*[1]

einzutragen.
Wegen der Bezeichnung der Eintragungsstelle im Register nehme ich auf den übergebenen Pfändungs- und Überweisungsbeschluss Bezug.

(Unterschrift)

---

1 Unter diesen Alternativen ist zu wählen.

---

1. Begriff und sachenrechtliche Regelungen des Schiffes

Den Begriff des **Schiffes** hat der BGH wie folgt definiert:[1]   1

„Unter einem Schiff im Rechtssinne ist jedes schwimmfähige mit einem Hohlraum versehene Fahrzeug von nicht ganz unbedeutender Größe zu

---

1 BGH NJW 1952, 1135.

verstehen, dessen Zweckbestimmung es mit sich bringt, dass es auf dem Wasser bewegt wird. Unter diesen Begriff fallen auch Schwimmkräne."

Schiffsbauwerk ist ein auf einer Schiffswerft im Bau befindliches Schiff. Eine Schiffshypothek kann auch an einem Schiffsbauwerk bestellt werden.

2 Während Grundstücke im Grundbuch registriert sein müssen, können Seeschiffe, Schiffsbauwerke und Binnenschiffe im Schiffsregister, Schiffsbauregister bzw. Binnenschiffsregister registriert werden.

3 **Nicht eingetragene Schiffe** werden als bewegliche Sachen behandelt, **eingetragene Schiffe** werden ähnlich wie Grundstücke behandelt.

4 Das materielle Schiffs-Sachenrecht ist in § 929a BGB und im **Schiffsrechtegesetz** (SchiffsRG)[2] geregelt.

5 Das formelle Schiffs-Sachenrecht ist geregelt in der **Schiffsregisterordnung**.[3] Es gibt getrennte Register für Seeschiffe, Binnenschiffe und Schiffsbauwerke (§§ 3 Abs. 1, 65 Abs. 1 SchiffsRegO). Die SchiffsRegO regelt auch, welche Schiffe (auf Antrag des Eigentümers, § 9 SchiffsRegO) eingetragen werden können (§§ 3, 10 SchiffsRegO). Das formelle Schiffs-Sachenrecht ist weitgehend dem formellen Grundbuchrecht nachgebildet.

2. Pfändung und Verwertung

6 **2.1** Die Zwangsvollstreckung in ein **nicht eingetragenes Schiff** richtet sich nach den Regeln der Pfändung und Verwertung beweglicher Sachen; sie wird im Folgenden nicht mehr erörtert.

7 **2.2** Die Zwangsvollstreckung in ein **eingetragenes Schiff** erfolgt nach § 870a Abs. 1 ZPO durch Eintragung einer Schiffshypothek oder durch Zwangsversteigerung des Schiffes (vgl. § 162 ZVG), nicht durch Zwangsverwaltung. Die Anordnung der Zwangsversteigerung ist nicht zulässig, wenn das Schiff sich auf der Reise befindet und nicht in einem Hafen liegt (§ 870a Abs. 1 Satz 2 ZPO).

Auch wenn eine Zwangsverwaltung nicht angeordnet werden darf, ist dennoch zugleich mit der Anordnung der Zwangsversteigerung zwingend die **Bewachung und Verwahrung** des Schiffes anzuordnen, § 165 ZVG. Damit soll der Verbleib des Schiffes im Bezirk des Vollstreckungsgerichts gesichert werden, um es vor Untergang und Beschädigung zu bewahren, die Beschlagnahme für Dritte erkennbar zu machen, Bietinteressenten die Besichtigung zu ermöglichen und dem Ersteher die Inbesitznahme zu erleichtern. Mit der Bewachung und Verwahrung kann das Gericht einen Gerichtsvollzieher – auch in seiner Eigenschaft als Privatperson[4] – beauf-

---

2 SchiffsRG v. 15.11.1940, RGBl. I 1940, S. 1499 = BGBl. III Nr. 403–4, zuletzt geändert durch Art. 2 Gesetz vom 21.1.2013 (BGBl. I 2013, S. 91).
3 I.d.F. v. 26.5.1994, BGBl. I 1994, S. 1133, zuletzt geändert durch Art. 2 Gesetz vom 20.12.2012 (BGBl. I 2012, S. 2792).
4 LG Osnabrück DGVZ 1965, 210 m. Anm. *Mohrbutter.*

tragen, der die erforderlichen Maßnahmen (nach den Umständen des Falles, z.B. Anketten des Schiffes, Inverwahrnahme der Schiffspapiere, Überführung des Schiffes in ein besonderes Hafenbecken)[5] nach Anordnung des Gerichts selbst durchführt oder seinerseits einen Dritten, z.B. die Hafenpolizei oder die Hafenbehörde, beauftragt.[6] Das Gericht kann auch selbst die Hafenpolizei, die Hafenbehörde oder eine Privatperson beauftragen.[7]

Wird das Verfahren einstweilen eingestellt, so kann das Vollstreckungsgericht die Bewachung und Verwahrung einem von ihm ausgewählten **Treuhänder** übertragen, damit im Interesse des Schuldners und der Gläubiger die während der Einstellungszeit anfallenden erheblichen Kosten für Bewachung und Versicherung gedeckt und Arbeiten zur Erhaltung des Schiffes durchgeführt werden können.[8] Erforderlich ist das Einverständnis des betreibenden Gläubigers. Das Gericht entscheidet über die Bestellung und die Person des Treuhänders von Amts wegen nach pflichtgemäßem Ermessen. Der Treuhänder hat das Schiff zu **bewachen** und zu **verwahren**. Er soll das Schiff erhalten (z.B. Instandsetzungsarbeiten vornehmen, Versicherungsverträge abschließen)[9] und kann mit Einverständnis des betreibenden Gläubigers durch besondere Anordnung ermächtigt werden, das Schiff für Rechnung und im Namen des Schuldners zu nutzen, es somit zu Fahrten einzusetzen oder zu verpachten. In entsprechender Anwendung des § 154 ZVG haftet er für seine Tätigkeit wie ein Zwangsverwalter. Nach Aufhebung der Treuhandschaft ist sie in ähnlicher Weise wie eine Zwangsverwaltung abzuschließen.

2.3 Die Zwangsvollstreckung in die **Schiffspart** ist in *Muster 155* behandelt. 8

2.4 In *Muster 153* und *154* geht es ausschließlich um die Vollstreckung in die vertraglich oder zwangsweise **bereits entstandene Schiffshypothek**. 9

2.4.1 Die Schiffshypothek ist stets **Buchhypothek** (§ 8 Abs. 2 SchiffsRG). Ihre Pfändung ist in § 830a ZPO entsprechend derjenigen in eine Grundstücks-Buchhypothek geregelt: Sie erfolgt durch Pfändungs- und Überweisungsbeschluss und Eintragung der Pfändung in das Schiffsregister. 10

Regelmäßig ist ein Schiff nach § 4 SchiffsRegO[10] in das Schiffsregister seines Heimathafens oder Heimatorts einzutragen. **Einsicht** in dieses Register ist jedem gestattet, der ein berechtigtes Interesse glaubhaft macht (§ 8 SchiffsRegO), z.B. durch Vorlage eines Vollstreckungstitels. Der Vollstreckungsgläubiger ist befugt, die Berichtigung des Schiffsregisters zu beantragen, z.B. wenn der Vollstreckungsschuldner (noch) nicht als Eigentümer des Schiffs eingetragen ist (§ 46 SchiffsRegO). Die Bestimmungen der 11

---

5 Vgl. OLG Hamburg MDR 1967, 677 (für den Fall der Sequestration).
6 Vgl. § 132 GVGA.
7 Dassler/Schiffhauer/*Rellermeyer*, § 165 ZVG Rz. 3.
8 Dassler/Schiffhauer/*Rellermeyer*, § 165 ZVG Rz. 5.
9 Dassler/Schiffhauer/*Rellermeyer*, § 165 ZVG Rz. 6.
10 S. Rz. 5.

SchiffsRegO stimmen, soweit hier von Bedeutung, weitgehend mit denen der Grundbuchordnung überein; daher wird im Einzelnen auf die Erläuterungen bei *Muster 52* verwiesen.

12 Die Absätze 1 und 2 des § 830a ZPO sind nicht anzuwenden, soweit es sich um Forderungen auf Zahlung rückständiger Zinsen und anderer Nebenleistungen, Kündigungs- und Rechtsverfolgungskosten sowie Ersatzansprüche des Gläubigers aus einer Entrichtung von Versicherungsprämien und anderen Zahlungen an den Versicherer handelt – solche Forderungen sind nach § 829 ZPO zu pfänden –, und auch nicht, wenn bei einer Schiffshypothek für eine Forderung aus einer Schuldverschreibung auf den Inhaber, aus einem Wechsel oder einem anderen durch Indossament übertragbaren Papier die Hauptforderung gepfändet wird; in diesem Fall genügt zur Pfändung der Schiffshypothek die Pfändung der Hauptforderung nach §§ 831, 821 ZPO (§ 830a Abs. 3 ZPO): Zur Pfändung einer **Schiffshypothek, die für eine Forderung aus einer Schuldverschreibung auf den Inhaber bestellt** ist, genügt also die Pfändung des Wertpapiers durch den Gerichtsvollzieher, welche zugleich die Pfändung der Hypothek bewirkt. Der Gerichtsvollzieher nimmt das Wertpapier in Besitz und verwertet es nach § 821 ZPO durch Verkauf aus freier Hand bzw. durch Versteigerung. Die Pfändung der **für eine Forderung aus einem Wechsel oder anderen indossablen Papieren bestellten Schiffshypothek** geschieht zusammen mit der Pfändung der Forderung selbst dadurch, dass der Gerichtsvollzieher das Papier in Besitz nimmt; jedoch ist ein zusätzlicher Überweisungsbeschluss erforderlich (vgl. *Muster 191*).

13 2.4.2 Die **Höchstbetragsschiffshypothek** des § 75 SchiffsRG ist der Höchstbetragshypothek des § 1190 BGB nachgebildet; wegen ihrer Pfändung wird daher auf *Muster 99* bis *102* verwiesen.

14 2.4.3 Erfolgt die Pfändung der Schiffshypothek nach **§ 830a Abs. 1 ZPO**, so entsteht das Pfändungspfandrecht zwar auch dann, wenn der Pfändungsbeschluss dem Drittschuldner nicht zugestellt wird; die Zustellung an den Drittschuldner verlegt aber diesem gegenüber die Pfändungswirkung vor auf den Zeitpunkt der Zustellung (§ 830a Abs. 2 ZPO).

15 2.5 Die **Überweisung** der Schiffshypothekenforderung ist in § 837a ZPO in enger Anlehnung an die Überweisung der Grundstücks-Buchhypothek geregelt; es wird auf Rz. 10 der Erläuterungen zu *Muster 52* verwiesen.

16 Auf die Schiffshypothek wird sich die Entscheidung des IX. Zivilsenats des **BGH** vom 22.9.1994 zur Pfändung der Buchgrundschuld übertragen lassen, wonach der Überweisungsbeschluss nicht gleichzeitig mit dem Pfändungsbeschluss erlassen werden dürfe, weil die Pfändung erst mit ihrer Eintragung im Grundbuch wirksam wird.[11] Dieser Entscheidung folgen wir nicht, sondern meinen, es genüge ein Hinweis auf den Zeitpunkt des Wirksamwerdens im Pfändungs- und Überweisungsbeschluss; das ist näher dargelegt in Rz. 35 bei *Muster 46*.

---

11 BGH v. 22.9.1994 – IX ZR 165/93, NJW 1994, 3225 = Rpfleger 1995, 119.

Muster 155 Schiffspart

Hinweis: Zu benutzen ist das amtliche Formular Anlage 2 (zu § 2 Nr. 2) der Verordnung über Formulare für die Zwangsvollstreckung (Zwangsvollstreckungsformular-Verordnung – ZVFV) vom 23.8.2012 (BGBl. I 2012, S. 1822) in der geänderten Fassung aufgrund der Verordnung zur Änderung der Zwangsvollstreckungsformular-Verordnung vom 16.6.2014 (BGBl. I 2014, S. 754).

Hierbei ist das Feld „Anspruch G" oder eine gesonderte Anlage zu nutzen. Es wird folgender Text empfohlen:

Wegen . . . und zusätzlich der Kosten der Eintragung im Register

werden gepfändet:

a) die angebliche Schiffspart des Schuldners an der Reederei . . . (genau bezeichnen) . . . zur Verwendung des gemeinschaftlichen Schiffs . . . (Name) . . . zum Erwerb durch die Seefahrt,

b) der Anspruch des Schuldners gegen die Mitreeder . . . (Namen und Adressen) . . . und den Korrespondentreeder . . . (Name und Adresse Drittschuldner[1])

auf fortlaufende Auszahlung der Gewinnanteile (Nutzungen).

Den Drittschuldnern wird verboten, an den Schuldner zu leisten.

Dem Schuldner wird geboten, sich jeder Verfügung über die gepfändete Schiffspart und den gepfändeten Anspruch, insbesondere der Einziehung, zu enthalten.

Es wird die Verwertung der gepfändeten Schiffspart im Wege der Versteigerung durch den Gerichtsvollzieher angeordnet.

Zugleich wird der gepfändete Anspruch auf fortlaufende Auszahlung der Gewinnanteile dem Gläubiger zur Einziehung überwiesen.

---
1 **Achtung:** Zustellung veranlassen an Reederei, Korrespondentreeder und Mitreeder sowie an den Vollstreckungsschuldner, vgl. Rz. 8.

1. Die Partenreederei

Die Reederei war früher im 5. Buch des HGB, Seehandel, geregelt. Durch das Gesetz zur Reform des Seehandelsrechts[1], welches der Bundesrat am 4.2.2013 beschlossen hat, wurde das deutsche Seehandelsrecht insgesamt modernisiert. Das Gesetz zur Reform des Seehandelsrechts regelt im Wesentlichen drei Bereiche: Das Seehandelsrecht, das allgemeine Transportrecht und das Binnenschifffahrtsrecht. Im Mittelpunkt steht das im 5. Buch des HGB geregelte Seehandelsrecht, das vollständig neu gefasst wurde.

Bei der Reform wurden ausdrücklich die Rechtsformen der Reederei (Partenreederei) (§§ 489 bis 508 HGB a.F.) und der „Baureederei" (§ 509 HGB

1

---
1 Gesetz v 20.4.2013, BGBl. I 2013, S. 831.

a.F.) sowie damit einhergehend die Rechtsfiguren des „Korrespondentreeders" und des „Mitreeders" ersatzlos abgeschafft. Die Regierungsbegründung spricht bei der Partenreederei von einem aus dem Mittelalter stammenden Rechtsinstitut, für das heute kein Bedürfnis mehr besteht. Im Gegensatz zu den Handelsgesellschaften ist die Partenreederei sachenrechtlich auf das Eigentum am Schiff gegründet und hierauf beschränkt; sie ist nicht auf Innehabung und Verwaltung eines Gesellschaftsvermögens neben dem Schiff angelegt. Angesichts der Tatsache, dass heute die Rechtsformen der Handelsgesellschaften zur Verfügung stehen, die nach der Entstehung der Partenreederei geschaffen wurden und nicht mehr auf dem überholten Modell mehrerer sich zum Bau eines Schiffes für oft nur eine Reise zusammenfindender Eigentümer beruhen, hat die Partenreederei heute ihre Berechtigung verloren.

Für die derzeit noch bestehenden Parten- und Baureedereien gilt nach Art. 71 EGHGB das geltende im Handelsgesetzbuch verankerte Recht fort:

(1) Für Partenreedereien und Baureedereien, die vor dem 25. April 2013 entstanden sind, bleiben die §§ 489 bis 509 des Handelsgesetzbuchs in der bis zu diesem Tag geltenden Fassung maßgebend.

(2) Auf ein im Fünften Buch des Handelsgesetzbuchs geregeltes Schuldverhältnis, das vor dem 25. April 2013 entstanden ist, sind die bis zu diesem Tag geltenden Gesetze weiter anzuwenden. Dies gilt auch für die Verjährung der aus einem solchen Schuldverhältnis vor dem 25. April 2013 entstandenen Ansprüche.

2 § 484 HGB a.F. definiert den Reeder als Eigentümer eines ihm zum Erwerb durch die **Seefahrt** dienenden Schiffs. Nach § 489 HGB a.F. „besteht eine Reederei" – sie wird auch **Partenreederei** genannt –, wenn von mehreren Personen ein ihnen „gemeinschaftlich zustehendes" Schiff zum Erwerb durch die Seefahrt für gemeinschaftliche Rechnung verwendet wird: „der Fall, wenn das Schiff einer **Handelsgesellschaft** gehört, wird durch die Vorschriften über die Reederei nicht berührt". Daraus folgt einmal, dass gemeinsames Eigentum an einem **Binnenschiff** eine Reederei nicht begründen kann,[2] und zum anderen, dass eine Reederei nicht besteht, wenn das Schiff einer **Handelsgesellschaft** gehört.

3 **Die Schiffspart ist der Anteil eines Mitreeders.** Ein Mitreeder kann mehrere Parten innehaben. Mehrere Personen können sich eine Part teilen.

4 **1.1** Die Mitreeder können durch Beschluss einen **Korrespondentreeder** (Schiffsdirektor, Schiffsdisponent) **bestellen**, der den Reedereibetrieb führt und die Reederei **gerichtlich und außergerichtlich vertritt**, aber nicht befugt ist, das Schiff zu verkaufen oder zu verpfänden (§§ 492 ff. HGB a.F.).

5 **1.2** Die Mitreeder, die Schiffsparten und der Korrespondentreeder werden in das **Schiffsregister** eingetragen (§ 11 SchiffsRegO).

6 **1.3** Jeder Mitreeder kann seine Schiffspart jederzeit und ohne Einwilligung der übrigen Mitreeder ganz oder teilweise **veräußern**. Die Veräußerung bedarf der **Eintragung in das Schiffsregister** (§ 503 Abs. 1 HGB a.F.); der Zu-

---

2 Vgl. auch LG Würzburg JurBüro 1977, 1289.

stimmung aller Mitreeder zur Veräußerung bedarf es dann, wenn durch die Veräußerung das Schiff das Recht verlieren würde, die Bundesflagge zu führen (§ 503 Abs. 2 HGB a.F.). Für die **Belastung einer Schiffspart** gelten die Vorschriften über die Belastung von Rechten (§ 503 Abs. 3 HGB a.F.).

Der Mitreeder kann also über seine Part und über einen rechnerischen Bruchteil davon, nicht aber über einzelne Gegenstände des Reedereivermögens oder seiner Part verfügen.

2. Pfändung und Verwertung[3]

2.1 Die Schiffspart ist als Bruchteilsanteil eines Miteigentümers pfändbar (§ 864 Abs. 2 ZPO). Die Pfändung geschieht durch **Pfändungs- und Überweisungsbeschluss** nach § 858 ZPO.

Ausschließlich zuständig ist dasjenige Gericht, bei dem das Register für das Schiff geführt wird (§§ 858 Abs. 2, 802 ZPO), regelmäßig also das Gericht des Heimathafens (§ 480 HGB a.F., § 4 SchiffsRegO).

2.2 Wirksam wird die Pfändung mit ihrer **Eintragung in das Schiffsregister**, die aufgrund des Pfändungsbeschlusses erfolgt (§ 858 Abs. 3 Satz 1 ZPO).

2.3 Streitig ist, ob die übrigen Mitreeder als **Drittschuldner** anzusehen sind: Nach einer Auffassung[4] fehlt ein Drittschuldner. Demgegenüber ist nach anderer Meinung[5] der Korrespondentreeder der Drittschuldner, und wenn ein solcher fehlt, der oder die Mitreeder. Nach *Hartmann*[6] soll es zur Wirksamkeit der Pfändung weder der Zustellung an den Vollstreckungsschuldner noch an den Korrespondent- oder Mitreeder bedürfen, wichtig wäre die Eintragung im Register. Nach dem Wortlaut von § 858 Abs. 3 ZPO ist unklar, ob die Zustellung nicht zum Wirksamwerden der Pfändung erforderlich ist. Dem Gläubiger ist zu raten, aus Vorsichtsgründen die Zustellung an den Vollstreckungsschuldner jedenfalls dann zu veranlassen" wenn man der Meinung folgt, es gebe keinen Drittschuldner. Die Zustellung an den Korrespondentreeder „soll" nach § 858 Abs. 3 Satz 2 ZPO geschehen, ist also nur Ordnungsvorschrift und berührt die Wirksamkeit der Pfändung nicht. Ausdrücklich jedenfalls bestimmt § 858 ZPO nichts über die Notwendigkeit der Zustellung an die Mitreeder.

Jedoch ist bei der Pfändung von Miteigentumsanteilen sonst – handle es sich um bewegliche Sachen oder um Immobilien – unstreitig, dass alle weiteren Miteigentümer Drittschuldner sind. *Der Vorsichtige wird sämtliche Mitreeder als Drittschuldner betrachten und ihnen und dem Vollstreckungsschuldner, natürlich auch dem Korrespondentreeder zustellen lassen.* Der Hinweis dagegen, dem Schuldner müsse entgegen § 857 Abs. 2 ZPO der Pfändungsbeschluss deshalb nicht zugestellt werden, weil Eintra-

---
3 Eingehend dazu *Röder*, DGVZ 2002, 17 ff.
4 *Stöber*, Rz. 1746; MünchKomm/*Smid*, § 858 ZPO Rz. 5; Musielak/*Becker*, § 858 ZPO Rz. 2.
5 *Stein/Jonas*, § 858 ZPO Rz. 2; Schuschke/*Walker*, § 858 ZPO Rz. 2.
6 Baumbach/Lauterbach/Albers/*Hartmann*, § 858 ZPO Rz. 3, 4.

Muster 155 Schiffspart

gung ins Schiffsregister notwendig ist und die Rechtslage die gleiche wie bei Pfändung einer Buchhypothek sei, ist nicht überzeugend; denn die Pfändung der Part erfolgt gerade nicht nach den Vorschriften über die Pfändung der Buchhypothek.

13 Die Zustellung an den Korrespondentreeder bewirkt, dass ihm gegenüber die Vorwirkung des § 830 Abs. 3 ZPO eintritt (§ 858 Abs. 3 Satz 2 ZPO), sonst nichts.

14 **2.4** Ob die Pfändung von Geschäftsanteilen, also auch der Schiffspart, den **Anspruch auf fortlaufende Auszahlung der Gewinnanteile** umfasst, ist streitig.[7] Deshalb empfiehlt es sich, diesen Anspruch zusätzlich zu pfänden, wie im Muster vorgesehen; **hier sind die Mitreeder sicher Drittschuldner.**

15 **2.5** Die **Verwertung** der Schiffspart erfolgt nicht durch Überweisung, sondern durch **Veräußerung** (§ 858 Abs. 4 ZPO). Deren Anordnung hat der Vollstreckungsgläubiger – zweckmäßig zugleich mit der Pfändung – zu beantragen und dem Antrag einen Auszug aus dem Schiffsregister beizufügen, der alle das Schiff und die Schiffspart betreffenden Eintragungen enthält und nicht älter als eine Woche ist. Streitig ist, ob statt der Vorlage dieses Auszugs entsprechend § 17 Abs. 2 ZVG dann die Bezugnahme auf das Register genügt, wenn das Registergericht zugleich Vollstreckungsgericht ist.[8] Nach dem Wortlaut des § 858 Abs. 4 ZPO ist der Auszug beizufügen, sodass die Beifügung wohl Voraussetzung für die Anordnung der Veräußerung ist.[9] Um Verzögerungen zu vermeiden, sollte der Gläubiger sich entweder vorher bei dem zuständigen Gericht erkundigen, wie die Sache dort gehandhabt wird, oder gleich einen Auszug beifügen.

16 Die Veräußerung geschieht regelmäßig durch den **Gerichtsvollzieher** (§§ 844, 814 ZPO).

17 Zeigt der Registerauszug **Pfandrechte Dritter** an der Schiffspart, so hat das Vollstreckungsgericht zugleich mit der Veräußerung die Hinterlegung des Erlöses zur Verteilung im Verteilungsverfahren anzuordnen (§§ 858 Abs. 5, 873 ff. ZPO).

18 Der Antrag auf Veräußerung der Schiffspart kann gleichzeitig mit dem Pfändungsantrag gestellt werden; das ist im Muster vorgesehen.

19 **2.6** Sind **sowohl das Schiff** selbst – als Sache – **als auch die Part gepfändet**, oder besteht ein gesetzliches Pfandrecht für Schiffsgläubiger nach §§ 754 ff. HGB a.F., gibt es zwischen den beiden Pfandrechten kein Rangverhältnis; vielmehr wird die Part und damit das Pfändungspfandrecht an ihr wertlos, wenn das Schiff versteigert wird.

---

[7] Vgl. z.B. *Röder*, DGVZ 2002, 18; *Stöber*, Rz. 1750; *Stein/Jonas*, § 858 ZPO Rz. 2; *Musielak/Becker*, § 858 ZPO Rz. 2.
[8] So *Stein/Jonas*, § 858 ZPO Rz. 6; MünchKomm/*Smid*, § 858 ZPO Rz. 6; offen: *Musielak/Becker*, § 858 ZPO Rz. 3.
[9] So auch *Zöller/Stöber*, § 858 ZPO Rz. 4.

2.7 Der **Antrag auf Eintragung der Pfändung** im Schiffsregister ist wie 20
Muster 154 zu formulieren, nur der Betreff ist anzupassen.

3. Miteigentum am Binnenschiff

Sind mehrere Personen Eigentümer eines Binnenschiffs, so kann das keine 21
Reederei begründen (oben Rz. 2).

Ist das Schiff **nicht im Schiffsregister eingetragen**, so ist es eine beweg- 22
liche Sache und der Miteigentumsanteil ist nach *Muster 122* zu pfänden
und zu verwerten.

Ist das Schiff **im Schiffsregister eingetragen**, so ist entsprechend *Muster 47* 23
zu verfahren.

Muster 156 Schmerzensgeld I

als Kapital

Hinweis: Zu benutzen ist das amtliche Formular Anlage 2 (zu § 2 Nr. 2) der Verordnung über Formulare für die Zwangsvollstreckung (Zwangsvollstreckungsformular-Verordnung – ZVFV) vom 23.8.2012 (BGBl. I 2012, S. 1822) in der geänderten Fassung aufgrund der Verordnung zur Änderung der Zwangsvollstreckungsformular-Verordnung vom 16.6.2014 (BGBl. I 2014, S. 754).

Hierbei ist das Feld „Anspruch G" oder eine gesonderte Anlage zu nutzen. Es wird folgender Text empfohlen:

Wegen . . . wird die angebliche Forderung des Schuldners

gegen   . . . (Name und Adresse des Schädigers) . . .   (Drittschuldner)

auf Schmerzensgeld, die dem Schuldner deshalb zusteht, weil . . . (die unerlaubte Handlung des Drittschuldners individualisierend bezeichnen oder auf ein etwaiges Urteil Bezug nehmen) . . . gepfändet.

Erläuterungen bei *Muster 157*.

Muster 157 Schmerzensgeld II

als Rente

Hinweis: Zu benutzen ist das amtliche Formular Anlage 2 (zu § 2 Nr. 2) der Verordnung über Formulare für die Zwangsvollstreckung (Zwangsvollstreckungsformular-Verordnung – ZVFV) vom 23.8.2012 (BGBl. I 2012, S. 1822) in der geänderten Fassung aufgrund der Verordnung zur Änderung der Zwangsvollstreckungsformular-Verordnung vom 16.6.2014 (BGBl. I 2014, S. 754).

Hierbei ist das Feld „Anspruch G" oder eine gesonderte Anlage zu nutzen. Es wird folgender Text empfohlen:

Wegen ... wird die angebliche Forderung des Schuldners

gegen ... (Name und Adresse des Schädigers) ... (Drittschuldner) auf Schmerzensgeld in Rentenform gepfändet, und zwar sowohl die Forderung auf Zahlung der Rückstände als auch die Forderung auf jeden künftigen Betrag solange, bis der Gläubiger befriedigt sein wird. Die Forderung beruht auf ... (die unerlaubte Handlung des Drittschuldners individualisierend bezeichnen oder auf ein etwaiges Urteil Bezug nehmen) ...

1. Anspruch auf Schmerzensgeld

1 Der Schmerzensgeldanspruch ist eine in Geld zu berichtigende Forderung auf Ersatz von Schaden, der nicht Vermögensschaden ist; der Anspruch setzt voraus, dass dem Verletzten aus Delikt, Gefährdungshaftung oder Vertrag ein Anspruch wegen einer Verletzung des Körpers, der Gesundheit, der Freiheit oder der sexuellen Selbstbestimmung ein Schadensersatzanspruch zusteht. Sein Anwendungsbereich geht daher weiter als der zum 1.8.2002 aufgehobene § 847 BGB. Im sog. Adhäsionsverfahren können Schmerzensgeldansprüche unmittelbar im Strafprozess geltend gemacht werden, sofern der Anspruch noch nicht anderweitig gerichtlich anhängig gemacht worden ist; §§ 403–406 StPO.[1] Durch die Adhäsion ist die Entscheidung über Strafe und Entschädigung in nur einem Verfahren möglich. Der Schmerzensgeldanspruch ist frei übertragbar.

2 Der Anspruch kann sich auf einmalige Kapitalzahlung, auf Rentenzahlung oder beide Zahlungen zugleich richten.

2. Pfändung und Überweisung

3 Der Anspruch ist als gewöhnliche Forderung nach §§ 829, 835 ZPO zu pfänden und zu überweisen.

4 Das gilt auch für die Schmerzensgeldrente[2], deren einzelne Beträge als künftige Forderungen pfändbar sind; denn sie sind nach Bestand und Drittschuldner eindeutig bestimmt.

5 **Pfändungsschutz** nach § 850b ZPO besteht für die Schmerzensgeldrente nicht.

Muster 158   Sicherungsübereignung I

Der Drittschuldner besitzt die Sache

Hinweis: Zu benutzen ist das amtliche Formular Anlage 2 (zu § 2 Nr. 2) der Verordnung über Formulare für die Zwangsvollstreckung (Zwangsvollstre-

---

1 Vgl. BGH v. 18.12.2012 – VI ZR 55/12, NJW 2013, 1163.
2 Hierzu BGH v. 15.5.2007 – VI ZR 150/06, NJW 2007, 2475 = MDR 2007, 1074.

ckungsformular-Verordnung – ZVFV) vom 23.8.2012 (BGBl. I 2012, S. 1822) in der geänderten Fassung aufgrund der Verordnung zur Änderung der Zwangsvollstreckungsformular-Verordnung vom 16.6.2014 (BGBl. I 2014, S. 754).

Hierbei ist das Feld „Anspruch G" oder eine gesonderte Anlage zu nutzen. Es wird folgender Text empfohlen:

Wegen . . . werden die angeblichen Rechte und Ansprüche des Schuldners

gegen . . . (Name und Adresse des Sicherungsnehmers) . . .   (Drittschuldner) aus dem Vertrag vom . . ., durch den der Schuldner dem Drittschuldner folgende Sachen . . . (Sachen so genau wie möglich bezeichnen) . . ., sicherungsübereignet hat, die der Drittschuldner auch besitzt,

gepfändet,

insbesondere

a) das Recht auf Rückfall des Eigentums bei voller Zahlung der gesicherten Schuld,

b) der Anspruch auf Rückübereignung bei voller Zahlung der gesicherten Schuld,

c) der Anspruch auf Herausgabe der Sachen,

d) das Recht zum Widerspruch nach § 267 Abs. 2 BGB,

e) der Anspruch auf Auskunft über den Forderungsstand,

f) der Anspruch auf Auszahlung des bei der Verwertung des Sicherheitsguts verbliebenen Überschusses.

Der Drittschuldner hat die sicherungsübereigneten Sachen an den vom Gläubiger beauftragten Gerichtsvollzieher herauszugeben.

Dem Drittschuldner wird verboten, an den Schuldner zu leisten.

Dem Schuldner wird geboten, sich jeder Verfügung über die gepfändeten Ansprüche und Rechte, insbesondere ihrer Einziehung, zu enthalten.

Zugleich werden die gepfändeten Ansprüche und Rechte dem Gläubiger zur Einziehung überwiesen.

Erläuterungen bei *Muster 159.*

Muster 159 Sicherungsübereignung II

Der Vollstreckungsschuldner besitzt die Sache

Hinweis: Zu benutzen ist das amtliche Formular Anlage 2 (zu § 2 Nr. 2) der Verordnung über Formulare für die Zwangsvollstreckung (Zwangsvollstreckungsformular-Verordnung – ZVFV) vom 23.8.2012 (BGBl. I 2012, S. 1822) in der geänderten Fassung aufgrund der Verordnung zur Änderung der Zwangsvollstreckungsformular-Verordnung vom 16.6.2014 (BGBl. I 2014, S. 754).

Muster 159 Sicherungsübereignung II

Hierbei ist das Feld „Anspruch G" oder eine gesonderte Anlage zu nutzen. Es wird folgender Text empfohlen:

Wegen . . . werden die angeblichen Rechte und Ansprüche des Schuldners gegen . . . (Name und Adresse des Sicherungsnehmers) . . .   (Drittschuldner) aus dem Vertrag vom . . ., durch den der Schuldner dem Drittschuldner folgende Sachen . . . (Sachen so genau wie möglich bezeichnen) . . . sicherungsübereignet hat,

gepfändet,

insbesondere

a) das Recht auf Rückfall des Eigentums bei voller Zahlung der gesicherten Schuld,

b) der Anspruch auf Rückübereignung bei voller Zahlung der gesicherten Schuld,

c) das Recht des Schuldners zum Widerspruch nach § 267 Abs. 2 BGB,

d) der Anspruch auf Auskunft über den Forderungsstand.

Dem Drittschuldner wird verboten, an den Schuldner zu leisten.

Dem Schuldner wird geboten, sich jeder Verfügung über die gepfändeten Ansprüche und Rechte, insbesondere ihrer Einziehung, zu enthalten.

Zugleich werden die gepfändeten Ansprüche und Rechte dem Gläubiger zur Einziehung überwiesen.

1. Ansprüche des Sicherungsgebers gegen den Sicherungsnehmer

1   Wie die „normale" Übereignung kann auch die Sicherungsübereignung entweder nach § 929 BGB unter **Übergabe der Sache** an den Sicherungsnehmer oder (bei nicht eingetragenen Schiffen nach § 929a BGB) nach § 930 BGB durch **Vereinbarung eines Besitzkonstituts** ohne Besitzübergabe geschehen.

2   Wenn der Sicherungszweck entfallen ist, insbesondere bei voller Tilgung der gesicherten Forderung, steht dem Sicherungsnehmer kein Recht auf das Sicherungsgut mehr zu, er hat vielmehr dem Sicherungsgeber das Eigentum und ggf. den Besitz an der Sache zurückzugewähren.

3   Im Sicherungsvertrag ist, wenn auch selten, vereinbart, dass die Sicherungsübereignung durch das Erlöschen der zu sichernden Forderung **auflösend bedingt** sein soll. In diesem Fall hat der Sicherungsgeber ein **echtes Anwartschaftsrecht** auf den automatischen Rückfall des Eigentums an ihn[1] und – bei Sicherungsübereignung nach § 929 BGB – auf Herausgabe der Sache.

---
1 BGH v. 2.2.1984 – IX ZR 8/83, NJW 1984, 1184.

Fehlt diese Vereinbarung, so hat der Sicherungsgeber gegen den Sicherungsnehmer – außer dem etwaigen Herausgabeanspruch – einen **Anspruch aus dem Sicherungsvertrag auf Rückübereignung** der Sache. 4

2. Pfändung und Verwertung

Das Anwartschaftsrecht ist nach § 857 ZPO, der Übereignungsanspruch und der Herausgabeanspruch sind nach § 847 ZPO zu pfänden. 5

Das Anwartschaftsrecht und die beiden Ansprüche sind dem Vollstreckungsgläubiger zur Einziehung zu **überweisen**. 6

Für den Fall, dass der Sicherungsnehmer die übereignete Sache bis zum Wirksamwerden der Pfändung schon verwertet haben sollte, ist vorsorglich der **Anspruch auf Auszahlung des Erlösüberschusses** zu pfänden. 7

Das **Widerspruchsrecht des Vollstreckungsschuldners nach § 267 BGB** soll der Vollstreckungsgläubiger mitpfänden lassen, um auch gegen den Willen des Vollstreckungsschuldners einen etwaigen Rest der gesicherten Forderung an den Drittschuldner zurückzahlen zu können. Das kann für ihn wichtig sein, weil vor völliger Tilgung weder das Eigentum automatisch auf den Vollstreckungsschuldner zurückfällt noch seine Ansprüche geltend gemacht werden können. 8

⇨ **Beachte:** Ist der Vollstreckungsschuldner im Besitz der sicherungsübereigneten Sache, so muss der Vollstreckungsgläubiger zusätzlich die Sache selbst durch den Gerichtsvollzieher nach §§ 808 ff. ZPO pfänden lassen, weil sonst der Vollstreckungsschuldner über die Sache verfügen oder ein Dritter sie pfänden könnte, beim Anwartschaftsrecht zudem aus den bei *Muster 17* Rz. 5 angeführten Gründen. 9

Muster 160 Soldatenbezüge I

Berufssoldaten

Wegen ... werden die angeblichen Forderungen des Schuldners

gegen die Bundesrepublik Deutschland (Bundesminister der Verteidigung), vertreten durch ... (s. Rz. 10 der Erläuterungen zu Muster 163) ..., dieses vertreten durch seinen Leiter (Drittschuldnerin),

auf Zahlung der sich aus dem Dienstverhältnis des Schuldners bei der Bundeswehr ergebenden Bezüge, insbesondere der Dienstbezüge (einschließlich des Geldwertes der Sachbezüge, Unterkunft und Dienstbekleidung gemäß der jeweiligen Festsetzung des Bundesministers der Verteidigung), der Versorgungsbezüge, deren Kapitalabfindung, des Unterhaltsbetrages, des Übergangsgeldes), des einmaligen Ausgleichs für vorzeitigen Ruhestand und des Ausbildungszuschusses

gepfändet.

Muster 161 Soldatenbezüge II

Die Pfändung der Forderungen auf Ausgleich für vorzeitigen Ruhestand und für Kapitalabfindung ist unbeschränkt; die Pfändung der übrigen Ansprüche ist nach § 850c ZPO beschränkt; die Forderungen auf einmalige Unfallentschädigung, auf einmalige Entschädigung und auf Sterbegeld sind von der Pfändung nicht erfasst.

Der Drittschuldnerin wird, soweit die Pfändung reicht, verboten, an den Schuldner zu zahlen.

Dem Schuldner wird geboten, sich jeder Verfügung über diese Forderungen, soweit sie gepfändet sind, insbesondere ihrer Einziehung, zu enthalten.

Zugleich werden die Forderungen, soweit sie gepfändet sind, dem Gläubiger zur Einziehung überwiesen.

Erläuterungen bei *Muster 163*.

Muster 161 Soldatenbezüge II

Zeitsoldaten

Hinweis: Zu benutzen ist das amtliche Formular Anlage 2 (zu § 2 Nr. 2) der Verordnung über Formulare für die Zwangsvollstreckung (Zwangsvollstreckungsformular-Verordnung – ZVFV) vom 23.8.2012 (BGBl. I 2012, S. 1822) in der geänderten Fassung aufgrund der Verordnung zur Änderung der Zwangsvollstreckungsformular-Verordnung vom 16.6.2014 (BGBl. I 2014, S. 754).

Hierbei ist das Feld „Anspruch G" oder eine gesonderte Anlage zu nutzen. Es wird folgender Text empfohlen:

Wegen . . . werden die angeblichen Forderungen des Schuldners

gegen die Bundesrepublik Deutschland (Bundesminister der Verteidigung) vertreten durch . . . (s. Rz. 10 der Erläuterungen zu Muster 163) . . ., dieses vertreten durch seinen Leiter   (Drittschuldnerin)

auf Zahlung der sich aus dem Dienstverhältnis des Schuldners bei der Bundeswehr ergebenden Bezüge, insbesondere auf Zahlung der Dienstbezüge (einschließlich des Geldwertes der Sachbezüge, Unterkunft und Dienstbekleidung gemäß der jeweiligen Festsetzung des Bundesministers der Verteidigung), der Übergangsgebührnisse, der Ausgleichsbezüge sowie eines Ausbildungszuschusses

gepfändet.

Die Pfändung wird nach § 850c ZPO beschränkt.

Der Drittschuldnerin wird, soweit die Pfändung reicht, verboten, an den Schuldner zu zahlen.

Dem Schuldner wird geboten, sich jeder Verfügung über diese Forderungen, soweit sie gepfändet sind, insbesondere ihrer Einziehung, zu enthalten.

Soldatenbezüge IV **Muster 163**

Zugleich werden die Forderungen, soweit sie gepfändet sind, dem Gläubiger zur Einziehung überwiesen.

Erläuterungen bei *Muster 163*.

Muster 162 Soldatenbezüge III

Hinterbliebene von Berufssoldaten oder Zeitsoldaten

Hinweis: Zu benutzen ist das amtliche Formular Anlage 2 (zu § 2 Nr. 2) der Verordnung über Formulare für die Zwangsvollstreckung (Zwangsvollstreckungsformular-Verordnung – ZVFV) vom 23.8.2012 (BGBl. I 2012, S. 1822) in der geänderten Fassung aufgrund der Verordnung zur Änderung der Zwangsvollstreckungsformular-Verordnung vom 16.6.2014 (BGBl. I 2014, S. 754).

Hierbei ist das Feld „Anspruch G" oder eine gesonderte Anlage zu nutzen. Es wird folgender Text empfohlen:

Wegen ... wird die angebliche Forderung des Schuldners

gegen die Bundesrepublik Deutschland (Bundesminister der Verteidigung), vertreten durch ... (s. Rz. 10 der Erläuterungen zu Muster 163) ..., dieses vertreten durch seinen Leiter (Drittschuldnerin),

auf Zahlung der sich aus dem ehemaligen Dienstverhältnis des ... (Name und Adresse des verstorbenen Soldaten) ... bei der Bundeswehr ergebenden Hinterbliebenenbezüge ohne Rücksicht auf deren Benennung mit Ausnahme des Sterbegeldes

gepfändet.

Die Pfändung wird gemäß § 850c ZPO beschränkt.

Der Drittschuldnerin wird im Umfang der Pfändung verboten, an den Schuldner zu zahlen.

Dem Schuldner wird geboten, sich jeder Verfügung über diese Forderung, soweit sie gepfändet ist, insbesondere ihrer Einziehung, zu enthalten.

Zugleich wird die Forderung, soweit sie gepfändet ist, dem Gläubiger zur Einziehung überwiesen.

Erläuterungen bei *Muster 163*.

Muster 163 Soldatenbezüge IV

Wehrpflichtige

Hinweis: Zu benutzen ist das amtliche Formular Anlage 2 (zu § 2 Nr. 2) der Verordnung über Formulare für die Zwangsvollstreckung (Zwangsvollstreckungsformular-Verordnung – ZVFV) vom 23.8.2012 (BGBl. I 2012, S. 1822) in

der geänderten Fassung aufgrund der Verordnung zur Änderung der Zwangsvollstreckungsformular-Verordnung vom 16.6.2014 (BGBl. I 2014, S. 754).

Hierbei ist das Feld „Anspruch G" oder eine gesonderte Anlage zu nutzen. Es wird folgender Text empfohlen:

Wegen . . . werden die angeblichen Forderungen des Schuldners

gegen die Bundesrepublik Deutschland (Bundesminister der Verteidigung), vertreten durch . . . (siehe Rz. 10 der Erläuterungen) . . ., dieses vertreten durch . . .   (Drittschuldnerin),

auf Zahlung der sich aus dem Wehrdienstverhältnis des Schuldners ergebenden Bezüge ohne Rücksicht auf deren Benennung, insbesondere Wehrsold, Übungsgeld, Dienstgeld, Entlassungsgeld, einschließlich des Geldwertes der Sachbezüge, wie Verpflegung, Unterkunft, Dienstkleidung, die nach den ortsüblichen Sätzen zu berechnen sind,

gepfändet.

Die Pfändung der Forderung auf Entlassungsgeld ist unbeschränkt, die Pfändung der übrigen Forderungen ist nach § 850c ZPO beschränkt.

Der Drittschuldnerin wird im Umfang der Pfändung verboten, an den Schuldner zu zahlen.

Dem Schuldner wird geboten, sich jeder Verfügung über diese Forderungen, soweit sie gepfändet sind, insbesondere ihrer Einziehung, zu enthalten.

Zugleich werden diese Forderungen, soweit sie gepfändet sind, dem Gläubiger zur Einziehung überwiesen.

1. Anspruch auf Geld- und Sachbezüge

1   § 1 Abs. 1 und 2 Soldatengesetz (SG)[1] unterscheidet zwischen **Wehrpflichtigen, Berufssoldaten und Soldaten auf Zeit**. Soldat ist, wer auf Grund der Wehrpflicht oder freiwilliger Verpflichtung in einem Wehrdienstverhältnis steht. In das Dienstverhältnis eines Berufssoldaten kann berufen werden, wer sich freiwillig verpflichtet, auf Lebenszeit Wehrdienst zu leisten. In das Dienstverhältnis eines Soldaten auf Zeit kann berufen werden, wer sich freiwillig verpflichtet, für begrenzte Zeit Wehrdienst zu leisten. Einen freiwilligen Wehrdienst als besonderes staatsbürgerliches Engagement kann leisten, wer sich dazu verpflichtet. Der freiwillige Wehrdienst als besonderes staatsbürgerliches Engagement besteht aus einer sechsmonatigen Probezeit und bis zu 17 Monaten anschließendem Wehrdienst, § 58b SG. Zu einem Wehrdienst in Form von Dienstleistungen kann auch herangezogen werden, wer sich freiwillig zu Dienstleistungen verpflichtet. Nach § 30 SG hat der Soldat Anspruch auf Geld- und Sachbezüge, Versorgung, Reise- und Umzugskostenvergütung nach Maßgabe besonderer Gesetze. Solche besonderen Gesetze sind für Berufssoldaten und Soldaten auf

---

1 SG i.d.F. der Bek. v. 30.5.2005 (BGBl. I 2005, S. 1482), zuletzt geändert durch zuletzt geändert durch Art. 8 Gesetz v. 28.8.2013 BGBl. I 2013, S. 3386.

Zeit insbesondere das Bundesbesoldungsgesetz[2] und das Soldatenversorgungsgesetz,[3] für Wehrpflichtige das Wehrsoldgesetz[4] und das Unterhaltssicherungsgesetz,[5] für Zivildienstleistende das Zivildienstgesetz.[6]

1.1 Berufssoldaten haben zusätzlich Anspruch auf Übergangsgeld und einmaligen Ausgleich für vorzeitigen Ruhestand (§§ 37, 38 SVG); an Sachbezügen erhalten sie unentgeltlich Unterkunft und Dienstbekleidung, nicht aber Verpflegung; denn sie zahlen (im Gegensatz zum Wehrpflichtigen) Verpflegungsgeld.

1.2 Zeitsoldaten haben zusätzlich Anspruch auf Übergangsgebührnisse, Ausgleichsbezüge und Übergangsbeihilfe (§§ 11 bis 13d SVG); für Naturalbezüge gilt das bei Rz. 2 Gesagte.

1.3 Wehrpflichtige erhalten nach §§ 2 bis 6 und 9 Wehrsoldgesetz Wehrsold, Verpflegung, Unterkunft, Dienstbekleidung, Heilfürsorge und Entlassungsgeld.[7] Soldaten, die mehr als sechs Monate freiwilligen Wehrdienst nach § 58b SG geleistet haben, erhalten eine besondere Zuwendung, § 7 SG. Nach dem Unterhaltssicherungsgesetz erhalten zur Erfüllung der Wehrpflicht einberufene Wehrpflichtige und ihre Familienangehörigen Leistungen zur Sicherung des Lebensbedarfs nach näherer Bestimmung der §§ 2 bis 12 USG. Wehrpflichtige erhalten als Naturalleistung zusätzlich unentgeltliche Verpflegung.

1.4 Für **Zivildienstleistende** gilt nach § 35 Zivildienstgesetz im Wesentlichen das Gleiche wie für Wehrpflichtige.

1.5 Soldaten und Zivildienstpflichtige haben Anspruch auf **Ausgleich für Dienstbeschädigungen** und auf Heilfürsorge.

1.6 Hinterbliebenen von Berufs- und Zeitsoldaten stehen Versorgungsansprüche zu.

2. Pfändung und Verwertung

Im Grundsatz sind die Bezüge aller Soldaten und ihrer Hinterbliebenen als **Einkommen** zu pfänden, sodass auf die Erläuterungen zu *Muster 19* verwiesen werden kann, jedoch sind folgende Hinweise veranlasst:

---

2 BBesG i.d.F. der Bek. v. 19.6.2009 (BGBl. I 2009, S. 1434), zuletzt geändert durch Art. 13c Gesetz v. 19.10.2013 (BGBl. I 2013, S. 3836).
3 SVG i.d.F. der Bek. v. 16.9.2009 (BGBl. I 2009, S. 3054), zuletzt geändert durch Art. 9 Gesetz v. 28.8.2013 (BGBl. I 2013, S. 3386).
4 WSG i.d.F. der Bek. v. 13.8.2008 (BGBl. I 2008, S. 1718), zuletzt geändert durch Art. 2 Abs. 8 Gesetz v. 8.4.2013 (BGBl. I 2013, S. 730).
5 USG i.d.F. der Bek. v. 26.8.2008 (BGBl. I 2008, S. 1774), zuletzt geändert durch Art. 2 Abs. 8 Gesetz v. 8.4.2013 (BGBl. I 2013, S. 730).
6 ZDG i.d.F. der Bek. v. 17.5.2005 (BGBl. I 2005, S. 1346), zuletzt geändert durch Art. 4 Abs. 2 Gesetz v. 15.7.2013 (BGBl. I 2013, S. 2416).
7 Hierzu OLG Dresden v. 19.2.1999 – 13 W 1457/98, Rpfleger 1999, 283; LG Detmold v. 18.4.1997 – 2 T 43/97, Rpfleger 1997, 448; OLG Hamm v. 15.5.1984 – 14 W 45/84, OLGZ 1984, 457.

Muster 163 Soldatenbezüge IV

9 **2.1** Für die **örtliche Zuständigkeit des Vollstreckungsgerichts** (§§ 828 Abs. 2, 802, 13 ZPO) ist zu beachten, dass ein Soldat seinen Wohnsitz an seinem Standort hat, wenn er nicht nur aufgrund der Wehrpflicht Wehrdienst leistet oder nicht selbständig einen Wohnsitz begründen kann; hat der Soldat im Inland keinen Standort, so gilt der letzte inländische Standort als sein Wohnsitz (§§ 9, 8 BGB).

10 **2.2 Drittschuldnerin** ist die Bundesrepublik Deutschland. Sie wird gemäß der Verwaltungsordnung über die Vertretung des Bundes als Drittschuldner im Bereich des Bundesministers der Verteidigung vertreten:

11 **Verwaltungsanordnung über die Vertretung des Bundes als Drittschuldner im Geschäftsbereich des Bundesministeriums der Verteidigung**

(Neufassung – vom 17.7.2013)

1. Bei der Zustellung von Pfändungs- und Überweisungsbeschlüssen (§ 829 der Zivilprozessordnung – ZPO), Pfändungsbenachrichtigungen (§ 845 ZPO) sowie sonstigen Pfändungs- und Überweisungsentscheidungen oder -benachrichtigungen wird der Bund als Drittschuldner bei Forderungen gegenüber den Angehörigen oder den ehemaligen Angehörigen des Geschäftsbereichs des Bundesministeriums der Verteidigung oder den ehemaligen Angehörigen der Nationalen Volksarmee wie folgt vertreten:

a) bei der Pfändung von Bezügen der Soldatinnen und Soldaten nach § 1 Absatz 1 des Wehrsoldgesetzes

– durch die für die Wehrsoldzahlung der Soldatin oder des Soldaten zuständige Stelle,

– durch das Bundesamt für Infrastruktur, Umweltschutz und Dienstleistungen der Bundeswehr (BAIUDBw), wenn die Soldatin oder der Soldat einer Dienststelle im Ausland angehört (Anschrift siehe Anlage);

b) bei der Pfändung von Dienstbezügen der Soldatinnen und Soldaten, Beamtinnen und Beamten, Richterinnen und Richter, von Unterhaltszuschüssen der Beamtinnen und Beamten auf Widerruf im Vorbereitungsdienst, von Versorgungsbezügen der Soldatinnen auf Zeit und Soldaten auf Zeit sowie ihrer Hinterbliebenen, von Entgelt der Arbeitnehmerinnen und Arbeitnehmer sowie Auszubildenden, von nicht in die gesetzliche Rentenversicherung überführten Versorgungsleistungen nach der geschlossenen Versorgungsordnung der Nationalen Volksarmee an ehemalige Angehörige der Nationalen Volksarmee (Dienstbeschädigungsausgleich, Übergangsrente)

– durch diejenige Organisationseinheit des Bundesverwaltungsamtes, die die Zahlung dieser Bezüge anzuordnen hat (Anschriften siehe Anlage);

c) bei der Pfändung von Versorgungsbezügen der Berufssoldatinnen und Berufssoldaten sowie ihrer Hinterbliebenen nach dem zweiten Teil des Soldatenversorgungsgesetzes, der Beamtinnen, Beamten, Richterinnen und Richter sowie ihrer Hinterbliebenen nach dem Beamtenversorgungsgesetz

- durch das Service-Center der Bundesfinanzdirektion West oder der Bundesfinanzdirektion Südwest, das die Zahlung dieser Bezüge anzuordnen hat (Anschriften siehe Anlage);

d) bei der Pfändung sonstiger Ansprüche

- durch die Stelle, die die geschuldete Leistung, insbesondere die Auszahlung des geschuldeten Geldbetrages, anzuordnen hat.

2. Wird ein Pfändungs- und Überweisungsbeschluss oder ein sonstiges der in Nummer 1 genannten Schriftstücke einer Stelle zugestellt, so hat sie auf dem zugestellten Schriftstück den Zeitpunkt des Eingangs nach Tag, Stunde und Minute zu vermerken und dann sofort zu prüfen, ob sie zur Entgegennahme der Zustellung zuständig ist.

3. Ist an eine Stelle zugestellt worden, die nach Nummer 1 zur Vertretung des Bundes nicht zuständig ist, so hat sie das Schriftstück der Gläubigerin oder dem Gläubiger unverzüglich mit einem entsprechenden Anschreiben zurückzusenden. Hierüber ist ein Vermerk zu den Akten zu nehmen. Im Anschreiben an den Gläubiger ist der Grund der Rücksendung anzugeben. Kann die zur Vertretung des Bundes zuständige Stelle zweifelsfrei ermittelt werden, so ist sie der Gläubigerin oder dem Gläubiger zu benennen. Keinesfalls darf eine Stelle, die zur Vertretung des Bundes in der Angelegenheit nicht zuständig ist, das Schriftstück an die zuständige Stelle weiterleiten.

Ist eine Stelle außerhalb des Geschäftsbereichs des Bundesministeriums der Verteidigung zur Vertretung des Bundes als Drittschuldner zuständig und steht diese zweifelsfrei fest, bleibt die Pfändung wirksam. In diesem Fall ist der Pfändungs- und Überweisungsbeschluss mit den sonstigen die Pfändung betreffenden Unterlagen an die zuständige Stelle weiterzuleiten.

4. Die für die Entgegennahme von Pfändungs- und Überweisungsbeschlüssen zuständigen Stellen des Geschäftsbereichs des Bundesministeriums der Verteidigung unterrichten über Pfändungen der Bezüge von Soldatinnen und Soldaten nach § 1 Absatz 1 des Wehrsoldgesetzes deren nächsten Disziplinarvorgesetzten. Die Unterrichtungspflicht über Pfändungen im Übrigen richtet sich nach dem Erlass vom 31. Oktober 2007 – PSZ/Z – Az 67-63-00 und vom 31. Oktober 2007 – PSZ/Z – Az 67-63-00 (VMBl. S. 119, geändert: VMBl. 2009, S. 31).

5. Im Geschäftsbereich des Bundesministeriums der Verteidigung richtet sich die Auskunftserteilung an Gläubiger von Bundeswehrangehörigen nach dem Erlass vom 6. Mai 1998 PSZ II 3 – Az 17-02-32/16-26-01 (VMBl. S. 219).

Diese Verwaltungsanordnung tritt mit Veröffentlichung in Kraft. Gleichzeitig wird die Verwaltungsanordnung vom 30. Januar 2002 – R II 1 – Az 39-85-25/14 (VMBl. S. 131, geändert: VMBl. 2007, S. 1006121) aufgehoben.

Bonn, den 17. Juli 2013

R I 5 – Az 39-85-25/14

Bundesminister der Verteidigung

12 **Anlage: Anschriften der Vertretungsbehörden**

Für die freiwillig Wehrdienst leistenden Soldatinnen und Soldaten:

Das jeweils zuständige Bundeswehr-Dienstleistungszentrum

Für die bei einer Bundeswehr-Dienststelle im Ausland beschäftigten Soldatinnen und Soldaten:

Bundesamt für Infrastruktur, Umweltschutz und Dienstleistungen der Bundeswehr
Fontainengraben 200
53123 Bonn

Für die Soldatinnen und Soldaten, Beamtinnen und Beamten, Arbeitnehmerinnen und Arbeitnehmer sowie für Empfänger von Dienstzeitversorgung als ehemalige Soldatin auf Zeit oder ehemaliger Soldat auf Zeit oder deren Hinterbliebene, von Dienstbeschädigungsausgleich oder von Übergangsrente nach der geschlossenen Versorgungsordnung der ehemaligen Nationalen Volksarmee:

Bundesverwaltungsamt Außenstelle Hannover
Hans-Böckler-Allee 16
30173 Hannover

Bundesverwaltungsamt Außenstelle Stuttgart
Heilbronner Straße 186
70191 Stuttgart

Bundesverwaltungsamt Außenstelle Kiel
Feldstraße 234
24106 Kiel

Bundesverwaltungsamt Außenstelle München
Dachauer Straße 128
80637 München

Bundesverwaltungsamt Außenstelle Düsseldorf
Wilhelm-Raabe-Str. 46
40470 Düsseldorf

Bundesverwaltungsamt Außenstelle Strausberg
Prötzeler Chaussee 25
15344 Strausberg

Bundesverwaltungsamt Außenstelle Wiesbaden
Moltkering 9
65189 Wiesbaden

Für Empfänger von Versorgungsbezügen aus einem Dienstverhältnis als Beamtin, Beamter, Richterin, Richter, Berufssoldatin oder Berufssoldat oder deren Hinterbliebene:

Bundesfinanzdirektion West Service-Center Düsseldorf
Wilhelm-Raabe-Straße 46
40470 Düsseldorf

Bundesfinanzdirektion Südwest Service-Center Stuttgart
Heilbronner Straße 186
70191 Stuttgart

2.3 Pfändungsschutz: Bundesbesoldungsgesetz, Wehrsoldgesetz, Unterhaltssicherungsgesetz und Zivildienstgesetz enthalten keine Bestimmungen über Pfändungsschutz. Sie sind auch nicht nötig, weil diese Vergütungen wie Einkommen zu pfänden sind, sodass die §§ 850 ff. ZPO anzuwenden sind (übrigens auch § 832 ZPO). Einmalig zu zahlende Beträge, wie das Entlassungsgeld, werden nur auf Antrag des Schuldners gemäß § 850i ZPO geschützt.

Das **Soldatenversorgungsgesetz** enthält in **§ 48** folgende Regelung:

(1) Ansprüche auf Versorgungsbezüge können, wenn bundesgesetzlich nichts anderes bestimmt ist, nur insoweit abgetreten oder verpfändet werden, als sie der Pfändung unterliegen.

(2) Ansprüche auf Übergangsbeihilfe, Sterbegeld, einmalige Unfallentschädigung, einmalige Entschädigung und auf Schadensausgleich in besonderen Fällen können weder gepfändet noch abgetreten, noch verpfändet werden. Ansprüche auf einen Ausbildungszuschuss, auf Übergangsgebührnisse und auf Grund einer Bewilligung einer Unterstützung nach § 42 können weder abgetreten noch verpfändet werden ...

Der Anspruch auf Ausgleich für Dienstbeschädigungen ist nach § 85 Abs. 5 SGV, der Anspruch auf Heilfürsorge nach § 851 ZPO unpfändbar.

2.4 Naturalleistungen: Der Bundesminister der Verteidigung setzt für den Fall, dass das Vollstreckungsgericht in seinem Beschluss keinen Geldwert der Naturalbezüge festlegt, die Sätze der Sachbezüge zentral fest, weil die Soldaten bundesweit gleichwertige Sachbezüge erhalten. Der Grundsatzerlass, datiert von 1968, bestimmt, dass die Höhe der Bezüge fast jährlich mit Änderungserlassen der wirtschaftlichen Entwicklung angepasst werden.

2.5 Die Angabe der **Personenkennziffer** oder des **Geburtsdatums** des Soldaten im Pfändungsbeschluss erleichtert dem Drittschuldner die Identifizierung des Vollstreckungsschuldners sehr.

Muster 164 Sozialleistungen I

Hinweis: Zu benutzen ist das amtliche Formular Anlage 2 (zu § 2 Nr. 2) der Verordnung über Formulare für die Zwangsvollstreckung (Zwangsvollstreckungsformular-Verordnung – ZVFV) vom 23.8.2012 (BGBl. I 2012, S. 1822) in der geänderten Fassung aufgrund der Verordnung zur Änderung der Zwangsvollstreckungsformular-Verordnung vom 16.6.2014 (BGBl. I 2014, S. 754). Hierbei ist das Feld „Forderung aus Anspruch" und dann Feld „B" zu nutzen.

Forderung aus Anspruch	4

(...)

☐ **B (an Agentur für Arbeit bzw. Versicherungsträger)**
Art der Sozialleistung: _____
Konto-/Versicherungsnummer: _____

Erläuterungen bei *Muster 165*.

Muster 165 Sozialleistungen II

insbesondere künftige Altersrente

Hinweis: Zu benutzen ist das amtliche Formular Anlage 2 (zu § 2 Nr. 2) der Verordnung über Formulare für die Zwangsvollstreckung (Zwangsvollstreckungsformular-Verordnung – ZVFV) vom 23.8.2012 (BGBl. I 2012, S. 1822) in der geänderten Fassung aufgrund der Verordnung zur Änderung der Zwangsvollstreckungsformular-Verordnung vom 16.6.2014 (BGBl. I 2014, S. 754). Hierbei ist das Feld „Forderung aus Anspruch" und dann Feld „B" zu nutzen.

Forderung aus Anspruch	4

(...)

☐ **B (an Agentur für Arbeit bzw. Versicherungsträger)**
Art der Sozialleistung: _____
Konto-/Versicherungsnummer: _____

Wegen ... wird die angebliche Forderung des Schuldners gegen ... (wegen des Drittschuldners vgl. Rz. 65 f. der Erläuterungen) ...   (Drittschuldnerin)

auf künftige Zahlung einer laufenden Rente wegen Alters oder Erwerbsunfähigkeit gepfändet;

Vorbemerkungen

Renten Selbständiger werden hier nicht behandelt; sie sind häufig auch keine „echten" Sozialleistungen. Wegen der **Ärzte** vgl. *Muster 13*, wegen der **Rechtsanwälte** vgl. *Muster 139*, wegen der **Apotheker, Architekten** und **Bauingenieure** vgl. die Vorbemerkungen bei *Muster 13*. **Selbständige Künstler und Publizisten** sind nach §§ 1 bis 5 Künstlersozialversicherungsgesetz (KSVG) in der Rentenversicherung der Angestellten versichert.

1. Leistungsarten und Leistungsträger

Das Recht des Sozialgesetzbuchs soll zur Verwirklichung sozialer Gerechtigkeit und sozialer Sicherheit Sozialleistungen gestalten und soziale Dienste und Einrichtungen zur Verfügung stellen (§ 1 SGB I). Zu diesem Zweck normiert es soziale Rechte und Leistungen und bestimmt, wer für die Erbringung der Leistungen zuständig ist. 1

1.1 Ansprüche auf Sozialleistungen entstehen, sobald ihre gesetzlich bestimmten Voraussetzungen vorliegen, bei Ermessensleistungen mit Bekanntgabe der Entscheidung über die Leistung (§ 40 SGB I). 2

1.2 Die Arten der Sozialleistungen und die für ihre Erbringung Zuständigen, **die Leistungsträger,** werden in §§ 18 bis 29 SGB I bestimmt. 3

1.3 Es werden folgende Leistungsarten von folgenden Leistungsträgern erbracht: 4

1.3.1 Leistungen der **Ausbildungsförderung,** § 18 SGB I, nach dem Bundesausbildungsgesetz (BAföG). Zuständig sind die Ämter und die Landesämter für Ausbildungsförderung nach näherer Bestimmung des BAföG. Die Geldleistungen liegen meist unterhalb der Grenzen des § 850c ZPO. 5

1.3.2 Leistungen der **Arbeitsförderung,** § 19 SGB I. Arbeitsförderung können in Anspruch genommen werden für Berufsberatung und Arbeitsmarktberatung, Ausbildungsvermittlung und Arbeitsvermittlung, Ausbildungsvermittlung und Arbeitsvermittlung, Leistungen zur Unterstützung der Beratung und Vermittlung, Verbesserung der Eingliederungsaussichten, Förderung der Aufnahme einer Beschäftigung und einer selbständigen Tätigkeit, Förderung der Berufsausbildung und der beruflichen Weiterbildung, Förderung der Teilhabe behinderter Menschen am Arbeitsleben, Eingliederung von Arbeitnehmern, Förderung der Teilnahme an Transfermaßnahmen und Arbeitsbeschaffungsmaßnahmen; weitere Leistungen der freien Förderung, Wintergeld und Winterausfallgeld in der Bauwirtschaft und für die Pfändung besonders die Entgeltersatzleistungen: Arbeitslosengeld, Teilarbeitslosengeld, Übergangsgeld, Kurzarbeitergeld und Insolvenzgeld (Näheres Rz. 38 und 55). Zuständig sind die Agenturen für Arbeit und die sonstigen Dienststellen der Bundesagentur für Arbeit. 6

1.3.3 Leistungen der **Grundsicherung für Arbeitsuchende** nach § 19a SGB I: Leistungen zur Eingliederung in Arbeit und Leistungen zur Siche- 7 rung des Lebensunterhalts, einschließlich der angemessenen Kosten für Unterkunft und Heizung (Arbeitslosengeld II). Die Höhe der Regelleistung ergibt sich aus §§ 20 ff. SGB II. Zuständig sind die Agenturen für Arbeit und die sonstigen Dienststellen der Bundesagentur für Arbeit, sowie die kreisfreien Städte und Kreise, soweit durch Landesrecht nicht andere Träger bestimmt sind. In den Fällen des § 6a SGB II[1] ist abweichend zuständig der zugelassene kommunale Träger.

Ansprüche auf laufende Geldleistungen zur Sicherung des Lebensunterhalts nach dem Zweiten Buch Sozialgesetzbuch (Arbeitslosengeld II) sind gemäß § 54 Abs. 4 SGB I wie Arbeitseinkommen nach Maßgabe der Vorschriften in §§ 850c ff. ZPO pfändbar.[2] Die Pfändung der gemäß § 16d Abs. 7 SGB II zu zahlenden **Mehraufwandsentschädigung** (für die sog. 1-Euro-Jober) richtet sich mangels entsprechender Vorschriften im SGB II gemäß § 54 Abs. 4 SGB I nach der Pfändbarkeit von Arbeitseinkommen. Somit kommen im vorliegenden Fall die Vorschriften der §§ 850 ff. ZPO, insbesondere auch § 850a ZPO, grundsätzlich zur Anwendung. Die Pfändung einer Mehraufwandsentschädigung für einen sog. Ein-Euro-Job ist jedoch unzulässig.[3] Eine Aufwandsentschädigung i.S. des § 850a Ziffer 3 ZPO liegt vor, wenn mit ihr ausschließlich mit einer Tätigkeit verbundene Mehrausgaben ausgeglichen werden. Nach Auffassung des LG Dresden kann durchaus auch in der Zahlung einer Aufwandsentschädigung ein staatlicher Anreiz zur Aufnahme einer Arbeitstätigkeit liegen. Schon der eindeutige Wortlaut der Norm weist darauf hin, dass mit der Zahlung nach § 16d Abs. 7 SGB II Mehraufwendungen abgegolten werden sollen. Die Forderung in der Entwurfsbegründung des Gesetzgebers, die Aufnahme einer Erwerbstätigkeit solle nicht nur über Anreize gefördert, sondern auch mithilfe von Sanktionen gefordert werden,[4] bezieht sich auf sämtliche geplante Maßnahmen zur Arbeitsförderung und Wiedereingliederung Langzeitarbeitsloser, nicht konkret auf Leistungen nach § 16d Abs. 7 SGB II. Der Begriff des „Anreizes" stellt insoweit einen Oberbegriff für sämtliche Möglichkeiten dar, die Motivation zur Arbeitsaufnahme durch staatliche Leistungen zu erhöhen. Eine dieser Möglichkeiten innerhalb der gesetzgeberischen Gesamtkonstruktion ist eben die Zahlung einer Mehraufwandsentschädigung.

7a **1.3.3.1 Leistungen bei gleitendem Übergang älterer Arbeitnehmer in den Ruhestand nach § 19b SGB I:** Erstattung der Beiträge zur Höherversiche-

---
1 Die Zulassungen der aufgrund der Kommunalträger-Zulassungsverordnung vom 24.9.2004 (BGBl. I 2004, S. 2349) anstelle der Bundesagentur als Träger der Leistungen nach § 6 Abs. 1 Satz 1 Nummer 1 SGB II zugelassenen kommunalen Träger werden vom Bundesministerium für Arbeit und Soziales durch Rechtsverordnung über den 31.12.2010 hinaus unbefristet verlängert, wenn die zugelassenen kommunalen Träger gegenüber der zuständigen obersten Landesbehörde die Verpflichtungen nach § 6a Abs. 2 Satz 1 Nummer 4 und 5 SGB II bis zum 30.9.2010 anerkennen.
2 BGH v. 25.10.2012 – VII ZB 31/12, JurBüro 2013, 323 = MDR 2013, 57 = Rpfleger 2013, 158.
3 LG Dresden v. 17.6.2008 – 3 T 233/08, Rpfleger 2008, 655 = NJW-RR 2009, 359.
4 BT-Drucks. 15/1516, S. 47.

rung in der gesetzlichen Rentenversicherung und der nicht auf das Arbeitsentgelt entfallenden Beiträge zur gesetzlichen Rentenversicherung für ältere Arbeitnehmer, die ihre Arbeitszeit verkürzt haben und Erstattung der Aufstockungsbeträge zum Arbeitsentgelt für die Altersteilzeitarbeit. Zuständig sind die Agenturen für Arbeit und die sonstigen Dienststellen der Bundesagentur für Arbeit.

1.3.4 Leistungen der **gesetzlichen Krankenversicherung** nach § 21 SGB I. 8
Für die Pfändung ist von besonderem Interesse das Krankengeld (Näheres Rz. 38). Zuständig sind die Orts-, Betriebs- und Innungskrankenkassen, die Sozialversicherung für Landwirtschaft, Forsten und Gartenbau als landwirtschaftliche Krankenkasse, die Deutsche Rentenversicherung Knappschaft-Bahn-See und die Ersatzkassen.

1.3.4.1 Leistungen der sozialen **Pflegeversicherung** nach § 21a SGB I. Zu- 8a
ständig sind die bei den Krankenkassen errichteten Pflegekassen.

1.3.4.2 Nach dem Fünften Abschnitt des Schwangerschaftskonfliktge- 8b
setzes können bei einem nicht rechtswidrigen oder unter den Voraussetzungen des § 218a Abs. 1 StGB vorgenommenen Abbruch einer Schwangerschaft Leistungen in Anspruch genommen werden, § 21b SGB I. Zuständig sind die Orts-, Betriebs- und Innungskrankenkassen, die Sozialversicherung für Landwirtschaft, Forsten und Gartenbau als landwirtschaftliche Krankenkasse, die Deutsche Rentenversicherung Knappschaft-Bahn-See und die Ersatzkassen.

1.3.5 Leistungen der **gesetzlichen Unfallversicherung**, § 22 SGB I. Zustän- 9
dig sind die gewerblichen Berufsgenossenschaften, die Sozialversicherung für Landwirtschaft, Forsten und Gartenbau als landwirtschaftliche Berufsgenossenschaft, die Gemeindeunfallversicherungsverbände, die Feuerwehr-Unfallkassen, die Eisenbahn-Unfallkasse, die Unfallkasse Post und Telekom, die Unfallkassen der Länder und Gemeinden, die gemeinsamen Unfallkassen für den Landes- und kommunalen Bereich und die Unfallkasse des Bundes.

1.3.6 Leistungen der **gesetzlichen Rentenversicherung** einschließlich der 10
Altershilfen für Landwirte, § 23 SGB I. Zuständig sind (1) in der allgemeinen Rentenversicherung die Regionalträger, die Deutsche Rentenversicherung Bund und die Deutsche Rentenversicherung Knappschaft-Bahn-See, (2) in der knappschaftlichen Rentenversicherung die Deutsche Rentenversicherung Knappschaft-Bahn-See und (3) in der Alterssicherung der Landwirte die Sozialversicherung für Landwirtschaft, Forsten und Gartenbau als landwirtschaftliche Alterskasse (Näheres unten Rz. 56 und 65).

1.3.7 Versorgungsleistungen bei **Gesundheitsschäden**, § 24 SGB I, insbe- 11
sondere nach dem Bundesversorgungsgesetz, dem Soldatenversorgungsgesetz und dem Opferentschädigungsgesetz. Für die Pfändung sind besonders die Renten wegen Minderung der Erwerbsfähigkeit, die Hinterbliebenenrente und die Kapitalabfindung von Interesse. Zuständig sind,

soweit es hier interessiert, die Versorgungsämter und die Landesversorgungsämter.

12 **1.3.8 Kindergeld, Kinderzuschlag, Leistungen für Bildung und Teilhabe, Elterngeld und Betreuungsgeld.** Nach dem Bundeskindergeldgesetz kann nur dann Kindergeld in Anspruch genommen werden, wenn nicht der Familienleistungsausgleich nach § 31 EStG zur Anwendung kommt. Nach dem Bundeskindergeldgesetz können auch der Kinderzuschlag und Leistungen für Bildung und Teilhabe in Anspruch genommen werden. Nach dem Recht des Bundeselterngeld- und Elternzeitgesetzes kann grundsätzlich für jedes Kind Elterngeld und Betreuungsgeld in Anspruch genommen werden. (Näheres unten Rz. 46 f. und 50).

13 **1.3.9 Wohngeld,** § 26 SGB I. Nach dem Wohngeldrecht kann als Zuschuss zur Miete oder als Zuschuss zu den Aufwendungen für den eigengenutzten Wohnraum Wohngeld in Anspruch genommen werden. Sein Zweck ist die wirtschaftliche Sicherung angemessenen und familiengerechten Wohnens. Zuständig sind die durch Landesrecht bestimmten Behörden.

Wohngeld ist gemäß § 54 Abs. 3 Nr. 2a SGB I grundsätzlich unpfändbar. Vollstreckt der Gläubiger wegen Ansprüchen aus dem Mietverhältnis, für das Wohngeld gezahlt wird, so ist der Wohngeldanspruch ausnahmsweise pfändbar. Dies gilt nach Aussage des LG Mönchengladbach[5] auch dann, wenn der Vollstreckung des Gläubigers zwar nicht unmittelbar eine Mietzinsforderung zugrundeliegt, der Gläubiger aber zuvor einen Pfändungs- und Überweisungsbeschluss gegen den Vermieter des Schuldners erwirkt hatte, mit welchem er die Mietzinsforderung gegen den Schuldner gepfändet und sich zur Einziehung hatte überweisen lassen.

13a **1.3.10 Leistungen der Kinder- und Jugendhilfe, § 27 SGB I.** Zuständig sind die Kreise und die kreisfreien Städte, nach Maßgabe des Landesrechts auch kreisangehörige Gemeinden; sie arbeiten mit der freien Jugendhilfe zusammen.

14 **1.3.11** Leistungen der **Sozialhilfe,** § 28 SGB I, die nach § 17 Abs. 1 SGB XII unpfändbar sind.

15 **1.3.12** Leistungen zur Rehabilitation und Teilhabe behinderter Menschen, § 29 SGB I.

16 **1.3.13** Leistungen nach dem Gesetz über **Entschädigung für Opfer der nationalsozialistischen Verfolgung (Bundesentschädigungsgesetz – BEG).** Die Entschädigungsansprüche können nach § 14 BEG abgetreten, verpfändet oder gepfändet werden.

Nach §§ 15 ff. BEG kann ein Anspruch auf **Entschädigung für Schaden an Leben** geltend gemacht werden. Ein solcher Schaden besteht, wenn der Verfolgte getötet oder in den Tod getrieben worden und sein Tod während der Verfolgung oder innerhalb von acht Monaten nach Abschluss der Verfolgung, die seinen Tod verursacht hat, eingetreten ist. Ist der Verfolgte

---
5 LG Mönchengladbach Rpfleger 2009, 577.

während der Deportation oder während einer Freiheitsentziehung im Sinne dieses Gesetzes oder innerhalb von acht Monaten nach Beendigung der Deportation oder der Freiheitsentziehung verstorben, so wird vermutet, dass die für den Anspruch genannten Voraussetzungen vorliegen. Nach § 16 BEG werden als Entschädigung geleistet Rente, Abfindung im Falle der Wiederverheiratung, Kapitalentschädigung. Nach § 26 Abs. 1 BEG ist der **Anspruch auf die laufende Rente** weder übertragbar noch vererblich; dies gilt auch für den Anspruch der Witwe oder des Witwers auf Abfindung im Falle der Wiederverheiratung. Damit ist der Rentenanspruch auch nicht pfändbar.

Nach § 28 Abs. 1 BEG hat der **Verfolgte Anspruch auf Entschädigung** in Form einer Rente, wenn er an seinem Körper oder an seiner Gesundheit nicht unerheblich geschädigt worden ist. Nach § 39 Abs. 1 BEG ist dieser Anspruch auf die laufende Rente weder übertragbar noch vererblich. Damit ist der Rentenanspruch auch nicht pfändbar.

Nach §§ 43 ff. BEG besteht weiter ein Anspruch auf **Entschädigung wegen Freiheitsentziehung**. Der Anspruch auf Entschädigung für Freiheitsentziehung ist vor Festsetzung oder vor rechtskräftiger gerichtlicher Entscheidung nicht übertragbar und damit insoweit auch nicht pfändbar, § 46 Abs. 1 BEG.

Nach §§ 47 ff. BEG besteht weiter ein Anspruch auf **Entschädigung wegen Freiheitsbeschränkung**. Die Entschädigung nach § 48 BEG als Kapitalentschädigung geleistet. Der Anspruch auf Entschädigung ist vor Festsetzung oder vor rechtskräftiger gerichtlicher Entscheidung nicht übertragbar und damit insoweit auch nicht pfändbar, §§ 50, 46 Abs. 1 BEG.

1.3.14 Entschädigung wegen Menschenrechtsverletzung. Nach deutschem Recht sind Ansprüche wegen immaterieller Schäden übertragbar und pfändbar. Das gilt auch für Staatshaftungsansprüche, soweit diese auf den Ersatz immaterieller Schäden gerichtet sind. Vor diesem Hintergrund ist die vom Europäischen Gerichtshof für Menschenrechte einem Individualbeschwerdeführer zugesprochene Entschädigung wegen der durch eine Menschenrechtsverletzung infolge überlanger Verfahrensdauer erlittenen immateriellen Schäden nicht abtretbar und pfändbar. Dasselbe gilt für die zuerkannte Erstattung der Kosten für das Verfahren vor dem Gerichtshof.[6] Der von dem Gerichtshof zuerkannte Anspruch auf Erstattung von Mehrkosten im vorausgegangenen innerstaatlichen Verfahren dagegen ist abtretbar und pfändbar.

1.4 Bezüglich der Leistungen im Einzelnen und der Ansprüche auf ihre Erbringung wird auf die einschlägigen Gesetze verwiesen. Der Vollstreckungsgläubiger wird die Art der Sozialleistung, auf die der Vollstreckungsschuldner Anspruch hat, häufig aus dem **Protokoll über die Vermögensauskunft** ersehen und kann dann den Leistungsträger aus den §§ 18 bis 29 SGB I ermitteln.

---

6 BGH v. 24.3.2011 – IX ZR 180/10, Rpfleger 2011, 536 = NJW 2011, 2296.

Muster 165   Sozialleistungen II

18   1.5 § 11 SGB I unterteilt die Sozialleistungen in **Dienstleistungen, Sachleistungen** und **Geldleistungen**. Zu den Sachleistungen gehört z.B. die Heilbehandlung. Geldleistungen können in der einmaligen oder in der laufenden Zahlung von Geldbeträgen liegen. Diese Einteilung ist von Bedeutung für Übergang, Übertragung, Verpfändung und Pfändung von Sozialleistungen.

19   1.5.1 Mit dem **Tod des Berechtigten** erlischt der Anspruch auf Dienst- und Sachleistungen. Ansprüche auf eine einmalige Geldleistung werden nach den Vorschriften des BGB vererbt (§ 58 SGB I). Ansprüche auf laufende Geldleistungen stehen beim Tode des Berechtigten in den Fällen des § 56 SGB I Ehegatten, Lebenspartner, Kindern, Eltern oder Haushaltsführer zu; soweit dies nicht zutrifft, werden sie ebenfalls nach den Bestimmungen des BGB vererbt (§ 58 SGB I).

20   1.5.2 Ansprüche auf Dienst- und Sachleistungen können nicht **übertragen und verpfändet** werden, Ansprüche auf Geldleistungen können in gewissen Fällen übertragen werden, soweit sie den für das Arbeitseinkommen geltenden unpfändbaren Betrag übersteigen (§ 53 SGB I); Übertragung und Verpfändung geschehen nach §§ 398 ff., 1278 BGB.

2. Pfändung und Verwertung

21   Ob und inwieweit Ansprüche auf Sozialleistungen pfändbar sind, regeln die **§§ 54 und 55 SGB I**; sie lauten:

„*§ 54 Pfändung* – zuletzt durch Art. 10 des Gesetzes vom 19. Oktober 2013 (BGBl. I 3836).

(1) Ansprüche auf Dienst- und Sachleistungen können nicht gepfändet werden.

(2) Ansprüche auf einmalige Geldleistungen können nur gepfändet werden, soweit nach den Umständen des Falles, insbesondere nach den Einkommens- und Vermögensverhältnissen des Leistungsberechtigten, der Art des beizutreibenden Anspruchs sowie der Höhe und der Zweckbestimmung der Geldleistung, die Pfändung der Billigkeit entspricht.

(3) Unpfändbar sind Ansprüche auf

1. *Elterngeld und Betreuungsgeld bis zur Höhe der nach § 10 des Bundeselterngeld- und Elternzeitgesetzes anrechnungsfreien Beträge sowie dem Erziehungsgeld vergleichbare Leistungen der Länder,*

2. *Mutterschaftsgeld nach § 13 Absatz 1 des Mutterschutzgesetzes, soweit das Mutterschaftsgeld nicht aus einer Teilzeitbeschäftigung während der Elternzeit herrührt, bis zur Höhe des Elterngeldes nach § 2 des Bundeselterngeld- und Elternzeitgesetzes, soweit es die anrechnungsfreien Beträge nach § 10 des Bundeselterngeld- und Elternzeitgesetzes nicht übersteigt,*

2a. *Wohngeld, soweit nicht die Pfändung wegen Ansprüchen erfolgt, die Gegenstand der §§ 9 und 10 des Wohngeldgesetzes sind,*

3. *Geldleistungen, die dafür bestimmt sind, den durch einen Körper- oder Gesundheitsschaden bedingten Mehraufwand auszugleichen.*

(4) Im übrigen können Ansprüche auf laufende Geldleistungen wie Arbeitseinkommen gepfändet werden.

(5) Ein Anspruch des Leistungsberechtigten auf Geldleistungen für Kinder (§ 48 Abs. 1 Satz 2) kann nur wegen gesetzlicher Unterhaltsansprüche eines Kindes, das bei der Festsetzung der Geldleistungen berücksichtigt wird, gepfändet werden. Für die Höhe des pfändbaren Betrages bei Kindergeld gilt:

1. *Gehört das unterhaltsberechtigte Kind zum Kreis der Kinder, für die dem Leistungsberechtigten Kindergeld gezahlt wird, so ist eine Pfändung bis zu dem Betrag möglich, der bei gleichmäßiger Verteilung des Kindergeldes auf jedes dieser Kinder entfällt. Ist das Kindergeld durch die Berücksichtigung eines weiteren Kindes erhöht, für das einer dritten Person Kindergeld oder dieser oder dem Leistungsberechtigten eine andere Geldleistung für Kinder zusteht, so bleibt der Erhöhungsbetrag bei der Bestimmung des pfändbaren Betrages des Kindergeldes nach Satz 1 außer Betracht.*

2. *Der Erhöhungsbetrag (Nummer 1 Satz 2) ist zugunsten jedes bei der Festsetzung des Kindergeldes berücksichtigten unterhaltsberechtigten Kindes zu dem Anteil pfändbar, der sich bei gleichmäßiger Verteilung auf alle Kinder, die bei der Festsetzung des Kindergeldes zugunsten des Leistungsberechtigten berücksichtigt werden, ergibt.*

(6) In den Fällen der Absätze 2, 4 und 5 gilt § 53 Abs. 6 entsprechend.

Der frühere § 55 SGB I zur Kontenpfändung und Pfändung von Bargeld – in der Fassung ab dem 1.7.2010 galt nur noch bis zum 31.12.2011, die Vorschrift wurde ersatzlos aufgehoben[7]. Für Sozialleistungen, auch für Kindergeld, gilt der Pfändungsschutz nach § 850k ZPO, der Schuldner muss ein gepfändetes Konto umgehend als Pfändungsschutzkonto führen lassen, § 850k Abs. 7 ZPO.

§ 54 SGB I muss allerdings vorrangigen Vorschriften weichen (§ 37 SGB I). Unter diesen sind die **Pfändungsverbote zum Insolvenzgeld** und **zur Sozialhilfe** von Bedeutung; sie lauten:

§ 170 SGB III Verfügungen über das Arbeitsentgelt

(1) Soweit die Arbeitnehmerin oder der Arbeitnehmer vor Antragstellung auf Insolvenzgeld Ansprüche auf Arbeitsentgelt einem Dritten übertragen hat, steht der Anspruch auf Insolvenzgeld diesem zu.

(2) Von einer vor dem Antrag auf Insolvenzgeld vorgenommenen Pfändung oder Verpfändung des Anspruchs auf Arbeitsentgelt wird auch der Anspruch auf Insolvenzgeld erfasst.

(3) Die an den Ansprüchen auf Arbeitsentgelt bestehenden Pfandrechte erlöschen, wenn die Ansprüche auf die Bundesagentur übergegangen sind und diese Insolvenzgeld an die berechtigte Person erbracht hat.

(4) Der neue Gläubiger oder Pfandgläubiger hat keinen Anspruch auf Insolvenzgeld für Ansprüche auf Arbeitsentgelt, die ihm vor dem Insolvenzereignis ohne Zustimmung der Agentur für Arbeit zur Vorfinanzierung der Arbeitsentgelte übertragen oder verpfändet wurden. Die Agentur für Arbeit darf der Übertragung oder Verpfändung nur zustimmen, wenn Tatsachen die Annahme rechtfertigen, dass durch die Vorfinanzierung der Arbeitsentgelte ein erheblicher Teil der Arbeitsstellen erhalten bleibt.

§ 171 SGB III Verfügungen über das Insolvenzgeld

Nachdem das Insolvenzgeld beantragt worden ist, kann der Anspruch auf Insolvenzgeld wie Arbeitseinkommen gepfändet, verpfändet oder übertragen werden. Eine Pfändung des Anspruchs vor diesem Zeitpunkt wird erst mit dem Antrag wirksam.

---

7 Gesetz zur Reform des Kontopfändungsschutzes v. 7.7.2009, BGBl. I 2009, S. 1707.

Muster 165   Sozialleistungen II

§ 17 SGB XII

(1) Auf Sozialhilfe besteht kein Anspruch, soweit bestimmt wird, dass die Leistung zu erbringen ist. Der Anspruch kann nicht übertragen, verpfändet oder gepfändet werden.

(2) Über Art und Maß der Leistungserbringung ist nach pflichtmäßigem Ermessen zu entscheiden, soweit das Ermessen nicht ausgeschlossen wird. Werden Leistungen auf Grund von Ermessensentscheidungen erbracht, sind die Entscheidungen im Hinblick auf die sie tragenden Gründe und Ziele zu überprüfen und im Einzelfall gegebenenfalls abzuändern."

23   Streitig ist, ob die Pfändungsbeschränkung nach § 54 SGB I für den auf **Sonderrechtsnachfolger** oder auf **Erben** übergegangenen Anspruch noch anwendbar sind: Die Kommentare zum Sozialgesetzbuch verneinen das Weiterbestehen des Schutzes oder unterscheiden zwischen den Erben und dem Sonderrechtsnachfolger. Richtig sein dürfte, dass der Schutz für den Erben weiterbesteht, weil er in die unveränderte Rechtsposition des Erblassers eintritt, während dem Sonderrechtsnachfolger der Schutz nicht zukommt, weil sich der Schutzzweck dieser Bestimmungen nicht auf ihn richtet.

24   § 54 SGB I und die einschlägigen Bestimmungen in den Besonderen Teilen des SGB sind gegenüber den die Pfändbarkeit regelnden Bestimmungen der ZPO Spezialgesetze, schließen also bei Konkurrenz die Bestimmungen der ZPO aus.

25   Das Vollstreckungs**verfahren** richtet sich nach der ZPO, weil das SGB einschlägige Vorschriften nicht enthält.[8]

2.1 Dienst- und Sachleistungen

26   Sie sind unpfändbar (§ 54 Abs. 1 SGB I).

2.2 Einmalige Geldleistungen

27   Sie können gepfändet werden, soweit die Pfändung der Billigkeit entspricht (§ 54 Abs. 2 SGB I).

28   Die **Billigkeitsprüfung** hat zu klären, ob die Pfändung nach den Umständen des Einzelfalls, insbesondere nach den Einkommens- und Vermögensverhältnissen des Vollstreckungsschuldners, nach der Art der Vollstreckungsforderung, nach Höhe und Zweckbestimmung der zu pfändenden Geldforderung der Billigkeit[9] entspricht. Diese Prüfung obliegt nicht dem Leistungsträger (Drittschuldner), sondern dem Vollstreckungsgericht. Kann es nicht mit hinreichender Bestimmtheit feststellen, dass die Pfändung der Billigkeit entspricht – z.B. weil die Sozialleistung unter der Freigrenze des § 850c ZPO liegt oder die Höhe der Vollstreckungsforderung deutlich unter den Rechtsverfolgungskosten liegt –, so weist es den Vollstreckungsantrag ab.[10] Hält das Vollstreckungsgericht die Pfändung aus

---

8 Wegen einzelner Streitfragen vgl. *Krasney*, NJW 1988, 2646.
9 Vgl. zur Billigkeitsprüfung insbesondere *Kohte*, NJW 1992, 393 ff.
10 BAG NJW 1990, 2696.

den von ihm getroffenen Feststellungen für billig, so erlässt es den Pfändungs- und Überweisungsbeschluss und legt darin seine Billigkeitserwägungen dar.

Der Vollstreckungsgläubiger muss im Antrag **Tatsachen ausführen**, welche die Billigkeit der Pfändung ergeben. Dazu genügen allgemeine Floskeln nicht, es ist auf den Einzelfall abzustellen. Der Vollstreckungsgläubiger wird also seine Einkommens- und Vermögensverhältnisse und diejenigen des Vollstreckungsschuldners, Tatsachen dafür, dass er auf die Beitreibung der Forderung besonders angewiesen ist, während der Vollstreckungsschuldner den Betrag nicht nötig braucht, vortragen und darauf hinweisen, welche anderen Vollstreckungsversuche erfolglos geblieben sind und dass weitere Vermögensbestandteile des Vollstreckungsschuldners nicht bekannt sind.

2.3 Laufende Geldleistungen

Die am 18.6.1994 in Kraft getretene Neufassung des § 54 SGB I hat bewirkt, dass Ansprüche auf laufende Geldleistungen auch aus Zahlungstiteln, die nicht auf Unterhaltsleistung gerichtet sind, wie Arbeitseinkommen gepfändet werden können, ohne dass noch zu prüfen wäre, ob die Pfändung der Billigkeit entspricht oder ob der Vollstreckungsschuldner durch die Pfändung hilfebedürftig wird.

2.3.1 Bezüglich laufender Geldleistungen gelten also die Regeln der Lohnpfändung. **Sozialleistungsansprüche** nicht erwerbstätiger Schuldner, die nach § 54 Abs. 4 SGB I wie Arbeitseinkommen pfändbar sind, unterliegen den pauschalierten Pfändungsgrenzen des § 850c ZPO ohne Abschläge für Minderbedarf.[11]

2.3.2 Dies galt früher auch für laufende Geldleistungen **ohne Lohnersatzfunktion**, wie z.B. das Wohngeld.[12] Nach der ab dem 1.1.2005 geltenden Regelung in § 54 Abs. 3 Nr. 2a SGB I zum Wohngeld ist diese generelle Pfändbarkeit nicht mehr aufrecht zu halten. Das Wohngeld ist nur noch zweckgebunden pfändbar wegen Mietansprüche oder Belastung aus dem Kapitaldienst und aus der Bewirtschaftung, §§ 5 und 6 WoGG.[13]

Ein vom Träger der Jugendhilfe als Teil des Pflegegeldes an die **Pflegeeltern** für ein in deren Haushalt aufgenommenes Kind ausgezahlter „Anerkennungbetrag" ist unpfändbar.[14] Damit stellt der BGH klar, dass der als Aufwandsentschädigung bezeichnete Erziehungsbeitrag bei der Hilfe zur Erziehung der Bedarfdeckung des Kindes dient. Er ist nicht an den Bedarf

---

11 BGH v. 12.12.2003 – IXa ZB 207/03, Rpfleger 2004, 232 = NJW-RR 2004, 1439.
12 *Hintzen*, ZAP 1994, 1003; LG Hannover v. 14.8.1995 – 11 T 76/95, Rpfleger 1996, 35 und 119; LG Münster Rpfleger 2000, 509; LG Heilbronn Rpfleger 1999, 455; LG Augsburg v. 25.9.1996 – 5 T 3794/96, Rpfleger 1997, 121; LG Neubrandenburg v. 7.2.2000 – 2 T 304/99, Rpfleger 2000, 284; LG Leipzig v. 16.3.2000 – 1 T 2074/00, Rpfleger 2000, 341; LG Ellwangen JurBüro 2001, 111.
13 LG Mönchengladbach v. 5.5.2009 – 5 T 77/09, Rpfleger 2009, 577.
14 BGH v. 4.10.2005 – VII ZB 13/05, Rpfleger 2006, 24 = NJW-RR 2006, 5.

der Pflegeperson, sondern allein an den des Kindes geknüpft und kann als Bestandteil des Unterhaltsanspruchs des Kindes hiervon nicht abgetrennt werden. Ebenso wie ein **Erziehungsgeld** bzw. **Elterngeld** oder eine **Studienbeihilfe** sind solche Beträge unpfändbar. In einer weiteren Entscheidung schließt der BGH[15] sowohl nach § 850e Nr. 2a ZPO als auch § 54 Abs. 4 SGB I aus, Ansprüche auf Arbeitseinkommen mit Sozialleistungen oder Ansprüche auf verschiedene Sozialleistungen untereinander zusammenzurechnen, soweit diese der Pfändung nicht unterworfen sind.

34 2.3.3 Weil laufende Geldleistungen, z.B. Renten, Krankengeld „wie Arbeitseinkommen" gepfändet werden können, sind auch die **Vorratspfändung** nach § 850d Abs. 3 ZPO (Näheres in Rz. 8 der Erläuterungen zu *Muster 20*) und die **Dauerpfändung** nach § 832 (Näheres in Rz. 13 zu *Muster 20*) zulässig.[16]

2.4 Drittschuldner

35 Die **Feststellung** des Drittschuldners ist nicht immer einfach:

36 2.4.1 Im Bereich des **SGB III** besteht Klarheit:

37 2.4.1.1 Bei Pfändung eines **Geldleistungs- oder Erstattungsanspruchs**, insbesondere des Arbeitslosengelds gilt als Drittschuldner die Agentur für Arbeit, die über den Anspruch auf die Geldleistung entschieden oder zu entscheiden haben (§ 334 SGB III). Der BGH[17] bezeichnet die Rechtslage nach dem richtigen Drittschuldner bei einer Arbeitsgemeinschaft als zurzeit nicht hinreichend geklärt. Als Drittschuldner kommen neben der Arbeitsgemeinschaft sowohl die Bundesagentur für Arbeit als auch die örtlichen Agenturen für Arbeit in Betracht. Allerdings kann diese Frage nicht im Zwangsvollstreckungsverfahren geklärt werden. Vielmehr kann eine Pfändung des angeblichen Anspruchs gegenüber jedem dieser in Frage kommenden Drittschuldner erfolgen, da gegenüber keinem von ihnen eine Pfändung als rechtlich unvertretbar zu erachten ist.

38 2.4.1.2 Bezüglich des **Insolvenzgeldes** gilt: Soweit die Ansprüche auf Arbeitsentgelt vor Stellung des Antrags auf Insolvenzgeld gepfändet worden sind, ergreift die Pfändung auch das Insolvenzgeld, sodass also deswegen nicht erneut gepfändet und ein Drittschuldner bestimmt werden muss (§ 170 Abs. 2 SGB III).

39 Ist der **Antrag** auf Insolvenzgeld **bereits gestellt**, sind aber die Ansprüche auf Arbeitsentgelt in diesem Zeitpunkt noch nicht gepfändet, so kann der Anspruch auf Insolvenzgeld wie der Anspruch auf Arbeitseinkommen gepfändet werden (§ 171 SGB III).

40 Ist im Pfändungszeitpunkt der **Antrag noch nicht gestellt**, so erfasst die Pfändung den Anspruch erst für die Zeit ab Antragstellung (§ 171 SGB III).

---

15 BGH v. 5.4.2005 – VII ZB 20/05, Rpfleger 2005, 451 = JurBüro 2005, 495.
16 BSG BB 1982, 1614 und MDR 1989, 187.
17 BGH v. 12.12.2007 – VII ZB 38/07, Rpfleger 2008, 318 = MDR 2008, 530.

2.4.2 Klarheit bezüglich des Drittschuldners besteht auch bei den Leistungen der gesetzlichen **Krankenversicherung**, der sozialen Pflegeversicherung, der gesetzlichen **Unfallversicherung**, der gesetzlichen **Rentenversicherung** einschließlich der Alterssicherung für Landwirte; denn für diese Leistungen sind Leistungsträger bestimmt, die als juristische Personen selbst Träger von Rechten und Pflichten also auch Drittschuldner sein können (Näheres unten Rz. 65 f.). 41

2.4.3 Nach § 6 Abs. 1 des Gesetzes über die Entschädigung für **Opfer von Gewalttaten (OEG)**[18] ist je nach Sachlage ein bestimmtes Bundesland oder die Bundesrepublik Drittschuldner (Näheres Rz. 58). 42

2.4.4 In den übrigen Fällen aber sind staatliche Behörden als zuständig benannt, die keine eigene Rechtspersönlichkeit haben, und es ist nicht ein Drittschuldner fingiert. Also muss das **Land, dessen Behörde für diese Leistungen zuständig ist**, Drittschuldner sein. 43

2.5 Abtretung, Aufrechnung, Verrechnung

Die Pfändung kann ins Leere gehen, nicht nur wenn der Anspruch auf die Sozialleistung vor Zustellung des Pfändungsbeschlusses abgetreten worden ist, sondern auch, wenn der Leistungsträger vor oder nach Zustellung des Pfändungsbeschlusses gegen den Anspruch auf die Geldleistung die Aufrechnung oder Verrechnung nach § 51 SGB I erklärt. 44

2.6 Zusammenrechnung

Nach § 850e Nr. 2a ZPO sind auf Antrag Ansprüche auf laufende Geldleistungen nach dem Sozialgesetzbuch mit Arbeitseinkommen zusammenzurechnen. 45

2.7 Einzelne ausgewählte Sozialleistungen

2.7.1 Kindergeld: Die Eltern erhalten für die Kinder entweder Kindergeld oder einen Kinderfreibetrag. 46

Nach § 54 Abs. 5 SGB I bzw. § 76 EStG kann Kindergeld nur wegen gesetzlicher Unterhaltsansprüche eines Kindes, das bei der Festsetzung des Kindergeldes berücksichtigt wird, gepfändet werden. Für die Höhe des pfändbaren Betrags gilt: 47

1. Gehört das unterhaltsberechtigte Kind zum Kreis der Kinder, für die dem Leistungsberechtigten Kindergeld gezahlt wird, so ist eine Pfändung bis zu dem Betrag möglich, der bei gleichmäßiger Verteilung des Kindergeldes auf jedes dieser Kinder entfällt. Ist das Kindergeld durch die Berücksichtigung eines weiteren Kindes erhöht, für das einer dritten Person Kindergeld oder dieser oder dem Leistungsberechtigten eine andere Geldleistung für Kinder zusteht, so bleibt der Erhöhungsbetrag bei

---
18 Gesetz v. 7.1.1985, BGBl. I 1985, S. 1.

der Bestimmung des pfändbaren Betrags des Kindergeldes nach Satz 1 außer Betracht;

2. der Erhöhungsbetrag nach Nummer 1 Satz 2 ist zugunsten jedes bei der Festsetzung des Kindergeldes berücksichtigten unterhaltsberechtigten Kindes zu dem Anteil pfändbar, der sich bei gleichmäßiger Verteilung auf alle Kinder, die bei der Festsetzung des Kindergeldes zugunsten des Leistungsberechtigten berücksichtigt werden, ergibt.

48 Wer **Drittschuldner**[19] ist, ist zweifelhaft: Die maßgeblichen Vorschriften sind im Einkommensteuergesetz geregelt. Das Bundeskindergeldgesetz gilt vorrangig für Personen, die nach § 1 Abs. 1 und 2 EStG nicht unbeschränkt steuerpflichtig sind und auch nicht nach § 1 Abs. 3 EStG als unbeschränkt steuerpflichtig behandelt werden (weitere Ausnahmen dort).

49 Nach § 67 EStG erfolgt die **Festsetzung** des Kindergeldes regelmäßig durch die Familienkasse bei der Agentur für Arbeit. Das Kindergeld wird Arbeitnehmern in der von der Familienkasse festgesetzten und bescheinigten Höhe durch den Arbeitgeber monatlich ausgezahlt, § 72 EStG.

50 Bei **Angehörigen des öffentlichen Dienstes** übernimmt diese Aufgabe der Dienstherr, § 72 Abs. 1 EStG, die entsprechenden juristischen Personen sind insoweit Familienkasse.

51 Für Beamte und Versorgungsempfänger der **Deutschen Post AG**, der **Deutschen Postbank AG** und der **Deutschen Telekom AG** sind diese Firmen selbst zuständig, § 72 Abs. 2 EStG.

52 **Eltern**, die nicht Arbeitnehmer sind (also Freiberufler, Gewerbetreibende, Landwirte usw.), erhalten das Kindergeld direkt von der Familienkasse.

53 Im Übrigen ist nach § 13 BKGG die Familienkasse bei der Agentur für Arbeit zuständig, in deren Bezirk der Berechtigte seinen Wohnsitz hat.

54 **2.7.2 Elterngeld** und **Betreuungsgeld** bis zur Höhe der nach § 10 des Bundeselterngeld- und Elternzeitgesetzes anrechnungsfreien Beträge sowie dem Erziehungsgeld vergleichbare Leistungen der Länder, sind unpfändbar (§ 54 Abs. 3 Nr. 1 SGB I). Das frühere **Erziehungsgeld** wird nur für Kinder gezahlt, die vor dem 1.1.2007 geboren wurden. Kinder, die ab dem 1.1.2007 geboren wurden, erhalten das Elterngeld. Das Erziehungsgeld ist nicht identisch mit den „Erziehungsgeldern" des § 850a Nr. 7 ZPO.

Das Elterngeld nach dem BEEG[20] unterscheidet sich deutlich vom Erziehungsgeld. Das Erziehungsgeld war eine Sozialleistung, um einkommensschwache Eltern in den ersten beiden Lebensjahren des Kindes zu unterstützen. Das Elterngeld ersetzt das Einkommen Berufstätiger in den ersten 12 Lebensmonaten des Kindes und gibt ihnen so eine Wahlfreiheit zwischen Beruf und persönlicher Kinderbetreuung. Nach § 2 BEEG wird

---

19 Zur Bundesanstalt für Arbeit (jetzt Bundesagentur für Arbeit) vgl. OLG Karlsruhe v. 14.6.1982 – 6 W 55/82, Rpfleger 1982, 387.
20 BEEG: Bundeselterngeld- und Elternzeitgesetz v. 5.12.2006, BGBl. I 2006, S. 2748, zuletzt geändert durch Art. 1 Gesetz v. 15.2.2013, BGBl. I 2013, S. 254.

das Elterngeld in Höhe von 67 % des Einkommens aus Erwerbstätigkeit vor der Geburt des Kindes gewährt. Es wird bis zu einem Höchstbetrag von 1800 Euro monatlich für volle Monate gezahlt, in denen die berechtigte Person kein Einkommen aus Erwerbstätigkeit hat. Elterngeld wird mindestens in Höhe von 300 Euro gezahlt. Dies gilt auch, wenn die berechtigte Person vor der Geburt des Kindes kein Einkommen aus Erwerbstätigkeit hat.

Das **Betreuungsgeld** beträgt für jedes Kind 150 Euro pro Monat, § 4b BEEG.

Elterngeld oder Betreuungsgeld ist schriftlich zu beantragen, § 7 Abs. 1 BEEG. Andere Sozialleistungen sind teilweise anzurechnen, § 10 BEEG. Die Zuständigkeiten regeln die jeweiligen Landesregierungen, § 12 BEEG.

2.7.3 Mutterschaftsgeld nach dem Mutterschutzgesetz[21] hat Lohnersatzfunktion. **§ 13 MuSchG** lautet:

(1) Frauen, die Mitglied einer gesetzlichen Krankenkasse sind, erhalten für die Zeit der Schutzfristen des § 3 Abs. 2 und des § 6 Abs. 1 sowie für den Entbindungstag Mutterschaftsgeld nach den Vorschriften des Fünften Buches Sozialgesetzbuch oder des Zweiten Gesetzes über die Krankenversicherung der Landwirte über das Mutterschaftsgeld.

(2) Frauen, die nicht Mitglied einer gesetzlichen Krankenkasse sind, erhalten, wenn sie bei Beginn der Schutzfrist nach § 3 Abs. 2 in einem Arbeitsverhältnis stehen oder in Heimarbeit beschäftigt sind, für die Zeit der Schutzfristen des § 3 Abs. 2 und des § 6 Abs. 1 sowie für den Entbindungstag Mutterschaftsgeld zu Lasten des Bundes in entsprechender Anwendung der Vorschriften des Fünften Buches Sozialgesetzbuch über das Mutterschaftsgeld, höchstens jedoch insgesamt 210 Euro. Das Mutterschaftsgeld wird diesen Frauen auf Antrag vom Bundesversicherungsamt gezahlt. Die Sätze 1 und 2 gelten für Frauen entsprechend, deren Arbeitsverhältnis während ihrer Schwangerschaft oder der Schutzfrist des § 6 Abs. 1 nach Maßgabe von § 9 Abs. 3 aufgelöst worden ist.

(3) Frauen, die während der Schutzfristen des § 3 Abs. 2 oder des § 6 Abs. 1 von einem Beamten- in ein Arbeitsverhältnis wechseln, erhalten von diesem Zeitpunkt an Mutterschaftsgeld entsprechend den Absätzen 1 und 2.

Daraus folgt, dass **Drittschuldner** je nach Lage des Falles die Krankenkasse, die Bundesrepublik, vertreten durch den Leiter des Bundesversicherungsamtes Berlin, oder der Arbeitgeber ist.

Bezüglich des Mutterschaftsgeldes nach § 13 Abs. 1 MuSchG gilt die Pfändungsbeschränkung nach § 54 Abs. 3 Nr. 2 SGB I. Bezüglich des vom Arbeitgeber zu zahlenden Zuschusses zum Mutterschaftsgeld aber gelten §§ 850 ff. ZPO, weil er nicht eine Sozialleistung, sondern Teil des Arbeitsentgelts ist.

Der Zuschlag zum Mutterschaftsgeld ist auf Antrag des Vollstreckungsgläubigers mit dem Mutterschaftsgeld zusammenzurechnen (§ 850e Nr. 2a ZPO).

---

21 Neugefasst durch Bek. v. 20.6.2002, BGBl. I 2002, S. 2318, zuletzt geändert durch Art. 6 Gesetz v. 23.10.2012, BGBl. I 2012, S. 2246.

| Muster 165 | Sozialleistungen II |

59 **2.7.4 Arbeitslosengeld**: Als **Drittschuldner** gilt die Agentur für Arbeit, welche über den Anspruch entscheidet oder entschieden hat (§ 334 SGB III).

60 **2.7.5 Alterssicherung der Landwirte** (ALG)[22]: Zuständig sind nach §§ 49, 50 ALG die Landwirtschaftlichen Alterskassen; diese sind errichtet bei den landwirtschaftlichen Berufsgenossenschaften, diese also **Drittschuldner**, jeweils vertreten durch den Geschäftsführer.

61 Nach dem Gesetz zur Förderung der Einstellung der landwirtschaftlichen Erwerbstätigkeit[23] können landwirtschaftliche Unternehmer, die das 55 bzw. 53. Lebensjahr vollendet haben, sowie ihre Witwen oder Witwer unter bestimmten Voraussetzungen (§ 1 FELEG) auf Antrag eine **Produktionsaufgabe-Rente** erhalten; Arbeitnehmer und Familienangehörige des landwirtschaftlichen Unternehmers erhalten unter bestimmten Voraussetzungen ein Ausgleichsgeld. Zuständig sind die Landwirtschaftlichen Alterskassen (§ 17 ALG), die also **Drittschuldner** sind. Auch für die Produktionsaufgabe-Rente und das Ausgleichsgeld gelten die für die Altershilfe für Landwirte maßgebenden Vorschriften des SGB I entsprechend (§ 18 ALG), sodass sowohl für die Altershilfe als auch für die Produktionsaufgabe-Rente und das Ausgleichsgeld § 54 SGB I anzuwenden ist.

62 **2.7.6** Nach dem Gesetz über die **Entschädigung für Opfer von Gewalttaten** (OEG)[24] kann dem durch eine Gewalttat an der Gesundheit Geschädigten auf Antrag Versorgung in entsprechender Anwendung der Vorschriften des Bundesversorgungsgesetzes (BVG) gewährt werden. Auch hier ist § 54 SGB I anzuwenden; für Kapitalabfindungen gilt zusätzlich **§ 78 BVG**, der lautet:

„Innerhalb der in § 76 Abs. 1 vorgesehenen Frist ist ein der ausgezahlten Abfindung gleichkommender Betrag an Geld, Wertpapieren und Forderungen der Pfändung nicht unterworfen."

63 **Drittschuldner** ist das Land, in dem die Schädigung eingetreten ist, hilfsweise das Land des Wohnsitzes bzw. Aufenthalts des Vollstreckungsschuldners (§ 4 Abs. 1 OEG).

64 **2.7.7** Leistungen der **Sozialhilfe** sind unpfändbar, § 17 Abs. 1 SGB XII.

2.7.8 Renten, Rentenanwartschaften

65 **2.7.8.1 Zahlungsansprüche auf Rente**, welche der Vollstreckungsschuldner im Pfändungszeitpunkt bezieht, sind als laufende Geldleistungen pfändbar nach Maßgabe von Rz. 30; das gilt auch für die erst künftig fällig werdenden Beträge. Ansprüche aus § 109 SGB VI auf Erteilung von Ren-

---

[22] Gesetz v. 29.7.1994, BGBl. I 1994, S. 1890, zuletzt geändert durch Art. 16 Abs. 17 Gesetz v. 19.10.2013, BGBl. I 2013, S. 3836.
[23] FELEG v. 21.2.1989, BGBl. I 1989, S. 233, zuletzt geändert durch Art. 6 Gesetz v. 12.4.2012, BGBl. I 2012, S. 579.
[24] OEG v. 7.1.1985, BGBl. I 1985, S. 1, zuletzt geändert Art. 3 Gesetz v. 20.6.2011, BGBl. I 1985, S. 1114.

teninformationen und Rentenauskünften sind nicht zusammen mit der zukünftigen Forderung der Schuldnerin auf Zahlung von Renten mit gepfändet. Sie können auch nicht gesondert gepfändet werden.[25] Mitgepfändet ist jedoch im Rahmen der Pfändung eines Rentenanspruchs der Anspruch auf Herausgabe des jeweils gültigen **Rentenbescheides** bzw. der jeweils gültigen Rentenmitteilung durch den Drittschuldner. Der Herausgabe durch die Drittschuldnerin an den Gläubiger stehen Datenschutzgründe nicht entgegen.[26] Bei einer Abtretung des gepfändeten Anspruchs kann der Gläubiger zumindest einer Kopie der Abtretungsurkunde heraus verlangen.[27]

2.7.8.2 Die **Rentenanwartschaft**, das Rentenstammrecht als solche sind nicht übertragbar und daher auch nicht pfändbar: Das Rentenstammrecht erwächst einer bestimmten Person und geht nicht – auch nicht im Erbweg – auf eine andere Person über. (Witwen- und Waisenrenten beruhen auf eigenem Recht der Witwen und Waisen, nicht darauf, dass der verstorbene Ehepartner eine Rentenanwartschaft vererbt hätte.) 66

2.7.8.3 Begrifflich davon zu trennen ist der **künftige Rentenanspruch**: Der Rentenversicherte wird einen Anspruch auf die Rente bei Eintreten des Rentenereignisses haben (§ 40 SGB I). Ob dieser Anspruch pfändbar ist, ehe das Rentenereignis eingetreten ist, war bis zur Änderung des SGB sehr umstritten.[28] 67

Bis zur Neufassung des § 54 SGB I hatten diejenigen, welche die Pfändbarkeit des künftigen Rentenanspruchs leugneten, das relativ gute Argument, dass im Pfändungszeitpunkt nicht festgestellt werden könne, ob die Pfändung im Zeitpunkt des Beginns der Rentenzahlung der Billigkeit entsprechen und der Vollstreckungsschuldner durch die Pfändung hilfebedürftig werde. Dieses Argument ist ihnen durch die Neufassung des § 54 SGB I abhandengekommen. Auch die Rechtsprechung des BGH hat die Frage eindeutig zugunsten der Pfändbarkeit bejaht. Zukünftig entstehende oder fällig werdende laufende Geldansprüche gegen einen Träger der gesetzlichen Rentenversicherung sind pfändbar, sofern die Ansprüche in einem bereits bestehenden Sozialversicherungsverhältnis wurzeln. Das noch nicht rentennahe Alter des Schuldners steht einer solchen Pfändung grundsätzlich nicht entgegen. Mit dieser Grundsatzentscheidung hat der BGH[29] die Diskussion zur Pfändung künftiger Renten beendet. Die Pfän- 68

---

25 BGH v. 9.2.2012 – VII ZB 117/09, Rpfleger 2012, 396.
26 LG Bochum JurBüro 2009, 270.
27 LG Bremen JurBüro 2009, 441.
28 Vgl. dazu *David*, NJW 1991, 2615; *Danzer* NJW 1992, 1026, alle noch zur alten Fassung des § 54 SGB I; *Hintzen*, ZAP 1994, 1003 zur Neuregelung; vgl. LG Paderborn JurBüro 1995, 270; LG Berlin v. 5.12.1994 – 81 T 724/94, Rpfleger 1995, 307; LG Marburg v. 5.8.1998 – 3 T 169/98, Rpfleger 1999, 33; LG Bremen v. 2.10.1995 – 2/6 T 645/95, Rpfleger 1996, 210; LG Heilbronn v. 26.6.1995 – 1b T 112/95, Rpfleger 1995, 510; LG Braunschweig v. 7.8.2000 – 8 T 660/00, Rpfleger 2000, 508.
29 BGH v. 21.11.2002 – IX ZB 85/02, NJW 2003, 1457 = Rpfleger 2003, 305.

dung künftiger gesetzlicher Altersrenten eines Schuldners sind spätestens seit der Neufassung von § 54 SGB I durch das Zweite Gesetz zur Änderung des Sozialgesetzbuchs in der Rechtsprechung allgemein grundsätzlich zulässig. Das Gesetz enthält in § 54 SGB I keine Regelungslücke für die Pfändung künftiger Geldleistungen. Nach Abs. 4 dieser Vorschrift können (sozialrechtliche) Ansprüche auf laufende Geldleistungen wie Arbeitseinkommen gepfändet werden. Anzuwenden sind folglich die §§ 832, 833, 850 Abs. 1, 850c bis 850h ZPO (erneut bestätigt im Beschluss vom 10.10.2003).[30]

2.7.8.4 Drittschuldner

69 Die Leistungen für Renten ergeben sich aus §§ 23 ff. SGB I i.V.m. §§ 33 ff. SGB VI und aus dem Gesetz über eine Alterssicherung der Landwirte (ALG):

70 Die Aufgaben der gesetzlichen Rentenversicherung (allgemeine Rentenversicherung und knappschaftliche Rentenversicherung) werden nach § 125 SGB VI von Regionalträgern und Bundesträgern wahrgenommen. Bundesträger sind die Deutsche Rentenversicherung Bund und die Deutsche Rentenversicherung Knappschaft-Bahn-See. Die örtliche Zuständigkeit der Regionalträger richtet sich, soweit nicht nach über- und zwischenstaatlichem Recht etwas anderes bestimmt ist, nach folgender Reihenfolge: 1. Wohnsitz, 2. gewöhnlicher Aufenthaltsort, 3. Beschäftigungsort, 4. Tätigkeitsort der Versicherten oder der Hinterbliebenen im Inland.

Die **Bundesversicherungsanstalt für Angestellte (BfA)** mit Hauptsitz in Berlin war eine deutsche Körperschaft des öffentlichen Rechts. Als Nachfolgerin der Reichsversicherungsanstalt für Angestellte war sie die größte Trägerin der gesetzlichen Rentenversicherung in Deutschland und einer der größten Sozialleistungsträger Europas. Ab 1.10.2005 wurde sie per Gesetz in die Deutsche Rentenversicherung als Bundesträger unter dem neuen Namen Deutsche Rentenversicherung Bund überführt. Neuversicherte Arbeitnehmer werden seit dem 1.1.2005 durch die Datenstelle der Rentenversicherung einem Rentenversicherungsträger zugeordnet.

Die Zuordnung erfolgt anhand der jeweiligen Versicherungsnummer in einem Ausgleichsverfahren und wird auf alle Rentenversicherungsträger gleichmäßig verteilt. Für bereits versicherte Arbeitnehmer ändert sich grundsätzlich nichts. Der bisherige Rentenversicherungsträger bleibt weiterhin zuständig. Für Versicherte, die einen einzigen Beitrag zur Bahnversicherungsanstalt, Knappschaft oder Seekasse entrichtet haben, ist immer die Deutsche Rentenversicherung Knappschaft-Bahn-See zuständig.

---

30 BGH v. 10.10.2003 – IXa ZB 18/03, NJW 2003, 3774 = Rpfleger 2004, 111.

**Deutsche Rentenversicherung
Baden-Württemberg
(ehemals LVA Baden-Württemberg)
Standort Karlsruhe**
76122 Karlsruhe
Telefon 0721 825-0
Telefax 0721 825-21229
Verbindungsstelle für Liechtenstein, Schweiz

Standort Stuttgart
70429 Stuttgart
Telefon 0711 848-0
Telefax 0711 848-21438
Verbindungsstelle für Griechenland, Zypern
Deutsche Rentenversicherung
Baden Württemberg

**Deutsche Rentenversicherung
Bayern Süd
(ehemals Deutsche Rentenversicherung Niederbayern-Oberpfalz
und Deutsche Rentenversicherung
Oberbayern)
Standort Landshut**
84024 Landshut
Telefon 0871 81-0
Telefax 0871 81-2140
Verbindungsstelle für Bosnien-Herzegowina, Serbien, Montenegro, Kosovo, Kroatien, Mazedonien, Slowenien, Slowakei, Tschechien
Deutsche Rentenversicherung
Bayern Süd

Standort München
81729 München
Telefon 089 6781-0
Telefax 089 6781-2345
Verbindungsstelle für Österreich
Deutsche Rentenversicherung
Bayern Süd

**Deutsche Rentenversicherung
Berlin-Brandenburg
(ehemals LVA Berlin und LVA
Brandenburg)
Standort Frankfurt (Oder)**
Bertha-von-Suttner-Straße 1
15236 Frankfurt/Oder
Telefon 0335 551-0
Telefax 0335 551-1295

Standort Berlin
Knobelsdorffstraße 92
14059 Berlin
Telefon 030 3002-0
Telefax 030 3002-1009
Verbindungsstelle für Polen
Deutsche Rentenversicherung
Berlin-Brandenburg

**Deutsche Rentenversicherung
Braunschweig-Hannover
(ehemals LVA Braunschweig und
LVA Hannover)
Standort Laatzen**
Lange Weihe 2
30880 Laatzen
Telefon 0511 829-0
Telefax 0511 829-2635

Standort Braunschweig
Kurt-Schumacher-Straße 20
38091 Braunschweig
Telefon 0531 7006-0
Telefax 0531 7006-425
Verbindungsstelle für Japan, Korea
Deutsche Rentenversicherung
Braunschweig-Hannover

**Deutsche Rentenversicherung
Bund
(ehemals BfA – Bundesversicherungsanstalt für Angestellte und
VDR – Verband Deutscher Rentenversicherungsträger)**
10704 Berlin
Telefon 030 865-0
Telefax 030 865-27240
Verbindungsstelle für alle Mitgliedstaaten der Europäischen Union
(EU) und Vertragsstaaten, sofern
Beiträge zum Versicherungsträger
gezahlt worden sind
Deutsche Rentenversicherung
Bund

Muster 165   Sozialleistungen II

Deutsche Rentenversicherung Hessen
(ehemals LVA Hessen)
Städelstraße 28
60596 Frankfurt/Main
Telefon 069 6052-0
Telefax 069 6052-1600
Deutsche Rentenversicherung Hessen

Deutsche Rentenversicherung Knappschaft-Bahn-See
(ehemals Bundesknappschaft, Bahnversicherungsanstalt und Seekasse)
Hauptverwaltung
Pieperstraße 14–28
44789 Bochum
Telefon 0234 304-0
Telefax 0234 304-66050
Verbindungsstelle für alle Mitgliedstaaten der Europäischen Union (EU) und Vertragsstaaten, sofern Beiträge zum Versicherungsträger gezahlt worden sind
Deutsche Rentenversicherung Knappschaft-Bahn-See

Deutsche Rentenversicherung Mitteldeutschland
(ehemals LVA Thüringen, LVA Sachsen-Anhalt und LVA Sachsen)
Standort Leipzig
Georg-Schumann-Straße 146
04159 Leipzig
Telefon 0341 550-55
Telefax 0341 550-5900
Verbindungsstelle für Nachfolgestaaten der UdSSR (ohne Estland, Lettland, Litauen) bei Anwendung des DDR-UdSSR-Vertrages

Standort Erfurt
Kranichfelder Straße 3
99097 Erfurt
Telefon 0361 482-0
Telefax 0361 482-2299
Verbindungsstelle für Ungarn

Standort Halle
Paracelsusstraße 21
06114 Halle
Telefon 0345 213-0
Telefax 0345 202-3314
Verbindungsstelle für Bulgarien
Deutsche Rentenversicherung Mitteldeutschland

Deutsche Rentenversicherung Nord
(ehemals LVA Schleswig Holstein, LVA Mecklenburg-Vorpommern und LVA Freie und Hansestadt Hamburg)
Standort Lübeck
Ziegelstraße 150
23556 Lübeck
Telefon 0451 485-0
Telefax 0451 485-1777
Verbindungsstelle für Dänemark, Finnland, Norwegen, Schweden

Standort Neubrandenburg
Platanenstraße 43
17033 Neubrandenburg
Telefon 0395 370-0
Telefax 0395 370-4444
Verbindungsstelle für Estland, Lettland und Litauen

Standort Hamburg
Friedrich-Ebert-Damm 245
22159 Hamburg
Telefon 040 5300-0
Telefax 040 5300-2999
Verbindungsstelle für Großbritannien, Irland, Kanada und USA
Deutsche Rentenversicherung Nord

Deutsche Rentenversicherung Nordbayern
(ehemals LVA Ober-, Mittel- und Unterfranken)
Standort Bayreuth
95440 Bayreuth
Telefon 0921 607-0
Telefax 0921 607-398
Verbindungsstelle für Türkei

Standort Würzburg
Friedenstraße 12/14
97072 Würzburg
Telefon 0931 802-0
Telefax 0931 802-243
Verbindungsstelle für Portugal,
Rumänien
Deutsche Rentenversicherung
Nordbayern

**Deutsche Rentenversicherung
Oldenburg-Bremen
(ehemals LVA Oldenburg-Bremen)**
Hauptverwaltung Oldenburg
Huntestraße 11
26135 Oldenburg
Telefon 0441 927-0
Telefax 0441 927-2563
Verbindungsstelle für Australien

Standort Bremen
Schwachhauser Heerstraße 32–34
28209 Bremen
Telefon 0421 3407-0
Telefax 0421 3407-257

**Deutsche Rentenversicherung
Rheinland
(ehemals LVA Rheinprovinz)**
40194 Düsseldorf
Telefon 0211 937-0
Telefax 0211 937-3096
Verbindungsstelle für Belgien,
Chile, Israel, Spanien, Rheinschifffahrtsabkommen
Deutsche Rentenversicherung
Rheinland

**Deutsche Rentenversicherung
Rheinland-Pfalz
(ehemals LVA Rheinland-Pfalz)**
Eichendorffstraße 4–6
67346 Speyer
Telefon 06232 17-0
Telefax 06232 17-2589
Verbindungsstelle für Frankreich,
Luxemburg
Deutsche Rentenversicherung
Rheinland-Pfalz

**Deutsche Rentenversicherung
Saarland
(ehemals LVA für das Saarland)**
Martin-Luther-Straße 2–4
66111 Saarbrücken
Telefon 0681 3093-0
Telefax 0681 3093-199
Deutsche Rentenversicherung
Saarland

**Deutsche Rentenversicherung
Schwaben
(ehemals LVA Schwaben)**
Dieselstraße 9
86154 Augsburg
Telefon 0821 500-0
Telefax 0821 500-1000
Verbindungsstelle für Italien,
Marokko, Tunesien, Malta
Deutsche Rentenversicherung
Schwaben

**Deutsche Rentenversicherung
Westfalen
(ehemals LVA Westfalen)**
48125 Münster
Telefon 0251 238-0
Telefax 0251 238-2960
Verbindungsstelle für Island,
Niederlande
Deutsche Rentenversicherung
Westfalen

§ 129 SGB VI regelt die Zuständigkeit wie folgt:

(1) Die Deutsche Rentenversicherung Knappschaft-Bahn-See ist zuständig, wenn die Versicherten

1. *beim Bundeseisenbahnvermögen,*

2. *bei der Deutschen Bahn Aktiengesellschaft oder den gemäß § 2 Abs. 1 des Deutsche Bahn Gründungsgesetzes vom 27. Dezember 1993 (BGBl. I, S. 2378, 2386) ausgegliederten Aktiengesellschaften,*

3. *bei Unternehmen, die gemäß § 3 Abs. 3 des genannten Gesetzes aus den Aktiengesellschaften ausgegliedert worden sind, von diesen überwiegend beherrscht werden und unmittelbar und überwiegend Eisenbahnverkehrsleistungen erbringen oder eine Eisenbahninfrastruktur betreiben,*

4. *bei den Bahn-Versicherungsträgern, der Krankenversorgung der Bundesbahnbeamten und dem Bahnsozialwerk,*

5. *in der Seefahrt (Seeschifffahrt und Seefischerei) oder*

6. *bei der Deutschen Rentenversicherung Knappschaft-Bahn-See*

beschäftigt sind.

(2) Die Deutsche Rentenversicherung Knappschaft-Bahn-See ist auch zuständig für selbständig Tätige, die als Seelotse, Küstenschiffer oder Küstenfischer versicherungspflichtig sind.

Mit der Organisationsreform der Rentenversicherung sind Bundesknappschaft, Bahnversicherungsanstalt und Seekasse zum 1.10.2005 zur Deutschen Rentenversicherung Knappschaft-Bahn-See [KBS] verschmolzen. Die knappschaftliche Krankenversicherung wird im Verbundsystem unter dem Namen Knappschaft fortgeführt. Seit dem 1.1.2008 gehören Knappschaft und See-Krankenkasse zusammen, das heißt, die Knappschaft ist jetzt die neue See-Krankenversicherung im Norden. Das „Verbundnetz" der Knappschaft-Bahn-See besteht neben der Hauptverwaltung in Bochum aus 9 Regionaldirektionen und einer Vielzahl von Geschäftsstellen.

Deutsche Rentenversicherung Knappschaft-Bahn-See
(ehemals Bundesknappschaft, Bahnversicherungsanstalt und Seekasse)
Hauptverwaltung
Pieperstraße 14–28
44789 Bochum
Telefon 0234 304-0
Telefax 0234 304-66050

2.8 Pfändungsschutz für Konten und Bargeld

71 Der Leistungsträger wird seine Geldleistungen regelmäßig auf ein Konto des Empfängers bei einem Geldinstitut überweisen (§ 47 SGB I). Daher kann eine **Kontenpfändung** die bereits **auf dem Konto gutgeschriebene Sozialleistung erfassen**, ohne dass der Pfändungsschutz des § 54 SGB I noch eingreifen könnte; denn diese Bestimmung schützt den Anspruch auf eine Sozialleistung, der mit der Gutschrift des Betrages auf dem Bankkonto des Berechtigten erfüllt und damit erloschen ist. Pfändungsschutz wird seit dem 1.7.2012 nur noch für ein Pfändungsschutzkonto (P-Konto) nach Maßgabe von § 850k ZPO gewährt, § 55 SGB wurde aufgehoben.

§ 850k ZPO Pfändungsschutzkonto

(1) Wird das Guthaben auf dem Pfändungsschutzkonto des Schuldners bei einem Kreditinstitut gepfändet, kann der Schuldner jeweils bis zum Ende des Kalendermonats über Guthaben in Höhe des monatlichen Freibetrages nach § 850c Abs. 1 Satz 1 in Verbindung mit § 850c Abs. 2a verfügen; insoweit wird es nicht von der Pfändung erfasst. Zum Guthaben im Sinne des Satzes 1 gehört auch das Guthaben, das bis zum Ablauf der Frist des § 835 Absatz 4 nicht an den Gläubiger geleistet oder hinterlegt werden darf. Soweit der Schuldner in dem jeweiligen Kalendermonat nicht über Guthaben in

Höhe des nach Satz 1 pfändungsfreien Betrages verfügt hat, wird dieses Guthaben in dem folgenden Kalendermonat zusätzlich zu dem nach Satz 1 geschützten Guthaben nicht von der Pfändung erfasst. Die Sätze 1 bis 3 gelten entsprechend, wenn das Guthaben auf einem Girokonto des Schuldners gepfändet ist, das vor Ablauf von vier Wochen seit der Zustellung des Überweisungsbeschlusses an den Drittschuldner in ein Pfändungsschutzkonto umgewandelt wird.

(2) Die Pfändung des Guthabens gilt im Übrigen als mit der Maßgabe ausgesprochen, dass in Erhöhung des Freibetrages nach Absatz 1 folgende Beträge nicht von der Pfändung erfasst sind:

1. die pfändungsfreien Beträge nach § 850c Abs. 1 Satz 2 in Verbindung mit § 850c Abs. 2a Satz 1, wenn

   a) der Schuldner einer oder mehreren Personen aufgrund gesetzlicher Verpflichtung Unterhalt gewährt oder

   b) der Schuldner Geldleistungen nach dem Zweiten oder Zwölften Buch Sozialgesetzbuch für mit ihm in einer Gemeinschaft im Sinne des § 7 Abs. 3 des Zweiten Buches Sozialgesetzbuch oder der §§ 19, 20, 36 Satz 1 oder 43 des Zwölften Buches Sozialgesetzbuch lebende Personen, denen er nicht aufgrund gesetzlicher Vorschriften zum Unterhalt verpflichtet ist, entgegennimmt;

2. einmalige Geldleistungen im Sinne des § 54 Abs. 2 des Ersten Buches Sozialgesetzbuch und Geldleistungen zum Ausgleich des durch einen Körper- oder Gesundheitsschaden bedingten Mehraufwandes im Sinne des § 54 Abs. 3 Nr. 3 des Ersten Buches Sozialgesetzbuch;

3. das Kindergeld oder andere Geldleistungen für Kinder, es sei denn, dass wegen einer Unterhaltsforderung eines Kindes, für das die Leistungen gewährt oder bei dem es berücksichtigt wird, gepfändet wird.

Für die Beträge nach Satz 1 gilt Absatz 1 Satz 3 entsprechend.

(3) An die Stelle der nach Absatz 1 und Absatz 2 Satz 1 Nr. 1 pfändungsfreien Beträge tritt der vom Vollstreckungsgericht im Pfändungsbeschluss belassene Betrag, wenn das Guthaben wegen der in § 850d bezeichneten Forderungen gepfändet wird.

(4) Das Vollstreckungsgericht kann auf Antrag einen von den Absätzen 1, 2 Satz 1 Nr. 1 und Absatz 3 abweichenden pfändungsfreien Betrag festsetzen. Die §§ 850a, 850b, 850c, 850d Abs. 1 und 2, die §§ 850e, 850f, 850g und 850i sowie die §§ 851c und 851d dieses Gesetzes sowie § 54 Abs. 2, Abs. 3 Nr. 1, 2 und 3, Abs. 4 und 5 des Ersten Buches Sozialgesetzbuch, § 17 Abs. 1 Satz 2 des Zwölften Buches Sozialgesetzbuch und § 76 des Einkommensteuergesetzes sind entsprechend anzuwenden. Im Übrigen ist das Vollstreckungsgericht befugt, die in § 732 Abs. 2 bezeichneten Anordnungen zu erlassen.

(5) Das Kreditinstitut ist dem Schuldner zur Leistung aus dem nach Absatz 1 und 3 nicht von der Pfändung erfassten Guthaben im Rahmen des vertraglich Vereinbarten verpflichtet. Dies gilt für die nach Absatz 2 nicht von der Pfändung erfassten Beträge nur insoweit, als der Schuldner durch eine Bescheinigung des Arbeitgebers, der Familienkasse, des Sozialleistungsträgers oder einer geeigneten Person oder Stelle im Sinne von § 305 Abs. 1 Nr. 1 der Insolvenzordnung nachweist, dass das Guthaben nicht von der Pfändung erfasst ist. Die Leistung des Kreditinstituts an den Schuldner hat befreiende Wirkung, wenn ihm die Unrichtigkeit einer Bescheinigung nach Satz 2 weder bekannt noch infolge grober Fahrlässigkeit unbekannt ist. Kann der Schuldner den Nachweis nach Satz 2 nicht führen, so hat das Vollstreckungsgericht auf Antrag die Beträge nach Absatz 2 zu bestimmen. Die Sätze 1 bis 4 gelten auch für eine Hinterlegung.

(6) Wird einem Pfändungsschutzkonto eine Geldleistung nach dem Sozialgesetzbuch oder Kindergeld gutgeschrieben, darf das Kreditinstitut die Forderung, die durch die Gutschrift entsteht, für die Dauer von 14 Tagen seit der Gutschrift nur mit solchen Forderungen verrechnen und hiergegen nur mit solchen Forderungen aufrechnen, die ihm

Muster 165   Sozialleistungen II

als Entgelt für die Kontoführung oder aufgrund von Kontoverfügungen des Berechtigten innerhalb dieses Zeitraums zustehen. Bis zur Höhe des danach verbleibenden Betrages der Gutschrift ist das Kreditinstitut innerhalb von 14 Tagen seit der Gutschrift nicht berechtigt, die Ausführung von Zahlungsvorgängen wegen fehlender Deckung abzulehnen, wenn der Berechtigte nachweist oder dem Kreditinstitut sonst bekannt ist, dass es sich um die Gutschrift einer Geldleistung nach dem Sozialgesetzbuch oder von Kindergeld handelt. Das Entgelt des Kreditinstituts für die Kontoführung kann auch mit Beträgen nach den Absätzen 1 bis 4 verrechnet werden.

(7) In einem der Führung eines Girokontos zugrunde liegenden Vertrag können der Kunde, der eine natürliche Person ist, oder dessen gesetzlicher Vertreter und das Kreditinstitut vereinbaren, dass das Girokonto als Pfändungsschutzkonto geführt wird. Der Kunde kann jederzeit verlangen, dass das Kreditinstitut sein Girokonto als Pfändungsschutzkonto führt. Ist das Guthaben des Girokontos bereits gepfändet worden, so kann der Schuldner die Führung als Pfändungsschutzkonto zum Beginn des vierten auf seine Erklärung folgenden Geschäftstages verlangen.

(8) Jede Person darf nur ein Pfändungsschutzkonto unterhalten. Bei der Abrede hat der Kunde gegenüber dem Kreditinstitut zu versichern, dass er kein weiteres Pfändungsschutzkonto unterhält. Das Kreditinstitut darf Auskunfteien mitteilen, dass es für den Kunden ein Pfändungsschutzkonto führt. Die Auskunfteien dürfen diese Angabe nur verwenden, um Kreditinstituten auf Anfrage zum Zwecke der Überprüfung der Richtigkeit der Versicherung nach Satz 2 Auskunft darüber zu erteilen, ob die betroffene Person ein Pfändungsschutzkonto unterhält. Die Erhebung, Verarbeitung und Nutzung zu einem anderen als dem in Satz 4 genannten Zweck ist auch mit Einwilligung der betroffenen Person unzulässig.

(9) Unterhält ein Schuldner entgegen Absatz 8 Satz 1 mehrere Girokonten als Pfändungsschutzkonten, ordnet das Vollstreckungsgericht auf Antrag eines Gläubigers an, dass nur das von dem Gläubiger in dem Antrag bezeichnete Girokonto dem Schuldner als Pfändungsschutzkonto verbleibt. Der Gläubiger hat die Voraussetzungen nach Satz 1 durch Vorlage entsprechender Erklärungen der Drittschuldner glaubhaft zu machen. Eine Anhörung des Schuldners unterbleibt. Die Entscheidung ist allen Drittschuldnern zuzustellen. Mit der Zustellung der Entscheidung an diejenigen Kreditinstitute, deren Girokonten nicht zum Pfändungsschutzkonto bestimmt sind, entfallen die Wirkungen nach den Absätzen 1 bis 6.

72   Auch für Kindergeld und andere Sozialleistungen besteht nur noch Schutz, wenn die Beträge auf ein P-Konto gezahlt werden. Unterhält der Schuldner weiterhin ein normales Girokonto, muss er dieses nach § 850k Abs. 7 ZPO in ein P-Konto ändern.

Nach § 850k Abs. 6 ZPO gilt: Wird eine Geldleistung nach dem Sozialgesetzbuch oder Kindergeld gutgeschrieben, darf das Kreditinstitut die Forderung, die durch die Gutschrift entsteht, für die Dauer von 14 Tagen seit der Gutschrift nur mit solchen Forderungen verrechnen und hiergegen nur mit solchen Forderungen aufrechnen, die ihm als Entgelt für die Kontoführung oder aufgrund von Kontoverfügungen des Berechtigten innerhalb dieses Zeitraums zustehen. Bis zur Höhe des danach verbleibenden Betrages der Gutschrift ist das Kreditinstitut innerhalb von 14 Tagen seit der Gutschrift nicht berechtigt, die Ausführung von Zahlungsvorgängen wegen fehlender Deckung abzulehnen, wenn der Berechtigte nachweist oder dem Kreditinstitut sonst bekannt ist, dass es sich um die Gutschrift einer Geldleistung nach dem Sozialgesetzbuch oder von Kindergeld handelt. Das Entgelt des Kreditinstituts für die Kontoführung kann auch mit Beträgen nach den Absätzen 1 bis 4 verrechnet werden.

Der monatliche Basispfändungsschutz beim Pfändungsschutzkonto ist effektiv zu gewährleisten. Aus dem Zeitpunkt der Vollstreckung kann sich eine sittenwidrige Härte ergeben, wenn innerhalb eines Monats auf einem Pfändungsschutzkonto Gehaltszahlungen für zwei Monate eingehen und hierdurch der Pfändungsschutz bezüglich des zweiten Einkommens nicht genutzt werden kann. Wenn innerhalb eines Monats zwei Monatseinkommen auf ein Pfändungsschutzkonto gezahlt werden, kann das Existenzminimum gefährdet sein, da im zweiten Monat zwar ein Freibetrag, jedoch kein Einkommen zur Verfügung steht. Dies kann insb. bei unregelmäßig gezahlten Einkommen auftreten. Der Pfändungsfreibetrag ist auch in diesen Fällen effektiv zu gewährleisten, so dass überschießende Pfändungen aufzuheben sind. Der Betroffene darf den Freibetrag dennoch nur in der regulären Monatshöhe einsetzen.[31]

Wenn eine Schuldnerin regelmäßig nur eine Erwerbsunfähigkeitsrente und Kindergeld in Höhe von weniger als 750 Euro erhält, ist auf ihren Antrag nach § 850l ZPO die Pfändung aufzuheben und ein Pfändungsverbot für 12 Monate anzuwenden.[32]

2.9 Vorpfändung

Die Vorpfändung ist in gleicher Weise wie bei Pfändung des Arbeitsentgelts zulässig und hat die gleichen Wirkungen wie dort.

2.10 Drittschuldnererklärung

§ 35 SGB I gewährt zwar jedem einen Anspruch darauf, dass seine Geheimnisse von den Leistungsträgern und sonstigen befassten Behörden gewahrt werden. Aber § 71 Abs. 1 Satz 2 SGB X stellt klar, dass Erklärungspflichten als Drittschuldner, welche das Vollstreckungsrecht vorsieht, „durch die Bestimmungen dieses Gesetzbuches nicht berührt" werden.

3. Rechtsweg; unmittelbarer Zugriff auf die Sozialleistung

3.1 Klagen des Vollstreckungsgläubigers gegen den Drittschuldner auf Bewirkung der für ihn gepfändeten und ihm überwiesenen Leistung sind auf dem **Rechtsweg** geltend zu machen, welchen der Vollstreckungsschuldner beschreiten müsste, wenn er den nunmehr gepfändeten Anspruch selbst geltend machen würde. Das wird meistens der Weg zu den Sozialgerichten sein, die nach § 51 SGG öffentlich-rechtliche Streitigkeiten sozialrechtlicher Art zu entscheiden haben. Ist ein öffentlich-rechtlicher Anspruch nicht den Sozialgerichten (oder einem anderen Gericht) ausdrücklich zugewiesen, so entscheidet das Verwaltungsgericht (§ 40 VwGO). Vor die ordentlichen Gerichte gehören dagegen nur bürgerliche Rechtsstreitigkei-

---

31 AG Lörrach v. 21.9.2010 – 1 M 2588/10, VuR 2011, 104.
32 AG Brackenheim v. 12.5.2011 – M 984/09, VuR 2011, 266.

ten, für die nicht aufgrund Bundesgesetzes die Zuständigkeit anderer Gerichte bestimmt ist. Die Geltendmachung von Ansprüchen auf Sozialleistungen durch Klage begründet aber keine bürgerliche Rechtsstreitigkeit.

77 **3.2 Unmittelbarer Zugriff auf die Sozialleistung:** Wegen einer Forderung auf gesetzlichen Unterhalt ist es manchmal nicht nötig, eine Sozialleistung zu pfänden, weil § 48 SGB I dem Gläubiger eine einfachere und billigere Möglichkeit gibt, an diese Sozialleistung zu gelangen, sie lautet:

§ 48 Auszahlung bei Verletzung der Unterhaltspflicht

(1) Laufende Geldleistungen, die der Sicherung des Lebensunterhalts zu dienen bestimmt sind, können in angemessener Höhe an den Ehegatten oder die Kinder des Leistungsberechtigten ausgezahlt werden, wenn er ihnen gegenüber seiner gesetzlichen Unterhaltspflicht nicht nachkommt. Kindergeld, Kinderzuschläge und vergleichbare Rentenbestandteile (Geldleistungen für Kinder) können an Kinder, die bei der Festsetzung der Geldleistungen berücksichtigt werden, bis zur Höhe des Betrages, der sich bei entsprechender Anwendung des § 54 Abs. 5 Satz 2 ergibt, ausgezahlt werden. Für das Kindergeld gilt dies auch dann, wenn der Kindergeldberechtigte mangels Leistungsfähigkeit nicht unterhaltspflichtig ist oder nur Unterhalt in Höhe eines Betrages zu leisten braucht, der geringer ist als das für die Auszahlung in Betracht kommende Kindergeld. Die Auszahlung kann auch an die Person oder Stelle erfolgen, die dem Ehegatten oder den Kindern Unterhalt gewährt.

(2) Absatz 1 Satz 1, 2 und 4 gilt entsprechend, wenn unter Berücksichtigung von Kindern, denen gegenüber der Leistungsberechtigte nicht kraft Gesetzes unterhaltspflichtig ist, Geldleistungen erbracht werden und der Leistungsberechtigte diese Kinder nicht unterhält.

78 **Zweck der Vorschrift** ist es, bei wesentlicher Verletzung der Unterhaltspflicht ohne den zeitraubenden Umweg über Erkenntnis- und Vollstreckungsverfahren in geeigneten Einzelfällen schnell helfen zu können. Der Leistungsträger muss aber auch die Belange des Leistungsberechtigten und im Rahmen seines pflichtgemäßen Ermessens die Interessen aller Beteiligten, die wirtschaftlichen Verhältnisse, den Zweck der einzelnen Leistung und die einzelnen Umstände berücksichtigen. Voraussetzung für die Anwendung des § 48 SGB I ist eine Verletzung der Unterhaltspflicht, die schwerwiegend sein muss (BT-Drucks. 7/868); strafbar allerdings muss die Verletzung der Unterhaltspflicht nicht sein.

79 Der Unterhaltsgläubiger sollte in geeigneten Fällen diesen Weg gehen, ohne den Weg der Pfändung zu meiden.

Muster 166 Sparguthaben I

Der Vollstreckungsschuldner besitzt das Sparbuch

Hinweis: Zu benutzen ist das amtliche Formular Anlage 2 (zu § 2 Nr. 2) der Verordnung über Formulare für die Zwangsvollstreckung (Zwangsvollstreckungsformular-Verordnung – ZVFV) vom 23.8.2012 (BGBl. I 2012, S. 1822) in der geänderten Fassung aufgrund der Verordnung zur Änderung der Zwangsvollstreckungsformular-Verordnung vom 16.6.2014 (BGBl. I 2014, S. 754). Hierbei kommen folgende auszufüllenden Felder in Betracht:

| Forderung aus Anspruch | 4 |

(...)

| ☐ D (an Kreditinstitute) | |

(...)

| Anspruch D (an Kreditinstitute) | 5 |

(...)

2. auf Auszahlung des Guthabens und der bis zum Tag der Auszahlung aufgelaufenen Zinsen sowie auf fristgerechte bzw. vorzeitige Kündigung der für ihn geführten Sparguthaben und/oder Festgeldkonten, insbesondere aus Konto _____

(...)

Hinweise zu Anspruch D:
Auf § 835 Absatz 3 Satz 2 ZPO (Zahlungsmoratorium von vier Wochen) und § 835 Absatz 4 ZPO wird der Drittschuldner hiermit hingewiesen.
Pfändungsschutz für Kontoguthaben und Verrechnungsschutz für Sozialleistungen und für Kindergeld werden seit dem 1. Januar 2012 nur für Pfändungsschutzkonten nach § 850k ZPO gewährt.

Hinweis:
Die offenen Felder müssen nicht zwingend ausgefüllt werden.

Fehlerhaft ist der Textteil: ... auf fristgerechte bzw. vorzeitige Kündigung ... Mit der wirksamen Überweisung hat der Gläubiger das Kündigungsrecht inne, eine selbständige Pfändung ist nicht nur überflüssig, sondern unzulässig.

Der **Textbaustein** unter „Hinweise zu Anspruch D" ist ebenfalls **fehlerhaft**, als er ein Zahlungsmoratorium von vier Wochen für alle Ziffern bzw. Ansprüche unter „D" benennt. Das Zahlungsmoratorium nach § 835 Abs. 3 Satz 2 ZPO bezieht sich aber nur auf Guthaben auf einem Konto und soll den Schuldnerschutz nach § 850k ZPO garantieren.

Es wird empfohlen weiter zu ergänzen nach Ziffer 5 (gfl. auf einem Beiblatt):

insbesondere werden gepfändet:

a) Die Forderung auf Auszahlung des jetzigen und jeden künftigen Guthabens an den Schuldner selbst oder an Dritte,

b) der Anspruch auf Auskunft über den Forderungsstand.[1]

---

1 OLG Karlsruhe v. 22.1.1998 – 19 U 217/96, NJW-RR 1998, 990: Der unselbständige Auskunftsanspruch des Bankkunden wird von der Pfändung und Überweisung des Hauptanspruchs mit erfasst.

Muster 167 Sparguthaben II

Aus dem amtlichen Vordruck kommen weitere Felder zur Anwendung:

☐ **Es wird angeordnet, dass**	8
☐ der Schuldner das über das jeweilige Sparguthaben ausgestellte Sparbuch (bzw. die Sparurkunde) an den Gläubiger herauszugeben hat und dieser das Sparbuch (bzw. die Sparurkunde) unverzüglich dem Drittschuldner vorzulegen hat	

Hinweis:

Der „amtliche Satz": ... und dieser das Sparbuch (bzw. die Sparurkunde) unverzüglich dem Drittschuldner vorzulegen hat ... kann gestrichen werden, da im Pfändungsbeschluss keine Anweisungen an den Gläubiger ergehen.

Vorbemerkung

Die *Muster 166* und *167* passen nicht für **Bauspareinlagen** (dazu *Muster 39*).
Erläuterungen bei *Muster 167*.

Muster 167 Sparguthaben II

Der Vollstreckungsschuldner besitzt das Sparbuch nicht

Hinweis: Zu benutzen ist das amtliche Formular Anlage 2 (zu § 2 Nr. 2) der Verordnung über Formulare für die Zwangsvollstreckung (Zwangsvollstreckungsformular-Verordnung – ZVFV) vom 23.8.2012 (BGBl. I 2012, S. 1822) in der geänderten Fassung aufgrund der Verordnung zur Änderung der Zwangsvollstreckungsformular-Verordnung vom 16.6.2014 (BGBl. I 2014, S. 754). Hierbei kommen folgende auszufüllenden Felder in Betracht:

Forderung aus Anspruch	4

(...)

☐ D (an Kreditinstitute)

(...)

Anspruch D (an Kreditinstitute)	5

(...)

2. auf Auszahlung des Guthabens und der bis zum Tag der Auszahlung aufgelaufenen Zinsen sowie auf fristgerechte bzw. vorzeitige Kündigung der für ihn geführten Sparguthaben und/oder Festgeldkonten, insbesondere aus Konto _____

(...)

| Sparguthaben II | **Muster 167** |

> **Hinweise zu Anspruch D:**
> Auf § 835 Absatz 3 Satz 2 ZPO (Zahlungsmoratorium von vier Wochen) und § 835 Absatz 4 ZPO wird der Drittschuldner hiermit hingewiesen.
> Pfändungsschutz für Kontoguthaben und Verrechnungsschutz für Sozialleistungen und für Kindergeld werden seit dem 1. Januar 2012 nur für Pfändungsschutzkonten nach § 850k ZPO gewährt.

Hinweis:
Die offenen Felder müssen nicht zwingend ausgefüllt werden.
Fehlerhaft ist der Textteil: … auf fristgerechte bzw. vorzeitige Kündigung …
Mit der wirksamen Überweisung hat der Gläubiger das Kündigungsrecht inne, eine selbständige Pfändung ist nicht nur überflüssig, sondern unzulässig.

Der **Textbaustein** unter „Hinweise zu Anspruch D" ist ebenfalls **fehlerhaft**, als er ein Zahlungsmoratorium von vier Wochen für **alle Ziffern** bzw. Ansprüche unter „D" benennt. Das Zahlungsmoratorium nach § 835 Abs. 3 Satz 2 ZPO bezieht sich aber nur auf Guthaben auf einem Konto und soll den Schuldnerschutz nach § 850k ZPO garantieren.

Es wird empfohlen weiter zu ergänzen nach Ziffer 5 (gfl. auf einem Beiblatt):
insbesondere werden gepfändet:
a) Die Forderung auf Auszahlung des jetzigen und jeden künftigen Guthabens an den Schuldner selbst oder an Dritte,
b) der Anspruch auf Auskunft über den Forderungsstand.[1]

Im Formularfeld „Anspruch G" oder in einer gesonderten Anlage ist zu ergänzen:

Ferner wird der angebliche Anspruch des Schuldners
gegen … (Name desjenigen Dritten, der das Sparbuch besitzt) … (weiterer Drittschuldner)
auf Herausgabe des (der) zu dem gepfändeten Konto gehörenden Sparbuchs (Sparurkunde) gepfändet.

1. Gesetzliche Regelung

Spareinlagen finden ihre gesetzliche Regelung seit dem 1.7.1993 nicht mehr im Gesetz über das Kreditwesen, sondern in § 21 Abs. 4 der Verordnung über die Rechnungslegung der Kreditinstitute und Finanzdienstleistungsinstitute (RechKredV):[2] Danach sind Spareinlagen unbefristete Gelder, die durch Aushändigung einer Urkunde als Spareinlagen gekennzeichnet und nicht für den Zahlungsverkehr bestimmt sind, eine Kündigungsfrist von mindestens drei Monaten haben und nur von inländischen

---
[1] OLG Karlsruhe v. 22.1.1998 – 19 U 217/96, NJW-RR 1998, 990: Der unselbständige Auskunftsanspruch des Bankkunden wird von der Pfändung und Überweisung des Hauptanspruchs mit erfasst.
[2] Neufassung v. 11.12.1998, BGBl. I 1998, S. 3658, zuletzt geändert durch Art. 27 Abs. 8 Gesetz vom 4.7.2013 (BGBl. I 2013, S. 1981).

natürlichen Personen und einzelnen, genau bestimmten juristischen Personen gehalten werden können.

2   1.1 Weil Spareinlagen nicht dem laufenden Zahlungsverkehr dienen, **werden sie vom Girovertrag** (vgl. Rz. 2 zu *Muster 36*) **nicht erfasst.**

3   Die Kreditinstitute haben – nicht einheitliche – „**Bedingungen für den Sparverkehr**" geschaffen.

Für Sparguthaben bei der Deutschen Postbank AG gelten seit dem Außer-Kraft-Treten des § 23 Abs. 4 PostG keine Besonderheiten mehr.

4   Bei Sparkonten ist relativ häufig nicht ohne Weiteres für den Vollstreckungsgläubiger ersichtlich, wer **Inhaber des Kontos** ist, wem also die Auszahlungsforderung gegen das Kreditinstitut zusteht. Insbesondere steht die Forderung gegen das Geldinstitut auf das Guthaben nicht notwendig dem Besitzer des Sparbuchs – dem auch die Vermutung des § 1006 BGB nicht zur Seite steht – zu, auch nicht demjenigen, der die Einzahlungen vorgenommen hat, und auch nicht dem, auf dessen Namen das Sparbuch lautet; entscheidend ist der Wille dessen, der das Konto errichtet hat, im Zeitpunkt der Errichtung.[3]

2. Pfändung und Verwertung

5   Pfändung und Verwertung erfolgen nach §§ 829, 835 ZPO.

6   2.1 Die **Wegnahme des Sparbuchs** (der Spaurkunden, im Folgenden stets: Sparbuch) **durch den Gerichtsvollzieher** bewirkt keine Pfändung des Guthabens, ist aber dennoch notwendig, um dem Vollstreckungsgläubiger die Legitimation zu verschaffen: Das Geldinstitut muss nämlich das Guthaben nur gegen Vorlage des Sparbuchs auszahlen (§ 808 Abs. 2 BGB). Das Sparbuch ist aber nicht selbständiger Träger eines Rechts, also nicht Wertpapier im engeren Sinn, sondern ein qualifiziertes Legitimationspapier (vgl. Rz. 21 der Erläuterungen zu *Muster 191*), also auch nicht Gegenstand einer selbständigen Pfändung; denn das Recht des Vollstreckungsschuldners an der Forderung erstreckt sich auf das Sparbuch (§ 952 BGB). Das Sparbuch ist zur Legitimation des Vollstreckungsgläubigers dem Vollstreckungsschuldner durch den Gerichtsvollzieher gemäß § 836 Abs. 3 ZPO wegzunehmen. Die Pfändung des Sparguthabens kann vor (gemäß § 106 GVGA) oder nach dieser Wegnahme erfolgen. Der Vollstreckungsgläubiger sollte aber zur Sicherheit dafür Sorge tragen, dass das Sparbuch dem Vollstreckungsschuldner möglichst bald weggenommen wird.

7   Dem Gerichtsvollzieher sind zur Durchführung der Wegnahme der **Schuldtitel** und eine **Ausfertigung des Pfändungs- und Überweisungsbeschlusses**

---

3 Vgl. BGH NJW 1956, 1953; 1967, 101; 1970, 1181; 1972, 2269; BGH v. 10.10.1989 – XI ZR 117/88, NJW-RR 1990, 178; 1994, 931; v. 25.4.2005 – II ZR 103/03, NJW 2005, 2222; OLG Stuttgart OLGR Stuttgart 2003, 30; OLG Düsseldorf v. 19.7.1991 – 22 U 47/91, NJW-RR 1992, 625 und v. 26.8.1998 – 11 U 75/97, MDR 1999, 174; s. auch Palandt/*Grünberg*, § 328 BGB Rz. 9a m.w.N.

vorzulegen. Der Pfändungs- und Überweisungsbeschluss muss die wegzunehmende Urkunde bestimmt bezeichnen und nach § 750 ZPO dem Vollstreckungsschuldner spätestens bis zum Beginn der Zwangsvollstreckungstätigkeit des Gerichtsvollziehers zugestellt sein; bei ungenügender Bezeichnung ist Vervollständigung oder Ergänzung beim Vollstreckungsgericht zu beantragen (vgl. §§ 106, 122 und 127 ff. GVGA). Findet der Gerichtsvollzieher das Sparbuch nicht vor, so ist der Vollstreckungsschuldner gemäß § 836 Abs. 3 Satz 2 ZPO zur Versicherung an Eides statt nach § 883 Abs. 2 ZPO verpflichtet.

↪ **Beachte:** Der Vollstreckungsgläubiger muss dem Gerichtsvollzieher innerhalb eines Monats nach Wegnahme des Sparbuchs den Pfändungs- und Überweisungsbeschluss vorlegen; sonst gibt der Gerichtsvollzieher das Sparbuch an den Vollstreckungsschuldner zurück (§ 106 GVGA). 8

Nach Befriedigung seiner Forderung muss der Vollstreckungsgläubiger das **Sparbuch** unverzüglich dem Vollstreckungsschuldner **zurückgeben**. 9

2.2 Ist ein **Dritter im Besitz des Sparbuchs**, muss der Vollstreckungsgläubiger versuchen, sich dieses zu verschaffen, indem er den Herausgabeanspruch pfändet. Ob diese Pfändung erfolgreich sein wird, hängt davon ab, aus welchem Grund der Dritte das Sparbuch besitzt: Verwahrt er es unentgeltlich für den Vollstreckungsschuldner, so kann dieser die Herausgabe jederzeit verlangen, und der Gläubiger kann dieses Recht kraft Überweisung ausüben. Besitzt der Dritte aber das Sparbuch beispielsweise zur Sicherung einer eigenen Forderung, so ist er zur Herausgabe nicht verpflichtet; vielmehr geht sein etwa durch Verpfändung entstandenes Pfandrecht demjenigen des Vollstreckungsgläubigers vor. 10

2.3 Drittschuldnerin bezüglich des Guthabens ist das Geldinstitut, bei welchem das Sparkonto geführt wird; Drittschuldner bezüglich des Anspruchs auf Herausgabe des Sparbuchs ist dessen Besitzer.[4] 11

3. Vermögenswirksame Leistungen und Arbeitnehmer-Sparzulage

3.1 Das 5. Gesetz zur Vermögensbildung der Arbeitnehmer[5] fördert die **Vermögensbildung** von Arbeitnehmern, Beamten, Richtern, Berufs- und Zeitsoldaten und gewissen Mitgliedern des Zivilschutzkorps (§ 1). Die Arten der vermögenswirksamen Leistungen und die Anlageformen werden in §§ 2 bis 11 genau beschrieben; dazu gehört auch ein **Sparvertrag** zwischen dem Arbeitnehmer und einem Kreditinstitut, wie er in § 8 näher beschrieben ist. § 2 legt vor allem die Voraussetzungen fest, von denen die Förderung der vermögensbildenden Leistungen abhängt. 12

---

4 Vgl. *Stöber*, Rz. 332, 333.
5 5. VermBG i.d.F. der Bek. v. 4.3.1994, BGBl. I 1994, S. 406, zuletzt geändert durch Art. 5 Gesetz v. 18.12.2013 (BGBl. I 2013, 4318).

Muster 168 Stahlkammerfach/Banksafe

13 Nach § 2 Abs. 7 sind vermögenswirksame Leistungen arbeitsrechtlich **Bestandteil des Lohns oder Gehalts**; der Anspruch auf vermögenswirksame Leistungen ist nach dieser Bestimmung **nicht übertragbar**. Daraus folgt, dass der **Anspruch auf diese Leistungen nicht pfändbar** ist (§ 851 ZPO).

14 3.2 Hat der Arbeitgeber den Anspruch auf solche Leistungen erfüllt, indem er die entsprechenden Beträge unmittelbar auf das Anlageinstitut oder -unternehmen überwiesen hat, so sind die Beträge in das Vermögen des Arbeitnehmers übergegangen und werden unter bestimmten Voraussetzungen steuerlich gefördert. Die hier interessante Voraussetzung ist die Einhaltung der **Sperrfrist**. Rückzahlung, Abtretung des Rückzahlungsanspruchs oder seine **Beleihung** während der Sperrfrist beseitigen die Förderung. **Dennoch ist der Rückzahlungsanspruch pfändbar**, weil keine Zweckbindung vorliegt; in besonders gelagerten Fällen kann § 765a ZPO greifen.[6]

15 3.3 Nach § 13 des 5. VermBG haben Arbeitnehmer, deren Einkommen eine bestimmte Höhe nicht übersteigt, für bestimmte vermögenswirksame Anlagen, zu denen der Sparvertrag nicht gehört, einen Anspruch auf eine steuerfreie **Arbeitnehmer-Sparzulage** von jährlich höchstens 470 Euro, die **nicht Bestandteil des Lohns oder Gehalts ist**; der Anspruch **entsteht** mit Ablauf des Kalenderjahrs, in dem die vermögenswirksamen Leistungen angelegt sind, und entfällt mit Wirkung für die Vergangenheit, wenn die Sperrfrist nicht eingehalten wird. Der Anspruch wird **fällig** nach Ablauf der Sperrfrist, mit Zuteilung des Bausparvertrags und in den Fällen unschädlicher Verfügung (§ 14 Abs. 4). Der Anspruch auf die Arbeitnehmer-Sparzulage ist jedoch nach § 13 Abs. 3 Satz 2 5. VermBG **nicht übertragbar**; daraus folgt, dass der **Anspruch auf diese Leistung nicht pfändbar** ist (§ 851 ZPO).

Muster 168 Stahlkammerfach/Banksafe

Hinweis: Zu benutzen ist das amtliche Formular Anlage 2 (zu § 2 Nr. 2) der Verordnung über Formulare für die Zwangsvollstreckung (Zwangsvollstreckungsformular-Verordnung – ZVFV) vom 23.8.2012 (BGBl. I 2012, S. 1822) in der geänderten Fassung aufgrund der Verordnung zur Änderung der Zwangsvollstreckungsformular-Verordnung vom 16.6.2014 (BGBl. I 2014, S. 754). Hierbei kommen folgende auszufüllenden Felder in Betracht:

Forderung aus Anspruch	4

(...)

☐ D (an Kreditinstitute)

(...)

---

6 Vgl. dazu *Schuschke/Walker*, Anh. § 829 ZPO Rz. 12.

| Anspruch D (an Kreditinstitute) | 5 |

(…)

5. auf Zutritt zu dem Bankschließfach Nr. _____ und auf Mitwirkung des Drittschuldners bei der Öffnung des Bankschließfachs bzw. auf die Öffnung des Bankschließfachs allein durch den Drittschuldner zum Zweck der Entnahme des Inhalts

(…)

Hinweise zu Anspruch D:
Auf § 835 Absatz 3 Satz 2 ZPO (Zahlungsmoratorium von vier Wochen) und § 835 Absatz 4 ZPO wird der Drittschuldner hiermit hingewiesen.
Pfändungsschutz für Kontoguthaben und Verrechnungsschutz für Sozialleistungen und für Kindergeld werden seit dem 1. Januar 2012 nur für Pfändungsschutzkonten nach § 850k ZPO gewährt.

Hinweis:
Die offenen Felder, insbesondere zu Bankschließfachnummer, müssen nicht zwingend ausgefüllt werden.

Der **Textbaustein** unter „Hinweise zu Anspruch D" ist insoweit **fehlerhaft**, als er ein Zahlungsmoratorium von vier Wochen für alle Ziffern bzw. Ansprüche unter „D" benennt. Das Zahlungsmoratorium nach § 835 Abs. 3 Satz 2 ZPO bezieht sich aber nur auf Guthaben auf einem Konto und soll den Schuldnerschutz nach § 850k ZPO garantieren.

Es sind weitere Formularfelder auszufüllen:

| ☐ Es wird angeordnet, dass | 8 |

    ☐ ein von dem Gläubiger zu beauftragender Gerichtsvollzieher für die Pfändung des Inhalts Zutritt zum Schließfach zu nehmen hat

*Der Drittschuldnerin wird verboten, an den Schuldner zu leisten, insbesondere, ihm Zutritt zu dem **Schließfach** zu gewähren.*

*Dem Schuldner wird geboten, sich jeder Verfügung über die gepfändeten Ansprüche, insbesondere der Öffnung des **Schließfaches**, zu enthalten.*

Zugleich werden die gepfändeten Ansprüche dem Gläubiger zur Einziehung überwiesen.

1. Unterbringung von Wertsachen und Urkunden

Schließfächer im Tresorraum (Stahlkammer) der Bank (Safe, Stahlkammerfächer) dienen zur Unterbringung von Wertsachen und Urkunden der Bankkunden. Nach den Allgemeinen Geschäftsbedingungen der Banken und den Sonderbedingungen für die Vermietung von Schrankfächern stehen diese **Schließfächer** in der Regel im eigenen Verschluss des Mieters und dem Mitverschluss der Bank, sodass sie nur vom Kunden und einem Bankbediensteten gemeinsam geöffnet werden können. Mitbesitz besteht 1 nur am Fach selbst, an dessen Inhalt aber hat der Mieter Alleinbesitz.[1] Der Bankkunde hat also keinen Herausgabeanspruch bezüglich des Inhalts seines Stahlkammerfachs, sondern einen **Anspruch gegen die Bank auf Zutritt zum Fach** und auf Mitwirkung der Bank bei dessen Öffnung. Die Bank nimmt vom Inhalt des Faches keine Kenntnis.

2. Pfändung und Verwertung

2 Die Ansprüche des Vollstreckungsschuldners auf Zutritt zum **Schließfach** und auf Mitwirkung der Bank bei dessen Öffnung werden nach § 857 ZPO gepfändet; es besteht kein nach § 846 ZPO pfändbarer Herausgabeanspruch.

3 2.1 Den **Schlüssel** zum **Schließfach** kann sich der Gerichtsvollzieher, ohne dass es dazu einer Anordnung des Vollstreckungsgerichts bedürfte, nach §§ 758, 758a ZPO beschaffen. Findet er den Schlüssel nicht und lässt sich auch kein Ersatzschlüssel beschaffen, so kann der Gerichtsvollzieher das Fach gewaltsam öffnen lassen; die dadurch entstehenden Kosten sind Vollstreckungskosten.[2]

4 ➔ **Beachte:** Weil der Inhalt des Fachs im Alleingewahrsam des Vollstreckungsschuldners steht, ist dieser Inhalt der Sachpfändung durch den Gerichtsvollzieher unterworfen. Dieser übt nach Pfändung und Überweisung der Zutrittsrechte für den Vollstreckungsgläubiger diese Rechte aus, entnimmt den Inhalt und verwertet ihn wie unmittelbar nach § 808 ZPO gepfändete Sachen, vorausgesetzt, er ist mit der Pfändung beauftragt; dieser Pfändungsauftrag muss also spätestens mit dem Auftrag, das Fach zu öffnen, erteilt werden.

Muster 169   Steuererstattungsanspruch I

Lohnsteuerjahresausgleich durch das Finanzamt

Hinweis: Zu benutzen ist das amtliche Formular Anlage 2 (zu § 2 Nr. 2) der Verordnung über Formulare für die Zwangsvollstreckung (Zwangsvollstreckungsformular-Verordnung – ZVFV) vom 23.8.2012 (BGBl. I 2012, S. 1822) in der geänderten Fassung aufgrund der Verordnung zur Änderung der Zwangsvollstreckungsformular-Verordnung vom 16.6.2014 (BGBl. I 2014, S. 754). Hierbei kommen folgende auszufüllenden Felder in Betracht:

Forderung aus Anspruch	4

(...)

---

1 Zur Übereignung des Inhalts eines Fachs vgl. OLG Oldenburg NJW 1977, 1780.
2 *Quardt,* JurBüro 1959, 395.

Muster 169 — Steuererstattungsanspruch I

☐ **C (an Finanzamt)**

(...)

Anspruch C (an Finanzamt)

auf Auszahlung

1. des als Überzahlung auszugleichenden Erstattungsbetrages bzw. des Überschusses, der sich als Erstattungsanspruch bei Abrechnung der auf die Einkommensteuer (nebst Solidaritätszuschlag) und Kirchensteuer sowie Körperschaftsteuer anzurechnenden Leistungen für das abgelaufene Kalenderjahr _____ und für alle früheren Kalenderjahre ergibt

2. des Erstattungsbetrages, der sich aus dem Erstattungsanspruch zu viel gezahlter Kraftfahrzeugsteuer für das Kraftfahrzeug mit dem amtlichen Kennzeichen _____ ergibt

   Erstattungsgrund:

   _____

   _____

   _____

Hinweis:

Da die zu pfändende Steuerart genau angegeben werden muss (s. Rz. 25), wird ggf. empfohlen, den nachfolgenden Text zu verwenden:

Wegen ... wird gepfändet der angebliche Anspruch des Schuldners gegen das Finanzamt ... (vgl. Rz. 15 ff. zu Muster 171) ...

(Drittschuldner zu 1)

auf Durchführung des Lohnsteuerjahresausgleichs für das abgelaufene Kalenderjahr und frühere Erstattungszeiträume im Veranlagungsweg und auf Auszahlung der danach dem Schuldner zustehenden Beträge.[1]

Den Drittschuldnern wird verboten, an den Schuldner zu leisten.

Dem Schuldner wird geboten, sich jeder Verfügung über die gepfändeten Ansprüche, insbesondere ihrer Einziehung, zu enthalten.

Zugleich werden die gepfändeten Ansprüche dem Gläubiger zur Einziehung überwiesen.

Dem Schuldner wird geboten, darüber Auskunft zu erteilen, ob unter Berücksichtigung des Aufwandes für die Erstellung der Steuererklärung ein Festsetzungsüberschuss und ein positives Ergebnis im Erhebungsverfahren (§ 218 Abs. 2 AO) zu erwarten ist.

---

[1] Vgl. unbedingt Rz. 17–20.

Erläuterungen bei *Muster 171*.

Muster 170 Steuererstattungsanspruch II

Muster 170 Steuererstattungsanspruch II

Lohnsteuerjahresausgleich durch den Arbeitgeber

Hinweis: Zu benutzen ist das amtliche Formular Anlage 2 (zu § 2 Nr. 2) der Verordnung über Formulare für die Zwangsvollstreckung (Zwangsvollstreckungsformular-Verordnung – ZVFV) vom 23.8.2012 (BGBl. I 2012, S. 1822) in der geänderten Fassung aufgrund der Verordnung zur Änderung der Zwangsvollstreckungsformular-Verordnung vom 16.6.2014 (BGBl. I 2014, S. 754). Hierbei kommen folgende auszufüllenden Felder in Betracht:

Forderung aus Anspruch	4
☐ A (an Arbeitgeber)	

(...)

Anspruch A (an Arbeitgeber)

(...)

2. auf Auszahlung des als Überzahlung jeweils auszugleichenden Erstattungsbetrages aus dem durchgeführten Lohnsteuer-Jahresausgleich sowie aus dem Kirchenlohnsteuer-Jahresausgleich für das Kalenderjahr _____ und für alle folgenden Kalenderjahre
3. auf _____

Erläuterungen bei *Muster 171*.

Muster 171 Steuererstattungsanspruch III

Einkommensteuer

Hinweis: Zu benutzen ist das amtliche Formular Anlage 2 (zu § 2 Nr. 2) der Verordnung über Formulare für die Zwangsvollstreckung (Zwangsvollstreckungsformular-Verordnung – ZVFV) vom 23.8.2012 (BGBl. I 2012, S. 1822) in der geänderten Fassung aufgrund der Verordnung zur Änderung der Zwangsvollstreckungsformular-Verordnung vom 16.6.2014 (BGBl. I 2014, S. 754). Hierbei kommen folgende auszufüllenden Felder in Betracht:

Forderung aus Anspruch	4

(...)

Muster 171

☐ C (an Finanzamt)

(...)

Anspruch C (an Finanzamt)
auf Auszahlung
1. des als Überzahlung auszugleichenden Erstattungsbetrages bzw. des Überschusses, der sich als Erstattungsanspruch bei Abrechnung der auf die Einkommensteuer (nebst Solidaritätszuschlag) und Kirchensteuer sowie Körperschaftsteuer anzurechnenden Leistungen für das abgelaufene Kalenderjahr _____ und für alle früheren Kalenderjahre ergibt
2. des Erstattungsbetrages, der sich aus dem Erstattungsanspruch zu viel gezahlter Kraftfahrzeugsteuer für das Kraftfahrzeug mit dem amtlichen Kennzeichen _____ ergibt

Erstattungsgrund:
_____
_____
_____

Zusätzlich:
Dem Schuldner wird geboten, darüber Auskunft zu erteilen, ob unter Berücksichtigung des Aufwandes für die Erstellung der Einkommensteuererklärung ein Festsetzungsüberschuss und ein positives Ergebnis im Erhebungsverfahren (§ 218 Abs. 2 AO) zu erwarten ist.

---
1 Vgl. unbedingt Rz. 17–20 und 24.

---

1. Steuerschuldverhältnis

Ansprüche auf Erstattung und Vergütung von Steuern, Haftungsbeträgen und steuerlichen Nebenleistungen sind öffentlich-rechtliche Ansprüche aus einem Steuerschuldverhältnis. Geregelt sind sie in der Abgabenordnung und in Einzelsteuergesetzen.

Lohnsteuer: Die Lohnsteuer ist die Steuer, die ein Arbeitnehmer auf seinen Arbeitslohn zahlt. Der Arbeitgeber zieht sie direkt vom Arbeitslohn ab und überweist sie ans Finanzamt (sog. Quellenabzug). § 38 Abs. 1 EStG lautet:

„Bei Einkünften aus nichtselbständiger Arbeit wird die Einkommensteuer durch Abzug vom Arbeitslohn erhoben (Lohnsteuer), soweit der Arbeitslohn von einem Arbeitgeber gezahlt wird, der im Inland einen Wohnsitz, seinen gewöhnlichen Aufenthalt, seine Geschäftsleitung, seinen Sitz, eine Betriebsstätte oder einen ständigen Vertreter im Sinne der §§ 8 bis 13 der Abgabenordnung hat (inländischer Arbeitgeber) oder einem Dritten (Entleiher) Arbeitnehmer gewerbsmäßig zur Arbeitsleistung im Inland überlässt, ohne inländischer Arbeitgeber zu sein (ausländischer Verleiher)."

Anders ausgedrückt: Die Lohnsteuer ist die vom Arbeitslohn direkt abgezogene Einkommensteuer auf Einkünfte aus nichtselbständiger Arbeit.

Einkommensteuer: Nach § 1 Abs. 1 Satz 1 EStG sind alle natürliche Personen, die im Inland einen Wohnsitz oder ihren gewöhnlichen Aufenthalt haben, unbeschränkt einkommensteuerpflichtig. Nach § 2 Abs. 1 EStG unterliegen der Einkommensteuer

1. Einkünfte aus Land- und Forstwirtschaft,
2. Einkünfte aus Gewerbebetrieb,
3. Einkünfte aus selbständiger Arbeit,
4. Einkünfte aus nichtselbständiger Arbeit,
5. Einkünfte aus Kapitalvermögen,
6. Einkünfte aus Vermietung und Verpachtung,
7. sonstige Einkünfte im Sinne des § 22,

die der Steuerpflichtige während seiner unbeschränkten Einkommensteuerpflicht oder als inländische Einkünfte während seiner beschränkten Einkommensteuerpflicht erzielt.

2 Der **Erstattungsanspruch entsteht**, sobald der Tatbestand verwirklicht ist, an den das Gesetz die Leistungspflicht des Staates knüpft (§ 38 AO). Für die Erstattung der Einkommensteuer (Lohnsteuer) ergibt sich aus § 36 Abs. 1 und 4 Einkommensteuergesetz (EStG), dass die für das abgelaufene Kalenderjahr zu viel entrichteten Steuern erstattet werden; der Erstattungsanspruch entsteht hier also (regelmäßig) am ersten Tag des Folgejahres.

3 **Erstattungsberechtigt** ist regelmäßig derjenige, für dessen Rechnung die Steuer bezahlt worden ist.

2. Pfändung und Verwertung

4 Ansprüche auf Steuererstattung können gepfändet werden (§ 46 Abs. 1 AO), jedoch darf ein Pfändungs- und Überweisungsbeschluss **nicht erlassen werden, bevor der Anspruch entstanden ist**; ein Verstoß dagegen macht den Beschluss (unheilbar) nichtig (§ 46 Abs. 6 AO).

5 Folglich ist auch eine **Vorpfändung** vor Entstehung des Anspruchs unzulässig und nichtig. Die Vorpfändung eines Steuererstattungsanspruchs ist mit der vom Gerichtsvollzieher bewirkten Zustellung des die Vorpfändung enthaltenden Schreibens i.S. des § 46 Abs. 6 AO „erlassen". Auf den Zeitpunkt, zu dem das Schreiben dem Gerichtsvollzieher übergeben worden ist, kommt es nicht an.[1]

6 Als **Drittschuldner** gilt die Finanzbehörde, die über den Anspruch entschieden oder zu entscheiden hat (§ 46 Abs. 7 AO); anders allerdings beim Lohnsteuerausgleich durch den Arbeitgeber (unten Rz. 11).

7 Die **örtliche Zuständigkeit** der Finanzbehörden ergibt sich aus §§ 17 ff. AO und den Einzelsteuergesetzen. Für die Einkommensteuer gelten §§ 19

---

[1] BGH v. 10.11.2011 – VII ZB 55/10, Rpfleger 2012, 91 = MDR 2012, 54.

und 20 AO. (Für die Erbschaftsteuer gilt § 35 ErbStG, der für inländische Erblasser auf §§ 19, 20 AO verweist.)

2.1 Der Lohnsteuerjahresausgleich: Die Lohnsteuer ist eine Form der Einkommensteuer (s. Rz. 1). Der Arbeitnehmer und der Beamte schulden für das Kalenderjahr einen bestimmten Betrag an Lohnsteuer, der sich deshalb erst am Jahresende errechnen lässt, weil erst dann der tatsächliche Jahreslohn zuverlässig ermittelt werden kann: Lohn oder Gehalt können im Laufe des Jahres steigen, sinken oder ganz entfallen. Die Lohnsteuer wird aber durch Abzug vom Arbeitslohn an jedem Zahltag erhoben (§ 38 Abs. 1 und Abs. 2 Satz 2 EStG), also jeweils in der Höhe, wie sie sich für den Lohnzeitraum errechnet. Das führt in vielen Fällen zur Nachzahlungspflicht des Lohnempfängers, in anderen Fällen zu einem Erstattungsanspruch des Lohnempfängers.

Dieser „Lohnsteuerausgleich" wird bei gegebener Voraussetzung vom Arbeitgeber vorgenommen (§ 42b EStG) und, wenn dies nicht geschieht, vom Finanzamt im Veranlagungsverfahren.

2.1.1. Durchführung durch den Arbeitgeber: Unter den Voraussetzungen des § 42b EStG ist der Arbeitgeber berechtigt, und u.U. auch verpflichtet, den Lohnsteuerjahresausgleich vorzunehmen: Der Arbeitgeber ist berechtigt, seinen unbeschränkt einkommensteuerpflichtigen Arbeitnehmern, die während des abgelaufenen Kalenderjahres (Ausgleichsjahr) ständig in einem zu ihm bestehenden Dienstverhältnis gestanden haben, die für das Ausgleichsjahr einbehaltene Lohnsteuer insoweit zu erstatten, als sie die auf den Jahresarbeitslohn entfallende Jahreslohnsteuer übersteigt (Lohnsteuer-Jahresausgleich), vgl. § 42b Abs. 1 Satz 1 EStG. Er darf den Ausgleich frühestens mit der letzten Lohnabrechnung im Ausgleichsjahr, spätestens im März des Folgejahres durchführen, § 42b Abs. 3 EStG.

Es kann dahinstehen, ob der Arbeitgeber mit der Erstattung des Ausgleichsbetrages eine eigene Verpflichtung oder den öffentlich-rechtlichen Anspruch nach § 37 Abs. 1 AO erfüllt: Er ist jedenfalls **Drittschuldner**. Weil § 46 Abs. 6 AO nur auf das Finanzamt, nicht auf den Arbeitgeber anzuwenden ist, wird überwiegend angenommen, dass der Anspruch gegen den Arbeitgeber auch für kommende Jahre als **künftiger Anspruch** gepfändet werden kann.

◯ **Beachte:** Beschäftigt der Arbeitgeber am 31.12. des Ausgleichsjahres weniger als zehn Arbeitnehmer, so ist er zur Durchführung des Ausgleichs nicht verpflichtet, sodass gegen ihn kein pfändbarer Anspruch besteht; außerdem darf er den Ausgleich nicht durchführen, wenn „der Arbeitnehmer es beantragt" (§ 42b Abs. 1 Satz 3 Nr. 1 EStG). Daher empfiehlt es sich i.d.R., die Ansprüche gegen das Finanzamt und den Arbeitgeber gleichzeitig durch Kombination der *Muster 169* und *170* zu pfänden.

13 Der Anspruch des Schuldners auf Lohnsteuererstattung gegen den Arbeitgeber gehört nicht zum Arbeitseinkommen, wird also von der Lohnpfändung nicht umfasst.[2]

14 Zu pfänden ist der **Anspruch auf Durchführung** des Ausgleichs und der **Anspruch auf Auszahlung** des Erstattungsbetrages. Die **Lohnsteuerkarte** ist nicht mehr erforderlich. Die Lohnsteuerkarte ist abgeschafft und wurde zum 1.1.2013 durch Elektronische LohnSteuerAbzugsMerkmale (ELStAM) ersetzt. Bei den ELStAM handelt es sich um die Angaben, die bislang auf der Vorderseite der Lohnsteuerkarte eingetragen sind (z.B. Steuerklasse, Zahl der Kinderfreibeträge, Freibetrag, Kirchensteuerabzugsmerkmal). Mit der Anwendung der ELStAM wird das Lohnsteuerabzugsverfahren vereinfacht. Sobald der Arbeitgeber das elektronische Verfahren nutzt, werden steuerlich bedeutsame Änderungen nach ihrer Eintragung im Melderegister (zum Beispiel Heirat, Geburt eines Kindes, Kirchenein- oder Kirchenaustritt) automatisch für den Lohnsteuerabzug berücksichtigt.

15 **2.1.2 Durchführung durch das Finanzamt:** Liegen die Voraussetzungen für die Durchführung des Lohnsteuerausgleichs durch den Arbeitgeber nicht vor, so ist er, wenn der Arbeitnehmer es beantragt, durch das Finanzamt im **Veranlagungsverfahren** durchzuführen (§ 46 Abs. 1 Nr. 1 EStG). Dabei wird die geschuldete Jahressteuer festgestellt und abgerechnet. Der sich ergebende Erstattungsanspruch ist pfändbar, sobald das Ausgleichsjahr abgelaufen ist (§ 46 Abs. 6 AO).

Als **Drittschuldner** gilt das Finanzamt, welches den Anspruch feststellt oder festzustellen hat (§ 46 Abs. 7 AO; oben Rz. 6). Der Anspruch gehört nicht zum Arbeitseinkommen, wird also durch Lohnpfändung nicht erfasst und genießt keinen Vollstreckungsschutz nach §§ 850 ff. ZPO.[3]

16 **Zu pfänden** ist der Anspruch auf Zahlung des Erstattungsbetrags (s. Rz. 25 ff.).

17 Die Pfändung bringt den Gläubiger aber nicht unbedingt weiter, weil nach der inzwischen ständigen Rechtsprechung des **BFH**[4] der Steuererstattungsanspruch zwar nach wie vor pfändbar ist, das Antragsrecht auf Steuererstattung jedoch höchstpersönlicher Natur ist, sodass der Antrag nur vom Steuerpflichtigen selbst gestellt werden kann. Die wenig überzeugenden Entscheidungen haben zu Recht herbe Kritik[5] erfahren, die jedoch zu keiner anderen Entscheidung geführt hat (vgl. dazu auch die Vorauflage); eine

---

2 BFH ZInsO 2010, 768; BFH/NV 1999, 738; BFH N/V 1996, 10; BGH v. 21.7.2005 – IX ZR 115/04, Rpfleger 2005, 690 und v. 12.1.2006 – IX ZB 239/04, Rpfleger 2006, 218; Stöber, Rz. 380; a.A. LAG Hamm v. 12.2.1988 – 16 Sa 1834/87, NZA 1989, 529.
3 H.M., z.B. BFH/NV 1996, 10; Zöller/*Stöber*, § 850 ZPO Rz. 16; Thomas/Putzo/*Seiler*, § 850 ZPO Rz. 12; *Quardt*, NJW 1959, 518; *Schall*, NJW 1959, 520.
4 BFH v. 18.8.1998 – VII R 114/97, Rpfleger 1999, 339 = InVo 1999, 213 und v. 29.2.2000 – VII R 109/98, NJW 2001, 462 = InVo 2000, 277.
5 *Riedel*, BFH v. 18.8.1998 – VII R 114/97, Rpfleger 1999, 339; *Schmidt*, JurBüro 1999, 403; *Urban*, DGVZ 1999, 104.

für den Gläubiger positive Änderung ist nicht ersichtlich. Die Finanzämter sind dieser Rechtsprechung überwiegend gefolgt.

Folge dieser Rechtsprechung war, dass der Gläubiger auch keinen Anspruch auf Herausgabe der **Lohnsteuerkarte** mehr hatte. Dementsprechend hatten in der Folgezeit die Vollstreckungsgerichte einen Herausgabeanspruch des Gläubigers verneint.[6] Durch die Einführung der elektronischen Lohnsteuerbescheinigung (ELStAM) ist das Problem nicht weiter relevant (s. Rz. 14). 18

Während der BGH[7] zunächst noch einen – sehr komplizierten – Weg aufgezeigt hatte, damit der Gläubiger den Schuldner zur Stellung des Steuererstattungsantrags veranlassen konnte (s. dazu die Vorauflage), hat er diesen Weg in einer späteren Entscheidung[8] nicht mehr für gangbar erklärt, weil es an dem für eine Vollstreckung stets notwendigen Titel fehle, um den Schuldner zur Stellung des Erstattungsantrages zwingen zu können. Dabei hat er offen gelassen, ob zwischen Gläubiger und Schuldner überhaupt ein Schuldverhältnis besteht, aufgrund dessen der Gläubiger vom Schuldner die Stellung des Erstattungsantrags verlangen könnte. 19

Der Vollstreckungsgläubiger sollte sich dennoch nicht entmutigen und den Anspruch daher auch dann pfänden lassen, wenn der Vollstreckungsschuldner (noch) keinen Antrag gestellt hat. Zum einen könnte der Schuldner den Erstattungsantrag ja durchaus stellen. Ansonsten sollte der Gläubiger versuchen, dem Schuldner klar zu machen, dass und warum die Stellung des Erstattungsantrags auch für ihn sinnvoll ist („damit das Finanzamt seine Schulden zahlt") und sich ggfs. mit ihm hinsichtlich der Aufteilung des Erstattungsbetrages vergleichen. 20

2.2 Einkommensteuererstattung: Die Einkommensteuer entsteht – von wenigen, im EStG enthaltenen Ausnahmen abgesehen – nach Ablauf des Kalenderjahres (§§ 36 Abs. 1, 25 EStG). Auf die Steuer sind zur Tilgung geeignete Beträge (§ 36 Abs. 2 EStG) anzurechnen. Wenn sich nach der Abrechnung ein Überschuss zugunsten des Steuerpflichtigen ergibt, wird ihm dieser nach Bekanntgabe des Steuerbescheids ausgezahlt (§ 36 Abs. 4 Satz 2 EStG). 21

Der Anspruch auf diese Auszahlung ist pfändbar (§ 46 Abs. 1 AO), jedoch erst, wenn er entstanden ist (§ 46 Abs. 6 AO). Entstanden ist er, sobald der Tatbestand verwirklicht ist, an den das Gesetz die Leistungspflicht knüpft (§ 38 AO i.V.m. § 37 Abs. 1 AO). Diesen Tatbestand umschreibt § 36 Abs. 2 EStG. Der Anspruch entsteht also (durch Verrechnung) am Ende des Kalenderjahres, sodass regelmäßig nur Ansprüche auf Erstattung **für abgelaufene Kalenderjahre** gepfändet werden können. Ausnahmen gelten, 22

---

[6] Vgl. u.a. LG Augsburg v. 15.3.2000 – 5 T 920/00, Rpfleger 2000, 341; LG Frankenthal v. 5.5.2000 – 1 T 107/00, Rpfleger 2000, 462.
[7] BGH v. 12.12.2003 – IXa ZB 115/03, Rpfleger 2004, 228 = MDR 2004, 535.
[8] BGH v. 27.3.2008 – VII ZB 70/06, Rpfleger 2008, 372 = MDR 2008, 765.

wenn die Steuerpflicht vor Ablauf des Kalenderjahres endet (§ 25 Abs. 2 EStG). In diesem Fall ist eine Pfändung vom Zeitpunkt des Wegfalls der Steuerpflicht wirksam. Den Grund für den Wegfall hat der Vollstreckungsgläubiger im Pfändungsantrag darzulegen.

23 Werden **Eheleute zusammen veranlagt,** so werden ihre Einkünfte zusammengezählt und ihnen gemeinsam zugerechnet; die Ehegatten werden sodann gemeinsam als Steuerpflichtiger behandelt (§ 26b EStG). Der Erstattungsbetrag ist ihnen auszuzahlen. Dabei wirkt die Auszahlung des Betrages durch das Finanzamt an einen Ehegatten auch für und gegen den anderen, sodass die Zahlung an einen Ehegatten auch die Schuld des Finanzamtes gegen den anderen tilgt (§ 36 Abs. 4 Satz 3 EStG). Gläubiger des Erstattungsanspruchs gegenüber dem Finanzamt ist der Ehegatte, der gezahlt hat, bzw. für dessen Rechnung bezahlt worden ist. Sind Steuern für die Rechnung zusammen veranlagter Eheleute bezahlt worden, bestimmt sich für jeden von ihnen die Höhe des Anspruchs nach dem Verhältnis der bei ihnen einbehaltenen Lohnsteuern. Insoweit also hängt die Beantwortung der Frage, ob der Vollstreckungsschuldner (ganz oder teilweise) auch Inhaber des zu pfändenden Anspruchs ist, von der Lage des Einzelfalls ab. Von der Pfändung erfasst wird nur der Anspruch, der dem Vollstreckungsschuldner zusteht, aber die Eheleute sind nicht Gesamtgläubiger.[9]

24 **2.3** Auch hier gilt, dass der Anspruch des Schuldners gegen den Ehegatten zur Zustimmung der Zusammenveranlagung höchstpersönlich ist und daher nicht gepfändet werden kann, vgl. oben Rz. 17 f.

25 Nach der Rechtsprechung des BFH[10] müssen angesichts der Vielzahl von Steuerarten im Pfändungsantrag bzw. -beschluss **Steuerart und Erstattungsgrund angegeben** werden. Die Angabe der Steuernummer ist nicht erforderlich, genügt andererseits aber auch nicht, weil daraus die Steuerart nicht zu ersehen ist. Fraglich ist insoweit, ob die Pfändung des Anspruchs auf Lohnsteuer-Jahresausgleich gegenüber dem Finanzamt auch den Anspruch auf Erstattung veranlagter Einkommensteuer umfasst, oder ob wenigstes Pfändungsantrag und Pfändungsbeschluss entsprechend umgedeutet werden können. Da die Lohnsteuer nur eine Form der Einkommensteuer ist, kann unseres Erachtens der Pfändungsantrag entsprechend ausgelegt werden, weil nur die Umdeutung in eine andere Steuerart ausscheidet.[11] Um sicher zu gehen, raten wir wie *Globig*,[12] diese Ansprüche im Zweifel alternativ zu pfänden.

---

9 BFH/NV 2005, 833; BFH NJW 1983, 1448; OLG Karlsruhe v. 8.6.1990 – 10 U 281/89, NJW-RR 1991, 200; *Globig*, NJW 1982, 915.
10 BFH v. 1.6.1989 – V R 1/84, NJW 1990, 2645; v. 1.4.1999 – VII R 82/98, NVwZ 2000, 1087 und v. 12.7.2001 – VII R 19/00, VII R 20/00, Rpfleger 2001, 603; a.A. OLG Stuttgart, MDR 1979, 324.
11 *Stöber*, Rz. 367.
12 *Globig*, NJW 1982, 915.

2.4 Rechtsweg: Für die Klage gegen den Arbeitgeber als Drittschuldner ist das Arbeitsgericht zuständig. Für die Klage gegen das Finanzamt als Drittschuldner ist das Finanzgericht zuständig.[13]

3. Andere Steuern

Bei der Einkommen-, Lohn- und Körperschaftsteuer ist der Zeitpunkt des Entstehens des Erstattungsanspruchs relativ leicht feststellbar. Bei manchen anderen Steuern trifft dies keineswegs zu, sodass die Pfändung solcher Erstattungsansprüche in der Praxis sehr erschwert ist, wie am Beispiel der **Kraftfahrzeugsteuer** gezeigt wird:

Die Steuerpflicht dauert bei einem inländischen Fahrzeug grundsätzlich solange, wie das Fahrzeug zum Verkehr zugelassen ist (§ 5 Abs. 1 KraftStG). Die Steuer entsteht mit Beginn der Steuerpflicht, bei fortlaufenden Entrichtungszeiträumen mit Beginn des jeweiligen Entrichtungszeitraums (§ 6 KraftStG). Die Steuer ist jeweils für die Dauer eines Jahres im Voraus zu entrichten (§ 11 Abs. 1 KraftStG). Die Steuer ist neu festzusetzen, wenn die Steuerpflicht endet (§ 12 Abs. 2 Nr. 3 KraftStG). Bei einem Verkauf bedeutet dies, dass mit dem Fahrzeug die Steuerpflicht auf den Erwerber grundsätzlich übergeht. Aber mit dem Erwerb des Fahrzeugs durch den Käufer entsteht dann für den Verkäufer ein Erstattungsanspruch zuviel voraus gezahlter Jahressteuer. Da der Vollstreckungsgläubiger diesen Zeitpunkt regelmäßig nicht kennt, kann er auch nicht feststellen, wann ein Erstattungsanspruch entstanden und pfändbar geworden ist. Der Vollstreckungsgläubiger ist auch nicht befugt, den Anspruch durch Steuerabmeldung zur Entstehung zu bringen, weil diese öffentlich-rechtliche Befugnis nur dem Steuerschuldner (regelmäßig also dem Halter) zusteht. Diese Befugnis kann auch nicht im Wege der Hilfspfändung gepfändet und dem Vollstreckungsgläubiger überwiesen werden; denn sie ist kein pfändbarer „Anspruch", ihre Ausübung bedeutet vielmehr den Verzicht auf die Benutzung des Fahrzeugs im öffentlichen Verkehr.

Stets setzt die Wirksamkeit einer Pfändung voraus, dass im Pfändungsbeschluss die **Steuerart** (z.B. Vermögensteuer, Umsatzsteuer) und der **Erstattungsgrund**, der nicht nur in übermäßigen Vorauszahlungen liegen kann, angegeben werden.[14] Auch hier ist die Angabe der Steuernummer nicht notwendig. Ein Pfändungs- und Überweisungsbeschluss über nicht näher konkretisierte Umsatzsteuervergütungsansprüche ist auch dann hinsichtlich der bei seiner Zustellung bereits entstandenen Ansprüche **hinreichend bestimmt**, wenn der letzte betroffene Vergütungszeitraum nicht benannt ist. Ein solcher Pfändungsbeschluss und Überweisungsbeschluss ist dahin auszulegen, dass alle bereits entstandenen Vergütungsansprüche betroffen sind. Sofern er ferner dahin auszulegen ist, dass auch zukünftig entstehende Vergütungsansprüche betroffen sein sollen, und ei-

---
13 BFH v. 14.7.1987 – VII R 116/86, NJW 1988, 1407 und v. 1.6.1989 – V R 1/84, NJW 1990, 2645.
14 BFH v. 1.6.1989 – V R 1/84, NJW 1990, 2645, 2646.

ne solche Pfändung einer unbestimmten Vielzahl von künftigen Ansprüchen mangels Bestimmtheit nichtig sein sollte, wäre er nur insoweit, nicht jedoch insgesamt auch hinsichtlich der schon entstandenen Ansprüche nichtig.[15]

Muster 172 Stille Gesellschaft I

Anspruch des Unternehmers auf die Einlage

Hinweis: Zu benutzen ist das amtliche Formular Anlage 2 (zu § 2 Nr. 2) der Verordnung über Formulare für die Zwangsvollstreckung (Zwangsvollstreckungsformular-Verordnung – ZVFV) vom 23.8.2012 (BGBl. I 2012, S. 1822) in der geänderten Fassung aufgrund der Verordnung zur Änderung der Zwangsvollstreckungsformular-Verordnung vom 16.6.2014 (BGBl. I 2014, S. 754).

Hierbei ist das Feld „Anspruch G" oder eine gesonderte Anlage zu nutzen. Es wird folgender Text empfohlen:

Wegen ... wird die angebliche Forderung des Schuldners

gegen ... (Name und Adresse des stillen Gesellschafters) ... (Drittschuldner)

auf Zahlung der im Vertrag über eine stille Gesellschaft vom ... versprochenen Geldeinlage gepfändet.

Erläuterungen bei *Muster 173*.

Muster 173 Stille Gesellschaft II

Anspruch des stillen Gesellschafters aus seiner Beteiligung

Hinweis: Zu benutzen ist das amtliche Formular Anlage 2 (zu § 2 Nr. 2) der Verordnung über Formulare für die Zwangsvollstreckung (Zwangsvollstreckungsformular-Verordnung – ZVFV) vom 23.8.2012 (BGBl. I 2012, S. 1822) in der geänderten Fassung aufgrund der Verordnung zur Änderung der Zwangsvollstreckungsformular-Verordnung vom 16.6.2014 (BGBl. I 2014, S. 754).

Hierbei ist das Feld „Anspruch G" oder eine gesonderte Anlage zu nutzen. Es wird folgender Text empfohlen:

Wegen ... werden die angeblichen Ansprüche des Schuldners

gegen ... (Name und Adresse des Unternehmers, des Inhabers des Handelsgeschäfts) ... (Drittschuldner)

aus seiner Beteiligung als stiller Gesellschafter an dem vom Drittschuldner unter der Firma ... (Firmenbezeichnung, Sitz) ... betriebenen Handelsgewerbes, gerichtet auf fortlaufende Zahlung des Gewinnanteils und auf Auszah-

---

15 BFH v. 12.7.2001 – VII R 19/00, VII R 20/00, Rpfleger 2001, 603.

lung des dem Schuldner bei der Auseinandersetzung zukommenden Guthabens,

gepfändet.

1. Wesen der stillen Gesellschaft

Die stille Gesellschaft ist als Unterart der **Gesellschaft des bürgerlichen Rechts** in §§ 230 bis 236 HGB geregelt. Der stille Gesellschafter hat eine Einlage zu erbringen, die in das Vermögen des Inhabers des Handelsgeschäfts übergeht; letzterer allein wird aus den in dem Betrieb geschlossenen Geschäften berechtigt und verpflichtet (§ 230 HGB). Die stille Gesellschaft hat gewisse Parallelen zum Darlehen, es gibt sogar Mischformen zwischen den beiden. Die stille Gesellschaft unterscheidet sich von der Gesellschaft des bürgerlichen Rechts dadurch, dass bei ersterer das Fehlen des Gesamthandsvermögens zwingend vorgeschrieben ist. Vom (regelmäßigen) Darlehen unterscheidet sie sich dadurch, dass dem stillen Gesellschafter ein **Anteil am Gewinn** zustehen muss (§ 231 HGB). 1

Obwohl der stille Gesellschafter keinen Anteil am Vermögen hat, steht ihm doch nach Auflösung der Gesellschaft ein **Auseinandersetzungsguthaben** zu, bezüglich dessen § 235 HGB nur sehr allgemeine Regeln gibt, die durch den Gesellschaftsvertrag ergänzt werden. 2

2. Pfändung und Verwertung

Die stille Gesellschaft, die keine juristische Person ist, einer solchen auch nicht gleichsteht, reine Innengesellschaft ist und kein Gesamthandsvermögen kennt, kann selbst nicht Vollstreckungsschuldner sein. 3

2.1 Die Forderung des Unternehmers gegen den stillen Gesellschafter auf **Leistung der Einlage** ist als gewöhnliche Geldforderung nach § 829 ZPO zu pfänden und nach § 835 ZPO zu überweisen. **Drittschuldner** ist der stille Gesellschafter. 4

2.2 Die **Ansprüche des stillen Gesellschafters gegen den Unternehmer** sind nach § 829 ZPO zu pfänden. **Drittschuldner** ist der Inhaber des Handelsgeschäfts, der Unternehmer. 5

Die **Verwertung** der gepfändeten Forderung geschieht regelmäßig durch Überweisung zur Einziehung. Wie bei der offenen Handelsgesellschaft wird der Vollstreckungsgläubiger durch Pfändung und Überweisung zur **Kündigung der Gesellschaft** befugt, wenn sein Titel im Zeitpunkt der Kündigungserklärung nicht bloß vorläufig vollstreckbar ist. Der Grund ist, dass das Ausscheiden aus der Gesellschaft für den Schuldner ein schwerwiegender Eingriff ist und daher endgültig feststehen muss, dass der Schuldner dem Gläubiger zur Zahlung verpflichtet ist. Dies ist allerdings nicht nur dann gegeben, wenn der Titel rechtskräftig ist, sondern auch bei nicht der Rechtskraft fähigen Titeln wie dem – nicht mehr wider- 6 rufbaren – Prozessvergleich oder der notariellen Urkunde, weil auch diese mit ordentlichen Rechtsmitteln nicht mehr angegriffen werden können.[1] Zusätzlich muss die Zwangsvollstreckung in das bewegliche Privatvermögen des Vollstreckungsschuldners – nicht notwendig vom jetzigen Vollstreckungsgläubiger – innerhalb der letzten 6 Monate vor der Pfändung ernsthaft versucht worden sein (§§ 234, 135 HGB); auf die Reihenfolge zwischen Rechtskraft, Erlass des Pfändungs- und Überweisungsbeschlusses und den anderweitigen Vollstreckungsversuchen kommt es nicht an.[2]

7 Diese Kündigung führt zur **Auflösung der Gesellschaft**, wie sich aus § 234 HGB trotz unklarer Verweisung ergibt; die Auflösung der Gesellschaft bringt den Auseinandersetzungsanspruch des stillen Gesellschafters zum Entstehen (§ 235 HGB). Kündigungsfristen ergeben sich entweder aus dem Vertrag (der vorrangig ist) oder aus § 132 HGB. Der Vollstreckungsgläubiger kündigt also zweckmäßig zum nächst zulässigen Termin und muss aus der Drittschuldnererklärung entnehmen, wann dieser Termin ist (§ 840 Abs. 1 Nr. 1 ZPO ... „inwieweit" ...).

8 Weil es keinen Anteil des Vollstreckungsgläubigers am Gesellschaftsvermögen gibt, besteht das **Auseinandersetzungsguthaben** des stillen Gesellschafters nur aus seinem (durch den Vertrag geregelten) Anspruch auf Beteiligung an Gewinn und auf Rückzahlung seiner Einlage.[3]

9 2.3 Wird nur der **Anspruch auf fortlaufende Zahlung des Gewinnanteils** gepfändet,[4] so bedarf es keiner Kündigung.

Muster 174 Taschengeldanspruch

Hinweis: Zu benutzen ist das amtliche Formular Anlage 2 (zu § 2 Nr. 2) der Verordnung über Formulare für die Zwangsvollstreckung (Zwangsvollstreckungsformular-Verordnung – ZVFV) vom 23.8.2012 (BGBl. I 2012, S. 1822) in der geänderten Fassung aufgrund der Verordnung zur Änderung der Zwangsvollstreckungsformular-Verordnung vom 16.6.2014 (BGBl. I 2014, S. 754).

Hierbei ist das Feld „Anspruch G" oder eine gesonderte Anlage zu nutzen. Es wird folgender Text empfohlen:

1. Wegen dieser Ansprüche sowie wegen der Kosten dieses Beschlusses und seiner Zustellung wird der angebliche Anspruch des Schuldners

gegen seinen Ehegatten/eingetragenen Lebenspartner ... (Name und Adresse) ... *(Drittschuldner)*

---

1 ThürOLG, OLGR Jena 2009, 467.
2 BGH v. 25.5.2009 – II ZR 60/08, Rpfleger 2009, 692; BGH v. 28.6.1982 – II ZR 233/81, NJW 1982, 2773.
3 Zum Inhalt eines Abfindungsanspruchs des atypisch stillen Gesellschafters einer Ehegattengesellschaft nach Unternehmensfortführung oder -einstellung mit Beendigung der stillen Gesellschaft vgl. BGH v. 9.7.2001 – II ZR 205/99, NJW 2001, 3777.
4 Dazu BGH NJW 1976, 189 = MDR 1976, 207.

auf Zahlung des monatlichen Taschengeldes als Teil des Unterhaltsanspruchs gepfändet, einschließlich der künftig fällig werdenden Beträge, und zwar unter Bezugnahme auf § 850c ZPO in Höhe von 7/10 des als Taschengeld geschuldeten Betrages.,

2. Hilfsweise wird die Pfändung gemäß Ziff. 1 beschränkt auf einen Zeitraum von fünf Jahren, beginnend ab ... und endend mit ...

3. Dem Drittschuldner wird verboten, an den Schuldner zu leisten.

Dem Schuldner wird geboten, sich jeder Verfügung über den gepfändeten Anspruch, insbesondere der Einziehung, zu enthalten.

Der gepfändete Anspruch wird dem Gläubiger zur Einziehung überwiesen.

4. Die Pfändung entspricht der Billigkeit ... (s. dazu Rz. 6 der Erläuterungen)

1. Begründung des Taschengeldanspruchs

Der Taschengeldanspruch des geschiedenen oder **getrennt lebenden Vollstreckungsschuldners** gegen seinen (früheren) Ehegatten bzw. eingetragenen Lebenspartner ist Teil seines auf Leistung einer Geldrente gerichteten Unterhaltsanspruchs.

Der Taschengeldanspruch des mit seinem Ehegatten/eingetragenen Lebenspartner in **häuslicher Gemeinschaft lebenden Vollstreckungsschuldners** ist Teil von dessen Anspruch gegen den anderen auf angemessenen Beitrag zum Familienunterhalt, §§ 1360, 1360a BGB, § 5 Satz 2 LPartG. Er besteht nur, wenn der notwendige Unterhalt der Familie gedeckt ist.

Das Taschengeld ist ein Geldbetrag, über den der Berechtigte zur Befriedigung seiner Privatinteressen ohne Rechenschaftspflicht verfügen kann. Seine **Höhe** ist nach den Verhältnissen des Einzelfalles zu ermitteln; Kriterien sind insbesondere Vermögen, Einkommen und Lebensstil der Eheleute. Meist werden etwa 5–7 % des nach unterhaltsrechtlichen Grundsätzen bereinigten Einkommens des Verpflichteten als übliches Taschengeld angesehen.[1] Vom Bruttoeinkommen abgezogen werden u.a. Steuern und Sozialabgaben, arbeitsbedingte Aufwendungen, Beiträge zu notwendigen Versicherungen, ggf. Schulden, aber auch die Barunterhaltsansprüche unterhaltsberechtigter Kinder (bereinigtes Nettoeinkommen).[2]

2. Pfändung und Verwertung

2.1 Die Pfändung des Unterhalts eines geschiedenen oder getrennt lebenden Ehegatten/eingetragenen Lebenspartners (*Muster 177*) umfasst auch ohne besondere Erwähnung den Taschengeldanspruch. Das vorliegende Muster befasst sich mit der Pfändung des Taschengeldanspruchs eines mit

---

1 Z.B. BGH v. 19.3.2004 – IXa ZB 57/03, Rpfleger 2004, 503; v. 21.1.1998 – XII ZR 140/96, NJW 1998, 1553; OLG München OLGR 1999, 307; KG v. 3.5.1999 – 25 W 218/98, NJW 2000, 149; Palandt/*Brudermüller*, § 1360a BGB Rz. 4.
2 Vgl. Palandt/*Brudermüller*, § 1360a BGB Rz. 4.

Muster 174 Taschengeldanspruch

seinem Ehegatten/eingetragenen Lebenspartner **in häuslicher Gemeinschaft** lebenden Vollstreckungsschuldners.

5   Grundsätzlich ist der Taschengeldanspruch in Anwendung der §§ 850b, 850c, 850d, 850e Nr. 3 ZPO nur **bedingt pfändbar**, § 850b Abs. 1 Nr. 2 ZPO. Die Pfändbarkeit kann unter folgenden Voraussetzungen zugelassen werden:[3]

- das Familieneinkommen darf nicht schon durch den Grundbedarf der Familienmitglieder restlos aufgebraucht werden;
- der Ehegatte hat nur einen Taschengeldanspruch, wenn er *nicht erwerbstätig* ist oder *nicht voll erwerbstätig* ist und sein Eigenverdienst zur Befriedigung nicht ausreicht;[4]
- der Taschengeldanspruch kann nur nach den für Arbeitseinkommen geltenden Vorschriften gepfändet werden (§ 850b Abs. 2 ZPO), d.h. der (fiktive) Unterhaltsanspruch und evtl. eigenes Einkommen des Vollstreckungsschuldners werden zusammengerechnet und müssen **zusammen** die *Pfändungsgrenzen übersteigen*;[5]
- *fruchtlose Zwangsvollstreckung* in das sonstige bewegliche Vermögen des Schuldners – es muss also mindestens ein teilweise erfolgloser Sachpfändungsversuch unternommen worden sein;
- die Pfändung muss der *Billigkeit* entsprechen, d.h. es findet eine Abwägung der Gläubiger- und Schuldnerinteressen statt (s. Rz. 6).

6   **2.2** Weil die zu pfändende Forderung ein Unterhaltsanspruch ist, muss der Vollstreckungsgläubiger darlegen, dass und warum die Pfändung der **Billigkeit**[6] entspricht. Die Pfändung des vollen Taschengeldes scheidet schon im Hinblick auf § 850c Abs. 2 Satz 1 ZPO aus, entspricht im Übrigen aber auch nicht der Billigkeit. Ein angemessener Teil des Taschengeldes wird auch dann, wenn der gesamte Unterhaltsanspruch so hoch ist, dass er schon ohne das Taschengeld die Pfändungsgrenze überschreitet, unpfändbar bleiben müssen. Dieser wird im Allgemeinen mit 3/10[7] angesetzt. Im

---

3 BGH v. 19.3.2004 – IXa ZB 57/03, Rpfleger 2004, 503; OLG München OLGR 1999, 307; KG v. 3.5.1999 – 25 W 218/98, NJW 2000, 149; Palandt/*Brudermüller*, § 1360a BGB Rz. 4; Zöller/*Stöber*, § 850b ZPO Rz. 18; *Hintzen/Wolf*, Rz. 6.102 f.; auch *Stöber*, Rz. 1031e.; a.A. *Braun*, NJW 2000, 97 f. – alle m.w.N.

4 BGH v. 21.1.1998 – XII ZR 140/96, NJW 1998, 1553 = MDR 1998, 472.

5 Vgl. BGH v. 19.3.2004 – IXa ZB 57/03, Rpfleger 2004, 503; OLG Frankfurt v. 10.9.2008 – 6 UF 1/08, FamRZ 2009, 703; OLG Stuttgart v. 29.6.2001 – 8 W 229/00, Rpfleger 2001, 557; LG Konstanz v. 16.8.2007 – 62 T 37/07, Rpfleger 2008, 37; LG Saarbrücken JurBüro 2001, 605; LG Koblenz v. 3.2.2004 – 2 T 677/03, FamRZ 2005, 468; LG Stuttgart JurBüro 2004, 617.

6 BGH v. 19.3.2004 – IXa ZB 57/03, Rpfleger 2004, 503; 226; v. 21.1.1998 – XII ZR 140/96, NJW 1998, 1553; Brandenb.OLG JurBüro 2002, 160; SchlH OLG Rpfleger 2002, 87; OLG Hamm InVo 2002, 191; KG InVo 1999, 401; OLG Nürnberg InVo 1998, 228; *Balthasar*, FamRZ 2005, 85; vgl. auch Rz. 27 der Erläuterungen zu *Muster 165*.

7 BGH v. 19.3.2004 – IXa ZB 57/03, Rpfleger 2004, 503; OLG Celle v. 4.10.1990 – 4 W 193/90, NJW 1991, 1960; OLG Frankfurt v. 27.1.1991 – 20 W 405/90, FamRZ 1991, 727.

Übrigen muss eine Abwägung der Gläubiger- und Schuldnerinteressen stattfinden. Dabei sind u.a. folgende Gesichtspunkte zu berücksichtigen:
- geringes Familieneinkommen,
- Art, Höhe und Entstehung (z.B. Straftat, Unterhalt, §§ 850d und f ZPO) der beizutreibenden Forderung,
- die Umstände, unter denen sich der Schuldner der Zahlung bisher entzogen hat,
- das Alter der Forderung,
- evtl. Notlage des Gläubigers,
- wie viel dem Schuldner vom Taschengeld noch übrig bleibt,
- Lebensstil des Schuldners,
- wie lange wird die Pfändung angesichts der Höhe des gepfändeten Betrages und der Hauptforderung nebst Zinsen und Kosten voraussichtlich noch dauern.

Die zu beobachtende Tendenz kann wie folgt beschrieben werden:
- Je geringer der gepfändete Anteil am Taschengeld, desto eher entspricht die Pfändung der Billigkeit;
- Pfändungen über einen Zeitraum über fünf Jahre hinaus sind eher unbillig.

Diesem Zeitfaktor soll der **Hilfsantrag** Rechnung tragen. Zwar ist eine zeitliche Beschränkung ein Minus und kein Aliud zu dem unbefristeten Antrag, doch sollte sicherheitshalber ausdrücklich ein solcher Antrag gestellt werden.

Die Berechnung der **Höhe** des Taschengeldanspruchs obliegt – wie auch sonst – dem Drittschuldner, da Blankettbeschlüsse auch im Rahmen von § 850b ZPO zulässig sind.[8] Angaben zu der erwarteten Höhe sind daher allein im Rahmen der Darlegung der Billigkeit angezeigt. Etwaige im Pfändungs- und Überweisungsbeschluss angesetzte Beträge über die Höhe des Taschengeldanspruchs sind irrelevant, binden insbesondere nicht das Prozessgericht, das allein über Bestand und Höhe des Anspruchs zu entscheiden hat.[9]

2.3 Wegen § 850c ZPO wäre selten selbst nur ein Teil des Taschengeldanspruchs pfändbar, wollte man diesen Anspruch isoliert betrachten. Da aber der **Taschengeldanspruch nur Teil des Anspruchs auf Familienunterhalt** ist, muss evtl. eigenes Einkommen des Vollstreckungsschuldners zusammen mit dem (fiktiven) Unterhaltsanspruch die **Pfändungsfreigrenze** des § 850c ZPO – derzeit 1045,04 Euro für nicht Unterhaltspflichtige (s. Tabelle im Anhang 4) – übersteigen;[10] Ausnahme: Vollstreckung wegen

---
8 BGH v. 5.4.2005 – VII ZB 15/05, InVo 2005, 324 = NJW-RR 2005, 869.
9 OLG Köln InVo 2003, 399; *Stöber*, Rz. 1032e.
10 BGH v. 19.3.2004 – IXa ZB 57/03, Rpfleger 2004, 503; OLG Frankfurt v. 10.9.2008 – 6 UF 1/08, FamRZ 2009, 703; OLG Stuttgart v. 29.6.2001 – 8 W 229/00, Rpfleger

Unterhalt oder vorsätzlich begangener unerlaubter Handlung, §§ 850d, 850f Abs. 2 ZPO. Nur wenn der Taschengeldanspruch voll über der Pfändungsfreigrenze liegt, ist er zu 7/10 pfändbar, ansonsten nur in Höhe von 7/10 der Differenz zwischen Pfändungsfreigrenze und (fiktivem) Unterhaltsanspruch.

Beispiel:

Die Eheleute sind kinderlos. Die Vollstreckungsschuldnerin hat kein eigenes Einkommen. Der Ehemann hat ein bereinigtes Nettoeinkommen von 2520 Euro. Der (fiktive) Unterhaltsanspruch beträgt dann 3/7 von 2520 Euro = 1080 Euro. Der Taschengeldanspruch beträgt z.B. 5 % von 2520 Euro = 126 Euro. Davon wären maximal 7/10 pfändbar, also 88,20 Euro. Der (fiktive) Unterhaltsanspruch von 1080 Euro übersteigt die Pfändungsfreigrenze von 1045,04 Euro jedoch nur um 34,96 Euro, sodass gemäß § 850c Abs. 1 ZPO maximal dieser Betrag pfändbar wäre. Zu beachten ist jedoch noch § 850c Abs. 2 Satz 1 ZPO (Mehreinkommen), sodass von diesen 34,96 Euro nur 7/10 = 24,47 Euro letztlich pfändbar sind.

10   2.4 Zwar sind **Einwendungen** gegen die Zulässigkeit der Pfändung im Prozess des Vollstreckungsschuldners gegen den Drittschuldner auf Zahlung des Taschengelds an ihn nicht mehr zu beachten,[11] aber der Vollstreckungsgläubiger wird regelmäßig vor der Schwierigkeit stehen, die Höhe des Einkommens des Drittschuldners zu beweisen, von der die Höhe des gesamten Unterhaltsanspruchs und damit die Frage, ob ein die Pfändungsgrenze übersteigender Betrag verbleibt, sowie die Höhe des Taschengeldanspruchs abhängen. Deshalb ist die Auffassung zutreffend, dass der Vollstreckungsschuldner in der Vermögensauskunft auch die Berechnungsgrundlagen für den Taschengeldanspruch angeben muss.[12]

11   2.5 **Lebt** der Vollstreckungsschuldner **getrennt** oder **ist er geschieden**, so ist das Taschengeld Teil der Unterhaltsrente. Das Taschengeld unterliegt also nicht selbständig der Pfändung, sondern wird von der Unterhaltspfändung ohne Weiteres umfasst.

12   2.6 Zahlt der Drittschuldner nicht freiwillig, ist für den **Drittschuldnerprozess** das Amtsgericht als Familiengericht zuständig (§§ 23a Abs. 1 Nr. 1, 23b, GVG, 112, 231 Abs. 1, 269 Abs. 1 Nr. 8 FamFG). Im Rahmen dieses Rechtsstreits stellt sich für das erkennende Gericht nicht mehr die Frage, ob ein Taschengeldanspruch eines Ehegatten überhaupt der Pfändung unterliegt und ob das Vollstreckungsgericht die Frage der Billigkeit der Pfändung geprüft und zutreffend bejaht hat. Denn insoweit handelt es sich um prozessuale Einwendungen, die im Vollstreckungsverfahren geltend zu machen sind. Das Prozessgericht ist im Rahmen des Drittschuld-

---

2001, 557; LG Konstanz v. 16.8.2007 – 62 T 37/07, Rpfleger 2008, 37; LG Koblenz v. 3.2.2004 – 2 T 677/03, FamRZ 2005, 468; LG Stuttgart JurBüro 2004, 617.
11 BGH v. 21.1.1998 – XII ZR 140/96, NJW 1998, 1553; OLG Köln v. 5.8.2003 – 25 UF 5/03, InVo 2003, 399 = Rpfleger 2003, 670; OLG Hamm v. 13.6.1990 – 10 UF 17/90, NJW-RR 1990, 1224; Palandt/*Brudermüller*, § 1360a BGB Rz. 4; *Stöber*, Rz. 1032i.
12 BGH v. 19.5.2004 – IXa ZB 224/03, InVo 2004, 423 = Rpfleger 2004, 575; OLG Köln v. 7.7.1993 – 2 W 76/93, NJW 1993, 3335; OLG München OLGR 1999, 307; LG Tübingen InVo 2004, 119.

nerprozesses (Einziehungsverfahren) an den diese Voraussetzungen bejahenden Beschluss des Vollstreckungsgerichts gebunden, solange dieser Bestand hat.

Der Prüfung durch das Gericht des Einziehungsverfahrens obliegt allerdings die Frage, ob der **gepfändete Anspruch überhaupt und in welcher Höhe er besteht.** Denn zum einen ist nur der *angebliche* Anspruch des Schuldners gegen den Drittschuldner gepfändet worden, und zum anderen handelt es sich bei der Frage, ob und in welcher Höhe der gepfändete Anspruch besteht, um eine solche des materiellen Rechts. Die Prüfung des Vollstreckungsgerichts erstreckt sich daher nicht auf die Frage des Bestehens und der Höhe der gepfändeten Forderung; soweit eine solche Prüfung gleichwohl erfolgt ist, bindet sie das Prozessgericht nicht.[13]

13

Darlegungs- und beweispflichtig für das Bestehen des Anspruchs ist der Vollstreckungsgläubiger.[14]

14

Muster 175 Treuhandschaft

Hinweis: Zu benutzen ist das amtliche Formular Anlage 2 (zu § 2 Nr. 2) der Verordnung über Formulare für die Zwangsvollstreckung (Zwangsvollstreckungsformular-Verordnung – ZVFV) vom 23.8.2012 (BGBl. I 2012, S. 1822) in der geänderten Fassung aufgrund der Verordnung zur Änderung der Zwangsvollstreckungsformular-Verordnung vom 16.6.2014 (BGBl. I 2014, S. 754).

Hierbei ist das Feld „Anspruch G" oder eine gesonderte Anlage zu nutzen. Es wird folgender Text empfohlen:

Wegen . . . werden gepfändet:

1. die Ansprüche des Schuldners

  aus Treuhandvertrag vom . . . auf

  a) Auskunft über den Stand der Treuhandgeschäfte und Rechnungslegung bei Beendigung des Treuhandverhältnisses;

  b) Herausgabe aller Werte, die der Drittschuldner zur Ausführung seines Treuhandauftrages erhalten oder aus seiner treuhänderischen Geschäftsordnung erlangt hat, insbesondere auf

   – Herausgabe vereinnahmter Beträge,

   – Rückübereignung und Herausgabe dem Schuldner zustehender Sachen,

   – Rückübertragung von Forderungen, die der Schuldner dem Drittschuldner treuhänderisch übertragen hatte,

---

13 Vgl. BGH v. 21.1.1998 – XII ZR 140/96, NJW 1998, 1553; OLG Köln InVo 2003, 399.
14 Vgl. BGH v. 19.3.2004 – IXa ZB 57/03, Rpfleger 2004, 503; OLG Köln InVo 2003, 398; OLG Hamm v. 15.12.1988 – 4 UF 329/88, FamRZ 1989, 617; Palandt/*Brudermüller*, § 1360a BGB Rz. 4; *Stöber*, Rz. 663, 1032.

- *Abtretung von Forderungen und sonstigen Ansprüchen gegen Dritte, insbesondere aus Guthaben bei Banken und/oder Sparkassen,*
- *Zahlung von Zinsen nach § 668 BGB,*
- *Schadensersatz wegen Verletzung des Treuhandvertrages . . . (näher darstellen) . . .;*

2. *das Anwartschaftsrecht des Schuldners auf Wiedererlangung des Eigentums an Sachen und der Inhaberschaft an Forderungen und anderen Rechten bei Eintritt der auflösenden Bedingung, unter welcher die Übereignung und Abtretung an den Drittschuldner standen.*

Dem Drittschuldner wird verboten, an den Schuldner zu leisten.

Dem Schuldner wird geboten, sich jeder Verfügung über die gepfändeten Ansprüche und das gepfändete Anwartschaftsrecht, insbesondere ihrer Einziehung, zu enthalten.

Zugleich werden die gepfändeten Ansprüche und das gepfändete Anwartschaftsrecht dem Gläubiger zur Einziehung übertragen.

1. Wesen und Formen der Treuhand

1 **Der Treuhänder** übt die Treuhandschaft für eine oder mehrere andere Personen in deren Interesse (in manchen Fällen zugleich in seinem eigenen Interesse) aus, regelmäßig aufgrund eines Treuhandvertrages. Wesentlich für die Treuhand ist, dass dem Treuhänder vom Treugeber Sachen oder Rechte (unter Umständen ein ganzes Vermögen) übertragen worden sind, und dass der Treuhänder die übertragenen Rechte **im eigenen Namen**, (auch) jedoch **im Interesse des Treugebers** auszuüben hat. Im Außenverhältnis steht das Treuhandvermögen dem Treuhänder zu, im Innenverhältnis zum Treugeber ist der Treuhänder diesem gegenüber verpflichtet, von seinen „Außenrechten" nur im Rahmen des Treuhandverhältnisses Gebrauch zu machen.

2 1.1 Hat sich der Treuhänder nicht nur seinem Mandanten gegenüber, sondern auch gegenüber dessen Gläubigern verpflichtet, mit dem Treugut in bestimmter Weise zu verfahren, so können sowohl der Schuldner als auch die Gläubiger Treugeber sein („**doppelseitige Treuhand**").

3 1.2 Neben der sog. uneigennützigen Treuhand steht die sog. **eigennützige Treuhand**, bei welcher der Treuhänder vorwiegend eigene Interessen verfolgt. Der Hauptfall dürfte die Sicherungsübereignung von Sachen oder die Sicherungsabtretung von Rechten sein: Auch hier gehen die betroffenen Vermögenswerte ins Vermögen des Sicherungsnehmers über, damit er für eine Forderung gesichert werde, aber mit der Abrede, dass er den übertragenen Wert nur dann für sich verwerten darf, wenn die gesicherte Forderung nicht ausgeglichen wird; das gibt dem Sicherungsnehmer eine gewisse Treuhänderstellung. Die **Sicherungsübereignung** wird nicht hier, sondern in den *Mustern 158* und *159* behandelt.

1.3 Die Rechte und Pflichten der Parteien des Treuhandvertrages sind meistens durch den Vertrag ziemlich genau bestimmt. Soweit Vertragsbestimmungen fehlen, wird meist ein entgeltlicher **Geschäftsbesorgungsvertrag nach § 675 BGB** zugrunde liegen, sodass sich die Ansprüche des Treugebers gegen den Treuhänder im Wesentlichen nach Auftragsrecht, insbesondere nach §§ 666, 667, 668 BGB richten. Verletzt der Treuhänder den Vertrag, so haftet er nach §§ 276, 278 (unter Umständen §§ 826, 823), 249 ff. BGB dem Treugeber auf Schadensersatz.

4

1.4 Insbesondere bei der eigennützigen Treuhand kann vereinbart sein, dass der **Rückfall des Treuguts** auf den Treugeber nicht erst durch Rückübertragungsakt des Treuhänders zu bewerkstelligen ist, sondern bei Wegfall des Treuhandzwecks (z.B. bei Tilgung der gesicherten Forderung) automatisch geschieht. Das den Rückfall des Vermögensbestandteils an den Treugeber bewirkende Ereignis stellt dann den Eintritt einer auflösenden Bedingung dar, unter welcher die treuhänderische Übertragung stand (§ 158 Abs. 2 BGB). Schon vor dem Eintritt dieser Bedingung hat der Treugeber ein **Anwartschaftsrecht auf den Rückfall**.

5

2. Pfändung und Verwertung

2.1 Der **Anspruch des Treuhänders auf Vergütung** ist als gewöhnliche Forderung pfändbar; Pfändungsschutz wird ggf. nach § 850i ZPO gewährt.

6

2.2 Unterhält der Treuhänder für diese Treuhandschaft besondere Konten (**Treuhandkonten, Anderkonten**), so gelten für deren Pfändung die Ausführungen in Rz. 38 f. der Erläuterungen zu *Muster 36*.[1]

7

2.3 Wird eine dem **Treuhänder übereignete**, im Besitz des Treugebers gebliebene Sache aus einem **Titel gegen den Treugeber** gepfändet, so stehen dem Treuhänder im Fall der uneigennützigen Treuhand nicht die Klagen aus §§ 771, 805 ZPO zu, weil die Übertragung nicht in seinem Interesse erfolgt war.[2] Etwas anderes gilt aber dann, wenn ein Gläubiger aufgrund eines Titels gegen einen Dritten in das Treugut vollstreckt.[3] Bei der eigennützigen Treuhand stehen dem Treuhänder hingegen die Rechte aus §§ 771, 805 ZPO zu.[4]

8

2.4 Werden Sachen und Forderungen, die auf den Treuhänder übertragen sind, aus einem **Titel gegen den Treuhänder** gepfändet, so kann sich der Treugeber stets gegen diese Pfändung durch die Klage nach §§ 771, 805 ZPO wehren, wenn entweder ein Anderkonto gepfändet wurde oder die Forderungen, die den Zahlungen auf das Treuhandkonto zugrunde liegen, nicht in der Person des Treuhänders entstanden waren, sondern unmittelbar in der Person des Treugebers (auch wenn das Treuhandkonto nicht als

9

---

1 Hierzu auch BGH NJW 1954, 191, 192.
2 BGH NJW 1954, 191.
3 BGH v. 27.11.2003 – IX ZR 310/00, NJW-RR 2004, 1220.
4 BGH v. 28.6.1978 – VIII ZR 60/77, NJW 1978, 1859; *Hintzen/Wolf*, Rz. 8.256.

Muster 176   Unfallversicherung

solches offen gelegt war),[5] oder wenn auf dem Konto Kautionen von Wohnungsmietern angesammelt sind.[6]

10   **2.5 Die Ansprüche des Treugebers gegen den Treuhänder** (oben Rz. 4) sind pfändbar und zwar als gewöhnliche Geldforderungen nach §§ 829, 835 ZPO oder als Herausgabeanspruch nach §§ 846, 847 ZPO, oder als Anspruch auf Abtretung von Forderungen oder anderen Rechten analog *Muster 107* zusammen mit der zurück zu übertragenden Forderung selbst. Ob ein für den Treuhänder bestehendes **Aufrechnungsverbot** zum Zug kommt, hängt vom Sicherungszweck und vom Inhalt des Treuhandvertrags im Einzelfall ab.[7]

11   **3. Ansprüche aus Auftrag oder Geschäftsführung ohne Auftrag** (§§ 662 ff., 681, 684, 687 BGB) können entsprechend diesem Muster gepfändet werden.

Muster 176 Unfallversicherung

Hinweis: Zu benutzen ist das amtliche Formular Anlage 2 (zu § 2 Nr. 2) der Verordnung über Formulare für die Zwangsvollstreckung (Zwangsvollstreckungsformular-Verordnung – ZVFV) vom 23.8.2012 (BGBl. I 2012, S. 1822) in der geänderten Fassung aufgrund der Verordnung zur Änderung der Zwangsvollstreckungsformular-Verordnung vom 16.6.2014 (BGBl. I 2014, S. 754).

Hierbei ist das Feld „Anspruch G" oder eine gesonderte Anlage zu nutzen. Es wird folgender Text empfohlen:

Wegen ... werden die angeblichen Ansprüche und Rechte des Schuldners

gegen ... (Name und Adresse der Versicherungsgesellschaft) ...

(Drittschuldnerin)

aus Unfallversicherungsverträgen, insbesondere aus dem Vertrag zu Versicherungsnummer ... namentlich der Anspruch auf Zahlung der Versicherungssumme als Kapital oder Rente sowie auf Prämienrückgewähr und auf Aushändigung der bzw. des Versicherungsscheine(s)

gepfändet.

Der Schuldner hat den bzw. die in seinem Besitz befindlichen Versicherungsschein(e) an den Gläubiger herauszugeben.

Erläuterungen bei *Muster 115*, insbesondere Rz. 40 und 43.

---

5 BGH NJW 1959, 1223 und 1993, 2622; BGH v. 8.2.1996 – IX ZR 151/95, NJW 1996, 1543; v. 7.7.2005 – III ZR 422/04, MDR 2006, 51; OLG Celle v. 7.1.2003 – 4 W 240/02, InVo 2004, 27.
6 BayObLG v. 8.4.1988 – REMiet 1/88, NJW 1988, 1796.
7 Vgl. OLG Köln v. 15.12.1993 – 26 U 10/93, NJW-RR 1994, 883 m.w.N.

Muster 177 Unterhaltsansprüche von Ehegatten/eingetragenen Lebenspartnern

Hinweis: Zu benutzen ist das amtliche Formular Anlage 2 (zu § 2 Nr. 2) der Verordnung über Formulare für die Zwangsvollstreckung (Zwangsvollstreckungsformular-Verordnung – ZVFV) vom 23.8.2012 (BGBl. I 2012, S. 1822) in der geänderten Fassung aufgrund der Verordnung zur Änderung der Zwangsvollstreckungsformular-Verordnung vom 16.6.2014 (BGBl. I 2014, S. 754).

Hierbei ist das Feld „Anspruch G" oder eine gesonderte Anlage zu nutzen. Es wird folgender Text empfohlen:

Wegen ... wird der angebliche Anspruch des Schuldners gegen[1]

– *seine geschiedene*

– *von ihm getrennt lebende*

Ehefrau/Ehepartnerin

– *seinen früheren*

– *seinen von ihm getrennt lebenden*

eingetragenen Lebenspartner ... (Name und Adresse) ...

(Drittschuldner[in])

auf Zahlung einer Unterhaltsrente

gepfändet; die Pfändung wird gemäß § 850c ZPO beschränkt.

Hinweis:
Vortrag zur Billigkeit ... (s. Rz. 10 der Erläuterungen) ...

---
[1] Unter den folgenden Alternativen ist zu wählen.

1. Regelungen der Unterhaltsansprüche

Unterhaltsansprüche zwischen Eheleuten sowie eingetragenen Lebenspartnern werden verschieden geregelt, je nachdem, ob sie **zusammenleben** (§§ 1360 bis 1360b BGB; § 5 LPartG), **getrennt leben** (§ 1361 BGB, § 12 LPartG) oder **geschieden sind bzw. die Lebenspartnerschaft aufgelöst ist** (§§ 1569 ff. BGB; § 16 LPartG). 1

1.1 Die Unterhaltsansprüche **getrennt lebender oder geschiedener Ehegatten/eingetragener Lebenspartner** richten sich auf Zahlung einer Geldrente (§§ 1361 Abs. 4, 1585 Abs. 1 BGB; §§ 12, 16 LPartG), die dazu bestimmt ist, den Lebensbedarf des Berechtigten ganz oder teilweise zu befriedigen. 2

1.2 Bei bestehender Ehe bzw. Lebenspartnerschaft und **Zusammenleben** aber hat jeder der Eheleute/eingetragenen Lebenspartner unabhängig vom Güterstand einen klagbaren Anspruch gegen den anderen auf einen angemessenen Beitrag zum Familienunterhalt (§ 1360 BGB; § 5 LPartG), auf den er für die Zukunft wirksam nicht verzichten kann, auch nicht teil- 3

Muster 177 Unterhaltsansprüche von Ehegatten/Lebenspartnern

weise und auch nicht durch Ehevertrag (§§ 1360a Abs. 3, 1614 BGB; § 5 Satz 2 LPartG); Vereinbarungen über die Art und Weise, insbesondere über die Höhe und Dauer der Unterhaltsgewährung, können aber wirksam getroffen werden.[1]

4 **1.3** Der Umfang der Unterhaltspflicht ist insbesondere in § 1360a BGB/§ 5 LPartG geregelt: Der **angemessene Unterhalt** umfasst alles, was nach den Verhältnissen der Ehegatten/eingetragenen Lebenspartner erforderlich ist, um die Kosten des Haushalts und die persönlichen Bedürfnisse der Einzelnen und den Lebensbedarf der unterhaltsberechtigten Kinder zu befriedigen. Zu diesem Unterhalt gehören also insbesondere: das Wirtschaftsgeld, das für die Ausgaben des täglichen Bedarfs bestimmt ist, der Aufwand für Wohnungseinrichtung, Kleidung, Krankheitskosten, Urlaub; ferner hat jeder Ehegatte/Lebenspartner einen Anspruch auf einen angemessenen Teil des Gesamteinkommens zur Verwendung als Taschengeld (vgl. *Muster 174*).

2. Pfändung und Verwertung

5 Wegen seiner **höchstpersönlichen Natur** und seiner Zweckbestimmung ist ein Unterhaltsanspruch regelmäßig nicht übertragbar, daher auch nicht verpfändbar und nicht pfändbar (§ 1274 Abs. 2 BGB, § 851 ZPO). § 850b Abs. 1 Nr. 2 ZPO erklärt Unterhaltsrenten, die (wie die hier zu behandelnden) auf gesetzlicher Vorschrift beruhen, auch grundsätzlich für unpfändbar. Unterhaltsansprüche zwischen Eheleuten/eingetragenen Lebenspartnern beruhen auch dann auf gesetzlicher Vorschrift, wenn über ihre Höhe eine Vereinbarung getroffen ist.[2] § 850b Abs. 2 ZPO gestattet aber unter bestimmten Voraussetzungen ihre Pfändung nach den für Arbeitseinkommen geltenden Vorschriften.

6 **2.1** Relativ unkompliziert sind die Dinge bei **Unterhaltsrenten Getrenntlebender oder Geschiedener**, kompliziert wird es beim Anspruch auf Beitrag zum Unterhalt bei intakter Gemeinschaft; denn dieser ist nicht einfach durch eine Geldrente zu erbringen. Insbesondere ist das **Wirtschaftsgeld** nicht pfändbar, das dem Unterhalt der gesamten Familie/Partnerschaft, nicht einem der Mitglieder, dient. Pfändbar ist nur das Taschengeld, der Teil des in Geld zu berichtigenden Familienunterhalts, der speziell den Bedürfnissen eines der Ehegatten/Lebenspartner zu dienen bestimmt ist[3] (*Muster 174*).

7 **2.2** § 850b Abs. 1 Nr. 2 ZPO umfasst **rückständige, fällige und zukünftige** Beträge.

---

1 BGH v. 29.1.1997 – XII ZR 221/95, NJW 1997, 1441; v. 29.5.2002 – XII ZR 263/00, MDR 2002, 1125 = InVo 2003, 32; Palandt/*Brudermüller*, § 1360 BGB Rz. 5.
2 BGHZ 31, 210, 218; BGH NJW 1994, 1447; BGH v. 29.5.2002 – XII ZR 263/00, MDR 2002, 1125.
3 Vgl. BGH v. 19.3.2004 – IXa ZB 57/03, Rpfleger 2004, 503.

2.3 Die Pfändbarkeit hat folgende Voraussetzungen, die im Pfändungs- 8
antrag schlüssig vorzutragen und im Drittschuldnerprozess zu beweisen
sind:

2.3.1 Die Zwangsvollstreckung in das sonstige bewegliche Vermögen des 9
Schuldners darf vollständige Befriedigung des Gläubigers nicht versprechen; das wird regelmäßig durch das Protokoll des Gerichtsvollziehers
über die **versuchte Sachpfändung** glaubhaft gemacht.

2.3.2 Die Pfändung muss der **Billigkeit** entsprechen. Ob dies zutrifft, rich- 10
tet sich nach den Umständen des Falles, insbesondere nach der Art des
beizutreibenden Anspruchs und der Höhe der Unterhaltsrente; immer
kommt es auf den jeweiligen Einzelfall an (Näheres Rz. 6 bei *Muster 174*
und Rz. 28 bei *Muster 165*). So entspricht es der Billigkeit, dass der Anspruch des Vollstreckungsschuldners gegenüber seinem Ehegatten auf
Freistellung wegen eines Sonderbedarfs aufgrund notwendiger ärztlicher
Behandlung als Ausfluss des Unterhaltsanspruchs für denjenigen Gläubiger pfändbar ist, wegen dessen Forderung der Sonderbedarf entstanden ist
(d.h., den behandelnden Arzt).[4]

2.3.3 Liegen diese Voraussetzungen vor, so erfolgt die Pfändung innerhalb 11
der **durch §§ 850c und 850e ZPO gezogenen Schranken (§ 850c ZPO mit
Pfändungstabelle s. Anhang 4)**.

2.4 Wird anstelle der Unterhaltsrente eine **Kapitalabfindung** gewährt 12
(§ 1585 Abs. 2 BGB), so unterliegt diese nicht dem Pfändungsschutz,[5] wohl
aber ein Schadensersatzanspruch wegen Entziehung der Unterhaltsrente.

2.5 Der Anspruch auf **Prozesskostenvorschuss** ist Ausfluss des Unter- 13
haltsanspruchs,[6] fällt jedoch nicht unter § 850b Abs. 1 Nr. 2 ZPO. Wegen
seiner Zweckbestimmung ist er aber gemäß § 851 ZPO nur zugunsten der
Staatskasse wegen der Kosten jenes Prozesses sowie für denjenigen Rechtsanwalt pfändbar, der den vorschussberechtigten Ehegatten/eingetragenen
Lebenspartner in dem zu bevorschussenden Prozess vertritt.[7]

Muster 178 Urheberrecht

Zwangsvollstreckung gegen den Erben des Urhebers

Hinweis: Zu benutzen ist das amtliche Formular Anlage 2 (zu § 2 Nr. 2) der
Verordnung über Formulare für die Zwangsvollstreckung (Zwangsvollstreckungsformular-Verordnung – ZVFV) vom 23.8.2012 (BGBl. I 2012, S. 1822) in
der geänderten Fassung aufgrund der Verordnung zur Änderung der Zwangsvollstreckungsformular-Verordnung vom 16.6.2014 (BGBl. I 2014, S. 754).

---

4 LG Münster v. 7.12.2004 – 5 T 1197/04, Rpfleger 2005, 270; LG Frankenthal v.
  27.6.2000 – 1 T 151/00, MDR 2000, 1017.
5 LG Dortmund v. 23.5.2007 – 9 T 10/07, ZInsO 2007, 1357; Zöller/*Stöber*, § 850b ZPO
  Rz. 6; Musielak/*Becker*, § 850b ZPO Rz. 3.
6 BGHZ 56, 95 = NJW 1971, 1263.
7 BGH v. 15.5.1985 – IVb ZR 33/84, NJW 1985, 2263; Zöller/*Stöber*, § 850b ZPO Rz. 5.

Hierbei ist das Feld „Anspruch G" oder eine gesonderte Anlage zu nutzen. Es wird folgender Text empfohlen:

Wegen ... werden alle angeblichen Nutzungs- und Verwertungsrechte, insbesondere die Befugnis zur Vervielfältigung und Verbreitung gepfändet, die dem Schuldner als Alleinerben des ... (Name des Autors ...) ... aus dem Urheberrecht an dem[1]
- *im Verlag ... (Firma und Sitz des Verlags benennen) ... bereits erschienenen Werk ... (möglichst genau benennen) ... zustehen,*
- *noch nicht erschienenen Werk ... (möglichst genau benennen) ... zustehen; die Erklärung, durch welche der Schuldner der Pfändung zustimmt, liegt an.*

Dem Schuldner wird geboten, sich jeder Verfügung über die gepfändeten Rechte, insbesondere der Vergabe von Verwertungsrechten an Dritte, zu enthalten.[1]
- *Zugleich werden die gepfändeten Rechte dem Gläubiger zur Einziehung überwiesen.*
- *Zugleich wird das gepfändete Recht dem ... (Name und Adresse) ... als Verwalter treuhänderisch übertragen, der die Nutzungen bis zur Befriedigung des Gläubigers an diesen abzuführen hat.*
- *Zugleich wird angeordnet, dass die gepfändeten Rechte durch einen vom Gläubiger beauftragten Gerichtsvollzieher freihändig zu verkaufen sind.*

---

1 Unter den folgenden Alternativen ist zu wählen.

1. Aus dem Urheberrecht

1 Wer eigenständige Werke schafft, Erfindungen macht, neue Vorrichtungen und Gestaltungen ersinnt, kann gebührenden Nutzen aus dieser Leistung nur ziehen, wenn ihm ein Schutzrecht zur Seite steht, das allen anderen verbietet, an seiner Leistung ohne seine Zustimmung wirtschaftlich zu partizipieren. Infolge der Verschiedenheit der zu schützenden Leistungen muss auch das Schutzrecht verschiedene Gestalt haben.

2 **Erfindungen** werden als Patent oder Gebrauchsmuster geschützt, nichtkünstlerische Formen als Designmuster; vgl. dazu *Muster 131, 77, 79.*

3 Zu den geschützten Werken der Literatur, Wissenschaft und Kunst gehören insbesondere Sprachwerke wie Schriftwerke, Reden und Computerprogramme (s.u. Rz. 17), Werke der Musik, pantomimische Werke einschließlich der Werke der Tanzkunst, Werke der bildenden Künste einschließlich der Werke der Baukunst und der angewandten Kunst und Entwürfe solcher Werke, Lichtbildwerke einschließlich der Werke, die ähnlich wie Lichtbildwerke geschaffen werden, Filmwerke einschließlich der Werke, die ähnlich wie Filmwerke geschaffen werden, Darstellungen wissenschaftlicher oder technischer Art, wie Zeichnungen, Pläne, Karten, Skizzen, Tabellen und plastische Darstellungen, § 2 Abs. 1 UrhG. Werke

im Sinne des UrhG sind nur persönliche geistige Schöpfungen, § 2 Abs. 2 UrhG.

Geschützt werden nach § 3 UrhG auch Übersetzungen und andere Bearbeitungen eines Werkes, die persönliche geistige Schöpfungen des Bearbeiters sind. Die nur unwesentliche Bearbeitung eines nicht geschützten Werkes der Musik wird nicht als selbständiges Werk geschützt. Nach § 4 UrhG werden Sammlungen von Werken, Daten oder anderen unabhängigen Elementen, die aufgrund der Auswahl oder Anordnung der Elemente eine persönliche geistige Schöpfung sind (Sammelwerke), unbeschadet eines an den einzelnen Elementen ggf. bestehenden Urheberrechts oder verwandten Schutzrechts, wie selbständige Werke geschützt. Datenbankwerk im Sinne des UrhG ist ein Sammelwerk, dessen Elemente systematisch oder methodisch angeordnet und einzeln mit Hilfe elektronischer Mittel oder auf andere Weise zugänglich sind. Ein zur Schaffung des Datenbankwerkes oder zur Ermöglichung des Zugangs zu dessen Elementen verwendetes Computerprogramm (§ 69a UrhG) ist nicht Bestandteil des Datenbankwerkes. Für **ausübende Künstler**, wie Schauspieler, Sänger, Musiker gelten §§ 73 bis 83 UrhG; bei ihnen kommen für eine Pfändung insbesondere Rechte nach § 77 UrhG und Vergütungsansprüche (§§ 77 Abs. 2 i.V.m. 27, 78 und 79 UrhG) sowie Schadensersatzansprüche aus der Verletzung ihrer Rechte in Betracht.

Das Urheberrecht ist **vererblich**, kann von einem Miterben aus der Erbengemeinschaft erworben und aufgrund eines Vermächtnisses übertragen werden; im Übrigen ist es nicht übertragbar (§§ 28, 29 UrhG). Der Urheber oder derjenige, der das Urheberrecht erworben hat, kann aber in verschiedenem Umfang Nutzungsrechte einräumen (§§ 31 ff. UrhG). 4

2. Pfändung und Verwertung

Die Pfändung in Rechte des Urhebers oder seines Rechtsnachfolgers i.S. von §§ 28, 29 UrhG ist im Rahmen und unter den Voraussetzungen der §§ 112 ff. UrhG zulässig; diese Bestimmungen befassen sich nur mit der Vollstreckung wegen Geldforderungen gegen den Urheber, nicht etwa mit der Vollstreckung eines Titels, der den Urheber zur (vertragsmäßigen) Einräumung eines Nutzungsrechts verurteilt. Sie befassen sich auch nur mit der Zwangsvollstreckung gegen den Urheber und seinen Rechtsnachfolger, nicht etwa mit der Zwangsvollstreckung gegen einen Dritten, der ein Nutzungsrecht erworben hat wie der Verleger (dazu *Muster 181*). 5

2.1 Die Vollstreckung **gegen den Urheber selbst** kann nicht ins Urheber-Persönlichkeitsrecht und nur mit seiner **Einwilligung** und insoweit erfolgen, **als er Nutzungsrechte einräumen kann** (§§ 113, 118, 31 UrhG). Weil die Einwilligung Zulässigkeitsvoraussetzung für die Pfändung ist, muss sie im Pfändungsantrag dargelegt werden. Der Urheber kann seine Einwilligung verweigern oder beschränken, z.B. auf gewisse Nutzungsrechte oder eine gewisse Art der Verwertung. Er kann die Einwilligung persönlich oder durch einen bevollmächtigten Vertreter, nicht aber durch einen 6 gesetzlichen Vertreter erklären (§ 113 Satz 2 UrhG). Seine Einwilligung wäre nichtig, wenn er geschäftsunfähig sein sollte; das würde die Pfändung unzulässig machen. Die Einschränkung in § 113 UrhG, wonach die Pfändung nur insoweit zulässig ist, als der Urheber Nutzungsrechte einräumen kann, beschränkt den Gläubiger auch bei der Verwertung.

7 **Das Original des Werkes** (z.B. das Manuskript, die Form der Porzellanfiguren) ist eine Sache, wäre also durch den Gerichtsvollzieher nach §§ 808 ff. ZPO wegzunehmen und zu verwerten. Aber das Original ist ähnlich geschützt wie das Urheberrecht (§ 114 UrhG). Dieser Schutz des Originals gegen Sachpfändung ist notwendig, weil der Urheber einerseits das Original zur Ausübung seiner Leistung braucht, andererseits allein bestimmen soll, ob, wann, wie und durch wen sein Werk veröffentlicht wird. Aus diesem Zweck der Bestimmung folgt, dass § 114 UrhG wie die Sache selbst (das Original) auch den Anspruch auf Herausgabe des Originals durch einen Dritten gegen eine Pfändung schützt. So ist z.B. der Anspruch eines Schriftstellers gegen ein Schreibbüro auf Rückgabe des handschriftlichen Manuskripts und Lieferung der Maschinenschrift davon nicht der Pfändung unterworfen. Jedoch lässt § 114 UrhG die Zwangsvollstreckung in das Original und in den Anspruch auf seine Herausgabe ohne Zustimmung des Urhebers nach näherer Maßgabe des Absatzes 2 in Ausnahmefällen zu.

8 **Vorrichtungen zur Vervielfältigung** ausschließlich eines bestimmten Werkes (und Ansprüche auf ihre Herausgabe) können nur für einen Gläubiger gepfändet werden, der dieses Werk mittels dieser Vorrichtung nutzen darf (§ 119 UrhG).

9 2.2 Für die Zwangsvollstreckung **gegen den Rechtsnachfolger des Urhebers** eines unveröffentlichten Werks gelten die oben abgehandelten Bestimmungen ebenfalls. Ist das Werk veröffentlicht, so bedarf es der Einwilligung des Rechtsnachfolgers in die Zwangsvollstreckung nicht (§§ 115, 116, 117 UrhG).

10 2.3 Gepfändet wird nach § 857 ZPO. Es gibt **keinen Drittschuldner**. Die Pfändung ist mit der Zustellung des Pfändungsbeschlusses an den Vollstreckungsschuldner bewirkt.

11 2.4 Die **Verwertung** geschieht entweder durch Überweisung zur Einziehung (nicht an Zahlungs statt, weil das Recht keinen Nennwert hat), oder auf andere Weise (§ 857 Abs. 4 ZPO); infrage kommen insbesondere die Anordnung treuhänderischer Verwaltung und die Veräußerung durch den Gerichtsvollzieher, sei es freihändig oder im Wege der Zwangsversteigerung. Die etwa nötige Einwilligung des Vollstreckungsschuldners wird vielleicht erreichbar sein, wenn eine ihm genehme Verwertungsart gewählt wird.

12 Die Überweisung zur Einziehung ermächtigt den Vollstreckungsgläubiger, die Rechte des Urhebers (oder seines Rechtsnachfolgers) solange auszuüben, bis er daraus genügend erlöst hat, um die Vollstreckungsforderung

zu befriedigen. Sie ist meist recht unpraktisch: Der Vollstreckungsgläubiger muss Nutzungsrechte im Rahmen des § 31 UrhG an Dritte einräumen und dies zeitlich beschränken.

2.5 Für **ausländische Urheberrechte** gilt nichts anderes als für deutsche. Jedoch kann die deutsche Gerichtsbarkeit nur im Inland ausgeübt werden. Hat der Schuldner keinen deutschen Gerichtsstand (vgl. § 828 Abs. 2 ZPO), so kann gegen ihn nicht in Deutschland vollstreckt werden. 13

2.6 Vergütungsansprüche des Urhebers und des ausübenden Künstlers werden nach allgemeinen Vorschriften gepfändet. Sind sie nicht regelmäßig wiederkehrend, so richtet sich der Pfändungsschutz nach § 850i ZPO. 14

Nach dem Gesetz über die Wahrnehmung von Urheberrechten und verwandten Schutzrechten[1] werden die Interessen der Schutzrechtsinhaber in vielen Bereichen von **Verwertungsgesellschaften**[2] wahrgenommen, welche in Interessenwahrung der Berechtigten erhobene „Gebühren" nach einem Verteilungsplan an die Berechtigten ausschütten. **Ansprüche des Urhebers gegen eine Verwertungsgesellschaft** sind wie Vergütungsansprüche zu pfänden. 15

Vergütungsansprüche gegen den Verleger werden in *Muster 182* behandelt. 16

3. Computerprogramme werden im Wesentlichen wie Sprachwerke geschützt (§§ 69a ff. UrhG). Für die Pfändung des Urheberrechts daran gelten die obigen Ausführungen; es kommt nicht darauf an, ob die Gestaltungshöhe des Programms etwa so niedrig ist, dass sie bei einer anderen Werkart die Annahme einer persönlichen geistigen Schöpfung i.S. des § 2 Abs. 2 UrhG nicht rechtfertigen würde.[3] In einer aktuellen Entscheidung des BGH heißt es: „Einem Anspruch auf Herausgabe des Quellcodes eines Computerprogramms nach § 809 BGB zum Zwecke des Nachweises einer Urheberrechtsverletzung steht nicht entgegen, dass unstreitig nicht das gesamte Computerprogramm übernommen wurde, sondern lediglich einzelne Komponenten und es deswegen nicht von vornherein ausgeschlossen werden kann, dass gerade die übernommenen Komponenten nicht auf einem individuellen Programmierschaffen desjenigen beruhen, von dem der Kläger seine Ansprüche ableitet."[4] In den Gründen stellt der BGH folgendes fest: „... Die Beurteilung der Frage, wer als Urheber und damit als 17

---
1 Gesetz v. 9.9.1965, BGBl. I 1965, S. 1294, zuletzt geändert durch Art. 2 Gesetz v. 1.10.2013, BGBl. I 2013, S. 3728.
2 Wichtige Verwertungsgesellschaften sind: GEMA Gesellschaft für musikalische Aufführungs- und mechanische Vervielfältigungsrechte, Rosenheimer Str. 11, 81667 München mit insgesamt 10 Bezirksdirektionen; Verwertungsgesellschaft WORT, Untere Weidenstraße 5, 81543 München; Verwertungsgesellschaft Bild-Kunst, Weberstr. 61, 53113 Bonn.
3 BGH v. 3.3.2005 – I ZR 111/02, NJW-RR 2005, 1403; OLG Karlsruhe v. 13.6.1994 – 6 U 52/94, NJW-RR 1995, 176.
4 BGH v. 20.9.2012 – I ZR 90/09, NJW-RR 2013, 878 = MDR 2013, 667.

Inhaber des Urheberrechts an dem Computerprogramm anzusehen ist, ist ebenso nach dem Recht des Schutzlandes zu beurteilen, wie die Frage, ob urheberrechtliche Befugnisse übertragbar sind."[5] Ein Computerprogramm genieße „insgesamt nach § 2 Abs. 1 Nr. 1, § 69a Abs. 1 und 3 UrhG als individuelle geistige Schöpfung der an seiner Entwicklung und Erstellung beteiligten Personen Urheberrechtsschutz. Das Gesetz setzt für die Schutzfähigkeit eines Computerprogramms keine besondere schöpferische Gestaltungshöhe voraus, sondern stellt in erster Linie darauf ab, dass es sich um eine individuelle geistige Schöpfung des Programmierers handelt. Damit unterstellt es auch die kleine Münze des Programmschaffens dem urheberrechtlichen Schutz und lässt lediglich die einfache, routinemäßige Programmierleistung, die jeder Programmierer auf dieselbe oder ähnliche Weise erbringen würde, schutzlos. ... Dies bedeutet, dass bei komplexen Computerprogrammen eine tatsächliche Vermutung für eine hinreichende Individualität der Programmgestaltung spricht. ... Der Gesetzgeber ist bei der Einführung des § 69a UrhG durch das Zweite Gesetz zur Änderung des Urheberrechtsgesetzes vom 9. Juni 1993 (BGBl. I 1993 S. 910), das die Richtlinie 91/250/EWG vom 14. Mai 1991 über den Rechtsschutz von Computerprogrammen umgesetzt hat, von der unbestrittenen Notwendigkeit ausgegangen, Computerprogrammen effektiven Rechtsschutz zu gewähren. ... Nach dem Wortlaut des § 69a Abs. 1 und 3 UrhG sowie gemäß Art. 1 Abs. 1 und 3 der in Verbindung mit dem 8. Erwägungsgrund der Richtlinie 91/250/EWG werden dabei individuelle Werke geschützt, die das Ergebnis einer eigenen geistigen Schöpfung darstellen, ohne dass es auf qualitative oder ästhetische Vorzüge des Computerprogramms ankommt. ... Dies gilt auch dann, wenn unstreitig vorbekannte Komponenten in der Programmgestaltung übernommen wurden. Gegenstand des Schutzes können gemäß § 69a Abs. 2 UrhG auch die Be-, Um- und Einarbeitung vorbekannter Elemente und Formen sein. ... Computerprogramme setzen sich in der Regel aus verschiedenen Komponenten zusammensetzen, die nicht sämtlich auf eine individuelle Schöpfung des Programmierers zurückgehen müssen. So mag ein Computerprogramm in Teilen aus nicht geschützten oder aus Bestandteilen bestehen, die der Programmierer „hinzu-gekauft" und für die er eine einfache Lizenz erworben hat. Auch die behauptete Verletzung liegt häufig nicht in einer 1-zu-1-Übernahme des Programms, für das der Schutz beansprucht wird. Vielmehr ist es durchaus nicht untypisch, dass die behauptete Verletzung darin besteht, dass lediglich Komponenten dieses Programms übernommen worden sein sollen, weil etwa die angegriffene Ausführungsform das übernommene Programm fortentwickelt und in einen neuen Anwendungsrahmen stellt."[6]

18 Ein Urheberrecht an Software kann bei Pfändung von Hardware Komplikationen bringen.[7]

---

5 BGH v. 2.10.1997 – I ZR 88/95, BGHZ 136, 380, 385 ff.
6 BGH v. 2.10.1997 – I ZR 88/95, BGHZ 136, 380, 385 ff.
7 Vgl. *App/Röder*, JurBüro 1996, 342; *Paulus*, ZIP 1996, 2; *Roy/Palm*, NJW 1995, 690.

Muster 179 Verkehrsunfall I

Schadensersatz wegen Körperverletzung und Sachbeschädigung

Hinweis: Zu benutzen ist das amtliche Formular Anlage 2 (zu § 2 Nr. 2) der Verordnung über Formulare für die Zwangsvollstreckung (Zwangsvollstreckungsformular-Verordnung – ZVFV) vom 23.8.2012 (BGBl. I 2012, S. 1822) in der geänderten Fassung aufgrund der Verordnung zur Änderung der Zwangsvollstreckungsformular-Verordnung vom 16.6.2014 (BGBl. I 2014, S. 754).

Hierbei ist das Feld „Anspruch G" oder eine gesonderte Anlage zu nutzen. Es wird folgender Text empfohlen:

Wegen ... wird die angebliche Schadensersatzforderung nebst Zinsen gepfändet, die dem Schuldner

gegen ... (Name und Adresse des KFZ-Halters) ...   *(Drittschuldner zu 1),*

und ... (Name und Adresse des KFZ-Fahrers) ...   *(Drittschuldner zu 2),*

und ... Bezeichnung der Haftpflichtversicherungsgesellschaft und der Vertretungsverhältnisse) ...   *(Drittschuldner zu 3),*

aus dem Verkehrsunfall vom ... in ... zusteht; die Pfändung umfasst insbesondere die Ansprüche auf Ersatz von Sachschäden am Fahrzeug des Schuldners, auf Ersatz von Heilkosten und Verdienstausfall und auf Zahlung eines Schmerzensgeldes.

Soweit die Pfändung Schadensersatz für fortlaufendes Arbeitseinkommen und Rückstände daraus ergreift, wird sie gemäß § 850c ZPO beschränkt.

Erläuterungen bei *Muster 180*.

Muster 180 Verkehrsunfall II

Schadensersatz infolge Tötung einer Person

Hinweis: Zu benutzen ist das amtliche Formular Anlage 2 (zu § 2 Nr. 2) der Verordnung über Formulare für die Zwangsvollstreckung (Zwangsvollstreckungsformular-Verordnung – ZVFV) vom 23.8.2012 (BGBl. I 2012, S. 1822) in der geänderten Fassung aufgrund der Verordnung zur Änderung der Zwangsvollstreckungsformular-Verordnung vom 16.6.2014 (BGBl. I 2014, S. 754).

Hierbei ist das Feld „Anspruch G" oder eine gesonderte Anlage zu nutzen. Es wird folgender Text empfohlen:

Wegen ... wird die angebliche Forderung auf Zahlung von Schadensersatz nebst Zinsen gepfändet, die dem Schuldner

gegen ... (Name und Adresse des KFZ-Halters) ...   *(Drittschuldner zu 1)*

und ... (Name und Adresse des KFZ-Halters) ...   *(Drittschuldner zu 2)*

Muster 180 Verkehrsunfall II

und ... *(Bezeichnung der Haftpflichtversicherungsgesellschaft und der Vertretungsverhältnisse)* ... *(Drittschuldner zu 3)*
aus dem Verkehrsunfall vom ... in ... zusteht; die Pfändung umfasst insbesondere die Ansprüche auf Ersatz für die Kosten der Beerdigung des bei dem Unfall getöteten ... (Name und bisherige Anschrift) und[1]

- auf Zahlung einer Geldrente als Ersatz für den vom Getöteten dem Schuldner zu leistenden Unterhalt; insoweit wird die Pfändung nach § 850c ZPO beschränkt;
- auf Zahlung einer Geldrente als Ersatz für die dem Schuldner entgehenden Dienste des Getöteten.

Bisherige Vollstreckungsversuche waren erfolglos.
Die Pfändung entspricht der Billigkeit, weil ... (s. Rz. 10 der Erläuterungen)
...

---

[1] Unter den folgenden Alternativen ist zu wählen.

1. Ansprüche aus einem Verkehrsunfall

1   Wer einen anderen im Straßenverkehr rechtswidrig und schuldhaft schädigt, haftet diesem nach §§ 823, 249, 253 BGB aus unerlaubter Handlung auf Schadensersatz, auch auf Schmerzensgeld. Der **Kraftfahrzeugführer** haftet – anders als früher – nicht nur für den materiellen, sondern auch für den immateriellen Schaden, also auch für das Schmerzensgeld, allerdings nur bei Verschulden, § 11, 18 StVG. Der **Kraftfahrzeughalter** haftet für den Schaden (gesamtverbindlich mit dem Kraftfahrzeugführer) in gleicher Weise auch dann, wenn ihn kein Verschulden trifft, solange er nicht beweist, dass der Unfall durch höhere Gewalt, also durch ein unabwendbares Ereignis verursacht wurde oder weder auf einem Fehler in der Beschaffenheit des Fahrzeugs noch auf einem Versagen seiner Vorrichtungen beruht, bzw. die Benutzung des Fahrzeugs durch einen Dritten nicht durch sein Verschulden ermöglicht worden ist (§§ 7, 17 StVG). Nach § 3 Pflichtversicherungsgesetz kann der Geschädigte seine Ansprüche aus dem Verkehrsunfall auch gegen den **Versicherer** geltend machen; dieser hat den Schadensersatz in Geld zu leisten und haftet gesamtverbindlich mit Halter und Führer.

2. Pfändung und Verwertung

2   Die Ansprüche des Geschädigten sind mit den unten genannten Einschränkungen **pfändbar**; die Pfändung geschieht nach §§ 829, 835 ZPO.

3   Obwohl die Ansprüche gegen den Versicherer nach § 3 Abs. 4 der Allgemeinen Bedingungen für die Kraftfahrtversicherung vor ihrer endgültigen Feststellung ohne ausdrückliche Genehmigung des Versicherers nicht abgetreten und nicht verpfändet werden können, sind sie doch von Anfang

an pfändbar, weil der geschuldete Gegenstand, das zu zahlende Geld, der Pfändung unterworfen ist (§ 851 Abs. 2 ZPO).

2.1 Ersatzforderungen für **Sachschäden** unterliegen der Pfändung selbst dann, wenn die zerstörte Sache unpfändbar gewesen wäre.[1]   4

2.2 Ersatzforderungen für **Beerdigungskosten** sind pfändbar: Nur unmittelbar zur Verwendung für die Bestattung gedachte Sachen sind nach § 811 Abs. 1 Ziff. 13 ZPO unpfändbar, nicht dagegen Schadensersatzforderungen.   5

2.3 Schadensersatzforderungen wegen **Verdienstausfalls** sind verschieden zu behandeln, je nachdem, ob der Geschädigte selbständig ist oder nicht: 6

Schadensersatzforderungen **nicht selbständiger Arbeitnehmer oder Beamter** wegen unfallbedingten Verdienstausfalls genießen wie Arbeitseinkommen den Pfändungsschutz der §§ 850 ff. ZPO.[2] Wegen Kapitalabfindung vgl. unten Rz. 11.   7

Schadensersatzansprüche von **Freiberuflern und anderen Selbständigen** wegen Erwerbseinbuße oder entgangenen Gewinns unterliegen nur dem Pfändungsschutz des § 850i ZPO, der nur auf Antrag des Schuldners und nur dann eingreift, wenn die Erwerbseinbuße oder der entgangene Gewinn darauf zurückzuführen ist, dass der Verletzte infolge des Unfalls von ihm persönlich zu erbringende Arbeit oder Dienste nicht leisten konnte.   8

2.4 Wegen des Anspruchs auf **Schmerzensgeld** wird auf *Muster 156* und *157* verwiesen.   9

2.5 Schadensersatzrenten wegen Minderung der Erwerbsfähigkeit, wegen entgangenen Unterhalts und wegen entgangener Dienstleistungen nach §§ 843, 844, 845 BGB, §§ 5 ff. Haftpflichtgesetz, §§ 33 bis 38 Luftverkehrsgesetz, §§ 10 bis 13 Straßenverkehrsgesetz sind nach § 850b Abs. 1 Nr. 1 und Nr. 2, Abs. 2 ZPO bedingt pfändbar. Voraussetzung für die Pfändbarkeit ist Ergebnislosigkeit sonstiger Vollstreckungsversuche ins bewegliche Vermögen und ein Sachverhalt, der ergibt, dass die Pfändung der Billigkeit entspricht. Dies hat der Gläubiger im Antrag vorzutragen und bei Bestreiten glaubhaft zu machen.[3] Hierzu wird auf Rz. 6 bei *Muster 177* sowie Rz. 28 und 29 bei *Muster 165* verwiesen.   10

2.6 Kapitalabfindungen für Verdienstausfall und für Schadensersatzrenten unterliegen dem Schutz des § 850b ZPO insoweit, als sie für rückständige   11

---

[1] So richtig *Krebs*, VersR 1962, 389, aber nicht unbestritten. Wegen Einzelheiten vgl. Baumbach/Lauterbach/Albers/*Hartmann*, § 811 ZPO Rz. 11 und *Stein/Jonas*, § 811 ZPO Rz. 11.
[2] BAG v. 6.5.2009 – 10 AZR 834/08, NJW 2009, 2324 = MDR 2009, 989 = ZInsO 2009, 1359; Zöller/*Stöber*, § 850 ZPO Rz. 15; *Krebs*, VersR 1962, 390.
[3] *Stein/Jonas*, § 850b ZPO Rz. 4, 26 und 28; Zöller/*Stöber*, § 850b ZPO Rz. 13; Baumbach/Lauterbach/Albers/*Hartmann*, § 850b ZPO Rz. 16; a.A.: Thomas/Putzo/*Seiler*, § 850b ZPO Rz. 4, der vollen Beweis verlangt.

Rentenbeträge bezahlt werden, nicht aber insoweit, als sie zur Abfindung künftig fällig werdender Beträge bezahlt werden.[4]

Muster 181 Verlagsvertrag I

Rechte des Verlegers

Hinweis: Zu benutzen ist das amtliche Formular Anlage 2 (zu § 2 Nr. 2) der Verordnung über Formulare für die Zwangsvollstreckung (Zwangsvollstreckungsformular-Verordnung – ZVFV) vom 23.8.2012 (BGBl. I 2012, S. 1822) in der geänderten Fassung aufgrund der Verordnung zur Änderung der Zwangsvollstreckungsformular-Verordnung vom 16.6.2014 (BGBl. I 2014, S. 754).

Hierbei ist das Feld „Anspruch G" oder eine gesonderte Anlage zu nutzen. Es wird folgender Text empfohlen:

Wegen ... werden gepfändet:

1. das Recht des Schuldners[1] zur Vervielfältigung und Verbreitung des Werkes ... (möglichst genau bezeichnen) ..., das ihm aus dem Verlagsvertrag vom ... mit dem Autor ... (Name und Adresse), zusteht,

2. sein Anspruch gegen den Autor (Name und Adresse wie in Ziff. 1) auf Zustimmung zur Übertragung dieses Rechts auf einen Dritten,

(Drittschuldner[1])

3. sein Anspruch gegen den Autor (Name und Adresse wie in Ziff. 1) auf Ablieferung des Werkes in einem zur Vervielfältigung geeigneten Zustand.

(Drittschuldner[1])

Dem Drittschuldner wird verboten, an den Schuldner zu leisten.

Dem Schuldner wird geboten, sich jeder Verfügung über das gepfändete Recht und die gepfändeten Ansprüche, insbesondere der Verbreitung des Werkes und der Einziehung, zu enthalten.

Zugleich werden die gepfändeten Ansprüche dem Gläubiger zur Einziehung überwiesen.

Ferner wird angeordnet, dass das gepfändete Recht im Wege des[2]

– freihändigen Verkaufs,

– der Versteigerung

durch einen vom Gläubiger beauftragten Gerichtsvollzieher zu verwerten ist.

---

1 Zur Frage, ob ein Drittschuldner vorhanden ist, s. Erläuterungen Rz. 11 f.
2 Unter den folgenden Alternativen ist zu wählen.

Erläuterungen bei *Muster 182.*

---

4 Zöller/*Stöber*, § 850b ZPO Rz. 2; *Stein/Jonas*, § 850b ZPO Rz. 10; Baumbach/Lauterbach/Albers/*Hartmann*, § 850b ZPO Rz. 3.

Muster 182 Verlagsvertrag II

Vergütungsanspruch des Autors

Hinweis: Zu benutzen ist das amtliche Formular Anlage 2 (zu § 2 Nr. 2) der Verordnung über Formulare für die Zwangsvollstreckung (Zwangsvollstreckungsformular-Verordnung – ZVFV) vom 23.8.2012 (BGBl. I 2012, S. 1822) in der geänderten Fassung aufgrund der Verordnung zur Änderung der Zwangsvollstreckungsformular-Verordnung vom 16.6.2014 (BGBl. I 2014, S. 754).

Hierbei ist das Feld „Anspruch G" oder eine gesonderte Anlage zu nutzen. Es wird folgender Text empfohlen:

Wegen ... wird die Honorarforderung des Schuldners

gegen ... (den Verleger genau bezeichnen; wenn er eine Handelsgesellschaft ist, Vertretungsverhältnisse genau angeben) ... (Drittschuldner)

aus dem Verlagsvertrag vom ... über das Werk ... (möglichst genau bezeichnen) ...

gepfändet. Ist es in – periodischen oder nichtperiodischen – Teilbeträgen fällig, so sind alle Teilbeträge solange gepfändet, bis die Vollstreckungsforderung vollständig getilgt sein wird.

1. Rechte aus dem Verlagsvertrag

Durch den Verlagsvertrag über ein Werk der Literatur oder der Tonkunst wird der **Verfasser verpflichtet**, dem Verleger **das Werk zur Vervielfältigung und Verbreitung** für eigene Rechnung **zu überlassen** und ihm hierzu das Werk (Manuskript) abzuliefern (§§ 1, 10 des Gesetzes über das Verlagsrecht[1]). Der Verleger wird verpflichtet, das Werk zu verbreiten und dem Verfasser die vereinbarte, ggf. die angemessene Vergütung bei Fälligkeit zu bezahlen (§§ 1, 22, 23, 24 VerlG).[2] 1

Der **Vergütungsanspruch** ist übertragbar. 2

Darüber, ob die **Verlagsrechte** abtretbar sind, bestimmen in erster Linie die Vertragspartner: Zwischen der Vereinbarung völliger Unübertragbarkeit bis zur Vereinbarung freier Übertragbarkeit ist jede Gestaltung denkbar und zulässig. Für den Fall, dass eine Vereinbarung fehlt, bestimmt **§ 34 UrhG**, der den bisherigen § 28 VerlG seit dem 1.7.2002 ersetzt: 3

§ 34 Übertragung von Nutzungsrechten

(1) Ein Nutzungsrecht kann nur mit Zustimmung des Urhebers übertragen werden. Der Urheber darf die Zustimmung nicht wider Treu und Glauben verweigern.

---

1 VerlG v. 19.1.1901, RGBl. I, 217, zuletzt geändert durch Art. 2 des Gesetzes v. 22.3.2002, BGBl. I 2002, S. 1155.
2 Hierzu auch BGH v. 22.4.2010 – I ZR 197/07, MDR 2011, 61 Ls.

Muster 182   Verlagsvertrag II

(2) Werden mit dem Nutzungsrecht an einem Sammelwerk (§ 4) Nutzungsrechte an den in das Sammelwerk aufgenommenen einzelnen Werken übertragen, so genügt die Zustimmung des Urhebers des Sammelwerkes.

(3) Ein Nutzungsrecht kann ohne Zustimmung des Urhebers übertragen werden, wenn die Übertragung im Rahmen der Gesamtveräußerung eines Unternehmens oder der Veräußerung von Teilen eines Unternehmens geschieht. Der Urheber kann das Nutzungsrecht zurückrufen, wenn ihm die Ausübung des Nutzungsrechts durch den Erwerber nach Treu und Glauben nicht zuzumuten ist. Satz 2 findet auch dann Anwendung, wenn sich die Beteiligungsverhältnisse am Unternehmen des Inhabers des Nutzungsrechts wesentlich ändern.

(4) Der Erwerber des Nutzungsrechts haftet gesamtschuldnerisch für die Erfüllung der sich aus dem Vertrag mit dem Urheber ergebenden Verpflichtungen des Veräußerers, wenn der Urheber der Übertragung des Nutzungsrechts nicht im Einzelfall ausdrücklich zugestimmt hat.

(5) Der Urheber kann auf das Rückrufsrecht und die Haftung des Erwerbers im Voraus nicht verzichten. Im Übrigen können der Inhaber des Nutzungsrechts und der Urheber Abweichendes vereinbaren.

4   Das bedeutet: Mangels einer Parteivereinbarung ist der Verleger **ohne Zustimmung des Verfassers** berechtigt, seinen ganzen Verlag oder eine bestimmte geschlossene Abteilung daran (z.B. die Abt. Belletristik oder die Abt. Unterhaltungsmusik) und damit die Verlegerrechte an den in der verkauften Abteilung verlegten Werken zu übertragen; neuerdings steht dem Urheber insoweit ein Rückrufrecht zu, § 34 Abs. 3 Satz 2 UrhG. Übertragen werden können „die Rechte des Verlegers", also seine Befugnis zur Vervielfältigung und Verbreitung und sein Anspruch auf Ablieferung des Werkes. Die Rechte des Verlegers an einzelnen Werken aber können nur übertragen werden, wenn der Verfasser zustimmt, seine Zustimmung als erteilt gilt oder ohne wichtigen Grund verweigert wird.

2. Pfändung und Verwertung

5   Das Verlagsrecht ist nur insoweit pfändbar, wie es übertragen werden kann (§ 851 ZPO).

6   **2.1** Also sind die Verlagsrechte unpfändbar, wenn zwischen dem Autor und dem Verlag vereinbart ist, dass sie nicht übertragbar sind. Sie sind pfändbar, wenn freie Übertragbarkeit vereinbart ist. Wenn und soweit die Zustimmung des Verfassers zur Übertragung nötig ist, ist sie auch zur Pfändung nötig.

7   Ein **Anspruch auf Erteilung der Zustimmung** kann allenfalls aus dem Verlagsvertrag abgeleitet werden, steht also nicht dem Vollstreckungsgläubiger als Drittem zu. Der Vollstreckungsgläubiger kann folglich die etwa geschuldete Zustimmung des Urhebers nicht erzwingen und die Zulässigkeit der Pfändung nicht herbeiführen, es sei denn, er pfände auch den Anspruch auf Zustimmung, und dieser Anspruch sei pfändbar.

8   Hierzu findet sich in der vollstreckungsrechtlichen Literatur wenig. In der verlagsrechtlichen Literatur herrscht Streit. Richtig ist die Auffassung, dass der Anspruch übertragbar und daher pfändbar ist, weil er nicht

höchstpersönlich ist, weil die Zustimmung auch dem neuen Gläubiger gegenüber erteilt werden kann, ohne dass sich ihr Inhalt dadurch ändern würde, und weil der Schutz des Urhebers nach § 34 UrhG ausreicht: Der Urheber braucht nicht zuzustimmen, wenn ihm ein wichtiger Grund zur Seite steht. Zudem steht ihm ein Rückrufrecht zu. Die Frage ist aber von geringer praktischer Bedeutung, weil einerseits in vielen Verlagsverträgen freie Übertragbarkeit vereinbart ist, und andererseits dem Autor fast stets ein wichtiger Grund für die Versagung der Zustimmung zur Seite steht.

Die Wirksamkeit der Pfändung hängt von der Zustimmung ab; der Autor hat sich zu ihr in der Drittschuldnererklärung zu äußern. Verweigert er die Zustimmung und nimmt der Vollstreckungsschuldner das hin, so sind die Verlegerrechte nicht wirksam gepfändet. Will der Vollstreckungsgläubiger die Pfändung durchsetzen, so muss er den für ihn gepfändeten und ihm überwiesenen Anspruch auf Zustimmung im Klageweg geltend machen. Das rechtskräftige Urteil gegen den Autor ersetzt dessen Zustimmung (§ 894 ZPO), die rechtskräftige Abweisung der Klage macht die Pfändung endgültig unwirksam. 9

2.2 Gepfändet wird nach § 857 ZPO; **Drittschuldner** ist der Autor. 10

Die Frage, ob ein **Drittschuldner** vorhanden ist, wird unterschiedlich beantwortet. Wird das **Verlagsrecht** als subjektives Recht gemäß § 8 VerlG gepfändet, gibt es keinen Drittschuldner, sodass dem Schuldner gemäß § 857 Abs. 2 ZPO zuzustellen ist.[3] 11

Bei der Pfändung der **schuldrechtlichen Ansprüche** auf Zustimmung zur Übertragung des Verlagsrechts sowie dem Anspruch auf Ablieferung des Werkes dürfte hingegen der Autor Drittschuldner sein.[4] 12

Im Hinblick auf die Ungewissheit, ob ein Drittschuldner existiert, sowie darauf, dass nach dem *Muster 181* sowohl das Verlagsrecht als auch einzelne Ansprüche gepfändet werden, muss die Zustellung sowohl an den Vollstreckungsschuldner als auch an den Autor als Drittschuldner erfolgen. 13

Drittschuldner bei der Pfändung des **Vergütungsanspruchs** des Autors – *Muster 182* – ist der Verleger. 14

2.3 Die **Verwertung** kann durch Überweisung zur Einziehung geschehen, aber was hat der Vollstreckungsgläubiger davon? Er wird kaum die Organisation aufziehen, die Herstellungs- und Vertriebskosten tragen und als Unbedarfter das Verlegerrisiko übernehmen wollen. Also ist anderweitige Verwertung nach § 857 Abs. 4 ZPO angezeigt. Verwaltung bringt kaum etwas, weil das Recht dann beim Verleger bleibt, der dieses Werk nicht mit seinem Herzblut tränken und mit seinem schwachen Kapital stärken wird. Also empfiehlt sich wohl die Veräußerung durch den Gerichtsvoll- 15

---

3 *Stein/Jonas*, § 857 ZPO Rz. 99; *Zimmermann*, S. 286.
4 *Stein/Jonas*, § 857 ZPO Rz. 98; *Zimmermann*, S. 286.

Muster 183 — Verlöbnis

zieher. Interessiert sich ein guter Verleger für den Erwerb, so wird der Autor seine Zustimmung vielleicht doch noch erteilen.

16 2.4 Der Vergütungsanspruch, die **Honorarforderung des Autors**, ist nach §§ 829, 835 ZPO zu pfänden. Pfändungsschutz ist grundsätzlich nach § 850i ZPO zu gewähren, wenn die Vergütung in Teilbeträgen (etwa je nach Ablieferung von Manuskriptteilen oder nach Quartalsabrechnung) bezahlt wird. Erhält der Schuldner aber laufend eine vom Umsatz abhängige Vergütung als Entgelt für die Nutzung eines von ihm persönlich entwickelten Produkts, können diese dem Pfändungsschutz nach § 850 ZPO oder § 850i ZPO, jew. i.V.m. § 850c ZPO unterfallen.[5]

17 **Drittschuldner** ist der Verleger.

Muster 183 Verlöbnis

Hinweis: Zu benutzen ist das amtliche Formular Anlage 2 (zu § 2 Nr. 2) der Verordnung über Formulare für die Zwangsvollstreckung (Zwangsvollstreckungsformular-Verordnung – ZVFV) vom 23.8.2012 (BGBl. I 2012, S. 1822) in der geänderten Fassung aufgrund der Verordnung zur Änderung der Zwangsvollstreckungsformular-Verordnung vom 16.6.2014 (BGBl. I 2014, S. 754).

Hierbei ist das Feld „Anspruch G" oder eine gesonderte Anlage zu nutzen. Es wird folgender Text empfohlen:

Wegen ... werden die angeblichen Forderungen der Schuldnerin

gegen ... (Name und Adresse des Verlobten) ...   (Drittschuldner)

aus Auflösung des Verlöbnisses gepfändet, die gerichtet sind auf:

a) Ersatz des Schadens, welcher der Schuldnerin durch Aufwendungen oder Eingehung von Verbindlichkeiten in Erwartung der Ehe und dadurch entstanden ist, dass sie in Erwartung der Ehe sonstige, ihr Vermögen oder ihre Erwerbsstellung berührende Maßnahmen getroffen hat,

b) Herausgabe der Verlobungsgeschenke, insbesondere ... (die Geschenke genau bezeichnen) ... einschließlich der gezogenen Nutzungen und Surrogate, und auf Wertersatz dafür im Fall der Unmöglichkeit der Herausgabe.

Dem Drittschuldner wird verboten, an die Schuldnerin zu leisten.

Der Schuldnerin wird verboten, sich jeder Verfügung über die gepfändeten Forderungen, insbesondere ihrer Einziehung, zu enthalten.

Zugleich werden die gepfändeten Forderungen dem Gläubiger zur Einziehung überwiesen.

---

[5] BGH v. 12.12.2003 – IXa ZB 165/03, Rpfleger 2004, 361 zur Lizenz; die Ausführungen lassen sich jedoch auf Honoraransprüche übertragen.

1. Das Verlöbnis (§§ 1297 ff. BGB) ist ein vertragliches gegenseitiges Eheversprechen, aus dem nicht auf Eingehung der Ehe geklagt werden kann, und das auch keine güterrechtlichen Wirkungen äußert. Das BGB regelt lediglich die vermögensrechtlichen Folgen seiner Auflösung:

1.1 Jeder Verlobte kann von dem anderen die Herausgabe der **Geschenke** verlangen (§ 1301 BGB); dazu zählen nicht Unterhaltsbeiträge unter Verlobten.[1]

1.2 Der schuldhaft verlassene Verlobte kann von dem anderen Ersatz von Schäden verlangen, die ihm aus seinem Vertrauen auf das Eheversprechen entstanden sind (näher geregelt in §§ 1298, 1299 BGB).

1.3 Eltern und an deren Stelle handelnde Dritte haben wie der schuldhaft Verlassene den Ersatzanspruch nach § 1298 Abs. 1 Satz 1 BGB.

1.4 Die Ansprüche aus Verlöbnis **verjähren** in drei Jahren von der Auflösung des Verlöbnisses an, §§ 1302, 195 BGB.

2. Pfändung und Verwertung

Die Ansprüche sind übertragbar und vererblich, damit auch pfändbar.[2] Die Forderungen werden nach §§ 829, 835 gepfändet und überwiesen; herauszugebende Sachen werden durch den Gerichtsvollzieher wie üblich, meist also durch öffentliche Versteigerung, verwertet.

Muster 184 Vermächtnis I

Geldvermächtnis und Verschaffungsvermächtnis

Hinweis: Zu benutzen ist das amtliche Formular Anlage 2 (zu § 2 Nr. 2) der Verordnung über Formulare für die Zwangsvollstreckung (Zwangsvollstreckungsformular-Verordnung – ZVFV) vom 23.8.2012 (BGBl. I 2012, S. 1822) in der geänderten Fassung aufgrund der Verordnung zur Änderung der Zwangsvollstreckungsformular-Verordnung vom 16.6.2014 (BGBl. I 2014, S. 754).

Hierbei ist das Feld „Anspruch G" oder eine gesonderte Anlage zu nutzen. Es wird folgender Text empfohlen:

Wegen ... werden die angeblichen Forderungen des Schuldners

gegen ... (Name und Adresse d. Beschwerten) ... (Drittschuldner)

aus dem im[1]
- *Testament vom ...*
- *Erbvertrag des Notars ... vom ...*

---

[1] Vgl. BGH v. 13.4.2005 – XII ZR 296/00, NJW-RR 2005, 1089.
[2] Palandt/*Brudermüller*, § 1301 BGB Rz. 1; MünchKomm/*Roth*, § 1301 BGB Rz. 8; a.A. *Stöber*, Rz. 413a: Das Rückforderungsrecht sei höchstpersönlich, die nach erfolgter Rückforderung geschuldeten Leistungen seien jedoch pfändbar.

Muster 185 Vermächtnis II

zugunsten des

Schuldners enthaltenen Vermächtnis des am ... in ... verstorbenen ... (Name des Erblassers) ...

auf

a) Zahlung von ... Euro

b) Verschaffung[1]

  – folgender Sache ... (vermächtnisgemäß beschreiben) ...

  – folgenden Rechts ... (vermächtnisgemäß beschreiben) ...

oder Entrichtung ihres/seines Werts

gepfändet.

Es wird angeordnet, dass die zu verschaffende Sache an einen vom Gläubiger beauftragten Gerichtsvollzieher herauszugeben ist.[2]

---

[1] Unter diesen Alternativen ist zu wählen.
[2] Bezüglich des zu verschaffenden Rechts eventuell anderweitige Verwertung beantragen, vgl. Rz. 13 der Erläuterungen bei *Muster 107*.

Erläuterungen bei *Muster 185*.

Muster 185 Vermächtnis II

Sachvermächtnis und Wahlvermächtnis

Hinweis: Zu benutzen ist das amtliche Formular Anlage 2 (zu § 2 Nr. 2) der Verordnung über Formulare für die Zwangsvollstreckung (Zwangsvollstreckungsformular-Verordnung – ZVFV) vom 23.8.2012 (BGBl. I 2012, S. 1822) in der geänderten Fassung aufgrund der Verordnung zur Änderung der Zwangsvollstreckungsformular-Verordnung vom 16.6.2014 (BGBl. I 2014, S. 754).

Hierbei ist das Feld „Anspruch G" oder eine gesonderte Anlage zu nutzen. Es wird folgender Text empfohlen:

Wegen ... werden die angeblichen Forderungen des Schuldners

gegen   ... (Name und Adresse d. Beschwerten) ...   (Drittschuldner)

aus dem im[1]

– Testament vom ...

– Erbvertrag des Notars ... vom ...

zugunsten des Schuldners erhaltenen Vermächtnis des am ... in ... verstorbenen ... (Name des Erblassers) ...

auf

a) Übereignung folgender Sache ... (vermächtnisgemäß beschreiben) ...

b) Übertragung entweder von ... oder von ... (vermächtnisgemäß beschreiben) ...

gepfändet.

Es wird angeordnet, dass die zu übereignende Sache an einen vom Gläubiger beauftragten Gerichtsvollzieher zur Verwertung herauszugeben ist.²

---

1 Unter diesen Alternativen ist zu wählen.
2 Bezüglich der herauszugebenden Sache eventuell anderweitige Verwertung beantragen, vgl. Rz. 13 der Erläuterungen bei *Muster 108*.

1. Abgrenzung Vermächtnisnehmer-Erbe

Das **Vermächtnis** ist in § 1939 BGB wie folgt definiert: „Der Erblasser kann durch Testament einem anderen, ohne ihn als Erben einzusetzen, einen Vermögensvorteil zuwenden." (Der Erblasser kann das natürlich auch durch Erbvertrag tun.) Damit ist der Vermächtnisnehmer in deutlichen Gegensatz zum Allein- oder Miterben gestellt: Auf den/die Erben geht das gesamte Vermögen des Erblassers über, der Vermächtnisnehmer erhält ein Forderungsrecht gegen den mit dem Vermächtnis Beschwerten, ohne Anteil am Vermögen des Erblassers zu erhalten (§ 2174 BGB). Beschwerter kann der/ein Erbe oder ein (anderer) Vermächtnisnehmer sein (§ 2147 BGB; vgl. auch § 2161 BGB). 1

1.1 Die Forderung des Vermächtnisnehmers entsteht frühestens mit dem Erbfall (§§ 2176, 2177 BGB); **fällig** kann sie mit dem Erbfall oder später werden (vgl. §§ 2176, 2177 BGB). 2

1.2 „Vermögensvorteil" ist nicht notwendig eine Forderung auf Geldzahlung, Übereignung einer Sache oder Übertragung eines Rechts, er kann in jedem geldwerten Vorteil bestehen, z.B. in der Befugnis, ein zum Nachlass gehörendes Grundstück gegen Vergütung zu verwalten. Der Vermächtnisgegenstand kann also äußerst vielgestaltig sein, und jedem Vermächtnis können auch noch Besonderheiten „aufgeladen" werden (vgl. z.B. das gemeinsame Vermächtnis nach §§ 2151, 2157 BGB, das Ersatzvermächtnis nach § 2190 BGB, das Nachvermächtnis nach § 2191 BGB, das Vorausvermächtnis nach § 2150 BGB). Daher gibt das BGB zahlreiche **Auslegungsvorschriften**, mit denen sich **der Vollstreckungsgläubiger** allerdings meist erst **vor Erhebung der Drittschuldnerklage** befassen muss. 3

2. Pfändung und Verwertung

2.1 Vor dem Tod des Erblassers besteht weder ein Recht noch eine Anwartschaft des Vermächtnisnehmers (Drittschuldners), sondern nur eine tatsächliche Aussicht.¹ Eine Pfändung vor dem Tod des Erblassers scheidet also aus. Ist das Vermächtnis aufschiebend bedingt oder befristet, so „erfolgt der Anfall des Vermächtnisses mit dem Eintritt der Bedingung 4

---

1 BGHZ 12, 115.

oder des Termins" (§ 2177 BGB); dennoch erlangt der Vermächtnisnehmer bereits mit dem Erbfall ein übertragbares und pfändbares Anwartschaftsrecht.[2]

5 2.2 Für die Pfändung einer entstandenen Vermächtnisforderung gelten im Regelfall keine Besonderheiten: Steht dem Vermächtnisnehmer z.B. eine Forderung auf einen bestimmten Geldbetrag zu, so ist seine Forderung als **gewöhnliche Geldforderung ohne Pfändungsschutz** zu pfänden und zu überweisen; steht ihm ein Anspruch auf Übereignung einer unbeweglichen oder beweglichen Sache oder ein Anspruch auf Übertragung einer Forderung zu, so ist nicht anders zu verfahren, als wären diese Forderungen aus einem Kaufvertrag entstanden. Daher wird auf Rz. 7 der Erläuterungen bei *Muster 33* und Rz. 9 bis 17 der Erläuterungen bei *Muster 107* verwiesen.

Besonderheiten sind aber bei dem Verschaffungsvermächtnis und bei dem Wahlvermächtnis zu beachten:

6 **2.2.1 Das Verschaffungsvermächtnis** (§ 2170 BGB) ist auf einen Gegenstand gerichtet, der nicht zum Nachlass gehört; es gibt dem Bedachten den Anspruch gegen den Beschwerten, ihm den vermachten Gegenstand zu verschaffen, gleich ob er sich im Vermögen des Beschwerten befindet oder nicht. Muss der Beschwerte den Gegenstand selbst erst anschaffen und ist ihm das subjektiv unmöglich, so muss er den Wert entrichten; erfordert die Anschaffung unverhältnismäßige Aufwendungen, so kann sich der Beschwerte durch Wertersatz befreien. Ist die Verschaffung von Anfang an unmöglich oder gesetzlich verboten, so ist das Vermächtnis nichtig (§ 2171 BGB). Wird dem Beschwerten die Erfüllung nachträglich unmöglich, ohne dass er das zu vertreten hat, so wird er entweder von seiner Verpflichtung frei, oder er muss dem Vermächtnisnehmer das ihm aus dem Untergang erwachsene Surrogat herausgeben (§§ 275, 283, 285 BGB). Das alles muss der Vollstreckungsgläubiger vor Erhebung der Drittschuldnerklage bedenken und sein **Auskunftsbegehren gegen den Vollstreckungsschuldner** auf alle diese Fragen richten.

7 **2.2.2 Das Wahlvermächtnis** (§ 2154 BGB) weist die Besonderheit auf, dass der Bedachte von mehreren Gegenständen nur den einen oder den anderen erhalten soll. Hat der Erblasser nichts anderes bestimmt, steht die Wahl dem Beschwerten zu (§ 262 BGB). Übt dieser sein Wahlrecht nicht aus, so geht es nicht etwa auf den Bedachten über, sondern der Bedachte ist befugt, die Zwangsvollstreckung auf die ihm genehme Leistung zu richten (§ 264 BGB). Der Vermächtnisnehmer bzw. an dessen Stelle der Vollstreckungsschuldner muss also gegen den Beschwerten (Drittschuldner) Leistungsklage mit alternativem Antrag erheben. Ist dagegen infolge Bestimmung des Erblassers **der Bedachte (Vollstreckungsschuldner) wahlberechtigt**, so kann der Vollstreckungsgläubiger die Wahl an seiner statt ausüben.

---

2 BGH MDR 1963, 824.

Damit muss sich der Vollstreckungsschuldner zwar erst bei Erhebung der 8
Drittschuldnerklage im Einzelnen auseinander setzen, aber er muss darauf **bei Formulierung seines Pfändungsantrags schon Rücksicht nehmen.**

2.3 Drittschuldner ist stets der mit dem Vermächtnis Beschwerte (oben 9
Rz. 1).

Muster 186 Vermögenswerte Ost, Vermögensgesetz

Anspruch auf Rückübertragung eines Grundstücks

Hinweis: Zu benutzen ist das amtliche Formular Anlage 2 (zu § 2 Nr. 2) der Verordnung über Formulare für die Zwangsvollstreckung (Zwangsvollstreckungsformular-Verordnung – ZVFV) vom 23.8.2012 (BGBl. I 2012, S. 1822) in der geänderten Fassung aufgrund der Verordnung zur Änderung der Zwangsvollstreckungsformular-Verordnung vom 16.6.2014 (BGBl. I 2014, S. 754).

Hierbei ist das Feld „Anspruch G" oder eine gesonderte Anlage zu nutzen. Es wird folgender Text empfohlen:

Wegen ... und zusätzlich der Kosten der Eintragung im Grundbuch werden die Ansprüche des Schuldners gegen ... (genaue Benennung des Verfügungsberechtigten) ... (Drittschuldner)

auf Rückübertragung des Grundstücks ... eingetragen im Grundbuch von ... Blatt ... Seite ... aufgrund des Vermögensgesetzes

und auf Grundbuchberichtigung durch Eintragung des Schuldners als Eigentümer

gepfändet.

Dem Drittschuldner wird verboten, an den Schuldner zu leisten.

Dem Schuldner wird geboten, sich jeder Verfügung über die gepfändeten Ansprüche, insbesondere ihrer Einziehung und der Rücknahme seines Antrags nach § 30 VermG zu enthalten.

Zugleich werden die gepfändeten Ansprüche dem Gläubiger zur Einziehung überwiesen.

Das Grundbuchamt ... wird gemäß § 34 Abs. 2 VermG ersucht, zugunsten des Gläubigers eine Sicherungshypothek nach § 1287 BGB gleichrangig mit der Eintragung des Schuldners als Eigentümer einzutragen.

1. Das Vermögensgesetz

Das Vermögensgesetz i.d.F. vom 21.12.1998[1] gibt eine komplizierte, von 1
zahlreichen Ausnahmen durchbrochene Regelung, die darauf abzielt,
„**Vermögenswerte**" (§ 2 Abs. 2 VermG), welche in der DDR den Rechtsinhabern rechtsstaatswidrig entzogen worden waren (§ 1 VermG), den

---

1 BGBl. I 1998, 4026 in der Fassung der Bek. v. 9.2.2005, BGBl. I, 205, das zuletzt geändert worden ist durch Art. 6 Gesetz v. 1.10.2013 (BGBl. I, 3719).

"Berechtigten" (§ 2 Abs. 1 VermG) wieder zu verschaffen, indem es ihnen gegen den "Verfügungsberechtigten" (§ 2 Abs. 3 VermG) einen **Anspruch auf Rückübertragung**, Rückgabe oder Entschädigung (§ 3 VermG) gibt.

2   **1.1** Einzelheiten hierzu können in diesem Rahmen nicht dargestellt werden, insbesondere nicht zu den Ausnahmen von dieser Regelung, dem Ausgleich für zwischenzeitlich geschehene Belastungen oder Wertverbesserungen und dem Vorkaufsrecht von Mietern und Nutzern nach §§ 20 und 20a VermG.

Hier wird als Beispiel der wohl wichtigste Anspruch auf Rückübertragung eines Grundstücks behandelt.

3   **1.2 Die Durchführung des Vermögensgesetzes** obliegt den "neuen" Ländern (§ 22 VermG), die Ämter und Landesämter zur Regelung offener Vermögensfragen errichten und bei den Landesämtern Widerspruchsausschüsse bilden (§§ 23 ff. VermG); das Bundesamt zur Regelung offener Vermögensfragen (§ 29 VermG) hat in diesem Zusammenhang wenig Bedeutung.

4   Die **Ämter zur Regelung offener Vermögensfragen** werden auf Antrag, der jederzeit zurückgenommen werden kann, tätig und entscheiden bei Scheitern einer einvernehmlichen Regelung als 1. Instanz (§ 30 VermG). Über einen nach § 33 VermG dagegen zulässigen Widerspruch entscheidet das Landesamt (§ 36 VermG), und gegen dessen Entscheidung steht dem Beschwerten der Antrag auf richterliche Entscheidung zu, die dann grundsätzlich endgültig ist (§ 37 VermG).

2. Pfändung und Verwertung

5   **2.1** Der Rückübertragungsanspruch ist **pfändbar** (§ 3 Abs. 1 Satz 2 VermG); er wird durch Überweisung zur Einziehung **verwertet**. Mit der Pfändung entsteht ein Pfandrecht des Vollstreckungsgläubigers an dem Anspruch, der folglich vertraglich nur noch mit Zustimmung des Vollstreckungsgläubigers aufgehoben werden kann (§ 1276 BGB), und den der Vollstreckungsschuldner auch nicht mehr zurücknehmen darf. Der Drittschuldner darf nur an den Vollstreckungsgläubiger und den Vollstreckungsschuldner gemeinsam leisten (§ 1281 BGB), wodurch der Vollstreckungsschuldner das Eigentum an dem Grundstück und der Vollstreckungsgläubiger eine gleichrangige Sicherungshypothek an dem Grundstück in Höhe seiner Vollstreckungsforderung erwirbt (§ 1287 BGB).

6   **2.2 Die Überweisung befugt** den Vollstreckungsgläubiger bei dem Grundbuchamt, die **Eintragung seiner Hypothek** und die Voreintragung des Vollstreckungsschuldners als Eigentümer zu beantragen; vgl. hierzu *Muster 32*. Zugleich soll das Vollstreckungsgericht das Grundbuchamt analog § 34 Abs. 2 VermG um die Eintragung ersuchen.

7   **2.3 Befriedigung aus der Sicherungshypothek** erlangt der Vollstreckungsgläubiger wie in Rz. 16 der Erläuterungen zu *Muster 33* dargelegt.

Muster 187 Versteigerungserlös aus der Mobiliarversteigerung I

Titulierte Forderung des Vollstreckungsschuldners, für die ein Pfändungspfandrecht bereits besteht, vor Verwertung der Pfandsachen

Hinweis: Zu benutzen ist das amtliche Formular Anlage 2 (zu § 2 Nr. 2) der Verordnung über Formulare für die Zwangsvollstreckung (Zwangsvollstreckungsformular-Verordnung – ZVFV) vom 23.8.2012 (BGBl. I 2012, S. 1822) in der geänderten Fassung aufgrund der Verordnung zur Änderung der Zwangsvollstreckungsformular-Verordnung vom 16.6.2014 (BGBl. I 2014, S. 754).

Hierbei ist das Feld „Anspruch G" oder eine gesonderte Anlage zu nutzen. Es wird folgender Text empfohlen:

Wegen ... werden die angeblichen Forderungen des Schuldners

a) auf Zahlung von Hauptsache und Zinsen gemäß dem ... (Hauptsachetitel genau bezeichnen) ...

b) auf Erstattung von Prozesskosten auf Grund des ... (Kostentitel genau bezeichnen) ...

gepfändet.

Erläuterungen bei *Muster 188.*

Muster 188 Versteigerungserlös aus der Mobiliarversteigerung II

Anspruch des Vollstreckungsschuldners gegen den Gerichtsvollzieher auf Auszahlung des Erlöses nach Versteigerung der Pfandsache

Hinweis: Zu benutzen ist das amtliche Formular Anlage 2 (zu § 2 Nr. 2) der Verordnung über Formulare für die Zwangsvollstreckung (Zwangsvollstreckungsformular-Verordnung – ZVFV) vom 23.8.2012 (BGBl. I 2012, S. 1822) in der geänderten Fassung aufgrund der Verordnung zur Änderung der Zwangsvollstreckungsformular-Verordnung vom 16.6.2014 (BGBl. I 2014, S. 754).

Hierbei ist das Feld „Anspruch G" oder eine gesonderte Anlage zu nutzen. Es wird folgender Text empfohlen:

Wegen ... wird der angebliche Anspruch des Schuldners

auf Auszahlung des die Versteigerungskosten übersteigenden Erlöses (Überschusses) aus der Versteigerung der Pfandstücke in der Zwangsvollstreckungssache ... gegen ... DR. Nr. ... des Gerichtsvollziehers ...

gepfändet.

Muster 188 Versteigerungserlös aus der Mobiliarversteigerung II

1. Akzessorietät von Pfandrechten

1 Das Pfandrecht an beweglichen Sachen und an Rechten als unselbständiges Nebenrecht ist akzessorisch (§ 1250 Abs. 1 Satz 1 BGB), kann also nicht für sich allein übertragen werden, sondern nur zusammen mit der Hauptforderung, gleich ob diese durch Rechtsgeschäft, kraft Gesetzes oder kraft gerichtlichen Beschlusses übertragen bzw. überwiesen wird.

2. Pfändung und Verwertung

2 Daher ist das Pfandrecht selbst nicht pfändbar. Pfändbar ist die Forderung, für die es bestellt ist, als Hauptrecht. Welche Folgen die Pfändung einer schon durch ein Pfändungspfandrecht gesicherten Forderung hat, wird an zwei Beispielen dargestellt, wobei G den jetzigen Vollstreckungsgläubiger bezeichnet, S den jetzigen Vollstreckungsschuldner, zu dessen Gunsten der Gerichtsvollzieher bei dem Drittschuldner D für eine Forderung von 1000 Euro eine Sache gepfändet hat.

3 **2.1 Die Pfandsache ist noch nicht verwertet:** Pfändung und Überweisung der Forderung des S gegen D zugunsten des G bewirkt, dass das Pfandrecht des S an der Pfandsache nunmehr zugunsten des G fortbesteht, weil das Pfandrecht akzessorisch ist, und dass der künftige Erlös aus der Pfandverwertung bis zur vollen Deckung seiner Vollstreckungsforderung dem G zusteht. Damit der Gerichtsvollzieher dies berücksichtigen kann, muss ihm G den Pfändungs- und Überweisungsbeschluss übersenden und Auszahlung des Versteigerungserlöses an sich beantragen.

4 **2.2 Der Gerichtsvollzieher hat die Pfandsache schon verwertet** und (über die Kosten hinaus) 1500 Euro Erlös. Der Übererlös aus der Verwertung ist nach Erteilung des Zuschlags pfändbar. Das ursprünglich an der Pfandsache entstandene Pfandrecht besteht am Erlös fort (§ 1212 BGB analog).[1] Daher ist nunmehr G befugt, die Auszahlung des Erlöses in Höhe seiner Forderung von 1000 Euro vom Gerichtsvollzieher zu verlangen, während D einen Anspruch auf die „übrig gebliebenen" 500 Euro hat. Sehr streitig ist, wer in diesem Fall als Drittschuldner zu bezeichnen ist. Da der Gerichtsvollzieher in seiner Funktion hoheitlich tätig wird, kann er nicht Drittschuldner sein. Die Zustellung des Pfändungs- und Überweisungsbeschlusses wird wirksam und hat zu erfolgen nur an den Schuldner, § 857 Abs. 2 ZPO.[2] Die wirksame Pfändung ist aber dem Gerichtsvollzieher in jedem Falle sofort anzuzeigen, da er ansonsten mangels Kenntnis den Erlös auszahlen wird.

5 **2.3 Der Gerichtsvollzieher hat die Pfandsache verwertet und den Erlös hinterlegt:** Der Erlös ist damit in das Vermögen des Staates übergegangen, sodass nur noch eine Pfändung des Auszahlungsanspruchs nach *Muster 98* möglich ist. **Drittschuldner** ist das entsprechende Bundesland.

---

1 Zöller/*Stöber*, § 804 ZPO Rz. 7; *Stein/Jonas*, § 857 ZPO Rz. 42; im Ergebnis auch LG Berlin DGVZ 1983, 93.
2 *Stöber*, Rz. 130 m.w.H. auch zur Gegenmeinung.

2.4 Wenn der Vollstreckungsgläubiger nicht beurteilen kann, ob die Pfand- 6
sache bei Wirksamwerden seiner eigenen Pfändung schon verwertet sein
wird oder nicht, kann er *Muster 187* und *Muster 188* kombinieren und beide möglichen Forderungen pfänden lassen.

Muster 189 Vertreterprovision

Hinweis: Zu benutzen ist das amtliche Formular Anlage 2 (zu § 2 Nr. 2) der Verordnung über Formulare für die Zwangsvollstreckung (Zwangsvollstreckungsformular-Verordnung – ZVFV) vom 23.8.2012 (BGBl. I 2012, S. 1822) in der geänderten Fassung aufgrund der Verordnung zur Änderung der Zwangsvollstreckungsformular-Verordnung vom 16.6.2014 (BGBl. I 2014, S. 754).

Hierbei ist das Feld „Anspruch G" oder eine gesonderte Anlage zu nutzen. Es wird folgender Text empfohlen:

Wegen ... werden die angebliche Forderung des Schuldners auf Zahlung fälliger und künftig fällig werdender Provisionen und sein angeblicher Anspruch auf Abrechnung und Auskunftserteilung gepfändet, welche ihm[1]

– aus Handelsvertretervertrag

– aus Versicherungsvertretervertrag

gegen ... Name und Adresse des Unternehmers, für den der Vertreter tätig ist) ... (Drittschuldner)

zustehen.

---
1 Unter den folgenden Alternativen ist zu wählen.

1. Begriff des Handelsvertreters

Handelsvertreter ist, wer als selbständiger Gewerbetreibender ständig da- 1
mit betraut ist, für einen anderen Unternehmer (der seinerseits wiederum Handelsvertreter sein kann), Geschäfte zu vermitteln oder in dessen Namen abzuschließen. Selbständig ist, wer im Wesentlichen frei seine Tätigkeit gestalten und seine Arbeitszeit bestimmen kann. Wer, ohne selbständig zu sein, mit den genannten Aufgaben betraut ist, gilt als Angestellter (§ 84 HGB).

Ein Handelsvertreter, der damit beauftragt ist, Versicherungsverträge zu 2
vermitteln oder abzuschließen, ist **Versicherungsvertreter**. Für das Vertragsverhältnis zwischen ihm und dem Versicherer gelten ganz ähnliche Bestimmungen, wie für das Vertragsverhältnis zwischen dem Handelsvertreter und dem Unternehmer (§ 92 HGB). Gleiches gilt für einen Bausparkassenvertreter (§ 92 Abs. 5 HGB).

Für Handelsvertreter, die vertraglich nur für einen Unternehmer tätig 3
werden dürfen oder nach Art und Umfang der von ihnen verlangten Tätig-

keit nicht für weitere Unternehmer tätig sein können, können Mindestvergütungen festgesetzt werden (§ 92a HGB).

2. Pfändung und Verwertung

4   2.1 Bei den **nicht selbständigen Vertretern** ist das Gehalt zu pfänden wie in den *Mustern 19, 20, 24* und *25.*

5   2.2 Auch der **selbständige Handelsvertreter** erhält meist regelmäßig wiederkehrende Vergütungen; denn seine Provisionen werden in bestimmten Zeitabschnitten abgerechnet, wenn auch ihre Höhe, die vom Umfang der vom Vertreter vermittelten oder abgeschlossenen Geschäfte abhängt, jedes Mal verschieden ausfallen kann. Aber selbst wenn die Provisionen nicht in regelmäßiger Wiederkehr ausbezahlt werden, stellen sie dennoch Arbeitseinkommen dar, wenn die Vertreterleistungen die Erwerbstätigkeit des Vollstreckungsschuldners vollständig oder zu einem wesentlichen Teil in Anspruch nehmen (§ 850 Abs. 2 ZPO).

6   Hier aber richtet sich der **Pfändungsschutz** auf Antrag nach § 850i ZPO. Einer Anordnung auch mit Wirkung für die Vergangenheit steht ein Rückwirkungsverbot nicht entgegen, da die Anordnung lediglich sicherstellen soll, dass der Selbstständige hinsichtlich des Pfändungsschutzes in etwa dieselbe Position erhält wie ein Arbeitnehmer.[1] Die Pfändung ergreift die Provisionsforderung in voller Höhe; erst auf Antrag des Vollstreckungsschuldners bestimmt das Vollstreckungsgericht, welcher Teil der gepfändeten Forderung dem Vollstreckungsschuldner zu belassen ist.

§ 850i Abs. 1 ZPO hat ab dem 1.7.2010 folgenden Wortlaut:[2]

(1) Werden nicht wiederkehrend zahlbare Vergütungen für persönlich geleistete Arbeiten oder Dienste oder sonstige Einkünfte, die kein Arbeitseinkommen sind, gepfändet, so hat das Gericht dem Schuldner auf Antrag während eines angemessenen Zeitraums so viel zu belassen, als ihm nach freier Schätzung des Gerichts verbleiben würde, wenn sein Einkommen aus laufendem Arbeits- oder Dienstlohn bestünde. Bei der Entscheidung sind die wirtschaftlichen Verhältnisse des Schuldners, insbesondere seine sonstigen Verdienstmöglichkeiten, frei zu würdigen. Der Antrag des Schuldners ist insoweit abzulehnen, als überwiegende Belange des Gläubigers entgegenstehen.

7   Ist der selbständige Vertreter für mehrere Unternehmer jeweils in erheblichem Umfang tätig, und werden **mehrere Provisionsansprüche gegen verschiedene Drittschuldner** gepfändet, so sind sie auf Antrag des Vollstreckungsgläubigers zusammenzurechnen; der pfändbare Betrag ist aus dem Gesamtbetrag zu bestimmen (§ 850e Nr. 2 ZPO).

8   2.3 Die Pfändung (und Überweisung) kann nicht nur die fälligen (rückständigen), sondern auch **künftig fällig werdende Provisionsbeträge** umfassen. Das soll aber ausdrücklich ausgesprochen werden, weil es nicht ganz eindeutig ist, ob § 832 ZPO auf die Vertreterprovision anzuwenden ist.

---

1 LG Berlin v. 29.9.2011 – 85 T 295/11, VuR 2013, 190.
2 Gesetz zur Reform des Kontopfändungsschutzes vom 7.7.2009, BGBl. I 2009, 1707.

2.4 Der Ausgleichsanspruch des Handelsvertreters nach § 89b HGB ist pfändbar; Pfändungsschutz wird nach § 850i ZPO gewährt.

3. Prozessuales: Der Handelsvertreter i.S. des § 92a HGB gilt als Arbeitnehmer, wenn er nicht mehr als einen bestimmten Betrag (durchschnittlich 1000 Euro monatlich) verdient (§ 5 Abs. 3 ArbGG). In diesem Falle ist für die Drittschuldnerklage das Arbeitsgericht funktionell zuständig.

Muster 190 Vorkaufsrecht

Hinweis: Zu benutzen ist das amtliche Formular Anlage 2 (zu § 2 Nr. 2) der Verordnung über Formulare für die Zwangsvollstreckung (Zwangsvollstreckungsformular-Verordnung − ZVFV) vom 23.8.2012 (BGBl. I 2012, S. 1822) in der geänderten Fassung aufgrund der Verordnung zur Änderung der Zwangsvollstreckungsformular-Verordnung vom 16.6.2014 (BGBl. I 2014, S. 754).

Hierbei ist das Feld „Anspruch G" oder eine gesonderte Anlage zu nutzen. Es wird folgender Text empfohlen:

Wegen ... wird das angebliche, kraft Vereinbarung übertragbare, Vorkaufsrecht des Schuldners am Grundstück Flurst. ... der Gemarkung ... des ... (Name und Adresse) ...   *(Drittschuldner),*

eingetragen im Grundbuch des Amtsgerichts ... von ... Blatt ...

gepfändet.

Dem Drittschuldner wird verboten, an den Schuldner zu leisten.

Dem Schuldner wird geboten, sich jeder Verfügung über das Vorkaufsrecht, insbesondere dessen Ausübung und Übertragung, zu enthalten.

Zugleich wird das gepfändete Vorkaufsrecht dem Gläubiger zur Einziehung überwiesen.

Der Drittschuldner hat das genannte Grundstück Zug um Zug gegen Zahlung des Kaufpreises an den vom Amtsgericht ... (grundbuchführendes Amtsgericht) ... zu bestellenden Sequester herauszugeben und an diesen als Vertreter des Schuldners aufzulassen.

1. Wesen des Vorkaufsrechts

Vom Vorkaufsrecht sind das **Ankaufsrecht** und das **Wiederkaufsrecht zu unterscheiden.**

1.1 Das **Vorkaufsrecht** entsteht kraft Gesetzes (z.B. §§ 24 ff. BauGB, §§ 2034 ff. BGB) oder durch Vertrag zwischen dem Berechtigten und dem Verpflichteten. Das Vorkaufsrecht ist der Anspruch, einen Gegenstand käuflich dadurch zu erwerben, dass der Vorkaufsberechtigte in einen zwischen dem Verkäufer und einem Dritten geschlossenen Vertrag eintritt (§ 463 BGB). Übt der Berechtigte das Vorkaufsrecht aus, so kommt durch diese einseitige Erklärung der zwischen dem Verkäufer und einem Dritten geschlossene Kaufvertrag nunmehr zwischen dem Verkäufer und dem Vorkaufsberechtigten zustande, ohne dass sich der Vertragsinhalt im Übrigen ändern würde.

3 **Ausgeübt** wird das Vorkaufsrecht durch **Erklärung des Berechtigten** gegenüber dem Verkäufer; sie bedarf nicht der Form des Kaufvertrages (§ 464 BGB).

Das vertragliche Vorkaufsrecht kann ein schuldrechtliches oder ein dingliches sein.

4 1.1.1 Gegenstand des **schuldrechtlichen Vorkaufsrechts** (§§ 463 ff. BGB) kann alles sein, was Gegenstand eines Kaufvertrages sein kann, also unbewegliche Sachen, bewegliche Sachen, Rechte, Inbegriffe von Sachen und Rechten. Die gesetzlichen Bestimmungen sind durch Vertrag weitgehend abdingbar. Als Verpflichteter wird derjenige bezeichnet, der das Vorkaufsrecht gewährt hat. §§ 463 ff. BGB sind auf die gesetzlichen Vorkaufsrechte und ergänzend auf das dingliche Vorkaufsrecht anzuwenden.

5 1.1.2 Für das **dingliche Vorkaufsrecht** (§§ 1094 ff. BGB) gelten die §§ 463 ff. BGB entsprechend. Das dingliche Vorkaufsrecht kann jedoch nur an einem Grundstück, grundstücksgleichen Recht, an einem Wohnungs- oder Teileigentum oder einem Miteigentumsanteil bestellt werden und erstreckt sich auf das Zubehör (§§ 1094, 1095, 1096 BGB, § 10 WEG). Das dingliche Vorkaufsrecht kann zugunsten einer bestimmten Person (**subjektiv-persönliches** Vorkaufsrecht) oder zugunsten des jeweiligen Eigentümers eines anderen Grundstücks (**subjektiv-dingliches** Vorkaufsrecht) bestellt werden.

6 1.1.3 Das Vorkaufsrecht kann nur innerhalb bestimmter **Fristen** ausgeübt werden (Ausnahme: das schuldrechtliche Vorkaufsrecht, wenn es als fristloses vereinbart ist): Der Verpflichtete hat dem Berechtigten den Inhalt des mit dem Dritten geschlossenen Vertrages unverzüglich anzuzeigen; vom Zugang dieser Anzeige ab kann das schuldrechtliche Vorkaufsrecht nur innerhalb einer Woche, das dingliche nur innerhalb von zwei Monaten geltend gemacht werden, wenn nicht eine andere Frist vereinbart ist (§ 469 BGB).

7 1.1.4 Das Vorkaufsrecht ist **nicht übertragbar** und geht nicht auf die Erben des Berechtigten über, sofern nicht ein anderes bestimmt ist. Ist das Recht auf eine bestimmte Zeit beschränkt, so ist es im Zweifel vererblich (§ 473 BGB); das Vorkaufsrecht der Miterben ist vererblich, aber nicht übertragbar (§ 2034 Abs. 2 BGB).

8 Dagegen sind die durch Ausübung des Vorkaufsrechts entstandenen Rechte übertragbar.

9 1.2 Das sog. **Ankaufsrecht** – dazu *Muster 16* – entsteht durch Vertrag und unterscheidet sich vom schuldrechtlichen Vorkaufsrecht dadurch, dass der Berechtigte nicht in einen mit einem Dritten bereits geschlossenen Vertrag eintreten muss, sondern unter den vertraglich vereinbarten Vo-

raussetzungen (sei es z.b. der Verkauf an einen Dritten wie im Vorkaufsrecht, sei es bloße Verkaufsabsicht) verlangen kann, dass der Verpflichtete an ihn den dem Ankaufsrecht unterliegenden Gegenstand zu vereinbarten Konditionen, z.b. zu einem fest vereinbarten Preis oder zum Schätzpreis, verkauft. Soweit es an besonderen Vereinbarungen fehlt, sind auf dieses modifizierte Vorkaufsrecht die §§ 463 ff. BGB entsprechend anzuwenden.

1.3 Das **Wiederkaufsrecht** – dazu *Muster 192* – ist die Befugnis des Verkäufers, die verkaufte Sache zurückzukaufen und zwar mangels anderer Vereinbarungen zum ursprünglichen Kaufpreis. Auch der Wiederkauf kommt durch Erklärung des Berechtigten gegenüber dem Verpflichteten, die nicht der Form des Kaufvertrages bedarf, zustande, § 456 BGB. Mangels abweichender Vereinbarung kann das Wiederkaufsrecht bei Grundstücken nur bis zum Ablauf von 30 Jahren, bei anderen Gegenständen nur bis zum Ablauf von 3 Jahren nach Zustandekommen des Wiederkaufsvorbehalts ausgeübt werden, § 462 BGB.

Das Wiederkaufsrecht ist übertragbar, auf eine vertragliche Beschränkung ist § 399 BGB anzuwenden.

2. Pfändung und Verwertung

Die Pfändung dieser Rechte ist für den Vollstreckungsgläubiger regelmäßig ziemlich uninteressant:

2.1 Weil das **Vorkaufsrecht** nur bei entsprechender Vereinbarung übertragbar ist und solche Vereinbarungen kaum vorkommen, ist es regelmäßig unpfändbar (§ 851 Abs. 1 ZPO). Die gesetzlichen Vorkaufsrechte sind zudem wegen ihrer Zweckbestimmung nicht pfändbar.

Das subjektiv-dingliche Vorkaufsrecht (§ 1094 Abs. 2 BGB) ist zudem kein selbständiges Recht, sondern Bestandteil des herrschenden Grundstücks und deshalb nur mit diesem veräußerlich (§§ 1103, 96, 93 BGB), also nicht selbständig pfändbar.

Praktisch verhindert schon die Kürze der Ausübungsfrist die rechtzeitige Ausübung des Vorkaufsrechts durch den Vollstreckungsgläubiger.

Der Vollstreckungsgläubiger gewinnt durch Pfändung des Vorkaufsrechts wenig: Er wird nämlich durch die Überweisung des Vorkaufsrechts nicht selbst Vorkaufsberechtigter, sondern nur befugt, an Stelle des Vollstreckungsschuldners dessen Vorkaufsrecht auszuüben (§ 836 Abs. 1 ZPO), der dadurch zum Käufer wird und den Kaufpreis zahlen muss; die Kaufsache ist ihm zu übereignen und herauszugeben. Der Vollstreckungsschuldner wird auf die Pfändung hin den Kaufpreis kaum zahlen, sodass dem Vollstreckungsgläubiger nichts anderes übrig bleibt, als den Kaufpreis selbst zu erbringen und dann zu versuchen, ihn als notwendige Kosten der Vollstreckung wieder beizutreiben. Nunmehr setzt sich das Pfandrecht des Vollstreckungsgläubigers am Anspruch des Vollstreckungsschuldners auf Herausgabe und Übereignung des Vorkaufsgegenstandes fort, sodass der weitere Verlauf sich nach §§ 846 bis 849 ZPO richtet: Der Drittschuldner hat bewegliche Sachen an den Gerichtsvollzieher herauszugeben, damit er sie als gepfändete Sachen verwertet, unbewegliche Sachen aber dem Sequester aufzulassen und herauszugeben. Der Sequester hat dann die Eintragung der kraft Gesetzes für den Vollstreckungsgläubiger entstandenen Sicherungshypothek zu bewilligen. Mit der Eintragung dieser Sicherungshypothek ist die Zwangsvollstreckung aus dem Vollstreckungstitel beendet.[1] Die Sicherungshypothek entsteht auch als Gesamtrecht und auch für einen Betrag von 750 Euro bzw. darunter, die Verbote nach §§ 866 Abs. 3, 867 Abs. 2 ZPO gelten nicht.[2]

16 Fraglich ist, ob durch die Neuregelung in § 867 Abs. 3 ZPO, die zunächst nur für Zwangssicherungshypotheken gilt, auch für die hier eingetragene Sicherungshypothek nunmehr zur Durchsetzung des Anspruchs in das Grundstück der Duldungstitel entbehrlich ist. In beiden Fällen ist die Eintragung der Sicherungshypothek direkt oder zumindest mittelbar Folge der eingeleiteten Zwangsvollstreckung. Insoweit ist hier eine Gleichbehandlung angebracht. Folgt man dieser Auffassung nicht, muss der Gläubiger im Klagewege den Duldungstitel erstreiten. Es bleibt jedoch nur eine vage Hoffnung, dass er aus dem Versteigerungserlös mehr als seine sehr hohen Vollstreckungsaufwendungen erhält.

17 **2.2** Für das **Ankaufsrecht** (*Muster 16*) gelten diese Überlegungen auch, allenfalls mag die Vollstreckung deshalb reizvoller sein, weil der jetzt erzielbare Versteigerungserlös den (vielleicht vor langer Zeit) vereinbarten Ankaufspreis übersteigt.

18 **2.3** Für das **Wiederkaufsrecht** (*Muster 192*) bestimmt das Gesetz keine Beschränkung seiner Übertragbarkeit, sodass es auch ohne weiteres pfändbar ist; vertraglich vereinbarte Unübertragbarkeit wäre für die Vollstreckung unschädlich (§ 399 BGB, § 851 Abs. 2 ZPO). Der Leidensweg des Vollstreckungsgläubigers nach Pfändung gleicht aber auch hier dem bei Pfändung des Vorkaufsrechts. Allerdings wird beim Wiederkaufsrecht nicht selten der Wiederkaufspreis erheblich geringer sein als der bei Pfandverwertung erzielbare Erlös.

19 **2.4** Hat der **Vollstreckungsschuldner sein Vorkaufs-, Ankaufs- oder Wiederkaufsrecht bereits ausgeübt**, so sind die ihm dadurch entstandenen Ansprüche auf Übereignung der betroffenen Sache pfändbar.[3] Auf diese Pfändung sind die Erläuterungen zu den die Auflassung betreffenden Mustern entsprechend anzuwenden.

20 **2.5 Drittschuldner** ist der **Verkäufer. Gepfändet und verwertet** wird nach §§ 857, 835 ZPO.

21 **3.** Die sog. **Option** ist ein Vorrecht ähnlich dem Ankaufsrecht, jedoch hängt es lediglich vom Berechtigten ab, ob er durch eine einseitige Erklä-

---

1 So auch OLG Düsseldorf MDR 1975, 1026.
2 H.M., vgl. nur Musielak/*Becker*, § 848 ZPO Rz. 5.
3 RGZ 108, 114; 115, 176; 163, 153; Palandt/*Weidenkaff*, § 473 BGB Rz. 4.

rung einen Kaufvertrag zu bestimmten Bedingungen zustande bringen will. Regelmäßig handelt es sich also um ein bindendes Angebot des Optionsverpflichteten, das ohne seine weitere Mitwirkung zum Kaufvertrag führt, wenn der aus der Option Berechtigte dieses Angebot – ggf. innerhalb der vereinbarten Frist – annimmt. Für die Pfändung gilt also im Wesentlichen das zum Ankaufs- und Wiederkaufsrecht Gesagte.

Muster 191   Wechsel und andere indossable Wertpapiere

ohne Scheck

Achtung!

Hinweis: Zu benutzen ist das amtliche Formular Anlage 2 (zu § 2 Nr. 2) der Verordnung über Formulare für die Zwangsvollstreckung (Zwangsvollstreckungsformular-Verordnung – ZVFV) vom 23.8.2012 (BGBl. I 2012, S. 1822) in der geänderten Fassung aufgrund der Verordnung zur Änderung der Zwangsvollstreckungsformular-Verordnung vom 16.6.2014 (BGBl. I 2014, S. 754). **Es darf aber nur der Erlass eines Überweisungsbeschlusses beantragt werden.**

Hierbei ist das Feld „Anspruch G" oder eine gesonderte Anlage zu nutzen. Es wird folgender Text empfohlen:

Wegen nicht indossabler Papiere vgl. Rz. 7 und 17 ff. der Erläuterungen.

Wegen . . . werden die angeblichen Ansprüche des Schuldners

aus dem vom Gerichtsvollzieher . . . gepfändeten gezogenen Wechsel über . . . Euro, der am . . . von . . . ausgestellt, vom Drittschuldner als dem Bezogenen angenommen und am . . . in . . . zahlbar ist,

dem Gläubiger in Höhe der oben genannten Beträge sowie der Gerichtsvollzieherkosten lt. anliegendem Beleg zur Einziehung überwiesen.

1. Die Forderungen aus indossablen Papieren

1.1 Der **Wechsel** ist ein schuldrechtliches Wertpapier, in welchem – unbedingt und losgelöst vom Schuldgrund – die Zahlung einer bestimmten Geldsumme versprochen wird. Es muss in bestimmter Form ausgestellt sein und unterliegt besonderen Normen, welche sicherstellen, dass der Wechselschuldner dem aus dem Wechsel Berechtigten nur solche Einwendungen entgegenhalten kann, die sich aus dem Wechsel selbst ergeben, und dass der Wechselschuldner einem raschen Gerichtsverfahren unterworfen ist. Diese Regelungen finden sich im Wechselgesetz und im fünften Buch der ZPO (§§ 592 bis 605a). Es gibt zwei Wechselformen: den gezogenen Wechsel und den eigenen Wechsel. 1

1.1.1 Der **gezogene Wechsel (Tratte)** ist eine Zahlungsanweisung an den sog. Bezogenen, der an den aus dem Wechsel Berechtigten die Wechselsumme zahlen soll. Indem der Bezogene diese Anweisung (durch „Querschreiben") annimmt, verpflichtet er sich jedem Wechselberechtigten ge- 2 genüber zur Zahlung; er heißt nun „Akzeptant". Am gezogenen Wechsel sind also notwendig mindestens drei Personen beteiligt: der Aussteller, der Bezogene (Akzeptant) und der Wechselnehmer (Remittent), der ursprünglich aus dem Wechsel Berechtigte.

3   1.1.2 Der **eigene Wechsel (Solawechsel)** ist das Zahlungsversprechen des Ausstellers an den Wechselnehmer (Remittenten); es gibt keinen Bezogenen.

4   1.1.3 Sowohl der gezogene als auch der eigene Wechsel kann **durch Indossament übertragen** werden, es sei denn, der Aussteller habe dies in der Wechselurkunde (meist durch die Worte: „nicht an Order") ausgeschlossen (Art. 11 WG). Der Wechsel ist also regelmäßig Orderpapier. Das Indossament hat die Wirkung, alle Rechte aus dem Wechsel auf einen anderen zu übertragen (sog. Transportfunktion) und den Indossanten für den Wechsel ebenso haftbar zu machen wie den Aussteller (sog. Garantiefunktion, ausschließbar durch Vermerk des Ausstellers auf dem Wechsel); alle Wechselverpflichteten haften gesamtschuldnerisch (Art. 11, 14, 15, 47 WG).

Der „Wechsel nicht an Order" kann nur in der Form und mit den Wirkungen einer gewöhnlichen Abtretung übertragen werden (Art. 11 Abs. 2 WG).

5   1.1.4 Der gezogene Wechsel ist weitaus häufiger als der eigene Wechsel; meist kommt er als **„Wechsel an eigene Order"** vor: Der Aussteller weist den Bezogenen an, an den Aussteller selbst zu zahlen, er überträgt den Wechsel dann durch Indossament auf einen Dritten, der den Wechsel ebenso an beliebig viele andere weiter indossieren kann.

6   1.1.5 Auch der **Wechselbürge** (Art. 30, 31, 32 WG) haftet mit den anderen Wechselverpflichteten gesamtschuldnerisch (Art. 47 WG).

7   **1.2 Andere indossable Papiere** sind insbesondere die in § 363 HGB genannten Papiere, nämlich die kaufmännische Anweisung, der kaufmännische Verpflichtungsschein, das Konnossement, der Ladeschein des Frachtführers, der kaufmännische Lagerschein und die Transportversicherungspolice.

Wegen des **Schecks** vgl. *Muster 148* und *149*.

2. Pfändung und Verwertung

8   2.1 Die Pfändung von Forderungen aus Wechseln und anderen indossablen Papieren wird dadurch bewirkt, dass der **Gerichtsvollzieher diese Papiere in Besitz nimmt** (§ 831 ZPO; § 30 Abs. 1 Ziffer 2, § 104 GVGA); zur Pfändung bedarf es keines Beschlusses des Vollstreckungsgerichts; ein solcher Beschluss wäre ohne Wirkung.[1] Es kann also keinen **Drittschuldner** geben. Hierzu im Detail auch § 123 GVGA:

---

[1] RGZ 61, 331.

(1) Die Zwangsvollstreckung in Forderungen aus Wechseln, Schecks und anderen Wertpapieren, die durch Indossament übertragen werden können, zum Beispiel aus kaufmännischen Anweisungen und Verpflichtungsscheinen, Konnossementen, Ladescheinen, Lagerscheinen, die an Order gestellt sind (vergleiche § 363 HGB), erfolgt durch ein Zusammenwirken des Gerichtsvollziehers und des Vollstreckungsgerichts. Der Gerichtsvollzieher pfändet die Forderungen dadurch, dass er die bezeichneten Papiere in Besitz nimmt. ³Ein Pfändungsbeschluss ist nicht erforderlich. Die weitere Durchführung der Vollstreckung erfolgt sodann auf Antrag des Gläubigers durch das Vollstreckungsgericht.

(2) Forderungen aus Wechseln und ähnlichen Papieren sind Vermögensstücke von ungewissem Wert, wenn die Zahlungsfähigkeit des Drittschuldners nicht unzweifelhaft feststeht. Der Gerichtsvollzieher soll diese Forderungen nur pfänden, wenn ihn der Gläubiger ausdrücklich dazu angewiesen hat oder wenn andere Pfandstücke entweder nicht vorhanden sind oder zur Befriedigung des Gläubigers nicht ausreichen.

(3) In dem Pfändungsprotokoll ist die weggenommene Urkunde nach Art, Gegenstand und Betrag der Forderung, nach dem Namen des Gläubigers und des Schuldners, dem Tag der Ausstellung und eventuell mit der Nummer genau zu bezeichnen. Auch der Fälligkeitstag der Forderung ist nach Möglichkeit anzugeben. Von der Pfändung ist der Gläubiger unter genauer Bezeichnung der gepfändeten Urkunden und eventuell auch des Fälligkeitstages unverzüglich zu benachrichtigen. Der Schuldtitel ist dem Gläubiger zurückzugeben; dieser benötigt ihn zur Erwirkung des Überweisungsbeschlusses.

(4) Der Gerichtsvollzieher verwahrt die weggenommene Urkunde so lange, bis das Gericht sie einfordert oder bis ihm ein Beschluss des Vollstreckungsgerichts vorgelegt wird, durch den die Überweisung der Forderung an den Gläubiger ausgesprochen oder eine andere Art der Verwertung der Forderung angeordnet wird, zum Beispiel die Veräußerung oder die Herausgabe der den Gegenstand der Forderung bildenden körperlichen Sachen an einen Gerichtsvollzieher.

(5) Werden gepfändete Schecks oder Wechsel zahlbar, bevor eine gerichtliche Entscheidung über ihre Verwertung ergangen ist, so sorgt der Gerichtsvollzieher in Vertretung des Gläubigers für die rechtzeitige Vorlegung, eventuell auch für die Protesterhebung. Wird der Wechsel oder der Scheck bezahlt, so hinterlegt der Gerichtsvollzieher den gezahlten Betrag und benachrichtigt den Gläubiger und den Schuldner hiervon.

(6) Der Gerichtsvollzieher darf die Urkunde über die gepfändete Forderung nur gegen Empfangsbescheinigung des Gläubigers oder – wenn die Forderung freigegeben wird – des Schuldners herausgeben.

Die Pfändung erfolgt durch den Gerichtsvollzieher auch dann in der geschilderten Weise, wenn sich das Wertpapier im Gewahrsam des Vollstreckungsgläubigers oder eines zur Herausgabe bereiten Dritten befindet (§ 809 ZPO). Hat ein nicht zur Herausgabe bereiter Dritter Gewahrsam an dem Wertpapier, so ist zunächst der Herausgabeanspruch des Vollstreckungsschuldners nach § 846 ZPO zu pfänden, s.u. Rz. 13.

Mit der Inbesitznahme des Wertpapiers durch den Gerichtsvollzieher sind darin verbriefte Forderungen aber nur gepfändet. Zur **Verwertung** bedarf es zusätzlich eines Überweisungsbeschlusses des Vollstreckungsgerichts nach § 835 ZPO.

2.1.1 Für die Pfändung macht es keinen Unterschied, ob es sich um eine Tratte oder einen Solawechsel handelt, ob der Wechsel fällig ist, protestiert oder gar eingeklagt ist oder nicht, ob der Wechsel vor oder nach Verfall oder gar erst nach Protest indossiert worden ist.

Unzulässig ist jedoch die Pfändung eines **Wechsels, den der Vollstreckungsschuldner auf sich selbst gezogen** hat, der aber noch keine weiteren Unterschriften trägt; denn in diesem Stadium ist noch keine Wechselforderung entstanden.

11   2.1.2 Richtet sich die durch ein indossables Papier ausgewiesene **Forderung auf Herausgabe von Sachen**, so ist bei der Überweisung die Herausgabe an einen vom Vollstreckungsgläubiger zu beauftragenden Gerichtsvollzieher anzuordnen (§ 847 ZPO); erst mit ihrer Herausgabe an den Gerichtsvollzieher wird die herauszugebende Sache von der Pfändung erfasst.

12   2.1.3 Ist das **Papier abhanden gekommen**, so hat sein Eigentümer, der Vollstreckungsschuldner, einen Anspruch auf Kraftloserklärung des Papiers im Aufgebotsverfahren[2] (§§ 466 ff. FamFG). Derjenige, der den Ausschließungsbeschluss, § 479 FamFG erwirkt hat, ist dem aus dem Wertpapier Verpflichteten gegenüber berechtigt, die Rechte aus dem Wertpapier geltend zu machen (§ 479 FamFG). Der Vollstreckungsgläubiger kann das Recht des Vollstreckungsschuldners, im Aufgebotsverfahren die Kraftloserklärung zu beantragen und den Ausschließungsbeschluss zu erwirken, nach § 857 ZPO pfänden und es sich überweisen lassen; dabei gibt es **keinen Drittschuldner**. Nun kann der Vollstreckungsgläubiger den Ausschließungsbeschluss selbst erwirken und gegenüber den aus dem Wertpapier Verpflichteten die Rechte aus dem Papier geltend machen. Gehen diese Rechte auf Zahlung von Geld, so befriedigt sich der Vollstreckungsgläubiger aus diesem Betrag; gehen die Rechte auf Herausgabe von Sachen, so sind diese an den vom Vollstreckungsgläubiger beauftragten Gerichtsvollzieher herauszugeben, der sie nach den Grundsätzen der Sachpfändung verwertet.

13   2.2 Ist das **Wertpapier im Gewahrsam eines Dritten**, der zur Herausgabe verpflichtet, aber nicht bereit ist, so muss der Vollstreckungsgläubiger zunächst den Herausgabeanspruch mit der Maßgabe pfänden, dass das Wertpapier an den Gerichtsvollzieher herauszugeben ist (§§ 846, 847 ZPO). Das Pfandrecht an der Forderung aus dem Wertpapier entsteht in diesem Fall erst, wenn der Gerichtsvollzieher das Wertpapier tatsächlich erhält. Gibt der Besitzer des Papiers es an den Gerichtsvollzieher nicht freiwillig heraus, so bleibt dem Vollstreckungsgläubiger nur die Klage gegen ihn als Drittschuldner. Deshalb muss sich der Vollstreckungsgläubiger den Herausgabeanspruch zugleich mit der Pfändung nach § 835 ZPO zur Einziehung überweisen lassen, um sich für diese Klage zu legitimieren.

14   2.3 Auch ein **Blankowechsel** kann nach § 831 ZPO gepfändet und die Forderung daraus dem Vollstreckungsgläubiger nach § 835 ZPO überwiesen werden. Diese Pfändung umfasst nach herrschender Meinung auch das Recht auf Ausfüllung des Wechsels (§§ 837, 831 ZPO).[3] Der Vollstreckungsgläubiger erhält also die Befugnis zur Ausfüllung des Rechts mit

---

2 *Schmalz*, NJW 1964, 141; *Feudner*, NJW 1963, 1239; *Weimar*, MDR 1965, 20.
3 *Schmalz*, NJW 1964, 141.

der Überweisung der Wechselforderung an ihn. Mit der Ausfüllung des Wechsels entsteht ein Vollwechsel, für den hinsichtlich der Verwertung keine Besonderheiten gelten. Schwierigkeiten macht allerdings die Frage, in welcher Höhe der Wechselbetrag eingesetzt werden darf: Das richtet sich nach den Abmachungen zwischen dem Wechselschuldner und dem Vollstreckungsgläubiger. Der Vollstreckungsgläubiger ist verpflichtet, hierüber dem Gläubiger Auskunft zu erteilen und ihm etwa darüber bestehende Urkunden herauszugeben (§ 836 Abs. 3 ZPO).

2.4 Die indossablen Wertpapiere werden nicht durch Versteigerung nach § 814,[4] sondern **durch Überweisung nach §§ 835 ff. ZPO**, in besonderen Fällen nach §§ 844, 846, 847, 847a, 849 ZPO **verwertet**. 15

2.5 Der **Gerichtsvollzieher verwahrt das weggenommene Papier** so lange, bis das Vollstreckungsgericht es einfordert oder dem Gerichtsvollzieher ein Beschluss des Vollstreckungsgerichts vorgelegt wird, durch den die Überweisung der Forderung an den Vollstreckungsgläubiger ausgesprochen oder eine andere Art der Verwertung der Forderung angeordnet wird (§ 123 Abs. 4 GVGA, s. Rz. 8). Wird ein gepfändeter Wechsel vor Erlass eines solchen Beschlusses fällig, so sorgt der Gerichtsvollzieher für seine rechtzeitige Vorlegung, evtl. auch für die Protesterhebung. Wird der Wechsel bezahlt, so hinterlegt der Gerichtsvollzieher den bezahlten Betrag und benachrichtigt den Vollstreckungsgläubiger und den Vollstreckungsschuldner hiervon (§ 123 Abs. 5 GVGA). Das Pfandrecht des Vollstreckungsgläubigers setzt sich an dem Hinterlegungsbetrag fort; **für diesen Fall ist die Überweisung auf den Hinterlegungsbetrag zu beziehen**. 16

3. Nichtindossable Papiere

3.1 Bei **Inhaberpapieren** (z.B. Inhaberaktien, Investmentzertifikaten auf den Inhaber, unten Rz. 22 und 25, Schuldverschreibungen auf den Inhaber, ausländische Banknoten, Lotterielose) steht das im Papier verkörperte Recht dem Eigentümer des Papiers zu, das Recht aus dem Papier folgt also dem Recht am Papier. Inhaberpapiere werden als Sachen gepfändet und nach § 821 ZPO verwertet; anderweitige Verwertung kann nach § 825 ZPO angeordnet werden. Wegen des **Inhaberschecks** s. *Muster 149*. 17

3.2 Namenspapiere (Rektapapiere) sind Wertpapiere, in denen eine bestimmte Person als Berechtigter bezeichnet ist; die Berechtigung kann nach allgemeinen Regeln übertragen werden, nicht aber durch bloße Übereignung des Papiers. Beispiel ist die Namensaktie, wenn die Übertragung durch Indossament ausgeschlossen ist (§§ 67 und 68 AktG). 18

Namenspapiere pfändet der Gerichtsvollzieher als Sachen und lässt sich gemäß § 822 ZPO durch das Vollstreckungsgericht ermächtigen, die Umschreibung auf den Namen des Käufers zu erwirken und die hierzu erforderlichen Erklärungen anstelle des Schuldners abzugeben. Dann verkauft er das Papier aus freier Hand zum Tageskurs, wenn es einen Börsen- oder 19

---
4 RGZ 35, 75.

Marktpreis hat (§ 821 ZPO); im anderen Falle versteigert er es nach § 814 ZPO. Hierzu im Detail auch § 105 GVGA:

(1) Die Veräußerung von Wertpapieren erfolgt, wenn sie einen Börsen- oder Marktpreis haben, durch freihändigen Verkauf, sonst durch öffentliche Versteigerung (§ 821 ZPO).

(2) Bei der Veräußerung von Inhaberpapieren genügt die Übergabe des veräußerten Papiers an den Erwerber, um das im Papier verbriefte Recht auf ihn zu übertragen. Dagegen sind Papiere, die durch Indossament übertragen werden können, jedoch nicht Forderungspapiere sind, zum Zweck der Übertragung mit dem Indossament zu versehen (zum Beispiel Namensaktien). Andere Papiere, die auf den Namen lauten, sind mit der Abtretungserklärung zu versehen. Dies gilt auch für auf den Namen umgeschriebene Inhaberpapiere, sofern nicht ihre Rückverwandlung (Absatz 3) beantragt wird.

(3) Die Abtretungserklärung oder das Indossament stellt der Gerichtsvollzieher anstelle des Schuldners aus, nachdem ihn das Vollstreckungsgericht dazu ermächtigt hat (§ 822 ZPO). Ebenso bedarf der Gerichtsvollzieher der Ermächtigung des Vollstreckungsgerichts, wenn er anstelle des Schuldners die Erklärungen abgeben soll, die zur Rückverwandlung einer auf den Namen umgeschriebenen Schuldverschreibung in eine Inhaberschuldverschreibung erforderlich sind (§ 823 ZPO). Der Gerichtsvollzieher fügt dem Antrag, durch den er die Ermächtigung erbittet, den Schuldtitel und das Pfändungsprotokoll bei.

20 **3.3 Mitgliedspapiere** sind Wertpapiere, die ein Mitgliedschaftsrecht verbriefen, wie Aktie und Kux. Der Eigentümer der Aktie ist Mitglied der Aktiengesellschaft, der Eigentümer des Kuxes ist Mitglied der bergrechtlichen Gewerkschaft. Mitgliedspapiere werden wie Sachen gepfändet und je nach ihrer Ausgestaltung wie Inhaber- oder Namenspapiere verwertet. Eine Pfändung und/oder Überweisung der Mitgliedschaftsrechte wäre unzulässig und wirkungslos.

21 **3.4 Legitimationspapiere**, die nur eine Forderung beweisen, sind nicht Wertpapiere im echten Sinn; sie werden deshalb nicht wie diese gepfändet und nicht wie Sachen verwertet. Vielmehr ist die Forderung, welche durch das Papier bewiesen wird, nach §§ 829 ff. ZPO zu pfänden und nach §§ 835 ff. ZPO zu überweisen. Das Pfandrecht an der Forderung erstreckt sich auf das Papier (§ 952 BGB; das Recht am Papier folgt dem Recht aus dem Papier). Weil das Papier zur Geltendmachung der gepfändeten Forderung benötigt wird, nimmt der Gerichtsvollzieher es im Weg der Hilfspfändung dem Vollstreckungsschuldner weg (§§ 883, 886 ZPO; § 106 GVGA). Legitimationspapiere sind z.B. der Schuldschein, der Pfandschein und die Lebensversicherungspolice. Sog. qualifizierte Legitimationspapiere sind zugleich Namenspapiere, z.B. Sparbuch.

22 **3.5 Anteile an Wertpapier-, Geldmarkt- und Immobilienfonds:** Kapitalanlagegesellschaften sind Unternehmen in der Rechtsform von Aktiengesellschaften oder Gesellschaften mit beschränkter Haftung, die bei ihnen eingelegtes Geld in Sondervermögen (Fonds) anlegen und die sich daraus ergebenden Rechte der Einleger in Urkunden, **Anteilscheine** oder **Investmentzertifikate** genannt, verbriefen, die **auf den Inhaber** oder **auf Namen** lauten können. Lauten sie auf Namen, so ist § 68 AktG entsprechend anwendbar, sodass sie **durch Indossament übertragen werden können.**

Die zum Fondsvermögen gehörenden Gegenstände können nach Maßgabe 23
der zwischen der Gesellschaft und den Einlegern geltenden Vertragsbedingungen im treuhänderischen Eigentum der Kapitalanlagegesellschaft oder
– wenn es sich nicht um einen Immobilienfonds handelt – im Miteigentum der Einleger stehen. Für die im letzteren Fall bestehende Bruchteilsgemeinschaft gelten die §§ 741 ff. BGB mit der Maßgabe, dass weder ein Anteilsinhaber noch sein Vollstreckungsgläubiger die Aufhebung der Gemeinschaft verlangen kann.

Die gesetzliche Regelung, soweit in unserem Belang interessant, befand 24
sich früher im Gesetz über Kapitalgesellschaften.[5] Das KAGG wurde durch das Investmentgesetz (InvG) vom 15.12.2003 (BGBl. I 2003, S. 2676) ersetzt. Aber auch dieses ist mittlerweile aufgehoben. Seit dem 22.7.2013 ist das Kapitalanlagegesetzbuch (KAGB) die rechtliche Grundlage für Verwalter offener und geschlossener Fonds. Das KAGB löst das bis dahin geltende InvG ab und ist das Ergebnis der Umsetzung der europäischen Richtlinie über Verwalter alternativer Investmentfonds (AIFM-Richtlinie).

Das Investmentzertifikat (Anteilschein) als Inhaberpapier ist ein Wert- 25
papier i.S. des Wertpapierhandelsgesetzes (WpHG). Der Anteilsinhaber ist an dem, den Anteilschein emittierenden, Sondervermögen (Fonds) beteiligt. Er berechtigt zum Erhalt der Dividende bei Bar-Ausschüttung bzw. an der Partizipierung aus Wertsteigerung des Anteils aus Thesaurierung. Die Anteilsscheine sind echte Wertpapiere und als solche zu pfänden, Namenszertifikate also, weil sie durch Indossament nach *diesem Muster* übertragen werden können, Inhaberzertifikate nach obiger Rz. 17.[6] Diese Ausführungen beziehen sich nicht auf den Fall einer sog. „Globalurkunde = Sammelurkunde". Bei einem Geldmarktfonds werden die Rechte des Anteilsinhabers bei der Errichtung des Sondervermögens in einer Globalurkunde verbrieft, die bei einer Wertpapiersammelbank verwahrt wird. Ein Anspruch auf Aushändigung eines einzelnen Anteilsscheins besteht nicht. Demzufolge kommt die „Sachpfändung" nicht in Betracht, der Gläubiger muss Geldmarktanteile als ein „anderes Vermögensrecht" i.S.v. §§ 857, 829, 835, 836 ZPO pfänden und überweisen lassen.[7]

Muster 192 Wiederkaufsrecht (Rückkaufsrecht)

Hinweis: Zu benutzen ist das amtliche Formular Anlage 2 (zu § 2 Nr. 2) der Verordnung über Formulare für die Zwangsvollstreckung (Zwangsvollstreckungsformular-Verordnung – ZVFV) vom 23.8.2012 (BGBl. I 2012, S. 1822) in der geänderten Fassung aufgrund der Verordnung zur Änderung der Zwangsvollstreckungsformular-Verordnung vom 16.6.2014 (BGBl. I 2014, S. 754).

---

[5] KAGG i.d.F. v. 9.9.1998, BGBl. I 1998, S. 2726, aufgehoben.
[6] So auch Baumbach/Lauterbach/Albers/*Hartmann*, Grundz. § 704 ZPO Rz. 114 und *Stöber*, Rz. 2096.
[7] Vgl. ausführlich *Röder*, DGVZ 1995, 110.

Muster 193 Zeugenentschädigung

Hierbei ist das Feld „Anspruch G" oder eine gesonderte Anlage zu nutzen. Es wird folgender Text empfohlen:

Wegen ... wird das dem Schuldner angeblich

nach dem Kaufvertrag vom ... zustehende Wiederkaufsrecht an ... (Sache, auf die sich das Wiederkaufsrecht bezieht, individualisierend benennen) ...

gepfändet.

Dem Drittschuldner wird verboten, an den Schuldner zu leisten.

Dem Schuldner wird geboten, sich jeder Verfügung über das Wiederkaufsrecht, insbesondere seiner Geltendmachung oder Übertragung, zu enthalten.

Zugleich wird das Wiederkaufsrecht dem Gläubiger zur Einziehung überwiesen.

Es wird angeordnet, dass der Drittschuldner bei Ausübung des Wiederkaufsrechts durch den Gläubiger die Wiederkaufssache Zug um Zug gegen Zahlung des Wiederkaufspreises an einen vom Gläubiger zu beauftragenden Gerichtsvollzieher zum Zwecke der Verwertung herauszugeben hat.

Erläuterungen bei *Muster 190*.

Muster 193   Zeugenentschädigung

Hinweis: Zu benutzen ist das amtliche Formular Anlage 2 (zu § 2 Nr. 2) der Verordnung über Formulare für die Zwangsvollstreckung (Zwangsvollstreckungsformular-Verordnung – ZVFV) vom 23.8.2012 (BGBl. I 2012, S. 1822) in der geänderten Fassung aufgrund der Verordnung zur Änderung der Zwangsvollstreckungsformular-Verordnung vom 16.6.2014 (BGBl. I 2014, S. 754).

Hierbei ist das Feld „Anspruch G" oder eine gesonderte Anlage zu nutzen. Es wird folgender Text empfohlen:

Wegen ... wird der angebliche Anspruch des Schuldners

gegen   ... (vgl. Rz. 5 der Erläuterungen) ...   (Drittschuldner)

auf Zahlung der Zeugengebühren für die Zuziehung in dem Verfahren ... (Bezeichnung der Parteien und Angabe des Aktenzeichens) ... vor dem ... Gericht

gepfändet.

1. Der Entschädigungsanspruch

1   Anspruch auf **Zeugenentschädigung** haben natürliche Personen, die von einem Gericht oder einer Staatsanwaltschaft „zu Beweiszwecken herangezogen werden"; der Anspruch erlischt, wenn er nicht innerhalb von drei Monaten seit der Heranziehung geltend gemacht wird. Zeugen erhalten

nach dem Gesetz über die Vergütung von Sachverständigen, Dolmetscherinnen, Dolmetschern, Übersetzerinnen und Übersetzern sowie die Entschädigung von ehrenamtlichen Richterinnen, ehrenamtlichen Richtern, Zeuginnen, Zeugen und Dritten (Justizvergütungs- und -entschädigungsgesetz – JVEG)[1] als Entschädigung Fahrtkostenersatz (§ 5), Entschädigung für Aufwand (§ 6), Ersatz für sonstige Aufwendungen (§ 7), Entschädigung für Zeitversäumnis (§ 20), Entschädigung für Nachteile bei der Haushaltsführung (§ 21) sowie Entschädigung für Verdienstausfall (§ 22).

Der Entschädigungsanspruch ist **öffentlich-rechtlicher Natur**. 2

2. Pfändung und Verwertung

Für den bereits „verdienten" Entschädigungsanspruch geschicht sie nach §§ 829, 835 ZPO. Auch wenn der Anspruch Entschädigung für Verdienstausfall umfasst, sind Pfändungsschutzbestimmungen für Arbeitseinkommen nicht anzuwenden, weil dieser öffentlich-rechtliche Anspruch nicht der Definition des Arbeitseinkommens unterfällt. 3

Der **Anspruch auf Vorschuss** dagegen ist als zweckgebunden unpfändbar (§ 399 BGB, § 851 ZPO); denn er ist ausschließlich dazu bestimmt, dem Zeugen die Reise zum Gericht zu ermöglichen oder wenigstens finanziell zu erleichtern. 4

Drittschuldner ist dasjenige Bundesland, dessen Gericht oder Staatsanwaltschaft den Zeugen herangezogen hat. Die Entschädigung kann nach § 4 JVEG gerichtlich festgesetzt werden. 5

Muster 194   Zugewinnausgleich

Hinweis: Zu benutzen ist das amtliche Formular Anlage 2 (zu § 2 Nr. 2) der Verordnung über Formulare für die Zwangsvollstreckung (Zwangsvollstreckungsformular-Verordnung – ZVFV) vom 23.8.2012 (BGBl. I 2012, S. 1822) in der geänderten Fassung aufgrund der Verordnung zur Änderung der Zwangsvollstreckungsformular-Verordnung vom 16.6.2014 (BGBl. I 2014, S. 754).

Hierbei ist das Feld „Anspruch G" oder eine gesonderte Anlage zu nutzen. Es wird folgender Text empfohlen:

Wegen ... wird die angebliche Forderung des Schuldners/der Schuldnerin

gegen ... (Name und Anschrift des bisherigen Ehegatten/Lebenspartners) ...

(Drittschuldner)

auf Ausgleich des Zugewinns durch Zahlung von Geld gemäß §§ 1378 ff. BGB

gepfändet.

---

1 Gesetz v. 5.5.2004, BGBl. I 2004, S. 718, 776, in Kraft seit 1.7.2004, zuletzt geändert durch Art. 7 Gesetz v. 23.7.2013, BGBl. I 2013, S. 2586.

Die Forderung ist[1]
- *durch Vertrag vom . . . anerkannt,*
- *durch Urteil des . . .gerichts in . . . vom . . . Az.: . . . rechtskräftig festgestellt,*
- *durch Zustellung der bei dem . . .gericht in . . . eingereichten Klageschrift vom . . . am . . . rechtshängig geworden,*
- *durch Zustellung des Mahnbescheids des Amtsgerichts . . . vom . . . Az.: . . . am . . . rechtshängig geworden; denn die Streitsache ist nach Erhebung des Widerspruchs alsbald an das zuständige Prozessgericht abgegeben worden,*
- *durch Erlass des Vollstreckungsbescheids des Amtsgerichts . . . vom . . . Az.: . . . rechtshängig geworden.*

Dem Drittschuldner wird verboten, an den Schuldner zu zahlen.

Dem Schuldner wird geboten, sich jeder Verfügung über die gepfändete Forderung, insbesondere ihrer Einziehung, zu enthalten.

Zugleich wird die gepfändete Forderung dem Gläubiger zur Einziehung überwiesen[2].

Alternativ:

Die Voraussetzungen nach § 852 Abs. 1 ZPO liegen noch nicht vor. Daher verbleibt es zunächst bei der Pfändung. Bei Nachweis der Voraussetzungen ergeht auf Antrag der Überweisungsbeschluss (vgl. BGH vom 26.2.2009 – VII ZB 30/08)

---

[1] Unter den folgenden Alternativen ist zu wählen.
[2] Hinweis: Überweisungsbeschluss evtl. erst später beantragen, s. Rz. 13.

---

1. Gesetzlicher Güterstand

1 Im Güterstand der **Zugewinngemeinschaft**, dem sog. gesetzlichen Güterstand leben Eheleute, wenn sie nicht durch Ehevertrag etwas anderes vereinbaren (§ 1363 Abs. 1 BGB). Zur Lebenspartnerschaftsgemeinschaft s. Rz. 8–10.

2 Die Zugewinngemeinschaft bewirkt nicht, dass die Vermögen der beiden Eheleute nun deren gemeinsames Vermögen werden, sondern nur, dass der Zugewinn, den die Eheleute **in der Ehe erzielen**, bei Beendigung der Zugewinngemeinschaft ausgeglichen wird.

3 **1.1 Die Zugewinngemeinschaft endet**
- durch Begründung eines anderen Güterstands,
- mit der Rechtskraft der Entscheidung, durch das auf Antrag eines der Eheleute auf vorzeitigen Ausgleich des Zugewinns erkannt ist (§ 1388 BGB),
- durch Ehescheidung (§ 1384 BGB), Eheaufhebung (§§ 1313 ff. BGB),
- durch den Tod eines der Eheleute (§ 1371 BGB).

1.2 Bei Beendigung durch Tod eines der Eheleute wird der Ausgleich des Zugewinns dadurch verwirklicht, dass sich der gesetzliche Erbteil des überlebenden Ehegatten um ein Viertel der Erbschaft erhöht (§ 1371 Abs. 1 BGB). Wird der überlebende Ehegatte nicht Erbe und steht ihm auch kein Vermächtnis zu, so kann er von den Erben Zugewinnausgleich wie unter Lebenden und den Pflichtteil verlangen (§ 1371 Abs. 2 und 3 BGB).

Im Todesfall ist also meist – Ausnahme § 1371 Abs. 2 und 3 BGB – kein pfändbarer Anspruch auf Ausgleich des Zugewinns vorhanden; der Ausgleich vollzieht sich erbrechtlich. Stattdessen ist die Pfändung des Erbteils oder Pflichtteils möglich.

1.3 Bei Beendigung der Zugewinngemeinschaft **aus allen anderen Gründen** erfolgt der Ausgleich nach § 1378 BGB dadurch, dass dem Ehegatten, der keinen oder den geringeren Zugewinn erzielt hat, kraft Gesetzes ein Anspruch gegen den anderen Ehegatten auf Ausgleich des Zugewinns erwächst: Die Zugewinne beider Ehegatten sind zu ermitteln und zusammenzuzählen, ihre Summe ist zu halbieren, wodurch sich die Hälfte des gemeinsamen Zugewinns ergibt, und dem Ehegatten mit dem geringeren Zugewinn ist die Differenz zwischen der Hälfte des gemeinsamen Zugewinns und seinem eigenen Zugewinn in Geld zu bezahlen. Die Ermittlung dieses Anspruchs geschieht durch Gegenüberstellung des Endvermögens (§ 1375 BGB) mit dem Anfangsvermögen (§ 1374 BGB) unter Beachtung der näheren Vorschriften, insbesondere in §§ 1376, 1384 und 1390 BGB.

1.4 Der Anspruch unterliegt der regelmäßigen dreijährigen **Verjährung** nach den allgemeinen Regeln, § 195 BGB (§ 1378 Abs. 4 BGB wurde durch Gesetz v. 24.9.2009, BGBl. I, 3142) aufgehoben).

1.5 Vor Begründung der **Lebenspartnerschaft** haben sich Lebenspartner über den Vermögensstand zu erklären. Entweder wählen sie den Vermögensstand der Ausgleichsgemeinschaft oder sie müssen einen Lebenspartnerschaftsvertrag bei gleichzeitiger Anwesenheit zur Niederschrift eines Notars schließen, §§ 6, 7 LPartG.

Beim Vermögensstand der Ausgleichsgemeinschaft wird Vermögen, das die Lebenspartner zu Beginn der Partnerschaft haben oder während der Partnerschaft erwerben, nicht gemeinschaftliches Vermögen; jeder Lebenspartner verwaltet sein Vermögen selbst, §§ 6, 2 LPartG.

Bei Beendigung des Vermögensstandes wird der während der Partnerschaft erzielte Überschuss ausgeglichen. Hierauf finden die §§ 1371 bis 1390 BGB entsprechend Anwendung, § 6 Satz 2 LPartG. Die vorstehenden Erläuterungen Rz. 1–7 können daher auf den Vermögensstand der Ausgleichsgemeinschaft bei Lebenspartnern entsprechend angewandt werden.

2. Pfändung und Verwertung

11 Gepfändet und verwertet wird der Anspruch nach §§ 829, 835 ZPO; **Drittschuldner** ist der andere Ehepartner/Lebenspartner. Jedoch bestimmt § 852 Abs. 2 ZPO, dass er wie der Pflichtteilsanspruch „**der Pfändung nur dann unterworfen ist**, wenn er durch Vertrag anerkannt oder rechtshängig geworden ist".

12 Bis zur Entscheidung des BGH vom 8.7.1993[1] wurde nahezu einhellig angenommen, dass der Anspruch erst ab Eintritt einer dieser Voraussetzungen gepfändet werden könne. Jene Entscheidung aber lässt auch vor Eintritt einer dieser Voraussetzungen die Pfändung „als in seiner zwangsweisen Verwertbarkeit aufschiebend bedingten Anspruch" zu; aus dieser Pfändung wird bei Eintritt der Verwertungsvoraussetzungen ein vollwertiges Pfandrecht mit Rang vom Zeitpunkt der Zustellung des Pfändungsbeschlusses an den Drittschuldner.

13 Mit seiner Entscheidung vom 26.2.2009 betont der BGH[2] zum Pflichtteilsanspruch erneut, dass dieser vor vertraglicher Anerkennung oder Rechtshängigkeit als in seiner zwangsweisen Verwertbarkeit aufschiebend bedingt gepfändet werden kann. Der Anspruch ist dann ohne Einschränkung mit einem Pfandrecht belegt, darf aber erst verwertet werden, wenn die Voraussetzungen des § 852 Abs. 1 ZPO vorliegen. Weiter führt der BGH aus, dass der Antrag des Gläubigers auf Erlass eines Pfändungsbeschlusses und dieser Beschluss keine Angaben dazu enthalten müssen, ob vertragliche Anerkennung oder Rechtshängigkeit vorliegen. Im Hinblick auf die missverständliche Formulierung des § 852 Abs. 1 ZPO wird den Vollstreckungsgerichten bis zu einer gesetzlichen Regelung empfohlen, in den Pfändungsbeschluss in allgemein verständlicher Form einen Hinweis aufzunehmen, dass die Verwertung des Anspruchs erst erfolgen darf, wenn diese Voraussetzungen erfüllt sind. Der gepfändete Pflichtteilsanspruch oder Zugewinnausgleichanspruch darf dem Gläubiger erst zur Einziehung überwiesen werden, wenn die Voraussetzungen des § 852 Abs. 1, 2 ZPO vorliegen. Der Gläubiger kann in entsprechender Anwendung von § 836 Abs. 3 ZPO insoweit Auskunft vom Schuldner verlangen.

Auf die nähere Darstellung dieser Rechtslage in Rz. 3–7 der Erläuterungen zu *Muster 132* wird verwiesen.

Muster 195 Zwangsversteigerungserlös I

Auszahlungsanspruch des die Zwangsversteigerung betreibenden Gläubigers nach Erteilung des Zuschlags

Hinweis: Zu benutzen ist das amtliche Formular Anlage 2 (zu § 2 Nr. 2) der Verordnung über Formulare für die Zwangsvollstreckung (Zwangsvollstre-

---

1 BGH v. 8.7.1993 – IX ZR 116/92, NJW 1993, 2876 zum Pflichtteilsanspruch.
2 BGH v. 26.2.2009 – VII ZB 30/08, Rpfleger 2009, 393; auch OLG Brandenburg v. 8.6.2011 – 13 U 108/09, FamRZ 2011, 1681 Ls = MDR 2011, 985 Ls.

ckungsformular-Verordnung – ZVFV) vom 23.8.2012 (BGBl. I 2012, S. 1822) in der geänderten Fassung aufgrund der Verordnung zur Änderung der Zwangsvollstreckungsformular-Verordnung vom 16.6.2014 (BGBl. I 2014, S. 754).

Hierbei ist das Feld „Anspruch G" oder eine gesonderte Anlage zu nutzen. Es wird folgender Text empfohlen:

Wegen ... wird die angebliche Forderung des Schuldners

gegen ... (Beachte Rz. 13 der Erläuterungen bei Muster 201) ...

(Drittschuldner)

auf Ersatz seiner Aufwendungen für das der Versteigerung unterliegende Grundstück und auf Befriedigung seiner Ansprüche, wegen welcher er die Zwangsversteigerung betreibt ... (genau bezeichnen, auch den Titel angeben) ..., aus dem im Zwangsversteigerungsverfahren des Amtsgerichts ... Az.: ... über das Grundstück Flurst. ..., eingetragen im Grundbuch des Amtsgerichts ... Blatt ... erzielten Erlös

gepfändet.

Dem Drittschuldner wird verboten, an den Schuldner zu leisten.[1]

Dem Schuldner wird geboten, sich jeder Verfügung über die gepfändete Forderung, insbesondere ihrer Einziehung, zu enthalten.

Zugleich wird die gepfändete Forderung dem Gläubiger zur Einziehung überwiesen.

---

1 Achtung, wenn es keinen Drittschuldner gibt, entfallen dieser Satz und die obige Erwähnung des Drittschuldners.

Vorbemerkung

Im Versteigerungsverfahren werden dingliche Rechte Beteiligter, die nach den Versteigerungsbedingungen erlöschen, in Zahlungsansprüche umgewandelt, die nicht alle privatrechtlicher Natur sind und sich nicht immer gegen einen Dritten richten; manchmal „entsteht" ein Drittschuldner erst mit dem Zuschlag. Daher werden sieben Muster vorgelegt, um möglichst jeden vorkommenden Anspruch zu erfassen.

Wegen des Anspruchs auf den Zuschlag beachte Rz. 9 der Erläuterungen bei *Muster 201*. Bei der Auswahl des „passenden" Musters möge der Benutzer die Untertitel sorgfältig beachten.

Erläuterungen bei *Muster 201*.

Muster 196 Zwangsversteigerungserlös II

Anspruch des bisherigen Grundstückseigentümers auf Auszahlung des Mehrerlöses nach Erteilung des Zuschlags

Hinweis: Zu benutzen ist das amtliche Formular Anlage 2 (zu § 2 Nr. 2) der Verordnung über Formulare für die Zwangsvollstreckung (Zwangsvollstre-

Muster 197 Zwangsversteigerungserlös III

ckungsformular-Verordnung – ZVFV) vom 23.8.2012 (BGBl. I 2012, S. 1822) in der geänderten Fassung aufgrund der Verordnung zur Änderung der Zwangsvollstreckungsformular-Verordnung vom 16.6.2014 (BGBl. I 2014, S. 754).

Hierbei ist das Feld „Anspruch G" oder eine gesonderte Anlage zu nutzen. Es wird folgender Text empfohlen:

Wegen ... wird der angebliche Anspruch des Schuldners

gegen ... (Beachte Rz. 15 der Erläuterungen bei Muster 201) ...

(Drittschuldner)

auf Auszahlung des Mehrerlöses aus dem Zwangsversteigerungsverfahren des Amtsgerichts ... Az.: ... über das Grundstück des Schuldners Flurst. ..., eingetragen im Grundbuch des Amtsgerichts ... Blatt ...

gepfändet.

Dem Drittschuldner wird verboten, an den Schuldner zu zahlen.[1]

Dem Schuldner wird geboten, sich jeder Verfügung über den gepfändeten Anspruch, insbesondere seiner Einziehung, zu enthalten.

Zugleich wird der gepfändete Anspruch dem Gläubiger zur Einziehung überwiesen.

---

[1] **Achtung:** Wenn es keinen Drittschuldner gibt, entfallen dieser Satz und die obige Erwähnung des Drittschuldners.

Erläuterungen bei *Muster 201*.

Muster 197 Zwangsversteigerungserlös III

Anspruch des Gläubigers eines Grundpfandrechts nach Erteilung des Zuschlags

Hinweis: Zu benutzen ist das amtliche Formular Anlage 2 (zu § 2 Nr. 2) der Verordnung über Formulare für die Zwangsvollstreckung (Zwangsvollstreckungsformular-Verordnung – ZVFV) vom 23.8.2012 (BGBl. I 2012, S. 1822) in der geänderten Fassung aufgrund der Verordnung zur Änderung der Zwangsvollstreckungsformular-Verordnung vom 16.6.2014 (BGBl. I 2014, S. 754).

Hierbei ist das Feld „Anspruch G" oder eine gesonderte Anlage zu nutzen. Es wird folgender Text empfohlen:

Wegen ... wird der angebliche Anspruch des Schuldners auf Befriedigung aus dem Versteigerungserlös, der sich im Zwangsversteigerungsverfahren des Amtsgerichts ..., Az.: ... über das Grundstück Flurst. ..., eingetragen im Grundbuch des Amtsgerichts ... Blatt ...

gegen ... (Beachte Rz. 24 der Erläuterungen bei Muster 201) ...

(Drittschuldner)

infolge Erteilung des Zuschlags als anteiliger Erlösanspruch ergeben hat, gepfändet.

Dem Drittschuldner wird verboten, an den Schuldner zu leisten.[1]

Dem Schuldner wird geboten, sich jeder Verfügung über den gepfändeten Anspruch, insbesondere seiner Einziehung, zu enthalten.

Zugleich wird der gepfändete Anspruch dem Gläubiger zur Einziehung überwiesen.

1 **Achtung:** Wenn es keinen Drittschuldner gibt, entfallen dieser Satz und die obige Erwähnung des Drittschuldners.

Erläuterungen bei *Muster 201*.

Muster 198 Zwangsversteigerungserlös IV

Anspruch des Inhabers eines nicht auf Zahlung von Kapital gerichteten Rechts nach Erteilung des Zuschlags

Hinweis: Zu benutzen ist das amtliche Formular Anlage 2 (zu § 2 Nr. 2) der Verordnung über Formulare für die Zwangsvollstreckung (Zwangsvollstreckungsformular-Verordnung – ZVFV) vom 23.8.2012 (BGBl. I 2012, S. 1822) in der geänderten Fassung aufgrund der Verordnung zur Änderung der Zwangsvollstreckungsformular-Verordnung vom 16.6.2014 (BGBl. I 2014, S. 754).

Hierbei ist das Feld „Anspruch G" oder eine gesonderte Anlage zu nutzen. Es wird folgender Text empfohlen:

Wegen ... wird der angebliche Anspruch des Schuldners aus § 92 ZVG auf Wertersatz für sein durch Zuschlag erloschenes ... (das erloschene Recht bezeichnen, z.B. Wohnungsrecht nach § 1093 BGB, Nießbrauch) ... an dem im Zwangsversteigerungsverfahren des Vollstreckungsgerichts ..., Az.: ... versteigerten Grundstück ... Flurst. ..., eingetragen im Grundbuch des Amtsgerichts ... Blatt ...

gegen ... (Beachte Rz. 24 der Erläuterungen bei Muster 201) ...

(Drittschuldner)

gepfändet.

Dem Drittschuldner wird verboten, an den Schuldner zu leisten.[1]

Dem Schuldner wird geboten, sich jeder Verfügung über den gepfändeten Anspruch, insbesondere der Einziehung, zu enthalten.

Zugleich wird der gepfändete Anspruch dem Gläubiger zur Einziehung überwiesen.

1 **Achtung:** Wenn es keinen Drittschuldner gibt, entfallen dieser Satz und die obige Erwähnung des Drittschuldners.

Erläuterungen bei *Muster 201*.

Muster 199 Zwangsversteigerungserlös V

Anspruch des bisherigen Grundstückseigentümers aus einer originären Eigentümergrundschuld

Hinweis: Zu benutzen ist das amtliche Formular Anlage 2 (zu § 2 Nr. 2) der Verordnung über Formulare für die Zwangsvollstreckung (Zwangsvollstreckungsformular-Verordnung – ZVFV) vom 23.8.2012 (BGBl. I 2012, S. 1822) in der geänderten Fassung aufgrund der Verordnung zur Änderung der Zwangsvollstreckungsformular-Verordnung vom 16.6.2014 (BGBl. I 2014, S. 754).

Hierbei ist das Feld „Anspruch G" oder eine gesonderte Anlage zu nutzen. Es wird folgender Text empfohlen:

Wegen ... wird der angebliche Anspruch des Schuldners auf Befriedigung aus dem im Zwangsversteigerungsverfahren des Amtsgerichts ... Az.: ... über sein Grundstück ... Flurst., eingetragen im Grundbuch von ... Blatt ... erzielten Erlös

gepfändet;[1]

der Anspruch ist entstanden als Surrogat der für den Schuldner an seinem Grundstück in Abt. III unter lfd.Nr. ... eingetragenen Eigentümergrundschuld mit/ohne Brief.

Dem Schuldner wird geboten, sich jeder Verfügung über den gepfändeten Anspruch, insbesondere seiner Einziehung, zu enthalten.

Zugleich wird der gepfändete Anspruch dem Gläubiger zur Einziehung überwiesen.

---

1 Es gibt keinen Drittschuldner (vgl. Rz. 28 der Erläuterungen bei *Muster 201*).

Erläuterungen bei *Muster 201*.

Muster 200 Zwangsversteigerungserlös VI

Anspruch des bisherigen Grundstückseigentümers aus einem abgeleiteten Eigentümergrundpfandrecht

Hinweis: Zu benutzen ist das amtliche Formular Anlage 2 (zu § 2 Nr. 2) der Verordnung über Formulare für die Zwangsvollstreckung (Zwangsvollstreckungsformular-Verordnung – ZVFV) vom 23.8.2012 (BGBl. I 2012, S. 1822) in der geänderten Fassung aufgrund der Verordnung zur Änderung der Zwangsvollstreckungsformular-Verordnung vom 16.6.2014 (BGBl. I 2014, S. 754).

Hierbei ist das Feld „Anspruch G" oder eine gesonderte Anlage zu nutzen. Es wird folgender Text empfohlen:

Wegen ... wird der angebliche Anspruch des Schuldners auf Befriedigung aus dem im Zwangsversteigerungsverfahren des Amtsgerichts ... Az.: ... über sein Grundstück Flurst., eingetragen im Grundbuch von ... Blatt ... erzielten Erlös

gepfändet;[1]

der Anspruch ist entstanden als Surrogat der Eigentümergrundschuld des Schuldners, die ihrerseits angeblich ganz oder teilweise aus der zugunsten des ... (Name und Adresse des bisherigen noch im Grundbuch eingetragenen Grundschuld/Hypothekengläubigers) ..., an dem Grundstück zuvor genannten Grundstück in Abt. III des Grundbuchs des Amtsgerichts ... Blatt ... eingetragenen Hypothek/Grundschuld mit/ohne Brief entstanden ist.

Dem Schuldner wird geboten, sich jeder Verfügung über den gepfändeten Anspruch, insbesondere seiner Einziehung, zu enthalten.

Zugleich wird der gepfändete Anspruch dem Gläubiger zur Einziehung überwiesen.

---

1 Es gibt keinen Drittschuldner (vgl. Rz. 28 der Erläuterungen bei *Muster 201*).

Erläuterungen bei *Muster 201*.

Muster 201 Zwangsversteigerungserlös VII

Anspruch eines Grundpfandrechtsschuldners gegen seinen Gläubiger auf Herausgabe des auf den nicht valutierten Teil des Grundpfandrechts entfallenden Versteigerungserlöses

Hinweis: Zu benutzen ist das amtliche Formular Anlage 2 (zu § 2 Nr. 2) der Verordnung über Formulare für die Zwangsvollstreckung (Zwangsvollstreckungsformular-Verordnung – ZVFV) vom 23.8.2012 (BGBl. I 2012, S. 1822) in der geänderten Fassung aufgrund der Verordnung zur Änderung der Zwangsvollstreckungsformular-Verordnung vom 16.6.2014 (BGBl. I 2014, S. 754). Hierbei ist das Feld „Anspruch G" oder eine gesonderte Anlage zu nutzen. Es wird folgender Text empfohlen:

Wegen ... wird die angebliche Forderung des Schuldners

gegen

... (Name bzw. Firma und Adresse des Grundpfandrechtsgläubigers) ...

(Drittschuldner)

auf Herausgabe des Erlöses gepfändet,

der bei der Zwangsversteigerung des Grundstücks ... (Grundstücksbezeichnung) ... auf denjenigen Teil des auf diesem Grundstück in Abt. III lfd.Nr. ... des Grundbuchs eingetragenen ... Hypothek/Grundschuld/Rentenschuld ... entfällt, der die Forderung des Drittschuldners gegen den Schuldner übersteigt.

Dem Drittschuldner wird verboten, an den Schuldner zu zahlen.

Dem Schuldner wird geboten, sich jeder Verfügung über die gepfändete Forderung, insbesondere ihrer Einziehung, zu enthalten.

Zugleich wird die gepfändete Forderung dem Gläubiger zur Einziehung überwiesen.

1. Die einzelnen Schritte des Zwangsversteigerungsverfahrens

1 Das im Gesetz über die Zwangsversteigerung und die Zwangsverwaltung (Zwangsversteigerungsgesetz, ZVG) geregelte Zwangsversteigerungsverfahren zielt darauf ab, durch **Beschlagnahme und Veräußerung eines Grundstückes** Forderungen zu befriedigen, die gegen den Grundstückseigentümer bestehen. Das Verfahren obliegt dem Vollstreckungsgericht (§ 1 ZVG). Durch das Zwangsversteigerungsverfahren werden auch die Ansprüche anderer als des betreibenden Gläubigers berührt, insbesondere Ansprüche solcher Personen, die dingliche Rechte an dem Grundstück haben. Dieses Verfahren wird auch auf grundstücksgleiche Rechte (z.B. Erbbaurecht), eingetragene Schiffe und eingetragene Luftfahrzeuge angewendet.

2 1.1 Das Vollstreckungsgericht übereignet dem Ersteher das Grundstück durch Staatsakt, § 90 ZVG. Der Ersteher ist dafür verpflichtet, den „Preis", das bare **Meistgebot** zu bezahlen (vgl. § 49 Abs. 3 ZVG). Dieser Betrag steht dem Eigentümer zu, wird aber vom Vollstreckungsgericht zu dem Zweck entgegengenommen, ihn den Berechtigten zuzuführen. Mit dem Eigentumsverlust tritt also an die Stelle des Grundstücks die Forderung des Eigentümers auf das Bargebot und mit dessen Bezahlung der Erlös abzüglich der Kosten und der vorrangigen Ansprüche, der vom Vollstreckungsgericht zu verteilen ist.

3 Im Verlauf des Zwangsversteigerungsverfahrens können sich also Ansprüche mehrerer Personen ergeben.

4 1.2 Für die Untersuchung dieser Ansprüche auf ihre Pfändbarkeit ist es wichtig, Folgendes zu wissen:

Auf Antrag eines Gläubigers des Eigentümers und nach Überprüfung der Voraussetzungen ordnet das Vollstreckungsgericht die Zwangsversteigerung des Grundstücks an und beschlagnahmt dieses damit (§ 20 ZVG). Die **Beschlagnahme** wird ins Grundbuch eingetragen (§ 19 ZVG = Zwangsversteigerungsvermerk). Die Beschlagnahme hat die Wirkung eines Veräußerungsverbots i.S. der §§ 135, 136 BGB (§ 23 ZVG). Nach entsprechender Vorbereitung bestimmt das Vollstreckungsgericht einen Termin zur Versteigerung (§ 36 ZVG), in dem es das geringste Gebot, das die dem Anspruch des betreibenden Gläubigers vorhergehenden Rechte und die Verfahrenskosten decken muss (§ 44 ZVG), und die Versteigerungsbestimmungen bekannt gibt und die erschienenen Interessenten zur Abgabe von Angeboten auffordert (§ 66 ZVG).

Wenn zulässige Gebote abgegeben sind und weitere Gebote nicht mehr ab- 5
gegeben werden, hat das Gericht das letzte Gebot (**Meistgebot**) festzustellen und zu verkünden (§ 73 ZVG), über den Zuschlag zu verhandeln (§§ 74 ff. ZVG) und dem Meistbietenden den **Zuschlag** zu erteilen (§§ 81, 82, 89 ZVG). Durch den Zuschlag als Staatsakt wird der Ersteher Eigentümer des Grundstücks (§ 90 ZVG), ohne dass es weiterer Übertragungsakte bedarf, und die Rechte am Grundstück, die nicht nach den Versteigerungsbedingungen oder kraft Vereinbarung zwischen Ersteher und Berechtigtem bestehen bleiben sollen, erlöschen (§ 91 ZVG); an die Stelle eines erlöschenden Rechts tritt der Anspruch auf Ersatz seines Wertes aus dem Versteigerungserlös. Der Meistbietende (und neben ihm ein etwaiger mit ihm nicht identischer Ersteher, § 81 Abs. 2 und 3 ZVG) hat nun sein Bargebot bis zum Verteilungstermin oder in demselben an das Versteigerungsgericht zu bezahlen (§ 49 Abs. 3 ZVG).

Das Versteigerungsgericht bestimmt zur Verhandlung über die Verteilung 6
des Erlöses einen **Verteilungstermin** (§ 105 ZVG), in dem die Teilungsmasse (§ 107 ZVG) festgestellt und ein Teilungsplan (§ 113 ZVG) aufgestellt wird. Wird kein Widerspruch gegen den Teilungsplan erhoben (§ 115 ZVG), so zahlt das Versteigerungsgericht den nach Berichtigung der Versteigerungskosten verbleibenden Teil des Erlöses an die Berechtigten aus oder weist ihnen Anteile an der vom Ersteher noch nicht berichtigten Forderung auf das Bargebot zu (§§ 117, 118 ZVG). Soweit Widerspruch gegen den Verteilungsplan erhoben wird, hinterlegt das Versteigerungsgericht den streitigen Betrag bei der Hinterlegungsstelle des Amtsgerichts (§§ 124, 120 ZVG).

1.3 An die Berechtigten wird aber nicht etwa gleichmäßig ausbezahlt, son- 7
dern in einer bestimmten **Rangfolge**, die in § 10 ZVG festgelegt ist, bis zum Verbrauch des gesamten Erlöses.

2. Pfändung und Verwertung

Die im Zusammenhang mit dem Versteigerungsverfahren entstehenden 8
Ansprüche sind im Grundsatz **pfändbar**; sie werden durch **Überweisung zur Einziehung** verwertet.

2.1 Der **Anspruch des Meistbietenden (Erstehers) auf den Zuschlag** ist 9
pfändbar und verpfändbar, §§ 857, 851 Abs. 1 ZPO, § 400 BGB.[1] Der Pfändungsgläubiger muss die Übernahme der Verpflichtung aus dem Meistgebot nicht erklären.[2] Die Pfändung ist Rechtspfändung nach § 857 Abs. 1, 2 ZPO. Einen **Drittschuldner** gibt es nicht, weil der Anspruch auf den Zuschlag öffentlich-rechtlicher Natur ist, insbesondere nicht das Vollstreckungsgericht. Die Pfändung, die spätestens vor der Zuschlagserteilung

---

1 LG Köln v. 22.5.1986 – 9 T 146/86, NJW-RR 1986, 1058; *Steiner/Storz*, § 81 ZVG Rz. 8; *Stöber*, § 81 ZVG Rz. 3.7; *Hintzen* in Dassler/Schiffhauer, § 81 ZVG Rz. 10; *Riedel/Krammer*, Rpfleger 1989, 144.
2 *Hintzen* in Dassler/Schiffhauer, § 81 ZVG Rz. 10; *Riedel/Krammer*, Rpfleger 1989, 144.

wirksam sein muss, bewirkt nach der Zuschlagserteilung die Entstehung einer Sicherungshypothek für den Gläubiger in Höhe seiner titulierten Forderung, § 848 Abs. 2 ZPO bzw. § 1287 Satz 2 BGB (vgl. *Muster 30* und Rz. 17 bis 23 der Erläuterungen zu *Muster 33*). Ein Sequester nach § 848 Abs. 1 ZPO ist nicht zu bestellen, denn auf der Seite des Erstehers sind keinerlei Erklärungen abzugeben, die zur Rechtsbegründung notwendig sind, der Pfändungsgläubiger erwirbt mit dem Zuschlag eine Sicherungshypothek kraft Gesetzes. Die Eintragung kann der Gläubiger selbst beim Grundbuchamt beantragen.[3] Die Sicherungshypothek hat Rang nach den nach den Versteigerungsbedingungen bestehen bleibenden Rechten und eventuellen Sicherungshypotheken gemäß § 128 ZVG.

10   **2.2** Die **Ansprüche der Berechtigten auf Auszahlung der ihnen zukommenden Teile am Versteigerungserlös** sind im Grundsatz pfändbar. Die Fragen, ob Ansprüche auf Beteiligung am Versteigerungserlös schon vor Erteilung des Zuschlags pfändbar seien, ob es einen Drittschuldner gebe und wer er sei, haben Rechtsprechung und besonders Literatur immer wieder beschäftigt. Die jetzt herrschende und richtige Ansicht lässt regelmäßig **Pfändung** der Ansprüche auf Beteiligung am Erlös **erst nach dem Zuschlag** zu.[4] Einen Drittschuldner gibt es nach ganz herrschender Meinung bei vielen Konstellationen nicht.[5]

11   **2.2.1 Pfändung vor Erteilung des Zuschlags.** Jede Vollstreckung in einen Anspruch, der sich auf Beteiligung am Versteigerungserlös richtet, kann nur darauf zielen, dass die Auszahlung des Anteils am Erlös durch das Versteigerungsgericht nicht an den Vollstreckungsschuldner, sondern an den Vollstreckungsgläubiger erfolge. Das Versteigerungsgericht führt dieses Verfahren bis zum Abschluss des Verteilungsverfahrens in amtlicher Eigenschaft; seine Tätigkeit ist Ausübung von Staatshoheit. Der öffentlich-rechtliche Anspruch auf Auszahlung ist pfändbar – das ist heute nicht mehr bestritten –, aber erst dann, wenn er als – sei es auch zukünftige oder bedingte – Forderung entstanden ist. Künftige und bedingte Forderungen sind pfändbar, wenn und sobald sie sich genügend konkretisiert haben, wenn und sobald also jedenfalls ihr Rechtsgrund und der Drittschuldner feststeht (vgl. Rz. 81 f. der „Einleitung"). Hier aber steht der Drittschuldner erst fest, wenn man weiß, wer das Meistgebot an das Vollstreckungsgericht zu zahlen hat, wer also Meistbietender (oder Ersteher) ist. Daher sind diese Forderungen erst ab Zuschlagserteilung pfändbar. Andere Ansprüche, z.B. der Anspruch auf Wertersatz für ein untergehendes dingliches Recht, entstehen erst mit dem Zuschlag, während sie bis dahin Rechte anderer Art sind; auch hier ist folglich Zuschlagserteilung Voraussetzung der Pfändbarkeit. Das wird unten bei Erörterung der einzelnen Ansprüche jeweils behandelt werden.

---

[3] *Hintzen* in Dassler/Schiffhauer, § 81 ZVG Rz. 10; a.A. *Stöber*, § 81 ZVG Rz. 3.7, das Vollstreckungsgericht muss hierzu ersuchen.
[4] *Stöber*, Rz. 1989; *Stöber*, § 114 ZVG Anm. 5.20 und die dort Zitierten; *Hintzen* in Dassler/Schiffhauer, § 117 ZVG Rz. 13 ff.
[5] *Hintzen* in Dassler/Schiffhauer, § 117 ZVG Rz. 24 ff.

2.2.2 Die Frage, ob es einen **Drittschuldner** gebe und wer er sei, muss je nach Art des zu pfändenden Anspruchs und auch in verschiedenen Stadien des Zwangsversteigerungsverfahrens verschieden beantwortet werden. Auch das wird bei Darstellung der einzelnen Ansprüche behandelt werden.

Klar ist jedenfalls, dass das Versteigerungsgericht nicht Drittschuldner sein kann, obwohl es die Auszahlung vornimmt; denn es ist weder Gläubiger des Meistbietenden (Erstehers) noch Schuldner der Berechtigten, sondern handelt in amtlicher Eigenschaft. Danach kommen als Drittschuldner in Frage: entweder der Meistbietende (Ersteher) – jedoch nur, bis er das Meistgebot tatsächlich bezahlt hat, denn mit dieser Zahlung erlischt die Forderung gegen ihn – oder der bisherige Eigentümer. Wenn der Versteigerungserlös (etwa nach § 117 ZVG) hinterlegt ist, so ist das Bundesland, zu dessen Gericht die Hinterlegungsstelle gehört, Drittschuldner;[6] zu pfänden ist nach *Muster 98*.

2.3 Der **Anspruch eines betreibenden Gläubigers auf Auszahlung des ihm zukommenden Erlösanteils** ist nach § 857 Abs. 1 ZPO zu pfänden. Von Erteilung des Zuschlags an bis zur Zahlung des Bargebots ist der Meistbietende (Ersteher) **Drittschuldner**. Von diesen Konstellationen geht *Muster 195* aus. Bis zur Erteilung des Zuschlags ist die Person des Drittschuldners nicht bekannt, der Anspruch also auch nicht als künftiger zu pfänden.

Vor dem Zuschlag kann der Vollstreckungsgläubiger aber diejenige Forderung pfänden, aus welcher der Vollstreckungsschuldner die Zwangsversteigerung betreibt, und dann den Anspruch auf Auszahlung an sich statt an den Vollstreckungsschuldner spätestens im Verteilungstermin anmelden und dabei den Pfändungs- und Überweisungsbeschluss samt Zustellungsnachweisen vorlegen.

Die Durchsetzung der Pfändung ist unten Rz. 29 behandelt.

2.4 Der **Anspruch des bisherigen Grundstückseigentümers** (des Schuldners im Zwangsversteigerungsverfahren) **auf Auszahlung eines Mehrerlöses** (Übererlöses) ist ebenfalls nach § 857 Abs. 1, § 829 ZPO zu pfänden. Auch hier ist wie oben Rz. 13 die Pfändung erst nach Erteilung des Zuschlags zulässig, auch hier gilt bezüglich des **Drittschuldners** das oben Gesagte.

Dieser Anspruch wird in *Muster 196* behandelt, seine Durchsetzung in Rz. 29 dargestellt.

Vor Erteilung des Zuschlags kann der Vollstreckungsgläubiger aber auch dem Zwangsversteigerungsverfahren beitreten. Als betreibender Gläubiger fällt er mit einer persönlichen Forderung in Rangklasse 5 § 10 Abs. 1 ZVG (oder besser – je nach Anspruch- in Rangklasse 4 oder sogar 3 oder 2), sodass der Vollstreckungsschuldner als Mehrerlös nur das erhält, was

---

6 BGHZ 58, 298.

nach Befriedigung des Vollstreckungsgläubigers (und anderer Vorrangiger) übrig bleibt.

17 **2.5 Ansprüche des Inhabers eines eingetragenen Rechts auf Beteiligung am Versteigerungserlös:** Nicht immer reicht der Versteigerungserlös aus, um die Verfahrenskosten, die eingetragenen Rechte und den Anspruch des betreibenden Gläubigers zu befriedigen. Daher weist das ZVG den einzelnen Rechten bzw. Ansprüchen einen Rang zu; in dieser Rangfolge werden sie befriedigt (§§ 10, 11 ZVG). Rechte mit besserem Rang als ihn der Anspruch des betreibenden Gläubigers hat, sind also vor diesem zu befriedigen. Deshalb enthalten die Versteigerungsbedingungen ein „geringstes Gebot", das (die Verfahrenskosten und) den Wert aller vorrangigen eingetragenen Rechte umfasst; ein darunter liegendes Gebot wird nicht zugelassen (§§ 44 ff. ZVG).

18 Die Versteigerungsbedingungen führen auch die Rechte auf, welche trotz der Versteigerung weiterbestehen sollen; darin nicht aufgeführte eingetragene Rechte erlöschen durch den Zuschlag (§ 91 ZVG). Nur die Rechte am Grundstück aber erlöschen, nicht jedoch die ihnen zugrundeliegenden Ansprüche: An diesen setzen sich die Rechte am erlöschenden Recht fort[7] und werden ihrem Rang nach (§§ 10, 11 ZVG) aus dem Erlös der Versteigerung befriedigt, soweit er reicht.

19 **Bestehenbleibende Rechte** werden von der Zwangsversteigerung rechtlich nicht berührt, ihre Inhaber haben keinen Anspruch auf Teilhabe am Versteigerungserlös (bis auf Nebenleistungen/Zinsen im Bargebot).

20 2.5.1 Bei **Rechten, die auf Zahlung eines Kapitals gerichtet sind** (Hypothek, Grundschuld), macht die Berechnung der auf die zugrundeliegenden Forderungen entfallenden, aus dem Versteigerungserlös zu befriedigenden Beträge keine Schwierigkeiten. Die Pfändung dieses Anspruchs zeigt *Muster 197*.

21 2.5.2 Das ist anders bei **Rechten, die nicht auf Zahlung eines Kapitals gerichtet sind**: An ihre Stelle tritt ein Anspruch auf Wertersatz (§ 92 ZVG), der nach § 121 ZVG zu berechnen ist. Die Pfändung dieses Anspruchs zeigt *Muster 198*.

22 2.5.3 Diese Ansprüche sind erst **ab Erteilung des Zuschlags zu pfänden**; denn sie entstehen erst mit dem durch den Zuschlag bewirkten Erlöschen des zugrundeliegenden dinglichen Rechts.[8]

23 **Gepfändet** wird nach § 857 Abs. 1 ZPO, **verwertet** wird durch Überweisung zur Einziehung nach § 835 ZPO.

24 **Drittschuldner** ist der Schuldner des erloschenen dinglichen Rechts, in der Regel also der bisherige Eigentümer, sonst der von ihm etwa verschiedene persönliche Schuldner.

---

7 BGHZ 58, 298, 301.
8 BGHZ 58, 298, 301.

⊃ **Beachte:** In der Praxis wird zwar meist (nur) der bisherige Eigentümer 25
als Drittschuldner behandelt, bezeichnet und nur ihm zugestellt; weil
aber zumindest sehr zweifelhaft ist, ob er Drittschuldner ist, wenn er
nicht zugleich die Forderung persönlich schuldet, sollten in solchen
Fällen sowohl der bisherige Eigentümer als auch der persönliche
Schuldner als Drittschuldner behandelt werden.

Wenn das Bargebot gezahlt ist, gibt es keinen Drittschuldner.

Die Pfändung der in Rz. 17 bis 25 behandelten Ansprüche ist in *Mustern* 26
197 und *198* dargestellt, ihre Durchsetzung ist unten Rz. 29 erörtert.

Bis zur Erteilung des Zuschlags dagegen bestehen Ansprüche auf Betei- 27
ligung am Versteigerungserlös noch nicht; vielmehr bestehen noch die ursprünglichen dinglichen Rechte, die also bis zum Zuschlag als solche
nach den Regeln zu pfänden sind, die für die einzelnen dinglichen Rechte
gelten, Hypotheken also beispielsweise durch Pfändungsbeschluss und
Übergabe des Hypothekenbriefes an den Vollstreckungsgläubiger (Brief-
grundschulden) bzw. Eintragung der Pfändung im Grundbuch (Buchhypo-
theken), wie sich aus § 830 ZPO ergibt.

2.6 Eigentümergrundpfandrechte werden im Zwangsversteigerungsver- 28
fahren wie Fremdrechte behandelt, die einem fremden Pfandgläubiger zu-
zuweisenden Anteile am Erlös werden dem bisherigen Eigentümer zugesprochen. Es gelten Rz. 17 f. und 21 f. mit der Maßgabe, dass es einen
Drittschuldner nicht gibt. Die Pfändung dieses Anspruchs ist dargestellt
in *Mustern 199* und *200*.

2.7 Um die **Pfändung durchzusetzen,** muss der Vollstreckungsgläubiger 29
spätestens im Verteilungstermin Auszahlung der gepfändeten Beträge an
sich verlangen und dem Versteigerungsgericht eine Ausfertigung des Pfän-
dungs- und Überweisungsbeschlusses samt Zustellungsnachweisen vorlegen (§ 114 ZVG). Das Versteigerungsgericht hat zu prüfen, ob der Beschluss wirksam erlassen und den richtigen Personen zugestellt ist.

Berücksichtigt das Versteigerungsgericht die Pfändung im Verteilungsplan
nicht, so kann der Vollstreckungsgläubiger seinen Anspruch durch Widerspruch gegen den Teilungsplan weiter verfolgen.

2.8 Hat der **Meistbietende (Ersteher) rechtzeitig zum Verteilungstermin** 30
den Betrag des Bargebots nicht eingezahlt, so hat das Versteigerungsgericht den Teilungsplan dadurch auszuführen, dass es die Forderung gegen den Ersteher auf den Berechtigten überträgt (§ 118 ZVG); zugleich ist
für den Berechtigten eine Sicherungshypothek im Grundbuch einzutragen
(§ 128 ZVG). Diese Forderung des Berechtigten ist bei ihm **als Hypothe-**
kenforderung nach *Muster 49* zu pfänden und zu überweisen.

2.9 Der **Anspruch eines Grundpfandschuldners gegen seinen Grundpfand-** 31
gläubiger, dem im Versteigerungsverfahren der gesamte Erlös des Grundpfandrechts zugeteilt worden ist, entsteht nicht innerhalb eines Zwangsversteigerungsverfahrens, sondern anlässlich eines solchen: Der Schuldner

eines Grundpfandrechts (regelmäßig der Grundstückseigentümer) kann gegen den Grundpfandgläubiger einen Anspruch darauf haben, dass dieser den Betrag ganz oder teilweise herausgebe, der ihm im Zwangsversteigerungsverfahren für das Grundstück zugeteilt worden ist.[9] Ein solcher Anspruch wird regelmäßig dann bestehen, wenn das Grundpfandrecht nicht oder nur teilweise valutiert war. Die Pfändung dieses Anspruchs ist in *Muster 201* behandelt.

Muster 202   Zwangsverwaltungserlös

Anspruch des Grundstückseigentümers auf Auskehrung des ihm gebührenden Teils der Überschüsse

Hinweis: Zu benutzen ist das amtliche Formular Anlage 2 (zu § 2 Nr. 2) der Verordnung über Formulare für die Zwangsvollstreckung (Zwangsvollstreckungsformular-Verordnung – ZVFV) vom 23.8.2012 (BGBl. I 2012, S. 1822) in der geänderten Fassung aufgrund der Verordnung zur Änderung der Zwangsvollstreckungsformular-Verordnung vom 16.6.2014 (BGBl. I 2014, S. 754).

Hierbei ist das Feld „Anspruch G" oder eine gesonderte Anlage zu nutzen. Es wird folgender Text empfohlen:

Wegen . . . wird die angebliche Forderung des Schuldners

gegen . . . (Name und Adresse des Zwangsverwalters) . . . als Zwangsverwalter des Grundstücks Flurst. . . . eingetragen im Grundbuch von Blatt . . .

(Drittschuldner)

auf Auszahlung der ihm gebührenden Anteile an den Überschüssen aus der beim Vollstreckungsgericht . . . unter Az.: . . . betriebenen Zwangsverwaltung über das genannte Grundstück des Schuldners

gepfändet.

---

1. Zwangsverwaltung

1   Die Zwangsverwaltung, geregelt in §§ 866, 869 ZPO, §§ 146 bis 161 ZVG, ist eine **Form der Immobiliarvollstreckung**, welche nicht in die Substanz des Grundstücks eingreift, sondern nur dessen Nutzungen zur Befriedigung des Gläubigers heranzieht: Der vom Vollstreckungsgericht eingesetzte **Zwangsverwalter** nimmt das Grundstück in Besitz (§ 151 ZVG) und ergreift diejenigen Maßnahmen, die notwendig oder zweckmäßig sind, um einerseits das Grundstück in seinem wirtschaftlichen Bestand zu erhalten und es andererseits ordnungsgemäß zu nutzen (§ 152 ZVG).

2   Aus den Nutzungen (= Einnahmen) des Grundstücks hat der Verwalter – ohne Teilungsplan – zunächst die Ausgaben der Verwaltung sowie die Kosten des Verfahrens mit Ausnahme derjenigen, welche durch die An-

---

[9] BGH NJW 1992, 1620 m.w.N.

ordnung des Verfahrens oder den Beitritt eines Gläubigers entstehen, vorweg zu bestreiten. Die **Überschüsse** werden danach auf die in § 10 Abs. 1 Nr. 1 bis 5 ZVG bezeichneten Ansprüche verteilt. Allerdings werden bei den Ansprüchen der Rangklassen 2, 3 und 4 nach § 10 Abs. 1 ZVG nur laufenden Leistungen berücksichtigt, § 155 Abs. 2 Satz 2 ZVG.

Eine Besonderheit ergibt sich aus § 156 Abs. 1 ZVG: Die laufenden Beträge der öffentlichen Lasten (Rangklasse 3) sind von dem Verwalter auch **ohne Teilungsplan** zu zahlen. Die Zahlungsfälligkeiten sind einem Verwalter bekannt. Dies gilt auch bei der Vollstreckung in ein Wohnungseigentum für die laufenden Beträge der daraus fälligen Ansprüche auf Zahlung der Beiträge zu den Lasten und Kosten des gemeinschaftlichen Eigentums oder des Sondereigentums, die nach § 16 Abs. 2, § 28 Abs. 2 und 5 WEG (z.B. die Hausgelder) geschuldet werden, einschließlich der Vorschüsse und Rückstellungen sowie der Rückgriffsansprüche einzelner Wohnungseigentümer.   3

Erst wenn zu erwarten ist, dass die Einnahmen so hoch sind, dass auch auf andere Ansprüche Zahlungen geleistet werden können, wird nach Hinweis des Verwalters ein Verteilungstermin bestimmt. In dem Termin wird dann der **Teilungsplan** für die ganze Dauer des Verfahrens aufgestellt (§ 157 ZVG). Die Ausführung des Plans ist wieder Aufgabe des Verwalters.   4

Wichtig ist jedoch festzuhalten: Die Rechte an dem Grundstück – wie Grundpfandrechte, Dienstbarkeiten, Nießbrauch, Reallasten – bleiben bestehen, sie erlöschen nicht. Dies hat zur Folge, dass auch die Nebenleistungen (= Zinsen) der Grundpfandrechte oder einzelne Reallastleistungen nicht getrennt gepfändet werden können. Diese Ansprüche können nur gemeinsam mit dem Stammrecht gepfändet werden, also bei einer Hypothek oder Grundschuld nach § 830 ZPO durch Pfändung und Briefwegnahme oder Pfändung und Eintragung im Grundbuch. Der Zwangsverwalter ist hier kein Drittschuldner.[1]   5

2. Pfändung und Verwertung

Eine Forderung gegen den Zwangsverwalter wird als gewöhnliche Geldforderungen nach § 829 ZPO gepfändet und nach § 835 ZPO zur Einziehung zu überweisen. Dies gilt insbesondere für einen nach Aufhebung der Zwangsverwaltung verbliebenen Überschuss. Ein Gläubiger, auch der betreibende Gläubiger nach Rücknahme des Antrags, kann den **Anspruch des Schuldners auf Herausgabe des Zwangsverwaltungsüberschusses** pfänden, der nach Verfahrensaufhebung besteht. Der Verwalter ist hier Drittschuldner.[2]   6

---

1 *Stöber*, Rz. 128 und 437.
2 Aus abgetretenem Recht kann der Gläubiger nach Auffassung des BGH keine Rechte nach Rücknahme mehr herleiten, da Abtretung nach § 1124 Abs. 2 BGB durch die Anordnung des Verfahrens unwirksam wurde, BGH v. 13.10.2011 – IX ZR 188/10, NJW-RR 2012, 263.

Auch Forderungen, die erst bei der Aufhebung des Zwangsverwaltungsverfahrens fällig werden, können schon während der Verfahrensdauer als künftige Forderungen gepfändet werden.[3]

7 Geht während des Zwangsverwaltungsverfahrens das Eigentum am Grundstück auf einen Dritten über, so steht vom Eigentumsübergang an der **Anspruch auf Auskehrung des Überschussrestes** dem neuen Eigentümer zu, sodass die Pfändung von nun an ins Leere geht.

---

[3] Vgl. BGHZ 120, 131.

Anhang

1. Die NATO-Streitkräfte als Drittschuldner
Abkommen zwischen den Parteien des Nordatlantikvertrags über die Rechtsstellung ihrer Truppen (NATO-Truppenstatut)
vom 19.6.1951, BGBl. II 1961, S. 1190 (Auszug)[1]

Die Parteien des am 4. April 1949 in Washington unterzeichneten Nordatlantikvertrages –

In Anbetracht der Tatsache, dass die Truppen einer Vertragspartei nach Vereinbarung zur Ausübung des Dienstes in das Hoheitsgebiet einer anderen Vertragspartei entsandt werden können;

In dem Bewusstsein, dass der Beschluss, sie zu entsenden, und die Bedingungen, unter denen sie entsandt werden, auch weiterhin Sondervereinbarungen zwischen den beteiligten Vertragsparteien unterliegen, soweit die Bedingungen nicht in diesem Abkommen festgelegt sind;

In dem Wunsche jedoch, die Rechtsstellung dieser Truppen während ihres Aufenthaltes in dem Hoheitsgebiet einer anderen Vertragspartei festzulegen –

sind wie folgt übereingekommen:

Art. VIII (Schadenshaftung; Zivilgerichtsbarkeit)

(1)–(4) ...

(5) ...

(a)–(f) ...

(g) Ein Mitglied einer Truppe oder eines zivilen Gefolges darf einem Verfahren zur Vollstreckung eines Urteils nicht unterworfen werden, das in dem Aufnahmestaat in einer aus der Ausübung des Dienstes herrührenden Angelegenheit gegen ihn ergangen ist.

(h) ...

(6)–(8) ...

(9) Hinsichtlich der Zivilgerichtsbarkeit des Aufnahmestaates darf der Entsendestaat für Mitglieder einer Truppe oder eines zivilen Gefolges keine Befreiung von der Gerichtsbarkeit des Aufnahmestaates über Absatz (5) Buchstabe (g) hinaus beanspruchen.

(10) ...

---

1 Vgl. auch Muster 21–23b.

Anhang 1   Die NATO-Streitkräfte als Drittschuldner

Zusatzabkommen zu dem Abkommen zwischen den Parteien des Nordatlantikvertrages über die Rechtsstellung ihrer Truppen hinsichtlich der in der Bundesrepublik Deutschland stationierten ausländischen Truppen

vom 3.8.1959, BGBl. II 1961, S. 1183, 1218, geändert durch das Abkommen vom 21.10.1971, BGBl. II 1973, S. 1021, in Kraft am 18.1.1974, BGBl. II, S. 143; Vereinbarung vom 18.5.1981, BGBl. II 1982, S. 530, in Kraft am 8.8.1982, BGBl. II, S. 838; Abkommen vom 18.3.1993, BGBl. II 1994, S. 2594, 2598, in Kraft am 29.3.1998, BGBl. II, S. 1691, zuletzt geändert durch Nato-Truppenstatut-Zusatzabkommen-ÄndAbk vom 28.9.1994 (BGBl. II S. 2598)

(Auszug)

Art. 34 (Durchführung der Zwangsvollstreckung)

(1) Die Militärbehörden gewähren bei der Durchsetzung vollstreckbarer Titel in nichtstrafrechtlichen Verfahren deutscher Gerichte und Behörden alle in ihrer Macht liegende Unterstützung.

(2) (a) In einem nichtstrafrechtlichen Verfahren kann eine Haft gegen Mitglieder einer Truppe oder eines zivilen Gefolges oder gegen Angehörige von deutschen Behörden und Gerichten nur angeordnet werden, um eine Missachtung des Gerichts zu ahnden oder um die Erfüllung einer gerichtlichen oder behördlichen Entscheidung oder Anordnung zu gewährleisten, die der Betreffende schuldhaft nicht befolgt hat oder nicht befolgt. Wegen einer Handlung oder Unterlassung in Ausübung des Dienstes darf eine Haft nicht angeordnet werden. Eine Bescheinigung der höchsten zuständigen Behörde des Entsendestaates, dass die Handlung oder Unterlassung in Ausübung des Dienstes erfolgte, ist für deutsche Stellen verbindlich. In anderen Fällen berücksichtigen die zuständigen deutschen Stellen das Vorbringen der höchsten zuständigen Behörde des Entsendestaates, dass zwingende Interessen einer Haft entgegenstehen, in gebührender Weise.

(b) Eine Verhaftung nach diesem Absatz kann nur vorgenommen werden, nachdem die Militärbehörden für die Ersetzung der betroffenen Personen gesorgt haben, sofern sie dies für erforderlich halten. Die Militärbehörden ergreifen unverzüglich alle zu diesem Zweck erforderlichen zumutbaren Maßnahmen und gewähren den für die Durchsetzung einer Anordnung oder Entscheidung im Einklang mit diesem Absatz verantwortlichen deutschen Behörden alle in ihrer Macht liegende Unterstützung.

(c) Ist eine Verhaftung innerhalb einer Truppe oder dem zivilen Gefolge zur ausschließlichen Benutzung überlassenen Liegenschaft im Einklang mit diesem Absatz vorzunehmen, so kann der Entsendestaat, nachdem er sich mit dem deutschen Gericht oder der deutschen Behörde über die Einzelheiten ins Benehmen gesetzt hat, diese Maßnahme durch seine eigene Polizei durchführen lassen. In diesem Fall wird die Verhaftung unverzüglich und, soweit die deutsche Seite dies wünscht, in Gegenwart von Vertretern des deutschen Gerichts oder der deutschen Behörde vorgenommen.

(3) Bezüge, die einem Mitglied einer Truppe oder eines zivilen Gefolges von seiner Regierung zustehen, unterliegen der Pfändung, dem Zahlungsverbot oder einer anderen Form der Zwangsvollstreckung auf Anordnung eines deutschen Gerichts oder einer deutschen Behörde, soweit das auf dem Gebiet des Entsendestaates anwendbare Recht die Zwangsvollstreckung gestattet. Die Unterstützung nach Absatz (1) schließt auch Hinweise auf Vollstreckungsmöglichkeiten in den bereits zur Auszahlung gelangten Sold ein.

(4) Ist die Vollstreckung eines vollstreckbaren Titels in nichtstrafrechtlichen Verfahren deutscher Gerichte und Behörden innerhalb der Anlage einer Truppe durchzuführen, so wird sie durch den deutschen Vollstreckungsbeamten im Beisein eines Beauftragten der Truppe vollzogen.

Art. 35 (Vollstreckung in Zahlungsansprüche)

Soll aus einem vollstreckbaren Titel deutscher Gerichte und Behörden gegen einen Schuldner vollstreckt werden, dem aus der Beschäftigung bei einer Truppe oder einem zivilen Gefolge gemäß Artikel 56 oder aus unmittelbaren Lieferungen oder sonstigen Leistungen an eine Truppe oder ein ziviles Gefolge ein Zahlungsanspruch zusteht, so gilt folgendes:

(a) Erfolgt die Zahlung durch Vermittlung einer deutschen Behörde und wird diese von einem Vollstreckungsorgan ersucht, nicht an den Schuldner, sondern an den Pfändungsgläubiger zu zahlen, so ist die deutsche Behörde berechtigt, diesem Ersuchen im Rahmen der Vorschriften des deutschen Rechts zu entsprechen.

(b) (i) Erfolgt die Zahlung nicht durch Vermittlung einer deutschen Behörde, so hinterlegen die Behörden der Truppe oder des zivilen Gefolges, sofern das Recht des Entsendestaates dies nicht verbietet, auf Ersuchen eines Vollstreckungsorgans von der Summe, die sie anerkennen, dem Vollstreckungsschuldner zu schulden, den in dem Ersuchen genannten Betrag bei der zuständigen Stelle. Die Hinterlegung befreit die Truppe oder das zivile Gefolge in Höhe des hinterlegten Betrages von ihrer Schuld gegenüber dem Schuldner.

(ii) Soweit das Recht des betroffenen Entsendestaates die unter Ziffer (i) genannte Zahlung verbietet, treffen die Behörden der Truppe und des zivilen Gefolges alle geeigneten Maßnahmen, um das Vollstreckungsorgan bei der Durchsetzung des in Frage stehenden Vollstreckungstitels zu unterstützen.

Gesetz zum NATO-Truppenstatut und zu den Zusatzvereinbarungen

in der im Bundesgesetzblatt Teil III, Gliederungsnummer 57-1, veröffentlichten bereinigten Fassung, das zuletzt durch Artikel 111 der Verordnung vom 31.10.2006 (BGBl. I S. 2407) geändert worden ist.

Das Gesetz gilt nicht in Berlin (West) gem. § 3 Nr. 5 G v. 25.9.1990 I 2106 u. nicht in dem in Artikel 3 des Einigungsvertrages genannten Gebiet gem. Artikel 11 und Anl. I Kap. I Abschn. I Nr. 5 EinigVtr v. 31.8.1990 iVm Art. 1 Gesetz vom 23.9.1990 II 885, 908; Art. 3, 4b, 4c u. 5 treten in den Ländern Berlin, Brandenburg, Mecklenburg-Vorpommern, Sachsen, Sachsen-Anhalt u. Thüringen gem. Art. 6 idF d. Art. 3 G v. 28.9.1994 II 2594 iVm Bek. v. 30.6.1998 II 1691 mWv 29.3.1998 in Kraft.

Kapitel 2. Ausführungsbestimmungen zu Artikel 35 des Zusatzabkommens

Artikel 5

(1) Bei der Zwangsvollstreckung aus einem privatrechtlichen Vollstreckungstitel kann das Ersuchen in den Fällen des Artikels 35 des Zusatzabkommens nur von dem Vollstreckungsgericht ausgehen: Vollstreckungsgericht ist das Amtsgericht, bei dem der Schuldner seinen allgemeinen Gerichtsstand hat, und sonst das Amtsgericht, in dessen Bezirk die zu ersuchende Stelle sich befindet. Zugleich mit dem Ersuchen hat das Gericht an den Schuldner das Gebot zu erlassen, sich jeder Verfügung über die Forderung, insbesondere ihrer Einziehung, zu enthalten.

(2) In den Fällen des Artikels 35 Buchstabe a des Zusatzabkommens ist das Ersuchen der deutschen Behörde von Amts wegen zuzustellen. Mit der Zustellung ist die Forderung gepfändet und dem Pfändungsgläubiger überwiesen. Die Vorschriften der Zivilprozessordnung über die Zwangsvollstreckung in Geldforderungen gelten im übrigen entsprechend. § 845 der Zivilprozessordnung ist nicht anzuwenden.

(3) Bei der Zwangsvollstreckung wegen öffentlich-rechtlicher Geldforderungen geht das Ersuchen in den Fällen des Artikels 35 des Zusatzabkommens von der zuständigen Vollstreckungsbehörde aus. Auf das weitere Verfahren finden in den Fällen des Artikels 35

Anhang 1   Die NATO-Streitkräfte als Drittschuldner

Buchstabe a des Zusatzabkommens die Vorschriften des in Betracht kommenden Verwaltungszwangsverfahrens über die Pfändung und Einziehung von Forderungen entsprechend Anwendung.

Artikel 8

Zuständig ist die Verteidigungslastenverwaltung. Sie wird in bundeseigener Verwaltung mit eigenem Verwaltungsunterbau oder in einer Anstalt des öffentlichen Rechts geführt. Die Einzelheiten bestimmt das Bundesministerium der Finanzen. Die zuständigen Behörden und ihr jeweiliger Zuständigkeitsbereich werden im Bundesanzeiger veröffentlicht.

2. Abgabenordnung (AO)

vom 16.3.1976, BGBl. I, S. 613, neugefasst durch Bek. v. 1.10.2002,
BGBl. I, S. 3866; BGBl. I 2003, S. 61, zuletzt geändert durch Art. 16 des Gesetzes vom
25.7.2014 (BGBl. I 2014, 1266) (Auszug)

3. Unterabschnitt: Vollstreckung in das bewegliche Vermögen

I. Allgemeines

§ 281 Pfändung

(1) Die Vollstreckung in das bewegliche Vermögen erfolgt durch Pfändung.

(2) Die Pfändung darf nicht weiter ausgedehnt werden, als es zur Deckung der beizutreibenden Geldbeträge und der Kosten der Vollstreckung erforderlich ist.

(3) Die Pfändung unterbleibt, wenn die Verwertung der pfändbaren Gegenstände einen Überschuss über die Kosten der Vollstreckung nicht erwarten lässt.

§ 282 Wirkung der Pfändung

(1) Durch die Pfändung erwirbt die Körperschaft, der die Vollstreckungsbehörde angehört, ein Pfandrecht an dem gepfändeten Gegenstand.

(2) Das Pfandrecht gewährt ihr im Verhältnis zu anderen Gläubigern dieselben Rechte wie ein Pfandrecht im Sinne des Bürgerlichen Gesetzbuchs; es geht Pfand- und Vorzugsrechten vor, die im Insolvenzverfahren diesem Pfandrecht nicht gleichgestellt sind.

(3) Das durch eine frühere Pfändung begründete Pfandrecht geht demjenigen vor, das durch eine spätere Pfändung begründet wird.

§ 283 Ausschluss von Gewährleistungsansprüchen

Wird ein Gegenstand auf Grund der Pfändung veräußert, so steht dem Erwerber wegen eines Mangels im Recht oder wegen eines Mangels der veräußerten Sache ein Anspruch auf Gewährleistung nicht zu.

§ 284 Vermögensauskunft des Vollstreckungsschuldners

(1) Der Vollstreckungsschuldner muss der Vollstreckungsbehörde auf deren Verlangen für die Vollstreckung einer Forderung Auskunft über sein Vermögen nach Maßgabe der folgenden Vorschriften erteilen, wenn er die Forderung nicht binnen zwei Wochen begleicht, nachdem ihn die Vollstreckungsbehörde unter Hinweis auf die Verpflichtung zur Abgabe der Vermögensauskunft zur Zahlung aufgefordert hat. Zusätzlich hat er seinen Geburtsnamen, sein Geburtsdatum und seinen Geburtsort anzugeben. Handelt es sich bei dem Vollstreckungsschuldner um eine juristische Person oder um eine Personenvereinigung, so hat er seine Firma, die Nummer des Registerblatts im Handelsregister und seinen Sitz anzugeben.

(2) Zur Auskunftserteilung hat der Vollstreckungsschuldner alle ihm gehörenden Vermögensgegenstände anzugeben. Bei Forderungen sind Grund und Beweismittel zu bezeichnen. Ferner sind anzugeben:

1. die entgeltlichen Veräußerungen des Vollstreckungsschuldners an eine nahestehende Person (§ 138 der Insolvenzordnung), die dieser in den letzten zwei Jahren vor dem Termin nach Absatz 7 und bis zur Abgabe der Vermögensauskunft vorgenommen hat;
2. die unentgeltlichen Leistungen des Vollstreckungsschuldners, die dieser in den letzten vier Jahren vor dem Termin nach Absatz 7 und bis zur Abgabe der Vermögensaus-

kunft vorgenommen hat, sofern sie sich nicht auf gebräuchliche Gelegenheitsgeschenke geringen Werts richteten.

Sachen, die nach § 811 Abs. 1 Nr. 1 und 2 der Zivilprozessordnung der Pfändung offensichtlich nicht unterworfen sind, brauchen nicht angegeben zu werden, es sei denn, dass eine Austauschpfändung in Betracht kommt.

(3) Der Vollstreckungsschuldner hat zu Protokoll an Eides statt zu versichern, dass er die Angaben nach den Absätzen 1 und 2 nach bestem Wissen und Gewissen richtig und vollständig gemacht habe. Vor Abnahme der eidesstattlichen Versicherung ist der Vollstreckungsschuldner über die Bedeutung der eidesstattlichen Versicherung, insbesondere über die strafrechtlichen Folgen einer unrichtigen oder unvollständigen eidesstattlichen Versicherung, zu belehren.

(4) Ein Vollstreckungsschuldner, der die in dieser Vorschrift oder die in § 802c der Zivilprozessordnung bezeichnete Vermögensauskunft innerhalb der letzten zwei Jahre abgegeben hat, ist zur erneuten Abgabe nur verpflichtet, wenn anzunehmen ist, dass sich seine Vermögensverhältnisse wesentlich geändert haben. Die Vollstreckungsbehörde hat von Amts wegen festzustellen, ob beim zentralen Vollstreckungsgericht nach § 802k Abs. 1 der Zivilprozessordnung in den letzten zwei Jahren ein auf Grund einer Vermögensauskunft des Schuldners erstelltes Vermögensverzeichnis hinterlegt wurde.

(5) Für die Abnahme der Vermögensauskunft ist die Vollstreckungsbehörde zuständig, in deren Bezirk sich der Wohnsitz oder der Aufenthaltsort des Vollstreckungsschuldners befindet. Liegen diese Voraussetzungen bei der Vollstreckungsbehörde, die die Vollstreckung betreibt, nicht vor, so kann sie die Vermögensauskunft abnehmen, wenn der Vollstreckungsschuldner zu ihrer Abgabe bereit ist.

(6) Die Ladung zu dem Termin zur Abgabe der Vermögensauskunft ist dem Vollstreckungsschuldner selbst zuzustellen; sie kann mit der Fristsetzung nach Absatz 1 Satz 1 verbunden werden. Der Termin zur Abgabe der Vermögensauskunft soll nicht vor Ablauf eines Monats nach Zustellung der Ladung bestimmt werden. Ein Rechtsbehelf gegen die Anordnung der Abgabe der Vermögensauskunft hat keine aufschiebende Wirkung. Der Vollstreckungsschuldner hat die zur Vermögensauskunft erforderlichen Unterlagen im Termin vorzulegen. Hierüber und über seine Rechte und Pflichten nach den Absätzen 2 und 3, über die Folgen einer unentschuldigten Terminssäumnis oder einer Verletzung seiner Auskunftspflichten sowie über die Möglichkeit der Eintragung in das Schuldnerverzeichnis bei Abgabe der Vermögensauskunft ist der Vollstreckungsschuldner bei der Ladung zu belehren.

(7) Im Termin zur Abgabe der Vermögensauskunft erstellt die Vollstreckungsbehörde ein elektronisches Dokument mit den nach den Absätzen 1 und 2 erforderlichen Angaben (Vermögensverzeichnis). Diese Angaben sind dem Vollstreckungsschuldner vor Abgabe der Versicherung nach Absatz 3 vorzulesen oder zur Durchsicht auf einem Bildschirm wiederzugeben. Ihm ist auf Verlangen ein Ausdruck zu erteilen. Die Vollstreckungsbehörde hinterlegt das Vermögensverzeichnis bei dem zentralen Vollstreckungsgericht nach § 802k Abs. 1 der Zivilprozessordnung. Form, Aufnahme und Übermittlung des Vermögensverzeichnisses haben den Vorgaben der Verordnung nach § 802k Abs. 4 der Zivilprozessordnung zu entsprechen.

(8) Ist der Vollstreckungsschuldner ohne ausreichende Entschuldigung in dem zur Abgabe der Vermögensauskunft anberaumten Termin vor der in Absatz 5 Satz 1 bezeichneten Vollstreckungsbehörde nicht erschienen oder verweigert er ohne Grund die Abgabe der Vermögensauskunft, so kann die Vollstreckungsbehörde, die die Vollstreckung betreibt, die Anordnung der Haft zur Erzwingung der Abgabe beantragen. Zuständig für die Anordnung der Haft ist das Amtsgericht, in dessen Bezirk der Vollstreckungsschuldner im Zeitpunkt der Fristsetzung nach Absatz 1 Satz 1 seinen Wohnsitz oder in Ermangelung eines solchen seinen Aufenthaltsort hat. Die §§ 802g bis 802j der Zivilprozessordnung sind entsprechend anzuwenden. Die Verhaftung des Vollstreckungsschuldners erfolgt durch einen Gerichtsvollzieher. § 292 dieses Gesetzes gilt entsprechend. Nach der Ver-

haftung des Vollstreckungsschuldners kann die Vermögensauskunft von dem nach § 802i der Zivilprozessordnung zuständigen Gerichtsvollzieher abgenommen werden, wenn sich der Sitz der in Absatz 5 bezeichneten Vollstreckungsbehörde nicht im Bezirk des für den Gerichtsvollzieher zuständigen Amtsgerichts befindet oder wenn die Abnahme der Vermögensauskunft durch die Vollstreckungsbehörde nicht möglich ist. Der Beschluss des Amtsgerichts, mit dem der Antrag der Vollstreckungsbehörde auf Anordnung der Haft abgelehnt wird, unterliegt der Beschwerde nach den §§ 567 bis 577 der Zivilprozessordnung.

(9) Die Vollstreckungsbehörde kann die Eintragung des Vollstreckungsschuldners in das Schuldnerverzeichnis nach § 882h Abs. 1 der Zivilprozessordnung anordnen, wenn

1. der Vollstreckungsschuldner seiner Pflicht zur Abgabe der Vermögensauskunft nicht nachgekommen ist,
2. eine Vollstreckung nach dem Inhalt des Vermögensverzeichnisses offensichtlich nicht geeignet wäre, zu einer vollständigen Befriedigung der Forderung zu führen, wegen der die Vermögensauskunft verlangt wurde oder wegen der die Vollstreckungsbehörde vorbehaltlich der Fristsetzung nach Absatz 1 Satz 1 und der Sperrwirkung nach Absatz 4 eine Vermögensauskunft verlangen könnte, oder
3. der Vollstreckungsschuldner nicht innerhalb eines Monats nach Abgabe der Vermögensauskunft die Forderung, wegen der die Vermögensauskunft verlangt wurde, vollständig befriedigt. Gleiches gilt, wenn die Vollstreckungsbehörde vorbehaltlich der Fristsetzung nach Absatz 1 Satz 1 und der Sperrwirkung nach Absatz 4 eine Vermögensauskunft verlangen kann, sofern der Vollstreckungsschuldner die Forderung nicht innerhalb eines Monats befriedigt, nachdem er auf die Möglichkeit der Eintragung in das Schuldnerverzeichnis hingewiesen wurde.

Die Eintragungsanordnung soll kurz begründet werden. Sie ist dem Vollstreckungsschuldner zuzustellen. § 882c Abs. 3 der Zivilprozessordnung gilt entsprechend.

(10) Ein Rechtsbehelf gegen die Eintragungsanordnung nach Absatz 9 hat keine aufschiebende Wirkung. Nach Ablauf eines Monats seit der Zustellung hat die Vollstreckungsbehörde die Eintragungsanordnung dem zentralen Vollstreckungsgericht nach § 882h Abs. 1 der Zivilprozessordnung mit den in § 882b Abs. 2 und 3 der Zivilprozessordnung genannten Daten elektronisch zu übermitteln. Dies gilt nicht, wenn Anträge auf Gewährung einer Aussetzung der Vollziehung der Eintragungsanordnung nach § 361 dieses Gesetzes oder § 69 der Finanzgerichtsordnung anhängig sind, die Aussicht auf Erfolg haben.

(11) Ist die Eintragung in das Schuldnerverzeichnis nach § 882h Abs. 1 der Zivilprozessordnung erfolgt, sind Entscheidungen über Rechtsbehelfe des Vollstreckungsschuldners gegen die Eintragungsanordnung durch die Vollstreckungsbehörde oder durch das Gericht dem zentralen Vollstreckungsgericht nach § 882h Abs. 1 der Zivilprozessordnung elektronisch zu übermitteln. Form und Übermittlung der Eintragungsanordnung nach Absatz 10 Satz 1 und 2 sowie der Entscheidung nach Satz 1 haben den Vorgaben der Verordnung nach § 882h Abs. 3 der Zivilprozessordnung zu entsprechen.

II. Vollstreckung in Sachen

...

III. Vollstreckung in Forderungen und andere Vermögensrechte

§ 309 Pfändung einer Geldforderung

(1) Soll eine Geldforderung gepfändet werden, so hat die Vollstreckungsbehörde dem Drittschuldner schriftlich zu verbieten, an den Vollstreckungsschuldner zu zahlen, und dem Vollstreckungsschuldner schriftlich zu gebieten, sich jeder Verfügung über die For-

derung, insbesondere ihrer Einziehung, zu enthalten (Pfändungsverfügung). Die elektronische Form ist ausgeschlossen.

(2) Die Pfändung ist bewirkt, wenn die Pfändungsverfügung dem Drittschuldner zugestellt ist. Die an den Drittschuldner zuzustellende Pfändungsverfügung soll den beizutreibenden Geldbetrag nur in einer Summe, ohne Angabe der Steuerarten und der Zeiträume, für die er geschuldet wird, bezeichnen. Die Zustellung ist dem Vollstreckungsschuldner mitzuteilen.

(3) Bei Pfändung des Guthabens eines Kontos des Vollstreckungsschuldners bei einem Kreditinstitut gelten die §§ 833a und 850l der Zivilprozessordnung entsprechend. § 850l der Zivilprozessordnung gilt mit der Maßgabe, dass Anträge bei dem nach § 828 Abs. 2 der Zivilprozessordnung zuständigen Vollstreckungsgericht zu stellen sind.

§ 310 Pfändung einer durch Hypothek gesicherten Forderung

(1) Zur Pfändung einer Forderung, für die eine Hypothek besteht, ist außer der Pfändungsverfügung die Aushändigung des Hypothekenbriefs an die Vollstreckungsbehörde erforderlich. Die Übergabe gilt als erfolgt, wenn der Vollziehungsbeamte den Brief wegnimmt. Ist die Erteilung des Hypothekenbriefs ausgeschlossen, so muss die Pfändung in das Grundbuch eingetragen werden; die Eintragung erfolgt auf Grund der Pfändungsverfügung auf Ersuchen der Vollstreckungsbehörde.

(2) Wird die Pfändungsverfügung vor der Übergabe des Hypothekenbriefs oder der Eintragung der Pfändung dem Drittschuldner zugestellt, so gilt die Pfändung diesem gegenüber mit der Zustellung als bewirkt.

(3) Diese Vorschriften gelten nicht, soweit Ansprüche auf die in § 1159 des Bürgerlichen Gesetzbuchs bezeichneten Leistungen gepfändet werden. Das Gleiche gilt bei einer Sicherungshypothek im Fall des § 1187 des Bürgerlichen Gesetzbuchs von der Pfändung der Hauptforderung.

§ 311 Pfändung einer durch Schiffshypothek oder Registerpfandrecht an einem Luftfahrzeug gesicherten Forderung

(1) Die Pfändung einer Forderung, für die eine Schiffshypothek besteht, bedarf der Eintragung in das Schiffsregister oder das Schiffsbauregister.

(2) Die Pfändung einer Forderung, für die ein Registerpfandrecht an einem Luftfahrzeug besteht, bedarf der Eintragung in das Register für Pfandrechte an Luftfahrzeugen.

(3) Die Pfändung nach den Absätzen 1 und 2 wird auf Grund der Pfändungsverfügung auf Ersuchen der Vollstreckungsbehörde eingetragen. § 310 Abs. 2 gilt entsprechend.

(4) Die Absätze 1 bis 3 sind nicht anzuwenden, soweit es sich um die Pfändung der Ansprüche auf die in § 53 des Gesetzes über Rechte an eingetragenen Schiffen und Schiffsbauwerken und auf die in § 53 des Gesetzes über Rechte an Luftfahrzeugen bezeichneten Leistungen handelt. Das Gleiche gilt, wenn bei einer Schiffshypothek für eine Forderung aus einer Schuldverschreibung auf den Inhaber, aus einem Wechsel oder aus einem anderen durch Indossament übertragbaren Papier die Hauptforderung gepfändet ist.

(5) Für die Pfändung von Forderungen, für die ein Recht an einem ausländischen Luftfahrzeug besteht, gilt § 106 Abs. 1 Nr. 3 und Abs. 5 des Gesetzes über Rechte an Luftfahrzeugen.

§ 312 Pfändung einer Forderung aus indossablen Papieren

Forderungen aus Wechseln und anderen Papieren, die durch Indossament übertragen werden können, werden dadurch gepfändet, dass der Vollziehungsbeamte die Papiere in Besitz nimmt.

§ 313 Pfändung fortlaufender Bezüge

(1) Das Pfandrecht, das durch die Pfändung einer Gehaltsforderung oder einer ähnlichen in fortlaufenden Bezügen bestehenden Forderung erworben wird, erstreckt sich auch auf die Beträge, die später fällig werden.

(2) Die Pfändung eines Diensteinkommens trifft auch das Einkommen, das der Vollstreckungsschuldner bei Versetzung in ein anderes Amt, Übertragung eines neuen Amts oder einer Gehaltserhöhung zu beziehen hat. Dies gilt nicht bei Wechsel des Dienstherrn.

(3) Endet das Arbeits- oder Dienstverhältnis und begründen Vollstreckungsschuldner und Drittschuldner innerhalb von neun Monaten ein solches neu, so erstreckt sich die Pfändung auf die Forderung aus dem neuen Arbeits- oder Dienstverhältnis.

§ 314 Einziehungsverfügung

(1) Die Vollstreckungsbehörde ordnet die Einziehung der gepfändeten Forderung an. § 309 Abs. 2 gilt entsprechend.

(2) Die Einziehungsverfügung kann mit der Pfändungsverfügung verbunden werden.

(3) Wird die Einziehung eines bei einem Geldinstitut gepfändeten Guthabens eines Vollstreckungsschuldners, der eine natürliche Person ist, angeordnet, so gilt § 835 Absatz 3 Satz 2 und Absatz 4 der Zivilprozessordnung entsprechend.

(4) Wird die Einziehung einer gepfändeten nicht wiederkehrend zahlbaren Vergütung eines Vollstreckungsschuldners, der eine natürliche Person ist, für persönlich geleistete Arbeiten oder Dienste oder sonstige Einkünfte, die kein Arbeitslohn sind, angeordnet, so gilt § 835 Absatz 5 der Zivilprozessordnung entsprechend.

§ 315 Wirkung der Einziehungsverfügung

(1) Die Einziehungsverfügung ersetzt die förmlichen Erklärungen des Vollstreckungsschuldners, von denen nach bürgerlichem Recht die Berechtigung zur Einziehung abhängt. Sie genügt auch bei einer Forderung, für die eine Hypothek, Schiffshypothek oder ein Registerpfandrecht an einem Luftfahrzeug besteht. Zugunsten des Drittschuldners gilt eine zu Unrecht ergangene Einziehungsverfügung dem Vollstreckungsschuldner gegenüber solange als rechtmäßig, bis sie aufgehoben ist und der Drittschuldner hiervon erfährt.

(2) Der Vollstreckungsschuldner ist verpflichtet, die zur Geltendmachung der Forderung nötige Auskunft zu erteilen und die über die Forderung vorhandenen Urkunden herauszugeben. Erteilt der Vollstreckungsschuldner die Auskunft nicht, ist er auf Verlangen der Vollstreckungsbehörde verpflichtet, sie zu Protokoll zu geben und seine Angaben an Eides statt zu versichern. Die Vollstreckungsbehörde kann die eidesstattliche Versicherung der Lage der Sache entsprechend ändern. § 284 Abs. 5, 6, 8 und 9 gilt sinngemäß. Die Vollstreckungsbehörde kann die Urkunden durch den Vollziehungsbeamten wegnehmen lassen oder ihre Herausgabe nach den §§ 328 bis 335 erzwingen.

(3) Werden die Urkunden nicht vorgefunden, so hat der Vollstreckungsschuldner auf Verlangen der Vollstreckungsbehörde zu Protokoll an Eides statt zu versichern, dass er die Urkunden nicht besitze, auch nicht wisse, wo sie sich befinden. Absatz 2 Satz 3 und 4 gilt entsprechend.

(4) Hat ein Dritter die Urkunde, so kann die Vollstreckungsbehörde auch den Anspruch des Vollstreckungsschuldners auf Herausgabe geltend machen.

§ 316 Erklärungspflicht des Drittschuldners

(1) Auf Verlangen der Vollstreckungsbehörde hat ihr der Drittschuldner binnen zwei Wochen, von der Zustellung der Pfändungsverfügung an gerechnet, zu erklären:

1. ob und inwieweit er die Forderung als begründet anerkenne und bereit sei zu zahlen,
2. ob und welche Ansprüche andere Personen an die Forderung erheben,
3. ob und wegen welcher Ansprüche die Forderung bereits für andere Gläubiger gepfändet sei;
4. ob innerhalb der letzten zwölf Monate im Hinblick auf das Konto, dessen Guthaben gepfändet worden ist, nach § 850l der Zivilprozessordnung die Unpfändbarkeit des Guthabens angeordnet worden ist, und
5. ob es sich bei dem Konto, dessen Guthaben gepfändet worden ist, um ein Pfändungsschutzkonto im Sinne von § 850k Abs. 7 der Zivilprozessordnung handelt.

Die Erklärung des Drittschuldners zu Nummer 1 gilt nicht als Schuldanerkenntnis.

(2) Die Aufforderung zur Abgabe dieser Erklärung kann in die Pfändungsverfügung aufgenommen werden. Der Drittschuldner haftet der Vollstreckungsbehörde für den Schaden, der aus der Nichterfüllung seiner Verpflichtung entsteht. Er kann zur Abgabe der Erklärung durch ein Zwangsgeld angehalten werden; § 334 ist nicht anzuwenden.

(3) Die §§ 841 bis 843 der Zivilprozessordnung sind anzuwenden.

§ 317 Andere Art der Verwertung

Ist die gepfändete Forderung bedingt oder betagt oder ihre Einziehung schwierig, so kann die Vollstreckungsbehörde anordnen, dass sie in anderer Weise zu verwerten ist; § 315 Abs. 1 gilt entsprechend. Der Vollstreckungsschuldner ist vorher zu hören, sofern nicht eine Bekanntgabe außerhalb des Geltungsbereichs des Gesetzes oder eine öffentliche Bekanntmachung erforderlich ist.

§ 318 Ansprüche auf Herausgabe oder Leistung von Sachen

(1) Für die Vollstreckung in Ansprüche auf Herausgabe oder Leistung von Sachen gelten außer den §§ 309 bis 317 die nachstehenden Vorschriften.

(2) Bei der Pfändung eines Anspruchs, der eine bewegliche Sache betrifft, ordnet die Vollstreckungsbehörde an, dass die Sache an den Vollziehungsbeamten herauszugeben sei. Die Sache wird wie eine gepfändete Sache verwertet.

(3) Bei Pfändung eines Anspruchs, der eine unbewegliche Sache betrifft, ordnet die Vollstreckungsbehörde an, dass die Sache an einen Treuhänder herauszugeben sei, den das Amtsgericht der belegenen Sache auf Antrag der Vollstreckungsbehörde bestellt. Ist der Anspruch auf Übertragung des Eigentums gerichtet, so ist dem Treuhänder als Vertreter des Vollstreckungsschuldners aufzulassen. Mit dem Übergang des Eigentums auf den Vollstreckungsschuldner erlangt die Körperschaft, der die Vollstreckungsbehörde angehört, eine Sicherungshypothek für die Forderung. Der Treuhänder hat die Eintragung der Sicherungshypothek zu bewilligen. Die Vollstreckung in die herausgegebene Sache wird nach den Vorschriften über die Vollstreckung in unbewegliche Sachen bewirkt.

(4) Absatz 3 gilt entsprechend, wenn der Anspruch ein im Schiffsregister eingetragenes Schiff, ein Schiffsbauwerk oder Schwimmdock, das im Schiffsbauregister eingetragen ist oder in dieses Register eingetragen werden kann oder ein Luftfahrzeug betrifft, das in der Luftfahrzeugrolle eingetragen ist oder nach Löschung in der Luftfahrzeugrolle noch in dem Register für Pfandrechte an Luftfahrzeugen eingetragen ist.

(5) Dem Treuhänder ist auf Antrag eine Entschädigung zu gewähren. Die Entschädigung darf die nach der Zwangsverwalterordnung* festzusetzende Vergütung nicht übersteigen.

---

* Muss richtig lauten: „Zwangsverwaltungsverordnung"

§ 319 Unpfändbarkeit von Forderungen

Beschränkungen und Verbote, die nach §§ 850 bis 852 der Zivilprozessordnung und anderen gesetzlichen Bestimmungen für die Pfändung von Forderungen und Ansprüchen bestehen, gelten sinngemäß.

§ 320 Mehrfache Pfändung einer Forderung

(1) Ist eine Forderung durch mehrere Vollstreckungsbehörden oder durch eine Vollstreckungsbehörde und ein Gericht gepfändet, so sind die §§ 853 bis 856 der Zivilprozessordnung und § 99 Abs. 1 Satz 1 des Gesetzes über Rechte an Luftfahrzeugen entsprechend anzuwenden.

(2) Fehlt es an einem Amtsgericht, das nach den §§ 853 und 854 der Zivilprozessordnung zuständig wäre, so ist bei dem Amtsgericht zu hinterlegen, in dessen Bezirk die Vollstreckungsbehörde ihren Sitz hat, deren Pfändungsverfügung dem Drittschuldner zuerst zugestellt worden ist.

§ 321 Vollstreckung in andere Vermögensrechte

(1) Für die Vollstreckung in andere Vermögensrechte, die nicht Gegenstand der Vollstreckung in das unbewegliche Vermögen sind, gelten die vorstehenden Vorschriften entsprechend.

(2) Ist kein Drittschuldner vorhanden, so ist die Pfändung bewirkt, wenn dem Vollstreckungsschuldner das Gebot, sich jeder Verfügung über das Recht zu enthalten, zugestellt ist.

(3) Ein unveräußerliches Recht ist, wenn nichts anderes bestimmt ist, insoweit pfändbar, als die Ausübung einem anderen überlassen werden kann.

(4) Die Vollstreckungsbehörde kann bei der Vollstreckung in unveräußerliche Rechte, deren Ausübung einem anderen überlassen werden kann, besondere Anordnungen erlassen, insbesondere bei der Vollstreckung in Nutzungsrechte eine Verwaltung anordnen; in diesem Fall wird die Pfändung durch Übergabe der zu benutzenden Sache an den Verwalter bewirkt, sofern sie nicht durch Zustellung der Pfändungsverfügung schon vorher bewirkt ist.

(5) Ist die Veräußerung des Rechts zulässig, so kann die Vollstreckungsbehörde die Veräußerung anordnen.

(6) Für die Vollstreckung in eine Reallast, eine Grundschuld oder eine Rentenschuld gelten die Vorschriften über die Vollstreckung in eine Forderung, für die eine Hypothek besteht.

(7) Die §§ 858 bis 863 der Zivilprozessordnung gelten sinngemäß.

3. Geschäftsanweisung für Gerichtsvollzieher (GVGA)

(Auszug)

Die von den Landesjustizverwaltungen beschlossene bundeseinheitliche Geschäftsanweisung für Gerichtsvollzieher (GVGA) tritt in einer Neufassung am 1. September 2013 in Kraft

Soweit personenbezogene Bezeichnungen im Maskulinum stehen, wird diese Form verallgemeinernd verwendet und bezieht sich auf beide Geschlechter.

Erster Teil Allgemeine Vorschriften

§ 1 Zweck der Geschäftsanweisung

¹Das Bundes- und Landesrecht bestimmt, welche Dienstverrichtungen dem Gerichtsvollzieher obliegen und welches Verfahren er dabei zu beachten hat. ²Diese Geschäftsanweisung soll dem Gerichtsvollzieher das Verständnis der gesetzlichen Vorschriften erleichtern. ³Sie erhebt keinen Anspruch auf Vollständigkeit und befreit den Gerichtsvollzieher nicht von der Verpflichtung, sich eine genaue Kenntnis der Bestimmungen aus dem Gesetz und den dazu ergangenen gerichtlichen Entscheidungen selbst anzueignen. ⁴Die Beachtung der Vorschriften dieser Geschäftsanweisung gehört zu den Amtspflichten des Gerichtsvollziehers.

§ 2 Ausschließung von der dienstlichen Tätigkeit

Der Gerichtsvollzieher ist von der Ausübung seines Amtes in den in § 155 des Gerichtsverfassungsgesetzes (GVG) genannten Fällen kraft Gesetzes ausgeschlossen

§ 4 Form des Auftrags
(§ 161 GVG; §§ 167, 168, 753 Absatz 2 und 3, §§ 754, 802a Absatz 2 ZPO)

¹Aufträge an den Gerichtsvollzieher bedürfen keiner Form, solange nicht durch Rechtsverordnung gemäß § 753 Absatz 3 der Zivilprozessordnung (ZPO) verbindliche Formulare für den Auftrag eingeführt sind. ²Nicht schriftlich erteilte Aufträge sind aktenkundig zu machen.

§ 5 Zeit der Erledigung des Auftrags

(1) ¹Die Erledigung der Aufträge darf nicht verzögert werden. ²Erfolgt die erste Vollstreckungshandlung nicht innerhalb eines Monats, so ist der Grund der Verzögerung aktenkundig zu machen. ³Der Gerichtsvollzieher entscheidet nach pflichtgemäßem Ermessen, in welcher Reihenfolge die vorliegenden Aufträge nach ihrer Dringlichkeit zu erledigen sind. ⁴Er muss in jedem Fall besonders prüfen, ob es sich um eine Eilsache handelt oder nicht. ⁵Die Eilbedürftigkeit kann sich aus der Art der vorzunehmenden Amtshandlung ergeben; dies gilt insbesondere für die Vollziehung von Arresten oder einstweiligen Verfügungen, für Proteste, Benachrichtigungen des Drittschuldners nach § 845 (ZPO) und für Zustellungen, durch die eine Notfrist oder eine sonstige gesetzliche Frist gewahrt werden soll. ⁶Aufträge, deren eilige Ausführung von der Partei verlangt wird, müssen den für die besondere Beschleunigung maßgebenden Grund erkennen lassen.

(2) ¹Der Gerichtsvollzieher führt die Zwangsvollstreckung schnell und nachdrücklich durch. ²Die Frist für die Bearbeitung eines Vollstreckungsauftrags ergibt sich aus der Sachlage im Einzelfall; so kann es angebracht sein, einen Pfändungsauftrag umgehend auszuführen, um den Rang des Pfändungsrechts zu sichern. ³Anträge zur Vollziehung von einstweiligen Verfügungen nach § 940a ZPO oder zur Vollziehung von einstweiligen Anordnungen, die das Familiengericht nach den §§ 1 und 2 des Gewaltschutzgesetzes (GewSchG) erlassen hat, sind umgehend auszuführen, insbesondere, wenn die Vollzie-

hung der einstweiligen Anordnung vor ihrer Zustellung an den Antragsgegner erfolgt (§ 214 Absatz 2 des Gesetzes über das Verfahren in Familiensachen und in den Angelegenheiten der freiwilligen Gerichtsbarkeit (FamFG)).

(3) ¹Der Gerichtsvollzieher führt die Zustellung aus:

1. innerhalb von drei Tagen nach dem Empfang des Auftrags, möglichst jedoch schon am darauffolgenden Tag, wenn an seinem Amtssitz oder unter seiner Vermittlung durch die Post zuzustellen ist;
2. auf der ersten Reise, spätestens jedoch binnen einer Woche, wenn außerhalb seines Amtssitzes durch ihn selbst zuzustellen ist. ²Die Fristen gelten nicht, wenn die Eilbedürftigkeit der Sache eine noch frühere Erledigung des Auftrags erfordert. ³Sonntage, allgemeine Feiertage und Sonnabende werden bei den Fristen nicht mitgerechnet.

(4) Absatz 3 findet keine Anwendung auf die Zustellung von Vollstreckungstiteln zur Einleitung der Zwangsvollstreckung gemäß § 750 Absatz 1 Satz 2 ZPO sowie von Urkunden, welche die rechtliche Grundlage für eine gleichzeitig vorzunehmende Zwangsvollstreckung bilden.

A. Allgemeine Vorschriften

§ 30 Zuständigkeit des Gerichtsvollziehers

(1) ¹Der Gerichtsvollzieher führt die Zwangsvollstreckung durch, soweit sie nicht den Gerichten zugewiesen ist. ²Zum Aufgabenbereich des Gerichtsvollziehers gehören:

1. die Zwangsvollstreckung wegen Geldforderungen in bewegliche körperliche Sachen einschließlich der Wertpapiere und der noch nicht vom Boden getrennten Früchte (§§ 802a, 803 bis 827 ZPO);
2. die Pfändung von Forderungen aus Wechseln und anderen Papieren, die durch Indossament übertragen werden können, durch Wegnahme dieser Papiere (§ 831 ZPO);
3. die Zwangsvollstreckung zur Erwirkung der Herausgabe von beweglichen Sachen sowie zur Erwirkung der Herausgabe, Überlassung und Räumung von unbeweglichen Sachen und eingetragenen Schiffen und Schiffsbauwerken (§§ 883 bis 885 ZPO);
4. die Zwangsvollstreckung zur Beseitigung des Widerstandes des Schuldners gegen Handlungen, die er nach den §§ 887 und 890 ZPO zu dulden hat (§ 892 ZPO); oder zur Beseitigung von Zuwiderhandlungen des Schuldners gegen eine Unterlassungsverpflichtung aus einer Anordnung nach § 1 GewSchG (§ 96 FamFG);
5. die Zwangsvollstreckung durch Abnahme der Vermögensauskunft und Haft (§§ 802c bis 802j ZPO);
6. die Vollziehung von Arrestbefehlen und einstweiligen Verfügungen in dem Umfang, in dem die Zwangsvollstreckung dem Gerichtsvollzieher zusteht (§§ 916 bis 945 ZPO);
7. die gütliche Erledigung durch Zahlungsvereinbarung (§ 802b ZPO);
8. die auf Antrag (§ 755 ZPO) oder von Amts wegen (§ 882c Absatz 3 ZPO) durchzuführenden Aufenthaltsermittlungen sowie die Einholung von Drittstellenauskünften (§ 802l ZPO);
9. die Erwirkung der Auskunft nach § 836 Absatz 3, § 883 Absatz 2 ZPO oder § 94 FamFG durch Abnahme der eidesstattlichen Versicherung und Haft;
10. die Anordnung der Eintragung des Schuldners in das Schuldnerverzeichnis gemäß § 882c ZPO in Verbindung mit der Schuldnerverzeichnisführungsverordnung (SchuFV).

Anhang 3   Geschäftsanweisung für Gerichtsvollzieher (GVGA)

(2) Außerdem hat der Gerichtsvollzieher mitzuwirken:
1. bei der Zwangsvollstreckung in Forderungen (siehe §§ 121 bis 126);
2. in bestimmten Einzelfällen bei der Zwangsvollstreckung in das unbewegliche Vermögen (vergleiche zum Beispiel §§ 57b, 65, 93, 94 Absatz 2, § 150 Absatz 2, §§ 165, 171, 171c Absatz 2 und 3 sowie § 171h des Gesetzes über die Zwangsversteigerung und die Zwangsverwaltung (ZVG);
3. soweit weitere gesetzliche Vorschriften dies vorschreiben (vergleiche zum Beispiel § 372a Absatz 2 § 380 Absatz 2, § 390 Absatz 2 ZPO, § 25 Absatz 4 des Straßenverkehrsgesetzes (StVG), § 98 Absatz 2, § 153 Absatz 2 Satz 2 InsO, § 284 Absatz 8, § 315 Absatz 2 Satz 4 der Abgabenordnung (AO).

II. Der Auftrag und seine Behandlung

§ 31 Auftrag zur Zwangsvollstreckung
(§§ 753 bis 758 ZPO)

(1) ¹Der Auftrag zur Zwangsvollstreckung wird dem Gerichtsvollzieher unmittelbar vom Gläubiger oder seinem Vertreter oder Bevollmächtigten erteilt. ²Der Auftraggeber darf die Vermittlung der Geschäftsstelle in Anspruch nehmen. ³Der durch Vermittlung der Geschäftsstelle beauftragte Gerichtsvollzieher wird unmittelbar für den Gläubiger tätig; er hat insbesondere auch die beigetriebenen Gelder und sonstigen Gegenstände dem Gläubiger unmittelbar abzuliefern. ⁴Ist eine einstweilige Anordnung nach dem Gewaltschutzgesetz ohne mündliche Verhandlung erlassen, so gelten der Auftrag zur Zustellung durch den Gerichtsvollzieher unter Vermittlung der Geschäftsstelle und der Auftrag zur Vollstreckung als im Antrag auf Erlass der einstweiligen Anordnung enthalten (§ 214 Absatz 2 FamFG).

(2) Weisungen des Gläubigers hat der Gerichtsvollzieher insoweit zu berücksichtigen, als sie mit den Gesetzen oder der Geschäftsanweisung nicht in Widerspruch stehen.

(3) ¹Der Prozessbevollmächtigte des Gläubigers ist auf Grund seiner Prozessvollmacht befugt, den Gerichtsvollzieher mit der Zwangsvollstreckung zu beauftragen und den Gläubiger im Zwangsvollstreckungsverfahren zu vertreten. ²Der Gerichtsvollzieher hat den Mangel der Vollmacht grundsätzlich von Amts wegen zu berücksichtigen (zum Beispiel bei Inkassodienstleistern). ³Ist Auftraggeber jedoch ein Rechtsanwalt oder Kammerrechtsbeistand (§ 16 Absatz 3 Satz 3), hat er dessen Vollmacht nur auf ausdrückliche Rüge zu überprüfen. ⁴Zum Nachweis der Vollmacht genügt die Bezeichnung als Prozessbevollmächtigter im Schuldtitel. ⁵Jedoch ermächtigt die bloße Prozessvollmacht den Bevollmächtigten nicht, die beigetriebenen Gelder oder sonstigen Gegenstände in Empfang zu nehmen; eine Ausnahme besteht nur für die vom Gegner zu erstattenden Prozesskosten (§ 81 ZPO). ⁶Der Gerichtsvollzieher darf daher die beigetriebenen Gelder oder sonstigen Gegenstände nur dann an den Prozessbevollmächtigten abliefern, wenn dieser von dem Gläubiger zum Empfang besonders ermächtigt ist. ⁷Die Ermächtigung kann sich aus dem Inhalt der Vollmachtsurkunde ergeben. ⁸Der Gläubiger kann sie auch dem Gerichtsvollzieher gegenüber mündlich erklären.

(4) ¹Aufgrund eines entsprechenden Auftrags hat der nach § 17 GVO zuständige Gerichtsvollzieher den Aufenthalt des Schuldners nach Maßgabe des § 755 ZPO zu ermitteln. ²Der Gläubiger kann dem Gerichtsvollzieher zum Nachweis, dass der Aufenthaltsort des Schuldners nicht zu ermitteln ist (§ 755 Absatz 2 Satz 2 ZPO), eine entsprechende Auskunft der Meldebehörde vorlegen, die der Gläubiger selbst bei dieser eingeholt hat. ³Die Negativauskunft sollte in der Regel bei der Auftragserteilung nach § 755 Absatz 2 Satz 1 ZPO nicht älter als ein Monat sein. ⁴Für die Anwendung des § 755 Absatz 2 Satz 4 ZPO sind die zu vollstreckenden Ansprüche desselben Gläubigers innerhalb eines Auftrags zusammenzurechnen, auch wenn sie in unterschiedlichen Urkunden tituliert sind.

(5) ¹Die vollstreckbare Ausfertigung des Schuldtitels muss dem Gerichtsvollzieher übergeben werden. ²Der schriftliche oder mündliche Auftrag zur Zwangsvollstreckung in Verbindung mit der Übergabe der vollstreckbaren Ausfertigung ermächtigt und verpflichtet den Gerichtsvollzieher – ohne dass es einer weiteren Erklärung des Auftraggebers bedarf –, die Zahlung oder die sonstigen Leistungen in Empfang zu nehmen, darüber wirksam zu quittieren und dem Schuldner die vollstreckbare Ausfertigung auszuliefern, wenn er seine Verbindlichkeit vollständig erfüllt hat. ³Der Besitz der vollstreckbaren Ausfertigung ist demnach für den Gerichtsvollzieher dem Schuldner und Dritten gegenüber der unerlässliche, aber auch ausreichende Ausweis zur Zwangsvollstreckung und zu allen für ihre Ausführung erforderlichen Handlungen. ⁴Der Gerichtsvollzieher trägt deshalb bei Vollstreckungshandlungen die vollstreckbare Ausfertigung stets bei sich und zeigt sie auf Verlangen vor (§ 754 ZPO). ⁵Hat der Schuldner nur gegen Aushändigung einer Urkunde zu leisten, zum Beispiel eines Wechsels, einer Anweisung oder eines Orderpapiers, so muss sich der Gerichtsvollzieher vor Beginn der Zwangsvollstreckung auch diese Urkunde aushändigen lassen.

(6) ¹Bei der Zwangsvollstreckung aus einer Urteilsausfertigung, auf die ein Kostenfestsetzungsbeschluss gesetzt ist (§§ 105, 795a ZPO), hat der Gläubiger zu bestimmen, ob aus beiden oder nur aus einem der beiden Schuldtitel vollstreckt werden soll. ²Hat der Gläubiger keine Bestimmung getroffen, so vollstreckt der Gerichtsvollzieher aus beiden Schuldtiteln.

(7) ¹Verlangen der Gläubiger oder sein mit Vollmacht versehener Vertreter ihre Zuziehung zur Zwangsvollstreckung, so benachrichtigt der Gerichtsvollzieher sie rechtzeitig von dem Zeitpunkt der Vollstreckung. ²In ihrer Abwesenheit darf der Gerichtsvollzieher erst nach Ablauf der festgesetzten Zeit mit der Zwangsvollstreckung beginnen, es sei denn, dass gleichzeitig für einen anderen Gläubiger gegen den Schuldner vollstreckt werden soll. ³Der Gläubiger oder sein Vertreter sind in der Benachrichtigung hierauf hinzuweisen. ⁴Leistet der Schuldner gegen die Zuziehung des Gläubigers Widerstand oder verwehrt er dem Gläubiger den Zutritt zur Wohnung, so gelten die §§ 61 und 62 entsprechend. ⁵Ein selbständiges Eingreifen des Gläubigers oder seines Bevollmächtigten in den Gang der Vollstreckungshandlung, zum Beispiel das Durchsuchen von Behältnissen, darf der Gerichtsvollzieher nicht dulden.

§ 32 Aufträge zur Vollstreckung gegen vermögenslose Schuldner

(1) ¹Wurde der Gerichtsvollzieher mit einer Pfändung beauftragt (§ 803 ZPO) und hat er begründeten Anhalt dafür, dass die Zwangsvollstreckung fruchtlos verlaufen werde, so sendet er dem Gläubiger unverzüglich den Schuldtitel mit einer entsprechenden Bescheinigung zurück, wenn der Gläubiger nicht zugleich weitere Aufträge erteilt hat. ²Dabei teilt er dem Gläubiger mit, dass er den Auftrag zur Vermeidung unnötiger Kosten als zurückgenommen betrachtet. ³Der Zeitpunkt der Wirksamkeit der Rücknahme bestimmt sich nach § 3 Absatz 4 Satz 4 des Gerichtsvollzieherkostengesetzes (GvKostG). ⁴Die Erwartung, dass die Vollstreckung fruchtlos verlaufen werde, kann insbesondere begründet sein, wenn ein Pfändungsversuch gegen den Schuldner in den letzten drei Monaten fruchtlos verlaufen ist oder der Schuldner in den letzten drei Monaten die Vermögensauskunft abgegeben hat und sich daraus keine Anhaltspunkte ergeben, dass er über pfändbare Gegenstände verfügt. ⁵War der Gerichtsvollzieher auch beauftragt, dem Schuldner den Schuldtitel zuzustellen, so führt er diesen Auftrag aus.

(2) Die Bestimmungen nach Absatz 1 gelten nicht, wenn der Wunsch des Gläubigers auf Ausführung des Auftrags aus der Sachlage hervorgeht (zum Beispiel der Pfändungsauftrag zum Zwecke des Neubeginns der Verjährung erteilt ist) oder wenn das Gläubigerinteresse an der Ermittlung von Drittschuldnern ersichtlich oder zu unterstellen ist.

§ 33 Zeit der Zwangsvollstreckung
(§ 758a Absatz 4 ZPO)

(1) ¹An Sonntagen und allgemeinen Feiertagen sowie zur Nachtzeit darf der Gerichtsvollzieher außerhalb von Wohnungen (§ 61 Absatz 1 Satz 2) Zwangsvollstreckungshandlungen vornehmen, wenn dies weder für den Schuldner noch für die Mitgewahrsamsinhaber eine unbillige Härte darstellt und wenn der zu erwartende Erfolg in keinem Missverhältnis zu dem Eingriff steht. ²Zuvor soll der Gerichtsvollzieher in der Regel wenigstens einmal zur Tageszeit an einem gewöhnlichen Wochentag die Vollstreckung vergeblich versucht haben.

(2) ¹In Wohnungen darf der Gerichtsvollzieher an Sonntagen und allgemeinen Feiertagen sowie zur Nachtzeit nur aufgrund einer besonderen richterlichen Anordnung vollstrecken. ²Dies gilt auch dann, wenn die Vollstreckungshandlung auf die Räumung oder Herausgabe von Räumen oder auf die Vollstreckung eines Haftbefehls nach § 901 ZPO gerichtet ist. ³Die Anordnung erteilt der Richter bei dem Amtsgericht, in dessen Bezirk die Vollstreckungshandlung vorgenommen werden soll. ⁴Es ist Sache des Gläubigers, die Anordnung zu erwirken. ⁵Die Anordnung ist bei der Zwangsvollstreckung vorzuzeigen, dies ist im Protokoll über die Zwangsvollstreckungshandlung zu vermerken. ⁶Die erteilte Anordnung gilt, soweit aus Ihrem Inhalt nichts anderes hervorgeht, nur für die einmalige Durchführung der Zwangsvollstreckung. ⁷Sie umfasst die Erlaubnis zur Durchsuchung der Wohnung, falls die Vollstreckungshandlung eine solche erfordert. ⁸Es besteht keine gesetzliche Bestimmung, die es dem Gerichtsvollzieher ausdrücklich gestattet, eine zur Tageszeit in einer Wohnung begonnene Vollstreckung nach Beginn der Nachtzeit weiterzuführen. ⁹Daher empfiehlt es sich, die Anordnung des Richters bei dem Amtsgericht vorsorglich einholen zu lassen, wenn zu erwarten ist, dass eine Vollstreckung nicht vor Beginn der Nachtzeit beendet werden kann.

(3) ¹Bei Vollziehung von Aufträgen der Steuerbehörde zur Nachtzeit sowie an Sonntagen und allgemeinen Feiertagen ist gemäß § 289 Absatz 1 und 2 AO die schriftliche Erlaubnis der Vollstreckungsbehörde erforderlich. ²Absatz 2 Satz 5 gilt entsprechend.

§ 34 Unterrichtung des Gläubigers

¹Der Gerichtsvollzieher unterrichtet den Gläubiger über die Erledigung des Auftrages zur Zwangsvollstreckung. ²Soweit dafür Vordrucke amtlich festgestellt sind, hat der Gerichtsvollzieher sie zu benutzen.

III. Voraussetzungen der Zwangsvollstreckung

1. Allgemeines

§ 35

(1) Die Zwangsvollstreckung ist nur zulässig, wenn folgende Voraussetzungen erfüllt sind:

1. ein Schuldtitel zugrunde liegt (§§ 36 bis 41),
2. die Ausfertigung des Schuldtitels vorschriftsmäßig mit der Vollstreckungsklausel versehen ist (vollstreckbare Ausfertigung, §§ 42, 43),
3. vor Beginn der Zwangsvollstreckung sämtliche Urkunden zugestellt sind, welche die rechtliche Grundlage für die Zwangsvollstreckung bilden (§§ 44 bis 46).

(2) Vollstreckungstitel nach § 86 Absatz 1 Nummer 1 bis 3 FamFG bedürfen nur dann der Vollstreckungsklausel, wenn die Vollstreckung nicht durch das Gericht erfolgt, das den Titel erlassen hat (§ 86 Absatz 3 FamFG).

(3) Die nach § 801 ZPO zulässigen landesrechtlichen Schuldtitel bedürfen der Vollstreckungsklausel, sofern die Gesetze des Landes, in dem der Titel errichtet ist, nichts anderes bestimmen.

(4) ¹Vollstreckungsbescheide, Arrestbefehle, einstweilige Anordnungen und einstweilige Verfügungen sind ohne Vollstreckungsklausel zur Zwangsvollstreckung geeignet. ²Eine besondere Klausel ist nur nötig, wenn die Zwangsvollstreckung für einen anderen als den ursprünglichen Gläubiger oder gegen einen anderen als den ursprünglichen Schuldner erfolgen soll (vergleiche §§ 796, 929, 936 ZPO, § 53 Absatz 1 FamFG). ³Pfändungsbeschlüsse im Fall des § 830 Absatz 1 ZPO, Überweisungsbeschlüsse nach § 836 Absatz 3 ZPO und Haftbefehle nach § 901 ZPO bedürfen ebenfalls keiner Vollstreckungsklausel.

(5) ¹Die Zwangsvollstreckung aus einem Kostenfestsetzungsbeschluss, der gemäß § 105 ZPO auf das Urteil gesetzt ist, erfolgt auf Grund der vollstreckbaren Ausfertigung des Urteils. ²Einer besonderen Vollstreckungsklausel für den Festsetzungsbeschluss bedarf es nicht (§ 795a ZPO).

2. Schuldtitel

§ 36 Schuldtitel nach der Zivilprozessordnung (ohne ausländische Schuldtitel)

(1) Die Zwangsvollstreckung findet nach der ZPO insbesondere aus folgenden Schuldtiteln statt:

1. aus Endurteilen und Vorbehaltsurteilen deutscher Gerichte, die rechtskräftig oder für vorläufig vollstreckbar erklärt sind (§§ 704, 300, 301, § 302 Absatz 3, § 599 Absatz 3 ZPO),
2. aus Arresten und einstweiligen Verfügungen (§§ 922, 928, 936 ZPO),
3. aus den in § 794 ZPO bezeichneten Entscheidungen und vollstreckbaren Urkunden.

(2) ¹Zu den im § 794 Absatz 1 Nummer 3 ZPO genannten Titeln gehören auch Entscheidungen, gegen welche die Beschwerde gegeben wäre, wenn sie von einem Gericht erster Instanz erlassen worden wären. ²Beispiele für beschwerdefähige Entscheidungen sind:

1. die Anordnung der Rückgabe einer Sicherheit (§ 109 Absatz 2, § 715 ZPO),
2. die Anordnung von Zwangsmaßnahmen nach den §§ 887 bis 891 ZPO,
3. das Zwischenurteil nach § 135 ZPO.

§ 37 Schuldtitel nach dem Gesetz über das Verfahren in Familiensachen und in den Angelegenheiten der freiwilligen Gerichtsbarkeit (FamFG)

(1) In Familiensachen und Angelegenheiten der freiwilligen Gerichtsbarkeit, soweit es sich nicht um Ehesachen und Familienstreitsachen handelt, findet die Zwangsvollstreckung aus folgenden Titeln statt:

1. Beschlüsse über Zwangsmittel nach § 35 FamFG;
2. aus wirksamen gerichtlichen Beschlüssen nach § 86 Absatz 1 Nummer 1 FamFG (auch einstweilige Anordnungen);
3. aus gerichtlich gebilligten Vergleichen nach § 86 Absatz 1 Nummer 2 FamFG;
4. aus Vollstreckungstiteln im Sinne des § 794 ZPO nach § 86 Absatz 1 Nummer 3 FamFG (Vollstreckungstitel im Sinne des § 794 ZPO sind insbesondere Prozessvergleiche (§ 36 FamFG) und bestimmte notarielle Urkunden, soweit die Beteiligten über den Gegenstand des Verfahrens verfügen können);
5. nach § 371 Absatz 2 FamFG aus rechtskräftig bestätigten Vereinbarungen über eine vorbereitende Maßnahme nach § 366 Absatz 1 FamFG und rechtskräftig bestätigten Auseinandersetzungen nach § 368 FamFG;
6. aus rechtskräftig bestätigten Dispachen (§ 409 Absatz 2 FamFG).

Anhang 3 Geschäftsanweisung für Gerichtsvollzieher (GVGA)

(2) In Familienstreitsachen findet die Zwangsvollstreckung aus wirksamen Beschlüssen (§ 120 Absatz 2 FamFG in Verbindung mit § 116 FamFG (auch einstweilige Anordnungen)) und Arresten (§ 119 FamFG) statt.

§ 38 Schuldtitel nach anderen Gesetzen

Die Zwangsvollstreckung findet insbesondere auch statt aus:

1. Vergütungsfestsetzungen nach § 35 Absatz 3, § 85 Absatz 3, § 104 Absatz 6, § 142 Absatz 6, § 147 Absatz 2, § 258 Absatz 5 und § 265 Absatz 4 AktG, § 26 Absatz 4 des Umwandlungsgesetzes (UmwG) und nach § 318 Absatz 5 des Handelsgesetzbuches (HGB);
2. Zuschlagsbeschlüssen im Zwangsversteigerungsverfahren (§§ 93, 118, 132 ZVG);
3. für vollstreckbar erklärten Vorschuss-, Zusatz- und Nachschussberechnungen (§§ 105 bis 115d GenG);
4. Entscheidungen in Strafsachen, durch die der Verfall einer Sicherheit ausgesprochen ist (§ 124 StPO);
5. Entscheidungen über die Entschädigung des Verletzten im Strafverfahren (§§ 406, 406b StPO);
6. Entscheidungen der Gerichte in Arbeitssachen (§§ 62, 64 Absatz 7, §§ 85, 87 Absatz 2, § 92 Absatz 2 des Arbeitsgerichtsgesetzes (ArbGG)) und der Gerichte der Sozialgerichtsbarkeit (§ 199 des Sozialgerichtsgesetzes (SGG));
7. gerichtlichen Vergleichen, Schiedssprüchen und Schiedsvergleichen in Arbeitsstreitigkeiten (§ 54 Absatz 2, §§ 62, 109 ArbGG) sowie Anerkenntnissen und gerichtlichen Vergleichen nach § 199 Absatz 1 Nummer 3 SGG;
8. Widerrufsbescheiden der Entschädigungsbehörden, soweit die Entscheidungsformel die Verpflichtung zur Rückzahlung bestimmter Beträge enthält (§ 205 des Bundesentschädigungsgesetzes (BEG));
9. Verwaltungsakten nach dem Sozialgesetzbuch gemäß § 66 Absatz 4 des Zehnten Buches Sozialgesetzbuch – Sozialverwaltungsverfahren und Sozialdatenschutz – (SGB X);
10. Vergleichen vor den Einigungsstellen in Wettbewerbssachen (§ 27a Absatz 7 des Gesetzes gegen den unlauteren Wettbewerb (UWG));
11. vom Präsidenten der Notarkammer ausgestellten, mit der Bescheinigung der Vollstreckbarkeit und dem Siegel der Notarkammer versehenen Zahlungsaufforderungen wegen rückständiger Beiträge (§ 73 Absatz 2 der Bundesnotarordnung (BNotO)) wegen der von der Notarkammer festgesetzten Zwangsgelder (§ 74 Absatz 2 BNotO) oder wegen der der Notarkammer zukommenden Beträge aus Notariatsverwaltungen (§ 59 Absatz 1 Satz 3 BNotO); ferner aus von dem Präsidenten der Notarkasse in München und dem Präsidenten der Ländernotarkasse in Leipzig ausgestellten, mit der Bescheinigung der Vollstreckbarkeit versehenen Zahlungsaufforderungen wegen rückständiger Abgaben (§ 113 Absatz 17 Satz 7 BNotO) und festgesetzter Zwangsgelder (§ 113 Absatz 18 BNotO);
12. vom Schatzmeister der Rechtsanwaltskammer erteilten, mit der Bescheinigung der Vollstreckbarkeit versehenen beglaubigten Abschriften der Bescheide des Vorstandes der Rechtsanwaltskammer über die Festsetzung eines Zwangsgeldes (§ 57 Absatz 4 BRAO) und vom Schatzmeister der Patentanwaltskammer erteilten, mit der Bescheinigung der Vollstreckbarkeit versehenen beglaubigten Abschriften der Bescheide des Vorstandes der Patentanwaltskammer über die Festsetzung eines Zwangsgeldes (§ 50 Absatz 4 der Patentanwaltsordnung (PAO));
13. vom Schatzmeister der Rechtsanwaltskammer ausgestellten, mit der Bescheinigung der Vollstreckbarkeit versehenen Zahlungsaufforderungen wegen rückständiger Bei-

träge (§ 84 Absatz 1 BRAO) und vom Schatzmeister der Patentanwaltskammer ausgestellten, mit der Bescheinigung der Vollstreckbarkeit versehenen Zahlungsaufforderungen wegen rückständiger Beiträge (§ 77 Absatz 1 PAO);

14. vom Vorsitzenden der Kammer des Anwaltsgerichts erteilten, mit der Bescheinigung der Rechtskraft versehen beglaubigten Abschriften der Entscheidungsformel über die Verhängung einer Geldbuße und der Kostenfestsetzungsbeschlüsse in Verfahren vor dem Ehrengericht (§ 204 Absatz 3, § 205 Absatz 1 BRAO);
15. Kostenfestsetzungs- und Kostenerstattungsbeschlüssen im die Todeserklärungen betreffenden Verfahren (§ 38 des Verschollenheitsgesetzes);
16. Kostenfestsetzungsbeschlüssen in Strafsachen (§ 464b StPO);
17. gerichtlichen Kostenfestsetzungsbeschlüssen in Bußgeldsachen (§ 46 Absatz 1 des Gesetzes über Ordnungswidrigkeiten (OWiG) in Verbindung mit § 464b StPO);
18. Vergütungsfestsetzungsbeschlüssen nach § 11 des Rechtsanwaltsvergütungsgesetzes (RVG);
19. mit der Vollstreckungsklausel versehen Ausfertigungen der Kostenberechnungen der Notare und Notariatsverwalter (§ 155 der Kostenordnung (KostO); § 58 Absatz 2 und 3 BNotO);
20. den von einer Urkundsperson des Jugendamtes beurkundeten Verpflichtungen zur Erfüllung von Unterhaltsansprüchen nach § 59 Absatz 1 Satz 1 Nummer 3 oder 4 des Achten Buches Sozialgesetzbuch – Kinder- und Jugendhilfe – (SGB VIII) in Verbindung mit § 60 SGB VIII;
21. mit der Vollstreckungsklausel versehen Ausfertigungen von Niederschriften und Festsetzungsbescheiden einer Wasser- und Schifffahrtsdirektion (§ 38 des Bundeswasserstraßengesetzes (WaStrG));
22. Niederschriften über eine Einigung und Festsetzungsbescheiden über Entschädigungen und Ersatzleistungen nach § 52 des Bundesleistungsgesetzes;
23. Niederschriften über eine Einigung und Beschlüssen über Leistungen, Geldentschädigungen oder Ausgleichszahlungen nach § 122 des Baugesetzbuches (BauGB);
24. Niederschriften über eine Einigung und Entscheidungen über Entschädigungsleistungen oder sonstige Leistungen nach § 104 des Bundesberggesetzes (BBergG);
25. rechtskräftig bestätigten Insolvenzplänen in Verbindung mit der Eintragung in die Tabelle (§ 257 InsO);
26. Eintragungen in die Insolvenztabelle nach § 201 Absatz 2 InsO;
27. Beschlüssen über die Eröffnung des Insolvenzverfahrens (§§ 34, 148 InsO);
28. Auszügen aus dem Schuldenbereinigungsplan in Verbindung mit dem Feststellungsbeschluss des Insolvenzgerichts nach § 308 Absatz 1 InsO.

§ 39 Landesrechtliche Schuldtitel
(§ 801 ZPO)

Hat der Gerichtsvollzieher Zweifel, ob ein landesrechtlicher Schuldtitel nach § 801 ZPO vollstreckbar ist, so legt er ihn seiner vorgesetzten Dienststelle zur Prüfung der Vollstreckbarkeit vor.

§ 40 Ausländische Schuldtitel, die keiner besonderen Anerkennung bedürfen

(1) ¹Schuldtitel nach den in § 1 Absatz 1 des Anerkennungs- und Vollstreckungsausführungsgesetzes (AVAG) genannten zwischenstaatlichen Verträgen und europarechtlichen Verordnungen bedürfen keiner besonderen Anerkennung; sie sind nach der Erteilung der Vollstreckungsklausel durch den Vorsitzenden einer Kammer beim Landgericht zur

Zwangsvollstreckung geeignet. ²Solange die Rechtsbehelfsfrist nach Zustellung der Entscheidung über die Zulassung der Zwangsvollstreckung noch nicht abgelaufen oder über einen Rechtsbehelf noch nicht entschieden ist, darf die Zwangsvollstreckung über Maßregeln der Sicherung nicht hinausgehen (§§ 18 folgende AVAG). ³Gepfändetes Geld ist zu hinterlegen. ⁴Der Gläubiger kann die Zwangsvollstreckung ohne Einschränkung fortsetzen, wenn dem Gerichtsvollzieher ein Zeugnis des Urkundsbeamten der Geschäftsstelle vorgelegt wird, wonach die Zwangsvollstreckung unbeschränkt stattfinden darf (§§ 23 folgende AVAG).

(2) ¹Aus einem Titel, der in einem anderen Mitgliedstaat der Europäischen Union nach der Verordnung (EG) Nr. 805/2004 des Europäischen Parlaments und des Rates vom 21. April 2004 zur Einführung eines Europäischen Vollstreckungstitels für unbestrittene Forderungen (ABl. L 143 vom 30.4.2004, S. 15, ber. ABl. L 97 vom 15.4.2005, S. 64, ber. Abl. L 50 vom 23.2.2008, S. 71) bestätigt worden ist, findet die Zwangsvollstreckung statt, ohne dass es einer Vollstreckungsklausel bedarf (§ 1082 ZPO). ²Einer deutschen Übersetzung bedarf es nicht, wenn die Bestätigung ausschließlich aus dem nach der Verordnung zu verwendenden Formblatt besteht, welches ausgefüllt (nur durch die Eintragung von Namen, Zahlen und das Ankreuzen von Kästchen) und nicht mit weiteren Zusätzen versehen ist.

(3) ¹Aus für vollstreckbar erklärten Europäischen Zahlungsbefehlen nach der Verordnung (EG) Nr. 1896/2006 des Europäischen Parlaments und des Rates vom 12. Dezember 2006 zur Einführung eines Europäischen Mahnverfahrens (ABl. L 399 vom 30.12.2006, S. 1, ber. ABl. L 46 vom 21.2.2008, S. 52, ber. ABl. L 333 vom 11.12.2008, S. 17), findet die Zwangsvollstreckung statt (§ 794 Absatz 1 Nummer 6 ZPO), ohne dass es einer Vollstreckungsklausel bedarf (§ 1093 ZPO). ²Einer deutschen Übersetzung bedarf es nicht, wenn die Bestätigung ausschließlich aus dem nach der Verordnung zu verwendenden Formblatt besteht, welches ausgefüllt (nur durch die Eintragung von Namen, Zahlen und das Ankreuzen von Kästchen) und nicht mit weiteren Zusätzen versehen ist.

(4) ¹Aus einem Titel, der in einem Mitgliedsstaat der Europäischen Union nach der Verordnung (EG) Nr. 861/2007 des Europäischen Parlaments und des Rates vom 11. Juli 2007 zur Einführung eines europäischen Verfahrens für geringfügige Forderungen (ABl. L 199 vom 31.7.2007, S. 1) ergangen ist, findet die Zwangsvollstreckung im Inland statt, ohne dass es einer Vollstreckungsklausel bedarf (§ 1107 ZPO). ²Einer deutschen Übersetzung bedarf es nicht, wenn die Bestätigung ausschließlich aus dem nach der Verordnung zu verwendenden Formblatt besteht, welches ausgefüllt (nur durch die Eintragung von Namen, Zahlen und das Ankreuzen von Kästchen) und nicht mit weiteren Zusätzen versehen ist.

§ 41 Sonstige ausländische Schuldtitel

(1) ¹Ausländische Schuldtitel sind zur Vollstreckung nur geeignet, wenn ihre Vollstreckbarkeit durch ein deutsches Gericht anerkannt ist. ²Die Anerkennung erfolgt durch Vollstreckungsurteil (§§ 722, 723 ZPO) oder durch Beschluss (§ 110 FamFG).

(2) Die Zwangsvollstreckung erfolgt allein auf Grund des mit der Vollstreckungsklausel versehenen deutschen Urteils oder Beschlusses, wenn diese den Inhalt des zu vollstreckenden Anspruchs wiedergeben, sonst auf Grund des deutschen Urteils oder Beschlusses in Verbindung mit dem ausländischen Titel.

(3) Aus einem ausländischen Schiedsspruch findet die Zwangsvollstreckung ebenfalls nur statt, wenn die vollstreckbare Ausfertigung einer Entscheidung des deutschen Gerichts vorgelegt wird, durch die der Schiedsspruch für vorläufig vollstreckbar erklärt worden ist.

(4) ¹Diese Vorschriften gelten nicht, soweit Staatsverträge oder Rechtsakte der Europäischen Union etwas anders bestimmen (vergleiche auch § 97 FamFG und § 40). ²Wird der Gerichtsvollzieher beauftragt, aus einem ausländischen Titel zu vollstrecken, der nicht

den Erfordernissen der Absätze 1 bis 3 entspricht, und ist er im Zweifel, ob die Vollstreckung zulässig ist, so legt er den Vorgang seiner vorgesetzten Dienstbehörde vor und wartet ihre Weisungen ab.

(5) Entscheidungen außerdeutscher Rheinschifffahrtsgerichte und außerdeutscher Moselschifffahrtsgerichte werden auf Grund einer vom Rheinschifffahrtsobergericht Köln beziehungsweise einer vom Moselschifffahrtsobergericht mit der Vollstreckungsklausel versehenen Ausfertigung vollstreckt (§ 21 des Gesetzes über das gerichtliche Verfahren in Binnenschifffahrtssachen).

3. Vollstreckungsklausel

§ 42 Prüfungspflicht des Gerichtsvollziehers

(1) ¹Der Gerichtsvollzieher prüft in jedem Falle die Notwendigkeit, das Vorhandensein, die Form und den Wortlaut der Vollstreckungsklausel. ²Soweit die Vollstreckung für oder gegen andere als im Schuldtitel oder der Vollstreckungsklausel bezeichnete Personen erfolgt, sind die Besonderheiten nach §§ 727 bis 730 ZPO zu beachten.

(2) ¹Es ist nicht erforderlich, dass die Vollstreckungsklausel genau den vom Gesetz festgelegten Wortlaut hat (§ 725 ZPO). ²Sie muss aber inhaltlich der gesetzlichen Fassung entsprechen, insbesondere die Zwangsvollstreckung als Zweck hervorheben und den Gläubiger ausreichend bezeichnen.

(3) Das Zeugnis über die Rechtskraft (§ 706 ZPO) ersetzt die Vollstreckungsklausel nicht.

(4) Sind in dem Schuldtitel oder in der Vollstreckungsklausel Beschränkungen ausgesprochen, etwa hinsichtlich des Gegenstandes der Zwangsvollstreckung oder des beizutreibenden Betrags, so darf der Gerichtsvollzieher bei seiner Vollstreckungstätigkeit die Grenzen nicht überschreiten, die ihm hierdurch gezogen sind.

(5) Ein Schuldtitel, in dem als Gläubiger oder Schuldner ein Einzelkaufmann mit seiner Firma bezeichnet ist, ist nicht für oder gegen den jeweiligen Firmeninhaber vollstreckbar.

(6) Tritt auf Seiten des Gläubigers die Rechtsnachfolge erst nach Beginn der Zwangsvollstreckung ein, so darf die Zwangsvollstreckung für den Rechtsnachfolger erst fortgesetzt werden, wenn die Vollstreckungsklausel auf diesen umgeschrieben und dem Schuldner zugestellt ist.

V. Verhalten bei der Zwangsvollstreckung

§ 58 Allgemeines

(1) ¹Bei der Zwangsvollstreckung wahrt der Gerichtsvollzieher neben dem Interesse des Gläubigers auch das des Schuldners, soweit dies ohne Gefährdung des Erfolgs der Zwangsvollstreckung geschehen kann. ²Er vermeidet jede unnötige Schädigung oder Ehrenkränkung des Schuldners und die Erregung überflüssigen Aufsehens. ³Er ist darauf bedacht, dass nur die unbedingt notwendigen Kosten und Aufwendungen entstehen.

(2) Auf etwaige Wünsche des Gläubigers oder des Schuldners hinsichtlich der Ausführung der Zwangsvollstreckung nimmt der Gerichtsvollzieher Rücksicht, soweit es ohne überflüssige Kosten und Schwierigkeiten und ohne Beeinträchtigung des Zwecks der Vollstreckung geschehen kann.

§ 59 Leistungsaufforderung an den Schuldner

(1) ¹Vor Beginn der Zwangsvollstreckung setzt der Gerichtsvollzieher den Schuldner über die bevorstehende Zwangsvollstreckung nicht in Kenntnis. ²Die Vorschriften des § 802f Absatz 1 Satz 1 ZPO, des § 128 Absatz 2 und § 145 Absatz 1 Satz 2 bleiben hiervon

Anhang 3 Geschäftsanweisung für Gerichtsvollzieher (GVGA)

unberührt. ³Jedoch kann der Gerichtsvollzieher einen Schuldner vor der Vornahme einer Zwangsvollstreckung unter Hinweis auf die Kosten der Zwangsvollstreckung auffordern, binnen kurzer Frist zu leisten oder den Leistungsnachweis zu erbringen, wenn die Kosten der Zwangsvollstreckung in einem Missverhältnis zu dem Wert des Vollstreckungsgegenstandes stehen würden und der Gerichtsvollzieher mit gutem Grund annehmen kann, dass der Schuldner der Aufforderung entsprechen wird.

(2) ¹Zu Beginn der Zwangsvollstreckung fordert der Gerichtsvollzieher den Schuldner zur freiwilligen Leistung auf, sofern er ihn antrifft. ²Trifft er nicht den Schuldner, aber eine erwachsene Person an, so weist er sich zunächst nur mit seinem Dienstausweis aus und befragt die Person, ob sie über das Geld des Schuldners verfügen darf oder aus eigenen Mitteln Zahlungen für den Schuldner bewirken möchte; bejaht die Person die Frage, fordert er sie zur freiwilligen Leistung auf.

§ 60 Annahme und Ablieferung der Leistung

(1) ¹Der Gerichtsvollzieher ist verpflichtet, die ihm angebotene Leistung oder Teilleistung anzunehmen und den Empfang zu bescheinigen. ²Leistungen, die ihm unter einer Bedingung oder einem Vorbehalt angeboten werden, weist er zurück. ³Wird der Anspruch des Gläubigers aus dem Schuldtitel einschließlich aller Nebenforderungen und Kosten durch freiwillige oder zwangsweise Leistung an den Gerichtsvollzieher vollständig gedeckt, so übergibt der Gerichtsvollzieher dem Schuldner die vollstreckbare Ausfertigung nebst einer Quittung (§ 757 ZPO). ⁴Leistet der Schuldner durch Übergabe eines Bar- oder Verrechnungsschecks, ist Absatz 3 Satz 3 und Absatz 5 zu beachten. ⁵Bei einer teilweisen Leistung ist diese auf der vollstreckbaren Ausfertigung zu vermerken und dem Schuldner lediglich eine Quittung zu erteilen. ⁶Die empfangene Leistung oder den dem Gerichtsvollzieher-Dienstkonto gutgeschriebenen Gegenwert des Schecks liefert der Gerichtsvollzieher unverzüglich an den Gläubiger ab, sofern dieser nichts anderes bestimmt hat. ⁷Verlangt der als Gläubigervertreter tätige Prozessbevollmächtigte oder eine dritte Person die Herausgabe der Leistung, muss sie dem Gerichtsvollzieher eine Geldempfangsvollmacht vorlegen.

(2) ¹Ist dem Schuldner im Schuldtitel nachgelassen, die Zwangsvollstreckung durch eine Ersatzleistung abzuwenden, so nimmt der Gerichtsvollzieher diese Leistung an. ²Im Übrigen darf er Ersatzleistungen, die ihm der Schuldner an Erfüllungs Statt oder erfüllungshalber anbietet, nur annehmen, wenn ihn der Gläubiger hierzu ermächtigt hat.

(3) ¹Die Übergabe und die Person des Empfängers des Schuldtitels sind aktenkundig zu machen. ²Hat der Schuldner unmittelbar an den Gläubiger oder dessen Vertreter oder Prozessbevollmächtigten vollständig geleistet, so darf der Gerichtsvollzieher dem Schuldner die vollstreckbare Ausfertigung erst nach Zustimmung des Auftraggebers übergeben. ³Bei Entgegennahme von Schecks ist dem Schuldner die vollstreckbare Ausfertigung erst auszuhändigen, wenn der Scheckbetrag dem Dienstkonto des Gerichtsvollziehers gutgeschrieben ist oder wenn der Auftraggeber der Aushändigung zustimmt.

(4) ¹Eine nur teilweise Leistung vermerkt der Gerichtsvollzieher auf dem Schuldtitel. In diesem Fall ist der Titel dem Schuldner nicht auszuhändigen. ²Wegen des Restbetrags ist die Zwangsvollstreckung fortzusetzen, sofern sich aus dem Auftrag nichts anderes ergibt.

(5) ¹Bar- und Verrechnungsschecks darf der Gerichtsvollzieher auch ohne Ermächtigung des Gläubigers erfüllungshalber annehmen. ²In diesem Fall hat er die Vollstreckungsmaßnahmen in der Regel auftragsgemäß durchzuführen; die auf die Verwertung gepfändeter Gegenstände gerichteten Maßnahmen sind jedoch in der Regel erst vorzunehmen, wenn feststeht, dass der Scheck nicht eingelöst wird. ³Der Gerichtsvollzieher erteilt dem Schuldner eine Quittung über die Entgegennahme des Schecks. ⁴Schecks hat der Gerichtsvollzieher, sofern der Gläubiger keine andere Weisung erteilt hat, unverzüglich dem Kreditinstitut, das sein Dienstkonto führt, einzureichen mit dem Ersuchen, den Gegenwert dem Dienstkonto gutzuschreiben. ⁵Verlangt der Schuldner ausdrücklich,

dass der Gerichtsvollzieher den Scheck an den Gläubiger weitergibt, ist dies im Protokoll zu vermerken; der Scheck sowie der Titel sind – falls die Vollstreckung nicht fortgesetzt wird – dem Gläubiger zu übermitteln. ⁶Der Gerichtsvollzieher belehrt den Schuldner über dessen Anspruch auf Herausgabe des Titels bei vollständiger Befriedigung des Gläubigers sowie über die Gefahr weiterer Vollstreckungsmaßnahmen, die mit der Aushändigung des Titels an den Gläubiger verbunden ist. ⁷Belehrung und Weitergabe des Schecks an den Gläubiger sind aktenkundig zu machen.

§ 61 Durchsuchung
(§ 758 Absatz 1 und 2, § 758a ZPO, § 91 FamFG)

(1) ¹Der Gerichtsvollzieher ist befugt, die Wohnung und die Behältnisse des Schuldners zu durchsuchen, wenn dieser in die Durchsuchung einwilligt; dies ist im Protokoll zu vermerken. ²Zur Wohnung gehören alle Räumlichkeiten, die den häuslichen oder beruflichen Zwecken ihres Inhabers dienen, insbesondere die eigentliche Wohnung, ferner Arbeits-, Betriebs- und andere Geschäftsräume, dazugehörige Nebenräume sowie das angrenzende befriedete Besitztum (Hofraum, Hausgarten).

(2) ¹Gestattet der Schuldner die Durchsuchung nicht, so ist er vom Gerichtsvollzieher nach den Gründen zu befragen, die er gegen eine Durchsuchung geltend machen will. ²Seine Erklärungen sind ihrem wesentlichen Inhalt nach im Protokoll festzuhalten. ³Der Gerichtsvollzieher belehrt den Schuldner zugleich, dass er aufgrund der Durchsuchungsverweigerung zur Abgabe der Vermögensauskunft nach § 807 Absatz 1 Nummer 1 ZPO verpflichtet ist, sofern ein entsprechender Antrag des Gläubigers vorliegt, dass er deren sofortiger Abnahme jedoch widersprechen kann. ⁴Die Belehrung vermerkt er im Protokoll.

(3) ¹Es ist Sache des Gläubigers, die richterliche Durchsuchungsanordnung zu erwirken. ²Die Durchsuchungsanordnung erteilt der Richter bei dem Amtsgericht, in dessen Bezirk die Durchsuchung erfolgen soll. ³Der Gerichtsvollzieher übersendet dem Gläubiger die Vollstreckungsunterlagen und eine Abschrift des Protokolls; ein Antrag auf Übersendung des Protokolls ist zu unterstellen.

(4) Auch ohne eine richterliche Anordnung darf der Gerichtsvollzieher die Wohnung des Schuldners durchsuchen, wenn die Verzögerung, die mit der vorherigen Einholung einer solchen Anordnung verbunden ist, den Erfolg der Durchsuchung gefährden würde.

(5) Die Durchsuchungsanordnung ist bei der Zwangsvollstreckung vorzuzeigen und in dem Protokoll zu erwähnen.

(6) ¹Trifft der Gerichtsvollzieher bei einem Vollstreckungsversuch keine Person in der Wohnung des Schuldners an, so vermerkt er dies in den Akten und verfährt im Übrigen, wenn er den Schuldner wiederholt nicht angetroffen hat, nach den Bestimmungen der Absätze 3 bis 4. ²Liegt ein kombinierter Auftrag gemäß § 807 ZPO vor, stimmt der Gerichtsvollzieher im Falle des wiederholten Nichtantreffens des Schuldners das weitere Vorgehen mit dem Gläubiger ab, sofern der Auftrag nicht bereits für diesen Fall bestimmte Vorgaben enthält. ³Er soll die Wohnung in der Regel erst dann gewaltsam öffnen, wenn er dies dem Schuldner schriftlich angekündigt hat. ⁴Die Ankündigung soll Hinweise auf § 758 ZPO und § 288 des Strafgesetzbuchs (StGB), auf die Durchsuchungsanordnung sowie eine Zahlungsaufforderung enthalten.

(7) Die Absätze 1 bis 6 gelten entsprechend, wenn die Wohnung wegen der Herausgabe beweglicher Sachen oder zur Vollstreckung von Anordnungen nach § 1 Absatz 1 Nummer 2a der Justizbeitreibungsordnung (JBeitrO) einschließlich der Wegnahme des Führerscheins durchsucht werden soll.

(8) Dagegen ist eine richterliche Durchsuchungsanordnung für die Räumung einer Wohnung und die Verhaftung einer Person auf Grund eines richterlichen Haftbefehls nicht erforderlich; Gleiches gilt für die spätere Abholung gepfändeter, im Gewahrsam des

Schuldners belassener Sachen, wenn bereits für die Pfändung eine Durchsuchungsanordnung vorgelegen hatte.

(9) ¹Liegt eine richterliche Durchsuchungsanordnung vor, können auch alle weiteren dem Gerichtsvollzieher vorliegenden Aufträge gleichzeitig vollstreckt werden, wenn die Vollstreckung wegen dieser Aufträge keine zusätzlichen weitergehenden Maßnahmen (Durchsuchung anderer Räume und Behältnisse) erfordert, die zwangsläufig zu einem längeren Verweilen des Gerichtsvollziehers in den Räumen des Schuldners führen. ²Anderenfalls bedarf es gesonderter richterlicher Durchsuchungsanordnungen.

(10) ¹Die Kleider und Taschen des Schuldners darf der Gerichtsvollzieher durchsuchen. ²Einer besonderen Anordnung des Richters bedarf es nur dann, wenn die Durchsuchung in der Wohnung des Schuldners gegen dessen Willen erfolgen soll. ³Die Absätze 1 bis 5 finden entsprechende Anwendung. ⁴Die Durchsuchung einer weiblichen Person lässt der Gerichtsvollzieher durch eine zuverlässige weibliche Hilfsperson durchführen. ⁵Die Durchsuchung einer männlichen Person ist durch eine zuverlässige männliche Hilfskraft durchzuführen, wenn eine Gerichtsvollzieherin vollstreckt.

(11) ¹Personen, die gemeinsam mit dem Schuldner die Wohnung bewohnen, haben die Durchsuchung zu dulden, wenn diese gegen den Schuldner zulässig ist. ²Trotz dieser grundsätzlichen Duldungspflicht hat der Gerichtsvollzieher besondere persönliche Umstände der Mitbewohner, wie zum Beispiel eine offensichtliche oder durch ärztliches Zeugnis nachgewiesene akute Erkrankung oder eine ernsthafte Gefährdung ihrer Gesundheit zur Vermeidung unbilliger Härten zu berücksichtigen und danach in Ausnahmefällen auch die Durchsuchung zu unterlassen.

(12) Für eine Durchsuchung zur Vollstreckung von Entscheidungen über die Herausgabe von Personen und die Regelung des Umgangs gilt § 156.

§ 62 Widerstand gegen die Zwangsvollstreckung und Zuziehung von Zeugen
(§ 758 Absatz 3, § 759 ZPO, § 90 FamFG)

(1) Findet der Gerichtsvollzieher Widerstand, so darf er unbeschadet der Regelung des § 61 Gewalt anwenden und zu diesem Zweck polizeiliche Unterstützung anfordern (§ 758 Absatz 3 ZPO).

(2) ¹Der Gerichtsvollzieher muss zu einer Vollstreckungshandlung zwei erwachsene Personen oder einen Gemeinde- oder Polizeibeamten als Zeugen zuziehen (§ 759 ZPO), wenn

1. Widerstand geleistet wird,

2. bei einer Vollstreckungshandlung in der Wohnung des Schuldners weder der Schuldner selbst noch eine zur Familie gehörige oder in seiner Familie beschäftigte erwachsene Person gegenwärtig ist. ²Als Zeugen sollen unbeteiligte und geeignet erscheinende Personen ausgewählt werden, die möglichst am Ort der Vollstreckung oder in dessen Nähe wohnen sollen. ³Die Zeugen haben das Protokoll mit zu unterschreiben (vergleiche § 63 Absatz 3). ⁴Den Zeugen ist auf Verlangen eine angemessene Entschädigung zu gewähren. ⁵Die Entschädigung richtet sich nach den Bestimmungen des Justizvergütungs- und -entschädigungsgesetzes (JVEG).

(3) Widerstand im Sinne dieser Bestimmungen ist jedes Verhalten, das geeignet ist, die Annahme zu begründen, die Zwangsvollstreckung werde sich nicht ohne Gewaltanwendung durchführen lassen.

(4) Für die Anwendung unmittelbaren Zwangs zur Vollstreckung von Entscheidungen über die Herausgabe von Personen und die Regelung des Umgangs gilt § 156.

VI. Protokoll

§ 63
(§§ 762, 763 ZPO)

(1) ¹Der Gerichtsvollzieher muss über jede Vollstreckungshandlung ein Protokoll nach den Vorschriften der §§ 762 und 763 ZPO aufnehmen; dies gilt auch für versuchte Vollstreckungshandlungen und vorbereitende Tätigkeiten. ²Vollstreckungshandlungen sind alle Handlungen, die der Gerichtsvollzieher zum Zweck der Zwangsvollstreckung vornimmt, auch das Betreten der Wohnung des Schuldners und ihre Durchsuchung, die Aufforderung zur Zahlung (§ 59 Absatz 2) und die Annahme der Zahlung, die nachträgliche Wegschaffung der gepfändeten Sachen und ihre Verwertung. ³Das Protokoll muss den Gang der Vollstreckungshandlung unter Hervorhebung aller wesentlichen Vorgänge angeben. ⁴Die zur Vollstreckungshandlung gehörenden Aufforderungen und Mitteilungen des Gerichtsvollziehers und die Erklärungen des Schuldners oder eines anderen Beteiligten sind vollständig in das Protokoll aufzunehmen (zum Beispiel das Vorbringen des Schuldners zur glaubhaften Darlegung seiner Ratenzahlungsfähigkeit nach § 802b ZPO). ⁵Ist die Zwangsvollstreckung von einer Zug um Zug zu bewirkenden Gegenleistung abhängig, beurkundet der Gerichtsvollzieher das Angebot und die Erklärung des Schuldners in dem Pfändungsprotokoll oder in einem besonderen Protokoll (§§ 756, 762, 763 ZPO).

(2) ¹Der Schuldtitel, auf Grund dessen vollstreckt wird, ist genau zu bezeichnen. ²Bleibt die Vollstreckung ganz oder teilweise ohne Erfolg, so muss das Protokoll erkennen lassen, dass der Gerichtsvollzieher alle zulässigen Mittel versucht hat, dass aber kein anderes Ergebnis zu erreichen war. ³Bei dem erheblichen Interesse des Gläubigers an einem Erfolg der Zwangsvollstreckung darf der Gerichtsvollzieher die Vollstreckung nur nach sorgfältiger Prüfung ganz oder teilweise als erfolglos bezeichnen.

(3) ¹Das Protokoll ist im unmittelbaren Anschluss an die Vollstreckungshandlungen und an Ort und Stelle aufzunehmen. ²Werden Abweichungen von dieser Regel notwendig, so sind die Gründe hierfür im Protokoll anzugeben. ³Das Protokoll ist auch von den nach § 759 ZPO zugezogenen Zeugen zu unterschreiben (§ 762 Nummer 3 und 4 ZPO). ⁴Nimmt das Geschäft mehrere Tage in Anspruch, so ist das Protokoll an jedem Tage abzuschließen und zu unterzeichnen.

(4) ¹Im Übrigen sind die allgemeinen Bestimmungen über die Beurkundungen des Gerichtsvollziehers zu beachten (vergleiche § 7). ²Der Dienststempelabdruck braucht dem Protokoll nicht beigefügt zu werden.

(5) ¹Kann der Gerichtsvollzieher die zur Vollstreckungshandlung gehörenden Aufforderungen und sonstigen Mitteilungen nicht mündlich ausführen, so übersendet er demjenigen, an den die Aufforderung oder Mitteilung zu richten ist, eine Abschrift des Protokolls durch gewöhnlichen Brief. ²Der Gerichtsvollzieher kann die Aufforderung oder Mitteilung auch unter entsprechender Anwendung der §§ 191 und 178 bis 181 ZPO zustellen. ³Er wählt die Zustellung jedoch nur, wenn andernfalls ein sicherer Zugang nicht wahrscheinlich ist. ⁴Die Befolgung dieser Vorschriften muss im Protokoll vermerkt sein. ⁵Bei der Übersendung durch die Post bedarf es keiner weiteren Beurkundung als dieses Vermerks. ⁶Eine öffentliche Zustellung findet nicht statt.

(6) Sofern nichts anderes vorgeschrieben ist, darf der Gerichtsvollzieher Abschriften von Protokollen nur auf ausdrücklichen Antrag erteilen.

B. Zwangsvollstreckung wegen Geldforderungen

I. Allgemeine Vorschriften

§ 67 Begriff der Geldforderung

(1) ¹Geldforderung ist jede Forderung, die auf Leistung einer bestimmten Wertgröße in Geld gerichtet ist. ²Geldforderungen im Sinne des Vollstreckungsrechts sind auch die

Anhang 3 Geschäftsanweisung für Gerichtsvollzieher (GVGA)

Haftungsansprüche für Geldleistungen, zum Beispiel die Ansprüche im Fall der Verurteilung zur Duldung der Zwangsvollstreckung.

(2) Sollen Stücke einer bestimmten Münzsorte oder bestimmte Wertzeichen geleistet werden (Geldsortenschuld), so erfolgt die Zwangsvollstreckung nach den Vorschriften über die Herausgabe beweglicher Sachen (§§ 884, 883 Absatz 1 ZPO).

§ 68 Zügige und gütliche Erledigung des Zwangsvollstreckungsverfahrens; Einziehung von Teilbeträgen
(§ 802b ZPO)

(1) ¹Der Gerichtsvollzieher soll in jeder Lage des Verfahrens auf eine gütliche Erledigung bedacht sein. ²Hat der Gläubiger seine Einwilligung zu der Einräumung einer Zahlungsfrist oder der Tilgung durch Teilleistungen (Ratenzahlung) von Bedingungen abhängig gemacht, ist der Gerichtsvollzieher daran gebunden. ³Setzt der Gerichtsvollzieher nach § 802b Absatz 2 Satz 2 ZPO einen Ratenzahlungsplan fest, belehrt er den Schuldner darüber, dass der Plan hinfällig wird und der damit verbundene Vollstreckungsaufschub endet, sobald der Gläubiger widerspricht und der Gerichtsvollzieher den Schuldner, nachdem der Gläubiger widersprochen hat, über dessen Widerspruch unterrichtet hat oder sobald der Schuldner mit einer festgesetzten Zahlung ganz oder teilweise länger als zwei Wochen in Rückstand gerät (§ 802b Absatz 3 Satz 2 und 3 ZPO). ⁴Die Tilgungsfrist soll in der Regel zwölf Monate nicht übersteigen; in Einzelfällen kann der Gerichtsvollzieher nach pflichtgemäßem Ermessen eine längere Frist bestimmen. ⁵Die Frist beginnt mit der Mitteilung des gewährten Aufschubs an den Schuldner.

(2) ¹Bestimmt der Gerichtsvollzieher unter den Voraussetzungen des § 802b Absatz 2 ZPO und des Absatzes 1 eine Zahlungsfrist oder setzt er einen Ratenzahlungsplan fest, hat er

1. die konkreten Zahlungstermine,

2. die Höhe der Zahlungen oder Teilzahlungen,

3. den Zahlungsweg,

4. die Gründe, die der Schuldner zur Glaubhaftmachung der Erfüllung der Vereinbarung vorbringt, sowie

5. die erfolgte Belehrung über die in § 802b Absatz 3 Satz 2 und 3 ZPO getroffenen Regelungen zu protokollieren. ²Der Gerichtsvollzieher hat die Gründe, aus denen er die Einräumung einer Zahlungsfrist oder die Einziehung von Raten ablehnt, ebenfalls zu protokollieren. ³Der Gerichtsvollzieher hat dem Gläubiger unverzüglich eine Abschrift des Zahlungsplans zu übermitteln und dabei auf den Vollstreckungsaufschub sowie auf die Möglichkeit des unverzüglichen Widerspruchs hinzuweisen.

(3) ¹Widerspricht der Gläubiger unverzüglich dem Zahlungsplan, teilt der Gerichtsvollzieher dies dem Schuldner mit und setzt die Vollstreckung entsprechend den Anträgen des Gläubigers fort. ²Wendet sich der Gläubiger lediglich gegen die Ausgestaltung (zum Beispiel die Höhe, die Zahlungstermine) der durch den Gerichtsvollzieher festgesetzten Teilzahlungsbestimmungen, liegt kein Widerspruch vor. ³In diesem Fall ändert der Gerichtsvollzieher die Teilzahlungsbestimmungen nach den Auflagen des Gläubigers und unterrichtet den Schuldner.

(4) ¹Hat der Gerichtsvollzieher mit dem Schuldner eine Ratenzahlungsvereinbarung getroffen oder eine Zahlungsfrist vereinbart und gehen in dem Zeitraum, innerhalb dessen die Forderung getilgt sein soll, Vollstreckungsaufträge weiterer Gläubiger ein, steht dies dem Abschluss weiterer Ratenzahlungsvereinbarungen oder der Einräumung von Zahlungsfristen nicht entgegen, sofern der Vorschlag des Schuldners die gesetzlichen Voraussetzungen für eine gütliche Erledigung in jeder einzelnen weiteren Vollstreckungsangelegenheit erfüllt. ²Der Schuldner hat in diesem Fall für jede Angelegenheit seine Leistungsfähigkeit und -bereitschaft glaubhaft darzulegen. ³Der Gerichtsvollzieher wägt

dann die zumutbaren Möglichkeiten des Schuldners und das Interesse des Auftraggebers an einer auch teilweisen alsbaldigen Befriedigung ab. ⁴Kommt danach eine gütliche Erledigung nicht in Betracht, verfährt der Gerichtsvollzieher nach Absatz 3.

(5) ¹Für jeden einzelnen Auftraggeber hat der Gerichtsvollzieher einen gesonderten Ratenzahlungsplan zu erstellen. ²Das gilt auch, wenn mehrere Vollstreckungsaufträge gleichzeitig gegen einen Schuldner eingehen. ³Die Erstellung eines Gesamtratenzahlungsplans bei mehreren, gleichzeitig vorliegenden Aufträgen ist zulässig. ⁴§ 802b Absatz 3 ZPO gilt für jeden einzelnen Gläubiger.

§ 86 Besondere Vorschriften über das Pfändungsprotokoll
(§§ 762, 763 ZPO)

(1) ¹Das Pfändungsprotokoll muss enthalten:

1. ein genaues Verzeichnis der Pfandstücke unter fortlaufender Nummer, geeignetenfalls mit Angabe der Zahl, des Maßes, des Gewichts, der besonderen Merkmale und Kennzeichen der gepfändeten Sachen (zum Beispiel Fabrikmarke, Baujahr, Typ, Fabriknummer und dergleichen) nebst den vom Gerichtsvollzieher oder einem Sachverständigen geschätzten gewöhnlichen Verkaufswerten;
2. eine Beschreibung der angelegten Pfandzeichen;
3. den wesentlichen Inhalt der Eröffnungen, die dem Schuldner oder den in § 81 Absatz 1 Satz 2 bezeichneten Personen gemacht sind. ²Es soll ferner den Inhalt der angebrachten Pfandanzeigen sowie den Inhalt der Vereinbarungen wiedergeben, die mit einem Hüter (§ 82 Absatz 2) getroffen sind.

(2) ¹Werden Pfandstücke aus dem Gewahrsam des Schuldners entfernt, so ist dies im Protokoll zu begründen. ²Auch ist anzugeben, welche Maßnahmen für die Verwahrung der Pfandstücke getroffen sind (vergleiche § 90 Absatz 2).

(3) Das Protokoll hat auch die Angaben der Zeit und des Ortes des Versteigerungstermins oder die Gründe zu enthalten, aus denen die sofortige Ansetzung des Versteigerungstermins unterblieben ist (vergleiche § 92).

(4) ¹Sind dieselben Sachen gleichzeitig für denselben Gläubiger gegen denselben Schuldner auf Grund mehrerer Schuldtitel gepfändet, so ist nur ein Protokoll aufzunehmen. ²In diesem sind die einzelnen Schuldtitel genau zu bezeichnen.

(5) ¹Eine Abschrift des Pfändungsprotokolls ist zu erteilen:

1. dem Gläubiger, wenn er es verlangt,
2. dem Schuldner, wenn er es verlangt oder wenn die Vollstreckung in seiner Abwesenheit stattgefunden hat. ²Die Absendung ist auf dem Protokoll zu vermerken.

(6) ¹Kann eine Pfändung überhaupt nicht oder nicht in Höhe der beizutreibenden Forderung erfolgen, weil der Schuldner nur Sachen besitzt, die nicht gepfändet werden dürfen oder nicht gepfändet werden sollen oder von deren Verwertung ein Überschuss über die Kosten der Zwangsvollstreckung nicht zu erwarten ist, so genügt im Protokoll der allgemeine Hinweis, dass eine Pfändung aus diesen Gründen unterblieben ist. ²Abweichend von Satz 1 sind im Protokoll zu verzeichnen:

1. Sachen, deren Pfändung vom Gläubiger ausdrücklich beantragt war, unter Angabe der Gründe, aus denen der Gerichtsvollzieher von einer Pfändung abgesehen hat,
2. die Art der Früchte, die vom Boden noch nicht getrennt sind, und die gewöhnliche Zeit der Reife, wenn eine Pfändung noch nicht erfolgen durfte (§ 810 Absatz 1 Satz 2 ZPO),
3. Art, Beschaffenheit und Wert der Sachen, wenn eine Austauschpfändung (§ 811a ZPO) in Betracht kommt, unter Angabe der Gründe, aus denen der Gerichtsvollzieher von einer vorläufigen Austauschpfändung (§ 811b ZPO) abgesehen hat,

4. Art und Wert eines Tieres, das im häuslichen Bereich und nicht zu Erwerbszwecken gehalten wird, wenn dessen Pfändung in Betracht kommt (§ 811c Absatz 2 ZPO). ³Sind bereits Entscheidungen des Vollstreckungsgerichts ergangen, durch die die Unpfändbarkeit vergleichbarer Sachen festgestellt wurde, so soll sie der Gerichtsvollzieher im Protokoll erwähnen, soweit sie für den Gläubiger von Belang sind.

§ 87 Widerspruch eines Dritten
(§§ 771 bis 774, 805, 815 ZPO)

(1) ¹Wird ein Widerspruch dem Gerichtsvollzieher gegenüber von dem Dritten geltend gemacht oder von dem Schuldner angekündigt, so darf der Gerichtsvollzieher die Pfändung der Sachen, auf die sich der Widerspruch erstreckt, nur dann unterlassen, wenn die sonst vorhandene, von einem Widerspruch nicht betroffene bewegliche Habe des Schuldners zur Deckung der beizutreibenden Forderung ausreicht. ²Ist dies nicht der Fall, so führt der Gerichtsvollzieher die Pfändung ohne Rücksicht auf den Widerspruch durch und verweist die Beteiligten darauf, ihre Ansprüche bei dem Gläubiger und gegebenenfalls bei dem Gericht geltend zu machen. ³Da sich hierbei nicht im Voraus übersehen lässt, welcher Teil der Pfandstücke nach Durchführung des Widerspruchs zur Befriedigung des Gläubigers verwendbar bleiben wird, wird in diesem Fall die Pfändung auch über die in § 803 Absatz 1 Satz 2 ZPO bezeichnete Wertgrenze hinaus zu erstrecken sein. ⁴Dasselbe gilt, wenn ein Dritter ein Recht geltend macht, das ihn zur vorzugsweisen Befriedigung aus dem Erlös berechtigt (§ 805 ZPO), zum Beispiel der Vermieter sein gesetzliches Vermieterpfandrecht in Anspruch nimmt; denn solche Rechte schmälern bei erfolgreicher Geltendmachung den Erlös, der zur Befriedigung des Gläubigers verfügbar ist.

(2) ¹Werden Sachen trotz des Widerspruchs des Dritten oder der Ankündigung eines derartigen Widerspruchs gepfändet, so beurkundet der Gerichtsvollzieher diese Erklärungen im Protokoll, möglichst unter näherer Angabe der Person des Berechtigten und des Rechtsgrundes seines Anspruchs, und benachrichtigt den Gläubiger unverzüglich von dem Widerspruch. ²Dem Dritten ist auf Verlangen eine Abschrift des Protokolls zu erteilen. ³Wenn der Dritte bei oder nach der Erstpfändung eines ihm gehörenden Gegenstandes gegenüber dem Gerichtsvollzieher ein die Veräußerung hinderndes Recht geltend gemacht hat, muss der Gerichtsvollzieher ihn über die Anschlusspfändung (§ 116) desselben Gegenstands unverzüglich unterrichten.

(3) ¹Gepfändetes Geld hinterlegt der Gerichtsvollzieher, wenn ihm vor der Ablieferung an den Gläubiger (zum Beispiel durch eine eidesstattliche Versicherung) glaubhaft gemacht wird, dass einem Dritten an dem Geld ein die Veräußerung hinderndes oder zur vorzugsweisen Befriedigung berechtigendes Recht zusteht. ²Wird ihm nicht binnen zwei Wochen seit dem Tage der Pfändung eine gerichtliche Entscheidung über die Einstellung der Zwangsvollstreckung vorgelegt, so veranlasst er die Rückgabe des Geldes zur Aushändigung an den Gläubiger (§§ 805, 815 Absatz 2 ZPO).

§ 104 Pfändung von Wertpapieren

(1) ¹Bei der Zwangsvollstreckung wegen Geldforderungen werden Wertpapiere wie bewegliche körperliche Sachen behandelt. ²Sie werden dadurch gepfändet, dass der Gerichtsvollzieher sie in Besitz nimmt.

(2) ¹Zu den Wertpapieren nach Absatz 1 gehören alle Inhaberpapiere, auch wenn sie auf den Namen eines bestimmten Berechtigten umgeschrieben sind, sowie alle Aktien, auch wenn sie auf den Namen eines bestimmten Berechtigten lauten. ²Dagegen gehören Legitimationspapiere nicht dazu (zum Beispiel Sparbücher, Pfandscheine, Lebensversicherungspolicen).

(3) Für die Pfändung von Forderungen aus Wechseln und anderen auf den Namen lautenden, aber durch Indossament übertragbaren Forderungspapieren gelten die Bestimmungen des § 123.

(4) Inländische Banknoten sind bei der Zwangsvollstreckung nicht als Wertpapiere, sondern als bares Geld zu behandeln.

§ 105 Veräußerung von Wertpapieren
(§§ 821 bis 823 ZPO)

(1) Die Veräußerung von Wertpapieren erfolgt, wenn sie einen Börsen- oder Marktpreis haben, durch freihändigen Verkauf, sonst durch öffentliche Versteigerung (§ 821 ZPO).

(2) ¹Bei der Veräußerung von Inhaberpapieren genügt die Übergabe des veräußerten Papiers an den Erwerber, um das im Papier verbriefte Recht auf ihn zu übertragen. ²Dagegen sind Papiere, die durch Indossament übertragen werden können, jedoch nicht Forderungspapiere sind, zum Zweck der Übertragung mit dem Indossament zu versehen (zum Beispiel Namensaktien). ³Andere Papiere, die auf den Namen lauten, sind mit der Abtretungserklärung zu versehen. ⁴Dies gilt auch für auf den Namen umgeschriebene Inhaberpapiere, sofern nicht ihre Rückverwandlung (Absatz 3) beantragt wird.

(3) ¹Die Abtretungserklärung oder das Indossament stellt der Gerichtsvollzieher anstelle des Schuldners aus, nachdem ihn das Vollstreckungsgericht dazu ermächtigt hat (§ 822 ZPO). ²Ebenso bedarf der Gerichtsvollzieher der Ermächtigung des Vollstreckungsgerichts, wenn er anstelle des Schuldners die Erklärungen abgeben soll, die zur Rückverwandlung einer auf den Namen umgeschriebenen Schuldverschreibung in eine Inhaberschuldverschreibung erforderlich sind (§ 823 ZPO). ³Der Gerichtsvollzieher fügt dem Antrag, durch den er die Ermächtigung erbittet, den Schuldtitel und das Pfändungsprotokoll bei.

§ 106 Hilfspfändung

¹Papiere, die nur eine Forderung beweisen, aber nicht Träger des Rechts sind (zum Beispiel Sparbücher, Pfandscheine, Versicherungsscheine und Depotscheine, ferner Hypotheken- und solche Grundschuld- und Rentenschuldbriefe, die nicht auf den Inhaber lauten), sind kein Wertpapiere im Sinne des § 104. ²Sie können deshalb auch nicht nach den Vorschriften über die Zwangsvollstreckung in bewegliche körperliche Sachen gepfändet werden. ³Der Gerichtsvollzieher kann aber diese Papiere vorläufig in Besitz nehmen (Hilfspfändung). ⁴Er teilt dem Gläubiger die vorläufige Wegnahme unverzüglich mit und bezeichnet die Forderungen, auf die sich die Legitimationspapiere beziehen. ⁵Die Papiere sind jedoch dem Schuldner zurückzugeben, wenn der Gläubiger nicht alsbald, spätestens innerhalb eines Monats, den Pfändungsbeschluss über die Forderung vorlegt, die dem Papier zugrunde liegt. ⁶Die in Besitz genommenen Papiere sind im Pfändungsprotokoll genau zu bezeichnen. ⁷Grund- und Rentenschuldbriefe, die auf den Inhaber lauten, werden nach § 104 gepfändet.

III. Zwangsvollstreckung in Forderungen und andere Vermögensrechte

§ 121 Zustellung des Pfändungs- und Überweisungsbeschlusses
(§§ 829, 835, 840, 857 ZPO)

(1) ¹Die Pfändung einer Forderung ist mit der Zustellung des Pfändungsbeschlusses an den Drittschuldner als bewirkt anzusehen (§ 829 Absatz 3 ZPO). ²Die Zustellung an den Drittschuldner ist daher regelmäßig vor der Zustellung an den Schuldner durchzuführen, wenn nicht der Auftraggeber ausdrücklich etwas anderes verlangt (vergleiche Absatz 3). ³Diese Zustellung ist zu beschleunigen; in der Zustellungsurkunde ist der Zeitpunkt der Zustellung nach Stunde und Minute anzugeben. ⁴Bei Zustellung durch die Post ist nach § 26 Absatz 2 Satz 1 Nummer 1 zu verfahren. ⁵Ist der Gerichtsvollzieher mit der Zustellung mehrerer Pfändungsbeschlüsse an denselben Drittschuldner beauftragt, so stellt er sie alle in dem gleichen Zeitpunkt zu und vermerkt in den einzelnen Zustellungsurkunden, welche Beschlüsse er gleichzeitig zugestellt hat. ⁶Lässt ein Gläubiger eine Forde-

Anhang 3 Geschäftsanweisung für Gerichtsvollzieher (GVGA)

rung pfänden, die dem Schuldner gegen ihn selbst zusteht, so ist der Pfändungsbeschluss dem Gläubiger wie einem Drittschuldner zuzustellen.

(2) [1]Auf Verlangen des Gläubigers fordert der Gerichtsvollzieher den Drittschuldner bei der Zustellung des Pfändungsbeschlusses auf, binnen zwei Wochen, von der Zustellung an gerechnet, dem Gläubiger die in § 840 Absatz 1 Nummer 1 bis 5 ZPO aufgeführten Erklärungen zu machen, deren Wortlaut in der Aufforderung wiederzugeben ist. [2]Die Aufforderung zur Abgabe dieser Erklärungen muss in die Zustellungsurkunde aufgenommen werden (§ 840 ZPO). [3]Die Zustellung an den Drittschuldner kann in solchen Fällen nur im Wege der persönlichen Zustellung bewirkt werden. [4]Eine Erklärung, die der Drittschuldner bei der Zustellung abgibt, ist in die Zustellungsurkunde aufzunehmen und von dem Drittschuldner nach Durchsicht oder nach Vorlesung zu unterschreiben. [5]Gibt der Drittschuldner keine Erklärung ab oder verweigert er die Unterschrift, so ist dies in der Zustellungsurkunde zu vermerken. [6]Eine Erklärung, die der Drittschuldner später dem Gerichtsvollzieher gegenüber abgibt, ist ohne Verzug dem Gläubiger zu übermitteln und, soweit sie mündlich erfolgt, zu diesem Zweck durch ein Protokoll festzustellen. [7]Sollen mehrere Drittschuldner, die in verschiedenen Amtsgerichtsbezirken wohnen, aber in einem Pfändungsbeschluss genannt sind, zur Abgabe der Erklärungen aufgefordert werden, so führt zunächst der für den zuerst genannten Drittschuldner zuständige Gerichtsvollzieher die Zustellung an die in seinem Amtsgerichtsbezirk wohnenden Drittschuldner aus. [8]Hiernach gibt er den Pfändungsbeschluss an den Gerichtsvollzieher ab, der für die Zustellung an die im nächsten Amtsgerichtsbezirk wohnenden Drittschuldner zuständig ist. [9]Dieser verfährt ebenso, bis an sämtliche Drittschuldner zugestellt ist. [10]Die Zustellung an den Schuldner (vergleiche Absatz 3) nimmt der zuletzt tätig gewesene Gerichtsvollzieher vor.

(3) [1]Nach der Zustellung an den Drittschuldner stellt der Gerichtsvollzieher den Pfändungsbeschluss mit einer beglaubigten Abschrift der Urkunde über die Zustellung an den Drittschuldner – im Fall der Zustellung durch die Post mit einer beglaubigten Abschrift der Postzustellungsurkunde – auch ohne besonderen Auftrag sofort dem Schuldner zu. [2]Muss diese Zustellung im Ausland bewirkt werden, so geschieht sie durch Aufgabe zur Post. [3]Die Zustellung an den Schuldner unterbleibt, wenn eine öffentliche Zustellung erforderlich sein würde. [4]Ist auf Verlangen des Gläubigers die Zustellung an den Schuldner erfolgt, bevor die Zustellung an den Drittschuldner stattgefunden hat oder ehe die Postzustellungsurkunde dem Gerichtsvollzieher zugegangen ist, so stellt der Gerichtsvollzieher dem Schuldner die Abschrift der Zustellungsurkunde nachträglich zu. [5]Ist ein Drittschuldner nicht vorhanden (zum Beispiel bei Pfändung von Urheber- und Patentrechten), so ist die Pfändung mit der Zustellung des Pfändungsbeschlusses an den Schuldner erfolgt (§ 857 ZPO).

(4) Wird neben dem Pfändungsbeschluss ein besonderer Überweisungsbeschluss erlassen, so ist dieser ebenfalls dem Drittschuldner und sodann unter entsprechender Anwendung von Absatz 3 dem Schuldner zuzustellen (§ 835 Absatz 3 ZPO).

(5) [1]Hat der Gerichtsvollzieher die Zustellung im Fall des Absatzes 1 durch die Post bewirken lassen, so überprüft er die Zustellungsurkunde an den Drittschuldner nach ihrem Eingang und achtet darauf, ob die Zustellung richtig durchgeführt und mit genauer Zeitangabe beurkundet ist. [2]Ist die Zustellung durch die Post fehlerhaft, so stellt er umgehend erneut zu. [3]Sofern es die Umstände erfordern, wählt er dabei die persönliche Zustellung.

§ 122 Wegnahme von Urkunden über die gepfändete Forderung
(§§ 830, 836, 837 ZPO)

(1) [1]Hat der Gläubiger die Pfändung einer Forderung, für die eine Hypothek besteht, oder die Pfändung einer Grundschuld oder Rentenschuld erwirkt, so ist der Schuldner verpflichtet, den etwa bestehenden Hypotheken-, Grundschuld- oder Rentenschuldbrief an den Gläubiger herauszugeben (§§ 830, 857 Absatz 6 ZPO). [2]Dasselbe gilt für andere über

eine Forderung vorhandene Urkunden (zum Beispiel Schuldschein, Sparbuch, Pfandschein, Versicherungspolice), wenn außer der Pfändung auch schon die Überweisung zugunsten des Gläubigers erfolgt ist (§ 836 ZPO).

(2) ¹Verweigert der Schuldner die Herausgabe der Urkunden, so nimmt der Gerichtsvollzieher sie ihm weg. ²Die Wegnahme ist im Wege der Zwangsvollstreckung zu bewirken (§§ 127 bis 132). ³Der Gerichtsvollzieher wird dazu durch den Besitz des Schuldtitels und einer Ausfertigung des Pfändungsbeschlusses (bei Wegnahme eines Hypotheken-, Grundschuld- oder Rentenschuldbriefes) oder des Überweisungsbeschlusses (bei Wegnahme anderer Urkunden) ermächtigt. ⁴Der Pfändungs- oder Überweisungsbeschluss ist dem Schuldner spätestens bis zum Beginn der Vollstreckungstätigkeit zuzustellen, welche die Wegnahme der Urkunde zum Ziel hat.

(3) Sind die wegzunehmenden Urkunden in dem Pfändungs- oder Überweisungsbeschluss nicht so genau bezeichnet, dass sie der Gerichtsvollzieher nach dieser Bezeichnung bei dem Schuldner aufsuchen kann, so überlässt er es dem Gläubiger, eine Vervollständigung des Beschlusses bei dem Gericht zu beantragen.

§ 123 Pfändung von Forderungen aus Wechseln, Schecks und anderen Papieren, die durch Indossament übertragen werden können
(§ 831 ZPO)

(1) ¹Die Zwangsvollstreckung in Forderungen aus Wechseln, Schecks und anderen Wertpapieren, die durch Indossament übertragen werden können, zum Beispiel aus kaufmännischen Anweisungen und Verpflichtungsscheinen, Konnossementen, Ladescheinen, Lagerscheinen, die an Order gestellt sind (vergleiche § 363 HGB), erfolgt durch ein Zusammenwirken des Gerichtsvollziehers und des Vollstreckungsgerichts. ²Der Gerichtsvollzieher pfändet die Forderungen dadurch, dass er die bezeichneten Papiere in Besitz nimmt. ³Ein Pfändungsbeschluss ist nicht erforderlich. ⁴Die weitere Durchführung der Vollstreckung erfolgt sodann auf Antrag des Gläubigers durch das Vollstreckungsgericht.

(2) ¹Forderungen aus Wechseln und ähnlichen Papieren sind Vermögensstücke von ungewissem Wert, wenn die Zahlungsfähigkeit des Drittschuldners nicht unzweifelhaft feststeht. ²Der Gerichtsvollzieher soll diese Forderungen nur pfänden, wenn ihn der Gläubiger ausdrücklich dazu angewiesen hat oder wenn andere Pfandstücke entweder nicht vorhanden sind oder zur Befriedigung des Gläubigers nicht ausreichen.

(3) ¹In dem Pfändungsprotokoll ist die weggenommene Urkunde nach Art, Gegenstand und Betrag der Forderung, nach dem Namen des Gläubigers und des Schuldners, dem Tag der Ausstellung und eventuell mit der Nummer genau zu bezeichnen. ²Auch der Fälligkeitstag der Forderung ist nach Möglichkeit anzugeben. ³Von der Pfändung ist der Gläubiger unter genauer Bezeichnung der gepfändeten Urkunden und eventuell auch des Fälligkeitstages unverzüglich zu benachrichtigen. ⁴Der Schuldtitel ist dem Gläubiger zurückzugeben; dieser benötigt ihn zur Erwirkung des Überweisungsbeschlusses.

(4) Der Gerichtsvollzieher verwahrt die weggenommene Urkunde so lange, bis das Gericht sie einfordert oder bis ihm ein Beschluss des Vollstreckungsgerichts vorgelegt wird, durch den die Überweisung der Forderung an den Gläubiger ausgesprochen oder eine andere Art der Verwertung der Forderung angeordnet wird, zum Beispiel die Veräußerung oder die Herausgabe der den Gegenstand der Forderung bildenden körperlichen Sachen an einen Gerichtsvollzieher.

(5) ¹Werden gepfändete Schecks oder Wechsel zahlbar, bevor eine gerichtliche Entscheidung über ihre Verwertung ergangen ist, so sorgt der Gerichtsvollzieher in Vertretung des Gläubigers für die rechtzeitige Vorlegung, eventuell auch für die Protesterhebung. ²Wird der Wechsel oder der Scheck bezahlt, so hinterlegt der Gerichtsvollzieher den gezahlten Betrag und benachrichtigt den Gläubiger und den Schuldner hiervon.

(6) Der Gerichtsvollzieher darf die Urkunde über die gepfändete Forderung nur gegen Empfangsbescheinigung des Gläubigers oder – wenn die Forderung freigegeben wird – des Schuldners herausgeben.

§ 124 Zwangsvollstreckung in Ansprüche auf Herausgabe oder Leistung von beweglichen körperlichen Sachen
(§§ 846 bis 849, 854 ZPO)

(1) ¹Bei der Zwangsvollstreckung in Ansprüche des Schuldners, auf Grund deren der Drittschuldner bewegliche körperliche Sachen herauszugeben oder zu leisten hat, erfolgt die Pfändung nach den Vorschriften über die Pfändung von Geldforderungen, also regelmäßig durch die Zustellung eines gerichtlichen Pfändungsbeschlusses. ²Eine Ausnahme gilt, wenn die Forderung in einem indossablen Papier verbrieft ist (zum Beispiel bei kaufmännischen Anweisungen über die Leistung von Wertpapieren oder anderen vertretbaren Sachen, bei Lagerscheinen, Ladescheinen und Konnossementen); in diesen Fällen geschieht die Pfändung dadurch, dass der Gerichtsvollzieher das Papier in Besitz nimmt. ³In dem gerichtlichen Pfändungsbeschluss oder im Fall des § 123 durch einen besonderen Beschluss wird angeordnet, dass die geschuldeten Sachen an einen von dem Gläubiger zu beauftragenden Gerichtsvollzieher herauszugeben sind (§ 847 ZPO).

(2) ¹Der Pfändungsbeschluss als solcher ermächtigt jedoch den Gerichtsvollzieher nicht, die Herausgabe der Sachen gegen den Willen des Drittschuldners zu erzwingen. ²Verweigert der Drittschuldner die Herausgabe, so muss sich der Gläubiger den Anspruch zur Einziehung überweisen lassen und dann Klage gegen den Drittschuldner erheben. ³Der Gerichtsvollzieher beurkundet deshalb in diesem Fall die Weigerung des Drittschuldners und überlässt das Weitere dem Gläubiger.

(3) ¹Ist dagegen der Drittschuldner zur Herausgabe oder zur Leistung bereit, so nimmt der Gerichtsvollzieher, dessen Ermächtigung durch den Besitz des Schuldtitels und einer Ausfertigung des Beschlusses dargetan wird, die Sache beim Drittschuldner gegen Quittung oder gegen Herausgabe des indossablen Papiers in Empfang. ²In dem aufzunehmenden Protokoll bezeichnet er die Sache. ³Das weitere Verfahren wegen Unterbringung und Verwertung der übernommenen Sache richtet sich nach den Vorschriften, die für die Verwertung gepfändeter Sachen gelten (§ 847 Absatz 2 ZPO). ⁴Durch die Herausgabe des Gegenstands seitens des Drittschuldners geht das Pfandrecht, das durch die Pfändung des Anspruchs begründet worden ist, ohne neue Pfändung in ein Pfandrecht an der Sache selbst über.

(4) Von der Übernahme und von dem anberaumten Versteigerungstermin sind der Schuldner und der Gläubiger zu benachrichtigen.

(5) Hat der Gläubiger gegen den Drittschuldner einen vollstreckbaren Titel erlangt, nach dessen Inhalt der Drittschuldner die Sache zum Zweck der Zwangsvollstreckung an einen Gerichtsvollzieher herauszugeben hat, so nimmt der Gerichtsvollzieher die Sache dem Drittschuldner auf Grund dieses Titels nach den Vorschriften über die Zwangsvollstreckung zur Erwirkung der Herausgabe von Sachen weg und verwertet sie.

(6) ¹Das Verfahren bei einer Pfändung desselben Anspruchs für mehrere Gläubiger ist in § 854 ZPO näher geregelt. ²Für die Reihenfolge der Pfändungen ist die Zeit entscheidend, zu der die einzelnen Pfändungsbeschlüsse dem Drittschuldner zugestellt sind.

(7) Liegt der Antrag eines anderen Gläubigers zur Pfändung der an den Gerichtsvollzieher herauszugebenden Sachen vor, so sind die Sachen bei der Übernahme gleichzeitig zu pfänden.

§ 125 Zwangsvollstreckung in Ansprüche auf Herausgabe oder Leistung von unbeweglichen Sachen und eingetragenen Schiffen, Schiffsbauwerken, Schwimmdocks, inländischen Luftfahrzeugen, die in der Luftfahrzeugrolle eingetragen sind, sowie ausländischen Luftfahrzeugen
(§§ 846, 847a, 848 ZPO; § 99 Absatz 1, § 106 Absatz 1 Nummer 1 LuftFzgG)

¹Die Zwangsvollstreckung in Ansprüche auf Herausgabe oder Leistung folgender Gegenstände:

1. unbewegliche Sachen,
2. eingetragene Schiffe,
3. eingetragene und eintragungsfähige Schiffsbauwerke und im Bau befindliche oder fertig gestellte Schwimmdocks,
4. inländische Luftfahrzeuge, die in der Luftfahrzeugrolle oder im Register für Pfandrechte an Luftfahrzeugen eingetragen sind,
5. ausländische Luftfahrzeuge,

erfolgt gleichfalls durch Zustellung eines gerichtlichen Pfändungsbeschlusses. ²Für die Zustellung gelten die Bestimmungen in § 121 entsprechend (§ 846 ZPO). ³Die unbewegliche Sache wird an einen von dem Amtsgericht der belegenen Sache zu bestellenden Sequester, das Schiff, Schiffsbauwerk, im Bau befindliche oder fertig gestellte Schwimmdock oder Luftfahrzeug an einen vom Vollstreckungsgericht zu bestellenden Treuhänder herausgegeben (§ 847a ZPO in Verbindung mit Artikel 3 des Gesetzes zur Änderung des Gesetzes über Rechte an eingetragenen Schiffen und Schiffsbauwerken, der Schiffsregisterordnung und des Gesetzes über die Zwangsversteigerung und die Zwangsverwaltung (SchRGÄndG), §§ 848, 855, 855a ZPO; § 99 Absatz 1, § 106 Absatz 1 Nummer 1 LuftFzgG).

§ 126 Zustellung der Benachrichtigung, dass die Pfändung einer Forderung oder eines Anspruchs bevorsteht (so genannte Vorpfändung)

(1) ¹Der Gläubiger kann dem Drittschuldner und dem Schuldner schon vor der Pfändung einer Forderung oder eines Anspruchs die Benachrichtigung, dass die Pfändung bevorsteht, mit den in § 845 ZPO näher bezeichneten Aufforderungen zustellen lassen. ²Die Benachrichtigung an den Drittschuldner hat zugunsten des Gläubigers die Wirkung eines Arrestes, sofern innerhalb eines Monats seit ihrer Zustellung die angekündigte Pfändung erfolgt.

(2) ¹Der Gerichtsvollzieher muss deshalb die Zustellung dieser Benachrichtigung an den Drittschuldner besonders beschleunigen und den Zustellungszeitpunkt (Tag, Stunde, Minute) beurkunden oder veranlassen, dass dies durch den Postbediensteten erfolgt. ²Auf die Zustellung finden die Vorschriften des § 121 Absatz 1 und 3 bis 5 entsprechende Anwendung. ³Der Gerichtsvollzieher hat nicht zu prüfen, ob dem Gläubiger eine vollstreckbare Ausfertigung erteilt und ob der Schuldtitel bereits zugestellt ist.

(3) ¹Der Gerichtsvollzieher hat die Benachrichtigung mit den Aufforderungen selbst anzufertigen, wenn er von dem Gläubiger hierzu ausdrücklich beauftragt worden ist. ²Dies gilt nicht für die Vorpfändung von Vermögensrechten im Sinne des § 857 ZPO (vergleiche § 857 Absatz 7 ZPO). ³In diesem Fall hat der Gerichtsvollzieher zu prüfen, ob der Gläubiger einen vollstreckbaren Schuldtitel erwirkt hat und ob die Voraussetzungen der §§ 711, 712, 720a, 751, 752, 756, 795, 930 ZPO vorliegen. ⁴Der Gerichtsvollzieher hat die vorzupfändende Forderung nach Gläubiger, Schuldner und Rechtsgrund in der Benachrichtigung möglichst so genau zu bezeichnen, dass über die Identität der Forderung kein Zweifel bestehen kann.

(4) ¹Stellt der Gerichtsvollzieher lediglich eine vom Gläubiger selbst angefertigte Benachrichtigung zu, so obliegt ihm nicht die Prüfungspflicht nach Absatz 3 Satz 3. ²In diesem Fall wirkt er bei der Vorpfändung nur als Zustellungsorgan mit.

Anhang 3 Geschäftsanweisung für Gerichtsvollzieher (GVGA)

C. Zwangsvollstreckung zur Erwirkung der Herausgabe von Sachen

§ 127 Bewegliche Sachen
(§§ 883, 884, 897 ZPO)

(1) ¹Hat der Schuldner nach dem Schuldtitel eine bestimmte bewegliche Sache oder eine gewisse Menge von bestimmten beweglichen Sachen herauszugeben, so wird die Zwangsvollstreckung dadurch bewirkt, dass der Gerichtsvollzieher die Sache dem Schuldner wegnimmt und sie dem Gläubiger übergibt. ²Hat der Schuldner eine Menge von vertretbaren Sachen (§ 91 BGB) oder von Wertpapieren zu leisten, so ist in derselben Weise zu verfahren, sofern der Gerichtsvollzieher Sachen der geschuldeten Gattung im Gewahrsam des Schuldners vorfindet. ³Befindet sich die herauszugebende Sache im Gewahrsam eines Dritten, so darf sie der Gerichtsvollzieher nur wegnehmen, wenn der Dritte zur Herausgabe bereit ist (§ 70 Absatz 2) oder wenn die Zwangsvollstreckung auch in das in seinem Gewahrsam befindliche Vermögen zulässig ist. ⁴In den übrigen Fällen überlässt es der Gerichtsvollzieher dem Gläubiger, bei dem Vollstreckungsgericht die Überweisung des Anspruches des Schuldners auf Herausgabe der Sache zu erwirken (§ 886 ZPO).

(2) ¹Der Gerichtsvollzieher händigt die weggenommenen Sachen dem Gläubiger unverzüglich gegen Empfangsbescheinigung aus oder sendet sie an ihn ab. ²Die Sachen sollen dem Gläubiger tunlichst an Ort und Stelle ausgehändigt werden. ³Der Gerichtsvollzieher zeigt dem Gläubiger den Tag und die Stunde der beabsichtigten Vollstreckung rechtzeitig an, damit sich dieser zur Empfangnahme der Sachen an dem Ort der Vollstreckung einfinden oder einen Vertreter entsenden und die notwendigen Maßnahmen zur Fortschaffung der Sachen treffen kann.

(3) Macht ein Dritter bei der Vollstreckung ein Recht an dem wegzunehmenden Gegenstand geltend, das ihn zur Erhebung der Widerspruchsklage (§ 771 ZPO) berechtigt, so verweist ihn der Gerichtsvollzieher an das Gericht.

(4) Trifft mit dem Auftrag des Gläubigers auf Wegnahme einer Sache ein Pfändungsbeschluss nach § 124 zusammen, so nimmt der Gerichtsvollzieher die Sache in Besitz und überlässt es den Beteiligten, eine Einigung oder eine gerichtliche Entscheidung über ihre Rechte herbeizuführen.

(5) ¹Trifft mit dem Auftrag eines Gläubigers auf die Wegnahme einer Sache der Auftrag eines anderen Gläubigers auf Pfändung zusammen, so verfährt der Gerichtsvollzieher – sofern nicht der Sachlage oder der Inhalt der Aufträge eine andere Erledigung erfordern – wie folgt. ²Er führt zunächst die Pfändung durch. ³Hierbei pfändet er die herauszugebenden Sachen nur dann ganz oder teilweise, wenn andere Pfandstücke nicht oder nicht in ausreichendem Umfang vorhanden sind. ⁴Pfändet er zugunsten des einen Gläubigers Sachen, die der Schuldner an den anderen Gläubiger herauszugeben hat, so nimmt er sie dem Schuldner auf Verlangen des Gläubigers, der die Herausgabe verlangen kann, für diesen Gläubiger weg. ⁵Er darf sie jedoch dem Gläubiger nicht herausgeben, sondern muss sie in seinem Besitz behalten. ⁶Die Zwangsvollstreckung in diese Sachen darf er erst fortsetzen, sobald sie der eine Gläubiger von dem Recht des anderen befreit hat. ⁷Soweit die herauszugebenden Sachen nicht gepfändet sind, nimmt der Gerichtsvollzieher sie dem Schuldner weg und übergibt sie dem Gläubiger.

(6) ¹In dem Protokoll über die Vollstreckungshandlung sind die weggenommenen Sachen genau zu bezeichnen. ²Bei vertretbaren Sachen sind Maß, Zahl und Gewicht anzugeben, bei Wertpapieren der Nennwert, die Nummer oder die sonstigen Unterscheidungsmerkmale sowie die bei dem Stammpapier vorgefundenen Zins- oder Gewinnanteil- oder Erneuerungsscheine. ³Das Protokoll muss ferner ergeben, ob die Sachen dem Gläubiger ausgehändigt, an ihn abgesandt oder in welcher anderen Weise sie untergebracht sind. ⁴Findet der Gerichtsvollzieher die geschuldeten Sachen nicht oder nur zum Teil vor, so macht er dies im Protokoll ersichtlich; ebenso vermerkt er es im Protokoll, wenn der Schuldner bestreitet, dass die weggenommenen Sachen die geschuldeten sind, oder wenn ein Dritter Rechte auf den Besitz der Sachen geltend macht.

(7) ¹Ist der Schuldner zur Übertragung des Eigentums oder zur Bestellung eines Rechts an einer beweglichen Sache, auf Grund dessen der Gläubiger die Besitzeinräumung verlangen kann, verurteilt, so nimmt der Gerichtsvollzieher die Sache dem Schuldner unter Beachtung der vorstehenden Vorschriften weg und händigt sie dem Gläubiger aus. ²Dasselbe gilt für den Hypotheken-, Grundschuld- oder Rentenschuldbrief, wenn der Schuldner zur Bestellung, zur Abtretung oder zur Belastung der durch diese Urkunde verbrieften Hypothek, Grundschuld oder Rentenschuld verurteilt ist (§ 897 ZPO).

§ 128 Unbewegliche Sachen sowie eingetragene Schiffe, Schiffsbauwerke und Schwimmdocks
(§ 765a Absatz 3, § 885 ZPO)

(1) ¹Hat der Schuldner nach dem Schuldtitel ein Grundstück, einen Teil eines Grundstücks, Wohnräume oder sonstige Räume oder ein eingetragenes Schiff, Schiffsbauwerk oder im Bau befindliches oder fertig gestelltes Schwimmdock herauszugeben, so wird die Zwangsvollstreckung dadurch vollzogen, dass der Gerichtsvollzieher den Schuldner aus dem Besitz setzt und den Gläubiger in den Besitz einweist. ²Der Gerichtsvollzieher hat den Schuldner aufzufordern, eine Anschrift zum Zweck von Zustellungen oder einen Zustellungsbevollmächtigten zu benennen.

(2) ¹Der Gerichtsvollzieher teilt dem Gläubiger und dem Schuldner Tag und Stunde der beabsichtigten Vollstreckung rechtzeitig vor dem Vollstreckungstermin mit. ²Die Benachrichtigung ist dem Schuldner zuzustellen. ³Der Gerichtsvollzieher benachrichtigt den Schuldner zusätzlich durch einfachen Brief von dem Vollstreckungstermin, wenn zu besorgen ist, dass die zuzustellende Benachrichtigung den Schuldner nicht erreicht. ⁴Dies gilt nicht, wenn der Gerichtsvollzieher eine Entscheidung des Familiengerichts in einer Gewaltschutz- oder Ehewohnungssache (§§ 210, 200 Absatz 1 FamFG) vor der Zustellung vollziehen darf, weil das Gericht dies gemäß § 53 Absatz 2 Satz 1, § 209 Absatz 3 Satz 1 oder § 216 Absatz 2 Satz 1 FamFG als zulässig angeordnet hat, oder die Zustellung auf Verlangen des Antragstellers gegenüber dem Gerichtsvollzieher gemäß § 214 Absatz 2 Halbsatz 2 FamFG nicht vor der Vollstreckung erfolgen darf. ⁵Zwischen dem Tag der Zustellung und dem Tag des Vollstreckungstermins müssen wenigstens drei Wochen liegen. ⁶Die Zustellung kann unterbleiben, wenn der Schuldner unbekannt verzogen oder sein Aufenthalt unbekannt ist. ⁷Eine öffentliche Zustellung soll nicht erfolgen. ⁸Die Herausgabe der Räume kann auch in Abwesenheit des Gläubigers bewirkt werden, wenn der Gläubiger durch die von dem Gerichtsvollzieher getroffenen Maßregeln (zum Beispiel Übergabe der Schlüssel, Bestellung des Hüters) in die Lage versetzt wird, die tatsächliche Gewalt über das Grundstück oder die Räume auszuüben. ⁹Auch die Anwesenheit des Schuldners ist nicht notwendig.

(3) ¹Das bewegliche Zubehör (§§ 97, 98 BGB) ist Gegenstand der Vollstreckung in das Grundstück, auch wenn es im Schuldtitel nicht ausdrücklich erwähnt ist. ²Es ist dem Räumungsgläubiger herauszugeben oder auf dem Grundstück zu belassen.

(4) ¹Bewegliche Sachen, die weder mit herauszugeben noch wegen einer gleichzeitig beizutreibenden Forderung oder wegen der Kosten zu pfänden sind, entfernt der Gerichtsvollzieher von dem Grundstück, Schiff (Schiffsbauwerk, im Bau befindlichen oder fertig gestellten Schwimmdock) oder aus den Räumen, falls nicht der Gläubiger der Entfernung wegen eines Pfand- oder Zurückbehaltungsrechts widerspricht, das er an diesen Sachen in Anspruch nimmt. ²Macht der Gläubiger sein Vermieter- oder Verpächterpfandrecht an allen in den Räumen befindlichen Sachen geltend, darf der Gerichtsvollzieher die Existenz eines solchen Rechts nicht prüfen, und zwar auch nicht im Hinblick auf § 811 ZPO. ³Er belässt die Sachen in den Räumen und weist den Gläubiger in den Besitz der Räume ein. ⁴Damit ist die Räumung beendet und der Räumungstitel verbraucht. ⁵In den Fällen, in denen die Überlassung der Wohnung an den Gläubiger (verletzte Person) gemäß § 2 Absatz 2 GewSchG befristet ist, kommt die Entfernung der beweglichen Sachen des Schuldners (Täter) aus der Wohnung gegen seinen Willen nicht in Betracht. ⁶Die Sachen sind dem Schuldner außerhalb des zu räumenden Objekts zu übergeben

oder zur Verfügung zu stellen. ⁷Ist der Schuldner abwesend, so tritt an seine Stelle sein Bevollmächtigter oder eine erwachsene Person, die zu seiner Familie gehört oder in seiner Familie beschäftigt ist, oder ein erwachsener ständiger Mitbewohner. ⁸Der Gerichtsvollzieher ist nicht verpflichtet, die herauszugebenden Sachen in ein anderes (zum Beispiel neu angemietetes) Objekt des Schuldners zu schaffen. ⁹Er ist jedoch befugt, dies auf Antrag des Schuldners dann zu tun, wenn die hierdurch entstehenden Kosten nicht höher als diejenigen sind, die durch den Transport des Räumungsguts in die Pfandkammer und durch dessen Lagerung entstehen würden.

(5) ¹Ist weder der Schuldner noch eine der in Absatz 4 Satz 7 bezeichneten Personen anwesend oder wird die Entgegennahme verweigert, so schafft der Gerichtsvollzieher die in Absatz 4 Satz 1 bezeichneten Sachen auf Kosten des Schuldners in die Pfandkammer oder trägt sonst für ihre Verwahrung Sorge. ²Unpfändbare Sachen und solche Sachen, bei denen nach seinem pflichtgemäßen Ermessen ein Verwertungserlös nicht zu erwarten ist, hat er bis zu ihrer Veräußerung oder ihrer Vernichtung jederzeit, das heißt zu den üblichen Geschäftszeiten des Gerichtsvollziehers, ohne Weiteres, insbesondere ohne irgendwelche Kostenzahlungen des Schuldners auf dessen Verlangen herauszugeben. ³Bewegliche Sachen, an deren Aufbewahrung auch bei Anlegung eines engen Maßstabs an die Erfüllung der Voraussetzungen und unter Berücksichtigung der Betrachtung der weiteren Verwendung durch einen unvoreingenommenen Dritten offensichtlich kein Interesse seitens des Schuldners besteht, sollen unverzüglich vernichtet werden. ⁴Ein offensichtlich fehlendes Interesse an der Aufbewahrung kann der Gerichtsvollzieher in der Regel bei gewöhnlichem Abfall und Unrat annehmen, die durch Verwertung oder Beseitigung unter Beachtung der einschlägigen abfallrechtlichen Bestimmungen zu vernichten sind. ⁵Allerdings umfasst der Vollstreckungsauftrag nicht die unmittelbare Beseitigung durch den Gerichtsvollzieher in solchen Fällen, die eine aufwändige und kostenintensive Entsorgung von sehr großen Mengen Mülls, die auf dem herauszugebenden Grundstück lagern, oder von Altlasten erforderlich machen. ⁶Für die entstehenden Kosten der Räumung einschließlich der Kosten der ersten Einlagerung ist der Gläubiger dem Gerichtsvollzieher gemäß § 4 GvKostG vorschusspflichtig.

(6) ¹Der Gerichtsvollzieher benachrichtigt den Schuldner, dass er die verwertbaren Sachen, auch soweit sie unpfändbar sind, verkaufen und den Erlös nach Abzug der Unkosten hinterlegen und die unverwertbaren Sachen vernichten wird, wenn der Schuldner die Sachen nicht innerhalb einer Frist von einem Monat nach der Räumung herausverlangt oder sie zwar innerhalb dieser Frist herausverlangt, aber die aufgelaufenen Kosten nicht innerhalb einer weiteren Frist von einem Monat, das heißt in diesem Fall nicht binnen einer Frist von zwei Monaten nach der Räumung, bezahlt. ²Die Mitteilung soll zugleich die Höhe der zu erstattenden Kosten und den Hinweis enthalten, dass unpfändbare Sachen und Sachen, für die ein Verwertungserlös nicht zu erwarten ist, jederzeit und ohne irgendwelche Kostenzahlungen an den Schuldner herausgegeben werden. ³Der Gerichtsvollzieher kann die Mitteilung schon in die Benachrichtigung über den Vollstreckungstermin aufnehmen (Absatz 2). ⁴In diesem Fall ist der Schuldner darauf hinzuweisen, dass dieser die Höhe der zu erstattenden Kosten bei ihm erfragen kann.

(7) ¹Die Veräußerung der verwertbaren Sachen erfolgt nach den Vorschriften über die Pfandversteigerung (§§ 806, 814 und 817 ZPO). ²Die Schutzvorschriften, die bei der Pfändung von Sachen gelten (§§ 803 Absatz 2, 811, 811c, 812, 816, 817a ZPO), finden keine Anwendung. ³Der Gerichtsvollzieher darf aus dem Erlös, bevor er diesen hinterlegt, seine noch offenen, durch den Vorschuss des Gläubigers nicht gedeckten Kosten für Räumung, Einlagerung und Verkauf (Versteigerung) unmittelbar abziehen. ⁴Über die Hinterlegung unterrichtet er den Gläubiger, der einen Vorschuss geleistet hat.

(8) ¹Nach Ablauf der in Absatz 6 Satz 1 genannten Frist entscheidet der Gerichtsvollzieher nach pflichtgemäßem Ermessen über die Vernichtung des wertlosen oder nach seiner Einschätzung unverwertbaren Räumungsgutes. ²Eines vorangehenden erfolglosen Verwertungsversuches bedarf es nicht.

(9) ¹In dem Protokoll über die Vollstreckungshandlung ist das zu räumende Objekt genau zu bezeichnen. ²Das Protokoll muss ferner ergeben, welche Personen der Vollstreckungshandlung beigewohnt haben, welche Maßregeln getroffen worden sind, um den Schuldner aus dem Besitz zu setzen und den Gläubiger in den Besitz einzuweisen, und welche Zubehörstücke dem Gläubiger mit übergeben worden sind. ³Nimmt der Gerichtsvollzieher Sachen des Schuldners in Verwahrung, so gibt er die Sachen, den Grund und die Art der Verwahrung im Protokoll an.

§ 129 Beschränkter Vollstreckungsauftrag
(§ 885a ZPO)

(1) Der Vollstreckungsauftrag kann auf die Maßnahmen nach § 128 Absatz 1 beschränkt werden.

(2) ¹Der Gerichtsvollzieher hat in seinem Protokoll die frei ersichtlichen beweglichen Sachen zu dokumentieren, die er bei der Vornahme der Vollstreckungshandlung vorfindet. ²Die Dokumentation muss nicht die Anforderungen an eine vollständige Inventarisierung erfüllen. ³Sie beschränkt sich auf die in Räumen frei einsehbaren beweglichen Sachen. ⁴Behältnisse muss der Gerichtsvollzieher für die Dokumentation nicht öffnen. ⁵Insbesondere muss er weder Schranktüren öffnen noch Schubladen herausziehen und den Inhalt von Schränken und Schubladen weder vollständig noch zum Teil herausnehmen. ⁶Eine Pflicht zur weitergehenden Dokumentation, die unter Umständen mit aufwändigen Feststellungen über den Zustand aller in den Räumlichkeiten befindlichen Sachen verbunden sein kann, trifft den Gerichtsvollzieher nicht. ⁷Er kann nach seinem Ermessen bei der Dokumentation Bildaufnahmen in elektronischer oder in analoger Form herstellen. ⁸Die elektronischen Bilder sind im Gerichtsvollzieherbüro unter Verwendung geeigneter, den üblichen Standards der Datensicherheit und des Datenschutzes entsprechender elektronischer Speichermedien zu verwahren.

(3) In den Fällen des Absatzes 1 weist der Gerichtsvollzieher zusammen mit der Mitteilung des Räumungstermins sowohl den Schuldner als auch den Gläubiger ausdrücklich schriftlich auf die Bestimmungen des § 885a Absatz 2 bis 5 ZPO hin.

§ 130 Besondere Vorschriften über die Räumung von Wohnungen

(1) Die Anberaumung des Räumungstermins ist schon vor Ablauf der Räumungsfrist zulässig.

(2) ¹Während der Geltungsdauer einer einstweiligen Anordnung in Gewaltschutzsachen, soweit Gegenstand des Verfahrens Regelungen aus dem Bereich der Ehewohnungssachen sind, und in Ehewohnungssachen kann der Gerichtsvollzieher den Schuldner mehrfach aus dem Besitz der Wohnung setzen und den Gläubiger in den Besitz der Wohnung einweisen, ohne dass es weiterer Anordnungen oder einer erneuten Zustellung an den inzwischen wieder in die Wohnung eingezogenen Schuldner bedarf (§ 96 Absatz 2 FamFG). ²Nach jeder Erledigung eines Auftrags ist der Vollstreckungstitel innerhalb seiner Geltungsdauer jeweils dem Gläubiger zurückzugeben, der dem Gerichtsvollzieher durch die erneute Übergabe des Titels einen neuen Auftrag erteilen kann. ³Im Übrigen ist bei der Vollziehung von Entscheidungen des Familiengerichts in Verfahren nach § 2 GewSchG zur Überlassung einer von Gläubiger (verletzte Person) und Schuldner (Täter) gemeinsam genutzten Wohnung und der in solchen Verfahren erlassenen einstweiligen Anordnungen entsprechend § 134 zu verfahren.

(3) ¹Ist zu erwarten, dass der Räumungsschuldner durch Vollstreckung des Räumungstitels obdachlos werden wird, so benachrichtigt der Gerichtsvollzieher unverzüglich die für die Unterbringung von Obdachlosen zuständige Verwaltungsbehörde. ²Die Befugnis des Gerichtsvollziehers, die Zwangsvollstreckung aufzuschieben, richtet sich nach § 65.

(4) Nimmt die für die Unterbringung von Obdachlosen zuständige Behörde die bisherigen Räume des Schuldners ganz oder teilweise für dessen vorläufige Unterbringung auf

ihre Kosten in Anspruch, so unterlässt der Gerichtsvollzieher die Zwangsvollstreckung hinsichtlich der in Anspruch genommenen Räume.

§ 131 Räumung eines zwangsweise versteigerten Grundstücks, Schiffes, Schiffsbauwerks oder Schwimmdocks oder eines unter Zwangsverwaltung gestellten Grundstücks

(1) ¹Im Fall des § 93 ZVG erfolgt die Räumung im Auftrag des Erstehers nach den Vorschriften der §§ 128 bis 130. ²Im Hypothekenhaftungsverband befindliche und im Rahmen der Zwangsverwaltung oder Zwangsversteigerung beschlagnahmte Sachen, insbesondere Zubehör gemäß §§ 97 und 98 BGB, sind auf dem Grundstück zu belassen und dem Ersteher zu übergeben. ³Diese Vorschriften finden im Fall der Räumung eines versteigerten eingetragenen Schiffes, Schiffsbauwerks oder (im Bau befindlichen oder fertig gestellten) Schwimmdocks entsprechende Anwendung.

(2) ¹In den Fällen der § 94 Absatz 2 und § 150 Absatz 2 ZVG kann der Gerichtsvollzieher von dem Vollstreckungsgericht beauftragt werden, ein Grundstück dem Zwangsverwalter zu übergeben. ²Der Gerichtsvollzieher setzt in diesem Fall den Schuldner aus dem Besitz und weist den Zwangsverwalter in den Besitz ein. ³Er wird zur Vornahme dieser Handlung durch den gerichtlichen Auftrag oder den Auftrag des Zwangsverwalters ermächtigt. ⁴Einer Klausel und einer (erneuten) Zustellung dieser Urkunden bedarf es nicht. ⁵Der Auftrag ist dem Schuldner oder der an Stelle des Schuldners angetroffenen Person vorzuzeigen und auf Verlangen in Abschrift mitzuteilen. ⁶Wohnt der Schuldner auf dem Grundstück, so sind ihm die für seinen Hausstand unentbehrlichen Räume zu belassen, sofern das Vollstreckungsgericht nichts anderes bestimmt hat (§ 149 ZVG).

§ 132 Bewachung und Verwahrung eines Schiffes, Schiffsbauwerks, Schwimmdocks oder Luftfahrzeugs

¹Werden Schiffe, Schiffsbauwerke, im Bau befindliche oder fertig gestellte Schwimmdocks oder Luftfahrzeuge zwangsversteigert, so kann das Vollstreckungsgericht in den Fällen der §§ 165, 170, 171c Absatz 2 und 3 sowie § 171g ZVG den Gerichtsvollzieher mit ihrer Bewachung und Verwahrung beauftragen. ²In diesem Fall beschränkt sich die Tätigkeit des Gerichtsvollziehers, soweit das Vollstreckungsgericht keine besonderen Anweisungen erteilt, in der Regel darauf, sie anzuketten, die Beschlagnahme kenntlich zu machen, das Inventar aufzunehmen, die vorhandenen Schiffs- oder Bordpapiere wegzunehmen sowie einen Wachtposten (Hüter, Bewachungsunternehmen) zu bestellen und zu überwachen. ³Die Bestellung des Wachtpostens und die dadurch entstehenden Kosten teilt der Gerichtsvollzieher dem Vollstreckungsgericht unverzüglich mit. ⁴Ohne Weisung des Vollstreckungsgerichts darf der Gerichtsvollzieher von der Bestellung eines Wachtpostens nur absehen, wenn die Sicherheit des Schiffes (Schiffsbauwerks, Schwimmdocks) oder Luftfahrzeuges anderweit gewährleistet erscheint. ⁵Für die Bewachung ist der Gerichtsvollzieher nicht verantwortlich, wenn er nur mit der Übergabe zur Bewachung und Verwahrung an eine ihm bezeichnete Person beauftragt ist.

§ 135 Vorbereitung des Termins zur Abgabe der Vermögensauskunft

¹Bevor der Gerichtsvollzieher einen Termin zur Abgabe der Vermögensauskunft bestimmt, holt er eine Auskunft aus dem Vermögensverzeichnisregister ein. ²Daneben kann er das Schuldnerverzeichnis einsehen und den Schuldner befragen, ob dieser innerhalb der letzten zwei Jahre eine Vermögensauskunft abgegeben hat.

§ 136 Behandlung des Auftrags, Ladung zum Termin

(1) ¹Der Ladung an den Schuldner fügt der Gerichtsvollzieher den Text der nach § 802f Absatz 3 ZPO erforderlichen Belehrungen, je ein Überstück des Auftrags und der Forderungsaufstellung sowie einen Ausdruck der Vorlage für die abzugebende Vermögensaus-

kunft oder ein entsprechendes Merkblatt bei. ²Soweit dafür amtliche Vordrucke eingeführt sind, verwendet der Gerichtsvollzieher diese. ³Hat der Gläubiger mit dem Auftrag schriftlich Fragen eingereicht, die der Schuldner bei der Abnahme der Vermögensauskunft beantworten soll, fügt der Gerichtsvollzieher auch diesen Fragenkatalog der Ladung bei. ⁴Reicht der Gläubiger nach Auftragserteilung einen solchen Fragenkatalog ein, so übersendet der Gerichtsvollzieher dem Schuldner eine Ablichtung des Fragenkatalogs nachträglich formlos durch die Post unter Hinweis auf den Termin.

(2) ¹Den Prozessbevollmächtigten des Schuldners muss der Gerichtsvollzieher von dem Termin nicht unterrichten. ²Dem Gläubiger oder dessen Verfahrensbevollmächtigten teilt er die Terminbestimmung formlos mit.

(3) ¹Hat der Schuldner im Falle des § 807 Absatz 1 ZPO der sofortigen Abnahme der Vermögensauskunft widersprochen (§ 807 Absatz 2 Satz 1 ZPO), bedarf es der Setzung einer Zahlungsfrist nicht. ²Zwischen dem Terminstag und dem Tag der Zustellung der Ladung (§ 802f Absatz 4 Satz 1 ZPO) müssen wenigstens drei Tage liegen (§ 217 ZPO).

§ 138 Durchführung des Termins

(1) ¹Der Termin ist nicht öffentlich. ²Der Gerichtsvollzieher achtet darauf, dass Dritte vom Inhalt der Sitzung keine Kenntnisse erlangen. ³Nur der Gläubiger, sein Vertreter und die Personen, denen der Schuldner die Anwesenheit gestattet oder die vom Gerichtsvollzieher zu seiner Unterstützung zugezogen werden, dürfen an dem Termin teilnehmen. ⁴Nimmt der Gläubiger am Termin teil, kann er den Schuldner innerhalb der diesem nach § 802c ZPO obliegenden Auskunftspflicht befragen und Vorhalte machen. ⁵Er kann den Gerichtsvollzieher zum Termin auch schriftlich auf Vermögenswerte des Schuldners, zu denen er fehlende oder unrichtige Angaben des Schuldners befürchtet, hinweisen, damit dieser dem Schuldner bei Abwesenheit des Gläubigers im Termin den Vorhalt macht. ⁶Der Grundsatz der gütlichen Erledigung des Zwangsvollstreckungsverfahrens (§ 802b ZPO) ist auch in dem Termin vorrangig zu beachten (vergleiche § 68).

(2) ¹Zu Beginn des Termins belehrt der Gerichtsvollzieher den Schuldner nach § 802f Absatz 3 ZPO eingehend über die Bedeutung einer eidesstattlichen Versicherung und weist auf die Strafvorschriften der §§ 156 und 161 StGB hin. ²Der Gerichtsvollzieher errichtet gemäß § 802f Absatz 5 ZPO selbst eine Aufstellung mit den nach § 802c Absatz 1 und 2 ZPO erforderlichen Angaben als elektronisches Dokument (Vermögensverzeichnis). ³Dem Schuldner nicht verständliche Begriffe, die dem zu erstellenden Vermögensverzeichnis zugrunde liegen, erläutert er. ⁴Der Gerichtsvollzieher hat auf Vollständigkeit der Angaben unter Beachtung der vom Gläubiger im Termin oder zuvor schriftlich gestellten Fragen zu dringen. ⁵Auf ein erkennbar unvollständiges Vermögensverzeichnis darf die eidesstattliche Versicherung nicht abgenommen werden, es sei denn, der Schuldner erklärt glaubhaft, genauere und vollständigere Angaben insoweit nicht machen zu können. ⁶Der Schuldner hat an Eides statt zu versichern, dass er die verlangten Angaben nach bestem Wissen und Gewissen richtig und vollständig gemacht hat. ⁷Über den Ablauf des Termins erstellt der Gerichtsvollzieher in entsprechender Anwendung der §§ 159 bis 163 ZPO ein Protokoll. ⁸Zu den in das Protokoll aufzunehmenden rechtserheblichen Erklärungen des Schuldners zählen auch die von ihm vorgebrachten Gründe, aus denen er die eidesstattliche Versicherung nicht abgeben will. ⁹Soweit ein amtlicher Protokollvordruck eingeführt ist, hat sich der Gerichtsvollzieher desselben zu bedienen.

§ 139 Aufträge mehrerer Gläubiger

¹Hat der Gerichtsvollzieher Aufträge mehrerer Gläubiger zur Abnahme der Vermögensauskunft erhalten, so bestimmt er den Termin zur Abgabe in diesen Verfahren auf dieselbe Zeit am selben Ort, soweit er die Ladungsfrist jeweils einhalten kann. ²Gibt der Schuldner die Vermögensauskunft ab, so nimmt der Gerichtsvollzieher für alle Gläubiger in allen Verfahren zusammen nur ein Protokoll und ein Vermögensverzeichnis auf.

§ 140 Verfahren nach Abgabe der Vermögensauskunft

(1) ¹Der Gerichtsvollzieher hinterlegt das Vermögensverzeichnis nach Maßgabe der Vermögensverzeichnisverordnung (VermVV) spätestens nach drei Werktagen als elektronisches Dokument bei dem zentralen Vollstreckungsgericht. ²Die elektronische Kommunikation mit dem zentralen Vollstreckungsgericht richtet sich nach den dazu ergangenen landesrechtlichen Bestimmungen.

(2) ¹Der Gerichtsvollzieher speichert die durch das zentrale Vollstreckungsgericht nach § 5 Absatz 2 Satz 2 VermVV übersandte Eintragungsmitteilung in elektronischer Form. ²Sodann erstellt er den für die Übermittlung an den Gläubiger bestimmten Ausdruck oder das für die Übermittlung an den Gläubiger bestimmte elektronische Dokument.

(3) ¹Der Gerichtsvollzieher leitet dem Gläubiger unverzüglich nach Eingang der Information des zentralen Vollstreckungsgerichts über die erfolgte Eintragung in das Vermögensverzeichnisregister einen mit einem Übereinstimmungsvermerk versehenen Ausdruck des Vermögensverzeichnisses zu. ²Er kann auf Antrag des Gläubigers auch nach § 802d Absatz 2 ZPO verfahren. ³Der Vermerk, mit dem der Gerichtsvollzieher bescheinigt, dass der an den Gläubiger übermittelte Ausdruck mit dem Inhalt des Vermögensverzeichnisses übereinstimmt, enthält die Formulierung „Dieser Ausdruck stimmt mit dem Inhalt des Vermögensverzeichnisses überein." sowie Datum, Unterschrift, Name und Dienstbezeichnung des Gerichtsvollziehers. ⁴Der Vermerk, mit dem der Gerichtsvollzieher bescheinigt, dass das an den Gläubiger übermittelte elektronische Dokument mit dem Inhalt des Vermögensverzeichnisses übereinstimmt, enthält die Formulierung „Dieses elektronische Dokument stimmt mit dem Inhalt des Vermögensverzeichnisses überein." sowie Datum, Unterschrift, Name und Dienstbezeichnung des Gerichtsvollziehers.

§ 141 Einholung der Auskünfte Dritter zu Vermögensgegenständen
(§ 802l ZPO)

(1) ¹Der Gläubiger kann den Gerichtsvollzieher beauftragen, gemäß § 802l ZPO bei Dritten Auskünfte zu Vermögensgegenständen des Schuldners einzuholen, wenn

1. der Schuldner seiner Pflicht zur Abgabe der Vermögensauskunft nicht nachkommt, oder

2. eine vollständige Befriedigung des Gläubigers bei Vollstreckung in die im Vermögensverzeichnis aufgeführten Gegenstände nach pflichtgemäßem Ermessen des Gerichtsvollziehers nicht zu erwarten ist. ²Der Gerichtsvollzieher darf diese Auskünfte nur einholen, soweit dies zur Vollstreckung erforderlich ist und die zu vollstreckenden Ansprüche wenigstens 500 Euro betragen; Kosten der Zwangsvollstreckung und Nebenforderungen sind allerdings bei der Berechnung nur zu berücksichtigen, wenn sie allein Gegenstand des Vollstreckungsauftrags sind. ³Auch Folgegläubiger können ihren Antrag auf Einholung der Auskünfte Dritter auf Satz 1 Nummer 2 stützen. ⁴Der Gerichtsvollzieher sieht zur Prüfung der Zulässigkeit der Einholung einer solchen Auskunft Dritter das bei dem zentralen Vollstreckungsgericht hinterlegte Vermögensverzeichnis ein.

(2) ¹Werden dem Gerichtsvollzieher von den in § 802l Absatz 1 Satz 1 ZPO genannten Stellen Daten übermittelt, die für die Zwecke der Zwangsvollstreckung nicht erforderlich sind, so hat er sie unverzüglich zu löschen oder zu sperren. ²Die Löschung ist aktenkundig zu machen.

(3) ¹Über die zur Vollstreckung notwendigen Auskünfte nach Absatz 1 unterrichtet der Gerichtsvollzieher den Gläubiger unverzüglich; den Schuldner unterrichtet er innerhalb von vier Wochen nach Erhalt des Ergebnisses. ²Er weist den Gläubiger darauf hin, dass dieser die erlangten Daten nur zu Vollstreckungszwecken nutzen darf und sie nach Zweckerreichung zu löschen hat.

§ 142 Wiederholung, Ergänzung oder Nachbesserung des Vermögensverzeichnisses

¹In den Fällen der Wiederholung, Ergänzung oder Nachbesserung des Vermögensverzeichnisses ist immer ein vollständiges Vermögensverzeichnis zu errichten. ²Der Gerichtsvollzieher dokumentiert in dem neu erstellten Vermögensverzeichnis, an welchem Tag die Versicherung an Eides statt für das Vermögensverzeichnis erstmals erfolgt ist (§ 3 Absatz 2 Nummer 3 VermVV).

§ 143 Erzwingungshaft

(1) ¹Beantragt der Gläubiger gemäß § 802g Absatz 1 ZPO den Erlass eines Haftbefehls, so leitet der Gerichtsvollzieher den Antrag nach Vollzug der Eintragungsanordnung nach § 882c Absatz 1 Nummer 1, § 882d ZPO zusammen mit seiner Akte an das nach § 764 Absatz 2 ZPO zuständige Vollstreckungsgericht weiter. ²Ist der Schuldner unentschuldigt dem Termin zur Abgabe der Vermögensauskunft ferngeblieben, übersendet der Gerichtsvollzieher die Unterlagen nach Satz 1 dem Vollstreckungsgericht erst dann zum Erlass des Haftbefehls, wenn das zentrale Vollstreckungsgericht ihn über den Vollzug der Eintragungsanordnung unterrichtet hat (§ 882c Absatz 1 Nummer 1 ZPO, § 882d ZPO, § 3 Absatz 2 Satz 2 SchuFV).

(2) ¹Das Verfahren richtet sich nach § 145. ²Der Zweck des Haftbefehls entfällt, wenn der Schuldner die Verpflichtung, deren Befriedigung durch die Abgabe der Vermögensauskunft vorbereitet werden soll, vollständig erfüllt. 3§ 68 findet Anwendung.

§ 144 Zulässigkeit der Verhaftung
(§§ 802c, 802g, 836, 883, 888, 889 ZPO; § 94 FamFG; § 153 Absatz 2 InsO)

(1) ¹Auf Antrag des Gläubigers kann das Gericht gegen den Schuldner einen Haftbefehl erlassen, um von ihm

1. die Abgabe der in § 802c ZPO bezeichneten Vermögensauskunft oder
2. die Abgabe der in §§ 836, 883 ZPO, § 94 FamFG und § 153 InsO bezeichneten eidesstattlichen Versicherung oder
3. die Abgabe der ihm nach dem bürgerlichen Recht obliegenden eidesstattlichen Versicherung oder die Vornahme einer sonstigen Handlung, zu welcher der Schuldner verurteilt worden ist und die ein anderer nicht vornehmen kann (zum Beispiel die Erteilung einer Auskunft; vergleiche §§ 802g, 888, 889 ZPO) zu erzwingen. ²Eine Zwangsvollstreckung auf Grund des § 888 ZPO ist jedoch ausgeschlossen, wenn im Fall der Verurteilung zur Vornahme einer Handlung der Beklagte für den Fall, dass die Handlung nicht binnen einer zu bestimmenden Frist vorgenommen wird, zur Zahlung einer Entschädigung verurteilt ist (§§ 510b, 888a ZPO).

(2) ¹Der Gerichtsvollzieher hat vor einer Verhaftung § 802h ZPO zu beachten. ²Er soll eine Verhaftung auch erst durchführen, wenn die Besorgnis ausgeschlossen erscheint, dass dadurch eine Gefährdung der öffentlichen Sicherheit und Ordnung entstehen kann.

(3) ¹Die Verhaftung unterbleibt, wenn der Schuldner die Leistung bewirkt, die ihm nach dem Schuldtitel obliegt, die Vermögensauskunft oder die eidesstattliche Versicherung freiwillig abgibt. 2§ 802b ZPO findet Anwendung.

§ 145 Verfahren bei der Verhaftung

(1) ¹Der Gerichtsvollzieher vermeidet bei der Verhaftung unnötiges Aufsehen und jede durch den Zweck der Vollstreckung nicht gebotene Härte. ²In geeigneten Fällen kann er den Schuldner schriftlich zur Zahlung und zum Erscheinen an der Gerichtsstelle auffordern. ³Dies hat jedoch zu unterbleiben, wenn zu befürchten ist, der Schuldner werde sich der Verhaftung entziehen oder Vermögenswerte beiseiteschaffen. ⁴Bei Widerstand wendet der Gerichtsvollzieher Gewalt an und beachtet dabei die §§ 758 und 759 ZPO. ⁵Der Gerichtsvollzieher befragt den Verhafteten, ob er jemanden von seiner Verhaftung

Anhang 3   Geschäftsanweisung für Gerichtsvollzieher (GVGA)

zu benachrichtigen wünsche, und gibt ihm Gelegenheit zur Benachrichtigung seiner Angehörigen und anderer nach Lage des Falles in Betracht kommender Personen, soweit es erforderlich ist und ohne Gefährdung der Inhaftnahme geschehen kann. [6]Der Gerichtsvollzieher kann die Benachrichtigung auch selbst ausführen. [7]Der Gerichtsvollzieher, der den Schuldner verhaftet hat, liefert ihn in die nächste zur Aufnahme von Zivilhäftlingen bestimmte Justizvollzugsanstalt ein. [8]Der Haftbefehl ist dem zuständigen Vollzugsbediensteten zu übergeben. [9]Ist das Amtsgericht des Haftorts nicht die Dienstbehörde des einliefernden Gerichtsvollziehers, so weist er den Vollzugsbediensteten außerdem darauf hin, dass der verhaftete Schuldner zu jeder Zeit verlangen kann, bei dem zuständigen Gerichtsvollzieher des Amtsgerichts des Haftorts die Vermögensauskunft oder die eidesstattliche Versicherung (vergleiche § 144 Absatz 1 Satz 1, § 147) abzugeben. [10]Er weist ihn ferner darauf hin, den Schuldner sogleich zu unterrichten, zu welchen Zeiten Gründe der Sicherheit der Justizvollzugsanstalt einer Abnahme entgegenstehen. [11]Außerdem übergibt er dem Vollzugsbediensteten die Vollstreckungsunterlagen, der sie dem bei Abgabebereitschaft des Schuldners herbeigerufenen Gerichtsvollzieher des Amtsgerichts des Haftorts aushändigt. [12]Eines besonderen Annahmebefehls bedarf es nicht. [13]Einer Einlieferung in die Justizvollzugsanstalt steht nicht entgegen, dass der Schuldner sofortige Beschwerde gegen den Haftbefehl eingelegt hat oder seine Absicht dazu erklärt. [14]Im Einzelfall kann der Gerichtsvollzieher den Haftbefehl jedoch aussetzen, damit der Schuldner sofortige Beschwerde einlegen und die Aussetzung der Vollziehung gemäß § 570 Absatz 3 ZPO beantragen kann.

(2) [1]Das Protokoll muss die genaue Bezeichnung des Haftbefehls und die Bemerkung enthalten, dass dem Schuldner eine beglaubigte Abschrift desselben übergeben worden ist; es muss ferner ergeben, ob und zu welcher Zeit der Schuldner verhaftet worden oder aus welchem Grund die Verhaftung unterblieben ist. [2]Die Einlieferung des Schuldners in die Justizvollzugsanstalt ist von dem zuständigen Vollzugsbediensteten unter dem Protokoll zu bescheinigen; dabei ist die Stunde der Einlieferung anzugeben.

(3) [1]Für die Verhaftung des Vollstreckungsschuldners in Steuersachen ist der Gerichtsvollzieher zuständig. [2]Die Vollstreckungsbehörde (Finanzamt/Hauptzollamt) teilt dem Gerichtsvollzieher den geschuldeten Betrag sowie den Schuldgrund mit und ermächtigt ihn, den geschuldeten Betrag anzunehmen und über den Empfang Quittung zu erteilen. [3]Ist der verhaftete Vollstreckungsschuldner vor Einlieferung in die Justizvollzugsanstalt zur Abgabe der Vermögensauskunft bereit, hat ihn der Gerichtsvollzieher grundsätzlich der Vollstreckungsbehörde vorzuführen. [4]Abweichend hiervon kann der Gerichtsvollzieher des Amtsgerichts des Haftortes die Vermögensauskunft abnehmen, wenn sich der Sitz der in § 284 Absatz 5 AO bezeichneten Vollstreckungsbehörde nicht im Bezirk dieses Amtsgerichts befindet oder wenn die Abnahme der Vermögensauskunft durch die Vollstreckungsbehörde nicht möglich ist, weil die Verhaftung zu einer Zeit stattfindet, zu der der zuständige Beamte der Vollstreckungsbehörde nicht erreichbar ist. [5]In diesem Fall hinterlegt der Gerichtsvollzieher das Vermögensverzeichnis beim zentralen Vollstreckungsgericht und benachrichtigt die Vollstreckungsbehörde unter Angabe der Verfahrensnummer und Übersendung des Vermögensverzeichnisses von der Hinterlegung. [6]Über die Anordnung der Eintragung des Schuldners in das Schuldnerverzeichnis entscheidet die Vollstreckungsbehörde. [7]Hat die Vollstreckungsbehörde Weisungen für die Durchführung der Verhaftung getroffen, zum Beispiel die Einziehung von Raten ausgeschlossen, ist der Gerichtsvollzieher daran gebunden. [8]Im Übrigen kann der Gerichtsvollzieher nur unter den gleichen Voraussetzungen wie die Vollstreckungsbehörde von der Abnahme der Vermögensauskunft absehen. [9]Diese soll nach Abschnitt 52 Absatz 2 der Vollstreckungsanweisung vom 13. März 1980 (BStBl. I S. 112), zuletzt geändert durch Artikel 1 der Allgemeinen Verwaltungsvorschrift vom 10. März 2011 (BStBl. I S. 238), von der Abnahme der Vermögensauskunft Abstand nehmen, wenn nach ihrer Überzeugung feststeht, dass das vom Vollstreckungsschuldner vorgelegte Vermögensverzeichnis vollständig und wahrheitsgemäß erstellt wurde.

(4) [1]Ist die Vollstreckung des Haftbefehls nicht möglich, weil der Schuldner nicht aufzufinden oder nicht anzutreffen ist, so vermerkt der Gerichtsvollzieher dies zu den Ak-

ten und benachrichtigt unverzüglich den Gläubiger. ²Nach wiederholtem fruchtlosen Verhaftungsversuch binnen drei Monaten nach Auftragseingang in einer Wohnung (§ 61 Absatz 1 Satz 2), der mindestens einmal unmittelbar vor Beginn oder nach Beendigung der Nachtzeit erfolgt sein muss, hat der Gerichtsvollzieher dem Gläubiger anheimzugeben, einen Beschluss des zuständigen Richters bei dem Amtsgericht darüber herbeizuführen, dass die Verhaftung auch an Sonntagen und allgemeinen Feiertagen sowie zur Nachtzeit in den bezeichneten Wohnungen erfolgen kann.

(5) ¹Der Gerichtsvollzieher des Amtsgerichts des Haftorts ist zuständig, das Vermögensverzeichnis (§ 802f Absatz 5 ZPO) zu errichten. ²Er entlässt den Schuldner nach Abgabe der Vermögensauskunft oder Bewirkung der geschuldeten Leistung aus der Haft. ³Der Haftbefehl ist damit verbraucht. ⁴Der Gerichtsvollzieher des Amtsgerichts des Haftorts übermittelt dem zentralen Vollstreckungsgericht das Vermögensverzeichnis in elektronischer Form und leitet dem Gläubiger unverzüglich nach Eingang der Information des zentralen Vollstreckungsgerichts über die erfolgte Eintragung in das Vermögensregister einen mit dem Übereinstimmungsvermerk versehenen Ausdruck zu (§ 802f Absatz 6 ZPO).

(6) Die Vollziehung des persönlichen Sicherheitsarrestes richtet sich nach den Vorschriften über die Haft im Zwangsvollstreckungsverfahren (§§ 802g, 802h bis 802j Absatz 1 und 2, § 933 ZPO). Absatz 1 bis 5 findet entsprechende Anwendung.

(7) ¹Der Gerichtsvollzieher, der den Schuldner verhaftet hat (Absatz 1 Satz 7), ist für das Eintragungsanordnungsverfahren zuständig. ²Dazu unterrichtet ihn der Gerichtsvollzieher des Amtsgerichts des Haftorts unverzüglich über die Entlassung des Schuldners aus der Haft und den Entlassungsgrund.

§ 146 Nachverhaftung

(1) ¹Ist der Schuldner bereits nach den §§ 144 und 145 in Erzwingungshaft genommen, so ist ein weiterer Haftbefehl gegen ihn dadurch zu vollstrecken, dass der Gerichtsvollzieher sich in die Justizvollzugsanstalt zu dem Schuldner begibt und ihn durch persönliche Eröffnung unter Übergabe einer beglaubigten Abschrift des Haftbefehls für nachverhaftet erklärt. ²Der Haftbefehl ist dem zuständigen Vollzugsbediensteten mit dem Ersuchen auszuhändigen, an dem Schuldner die fernere Haft nach Beendigung der zuerst verhängten Haft zu vollstrecken.

(2) ¹Das Protokoll muss die Bezeichnung des Haftbefehls und die vom Gerichtsvollzieher abgegebenen Erklärungen enthalten. ²Die Aushändigung des Haftbefehls ist von dem Vollzugsbediensteten unter dem Protokoll zu bescheinigen. ³Im Übrigen findet § 145 entsprechende Anwendung.

(3) ¹Gegen einen Schuldner, der sich in Untersuchungshaft oder in Strafhaft befindet, kann die Erzwingungshaft erst nach Beendigung der Untersuchungshaft oder der Strafhaft vollzogen werden. ²Der Gerichtsvollzieher erfragt bei dem Vollzugsbediensteten, bis zu welchem Tag gegen den Schuldner voraussichtlich noch Untersuchungshaft oder Strafhaft vollstreckt wird. ³Liegt dieser Tag vor dem Tag, von dem an die Vollziehung des Haftbefehls unstatthaft ist, weil seit seinem Erlass zwei Jahre vergangen sind (§ 802h Absatz 1 ZPO), verfährt der Gerichtsvollzieher entsprechend Absatz 1 und 2. ⁴Andernfalls gibt der Gerichtsvollzieher den Auftrag unerledigt an den Gläubiger zurück. ⁵Es bleibt dem Gläubiger überlassen, sich nötigenfalls mit dem Gericht, der Staatsanwaltschaft oder dem Anstaltsleiter in Verbindung zu setzen, um die Beendigung der Untersuchungshaft oder Strafhaft zu erfahren. ⁶Sodann kann er den Gerichtsvollzieher erneut mit der Verhaftung beauftragen.

(4) Absatz 1 bis 3 findet bei der Vollziehung des persönlichen Sicherheitsarrests entsprechende Anwendung (§ 145 Absatz 6).

Anhang 3   Geschäftsanweisung für Gerichtsvollzieher (GVGA)

§ 147 Verhaftung im Insolvenzverfahren
(§§ 21, 98 InsO)

[1]Für die Verhaftung des Schuldners nach § 21 InsO und nach § 98 InsO gelten die Vorschriften der Zivilprozessordnung über die Zwangsvollstreckung durch Haft entsprechend (§ 98 Absatz 3 InsO). [2]Die Verhaftung erfolgt jedoch auf Anordnung des Gerichts.

§ 151 Verfahren zur Eintragung in das Schuldnerverzeichnis
(§ 882b bis 882h ZPO)

[1]Die Übermittlung der Eintragungsanordnung an das zentrale Vollstreckungsgericht erfolgt nach Maßgabe der Schuldnerverzeichnisführungsverordnung. [2]Erhält der Gerichtsvollzieher von dem zentralen Vollstreckungsgericht nach § 3 Absatz 3 Satz 1 SchuFV die Mitteilung, dass seine elektronische Übermittlung die Anforderungen nicht erfüllt, veranlasst er unverzüglich nach § 3 Absatz 3 Satz 1 SchuFV eine erneute elektronische Übermittlung der Eintragungsanordnung, die dann den Anforderungen entspricht. [3]Die elektronische Kommunikation mit dem zentralen Vollstreckungsgericht richtet sich nach den landesrechtlichen Bestimmungen.

B. Wechselprotest

§ 162 Anzuwendende Vorschriften

(1) Der Gerichtsvollzieher führt die Aufnahme von Wechselprotesten nach den Artikeln 79 bis 87 WG und den folgenden §§ 163 bis 171 durch.

§ 163 Arten des Wechselprotestes

Das Wechselgesetz kennt folgende Arten des Protestes:

1. den Protest mangels Zahlung, wenn der Bezogene, der Annehmer, der am Zahlungsort wohnende Notadressat oder Ehrenannehmer sowie – beim eigenen Wechsel – der Aussteller den Wechsel nicht bezahlt hat (Artikel 44, 56, 60, 77 WG);
2. den Protest mangels Annahme,
    a) wenn der Bezogene oder der am Zahlungsort wohnende Notadressat die Annahme des Wechsels ganz oder teilweise verweigert hat oder wenn die Annahme wegen einer anderen Abweichung von den Bestimmungen des Wechsels als verweigert gilt (Artikel 44, 56, 26 Absatz 2 WG),
    b) wenn in den besonderen Fällen des Artikels 25 Absatz 2 WG (Nachsichtwechsel, Wechsel mit Annahmefrist) die Annahmeerklärung den Tag der Annahme oder Vorlegung nicht bezeichnet;
3. den Protest mangels Sichtbestätigung, wenn der Aussteller eines eigenen Nachsichtwechsels die Sichtbestätigung oder ihre Datierung verweigert hat (Artikel 78 Absatz 2 WG);
4. den Protest mangels Aushändigung
    a) einer zur Annahme versandten Ausfertigung, wenn der Verwahrer der Ausfertigung dem rechtmäßigen Inhaber einer anderen Ausfertigung die Aushändigung verweigert hat und die Annahme oder Zahlung auch nicht auf eine andere Ausfertigung zu erlangen war (Artikel 66 WG);
    b) der Urschrift, wenn der Verwahrer der Urschrift dem rechtmäßigen Inhaber der Abschrift die Aushändigung verweigert hat (Artikel 68, 77 WG).

§ 164 Protestfristen

(1) ¹Der Protest mangels Annahme muss innerhalb der Frist erhoben werden, die für die Vorlegung zur Annahme gilt. ²Die Vorlegung kann nur bis zum Verfall erfolgen. ³Die Frist zur Vorlegung kann im Wechsel näher bestimmt sein. ⁴Nachsichtwechsel müssen spätestens binnen einem Jahr nach dem Tag der Ausstellung zur Annahme vorgelegt werden, falls nicht der Aussteller eine kürzere oder längere Frist bestimmt hat oder die Indossanten die Vorlegungsfrist abgekürzt haben (Artikel 44 Absatz 2, Artikel 21 bis 23 WG). ⁵Der Bezogene kann verlangen, dass ihm der Wechsel am Tag nach der ersten Vorlegung nochmals vorgelegt wird (Artikel 24 Absatz 1 WG). ⁶Ist in diesem Fall der Wechsel am letzten Tage der Frist zum ersten Mal vorgelegt worden, so kann der Protest noch am folgenden Tag erhoben werden (Artikel 44 Absatz 2 WG). ⁷Wegen des Verfahrens des Gerichtsvollziehers vergleiche § 168 Absatz 4.

(2) ¹Der Protest mangels Zahlung muss bei einem Wechsel, der an einem bestimmten Tag oder bestimmte Zeit nach der Ausstellung oder nach Sicht zahlbar ist, an einem der beiden auf den Zahlungstag folgenden Werktage erhoben werden. ²Der Auftrag, einen Wechsel mangels Zahlung zu protestieren, darf auch dann nicht abgelehnt werden, wenn der Protest erst an einem Tag erhoben werden kann, welcher – ohne den dem Zahlungstag folgenden Sonnabend mitzuzählen – der zweite Werktag nach dem Zahlungstag ist. ³Bei einem Sichtwechsel muss der Protest mangels Zahlung in den Fristen erhoben werden, die für den Protest mangels Annahme vorgesehen sind (Absatz 1). ⁴Der Inhaber eines Sichtwechsels ist daher nicht genötigt, stets nach der ersten Vorlegung Protest erheben zu lassen. ⁵Er kann die Vorlegung innerhalb der hierfür bestimmten Frist beliebig wiederholen (Artikel 44 Absatz 3 WG). ⁶Der Protest wegen unterbliebener Ehrenzahlung ist spätestens am Tag nach Ablauf der Frist für die Erhebung des Protestes mangels Zahlung, in der Regel also am dritten Werktag nach dem Zahlungstag, zu erheben (Artikel 60 WG). ⁷Zahlungstag ist in der Regel der Verfalltag (vergleiche Artikel 33 bis 37 WG). ⁸Verfällt jedoch der Wechsel an einem Sonntag, einem sonstigen gesetzlichen Feiertag oder einem Sonnabend, so kann die Zahlung erst am nächsten Werktag verlangt werden.

(3) ¹Der Protest mangels Sichtbestätigung muss in der Frist für die Vorlegung zur Sicht erhoben werden (Artikel 78 Absatz 2, Artikel 23, 44 Absatz 2 WG). ²Dem Aussteller steht die Überlegungsfrist nach Artikel 24 Absatz 1 WG nicht zu.

(4) ¹Für die Erhebung des Protestes mangels Aushändigung gegen den Verwahrer einer zur Annahme versandten Ausfertigung (Ausfolgungsprotest nach Artikel 66 Absatz 2 Nummer 1 WG) gilt dieselbe Frist wie für den Hauptprotest mangels Annahme oder Zahlung (Artikel 66 Absatz 2 Nummer 2 WG). ²Die Frist für den Protest mangels Aushändigung der Urschrift (Ausfolgungsprotest nach Artikel 68 Absatz 2 WG) richtet sich nach den Fristen für den Protest mangels Zahlung.

(5) ¹Die in den Absätzen 1 bis 4 bezeichneten Fristen sind gesetzliche Ausschlussfristen. ²Steht jedoch der rechtzeitigen Vorlegung des Wechsels oder der rechtzeitigen Protesterhebung ein unüberwindliches Hindernis entgegen, so werden die für diese Handlungen bestimmten Fristen verlängert. ³Der Gerichtsvollzieher gibt in diesem Fall dem Auftraggeber den Wechsel unverzüglich zurück und teilt ihm die Gründe mit, die der rechtzeitigen Erledigung des Auftrags entgegenstehen. ⁴Ein unüberwindliches Hindernis kann durch die gesetzliche Vorschrift eines Staates (zum Beispiel ein Moratorium) oder durch einen anderen Fall höherer Gewalt (zum Beispiel Kriegsereignisse, Überschwemmungen, Erdbeben) gegeben sein (vergleiche Artikel 54 Absatz 1 WG). ⁵Jedoch gelten solche Tatsachen nicht als Fälle höherer Gewalt, die rein persönlich den mit der Vorlegung oder Protesterhebung beauftragten Gerichtsvollzieher betreffen (Artikel 54 Absatz 6 WG). ⁶Der Gerichtsvollzieher sorgt daher bei persönlicher Verhinderung für die beschleunigte Weitergabe des Auftrags an seinen Vertreter; gegebenenfalls unterrichtet er unter Vorlegung des Auftrags den aufsichtführenden Richter.

Anhang 3 Geschäftsanweisung für Gerichtsvollzieher (GVGA)

§ 165 Protestgegner (Protestat)

(1) ¹Der Protest mangels Zahlung muss in jedem Fall
1. beim gezogenen Wechsel gegen den Bezogenen (nicht etwa gegen den Annehmer),
2. beim eigenen Wechsel gegen den Aussteller erhoben werden. ²Dies gilt insbesondere auch dann, wenn der Wechsel bei einem Dritten am Wohnort des Bezogenen (beim eigenen Wechsel am Wohnort des Ausstellers) oder an einem anderen Ort zahlbar gestellt ist (Artikel 4, 27, 77 Absatz 2 WG). ³Die Angabe eines Dritten im Wechsel selbst oder in der Annahmeerklärung, bei dem Zahlung geleistet werden soll, oder die Angabe eines vom Wohnort des Bezogenen (beim eigenen Wechsel vom Wohnort des Ausstellers) verschiedenen Zahlungsorts oder einer am Zahlungsort befindlichen Stelle, wo Zahlung geleistet werden soll, ist somit nur entscheidend für den Ort, an dem der Protest zu erheben ist, nicht aber für die Person des Protestgegners. ⁴Befindet sich auf dem Wechsel eine Notadresse oder Ehrenannahme von Personen, die ihren Wohnsitz am Zahlungsort haben, so ist gegebenenfalls auch gegen diese Person Protest wegen unterbliebener Ehrenzahlung zu erheben (Artikel 60, 77 Absatz 1 WG). ⁵Ist Protest mangels Annahme erhoben worden, so bedarf es weder der Vorlegung zur Zahlung noch des Protestes mangels Zahlung (Artikel 44 Absatz 4 WG).

(2) ¹Der Protest mangels Annahme muss gegen den Bezogenen erhoben werden (Artikel 21 WG). ²Befindet sich auf dem Wechsel eine auf den Zahlungsort lautende Notadresse, so erfolgt gegebenenfalls die Protesterhebung auch gegen den Notadressaten (Artikel 56 Absatz 2 WG).

(3) Der Protest mangels Sichtbestätigung muss gegen den Aussteller erhoben werden.

(4) Der Protest mangels Aushändigung einer zur Annahme versandten Ausfertigung (Artikel 66 Absatz 2 Nummer 1 WG) oder mangels Aushändigung der Urschrift des Wechsels (Artikel 68 Absatz 2 WG) muss gegen den Verwahrer der Ausfertigung oder der Urschrift erhoben werden.

(5) ¹Ist über das Vermögen des Protestgegners (Absatz 1 bis 4) das Insolvenzverfahren eröffnet worden, so ist der Protest gleichwohl gegen ihn selbst und nicht etwa gegen den Insolvenzverwalter zu erheben. ²Der Gerichtsvollzieher muss in diesem Fall einen ihm aufgetragenen Protest auch dann erheben, wenn ausnahmsweise die Protesterhebung zur Ausübung des Rückgriffsrechts nicht erforderlich ist (vergleiche Artikel 44 Absatz 6 WG).

(6) Ist der Protestgegner gestorben, so ist in seinen letzten Geschäftsräumen oder in seiner letzten Wohnung ein Protest des Inhalts aufzunehmen, dass der Protestgegner nach Angabe einer mit Namen, Stand und Wohnort zu bezeichnenden Auskunftsperson verstorben sei (vergleiche auch § 171 Absatz 3).

§ 166 Protestort

(1) ¹Der Protest muss – mit Ausnahme der in Absatz 2 Satz 2 und 3 bezeichneten Fälle – an dem Protestort erhoben werden. ²Protestort ist
1. beim Protest mangels Zahlung der Zahlungsort,
2. beim Protest mangels Annahme der Wohnort des Bezogenen, beim eigenen Wechsel der Wohnort des Ausstellers,
3. beim Protest mangels Sichtbestätigung der Wohnort des Ausstellers,
4. beim Protest mangels Aushändigung der Wohnort des Verwahrers der Ausfertigung oder der Urschrift.

(2) ¹Dabei gilt beim Fehlen einer besonderen Angabe der bei dem Namen (Firma) des Bezogenen angegebene Ort als Zahlungsort und zugleich als Wohnort des Bezogenen, beim eigenen Wechsel der Ausstellungsort als Zahlungsort und zugleich als Wohnort des Aus-

stellers (Artikel 2 Absatz 3, Artikel 76 Absatz 3 WG). ²Der Ort, der gesetzlich als Zahlungsort oder Wohnort gilt, bleibt für die Protesterhebung auch dann maßgebend, wenn der Beteiligte während des Wechselumlaufs nach einem anderen Ort verzieht. ³Der Protest mangels Zahlung muss daher zum Beispiel auch dann an dem Wohnort erhoben werden, den der Bezogene nach dem Inhalt des Wechsels zur Zeit der Wechselausstellung hatte, wenn der Gerichtsvollzieher weiß, dass der Bezogene inzwischen seinen Wohnort gewechselt hat.

§ 167 Proteststelle

(1) ¹Innerhalb des Protestorts muss der Protest an der gesetzlich vorgeschriebenen Proteststelle erhoben werden. ²An einer anderen Stelle, zum Beispiel an der Börse, kann dies nur mit beiderseitigem Einverständnis geschehen (Artikel 87 Absatz 1 WG).

(2) ¹Proteststelle sind die Geschäftsräume des Protestgegners, im Fall der Bezeichnung eines Dritten, bei dem die Zahlung erfolgen soll, die Geschäftsräume dieses Dritten. ²Geschäftsräume sind zum Beispiel Büros, Kontore und Verkaufsräume, dagegen nicht bloße Lagerräume. ³Lassen sich die Geschäftsräume des Protestgegners (des Dritten) nicht ermitteln, so muss der Protest in dessen Wohnung erhoben werden. ⁴Ist im Wechsel eine bestimmte Stelle als Zahlstelle bezeichnet, so ist diese Proteststelle. ⁵Für den Fall, dass der Bezogene seine Zahlungen eingestellt hat oder gegen ihn fruchtlos vollstreckt worden ist, ferner auf ausdrücklichen Antrag des Inhabers des Wechsels auch bei eröffnetem Insolvenzverfahren gegen den Bezogenen, kann der Inhaber auch schon vor Verfall des Wechsels Protest erheben lassen (vergleiche Artikel 43 Absatz 2 Nummer 2 WG). ⁶Der Wechsel ist in diesen Fällen trotz Angabe einer Zahlstelle stets beim Bezogenen vorzulegen und zu protestieren.

(3) ¹Ist im Wechsel eine Zahlstelle angegeben oder sind darin Geschäftsräume vermerkt oder ergibt sich aus seinem Inhalt, dass der Protestgegner zu den Personen gehört, die in der Regel Geschäftsräume haben, so stellt der Gerichtsvollzieher nach den Geschäftsräumen oder der Zahlstelle geeignete Ermittlungen an. ²Findet der Gerichtsvollzieher den Protestgegner in den Geschäftsräumen nicht vor oder kann er die Geschäftsräume nicht betreten, etwa weil sie vorübergehend geschlossen sind oder weil ihm der Zutritt verweigert wird, so braucht er sich nicht in die Wohnung des Protestgegners zu begeben. ³Er erhebt dann Protest nach § 168 Absatz 6. ⁴Ermittelt der Gerichtsvollzieher die Geschäftsräume nicht, so begibt er sich in die Wohnung des Protestgegners und erhebt dort Protest (Artikel 87 Absatz 1 WG). ⁵Nötigenfalls stellt er geeignete Ermittlungen nach der Wohnung an; ist eine Nachfrage bei der Polizeibehörde des Ortes ohne Erfolg geblieben, so ist der Gerichtsvollzieher zu weiteren Nachforschungen nicht verpflichtet (Artikel 87 Absatz 3 WG).

§ 168 Verfahren bei der Protesterhebung

(1) ¹An der Proteststelle erkundigt sich der Gerichtsvollzieher nach dem Protestgegner und, falls die Zahlung bei einem Dritten erfolgen soll, nach diesem. ²Trifft er den Protestgegner oder den Dritten an, so legt er ihm den Wechsel je nach dem Inhalt seines Auftrags zur Zahlung, Annahme, Datierung und so weiter vor und nimmt seine Erklärungen entgegen.

(2) ¹Trifft der Gerichtsvollzieher nicht den Protestgegner, aber dessen Vertreter an, so erfragt er Namen und Beruf des Vertreters und richtet an ihn unter Vorlegung des Wechsels die erforderlichen Aufforderungen. ²Vertreter im Sinne dieser Bestimmung ist nur der gesetzliche Vertreter oder der Bevollmächtigte; Gewerbegehilfen, Lehrlinge, Hausdiener und so weiter sind ohne Vollmacht nicht ermächtigt, die Aufforderung des Gerichtsvollziehers entgegenzunehmen.

(3) ¹Bietet der Protestgegner oder ein anderer für ihn die Zahlung des Wechsels oder die andere wechselrechtliche Leistung tatsächlich an, so nimmt der Gerichtsvollzieher sie entgegen. ²Ist die Wechselsumme in Buchstaben und in Ziffern angegeben, so gilt bei

Anhang 3 Geschäftsanweisung für Gerichtsvollzieher (GVGA)

Abweichungen die in Buchstaben angegebene Summe. ³Ist die Wechselsumme mehrmals in Buchstaben oder mehrmals in Ziffern angegeben, so gilt bei Abweichungen die geringste Summe (Artikel 6 WG). ⁴Gegen Vollzahlung, das heißt gegen Zahlung der Wechselsumme und der etwa entstandenen Zinsen und Protestkosten, quittiert der Gerichtsvollzieher auf dem Wechsel, sofern dieser noch nicht vom Gläubiger quittiert ist; er händigt den Wechsel demjenigen aus, der ihn eingelöst hat. ⁵Zahlt der Notadressat oder Ehrenannehmer die Wechselsumme, so ist in der Quittung und auf dem Wechsel auch anzugeben, für wen gezahlt worden ist (Artikel 62 WG). ⁶Eine Teilzahlung darf der Gerichtsvollzieher nicht zurückweisen. ⁷Er erhebt in diesem Fall wegen des Restes Protest. ⁸Die Teilzahlung vermerkt er im Protest; der Bezogene kann verlangen, dass sie auch auf dem Wechsel vermerkt wird und dass ihm eine besondere Quittung erteilt wird (Artikel 39 WG). ⁹Das gezahlte Geld führt der Gerichtsvollzieher nach Abzug der Gerichtsvollzieherkosten unverzüglich an den Berechtigten ab. ¹⁰Bei teilweiser Annahme ist wegen des Restes Protest zu erheben, desgleichen auch, wenn die Annahmeerklärung irgendeine andere Abweichung von den Bestimmungen des Wechsels enthält.

(4) ¹Verlangt der Bezogene bei der Vorlegung zur Annahme, dass ihm der Wechsel nach der ersten Vorlegung nochmals vorgelegt wird, so ist diesem Verlangen zu entsprechen. ²Der Gerichtsvollzieher nimmt über die Vorlegung und das Verlangen des Bezogenen einen urkundlichen Vermerk auf, legt den Wechsel dem Bezogenen am nächsten Tag nochmals vor und erhebt dann Protest, wenn die Annahme verweigert wird. ³In dem Protest vermerkt er auch, dass der Bezogene die nochmalige Vorlegung des Wechsels verlangt hat. ⁴Dasselbe gilt, wenn der Bezogene bei der Protesterhebung erneut die nochmalige Vorlegung verlangt. ⁵Ohne Zustimmung des Wechselinhabers darf der Gerichtsvollzieher den zur Annahme vorgelegten Wechsel während der Überlegungsfrist nicht in der Hand des Bezogenen lassen (Artikel 23, 44 Absatz 2 WG).

(5) Wird der Auftrag ohne Protesterhebung erledigt, so muss der Gerichtsvollzieher dies urkundlich vermerken und den Vermerk zu den Protestsammelakten (§ 179) nehmen.

(6) Trifft der Gerichtsvollzieher weder den Protestgegner (Dritten) noch seinen Vertreter an der Proteststelle an oder findet er die Proteststelle vorübergehend verschlossen vor oder wird er an dem Zutritt zu der Proteststelle aus einem nicht in seiner Person liegenden Grund gehindert oder kann er die Proteststelle oder den Protestort nicht ermitteln, so erhebt er durch Feststellung dieser Tatsachen Protest.

(7) Eine Protesterhebung ist auch dann erforderlich, wenn derjenige, für den protestiert wird (Protestnehmer), und der Dritte, bei dem der Wechsel zahlbar gestellt ist (vergleiche § 165 Absatz 1), ein und dieselbe Person ist.

(8) ¹Über die Erledigung des Auftrags zur Protesterhebung macht der Gerichtsvollzieher dem Auftraggeber unverzüglich Mitteilung. ²War ihm die Protesterhebung durch das Amtsgericht übertragen (§ 159 Absatz 1), so richtet er die Mitteilung an das Amtsgericht und fügt alle entstandenen Schriftstücke bei. ³Wegen des Wechsels und der Protesturkunde vergleiche jedoch § 171 Absatz 8.

C. Scheckprotest

§ 172 Anzuwendende Vorschriften

Die Aufnahme von Scheckprotesten führt der Gerichtsvollzieher nach den Vorschriften des Scheckgesetzes, den dort in Artikel 55 Absatz 3 bezeichneten Vorschriften des Wechselgesetzes und den folgenden §§ 173 bis 178 durch.

§ 173 Arten des Scheckprotestes
(Artikel 40 ScheckG)

¹Das Scheckgesetz kennt lediglich den Protest mangels Zahlung. ²Er dient zum Nachweis dafür, dass der Scheck rechtzeitig zur Zahlung vorgelegt und nicht eingelöst oder

dass die Vorlegung vergeblich versucht worden ist. ³Die Protesterhebung ist auch beim Verrechnungsscheck erforderlich.

§ 174 Fälligkeit
(Artikel 28 ScheckG)

¹Der Scheck ist bei Sicht zahlbar. ²Jede gegenteilige Angabe gilt als nicht geschrieben. ³Ein Scheck, der vor Eintritt des auf ihm angegebenen Ausstellungstages zur Zahlung vorgelegt wird, ist am Tag der Vorlegung zahlbar.

§ 175 Protestfristen
(Artikel 29, 41 ScheckG)

(1) Der Protest muss vor Ablauf der Vorlegungsfrist erhoben werden.

(2) ¹Die Vorlegungsfristen sind in Artikel 29 ScheckG festgelegt. ²Danach sind in Deutschland zahlbare Schecks vorzulegen

1. wenn sie in Deutschland ausgestellt sind, binnen acht Tagen,
2. wenn sie in einem anderen europäischen oder in einem an das Mittelmeer angrenzenden Land ausgestellt sind, binnen 20 Tagen,
3. wenn sie in einem anderen Erdteil ausgestellt sind, binnen 70 Tagen. ³Diese Fristen beginnen an dem Tag zu laufen, der im Scheck als Ausstellungstag angegeben ist.

(3) Ist die Vorlegung am letzten Tag der Frist erfolgt, so kann der Protest auch noch an dem folgenden Werktag erhoben werden.

§ 176 Protestgegner

¹Protestgegner ist der Bezogene, und zwar auch dann, wenn der Scheck bei einem Dritten zahlbar gestellt ist. ²Bezogener kann nur ein Bankier (Geldinstitut) im Sinne der Artikel 3, 54 ScheckG sein. ³Der Scheck kann nicht angenommen werden (Artikel 4 ScheckG).

§ 177 Protestort

(1) ¹Protestort ist der Zahlungsort. ²Fehlt eine besondere Angabe, so gilt der bei dem Namen des Bezogenen angegebene Ort als Zahlungsort. ³Sind mehrere Orte bei dem Namen des Bezogenen angegeben, so ist der Scheck an dem Ort zahlbar, der an erster Stelle genannt ist. ⁴Fehlt jede Angabe, so ist der Scheck an dem Ort zahlbar, an dem der Bezogene seine Hauptniederlassung hat (Artikel 2 Absatz 2 und 3 ScheckG).

(2) Der Scheck kann bei einem Dritten, am Wohnort des Bezogenen oder an einem anderen Ort zahlbar gestellt werden, sofern der Dritte Bankier ist (Artikel 8 ScheckG).

§ 178 Proteststelle, Verfahren bei der Protesterhebung und Protesturkunde

(1) Die Vorschriften des § 167 über die Proteststelle, des § 168 über das Verfahren bei der Protesterhebung und des § 171 über die Protesturkunde finden für den Scheckprotest sinngemäße Anwendung.

(2) Für die Protesterhebung beim Verrechnungsscheck gelten folgende besondere Bestimmungen:

1. ¹Der Scheckinhaber hat dem Gerichtsvollzieher Weisung zu erteilen, wie die Verrechnung vorgenommen werden soll, zum Beispiel durch Gutschrift auf seinem bei dem Bezogenen bereits vorhandenen oder einzurichtenden Konto. ²Der Bezogene kann jedoch jede andere Art einer rechtlich zulässigen Verrechnung wählen.

Anhang 3 Geschäftsanweisung für Gerichtsvollzieher (GVGA)

2. Ist der Bezogene zur Verrechnung bereit, so darf der Gerichtsvollzieher den Scheck erst aushändigen, wenn er von dem Bezogenen eine Gutschriftsanzeige oder eine sonstige verbindliche Erklärung über die Verrechnung erhalten hat.
3. ¹Bietet der Bezogene dem Gerichtsvollzieher bei der Vorlegung eines Verrechnungsschecks Barzahlung an, so ist der Gerichtsvollzieher trotz des Verrechnungsvermerks berechtigt und verpflichtet, die Zahlung anzunehmen. ²Ferner ist er verpflichtet, angebotene Teilzahlungen anzunehmen (Artikel 34 Absatz 2 ScheckG).

Siebenter Abschnitt Übergangsregelungen

§ 200 Behandlung bis zum 31. Dezember 2012 eingegangener Vollstreckungsaufträge

Auf die Bearbeitung von Vollstreckungsaufträgen, die vor dem 1. Januar 2013 eingegangen sind, sind die Vorschriften der Geschäftsanweisung für Gerichtsvollzieher in der bis zum 31. Dezember 2012 geltenden Fassung anzuwenden.

§ 201 Einsichtnahme in das dezentral geführte Schuldnerverzeichnis

¹Bis zum 31. Dezember 2017 sieht der Gerichtsvollzieher, bevor er einen Termin zur Abgabe der Vermögensauskunft bestimmt, neben dem Vermögensverzeichnisregister auch das bei dem für den Wohnsitz des Schuldners zuständigen Amtsgericht dezentral geführte Schuldnerverzeichnis ein. ²Ist dem Gerichtsvollzieher bekannt, dass hinsichtlich des Schuldners eine gemäß § 915 ZPO in der bis zum 31. Dezember 2012 geltenden Fassung vorgenommene Eintragung in das Schuldnerverzeichnis besteht, übermittelt er einen Abdruck der durch das zentrale Vollstreckungsgericht übermittelten Eintragungsmitteilung an das Vollstreckungsgericht, bei dem die frühere Eintragung besteht.

4. Zivilprozessordnung (ZPO)

in der Fassung der Bekanntmachung vom 5.12.2005 (BGBl. I S. 3202; 2006 I S. 431; 2007 I S. 1781), die durch Artikel 1 des Gesetzes vom 8.7.2014 (BGBl. I S. 890) geändert worden ist.

(Auszug)

Buch 8 Zwangsvollstreckung
Abschnitt 2 Zwangsvollstreckung wegen Geldforderungen
Titel 1 Zwangsvollstreckung in das bewegliche Vermögen
Untertitel 3: Zwangsvollstreckung in Forderungen und anderen Vermögensrechten

§ 850c Pfändungsgrenzen für Arbeitseinkommen

(1) Arbeitseinkommen ist unpfändbar, wenn es, je nach dem Zeitraum, für den es gezahlt wird, nicht mehr als

   1045,04 Euro   monatlich,
    240,50 Euro   wöchentlich oder
      48,10 Euro   täglich

beträgt. Gewährt der Schuldner auf Grund einer gesetzlichen Verpflichtung seinem Ehegatten, einem früheren Ehegatten, seinem Lebenspartner, einem früheren Lebenspartner oder einem Verwandten oder nach §§ 1615l, 1615n des Bürgerlichen Gesetzbuchs einem Elternteil Unterhalt, so erhöht sich der Betrag, bis zu dessen Höhe Arbeitseinkommen unpfändbar ist, auf bis zu

   2314,82 Euro   monatlich,
    532,73 Euro   wöchentlich oder
    106,55 Euro   täglich,

und zwar um

    393,30 Euro   monatlich,
     90,51 Euro   wöchentlich oder
     18,10 Euro   täglich

für die erste Person, der Unterhalt gewährt wird, und um je

    219,12 Euro   monatlich,
     50,43 Euro   wöchentlich oder
     10,09 Euro   täglich

für die zweite bis fünfte Person.

(2) Übersteigt das Arbeitseinkommen den Betrag, bis zu dessen Höhe es je nach der Zahl der Personen, denen der Schuldner Unterhalt gewährt, nach Absatz 1 unpfändbar ist, so ist es hinsichtlich des überschießenden Betrages zu einem Teil unpfändbar, und zwar in Höhe von drei Zehnteln, wenn der Schuldner keiner der in Absatz 1 genannten Personen Unterhalt gewährt, zwei weiteren Zehnteln für die erste Person, der Unterhalt gewährt wird, und je einem weiteren Zehntel für die zweite bis fünfte Person. Der Teil des Arbeitseinkommens, der 3203,67 Euro monatlich (737,28 Euro wöchentlich, 147,46 Euro täglich) übersteigt, bleibt bei der Berechnung des unpfändbaren Betrages unberücksichtigt.

(2a) Die unpfändbaren Beträge nach Absatz 1 und Absatz 2 Satz 2 ändern sich jeweils zum 1. Juli eines jeden zweiten Jahres, erstmalig zum 1. Juli 2003, entsprechend der im Vergleich zum jeweiligen Vorjahreszeitraum sich ergebenden prozentualen Entwicklung des Grundfreibetrages nach § 32a Abs. 1 Nr. 1 des Einkommensteuergesetzes; der Berechnung ist die am 1. Januar des jeweiligen Jahres geltende Fassung des § 32a Abs. 1

Nr. 1 des Einkommensteuergesetzes zugrunde zu legen. Das Bundesministerium der Justiz gibt die maßgebenden Beträge rechtzeitig im Bundesgesetzblatt bekannt.

(3) Bei der Berechnung des nach Absatz 2 pfändbaren Teils des Arbeitseinkommens ist das Arbeitseinkommen, gegebenenfalls nach Abzug des nach Absatz 2 Satz 2 pfändbaren Betrages, wie aus der Tabelle ersichtlich, die diesem Gesetz als Anlage beigefügt ist, nach unten abzurunden, und zwar bei Auszahlung für Monate auf einen durch 10 Euro, bei Auszahlung für Wochen auf einen durch 2,50 Euro oder bei Auszahlung für Tage auf einen durch 50 Cent teilbaren Betrag. Im Pfändungsbeschluss genügt die Bezugnahme auf die Tabelle.

(4) Hat eine Person, welcher der Schuldner auf Grund gesetzlicher Verpflichtung Unterhalt gewährt, eigene Einkünfte, so kann das Vollstreckungsgericht auf Antrag des Gläubigers nach billigem Ermessen bestimmen, dass diese Person bei der Berechnung des unpfändbaren Teils des Arbeitseinkommens ganz oder teilweise unberücksichtigt bleibt; soll die Person nur teilweise berücksichtigt werden, so ist Absatz 3 Satz 2 nicht anzuwenden.

§ 850f Änderung des unpfändbaren Betrages

(1) Das Vollstreckungsgericht kann dem Schuldner auf Antrag von dem nach den Bestimmungen der §§ 850c, 850d und 850i pfändbaren Teil seines Arbeitseinkommens einen Teil belassen, wenn

a) der Schuldner nachweist, dass bei Anwendung der Pfändungsfreigrenzen entsprechend der Anlage zu diesem Gesetz (zu § 850c) der notwendige Lebensunterhalt im Sinne des Dritten und Elften Kapitels des Zwölften Buches Sozialgesetzbuch oder nach Kapitel 3 Abschnitt 2 des Zweiten Buches Sozialgesetzbuch für sich und für die Personen, denen er Unterhalt zu gewähren hat, nicht gedeckt ist,

b) besondere Bedürfnisse des Schuldners aus persönlichen oder beruflichen Gründen oder

c) der besondere Umfang der gesetzlichen Unterhaltspflichten des Schuldners, insbesondere die Zahl der Unterhaltsberechtigten, dies erfordern

und überwiegende Belange des Gläubigers nicht entgegenstehen.

(2) Wird die Zwangsvollstreckung wegen einer Forderung aus einer vorsätzlich begangenen unerlaubten Handlung betrieben, so kann das Vollstreckungsgericht auf Antrag des Gläubigers den pfändbaren Teil des Arbeitseinkommens ohne Rücksicht auf die in § 850c vorgesehenen Beschränkungen bestimmen; dem Schuldner ist jedoch so viel zu belassen, wie er für seinen notwendigen Unterhalt und zur Erfüllung seiner laufenden gesetzlichen Unterhaltspflichten bedarf.

(3) Wird die Zwangsvollstreckung wegen anderer als der in Absatz 2 und § 850d bezeichneten Forderungen betrieben, so kann das Vollstreckungsgericht in den Fällen, in denen sich das Arbeitseinkommen des Schuldners auf mehr als monatlich 3117,53 Euro (wöchentlich 708,83 Euro, täglich 137,08 Euro beläuft, über die Beträge hinaus, die nach § 850c pfändbar wären, auf Antrag des Gläubigers die Pfändbarkeit unter Berücksichtigung der Belange des Gläubigers und des Schuldners nach freiem Ermessen festsetzen. Dem Schuldner ist jedoch mindestens so viel zu belassen, wie sich bei einem Arbeitseinkommen von monatlich 3117,53 Euro (wöchentlich 708,83 Euro, täglich 137,08 Euro) aus § 850c ergeben würde. Die Beträge nach den Sätzen 1 und 2 werden entsprechend der in § 850c Abs. 2a getroffenen Regelung jeweils zum 1. Juli eines jeden zweiten Jahres, erstmalig zum 1. Juli 2003, geändert. Das Bundesministerium der Justiz gibt die maßgebenden Beträge rechtzeitig im Bundesgesetzblatt bekannt.

Anlage zu § 850c
Lohnpfändungstabelle bei monatlichem Einkommen

Der unpfändbare Betrag nach § 850c Absatz 1 und Absatz 2 Satz 2 ZPO ist durch Bekanntmachung zu § 850c der Zivilprozessordnung (Pfändungsfreigrenzenbekanntmachung 2011) vom 9.5.2011 (BGBl. I 2011, 825) geändert worden: 1028,89 Euro und jetzt erneut geändert durch Bekanntmachung zu § 850c der Zivilprozessordnung (Pfändungsfreigrenzenbekanntmachung 2013) vom 26.3.2013 (BGBl. I 2013, 710) auf: 1045,04 Euro.

Monat Nettolohn €		Monat Pfändbarer Betrag in € bei Unterhaltspflicht[1] für					
von	bis	0	1	2	3	4	5 und mehr Personen
	1029,99	–	–	–	–	–	–
1030,00	1039,99	0,78	–	–	–	–	–
1040,00	1049,99	7,78	–	–	–	–	–
1050,00	1059,99	14,78	–	–	–	–	–
1060,00	1069,99	21,78	–	–	–	–	–
1070,00	1079,99	28,78	–	–	–	–	–
1080,00	1089,99	35,78	–	–	–	–	–
1090,00	1099,99	42,78	–	–	–	–	–
1100,00	1109,99	49,78	–	–	–	–	–
1110,00	1119,99	56,78	–	–	–	–	–
1120,00	1129,99	63,78	–	–	–	–	–
1130,00	1139,99	70,78	–	–	–	–	–
1140,00	1149,99	77,78	–	–	–	–	–
1150,00	1159,99	84,78	–	–	–	–	–
1160,00	1169,99	91,78	–	–	–	–	–
1170,00	1179,99	98,78	–	–	–	–	–
1180,00	1189,99	105,78	–	–	–	–	–
1190,00	1199,99	112,78	–	–	–	–	–
1200,00	1209,99	119,78	–	–	–	–	–
1210,00	1219,99	126,78	–	–	–	–	–
1220,00	1229,99	133,78	–	–	–	–	–
1230,00	1239,99	140,78	–	–	–	–	–

[1] Bei der Unterhaltspflicht zu berücksichtigen sind Unterhaltsleistungen des Schuldners gegenüber seinem Ehegatten, einem früheren Ehegatten, seinem Lebenspartner, einem früheren Lebenspartner oder einem Verwandten oder dem Elternteil eines nichtehelichen Kindes nach §§ 1615l, 1615n BGB (siehe Erläuterungen in → Rz. 160).

Anhang 4 Zivilprozessordnung (ZPO)

Monat Nettolohn €		Monat Pfändbarer Betrag in € bei Unterhaltspflicht für					
von	bis	0	1	2	3	4	5 und mehr Personen
1240,00	1249,99	147,78	–	–	–	–	–
1250,00	1259,99	154,78	–	–	–	–	–
1260,00	1269,99	161,78	–	–	–	–	–
1270,00	1279,99	168,78	–	–	–	–	–
1280,00	1289,99	175,78	–	–	–	–	–
1290,00	1299,99	182,78	–	–	–	–	–
1300,00	1309,99	189,78	–	–	–	–	–
1310,00	1319,99	196,78	–	–	–	–	–
1320,00	1329,99	203,78	–	–	–	–	–
1330,00	1339,99	210,78	–	–	–	–	–
1340,00	1349,99	217,78	–	–	–	–	–
1350,00	1359,99	224,78	–	–	–	–	–
1360,00	1369,99	231,78	–	–	–	–	–
1370,00	1379,99	238,78	–	–	–	–	–
1380,00	1389,99	245,78	–	–	–	–	–
1390,00	1399,99	252,78	–	–	–	–	–
1400,00	1409,99	259,78	–	–	–	–	–
1410,00	1419,99	266,78	–	–	–	–	–
1420,00	1429,99	273,78	1,95	–	–	–	–
1430,00	1439,99	280,78	6,95	–	–	–	–
1440,00	1449,99	287,78	11,95	–	–	–	–
1450,00	1459,99	294,78	16,95	–	–	–	–
1460,00	1469,99	301,78	21,95	–	–	–	–
1470,00	1479,99	308,78	26,95	–	–	–	–
1480,00	1489,99	315,78	31,95	–	–	–	–
1490,00	1499,99	322,78	36,95	–	–	–	–
1500,00	1509,99	329,78	41,95	–	–	–	–
1510,00	1519,99	336,78	46,95	–	–	–	–
1520,00	1529,99	343,78	51,95	–	–	–	–
1530,00	1539,99	350,78	56,95	–	–	–	–

Zivilprozessordnung (ZPO) **Anhang 4**

Monat Nettolohn €		Monat Pfändbarer Betrag in € bei Unterhaltspflicht für					
von	bis	0	1	2	3	4	5 und mehr Personen
1540,00	1549,99	357,78	61,95	–	–	–	–
1550,00	1559,99	364,78	66,95	–	–	–	–
1560,00	1569,99	371,78	71,95	–	–	–	–
1570,00	1579,99	378,78	76,95	–	–	–	–
1580,00	1589,99	385,78	81,95	–	–	–	–
1590,00	1599,99	392,78	86,95	–	–	–	–
1600,00	1609,99	399,78	91,95	–	–	–	–
1610,00	1619,99	406,78	96,95	–	–	–	–
1620,00	1629,99	413,78	101,95	–	–	–	–
1630,00	1639,99	420,78	106,95	–	–	–	–
1640,00	1649,99	427,78	111,95	3,26	–	–	–
1650,00	1659,99	434,78	116,95	7,26	–	–	–
1660,00	1669,99	441,78	121,95	11,26	–	–	–
1670,00	1679,99	448,78	126,95	15,26	–	–	–
1680,00	1689,99	455,78	131,95	19,26	–	–	–
1690,00	1699,99	462,78	136,95	23,26	–	–	–
1700,00	1709,99	469,78	141,95	27,26	–	–	–
1710,00	1719,99	476,78	146,95	31,26	–	–	–
1720,00	1729,99	483,78	151,95	35,26	–	–	–
1730,00	1739,99	490,78	156,95	39,26	–	–	–
1740,00	1749,99	497,78	161,95	43,26	–	–	–
1750,00	1759,99	504,78	166,95	47,26	–	–	–
1760,00	1769,99	511,78	171,95	51,26	–	–	–
1770,00	1779,99	518,78	176,95	55,26	–	–	–
1780,00	1789,99	525,78	181,95	59,26	–	–	–
1790,00	1799,99	532,78	186,95	63,26	–	–	–
1800,00	1809,99	539,78	191,95	67,26	–	–	–
1810,00	1819,99	546,78	196,95	71,26	–	–	–
1820,00	1829,99	553,78	201,95	75,26	–	–	–
1830,00	1839,99	560,78	206,95	79,26	–	–	–

Anhang 4 — Zivilprozessordnung (ZPO)

Monat Nettolohn €		Monat Pfändbarer Betrag in € bei Unterhaltspflicht für					
von	bis	0	1	2	3	4	5 und mehr Personen
1840,00	1849,99	567,78	211,95	83,26	–	–	–
1850,00	1859,99	574,78	216,95	87,26	0,73	–	–
1860,00	1869,99	581,78	221,95	91,26	3,73	–	–
1870,00	1879,99	588,78	226,95	95,26	6,73	–	–
1880,00	1889,99	595,78	231,95	99,26	9,73	–	–
1890,00	1899,99	602,78	236,95	103,26	12,73	–	–
1900,00	1909,99	609,78	241,95	107,26	15,73	–	–
1910,00	1919,99	616,78	246,95	111,26	18,73	–	–
1920,00	1929,99	623,78	251,95	115,26	21,73	–	–
1930,00	1939,99	630,78	256,95	119,26	24,73	–	–
1940,00	1949,99	637,78	261,95	123,26	27,73	–	–
1950,00	1959,99	644,78	266,95	127,26	30,73	–	–
1960,00	1969,99	651,78	271,95	131,26	33,73	–	–
1970,00	1979,99	658,78	276,95	135,26	36,73	–	–
1980,00	1989,99	665,78	281,95	139,26	39,73	–	–
1990,00	1999,99	672,78	286,95	143,26	42,73	–	–
2000,00	2009,99	679,78	291,95	147,26	45,73	–	–
2010,00	2019,99	686,78	296,95	151,26	48,73	–	–
2020,00	2029,99	693,78	301,95	155,26	51,73	–	–
2030,00	2039,99	700,78	306,95	159,26	54,73	–	–
2040,00	2049,99	707,78	311,95	163,26	57,73	–	–
2050,00	2059,99	714,78	316,95	167,26	60,73	–	–
2060,00	2069,99	721,78	321,95	171,26	63,73	–	–
2070,00	2079,99	728,78	326,95	175,26	66,73	1,34	–
2080,00	2089,99	735,78	331,95	179,26	69,73	3,34	–
2090,00	2099,99	742,78	336,95	183,26	72,73	5,34	–
2100,00	2109,99	749,78	341,95	187,26	75,73	7,34	–
2110,00	2119,99	756,78	346,95	191,26	78,73	9,34	–
2120,00	2129,99	763,78	351,95	195,26	81,73	11,34	–
2130,00	2139,99	770,78	356,95	199,26	84,73	13,34	–

Zivilprozessordnung (ZPO) **Anhang 4**

Monat Nettolohn €		Monat Pfändbarer Betrag in € bei Unterhaltspflicht für					
von	bis	0	1	2	3	4	5 und mehr Personen
2140,00	2149,99	777,78	361,95	203,26	87,73	15,34	–
2150,00	2159,99	784,78	366,95	207,26	90,73	17,34	–
2160,00	2169,99	791,78	371,95	211,26	93,73	19,34	–
2170,00	2179,99	798,78	376,95	215,26	96,73	21,34	–
2180,00	2189,99	805,78	381,95	219,26	99,73	23,34	–
2190,00	2199,99	812,78	386,95	223,26	102,73	25,34	–
2200,00	2209,99	819,78	391,95	227,26	105,73	27,34	–
2210,00	2219,99	826,78	396,95	231,26	108,73	29,34	–
2220,00	2229,99	833,78	401,95	235,26	111,73	31,34	–
2230,00	2239,99	840,78	406,95	239,26	114,73	33,34	–
2240,00	2249,99	847,78	411,95	243,26	117,73	35,34	–
2250,00	2259,99	854,78	416,95	247,26	120,73	37,34	–
2260,00	2269,99	861,78	421,95	251,26	123,73	39,34	–
2270,00	2279,99	868,78	426,95	255,26	126,73	41,34	–
2280,00	2289,99	875,78	431,95	259,26	129,73	43,34	0,10
2290,00	2299,99	882,78	436,95	263,26	132,73	45,34	1,10
2300,00	2309,99	889,78	441,95	267,26	135,73	47,34	2,10
2310,00	2319,99	896,78	446,95	271,26	138,73	49,34	3,10
2320,00	2329,99	903,78	451,95	275,26	141,73	51,34	4,10
2330,00	2339,99	910,78	456,95	279,26	144,73	53,34	5,10
2340,00	2349,99	917,78	461,95	283,26	147,73	55,34	6,10
2350,00	2359,99	924,78	466,95	287,26	150,73	57,34	7,10
2360,00	2369,99	931,78	471,95	291,26	153,73	59,34	8,10
2370,00	2379,99	938,78	476,95	295,26	156,73	61,34	9,10
2380,00	2389,99	945,78	481,95	299,26	159,73	63,34	10,10
2390,00	2399,99	952,78	486,95	303,26	162,73	65,34	11,10
2400,00	2409,99	959,78	491,95	307,26	165,73	67,34	12,10
2410,00	2419,99	966,78	496,95	311,26	168,73	69,34	13,10
2420,00	2429,99	973,78	501,95	315,26	171,73	71,34	14,10
2430,00	2439,99	980,78	506,95	319,26	174,73	73,34	15,10

Anhang 4   Zivilprozessordnung (ZPO)

Monat Nettolohn €		Monat Pfändbarer Betrag in € bei Unterhaltspflicht für					
von	bis	0	1	2	3	4	5 und mehr Personen
2440,00	2449,99	987,78	511,95	323,26	177,73	75,34	16,10
2450,00	2459,99	994,78	516,95	327,26	180,73	77,34	17,10
2460,00	2469,99	1001,78	521,95	331,26	183,73	79,34	18,10
2470,00	2479,99	1008,78	526,95	335,26	186,73	81,34	19,10
2480,00	2489,99	1015,78	531,95	339,26	189,73	83,34	20,10
2490,00	2499,99	1022,78	536,95	343,26	192,73	85,34	21,10
2500,00	2509,99	1029,78	541,95	347,26	195,73	87,34	22,10
2510,00	2519,99	1036,78	546,95	351,26	198,73	89,34	23,10
2520,00	2529,99	1043,78	551,95	355,26	201,73	91,34	24,10
2530,00	2539,99	1050,78	556,95	359,26	204,73	93,34	25,10
2540,00	2549,99	1057,78	561,95	363,26	207,73	95,34	26,10
2550,00	2559,99	1064,78	566,95	367,26	210,73	97,34	27,10
2560,00	2569,99	1071,78	571,95	371,26	213,73	99,34	28,10
2570,00	2579,99	1078,78	576,95	375,26	216,73	101,34	29,10
2580,00	2589,99	1085,78	581,95	379,26	219,73	103,34	30,10
2590,00	2599,99	1092,78	586,95	383,26	222,73	105,34	31,10
2600,00	2609,99	1099,78	591,95	387,26	225,73	107,34	32,10
2610,00	2619,99	1106,78	596,95	391,26	228,73	109,34	33,10
2620,00	2629,99	1113,78	601,95	395,26	231,73	111,34	34,10
2630,00	2639,99	1120,78	606,95	399,26	234,73	113,34	35,10
2640,00	2649,99	1127,78	611,95	403,26	237,73	115,34	36,10
2650,00	2659,99	1134,78	616,95	407,26	240,73	117,34	37,10
2660,00	2669,99	1141,78	621,95	411,26	243,73	119,34	38,10
2670,00	2679,99	1148,78	626,95	415,26	246,73	121,34	39,10
2680,00	2689,99	1155,78	631,95	419,26	249,73	123,34	40,10
2690,00	2699,99	1162,78	636,95	423,26	252,73	125,34	41,10
2700,00	2709,99	1169,78	641,95	427,26	255,73	127,34	42,10
2710,00	2719,99	1176,78	646,95	431,26	258,73	129,34	43,10
2720,00	2729,99	1183,78	651,95	435,26	261,73	131,34	44,10
2730,00	2739,99	1190,78	656,95	439,26	264,73	133,34	45,10

Anhang 4

Zivilprozessordnung (ZPO)

Monat Nettolohn €		Monat Pfändbarer Betrag in € bei Unterhaltspflicht für					
von	bis	0	1	2	3	4	5 und mehr Personen
2740,00	2749,99	1197,78	661,95	443,26	267,73	135,34	46,10
2750,00	2759,99	1204,78	666,95	447,26	270,73	137,34	47,10
2760,00	2769,99	1211,78	671,95	451,26	273,73	139,34	48,10
2770,00	2779,99	1218,78	676,95	455,26	276,73	141,34	49,10
2780,00	2789,99	1225,78	681,95	459,26	279,73	143,34	50,10
2790,00	2799,99	1232,78	686,95	463,26	282,73	145,34	51,10
2800,00	2809,99	1239,78	691,95	467,26	285,73	147,34	52,10
2810,00	2819,99	1246,78	696,95	471,26	288,73	149,34	53,10
2820,00	2829,99	1253,78	701,95	475,26	291,73	151,34	54,10
2830,00	2839,99	1260,78	706,95	479,26	294,73	153,34	55,10
2840,00	2849,99	1267,78	711,95	483,26	297,73	155,34	56,10
2850,00	2859,99	1274,78	716,95	487,26	300,73	157,34	57,10
2860,00	2869,99	1281,78	721,95	491,26	303,73	159,34	58,10
2870,00	2879,99	1288,78	726,95	495,26	306,73	161,34	59,10
2880,00	2889,99	1295,78	731,95	499,26	309,73	163,34	60,10
2890,00	2899,99	1302,78	736,95	503,26	312,73	165,34	61,10
2900,00	2909,99	1309,78	741,95	507,26	315,73	167,34	62,10
2910,00	2919,99	1316,78	746,95	511,26	318,73	169,34	63,10
2920,00	2929,99	1323,78	751,95	515,26	321,73	171,34	64,10
2930,00	2939,99	1330,78	756,95	519,26	324,73	173,34	65,10
2940,00	2949,99	1337,78	761,95	523,26	327,73	175,34	66,10
2950,00	2959,99	1344,78	766,95	527,26	330,73	177,34	67,10
2960,00	2969,99	1351,78	771,95	531,26	333,73	179,34	68,10
2970,00	2979,99	1358,78	776,95	535,26	336,73	181,34	69,10
2980,00	2989,99	1365,78	781,95	539,26	339,73	183,34	70,10
2990,00	2999,99	1372,78	786,95	543,26	342,73	185,34	71,10
3000,00	3009,99	1379,78	791,95	547,26	345,73	187,34	72,10
3010,00	3019,99	1386,78	796,95	551,26	348,73	189,34	73,10
3020,00	3029,99	1393,78	801,95	555,26	351,73	191,34	74,10
3030,00	3039,99	1400,78	806,95	559,26	354,73	193,34	75,10

Anhang 4

Zivilprozessordnung (ZPO)

Monat Nettolohn €		Monat Pfändbarer Betrag in € bei Unterhaltspflicht für					
von	bis	0	1	2	3	4	5 und mehr Personen
3040,00	3049,99	1407,78	811,95	563,26	357,73	195,34	76,10
3050,00	3059,99	1414,78	816,95	567,26	360,73	197,34	77,10
3060,00	3069,99	1421,78	821,95	571,26	363,73	199,34	78,10
3070,00	3079,99	1428,78	826,95	575,26	366,73	201,34	79,10
3080,00	3089,99	1435,78	831,95	579,26	369,73	203,34	80,10
3090,00	3099,99	1442,78	836,95	583,26	372,73	205,34	81,10
3100,00	3109,99	1449,78	841,95	587,26	375,73	207,34	82,10
3110,00	3119,99	1456,78	846,95	591,26	378,73	209,34	83,10
3120,00	3129,99	1463,78	851,95	595,26	381,73	211,34	84,10
3130,00	3139,99	1470,78	856,95	599,26	384,73	213,34	85,10
3140,00	3149,99	1477,78	861,95	603,26	387,73	215,34	86,10
3150,00	3154,15	1484,78	866,95	607,26	390,73	217,34	87,10
Der Mehrbetrag über 3154,15 € ist voll pfändbar.							

Sachverzeichnis

Der halbfette Buchstabe **E** verweist auf die Einleitung, die halbfetten Zahlen bezeichnen die Muster. Die jeweils nachfolgenden mageren Zahlen beziehen sich auf die Randziffern innerhalb der Einleitung bzw. der Erläuterungen zum betreffenden Muster.

Abfindung aus Sozialplan und Kündigungsgesetz E/93, 104
Abgeordnete 19/44 f.
Abtretung (Übertragung) und Pfändung E/138; 24/3 f.
Ärzte, Tierärzte, Zahnärzte 12; 13
– Drittschuldner 12/4; 13/5
– Kassenvergütungen 12/1 f., 6
– Pfändbarkeit 12/3 ff.; 13/3 f.
– Praxiskosten 12/5
– Privathonorare 12/7 f.
– Schweigepflicht 12/9
– Versorgungsansprüche 13
– Zusammenrechnung des Einkommens 12/6
Aktie 41; 81/5
Aktivsaldo 35; 36/13; 111/9
Akzept(ant) 191/2
Altenteil 14; 15
– Reallast 15/1, 6
– rückständige Leistungen 15/7
– Wohnungsrecht 15/1, 9 f.
Altershilfe für Landwirte 165/10
Altersrente 165/65 ff.
– Anwartschaft 165/66
– Drittschuldner 165/69 f.
– künftiger Anspruch 165/67
– Leistungsträger 165/70 f.
Anderkonto 36/40 f.
Anfechtung E/108
Ankaufsrecht 16; 190/9
Anteil
– Bruchteilsgemeinschaft 47; 48
– Erbengemeinschaft 123
– Genossenschaft 78
– Gesellschaft bürgerlichen Rechts 80; 81
– GmbH 82
– KG 109
– OHG 130
Anteilsscheine/Investmentzertifikate 191/25
Anwartschaft
– Eigentum an beweglichen Sachen (Eigentumsvorbehalt) 17
– Eigentum an Grundstücken s. Auflassung

– Gebrauchsmuster 77; 77/4 f.
– Nacherbschaft 126
– Patent 132; 132/11
– Vermächtnis 185/4
Apothekerversorgung 13/Vorbem.
Arbeitnehmer, Freistellungsanspruch gegen den Arbeitgeber E/96
Arbeitnehmererfindung 18
Arbeitnehmersparzulage 167
– Anspruch 167/15
– Pfändung 167/16
Arbeitseinkommen 19–25
– Abgeordnete 19/44 ff.
– Abtretung E/138; 24/3
– Aufwandsentschädigung 19/32, 44
– ausländische Truppen 21–23b
– Bedienungsgeld 40
– bedingt pfändbare Bezüge 19/30, 38 f.
– Beendigung 19/52
– Beihilfen s. dort
– Beiträge zur privaten Krankenversicherung 19/42
– Berechnung des Einkommens 19/25 ff.
– Blindenbeihilfen und -zulagen 19/34
– Drittberechtigter 24; 24/3 ff.
– Drittschuldner 25/9
– Entgeltfortzahlung 19/10
– Ersatzansprüche 19/6
– Freiberufler 19/Vorbem.
– Handelsvertreter 19/7
– Heimarbeitsvergütung 95; 96
– Karenzentschädigung 19/9
– Krankengeld 19/12
– Lebensversicherung 19/14
– Lohnfortzahlung 19/10, Fn. 4
– Lohnschiebung 24; 25
– Naturalleistungen 19/29
– Neubegründung 19/52
– ortsübliche Vergütung 25/5
– Pfändungsgrenzen s. dort
– Pfändungsschutz s. dort
– Provisionen 19/7; s.a. dort
– Sachbezüge 19/29; s.a. dort
– Selbständige 19/Vorbem. 23
– Tariflohn 25/5
– Trinkgelder 40

631

- übliche Vergütung 25/5
- unpfändbare Bezüge 19/31
- Unterhaltsansprüche s. dort
- Urlaubsabgeltung und Urlaubsgeld 19/31
- Verschleierung des Einkommens 24; 25
- Versorgungsrenten 13; 140
- Vorpfändung 22/14
- Vorratspfändung 20/8
- Zusammenrechnung 19/26 f.

Arbeitsförderungsgesetz 165/6, 36
Arbeitslosengeld 165/6, 37
Arbeitslosenhilfe 165/7
Arrestbefehl E/47
Arresthypothek 102/2
Aufführungsrecht der Lichtspieltheater 117/1
Aufhebung der Gemeinschaft 47; 48; 123
Auflassung 26–33
- Anwartschaftsrecht 30; 33/18 f.; s.a. dort
- Herausgabeanspruch 33/24
- Rückabwicklungsanspruch 27; 29; 33/6
- Sequester 33; 33/8, 14, 20
- Vormerkung 33/10, 19 f.

Auftrag 175/11
Aufwandsentschädigung 19/44 f.
Ausbildungsförderung 165/5
Ausgleichsanspruch des Handelsvertreters E/97
Ausgleichsgeld in der Landwirtschaft 165/61
Ausländische Banknoten 191/17
Ausländische Truppen 21–23b
Automatenaufstellungsvertrag 34

Bankguthaben 35; 36
- Anderkonto 36/40
- Aufhebung 36/15 f.
- Bankgeheimnis 36/45
- Depot 36/40
- Drittschuldner 36/33
- Euroscheck 36/34
- Festgeld 36/12
- Fremdkonto 36/43
- gegenwärtiger Saldo 36/14
- Gemeinschaftskonto u. -depot 36/28 ff.
- Girokonto, Girovertrag 36; 36/1 ff., 16 ff.
- Grundpfandrechte 35/7 ff.
- Guthaben 35; 36/13 f.
- Gutschrift 35; 36/18
- Kontokorrent 36/5 f.; 110
- Kontonummer 36/33
- Kontovollmacht 36/20
- Kredite 36/23 ff.; 53; 54

- künftige Salden (Guthaben) 36/13
- „Oder-Konto" 36/30, 32
- Pfändungsschutz für Konten 19/20; 36/35 f.; 165
- Rückübertragung von Sicherheiten 35/5 ff.
- Safe 168
- Scheckkarte 36/34
- Schließfach 168
- Sicherheiten 35/6 ff.
- Sonderkonto 36/42
- Sparkonto 165; 166
- Sperrkonto 36/44
- Tagesguthaben 36/14
- Treuhandkonto 36/38
- „Und-Konto" 36/29, 32
- Vier-Wochen-Frist 36/37

Banknoten, ausländische 191/17
Banksafe 168
Baugeld 39/4
Bauhandwerkerforderung 37; 38
- Hypothek und Sicherheit 38/3 f.

Bausparguthaben, -darlehen, -summe, -vertrag 39
- Baugeld 39/4
- Kündigung des Bausparvertrags 39/2, 6
- Rückgewähr von Sicherheiten 39/7
- Wohnungsbauprämie 39/8 f.
- Zweckbestimmung, Zweckbindung 39/4

Beamtengehalt, -versorgung s. Arbeitseinkommen
Bedienungsgeld 40
Bedingt pfändbare Bezüge 19
Bedingt pfändbare Forderungen und Ansprüche E/91 f.
Bedingte Forderung E/82
Bedingte Titel E/33
Beerdigungskosten 180/5
Befreiung von einer Schuld E/98
Begünstigter (Lebensversicherung) 114; 115
- Benennung 115/24 ff.
- Bezugsberechtigter 115/8
- Eintrittsrecht 115/30
- Erben 115/12 f.

Beihilfen 19
- Ausnahme von der beschränkten Pfändbarkeit 19/37
- Öffentlicher Dienst 19/35

Berufssoldat 160; 162; 163/2
Berufsunfähigkeitsrente 19/39; 165/11
Berufsunfähigkeitsversicherung 115/47
Beschränkt persönliche Dienstbarkeit 15/9, 10; 60; 60/4, 8 ff.

Beschwerde
- Rechtsbeschwerde E/161
- sofortige ~ E/160

Besondere Voraussetzungen der Zwangsvollstreckung E/55 ff.

Bestimmtheit E/77

Bezugsberechtigter (Lebensversicherung) s. Begünstigter (Lebensversicherung)

Bezugsrecht auf neue Aktien 41

BGB-Gesellschaft 81

Billigkeit 19/38; 165/27; 174/6; 177/10; 180/10

Blankoscheck 149/6, 15

Blankowechsel 191/14

Blindenbeihilfen 19/34

Blindenzulage 19/34

Brandversicherung 145

Briefgrundschuld s. Grundschuld

Briefhypothek 42–46
- akzessorisch 46/2
- Briefwegnahme durch den Gerichtsvollzieher 46/8
- Drittschuldner 46/24
- Eigentümerhypothek 74
- Entstehung des Pfändungspfandrechts 46/8 f.
- Grundbuchberichtigung 46/21 f.
- Herausgabe des Briefs 46/11
- Kraftloserklärung 46/20
- Kündigung 46/31
- Mitbesitz am Brief 46/19
- Teilbetrag 44–46
- Teilhypothekenbrief 46/39 f.
- Übergabe des Briefs 46/9
- Übertragung 46/2, 6
- Überweisung 46/28 ff.
- verlorener Brief 46/20
- Versteigerung der Hypothek 46/36
- Vorpfändung 46/23
- Vorrang vor dem Rest 46/38
- Wirksamwerden der Pfändung 46/8 f.
- Zinsrückstände 46/27

Bruchteilsgemeinschaft 47; 48; 121
- Ansprüche auf Teilung und Auszahlung 48/9
- Anteil an den Früchten 48/3, 8
- Aufhebung der Gemeinschaft 48/4, 12
- Aufhebungsanspruch 48/4, 8, 12
- bewegliche Sache 121
- Drittschuldner 48/11
- eingetragenes Schiff 48/13; 155
- Forderung 48; 48/15 f.
- Grundschuld 48/16
- Grundstück 47; 48/13
- Hypothek 48/16
- Kündigung 48/12
- Miteigentumsanteil 47; 122
- Naturalteilung 48/4
- Reallast 48/16
- Recht auf Fruchtgenuss 48/8
- Recht auf Teilnahme an der Verwaltung 48/7
- Rentenschuld 48/16
- Teilung des Erlöses 48/1, 9, 12
- Teilungsversteigerung 48/10, 14
- Verwertung des Bruchteils 48/13 ff.; 122/9 ff.

Buchgrundschuld s. Grundschuld

Buchhypothek 49–52
- Drittschuldner 52/15
- Nebenleistungen 52; 52/8 f.
- Rangverhältnis 52/18
- Teilbetrag 50
- Teilpfändung 50; 52/16
- Überweisung an Zahlungs statt 52/10, 13
- Überweisung zur Einziehung 52/10, 12
- Voreintragung des Schuldners 52/4
- Vorrang 52/18
- Wertpapierhypothek 52/19
- Wirksamwerden der Pfändung 46/35; 52/5
- Zinsen 52/11

Bürgschaft E/99; 35/16

Bundesausbildungsförderungsgesetz 165/5

Bundestagsabgeordnete 19/44

Darlehen 53; 54; s. auch Bankguthaben
- Auszahlungsanspruch 53; 54/6 ff.
- Dispositionskreditlinie 54/13
- offene Kredite 54/13
- Rückzahlungsanspruch 54
- Schuldschein 54/4 f.
- Zweckgebundenheit 54/10

Dauernutzungsrecht s. Dauerwohnrecht

Dauerpfändung 20
- Rangwahrung 20/14
- Vorratspfändung 20/13

Dauerwohnrecht 55–58
- Besitzverschaffungsrecht 58/7
- Drittschuldner 58/6
- Eintragung der Pfändung im Grundbuch 58; 58/4
- Verwertung 58/8
- Voreintragung des Schuldners 58/5

Design 79

Deutsche Post AG E/123

Deutsche Postbank AG E/123; 134

Deutsche Telekom AG E/123

Diäten 19/44

Dienstbarkeit 59; 60

- Ausübungsbefugnis **59**; **60**/3, 7
- beschränkte persönliche **60**/4, 8
- Drittschuldner **60**/11
- Erlöschen **60**/14
- Ersatz des Wertes aus dem Versteigerungserlös **60**/14; **198**
- Grundbucheintrag **60**; **60**/10
- Grunddienstbarkeit **60**/10
- Versteigerung des belasteten Grundstücks **60**/14
- Verwertung **60**/13
- Wohnungsrecht **60**/4

Dienstleistungen im Sozialrecht 165/26
Dispositionskredit 54/13
Dolmetscher 146
Domain 103
Drittberechtigter 24
Drittschuldner
- Auskunftsklage gegen ~ **9**/12
- Einwendungen **E**/107
- Erklärungspflicht **E**/111; **9**/1
- Finanzbehörde als ~ **171**/6
- Rechtsstellung **E**/106
- Vertretung **E**/118 ff.

Drittschuldnererklärung 8; **9**; **E**/111
- Anerkenntnis **9**/7
- Anwaltskosten **9**/16
- Aufforderung zur Abgabe **9**/1
- Aufrechnung **9**/18
- Auskunftsumfang **9**/7 ff.
- Bankgeheimnis **9**/1
- Durchsetzung des Auskunftsanspruchs **9**/12
- Einstellung der Zwangsvollstreckung **9**/17
- Ergänzung der Erklärung **9**/11
- Ersatzzustellung **9**/2
- Gegenstand der Auskunft **9**/6 ff.
- Haftung des Drittschuldners **9**/12 f.
- Kosten **9**/12, 16
- P-Konto **9**/10a
- Postgeheimnis **9**/5
- Rechtsnatur **9**/7
- Rechtsweg **9**/12
- Schadensersatz **9**/12
- Schweigepflicht **9**/5
- Umfang der Erklärungspflicht **9**/7 ff.
- Wiederholung der Erklärung **9**/11
- Zustellung **9**/1

Drittwiderspruchsklage E/157

Eigentümergrundschuld, Eigentümerhypothek 61–75; **102**; **199**; **200**; **201**/27
- Briefgrundschuld **61–69**
- Briefhypothek **74**
- Buchgrundschuld **70–73**
- Buchhypothek **75**
- Drittschuldner **75**/14
- Entstehung **75**/1 ff.
- Grundbuchberichtigungsanspruch **75**/18
- Pfändung der Briefgrundschuld **75**/22
- Pfändung der Buchgrundschuld **75**/13, 17
- Surrogat der ~ in der Zwangsversteigerung **199**; **200**
- Verwertung **75**/24 ff.

Eigentums- und Vermögensgemeinschaft 93/32
Eigentumsverschaffungsanspruch 26
Eigentumsvorbehalt 17; **108**/11
- Doppelpfändung **17**/5
- Drittschuldner **17**/3, 6, 11
- Herausgabeanspruch **17**/12
- Kaufpreisrückzahlung **17**/11
- Sachpfändung **17**/5
- Wirksamwerden der Pfändung **17**/6

Einkommensteuererstattung 171
Einmalige Sozialleistung 165/27
Einstweilige Einstellung der Zwangsvollstreckung E/164
Elterngeld 165/12, 54
Entlassungsgeld 163; **163**/4
Erbbaurecht 76
- Drittschuldner **76**/5, 8
- Entschädigung bei Erlöschen des ~ durch Zeitablauf **76**/7
- Heimfallentschädigung **76**/9

Erbbauzins
- Fälligkeit und Übertragbarkeit **76**/4
- als Gegenleistung **76**/1
- rückständiger ~ **76**/6

Erbengemeinschaft s. Miterbenanteil
Erfindervergütung 18
Erfindung 18; **77**; **132**
Erfüllungsanspruch des Käufers 107; **108**
Erinnerung E/159
- gem. § 732 ZPO **E**/155
Erklärungspflicht des Drittschuldners E/111; **8**; **9**
Erlebensversicherung 115/4
Erlös aus der Zwangsversteigerung 195–201
Erstattungsanspruch
- wegen Vollstreckung aus einem später aufgehobenen Titel **147**
- wegen zu viel gezahlter Steuern **169–171**

Erziehungsgeld 19; **165**/12, 54
Europaabgeordnete 19/45
Europäischer Vollstreckungstitel für unbestrittene Forderungen E/38

Europäisches Mahnverfahren E/38
Europäisches Verfahren für geringfügige
   Forderungen E/38
Euroscheck 36/34

Familienkasse 165/49 f., 52 f.
Familienunterhalt 177/3
Festgeld 36/12
Filmvertriebslizenz 116/1
Firmendirektversicherung 115/39
Forderungskauf 108/14
Freiberufler 19/Vorbem.
Freistellungsanspruch des Arbeitnehmers
   gegen den Arbeitgeber E/96
Fremdkonto 36/43

Garantieeinbehalt beim Bauvertrag 37;
   38/3
Gebrauchsmuster 77
Gegenwärtiger Saldo 36/14; 111/9
Gehalt 19
Gehaltskonto 36/35
Geldmarktfonds 191/25
Gemeinschaft
   – an einer beweglichen Sache 122
   – an einer Forderung 48
   – an einem Grundstück oder Schiff 47
Genossenschaft 78
   – anteiliger Gewinn 78/13
   – Auseinandersetzungsguthaben 78/5,
     10 f.
   – Drittschuldner 78/11, 13 f.
   – Einlagen 78/3 f.
   – Geschäftsanteil 78/2, 7
   – Geschäftsguthaben 78/5, 10 f.
   – Kündigung 78/10, 12
   – Liquidationsguthaben 78/17
   – Mindesteinlage 78/4
   – Rechtsverhältnis 78/2
   – Reservefonds 78/15
   – Vergütungsanspruch 78/14
   – Vertretung 79/6
   – Vollstreckung gegen die Genossenschaft
     78/7
Gerichtsvollzieher E/18
Gesamthypothek 75/7
Geschäftsführung ohne Auftrag 175/11
Geschäftsräume 3
Geschenke 150–152; 183
Geschmacksmuster (s. Design) 79
Gesellschaft bürgerlichen Rechts 80; 81
   – Anteil am Gesellschaftsvermögen 81/8
   – Auseinandersetzungsansprüche 81/18
   – Auseinandersetzungsguthaben 81/15 ff.
   – Auslagenerstattung 81/21

– Ausscheiden des Gesellschafters infolge
  Pfändung 81/17
– Drittschuldner 81/10, 24
– Einlagenschuld 81/23
– Gewinnbeteiligung 81/12, 18
– Grundstücke im Gesellschaftsvermögen
  81/20
– Kündigung 81/13 ff.
– Nachschüsse 81/23
– Rückerstattung von Einlagen 81/18
– Tätigkeitsvergütung 81/21
– Titel gegen alle Gesellschafter 81/22
– Titel gegen die Gesellschaft 81/22
– Überweisung 81/11, 19
– Verteilung des Überschusses 81/18
– Wertersatz für Einlagen 81/18
– Zustellung 81/10
Gesellschaft mit beschränkter Haftung
  82–84
– anderweitige Verwertung 84/10
– Auflösung 84/14 ff.
– Auflösung durch Kündigung 84/16
– Drittschuldner 84/7, 25 f.
– Einlageforderung der Gesellschaft
  84/29 ff.
– Einzahlungen auf die Stammeinlage
  84/29
– Einziehung des Geschäftsanteils 84/8
– Ersatzzustellung 84/27
– freihändiger Verkauf des Geschäfts-
  anteils 84/10
– Geschäftsanteil 84/4 ff.
– Geschäftsführer 83; 84/24, 38
– gesetzlicher Vertreter 84/2, 38
– Gewinnbeteiligung 84/20
– GmbH & Co KG 84/38
– Kündigung 84/14 ff.
– Pfändung der Einlageforderung 84/29
– Stammeinlage 84/3, 32 f.
– Überweisung zur Einziehung 84/13
– Verwertung 84/9 ff.
– vollwertige Gegenleistung 84/30
– Zustellung 84/25 ff.
Gezogener Wechsel 191
Girokonto 36
Girovertrag 36/2
GmbH s. Gesellschaft mit beschränkter
  Haftung
Grundbuchamt E/21
Grunddienstbarkeit 60/3, 7
Grundschuld 85–91; 198; 201; s.a. Eigen-
  tümergrundschuld
– Antrag auf Eintragung im Grundbuch
  91/13
– Aufhebung 91/12
– Briefgrundschuld 85–88

- Buchgrundschuld **89–91**
- Drittschuldner **91/24, 26**
- Eintragungsantrag **88; 91**
- nicht valutierte ~ **85; 89; 91/4, 9 f.**
- Pfändung **91/6, 9, 14 ff.**
- Rückgewährsanspruch **91/4**
- Teilpfändung **91/16**
- Überweisungsbeschluss **91/27**
- valutierte ~ **86; 87; 90; 91/3, 8, 14 f.**
- Verwertung **91/24 ff.**
- Verzicht **91/11**

Gütergemeinschaft 92; 93
- Anteil am Gesamtgut **93/20 ff.**
- ausländisches Güterrecht **93/2 f.**
- Beendigung **93/21 ff.**
- Drittschuldner **93/23, 29**
- Eigentumsvermutung zugunsten des Schuldners **93/5**
- fortgesetzte Gütergemeinschaft **93/26**
- gemeinschaftliche Verwaltung **93/8 ff.**
- Gesamtgut **93/8 ff., 17**
- Grundstücke im Gesamtgut **93/31**
- Güterstände **93/1 f.**
- Haftung des Gesamtguts **93/13**
- Schadensersatzansprüche **93/19**
- Schlüsselgewalt **93/6**
- Sondergut **93/9, 15**
- Verwertung **93/30 ff.**
- Vorbehaltsgut **93/10, 16**

Gütertrennung 93/7

Haftbefehl 5/15, 20 ff.
Haftentschädigung 94
Haftpflichtversicherung 180
Handelsvertreter E/97; 189
Hausratversicherung 145
Heimarbeitsvergütung 95; 96
Heimfallentschädigung 76/9
Herausgabeanspruch 97; 98; 107
- Automaten-Aufsteller **34/6**
- Grundstücksinventar **97/7**
- Hinterlegungsstelle **98**
- Kaufvertrag **107**
- Mehrfachpfändung **97/9**
- unpfändbare Sachen **97/6**
- Verwertung **97/4**

Herstellungslizenz 116
Hinterbliebenenrente 165/11 f.
Hinterlegung 98; 201/12
- Drittschuldner **98/6**
- Rücknahmerecht des Hinterlegers **98/3**

Höchstbetragshypothek 99–102
- Begriff **102/1**
- Berichtigungsanspruch **102/9**
- Drittschuldner **102/8**
- Eigentümergrundschuld **102**

- Feststellung der Höhe der Forderung **102/6, 10**
- Grundbuchberichtigung **102/9**
- Wirksamwerden der Pfändung **102/3 ff.**

Honoraransprüche
- Ärzte und Zahnärzte **12**
- Rechtsanwälte **138–140**

Hypothek
- Briefhypothek s. dort
- Bruchteilsgemeinschaff **48/16**
- Buchhypothek s. dort
- Eigentümerhypothek **74; 75**
- Höchstbetragshypothek s. dort
- Schiffshypothek s. dort
- Vorpfändung **7/8; 46/23**

Indossable Wertpapiere 191
Indossament 149/2; 191/4
Inhaberpapiere 149/2, 13; 191/17
Inhaberscheck 149/13
Insassenversicherung 115/46
Insolvenzgeld 165/6, 38
Insolvenzplan E/50
Insolvenztabelle E/50
Insolvenzverfahren E/68 ff.
Internet-Domain 103
- Denic **103/3**
- Pfändung **103/5 f.**
- Verwertung **103/5 f.**
- Wesen **103/1**

Internetversteigerung 2/16
Investmentzertifikat 191/25

Jagdrecht 104; 105
- Jagdpacht **105/4**
- Nutzungsrecht der Genossenschaft **105/2**

Kapitalabfindung 19/15; 177/12; 180/11
Karenzentschädigung 19/9
Kassenarzt 12
Kaufpreisforderung 106; 108/2 ff.
Kaufpreisrückzahlung 27; 29; 33/6
Kaufvertrag 106–108
- bewegliche Sache **107; 108/9 ff.**
- Drittschuldner **108/4**
- Eigentumsvorbehalt **108/11**
- Forderungskauf **108/14**
- Grundstückskauf **106; 108/3 ff., 8**
- Herausgabeanspruch **108/7**
- Hinterlegung **108/4**
- Kauf eines Rechts **108/12 ff.**
- Kaufpreisforderungen für landwirtschaftliche Erzeugnisse **108/2**
- Notar **108/4**
- Verwertung **108/13, 16**

Kaution 121/5
Kautionshypothek s. Höchstbetragshypothek
KG s. Kommanditgesellschaft
Kindergeld 165/12, 46 f.
Klage auf Erteilung der Vollstreckungsklausel E/156
Klage auf vorzugsweise Befriedigung E/158
Klage gegen die Vollstreckungsklausel E/154
Knappschaft 165/10
Kommanditgesellschaft 109; 110
– Anteil an der Gesellschaft 109; 110; 110/5
– Einlageforderung 110; 110/8
– GmbH u. Co KG 84/38
– Kommanditist als Arbeitnehmer 110/4
– Publikums-KG 110/10
Kommissionsware 2/9
Konnossement 191/7
Konsensualvertrag 54/6
Konten 19/20; 35; 36; 134; 165/71 ff.; 166; s. auch Pfändungsschutzkonto
– Kontonummer 35/4; 36/33
– Vollmacht 36/20
Kontokorrent 35; 36; 36/5 ff., 14; 111
– Abrede 111/5 f.
– Abschlusssaldo 36/6
– Bank-Kontokorrent 35; 36/5 ff., 14
– Einzelforderung, Einzelposten 36/9; 111/2, 6
– gegenwärtiger Saldo, gegenwärtiges Guthaben 111/9
– Kontokorrentsaldo 111/8 ff.
– Kündigung 111/11
– künftige Guthaben, künftige Salden 36/14; 111/10
– nächstfälliger Rechnungsabschluss 111/9
– Pfändungsschutz 36/16 f., 35
– Rechnungsperiode 111/1
– Saldoanerkenntnis 111/1
– schuldumschaffende Wirkung 36/9; 111/2
– Staffelkontokorrent 36/8 f.; 111/3 ff.
– Tagesauszüge 36/7
– Zustellungssaldo 36/14; 111/9
Korrespondentreeder 155/4 f., 13
Kostenfestsetzung E/170
Kraftfahrzeugsteuer 171/27
Krankengeld 19/12; 165/8, 34
Krankenkassen 19/42; 165/8 f., 56
Krankenversicherung 19/12; 165/8 f., 41
Kreditkarten 112; 113
Kreditlinie, Kreditzusage 36/22 f.; 54/13

Kriegsopferversorgung 165/11
Künftige Forderung E/81
Künftige Rentenansprüche 165/67
Künftiger Saldo 36/14
Künftiger Steuererstattungsanspruch 171/11
Kurzarbeitergeld 165/6

Ladeschein 191/7
Lagerschein 191/7
Landtagsabgeordnete 19/45
Landwirt 108/2; 165/10, 60
Leasing 129/17
Lebensversicherung 114; 115
– Altersvorsorge 115/35
– Anspruch auf die Versicherungsleistung 115/8 ff., 22 ff.
– Auskünfte 115/19
– Begünstigter, Bezugsberechtigter 115/8 ff., 12 f., 24 ff.
– Berufsunfähigkeitsversicherung 115/47
– Betriebliche Altersversorgung E/101a; 115/39
– Drittschuldner 115/16
– Eintritt des Versicherungsfalles 115/3
– Eintritt in den Versicherungsvertrag 115/20, 30
– Erbe 115/5, 12 f., 26
– Erlebensversicherung 115/4
– Fortführung des Versicherungsvertrages 115/20, 30
– Gefahrenperson 115/45
– gemischte Kapitalversicherung 115/5, 28
– Gestaltungsrechte 115/18
– Handwerker-Lebensversicherung 115/32
– Herausgabe der Prämienreserve 115/21
– Herausgabe des Versicherungsscheines 115/19
– Insassen-Unfallversicherung 115/46
– Klein-Lebensversicherung 115/31
– Kündigung 115/18, 21, 37
– Pfändungsschutz 115/31 ff., 35, 36
– Police s. Versicherungsschein
– Rente 115/33 f.
– Rentenwahlrecht 115/34
– Risikolebensversicherung 115/3
– Rückkaufswert 115/10, 21
– Todesfallversicherung 115/3, 31
– Umwandlung in eine prämienfreie Versicherung 115/18, 29
– Unfallversicherung 115/43; 176
– Unfallzusatzversicherung 115/42
– verbundene ~ 115/41
– Versicherungsfall 115/3

- Versicherungsnehmer 115/2
- Versicherungsschein 115/7, 19, 40
- Vorsorgekapital 115/36
- Widerruf der Bezugsberechtigung 115/24
- widerruflich Begünstigter 115/24
- Zustellung 115/16

Legitimationspapier 191/21
Leibrente 116
Leistungsträger 165/4
Litteralvertrag 54/7
Lizenz 117
Lizenzgebühr 18/2
Löschungsanspruch 75/11
Löschungsfähige Quittung 46/31
Lohnfortzahlungsanspruch 19/10
Lohnpfändung 19–25
Lohnschiebung 24
Lohnsteuerjahresausgleich 169; 170; 171/8 ff.
Lohnsteuerkarte 171/14, 18
Lohnzahlung an Dritte 24
Lotterielose 191/17

Marke 118
- anderweitige Verwertung 118/14
- Begriff 118/2, 5
- Drittschuldner 118/9
- Einsicht in das Register 118/10
- Eintragung 118/3, 6, 8 f.
- geschäftliche Bezeichnung 118/17
- Herkunftsangabe 118/18
- Inhaber 118/4, 15
- Kollektivmarke 118/16
- Lizenz 118/7, 11
- Patentamt 118/3, 9
- Register 118/3, 6 f., 9 f., 15
- Schadensersatzansprüche 118/5, 11
- Überweisung 118/12 f.
- Vermögensgegenstand 118/6
- Verwertung 118/12 ff.

Maximalhypothek s. Höchstbetragshypothek
Mehrere Forderungen gegen verschiedene Drittschuldner durch einheitl. Pfänd.-Beschl. E/79, 87
Mehrfache Pfändung einer Forderung E/133 f.
Mietvertrag, Mietvorauszahlung 119–121
- Beschlagnahme des Grundstücks in der Zwangsverwaltung 119/10
- Untermietforderungen 119/9
- Vollstreckungsschutz 119/8

Miteigentum 47; 122; 155
- Aufhebung der Gemeinschaft 122/4 f.
- bewegliche Sache 122

- Bruchteilsgemeinschaft 47; 122
- Drittschuldner 122/7
- Grundstück 47; 48/13
- Schiff 48/13; 155
- teilbare Sache 122/10
- Teilung des Erlöses 122/9
- Verwertung 122/9, 10

Miterbenanteil 123; 124
- anderweitige Verwertung 124/7
- Auseinandersetzungsanspruch 124/2
- Ausschlagung der Erbschaft 124/8
- Drittschuldner 124/5
- einzelne Nachlassgegenstände 124/1 f.
- Erbschein 124/10
- Grundbuchberichtigung 124/10
- Grundstück 124/9
- Nacherbschaft 124/4
- Nachlassverwaltung 124/4 f.
- Teilungsversteigerung 124/12
- Testamentsvollstreckung 124/4 ff.
- Wirksamwerden der Pfändung 124/5 f.

Mitgliedschaftsrechte 191/20
Mitgliedspapiere 191/20
Mitnacherbe 126; 127/7
Mitreeder 155/3 f.
Mutterschaftsgeld 165/55

Nacherbe 125–127
- Anwartschaftsrecht 127/1, 5 f.
- Drittschuldner 127/6 f.
- Eintritt des Nacherbfalls 127/2
- Grundstück 127/8
- Herausgabe der Erbschaft an den ~ 127/2
- mehrere ~ 126; 127/3, 7
- Miterbenanteil 124/3, 7
- Nacherbenvermerk 127/8
- Schlusserbe 127/4
- Umfang des Nacherbenrechts 127/2
- Verwertung 127/9
- Vorerbe 126/1 f.

Nachlass 123–127
Namensaktien 191/18
Namenspapier 191/18
Namensscheck 149/12
NATO-Streitkräfte 21–23b
NATO-Truppenstatut 22/1
Naturalleistungen 19/29; 163/2, 4, 16
Nicht indossable Wertpapiere 191/17 ff.
Nießbrauch 128; 129
- Aufhebung 129/15
- Drittschuldner 129/10
- Duldungstitel 129/16
- Tod des Nießbrauchers 129/14
- Überlassung der Ausübung 129/2, 5
- verbrauchbare Sachen 129/7

– Verwertung **129**/11
Notarielle Urkunde E/44, 58

Oder-Konten 36/30
Örtliche Zuständigkeit E/23 ff.
Offenbarungsversicherung 5
Offene Handelsgesellschaft 130; 131
– Anteil am Gesellschaftsvermögen **131**/3
– Anteil an den einzelnen zugehörigen Gegenständen **131**/3
– Auseinandersetzungsguthaben **131**/10 ff.
– Darlehenskonten **131**/14
– Drittschuldner **131**/6
– Einlageforderung **131; 131**/16
– Gesellschafterbeiträge **131**/16
– Gesellschaftsanteil **131**/1 ff.
– Gewinnanteile **131**/14
– Kapitalkonten **131; 131**/14
– Kündigung **131**/10
– Privatkonten **131; 131**/14
– Sonderkonten **131; 131**/14
– Verrechnungskonten **131; 131**/14
– Verwertung **131**/10 ff.
– Wirkung der Pfändung **131**/10
– Zustellung **131**/7
Offene Kreditlinie 54/13
Opferentschädigung 165/11, 42, 62
Option 190/21
Orderpapier 191
Orderscheck 148; 149/10
Organe der Zwangsvollstreckung E/17 ff.

Pachtzins 119
Parlamentsmitglieder 19/44 f.
Partenreederei s. Schiffspart
Patent 132
– Anwartschaftsrecht **132**/4, 7, 11
– Drittschuldner **132**/14
– Eintragung in die Patentrolle **132**/19
– erteiltes Recht **132**/16, 19
– europäisches ~ **132**/1
– Herausgabe der Patenturkunde **132**/18
– Lizenzen **132**/13, 16
– Recht auf das ~, Recht aus der Erfindung **132**/7, 9
– Verwertung **132**/15, 22 f.
Pfändungsauftrag 2
Pfändungsgrenzen für Arbeitseinkommen 19/46 ff.
– Lohnpfändungstabelle **19**/46
– bei Unterhaltsforderung **19**/47
Pfändungsschutz
– für Arbeitseinkommen **19**/21 ff.

– für Kontoguthaben **19**/20 f.; **36**/34 f.; **165**/71 ff.
– für Lebensversicherungssumme **114**/29
Pfändungsschutzkonto 9/10a; **36**/36 ff.
Pflegegeld E/101b; **19**/34
Pflegeversicherung 165/8a
Pflichtteilsanspruch 133
Pflichtteilsergänzungsanspruch 133/1
Pflichtverteidigervergütung 139/1
P-Konto s. Pfändungsschutzkonto
Postbankgirokonto 134
– Drittschuldner **134**/6 ff.
– Niederlassung **134**/3, 9
– Pfändungsschutz **36**/35 f.
– Verwertung von Forderungen **134**/10
Praxiskosten (Ärzte) 12/5
Privathonorare (Ärzte) 12/6
Produktionsaufgaberente 165/61
Provision 19/7; **189**
Prozesskostenvorschuss 177/13
Prozessvergleich E/40
Publikums-KG 110/10

Rangvorbehalt E/102
Reallast 135–137
– Begriff **137**/1
– Bruchteilsgemeinschaft **48**/16
– Drittschuldner **137**/6
– Eintragung der Pfändung im Grundbuch **137**
– Einzelleistungen **137**/2 ff.
– subjektiv-dingliche ~ **137**/1 f.
– subjektiv-persönliche ~ **137**/4
Realvertrag 54/7
Rechtsanwaltsgebühren 138–140
– Auskünfte des Vollstreckungsschuldners **139**/5
– Drittschuldner **139**/9
– Festsetzung der Gebühren **139**/11
– Kostenfestsetzung **139**/11
– Pflichtverteidiger **139**/9
Rechtsanwaltsversorgung 140
Rechtsbehelfe und Rechtsmittel in der Zwangsvollstreckung E/147 ff.
Rechtsbeistand 139/13
Rechtskauf 108/12
Reederei 155/1
Rektapapiere 191/18
Rektascheck 149/12
Renten 19; 164; 165/1 ff.
Rentenantragsrecht E/102a
Rentenanwartschaft 165/66
Rentenschuld
– mit Brief **141; 142**
– ohne Brief **143; 144**
– Bruchteilsgemeinschaft **48**/16

639

Rückkaufsrecht 192
Rücktritt vom Verlöbnis 183

Sachbezüge 19/29; **163**/2, 4, 16
Sachleistungen im Sozialrecht 165/20 f.
Sachpfändung 2
Sachversicherung 145
– Versicherung auf fremde Rechnung **145**/8
Sachverständigenentschädigung 146
Safe 168
Schadensersatzanspruch aus Verkehrsunfall 179; **180**
Schadensersatzanspruch wegen Vollstreckung aus einem später aufgehobenen Titel 147
– Drittschuldner **147**/7
– mitwirkendes Verschulden **147**/4
– Verjährung **147**/5
Scheckforderung 148; **149**
– Ausfüllungsrecht **149**/15
– Aussteller **149**/3
– bankbestätigter Scheck **149**/4, 16
– Blankoscheck **149**/6, 15
– Drittschuldner **149**/9, 16
– Entstehung des Scheckanspruchs **149**/7
– Indossament **149**/2, 13
– Inhaberscheck **149**/13
– Namensscheck **149**/12
– Orderscheck **149**/10
– Überbringerscheck **149**/13
– Verrechnungsscheck **149**/14
– Verwertung **149**/11 ff.
Scheckkarte 36/34
Schenkung 150–152
– Auflage **152**/3
– Drittschuldner **152**/15
– Herausgabeanspruch **152**/2 f., 6, 9
– Undank **152**; **152**/2, 6
– verarmter Schenker **150**; **151**; **152**/4, 7
– Verwertung **152**/16
– Widerruf **152**/2, 6
Schiff, Schiffsbauwerk 153; **154**; **155**
Schiffshypothek 153; **154**
– Eintragung **154**; **154**/10
– Höchstbetragsschiffshypothek **154**/13
– Schiff auf der Reise **154**/7
– Verwahrung und Bewachung **154**/7
– Verwertung **154**/15
Schiffspart 155
– Drittschuldner **155**/11, 14
– Eintragung der Pfändung im Schiffsregister **155**/10, 20
– Gewinnanteile **155**/14
– Korrespondentreeder **155**/4, 11

– Pfändung auch des Schiffes selbst **155**/19
– Pfandrechte **155**/17
– Veräußerung **155**/15
– Verteilungsverfahren **155**/17
– Verwertung **155**/15
– Wirksamwerden der Pfändung **155**/10
– Zuständigkeit **155**/9
Schiffsregisterbehörde E/22; **154**; **154**/11; **155**/5, 6
Schließfach 168
Schlüsselgewalt (Freistellungsanspruch) E/103
Schmerzensgeld 156; **157**; **179**
Schuldbefreiungsanspruch E/98
Schuldenbereinigungsplan E/50
Selbständige s. Arbeitseinkommen
Sequester 33
Sicherungshypothek s. Buchhypothek
Sicherungsübereignung 158; **159**
Sicherungsvollstreckung E/128 f.; 7/2
Sofortige Beschwerde E/160
Solawechsel 191/3
Soldaten 160–163
– Berufssoldaten **160**; **162**; **163**/2, 10
– Drittschuldner **163**/10
– einmalige Entschädigung **163**/13 f.
– Entlassungsgeld **163**; **163**/4, 13
– Hinterbliebene **162**; **163**/7
– Kommandeur **163**/11
– Naturalleistungen **163**/2 ff., 16
– Sterbegeld **162**; **163**/14
– Übergangsgeld **163**/2
– Übungsgeld **163**
– Versorgung **163**/1, 6, 14
– Versorgungsleistungen **164**/14
– Wehrpflichtige **163**; **163**/4, 10
– Wehrsold **163**
– Wirtschaftstruppenteil **163**/10 f.
– Wohnsitz **163**/9
– Zeitsoldaten **161**; **162**; **163**/3
– Zuständigkeit, örtliche **163**/9
Sonderkonto 36/42
Sozialleistungen 165
– Altershilfe für Landwirte **165**/10, 41, 60
– Arbeitsförderung **165**/6, 36
– Arbeitslosengeld **165**/6, 37
– Aufrechnung oder Verrechnung **165**/44
– Billigkeit **165**/28, 30
– Dienst- und Sachleistungen **165**/19, 26
– Drittschuldner **165**/35 ff., 75
– einmalige Geldleistungen **165**/27 f.
– Entschädigungsansprüche **165**/16, 16a
– Erben **165**/19, 23
– Erziehungsgeld **165**/54
– Grundsicherung **165**/7

- Hinterbliebenenrente **165**/11
- Jugendhilfe **165**/12
- Kindergeld **165**/12, 46 ff.
- Kontoguthaben **165**/21, 71
- Krankengeld **165**/8, 34
- laufende Geldleistungen **165**/30 ff.
- Leistungen der gesetzlichen Krankenversicherung **165**/8, 41
- Leistungen der gesetzlichen Rentenversicherung **165**/10, 41
- Leistungen der gesetzlichen Unfallversicherung **165**/9, 41
- Leistungen zur Rehabilitation Behinderter **165**/14a
- Mehraufwandsentschädigung **165**/7
- Mutterschaftsgeld **165**/55 f.
- Opfer von Gewalttaten **165**/42, 62 f.
- Pfändungsschutz **165**/21, 71 f.
- Pflegeversicherung **165**/9
- Rechtsbehelfe **165**/76 f.
- Rechtsnachfolger **165**/19
- Rechtsweg **165**/76 f.
- Sachleistungen **165**/18 f.
- Schwerbehinderte **165**/6
- Sozialhilfe **165**/14
- Versorgungsleistungen **165**/11
- Vorpfändung **165**/74
- Wohngeld **165**/13
- Zusammenrechnung **165**/45
- Zusammentreffen von Abtretung und Aufrechnung bzw. Verrechnung **165**/44

Sozialplan E/104
Sozialversicherungsrenten s. Renten
Sparbuch **167**/6 ff., 10
Sparguthaben **166**; **167**
- Arbeitnehmersparzulage **167**; **167**/12
- Drittschuldner **167**/11
- Pfändung vor Wegnahme des Sparbuchs **167**/6
- Wegnahme des Sparbuchs durch den Gerichtsvollzieher **167**/6

Sperrkonto **36**/44
Staffelkontokorrent **36**/7 f.; **111**/3 ff.
Stahlkammerfach **168**
Steuererstattungsanspruch **169–171**
- Antrag auf Erstattung **171**/14, 17 ff.
- Drittschuldner **171**/6, 15 f.
- Ehegatten **171**/23
- Einkommensteuer **171**; **171**/21 ff.
- Entstehung **171**/2, 24
- Erstattungsberechtigter **171**/3, 17 f.
- Erstattungsgrund **171**/28
- KFZ-Steuer **171**/27
- künftige Erstattungsansprüche **171**/11
- Lohnsteuerjahresausgleich durch das Finanzamt **169**; **171**/15
- Lohnsteuerjahresausgleich durch den Arbeitgeber **170**; **171**/10
- Lohnsteuerkarte **171**/14, 18
- Rechtsweg **171**/26
- Steuerart **171**/25, 28
- Vorpfändung **171**/5

Stille Gesellschaft **172**; **173**
- Auseinandersetzungsguthaben **173**/2, 8
- Drittschuldner **173**/4 f.
- Gewinnbeteiligung **173**/1, 5, 9
- Kündigung **173**/6
- Rückzahlung der Einlage **173**/8
- Verwertung **173**/6

Strafverfolgungsmaßnahmen **94**
Streitverkündung **10**
Sühnevergleich E/40

Taschengeld **174**
Taschenpfändung **3**/5
Teilpfändung E/78
Tierärzte **12**; **13**
Tierärzteversorgung **13**
Tiere **97**/6
Tratte **191**/2
Treuhandkonto **36**/38 ff.
Treuhandschaft **175**
- Anwartschaftsrecht **175**/5
- doppelseitige Treuhand **175**/2
- eigennützige Treuhand **175**/3
- Geschäftsbesorgungsvertrag **175**/4
- Rückfall des Treuguts **175**/5
- Vergütung des Treuhänders **175**/6

Trinkgeld **40**

Überbringerscheck **149**/2, 13
Übersetzer **146**
Und-Konto **36**/29
Unfallversicherung **115**/42 ff.; **165**/9; **176**
Unpfändbare Bezüge **19**/31
Unterhaltsansprüche **20**; **177**
- angemessener Unterhalt **177**/4
- Arbeitseinkommen **19**/38
- Billigkeit **165**/28; **177**/10
- Insolvenz **20**/17 ff.
- Kapitalabfindung **177**/12
- Pfändungsvoraussetzungen **177**/8 f.
- Prozesskostenvorschuss **177**/13
- rückständige Beträge **177**/7
- Taschengeld **174**
- Unterhaltsrenten **177**/6
- Vereinbarungen zwischen den Eheleuten **177**/3
- zukünftige Beträge **177**/7

Unterhaltsrenten **19**/41; **177**/6
Unternehmergesellschaft **82–84**/3
Untersuchungshaft **94**

Urheberrecht 178
- ausländische Urheberrechte 178/13
- ausübende Künstler 178/3, 14
- Drittschuldner 178/10
- Erbe 178/4
- Herausgabe des Originals 178/7
- Miterben 178/4
- Nutzungsrechte 178/5 f.
- Rechtsnachfolger 178/9
- treuhänderische Verwaltung 178/11
- Veräußerung durch den Gerichtsvollzieher 178/11
- Vergütungsansprüche des Urhebers 178/14; 182/14, 16
- Verwertung 178/11
- Vorrichtungen zur Vervielfältigung 178/8
- Wirksamwerden der Pfändung 178/10

Urlaubsabgeltung und Urlaubsgeld 19/31

Verbalvertrag 54/6
Verhaftungsauftrag 6
Verkehrsunfall 179; 180
- Schmerzensgeld 156; 157

Verlagsvertrag 181; 182
- Drittschuldner 182/10 ff.
- Vergütungsanspruch 182; 182/14, 16
- Verwertung 182/15
- Zustimmung des Urhebers 182/6 ff.

Verlöbnis 183
Vermächtnis 184, 185
- Anwartschaft 185/4
- Arten 185/3 ff.
- befristetes ~ 185/4
- Beginn der Pfändbarkeit 185/4
- Beschwerter 185/1
- Drittschuldner 185/9
- Entstehung der Vermächtnisforderung 185/2
- Vermögensvorteil 185/3
- Verschaffungsvermächtnis 184; 185/6
- Wahlvermächtnis 185/7

Vermögensauskunft E/18, 75; 2; 5; 11; 165/16
- Auskunft über Forderung E/84; 11
- Haft 5/15, 20 ff.; 6
- Kombi-Auftrag E/75; 2/1; 5/3
- prozessunfähige Schuldner 5/2
- Schuldnerverzeichnis 5/7, 23
- Sicherungsvollstreckung E/130
- Sofortabnahme 5/4
- Terminsteilnahme 5/10, 22
- Verfahren 5/5 ff.
- Verhaftungsauftrag 6
- Vermögensverzeichnis 5/11 ff.
- Widerspruch 5/4, 14 ff.

Vermögensgesetz, Vermögenswerte Ost 186
- Pfändung 186/5
- Verfahren nach dem VermG 186/1 ff.
- Verwertung 186/5

Vermögenswirksame Leistungen 167/12 ff.
Verrechnungsscheck 149/5, 14
Versäumnisurteil E/39
Verschleiertes Arbeitseinkommen 24; 25
Versorgungsansprüche, Versorgungswerte
- Ärzte, Zahnärzte, Tierärzte 13
- Beamte und Richter 19/17
- Rechtsanwälte 140
- Soldaten 163/14

Versteigerungserlös aus der Immobiliarvollstreckung s. Zwangsversteigerungserlös

Versteigerungserlös aus der Mobiliarversteigerung 187; 188
- Drittschuldner 188/4 f.
- Hinterlegung 188/5

Vertragsarzt 12
Vertreterprovision 189
- Arbeitnehmer 189/1 f.
- künftige Provisionsansprüche 189/8
- Versicherungsvertreter 189/2

Vertretung der Bundesländer, öffentl. Körperschaften und Anstalten E/118

Vollstreckung zur Nachtzeit 4
Vollstreckungsabwehrklage E/151 ff.
Vollstreckungsauftrag 2
Vollstreckungsbescheid E/43
Vollstreckungsgegenklage E/151 ff.
Vollstreckungshindernisse E/62 ff.
Vollstreckungsklausel E/53 f.
- Einwendungen E/154
- Klage auf Erteilung E/156
- Transportfunktion E/54
- weitere ~ 1/1 ff.

Vollstreckungskosten E/165 f.
Vollstreckungsorgane E/17 ff.
Vollstreckungstitel E/31 ff.
Vollstreckungsvoraussetzungen E/29 ff.
- allgemeine E/30 ff.
- besondere E/55 ff.

Vorbehaltsurteile E/36
Vorkaufsrecht 190
- Ankaufsrecht 16; 190/9, 17
- dingliches ~ 190/5
- Drittschuldner 190/20
- Duldungstitel 190/16
- Frist zur Ausübung 190/6
- schuldrechtliches ~ 190/4
- Wiederkaufsrecht 190/10 f.; 192

Vorläufiges Zahlungsverbot 7

- Drittschuldnererklärung 7/11
- Grundbucheintragung 7/8
- Hypothekenforderung 7/8
- Kosten 7/12
- Sicherungspfändung 7/2
- Voraussetzungen 7/1 ff.
- Vorpfändung 7/9
- Wechsel des Vollstreckungsgläubigers/-schuldners 7/3
- Wirkung 7/9
- Zug-um-Zug-Leistung 7/4
- Zweck 7/1 ff.

Vormerkung E/105; 33/10
Vorpfändung s. vorläufiges Zahlungsverbot
Vorratspfändung 20/8; 165/34
Vorzugsweise Befriedigung E/158

Wartefrist E/58 f.
Wechsel 191
- abhandengekommenes Papier 191/12
- Aufgebotsverfahren 191/12
- Ausfüllungsrecht 191/14
- Blankowechsel 191/14
- Bürge 191/6
- Drittschuldner 191/8
- eigener Wechsel (Solawechsel) 191/3, 10
- Geldmarktfonds 191/25
- Gewahrsam Dritter 191/13
- gezogener Wechsel (Tratte) 191/2, 5, 10
- Globalurkunde 191/25
- Herausgabeanspruch 191/13
- Indossament 191/4
- Kraftloserklärung 191/12
- Sammmelurkunde 191/25
- Übertragung 191/4
- Verwertung 191/15
- Wechselbürge 191/6

Wehrsold 163
Weihnachtsvergütung 19/33
Wertpapiere 191
Wertpapierhypothek 52/19
Widerruf der Bezugsberechtigung in der Lebensversicherung 114; 115/24
Widerspruchsklage E/157
Wiederkaufsrecht 190/1, 10, 18; 192
Wohngeld 165/13
Wohnungsbauprämie 39
Wohnungsdurchsuchung 3
Wohnungsrecht, dingliches 60/4

Zahnärzte 12; 13
Zeitsoldat 161; 162; 163/3
Zeugenentschädigung 193
Zivildienstleistender 163/5
Zugewinnausgleich 194
- Ausgleichsforderung 194/6
- Ausgleichsgemeinschaft 194/8 ff.
- Beendigung der Zugewinngemeinschaft 194/3
- Tod 194/3
- Verjährung 194/7

Zug-um-Zug-Leistung E/59, 60
Zusatzpflichtteil 133/1
Zustellung des Vollstreckungstitels E/52
Zwangshypothek s. Buchhypothek
Zwangsversteigerungserlös 195–201
- Anspruch auf den Zuschlag 201/9
- Anspruch auf Zahlung des Bargebots 201/29
- Anspruch auf Herausgabe des (Teil-)Erlöses aus einem Grundpfandrecht 201; 201/30
- Anspruch aus Eigentümergrundpfandrechten 199; 200; 201/28
- Anspruch des betreibenden Gläubigers 195; 201/13
- Anspruch des Eigentümers auf Auszahlung des Mehrerlöses 196; 201/15
- Anspruch des Gläubigers eines Grundpfandrechts 197; 201/17
- Anspruch des Gläubigers eines nicht auf Kapitalzahlung gerichteten Rechts 198; 201/21
- Anspruch des Inhabers eingetragener Rechte 197–199; 201/17 ff.
- Anspruch des Meistbietenden auf den Zuschlag 201/9
- Drittschuldner 201/12 ff., 24 ff.
- Durchsetzung der Pfändung 201/29
- Eigentümergrundpfandrechte 199; 200; 201/28
- Hinterlegung des Erlöses 201/12
- Mobiliarversteigerung s. Versteigerungserlös
- Rang 201/3, 7, 17
- Verwertung 201/8, 29

Zwangsverwaltungserlös 202
- Anspruch des Eigentümers 202

Zwangsverwaltungsüberschuss 202/6
Zweckgebundene Leistung 19/36